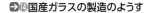

先端技術を集めた総合工房

5 飛鳥池工房遺跡

飛鳥寺の南東に位置する。ここでは、金・銀・銅・鉄を素材とした金属加工、ガラス、水晶、琥珀を使った玉類の生産、漆工芸、屋瓦の焼成などがおこなわれていた。日本最古の鋳造貨幣である富本銭（➡p.72❹）の生産も確認されるなど、当時の最先端技術を集積した巨大な総合工房であったことが明らかとなった。

➡⑭国産ガラスの製造のようす

↓⑮飛鳥池工房遺跡鍛冶工房の遺物

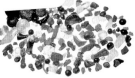

↑⑯飛鳥池工房遺跡ガラス工房の出土品　ガラスの原料を入れて加熱する容器（坩堝）のかたちは百済のものと酷似し、ガラス製造技術が朝鮮半島から伝わったと推測できる。

古代のトイレを復元する

汲み取り式だけでなく、水洗式もあった古代のトイレ。トイレの構造とともに、当時の食事事情もあきらかになってきた。

1 汲み取り式トイレ-藤原京

所在地：奈良県
時　期：7世紀末～8世紀初頭頃

↑⑰藤原京跡で見つかった穴　中央に杭が対になって打ち込まれており、人がしゃがんで足を置く板を固定するためのものと考えられる。藤原京（➡p.73）は持統天皇が遷都した日本初の都城である。穴は1992年の発掘調査で見つかった。

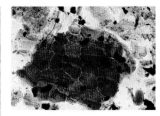

カタクチイワシ

←⑱穴から見つかった寄生虫卵　土の中から寄生虫卵が1,000個/㎠以上見つかると、そこがトイレであったと考えられる。見つかった寄生虫卵から、生野菜や淡水魚を生あるいは火が完全に通っていない状態で食べ、カタクチイワシを焼いて食べていたことなどがあきらかになった。

←⑲穴から出土した籌木　お尻を拭くための木の棒切れ（籌木）が穴の中から大量に出土した。当時、紙は貴重品だったため、木の端切れや竹べらを使っていた。
➡p.107

歴史ポケット

トイレ遺構からわかる食事事情

トイレ遺構から見つかる寄生虫卵の種類から、当時の人々の食事事情を知ることができる。

❶肝吸虫：淡水魚に寄生　❷回虫：野菜などに付着　❸横川吸虫：アユなどに寄生　❹鞭虫：主に哺乳動物に寄生

⑳復元されたトイレの模型
大田区郷土博物館製作

2 水洗トイレ-秋田城

所在地：秋田県
時　期：奈良時代後半

↑㉑秋田城のトイレ遺構の全景　秋田城（➡p.102）は東北経略のために設置された城柵。右の穴が立ち並ぶ場所が建物、中央の丸い3基の穴（□部分）が便槽で、そこから細長い管（木樋）で斜面を下り、左の沼へ排出した。

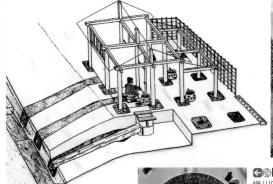
↑㉒トイレ遺構の復元図
個室内に置かれた桶の水をすくって、流したと推定される。

㉓復元図をもとに現地に復元されたトイレ

←㉔トイレ遺構で見つかった寄生虫卵　回虫、鞭虫、横川吸虫や肝吸虫など、藤原京のトイレと同様の寄生虫卵がみつかっている。このほか、ブタ食を食習慣としないと感染しない有鉤条虫卵も検出されている。当時の日本にブタを常食する人がいたとは考えにくく、海の向こうの人が排泄したのだろう。ブタの飼育がさかんだった渤海人が有力な候補である。

2 目次

●特集ページ

・時代の扉　時代の大きな流れを概観できるように設置しています。

・歴史探究ロード　同時代の特徴的な事項に焦点をあて、興味を持って探究を深める特集ページです。

・歴史ファイル　1つの題材を通史(部門史)的に扱った特集ページです。

・大地図　重要地域の地図を大きく扱ったページです。関連する時期に設置しています。

・人物一覧　将軍一覧、内閣一覧を設置しています。

・そのほか、巻頭・巻末にも、学習に役立つ特集ページや情報をとりまとめています。

●本文テーマのおもな工夫

・**テーマのポイント**　ポイントをまとめ、自宅学習や入試対策としても利用できるようにしています。

・**見方・考え方**　資料を読み取る際の見方や考え方のポイントを示しています。

・**キーワード**　キーワードとなる重要な歴史用語について、わかりやすく解説しています。

・**作品鑑賞**　**資料鑑賞**　とくに重要な写真・図版についてその内容を詳しく解説しています。

・🄝　資料や解説に関連する補足情報です。

・史　別冊「日本史重要史料215」に、関連史料が掲載されていることを示しています。

・**一言かわら版**　テーマに関連する歴史的事始、こぼれ話的な内容を扱っています。

・ℹインフォメーション　テーマで取り上げた歴史資料に関する調査のための情報を記しています。

プロフィール　人物を扱ったコラムです。

歴史ポケット　エピソード的な内容を扱ったコラムです。

最新日本史図表　プラスウェブ

https://dg-w.jp/b/4490001

上記のURLまたは二次元コードから、本書専用サイト「最新日本史図表プラスウェブ」にアクセスできます。「プラスウェブ」では、下記のような学習内容に関連する情報を参照することができます。

●ウェブリンク(参考サイト、動画、Googleマップなど)

●小説・映画・マンガの紹介などの情報

紙面に▶のマークがある箇所には、関連する「NHK for School」の動画を紹介しています。

〈凡例〉

・改元のあった年は、その年のはじめから新しい年号とした。なお、明治5年以前は、西暦と年号のあいだには1か月前後の違いがあるが、その対応は日本の年号に従った。

・近代以降の資料における内閣について、複数次組閣した内閣について、丸囲み数字で次数を示した。

・市町村名は、2016年3月現在のもの。博物館等のURLは、2024年6月現在のもの。

世界の地勢

紀元前5000〜紀元前1001年頃の世界（日本は縄文時代）

前5000年頃 中国（黄河）文明誕生
前2000年頃 エーゲ文明誕生
前2300年頃 インダス文明誕生
前3000年頃 エジプト文明誕生
前2500年頃 メソポタミア文明誕生

イタリア人 ギリシア人 ヒッタイト人 イラン人 アーリヤ人
アナトリア バビロン モヘンジョ=ダロ 殷

→ インド=ヨーロッパ語系民族の移動
　 エジプト中王国
　 バビロン第1王朝

地中海世界　オリエント世界（西アジア世界）　南アジア世界　東アジア世界

見方・考え方
地図をふまえ、地理的な条件を確認しながら世界と日本の動きをみてみよう。また、気候は地域・時期によって異なり、寒冷化などが人々の動きに影響を与えることもある。

①大河の流域の農業地帯に文明が誕生した。紀元前3000年前後には各流域で高度な文明をもつ都市が形成されるようになり、さらにそこに国家が形成された。
②北半球では寒冷・乾燥化がすすみ、民族の移動をうながした。紀元前2000年頃には、インド=ヨーロッパ語系の民族が地中海・オリエント（中東）・インド各地に進出した。
③メソポタミアを統一し、ハンムラビ法典(前18世紀)で知られる**バビロン第1王朝**は、前16世紀頃に滅びた。**インド**では**インダス文明**が前18世紀頃に滅びた。
④**中国**では、前16世紀頃黄河流域に成立した**殷**が、前11世紀に周によって滅ぼされた。

紀元前8〜紀元前2世紀頃の世界（日本では弥生時代の開始）

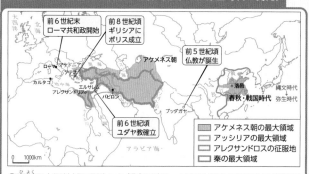

前6世紀末 ローマ共和政開始
前8世紀頃 ギリシアにポリス成立
前5世紀頃 仏教が誕生
前6世紀頃 ユダヤ教確立

ローマ マケドニア アテネ カルタゴ アレクサンドリア エルサレム バビロン アケメネス朝 ブッダガヤ 洛邑 縄文時代 春秋・戦国時代 弥生時代

アケメネス朝の最大領域
アッシリアの最大領域
アレクサンドロスの征服地
秦の最大領域

①肥沃な大河地域に誕生した**都市国家**は、交易や戦争を通じて支配領域を拡大した。
②**オリエント**では、前7世紀前半に**アッシリア**、前6世紀後半に**アケメネス朝**が統一をはたした。前4世紀には、マケドニアの**アレクサンドロス**が東方遠征を開始、大帝国を築き上げた。
③地中海沿岸では、前8世紀頃にギリシア人の**ポリス**が成立、前6世紀末にはラテン人の都市国家**ローマ**が共和政となった。
④**中国**では、春秋・戦国時代を経て前221年に**秦**が中国を統一した。
⑤前6世紀頃に**ユダヤ教**、前5世紀頃に**仏教**が誕生した。

↑①インダス文明の都市モエンジョ=ダーロ遺跡（パキスタン）　世界遺産

↑②カフラー王のピラミッド（エジプト）
前2500年頃に建てられた。世界遺産

③黄河（中国）

←④アクロポリスの丘に建つパルテノン神殿（ギリシア）
世界遺産

1～3世紀頃

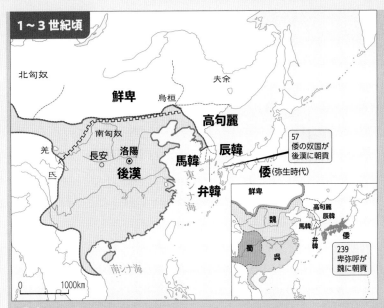

北匈奴
夫余
鮮卑
烏桓
南匈奴
羌
高句麗
長安
洛陽
後漢
辰韓
馬韓
弁韓
倭（弥生時代）
氐
東シナ海
南シナ海

57
倭の奴国が
後漢に朝貢

鮮卑
高句麗
魏
辰韓
馬韓
蜀
呉
弁韓
倭

239
卑弥呼が
魏に朝貢

0 —— 1000km

「東アジア」をみる視点

■ ユーラシア大陸東端に位置する日本列島は、古くから樺太や千島列島、朝鮮半島を通じて大陸と結びついていた。

中華思想

中国では、自らを世界の中心（**中華**）とみなし、周辺の人々を夷狄（東夷、西戎、北狄、南蛮）とよんで蔑視し、中華が文化的に優越すると考えられた。このような思想を中華思想といい、これにもとづいて中国と周辺国の国際秩序が形成された。

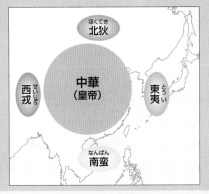

北狄（ほくてき）
西戎（せいじゅう）
中華（皇帝）
東夷（とうい）
南蛮（なんばん）

1～3世紀頃の世界 （日本は弥生時代）

ローマ帝国
エルサレム
パルティア
鮮卑
クシャーナ朝
高句麗
辰韓
弁韓
倭（弥生時代）
後漢
洛陽
太平洋

30年頃
パレスチナ地方で
キリスト教が誕生

25年
後漢が成立

220年
三国時代に突入

0 — 1000km

□□ 後漢の最大領域　□□ クシャーナ朝の領域

①紀元前1世紀に帝政がはじまった**ローマ帝国**は、2世紀のトラヤヌス帝の時代に領土が最大になった。イランやメソポタミアを支配した**パルティア**は、東西貿易で繁栄した。

②**インド**では、1世紀におこった**クシャーナ朝**がカニシカ王の時代に全盛期を迎えた。この時代に**大乗仏教**が発展し、**ガンダーラ美術**が栄えた。

③**中国**では、前202年に成立した**漢（前漢）**が1世紀のはじめに倒れ、新が成立するが、まもなく漢が再興した（**後漢**）。その後、政治が乱れ、各地に群雄が割拠した。220年に後漢は**魏**に滅ぼされ、魏・蜀・呉が中国を三分する**三国時代**に入った。

↑①**古代ローマのパンテオン（万神殿）**（イタリア）世界遺産

←②**ガンダーラでつくられた如来坐像**
※仏教を開いた釈尊をあらわす。顔のまわりにはインドの神が礼拝している。

4～6世紀頃

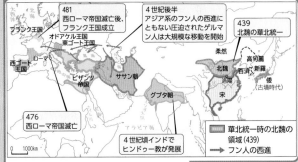

柔然
北魏（北朝）
平城
洛陽
高句麗
百済
新羅
建康
宋（南朝）
加耶（加羅または任那）
倭（古墳時代）
東シナ海
南シナ海
太平洋

高句麗
好太王碑

倭の五王、
南朝に朝貢

0 —— 1000km

∴ 主な仏教遺跡
—— 南朝への朝貢路（推定）

倭の五王の朝貢と渡来人の活躍

中国の皇帝は、近隣の首長が皇帝の徳を慕って貢ぎ物を持って来訪すると（**朝貢**）、首長に返礼品を与えた。また、王や公といった爵位や官職を授けて君臣関係を結ぶ場合もあった（**冊封**）。倭の五王は、朝鮮半島の諸国との関係において優位に立とうとして、南朝の皇帝に朝貢した。また、この時期、朝鮮半島から渡来人が来日して活躍した。

4～6世紀頃の世界 （日本は古墳時代）

フランク王国
西ゴート王国
ローマ
ビザンツ帝国
ササン朝
グプタ朝
北魏
高句麗
百済
新羅
洛陽
宋
倭（古墳時代）

481
西ローマ帝国滅亡後、フランク王国成立

4世紀後半
アジア系のフン人の西進にともない圧迫されたゲルマン人は大規模な移動を開始

439
北魏の華北統一

オドアケル王国
東ゴート王国

476
西ローマ帝国滅亡

4世紀頃インドでヒンドゥー教が発展

□□ 華北統一時の北魏の領域（439）
→ フン人の西進

①**ヨーロッパ**では、4世紀後半に**ゲルマン人**が大移動を開始。ローマ帝国は東西に分裂し、476年に西ローマ帝国が滅亡。東ローマ帝国（**ビザンツ帝国**）は繁栄を続けた。

②**西アジア**では、**ササン朝**が、シルクロードを通じた交易で繁栄した。**インド**では4世紀に**グプタ朝**がおこり、北インドの大半を支配下に置いた。この王朝の時代に**ヒンドゥー教**が発展した。

③**中国**では、北方民族の鮮卑が**北魏**を建国して華北を統一し、江南には漢民族が建国した**宋**が成立。南北両朝が対立した（**南北朝時代**）。

↑③**ビザンツ帝国時代を起源とするハギア＝ソフィア大聖堂**（トルコ）世界遺産

7世紀頃

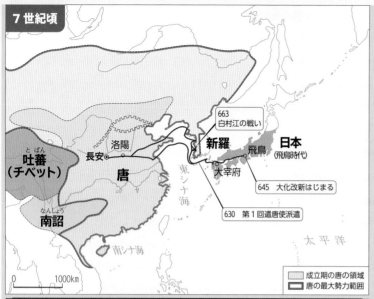

663 白村江の戦い
645 大化改新はじまる
630 第1回遣唐使派遣

吐蕃（チベット）
南詔
唐
洛陽
長安
新羅
大宰府
飛鳥
日本（飛鳥時代）
東シナ海
南シナ海
太平洋

0　1000km

成立期の唐の領域
唐の最大勢力範囲

唐の拡大への対応

7世紀前半は、厩戸皇子、蘇我氏が政治を主導した。大陸では中国を統一した唐が、新羅と連合して百済・高句麗を滅ぼした。その間、百済再興を援助した倭国軍は、663年の白村江の戦いで敗北した。これを機に倭の王権は、対外防衛を強化し、唐のような強力な中央集権国家の形成を進めた。

➡白村江の戦い後の国内の政策

名称	内容・目的
防人	九州の防衛のための兵士
烽	情報を伝達するための設備
水城	大宰府への攻撃を防ぐ土塁・濠
朝鮮式山城	対馬から大和にかけて築城（大野城・高安城など）
官位制度	豪族を掌握するための政策
庚午年籍	人民を把握、防衛・労働力確保

7世紀の世界（日本は飛鳥時代）

651 サササン朝滅亡
589 隋、中国を統一
618 唐、隋を滅ぼす
フランク王国
西ゴート王国
ビザンツ帝国
ウマイヤ朝
イスラーム誕生
吐蕃（チベット）
新羅
日本（飛鳥時代）
長安　唐

➡イスラーム勢力の進出方向
ウマイヤ朝時代の征服地（661〜750）
高宗時代（649〜683）の唐の最大領域

0　1000km

①西ヨーロッパ（西欧）ではフランク王国が発展し、東ヨーロッパ（東欧）ではビザンツ帝国が、周辺諸民族の侵攻によって領土を大幅に縮小しつつも存続した。

②アラビア半島ではムハンマドがイスラームをおこし、661年に最初のイスラーム王朝であるウマイヤ朝が生まれた。イスラーム勢力はササン朝を倒すなど、領土を拡大して大帝国を樹立した。

③中国では6世紀末に隋が南朝を滅ぼして中国を統一したが、618年に唐が隋を滅ぼした。唐は長安を都とし、勢力圏を拡大した。唐のもとでユーラシア大陸の交易が活性化し、長安は国際都市に発展した。朝鮮半島では、唐と結んだ新羅が、660年には百済、668年には高句麗を滅ぼし、朝鮮半島を統一した。

◀❶ムハンマド昇天の地に建てられた岩のドーム（イスラエル・エルサレム）世界遺産

8〜9世紀頃

ウイグル（回紇）
渤海
新羅
吐蕃
長安　唐
南詔
平安京　平城京
日本（奈良，平安時代）
794 平安京に遷都
鴻臚館
南シナ海
太平洋

0　1000km

渤海路
遣唐使の航路（南路）

使節の往来や交易

日本では710年に平城京、784年に長岡京、794年に平安京に遷都がおこなわれた。遣唐使によって唐との交流が再開され、「日本」という国号が唐に認められた。日本と新羅の外交は緊迫した場面もあったが、交易はさかんにおこなわれた。日本には新羅や渤海からも多くの文物がもたらされ、渤海の毛皮は、都の貴族たちにもてはやされた。遣唐使の派遣は894年に停止された。

8世紀の世界（日本は奈良〜平安時代）

ウマイヤ朝時代の領域（661〜750）　8世紀後半の唐の領域
アッバース朝時代の領域（750〜1258）　ローマ教皇領
800 ローマ教皇がフランク王国のカール大帝に戴冠
フランク王国
後ウマイヤ朝コルドバ
ビザンツ帝国
イスラーム帝国（アッバース朝）
754/756 教皇領の成立
750 アッバース朝が成立
ウイグル（回紇）
吐蕃
渤海
新羅
唐
日本（奈良，平安時代）
長安
755〜763 安史の乱

0　1000km

①西欧では、フランク王国が勢力を拡大、西ヨーロッパの基礎を築いた。

②イスラームの支配領域では、ウマイヤ朝に代わり、8世紀半ばにアッバース朝（イスラーム帝国）が開かれ、首都バグダードを中心に大交易圏を形成し、世界帝国として大いに繁栄した。一方、アッバース朝に滅ぼされたウマイヤ朝の残党は、イベリア半島に後ウマイヤ朝を成立させた。

③中国の唐では、8世紀前半の玄宗皇帝の時代に律令体制の崩壊が進行し、安禄山らが反乱（安史の乱）をおこし、中央政府の力は弱まった。この時代、杜甫・李白・白居易・韓愈らの文化人が活躍した。

◀❷後ウマイヤ朝の都コルドバ（スペイン）世界遺産

10～11世紀頃

契丹（遼）

女真

西夏

開封

高麗

京都

日本（平安時代）

大宰府

宋（北宋）

1019 刀伊の入寇

大理

パガン朝

中国商人が南シナ海に進出

李朝（大越）

アンコール朝　チャンパー（占城）

南シナ海

東シナ海

太平洋

0　　1000km

活発な日中交流

9世紀の終わりに遣唐使の派遣が停止され、960年に成立した宋と日本は国交を結ばなかったが、中国商人が博多などに頻繁に来航し、宋銭、陶磁器、書籍など多くの文物がもたらされた。香料や染料、布、毛皮、紙、動物などの舶来品は「唐物」とよばれて平安貴族にも珍重された。日本からは金や水銀、硫黄（火薬の原料）などが輸出された。

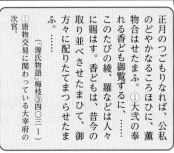

正月のつごもりなれば、のどやかなるころほひに、薫物合はせたまふ。……このたびの綾、羅などは人々の取り並べさせたまひて、御方々に配りたてまつらせたまふ。

（源氏物語「梅枝」③四〇三一）

①唐物交易に関わっている大宰府の次官。

12世紀頃

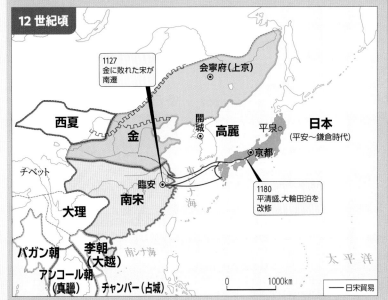

1127 金に敗れた宋が南遷

会寧府（上京）

西夏

金

開封

高麗

平泉

日本（平安～鎌倉時代）

京都

臨安

チベット

大理

南宋

1180、平清盛、大輪田泊を改修

パガン朝

李朝（大越）

アンコール朝（真臘）　チャンパー（占城）

南シナ海

東シナ海

太平洋

0　　1000km

日宋貿易

宋銭の輸入

西日本では、**平清盛**が大輪田泊などを整備して、**日宋貿易**を活発化させ、経済的な基盤とした。日本では、本朝十二銭以降、貨幣が鋳造されなかったため、日宋貿易で大量に輸入された**宋銭**がのちに国内で広く流通した。東北では奥州藤原氏が金や馬などの産物と北方との交易によって財力を蓄えた。

➡❶おもな輸入品の一つであった宋銭（銅銭）

10世紀の世界　（日本は平安時代）

西フランク（フランス王国）

神聖ローマ帝国

ローマ

ビザンツ帝国

後ウマイヤ朝 コルドバ

ファーティマ朝 カイロ

バグダード

エルサレム

メディナ

メッカ

アッバース朝

アラビア海

935 高麗が新羅を滅ぼし、翌年、朝鮮を統一

契丹（遼）　開封（汴州）

高麗

長安

日本（平安時代）

太平洋

987 ユーグ=カペーが王位につき、カペー朝成立（～1328）。以後、フランス王国とよばれる

960 宋（北宋）成立

0　　1000km

五代十国の領域

①西欧では、9世紀後半にフランク王国が3王国（西フランク・東フランク・イタリア）に分裂した。東フランクのオットー1世が962年にローマ教皇からローマ皇帝の位を与えられた（**神聖ローマ帝国**）。

②イスラームの支配領域では、10世紀初頭に**ファーティマ朝**がおこり、アッバース朝・後ウマイヤ朝と、3王朝が鼎立した。

③中国では、907年に唐が滅亡、五代十国の興亡を経て960年に**宋（北宋）**が成立した。北方では**契丹（遼）**が渤海を滅ぼし勢力を拡大した。

11世紀の世界　（日本は平安時代）

スコットランド王国

イングランド王国

フランス王国

神聖ローマ帝国

ビザンツ帝国

クラック=デ=シュヴァリエ

ムラービト朝

セルジューク朝

ダマスクス

バグダード

エルサレム　アッバース朝

ファーティマ朝　カイロ

メッカ

アラビア海

1038 セルジューク朝成立

1066 北フランスのノルマンディー公ウィリアム（ウィリアム1世）がイングランドを征服、ノルマン朝建国

契丹（遼）

西夏

宋（北宋）

高麗

日本（平安時代）

アンコール朝

インド洋

太平洋

契丹の領域

西夏の勢力範囲

第1回十字軍の進路（1096～1099）

0　　1000km

①西欧では、北フランスのノルマンディー公国が**ノルマン朝**を開いた。キリスト教世界は、ローマ教皇を首長とする**ローマ=カトリック教会**と、ビザンツ帝国皇帝を首長とする**ギリシア正教会**に分裂した。

②11世紀におこった**トルコ系イスラーム国家のセルジューク朝**による聖地エルサレム占領に対抗するため、11世紀末、ローマ教皇の提唱により、聖地回復のための**十字軍運動**がはじめられた。

③中国は宋（北宋）の時代が続く。宋は文治主義をとり、**科挙**が官吏任用制度として整備された。宋の北西にチベット系の**西夏**が成立。

12世紀の世界　（日本は平安～鎌倉時代）

スコットランド王国

イングランド王国

フランス王国（カペー朝）

神聖ローマ帝国

ビザンツ帝国

ムワッヒド朝

アイユーブ朝

カイロ

エルサレム

アッバース朝

メッカ

アラビア海

1194 セルジューク朝滅亡

フランスにおけるイングランド領（1190）

イングランドはフランスの領土拡大

1169 サラディン、エジプトにアイユーブ朝建国

1171 ファーティマ朝滅亡

1187 サラディン、十字軍を破り、エルサレムを奪回

西夏

金

南宋

高麗

日本（平安～鎌倉時代）

アンコール朝全盛　アンコール=ワット建設

アンコール朝（真臘）

インド洋

太平洋

0　　1000km

①西欧では、ローマ=カトリック教会が絶大な権威をもった。十字軍をきっかけに東方との交流がさかんになり、学問や文芸が発展した（12世紀ルネサンス）。イベリア半島ではキリスト教徒がイスラーム勢力からの国土回復運動（レコンキスタ）を続けた。

②イスラームの支配領域では、サラディンがエジプトに**アイユーブ朝**を建国。12世紀末、セルジューク朝滅亡。

③中国では、12世紀前半に**金**が契丹を滅ぼし、次いで宋（北宋）を倒して華北を支配下に置いた。江南には**南宋**が成立し、中国は二分された。この頃、南宋の朱熹によって**朱子学（宋学）**が大成された。

13世紀頃

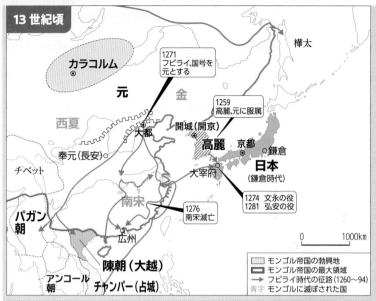

- 1271 フビライ、国号を元とする
- カラコルム
- 元
- 金
- 西夏
- 大都
- 奉元（長安）
- チベット
- 開城（開京）
- 1259 高麗、元に服属
- 高麗
- 京都
- 鎌倉
- 日本（鎌倉時代）
- 大宰府
- 1274 文永の役
- 1281 弘安の役
- 南宋
- パガン朝
- 広州
- 1276 南宋滅亡
- 陳朝（大越）
- アンコール朝
- チャンパー（占城）
- 樺太

0 〜 1000km

- モンゴル帝国の勃興地
- モンゴル帝国の最大領域
- → フビライ時代の征路（1260〜94）
- 青字 モンゴルに滅ぼされた国

元の遠征

元のフビライ（1215〜94）は、日本だけでなく、北は樺太、南はベトナムやジャワも攻撃した。遠征はおおむね失敗に終わったが、元はこれらを通じて北方の交易圏や東南アジアの海上交易圏と結びつくことになった。

- 遠征の成功
- 遠征の失敗
- 元
- 高麗遠征 1259年に服属させる
- 日本遠征 2度にわたり遠征（文永の役<1274>、弘安の役<1281>）
- ビルマ遠征 1287年にパガン朝を攻略
- ベトナム遠征 3回にわたり遠征（1257,1284,1287）
- チャンパー遠征 1282年にベトナム遠征を兼ねて大軍を派遣
- ジャワ遠征 1292年に遠征

③フビライ

フビライ（中央の人物）は、北方に生息するオコジョの冬毛でつくった白地に黒い斑点のある毛皮を着用している。

13世紀の世界 （日本は鎌倉時代）

- イングランド王国
- フランス王国
- 神聖ローマ帝国
- ポルトガル王国
- カスティリヤ王国
- ビザンツ帝国
- カイロ
- エルサレム
- マムルーク朝
- キプチャク=ハン国
- チャガタイ=ハン国
- イル=ハン国
- バグダード
- デリー
- デリー=スルタン朝
- 元
- 大都
- 高麗
- 日本（鎌倉時代）
- アンコール朝
- 太平洋
- モンゴル帝国の最大領域
- マルコ=ポーロの旅行路
- 1250 アイユーブ朝滅亡、マムルーク朝成立
- 1258 アッバース朝滅亡

0 1000km

①西欧では、十字軍の失敗などによってローマ教皇権が衰えはじめ、各国で国王が勢力をもった。イングランドでは、重税を課したジョン王に対して、貴族が**大憲章（マグナ=カルタ）**を認めさせた。その後、イングランドでは議会が招集された。

②イスラームの支配領域では、北インドに、デリーを本拠とするイスラーム諸王朝（**デリー=スルタン朝**<1206〜1526年>）が興亡した。

③中国では、モンゴルが1234年に金を滅ぼし、華北を領有した。次いで、モンゴルの**フビライ**は大都（現在の北京）に都を定め、1271年に国号を**元**とした。1276年には南宋を滅ぼし、中国全土とモンゴル高原を支配した。

①大憲章（マグナ=カルタ）の記念碑（イギリス） ジョン王がマグナ=カルタに署名した場所であるラニーミード（イングランド南東部）にある。

↑②デリー=スルタン朝時代の建築クトゥブ=ミナールとモスク（インド・デリー） 世界遺産

● 騎馬遊牧民のくらし

↑④騎馬遊牧民 黒海沿岸からモンゴル高原にかけて東西に長く広がるユーラシア・ステップ（草原地帯）では、イラン系・トルコ系・モンゴル系などの遊牧民がくらしてきた。遊牧民は5畜（馬・牛・羊・ヤギ・ラクダ）とともに水や草を求めて移動しながら生活する人々で、すぐれた騎馬技術を持っていた。前6世紀のスキタイ以降、騎馬遊牧民は機動力と武力を用いて各地を侵略し、遊牧国家を建設した。匈奴、突厥、ウイグル、モンゴルなどがその例である。遊牧国家の活動は周辺地域に多大な脅威を与えたが、一方で東西文化の交流・伝播に大きな役割をはたした。

● モンゴル帝国の拡大

↑⑤チンギス=ハンの即位 モンゴル高原を統一したテムジンが、1206年、正式に統一国家の長に選ばれ、チンギス=ハンと称した。元も含めて、モンゴル人は広大なユーラシア大陸を支配する大帝国をつくり、各地の文明が行き交う舞台となった。

フビライ以前のおもな勢力拡大

チンギス=ハン（1162？〜1227）
・騎馬軍を率い、ホラズム=シャー朝や西夏を滅ぼす

チャガタイ（チンギスの子）（？〜1242）
・中央アジアにチャガタイ=ハン国を建国

バトゥ（チンギスの孫）（1207〜55）
・ヨーロッパに遠征してキエフ公国を攻略し、1241年にはポーランドとドイツ騎士団の連合部隊を撃破（ワールシュタットの戦い）
・現在のロシア南部・ウクライナを含む広大な地域を支配するキプチャク=ハン国を建国

フラグ（チンギスの孫）（1218〜65）
・西アジアに遠征して1258年にアッバース朝を滅ぼし、現在のイラン・イラクを含む地域にイル=ハン国を建国

● 日元貿易

↑⑥日元貿易の沈没船の遺物 元は日本の商船の来航を容認する政策をとっていた。蒙古襲来で交易は一時中断したが、鎌倉幕府は1325年に建長寺復興の資金を得るために建長寺船を元に派遣した。1342年には室町幕府が天龍寺造営の一部をまかなうために、博多商人に天龍寺船の派遣を許可した。1976年、韓国の全羅南道新安郡の沖で沈没船（新安沈船）が発見され、大量の銅銭・陶磁器などが引き上げられた。1323年に中国の寧波から日本に向かう途中で遭難した船と推定されている。

14世紀頃

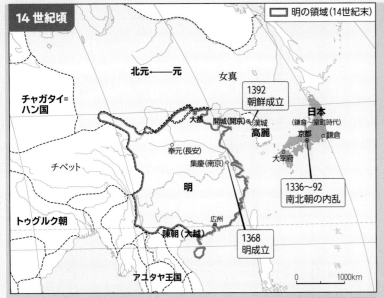

明の領域（14世紀末）

- 北元 ← 元
- 女真
- チャガタイ＝ハン国
- 大都
- 開城（開京）
- 漢城
- 高麗
- 日本（鎌倉〜室町時代）
- 1392 朝鮮成立
- 京都
- 鎌倉
- 大宰府
- 奉元（長安）
- 集慶（南京）
- 明
- 広州
- チベット
- トゥグルク朝
- 陳朝（大越）
- 1368 明成立
- 1336〜92 南北朝の内乱
- アユタヤ王国
- 0 1000km

倭寇と朝鮮の王朝交代

1350年以降、倭寇（前期倭寇）の船団が朝鮮半島沿岸に侵入し、略奪をくり返した。倭寇のおもな構成員は対馬・壱岐・肥前松浦の武士や海民・商人などであり、朝鮮の下層民も加わっていた。高麗は武力で対抗し、日本に倭寇の禁止を求めたが、成果が上がらないうちに、1392年、李成桂が高麗にかわって朝鮮を建てた。高麗の将軍だった李成桂は、1380年に倭寇の大軍団を撃破するなど、数々の功績によって高麗の最高権力者になっていた。

②李成桂

14世紀の世界 （日本は鎌倉〜室町時代）

- イングランド王国
- フランス王国
- 神聖ローマ帝国
- 1370 ティムール帝国成立
- ビザンツ帝国
- キプチャク＝ハン国
- 1392 朝鮮成立
- オスマン帝国
- チャガタイ＝ハン国
- 北元 ← 元
- 地中海
- エルサレム
- バグダード
- 高麗
- 日本（鎌倉〜室町時代）
- ポルトガル王国
- カスティリャ王国
- マムルーク朝
- カイロ
- 明
- 1368 明成立
- アラビア海
- アユタヤ朝
- アンコール朝
- 1351〜66 紅巾の乱
- 1339〜1453 百年戦争
- 太平洋
- 0 1000km

□ 明の領域（14世紀末）　■ ビザンツ帝国領
□ ティムール帝国の領域（14世紀末）

①西欧では、英仏間で**百年戦争**がはじまる。この頃、黒死病（ペスト）により人口が激減した。北ドイツのハンザ同盟が最盛期をむかえた。
②イスラームの支配領域では、13世紀末にトルコ人によって建てられたイスラーム国家の**オスマン帝国**が、バルカン半島に勢力を伸ばした。また、イスラーム国家の**ティムール帝国**（ティムール朝）が成立。以後、中央アジア・西アジアで急速に勢力を拡大した。
③中国では、モンゴル支配下の各地で天災や内紛により政権が動揺し、元も紅巾の乱などによって勢力を弱め、1368年、明軍により大都からモンゴル高原に追われた。朱元璋（洪武帝）が建てた**明**は南京を都として中国を統一した。朝鮮では李成桂が1392年に高麗を倒して**朝鮮**を開いた。

←①イベリア半島最後のイスラーム王朝ナスル朝の宮殿アルハンブラ宮殿（スペイン・グラナダ）　世界遺産

15世紀頃

- タタール（韃靼）
- 北京
- 朝鮮
- 漢城
- 日本（室町時代）
- 京都
- 1401 足利義満、明に朝貢
- 明
- 南京
- 寧波
- 坊津
- チベット
- 琉球王国
- 1429 尚巴志、全島統一
- 小琉球
- 1405〜33 明の鄭和が遠征
- 黎朝（大越）
- アユタヤ王国
- チャンパー（占城）
- 太平洋
- 0 1000km
- → 前期倭寇
- --- 鄭和の遠征路
- — 日明貿易

中国の海禁政策と琉球王国

海禁政策は、明・清が貿易を制限した政策。明が倭寇対策として、朝貢形式の貿易に限定したことにはじまる。16世紀にこの政策がかえって倭寇（後期倭寇）の活動を活発化させたので、1567年、海禁政策を緩和した。
琉球王国は明の海禁政策の恩恵を受け、中国・日本・朝鮮・東南アジアを結ぶ交易の結節点として繁栄した。

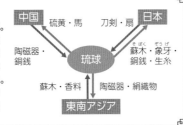

- 中国
- 硫黄・馬
- 刀剣・扇
- 日本
- 陶磁器・銅銭
- 琉球
- 蘇木・象牙・銅銭・生糸
- 蘇木・香料
- 陶磁器・絹織物
- 東南アジア

15世紀の世界 （日本は室町時代）

- イングランド王国
- モスクワ大公国
- 神聖ローマ帝国
- フランス王国
- オスマン帝国
- キプチャク＝ハン国
- タタール（韃靼）
- 明の最大領域
- インドのイスラーム諸国
- ポルトガル王国
- カスティリャ王国
- ナスル朝
- マムルーク朝
- カイロ
- エルサレム
- バグダード
- サマルカンド
- ティムール帝国
- デリー
- 朝鮮
- 北京
- 明
- 南京
- 日本（室町時代）
- 京都
- 琉球
- 1479 スペイン王国成立
- アユタヤ王国
- アンコール朝
- 太平洋
- 0 1000km

①西欧では、15世紀半ばにフランスの勝利で百年戦争が終結した。イベリア半島では**スペイン王国**が成立した。**ポルトガル王国**では1498年にヴァスコ＝ダ＝ガマが喜望峰を回ってインドに到達した。
②イスラームの支配領域では、1453年にオスマン帝国がビザンツ帝国を滅ぼし、ティムール帝国は首都サマルカンドを中心に繁栄した。キプチャク＝ハン国の衰退に伴って**モスクワ大公国**が急速に勢力を伸ばし、イヴァン3世の時代にモンゴルの支配から脱した。
③中国では、明の**永楽帝**が首都を**北京**に移し、ベトナム（黎朝）を一時占領するなど積極的な対外政策をすすめた。

←③サマルカンドのレギスタン広場（ウズベキスタン）　世界遺産

16世紀頃

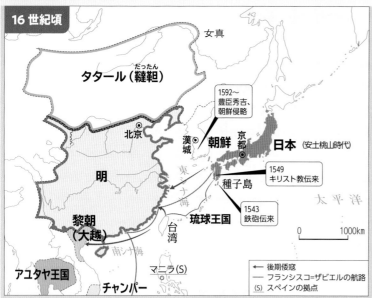

女真
タタール（韃靼）
1592〜
豊臣秀吉、
朝鮮侵略
北京
漢城　朝鮮　京都
明　日本（安土桃山時代）
1549
キリスト教伝来
種子島
1543
鉄砲伝来
琉球王国
黎朝
（大越）
台湾
太平洋
南シナ海
アユタヤ王国
マニラ(S)
チャンパー
0　　　　　1000km

←　後期倭寇
―　フランシスコ=ザビエルの航路
(S)　スペインの拠点

16世紀の世界　（日本は安土桃山時代）

神聖ローマ帝国
モスクワ大公国
1507
ティムール帝国滅亡
イングランド
フランス
ポルトガル
スペイン
オスマン帝国
サファヴィー朝
デリー
ムガル
帝国
タタール（韃靼）
明
朝鮮
日本
1521
アステカ王国滅亡
リスボン
1517　オスマン
帝国,マムルーク
朝を滅ぼす
1533
インカ帝国滅亡

■ スペインとその領土
■ 神聖ローマ帝国の境界
■ ポルトガルとその領土
― ヴァスコ=ダ=ガマ
--- コロンブス第1回
--- コロンブス第4回
― マゼラン
0　　3000km

① ヨーロッパでは、各国が15世紀末から、アジアやアメリカ大陸への航海に乗り出し、新航路が開拓された（「**大航海時代**」）。スペインはアメリカ大陸を植民地とし、大帝国を築いた。ポルトガルは中国や東南アジアとの通商に力をいれた。また、14世紀からはじまった**ルネサンス**は16世紀前半に最盛期をむかえた。

② イスラームの支配領域では、オスマン帝国が最盛期をむかえた。イランではティムール帝国が衰えたのち、1501年に**サファヴィー朝**が成立、インドでは1526年に**ムガル帝国**（1526〜1858年）が成立した。

③ 中国では、北方ではモンゴル、東南海岸では倭寇の活動が活発化し、明を苦しめた（**北虜南倭**）。16世紀末にヌルハチが女真諸部族を従えた。

→① スペインの古都トレド　16世紀中頃まで中心都市として繁栄した。

→② インカ帝国の遺跡マチュ=ピチュ（ペルー）　世界遺産

ヨーロッパ人の日本進出

16世紀前半に日本の**石見銀山**で銀の採掘がはじまると、日本銀をめぐって倭寇（後期倭寇）が明の海禁政策を破って密貿易を活発化させた。ポルトガルは、中国産の生糸と日本銀を交換する中継貿易に参入しようと、倭寇との結びつきを深めていった。ポルトガル人による鉄砲伝来も倭寇を介してのものだった。16世紀後半になるとスペインも日本との貿易に参入した。

→③ 中国人の倭寇の頭目だった王直の像（長崎・平戸市）

鉄砲伝来

国立歴史民族博物館蔵

→④ 東南アジアの鉄砲　鉄砲が日本に伝わった経緯について、教科書などでは「1543（天文12）年、ポルトガル人を乗せた倭寇の船が種子島に漂着した。この時、島の領主種子島時堯は鉄砲2挺を買い求めた」などと記されることが多い。これは17世紀初頭に成立した『鉄炮記』にもとづく記述であるが、1542年の伝来と記す史料（『諸国新旧発見記』）もある。またそれ以前に倭寇によって種子島以外の地に伝えられていたとする説や、種子島に伝来した鉄砲が東南アジアで製造されたとする説もある。

ザビエルの見た日本

フランシスコ=ザビエルの見た日本人

・日本人は総じて良い素質を持ち、悪意がなく、交わってすこぶる感じがよい。彼らの名誉心は特別に強烈で、彼らにとっては名誉がすべてである。…住民の大部分は読み書きができる。これは、祈りや神のことを短時間で学ぶ際にこぶる有利な点である。（一五四九年）

・日本人は、私の見た他のいかなる異教国の国民よりも、理性の声に従順な民族だ。非常に克己心が強く、論談に長じ、質問は際限がないくらいに知識欲に富んでいて、私たちの答えに満足すると、それをまた他の人々に熱心に伝えてやまない。（一五五二年）

フランシスコ=ザビエルは、スペインの宣教師で、1549年に鹿児島に上陸し、はじめてキリスト教を伝えた。

「コロンブスの交換」

アメリカ大陸に もたらされたもの	ヨーロッパに もたらされたもの
馬・牛・羊・小麦・サトウキビ・車輪・鉄器・伝染病（天然痘・インフルエンザ・ペスト）・キリスト教	トウモロコシ・トウガラシ・ジャガイモ・トマト・タバコ・サツマイモ・落花生・カカオ・カボチャ・ピーマン・インゲンマメ・七面鳥・伝染病（梅毒）

アメリカ大陸とヨーロッパ大陸の動植物などの交流は「コロンブスの交換」といわれ、両大陸のその後の生活に大きな変化を与えた。コロンブスがアメリカ大陸に到着して以降、アメリカ大陸原産の作物がヨーロッパにもたらされ、ヨーロッパから世界各地に広がっていった。ヨーロッパ人が最初に持ち帰ったのが、当時「新大陸の小麦」といわれたトウモロコシである。トウモロコシは熱帯でも育つのでアフリカや東南アジアでも栽培されるようになった。日本には16世紀末に伝えられた。同時期にタバコ・トウガラシ・カボチャなどが日本に伝来した。それらの作物よりも早く伝来したのが「唐瘡」「琉球瘡」とよばれた感染症の一つである梅毒だった。琉球では「南蛮瘡」といい、倭寇によって伝えられた可能性が高い。

17世紀頃

ロシア帝国 / 樺太 / チャハル / 蝦夷 / 松前 / 北京 / 朝鮮 / 対馬 / 漢城 / 釜山 / 江戸 / 清 / 上海 / 日本 / 寧波 / 福州 / 長崎 / 薩摩 / 広州 / 厦門 / 琉球王国 / ビルマ / マカオ / 台湾 / シャム / ベトナム / マニラ / フィリピン

0　1000km

清の直轄地 / 清への朝貢国 / 日本の4つの窓口 / スペイン領 / イギリス領 / オランダから日本への経路

江戸幕府とオランダ

オランダは、アジア各地に商館を開き、台湾を一時占領して中国との貿易の拠点とした。1637年におこった島原・天草一揆では、江戸幕府との関係を強める意図もあり幕府側に協力した。幕府が段階的に外国船の来航禁止令を出すなか、オランダはヨーロッパ諸国の中で唯一、長崎の出島での貿易を認められた。

➡❷長崎の平戸にあったオランダ商館（2011年に復元された倉庫）

17世紀の世界 （日本は江戸時代）

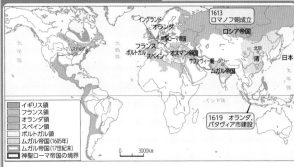

1613 ロマノフ朝成立 / イングランド / オランダ / 神聖ローマ帝国 / ロシア帝国 / ニューアムステルダム / フランス / ポルトガル / スペイン / オスマン帝国 / サファヴィー朝 / ムガル帝国 / 北京 / 清 / 日本 / 1619 オランダ、バタヴィア市建設

イギリス領 / フランス領 / オランダ領 / スペイン領 / ポルトガル領 / ムガル帝国（1605年）/ ムガル帝国（17世紀末）/ 神聖ローマ帝国の境界

0　3000km

①ヨーロッパでは、スペインから独立したオランダが海上貿易で繁栄。海外拠点を広げ、国際商業の覇権を握った。フランスでは絶対王政が最盛期をむかえ、イギリスでは、イギリス革命（1640〜60年）と名誉革命（1688〜89年）を経て、議会政治の基礎がつくられた。フランス・イギリスは海外に植民地を広げた。とくに両国はインドや北アメリカに進出し、互いに勢力争いを繰り広げた。
②イスラームの支配領域では、ムガル帝国が最盛期をむかえた。
③中国では、明が滅亡し、清が中国支配を確立。

⬅❶ムガル帝国時代の建築タージ＝マハル廟（インド）
世界遺産

18世紀頃

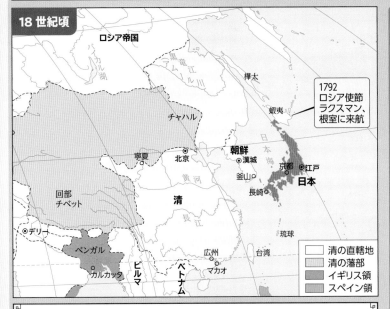

ロシア帝国 / 黒竜江 / 樺太 / チャハル / 蝦夷 / 1792 ロシア使節ラクスマン、根室に来航 / 寧夏 / 北京 / 朝鮮 / 漢城 / 釜山 / 京都 / 江戸 / 日本 / 長崎 / 清 / 回部 / チベット / 黄河 / 長江 / 琉球 / デリー / ベンガル / 広州 / 台湾 / ビルマ / カルカッタ / マカオ / ベトナム

清の直轄地 / 清の藩部 / イギリス領 / スペイン領

海外情報の入手

「鎖国」とよばれる状態であっても、江戸幕府は、オランダ商館から海外情報を得ており、フランス革命やアヘン戦争の情報も伝わっていた。また、ナポレオンも幕末の志士たちに知られており、西郷隆盛は、蘭学者の小関三英が翻訳した『那波列翁伝初編』を愛読していたといわれる。

➡❹出島に移ったオランダ商館でのオランダ人のようす（『唐蘭館絵巻』）
長崎歴史文化博物館蔵

18世紀の世界 （日本は江戸時代）

大ブリテン王国 / 1789〜99 フランス革命 / オランダ / 神聖ローマ帝国 / ロシア帝国 / ボストン / フィラデルフィア / フランス / ポルトガル / スペイン / オスマン帝国 / アフシャール朝 / 北京 / 清 / 日本 / 1776 アメリカ独立宣言 / ケープタウン / 1736 サファヴィー朝滅亡

清の最大領域 / イギリス領 / フランス領 / オランダ領 / スペイン領 / ポルトガル領 / 1776年に独立した13州 / 神聖ローマ帝国の境界（1763）

0　3000km

①ヨーロッパでは、イギリスで18世紀後半から産業革命がはじまり、繁栄期をむかえた。フランスでは、絶対王政に対する不満からフランス革命がおこった。
②ロシア（ロマノフ朝）では、1682年にピョートル1世が帝位につき、以後、大国としての地位を固めていった。その後、エカチェリーナ2世が勢力を拡大した。
③北アメリカでは、東部の13植民地がイギリスの支配に対して独立革命をおこし、アメリカ合衆国が建国された。
④中国では、康熙帝・雍正帝・乾隆帝の時代に、清が最盛期をむかえた。

⬅❸フランス国王の宮殿ヴェルサイユ宮殿（フランス）
世界遺産

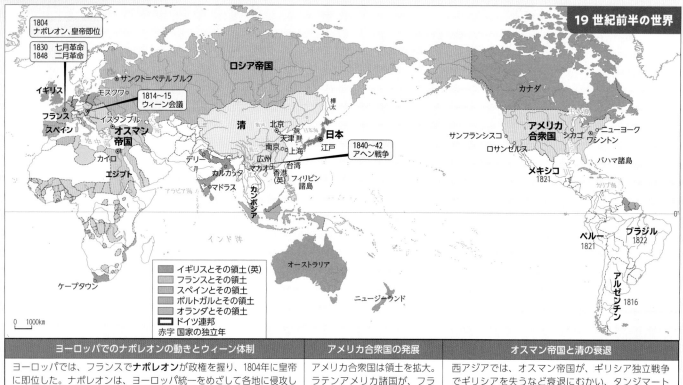

19世紀前半の世界

1804 ナポレオン、皇帝即位
1830 七月革命
1848 二月革命
1814〜15 ウィーン会議
1840〜42 アヘン戦争

イギリス
フランス
スペイン
オスマン帝国
エジプト
ロシア帝国
清
日本
カナダ
アメリカ合衆国
メキシコ 1821
ペルー 1821
ブラジル 1822
アルゼンチン 1816
カンボジア

- イギリスとその領土（英）
- フランスとその領土
- スペインとその領土
- ポルトガルとその領土
- オランダとその領土
- ドイツ連邦
- 赤字 国家の独立年

0 1000km

ヨーロッパでのナポレオンの動きとウィーン体制

ヨーロッパでは、フランスで**ナポレオン**が政権を握り、1804年に皇帝に即位した。ナポレオンは、ヨーロッパ統一をめざして各地に侵攻したが、ロシア遠征の失敗などで失脚した。1814年、ナポレオンによる戦争などの混乱を収拾するため、ヨーロッパ各国の代表によるウィーン会議が開催され、革命以前の状況への復帰などを目的とした**ウィーン体制**が成立した。

アメリカ合衆国の発展

アメリカ合衆国は領土を拡大。ラテンアメリカ諸国が、フランス・スペイン・ポルトガルから独立を達成。

オスマン帝国と清の衰退

西アジアでは、オスマン帝国が、ギリシア独立戦争でギリシアを失うなど衰退にむかい、タンジマートなどの改革がおこなわれた。中国では、中国市場の開放と自由貿易をもとめるイギリスが**アヘン戦争**をおこし、清が敗北した。

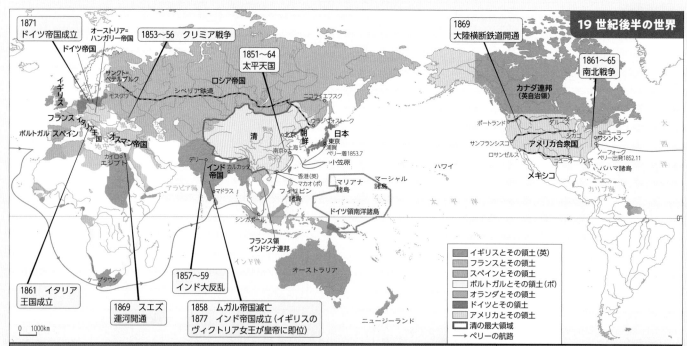

19世紀後半の世界

1871 ドイツ帝国成立
1853〜56 クリミア戦争
1851〜64 太平天国
1869 大陸横断鉄道開通
1861〜65 南北戦争
1861 イタリア王国成立
1869 スエズ運河開通
1857〜59 インド大反乱
1858 ムガル帝国滅亡
1877 インド帝国成立（イギリスのヴィクトリア女王が皇帝に即位）

ドイツ帝国
オーストリア＝ハンガリー帝国
イギリス
フランス
イタリア王国
ポルトガル
スペイン
オスマン帝国
エジプト
ロシア帝国
シベリア鉄道
清
朝鮮
日本
インド帝国
カナダ連邦（英自治領）
アメリカ合衆国
メキシコ
ハワイ
マリアナ諸島
マーシャル諸島
ドイツ領南洋諸島
フランス領インドシナ連邦
オーストラリア
ニュージーランド

- イギリスとその領土（英）
- フランスとその領土
- スペインとその領土
- ポルトガルとその領土（ポ）
- オランダとその領土
- ドイツとその領土
- アメリカとその領土
- 清の最大領域
- → ペリーの航路

0 1000km

ヨーロッパの帝国主義と世界

19世紀後半の世界は、列強が市場と原材料供給地をもとめ、各地で植民地獲得競争を激化させる**帝国主義**の時代となった。ヨーロッパでは、ドイツ・イタリアが統一を実現。また、ヨーロッパ諸国のアジア・アフリカへの進出が強まった。イギリスは、インドの直接統治に乗り出し、1877年にヴィクトリア女王を皇帝とする**インド帝国**を成立させた。

アメリカの躍進と日本の開国

アメリカ合衆国は、太平洋を横断する船舶や捕鯨船の寄港地とするため、**ペリー**を日本に派遣し、日本を開国させた。国内的には、**南北戦争**（1861〜65年）後、大陸横断鉄道が開通し、世界第一の工業国に躍進した。西部開拓が進み、1890年代にフロンティアが消滅した。

アジアの興亡

中国では、清がアロー戦争・清仏戦争・**日清戦争**に敗れ、国力が衰えた。インドでは、大反乱のなかでムガル帝国が滅亡した。オスマン帝国では、ミドハト憲法が制定された。東南アジアでは、**フランス領インドシナ連邦**が成立した。

近代化

18世紀から19世紀にかけて、産業社会と国民国家の形成が進んだ。多くの地域で生産力が向上し、人口や交通の面でも変革がおこり世界の一体化が進展した。また、「国家」と「国民」のあり方をめぐり、政治への意識、学校教育、働き方などにも変化が生じた。

アメリカ	ヨーロッパ	西アジア・アフリカ	南・東南アジア	東アジア	日本
1804 ハイチ独立 ●スペイン諸地域で独立の動き 1812～14 米英戦争 合衆国の発展 ラテンアメリカ諸国の独立 ●フロンティアの西進 1846～48 米墨戦争 1848～ ゴールドラッシュ	1804 ナポレオン、皇帝となる 1806 大陸封鎖令 1814 ナポレオン退位 1814～15 ウィーン会議 ●ウィーン体制 1830 七月革命(仏) 自由主義運動 1848 二月革命(仏) 三月革命(独)	イギリスの工業化と対外進出 オスマン帝国（衰退） 1821～29 ギリシア独立戦争 1839 タンジマート開始	ムガル帝国(イギリスの支配進む) カージャール朝 1802 阮朝建国（ベトナム） 1813 英、東インド会社のインド貿易独占権廃止 1830 オランダ、ジャワで強制栽培制度実施 ヨーロッパ列強の東南アジア進出	清(イギリスの進出と清の動揺) 1840～42 アヘン戦争 1842 南京条約(対英)	1808 フェートン号事件 1825 異国船打払令 1833～39 天保の飢饉 1841～43 天保の改革
1861～65 南北戦争 1865 奴隷制廃止 1869 大陸横断鉄道開通 合衆国の成長→海外進出 **1890年代 フロンティアの消滅** 1898 米西戦争	国民主義の時代→列強対立へ 1852 仏、第二帝政 1861 イタリア王国成立 1871 ドイツ帝国成立 (ビスマルク外交) 1876 ミドハト憲法制定 1877～78 露土戦争 1882 三国同盟 1891 露仏同盟	1869 スエズ運河開通 1881～82 エジプト、ウラービー運動	フランスのインドシナ進出 1857～59 インド大反乱 1858 ムガル帝国滅亡 1877 インド帝国成立 1887 仏領インドシナ連邦成立 1896 英、連合マレー諸州結成	フランスの清 1856～60 アロー戦争 1860 北京条約 ●洋務運動 1884～85 清仏戦争 朝鮮 1894 朝鮮で甲午農民戦争→日清戦争 ●中国分割の危機 1900～01 義和団戦争	江戸時代／明治時代 朝鮮 1853 ペリー来航 ●明治維新 1876 日朝修好条規 1895 下関条約

中央に横断して：帝国主義時代の開幕（欧米列強の侵略と民族運動）

「アジア」をみる視点

中国と日本の開国・開港

中国では、アヘン戦争(1840～42年)の結果、イギリスが清を開国させ、フランスなども、清の広大な市場をねらい、進出した。日本は開国を機に、幕末の動乱を経て江戸幕府が倒れ、明治政府が成立した。立憲国家として発展し、日清戦争に勝利した。

日本の帝国主義と東アジア

中国では、清が日清戦争で敗れると、欧米列強が清の領土内で利権の獲得を競い、勢力範囲を定めた。日本は、日清戦争の勝利によって台湾を獲得した。20世紀初頭、大韓帝国(韓国)の支配をめぐってロシアと戦った(日露戦争)。その結果、遼東半島先端部(関東州)の租借権や樺太南部の領有権を獲得し、1910年には韓国を併合した。これによって経済的にはまだ弱国だった日本は、帝国主義列強の末席に名を連ねることになった。

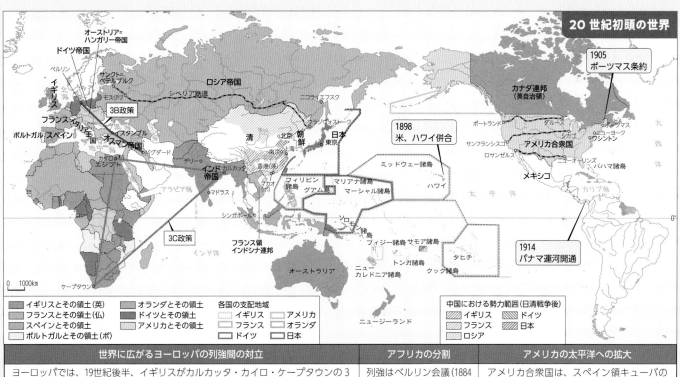

20世紀初頭の世界

世界に広がるヨーロッパの列強間の対立

ヨーロッパでは、19世紀後半、イギリスがカルカッタ・カイロ・ケープタウンの3拠点で囲まれた地域を勢力範囲とする3C政策を展開する一方、ドイツは、オスマン帝国からバグダード鉄道の敷設権を獲得し、ベルリン・イスタンブル(ビザンティウム)・バグダードを結ぶ3B政策で対抗した。また、1882年にドイツがオーストリア・イタリアと三国同盟を締結。これに対し、1907年、イギリス・フランス・ロシアが三国協商を結び、列強間の対立が一層顕著となった。

アフリカの分割

列強はベルリン会議(1884～85年)後、アフリカに殺到してその大部分を分割した。

アメリカの太平洋への拡大

アメリカ合衆国は、スペイン領キューバの独立運動に介入し、1898年にはスペインとの間で米西戦争を引きおこした。これに勝利したアメリカは、フィリピンやグアムなどを獲得し、米西戦争中に獲得したハワイを含め、太平洋地域での勢力を拡大した。

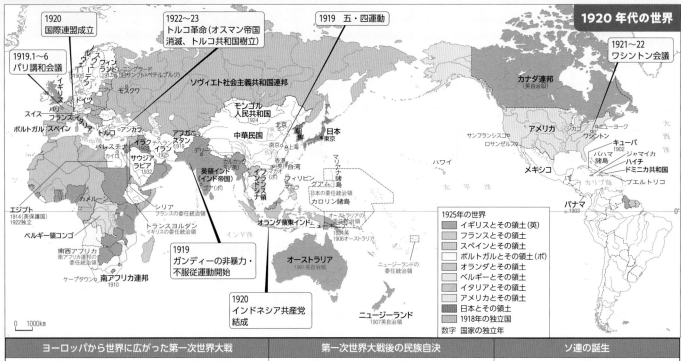

1920年代の世界

1920 国際連盟成立

1922〜23 トルコ革命（オスマン帝国消滅、トルコ共和国樹立）

1919 五・四運動

1921〜22 ワシントン会議

1919.1〜6 パリ講和会議

1919 ガンディーの非暴力・不服従運動開始

1920 インドネシア共産党結成

1925年の世界
- イギリスとその領土（英）
- フランスとその領土
- スペインとその領土
- ポルトガルとその領土（ポ）
- オランダとその領土
- ベルギーとその領土
- イタリアとその領土
- アメリカとその領土
- 日本とその領土
- 1918年の独立国
- 数字 国家の独立年

ヨーロッパから世界に広がった第一次世界大戦	第一次世界大戦後の民族自決	ソ連の誕生
帝国主義列強間の覇権争いから、ヨーロッパを主戦場にした史上初の世界大戦（**第一次世界大戦**）がおこり、戦後のパリ講和会議によって**ヴェルサイユ体制**が成立した。ヨーロッパの民族自決権が認められ、敗戦国になったドイツ、オーストリア゠ハンガリー、オスマンの3帝国は解体され、ハンガリー、ポーランド、バルト3国などの東欧諸国が独立した。	戦争で疲弊したヨーロッパ列強に代わり、アメリカやソ連、日本などが国際社会に影響力をもった。1920年に**国際連盟**が成立（アメリカは不参加）。1920年代は、ヴェルサイユ体制・ワシントン体制下に、各国で国際協調が進み、国際的に**民族自決**の風潮が広がった。	ロシアでは、第一次世界大戦中に**ロシア革命**がおこり、ロマノフ朝が消滅して史上初の社会主義政権が誕生した。1922年にはロシア・ウクライナなど4共和国が連合して**ソヴィエト社会主義共和国連邦**（ソ連邦・ソ連）を結成した。

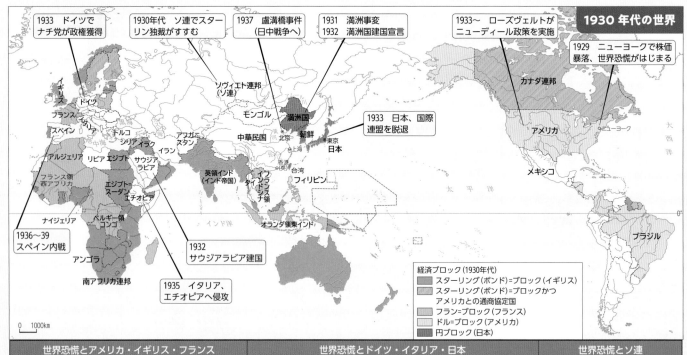

1930年代の世界

1933 ドイツでナチ党が政権獲得

1930年代 ソ連でスターリン独裁がすすむ

1937 盧溝橋事件（日中戦争へ）

1931 満洲事変
1932 満洲国建国宣言

1933〜 ローズヴェルトがニューディール政策を実施

1929 ニューヨークで株価暴落、世界恐慌がはじまる

1933 日本、国際連盟を脱退

1936〜39 スペイン内戦

1932 サウジアラビア建国

1935 イタリア、エチオピアへ侵攻

経済ブロック（1930年代）
- スターリング（ポンド）゠ブロック（イギリス）
- スターリング（ポンド）゠ブロックかつアメリカとの通商協定国
- フラン゠ブロック（フランス）
- ドル゠ブロック（アメリカ）
- 円ブロック（日本）

世界恐慌とアメリカ・イギリス・フランス	世界恐慌とドイツ・イタリア・日本	世界恐慌とソ連
1929年10月のアメリカ・ニューヨークでの株価大暴落に端を発した**世界恐慌**に対し、アメリカ・イギリス・フランスは、ドル・ポンド・フランなどの通貨を軸に、自国の植民地や勢力下の国を囲い込んだ排他的な**ブロック経済圏**を形成した。	経済基盤の弱い日本やドイツ・イタリアでは、国民の不満を背景に**ファシズム**や軍国主義が台頭し、対外侵略などで危機を打開しようとする動きが強まった。日本においては、1931年に軍部（関東軍）が中国・満洲において**満洲事変**を引きおこし、中国東北部に満洲国を建国した。1937年には盧溝橋事件を機に**日中戦争**が開始された。	社会主義国ソ連では、**スターリン**の独裁体制が確立し、第一次5カ年計画などの計画経済を進めていたため、世界恐慌の影響は少なかった。

国際秩序の変化や大衆化	1914～18年の第一次世界大戦、1939～45年の第二次世界大戦という、総力戦で甚大な被害をもたらした2度の世界大戦を経て、国家間の関係性が変化した。また、個人や集団の政治・経済・社会への参加が拡大し、大衆が登場した。

国際関係	アメリカ	ヨーロッパ	ロシア	西アジア・アフリカ	南・東南アジア	東アジア	日本
1914～18 第一次世界大戦	1918 ウィルソン、十四カ条発表		1917 ロシア革命	●イギリスの秘密外交		●軍閥割拠	1918～22 シベリア出兵
1919 ヴェルサイユ条約		1925 ロカルノ条約	1922 ソ連成立	1923 トルコ共和国成立	●ガンディー、非暴力の抵抗運動	1919 五・四運動	
1920 国際連盟成立	1921～22 ワシントン会議	●ドイツの不満		1925 イラン、パフレヴィー朝成立		1924 第1次国共合作→北伐	1931～33 満洲事変
1929 世界恐慌	1933 ニューディール	●英仏ブロック経済	●スターリン独裁		●ネルー、完全独立（プールナ＝スワラージ）を要求	1927 上海クーデタ	1937～45 日中戦争
		1933 独、ヒトラー政権				1934～36 長征	
		1936～39 スペイン内戦				1936 第2次国共合作	
1939～45 第二次世界大戦						**1941～45 太平洋戦争**	
1945 国際連合発足	1947 マーシャル＝プラン	1949 NATO結成	1949 コメコン設立	1948 第1次中東戦争	1947 インド・パキスタン分離独立	1949 中華人民共和国成立	●GHQの占領
	資本主義陣営	1949 ドイツ、東西分断	社会主義陣営	アジア諸国の独立→第三世界		1950～53 朝鮮戦争	1951 サンフランシスコ平和条約
1959 キューバ革命		1958 EEC発足	1955 ワルシャワ条約機構結成			1954 周恩来・ネルー会談	1956 国連加盟
		1955 アジア＝アフリカ会議（バンドン会議）					

「アジア」をみる視点
第一次世界大戦後の民族運動
第一次世界大戦後、アジアでは民族運動が高揚した。中東では、**トルコ革命**によってトルコ共和国が誕生した。インドでは、**ガンディー**らが非暴力・不服従の理念を掲げ、独立運動を進めた。東南アジアでは、オランダ領東インド（インドネシア）、フランス領インドシナ連邦などで独立運動がおこった。1919年、中国で**五・四運動**、朝鮮で**三・一独立運動**がおき、排日・反日の機運が盛り上がった。

イスラエルとアラブ諸国
パレスチナでは、1948年にユダヤ人によるイスラエルが建国、これを認めないアラブ諸国とイスラエルとのあいだで**第1次中東戦争**（パレスチナ戦争）が勃発。イスラエルが勝利し、多くのアラブ人が難民となった（**パレスチナ難民**）。

第二次世界大戦後のアジア
・第二次世界大戦後、ベトナムがフランスからの独立を宣言し、1946年に**インドシナ戦争**が勃発。1954年にジュネーヴ休戦協定が結ばれ、フランスはインドシナから撤退し、北緯17度線を境に、ベトナムは、アメリカが支援するベトナム共和国（**南ベトナム**）と、中国・ソ連が支援するベトナム民主共和国（**北ベトナム**）に分断された。
・中国では、中国共産党と中国国民党の内戦が再発。勝利した共産党が1949年に**中華人民共和国**を成立させた。一方、蔣介石の国民政府は台湾に逃れ、中華民国政府を維持した。
・朝鮮半島では、北緯38度線を境に、南はアメリカ軍、北はソ連軍の占領下におかれた。1948年に、南に**大韓民国（韓国）**、北に**朝鮮民主主義人民共和国（北朝鮮）**が成立した。その後、1950年に北朝鮮が朝鮮半島の統一をめざして韓国に侵入し、**朝鮮戦争**がはじまり、1953年に休戦協定が結ばれた。
・日本は、1951年に**サンフランシスコ平和条約**を締結し、翌年主権を回復した。1956年、国際連合に加盟し、日本は国際社会に復帰した。

1940～50年代の世界

凡例：
- 北大西洋条約機構加盟国（1991年まで）
- ワルシャワ条約機構加盟国（1991年まで）
- 戦後独立した国
- 数字 独立年
- （仏）フランス領

アメリカが主導する国際経済体制	ドイツの東西分断と西ヨーロッパ	東ヨーロッパ・ソ連と西側諸国の対立	アジア・アフリカの独立
1945年10月、**国際連合**が発足した。アメリカが戦後の国際経済体制を主導した。米ソ両大国の対立は、アメリカを中心とする資本主義陣営（西側）とソ連を中心とする社会主義陣営（東側）が対立する**冷たい戦争（冷戦）**へと発展していった。	敗戦国のドイツは、第二次世界大戦終戦後、米・英・仏・ソによって分割占領・共同管理され、ベルリンも同じ4か国の共同管理とされた。1949年に資本主義国のドイツ連邦共和国（**西ドイツ**）と、社会主義国のドイツ民主共和国（**東ドイツ**）が成立した。また、イタリアは王政から共和政にかわった。	第二次世界大戦後、東ヨーロッパ（東欧）では、社会主義国が次々と誕生した。これに対し、イギリスの前首相チャーチルは「鉄のカーテン」演説で社会主義国の閉鎖性を非難した。米・英・仏などの西側諸国が1949年に**北大西洋条約機構（NATO）**を結成すると、1955年にソ連と東欧諸国は**ワルシャワ条約機構**を結成した。	1940年代後半以降にアジア諸国の多くが独立を達成し、1950年代以降にはアフリカ諸国が次々と独立した。1955年、**アジア＝アフリカ会議**（バンドン会議）が開催され、平和共存を訴える平和十原則が確認された。

1960年代の世界

1968 「プラハの春」をソ連が弾圧

1969 中ソ対立が激化し、国境紛争に発展

1962 キューバ危機

1963 ケネディ米大統領が暗殺される

ソヴィエト社会主義共和国連邦

中華人民共和国

日本

アラスカ（アメリカ合衆国）

カナダ

アメリカ合衆国

北大西洋条約機構加盟国（1991年まで）
ワルシャワ条約機構加盟国（1991年まで）
戦後独立した国
数字 独立年（1960年代以降）
1960年の独立国（アフリカ）
(⚮) フランス領

0 1000km

アメリカとキューバ危機・ベトナム戦争	西ヨーロッパの動き	東ヨーロッパの動きとソ連の威信低下	アジア・アフリカの独立と連携
1962年、ソ連がキューバにミサイル基地を建設すると、米ソ間に全面的な核戦争の危機が迫った（**キューバ危機**）。ソ連の譲歩で危機は回避され、1963年、米・ソ・英の三か国間で部分的核実験禁止条約が締結された。1965年、アジアでの共産主義拡大を防ぐため、北ベトナムへの空爆と南ベトナムへの派兵を開始し、**ベトナム戦争**が本格化した。	フランスが1964年に中華人民共和国を承認し、1966年にはNATOの軍事機構を脱退する（2009年に完全復帰）など独自外交を展開した。1967年には**ヨーロッパ共同体（EC）**が発足し、西ヨーロッパの地域統合にむけた動きが進んだ。	1961年に、東ドイツがベルリンの壁を建設し、ベルリンの東西を分断した。1968年にチェコスロヴァキアの民主化運動にソ連が軍事介入し、弾圧した。**中ソ対立**が激化し、1969年には軍事衝突にまで発展した。東側陣営の盟主としてのソ連の威信は低下した。	1960年には、セネガル、コートジボワール、ナイジェリアなど17か国が独立し、「**アフリカの年**」といわれた。1963年にはアフリカ統一機構（OAU）が結成された。アジアでは、1967年、インドネシア・シンガポール・タイ・フィリピン・マレーシアの5か国が、反共的立場を明確にした**東南アジア諸国連合（ASEAN）**を結成した。

1970～80年代の世界

1985 ゴルバチョフ、ソ連書記長就任

1979 ソ連がアフガニスタン侵攻

1972 ニクソン訪中で米中が接近

1986 チョルノービリ（チェルノブイリ）原発事故

1985 プラザ合意

1971 金・ドル交換停止発表

1975 ベトナム戦争終結
1976 南北ベトナム統一

1973 第4次中東戦争 → 第1次石油危機

1975 アンゴラ内戦勃発

1982 フォークランド紛争

チェコスロヴァキア
ソヴィエト社会主義共和国連邦
中華人民共和国
日本
カナダ
アメリカ合衆国
レバノン
イスラエル
アフガニスタン
アンゴラ
南アフリカ共和国

北大西洋条約機構加盟国（1991年まで）
ワルシャワ条約機構加盟国（1991年まで）

0 1000km

アメリカと新冷戦	ヨーロッパ統合の動き	ソ連の改革と東ヨーロッパへの影響
ベトナム戦争の泥沼化はアメリカの経済を疲弊させ、1971年、アメリカは金・ドル兌換を停止させ、1973年には、変動相場制に移行した。1975年にはベトナム戦争が終結し、翌年にベトナム社会主義共和国が誕生して、南北統一が達成された。1981年、アメリカでレーガン政権が誕生すると、「**新冷戦**」とよばれるソ連との軍拡競争がはじまった。	西ヨーロッパでは、1973年に、イギリス・アイルランド・デンマークもECに加盟し、ヨーロッパ統合への動きが本格化した。1979年には、イギリスにサッチャー政権が誕生し、新自由主義的政策がおこなわれた。	1979年には、ソ連が親ソ派政権維持のため**アフガニスタンに軍事侵攻**。ゲリラとの内戦が泥沼化し、「新冷戦」における軍事負担とあいまって、ソ連の政治経済は閉塞化した。1985年にソ連書記長に**ゴルバチョフ**が就任すると、**ペレストロイカ**（立て直し）とグラスノスチ（情報公開）によって経済の改革と政治の民主化をめざした。1987年にはアメリカと中距離核戦力全廃条約に調印し、1989年にはアフガニスタンから撤退した。ソ連の改革は東欧に影響を与え、東欧で民主化を求める動きがおこった。

グローバル化

経済社会のグローバル化や貿易・投資の自由化をめざす経済統合の進展、高度情報社会の到来などから、あらたな国際秩序が形成されつつあるが、一方で、経済格差や難民問題・移民問題をめぐってナショナリズムの動きも活発になっている。

	アメリカ	西ヨーロッパ	東ヨーロッパ・ロシア	西アジア・アフリカ	南・東南アジア	東アジア	日本
冷戦→(平和共存)→終結	**資本主義陣営**		**社会主義陣営**	**アジア諸国の独立→第三世界**			
	支援 →						
	1962 キューバ危機	1961 ベルリンの壁構築		1960 「アフリカの年」	1960～75 ベトナム戦争	1966 文化大革命開始	●高度経済成長
	——1963 部分的核実験禁止条約——			1963 アフリカ統一機構(OAU)結成		1969 中ソ国境紛争	
	1965 北爆開始	1968 チェコスロヴァキアで「プラハの春」		1967 第3次中東戦争	1967 ASEAN 発足	1971 中華人民共和国、国連代表権獲得	**石油危機**
	1971 ドル=ショック	1967 EC 発足		1973 第4次中東戦争	1971 第3次インド=パキスタン戦争	1972 ニクソン訪中	
	石油危機					1978 日中平和友好条約	
	財政危機	1979 ソ連、アフガニスタン侵攻		1979 イラン革命		**改革・開放**	
	——1987 INF 全廃条約——	1986 ペレストロイカ		1980～88 イラン=イラク戦争	1992 ASEAN自由貿易協定(AFTA)締結	1989 天安門事件	●安定成長→経済大国化
	——1989 マルタ会談——	1989 東欧の民主化		1991 湾岸戦争		1992 中韓国交正常化	1993 55年体制崩壊
		1990 ドイツ統一			1998 インド、パキスタン核実験	2000 南北朝鮮首脳会談	
		1993 EU 発足	1991 ソ連解体				

「アジア」をみる視点

ベトナム戦争と沖縄

ベトナム戦争が沖縄の軍事的役割を増大させた。アメリカ軍のB52爆撃機が沖縄の基地からベトナムへ飛び立つなか、「祖国復帰運動」は、沖縄住民の生活と権利の擁護だけではなく、基地の全面撤去を求める「反戦・平和」運動と結びつき、さらなる高まりをみせた。

カンボジア内戦

1953年に独立したカンボジアでは、1970年に親米右派によるクーデタがおこったが、親米右派政権とポル=ポトの指導する解放勢力との内戦が続き、さらに隣国のベトナムが軍事侵攻して樹立させた政権と反対勢力との間で激しい内戦が続いた。1991年に内戦が終結すると、1993年、カンボジア王国が成立した。

アラブ諸国と石油

アラブ石油輸出国機構(OAPEC)は、1973年、第4次中東戦争が勃発すると、親イスラエル諸国に対して、原油輸出禁止措置をおこなった。石油価格の暴騰によって石油危機(オイル=ショック)が発生した。

中東情勢とアメリカ・日本

・イランでは、1979年、**イラン革命**がおこり、**イラン=イスラーム共和国**が成立。1980年、隣国のイラクは国境紛争を理由にイランに対し戦争をおこし、この戦争は1988年まで続いた(**イラン=イラク戦争**)。
・1990年、イラクが突然クウェートに侵攻した。アメリカを中心に多国籍軍が組織され、1991年、**湾岸戦争**がおきた。1993年、イスラエルとPLOの間でパレスチナ暫定自治協定が調印され、翌年、**パレスチナ暫定自治政府**が樹立された。しかし、パレスチナ暫定自治協定は履行されないまま事実上失効している。
・日本は湾岸戦争にあたり多額の戦費を分担したが、自衛隊の国際貢献が求められ、1992年、**PKO協力法**が成立した。

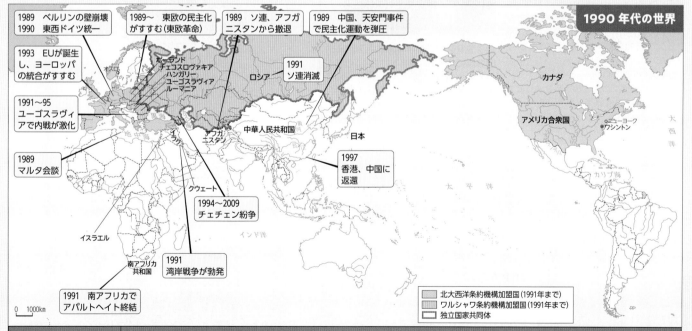

1990年代の世界

- 1989 ベルリンの壁崩壊
- 1990 東西ドイツ統一
- 1989～ 東欧の民主化がすすむ(東欧革命)
- 1989 ソ連、アフガニスタンから撤退
- 1989 中国、天安門事件で民主化運動を弾圧
- 1993 EUが誕生し、ヨーロッパの統合がすすむ
- 1991 ソ連消滅
- 1991～95 ユーゴスラヴィアで内戦が激化
- 1989 マルタ会談
- 1997 香港、中国に返還
- 1994～2009 チェチェン紛争
- 1991 湾岸戦争が勃発
- 1991 南アフリカでアパルトヘイト終結

ポーランド／チェコスロヴァキア／ハンガリー／ユーゴスラヴィア／ルーマニア／ロシア／中華人民共和国／日本／イラク／アフガニスタン／クウェート／イスラエル／南アフリカ共和国／カナダ／アメリカ合衆国／ニューヨーク／ワシントン

0 1000km

- 北大西洋条約機構加盟国(1991年まで)
- ワルシャワ条約機構加盟国(1991年まで)
- 独立国家共同体

冷戦の終結

1989年、アメリカのブッシュ大統領とソ連のゴルバチョフ書記長が首脳会談(**マルタ会談**)をおこない、冷戦に終止符を打った。

東ヨーロッパの民主化とソ連の解体

1989年、ソ連の改革の影響を受けて、ポーランド・ハンガリーなどで相次いで共産党独裁体制が崩壊した。東ドイツでは**ベルリンの壁**が崩壊し、翌年**東西ドイツが統一**された。また、1989年から1990年には、ブルガリア・チェコスロヴァキア・ルーマニアなどでも、次々と民主化が進んだ。こうした東欧の一連の民主化は**東欧革命**とよばれた。1991年、ワルシャワ条約機構が消滅し、共産党が解散宣言をし、**ソヴィエト連邦が解体**され、**独立国家共同体(CIS)**が創設された。その後、ロシアと周辺諸国で分離独立や帰属の変更を求める民族運動が頻発した。ユーゴスラヴィア連邦では、民族主義の動きが高まり、1991年、スロヴェニア、クロアチアが独立宣言をしたことを機に内戦が勃発し、連邦が崩壊した。ボスニア紛争・コソヴォ紛争ではNATO軍が介入して和平合意にこぎつけた。

2000 年代の世界

おもなできごと

2001	アメリカで同時多発テロ
2002	ヨーロッパで単一通貨ユーロ流通開始
2003	イラク戦争
2008	世界金融危機(リーマン=ショック)
2009	中国の新疆ウイグル自治区で反政府運動

2010 年代の世界

おもなできごと

2011	東日本大震災。中東で「アラブの春」。シリア内戦
2013	南スーダン内戦
2014	ロシア、クリミア半島を「編入」。「イスラーム国」樹立宣言➡❶。香港で大規模反政府デモ(雨傘運動)
2015	パリ協定採択➡❷
2018	南北朝鮮首脳会談。米朝首脳会談

↑❶ＩＳの支配領域から逃れてきたシリア人難民(トルコ) イラク戦争後、イラクでテロ活動をしていた過激派組織は、「アラブの春」とシリア内戦に乗じて勢力を拡大し、2014年に「イスラーム国(ＩＳ)」*の樹立を宣言した。国際社会による武力制裁により、支配地域は急速に縮小した。

＊ 彼らが自称する「イスラーム国」の呼称はイスラーム世界から容認されているわけではなく、本書も彼らの主張を認めるものではない。

COP21/CMP11
Paris, France

↑❷国連気候変動枠組条約第21回締約国会議(COP21) 2015年、開発途上国を含めすべての国に温室効果ガス排出量の削減目標と報告を義務づけるパリ協定が採択された。アメリカは2017年にトランプ大統領が離脱を宣言するも、2021年バイデン大統領により復帰。

2020 年代の世界

おもなできごと

2020	イギリスのEU離脱。新型コロナウイルス、世界で拡大➡❸
2021	ミャンマーで軍事クーデタ発生
2022	ロシア、ウクライナ侵攻

◀❸新型コロナウイルス感染症への対策 2020年に中国で初めて感染が確認された新型コロナウイルス感染症が一気に世界中に広まり、パンデミック(世界的流行)となった。

世界の地図（ラベル）

グリーンランド（デンマーク）、アラスカ（アメリカ合衆国）、アイスラ〔ンド〕、カナダ、バンクーバー、モントリオール、オタワ、シカゴ、ニューヨーク、サンフランシスコ、アメリカ合衆国、ワシントン、ロサンゼルス、ニューオーリンズ、メキシコ、キューバ、メキシコシティ、ベリーズ、ホンジュラス、グアテマラ、ニカラグア、エルサルバドル、コスタリカ、パナマ、カラカス、ベネズエラ、ガイアナ、スリナム、ギアナ、コロンビア、ボゴタ、キト、エクアドル、ペルー、リマ、ラパス、ボリビア、ブラジル、ブラジリア、サンパウロ、リオデジャネイロ、パラグアイ、チリ、アルゼンチン、ウルグアイ、モンテビデオ、ブエノスアイレス、サンチアゴ、レイキャヴィク、モロ〔ッコ〕、西サハラ、モーリタニア、ヌアクショット、カーボヴェルデ、セネガル、ガンビア、バマコ、ギニアビサウ、ギニア、シエラレオネ、リベリア、ジボワール

EU (欧州連合) (27か国)	ベルギー、ドイツ、フランス、イタリア、ルクセンブルク、オランダ、デンマーク、アイルランド、ギリシャ、ポルトガル、スペイン、オーストリア、フィンランド、スウェーデン、キプロス、チェコ、エストニア、ハンガリー、ラドヴィア、リトアニア、マルタ、ポーランド、スロバキア、スロベニア、ブルガリア、ルーマニア、クロアチア
アラブ連盟 (21か国と1機構)	モーリタニア、モロッコ、アルジェリア、チュニジア、リビア、エジプト、レバノン、スーダン、ソマリア、ヨルダン、シリア*、イラク、クウェート、サウジアラビア、イエメン、オマーン、バーレーン、カタール、アラブ首長国連邦、パレスチナ、ジブチ、コモロ ＊2011年に資格停止されたが、2023年に復帰した。
CPTPP(環太平洋パートナーシップに関する包括的及び先進的な協定) (11か国)	日本、カナダ、メキシコ、シンガポール、マレーシア、チリ、ペルー、オーストラリア、ニュージーランド、ベトナム、ブルネイ ＊2023年、イギリスの加入が合意された。
ASEAN (東南アジア諸国連合) (10か国)	シンガポール、マレーシア、ベトナム、ブルネイ、タイ、インドネシア、ミャンマー、ラオス、カンボジア、フィリピン
経済大国(GNI(国民総所得)上位10か国)	イギリス、フランス、ドイツ、イタリア、インド、中国、日本、カナダ、アメリカ合衆国、ブラジル

フィンランド
スウェーデン
ノルウェー
ヘルシンキ
ストックホルム サンクト=ペテルブルク
ロシア
アルハンゲリスク
ヤクーツク
モスクワ
アルメニア
エレヴァン
ジョージア
トビリシ
アスタナ
ノヴォシビルスク
イルクーツク
ハバロフスク
アゼルバイジャン カザフスタン
バクー
ウランバートル
ウラジヴォストーク
モンゴル
ウズベキスタン
トルクメニスタン
タシケント
ビシュケク
キルギス
北京
朝鮮民主主義
人民共和国
ピョンヤン ソウル
東京
チュニス
マルタ
チュニジア
アンカラ
トルコ
アシガバート
ドゥシャンベ
タジキスタン
中華人民共和国
大韓民国
日本
トリポリ
テヘラン
イラン
アフガニスタン
カーブル
イスラマバード
ブータン
南京
リビア
エジプト
カイロ
クウェート
サウジアラビア バーレーン
カタール
オマーン
パキスタン
ネパール
デリー
コルカタ
(カルカッタ)
ミャンマー
ネーピードー
台北
台湾
香港
リヤド
アラブ首長国連邦
マスカット
カラチ
インド
ムンバイ
(ボンベイ)
バングラデシュ
ハノイ
ビエンチャン
ニジェール
スーダン
ハルツーム
エリトリア
アスマラ
サヌア
イエメン共和国
チャド
ンジャメナ
ジブチ
チェンナイ
(マドラス)
タイ
バンコク
ラオス
ベトナム
マニラ
フィリピン
マーシャル諸島
ナイジェリア
カメルーン
中央アフリカ
南スーダン
ジュバ
アジスアベバ
エチオピア
ソマリア
モルディブ
スリジャヤワルダナプラコッテ
スリランカ
カンボジア
パラオ
ミクロネシア連邦
キリバス
ガボン
コンゴ共和国
ウガンダ
ルワンダ
ブルンジ
ケニア
ナイロビ
モガディシュ
クアラルンプール
マレーシア
ブルネイ
ナウル
赤道
サントメ・プリンシペ
キンシャサ
コンゴ民主
共和国
ルアンダ
ドドマ
タンザニア
マラウィ
セーシェル
シンガポール
シンガポール
インドネシア
パプア
ニューギニア
ツバル
アンゴラ
ザンビア
モザンビーク
コモロ
ジャカルタ
東ティモール
ポートモレスビー
ソロモン諸島
バヌアツ
サモア
ジンバブエ
マダガスカル
モーリシャス
フィジー
トンガ
ナミビア ボツワナ
ハボローネ
プレトリア
エスワティニ
レソト
南アフリカ共和国
ケープタウン
オーストラリア
キャンベラ

1：88000000

ニュージーランド
ウェリントン

100° 120° 140° 160° 180°

32° 36° 40° 44°
トルコ
200km
キプロス
ニコシア
シリア
36°
ベイルート
レバノン ダマスクス
バグダード
32°
エルサレム
イスラエル
ヨルダン
アンマン
イラク
サウジアラビア

バハマ
70° 60°
500km
20°
ドミニカ共和国
セントクリストファー・
ネービス
ポルトープランス
サントドミンゴ
アンティグア・
バーブーダ
ジャマイカ
ハイチ
ドミニカ国
セントルシア
セントビンセント・
グレナディーン諸島
バルバドス
グレナダ
トリニダード・トバゴ
10°
コロンビア
ベネズエラ

10° 0° 10° 20° 30° 40°
タリン
エストニア
0 500km
リガ ラトヴィア
アイルランド
ダブリン
イギリス
デンマーク
アムステルダム
コペンハーゲン
リトアニア
ヴィリニュス
ミンスク
ロシア
50°
オランダ
ベルリン
ワルシャワ
ベラルーシ
ロンドン
ブリュッセル
ベルギー
ドイツ
ポーランド
キーウ(キエフ)
パリ
ルクセンブルク
プラハ
チェコ
スロヴァキア
ウクライナ
リヒテンシュタイン
ブラチスラヴァ
ブダペスト
モルドヴァ
キシナウ
フランス
ベルン
スイス
ウィーン
オーストリア
ハンガリー
ルーマニア
ジョージア
スロヴェニア
クロアティア
ベオグラード
ブカレスト
ポルトガル
マドリード
アンドラ
サンマリノ
モナコ
イタリア
ボスニア・
ヘルツェ
ゴヴィナ
セルビア
コソヴォ ブルガリア
モンテネグロ
ソフィア
アンカラ
リスボン
スペイン
ローマ
ヴァチカン
市国
リ
ティラナ
アルバニア
北マケドニア
ギリシア
トルコ
アテネ
50°
40°

❶ 歴史学と歴史資料

歴史学は、さまざまな歴史資料の分析・解釈を通じて史実を明らかにし、歴史像を構築する学問である。歴史資料には右の①〜④のように、さまざまな種類がある。歴史学においては、資料を読み取ること、分析すること、またそのためにも資料を収集・保存することが欠かせない。

▶一次史料と二次史料…ある出来事が発生した時点で当事者や関係のある者が書いた文書・記録などを一次史料といい、一次史料をもとにのちに編纂された史料などを二次史料という。一次史料は二次史料よりも信憑性は高いが、不正確なこともあるので史料批判の作業が欠かせない。

①**文献資料(史料)** …文書(古文書)、記録(日記、新聞・雑誌記事など)、編纂物など文字で記された資料

②**考古資料**…考古学的発見によって得られた遺構・遺物など

③**民俗資料**…伝説・民話、風俗、習慣、生活用具など

④**その他の資料**…絵画、地図、写真、映画、録音など

❷ 歴史資料と史料批判

資料に書かれた内容は、必ずしもすべてが正しいとは限らない。資料を批判的に見たり、複数の資料を用いて検証したりする、「史料批判」も大切である。

●『吾妻鏡』の記述は信用できるか ➡p.144 ❻

◀❶吾妻鏡
『吾妻鏡』は、1180年4月の以仁王令旨(平清盛の討滅を命じた令旨)から始まる。

①資料の概要
『吾妻鏡』は、現存する写本では1180年から1266年まで(途中10年ほどの空白がある)の鎌倉幕府の事蹟を編年体で記した史書で、鎌倉幕府研究の基本史料である。幕府にあった文書・記録のほか、公家の日記など京都側の史料も使われている。

②資料の特徴・注意点
二次史料であり、編纂する側の意図が働き、記述がすべて正しいわけではない。鎌倉幕府や北条氏にとって都合の悪いことは記述されていない可能性がある。

③『吾妻鏡』の謎の一例
『吾妻鏡』には、源頼朝が死去した1199年1月13日の記事がない。1212年2月28日の記事では、1198年12月27日に頼朝が落馬し、それが原因で死んだとあるが、その12月27日の記事もない。頼朝の死について、何らかの事実が隠蔽されているのかもしれない。

●織田信長による比叡山延暦寺の焼打ちは事実だったか ➡p.176

九月十二日、叡山を取詰め、根本中堂、三王廿一社を初め奉り、霊社、僧坊、経巻一字も残さず、一時に雲霞の如く焼き払ひ、灰燼の地となすこそ哀れなれ。(中略)諸卒四方より閧音を上げて攻め上る。僧俗、児童、智者、上人、一々に頭をきり、信長の御目に懸くる。(中略)数千の屍、算を乱し、哀れなる仕合せなり。『信長公記』ⓒ

十二日辛未、天晴。(中略)織田弾正忠、暁天より上坂本を破られ火を放つ。次いで日吉社残さず、山上東塔、西塔、無動寺(無動寺)残らず火を放つ。山衆悉く討死すと云々。(中略)講堂以下諸堂に火を放ち、僧俗男女三四千を伐り捨て、堅田等に火を放つ。《言継卿記》ⓐ

のふなか(信長)のほり(登り)て、ひゑ(比叡)の山、さかもと(坂本)・みなのこらすはうくわ(放火)する。そのほか山王、八王子なとまてやく(焼く)。《お湯殿の上の日記》ⓑ

①資料の概要
これらの史料は、1571年9月に織田信長軍が比叡山延暦寺を焼打ちしたことを伝えている。ⓐは京都の公家の山科言継の日記、ⓑは天皇に仕える女官が当番で記した日記、ⓒは信長の側近だった太田牛一が記したものである。

②資料の特徴・注意点
ⓐとⓑは同時代の人が書いた一次史料として信憑性がある。さらにⓒは二次史料ではあるが、比較的正確に事実を伝えているとして高く評価されている史料である。そのため信長軍による比叡山焼打ちと大量殺戮(千余〜数千人)は事実とされてきた。

③発掘調査との関係
しかし工事に伴う発掘調査の結果、焼打ちによって焼失した建物は根本中堂と大講堂などごく少数で、焼打ち以前に廃絶していたものが大半であったと報告された。調査された場所が限定されているので断定はできないが、うわさを信じて書いたか、かなり誇張して書いた可能性もある。一次史料といえども必ずしも信用できない、史料批判が必要であることを教えてくれる一例である。

❸ 歴史資料の見方・考え方

歴史資料を扱う際には、その資料の特徴を読み取ったうえで検討することが大切である。

	①文献資料	②考古資料	③民俗資料	④その他の資料
ポイント	資料から確認する点　いつの資料か(作成された時期)／何についての資料か(内容)／その資料から何が言えるか(分析)			
	「歴史的な見方・考え方」との関係 ➡p.23 ❶　時系列の流れを確認／事象の推移・変化を確認／複数の資料を比較／事象の因果関係などのつながりを確認／資料の時代の背景を考えながら、現在とのつながりも考える			
個別の特徴	・一次史料か二次史料かを確認 ・どのような種類の資料か(私的な日記、契約の証文、公のものとして記録された公文書など)を確認 ・だれが作成したものか(作成者、著者、作成を命じた人など)を確認 ・どのような立場の資料か(作成者の立場・血縁関係・上下関係など)を確認 ・立場から考えられる注意点(その立場にとって不利なことは書かれていないおそれがあるなど)を確認	・出土した地域・場所を確認 ・出土した地層を確認 ・範囲を記録する分布調査、土砂を取り除いて遺構や遺物を掘り出す発掘調査、形を図る測量調査などがある ・電子顕微鏡をもちいた植物の種の観察・特定や、遺物から年代を求める年輪年代測定法(➡p.25)や炭素14年代測定法(➡p.25)などがある ・海中や湖底などの水中遺跡の調査もおこなわれる(➡p.24)	・どの地域に伝わるものかを確認 ・地域の歴史や文化、気候、環境などとの関連を確認 ・生活用具などについては、使用方法を確認	・だれが作成したものか(作成者、画家、撮影者、作成を命じた人など)を確認 ・どのような立場の資料か(作成者の立場・血縁関係・上下関係など)を確認 ・立場から考えられる注意点(その立場にとって不利なことは表現されていないおそれがあるなど)を確認 ・とくに風刺画では、特徴を誇張して表現する特色があることをふまえる ・当事者から聞き取り記録する調査は「オーラル・ヒストリー」とよばれる

古代以来、さまざまな内容・様式の文書が作成されてきた（古文書）。失われたものも多いが、現在でも膨大な量が残っている。和紙に書かれた文書のほか、木簡なども含まれる。

重要な古文書は活字化され、現在の東京大学史料編纂所が編纂・刊行してきた『大日本古文書』『大日本史料』や各地の自治体史の史料編などに収められているが、近世文書のうち村方文書や町方文書は大量すぎて大半が活字化されていない。

1 古代の古文書

和紙は中性紙であり保存に適している。また墨は水に強い。そのため1000年以上前の古文書も200年前の古文書と同じように残っている。

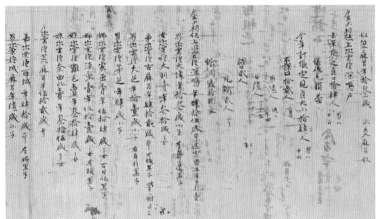

↑①山背国愛宕郡出雲郷の計帳（「正倉院文書」）→p.81①（3行目以降）　出雲郷は現在の京都市北区・上京区付近にあった。計帳は調・庸などの人頭税を収取するための台帳であり、氏名・年齢・性別のほか、「左鼻辺黒子」「右目後黒子」のように個人の身体的特徴も記されている。「正倉院文書」は奈良の正倉院（→p.95①）に保管されてきた1万数千点からなる文書群で、戸籍・計帳・正税帳などは古代律令制支配の実態や、当時の社会構造などを解明するための基本史料である。複製：国立歴史民俗博物館蔵　原品：宮内庁正倉院事務所蔵

↑②藤原京出土木簡　奈良文化財研究所蔵
木簡 →p.72 ②③、81 ①、89 ①
木簡は木を削ったものに墨書したもので、意思の伝達や記録のために使用された。律令体制の整備にともない、事務にかかわる大量の文書が必要となったが、紙は大変な貴重品であった。木簡は、おもに官人の事務連絡や記録用に使った文書木簡と、物品にくくりつけられた付札木簡とに分けられる。とくに、付札木簡は、都におさめる税の品目や量などが詳細に記されており、律令国家の実態を把握する重要な史料となっている。

木簡は、長さ20～30cm、幅2～4cmのものがもっとも多い。なかには、長さが1mをこえるものや2cmほどのものもある。紙の生産量が少なかった7～9世紀にもっとも多く作成された。一定期間保存した後は、不要になると廃棄されたり、削って再利用されたりした。なお、竹製のものは竹簡という。

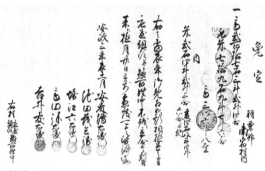
出雲評支豆支里大贄煮魚須々支

2 中世の古文書

最初に「為異賊警固」とあり、モンゴル軍の襲来に備え、北条兼時・時家を鎮西のため九州に遣わすことなどが書かれている。この文書から、弘安の役（1281年）の12年後に「異賊」（蒙古）の侵攻を警戒して防衛策を講じていたことが判明する。

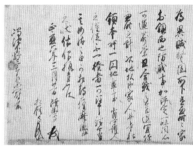

↑③関東御教書（「島津家文書」）　御教書は貴人の意を伝達するために出された文書。関東御教書は鎌倉幕府の将軍の意向を受けた執権・連署が署名して出した文書である。この関東御教書は、9代執権北条貞時と連署の北条宣時が1293年3月に薩摩国の守護である島津忠宗に宛てて出したもの。東京大学史料編纂所蔵

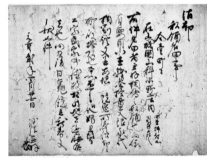

古文書の大敵がネズミや紙魚（しみ）などの虫である。左の「沙弥兼好田地売券」は補修されているものでわかりにくいが、実はミミズがはったような穴がたくさんある。これは虫が和紙を食べた跡である。風通しをよくし、防虫剤などで大切な古文書を虫から守る必要がある。

↑④沙弥兼好田地売券（「大徳寺文書」）　財産を売買する際に、売り主が買い主に与える証文を売券（沽却状）という。この文書は、1322（元亨2）年に『徒然草』で有名な兼好法師（→p.144①）が山城国山科小野荘内（現在の京都市山科区）の田地を売却した際に作成されたものである。
大徳寺蔵　東京大学史料編纂所蔵写真

兼好法師は本名を卜部兼好といい、朝廷に仕えたが、1313年の文書には「兼好御房」、この1322年の文書には「沙弥兼好」とあり、1313年にはすでに出家していたと考えられる。

3 近世の古文書

近世の古文書、とくに公文書は全国統一の御家流（青蓮院流→p.149⑩）で書かれ、比較的読みやすい。

（左側の文書）

↑⑤村方文書（年貢免定）　近世の村関係の文書（村方文書・地方文書）には、検地帳、村明細帳、宗門改帳、五人組帳、村掟、質地証文など、さまざまなものがある。年貢免定（年貢割付状）は、領主が年貢を賦課する際に作成されたもので、名主（庄屋）の家で保存されることが多かった。この免定は1856（安政3）年の美濃国羽栗郡南宿村（現在の岐阜県羽島市）のもので、領主は名古屋（尾張）藩である。

「免定　羽栗郡　南宿村内　一　高弐百拾七石三斗弐升四合　宛米七拾九石九斗七升六合　高三ツ六分八厘…右は当辰年御免相　かくの如く相極　これを遣し候間　庄屋、組頭ならびに惣百姓中残らず立会　割符せしめ　来る極月廿日已然　急度　皆済せしむべきものなり…」と読む。今年の年貢米79石9斗7升6合を12月20日以前にすべて納めよ、という内容である。村の石高に対する年貢率は3割6分8厘で四公六民以下である。

● その他の資料
文字史料以外の資料でも、資料の内容や資料からわかることを丁寧に確認しよう。

（右側の風刺画）

↑⑥明治時代の風刺画（ビゴー筆）　作成年は1888年。描かれているのは、右が伊藤博文で、左の額の中にいるのはドイツ（プロイセン）の首相のビスマルクである。この時期は伊藤が憲法調査のために渡欧し、君主権の強いドイツの憲法を学んでおり、伊藤がビスマルクに挨拶（鏡餅があることから、新年の挨拶）をしているようすが描かれている。こののち1889年に大日本帝国憲法が発布される。→p.253 ⑥⑦、260 ⑥

❶ 探究の手順

あるテーマや課題について、さまざまな資料を使ってアプローチし、課題を解決していくのが歴史の探究である。

📝 探究を深めると、考えや疑問、課題が新たに更新されて、また探究がくり返されていく。

①テーマ・課題の設定	②「問い」の設定	③「仮説」を立てる	④情報や資料の収集・調査	⑤整理・分析	⑥まとめ・表現
●テーマや課題は自分の身近なところにあることが多い。毎日の学習や報道などから、「なぜ」「どうして」と思ったことをテーマにしよう。 ●また、何かを調べていくなかで新たなテーマが見つかることもある。	●①で設定をしたテーマを「問い」の形にしてみよう。 ●その際には、そのテーマを探究することが、自分自身や社会にとって、どのような意義をもつのかもあわせて考えることが重要である。	●②で設定をした問いについて、どのような結論が導き出せそうか予想してみよう。これが仮説である。 ●仮説を立てると、テーマについてどのような観点から調査するかが明確となり、探究の方向性を定めることができる。	●設定したテーマに関する情報や資料を集めてみる。身近な学校や地域の図書館・博物館、インターネットなどを利用しよう。 ●また、テーマの関連地域を実際に訪れたり、詳しく知っている方に聞き取り調査をしたりすることも大切である。	●集めた情報や資料は、カードなどにまとめて整理し、分析してみる。カードを同じ項目ごとにまとめたり、並べ替えたりしてどのようなことが読み取れるのか、考えを深めてみよう。 ●その後、分析した結果をどのような形で表現すればわかりやすいのか、考えよう。 📝 時代や年代順に整理する場合は年表形式、数値を表す場合はグラフで示すと視覚的にわかりやすい。内容や目的に合わせ、適切なグラフを使おう。	●⑤の成果やそこから生まれた意見について表現・発表してみよう。自分たちの成果を説明し、聞き手に理解してもらうことをプレゼンテーションという。誰かに聴いてもらい、意見交換することで、改めて自身の考えを深めることもできる。 ●発表後には、探究活動をふり返ってみよう。自分の立てた「仮説」は実際と合っていたのか検証し、そこから出た課題をふまえて、新たな探究テーマを見つけていこう。 📝 ふり返りでは、たとえば①〜⑥の流れを自己評価してみよう。①・②では課題意識をもって取り組むことができていたか、③では課題や問いに合った仮説を立てることができていたか、④・⑤では必要な先行研究などを確認しながら適切な資料を集めて分析できていたか、⑥では自身の考えをわかりやすく伝えることができていたか、などを評価してみよう。

● 「歴史探究ロード」の進み方

この図表には、さまざまな疑問やテーマで資料をまとめた特集ページ「歴史探究ロード」が37か所ある。学習のなかで、自分なりに考えながらページの内容を読んでみよう。「探究」を身近なものにしてみよう。

はじめに疑問やテーマを紹介している。自分なりの疑問を見つけるときの参考にもなる。ここから自分なりの仮説を考えて読み進めよう。

冒頭には印象的な資料を紹介している。資料をきっかけに疑問を見つけることもできる。

さまざまな資料を読み取り、資料に問いかけながら分析を進め、テーマについての考えを深めて整理していこう。

探究の道はまだ続いていく。さらに調査を深めたり、異なる題材や異なる地域で考えたりしてみよう。

❷ 探究を助けるツール

● シンキングツールの例

アイデアを書き出して広げ、思考をまとめていく助けになるシンキングツールを使ってみよう。

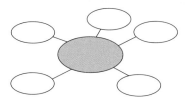

⬆❶マインドマップ　中心に書いたある事象から、関連する事象をどんどん書き足していき、つながりを可視化することができる。

➡❷Xチャート・Yチャート　Xチャートでは4つの、Yチャートでは3つの領域に分けて書き込むことで、要素を分類して考えることができる。

● 歴史資料を検索できるウェブサイトの例

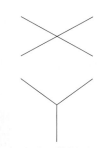

ウェブサイト	内容
国立公文書館デジタルアーカイブ	国立公文書館所蔵の公文書などの画像を見ることができる。
国会図書館デジタルコレクション	国立国会図書館所蔵の図書や録音・映像資料などを見ることができる。
ColBase（国立文化機構所蔵品統合検索システム）	4つの国立博物館などの所蔵品の画像を見ることができる。
木簡庫（奈良文化財研究所）	木簡の画像や文字を見ることができ、旧国名などからも検索できる。

1 歴史的な見方・考え方

歴史の学習や探究をおこなうときのポイントやヒントとなる「歴史的な見方・考え方」はおもに以下のように分類される。

歴史的な見方・考え方	内容	具体例（大日本帝国憲法の制定について考える例）
⏰ 時系列	一つの歴史事象に対して、どの時期にどのような経緯でおきたのか、時間軸のなかでとらえてみることが必要である。年表を作成して、「時系列」を理解してみよう。	大日本帝国憲法は1889年2月11日発布、1890年11月29日施行。この経緯として制定までの流れを確認してみると、1882～83年に伊藤博文が渡欧して憲法調査をおこない、制度取調局での検討、草案の作成、枢密院での審議を経て制定されている。
〰 推移	一つの歴史事象に対し、時代による変化＝「推移」に注目する。前の時代とどのように変わったのか、あるいは変わらずに継続したのかなどに着目しよう。	大日本帝国憲法の制定によって何が変わったのか、あるいは何が変わらなかったのかを考えてみる。大日本帝国憲法の特徴として、欽定憲法であること、天皇大権が規定されたこと、国民は「臣民」とされたこと、などを確認し、前の時代からの変化を考えてみる。
🌓 比較	一つの歴史事象について考察する場合、他の事象と「比較」して、類似点・相違点を見つけることで、その歴史上の事象の特色を明確にすることができる。	ほかの時代の法令として、たとえば鎌倉時代の御成敗式目(1232年)、室町時代の建武式目(1336年)、江戸時代の武家諸法度(1615年ほか)、第二次世界大戦後の日本国憲法(1946年)などの制定の経緯や対象とする範囲、内容などを確認・比較して、類似点や相違点を挙げてみる。
✴ つながり	歴史上の事象は互いに関連しあっている。その相互の関連・「つながり」に着目することで、その事象の背景や原因、結果や影響などを考えていくことが可能となる。	大日本帝国憲法の制定に関連する事象としては、自由民権運動の高まりや、条約改正のための法典整備の必要性などの背景が考えられる。また、伊藤が憲法理論を学んだ学者(グナイスト、シュタイン)や政府の法律顧問(ロエスレル、モッセ)など、外国からの影響も考えられる。
◎ 現在	過去の歴史事象のなかには、現在おきている事象や自分の生活と関連したりするものがある。「現在とのつながり」について考えてみることで、現在、そして未来の社会への理解を深めることができる。	現在の憲法とのつながりのほか、たとえば、大日本帝国憲法制定の時期に整備された内閣制度や、民法や刑法などの諸法典をふり返ったうえで、現在の制度や法律についても調べてみることで、現在とのつながりを考えてみる。

2 年代、時代区分

北海道	沖縄	時代区分		西暦	世紀
		旧石器時代			B.C.
続縄文文化	貝塚文化	縄文時代	原始・古代	(年) A.D.1～	A.D.1
		弥生時代		101～	2
				201～	3
				301～	4
オホーツク文化 擦文文化	古琉球	古墳時代		401～	5
				501～	6
		飛鳥時代		601～	7
		奈良時代		701～	8
				801～	9
				901～	10
		平安時代		1001～	11
				1101～	12
アイヌ文化	和人の文化	鎌倉時代	中世	1201～	13
				1301～	14
		南北朝時代 室町時代		1401～	15
		戦国時代		1501～	16
	近世琉球	安土桃山時代	近世	1601～	17
		江戸時代		1701～	18
				1801～	19
	沖縄	明治時代 大正時代	近代・現代	1901～	20
		昭和時代		2001～	21
		平成時代			

歴史の学習では、「いつおこった出来事なのか」という「時期や年代」をとらえることがまず必要となる。さらに、共通した社会や文化をもつ時期をひとまとめにして時代ととらえ、その特徴を考えることも重要である。

※紀元前(B.C.)、紀元後(A.D.)
※琉球王国があった沖縄やアイヌが住んでいた北海道など、日本列島には異なる文化や社会のあゆみをした地域があるため、地域によって時代区分は多様であることに注意が必要である。

年代の表記
・西暦　ヨーロッパで考えられた表し方で、キリストの生年を基準とする。(紀元前(B.C.)、紀元後(A.D.))
・世紀　西暦の100年をひとまとまりとする。(例：2001年～2100年が21世紀)
・元号　中国で皇帝が時間をも支配するという思想から生まれたもの。現在も日本で用いられている。
・干支　甲・乙などの十干と子・丑などの十二支を組み合わせたもの。中国の殷時代から用いられた。　　　　など

時代区分(○○時代の名称)
・考古学による時代区分　考古学は発掘による遺物や遺跡をもとに歴史を考察する学問であるため、旧石器時代、新石器時代、縄文時代など、人類が使用していた道具によって区分することが多い。
・政治の中心地による時代区分　奈良時代や江戸時代など、政治の中心地による区分。政治の中心地が変わるということは、政治形態に変化があったことを示すという考え方である。
・そのほか　室町時代と重複しているが、南北朝時代や戦国時代などのように戦乱が続く時期をとくに表記する場合もある。明治・大正・昭和時代などは元号で区分している。

原始・古代・中世・近世・近現代(近代・現代)
人々のくらしや社会機構のあり方によって時代を大きくとらえた考え方で、はじめヨーロッパで用いられたものを日本の歴史に当てはめている。しかし、観点によってさまざまな考え方があり、社会のしくみなどは少しずつ移行するものなので、区分は明確でない。

3 地域のまとまり

歴史的事象を考察する場合、その事象がおきた「地域や環境」といった地理的要因に注目することも大切である。地域のとらえ方はさまざまで、国や、都道府県などのほかにも、国より広い「アジア」などの地域や、都道府県より狭い地域もある。また、現在は国境が線で取り決められているが、近代よりも前では国境は明確なものではなく、あいまいな境界地域などもあった。

地域に着目して考察することができる題材例
・本州・四国・九州一帯での水稲耕作の普及・弥生文化、北海道と北奥羽地方での続縄文文化、沖縄など南西諸島での貝塚文化(➡p.48)
・近畿の応仁の乱、関東の享徳の乱など、戦国時代の始期(➡p.170,171)
・廃藩置県による国界と府県界の変化、その後の府県数の変化(➡p.245)
・近隣国との外交・国境の画定、境界地域の変化(➡p.254)

遺跡・壁画の修復・保存

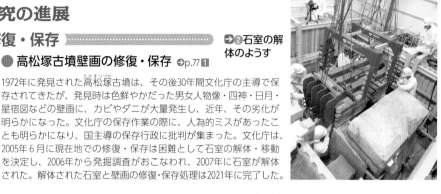

➡②石室の解体のようす

● キトラ古墳壁画の修復・保存 ➡p.77❷

奈良県明日香村のキトラ古墳では、石室壁画のカビなどによる劣化が著しく、一部剥落もみられたことから、その保存のため、2004年から壁画のはぎ取り作業がはじまった。壁画を描いた下地の漆喰ごと取り外し、石室外で修復・保存するもので、国内の古墳壁画では初めての試みとなった。2008年11月に、四神図・星宿図(天体図)を含む、確認されているすべての壁画のはぎ取りが終了した。2016年、「キトラ古墳壁画体験館 四神の館」がオープンした。

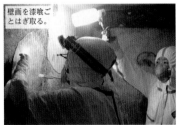

※漆喰とは、壁の上塗り剤として用いられるもので、炭酸カルシウムを主成分とする。キトラ古墳や高松塚古墳の石室の壁には漆喰が塗られている。キトラ古墳の漆喰の厚さは5mm以下。

壁画を漆喰ごとはぎ取る。

↑❶壁画のはぎ取りのようす

● 高松塚古墳壁画の修復・保存 ➡p.77❶

1972年に発見された高松塚古墳は、その後30年間文化庁の主導で保存されてきたが、発見時は色鮮やかだった男女人物像・四神・日月・星宿図などの壁画に、カビやダニが大量発生し、近年、その劣化が明らかになった。文化庁の保存作業の際に、人為的ミスがあったことも明らかになり、国主導の保存行政に批判が集まった。文化庁は、2005年6月に現在地での修復・保存は困難として石室の解体・移動を決定し、2006年から発掘調査がおこなわれ、2007年に石室が解体された。解体された石室と壁画の修復・保存処理は2021年に完了した。

文化財レスキュー

被災史料の救援活動は、「文化財レスキュー」とよばれている。文化財レスキューには、被災史料を救出する活動と、救出した史料を安定化・修復する作業、そして、データベース化して今後に備える作業などがある。東日本大震災後、文化庁・市町村、研究者やボランティアなどが連携して文化財レスキュー活動がおこなわれた。

←❸陸前高田市立博物館での文化財レスキュー
(岩手・陸前高田市、2011年4月21日) 岩手県立博物館提供

寺院・仏像の解体修理

● 唐招提寺金堂の解体修理 ➡p.94❶

唐招提寺では、2000(平成12)年1月から金堂の解体修理工事がおこなわれていたが、2009(平成21)年6月にその工事が終了した。約10年におよぶ大修理であった。今回の解体修理では、コンピュータ上で建物の構造解析をおこなうなど、最新の科学的手法による調査もおこなわれた。また、創建以来初めてすべての仏像を堂外に移しその修理もおこなわれた。

↑❹金堂屋根の解体修理のようす

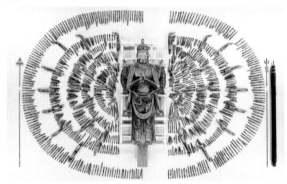

↑❺解体された千手観音像　美術院提供

文化財の予防保存

↑❻収蔵庫清掃のようす　国立民族学博物館提供

博物館などでは、紙や繊維など朽ちやすい有機質素材も多く、害虫やカビなどの生物被害対策が重要となる。燻蒸剤として化学薬剤(臭化メチル)が広く使用されていたが、温室効果をうながすとの理由で2004年末に生産全廃となった。これを受け、生物被害対策は、化学薬剤に依存した燻蒸による一斉駆除から、予防措置を重視する方向に変わった。その代替案として広がっているのが、総合的有害生物管理(IPM)とよばれる手法である。国立民族学博物館(大阪・吹田市)では、設立当初から資料の活用と保存の両立による取り組みを実践している。現在、持続可能な資料管理および環境整備をめざし、化学薬剤を用いない殺虫(または防虫)法の研究・開発がすすめられている。

水中考古学

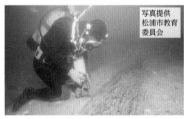

写真提供 松浦市教育委員会

↑❼鷹島神崎遺跡の調査風景

近年、水中遺跡(常時水面下にある遺跡)を対象とする水中考古学の研究・調査がさかんになっている。2012年、松浦市鷹島町の沖合海域が日本で初めての海底遺跡(鷹島神崎遺跡)として、国史跡に指定された。鷹島海底は、1980年から琉球大学研究班によって調査され、蒙古襲来の際に暴風雨で沈没した元の軍船の遺物や、船底の龍骨(キール)が発見されている。サイド・スキャンソナーを用いて全域を映像化するなど、地上とは違った科学技術が活用されている。

高校生の探究活動

奈良県立奈良高等学校の高校生2名が、奈良時代の官人の衣服を再現した。文部科学省から「スーパーサイエンスハイスクール」の指定を受けている同校では、歴史学習にも科学的な実験や検証を取り入れており、この成果も、その一環として取り組まれた。2人は、校内で紅花(➡p.29❿)や藍(➡p.29❾)などの草木も栽培した。服の素材は麻、染料は刈安(➡p.29⓱)と茜(➡p.29⓮)が使用された。布地の染色や縫製を手作業でおこない、専門家の指導を受けながら、約2年の歳月を費やして完成させた。近年では、こうした高校生たちの歴史研究や取り組みが注目を集めている。

➡❽再現された奈良時代の官人の衣服

写真提供 奈良県立奈良高等学校

年代測定

AMS*法による炭素14年代測定法とは

自然界の炭素原子は炭素12、炭素13、炭素14の３つの同位体の混合物である。このうち炭素14は、5730年で半減する放射性同位体である。生物が生きているときに体内にもっていた炭素14が、死ぬと減少しはじめることに着目して、炭素14の残存量を調べることにより何年前かを測定する方法が、炭素14年代測定法である。しかし、大気中の炭素は実際は一定ではなく、補正する必要がある。約11800年前までは、欧米産の木材の年輪試料から補正された炭素14の暦年較正グラフ（下のグラフ）が確立されている。それ以前は、堆積物や珊瑚を用いた補正がおこなわれているが、精度は格段に悪くなる。そこで、加速器により試料をイオンにして加速し、炭素14を１個１個検出して同位体濃度を測定する加速器質量分析法が、1979年に提案された。これによって、従来の方法と比べて、千分の一の試料量で精度の高い年代測定が可能となった。

＊Accelerator Mass Spectrometry（加速器質量分析法）の略。

● 炭素14(^{14}C)の半減期と年代の関係

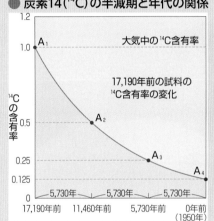

大気中の^{14}C含有率

17,190年前の試料の^{14}C含有率の変化

弥生時代の開始年代を測定する ⇒p.48**2**

過去の土器の年代はなぜわかるのか？

2003年５月、国立歴史民俗博物館（「歴博」、千葉・佐倉市）は、九州北部や韓国の弥生早期から前期の土器をAMS法による炭素14年代測定法によって計測した結果、紀元前900～800年という年代に集中したと発表した。従来の弥生時代のはじまりと考えられていた年代より約500年も遡る結果となった。しかし、この調査結果には賛否両論があり、年代に関する議論は現在もさかんになっている。

①歴博による測定結果
弥生文化が上陸したとされる九州の遺跡と、韓国の遺跡の土器に付着した炭化物などを計測した結果、弥生時代早期後半の夜臼Ⅱ式土器と前期前半の板付Ⅰ式土器が、紀元前900～800年頃に集中することが判明した。

②測定結果と従来の説との関係
これまで弥生時代の年代決定は、中国や朝鮮半島との青銅器の比較や土器の型式の変化から推定されてきた。今回の測定結果は、30～50年とされてきた土器の１型式の年代幅を大きく変更する必要がでてくる。また、弥生早期～中期の鉄器の存在や普及が、中国よりもはるかに遡ることになるとも指摘されている。

● 歴博の分析結果

中国	歴博の分析結果	従来の年代	西暦
仰韶	中期		‒2500
竜山	縄文時代	中期	‒2000
夏	後期	縄文時代	‒1500
殷		後期	
	晩期 ●黒川		‒1000
西周 770	早期 ●夜臼Ⅱ	晩期	
春秋 403	前期 ●夜臼Ⅱ ●板付Ⅰ ●板付Ⅱ		‒500
戦国 221	弥生時代 ●城の越	早期 前期 中期	
前漢 202 8	中期 ●須玖Ⅰ	弥生時代	紀元前
後漢 25	後期	後期	紀元後

● は年代を計測した土器型式

古墳の築造年代を測定する ⇒p.55**2**

宮内庁書陵部蔵

←❶箸墓古墳から出土した土器（奈良・桜井市）　2009年５月、国立歴史民俗博物館の研究チームは、卑弥呼の墓との説もある箸墓古墳の築造時期を240～260年とする研究成果を発表した。箸墓古墳の前方部近くの周濠から出土した土器の表面に付着した炭化物を、炭素14年代測定法で測定した。導き出された数値は、247年頃とされる卑弥呼の死去の年代に合致することから、邪馬台国論争（⇒p.54🔑）にまた大きな影響を与えた。

法隆寺の年代を測定する ⇒p.67**2**　　建物がいつつくられたかなぜわかるのか？

法隆寺は、『日本書紀』に670年に焼失したとの記述があり、その後再建されたという説が考えられていたが、部材の測定がその有力な証拠ともなった。
・1939年の若草伽藍の発掘や塔の解体修理、その後の発掘調査により再建説が大勢を占めるようになっていた。
・しかし解体修理の際に、地中部分から採取されていた心柱が、2001年に年輪年代測定法によって測定がおこなわれ、594年に伐採されたものと判明、新たな謎を持ち込む結果となった。
・さらにその後、五重塔だけでなく金堂・中門の部材107点も測定され、金堂の部材は667年と668年、中門の部材は699年伐採とする鑑定がでた。この結果、細かい異論はあるが、再建説が有力となった。
・2004年12月には、法隆寺創建当時の若草伽藍跡から、国内最古の彩色壁画とみられる破片約60点が見つかり、再建説の有力な証拠ともなった。

↑❷法隆寺五重塔心柱断面
京都大学生存圏研究所蔵

年輪年代測定法とは

１年に１つできる年輪は、さまざまな要因によって年ごとの成長量（年輪幅）が違ってくる。この年輪幅の変化を年を追って過去に遡って調べると、生育環境が共通した一定の地域内では、樹種ごとに固有の共通変動パターンを描くことになる。この変動パターンと、遺跡から出土した同一種の木材の年輪パターンを比較して年代を求める方法が、年輪年代測定法である。しかし、この測定法は、標準パターンが作成されている樹種に限られるため、現在では、ヒノキ・スギ・コウヤマキの３種類についてのみ測定可能となっている。

● 年輪年代測定法の暦年標準パターンの作成

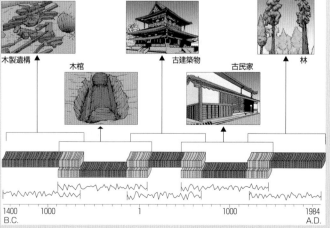

木製遺構　木棺　古建築物　古民家　林

日本列島は互いに押し合う4枚のプレートの境界に位置しているため、日本は世界有数の地震国であり、その他にも多くの災害に襲われて、それらの自然災害から何度も復興を成し遂げてきた。また、気候区分としては温帯と亜熱帯に属し、四季ある国として自然と共生するくらしが営まれてきた。季節に応じた年中行事や祭礼が催されるのも、日本の特徴である。

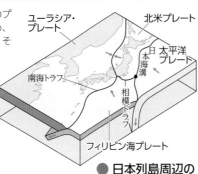

ユーラシア・プレート / 北米プレート / 日本海溝 / 太平洋プレート / 南海トラフ / 相模トラフ / フィリピン海プレート

● 日本列島周辺の4つのプレート

❶ 日本のおもな歴史災害

	年代	災害	事項
飛鳥	684(天武13)年10月	天武南海地震(白鳳地震)	『日本書紀』に記録
平安	864(貞観6)年5月	富士山貞観噴火	青木ヶ原溶岩流出
	869(貞観11)年5月	貞観地震・津波➡❶	陸奥国で大きな被害
	1108(天仁元)年7月	浅間山噴火	『中右記』に記録。上野の田畠壊滅
	1181(養和元)年	養和の飢饉	畿内・西日本中心に干害 平氏の基盤弱体化
	1185(元暦2)年7月	文治京都地震	『方丈記』に記録
鎌倉	1230(寛喜2)～31年	寛喜の飢饉	『百練抄』『明月記』などに記録
	1257(正嘉元)年8月	関東南部地震(正嘉の地震)	『吾妻鏡』に記録
	1259(正嘉3)年	正嘉の飢饉	1260年、日蓮『立正安国論』
	1293(正応6)年4月	鎌倉地震	9日後、平頼綱の乱
	1361(康安元)年6月	康安南海地震	『太平記』に記録
室町	1420(応永27)年	応永の飢饉	
	1460(長禄4)～61年	長禄・寛正の飢饉	中世最悪の飢饉。都で流民82,000人餓死
	1498(明応7)年8月	明応地震	南海・東南海・東海地震同時発生、浜名湖の今切口が形成される
安土桃山	1585(天正13)年11月	天正地震	濃尾平野西南部で大被害
	1596(文禄5)年閏7月	慶長伏見地震	豊臣秀吉の伏見城倒壊
	1641(寛永18)年	寛永の飢饉	西日本干害による
江戸	1703(元禄16)年11月	元禄地震	江戸・東京地域を襲った三大被害地震のうちの一つ
	1707(宝永4)年10月	宝永地震	南海トラフ。2011年の東日本大震災以前では最大の地震
	1707(宝永4)年11月	宝永富士山噴火➡p.201❹	
	1732(享保17)～33年	享保の飢饉	西日本天候不順、ウンカの大発生
	1782(天明2)～87年	天明の飢饉➡p.221❽	百姓一揆・打ちこわしの激発
	1783(天明3)年4～7月	浅間山噴火➡❷	
	1792(寛政4)年正月～4月	寛政雲仙普賢岳噴火	対岸の熊本に津波被害。「島原大変・肥後迷惑」といわれる
	1833(天保4)～39年	天保の飢饉	
	1854(嘉永7)年11月	安政東海・南海地震	
	1855(安政2)年10月	安政江戸地震	
明治	1891(明治24)年10月	濃尾地震	死者・行方不明者7,273人
	1896(明治29)年6月	明治三陸地震・津波	死者・行方不明者21,959人
大正	1923(大正12)年9月	関東大震災➡p.299❶	死者・行方不明者約10万5,000人
昭和	1933(昭和8)年3月	昭和三陸地震・津波	死者・行方不明者3,064人
	1944(昭和19)年12月	東南海地震	戦時報道管制の下、被害報道統制。37日後に三河地震
	1946(昭和21)年12月	南海地震	高知・徳島・和歌山・三重で津波被害
	1948(昭和23)年6月	福井地震	死者・行方不明者3,769人
	1995(平成7)年1月	阪神・淡路大震災	死者・行方不明者6,437人
平成	2011(平成23)年3月	東日本大震災➡p.366❶	死者・行方不明者約2万人(いわゆる「震災関連死」を含む)
	2016(平成28)年4月	熊本地震	熊本・大分県を中心に。震度1以上の揺れ計2,000回超える(2016.8.30現在)
令和	2024(令和6)年1月	能登半島地震	津波や土砂災害、大規模火災も発生

● 貞観津波の推定浸水域

多賀城跡 / 末の松山 / 仙台市 / 陸奥国分寺跡 / 七北田川 / 名取市 / 貞観津波当時の推定海岸線 / 現在の海岸線 / 仙台湾 / 貞観津波の推定浸水域 / 阿武隈川

0　　　　10km

(2011年4月17日) / 末の松山

◀↑❶貞観地震・津波(宮城県多賀城市)
『日本三代実録』によれば、陸奥国におきた巨大地震で多賀城内の建造物は倒壊、押し寄せた津波によって、1,000人以上もの死者が出たという。「契りきな かたみに袖をしぼりつつ 末の松山波越さじとは」(清原元輔。清少納言(➡p.110)の父)と平安時代の和歌に詠まれた「末の松山」(写真中の●)は、多賀城より海側に位置するが、津波がここを越えなかったため歌枕となった。2011年の東日本大震災の津波もこの小高い丘を越えることはなかった。

● 浅間山の噴火

◀❷浅間山の噴火
《浅間山夜分大焼之図》

1783年4月8日に噴火がはじまり、6月28日以後、連日大規模な噴火が続いた。とくに、7月6～8日の3日間の大噴火は、「この世のものと思われぬ有様」であったといわれる(➡p.221❼)。江戸時代だけでなく、たびたび噴火している。

❷ 歴史災害から学ぶ取り組み

地図の種類 / トップ > 災害記録・地理環境 > 自然災害伝承碑 / 自然災害伝承碑(すべて) / 自然災害伝承碑(洪水) / 自然災害伝承碑(土砂災害) / 自然災害伝承碑(高潮) / 自然災害伝承碑(地震) / 自然災害伝承碑(津波) / 自然災害伝承碑(火山災害) / 自然災害伝承碑(その他) / 選択中の地図 / 自然災害伝承碑(すべて) / 淡色地図 / 青森 / 秋田 / 岩手 / 山形

◀❸地理院地図の自然災害伝承碑の取り組み
各地に残る、自然災害を記録した碑(自然災害伝承碑)の教訓を生かすため、国土地理院の地理院地図上に、情報を掲載する取り組みがおこなわれている。

翻刻！地震史料

◀❹「みんなで翻刻」
もとは2017年に京都大学古地震研究会が地震史料を後世に残すために開始した、古文書を読む「翻刻」に市民が参加できるプロジェクト。現在は「地震史料」のほかにもさまざまな史料が対象となっている。

❶ 洪水と治水の土木技術史

古代	・養老令で国司・郡司の堤防管理責任と修理を規定 ・民間における行基（➡p.90❶）、空海（弘法大師）（➡p.104❷）の治水・灌漑事業の伝承 ・平安京の防鴨河使（令外官）による鴨川堤防の修築・管理 ・白河法皇の天下三不如意の一つ「賀茂川（鴨川）の水」
中世	・自然堤防などを利用した部分堤（氾濫原の開発は困難） ・戦国時代、安土桃山時代の土木技術の発達 　例）信玄堤、霞堤とよばれる不連続堤、宇治川護岸など豊臣秀吉の築堤事業、紀ノ川護岸➡❷
近世	・連続堤築造による河道封じ込め（氾濫原の開発による耕地化） ・江戸の水防のため、幕府による利根川東遷事業 ・諸藩の新田開発、薩摩藩による木曽三川の宝暦治水（輪中集落の形成）
近代	・欧米の治水技術の移入（お雇い外国人ヨハネス・デ・レーケなど）

三条大橋

↑❶**鴨川**（京都市）　平安時代から暴れ川として知られ、数多くの治水事業がおこなわれてきた。1935（昭和10）年には大洪水をおこし（写真）、京都市内に未曾有の大被害を与えた。これを機に近代治水への転換がはかられた。

↑❷**石積み護岸**（窪・萩原遺跡）　1996年、紀ノ川中流の北岸の和歌山県かつらぎ町笠田（荘園絵図で有名な桛田荘の故地）で、高さ0.8〜2.1m、総延長800m以上の石積みの河川護岸が発見された。関ヶ原の戦い後に和歌山城主となった浅野幸長が、1600年頃に築堤したものと考えられている。

❷ 二十四節気と季節の行事
(2023年)

二十四節気	新暦	旧暦	季節の行事
小寒	1月6日	十二月 （師走）	歳の市
大寒	1月20日		大晦日
立春	2月4日	一月 （睦月）	人日の節句(1/7七草節)
雨水	2月19日		小正月（左義長）➡❸
啓蟄	3月6日	二月 （如月）	初午
春分	3月21日		修二会➡❹
清明	4月5日	三月 （弥生）	上巳の節句(3/3桃の節句)
穀雨	4月20日		彼岸
立夏	5月6日	四月 （卯月）	灌仏会
小満	5月21日		十三詣り
芒種	6月6日	五月 （皐月）	八十八夜
夏至	6月21日		端午の節句(5/5)
小暑	7月7日	六月 （水無月）	御田植え
大暑	7月23日		夏越の祓➡❺
立秋	8月8日	七月 （文月）	七夕の節句(7/7)
処暑	8月23日		四万六千日
白露	9月8日	八月 （葉月）	お盆
秋分	9月23日		二百十日➡❼
寒露	10月8日	九月 （長月）	十五夜
霜降	10月24日		重陽の節句(9/9)➡❽
立冬	11月8日	十月 （神無月）	十三夜
小雪	11月22日		えびす講
大雪	12月7日	十一月 （霜月）	酉の市
冬至	12月22日		七五三

二十四節気とは、太陽が春分点から再び春分点に戻るまでを二十四等分して、気候の推移がわかるようにしたもの。月の満ち欠けを基準とした太陰太陽暦（旧暦）では、1年の日数が定まっておらず、日付は正確な季節の変化を知る目安にはならない。そこで、太陽の運行を基準とした二十四節気を組み入れることによって、毎年同じ季節に同じ節気が暦に記載されるようになり、農作業などをおこなう上で便利であった。明治6年に太陰太陽暦にかわり導入された太陽暦も、太陽の動きをもとにつくられたものである（➡p.252❶）。また、季節の行事をおこなう日のなかでも、特に重要とされた日のことを五節句という。季節の変わり目にあたり、悪気が人を犯しやすいため、陽の数である奇数が重なる日に節句を設けて、悪気を避ける風習が生まれた。

＊人日の節句、上巳の節句、端午の節句、七夕の節句、重陽の節句

（神奈川・鎌倉市）

↑❸**左義長**（鶴岡八幡宮）　もと宮中で小正月（正月15日）に年始の吉書を焼く行事であったが、「どんど焼き」として民間に広まった。門松や、しめ縄などを集めて燃やし、竹の先につり下げた福団子をあぶって食べる。

（奈良・桜井市）

↑❺**夏越の祓**（大神神社）　もとは国家儀礼の大祓が6月と12月の晦日におこなわれていたが、疫病が流行しやすい6月のみ民間に存続した。茅の輪をくぐって穢れを祓う。また、人形で体をなで、穢れを託して水に流す。

↑❼**二百十日**（おわら風の盆）　立春から数えて二百十日目は稲の開花期だが、台風襲来の時期でもあるため、古来農家の厄日とされた。富山市八尾では、風除けと五穀豊穣を願い、この時期におわら節を歌い踊る。

↑❹**修二会**（東大寺の御水取り）　寺院で2月におこなわれる祈年法会で、東大寺二月堂が有名。籠松明を回廊で振り回し、若狭国からの聖水を閼伽井で汲んで撒く。それらの火の粉や水が穢れを祓うという。

↑❻**盆踊り**（エイサー祭り）　盆の期間、人々が集まって歌い踊り、盆に帰ってくる祖霊を供養する盆踊りを、沖縄本島ではエイサーとよぶ。太鼓や三線で念仏歌を歌い、また、時代ごとの流行り歌に合わせて踊る。

↑❽**重陽の節句**（長崎くんち）　陰暦9月9日は、陽数（奇数）の極である9を重ねた、めでたい日とされる。この日におこなわれる長崎くんちは、秋の収穫を祝う祭の意味をもち、豪華な曳き物や踊りが諏訪神社に奉納される。

織る

*黄字は四木(茶・桑・漆・楮)、紫字は三草(麻・紅花・藍)。「四木三草」は、江戸時代において、商品化のために栽培が特にさかんとなった。

		麻(布)	絹(絹織物)	木綿(綿織物)
原始・古代		採取加工のはじまり…縄文時代 衣服の主要な原料 租税(調・庸)として貢納	5世紀頃までに養蚕の技術が伝来 調・庸として貢納、貴族たちの専有物 加工技術のはじまり…古墳時代	8世紀末にインド人が種子を持ち込んだが定着せず
中世		麻の利用は採取から栽培へ 高品質の大麻や苧麻の安定的収穫 売り物としての苧麻の栽培加工が進展	生糸の品質悪く生産は衰退 中国産生糸(白糸)の輸入拡大 西陣・博多などの絹織物産地が形成	日朝貿易では重要な輸入品で、貴族や武士の奢侈的衣料だった。戦国期になると、船の帆布や兵衣、火縄などにも利用され、国産化が進展
近世		武士の礼服としての麻の裃の需要大 奈良晒・越後縮などの高級品の登場 畳糸・漁網や下駄の鼻緒など多用途の材料	17世紀末に白糸の輸入規制 全国各地で養蚕や絹織業が展開 開港後は絹が最大の輸出品	栽培加工のはじまり…戦国、近世初頭 衣料としての地位を確立。各地で生産。三河木綿・河内木綿・久留米絣・小倉織などの特産品が出現
近代以降		外国種の亜麻(リネン)栽培の導入 合繊の輸入により衣料用としては減少 戦後、安価な麻糸の輸入により栽培は後退	養蚕業・製糸業が近代化を牽引 1909年には生糸輸出量が世界1位となる 戦後、人造繊維によって絹生産は衰退	輸入綿花の増大により木綿栽培は衰退 洋式紡績工場の設立、動力織機の発明 戦後、紡績・織物業は復活、その後衰退

❶ 麻(あさ)〈大麻・苧・亜麻〉
➡p.202❶

①大麻

②苧

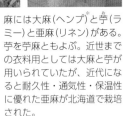
③亜麻

麻には大麻(ヘンプ)と苧(ラミー)と亜麻(リネン)がある。苧を苧麻ともよぶ。近世までの衣料用としては大麻と苧が用いられていたが、近代になると耐久性・通気性・保温性に優れた亜麻が北海道で栽培された。

*種類によって精神作用のある化合物を多く含むものがあり、日本におけるすべての大麻栽培は現在、規制され免許制度となっている。

工程
1 苧麻の刈り取り(7月)
2 茎の部分の表皮をはぐ
3 苧麻かき(繊維をひき出す)
4 苧積み(繊維を爪先でさいて糸にする)
5 糸に撚りをかける
6 苧麻織り

麻は乾燥を嫌い、苧積み以下の工程は冬におこなわれる。

↑④越後縮の生産(新潟・小千谷市) よこ糸に強い撚りをかけた糸を用い、その撚りの作用で縮ができる。上布は、たて糸、よこ糸とも同じ糸を用いて平織りしたもの。

❷ 桑(くわ)と蚕(かいこ)〈絹〉
➡p.202❶,278❷

⑤桑

⑥蚕

⑦蚕棚

蚕棚で育てられた蚕は、桑の葉を食べて成長する。蚕は4回脱皮した後、繭となる。繭を煮て煮解し、5〜7本の糸を合わせて1本の糸に紡いで生糸とした。江戸時代に入ると、しだいに品質も向上し、輸入白糸はそれほど重要ではなくなった。

⑧繭から糸をとる

⑨繭

⑩生糸

←⑪蚕卵紙
蚕卵を生みつけた紙。フランスやイタリアで蚕の病気が流行したため、幕末の日本の重要な輸出品となった。
➡p.237❼

❸ 木綿(もめん)
➡p.158❶,177▮,202❶,278❶

⑫綿の花

⑬綿の実

5月に種を蒔いた綿は、7月頃に急成長をはじめ8月に開花する。9月頃に結実し中から白い繊維(コットンボール)があふれ出す。1つのコットンボールは3〜5の部屋に仕切られており、1つの部屋には4〜8つの種子が入っている。

↑⑭木綿の着物 木綿は肌触りがよく、吸湿性や保温性に富み、さまざまな色や模様の着物がつくられ、江戸時代に入ると、麻にかわって庶民の衣料として普及していった。

←⑮帆船の帆布 木綿は、よく風をはらむので帆布としても用いられた。

江戸時代の木綿のつくり方(『百人女郎品定』より)
1 初夏に種を蒔き、双葉から実がつくまで、3回ほど干鰯などの肥料を与える
2 実綿を摘み取り、綿繰りにかけて種子を取り除く(綿繰)〈種は油絞りに利用〉
3 繰綿を綿打ちし、紡車にかけて紡ぐ
4 機にかけ布を織る

↑⑯綿繰りの図 ローラーのような綿繰り器を使い、実綿から種子を取り除いている。種は絞って綿実油とされる。

←⑰機織りのようす ①糸繰り(繊維から糸を紡ぐ)。②くだ巻(糸がもつれないよう巻き取る)。③機織り。

❶ オヒョウと糸芭蕉(いとばしょう)

↑❶オヒョウ

『蝦夷島奇観』

↑❷オヒョウの木をはぐアイヌの人々
出典：ColBase

アイヌの人々は、ニレ科のオヒョウの木の皮をはぎ、その繊維で衣料や荷縄、背負袋などをつくった。染色はせず、樹皮そのままの淡褐色で、これにアイヌ特有の模様を刺繍したりした。

❸糸芭蕉

芭蕉布1反を織るためには、2年育ったバショウ科の糸芭蕉が40本必要とされた。

❹糸芭蕉の繊維

❺芭蕉布の柄

糸芭蕉の繊維から糸が紡がれ、染料もすべてテカチ(車輪梅)や琉球藍など、沖縄の植物が利用された。

喜如嘉芭蕉布事業協同組合

❷ 藍(あい)

❻藍

古代から栽培されており、3月に種を蒔き6月頃に葉を収穫する。染料の原料だけではなく、古代から薬草としても重宝された。

↓❼藍玉

江戸時代になると、流通に便利なように藍玉の形にすることが発明され、特に阿波藩(徳島)の藍玉が良質で屈指の産地となった。染物屋(紺屋)では藍玉を甕に入れ、再発酵させて布を染めた。

↑❽藍染の布 木綿の着物の普及とともに、木綿を染めやすく、防虫効果や布を強くする効果もある藍が広まった。

↑❾紺屋での染色のようす(『近世職人尽絵詞』) 右側の大きな桶で生地を洗って糊を落とし、その横の地中に埋め込んだ藍甕で生地を染めている。出典：ColBase

染める

❸ 紅花(べにばな)

❿紅花

6世紀に中国から伝わった。花びらから紅花染めの染料がとれる。口紅や鎮痛用の薬品としても利用され、種子からは食用油もとれる。別名「末摘花」ともよばれ、近世には出羽国で多く栽培された。

←↑⓫紅花染の布・糸 紅餅を一晩水につけてからそこへ酢酸などの種々の液を混ぜて、紅色だけではなく山吹色や薄紅などに染めることができる。

＊『源氏物語』に登場する「末摘花」という女性は、鼻が赤いことからこうよばれていた。

⓬花びらを搗く

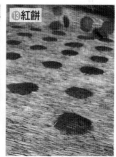

⓭紅餅

摘みとった花びらを発酵させ、臼に入れ杵で搗く。せんべい状にした状態で天日で乾燥させ、紅餅として京都などへ出荷された。

❹ 万葉を彩る染料

⓮茜(あかね)

茜色

橙色の根から赤系の染料が抽出される。日の丸の赤はこの染料で染められる。

⓯山藍(やまあい)

山藍摺

染料に使われた最古の植物。染色の方法は明らかではないが、白い地下茎を原料とする。

⓰梔(くちなし)

実

梔子色

実を煎じて布で濾し、その煎液を染色原液として使用する。

⓱刈安(かりやす)

刈安色

ススキの仲間である刈安の茎や葉から染料をとる。古代から大いに活用された染料。

⓲ムラサキ

紫色

天日干しした根は紫根とよばれ、その煎汁は紫色の染料となり、高貴な色とされた。

＊主要な穀物を総称して「五穀」という。『古事記』では稲・麦・粟・大豆・小豆、『日本書紀』では稲・麦・粟・稗・豆、『拾芥抄』（中世の百科全書的書物）では稲穀・大麦・小麦・大豆・小豆と、米・麦・粟・黍・大豆をあげ、その内容は必ずしも一定していない。

❶ 五穀＊－米（こめ）
→p.49 ❶

❶稲

縄文晩期に中国江南地域から北九州に伝わった。種子である米は時代が下るにつれ主食となっていった。わら（稲の茎）は俵などの材料となった。米は酒の醸造にも利用される。→p.204 ❺

● 米の種類
白米である粳米は普段炊いている米で、糯米は蒸して餅や赤飯に使う。赤米は神事などで使われ、赤飯の元とされ、黒米は赤米のなかでも特に黒紫色のもので、赤米・黒米ともに白米に淘汰されていったが、現在でも栽培されている。

❷ジャポニカ（円粒型）
粳米　糯米
赤米　黒米

❸インディカ（長粒型）

❹ジャバニカ＊＊

＊＊ジャバニカは、長い芒（外殻にある針のような突起）をもつ種類で、インドネシア在来稲に多い。南島を経由して日本へ伝来したらしい。

❷ 五穀－麦（むぎ）

❺大麦

❻小麦

大麦・小麦ともに縄文晩期頃に伝来したと考えられる。大麦は押しつぶして麦飯として、また味噌や飴の原料に用いられた。小麦は味噌や醤油の原料となり、粉にして菓子やそうめん、うどんとして食された。

❸ 五穀－粟（あわ）

❼粟

縄文時代から栽培され、高冷地でもよく育ち、生育期間も短い。おもに粟餅や粟だんごとして食べられた。

❽粟粒

↓❾粟餅

❹ 五穀－黍（きび）

❿黍

縄文晩期に伝来した。粳黍と糯黍があり、やせた土地でも育ち、乾燥にも強い。粥にしたり餅やだんごとしたりする。

⓫黍粒

↓⓬黍餅

❺ 五穀－大豆（だいず）

縄文中期には栽培されており、日本列島が大豆の原産地の一つとされる。『古事記』や『日本書紀』にも記載されている穀物である。ゆでたり煎ったりして食べるほか、豆腐や味噌、醤油の材料となった。

⓭大豆

● 大豆と麦の利用
←⓮醤油づくり（『広益国産考』ほか）
①大豆を煎る。
②煎り大豆と蒸し麦に麹種をつける。
③塩と水を加え、よくかきまわす。
④もろみを発酵・熟成させる。その後、木綿袋に入れて絞る。
〈おもな産地〉　銚子・野田（千葉）、龍野（兵庫）→p.204 ❶

（『大日本物産図会』）

❻ 救荒作物

● 稗（ひえ）
東北地方では縄文前期から栽培されていた。長期間の保存がきき、山間部では常食、平野部では救荒作物とされた。

⓯稗

⓰稗餅

● 蕎麦（そば）

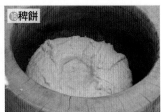
⓱蕎麦

縄文時代から栽培されており、奈良時代には救荒作物として奨励された。江戸時代に入って寒冷地の開墾が進むと蕎麦の収穫量も増大し、代用食として普及した。

● 甘藷（かんしょ）

←⓲甘藷（サツマイモ）　17世紀に中国から九州に伝わった。やせた土地でもよく育ち、干ばつにも強かったので、18世紀半ば以降、瀬戸内海島嶼部や沿岸部の段々畑でも栽培されはじめた。→p.219 ❷

1 嗜好品−茶（ちゃ）

①茶

①

製法の違いで緑茶・ウーロン茶・紅茶に分かれるが、いずれも同じ茶葉から生産される。江戸時代になると全国各地で栽培され、なかでも宇治（京都）、駿河（静岡）、狭山（埼玉）、八女（福岡）などが有名。

●茶の歴史
・古代……『日本後記』815年に大僧都永忠が嵯峨天皇に茶を煎じて献上したとの記述あり。
・中世……鎌倉時代に栄西（→p.142 1 5 ）が中国から茶の苗をもち帰り、茶の栽培がはじまった。室町時代以降、武士の間で抹茶が嗜まれ、茶の湯（茶道）がはじまった。→p.163 7 、184 1
・近世……煎茶の製法が編み出され、喫茶の風習が庶民にも広まった。
・近代……幕末期の開港以降、茶葉（緑茶・紅茶）が代表的な物産としてアメリカに輸出された。

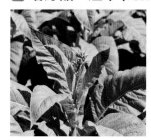

③緑茶

↑①②製茶法
①立春から88〜100日目に茶を摘み、一度蒸す。
②焙炉で乾燥させ、手で揉んで葉を巻く。
③抹茶にする場合は、臼で挽く。

2 嗜好品−煙草（たばこ）

←④煙草　南蛮船が薬用として煙草を伝える（→p.185 1 ）。江戸時代初期には九州の一部で栽培されていたが、次第に各地へ栽培が広がった。それとともに煙管に刻み煙草をつめて吸う喫煙習慣が浸透していった。

3 嗜好品−甘蔗（かんしゃ）（サトウキビ）

⑤甘蔗

甘蔗は、東南アジアや中国南部が主生産地で、近世に入る頃に琉球や奄美大島でも栽培され黒砂糖が生産されたが、多くはオランダ船や中国船によって貴重品として輸入された。のち、讃岐などでも栽培され、19世紀の初めに「和三盆」とよばれる白砂糖の生産がはじまり、白砂糖の国産化に成功した。

←⑥黒砂糖
→p.235 3

↑⑦サトウキビ絞り　根から刈り取った茎をろくろに挟んで液汁を搾り、石灰を混ぜて煮詰めて黒砂糖にする。　奄美市立奄美博物館蔵

4 嗜好品−小豆（あずき）

⑧小豆

古代から各地で栽培されており、小豆粥や赤飯に用いられた。小豆を煮てつぶした小豆あんは、砂糖の普及とともに和菓子や汁粉などに利用された。

⑨小豆あん

5 堅果類

堅果類とは、堅い殻に覆われた果実をつける樹木のことで、クリ・ドングリ・クルミなどがこれにあたる。なお、「ドングリ」とはクヌギ、カシ類、シイ類の実の総称。あく抜きをしなければ食べられないものが多い。あく抜きの方法としては、粉に挽く、水にさらす、煮沸などがあり、これらを組み合わせることもある。

6 柑橘類

柑橘類は生活と深いかかわりをもっており、正月の蓬莱台（三方）の飾り物のなかに橙がおかれたほか、江戸時代にはポン酢にも用いられていた。

室町時代以前からあったもの
柚　蜜柑　柑子　金柑　九年母

⑱柚

江戸時代初期からあったもの
橙　かぼす　仏手柑　花柚

⑲橙

江戸時代には普及していなかったもの
温州蜜柑　すだち

⑳すだち

	あく抜き不要		あく抜き必要	
照葉樹林→p.44 ②	↑⑩スダジイ	↑⑪イチイガシ	↑⑭アラカシ	↑⑮シラカシ
落葉広葉樹林→p.44 ①	↑⑫クリ	↑⑬クルミ	↑⑯トチ	↑⑰クヌギ

		荏胡麻（えごま）	菜種（なたね）
古代・	原始	縄文早期の遺跡から果実出土 荏胡麻の搾油がはじまる	弥生時代以降、油菜が食用として栽培
中世		社寺や公家の灯り用の油として重宝 大山崎油座が製造販売を独占	戦国期に搾油法発明
近世		近世中期以降、栽培加工減少	採油（菜種油）目的として栽培がはじまる 綿実油とともに灯り用の油となる

	櫨（はぜ）
	琉球から伝わり栽培はじまる 提灯の普及により蠟燭の需要が増える

➡❶ **現在販売されている油**
荏胡麻油や菜種油は、現在は食用油として販売されている。
＊キャノーラ種という品種からとられたものをキャノーラ油という。

❶ 荏胡麻（えごま）

❷荏胡麻　❸種子

青じそによく似ており、しその変種といわれる。約2㎜の種子には50％もの油分が含まれている。

↑❹ **搾油機の復元**　荏胡麻の種を煎って、梃子の原理を応用した長木という道具で搾った。これによって大山崎離宮八幡宮が搾油業の中心地となり、離宮八幡宮を本所とする油座が営業を独占した。➡p.159❷

➡❺ **中世の油売り**　藍色の服を着て、油のついた手をふくための打ちわらを持ち歩き、油を入れた桶を天秤棒で担ぎ、夕方から売り歩いた。

荏胡麻油のつくり方
❶荏胡麻の種を煎る
❷圧搾機にかけて搾る

❷ 菜種（なたね）

❻菜の花

❼実の入ったさや

❽種子

近世に入ると水田の裏作として栽培され灯り用の油の原料にされた。種子から油を搾り、油粕は肥料（金肥➡p.203❹）として販売された。おもな産地は摂津、河内など。➡p.202❶
＊金銭で購入する肥料のこと。

➡❾ **菜種油の灯火**　荏胡麻油の灯火は煤が多く出たので、江戸時代には菜種油がその地位にとって代わった。

↓❿ **搾油のようす**

（大蔵永常『製油録』）

菜種油のつくり方
❶さやがはじける前に刈り取り、種子を取り出し干す。
❷鍋で煎り、臼や水車で搗き砕く。
❸搾油道具で圧力をかけ（楔を打ち込むなど）、搾り上げる。

❸ 櫨（はぜ）

⓫櫨

⓬櫨の実

温暖な地域に自生し、秋に紅葉する。実から木蠟がとれ、蠟燭の原料となる。江戸時代にはそれまで木蠟の主原料であったウルシの実にとって代わった。

↑⓭和蠟燭

⓮蠟燭の製造
出典：ColBase

蠟燭のつくり方
❶実を臼でつぶす。
❷粉にして蒸す。
❸和紙に藺草やこよりを絡めた芯に蠟をかける。

❹ そのほかのあかり

松明（たいまつ）	鯨油（げいゆ）
竹や脂の多い松などの割り木を手ごろな太さに束ねて、その先に点火し、手に持って照明とした。	クジラの体重の約1〜2割の鯨油が採取された。ほかの魚油より匂いが少なく、また植物油より安価なため庶民が利用していた。なおペリーによる開国要求の背景の一つに、北太平洋でさかんに操業していたアメリカ捕鯨船の寄港地の確保もあった。
➡⓯松明を使った祭りのようす	➡⓰江戸時代に描かれたクジラ（「鯨志」）

1 藺草（いぐさ）

①藺草

←②畳が敷かれた和室

湿地や浅い水中に生える多年草で、水田で栽培された。畳表やゴザは藺草の茎でつくられる。藺草は別名燈心草ともいい、これは和蠟燭の芯に用いられたからである。

←③座具としての畳（『春日権現霊験記』）平安時代になり、貴族の邸宅の建築様式が寝殿造になると、板敷の間に座具や寝具として畳が置かれるようになった。
東京国立博物館蔵
Image：TNM Image Archives

↑④江戸時代の畳屋　室町時代に建築様式が書院造に変わっていくと、部屋全体に畳が敷かれるようになったが、畳が庶民の家屋に普及していったのは江戸時代中期以降であった。特産品としては備後表、近江表などが有名。

2 楠（くすのき）

⑤楠

楠の材片を水蒸気蒸留して結晶化させ、樟脳をつくる。特異な芳香があり、防虫剤・防臭剤として用いられた。江戸時代に入って製法が薩摩藩に伝わり、以後重要な輸出品となった。

⑥樟脳

↓⑦樟脳製品を使った着物の保管

3 漆（うるし）

⑧漆
樹液採取痕の残る幹
葉と実

木を枯らさないように傷をつけ、にじみ出てきた樹液を採取し、樹液を加熱しながら水分を蒸発して精製する。実は蠟の原料となる。

➡⑩根来塗瓶子　縄文時代から漆は使われ、その技術は延々と受け継がれ、飛鳥時代以降には仏具や仏像、装飾品制作に欠かせない材料であった。鎌倉時代に入って根来塗が誕生し、漆器生産がはじまることとなった。

↑⑨漆塗の工程　❶漆の木から樹液をかき出す。❷木地挽き。❸漆塗り。❹乾燥。❸❹の工程を繰り返して完成。

↑⑪輪島塗の椀　漆器製造が盛んとなり、華やかな漆絵が描かれた。江戸時代のおもな特産品として、輪島塗（石川）、会津塗（福島）などが有名。開国後、海外では日本の漆・漆器を「japan」とよんだ。

4 楮（こうぞ）

⑫楮

クワ科の落葉低木樹で、西日本の山地に自生していたが、近世に入って和紙の原料としてさかんに栽培されるようになった。おもな産地と製品は、土佐・石見・伊予（半紙）、越前（奉書紙・鳥の子紙）、播磨（杉原紙）➡p.204❶

↓⑬和紙の製造　楮は、切った後に木桶にいれて蒸し（❶）、皮をむいた。褐色の表面を除き白皮にして、それを叩いてほぐし（❷）、かき混ぜる。ネリ（粘着剤）を混ぜ、漉船で紙を漉いていく（❸）。漉きあげた紙は圧搾して水分を取り、乾燥させる。➡p.158❻,204❽

❶楮蒸し

❷叩いてほぐす

❸　紙漉き　ネリを混ぜる　圧搾

5 杉（すぎ）・檜（ひのき）➡p.204❶

⑭杉

←⑮丸太を割る
杉は幹がまっすぐで工作が容易なため、古くから家屋や船などに利用された。江戸時代、都市の発展にともない木材の需要が増大し、また、植林もさかんとなった。
（『秋田杣子造材之画』）

スギ科の常緑高木で、造林しやすい。おもな特産品は、秋田杉、吉野杉、白田杉など。

⑯檜

↓⑰曲げわっぱ　杉や檜などの薄板を曲げて作られた円筒形の箱で、弁当箱などに利用された。秋田杉や木曽檜のものが有名。

ヒノキ科の常緑高木で、光沢・芳香があり、耐久性にも富む。古くから社寺や貴族の邸宅などに用いられた。樹皮は檜皮と称し、屋根葺きの材料として重用された（➡p.37❶）。

1 鉄のあゆみ

日本の製鉄は、6世紀半ばに近畿・中国地方ではじまり、たたら製鉄とよばれて大正年間まで存続した。

年代	内容
	中国・朝鮮半島からの技術伝播
5世紀頃	鉄鋌（→p.58❷）の入手による鉄器の普及
	日本独自の製鉄技術へ
	野だたらと砂鉄の採取
17世紀	鍛冶の発展 → 鉄穴流しの普及 → 天秤ふいごの発明
18世紀	たたら
19世紀	鉄鉱石による製鉄（岩手） → 反射炉の実用
20世紀	洋式高炉 釜石製鉄所 / 官営八幡製鉄所設立 →p.279❸

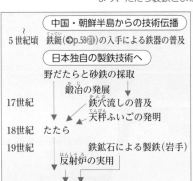

東京工業大学提供

↑❷復元された古代の製鉄炉

↑❶砂鉄（上）と玉鋼（下） たたら製鉄の原料は砂鉄であった。炉の中で砂鉄と炭を3〜4日燃やし続け、鉧や銑とよばれる鉄塊をつくった。鉧の中には玉鋼という良質の鋼が含まれ、日本刀などに用いられた。

鉄は、古くから、武器・武具、農具・工具など、さまざまな用途で用いられ、その製鉄・鍛冶技術は、伝統的な技術とかかわりあいながら、さまざまな分野に転用されていった。

● 古代・中世の製鉄

↑❸野だたら（『大槌烔屋鍛冶絵巻』（複製）） 古代・中世の製鉄法は不明な部分も多いが、野だたらとよばれる方法であった。この絵では、右側から原料を、左側から炭を投げ入れ、両側からふいごで炉に風を送っている。岩手県立博物館提供

● 近世の製鉄

↓❹近世のたたら製鉄

（『先大津阿川村山砂鉄洗取之図』）

天秤ふいご

17世紀末に天秤ふいごの発明など技術革新がみられ、従来の簡易な野だたらから、高殿とよばれる建物内で操業する形態が普及し、鉄の増産がすすんだ。刀剣類にかわって農具や釜・鍋や針金など日常品の生産がさかんとなった。

たたら製鉄の再現（1969年）

鉄の歴史村地域振興事業団（島根・雲南市）蔵

→❺割鉄 鉄は、このような形で流通した。

● 近現代の製鉄

製鉄の流れ

①高炉…鉄鉱石から銑鉄を取り出す

②不純物を酸化させる

③転炉…不純物を取り除き鉄鋼にする

④2次精錬…成分を微調整

製品

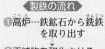

↓❻鉄鉱石

↑❼釜石の洋式高炉（復元模型） 南部（盛岡）藩士大島高任の尽力により、1857年に釜石の大橋に洋式高炉が建設された。以後、釜石は、近代製鉄業の発祥地として発展した。釜石市立鉄の歴史館（岩手・釜石市）蔵

2 硫黄 →p.122❹,155❸,191❸

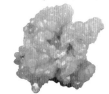

↑❽硫黄 日本には火山が多いため、硫黄の鉱山が長野県をはじめとして数多くあった。硫黄は火薬や薬、マッチの主要原料として重宝され、日宋貿易（→p.122❻）の時代からすでに中国に輸出されていた。中国で日本産硫黄を原料とする火薬の製造がはじまり、これがその後ヨーロッパに伝わり、鉄砲などの武器の発展となって世界の歴史を変えていった。江戸時代にはマッチの前身である附木、明治以降にはマッチの原料として需要が高まったが、石油から硫黄が精製される技術が開発されてからは硫黄鉱山は衰退し、現在すべての硫黄鉱山は廃鉱となった。

3 金・銀・銅のあゆみ

〈古代〉→p.82❹	・砂金 〈生産地：陸奥〉	・銅（和銅）
〈中世〉→p.155❸❺,205	・鉱脈発見 1533 石見銀山で灰吹法 16世紀半ば 佐渡金銀山など	
〈近世〉→p.191❸,204❶	金銀の大増産 17世紀後半より激減	足尾銅山（1610） 別子銅山（1691）など

貴金属である金・銀・銅は、古来より装飾品・贈答品、鋳物の材料として用いられたが、本格的な採掘がはじまったのは、戦国時代からである。中世末から近世前期にかけては銀、中期までは銅が主要輸出品として日本経済を支えた。

● 金 →p.204❶

⑨佐渡金山の坑道内部

⑩金鉱石

⑪砂金

佐渡相川の釜山（新潟県）は露天掘りから坑道法へ採掘技術が進み発展した。江戸時代には、銀の産出のほうが多かったので、「佐渡銀山」とよばれていた。

● 銀 →p.191❸,204❶,205

⑫石見銀山の灰吹法

『石見銀山鉱山図解』中村俊郎所蔵

⑬銀鉱石

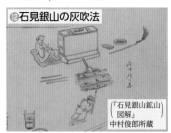

⑭灰吹銀

（18mm）

銀の製錬は、①銀鉱石を砕き、②溶解し貴鉛（銀と鉛の合金）を作り、③これを灰吹床で、銀と鉛を吹き分ける（灰吹法）。この方法は、石見銀山（島根県）に最初に導入され、その後全国に広まった。

● 銅 →p.191❸,204❶

⑮別子銅山の内部

『鼓銅図録』

→⑯銅鉱石

←⑰棹銅

別子銅山（愛媛県）は、大坂の住友家が請け負って開発した銅山。また、住友家は、大坂長堀に銅吹所（銅精錬所）（→p.209❸）を設立した。左の写真の棹銅は、この銅吹所跡から出土したもの。

❶ 製塩業のあゆみ

	採鹹技術〈海水から鹹水（＝濃い塩水）をつくる〉	
原始・古代	藻塩焼き（干した海藻を利用）	製塩土器
	塩池〈8世紀〉（海藻にかわって，塩分を含んだ砂を利用）	
	塩浜〈9世紀〉	
中世	●古式入浜（海水は干満の水位差を利用）※干満差が大きく，干潟が発達したところ	●自然浜（揚浜）→p.158❼　海水は人力でくみあげる・自然の砂面・人工の砂（能登・大隅地方など）
近世	●入浜塩田→p.204❶（瀬戸内海中心。1645年赤穂新浜開発。十州塩田の成立）	
近代		
現代	●流下式塩田（太陽熱・風力利用）→●イオン交換膜法（電気エネルギー利用）→現在	

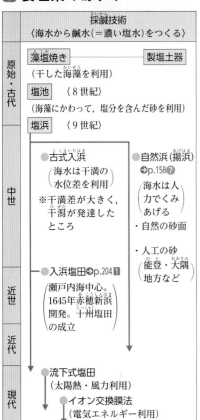
「大日本物産図会　播磨国赤穂塩浜之図」

塩は人の生活にとって必要不可欠なものである。そのため、塩を取得するためのさまざまな方法が考え出された。また、塩は、歴史のなかでもっとも古い交易品の一つでもあった。

←❶藻塩焼き　干した海藻に付着した塩分を海水で洗いだして鹹水（濃い塩水）を採り、これを土器（製塩土器）で煮つめて塩をつくる、藻塩焼きとよばれる製塩法が発達した。このジオラマは古墳時代後期の製塩のようす。

● 中世の製塩

→❸揚浜（「民家検労図」）　海水を人力で塩浜まで運び、汲み上げた海水を塩浜にまきちらすのが一般的な方法。能登では、海岸に砂浜が少ないため、海面より一段高いところに人工の浜をつくった。→p.158❼

● 近世の製塩

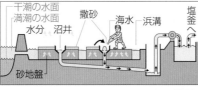
干潮の水面　満潮の水面　撒砂　海水　浜溝　塩釜　水分　沼井　砂地盤

昭和30年代の入浜塩田

←❺入浜塩田　潮の干満を利用して海水を自動的に塩浜へ誘導する方法を入浜式という。干満差の大きな内海などにみられ、江戸時代初期には、赤穂（兵庫県）などを中心に、瀬戸内海沿岸に大規模な塩田が開発された。→p.204❶

● 古代の製塩

→❷製塩土器
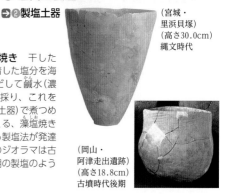
（宮城・里浜貝塚）（高さ30.0cm）縄文時代

（岡山・阿津走出遺跡）（高さ18.8cm）古墳時代後期

❹揚浜式塩田（1942年、石川県珠洲市）

● 近現代の製塩

枝条架　流下盤

↑❻流下式塩田　流下盤と枝条架の組み合わせによって、太陽熱と風力を有効に利用する。1952年～1959年にかけて、入浜式から転換。しかし、1972年にはイオン交換膜法に切り替わった。

❷ 窯業（陶器・磁器）のあゆみ

	陶器	磁器
原始・古代	縄文土器	
	弥生土器	
	土師器	
	須恵器	
中世	六古窯	
近世		有田焼
近現代		

＜陶器の特色＞
・透光性がない
・素地は多くが淡い色で、吸水性がある　・焼きがやわらかい

＜磁器の特色＞
・透光性がある
・素地は純白色で、吸水性はない
・焼きが固く耐久性がある

焼き物は大きくは陶器と磁器に分類される。一般に陶磁器とよばれるが、これは陶器と磁器の総称である。陶器は、陶土とよばれる粘土、つまり土がおもな原料である。一方、磁器は、陶石とよばれる岩石がおもな原料となる。

陶器　古来より、焼き物に適した原料がみつかると、その土地で窯が築かれ、産地ごとに特徴ある焼き物が生み出されてきた。それらは産地名に由来して「○○焼」とよばれる。焼き物の歴史は古く、縄文土器（→p.46❷）にはじまり、弥生土器（→p.48❸）・土師器（→p.63❺）と続く。5世紀には朝鮮半島から須恵器（→p.63❻）が伝来した。鎌倉時代頃には、日本各地に優れた窯がつくられた。そのなかで現在まで続く瀬戸焼（愛知・瀬戸市）、常滑焼（愛知・常滑市）、越前焼（福井・越前町）、信楽焼（滋賀・甲賀市）、丹波立杭焼（兵庫・篠山市）、備前焼（岡山・備前市）の6つの窯を六古窯とよぶ。安土桃山時代になると、茶の湯の発展の影響で、陶器は独自の発展をとげた（→p.184■）。

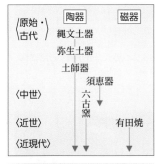

←❼灰釉陶器（灰釉有蓋壺）（愛知・猿投窯）　平安時代になると、硬質の素地に木灰の釉をかけ高温で焼成する灰釉陶器がつくられた。これらは、京都の有力寺院などに供給された。
10世紀　高さ28.5cm　出典：ColBase

磁器　17世紀初期に肥前（佐賀県）の有田周辺で、日本における磁器の生産がはじまった。酒井田柿右衛門らによる色絵磁器（→p.199❷）の創始などにより、焼き物は色彩豊かになり、江戸時代後期から末期にかけて、磁器生産は各地に広がった。陶器生産がさかんであった瀬戸においても、江戸時代後期になると、磁器がさかんに焼かれるようになり、陶器生産をしのぐ勢いとなっていった。

←❽有田焼（色絵三果文皿）
延宝年間（1673～81）
出典：ColBase

＊積み出しが伊万里港からなされていたことから、伊万里または伊万里焼ともよばれる。

❶ 庶民の住まい－民家の様式

民家とは、庶民の住居である農家・漁家・町家（町屋）などの総称。その住まいは、自然の地形、気候風土、生業などに左右され、独特の様式を生み出している。

（北海道平取町）

↑❶**北海道のチセ**　北海道のアイヌの住居は、「われらの寝床」という意味の「チセ」とよばれる。屋根は、茅や樹皮などで葺かれている。内部は、神窓とよばれる窓や祭壇が設けられている。

（岩手県遠野市）

↑❷**東北地方の曲屋**　東北地方は、馬の産地として知られる。馬は人間と同様に家族の一員として大切に扱われた。主（母）屋の前方に隣接していた厩を接合し、鍵状（L字型）の曲屋が建てられた。

（秋田市）

↑❸**日本海側豪雪地帯の中門造り**　日本海側の秋田・山形・新潟県などでは、雪避け庇が発達して、主屋の出入り口の通路が拡大化し、中門（曲り部分）に、厩・便所・納屋が配置された。

↑❹**関東・中部地方養蚕地帯のかぶと造り**　屋根の一部を切り上げ、正面から見ると兜の形を思わせる。養蚕（→p.28 ❷）の作業場は屋根裏にあり、通風や採光などを考慮した結果、生まれた家屋である。

↑❺**飛騨白川郷の合掌造り**　50〜60度の急勾配の屋根は、積雪が滑り落ちやすい配慮から生まれた。1995年、「白川郷・五箇山の合掌造り集落」の名で、世界遺産に登録された。

（長野県塩尻市）

↑❻**信州の本棟造り**　信州（長野県）で、かつて名主や組頭など村役をつとめた農民の家屋の建築である。平面で見ると正方形に近く、規模も大きい。整った応接部屋をもつのも、特徴の一つである。

（奈良県天理市）

↑❼**近畿地方の大和棟（高塀造り）**　とくに奈良盆地や大阪平野東部を中心とする地域では、茅葺切妻屋根の両側の「妻」を白壁で塗り込み、その上に高塀とよぶ瓦葺を施した様式がみられる。

←↑❽**京都の町家（町屋）**　俗に「鰻の寝床」といわれる。京都の町家は、間口が狭く奥行が深い。

（佐賀県白石町）

↑❾**九州地方のくど造り**　筑紫平野・熊本平野にかけては、くど造りとよばれる様式の民家がみられる。屋根を上から見た形がコの字型であり、別名「両鍵」ともよばれる。

（宮崎県高原町）

↑❿**南九州・沖縄の二棟造り**　二棟造りは、寄棟の草葺屋根の主屋と釜屋（土間）が別棟になっている様式で、分棟型ともよばれる。二棟が樋で連結され、内部はつながっている。

❷ 家屋を構成する要素

土壁

↑⓫**土壁**　高温多湿の風土に適する。

敷居

←⓬**敷居**　襖や障子などを取りつける部分。

縁側

↑⓭**縁側**　建物の縁に設けられた通路。

土間

↑⓮**土間**　屋内で床を張っていない部分。履物を履いたまま入ることができる。

くらしからみる日本史（建築編❷）

❶ 屋根の基本形式

平
妻
平入
妻入

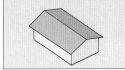

↑❶切妻造 本を伏せたように、二方面に葺きおろした形。町屋に多い。

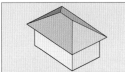

↑❷寄棟造 四方に葺きおろした形。妻屋根（三角形部分）と平屋根（台形部分）の組み合わせ。

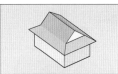

↑❸入母屋造 切妻造と寄棟造を合体したような形。近世には、寺院建築にも多くみられる。

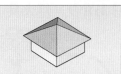

↑❹宝形造 正方形の平面上に、雨水が四方向に流れるような形。

屋根葺きの工法

❺檜皮の採取

❻檜皮葺の材料

● 檜皮葺（ひわだぶき）

檜皮葺は、檜の樹皮をはぎ取り、用途に応じて切りそろえて、竹釘でとめて葺き上げていく工法。耐久性に富み、重厚で曲線の多い社殿・仏堂や御所などに多く用いられている。

● 柿葺（こけらぶき）

柿葺は、木目の通った素性のよい椹や杉などを葺材として使用する工法。厚さ3〜4㎜、幅10cm、長さ30cmほどの板を少しずつずらしながら、竹釘でとめていく。開放的な軽快さをもち、修理も容易であることから、書院、茶室などに用いられている。➡p.106❶

● 茅葺（かやぶき）

茅は、屋根葺きに使う植物の総称。茅葺きは、日本の屋根形態として、もっとも歴史が古い。材料は、ススキ・チガヤ・スゲなど。本格的な葺き替えのほか、腐食部分に新しい茅を差し込む「差し茅」がおこなわれる。耐久期間はおよそ40〜50年。

➡p.33⑯,106❶

➡p.106❶

❼屋根葺きのようす

❽屋根葺きのようす

❾屋根葺きのようす

身近な単位

1951年の計量法によってメートル法が義務づけられた現在でも、部屋の大きさを「6畳」とか、土地の広さを「50坪」、酒やご飯を「3合」などと表現する場合が多い。これら私たちの「身近な単位」について理解しよう。

尺貫法

尺貫法とは、日本で使われてきた度量衡※で、1891年の度量衡により完成した。1951年の計量法はメートル法が義務づけられている。※度が長さ、量が容積、衡が面積のこと。

《長さ》

1寸の長さ	1里＝36町＝3927m（約4km）	
	1町＝60間＝109.08m	
	1間（歩）＝6尺＝181.8cm（約180cm）	
	1丈＝10尺＝303cm	
	1尺＝10寸＝30.3cm	
	1寸＝10分＝3.03cm（約3cm）	

寸（すん）・尺（しゃく）

1尺は約30.3cm。1寸はその10分の1（約3cm）の長さ。おとぎ話の「一寸法師」や、道具の巻尺・曲尺の名称はこの単位からきている。

《容積》

1石＝10斗＝180.390ℓ（約180ℓ）	
1斗＝10升＝18.039ℓ（約18ℓ）	
1升＝10合＝1.8039ℓ（約1.8ℓ）	
1合＝10勺＝180.39㎖（約180㎖）	

❿お銚子（1合）

（高さ13.0cm）

⓫一升瓶

（高さ39.5cm）

⓬一斗缶

（高さ35.0cm）

升（しょう）

枡は、太閤検地では京枡（➡p.179❸）が公定枡であったが、1661年に江戸幕府により新京枡に統一され、これが明治政府に正式採用された。

《面積》

※町は長さの単位としても用いられ、混乱を避けるため、面積では「町歩」とよぶこともある。

1町＝10段（反）＝9917.3㎡（約1ha）➡p.80❹	
1段（反）＝10畝＝991.73㎡（約10a）	
1畝＝30歩＝99.173㎡（約1a）	
1歩＝1坪＝約3.3㎡	

坪（つぼ）

坪はもともと歩といった。古代では1歩は6尺平方だったが、太閤検地では6尺3寸平方とされた。1歩を1坪ともいうようになったのは近世になってからのようで、1891年の度量衡では6尺平方となった。

●1坪のイメージ
（畳2枚分）

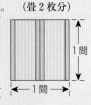

1間
1間

※田舎間（江戸間）の場合

畳（じょう）

畳の大きさの規格は種々あるが、西日本では6尺3寸×3尺1寸5分（1.909m×0.954m）の京間、東日本では6尺×3尺の田舎間（江戸間）が標準である。なお、江戸間には5尺8寸×2尺9寸のものもある。

➡⓭6畳の和室（畳6枚分）
UR都市機構提供

目で理解する単位

現在、広さや容量を示すために、「東京ドームの何杯（何個）分」といった表現がよく用いられる。こうした表現は、大正時代の旧丸の内ビルヂング（丸ビル）が大きな枡の形をしていたため、「丸ビル何杯分」と書かれたのがはじまりといわれる。1960年代以降は、霞が関ビルディング（霞が関ビル）なども用いられた。

←⓮旧丸ビル
（東京・千代田区）
1923（大正12）年完成。
延床面積62,088㎡
8階建て（一部9階）
三菱地所提供
➡p.303❶

←⓯霞が関ビル
（東京・千代田区）
1968（昭和43）年完成。
高さ147m、36階建て
延床面積約15万㎡
三井不動産（株）提供
➡p.356❶

「東京ドームの何杯分」（容積）
1杯分＝約124万㎡

「東京ドームの何個分」
（面積）　1個分＝46,755㎡
（観客席・コンコースを含めた面積）

コンコース
100M
122M
100M
観客席

↑⓰東京ドーム（東京・文京区）
1988（昭和63）年完成。
東京ドーム提供

❶ あかり・灯火具

➡❶手燭

➡❷提灯

➡❹遠州行灯

❸行灯を使う

江戸時代には、蠟燭や灯油は高価で数多く置けないため、あかりの周りに人々が集まってくらしていた。

⬅❺新橋駅の夜景 1900年頃の東京の新橋駅前のようす。駅前の照明は、市街の夜の景観を一変させた。

⬆❾カーボン電球(左)とタングステン電球(右) 1887年頃から屋内電灯としてカーボン電球が使われ、大正期には、より高性能なタングステンが電球の主流となった。

❻ガス灯

⬇❺❻GAS MUSEUM／がす資料館(東京・小平市)蔵

➡❼石油ランプ

❽吊下げ電灯

明治期には、ガス灯や電灯が周囲を照らす照明具として登場した。ガス灯の数は、大正期にピークとなったが、電灯に押されて、昭和初期には姿を消した。これに対し、商店や民家の門灯や軒灯として使われたのが石油ランプである。

❷ 茶の間・台所

(『モース・コレクション／写真編 百年前の日本』小学館)

(1953年、新潟県南魚沼市)

吊下げ電灯

ラジオ

茶箪笥

ちゃぶ台

⬅❿箱膳での食事 家族一人一人が自分の膳の前に座って食事をするのが伝統的な食事のスタイルであった。箱膳は、膳となる箱に各自の食器を収納できるようにしたもの。戦後でも、一部の地域では、利用されていた。写真(上)は明治期、(下)は戦後の食事のようす。

⬅⓫ちゃぶ台のある茶の間 箱膳にかわって、大正期から昭和初期にかけては、ちゃぶ台が普及した。家族が一つの食卓を囲むことで、一家だんらんの一時となったほか、大鉢に盛られた煮物を家族で取り分けるなど食事の形態も大きく変わった。

➡p.303 ❽

⓬農家の室内

⓭座り流し

⓮調理のようす

日本の台所は伝統的に座式で、土間や板の間に座って調理をおこなった。立式の台所が一般的になるのは、昭和30年代以降のことである。

⬆⓯七輪 土製で、炭を使って煮炊きをおこなう道具。

燃料(薪と炭)

炭は、火を燃やした薪が不完全燃焼で炭化したもので、点火しやすく、火持ちがよかった。原料は、カシ・ナラ・クヌギ・マツ・クリなどで、近代以降、石炭・石油にかわるまでの、重要なエネルギー源だった。

⓰薪

⓱炭

1 寝具

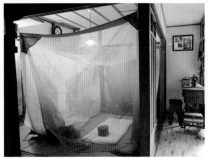

↑❶蚊帳 蚊帳は蚊よけの必需品であった。麻製で、多くが萌黄染・茜縁というスタイルだった。平安時代には貴族のあいだで使用された。庶民が使いはじめるのは江戸時代になってからで、網戸が発達する1960年代まで広く使用された。

↓❷蒲団の綿入れ（熊谷元一撮影）

（1956年、長野県阿智村）

どてらは、裾まである やや大きめの綿入りの着物。たんぜんともいう。防寒具や寝具として利用された。また、戦後まで、蒲団の仕立てを家庭でおこなうこともよくみられた。生地を縫い合わせて蒲団側（綿をくるむ布）をつくり、中に綿を入れた。

↓❸どてら

● 寒さをしのぐ道具

↓❹置きごたつ　**↓❺あんか**

↓❻湯たんぽ

冬場の寒さをしのぐため、蒲団の中に置きごたつや湯たんぽを入れて暖をとった。湯たんぽはブリキ製が一般的だが、戦時下では、金属類の供出にともない、陶器製の代用品も使われた（➡p.322❿）。あんか（灯火）は、炭火を入れて手足を暖める道具。

2 山・海に生きる人々と道具

● 農業

江戸時代に開発された農具のなかには、昭和30年代まで使われていたものもある。➡p.202❸

❼明治初期の農作業のようす

（『モース・コレクション／写真編　百年前の日本』小学館）

❾唐箕

❽昭和30年代の農作業のようす

（1962年、秋田県横手市）

❿千歯扱

● 林業

⓫なた

⓭ちょうな

なたや木引鋸は木を切るのに使う。ちょうなは、材木の表面を削るもの、下刈鎌は、立木の下枝を刈るもの。

➡⓮下刈鎌　**⓬木引鋸**

⓭ちょうな

● モノを運ぶ

↓⓳背負籠　**⓴背負子**

（1959年、新潟県佐渡市）

背負子は、重い固形物を運ぶのに有効。歩荷（ボッカ）などで用いられた。背負籠は、桑葉や茶葉などを入れて運ぶ。背負ったままで下を向くと中身が取り出せる。

● 海に生きる

←⓯定置網漁のようす（1954年、北海道斜里町）　定置網漁は、一定の場所の水面下に網を敷設し、ころ合いをみて網を引き揚げる漁法。過剰漁獲に陥りにくく環境にやさしい。

↓⓱地曳網漁のようす（石川・羽咋市）➡p.204❶

⓲延縄漁（延縄の準備）

（1957年、新潟県佐渡市）

魚類を捕獲する方法には、大別すると、採取漁・釣漁・網漁などがある。このうち、日本では、近世以降、網漁法がその中心となって発展した。とくに大規模な集団漁ではほとんどが網漁であった。網漁は、地曳網・船曳網・敷網などに代表される。また、日本海側の地域では延縄漁が普及、カレイ・ヒラメ・鯛などが漁獲され、近代以降、マグロ漁業の主流も延縄漁となった。

↑⓰べか舟（1955年、千葉県浦安市）　べか舟とは、海苔の採取に使われた1人乗りの小舟のこと。山本周五郎の小説『青べか物語』でも知られる。

↑㉑中馬　牛馬での運搬は、千国街道の牛方、中山道や三州街道などの信州中馬が有名である。

（1930年、神奈川県平塚市）

↑㉒砂利舟　水上交通は陸上交通に比べ、大量の荷物を安価に運べるため、古くから利用された。推進力は人力・風力が利用された。

40 時代の扉 1 原始・古代

原始・古代という時代 日本列島に人類が到達した旧石器時代、環境変化で定住化が進んだ縄文時代、農耕と争いがはじまった弥生時代、各地の支配者が連合していった古墳時代、仏教と律令制の導入による国づくりを進めた飛鳥時代から奈良時代を経て、貴族が権勢をふるうもやがて武士が台頭していく平安時代まで数万年におよぶ。

	紀元前1万4000年頃	紀元前600年頃	300年頃	600年頃		710年	794年
	(移行期)			原始・古代			
	旧石器時代	縄文時代	弥生時代	古墳時代	飛鳥時代	奈良時代	平安時代
					飛鳥の朝廷→大化の改新と天智天皇→天武天皇・持統天皇	律令制の確立期→聖武天皇→仲麻呂・道鏡	桓武天皇→藤原北家→摂関政治

日本	打製石器の使用	狩猟・採取・漁労を中心とした生活	稲作のはじまり 金属器 「クニ」の出現	前方後円墳の出現 ヤマト政権の誕生 倭の五王の朝貢	604 憲法十七条 646 改新の詔 672 壬申の乱	710 平城京へ遷都 743 大仏造立の詔	794 平安京へ遷都 858 藤原良房、事実上の摂政
世界		前5000～前2300年頃 古代文明おこる	前221 秦、中国を統一	420 中国の江南に宋成立(南朝)	589 隋、中国を統一 618 唐、隋を滅ぼす 676 新羅、朝鮮半島を統一	755 唐で安史の乱 (～763)	907 唐滅亡 936 高麗、朝鮮半島を統一 960 中国に宋成立

気候変動からみる旧石器時代から縄文時代

気候変動により自然環境が変わり、人々は環境に適応するよう生活を変化させていった。

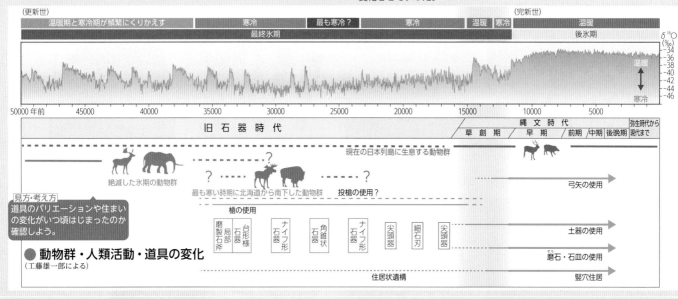

見方・考え方 道具のバリエーションや住まいの変化がいつ頃はじまったのか確認しよう。

● **動物群・人類活動・道具の変化**
(工藤雄一郎による)

生業の転換 農耕の広がりと定着

● 農耕の波及と定着の時間差 (中山誠二による)

	縄文時代	弥生時代			
		早期	前期	中期	後期・終末期
		紀元前800年 紀元前600年	紀元前300年	紀元前100年 50年	250年
九州		■▲	●		
中国・四国		■●▲			
近畿			■▲		
東海西部			■●▲		
北陸				▲ ■	
東海東部				■●▲	
中部高地			▲ ▲		
関東			△ ▲	■	
東北南部		△	■▲		
東北北部		△	■▲	▲	

・マークは、各地域で見つかった跡や農具の最も早い時期を示す(■水田跡 ●畑の畝跡 石製農具(単品) ▲石製農具(セット)。
・色は、各地域に定着した時期を示す(穀物農耕(イネ以外のアワやキビといった雑穀類の種子を蒔いて栽培する農耕) 灌漑型の水田稲作)。

水田跡や出土した農具の時期などから、農耕や稲作が伝わったおおよその時期がわかり、地域差があることもわかる。いったん農耕が伝わっても、継続して灌漑型の水田稲作を開始する時期が九州より数百年遅れる地域もあった。

政治・祭祀のシンボル 弥生墳丘墓から前方後円墳へ

弥生時代は墳丘をもつ墳丘墓が有力者の墓であったが、古墳時代になるとさらに巨大な前方後円墳である箸墓古墳が出現し、ヤマト王権とかかわりが深い各地の豪族も前方後円墳をつくるようになる。

↑①島根・西谷3号墓 四隅が突出する中国～北陸地方に特徴的なかたちの弥生墳丘墓。

→②大仙陵古墳 仁徳天皇陵ともいわれる。大阪湾を行き交う船からも見える巨大な古墳。→p.57

時代の見方

気候が温暖化したことによって変化した自然環境にあわせて、生活が大きく変化したことを重視すれば、縄文時代の開始は早期からとらえることができる。しかし、人類が生み出した偉大な発明である土器の使用がはじまった点を重視すると、草創期から縄文時代がはじまったと考えることもできる。何を切り口として時代を分けるのか考えてみよう。

1 文明の発生

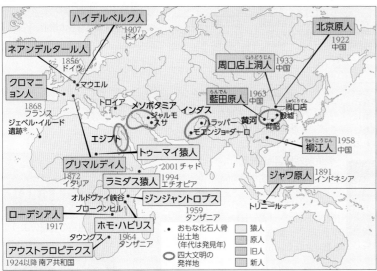

ハイデルベルク人　1907 ドイツ
北京原人　1922 中国
ネアンデルタール人　1856 ドイツ
周口店上洞人　1933 中国
クロマニョン人　マウエル
トロイア　メソポタミア　藍田原人　1963 中国
ジャルモ　スサ　インダス　周口店　殷墟
1868 フランス ジェベル・イルード遺跡*
エジプト　ハラッパー　黄河　仰韶
トゥーマイ猿人　モエンジョ＝ダーロ
グリマルディ人　柳江人　1958 中国
1872 イタリア　2001 チャド
ラミダス猿人　1994 エチオピア
ジャワ原人　1891 インドネシア
ローデシア人　オルドヴァイ峡谷　ジンジャントロプス
ブロークンヒル　1959 タンザニア
1917　トリニール
ホモ・ハビリス　1964 タンザニア
タウングス
アウストラロピテクス
1924以降 南ア共和国

● おもな化石人骨出土地（年代は発見年）
◯ 四大文明の発祥地

猿人／原人／旧人／新人

人類が誕生したのは、約700万年前といわれる。アフリカのチャドで発見されたトゥーマイ猿人が最古の人類化石**である。猿人の化石はアフリカにしか発見されておらず、人類はまずアフリカで誕生したと考えられている。

＊2017年6月に、約30万年前の最古の新人人骨が出土したと発表された。

＊＊人類学では、化石人骨の発掘がおこなわれ、欠損部分の復元や、DNA分析などの調査がおこなわれる。研究成果により、その時期はさかのぼることがある。

3 人類の進化と地質時代

地質時代			時期	人類・日本
先カンブリア代			5億7500万年前	約46億年前 地球誕生
古生代			2億4700万年前	
中生代				
新生代		暁新世	6500万年前	
		始新世	5500万年前	
		漸新世	3800万年前	
		中新世	2400万年前	
			700万年前	（猿人）トゥーマイ猿人
		鮮新世	500万年前	アウストラロピテクス ホモ・ハビリス（最古のホモ属）
	更新世（氷河時代）	前期	260万年前	（原人）
		ドナウ氷期	170万年前	ジャワ原人
		間氷期	100万年前	北京原人
		ギュンツ氷期		
		間氷期	80万年前	（旧人）
	中期	ミンデル氷期	50万年前	ネアンデルタール人
		間氷期	38万年前	
		リス氷期	20万年前	（新人）ホモ＝サピエンス クロマニョン人
	後期	間氷期	13万年前	
			7万年前	
		ウルム氷期	3万年前	港川人（約1.8万年前）浜北人（約1.4万年前）
			1万年前	
	完新世	後氷期		

旧石器文化（前期・中期・後期）　新石器文化

2 人類の進化 ● 人類の頭骨の変化

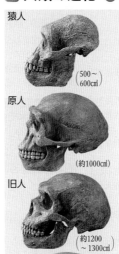

猿人（500〜600cm³）
原人（約1000cm³）
旧人（約1200〜1300cm³）
新人（約1500cm³）

数値は脳容積。

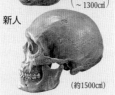

進化にともない、脳容積の増大、顎の頑丈さの減退、前歯列の大型化、臼歯の小型化、顔が短くなるなどの特徴がみられる。

● アフリカ単一起源説

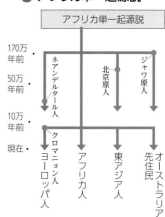

アフリカ単一起源説

	ネアンデルタール人	北京原人	ジャワ原人
170万年前			
50万年前			
10万年前			
現在	クロマニョン人→ヨーロッパ人	アフリカ人	東アジア人	オーストラリア先住民

アフリカを出た原人は、ヨーロッパ、アジアに移住したが絶滅し、再びアフリカを出た新人が世界に広がったとするのが、アフリカ単一起源説である。一方、最初にアフリカを出て世界各地に広がった原人がそのまま各地で進化して新人になったとする多地域進化説があるが、現在はアフリカ単一起源説が主流となっている。人類は、猿人・原人・旧人・新人と段階的に進化したのではなく、何回も枝分かれして進化し、多くは絶滅して、ホモ＝サピエンス（新人）だけが生き残ったと考えられている。

4 日本人の形成

約1〜2万年前

新モンゴロイド（寒冷適応）
氷床
古モンゴロイド　浜北人
柳江人
古モンゴロイド
港川人（初原モンゴイドの生き残り）

約2000年前

新モンゴロイド
新モンゴロイド＋古モンゴロイド
古モンゴロイド
縄文系弥生人（古モンゴロイド）
渡来系弥生人（新モンゴロイド）

見方・考え方
長い期間をかけて混血をくり返していったことを理解しよう。

日本人の原型は、アジア大陸に古くから存在した古モンゴロイドである。古モンゴロイドの縄文系弥生人が、後に渡来してきた新モンゴロイドの渡来系弥生人と混血をくり返したことや、生活環境の変化などによって、現在の日本人が形成された。

● 日本人の顔の時代変化（復元想像）

❶写真提供：国立科学博物館，画：山本耀也
❷❸国立歴史民俗博物館『北の島の縄文人』，石井礼子画

❶港川人　❷縄文人　❸弥生人

日本人の顔の変化の特徴として、時代とともに顔が細くなり、鼻も縦に細長くなっていることがあげられる。また、顔のつくりが華奢になっていることがわかる。

原始・古代

旧石器

→p.43❶

● テーマのポイント

1. 岩宿遺跡の発見が「日本に旧石器時代なし」という定説を覆す
2. 数々の遺跡は後期旧石器時代の人々のくらしのようすを伝えている

1 旧石器時代研究史年表

年代	事項
1917(大6)	喜田貞吉、国府遺跡(大阪府藤井寺市)出土の石器を旧石器と推測
1931(昭6)	直良信夫、兵庫県明石郡大久保村(現、明石市)西八木で、化石人骨発見(明石人)
1946(昭21)	相沢忠洋、岩宿の関東ローム層から数個の石器片を発見
1950(昭25)	直良信夫、栃木県安蘇郡葛生町(現、佐野市)の石灰岩採石場で化石人骨発見(葛生人)
1957(昭32)	石川一美、愛知県豊橋市牛川で化石人骨を採集(牛川人)
1959(昭34)	鈴木尚、静岡県引佐郡三ヶ日町(現、浜松市)で化石人骨を採取(三ヶ日人)
1961(昭36)	鈴木尚、静岡県浜北市(現、浜松市)の石灰岩採石場で更新世人骨を発見(浜北人)
1962(昭37)	聖嶽洞窟で後期旧石器人骨を発見(聖嶽人)

旧石器遺跡ねつ造問題と化石人骨の検証
2000年11月、旧石器遺跡のねつ造が発覚したことによって、旧石器遺跡に対する学術的検証がおこなわれ、それにともない、化石人骨の検証もおこなわれた。そのなかで、従来、旧石器時代の人骨とされていたものが、人骨ではない、または、時代が新しいとされたものも多い。

3 旧石器時代の化石人骨

↑❹浜北人骨 静岡県浜北市(現、浜松市)の石灰岩採石場で、1960～62年の調査に関連して発見された。およそ1万4000年前と推定される上層の堆積からは、若い女性の頭骨片・鎖骨・上腕骨・尺骨などが出土した。

→❺港川人骨 1970年、沖縄県島尻郡具志頭村(現、八重瀬町)の採石場で、石灰岩の割れ目から、男女の人骨を含む9体分の人骨が出土した。旧石器時代の人骨のほとんどは小さな破片であるが、港川人骨は全身の骨格がよく保存されていた。現代人と比較して腕や足が短く、後の縄文時代人と似ている点が多い。オーストラリア先住民との類似性も指摘されている。約1万8000年前のものとされる。

2 旧石器時代のおもな遺跡

1946年の岩宿遺跡の発見以後、約3万5000年前以降の後期旧石器時代の遺跡が数多く発見され、その数は1万6,000か所をこえる。

● おもな遺跡　□□人骨
▨▨ 従来人骨とされていたもので、人骨ではない、あるいは時代が新しいとされたもの。疑わしいと判断されたもの(牛川人)

白滝遺跡群(北海道)
日本を代表する黒曜石の産地。

金取遺跡(岩手)
1984年に出土した石斧などが9～8万年前の火山灰層にあったことが確認された。現在最古級の石器とされる。

❶オオツノジカの角とナウマンゾウの牙

樺岸遺跡(北海道)
大型の石刃や石核などが多量に出土した。

野尻湖湖底遺跡(長野)
1962年にはじまった市民参加の発掘調査により、ナウマンゾウやオオツノジカの大量の化石骨と石器・木器・骨器が出土した。大型動物の解体場と推定されている。

岩宿遺跡(群馬)

(1949年)
❷岩宿遺跡の発掘のようす

石器が発見された層
関東ローム層
❸岩宿遺跡の地層

早水台遺跡(大分)
1964年の発掘で、石英製の礫核石器などが出土した。前期旧石器時代のものと推定されたが、現在疑問視する説がある。

冠遺跡群(広島)
1999年の調査で、108kgの日本最大の石材が出土。

茂呂遺跡(東京)
1951年に台地上に露出していた関東ローム層から黒曜石製の石器が中学生により発見された。

入口遺跡(長崎)
10～9万年前の地層から打製石器が発見された。しかし、疑問視する研究者も多い。

はざみ(はさみ)山遺跡(大阪)

砂原遺跡(島根)
12～11万年前の石器が出土。しかし、疑問視する研究者も多い。

上ノ平遺跡(長野)
諏訪湖の東に位置し、北には黒曜石の産地として知られる和田峠がある。黒曜石製の尖頭器などが出土した。

国府遺跡(大阪)
大阪と奈良の県境にある二上山産のサヌカイトを素材としたナイフ形石器が出土した。

サキタリ洞遺跡(沖縄)
約2万年前の貝製道具、人骨などが出土。

山下町洞人(沖縄)
約3万2000年前の国内最古の化石人骨とされるが疑問もある。

白保竿根田原洞穴遺跡(沖縄)
約1万5000～2万7000年前の石器や人骨が出土。国内初の旧石器時代の墓地と確認された。

ピンザアブ人(沖縄)
1979年、約2万6000年前の化石人骨が出土した。

港川人の全身骨格

↑❻白保竿根田原洞穴遺跡出土の人骨
沖縄県立埋蔵文化財センター蔵

● プロフィール
岩宿の発見
相沢忠洋　東京都出身 1926～89

1946年、群馬県新田郡笠懸村(現、みどり市)岩宿の村道を歩いていた行商の青年相沢忠洋は、丘陵を切り通した関東ローム層とよばれる赤土の崖面から数個の石器を採集した。彼は、以前から考古学に興味をもち、行商のかたわら遺物を採集していた。当時の学界では、関東ローム層には人類の生活痕跡はないとされていた。1949年、相沢の採集した石器を鑑定した明治大学の杉原荘介らによって、岩宿の発掘調査がおこなわれ、その結果、岩宿は日本ではじめて旧石器時代の遺跡として確認された。相沢の発見は、日本の旧石器時代研究の道を切り開いた。

1 旧石器時代の特色

項目	内容
生活	・狩猟と植物性食料の採取による生活。狩猟の対象は、ナウマンゾウ・オオツノジカ・ヘラジカ・マンモスなど ・獲物や食料を求めて、小河川の流域など一定の範囲内を移動 ・生活をともにする集団は10人程度
道具	・石を打ち欠く**打製石器**が中心 ・狩猟には、**ナイフ形石器・尖頭器**などを棒の先端につけた**石槍**を使用 ・木工・土掘りには**石斧**などを使用 ・末期には**細石刃**が登場
住居	・簡単なテント式の小屋 ・一時的に岩陰や洞窟も利用
埋葬	・未解明

2万年前の日本列島

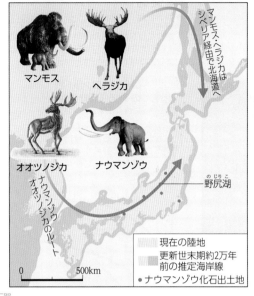

マンモス・ヘラジカはシベリア経由で北海道へ

マンモス　ヘラジカ

オオツノジカ　ナウマンゾウ

ナウマンゾウ・オオツノジカのルート

野尻湖

現在の陸地
更新世末期約2万年前の推定海岸線
● ナウマンゾウ化石出土地

0　　　500km

❶ **2万年前の住居跡**(大阪・はざみ〈はさみ〉山遺跡)**の復元想像図**　はざみ(はさみ)山遺跡は、1986年に発掘された竪穴住居跡で、具体的な形で当時の家の構造がわかった最初の例である。○p.42 ❷

📝 この遺跡は、当時、プロ野球の近鉄バファローズの梨田昌孝選手の住居予定地であった。建築設計は変更され、遺跡は土中に保存された。

2 旧石器の名称と使用方法 ▶石器

⑬出典：ColBase

石斧

木工・土掘り用具。敲打器ともよばれる。直接手にもつか、短い柄をつけて使用した。

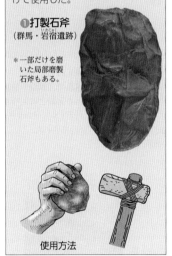

❶ **打製石斧**
(群馬・岩宿遺跡)

*一部だけを磨いた局部磨製石斧もある。

使用方法

ナイフ形石器

石を剥離してつくられた。尖端部をもつものは槍先として使用され、側縁を加工したものは、柄をつけたり、直接もって肉や皮を剥ぎ取るために用いた。

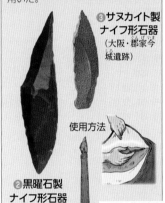

❸ **サヌカイト製ナイフ形石器**
(大阪・都家今城遺跡)

使用方法

❷ **黒曜石製ナイフ形石器**
(埼玉・砂川遺跡)

＊石器の使用方法は、どの部分にどのような痕が残っているかをもとに研究されている。

尖頭器(ポイント)

尖端の鋭い刺突具で、手でもつほか、柄をつけて槍先としても使用された。

❺ **尖頭器**
(群馬・岩宿遺跡)

相沢忠洋
(○p.42)により発見されたもの。

❹ **尖頭器**
(長野・神子柴遺跡)

使用方法

細石刃

細石刃は、幅1〜1.5cm程度、長さ5cm以下の小型打製石器。細石刃を木や骨の柄に埋め込んだものを細石器といい、鏃や槍先として使用された。

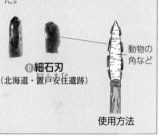

❻ **細石刃**
(北海道・置戸安住遺跡)

動物の角など

使用方法

3 石器のつくり方 ▶石器のつくり方

<見方・考え方>
石の性質をふまえた方法でつくられていることを理解しよう。

直接打撃法

打ちおろした石を直接、石材にぶつけて、かけら(剥片)を剥ぎ取る。

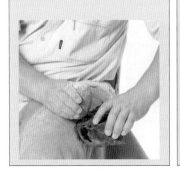

間接打撃法

石材に鹿の角や骨などをあて、槌を打ちおろして、間接的に衝撃を与えてかけらを剥ぎ取る。

押圧剝離法

先をとがらせた鹿の角や骨を、石材の縁に強く押しつけ、かけらを剥ぎ取る。

↑❷ **石器製造跡(上)と石器製造のようす(復元)** (大阪・翠鳥園遺跡)

◀❸ **接合した剝片**　製作の過程でできる石片を集めて復元接着すると、石器をどのように製作したかがわかる。

❷❸羽曳野市教育委員会提供

44 縄文時代の日本列島 　環境の変化で何が変わったのだろう

テーマのポイント
1. 気候の温暖化で海面が上昇（海進）した
2. 特定地域の石材を求めて交易がさかんになった
3. 自然環境の変化により生活がかわった

1 縄文時代の自然環境

↑① 落葉広葉樹林（青森、秋田・白神山地）　ブナ・ナラなど。東日本を中心に広がった。林のなかは明るく、動物などの生息に適していた。→p.31⑤

↑② 照葉樹林（宮崎・綾町）　シイ・カシなど。西日本を中心に広がった。原生林はうっそうとして暗い。→p.31⑤

2 交易

資料鑑賞　特定の地域から産出される石でつくられた石器の分布状況から、縄文人は石器に適した石材を求めて、遠方の集団と交易していたことがわかる。

←③ アスファルト痕のある石鏃（青森・三内丸山遺跡）　アスファルトは、土器の補修や石器・骨角器を柄に装着する際の接着剤として使用された。

■（産地）アスファルトの出土地	
▲（産地）黒曜石の出土地	
○（産地）ひすいの出土地	
◉（産地）サヌカイトの出土地	

0　200km

↑④ 黒曜石　黒色透明のガラス質の火山石で、石器の材料として利用された。→p.43④

←⑤ ひすい（硬玉）（新潟・長者ヶ原遺跡）　大珠・勾玉など装飾品として利用された。

⑥ サヌカイト　ナイフ形石器などに利用された。→p.43③

3 縄文時代のおもな遺跡

真脇遺跡（石川）
イルカ漁などをおこない定着した集落を営んでいた。巨大な掘立柱建物も発見された。

大船遺跡（北海道）
縄文中期を中心とした大規模な集落跡。周辺にはアスファルトが詰まった土器が出土した豊崎N遺跡がある。

※青字の遺跡は、世界遺産「北海道・北東北の縄文遺跡群」（→p.45）の関連遺跡。

鳥浜貝塚（福井）
三方五湖に隣接する低地の草創期〜前期に至る遺跡。大量の木製品や編物、荏胡麻・ヒョウタンなど栽培植物の種子などが出土した。精巧な漆工芸品も出土している。

大平山元遺跡（青森）
草創期の地層から約1万6500年前のものとみられる土器片が出土。

亀ヶ岡遺跡（青森）
縄文晩期の精巧な文様や色彩で飾られた多様な土器が出土し、東北を中心に分布する「亀ヶ岡式土器」の由来となった遺跡。

大湯環状列石（秋田）
後期の遺跡で、葬祭や祭祀にかかわる施設と考えられる環状列石（ストーンサークル）が発見された。

御所野遺跡（岩手）
600棟以上の竪穴住居跡。

津雲貝塚（岡山）
160体以上の埋葬された人骨が出土した。屈葬・抜歯の風習を示し、多数の装身具や埋葬後のたき火の跡など習俗を知る資料に恵まれた遺跡。

加曽利貝塚（千葉）
中期から晩期にかけての南北400m、東西200mの大貝塚。

地名（地図ラベル）：白滝、十勝、置戸、榛ノ木、姫川、隠岐、下呂、阿蘇、姫川、腰岳、二上山、金山・五色台、箱根、鹿児島、神津島、和田峠

入江・高砂、キウス周堤墓群、北黄金、垣ノ島、三内丸山→p.45、小牧野、二ツ森、大森勝山、田小屋野、鷲ノ木、是川、伊勢堂岱、三崎山、貝鳥、大洞、青島、長者ヶ原、上山、不動堂、押出、三貫地、井戸尻、真福寺、堀之内、花輪台、金生、大串、寺野東、平坂、田戸、平井、堂、滋賀里、栗津湖底、上原、粟津湖底、チカモリ、大境洞窟、サルガ鼻洞窟、朝寝鼻、大田、比治山、国府、早水台、東黒土田、椋ノ原、加茂

板付→p.48④
菜畑→p.48④

上黒岩遺跡（愛媛）
草創期の隆起線文土器が出土し、槍から弓矢への変遷が明らかになった。

吉胡貝塚（愛知）
日本最多の340体の人骨が出土した。

尖石遺跡（長野）
八ケ岳西麓に位置する。約100戸の中期の大集落遺跡。近くには黒曜石産地の和田峠がある。

福井洞窟（長崎）
後期旧石器時代から縄文早期まで続く洞穴遺跡。約1万6000年前の草創期の土器が出土した。

泉福寺洞窟（長崎）
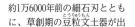
約1万6000年前の細石刃とともに、草創期の豆粒文土器が出土。

上野原遺跡（鹿児島）
約9500年前の早期の竪穴住居52棟や調理施設と考えられる集石39基が発見されるなど、国内最古・最大級の定住集落。

大森貝塚（東京）
1877年にアメリカの動物学者モース（→p.287）が横浜から東京に向かう列車の中から、貝殻の堆積を発見。日本における最初の貝塚の発見となった。その後、東京帝国大学の学生とともに現地を訪れ発掘をおこなった。

縄文遺跡はなぜ世界遺産となり得たのだろうか。

2021年、「北海道・北東北の縄文遺跡群」が世界遺産（文化遺産）に登録された。日本各地には数々の縄文時代の遺跡が残されているが、なぜ「北海道・北東北の縄文遺跡群」は世界遺産となったのだろうか。

史料 従来の縄文時代のイメージ

「当時の生活は恵まれたものではなかった。貝・魚・動物・鳥などを採集し捕獲するものばかりで、食物を牧畜や農耕などの手段で生産することを知らなかった。」
（『日本の歴史』1 神話から歴史へ　中央公論社、昭和四〇（一九六五）年）

「野蛮の後期、すなわち西紀前七千年～八千年頃にはじまるとみられる縄文文化の時代は…」
（『岩波講座日本歴史 1 原始および古代〔一〕』岩波書店、昭和三七（一九六二）年）

狩猟・採取生活は農耕社会に比べて貧しく、「野蛮」な時代といったイメージで語られる事が多かった。

1 三内丸山遺跡の衝撃

従来、縄文時代は石器・縄目のついた土器・貝塚に象徴され、人々は少人数で獲物を追って移動をくり返し、その日ぐらしの生活を送ってきたと考えられてきた。しかしその従来の常識を覆したのは三内丸山遺跡であった。

▶三内丸山遺跡

見方・考え方
広さ・建物の数に着目し、比較してみよう。

ヒスイ製大珠

見方・考え方
産地に着目し、つながりを見つけよう。

↑→❶三内丸山遺跡とその出土品(青森市)　三内丸山遺跡は、1992年におこなわれた県総合運動公園拡張工事による発掘調査で、縄文時代中期初頭を中心とした巨大遺跡であることが判明した。およそ1500年続いた大規模集落で、膨大な土器を含む厚さ4mにおよぶ盛土、巨大な木柱に支えられた大型建物、さらに倉庫群などは、高度に組織化された社会と豊かな文化を感じさせる。また、新潟産のひすい、北海道産の黒曜石などの出土品も発見されている。

2 縄文遺跡群の特徴

三内丸山遺跡を中心とした世界遺産「北海道・北東北の縄文遺跡群」は、この地域において1万年以上続いた狩猟・漁労・採取文化のようすと定住の開始・発展・成熟の過程を具体的に示し、それを切れ目なく説明できることに普遍的な価値を見い出している。

●「北海道・北東北の縄文遺跡群」の特徴

		集落	気候	構成資産
草創期	定住の開始	居住地の形成	氷期の終焉と温暖化の開始	大平山元遺跡
早期		集落の成立	温暖化と海進	垣ノ島遺跡
前期	定住の発展	集落施設の多様化	火山噴火後に気候が安定	北黄金貝塚／田小屋野貝塚／二ツ森貝塚
中期		拠点集落の出現	安定した温暖な気候	三内丸山遺跡／御所野遺跡・大船遺跡
後期	定住の成熟	共同の祭祀場と墓地の進出	気候の一時的な寒冷化	小牧野遺跡／入江貝塚／伊勢堂岱遺跡／大湯環状列石
晩期		祭祀場と墓地の分離	冷涼な気候	キウス周堤墓群／高砂貝塚・大森勝山遺跡・亀ヶ岡遺跡・是川遺跡

■ 世界遺産における特徴的な年代

豊かな自然

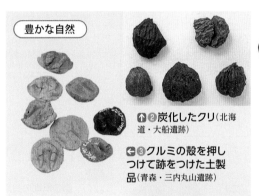

↑❷炭化したクリ(北海道・大船遺跡)

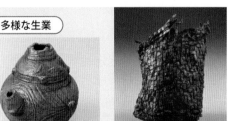

←❸クルミの殻を押しつけて跡をつけた土製品(青森・三内丸山遺跡)

精神文化

←❹板状の土偶(秋田・伊勢堂岱遺跡)

見方・考え方
現在でいうとどのような役割か考えてみよう。

多様な生業

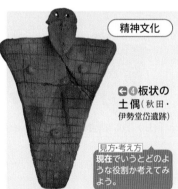

↑❺漆塗りの土器(北海道・垣ノ島遺跡)　非日常的な土器で、祭礼などに使用されたと考えられる。

←❻縄文ポシェット(青森・三内丸山遺跡)　蘭草(➡p.33❶)で編んだとみられる小物入れ。

環境変化と集落の変遷

↑❼大湯環状列石と黒森山地の山並み(秋田)　環状列石の最大径は52m。その周囲に掘立柱建物や貯蔵穴が規則的に配置される。

見方・考え方
時系列で整理した表をもとに、特徴を見つけよう。遺跡の場所(➡p.44❸)も確認してみよう。

探Q
●「北海道・北東北の縄文遺跡群」には、ここで紹介した以外にどのような出土品があるのか調べてみよう。
●他地域の遺跡の特徴も調べてみよう。

出典：JOMON ARCHIVES　❺：函館市教育委員会提供

原始・古代　縄文

1 縄文時代の特色

項目	内容
生活	・狩猟（中・小動物中心）、漁労、植物性食料の採取 ・定住生活のはじまり。4～6軒程度の世帯からなる20～30人ほどの集団。身分の上下関係、貧富の差はなし
道具	・低温で焼かれた厚手で黒褐色、縄目文様の縄文土器 ・弓矢の使用。磨製石器の出現。漁労では骨角器*を使用 ＊動物の角や骨などを利用してつくった利器や漁具など。
住居	・地面を掘り、数本の柱を立てて屋根をつけた竪穴住居
習俗	・アニミズム（精霊崇拝）。呪術的風習の遺物としての土偶や石棒 ・抜歯や屈葬の風習

🔍 テーマのポイント　▶縄文土器

❶草創期までは寒冷な更新世で、土器の量も少ない
❷約1万1500年前（早期）に急速な温暖期をむかえ、土器の使用量が急増、定住が進んだ

2 草創期のくらし　●縄文土器による時期区分

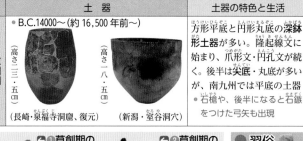

	土　器	土器の特色と生活
草創期	・B.C.14000～（約16,500年前～） （高さ二三・五㎝）（長崎・泉福寺洞窟、復元） （高さ一八・五㎝）（新潟・室谷洞穴）	方形平底と円形丸底の深鉢形土器が多い。隆起線文に始まり、爪形文・円孔文が続く。後半は尖底・丸底が多いが、南九州では平底の土器 ・石槍や、後半になると石鏃をつけた弓矢も出現

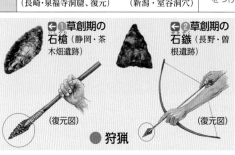

←❶草創期の石槍（静岡・茶木畑遺跡）
←❷草創期の石鏃（長野・曽根遺跡）
（復元図）　（復元図）
●狩猟

●習俗
↑❸草創期の土偶（三重・粥見井尻遺跡）現存最古の土偶。

石井礼子 画

↑❹草創期の生活風景（想像図）東京都前田耕地遺跡の発掘調査成果をもとに復元。秋川を遡上するサケ漁やテント状の住居がみえる。

←❺草創期の男性の想像図　氷河期でまだ寒冷なため、ニホンジカの毛皮の衣服を着ている。
石井礼子 画

3 早期のくらし　●縄文土器による時期区分

	土　器	土器の特色と生活
早期	・B.C.9000～（約11,500年前～） （高さ三一・〇㎝）（大分・政所馬渡遺跡） （高さ三一・八㎝）（神奈川・夏島貝塚）	関東で撚糸文、中部・近畿で押型文、北海道から関東で貝殻条痕文など、土器の地域性がみられる。尖底が多い

●採取

→❻石皿と磨石（福岡・柏原遺跡）
温暖な気候環境になると、木の実を粉砕するため石皿と磨石などが各地で使われるようになる。

●環境―早期初頭の植生

■ ツンドラまたは高山植生
■ 森林ツンドラまたは亜寒帯林
■ 亜寒帯針葉樹林
■ 冷温帯落葉広葉樹林（針・広混合林も含む）
■ 暖温帯落葉広葉樹林
■ 照葉樹林

●住まい

↑❼早期の集落（鹿児島・上野原遺跡）定住が進むと竪穴住居が一般的となり、複数の住居が広場を囲み、集落を形成する。

→❽早期の貝塚（千葉・取掛西貝塚）ヤマトシジミを主とした貝殻が75㎝の厚さで堆積していた。

4 前期のくらし　●縄文土器による時期区分

	土　器	土器の特色と生活
前期	・B.C.5000～（約7,200年前～） （高さ三〇・〇㎝）（大分・龍宮遺跡） （高さ二四・七㎝）（青森・蟹沢遺跡）	東日本では平底の深鉢形土器が定着。浅鉢・壺形土器も出現。西日本では尖底・丸底の深鉢形土器。東日本では多彩な縄文が施されるが、西日本では縄文は少ない ・海進がピーク

●装身具

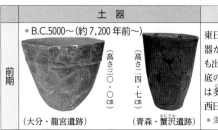

←❾玦状耳飾
前期に流行する。

●縄文時代前期の関東平野

この頃の関東平野はいわゆる縄文海進が進んだ時期で、現在の東京湾は群馬県あたりまで入りくんでいたと考えられる。内陸部の貝塚の存在がそれを裏づけている。

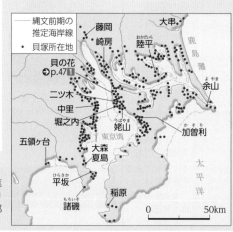

――縄文前期の推定海岸線
・貝塚所在地

藤岡　大串　陸平　おかだいら　鹿島灘
崎房　貝の花 →p.471　余山　あやま
二ツ木　中里　うばやま　加曽利
堀之内　姥山　東京湾　太平洋
五領ヶ台　大森　夏島
平坂　稲原　もろいそ
諸磯

0　50km

●漁労

↑❿石錘（静岡・半場遺跡）
（復元図）

テーマのポイント
1. 中期に縄文文化は最盛期をむかえ、集落数も増加した
2. 中期後半以降気候が冷涼となり、後期以降集落数は激減した

1 中期のくらし　　●縄文土器による時期区分

	土器		土器の特色と生活
中期	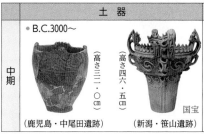 ・B.C.3000〜 （鹿児島・中尾田遺跡）（高さ三二・〇cm）	（新潟・笹山遺跡）（高さ四六・五cm） 国宝	装飾を施した立体的で多様な深鉢形土器が中心。その他、浅鉢など器種も多様になる。関東から中部にかけてみられる炎のような装飾の火焔型土器が著名。 ・環状集落形成される

● 採取

↑❶打製石斧（群馬・茅野遺跡）柄をつけて、土掘り具として使ったのであろう。

↑❷木の実を貯える穴（山形・吹浦遺跡）（断面図）
穴の大きさは人の身長ほどで、フラスコ状になっている。

↑❸環状集落の想像図（東京・下野谷遺跡）　川や林に囲まれた縄文時代の生活に適した場所に、広場のまわりを5〜6棟の建物が囲んでいた。森生文乃画

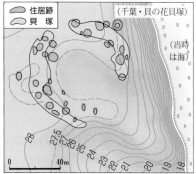

↑❹貝塚（千葉・貝の花貝塚）　中期には大規模な貝塚が増加する。一つの集落は、数軒ないし十数軒の竪穴住居によって構成され、中央に広場、周囲に貝塚をもつものが多い。

● 信仰と習俗

→❺最大級の土偶（山形・西ノ前遺跡）
八頭身の均整のとれた姿から、「縄文の女神」ともよばれる。
山形県立博物館（山形市）蔵
（高さ45.0cm）
国宝　中期

見方・考え方
土偶はどのように変化していったのか考えてみよう。

←❻石棒（山梨・富士川町平林）　石棒は、村全体の血縁の象徴や祖先の霊のよりどころであったと考えられる。石を磨いて形を整えた磨製石器の一種。
（長さ90.0cm）
中期

2 後期・晩期のくらし　　●縄文土器による時期区分

	土器		土器の特色と生活
後期	・B.C.2000〜 （山梨・上野原遺跡）（高さ一三・五cm）	（千葉・堀之内貝塚）（高さ二五・五cm）	深鉢の他、浅鉢・壺・台付鉢・注口土器など、用途に応じて器種が分化。文様は簡素になり磨消縄文が発達。後期の終わりには縄文は失われていく。 ・磨製石器が普及
晩期	・B.C.1000〜B.C.300 （大分・大石遺跡）（高さ7.0cm）	（青森・亀ヶ岡遺跡）（高さ約二二・〇cm）	東日本では精巧な文様や色彩で飾られた亀ヶ岡式土器が著名。一方、西日本では器種も少なく、粘土紐を側面に貼り付けた簡素な凸帯文土器

※晩期の終末期に、板付などで水田遺跡がみつかることから、終末期を弥生早期とする説もある。

↑⓫環状盛土遺構（埼玉・長竹遺跡）　直径約150m、幅約20m、高さ約2m。何世代にもわたって同じ場所で住居や土坑をつくり続け、重なりあった部分が盛り上がった。人々が定住していたことがうかがえる。

● 信仰と習俗

→⓬ハート形土偶（群馬・郷原遺跡）
（高さ30.5cm）
後期

→⓭遮光器形土偶（青森・亀ヶ岡遺跡）
（高さ34.8cm）
晩期

● 装身具

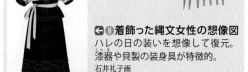

→❼漆塗の櫛（埼玉・後谷遺跡）

←❽着飾った縄文女性の想像図
ハレの日の装いを想像して復元。漆器や貝製の装身具が特徴的。
石井礼子画

● 漁労

↑❾鹿角製釣針（宮城・響貝塚）

↑❿銛頭（岩手・中沢浜貝塚）

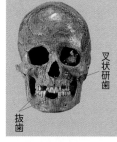

又状研歯
抜歯
抜歯

↑⓮抜歯（愛知・伊川津貝塚）　抜歯は成人儀礼としておこなわれたと考えられる。又状研歯は集団内で特異な役割を担った人物に施されたとみられている。

48 弥生時代の日本列島

弥生時代はどのような特色をもっていたのだろう

◆ テーマのポイント

1 九州北部から水稲農耕の文化が広がり、やがて九州・四国・本州のほぼ全域におよんだ
2 弥生文化は、北海道や南西諸島にはおよばなかった

1 弥生時代の特色

項目	内容
生活	・水田稲作を基礎とし、食料採取から食料生産の段階にはいる ・機織り技術の導入 ・階級・貧富の差が生まれる ・農耕と併行して狩猟や漁労もさかん
道具	・金属器の使用。石包丁の使用 ・用途により様々な形態の弥生土器 ・農具は、木製農具が中心。後期には鉄器が普及 ・銅鐸・銅剣・銅矛などの青銅製祭器が登場 ➡p.52 1
住居	・竪穴住居が一般的。その他、高床倉庫や平地式建物 ・高地性集落と環濠集落が出現
習俗	・死者は集落内や近くの共同墓地に埋葬。その形態は、土壙墓・木棺墓・箱式石棺墓などに伸展葬が多い。九州北部に支石墓・甕棺墓 ・土を盛った墓(方形周溝墓や墳丘墓)が出現

2 弥生時代の時期区分

	時期	特色
600	早期	九州北部から日本海・瀬戸内海両ルートで、水田耕作伝播。東北地方まで広がる。湿田中心。環濠集落の発生
	前期	
300 B.C. A.D.	中期	本州・四国・九州一帯に水稲耕作普及。瀬戸内中心に高地性集落出現。小国の形成。中国との交流。墳丘墓の出現
100	後期	石器減少。鉄製工具普及。乾田の開発。邪馬台国の形成。各地に首長の墓と考えられる大型の墳丘墓の出現
250		

📖 2003年5月に、国立歴史民俗博物館によって、弥生時代の開始年代がこれまでより約500年ほど早まるとの見解が発表された。その年代観については現在も議論が続いている。➡p.25

3 弥生土器の基本形態

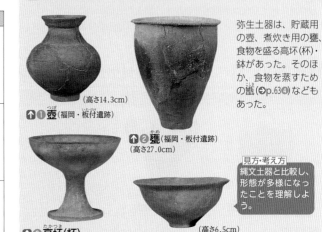

↑① 壺(福岡・板付遺跡)(高さ14.3cm)

↑② 甕(福岡・板付遺跡)(高さ27.0cm)

↑③ 高坏(杯)(大阪・船橋遺跡)(高さ18.2cm)

↑④ 鉢(大阪・船橋遺跡)(高さ6.5cm)

弥生土器は、貯蔵用の壺、煮炊き用の甕、食物を盛る高坏(杯)・鉢があった。そのほか、食物を蒸すための甑(➡p.63 4)などもあった。

見方・考え方 縄文土器と比較し、形態が多様になったことを理解しよう。

弥生時代の定義としては、①弥生土器を使用する時代、②水稲耕作が開始された時代、の2つが存在する。後者では、縄文晩期の土器を使用した菜畑遺跡(佐賀県)や板付遺跡(福岡県)を弥生早期としており、現在は②が主流となっている。

4 弥生時代のおもな遺跡

前期〜後期

板付遺跡(福岡) ➡p.44 3

従来縄文晩期の土器とされていた突帯文土器(夜臼式土器)を伴う土層から水田跡がみつかり、最古級の弥生遺跡と考えられるようになった。

土井ヶ浜遺跡(山口)
砂丘上に営まれた墓地から約200体の人骨が出土。

菜畑遺跡(佐賀) ➡p.44 3

板付遺跡よりさらに古い最古の水田跡が発見され、水稲耕作の上陸地とされる遺跡。石包丁などの稲作道具も朝鮮半島のものと同じであった。

須玖岡本遺跡(福岡) ➡p.55 3
多数の甕棺や支石墓が出土した墓地遺跡。銅剣や銅矛などの副葬品から王墓的遺跡と思われる。

吉野ヶ里遺跡(佐賀) ➡p.50 2

貝塚文化 ➡p.156 1
沖縄など南西諸島には弥生文化はおよばず、漁労・貝類の採取中心の食料採取文化が続いた。

加茂岩倉遺跡(島根) ➡p.52 3

荒神谷遺跡(島根) ➡p.52 2

妻木晩田遺跡(鳥取)
大山山麓に広がる山陰地方最大級の弥生集落。

青谷上寺地遺跡(鳥取)
脳の残っている頭蓋骨が出土した。

桜ヶ丘遺跡(兵庫)
銅鐸14個・銅戈7本がまとまって出土した。➡p.49 17

立屋敷遺跡(福岡)
遠賀川の自然堤防上に立地した集落。この遺跡から出土した土器が前期弥生土器の別称「遠賀川式」となった。

唐古・鍵遺跡(奈良)
大規模な環濠集落。大量の土器・木器が出土。木製の鍬・鋤・杵・容器などが弥生時代に使用されていたことがはじめて確認された。

安満遺跡(大阪)
大規模な水田跡と木棺墓・住居跡などが出土。

朝日遺跡(愛知)
東海地方を代表する大環濠集落。土塁と柵・環濠・逆茂木・乱杭などの厳重なバリケードの存在が明らかになった。➡p.50 4

続縄文文化 ➡p.156 1
北海道と北奥羽地方では、狩猟・採取・漁労生活を基盤とする石器・骨器などを使用した文化が奈良時代前半まで継続した。7世紀には「擦文文化」「オホーツク文化」へと変遷していく。

垂柳遺跡(青森)
津軽平野に位置する弥生水田遺跡。1枚の水田跡は、面積が平均約8m²と非常に小さいが、正方形や長方形に区画されており、水量が均等に確保されるようにつくられていた。

砂沢遺跡(青森)
東日本最古で最北の水田跡が発見された。

弥生町遺跡(東京)
1884(明治17)年、東京本郷弥生町で出土した壺型土器に「弥生式土器」と後に命名し、これが定着し、弥生時代の由来となった。
※史跡名としては「弥生2丁目遺跡」
(高さ22.0cm)

胴部(最大22.7cm)

登呂遺跡(静岡)
戦後、初めての科学的発掘調査によって解明された集落と水田跡の典型的な弥生遺跡。後期前半の多量の木製品を中心とする遺物が出土した。

高床倉庫(復元)

地図中地名:
続縄文文化
桝形囲
南小泉
天王山
白高
原の辻
金隈
田能
百間川
加茂
会下山
天塚
三殿台
伊場
古照
田村
龍河洞
紫雲出山
池上曽根
瓜生堂
貝塚文化

1 稲作の伝来

- おもな水田稲作遺跡
- おもな畑作遺跡
- ➡ 水田稲作ルート
- ➡ 畑作ルート

北京
仰韶
半坡
西安
雲南・アッサム
彭頭山
屈家嶺
竜山
松菊里
南京
上海
良渚
河姆渡
ピョンヤン
平壌
板付
菜畑

従来、稲の起源とされていた地域

稲の原産地は、インド北部のアッサム地方から中国南部の雲南地方とされていたが、最近では、中国の長江中流域起源説が浮上している。約9000年前とされる長江中流域の彭頭山遺跡では、籾痕のある土器が出土しており、また、約7000年前とされる下流域の河姆渡遺跡は、明らかな水田耕作遺跡である。また、水田に生える雑草の研究から、山東半島を経て朝鮮半島へ上陸したという説もあり、日本への稲作伝来ルートがかなり明らかになってきた。⇒p.30 **1**

● テーマのポイント

1 水田耕作をはじめとする農耕に多様な道具が用いられるようになった

プラントオパール ● キーワード

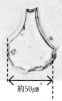

化学組織が、宝石のオパールと類似しているため、プラントオパールとよばれる。

*約50μm
(マイクロメートル)
=0.05mm

約50μm

イネ科の植物に含まれている植物珪酸体は、化石化され壊れにくい。これをプラントオパールとよび、この検出から植生を探る方法がプラントオパール分析法である。

2 弥生時代の道具 ● 農具 ⇒p.202 **3**

耕作

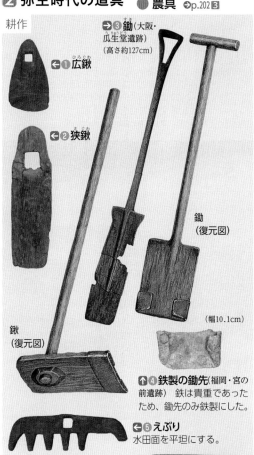

➡**3** 鋤(大阪・瓜生堂遺跡)(高さ約127cm)

←**1** 広鍬

←**2** 狭鍬

鋤(復元図)

鍬(復元図)

(幅10.1cm)

↑**4** 鉄製の鋤先(福岡・宮の前遺跡) 鉄は貴重であったため、鋤先のみ鉄製にした。

←**5** えぶり 水田面を平坦にする。

➡**6** 田下駄(静岡・登呂遺跡) 水田での足の沈下を防ぐ。右下写真は再現。(縦20.3cm、横50.2cm)

←**7** 大足 水田に堆肥や緑肥などを踏み込む。復元(模造)

● 農作業の手順 ⇒p.203 **1**

収穫

(横16.2cm)
東京国立博物館蔵
出典:ColBase

(復元図)

↑**8** 石包丁(福岡・須玖岡本遺跡)

稲の穂先を摘み取る(穂首刈り)。

後期には、根から刈り取る(根刈り)鉄鎌が登場した。

↑**9** 鉄製手鎌(福岡・赤井手遺跡)(長さ10.0cm)

鉄鎌(復元図)

① 浅耕(木鍬、木鋤使用)
② 代掻き(木鋤、えぶり使用)
③ 田植え
④ 除草
⑤ 収穫(石包丁使用)
⑥ 収納(高床倉庫、貯蔵穴)
⑦ 脱穀(木臼、竪杵使用)

脱穀

↓**10** 竪杵と臼(佐賀・吉野ヶ里遺跡)

←**11** 脱穀のようす(再現)

←**12** 銅鐸に描かれた脱穀のようす(兵庫・桜ヶ丘遺跡)

● 工具 ⇒p.139 **2**

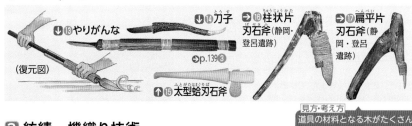

↓**13** やりがんな

↓**14** 刀子

↓**16** 柱状片刃石斧(静岡・登呂遺跡) ⇒p.139 **3**

➡**17** 扁平片刃石斧(静岡・登呂遺跡)

(復元図)

↑**15** 太型蛤刃石斧

見方・考え方
道具の材料となる木がたくさん伐採されたことを理解しよう。

3 紡績・機織り技術 ⇒p.278

紡錘車は、糸に撚りをかける道具の一部で、直径4～5cmの円盤状の土製・石製の錘。穴に棒を差し込んで回転させて糸に撚りをかけた。

糸を紡ぐ

↑**18** 紡錘車(福岡・粕屋町)

機織りのようす

50 弥生時代の生活②(環濠集落) 〈人々が住む集落はどう変わったのだろう〉

❶ 環濠集落の生活

弥生時代には、周囲に濠をめぐらし、土塁などを備えた外敵を防ぐための防御的集落の環濠集落があらわれた。蓄積された農業生産物をめぐって戦いがおこなわれたことを物語るものである。

←❶大塚遺跡(神奈川・横浜市)　弥生時代の代表的な環濠集落。全長560mにもおよぶ環濠(上幅4m、下幅2m、深さ1.5～2m)があって、その内部には97軒もの竪穴住居跡が発見された。遺跡周辺には、同じ頃につくられた25基の方形周溝墓(歳勝土遺跡)がある。

←❷大塚遺跡の竪穴住居(復元)

↑❸池上曽根遺跡(大阪・和泉市、泉大津市)　弥生時代中期を中心とした南北300m、東西400mの大環濠集落。祭祀場と思われる大型高床建物、巨大なくりぬき井戸なども発掘された。高床建物の柱根を年輪年代測定したところ、紀元前52年となり、弥生中期の実年代が推定より100年も古くなった。和泉市教育委員会提供

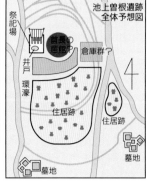

池上曽根遺跡全体予想図

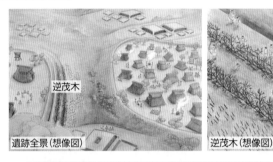

逆茂木

遺跡全景(想像図)　逆茂木(想像図)

←❹朝日遺跡(愛知・清須市、名古屋市)　東海地方最大級の環濠遺跡。東西1.4km、南北0.8kmにおよぶ広大な遺跡で、多くの住居跡や墓がみつかっている。村の周囲には濠がめぐらされていた。濠の内外の逆茂木(茨の枝を逆立てた防御物。中期後半の環濠にみられる)や木杭など、さまざまな防御施設が確認されており、これらはこの時代が争乱の時代であったことを物語っている。あいち朝日遺跡ミュージアム蔵

● 弥生時代のおもな環濠集落

遺跡名	所在地	面積	東京ドーム*何個分?
吉野ヶ里	佐賀	約50万㎡	約11個分
原の辻	長崎	約25万㎡	約5.5個分
唐古・鍵	奈良	約23万㎡	約5個分
加茂(摂津加茂)	兵庫	約20万㎡	約4個分
池上曽根	大阪	約10万㎡	約2個分
板付	福岡	約2.7万㎡	約0.6個分
大塚	神奈川	約2.3万㎡	約0.5個分

*東京ドームの面積は、46,755㎡。➡p.37 ⓰

❷ 吉野ヶ里遺跡 ➡p.48 ❹

所在地:佐賀県神埼市・吉野ヶ里町
交通:JR長崎本線神埼駅・吉野ヶ里公園駅下車徒歩約20分。長崎自動車道、東脊振I.C.から約5分。

弥生時代全期を通して営まれた日本最大級の環濠*集落である。中期(前1世紀)の大規模な墳丘墓や、後期(2～3世紀)の外濠と内濠に囲まれた2階建ての建物、物見やぐら、竪穴住居群、高床倉庫など、『魏志』倭人伝に紹介されている時代の「クニ」の状況を知る資料がまとまって発見された点に大きな意義があり、邪馬台国の所在地論争にも大きく関係する遺跡である。また、縄文時代晩期の環濠も確認されるなど、新たな発見も続いている。

*水がはられていた痕跡がないとして、「環壕」とあらわすこともある。

❺吉野ヶ里遺跡の復元集落

物見やぐら

竪穴住居

高床倉庫

❻外濠　幅6～8m、深さ3.5mのV字形の濠。

<見方・考え方>
縄文時代の集落と比較して、守りを固める施設が新たに加わったことを確認しよう。

↑❽把頭飾付有柄銅剣とガラス製管玉

↑❼首のない人骨と甕棺墓　甕棺墓群には、300体以上の人骨が残っている。人骨のなかには、首のないものや矢のささったものなどがある。

↑❿大型建物推定復元図

←❾復元された北内郭　北内郭からは二階建て大型建物を推定させる巨大な柱穴が発見された。

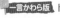

一言かわら版　卜骨　弥生人は中国から伝わった卜骨(シカなどの骨を利用)により占いをおこなっていた。➡p.53 ❾,64 ❿

① 弥生時代の埋葬

①九州北部には支石墓や甕棺墓、近畿から全国に拡大していった方形周溝墓、東日本では初期に再葬墓など、地域によって埋葬方法はさまざま
②後期には西日本に大型の墳丘墓が出現

❶ 土壙墓

（佐賀・吉野ヶ里遺跡）

地面に穴を掘り、棺を用いず、直接遺体をおさめた。

❸ 箱式石棺墓

（広島・花園遺跡）

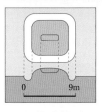

0　　　1m

九州北部を中心とする西日本に多くみられる。朝鮮半島における当時の墓制との関連を示すものとして注目される。

❺ 方形周溝墓

（大阪・瓜生堂遺跡）

0　　　9m

方形の低い墳丘の周囲に溝をめぐらした墓。弥生前期に畿内で発生し、全国に拡大していった。

❼ 四隅突出型墳丘墓

（鳥取・妻木晩田遺跡）

方形の墳丘の四隅が外側に突出した形のもの。斜面に石を貼り、裾に石列をめぐらすものが多い。弥生中期後半に中国地方の山間部に出現。

❷ 甕棺墓

（福岡・金隈遺跡）

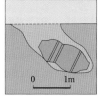

0　　　1m

九州北部に多くみられ、集団墓地内につくられる。弥生中期後半には、特定個人の墓に副葬品が集中する。

❹ 支石墓

（長崎・里田原遺跡）

0　　　1m

弥生前期～中期の九州北部にみられる墓制。自然石の支柱の上に大きな平石をのせたもので、石の下に甕棺や箱式石棺がつくられる。

❻ 墳丘墓

（佐賀・吉野ヶ里遺跡）

0　　　30m

弥生中期から出現した高い墳丘をもつ墓。一共同体の首長だけでなく、いくつかの集落を統率するような首長の墓とする見方もある。

←❽ 楯築遺跡の復元図（岡山・倉敷市）

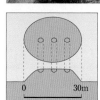

弥生後期の代表的な墳丘墓。直径約40mの円丘の両側に張り出し部をもっていた。

見方・考え方
地域によって埋葬形態がさまざまなのはなぜだろうか。

② 高地性集落　　●高地性集落の分布

紫雲出山遺跡　　会下山遺跡

・弥生中期後半～後期初め　・弥生後期

高地性集落とは、山腹や尾根上に立地する集落で、弥生時代中期から後期にかけて、瀬戸内海沿岸から大阪湾沿岸に多くみられる。この時期の西日本の政情の不安定を示していると考えられる。

紫雲出山遠景

復元された住居

↑❾ 紫雲出山遺跡（香川・三豊市）
弥生後期の代表的な高地性集落。瀬戸内海に面した標高約352mに営まれ、石鏃が大量に出土したことなどから、軍事的な性格をもった遺跡と考えられる。

会下山遺跡　　城山遺跡

↑❿ 会下山遺跡・城山遺跡（兵庫・芦屋市）　いずれも六甲山地の前面に展開した弥生中期から後期の高地性集落で、標高150～250mの山頂を中心に立地する。

● 埋葬形態の分布*

▤	円形土壙墓
▤	長円形土壙墓
▤	再葬墓
▤	土壙墓・配石墓・箱式石棺墓**
▤	甕棺墓・支石墓
▤	土壙墓・配石墓

** 配石墓とは、土中に遺体を埋め、その上に石を配置したもの。

妻木晩田遺跡
花園遺跡
金隈遺跡
里田原遺跡
瓜生堂遺跡
楯築遺跡
吉野ヶ里遺跡

*この図は弥生時代の異なる時期も含めた概念図。方形周溝墓の分布は示していないが、方形周溝墓は、前期に畿内で発生し、中期には関東、後期には東北、古墳時代はじめには九州にまでおよび、ほぼ全国に拡大していった。

（小学館『大系日本の歴史１』）

原始・古代
弥生

1 青銅製祭器の分布 ▶銅鐸・銅剣・銅矛

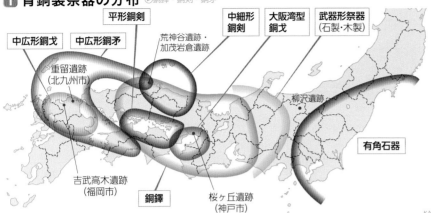

中広形銅戈　中広形銅矛
平形銅剣
中細形銅剣
大阪湾型銅戈
武器形祭器（石製・木製）
荒神谷遺跡・加茂岩倉遺跡
重留遺跡（北九州市）
柳沢遺跡
有角石器
吉武高木遺跡（福岡市）
銅鐸
桜ヶ丘遺跡（神戸市）

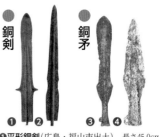

銅剣　銅矛　銅戈

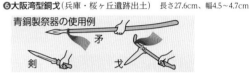

❶平形銅剣（広島・福山市出土）　長さ45.0cm、幅9.0cm（複製）
❷中細形銅剣（島根・荒神谷遺跡出土）　長さ48.1cm、幅7.5cm
❸広形銅矛（福岡・重留遺跡出土）　長さ83.5cm、幅12.0cm
❹細形銅矛（福岡・吉武高木遺跡出土）　長さ20.7cm、幅4.5cm
❺中広形銅戈（福岡・北九州市出土）　長さ39.4cm、幅6.7cm
❻大阪湾型銅戈（兵庫・桜ヶ丘遺跡出土）　長さ27.6cm、幅4.5〜4.7cm

青銅製祭器の使用例
矛　剣　戈

弥生時代には、豊かな収穫を祈願し、収穫を感謝する神祭りがとりおこなわれた。これらの祭りには、銅鐸や銅剣・銅矛・銅戈などの青銅製祭器が用いられた。また、これらの祭器は地域性をもち、その分布は共通の祭器を用いる地域圏が存在していたことを示している。2007〜2008年にかけて、上記の分布図に含まれない長野県中野市の柳沢遺跡で銅戈・銅鐸が発見された。青銅器文化圏の広がりとして注目される。

青銅器 🔑キーワード

銅鐸のルーツは、中国や朝鮮半島で家畜の首につけたり、呪術者が使ったりしていた小さな鈴であるといわれる。日本では、実際に音を鳴らしたり、間近で鑑賞したりするものであった。それがしだいに大型化し、遠くからみるだけのものとなっていった。銅剣・銅矛・銅戈なども、最初は先端が鋭く刃もつけられていたが、しだいに大型化して刃先も丸くなり、武器形祭器へと変化した。出土した青銅器は緑青に覆われ緑がかった色をしているが、製作時には金色に光り輝いていた。青銅とは、銅・スズ・鉛などを主成分とした合金。

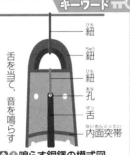

↑❹鳴らす銅鐸の模式図
（兵庫県立考古博物館資料参照）

紐・鈕・紐・孔・舌・内面突帯
舌を当て、音を鳴らす

（縦43.5cm／横29.0cm）

●銅鐸
↑❶銅鐸の鋳型（大阪・東奈良遺跡）

銅鐸は、弥生時代後期になると大型化し、三河・遠江（愛知・静岡県）を中心に分布する三遠式と近畿地方を中心に分布する近畿式という地域性の強い2系統の銅鐸が出現した。

❷三遠式銅鐸（愛知・豊川市出土）（73.2cm）
東京国立博物館蔵　出典：ColBase

❸近畿式銅鐸（和歌山・日高町出土）（82.2cm）

2 荒神谷遺跡（島根・出雲市）→p.48 4

0　10km
日本海　島根半島　松江
雲州平田　宍道湖
一畑電鉄　出雲市
出雲大社前
加茂岩倉遺跡
荒神谷遺跡　神原神社古墳
国道9号　山陰本線　太平山　仏経山　赤川　木次線　国道54号

荒神谷遺跡
加茂岩倉遺跡

荒神谷遺跡や加茂岩倉遺跡の周辺には、卑弥呼の鏡といわれる「景初3（239）年」銘の三角縁神獣鏡が出土した神原神社古墳などもあり、この地域が聖域で、弥生時代に神祭りに関係する重要な場所であったとも考えられている。

↑❺荒神谷遺跡　1984年に標高22mの丘陵南斜面から358本の銅剣が出土し、翌年には隣接した場所から銅鐸6個と銅矛16本が一括して出土した。これらの出土品はすべて1998年に国宝指定された。

銅矛・銅剣（復元）

❻出土した銅剣

❼出土した銅鐸と銅矛

● 青銅器の出土数 ※現在把握されている数値。

	荒神谷遺跡	加茂岩倉遺跡	全国出土数合計
銅鐸	6個	39個	約670個
銅剣	358本	―	約770本
銅矛	16本	―	約600本
銅戈	―	―	約300本

3 加茂岩倉遺跡（島根・雲南市）→p.48 4

←❽加茂岩倉遺跡　加茂岩倉遺跡は、荒神谷遺跡から南東わずか3kmに位置する。1996年に標高約140mの丘陵斜面から、39個の銅鐸が発見された。出土した銅鐸のなかには、同じ鋳型でつくられた同笵鐸が、近畿・四国・北陸地方から出土しているものもあり、広い地域の結びつきを示している。

↑❾袈裟襷文　↑❿流水文
加茂岩倉遺跡の銅鐸の文様は大きく上の2種類に分けられる。

↓⓫一堂に集められた銅鐸

なぜイノシシをかたどった遺物が多く出土するのだろうか。

縄文時代にはイノシシをかたどった遺物が数多く出土する。しかし弥生時代になると、イノシシをモチーフにした遺物は激減し、シカへと変わる。縄文人と弥生人にとって、イノシシとシカはどのような存在だったのだろうか。

❶イノシシ形の動物土偶（縄文晩期、北海道・日の浜遺跡）　イノシシの幼獣（ウリボウ）をかたどったとみられる。イノシシは一度に7～8頭の子を産むため、多産のシンボルでもあったようだ。市立函館博物館蔵

写真提供：茅野市尖石縄文考古館

❸イノシシの飾りがついた土器（縄文中期、長野・梨ノ木遺跡）　イノシシをモチーフにした遺物は、他の動物より早く縄文前期に突如として出現した。

➡❷イノシシ形土製品（縄文後期、青森・十腰内2遺跡）　土製品に表現される動物はイノシシが圧倒的に多く、縄文人はイノシシを特別視したと考えられる。

❹イノシシ牙製品（縄文後期、北海道・入江貝塚）　オスのイノシシの牙は装身具の素材として高い価値があった。ただ北海道にイノシシは生息せず、牙は他地域との交流を通じて入手したことがうかがえる。

1　縄文人とイノシシ

縄文時代はイノシシをかたどった遺物だけでなく、イノシシの牙を装身具とするなど、動物のなかでもイノシシをとりわけ重要視していた。

❺出土した大量の動物骨（縄文早期、千葉県・取掛西貝塚）　意図的にイノシシやシカの頭骨を集めて焼き、動物を使った儀礼の可能性も指摘されている。

❻イノシシ狩りのようす

2　弥生人とシカ

弥生時代には土器や銅鐸に動物や人物、建物を描く例が多い。動物はシカ・鳥・魚が中心だが、なかでもシカが圧倒的に多く、イノシシはきわめて少なくなった。これは、イノシシが家畜として飼育されはじめたことと関係するのかもしれない。もしそうであれば、野生動物が形象化される傾向が読み取れる。

● 弥生土器・土製品に描かれた動物（橋本裕行による）

見方・考え方
弥生土器にイノシシが描かれないことを確認しよう。

	九州	山陰	四国	山陽	近畿※	大阪・奈良	北陸	中部・東海・関東
前期					※大阪・奈良を除く			
中期								
後期								
終末期								

↑❼銅鐸に描かれたシカ（浜松市北区細江町中川出土）　毎年角が生え代わるシカは稲作の象徴であり、農耕儀礼に欠かせない動物として、弥生時代以降重要視されるようになった。

見方・考え方
イノシシの習性が水田に与える影響を考えよう。

↓❾卜骨（奈良・唐古・鍵遺跡）　獣骨などを傷つけて焼き、焼けて入った亀裂で吉凶を占う。左がイノシシ、右がシカの肩甲骨。ただし大半はシカである。

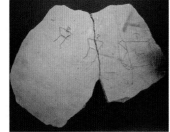

⬅❿シャーマンが描かれた土器（奈良・清水風遺跡）　シャーマンとは、巫女など超自然的存在と直接交信する存在のこと。右端の人物の胸にはシカが描かれ、シカが神聖視されていたことがうかがえる。

↑❽ぬたうちするイノシシ　イノシシは泥に入り、体についた虫を落としたり、体を冷やす習性がある。現在もイノシシが水田を荒らすことがよくあるが、弥生人にとってイノシシは、水田を荒らす害獣とみなされていたようだ。

探Q
●縄文時代のイノシシをかたどった道具には、ここで紹介した以外にどのようなものがあるのか調べてみよう。
●シカと神とのかかわりを示す説話を調べてみよう。

原始・古代 弥生

◉ テーマのポイント

1. 弥生時代中期頃には小国(クニ)が各地に分立。小国の王たちは中国に使いを送り、倭国内での自らの立場を高めようとした。(当時中国では、日本列島の人々を「倭人」、その国を「倭国」とよんだ)
2. 倭国大乱の後、邪馬台国の卑弥呼が倭国の王に擁立される(邪馬台国連合の誕生)

1 中国の正史にみる倭国 ＊『後漢書』東夷伝とも。

中国	中国正史にみる倭の記事	正史
前漢	● 倭人は百余国に分かれ、その一部は漢の楽浪郡と定期的に交渉する	漢書
8 新		『漢書』地理志
25	57 倭の奴国の王が後漢に朝貢、光武帝より「漢委奴国王」の印綬をうける	後漢書
後漢	107 倭国王帥升ら、後漢に生口160人を献じる	『後漢書』倭伝＊
220	2世紀後半 倭国大いに乱れる(倭国大乱)	
221	● 邪馬台国の卑弥呼が倭国の王に擁立される	
222	239 倭国の女王卑弥呼、魏に使い(大夫難升米ら)を送る	
蜀 魏	卑弥呼、「親魏倭王」の称号と金印紫綬、銅鏡などを賜る	三国志(魏志)
呉	247頃 卑弥呼没。卑弥呼の宗女で13歳の壱与(台与)が女王となる	
263		『魏志』倭人伝
265	266 倭の女王(壱与か)、使者を遣わし西晋に朝貢する	晋書
280 西晋		

見方・考え方
中国側の文献が根拠となっていることを理解しよう。

3 『魏志』倭人伝にみる倭人の社会

項目	内容
身分制度	王の下に大人と下戸があり、下戸は道で大人に出会うと、後ずさりして道端に入り、言葉を伝え物事を説明するには、うずくまったり、ひざまずいたりして両手を地面につけて恭敬の意をあらわす。このほか、奴婢が存在した
衣生活	男は髪はみずら、木綿を頭にかけ、幅広い布を結び束ねただけの衣服をまとっている。女は髪を結いあげず、部分的に髷を結い、衣服は中央に穴をあけた布に頭をとおして着ている(貫頭衣)
食生活	飲食には、竹や木でつくった高坏を用い、手でつかんで食べている
習俗	顔や身体に入墨をしている 大人たちは妻を4、5人もち、下戸でも妻を2、3人もつ者もいる 骨を灼いて、吉凶を占う。中国の亀卜と同じように、ひび割れをみて兆候を占う
税制度	租税や賦役を徴収し、それらを収納するために邸閣(大倉庫)が設けられている
法制	法を犯すと、軽い場合はその妻子を国家奴隷とし、重い場合はその家族や一族を根絶する
葬法	人が死ぬと、棺はあっても槨はなく、土もりをして塚をつくる

◀① 金印 1784年、現在の福岡県志賀島で出土した。「漢委奴国王」とあり、普通は「漢の委の奴の国王」と読む。『後漢書』倭伝に記された、奴国の王が光武帝から授かった「印」と考えられる。「漢の委奴(伊都)の国王」と読む説もある。

国宝 福岡市博物館(福岡市)蔵 1辺2.3cm＊ 重さ109g
＊2.3cmは後漢時代の1寸に相当する。

2 3世紀の東アジア

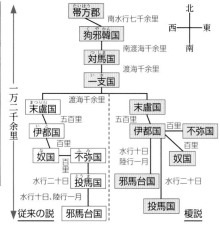

0 500km

▨ 匈奴の居住地

中国では220年に後漢が滅び、魏・呉・蜀の3国分立時代となった。華北を統一した魏は、楽浪・帯方2郡を接収して、再び朝鮮に対する中国の直接支配体制を確立しようとはかった。

4 邪馬台国推定図

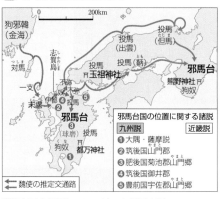

0 200km

邪馬台国の位置に関する諸説

九州説	近畿説
① 大隅・薩摩説	
② 筑後国山門県	
③ 肥後国菊池郡山門郷	
④ 筑後国御井郡	
⑤ 豊前国宇佐郡山門郷	

⬅ 魏使の推定交通路

邪馬台国の位置については、**九州説**と近畿説(大和説)がある。九州説では3世紀はまだ九州地方だけの支配となり、近畿説では3世紀には九州を含めた西日本を統一していたことになる。

邪馬台国論争 ◉ キーワード

『魏志』倭人伝には、帯方郡から邪馬台国に至る里程が記されている。しかし、所在地がはっきりしている末盧国(佐賀県松浦)までの里程が過大なため、伊都国(福岡県前原市)以後の里程も過大に書かれていると解釈したのが、九州説のはじまりで、伊都国から放射状に、不弥国・奴国・投馬国・邪馬台国に至る里程が書かれているとする榎一雄の説が登場した。記述通りの里程を加算し、そのままの方位で考えると沖縄あたりになるため、方位のみ南から東にかえたのが近畿説(大和説)である。

◀② 卑弥呼(服装復元) 『魏志』倭人伝には、「鬼道(呪術)」にたけ、人民を従えたとある。一種のカリスマ性をもった人物と考えられる。
大阪府立弥生文化博物館(大阪・和泉市)蔵

5 邪馬台国への里程

帯方郡 ── 南水行七千余里 ── 北西 東 南

従来の説：
帯方郡 → 南水行七千余里 → 狗邪韓国 → 南渡海千余里 → 対馬国 → 渡海千余里 → 一支国 → 渡海千余里 → 末盧国 → 五百里 → 伊都国 → 百里 → 奴国 → 百里 → 末弥国 → 水行二十日 → 投馬国 → 水行十日、陸行一月 → 邪馬台国

一万二千余里

榎説：
一支国 → 末盧国 → 五百里 → 伊都国 → 百里 → 不弥国 / 百里 → 奴国 / 水行十日・陸行一月 → 邪馬台国 / 水行二十日 → 投馬国

6 九州北部のクニ
(下條信行氏作成の図を一部改変)

朝鮮半島 釜山 狗邪韓国

どのような地域が『魏志』倭人伝の世界と考えられているのだろうか。

『魏志』倭人伝によると、邪馬台国の卑弥呼を倭王に立てると、倭の国々の争乱がおさまったという。邪馬台国の所在地については意見が分かれるが、卑弥呼や、その他の国々や王の姿はどれだけあきらかになってきたのだろうか。

● 弥生時代後期から古墳時代初頭の中国鏡の出土数 (寺澤薫による)

見方・考え方
中国鏡が数多く出土する地域の推移に着目しよう。

（グラフ：縦軸 面（面数）0～140、凡例 九州／中・四国以東、横軸 中期末～後期はじめ・後期前半～後期末・終末期〈弥生時代〉、出現期〈古墳時代〉）

弥生時代終末期を境に中・四国より東の地域に中国鏡の分布の中心が移っていく。

1 九州の王墓

弥生時代、北部九州では他の地域の墓よりも副葬品の質と量が抜きん出た墓が出現し、富と権力を有しクニを統治した王の出現を裏づける。とくに中期～終末期の王墓の鏡をはじめとする副葬品は他を圧倒する。

◀❶平原1号墓(福岡県)の出土品　200年頃の伊都国の女王墓と考えられる。棺のまわりを取り囲むように中国鏡を含む総数40面の鏡があり、多くが割られていた。国(文化庁)保管

見方・考え方
中国鏡をはじめとする副葬品の豊富さに着目しよう。

▲❷桜馬場遺跡王墓(佐賀県)の出土品　1世紀頃の末盧国王墓と考えられる甕棺墓。甕棺内から中国製の方格規矩鏡やガラス小玉などが出土した。

◀❸王墓の想像復元(福岡・須玖岡本遺跡)
須玖岡本遺跡は、『魏志』倭人伝の奴国の中心地と考えられている。甕棺から、30面以上の前漢鏡、銅剣・銅矛・銅戈、ガラス勾玉・管玉が発見された。◯p.48 ❹

春日市奴国の丘歴史資料館(福岡・春日市)蔵

2 近畿の中心的な集落－纒向遺跡

纒向遺跡は、弥生時代終末期～古墳時代前期を中心とした大集落遺跡で、巨大な面積であること、他地域から持ち込まれた土器が多く、全体の15%程度を占めること、周囲に卑弥呼との説もある箸墓古墳や大量の三角縁神獣鏡が出土した黒塚古墳などが分布することなどから、ヤマト政権発祥の地あるいは近畿説の邪馬台国の有力な候補地として知られている。

● 纒向遺跡(奈良県桜井市)◯p.57 ❸
❹纒向遺跡の想定復元図
©寺沢薫

（図中表記：三輪山、北、祭場、掘立柱建物群、大王宮？、ホケノ山古墳、箸墓古墳、纒向大溝、纒向石塚古墳、勝山古墳）

↑❺纒向遺跡の大型建物の復元模型　3世紀前半の建物と考えられ、「卑弥呼の宮殿か」と話題になった。奥の建物は一辺が約19.2m×12.4mと当時としては国内最大規模を誇る。

❻現在の纒向遺跡一帯

（図中表記：三輪山、ホケノ山古墳、箸墓古墳◯p.25 ❶）

（地図：大阪府／奈良県、近鉄橿原線、近鉄大阪線、JR関西本線、西名阪自動車道、0～4km、奈良、天理、石見、王寺、大和八木、桜井、唐古・鍵遺跡、勝山古墳、黒塚古墳、ホケノ山古墳、纒向遺跡、箸墓古墳）

史料

『魏志』倭人伝（史料・縦書き）
その年十二月、詔書して倭の女王に報じて曰く、「今汝を以て親魏倭王となし、金印紫綬を仮し、装封して帯方の太守に付し授せしむ……又、特に汝に……、銅鏡百枚を……、白絹五十匹、……を賜い、

3 三角縁神獣鏡*　◯p.58 ❿

見方・考え方
鏡の持つ役割を考えてみよう。

↑❼三角縁神獣鏡と画文帯神獣鏡(奈良・黒塚古墳)

『魏志』倭人伝には、卑弥呼が、景初2年(景初3〈239〉年の誤りと考えられる)に朝貢し、魏の皇帝から銅鏡100面を賜ったことが記されている。この銅鏡の有力な候補が三角縁神獣鏡である。三角縁神獣鏡は、椿井大塚山古墳(京都)で32面、黒塚古墳(奈良・天理市)で33面など、近畿を中心に発見され、邪馬台国近畿説の有力な根拠となっているが、この鏡が中国では出土していないことなどから、日本製との見方もあり、決定的な根拠とはなっていない。写真中の小さな1面は、画文帯神獣鏡。朝鮮半島の付け根にあたる遼東地方(燕)を介して入手した鏡との意見がある。

*直径20～23cmほどの大型銅鏡。周縁部分の断面が三角形で、鏡背(文様のある面)には神仙思想による神像や竜虎などの獣像があるため、この名がある。

◀❽各地から運ばれた土器　纒向遺跡から出土する土器は、中国地方や東海地方の土器など広域におよぶ。

見方・考え方
各地の土器が見つかるのは何を意味するのだろう。

探Q
●ここで取り上げた以外に、九州ではどこからどういった王墓が見つかっているのか調べてみよう。
●三角縁神獣鏡は、近畿地方以外にどこから出土しているのか調べてみよう。

56 古墳の出現 ◁ 古墳はなぜつくられるようになったのだろう

1 古墳の変遷

*前方後円墳がつくられなくなった6世紀末の古墳を終末期古墳という。代表的な終末期古墳には高松塚古墳などがある（→p.77 1 ）。

時　期	出現期・前期 （3世紀中・後半〜4世紀末）	中期 （4世紀末〜5世紀末）	後期・終末期 （5世紀末〜7世紀*）
分布	近畿〜瀬戸内で発生	全国に拡大	全国に分布
立地	丘陵尾根や山腹	平地	山間部や小島にも築造される
形態	**前方後円墳**・前方後方墳・円墳・方墳など	前方後円墳は**巨大化**	前方後円墳などは規模縮小。**群集墳の増加**→p.62 3
埴輪	円筒埴輪、形象埴輪（家形、器財埴輪）→p.58 3	円筒埴輪、**形象埴輪**（家形、器財埴輪など）→p.58 3	円筒埴輪、形象埴輪（人物・動物埴輪など）→p.62 1
内部構造	木棺や石棺をおさめた**竪穴式石室・粘土槨**→p.58 2	竪穴式石室、九州北部で**横穴式石室出現**→p.58 2	横穴式石室が全国に普及
副葬品	**銅鏡、剣、玉**（管玉・勾玉など）、腕輪など呪術的・宗教的色彩が強い。被葬者は**司祭者的な性格**→p.58 4	**鉄製武具**（甲冑）・**武器**（刀剣）が多くなる。馬具も登場。被葬者は**武人的性格**→p.58 4	鏡、剣、玉のほか、馬具が一般化。装身具。**日常生活具**（土師器・須恵器）中心→p.63 2
代表的な古墳	ホケノ山古墳（奈良・桜井市）**箸墓古墳**（奈良・桜井市）桜井茶臼山古墳（奈良・桜井市）黒塚古墳（奈良・天理市）石塚山古墳（福岡・苅田町）	**誉田御廟山古墳**（大阪・羽曳野市）造山古墳（岡山市）**大仙陵古墳**（大阪・堺市）太田天神山古墳（群馬・太田市）五色塚古墳（兵庫・神戸市）	藤ノ木古墳（奈良・斑鳩町）保渡田古墳群（群馬・高崎市）岩橋千塚古墳群（和歌山市）岩戸山古墳（福岡・八女市）**高松塚古墳**（奈良・明日香村）

● 前方後円墳の変遷 →p.57

前方後円墳は、平地では周囲に濠（周濠）をもつものが多い。また、中期の巨大古墳には小古墳（陪冢）を周囲に配置するものもみられる。
（白石太一郎『王権の争奪』）

見方・考え方
前方部が大きくなっていくことを理解しよう。

出現期
箸墓古墳（奈良）
墳長276m

前期中葉
渋谷向山古墳（奈良）
302m

中期前半
仲津山古墳（大阪）
286m

中期後半
土師ニサンザイ古墳（大阪）
288m

2 古墳の形態

前方後円墳　前方後方墳　双方中円墳

円墳　方墳　八角墳

吉見百穴（埼玉）
丘陵斜面に200以上の横穴が密集し、蜂の巣のような奇観を呈する。

太田天神山古墳（群馬）
全長210m、東日本最大の前方後円墳で、5世紀の築造。

3 おもな古墳

・おもな古墳　前期・中期・後期

竹原古墳（福岡）
径20m余の円墳。横穴式石室の内部の壁画は国内有数の装飾壁画である。

造山古墳（岡山）
全長350mで、近畿の大王墓に匹敵する規模。

五色塚古墳（兵庫）
全長194m、明石海峡を見下ろす海岸沿いの丘陵端にあり、淡路島が間近にみえる。

角塚古墳（岩手）
最北限の前方後円墳。5世紀末〜6世紀はじめの築造。

王塚古墳（福岡）
壁面に馬や靫（矢筒）などの主要な図形のまわりに蕨手文や三角文が一面に描かれた装飾古墳。→p.62 3

黒井峯遺跡（群馬）
古墳時代後期の集落遺跡。

会津大塚山古墳

埼玉古墳群（埼玉）
1978年、古墳群中の稲荷山古墳から鉄剣が出土。→p.61 1

岩戸山古墳（福岡）
墳丘に石人・石馬を配置。筑紫国造磐井の墓と伝えられる。（『筑後国風土記』）→p.65 1

浦間茶臼山古墳

西都原古墳群（宮崎）
大小約330基の古墳群。最初の本格的・組織的な古墳の発掘例。

岩橋千塚古墳群（和歌山）
最大規模の古墳群で、6世紀の前方後円墳16基・円墳437基・方墳4基などが群集する。右は、古墳の点在を示す模型。
和歌山県立紀伊風土記の丘（和歌山市）蔵

森将軍塚古墳
→p.57 3

雷神山古墳

三ツ寺I遺跡 →p.63 1 2

〈模型〉

江田船山古墳（熊本）
この古墳から出土した鉄刀の銘文から、大王と親密な交渉があったことが知られる。→p.61 2

石塚山古墳
出雲
筑後
吉備
日向
毛野
畿内

テーマのポイント

1 3世紀中・後半から、各地に首長たちの墓である古墳が出現した
2 古墳出現の背景には、広域の政治連合の形成があった
3 現在の奈良県や大阪府に巨大な前方後円墳が多く残っているが、これは近畿地方に強大な勢力があったことを物語る

大和地方を中心とする政治連合をヤマト政権という。

1 近畿地方における大型古墳の編年 ●p.56 1

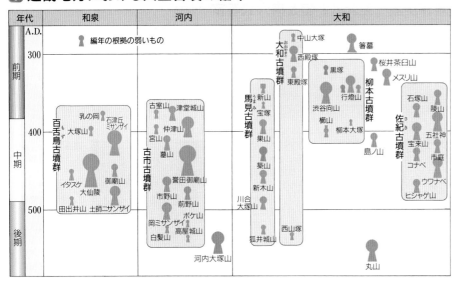

🏛 編年の根拠の弱いもの

岡山県の造山古墳のように、巨大前方後円墳は近畿中央部以外にもみられる。このことは、これらの地域の豪族が、ヤマト政権のなかで重要な位置を占めたことを示している。

2 巨大前方後円墳

順位	古墳名	所在地	時期	墳丘長(m)	順位	古墳名	所在地	時期	墳丘長(m)
1	大仙陵古墳	大阪・堺市	中期	525	6	丸山古墳	奈良・橿原市	後期	320
2	誉田御廟山古墳	大阪・羽曳野市	中期	425	7	渋谷向山古墳	奈良・天理市	前期	302
3	石津丘ミサンザイ古墳	大阪・堺市	中期	365	8	土師ニサンザイ古墳	大阪・堺市	中期	288
4	造山古墳	岡山市	中期	350	9	仲津山古墳	大阪・藤井寺市	中期	286
5	河内大塚山古墳	大阪・松原市、羽曳野市	後期?	335	9	作山古墳	岡山・総社市	中期	286
					11	箸墓古墳 ●p.25 1	奈良・桜井市	前期	276

4 大和の豪族の分布

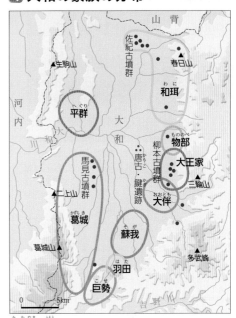

三輪山の麓に大王家があり、その周囲に有力氏族が点在していた。5世紀には葛城・平群・和珥氏、5世紀末には、大伴・物部氏が勢力を強めた。

見方・考え方
豪族と古墳の分布を比較して、その重なりあいを理解しよう。

▶大仙陵古墳

2 百舌鳥古墳群(大阪) ➡後見返し

大仙陵古墳は日本最大の前方後円墳。仁徳天皇陵古墳、大山古墳ともいう。

堺市提供

3 近畿地方のおもな古墳

1 今城塚古墳(大阪・高槻市)

これまで太田茶臼山古墳が継体天皇(●p.65 15)の墓とされていたが、現在では今城塚古墳が、真の継体天皇の墓と考えられている。全長約190m。➡p.62 1

新池埴輪製作遺跡
臼山古墳
今城塚古墳

── 旧大和川水系

0　　5km

←3 富雄丸山古墳(奈良市)出土の蛇行剣

富雄丸山古墳は、4世紀後半の直径約109mの全国最大級の円墳。発掘調査の結果、蛇行剣(全長237㎝)、盾形銅鏡(長さ64㎝)などがみつかった。また、桜井茶臼山古墳(3世紀末、奈良・桜井市)では、2023年に400点近い銅鏡の破片が出土し、調査の結果、103面以上の鏡が副葬されていたことがわかった。それらの鏡は中国製のもののほか、国内で生産された鏡も21面あった。富雄丸山古墳の盾形銅鏡と蛇行剣も国産品と考えられ、すでに古墳時代には高い金属生産技術を保持していたことがうかがえる。

奈良県立橿原考古学研究所提供

原始・古代　古墳

1 古墳の造営

古墳の築造において、巨石は**修羅**とよばれる運搬具によって運ばれた。上の写真は、復元された修羅による巨石の運搬。左は三ツ塚古墳(大阪・藤井寺市)から出土した修羅。

⚊ 当時の古墳築造の概要は、最大の大仙陵古墳で想定すると、工期は15年8か月、作業人員はのべ680万7,000人、総工費は現在の金額に換算しておよそ796億円と考えられる。

3 埴輪 ●p.62 1

●3 **特殊器台**(岡山・宮山墳墓群) 弥生時代終末期に、吉備地方でつくられていた円文・三角文の透かしや、蕨手文(蕨のような渦巻き文)などを組み合わせた複雑な文様で飾られた特殊器台とよばれる円筒形の土器が、その後の円筒埴輪のルーツである。

写真提供
岡山県立
博物館
(高さ
94.7cm)

前・中期の埴輪は、円筒埴輪や家形埴輪、盾・靫・蓋などの**器財埴輪**が中心だった。●p.56 1

↑4 **円筒埴輪**
(奈良・メスリ山古墳)
(高さ119.0cm)

↑5 **家形埴輪**
(三重・石山古墳)
(高さ73.0cm)

↑6 **盾形埴輪**
(奈良・宮山古墳)
(高さ104.0cm)

↑8 **蓋形埴輪**(大阪・津堂城山古墳)
(高さ93.2cm)

↖7 **靫形埴輪**
(奈良・宮山古墳)
(長さ100.3cm　高さ38.7cm)

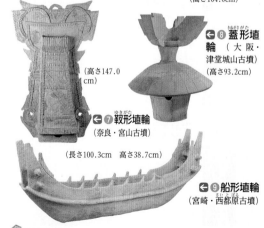

↖9 **船形埴輪**
(宮崎・西都原古墳)

2 埋葬施設－竪穴式石室と横穴式石室 ●p.56 1

● 竪穴式石室

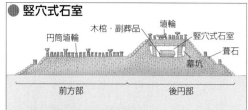

円筒埴輪　木棺・副葬品　埴輪　竪穴式石室　葺石　墓坑
前方部　後円部

丘陵を削ったり、土を盛り上げて墳丘をつくった後、墳頂部を掘り下げて墓坑をつくり、底に粘土や礫を敷き詰める。そこに木棺を安置し、周囲に石を積み上げて壁をつくる。その外側の墓坑との隙間には土や礫を詰め込み、天井石をのせる。さらに、粘土で密閉して雨水の浸入を防いで、土をかぶせる。排水溝の設備があるものもみられる。

①**竪穴式石室**(滋賀・雪野山古墳)

● 横穴式石室 ※後期に全国に普及。

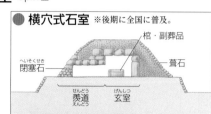

棺・副葬品　葺石
閉塞石　羨道　玄室

墳丘の横から出入できる部屋を石でつくったもの。**玄室**とよばれる被葬者を埋葬する部屋と、通路である**羨道**で構成されるのが一般的。羨道入り口の閉塞には、こぶし大の石や板石を用いた。追葬も可能で、複数の石棺が同じ玄室に安置されたものもみられる。

②**横穴式石室**(奈良・藤ノ木古墳●p.62 4)

4 副葬品 ●p.56 1

前期には銅鏡や勾玉、中期には武具や馬具などが多くなる。

↑10 **三角縁神獣鏡**●p.55 3
(奈良・黒塚古墳)

↑11 **勾玉**●p.62 4
(奈良・新沢千塚126号墳)

↑12 **管玉**(佐賀・谷口古墳)

↑14 **車輪石**
(鳥取・馬ノ山古墳)

→13 **玉杖形石製品**
(三重・石山古墳)
(高さ23.0cm)

↑15 **鉄製農工具**(広島・須賀谷2号墳)

武器

←16 **環頭大刀**

武具

←18 **冑**

→20 **輪鐙**
(大阪・長持山古墳)

馬具

鞍　杏葉
轡　鐙(輪鐙)

↑17 **鏃**
(鹿児島・溝下古墳)

←19 **甲**

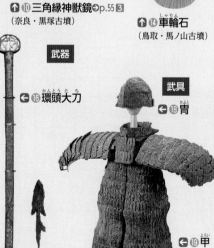

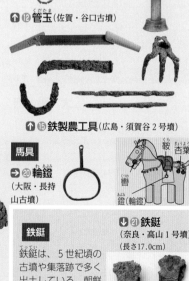

鉄鋌

↓21 **鉄鋌**
(奈良・高山1号墳)
(長さ17.0cm)

鉄鋌は、5世紀頃の古墳や集落跡で多く出土している。朝鮮半島南部でつくられた鉄素材で、当時まだ製鉄がおこなわれていない日本では、鉄鋌を鉄製品に加工したと考えられる。●p.34 1 、60 2

見方・考え方
副葬品の変化から、被葬者である首長の性質も変化していることを理解しよう。

1 4世紀末の朝鮮半島

好太王碑 ▲丸都（国内城）
沃沮
高句麗
平壌
水 帯方
濊
北漢山
南漢山（漢城）
黄海
百済 ○熊津
新羅
斯盧（鶏林）
加耶（加羅または任那）
金官加羅
倭
対馬
九州
博多津

高句麗は、朝鮮半島北部に領土をひろげ、4世紀後半には南下策をすすめた。高句麗の南下に直面した百済は、倭国と結び、倭国も高句麗と戦うこととなった。

2 好太王碑と碑文

↑１ **好太王碑**（中国・吉林省集安市、高さ6.34m）
高句麗の**好太王（広開土王）**の功績をたたえるため、子の長寿王が、414年に首都丸都に建立した。碑文には、4世紀末に倭と百済の連合軍が高句麗と戦ったことが記され、ヤマト政権の成立時期の重要な資料となっている。右の写真は拓本。

史料
好太王碑文 ②

百残・新羅は旧より是れ属民にして、由来、朝貢す。而るに倭、以て辛卯の年来、海を渡りて百残を破り、新羅を□□し、以て臣民と為す。

（三九一年と推定される。）

百残新羅旧是属民由来朝貢而倭以辛卯……

国立歴史民俗博物館（千葉・佐倉市）蔵

4 5世紀の東アジア

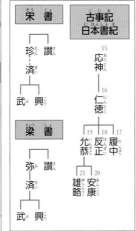

柔然
契丹
丸都（好太王碑）
平城
遼東 高句麗
北魏（北朝）（386〜534）
平壌
泰山
百済
熊津
新羅
金城
加耶（加羅または任那）
倭
大和
長安 洛陽
建康
宋（南朝）（420〜479）
会稽
晋安
南海

← 南朝への遣使推定路

5 倭の五王

宋書	古事記日本書紀
珍 讃 済	15 応神
武 興	16 仁徳

梁書	
弥 讃 済	19 18 17 允恭 反正 履中
武 興	21 20 雄略 安康

『宋書』倭国伝に記されている**倭の五王**のうち、済・興・武については允恭・安康・雄略と考えられている。讃は、応神・仁徳・履中など諸説あり、また、珍については、仁徳・反正などの説がある。

テーマのポイント

1 高句麗の南下によって、倭国（ヤマト政権）は百済とともに高句麗と戦った
2 戦乱を逃れて多くの渡来人が来日、騎馬技術などさまざまな技術や文化が伝来した
3 朝鮮半島南部の外交・軍事上の立場を有利にするため、倭の五王が中国の南朝に朝貢した

3 渡来人の活躍

時期	事項
5世紀	応神紀14年 **秦氏**の祖**弓月君**が渡来 ⇨養蚕・機織りを伝える
	応神紀16年 **西文氏**の祖**王仁**が渡来 ⇨『論語』・『千字文』を伝える 文筆・出納に従事
	応神紀20年 **東漢氏**の祖**阿知使主**が渡来 ⇨文筆に優れ、史部を管理する
	●楽浪郡や帯方郡の遺民（漢人系）が多数渡来し、古墳文化形成に貢献。おもに畿内に居住してヤマト政権の品部の組織に編入
6世紀〜7世紀	513 百済の**五経博士**段楊爾が渡来
	522 中国より**司馬達等**渡来し、仏像礼拝⇨（仏教の私伝）孫が鞍作鳥
	538 百済から**仏教の公伝**（552年説もある）②
	554 百済の易・暦・医博士らが渡来
	595 高句麗の僧恵慈渡来⇨厩戸皇子の師
	602 百済の僧観勒、暦本を伝える
	610 高句麗の僧曇徴、彩色・紙・墨を伝える
	612 百済の味摩之、伎楽舞を伝える
	●朝鮮半島諸国の人々が多く渡来。朝廷や蘇我氏に仕え、飛鳥文化形成に貢献

＊五経（『詩経』『書経』『易経』『礼記』『春秋』）などの儒教に通じた人物。

見方・考え方
この時期に多くの人々が渡来していることを理解しよう。

6 倭の五王の遣使

中国	史料	日本
東晋	晋書	413 倭王、東晋に朝貢する
宋	宋書	421 **讃**、宋に朝貢する
		425 **讃**、宋に朝貢する
		430 倭王、宋に朝貢する
		438 **珍**、宋に朝貢し、「安東将軍倭国王」となる
		443 **済**、宋に朝貢し、「安東将軍倭国王」となる
		451 済、「**使持節都督倭・新羅・任那・加羅・秦韓・慕韓六国諸軍事安東将軍倭国王**」となる
		460 倭王、宋に朝貢する
		462 **興**、宋に朝貢し、「安東将軍倭国王」となる
		477 倭王、宋に朝貢する
		478 **武**、宋に朝貢し、「**使持節都督倭・新羅・任那・加羅・秦韓・慕韓六国諸軍事、安東大将軍、倭王**」（『宋書』倭国伝「倭王武の上表文」）となる②
斉	南斉書	479 武、「**鎮東大将軍**」となる
梁	梁書	502 武、「**征東将軍**」となる

7 氏姓制度

＊韓鍛冶部は銅・鉄製品の鍛造、錦織部は錦を織る、陶作部は須恵器の生産、鞍作部は馬具の生産、史部は文筆関係にかかわる部。

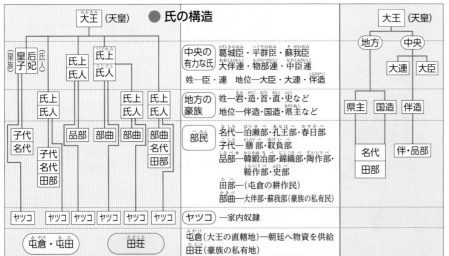

●**氏の構造**

大王（天皇）

氏上（氏人）
氏上 氏人

中央の有力な氏	葛城臣・平群臣・蘇我臣 大伴連・物部連・中臣連 姓—臣・連 地位—大臣・大連・伴造
地方の豪族	姓—君・直・首・直・史など 地位—伴造・国造・県主など
部民	名代—泊瀬部・孔王部・春日部 子代—膳部・靫負部 品部—韓鍛冶部・錦織部・陶作部・鞍作部・史部 田部—（屯倉の耕作民） 部曲—大伴部・蘇我部（豪族の私有民）
ヤツコ	一家内奴隷
屯倉・屯田 田荘	屯倉（大王の直轄地）—朝廷へ物資を供給 田荘（豪族の私有地）

皇子 后妃（皇族）
氏上 氏人
子代 名代
子代 名代 田部
品部 部曲 部曲 部曲 名代 田部
ヤツコ ヤツコ ヤツコ ヤツコ ヤツコ ヤツコ
屯倉・屯田 田荘

●**政治制度**

大王（天皇）
地方 中央
大連 大臣
県主 国造 伴造
名代 田部
伴・品部

ヤマト政権の政治組織は、一定の地位と職務を有する多くの氏によって構成されていた。その氏の身分的序列を姓で表示した。大化の改新で制度としては失われるが、氏・姓はその後も重んじられた。

原始・古代
古墳

加耶はなぜ日本にとって重要だったのだろうか。

古代の朝鮮半島に加耶という地域があった。倭はこの加耶と密接にかかわっていた。倭は加耶に何をもとめたのだろうか。日韓の出土資料からみえてくる倭と加耶との交流の姿とは、どのようなものだろうか。

1 須恵器の技術

これまでにない焼き物の技術を携えた渡来人の存在が浮かび上がってくる。

見方・考え方 日韓の出土資料を比較してみよう。

①器台 高44.7cm、5世紀
大阪・大庭寺遺跡

②器台 高44.9cm、4世紀
韓国・国立金海博物館蔵

③高坏 高9.9cm、5世紀
大阪・大庭寺遺跡

④高坏 高14.1cm、4世紀
韓国・国立金海博物館蔵

↑①陶質土器から須恵器へ 加耶の陶質土器の製作技術が日本列島へ伝えられ、硬質な須恵器として生産された。

①③：大阪府指定文化財 大阪府教育委員会蔵
（公財）大阪府文化財センター提供

加耶諸国の位置

京畿道
忠清北道
〈百済〉
忠清南道
安東
慶尚北道
蔚山
全羅北道
高霊 **大加耶** 〈新羅〉
慶尚南道
威安 金海 **金官加耶**
釜山
全羅南道
固城 **阿羅加耶**
小加耶

-‥- 現在の行政区の境界
○ 現在の主要地名
0 ─── 60km

現在の金海に金官加耶、高霊に大加耶、咸安に阿羅加耶、固城に小加耶が所在したと考えられる。三韓のひとつだった弁韓（紀元前2世紀〜西暦4世紀）の地域が加耶諸国になっていった。なお『日本書紀』では、加耶は「任那」と表現される。

2 鉄素材の入手

倭の発展に鉄は不可欠であり、加耶との関係は生命線でもあった。

←②鉄鋌（韓国・慶尚南道・馬山市） 倭で製鉄がはじまるのは6世紀頃と考えられ、それまでは鉄素材を朝鮮半島南部、つまり加耶にもとめていた。倭では鉄の延べ板である鉄鋌を鉄素材として入手し、これで刀や剣などの武器や、甲冑などの武具、鋤や鍬、鎌などの農耕具といった各種の鉄製品を生産した。

↑③日本出土の鉄鋌（大阪・野中古墳） 野中古墳では36kg以上もの鉄鋌が出土した。

歴史ポケット

朝鮮半島の情勢と馬の導入

4世紀末、高句麗の南下政策により加耶から鉄資源を入手することがおびやかされた倭は、百済と手を結び高句麗と交戦した（→p.59）。戦いで目の当たりにした高句麗の騎兵は倭にとって脅威であり、それまで倭で飼育されていなかった馬を、朝鮮半島から導入するきっかけになったと考えられる。馬を日本列島で飼育するようになると、馬を操縦するための馬具も必要となり、その生産もはじまった。ただし馬を朝鮮半島のどこから導入したかについては現在も研究がおこなわれている。

3 装身具からみた加耶と倭

きらびやかな耳飾りの特徴から加耶と倭の関係がみえてくる。

加耶の王墓と北部九州の豪族墓で出土した金製の耳飾り。大加耶系ともいわれる、ともに長い鎖を介して宝珠形や円錐形の垂飾を連結する点が共通し、加耶と倭との密接な関係がうかがえる。

↑④金製細環耳飾（5〜6世紀、韓国・慶尚南道・昌原市出土）
韓国国立中央博物館蔵

↑⑤金製耳飾（5〜6世紀、熊本・江田船山古墳出土）
東京国立博物館蔵 出典：ColBase

4 加耶の滅亡

鉄資源や交易を通じ繁栄を遂げた加耶だったが、6世紀になると周辺から侵略され、やがて滅亡する。

6世紀の朝鮮半島

512・513年、加耶の西側地域は百済によって支配され、532年に金官加耶が、562年に大加耶も新羅によって滅ぼされた。

0 ─── 200km
高句麗
平壌
元山
漢城
新羅
熊津
扶余 金城（慶州）
百済
金海
対馬
壱岐

探Q

● 他にも加耶との関係がうかがえる資料があるか調べてみよう。
● 加耶滅亡後、倭は鉄素材をどのように入手したのか調べてみよう。

テーマのポイント

1　5世紀以降、倭国でつくられた刀剣や鏡のなかに漢字が記されたものがある
2　これらの資料は、文献がまだない5〜6世紀の倭国の歴史を考えるうえで貴重な資料である

↓①稲荷山古墳出土鉄剣 →p.56 3 史

（口語訳）（表）四七一年の七月中旬に、私、ヲワケの臣が、先祖代々の名を記しておく。私の遠い祖先の名はオオヒコ。その児（の名）はタカリのスクネ。その児の名はテヨカリワケ。その児の名はタカヒシワケ。その児の名はタサキワケ。その児の名はハテヒ。

（裏）其児名加差披余其児名乎獲居臣世々為杖刀人首奉事来至今獲加多支鹵大王寺在斯鬼宮時吾左治天下令作此百錬利刀記吾奉事根原也

（裏）その児の名はカサヒヨ。その児の名はヲワケの臣である。私の家は代々杖刀人（じょうとうじん）の首として、大王にお仕えして今に至った。ヲワケの臣がシキの宮におかれていた時、私は大王（ワカタケル大王〈雄略天皇〉）の朝廷がこの天下を治める事業を補佐し、この鍛えによく切れる刀を作らせて、私が大王にお仕えした事由を書き残しておくものである。（さきたま史跡の博物館資料）

（表）辛亥年七月中記乎獲居臣上祖名意富比垝其児名多加利足尼其児名弖已加利獲居其児名多加披次獲居其児名多沙鬼獲居其児名半弖比

獲加多支鹵大王

表裏に115文字の金象嵌*の銘文がある。銘文の「辛亥年」は471年とされ、また「獲加多支鹵大王」は雄略天皇とされる。このことから、5世紀後半には、ヤマト政権の支配が、東国までおよんでいたことがわかる。国宝　全長73.5cm　所有：文化庁
写真提供：埼玉県立さきたま史跡の博物館

*金属・陶磁・木材などの表面にほかの材料をはめこむ装飾技術。金象嵌は、金の細線を埋め込んだ象嵌のこと。

←②江田船山古墳出土鉄刀 →p.56 3

刀の背に75文字の銀象嵌の銘文がある。「獲□□□鹵大王」は、従来は「復□弥□歯大王」と読んで反正天皇をさすとされていたが、現在では、稲荷山古墳の鉄剣銘と似ていることから、雄略天皇をさすものと考えられている。国宝　全長90.6cm
東京国立博物館蔵　Image：TNM Image Archives

獲
□
□
□
鹵
大
王

↑③隅田八幡神社人物画像鏡

背面周縁に、左回りに48文字の銘文がある。「癸未年」を443年、503年とする説がある。「男弟王」を男大迹王とすると継体天皇をさし、503年となる。一方、「意柴沙加宮」を允恭天皇の皇后忍坂大中姫の名と関連すると考えれば443年となる。
国宝　隅田八幡神社（和歌山・橋本市）蔵
直径19.8cm　重さ1.43kg

稲荷山古墳の鉄剣と江田船山古墳の鉄刀には、雄略天皇と推定される「ワカタケル大王」の字がある。このことは、この時代にヤマト政権の勢力が両地域におよんでいたことを示している。

↓④石上神宮七支刀

（表）泰和四年十一月
十六日丙午正陽　造
百錬鉄七支刀　出辟
百兵　宜供侯王
□□□□作

（裏）先世以来未有此刀
百済王世
子寄生聖音故為倭王旨造
伝示後世

表裏に62文字の金象嵌の銘文がある。銘文の「泰和4年」は、中国王朝の東晋の「太和4年」（369年）であるとされる。銘文の解釈については、定説はない。ただし、百済王が倭王に贈ったことは『日本書紀』神功皇后摂政52年の条に、七支刀が百済から神功皇后に贈られた記述があり、4世紀後半の倭の位置を考えるうえで、貴重な資料である。
国宝　石上神宮（奈良・天理市）蔵
全長74.9cm

見方・考え方
渡来人の活躍（→p.59 3）をふまえ、文字の本格的な使用に渡来人の存在があったことを理解しよう。

右側カラム（江田船山古墳鉄刀銘文）：

治天下獲□□□鹵大王世奉□典曹人名无□弖
用大□釜并四尺廷刀八十練六十捃三寸上好□刀
服此刀者長寿子孫注々得其恩也不失其所統作刀者名伊太和書者張安也

加

---

② 江田船山古墳（熊本・和水町）
① 稲荷山古墳（埼玉・行田市）
⑥ 岡田山1号墳（島根・松江市）
⑤ 稲荷台1号墳（千葉・市原市）
④ 石上神宮（奈良・天理市）
③ 隅田八幡神社（和歌山・橋本市）
⑦ 元岡古墳群（福岡市）

→⑤稲荷台1号墳出土鉄剣

（表）王賜□□敬
（裏）此廷□□□

表裏に6文字、計12文字の銀象嵌の銘文がある。銘文の「王賜」とは、畿内の王から下賜された刀を意味すると考えられている。
市原市埋蔵文化財調査センター（千葉・市原市）蔵　全長約73cm

↓⑥岡田山1号墳出土大刀

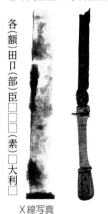

各（額）田□□
（部）臣□□□
（素）□大利

Ｘ線写真

6世紀後半の全長24mの前方後円墳から出土した大刀には、約12文字の銀象嵌の銘文がある。銘文は「額田部臣」と判読され、部民制を示す資料となっている。
島根県教育委員会（島根・松江市）蔵
全長49.9cm

---

⑦元岡古墳群G6号墳出土大刀

大刀の背に「大歳庚寅正月六日庚寅日時作刀凡十二果□」の19字の銘文があり、これは金象嵌と思われる。「庚寅」は570年で百済からの暦の伝来を裏づける。

▼大（太）刀は片刃、剣は両刃と区別する。

原始・古代
古墳

テーマのポイント
1人物・動物埴輪がさかんに用いられた
2古墳をつくる階層が広がった

■ さまざまな人物・動物埴輪

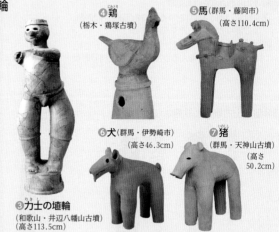

④鶏(栃木・鶏塚古墳)
⑤馬(群馬・藤岡市)(高さ110.4cm)
⑥犬(群馬・伊勢崎市)(高さ46.3cm)
⑦猪(群馬・天神山古墳)(高さ50.2cm)

①正装した男性埴輪(群馬・太田市)(高さ124.2cm)
②女性の埴輪(群馬・伊勢崎市)(高さ126.7cm)
③力士の埴輪(和歌山・井辺八幡山古墳)(高さ113.5cm)

東京国立博物館蔵(❶・❷、④〜⑦)　出典：ColBase

1 埴輪 ⊃p.58 3

(早川和子画)

↑❶埴輪を並べるようす(大阪・今城塚古墳)　今城塚古墳(⊃p.57 ❶)では、二重の濠を分ける堤から埴輪祭祀区がみつかっている。東西62〜65m・南北約6mに、家、蓋、武人、巫女、動物など、計113点以上の形象埴輪が出土した。大王の葬送儀礼を示すものと考えられる。

←❷埴輪工房跡(大阪・新池埴輪製作遺跡)　新池埴輪製作遺跡は、日本最古最大級の埴輪生産遺跡。今城塚古墳の埴輪は、この遺跡で焼かれたものである。

見方・考え方
須恵器(⊃p.63 2)と同じ技術で焼かれていたことを理解しよう。

2 装飾古墳

3 群集墳

山の斜面や小島などにつくられた小古墳群。古墳の造営などを考えなかった有力農民層までが、古墳をつくるようになったことを示している。

新沢千塚古墳群
宣化陵古墳
橿原市提供

←↑④新沢千塚古墳群(右)と周辺(奈良・橿原市)　円墳を中心とする約600基の古墳群。ローマのガラス椀・皿など、国際色豊かな副葬品が出土。⊃p.58 ⑪

←3王塚古墳復元模型　6世紀になると、九州を中心に、横穴式石室を飾る壁画をもつ古墳(装飾古墳)が登場し、東日本などにも広がっていった。王塚古墳は福岡県桂川町にある装飾古墳。⊃p.56 3
国立歴史民俗博物館(千葉・佐倉市)蔵

4 藤ノ木古墳 ⊃p.58 2

奈良県斑鳩町にある藤ノ木古墳は、古墳時代後期の代表的古墳。直径48m、高さ8mの円墳である。1985年の調査で、横穴式石室から朱塗りの石棺、装飾馬具類などが発見され、1988年にはファイバースコープによって石棺の内部が調査された。石棺内部には東枕の2体の被葬者や多くの副葬品が確認された。おびただしい副葬品のなかから、金銅製の冠、沓、大刀など数点が復元された。

↑6金銅製の沓　全面に約150個の歩揺がついている。葬送儀礼用のものと考えられる。
全長38cm、高さ10cm

5 終末期古墳

終末期古墳は、古墳時代末から飛鳥時代にかけての7世紀頃の古墳をさす。前方後円墳がつくられなくなり、天皇陵も舒明天皇陵から八角墳になる。日本最大級の方墳である千葉県栄町の龍角寺岩屋古墳(⊃p.85 ❶)や、奈良県明日香村の八角墳である野口王墓(天武・持統天皇陵)、牽牛子塚古墳などの天皇陵、キトラ古墳や高松塚古墳(⊃p.77)が、とくに有名である。

↑8牽牛子塚古墳の復元　斉明天皇陵と考えられている。八角墳の墳丘が整備されている。

←9牽牛子塚古墳の石室内部
明日香村教育委員会提供

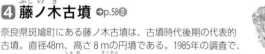

北
刀
金銅製飾り金具
人骨
床全体に円形銅製品
金銅製歩揺付沓
銅製帯状製品
筒形金銅製品
西　　　　　　　　　　東
刀
金環
銀製空玉・首飾り
南

↑5石棺内部　石棺の蓋と内側は、全体に朱が塗られていた。棺の北と南に大刀、西側には金銅製の沓が2足、このほか鏡、ガラス玉、絹織物など、多くの副葬品が発見され、被葬者の身分の高さがうかがえる。

↑7金銅製の冠(復元)
冠帯は2つの山形をつくる。広帯の長さ50cm以上、山形部分の最大幅は9cm、帯と立飾りの高さ35cm。

一言かわら版 日本のポンペイ　イタリアの都市遺跡になぞらえ、黒井峯遺跡(群馬・渋川市)をこうよぶ。榛名山の噴火によって古墳時代のムラが瞬時に埋没した。

🟢 **テーマのポイント**

❶支配者（豪族）の居館が集落から独立した
❷中期に須恵器やカマドが出現した
❸神に祈りをささげる方法はさまざまだった

❶ 古墳時代の村と豪族の居館

群馬県の中央部に位置する榛名山は、489年、さらに525〜550年に大規模な噴火をおこし、東南麓一帯に火山灰が降り注いだ。多くの村々が地中に埋もれ、タイムカプセルのように保存された。保渡田古墳群（高崎市）や三ツ寺Ⅰ遺跡（高崎市）では、発掘調査によって当時のくらしのようすが明らかになった。この北に位置する黒井峯遺跡（渋川市）などでも、保存状態のよい集落跡が発掘されている。

⬇❷ **豪族の居館復元模型**（群馬・三ツ寺Ⅰ遺跡）　三ツ寺Ⅰ遺跡は、5世紀後半から6世紀に営まれた豪族の居館跡。一辺が86mの方形で、周囲は幅30〜40mの濠がめぐらされていた。濠の内部には石垣が築かれ、高さ1mの土塁が施されていた。居館内には正殿と考えられる巨大な掘立柱建物があり、ほかに従者の住居や倉庫などを配置している。濠にかかる水道橋があり、居館の外から水を引いていたことも確認された。➡p.56 ❸

❶ **古墳時代の村の復元模型**（群馬・保渡田古墳群）
首長の居館の周囲に集落が広がる。低地には水田があり、居館の北西1kmには、前方後円墳や群集墳が築造された墓域がみられる。
かみつけの里博物館（群馬・高崎市）蔵

古墳群

水田

集落

三ツ寺Ⅰ遺跡
榛名山
保渡田古墳群

見方・考え方
前の時代の環濠集落（➡p.50）と比較して、支配者のすまいが集落から離れたところに設けられたことを理解しよう。

水道橋
正殿

⬅❸ **民衆の集落**（群馬・黒井峯遺跡）　榛名山の大噴火により、軽石・火山灰に埋没した河岸段丘上の集落が1982年に発見され、竪穴住居・掘立柱建物・平地式建物、田畑・家畜小屋・祭祀場や、周囲を囲む柴垣の遺構が明確にみつかった。
かみつけの里博物館蔵

❷ 土師器と須恵器

高坏
（神奈川・横浜市出土）
（高さ13.6cm）

高坏
（神奈川・横浜市出土）
（高さ15.0cm）

壺
（茨城・鉾田市出土）

壺
（三重・鈴鹿市出土）

⬆❺ **土師器**　　　　　⬆❻ **須恵器**

古墳時代の土器は、弥生土器の流れをくむ赤焼きの**土師器**と、5世紀前後に朝鮮半島から伝来した硬質で灰色の**須恵器**が用いられた。東京国立博物館蔵
出典：ColBase

🔺 土・煉瓦などで築き、火を焚き、煮炊きするようにした設備。

竈

⬅❹ **カマド（竈）**　竪穴住居の平面形は弥生時代に多かった円形から方形になり、炉は弥生時代までは建物中央にあったが、古墳時代になると隅に移り、さらに中期には粘土で固めたカマドが広まった。カマドの上には、蒸し器として甕と甑がのる。➡p.88 ❹
和歌山県立紀伊風土記の丘（和歌山市）蔵

甑
甕

🟢 土師器と須恵器の違い

	土師器	須恵器
焼き方	野焼き（酸化炎）	のぼり窯（還元炎）
焼成温度	800度前後	1,200度前後
おもな器種	壺・甕・器台など	壺・坏・甕など
用途	煮炊き用	盛付用

⬇❼ **のぼり窯（復元）**
（菱田哲郎『歴史発掘⑩須恵器の系譜』講談社）

煙出し
焼成部
焚口

ℹ **インフォメーション**　奈良県立橿原考古学研究所附属博物館（奈良・橿原市）　藤ノ木古墳の遺物・復元品が展示されている。 http://www.kashikoken.jp/museum/top.html

原始・古代
古墳

1 信仰

● 祭祀遺跡

↑① 沖ノ島 ➡ p.後見返し

Ⓝ 沖津宮・中津宮・辺津宮の三社を総称して宗像大社という。世界遺産

沖ノ島21号遺跡（岩上祭祀）

沖津宮本殿

玄界灘に浮かぶ周囲4kmの孤島沖ノ島は、宗像大社三社の一つである沖津宮が鎮座する。巨岩を中心とする祭祀場が23か所確認され、4世紀後半から9世紀前半にいたる約500年間続いた祭祀場であることがわかった。4世紀後半〜5世紀は岩上祭祀で、5世紀後半〜7世紀は岩陰祭祀、7世紀後半〜8世紀前半は半岩陰・半露天祭祀、8世紀〜9世紀は露天祭祀と、祭祀の場所が変遷する。出土した遺物は、質・量ともに、ほかに類をみないことから、「海の正倉院」とよばれている。

神社のなりたち

古来、人々は、自然のあらゆるものに人知を超えた何か見えない大きなものの存在を感じ、それを神として畏れ敬ってきた。山や岩、海や川、森や草木にも神を見出した。それがやがて、地域の集団や氏族によって、神を祀るための神社が建てられるようになっていく。

● 神社

↓② 三輪山

Ⓝ 三輪山は一般には入山禁止である。ただし、正規の手続きをふめば、のぼることができる。

磐座

奈良県桜井市にあり、標高は467m。古来、大物主神のいます神体山として信仰された。西麓の大神神社は、拝殿のみがあって本殿はない。神体山の三輪山をまつる形式をとる。三輪山の山中・山麓には磐座（神の座）など祭祀遺跡が分布する。

大神神社拝殿

出雲大社本殿復元模型
島根県立古代出雲歴史博物館（島根・出雲市）提供

↑③ 出雲大社（島根・出雲市） 祭神は、大国主命。本居宣長の『玉勝間』には、本殿の高さが「中古は16丈（48m）今は8丈（24m）」とあり、2000年の発掘調査でそれが実証された。現在の本殿は、2013年に60年ぶりに遷宮されたもの（平成の大遷宮）。

↑④ 伊勢神宮（三重・伊勢市） 祭神は、内宮が大王家（皇室）の祖神の天照大神、外宮の豊受大神。20年ごとに式年遷宮がおこなわれる。

↑⑤ 住吉大社（大阪市） 祭神は、神功皇后のほか3海神。国家や航海の守護神。和歌の神としても信仰されている。

● 農耕の祭祀

↑⑥ 祈年の祭 春に五穀豊穣を祈る祭。8世紀頃に成立した朝廷の祈年祭は、この民衆の祭が起源とされる。

↑⑦ 新嘗の祭 秋に収穫を感謝する祭。朝廷では11月13〜24日のいずれかの日に天皇が新穀を神々に供えた。

盟神探湯

神に宣誓したうえで、釜に張った熱湯の中に手を入れたり、煮えたぎった泥の中に手を入れたり、熱した斧に手を置いたりして正邪を判断する神判。手がただれた者が「邪」と判断された。『日本書紀』には、武内宿禰（蘇我氏などの祖とされる伝説上の人物）の失脚をもくろんだ弟の甘見内宿禰が「武内宿禰は三韓と結び、天下をねらっている」と応神天皇に讒言し、身の潔白を主張する武内宿禰と甘見内宿禰のどちらの言い分が正しいのか判断するため、磯城川（奈良県）の川辺で盟神探湯がおこなわれたとの記述がある。なお、この盟神探湯では、武内宿禰が勝利した。

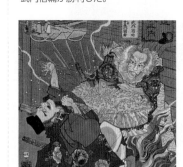

← ⑪ 武内宿禰と甘見内宿禰の盟神探湯（歌川国芳『木曾街道六十九次之内　熱川』）

歴史ポケット

● 禊・祓、太占

↑⑧ 禊 穢を水の霊力によってすすぎ清める行為。身体を水中に浸して、純潔無垢の状態に立ち返らせる。筑後川での禊のよう。

↑⑨ 祓 罪・穢・病気・厄災などを払い除く行為。一種の神事でもある。写真は地鎮祭のよう。

馬の骨

鹿の骨

↑⑩ 太占の法 鹿や馬の骨を焼いた時に生じる裂け目の形で吉凶を判断する占い。弥生時代からおこなわれていた。

一言かわら版 神社のはじまり 森に囲まれた神を祀る場所が決められ、神を祀る臨時の建物が建てられるようになった。建物は祭りが終わると取り壊されていたが、祭りが年に1回から春秋の2回、春夏秋冬の4回、月次の12回などと増えてくると祀りのあとも社殿が残されるようになり、常設の社殿が建てられるようになった。

1 ヤマト政権の発展関係年表

朝鮮	日本	大王（天皇）	大臣	大連
		雄略	〈蘇我氏〉	〈物部氏〉 〈大伴氏〉
加耶（加羅）	507 大伴金村ら、継体大王（天皇）を擁立	継体		鹿鹿火 金村
	512 百済による加耶（加羅）4県の支配を承認			麁鹿火
	527 筑紫国造磐井の乱			磐井の乱
	538 物部麁鹿火、磐井を斬殺	安閑	稲目	
	538 百済の聖明王、仏像と経論を献上	宣化		尾輿
	540 大伴金村、加耶問題で失脚			失脚
	552 蘇我稲目・物部尾輿、崇仏論争	欽明	【崇仏派】	【排仏派】
高句麗 百済	562 加耶、新羅により滅亡		←→対立	
		敏達	馬子 守屋	
新羅	587 蘇我馬子、厩戸皇子（聖徳太子）らと物部守屋を滅ぼす	用明	←→対立	
		崇峻	←暗殺	滅亡
	592 蘇我馬子、東漢直駒を使い崇峻天皇を暗殺	推古		

磐井の乱 ⊃p.56 ③

テーマのポイント

■1 6世紀には朝鮮半島では高句麗だけでなく新羅も勢力拡大
■2 国内では権力を握った蘇我氏が、厩戸皇子とともに政治を主導した

2 6世紀中頃の朝鮮半島

平壌
元山
高句麗
漢城
百済
熊津
扶余
新羅
金城（慶州）（斯盧）
大加羅
南加羅
安羅
加耶（加羅）
倭
対馬
壱岐
白村江

0 ──────── 200km

----- 532年頃の国境
加耶（加羅）より百済へ割譲

高句麗の圧迫を受けた百済が南方の加耶に進出し、加耶の4県をその支配下におさめた。新羅も東方から加耶に進出した。そのため、加耶諸国と結びつきのあったヤマト政権の朝鮮半島での勢力は後退した。

3 磐井の乱 ⊃p.56 ③

石人
石馬

⬆1 岩戸山古墳（福岡・八女市）
岩戸山古墳は、『筑後国風土記』（逸文）の記述から、筑紫国造磐井の墓といわれる。墳丘上には石人・石馬などとよばれる石製象形造形物が配置されている。磐井は、527年に新羅と結んで戦乱をおこしたが、翌年、鎮圧された。

4 推古朝の政治関係年表

年代	事項
593	厩戸皇子（聖徳太子）、政務に参加する
	厩戸皇子、四天王寺を難波に建立
594	仏教（三宝）興隆の詔
600	遣隋使を派遣* ＊『隋書』の記述。
601	厩戸皇子、斑鳩宮をつくる
602	百済僧観勒、暦本・天文地理などの書を伝える
603	冠位十二階の制を制定
604	初めて暦を使用
	憲法十七条を制定
607	小野妹子らを隋に派遣（遣隋使）⊃p.91
	大和斑鳩に法隆寺創建⊃p.67 ①
608	小野妹子、答礼使裴世清とともに帰国
	妹子を再び隋に派遣。高向玄理・僧旻・南淵請安ら同行⊃p.91 ③
610	高句麗僧曇徴、彩色・紙・墨の製法を伝える
611	厩戸皇子ら『勝鬘経義疏』を著す
613	厩戸皇子ら『維摩経義疏』を著す
614	犬上御田鍬らを隋に派遣
615	厩戸皇子ら『法華経義疏』を著す
618	隋滅亡し、唐建国
620	厩戸皇子、蘇我馬子とともに『天皇記』『国記』『臣連伴造国造百八十部并公民等本記』を著す
622	厩戸皇子没。橘大郎女（厩戸皇子の后）、天寿国繡帳を作製⊃p.70 ⑦
628	推古天皇没。舒明天皇即位

三経義疏
＊経典の注釈書。総称して三経義疏という。

見方・考え方
推移を確認し、隋だけでなく百済や高句麗などさまざまな地域の影響を受けていたことを理解しよう。

推古朝の政治

①厩戸皇子（聖徳太子）・蘇我馬子が主導
②王権組織の再編成
・冠位十二階（603年）…個人に対し冠位を与える
・憲法十七条（604年）…豪族に官僚としての自覚をうながす。仏教的政治理念を示す
③大陸文化の摂取⊃p.91 ③
・遣隋使の派遣（607〜614年）…小野妹子、犬上御田鍬らを派遣（『隋書』に600年の遣隋使の記述がある）
・新知識の導入…高向玄理・南淵請安・旻らの留学生・学問僧が中心
④国史の編纂…天皇権威の歴史的証明
・『天皇記』『国記』『臣連伴造国造百八十部并公民等本記』

5 皇室と蘇我氏の関係系図 ⊃p.71 ④

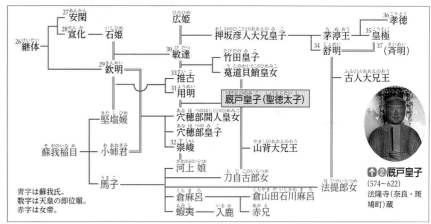

26継体
27安閑
28宣化 ─ 石姫
広姫
押坂彦人大兄皇子 ─ 茅渟王
35皇極（37斉明）
36孝徳
34舒明
29欽明 ─ 敏達
竹田皇子
菟道貝鮹皇女
古人大兄王
30敏達
33推古
31用明
厩戸皇子（聖徳太子）
穴穂部間人皇女
穴穂部皇子
32崇峻
山背大兄王
堅塩媛
蘇我稲目
小姉君
河上娘
馬子
刀自古郎女
倉麻呂
倉山田石川麻呂
法提郎女
蝦夷 ─ 入鹿
赤兄

青字は蘇我氏。
数字は天皇の即位順。
赤字は女帝。

⬆2 厩戸皇子（574〜622）
法隆寺（奈良・斑鳩町）蔵

6 冠位の変遷

推古朝は、603年、百済の官位制をもとに冠位十二階の制を定めた。冠位は、個人の才能・功績に対して与えられ、昇進もできた。例えば、遣隋使小野妹子は、帰国後大礼（第五階）から大徳（第一階）に昇進した。十二階は冠の色と飾りによって等級を区別した。この制度は、律令体制の整備とともに変化し、701年の大宝律令により30階の位階制が完成した。

603年（12階）	647年（13階）	649年（19階）	664年（26階）	685年（48階）	701年（30階）
推古	孝徳		中大兄皇子（称制）	天武	文武
	大小織 大小繡 大小紫	大小織 大小繡 大小紫	大小織 大小縫 大小紫	正（8階級）	正従 1 正従 2 正従 3
大小徳	大小錦	大小花 上中下	大小錦	直（8階級）	正従 4 正従 4 上下
大小仁	小錦	小花 上中下	小錦	勤（8階級）	正従 5 正従 5 上下
大小礼	大青	大山 上中下	大山	務（8階級）	正従 6 正従 6 上下
大小信	小青	小山 上中下	小山	追（8階級）	正従 7 正従 7 上下
大小義	大黒	大乙 上中下	大乙	進（8階級）	正従 8 正従 8 上下
大小智	小黒	小乙 上中下	小乙 上中下		大初位 少初位 上下
	建武	立身	大小建		

原始・古代

飛鳥

🎯 テーマのポイント

1. 西アジア、ギリシア、インドなどとつながる国際的な文化
2. 最初の仏教文化。豪族の権威を示す寺院の建立
3. 百済や高句麗、中国の南北朝時代の文化の影響

1 飛鳥文化一覧表

建築	法隆寺金堂・五重塔・中門・回廊(歩廊)➡p.67 1 [創建時の建物が現存しない寺] 　飛鳥寺(蘇我馬子建立) 　四天王寺(伝厩戸皇子建立) 　広隆寺(伝秦河勝建立) 　中宮寺(穴穂部間人皇后の宮跡を寺にする) 　法起寺(厩戸皇子の岡本宮跡を寺とする) 　法輪寺(山背大兄王が建立)
彫刻	【北魏様式】➡p.68 1 　法隆寺金堂釈迦三尊像(金銅像) 　法隆寺夢殿救世観音像(木像) 　飛鳥寺釈迦如来像(飛鳥大仏)(金銅像) 【南朝様式】➡p.69 1 　法隆寺百済観音像(木像) 　広隆寺弥勒菩薩半跏思惟像(木像) 　中宮寺半跏思惟像(木像)
絵画	法隆寺玉虫厨子　扉絵➡p.70 　　須弥座絵(捨身飼虎図・施身聞偈図・ 　　須弥山世界図・舎利供養図) ●高句麗僧曇徴、絵画・紙・墨の製法を伝える
工芸	法隆寺龍首水瓶、法隆寺金堂天蓋 法隆寺四騎獅子狩錦、伎楽面(以上、➡p.66) 法隆寺玉虫厨子、法隆寺金堂灌頂幡、中宮寺 天寿国繡帳(以上、➡p.70)

● 文様(忍冬唐草文様)

❶アッシリア
❷ギリシア
❸ササン朝
❹ガンダーラ
❺中国
❻日本

2 飛鳥文化の国際性

— 草原の道
— オアシスの道
— 海の道

0　2000km

前5世紀頃、ガウタマ=シッダールタ(ブッダ)によってインドで創始された仏教は、ガンダーラ地方で栄えた。この地が東西交通の要地であることから遠く中国に伝えられ、やがて朝鮮半島・日本にも伝播した。

● 水瓶の形と絵柄

＊ペルシアは現在のイラン周辺。

❸ペルシアの水差し　高さ三五・九cm

❹法隆寺龍首水瓶　国宝　高さ四九・九cm　東京国立博物館蔵

出典：ColBase

法隆寺龍首水瓶は、器形はペルシアに、頭部の龍は中国の伝説の龍に、胴部に描かれたペガサス(天馬)はギリシア神話にその源流を求めることができる。

見方・考え方
日本には中国や朝鮮半島を経由した仏教が伝えられたことを理解しよう。

● 仏教の伝来

➡ 北方仏教(大乗)
➡ 南方仏教(上座)
∴ 仏教遺跡

0　500km

↑❶ガンダーラの石仏　↑❷雲崗の石仏

● 獅子狩文様

↑❺ペルシアの絵皿

➡❻法隆寺四騎獅子狩文錦

四騎獅子狩文錦は、1本の木を中心に四騎士が左右対象に配され、四頭の獅子を射るところが図案化されている。円形連続の構図や獅子狩の図などペルシアの影響がみられる。

● 伎楽の人相

➡❼伎楽面　伎楽面は、高い鼻などギリシアの仮面やイラン人(写真左)に似た面もあり、西方の影響を受けている。
東京国立博物館蔵　出典：ColBase

● ギリシア建築との類似性

❿パルテノン神殿

❽法隆寺の天蓋　奈良国立博物館提供

忍冬はスイカズラの漢名で、スイカズラのような蔓草がからみ合う形を描いた文様。エジプト・アッシリアにおこり、ギリシア・ローマから西域・中国を経て朝鮮半島・日本に伝わった。日本では飛鳥時代から奈良時代にかけてさかんに用いられた。

↑❾スイカズラ

⓫法隆寺回廊

法隆寺の金堂や回廊などの柱の中央部にふくらみをもたせる技法は古代ギリシア建築にみられるエンタシスの影響も指摘されているが、実証されていない。

1 法隆寺の建築

❶法隆寺 世界遺産 奈良・斑鳩町

↑❷法隆寺五重塔 上にいくにしたがって塔は細くなり、組物と組物の間隔は狭まる。組物を構成する肘木と斗の寸法も小さくなっていく。国宝 高さ32.6m

法隆寺は用明天皇の病気平癒を祈って発願され、607年に推古天皇と厩戸皇子（聖徳太子）によって完成したとされる。現在の法隆寺（西院伽藍）は、670年に火災にあって以後建立されたもので、金堂・塔・中門・歩廊など飛鳥時代の建築様式をよく示しており、世界最古の木造建築であるといわれる。西院伽藍は、当初下記❸のように回廊の外に講堂が配置された法隆寺式だったが、平安時代に講堂が火災に遭い、再建時に東の鐘楼と西の経蔵を回廊でつなぎそのまま講堂と連結した現在の形になった。

斑鳩（法隆寺周辺）

2 法隆寺の再建・非再建論争

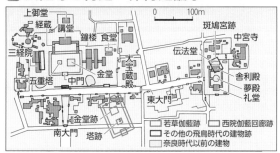

凡例
- 若草伽藍跡
- 西院伽藍回廊跡
- その他の飛鳥時代の建物跡
- 奈良時代以前の建物

1939年、現在の法隆寺（西院伽藍）の下層から若草伽藍*が発見された。これにより創建当時の寺院は、四天王寺式伽藍配置であることが明らかになり、現在の寺院は、『日本書紀』に全焼したと記録された670年以後に再建されたとする説が有力になった。近年、五重塔の心柱の年輪年代測定がおこなわれ、594年伐採と判明し、再び論争が再燃した。しかし、その後、金堂・五重塔・中門の部材の測定がおこなわれ、これらは668年以降の建立であることが判明。創建時のままとする説を完全に否定した。

五重塔断面図
➡p.25❷

心柱

＊2004、2006年の調査で、国内最古の彩色壁画片が出土した。

↑❸法隆寺中門 中央に柱をもつ特異な構造で、左右に金剛力士像が安置されている。国宝 高さ14.4m

雲肘木
雲斗
卍崩しの勾欄
人字形割束

←❺金堂細部 中国南北朝時代の影響を受け、卍崩しの勾欄・人字形割束・雲斗・雲肘木などの手法がみられる。

二層
裳階
初層
基壇

↑❹法隆寺金堂 二重基壇の上にたつ入母屋造の二重仏殿で、木造建築としては世界でもっとも古い。強い胴張りをもつ柱、皿斗付きの大斗、連続曲線による異形の雲形組物など、特色ある建築様式をもつ。初層の裳階は和銅年間（708〜715年）に付け足されたもの。国宝 高さ15.2m

3 伽藍配置の変遷

飛鳥文化 白鳳文化 天平文化

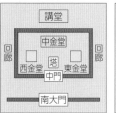

❶飛鳥寺式
講堂／中金堂／西金堂・塔・東金堂／中門／回廊／南大門

❷四天王寺式
講堂／金堂／塔／中門／回廊／南大門

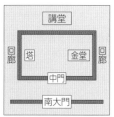

❸法隆寺式
講堂／金堂・塔／中門／回廊／南大門

❹薬師寺式➡p.74❶
講堂／金堂／塔・塔／中門／回廊／南大門

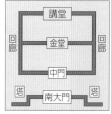

❺東大寺式➡p.90❷
講堂／金堂／中門／回廊／南大門／塔・塔

❻大安寺式
講堂／金堂／中門／回廊／南大門／塔・塔

伽藍とは寺院の建物の総称。各時代で伽藍配置は変遷した。日本に仏教が伝来した当初は、飛鳥寺にみられるように仏塔（仏舎利をおさめる塔）が中心の配置（❶）だったが、のちには礼拝の重心が仏像に移るにつれ、伽藍も金堂が中心となった（❷❸）。また、仏塔は2基になり（❹）、回廊の外に造られるようになった（❺❻）。

見方・考え方 この金堂内陣の周囲に壁画（→p.76）が描かれ、仏の世界が立体的・平面的に表現されたことを理解しよう。

1 仏像彫刻＜北魏様式＞

①金堂内陣 →p.76

天蓋
光背
壁画飛天図
右脇侍　中尊　左脇侍
吉祥天*
釈迦三尊像
増長天
阿弥陀如来*
毘沙門天**
薬師如来
持国天

※吉祥天・毘沙門天は平安時代、阿弥陀如来像は鎌倉時代の作。

特徴① 左右対称を基調

飛鳥彫刻の特色 →p.75
①前半は北魏様式、後半は南朝様式
②アルカイックスマイル*（古拙的な微笑）を浮かべた表情

*アルカイックとは、古拙とか、古風の意味。アルカイックスマイルは、ギリシア初期の人物彫刻にもみられる口元の微笑をさす。　**三日月を上向きにしたような形。

北魏様式＜鞍作鳥（止利仏師）一派＞
特徴① 左右対称を基調。正面の鑑賞を意識した奥行きの短縮
特徴② 杏仁形の目
特徴③ 仰月形の口唇
特徴④ パターン化された衣文

南朝様式＜非止利派＞
特徴① 両胸、下腹部などがほのかに膨らむ自然でリアルな人体表現
特徴② 自然な衣文

↑②法隆寺金堂釈迦三尊像　厩戸皇子（聖徳太子）の菩提を弔うため、妃や王子たちの発願で厩戸皇子の死の翌年（623年）、鞍作鳥（止利仏師）によってつくられた。
国宝　右脇侍（薬上菩薩）93.9cm、中尊（釈迦如来）87.5cm、左脇侍（薬王菩薩）92.3cm　金銅像

↑③飛鳥寺釈迦如来像

↑④法隆寺金堂釈迦三尊像〈中尊〉

↑⑤法隆寺夢殿救世観音像

←⑦飛鳥寺釈迦如来像　蘇我馬子の建立した飛鳥寺の本尊で、飛鳥大仏といわれる。鞍作鳥の作といわれ、日本最古の仏像である。当初のものは目と額・右手の一部に残っているだけといわれてきたが、近年の研究では、大部分が造立時のものと判断された。
高さ275cm　金銅製

↑⑥杏仁

特徴② 杏仁形の目
杏仁とはアンズ（杏）の種のなかにある核（仁）のこと。つまり、「杏仁形」は、この杏仁に似た形で、まぶたの上下が同じような弧を描いているもの。

特徴③ 仰月形の口唇
🔍口元に浮かぶ微笑は、飛鳥彫刻の特徴である「アルカイックスマイル」である。

←⑧法隆寺夢殿救世観音像
長く秘仏とされ夢殿に安置されていたが、1884年にフェノロサと、岡倉天心によって開扉、一般に知られるようになった（開扉の年については、1886年などの説もある）。前から見ると左右へ広がってみえるが、側面から見ると平たい感じで、正面観のみが重視されている。厩戸皇子の等身大像といわれる。国宝　高さ178.6cm　木彫像

🔍救世観音のもつ宝珠は、世界を明るく照らし、病や苦しみを取り除くとされる宝物。

宝珠

特徴④ パターン化された衣文

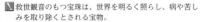

一言かわら版　**アルカイックスマイルのヒーロー**　テレビから生まれた特撮ヒーロー「ウルトラマン」。彼の顔は、アルカイックスマイルの仏像をモデルにしている。

1 仏像彫刻

➡p.99（仏像理解の基礎知識）

＜南朝様式＞

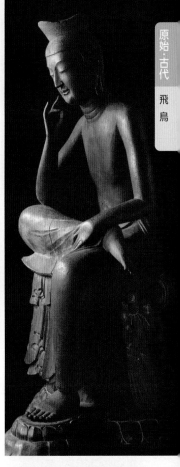

頭部に宝冠をいただき、宝冠弥勒とよばれる。ドイツの哲学者ヤスパースは、「永遠の平和の理想を最高度に具現した芸術品」と絶賛した。

🔑 広隆寺弥勒菩薩半跏思惟像は、文化財保護法による彫刻部門での国宝指定第1号。

↑❷ 広隆寺弥勒菩薩半跏思惟像　瞑想的な顔つき、ほっそりした体躯、しなやかな指の表情に美しさがある。半跏思惟とは右足をふともも（左膝）にのせ、右手でかしげた頭に頬杖をつく状態をあらわす。赤松の一木造。
国宝　広隆寺（京都市）蔵　高さ84.2cm

↑❶ 法隆寺百済観音像　ほっそりした八頭身の体躯で、全体的に柔らかくのびやかさをもっている。楠材の一木造。
国宝　高さ210.9cm

特徴① 自然でリアルな人体表現
特徴② 自然な衣文
左手の指先でそっと水瓶（水差し）をつまむしぐさ、右の掌に何物かをのせる両腕の動き、両肘から前後にうねりをみせて垂れる天衣、両胸・下腹部のほのかな膨らみがうかがえる。

🔑 像の背後には竹に似せた支柱がある。飛鳥美術には竹の意匠が多く、これは中国の南朝文化の影響とみられる。

やさしいまなざし、花びらのような口元の笑み、頬に近づける指先の柔らかな動きは、飛鳥彫刻のうちで、もっとも日本的情緒があふれたものといわれる。

←❹ 新羅の仏像（金銅弥勒菩薩像）　金銅製で、中指と親指が離れるなど指の表現に違いがみられるが、柔らかな表現や頭部の宝冠など、作風が木彫の広隆寺の弥勒菩薩半跏思惟像と酷似している。
韓国国立中央博物館蔵
高さ93.5cm

↑❸ 中宮寺半跏思惟像（伝如意輪観世音菩薩）　顔の優美さ、体つきに柔らかさをもっている。中宮寺は、厩戸皇子が母の菩提を弔うため、母の住居を寺とした。楠材の木彫像。
国宝　中宮寺（奈良・斑鳩町）蔵　高さ87.9cm

2 中国南北朝の王朝変遷

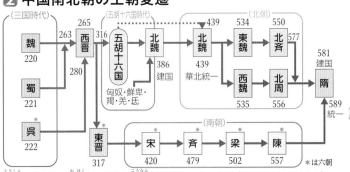

（三国時代）

（五胡十六国時代）

（北朝）

| 魏 220 | | 263 | 西晋 | 316 | 五胡十六国 | | 北魏 | 439 | 北魏 | 439 華北統一 | 534 | 東魏 | 550 | 北斉 | 577 | | 581 建国 | 隋 | 589 統一 |

魏 220 → 265 西晋 280
蜀 221
呉 222

西晋 316 → 五胡十六国（匈奴・鮮卑・羯・羌・氐）386建国 → 北魏

北魏 439 華北統一 → 東魏 534 → 北斉 550 → 577
北魏 → 西魏 535 → 北周 556 → 隋 581建国 589統一

東晋 317

（南朝）
宋 420 → 斉 479 → 梁 502 → 陳 557 → 隋

＊は六朝

東晋時代の後、華北（5王朝）と江南（4王朝）に統一王朝が併存対立していたが、隋により統一された。建業（建康、現南京）に都し、江南の伝統文化を継承した貴族文化を六朝文化という。

原始・古代

飛鳥

① 工芸・絵画

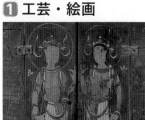

↑①宮殿部側面扉絵・菩薩像
須弥座絵同様に漆絵説、密陀絵説がある。

● 法隆寺玉虫厨子

観音像

屋根は入母屋造

金色の鴟尾

宮殿部

須弥座部

台脚

小型の仏像を安置する厨子で、屋根は入母屋造の様式で、宮殿部には雲斗・雲形肘木、屋根の両端には金色の鴟尾がみられる。玉虫の羽が伏せられていることから、この名がある。

国宝　高さ226.6cm(a)

📝 厨子とは、仏像などを納める箱型の仏具。玉虫厨子は、もとは金堂のなかに安置され、小さな阿弥陀三尊像を納めていたといわれる。少なく見積もっても9083枚の羽、つまり4542匹の玉虫を用いたと推定される。

←②須弥座右側面・施身聞偈図　釈迦が帝釈天の化身である羅刹から「諸行無常、是生滅法」の偈（仏の徳をたたえる詩）の続きを聞くために身を投じる図。

↑⑤宮殿部正面の軒下透かし彫り部分　宮殿部の各所に装着された透かし彫り金具の下には玉虫の羽が敷き詰められている。

↑⑥タマムシ
体長約4cm

←③須弥座左側面・捨身飼虎図
釈迦が飢えた子連れの虎に会い、飢えを救うため崖から身を投じ、わが身を虎に与えるという慈悲の図。

←④須弥座正面・舎利供養図
蓮華座上の舎利鋺を中間に配し、左右に僧侶が対座している。花籠を捧げた二天人が空から飛来する。

作品鑑賞　玉虫厨子の屋根は段差がある錣屋根とよばれる古い形式が用いられている。

↑⑧部分拡大

作品鑑賞　もとは2帳からなる。100の亀甲が刺繍されており、亀甲には1個に四字ずつ、合計400文字で繍帳の由来が記されていた。

↑⑪灌頂幡復元
VR作品『法隆寺献納宝物 国宝 金堂灌頂幡 飛鳥の天人』監修：東京国立博物館　制作：凸版印刷株式会社　協力：法隆寺

↑⑨CGで復元された第1帳

↑⑦中宮寺天寿国繍帳　厩戸皇子の死後、622年に、妃の橘大郎女が厩戸皇子の天寿国でのようすを一目見たいと、渡来系の画家に下絵を描かせ、采女たちに刺繍させたもの。日本最古の刺繍。現存の「天寿国繍帳」は、江戸時代に残っていた断片をはり合わせたもの。国宝　断片88.5×82.7cm
📝 帳とは、寝台や椅子などにかける室内調度品。
中宮寺蔵　奈良国立博物館提供

→⑩法隆寺金堂灌頂幡（法隆寺献納宝物）　灌頂幡は、仏像の頭上につるした飾りで、普通錦であるが、これは金銅製である。国宝　総長510cm
東京国立博物館蔵
出典：ColBase

1 大化の改新関係年表

天皇	年月	事　項
舒明	630.8	第1回遣唐使派遣（犬上御田鍬ら）
	632.10	僧旻ら帰国
	640.10	南淵請安・高向玄理ら帰国
皇極	643.11	蘇我入鹿、山背大兄王らを襲撃
	645.6	中大兄皇子・中臣鎌足ら、大極殿で入鹿を殺害、蝦夷自殺（乙巳の変）
孝徳		孝徳天皇即位、中大兄皇子立太子。初めて年号を大化とする
	8	東国等の国司を任命する
	12	難波長柄豊碕宮に遷都
	646.1	改新の詔を出す
	3	身分により墳墓の規模等を規定する（薄葬令）
	649.2	冠位十九階を制定 ⇒p.65 6
	3	右大臣蘇我倉山田石川麻呂自殺
斉明	658	阿倍比羅夫を蝦夷の地に派遣
	660	百済滅亡
中大兄皇子（称制）*	661	斉明天皇没。中大兄皇子、称制
	663	白村江の戦い
	664.2	冠位二十六階を制定、氏上・民部・家部等の制を定める ⇒p.65 6
		この年、対馬・壱岐・筑紫に防人と烽を置き、筑紫に水城をつくる
	665.8	筑紫の大野・基肄に城を築く
	667.3	都を近江大津宮に遷す
	11	大和に高安城、讃岐に屋島城、対馬に金田城を築く
	668.1	中大兄皇子即位、近江令制定か

＊皇太子あるいは皇后が、天皇の没後に、即位せずに国政をおこなうこと。

2 改新の詔 図

条文	内　容
第1条	**公地公民の原則** 天皇等の私有する人民（子代の民）と、土地（屯倉）、豪族の私有する人民（部曲の民）と、土地（田荘）の廃止 豪族には食封・布帛を支給
第2条	**中央集権的な政治体制の樹立** 地方行政区画…京師の制定、畿内の範囲、国・郡（評）の設置 ⇒p.72 3 地方官制………国司・郡司の任命 軍事施設………塞（関所）・斥候（北辺の守護兵、のろしを司る人などの説あり）・防人の設置 交通制度………駅馬・伝馬の設置
第3条	**班田制の制定** 戸籍・計帳の作成、班田収授法の制定 里の設置…50戸1里、里長を任命 町段歩制…360歩＝1段　10段＝1町 租稲…段の租稲　2束2把
第4条	**新税制の施行** 調…田の調、戸別の調、調副物 その他…兵士、仕丁、庸、采女

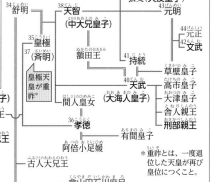

4 皇室と蘇我氏の関係系図 ⇒p.65 5 ,86 2

舒明 34
皇極（斉明）35 37
孝徳 36
天智（中大兄皇子）38
天武（大海人皇子）40
弘文（大友皇子）39
持統 41
元明 43
文武 42
元正 44
厩戸皇子（聖徳太子）
山背大兄王
茅淳王
間人皇女
額田王
阿倍小足媛
有間皇子
古人大兄王
草壁皇子
高市皇子
大津皇子
舎人親王
刑部親王

蘇我馬子―蝦夷―入鹿
力自古郎女
法提郎女
倉麻呂
倉山田石川麻呂
蓮子
赤兄

＊重祚とは、一度退位した天皇が再び皇位につくこと。

青字は蘇我氏。数字は天皇の即位順。赤字は女帝。

テーマのポイント

1. 中大兄皇子を中心に中央集権化がすすめられた
2. 白村江の戦い後、防衛政策がすすめられた

3 新政府の組織

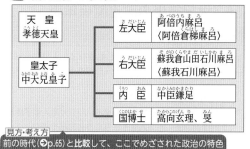

天皇 孝徳天皇 — 皇太子 中大兄皇子

- 左大臣　阿倍内麻呂〈阿倍倉梯麻呂〉
- 右大臣　蘇我倉山田石川麻呂〈蘇我石川麻呂〉
- 内臣　中臣鎌足
- 国博士　高向玄理、旻

見方・考え方 前の時代（⇒p.65）と比較して、ここでめざされた政治の特色を確認しよう。

5 阿倍比羅夫の遠征（推定） ⇒p.86 3 ,102 2

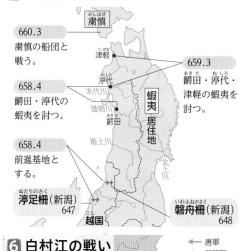

660.3 粛慎の船団と戦う。

659.3 飫肥田・淳代・津軽の蝦夷を討つ。

658.4 飫肥田・淳代の蝦夷を討つ。

658.4 前進基地とする。

淳足柵（新潟）647

磐舟柵（新潟）648

6 白村江の戦い

← 唐軍　← 新羅軍　← 倭軍　凸 山城

663 白村江の戦い 百済復興支援のため唐・新羅連合軍と戦うが、大敗。

661 斉明天皇没、中大兄皇子称制

白村江の戦いの後、唐・新羅に対処するため、**防人・烽**を設置し、筑紫に**水城**をつくり、**朝鮮式山城**を築いた。

キーワード

水城と朝鮮式山城

●水城

水城断面図

大宰府側 ← 取水口 … 木樋 14m 4m … 濠60m → 博多側
土塁80m

水城跡（福岡・太宰府市）

大宰府の政庁は、博多湾から南へ15kmほど内陸にあった。この大宰府に対する博多湾方面からの攻撃に備えたのが水城で、幅60mの濠を掘り、その南側に高さ14mの土塁を盛った約1kmの直線的な城塁である。

●朝鮮式山城

朝鮮の三国時代の山城に類似する。唐・新羅の攻撃を想定して対馬・北九州・瀬戸内海沿岸などにつくられた。大野城は、四王寺山の稜線を6.5kmの石塁と土塁が囲んでいる。

3 大野城全景（福岡・太宰府市、大野城市、宇美町）
大野城市提供

博多湾　小水城　水城　大野城　大宰府政庁　基肄城

1 大宰府と博多湾
九州歴史資料館提供

● テーマのポイント

1. 壬申の乱で大海人皇子が勝利、天武天皇として即位した
2. 強大な権力を手にした天武天皇によって中央集権国家の形成が進んだ

② 壬申の乱

```
天智天皇 ── 子 大友皇子（近江朝廷軍）
 （没）         ↕ 皇位継承を
            めぐり対立
       ── 弟 大海人皇子
```

⑥ 672.7.7
大海人皇子側の国男依らが、息長横河で大友軍を破る。

④ 672.6.26
大海人皇子、不破道を塞ぐ。

③ 672.6.22
大海人皇子、伊賀国に入る。
壬申の乱はじまる。

⑤ 672.7.5〜8
飛鳥古京をめぐる大伴吹負らとの戦闘で、近江朝廷軍敗走。

① 671.10.20
大海人皇子、大津宮から吉野宮へ。

⑦ 672.7.22
大海人皇子側の羽田矢国らが、三尾城を攻略。

② 671.12.3
天智天皇、大津宮で没す。

⑧ 672.7.22
近江朝廷軍、瀬田にて大敗す。

⑨ 672.7.23
大友皇子、自殺。

⑩ 672.9.8
大海人皇子、伊勢・伊賀をへて大和に入る。
＊「山前」の場所については諸説ある。

→ 近江朝廷軍の進路
→ 大海人皇子軍の進路
✕ 主要戦場

（絵は早川和子画）
画像提供 奈良文化財研究所

① 7世紀後半の政治関係年表

天皇	年代	事項 天皇の赤字は女帝。
天智	669.10	中臣鎌足死去（危篤時に、天皇から冠位制における最高冠位である大織冠と、大臣の位、「藤原姓」を与えられた）
（弘文）	670. 2	戸籍（庚午年籍）をつくる
	672. 6	壬申の乱はじまる（7月 大海人皇子勝利）
天武	673. 2	大海人皇子、飛鳥浄御原宮で即位
	675. 2	諸氏に与えた部曲を廃止する
	681. 2	律令の編纂を開始する
	684.10	八色の姓を制定する
持統	686.10	大津皇子、謀反のかどで逮捕（大津皇子の変）
	689. 6	飛鳥浄御原令を施行する
	690. 9	戸令により戸籍をつくらせる（庚寅年籍）
	694.12	藤原京に遷都
文武	701. 8	大宝律令完成（律は702年施行、令は701年施行）

③ 天武・持統朝の政治

↑①飛鳥浄御原宮エビノコ郭正殿の復元模型（奈良） 建物が見つかった字名からエビノコ郭とよばれる。飛鳥浄御原宮の中心的な建物。ここで天武天皇が律令の編纂や『帝紀』などの記録を整理するよう命じたと考えられる。

*庚子年四月若狭国小丹生評 木ツ里秦人申二斗

① 若佐（狭）国木簡（奈良・橿原市）
② 出雲国木簡（奈良・橿原市）
出雲国嶋根郡副良里伊加大贄廿斤

＊700（文武4）年
長さ170mm 厚さ5mm 幅33mm
長さ186mm 厚さ4mm 幅18mm

↑③藤原京出土の木簡 左の木簡①は、大宝令の施行以前のもので、「評」の字がある。右の木簡②は、大宝令施行以後のもので、「郡」の字がみえる。

📝 木簡から、701年の大宝令以後に「郡」となったと推測される。646年の改新の詔には「郡」がみえるが、これは『日本書紀』編纂時に修正されたもの。

見方・考え方
奈良時代の政治と比較し、この時期に律令国家の基本ができたことを理解しよう。

伊勢神宮の整備
・斎宮制度
・20年ごとの式年遷宮

皇親政治
要職に皇子を就かせる
高市皇子→太政大臣
刑部親王→大宝律令編纂
舎人親王→日本書紀編纂

天皇号の使用
奈良県明日香村の飛鳥池工房遺跡（◯p.1⑤）から、「天皇」と記された木簡が、天武天皇の「丁丑年（677）」の記述のある木簡とともに出土。木簡の文字は「天皇聚（集）めて弘く……」と読めるが意味は不明である。これまで「天皇」と記した木簡は平城宮跡から見つかった8世紀のものが最古とされていたが、天武期にすでに天皇号が使用されていたことが判明した。

天皇権力の強化

律令の制定
飛鳥浄御原令（689施行）
日本初の律令 大宝律令へ（701完成）

豪族の再序列化

八色の姓
真人
朝臣
宿禰
忌寸
道師
臣
連
稲置

天皇聚露弘寅寺

↑②「天皇」の文字のある最古の木簡

天武・持統 朝
＝
天皇を中心とする中央集権国家の形成

地方行政の整備

戸籍による支配
690 庚寅年籍
692 口分田班給

五畿・七道
評制

貨幣の鋳造

宮都の造営
飛鳥浄御原宮（672遷都）
日本初の宮都 藤原京

仏教政策
大官大寺
薬師寺
白鳳文化
各地に寺院の設置を奨励

□ 天武朝
■ 持統朝

↑④富本銭の鋳造 富本銭は、まじない銭とされていたが、1998年の飛鳥池工房遺跡の発掘から、天武天皇の時期に鋳造された銭貨であることがわかった。

↑⑤弥勒寺の想像図（岐阜） 7世紀後半に美濃国の豪族が建てた寺院。同じ頃に設置された武義郡の役所に隣接する。

大君が神（現人神）と賛美される時代へ
① 大君は神にしませば赤駒の腹這ふ田居を都と成しつ 　大伴御行
② 大君は神にしませば天雲の雷の上にいほりせるかも 　柿本人麻呂
万葉集に6例、①は壬申の乱平定後の天武を、②は持統をさすと考えられる。

なぜ都は移るのだろうか。

飛鳥から平安京にいたるまで何度も宮都が移された。多大な期間と労力を費やしてつくられた都のはずだが、なぜ遷都を繰り返したのだろうか。

1 宮都の変遷

❶～㉑は2に対応。

天皇	宮都	おもな事項
推古	❶豊浦宮	592 推古天皇即位
	603 ❷小墾田宮	
舒明	630 ❸飛鳥岡本宮	
	636 ❹田中宮	
	640 ❺百済宮	
	642 ❻小墾田宮	
皇極	643 ❼飛鳥板蓋宮	
		645 板蓋宮で蘇我入鹿暗殺、孝徳天皇即位（乙巳の変）
孝徳	645 ❽難波長柄豊碕宮	646 改新の詔
斉明	655 ❾飛鳥板蓋宮	655 斉明天皇、板蓋宮で即位（皇極の重祚）
	❿飛鳥川原宮（一時的）	
	656 ⓫後飛鳥岡本宮	661 斉明天皇没
中大兄皇子	667 ⓬近江大津宮	663 白村江の戦い
天智		668 中大兄皇子即位（天智天皇）
（弘文）	672	672 壬申の乱
天武	672 ⓭飛鳥浄御原宮	673 天武天皇即位
		686 天武天皇死去
持統		690 持統天皇即位
	694 ⓮藤原京	
元明	710 ⓯平城京	701 大宝律令制定
	740 ⓰恭仁京	
	742 紫香楽宮離宮	
聖武	744 ⓱難波宮	
	⓲紫香楽宮	
	745 ⓳平城京	
	784 ⓴長岡京	
桓武	794 ㉑平安京	

🖊 天皇の住むところを「宮」、宮の周辺に配置された居住区や諸施設を含む周辺地域を「都（京）」とよぶ。

凡例:
現奈良県
現京都府
その他

3 難波・飛鳥の宮殿の屋根

難波長柄豊碕宮は唐の宮殿の影響を受けつつも、屋根は伝統的な植物質の屋根であった。天武天皇の飛鳥浄御原宮でも同様で、中国の宮殿にならった瓦葺きの宮殿は藤原宮ではじめて採用された。

❶難波宮復元CG
大阪市教育委員会提供

❷飛鳥浄御原宮
（早川和子画）
❸❼❾⓫⓭はほぼ同じ場所にあったと考えられている。

2 宮都の位置

見方・考え方
宮都は河川や海など水上交通の便がよい場所につくられたことを確認しよう。

645年、乙巳の変後に遷都された難波宮は、大阪湾に面した港湾都市であり、その後、都が大津宮に遷都されてからも、天智天皇がもう一つの都として位置づける（複都制）、長岡京遷都までつねに重要視され続けた。

740年の藤原広嗣の乱は聖武天皇に大きな衝撃を与え、さらに疫病の流行により、恭仁京・紫香楽宮・難波宮など、短期間にたびたび遷都をおこない、災いから脱却しようとした（➡p.86）。

❶（推古天皇の豊浦宮）～❼、❾～⓫、⓭（天武・持統天皇の飛鳥浄御原宮）は、飛鳥とその周辺地域で営まれた。

❶⓱難波宮
＊難波京についても研究がすすんでいる（破線は推定）。

❽⓱難波宮
⓰恭仁京
⓯⓳平城京
㉑東大寺
法隆寺
太安万侶の墓
㉑平安京
⓲紫香楽宮
⓬近江大津宮
⓴長岡京

山背　近江　琵琶湖　東山道
東海道
丹波
北陸道
恭仁東北道
摂津
大和
山陽道
下ツ道　中ツ道　上ツ道　伊賀
筋違道（太子道）
横大路
⓮藤原京
和泉　河内
難波大道
大和川
淀川
木津川

0　　　20km

※丸付数字は遷都の順を表す。左の表に対応。

❸❼❾⓫⓭

4 飛鳥から藤原・平城へ

2の飛鳥浄御原宮（⓭）と藤原京（⓮）の大きさを比較すると、その差は歴然としている。狭い飛鳥では大規模に役所などを整備することが難しく、役人たちを役所の近くに住まわせる土地もなかった。そのため、広い面積を確保できる藤原京へ遷都したと考えられる。

❸藤原京復元模型
耳成山
中ツ道
横大路　下ツ道
藤原宮
香久山
畝傍山
本薬師寺
大官大寺
丸山古墳
＊平城遷都により、薬師寺が現在の地（奈良市）に移されて以後の名称。
橿原市提供

🖊 藤原京は、宮殿（藤原宮）が中心に位置するのが特徴である。これ以後の平城京や平安京は都の北辺中央に宮殿が配置されるが、これは、長安城と同じ形である。

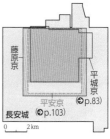
藤原京（➡p.83）
平城京
平安京（➡p.103）
長安城

0　　　2km

🖊 平城京を90度回転させると、唐の長安城の4分の1になる。したがって平安京が長安城をモデルにしたと考えられる。

藤原京の京域は、以前は、大和盆地を走る古くからの道路を基準線として設計されたと考えられていたため、もっと狭い範囲が想定されていた。近年の発掘成果により、現在では約5.3km四方の範囲まで広がることが有力な説となっている。平城京と同規模、もしくはそれ以上であったことが考えられ、藤原京が手狭になったため平城京への遷都がおこなわれたとする見方は説明できないことになる。

● 藤原京の規模

	東西(km)	南北(km)	面積(km²)
藤原京	約5.3	約5.3	約28
平城京	約4.3	約4.8	約21
平安京	約4.5	約5.2	約23
長安城	約9.7	約8.7	約84

探Q

● 都でつくられた寺院は、遷都後どうなったのか調べてみよう。
● 各宮殿は都のどこにつくられたのか調べてみよう。

白鳳文化①（建築）

白鳳文化はどのような特色をもっていたのだろう

＊「白鳳」は、孝徳天皇の時の年号「白雉」の別称、美術史上の時代区分に用いられる言葉で、世紀後半から8世紀初期をさす。

原始・古代
飛鳥

🌸 テーマのポイント

1. 天武・持統朝中心
2. 初唐文化の影響（朝鮮半島・インド・西アジア・中央アジアの文化も影響）
3. 仏教文化を基調とする。国家仏教の萌芽
4. 地方豪族にも漢字文化と儒教思想が浸透

❶ 白鳳文化一覧表

建築	薬師寺東塔➌
彫刻 ➡p.75	薬師寺金堂薬師三尊像（金銅像） 薬師寺東院堂聖観音像（金銅像） 法隆寺阿弥陀三尊像（金銅像） 法隆寺夢違観音像（金銅像） 興福寺仏頭（もと山田寺の本尊、 薬師三尊像）（金銅像）
絵画 ➡p.76,77	法隆寺金堂壁画（1949年に焼損） 高松塚古墳壁画　キトラ古墳壁画
工芸	薬師寺東塔水煙➍ 薬師寺金堂薬師如来台座➡p.75 ❶❸
文芸	漢詩文の隆盛－大津皇子 和歌の形式が整備－額田王、柿 本人麻呂

❷ 薬師寺

↑❶❷本薬師寺金堂礎石（奈良・橿原市）

❶ 薬師寺全景　世界遺産　奈良市

北門
食堂
西僧坊　講堂　東僧坊
金堂
西塔　東塔
中門　回廊　東院堂
南大門
休ヶ岡八幡宮

見方・考え方
法隆寺（➡p.67）と比較し、新たな伽藍配置であることを理解しよう。

薬師寺は、天武天皇が皇后（のちの持統天皇）の病気回復を祈願して、藤原京に建立したもので、のちに平城京遷都にともない、718年に現在地に移された。白鳳様式を伝える東塔については、藤原京から移築されたとする説もあったが、現在では、730（天平2）年頃に新築されたとする説が通説になっている。東院堂は鎌倉時代の建築で、金堂と西塔は昭和になって再建された。創建時の薬師寺は本薬師寺と称し、礎石など寺跡が保存されている。➡p.67 ❸

❸ 薬師寺東塔　高さ34.1m

※東塔は修復されたもの（2021年竣工）。水煙の左写真は創建時のもの、右写真はレプリカ。

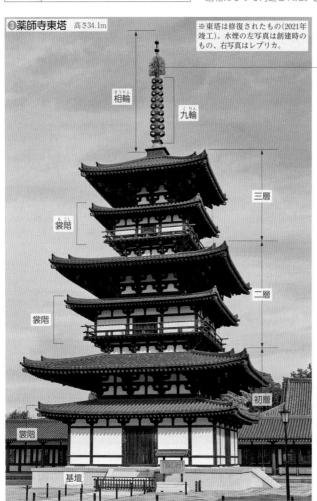

相輪
九輪
裳階
三層
裳階
二層
裳階
初層
基壇

◀❹薬師寺東塔水煙

塔の最上部の九輪の上にある。水煙とは、火焔型の装飾で、火と称するのは縁起が悪いため「水煙」とよぶ。舞い踊る飛天を飛雲のなかに配している。

❸ 大官大寺

舒明天皇が造営を開始した天皇家最初の寺院である百済大寺が、天武天皇の時、673年に明日香村に移転し高市大寺となり、677年に大官大寺と改称した。発掘調査により、九重塔がそびえ、巨大な伽藍をもつことが判明している。

● 東アジアの塔の規模

①薬師寺東塔　②法隆寺五重塔　③東寺五重塔　④大官大寺
⑤弥勒寺（韓国）　⑥皇龍寺（韓国）　⑦永寧寺（中国）

❹ 山田寺　➡前見返し裏

❺発掘された回廊

❻復元された回廊

山田寺は、大化改新で右大臣となった蘇我倉山田石川麻呂の氏寺であった。山田寺は現存はしないが、1983年に発掘調査され、東側回廊がほぼ当時の姿で出土した。世界最古の木造建築物である法隆寺よりさらに古いとみられている。

1 彫刻 特色① 左右対称の特徴は消える →p.99（仏像理解の基礎知識）

月光菩薩

薬師如来

日光菩薩

（背面写真 入江泰吉撮影）

特色② アルカイックスマイルは消える

↑**1薬師寺金堂薬師三尊像** 本尊の薬師如来を中央に、日光菩薩（右）、月光菩薩（左）を配置する。三体の仏像が、変化ある肢体でよく調和している。薬師寺創建時に本尊を移したとする説と、平城京移転後の天平時代に新しく鋳造したとする説がある。薬師如来の台座には、異形の人物や四神、葡萄唐草文などの浮彫がある。

国宝 奈良市 月光菩薩像（高さ315.3cm） 薬師如来像（高さ254.7cm） 日光菩薩像（高さ317.3cm） 薬師如来台座（高さ150.7cm） いずれも金銅像

白鳳彫刻の特色 →p.68
特色① 左右対称の特徴は消える
特色② アルカイックスマイルは消える
特色③ 丸みと奥行きのある体軀

→**2薬師寺金堂外観**

↑**3薬師如来台座側面（異形の人物）**

←**4法隆寺阿弥陀三尊像（橘夫人念持仏）** 光明皇后の母橘三千代の念持仏と伝えられる、厨子入りの阿弥陀三尊像。丸顔の柔和な表情は、白鳳から天平への発展が認められる。
国宝 奈良・斑鳩町 中尊高さ34.0cm 金銅像

→**5法隆寺夢違観音像** 悪夢をみた時、この観音に祈ると吉夢にかえてくれるという信仰がある。
国宝 高さ86.9cm 金銅像

←**6興福寺仏頭（旧東金堂本尊仏頭）** もともとは、山田寺（→p.74 4）の薬師三尊像の中尊頭部。1187年に興福寺衆徒により奪取され、興福寺東金堂（→p.162 4）に移され、その後、1411年の火災により頭部だけが残った。1937年、東金堂本尊の台座下から発見された。
国宝 奈良市 高さ98.3cm 金銅像

特色③ 丸みと奥行きのある体軀

←↑**7薬師寺東院堂聖観音像** 左右対称の衣文は古い様式であるが、体軀は肉づき豊かで奥行きがあり、量感にあふれている。
→p.99 3 国宝 奈良市 高さ188.9cm 金銅像

ℹ️ **インフォメーション** 薬師寺（奈良市） 10世紀以来、数度の火災で東塔のみとなったが、近年の再建により、伽藍はほぼ復元された。

76 白鳳文化③（絵画①）

１ 法隆寺金堂壁画

勢至菩薩像　　阿弥陀如来像　　観音菩薩像

↑❶ 法隆寺金堂壁画６号壁阿弥陀浄土図　法隆寺金堂には、外陣の壁に大小12の壁画が描かれていたが、1949年に漏電による火災がおき、１面を残してすべて焼失した。内壁の四方には、釈迦浄土図、阿弥陀浄土図などの四大壁画が描かれ、その間の小壁に、日光・月光や、聖観音像などの菩薩像が配されていた。現在は、復元されている。初唐美術の影響を受け、鉄線描という弾力性のある描線や陰影法により立体感をだしている。この法隆寺金堂の火災をきっかけに、翌年、**文化財保護法**（⊃p.344 １）が制定された。⊃p.68 ❶

↑❹ 法隆寺金堂壁画飛天図（左）と中国の敦煌石窟壁画（右）　焼失をまぬがれた内陣小壁の飛天図20面には、天衣を翻して天空を舞う飛天の姿が描かれている。これらは、敦煌の壁画と類似している。⊃p.68 ❶

↑❷ 観音菩薩像

作品鑑賞　顔は阿弥陀如来を向いている。

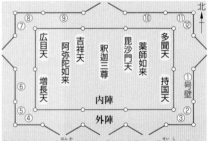

↑❸ アジャンター石窟壁画　インドのムンバイの東北に29の石窟寺院があり、グプタ美術の代表的壁画が残されている。その画風は中国・日本にも伝播した。法隆寺金堂の阿弥陀浄土図（❶）の勢至菩薩や観音菩薩（❷）にも類似性がみられる。

● 法隆寺金堂内部配置図⊃p.68 ❶

```
       ⑧   ⑨      ⑩   ⑪   ⑫
      ⑦                      北
      ⑥  広  吉  阿  毘  釈  薬  多   ①号壁
         目  祥  弥  沙  迦  師  聞      ①
      ⑤  天  天  陀  門  三  如  天      ②
         増     如  天  尊  来  持      ③
         長     来         国
         天     内  陣     天
      ④     外  陣            ②
         ⑤        ③
```

①釈迦浄土図　②半跏菩薩像　③観音菩薩像　④勢至菩薩像
⑤半跏菩薩像　⑥阿弥陀浄土図　⑦観音菩薩像　⑧文殊菩薩像
⑨弥勒浄土図　⑩薬師浄土図　⑪普賢菩薩像　⑫十一面観音菩薩像

２ 上淀廃寺壁画

鳥取県西部の上淀廃寺跡から彩色壁画の断片約470点が出土した。寺は、７世紀末から８世紀初頭に建立されたもので、白鳳文化の数少ない貴重な壁画資料として注目される。

❻ 上淀廃寺復元
©NHKエンタープライズ21製作　米子市教育委員会提供

↑❿ 出土壁画「菩薩」
❼～⓫の写真は、米子市教育委員会提供

→❾ 神将（復元図）
→⓫ 菩薩（復元図）

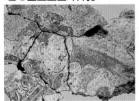

↓❼ 出土壁画「神将」

↑❽ 出土壁画「神将」胸甲

❺ 法隆寺金堂の内部

一言かわら版　高松塚古墳・キトラ古墳の被葬者　石室内の大きさは幅・高さともほぼ同じだが、奥行きは高松塚古墳が265cm、キトラ古墳が240cmで、高松塚古墳の方が長い。墳丘の大きさや石室の規格から考えると、被葬者のランクは高松塚古墳の方が上といえる。

1 高松塚古墳壁画

高松塚古墳は、7世紀末の直径約23m高さ5mの小さな円墳である。1972年に、木棺をおさめる石室の内側に彩色の壁画があることがわかった。初唐絵画の影響を受けた高度な技術で描かれた日・月・星宿図（天体図）・四神図・男女の人物群像が描かれていた。男女の人物群像にみられる衣装は、高句麗の古墳壁画との類似性がみられる。2007年、カビや虫により痛んだ壁画を修復・保存するため、石室が解体された。→p.24

奈良県明日香村の高松塚古墳やキトラ古墳のある一帯は、藤原京の南にあたり、古代の皇族や貴族の墓域とされてきた。「王陵の里」とよばれ、7世紀後半から8世紀初頭の代表的な**終末期古墳**（→p.62 5）が点在している。

石室内部構造

```
        玄武        北
      1.134m        ↑
      1.035m
女子群像 ┌──┐ 女子群像
       │棺│
月輪・白虎 │  │2.665m 青龍・日輪
       │  │
男子群像 └──┘ 男子群像
      朱雀？
              盗掘孔
```

↑❶玄武（北壁）

↓❷青龍（東壁）

見方・考え方
石室内には棺を安置するスペースしかないことを理解しよう（→p.58）。

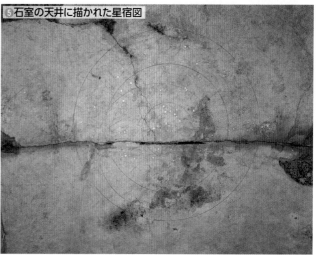
↑❸女子群像（西壁）

作品鑑賞 うちわのほかに如意（孫の手のようなかたちの棒）をもつ。胸元は紐で蝶結びにとめ、髪は白紐で巻き束ねている。裳が大きく張って描かれている。

2 キトラ古墳壁画

石室内部

キトラという名の由来は、①北浦という地名がキトラになったという説、②盗掘がおこなわれ、中に亀（玄武）と虎（白虎）の絵がみえたので亀虎（キトラ）になったという説がある。

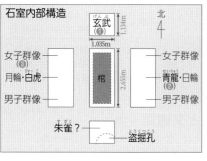
↑❹キトラ古墳全景（2002年撮影）

```
             北壁        十二支
        玄武              （亥・子・丑）
  西壁              天井    〈北壁〉
      白虎      月          十二支
                太陽        （寅）
                  星宿      〈東壁〉
      十二支            青龍  東壁
      （午）        朱雀
        南壁
```

キトラ古墳は、高松塚古墳の南に位置する、直径13.8m、高さ4m弱の円墳。1983年以来、ファイバースコープや小型カメラによる内視調査がおこなわれ、2003年度より石室内に入っての発掘調査がはじまった。石室の壁には、高松塚ではみつからなかった朱雀を含む四神図や、顔が十二支の獣頭人身像、星宿図（天体図）などが描かれている。人骨も発見され、被葬者は40～60歳代で性別は不明と分析された。壁画は痛みがはげしく、石室の外で修復するため、壁画のはぎ取りがおこなわれた。→p.24

朱雀（南壁）

玄武（北壁）
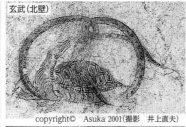
copyright© Asuka 2001（撮影 井上直夫）

青龍（東壁）

白虎（西壁）
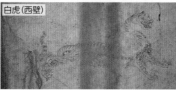

5 石室の天井に描かれた星宿図

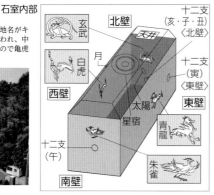

↑❻獣頭人身像（午） 朱雀のはぎ取り作業の過程で発見された。

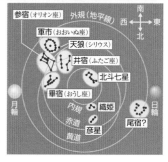

参宿（オリオン座） 外規（地平線）
軍市（おおいぬ座）
天狼（シリウス）
井宿（ふたご座）
北斗七星
星宿（おうし座）
内規
織姫
月輪   赤道   尾宿？ 日輪
       黄道 彦星

南
西 ← → 東
北

方位	東	西	南	北
四神	青龍	白虎	朱雀	玄武
色	青	白	赤	黒
季節	春	秋	夏	冬

● 四神概念図

四神とは、四方の星座を想像上の動物になぞらえることからはじまった思想。四方の守護神として信仰した。

🔍 テーマのポイント

1. 中央集権的な国家形成にむけて、令と律が制定された
2. 官制や司法が整えられ、全国は畿内・七道の行政区に分けられた

1 律令の制定

*律は、令などに違反した場合の刑法。令は、行政組織・官吏の勤務規定や人民の租税・労役などの規定。

名称	制定年・天皇	施行年・天皇	巻数	編者	備考
近江令	668？（天智7）	天智	671？（天智10）天智	22？	中臣鎌足ら	律を欠く。現存せず。内容不詳
飛鳥浄御原令	681？（天武10）天武	689（持統3）持統	令22	草壁皇子ら	律は不明。現存せず。
大宝律令	701（大宝元）文武	律702令701文武	律6令11	刑部親王・藤原不比等ら	現存せず。『令集解』続日本紀』などに一部残存
養老律令	718（養老2）元正	757天平宝字元孝謙	律10令10	藤原不比等ら	律はほとんど散逸。令は『令義解』に大部分が残存。不比等の孫仲麻呂が実施

2 律令による官制

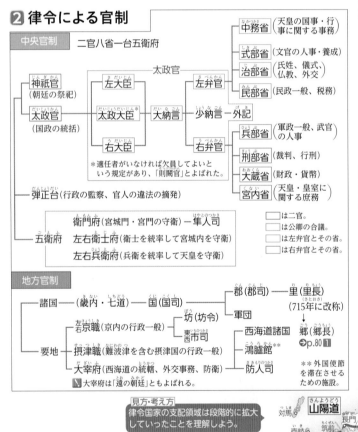

中央官制　　二官八省一台五衛府

- 神祇官（朝廷の祭祀）
- 太政官（国政の統括）
  - 太政大臣*
  - 左大臣
  - 右大臣
  - 大納言
    - 少納言 — 外記
  - 左弁官
    - 中務省（天皇の国事・行事に関する事務）
    - 式部省（文官の人事・養成）
    - 治部省（氏姓、儀式、仏教、外交）
    - 民部省（民政一般、税務）
  - 右弁官
    - 兵部省（軍政一般、武官の人事）
    - 刑部省（裁判、行刑）
    - 大蔵省（財政・貨幣）
    - 宮内省（天皇・皇室に関する庶務）

*適任者がいなければ欠員してよいという規定があり、「則闕官」とよばれた。

- 弾正台（行政の監察、官人の違法の摘発）
- 五衛府
  - 衛門府（宮城門・宮門の守衛）— 隼人司
  - 左右衛士府（衛士を率いして宮城内を守衛）
  - 左右兵衛府（兵衛を率いして天皇を守衛）

□ は二官。
□ は公卿の合議。
□ は左弁官とその省。
□ は右弁官とその省。

地方官制

- 諸国 —（畿内・七道）— 国（国司）
  - 郡（郡司）— 里（里長）（715年に改称）
  - 軍団
  - 郷（郷長） ●p.80 ❶
- 左京職（京内の行政一般）
  - 東西市司
  - 坊（坊令）
- 要地 — 摂津職（難波津を含む摂津国の行政一般）
  - 鴻臚館
- 大宰府（西海道の統轄、外交事務、防衛）
  - 防人司

\\ 大宰府は「遠の朝廷」ともよばれる。

** 外国使節を滞在させるための施設。

見方・考え方
律令国家の支配領域は段階的に拡大していったことを理解しよう。

歴史ポケット　「大宝元年、律令初めて定まる」

707年に没した威奈大村という貴族がいる。彼は、現在の奈良県香芝市穴虫に葬られた。その骨蔵器の銘文には、「大宝元年、律令初めて定まる」と刻まれていた。大宝律令の制定は、律令国家にとって記念碑的な出来事だったのである。

➡❶威奈大村の骨蔵器

3 司法制度　● 五刑　● 八虐

五刑		八虐	
笞（体刑）	10・20・30・40・50の5段階。細い棒で臀を打つ	謀反	天皇殺害・国家転覆をはかる罪
杖（体刑）	60・70・80・90・100の5段階。太い棒で臀を打つ	謀大逆	御陵・皇居の損壊をはかる罪
徒（懲役刑）	1年・1年半・2年・2年半・3年の5段階	謀叛	亡命・敵方へ投降する罪
流（流刑）	・以下の3段階　近流（越前・安芸など）中流（信濃・伊予など）遠流（伊豆・安房・常陸・佐渡・隠岐・土佐など）	悪逆	祖父母・父母を殴打し、殺害をはかったり、外祖父母を殺害する罪
		不道	大量殺人・尊属殴打・告訴・殺害をはかる罪
		大不敬	天皇に対して不敬にあたる罪（神社破壊、祭具の窃盗など）
死（死刑）	絞（絞首）・斬（斬首）の2段階	不孝	祖父母・父母を告訴したり、父母の喪に服さないなどの罪
		不義	礼儀に反する罪（国守・師の殺害、夫の喪中の再婚など）

五刑とは、刑罰の種類で、八虐とは、天皇・国家・神社・尊属に対する罪で、重罪として指定されたものである。貴族の場合、五刑は罪相当額の銅や貨幣を国家に納めることで減刑されたが、八虐を犯すことは、国家と社会を乱すものとされ、有位者でも減免されなかった。

4 古代の行政区分と交通路 ●p.84

全国が畿内（五畿）・七道に区分され、国・郡・里（のち郷）が置かれて、国司・郡司・里長（のち郷長）が任じられた。国司は、中央官人が京から諸国に任期つき（6年。のち4年）で派遣され、郡司には、それまで国造などを務めた地方豪族が任期を決めずに任命された。

——— 畿内七道の境
----- 国界
━━━ 大路
○ 国府
↔ 三関

陸奥国は時代とともに北方に拡大。
道奥国（659年初見）
↓
陸奥国（676年初見）
↓
陸奥国
出羽国（712年設置）

越国
↓
越前・越中・越後の3国に（689～692年）
↓
越後国出羽郡を割いて出羽国設置（712年）

\\ 国名に備前・備中・備後や上野・下野のように「前・中・後」「上・下」がついたものがある。これは各道において京に近い国から順につけられたものである。

出羽国設置 712
越後国出羽郡と陸奥国最上・置賜の2郡を割いて設置

8世紀後半における政府の支配領域
8世紀半ばにおける政府の支配領域

北陸道
東山道
山陰道
山陽道
南海道
東海道
西海道

鈴鹿関
不破関
愛発関（場所は諸説）

鴻臚館（鈴鹿関）

薩摩国設置702
大隅国設置713
日向国の4郡を割いて設置

畿内4国　大和・山背・河内・摂津
↓ 757年河内より和泉分立
畿内5国　大和・山背・河内・和泉・摂津

奄美（大島）
度感（徳之島）
球美（久米島）
阿児奈波（沖縄島）
宮古島
西表島
信覚（石垣島）

① 官位相当制

位階＼官職			神祇官	太政官	中務省	中務以外の7省	衛府	大宰府・弾正台	国司	勲位
貴族（上級官人）（殿上人）	貴（公卿）	正一位		太政大臣				下線は大宰府管轄下の防人司。		
		従一位								
		正二位		左右大臣・内大臣						
		従二位								
		正三位		大納言						勲一等
		従三位		中納言			大将 帥			二等
	通貴	正四位上			卿					三等
		正四位下		参議		卿				三等
		従四位上		左右大弁			尹			四等
		従四位下	伯				中将			四等
		正五位上		左右中弁	大輔		衛門督	大弐		五等
		正五位下		左右少弁		大輔・大判事	少将	弼		五等
		従五位上			少輔		兵衛督		大国守	六等
		従五位下	大副	少納言	侍従	少輔	衛門佐	少弐	上国守	六等
下級官人		正六位上	少副	左右弁大史				大忠		七等
		正六位下			大丞	大丞・中判事	兵衛佐	大監・少忠	大国介・中国守	七等
		従六位上	大祐		少丞	少丞	将監	少監	上国介	八等
		従六位下	少祐			少判事	衛門大尉	大判事	下国守	八等
		正七位上		大外記・左右弁少史	大録	大録	衛門少尉	大典・防人正・大疏		九等
		正七位下			大主鈴	判事大属	兵衛大尉	主神	大国大掾	九等
		従七位上		少外記			兵衛少尉		大国少掾・上国掾	十等
		従七位下					将曹	博士		十等
		正八位上	大史		少録・少主鈴	少録	衛門大志	少典・医師・防人佑・少疏	中国掾	十一等
		正八位下				判事少属	衛門少志			十一等
		従八位上	少史				衛門少志・兵衛大志		大国大目	十二等
		従八位下					兵衛少志		大国少目・上国目	十二等
		大初位上						判事大令史		
		大初位下							中国目	
		少初位上						判事少令史		
		少初位下							下国目	

▢ 長官　▢ 次官　▢ 判官　▢ 主典　赤字は令外官（→p.102 ④ ）

＊公卿の「公」は大臣、「卿」は大納言・中納言・参議および三位以上の者。

🔧 各官職には定員があったが、この規定を超えて置かれた場合もあり、これを員外官という。しだいに常置化し、奈良時代末頃まで存在した。

> 見方・考え方
> 五位以上と以下の差を理解しよう。

② 四等官制

	神祇官	太政官	省	衛府	大宰府	国	郡	鎮守府
長官	伯	太政大臣・左大臣・右大臣	卿	督	帥	守	大領	将軍
次官	大副・少副	大納言	大輔・少輔	佐	大弐・少弐	介	少領	副将軍
判官	大祐・少祐	左右大・中・少弁・少納言	大丞・少丞	大尉・少尉	大監・少監	大掾・少掾	主政	軍監
主典	大史・少史	左右弁大史・少史・大外記	大録・少録	大志・少志	大典・少典	大目・少目	主帳	軍曹

各官司（役所）は、長官・次官・判官・主典がその中核を担った（**四等官制**）。事案を統括的に決裁するのが長官、長官を補佐するのが次官、事案の決裁・文書の審査などをおこなうのが判官、事案の受付・文書の作成などをおこなうのが主典。官司によって定員・構成が異なる。また、用字も異なるが、読み方や役割は同じである。

③ 貴族の特権　● 位階による収入

給与＼位階	位田（→p.80 ④ ）	位封＊	位禄				季禄				位分＊＊資人
			絁	綿	布	庸布	絁	綿	布	鍬	
	（町）	（戸）	（匹）	（屯）	（端）	（常）	（匹）	（屯）	（端）	（口）	（人）
正一位	80	300					30	30	100	140	100
従一位	74	260					30	30	100	140	100
正二位	60	200					20	20	60	100	80
従二位	54	170					20	20	60	100	80
正三位	40	130					14	14	42	80	60
従三位	34	100					12	12	36	60	60
正四位	24		10	10	50	360	8	8	22	30	40
従四位	20		8	8	43	300	7	7	18	30	35
正五位	12		6	6	36	240	5	5	12	20	25
従五位	8		4	4	29	180	4	4	12	20	20
正六位							3	3	5	15	
従六位							3	3	4	15	
正七位							2	2	4	15	
従七位							2	2	4	15	
正八位							1	1	3	15	
従八位							1	1	3	15	
大初位							1	1	2	10	
少初位							1	1	2	5	

> 1町＝約1万1900㎡
> 1匹＝長さ約15.5m
> 1屯＝1200g
> 1端＝長さ約15.8m
> 1常＝長さ約3.9m
> 1口＝1本

● 官職による収入

官職	職田（→p.80 ④ ）	職封＊	職分資人＊＊
太政大臣	40町	3,000戸	300人
左・右大臣	30町	2,000戸	200人
大納言	20町	800戸	100人
中納言（705年）		200戸	30人
国司（大国守）	2町6段		事力（従者）8人

＊位封・職封は、位階・官職に応じて給される封戸。
＊＊位分資人・職分資人は、位階・官職に応じて給される従者。

● 蔭位の制（貴族の身分的特権）

父祖の位階	嫡子	庶子	嫡孫	庶孫
一位	従五位下	正六位上	正六位上	正六位下
二位	正六位下	従六位上	従六位上	従六位下
三位	従六位上	従六位下	従六位下	正七位上
正四位	正七位下	従七位上		
従四位	従七位下	従七位上		
正五位	正八位下	従八位上		
従五位	従八位上	従八位下		

🔧 令制によれば、嫡子は嫡妻の長子をいい、庶子はそれ以外の者をいう。

官吏の特色

❶官吏は位階を与えられ、位階に応じた官職に任じられた（官位相当制）。位階が30階ある
❷官吏は、位階・官職に応じて、封戸・田地・禄などの給与が与えられた
❸官吏は、調・庸・雑徭などの負担は免除された
❹特に、五位以上の貴族は、優遇された⇒蔭位の制

五位以上の子（三位以上の孫）は父（祖父）の位階に応じて一定の位階を与えられた。これを蔭位の制という。五位以上の貴族と、六位以下の下級官人の間には、きびしい差があった。六位以下の者の昇給には限界があった。

🔧 特権のない者の叙位は、25歳以上。

● 役人の昇進

	20歳 30歳 40歳 50歳 60歳 70歳
正・従一位	
正・従二位	長屋王　藤原豊成
正・従三位	藤原房前
正四位上・下	
従四位上・下	
正五位上・下	大伴家持
従五位上・下	
正六位上・下	
従六位上・下	阿倍首名
正七位上・下	
従七位上・下	上馬養
正八位上・下	
従八位上・下	
大初位上・下	出雲臣安麻呂
少初位上・下	一難宝郎
無位	

原始・古代
奈良

● テーマのポイント

1 民衆は戸主を代表者とする戸に所属して戸籍・計帳に登録された
2 戸を単位として口分田が班給され、租税が課せられた

見方・考え方　現代の戸籍との共通点・相違点を考えてみよう。

キーワード

① 戸籍

● 下総国葛飾郡大嶋郷の721（養老5）年の戸籍

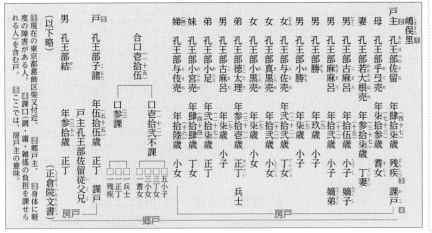

戸籍
①氏姓・良賤を確定し、班田収授を実施して、土地税（租）を徴収するための基本台帳
②6年に1度作成
③家族関係・氏名・年齢・性別・税負担上の区分（課・不課）の順で記す

計帳
①中央の財源である調・庸・兵役等の人頭税の賦課台帳
②毎年作成
③家族関係・氏名・年齢・性別・身体的特徴・負担上の区分の順で記させたもの（手実）を申告させ、これを郡ごとにまとめ、各国の人口や戸口の数、調・庸の総数を算出

↑① 現存する最古の戸籍　702（大宝2）年の筑前国嶋郡川辺里の戸籍。

作品鑑賞　端正な楷書で書かれ、数値の改竄防止のため、数字は壱・弐のような大字が使われ、文字のある部分にはすべて「筑前国印」の朱印が捺されている。

● 戸籍・計帳の漢数字表記

一	壱（壹）
二	弐（貳）
三	参
四	肆
五	伍
六	陸
七	柒・漆
八	捌
九	玖
十	拾

● 郷・郷戸・房戸

郷	50戸を1単位。715年、里を改称
郷戸	数房戸で編成。25人程度
房戸	生活単位の小家族

● 年齢区分

男子・女子	年齢
耆老・耆女	66歳以上
次丁（老丁）・老女	61歳～65歳
正丁・丁女	21歳～60歳
中男（少丁）・次女	17歳～20歳
小子・小女	4歳～16歳
緑児・緑女	1歳～3歳

赤字が調・庸を負担する成人男子。

② 班田収授法

起源	北魏→隋・唐の均田制を模範	
目的	①豪族の大土地兼併を阻止する　②公民の最低生活を保障する　③課税対象を確保する	
班田方法	基本台帳	6年ごとに作成される戸籍
	班給期	6年に1度の班田（6年1班）
	班給年齢	戸籍に6歳以上と記された男女
	班給単位	郷戸単位
	収公条件	死者の田は次の班年で収公
班田基準	良民男子	2段（反）＝720歩
	良民女子	1段120歩＝480歩（良民男子の2/3）
	賤民男子	家人・奴　240歩
	賤民女子	家女・婢　160歩
		（家人・私奴婢は良民の1/3）

③ 身分制度

	天皇	皇族	
良民		上級官人	[五位以上]位田・位封・位禄・季禄・資人などの給付、不課
		下級官人	[六位以下]季禄の給付、不課
		公民	一般農民、口分田班給、租・調・庸を負担
		雑色人	品部・雑戸（官庁に所属する手工業部民）
賤民（五色の賤）	官有	陵戸	皇室陵墓の守衛、口分田は良民並
		官戸	官司の使役に従事、戸をもつことが許され、口分田は良民並
		公奴婢	官有の奴隷で売買の対象、戸は成せず、口分田は良民並
	私有	家人	私有の賤民で売買されず、戸をもつことが許され、口分田は良民の3分の1
		私奴婢	私有の奴隷で売買の対象、戸は成せず、口分田は良民の3分の1

④ 土地制度－田の種類

	口分田	6歳以上の男女に班給 良男＝2段（反）、良女＝1段120歩（良男の2/3） 私有の賤民は良民の1/3、易田（やせた田地）は2倍班給
輸租田	位田	五位以上の有位者に与えられた田地 正一位80町～従五位8町
	賜田	特別の恩勅により賜った田地
	功田	功績のあった者に与えられた田地 大功田は永々私有、上功田は三世、中功田は二世、下功田は子に与えられた
		郡司－大領6町、少領4町、主政・主帳各2町
不輸租田	職田	官職に応じて与えられた田地 太政大臣40町、左右大臣30町、大納言20町 大宰帥10町、大国の守2町6段
	寺田	寺院の用にあてる田地。永代所有
	神田	神社の用にあてる田地。永代所有
輸租田	乗田（公田）	位田・職田や口分田などに班給した残りの田地。 1年間を期限に一般農民に賃租し、収穫の1/5の地子（利子）を徴収

＊1段（反）は米1石の収穫が上げられる田の面積（米1石は大人1人の1年間の消費量に相当）。1891年の度量衡法（→p.37）により1段＝991.73㎡＝約10aとされた。

宅地と園地（果樹・桑・漆などを栽培する土地）は、口分田とともに支給されたが、口分田のように収授されず、許可を得れば売買が許された。

条里坪付

```
        1町   1里         2里
坪 →
1条              里      1条2里11坪
            1条1里16坪
            60歩＝約109m
2条                     2条2里1坪
3条  平行式坪並   千鳥式坪並
```

1	7	13	19	25	31	1	12	13	24	25	36
2	8	14	20	26	32	2	11	14	23	26	35
3	9	15	21	27	33	3	10	15	22	27	34
4	10	16	22	28	34	4	9	16	21	28	33
5	11	17	23	29	35	5	8	17	20	29	32
6	12	18	24	30	36	6	7	18	19	30	31

坪地割

長地型地割 ←→ 半折型地割

```
6歩                    30歩
60歩       1段         1段
  1町                   12歩
（約109m）
```

⑤ 条里制　◯前見返し（左：条里制遺構）

すべての田地は長さ6町＝360歩（1歩は約1.8m）四方に区画され、一辺を条、他辺を里とよび、田地の所在を何条何里で示した。6町四方に区分された土地を里、1町＝60歩四方を坪とよんだ。写真は、現在残る条里制跡（奈良県天理市）。

原始・古代　奈良

1 計帳　■山背国愛宕郡出雲郷の726（神亀3）年の計帳 →p.21 ❶

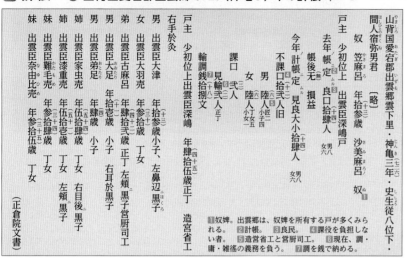

山背国愛宕郡出雲郷雲下里・神亀三年・史生従八位下・
間人宿弥男君
奴笠麻呂　年拾参歳　沙弥麻呂　奴
戸主　少初位上　出雲臣深嶋戸
去年帳定　良口拾肆人　〔男六　女八〕
今年計帳定　見良大小拾肆人　〔男六　女八〕
帳後无損益
不課口拾弐人旧　〔男四　女八〕
課口　弐人
女　陸人　小丁女一・小子一・丁女四
男　陸人　丁匠二・小子二・緑児一・老男一
輸調銭拾捌文
右手於灸
少初位上出雲臣深嶋　年肆拾伍歳正丁　〔四十五〕

戸主　少初位上　出雲臣深嶋

妹　出雲臣奈由比売　年参拾伍歳　丁女　（正倉院文書）
妹　出雲臣難毛売　年参拾壱歳　丁女　左頬黒子
姉　出雲臣漆重売　年伍拾壱歳　丁女　右耳於黒子
姉　出雲臣家虫売　年伍拾肆歳　丁女　左鼻辺黒子
男　出雲臣弟足　年拾壱歳　小子
男　出雲臣大足　年拾弐歳　小子　正丁左頬黒子営厨司工
女　出雲臣古麻呂　年拾参歳　丁女
弟　出雲臣大羽売　年拾肆歳　丁女
女　出雲臣大津　年拾参歳　小子　左鼻辺黒子
男　出雲臣大津　年拾参歳　丁女　造宮省工

1 奴婢。出雲郷は、奴婢を所有する戸が多くみられる。
2 計帳。
3 良民。
4 課役を負担しない者。
5 造営省工と営厨司工。
6 現在、調・庸・雑徭の義務を負う。
7 調を銭で納める。

2 律令国家の財政のしくみ

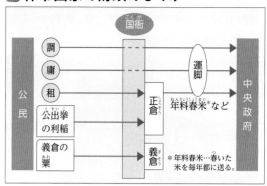

公民 → 国衙 → 調・庸・租・公出挙の利稲・義倉の粟
調・庸 → 運脚 → 中央政府
租 → 正倉 → 年料春米* など
公出挙の利稲 → 正倉
義倉の粟 → 義倉
* 年料春米…春いた米を毎年都に送る。

見方・考え方　成人男性（21〜60歳）に負担が集中している点を理解しよう。

尾張国海部郡魚鮨三斗六升

←❶調の品目・数量を記した木簡　これは尾張国海部郡の調にくくりつけられた付札木簡。調の布のほか、その土地の特産物が指定される場合もあり、海に面したこの地では「魚鮨」（魚を加工した保存食）やワカメ、塩を納めた。
→p.21 ❷

3 税制度 ■
下線（一）のある名称は課役。　租の税率は低く、律令制の税制においては、調・庸などの人頭税が中心であった。

税の区分・名称		税の内容		納入先 国衙	納入先 中央	備考
土地税	租	1段につき稲2束2把を納める（収穫の約3%。706年より1束5把）		●	一部（春米）	男女に関わらず口分田を班給された者に課税
人頭税 物納税	区分	正丁（21〜60歳）	次丁（老丁）（61〜65歳） / 中男（少丁）（17〜20歳）			男性のみに課税。該当年齢により差あり。
	調	各国の特産物を納める 正規の調…絹・絁8尺5寸、糸8両、綿1斤、布（麻布）2丈6尺などのうち1種 雑物（正規の調を出さない時）…その他の特産物34種	正丁の1/2 ／ 正丁の1/4		●	京・畿内は半分
	調副物	調の付加物。染料（紫・紅・茜）、麻、胡麻油、塩、漆などのうち1種	—		●	京・畿内は免除
	庸（歳役）	本来は都で年間10日間の労役に従事するが、代わりに布（麻布）2丈6尺（約8m）を納める	正丁の1/2		●	京・畿内は免除
人頭税 労働税	雑徭	年間60日間を限度として国司が人民を使役する労役	正丁の1/2 ／ 正丁の1/4	●		757年に半減。のち、もとに戻り、795年に再び半減
	兵役	正丁3〜4人に1人の割合で徴兵 兵士は諸国の軍団に属し10番交代で上番勤務（毎番10日間） 衛士…皇居警備（1年間） 防人…九州防備（3年間）　※8世紀末に廃止	—	● / 九州		兵士は庸・雑徭を免除 衛士・防人は調・庸・雑徭を免除
	仕丁	50戸ごとに正丁2人を3年間徴発（食料は50戸で負担）		●		
雑税 戸毎に課税	出挙	春に稲などを貸し付け、秋に利息をつけて返納。年利息は公出挙で5割（のち3割）、私出挙は10割。戸毎に課税		●		当初は勧農救貧政策→官衙による強制貸付となり税化
	義倉	備荒貯蓄政策。粟などを貧富（9等級に区分）に応じて納める。戸毎に課税		●		

納税者は、これを都の中央官庁に運ぶ人夫役（運脚）も負担する（食料は自弁）

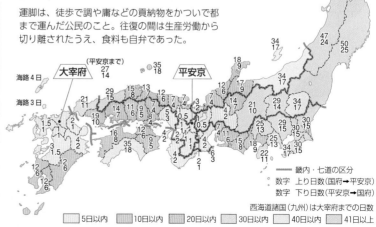

↑❷税を都へ運ぶ人々　（早川和子画）　画像提供 奈良文化財研究所

4 公民の免税・免役規定

課役免 （調・庸・雑徭免除）	身分	皇親、三位以上の者の父祖兄弟子孫、五位以上の者の父子、八位以上
	職種	舎人、史生、兵衛、衛士、防人、仕丁、駅長、資人、品部、雑戸
	障害	廃疾（中度障害）、篤疾（重度障害）
	賤民	陵戸、家人、私奴婢
徭役免 （庸・雑徭免除）	身分	初位
	職種	主政、主帳、兵士、駅子、国学博士、医師、諸々の学生、里長
	障害	残疾（軽度障害）
雑役免 （雑徭免除）	坊長（京の一坊ごとの治安・納税責任者） 価長（商品価格の監督者）	
その他	唐よりの帰国者は3年間課役免	

5 諸国から都までの運脚の日数（延喜式による）

運脚は、徒歩で調や庸などの貢納物をかついで都まで運んだ公民のこと。往復の間は生産労働から切り離されたうえ、食料も自弁であった。

海路4日　大宰府（平安京まで27／14）
海路3日　平安京

―― 畿内・七道の区分
数字 上り日数（国府→平安京）
数字 下り日数（平安京→国府）
西海道諸国（九州）は大宰府までの日数

5日以内　10日以内　20日以内　30日以内　40日以内　41日以上

🔍 **テーマのポイント**
1 都には多くの官人が勤務していた
2 律令体制確立のなかで貨幣が発行され、畿内を中心に流通した

1 官人の都 – 平城京

← ❶朱雀門(復元) 朱雀門は平城宮の正門。高さは20mを超える。衛士に守られ、左右には高さ6mの築地がめぐる。この門の前では、国家的儀式のほか、男女が恋の歌をかけあう歌垣などが催された。

平城京の人口は約5～10万人程度。養老律令の規定では、官人の数は約8,200人で、それに造営関係の雑役夫などを加えると、その数は約1万人となり、その家族も含めると、官人関係者の割合が高い都市であった。

➡❷描かれた下級官人の姿
(正倉院宝物)

2 東西の市

平城京の左京と右京の八条には、官営の市(東市と西市)が設けられ、左右京職の市司とよばれる役人の監督の下に、正午から日没まで開かれていた。各地の産物を売買するだけでなく、税として集められたものを役所が売り出すこともあった。

↑❸平城京の出勤のようす 歴史復元画家 中西立太

作品鑑賞 平城京のなかには、陰陽寮という天体観測や暦の作成、土地の占いなどをする役所があり、そこで漏刻とよばれる水時計の管理がおこなわれ、時刻を知らせる仕事をしていた。それを鐘や鼓を使って平城京に住む人々に知らせた。平城京に勤める官人は、平城京内の自宅から、徒歩や馬などを使って、夜明けとともに出勤した。官人たちは、身分の高い人ほど平城宮に近く、身分の低い人ほど遠くに住んでいた。平城宮から約2～4km も離れたところに住んでいたため、身分の低い人ほど、早く自宅を出なくてはならなかった。遅刻すると、職場に入れてもらえなかった。勤務は午前だけがたてまえだったが、午後にも残業があった。

3 下級官人のすまい

← ❹下級官人の住居(平城京左京九条三坊十坪の宅地復元) 塀で囲まれた小さな敷地に、2～3棟の小さな建物と井戸があった。屋根は板や草でできていた。

歴史復元画家 中西立太

西市	東市

九条三坊十坪

平城京の水まわり事情

飲み水 平城京のような大都市では、上水道の整備ができていなかったため、人々は宅地のなかに井戸を掘り、飲み水を確保した。

トイレ 平城京では、発掘調査で、「汲み取り式」と「水洗式」のトイレがあったことがわかっている。汲み取り式は大きな穴を掘り、そこに板を渡し、板にまたがって用を足したと考えられている。水洗式は、河川や道路側溝から木樋などを使って宅地に水を引き入れ、側溝へと水を流した。河川や道路側溝に汚物を流すわけであり、京内の衛生条件はきわめて悪かった。

4 貨幣制度 – 本朝(皇朝)十二銭

(貨幣は実物大) 写真提供 日本銀行貨幣博物館

❶和同開珎
〈元明 708(和銅元)年〉

❷万年通宝
〈淳仁 760(天平宝字4)年〉

❸神功開宝
〈称徳 765(天平神護元)年〉

❹隆平永宝
〈桓武 796(延暦15)年〉

❺富寿神宝
〈嵯峨 818(弘仁9)年〉

❻承和昌宝
〈仁明 835(承和2)年〉

〈参考〉

↑❺開元通宝(唐)

❼長年大宝
〈仁明 848(嘉祥元)年〉

❽饒益神宝
〈清和 859(貞観元)年〉

❾貞観永宝
〈清和 870(貞観12)年〉

❿寛平大宝
〈宇多 890(寛平2)年〉

⓫延喜通宝
〈醍醐 907(延喜7)年〉

⓬乾元大宝
〈村上 958(天徳2)年〉

見方・考え方
貨幣の質や形状が当時の政治・社会状況と深く関連していることを理解しよう。

律令政府は、平城京遷都に必要な莫大な経費を確保するため、唐の開元通宝(❺)にならって和同開珎を発行した。そして流通を奨励するため、蓄銭叙位令や畿内の調の銭納などの政策をおこなった。しかし、実際の流通の中心は畿内と近江南部であったと考えられる。品質は奈良時代の3種(❶～❸)は銅を8割ほど含む良質なものであったが、平安時代になると低下し、形状も小型化した。

＊和同開珎は、皇朝十二銭の最初に発行された。「和同」は年号説と吉祥句説とがあり、「珎」は「珍」の異字体、または寶(＝宝)の略字で、まず銀銭が鋳造され、ついで銅銭が鋳造された。渤海や唐の長安城からも出土している。

一言かわら版 あお(を)によし 「奈良」にかかる枕詞。「あお(を)に」は青丹に由来。顔料として用いられた岩緑青の古名で、奈良は古くからこれを産出したともいわれる。

資料鑑賞 平城京は、唐の長安にならい、碁盤の目状に東西・南北に走る道路で区画される条坊制をもつ都市であった。南北の中心線（朱雀大路）を既設の官道である下ツ道に合わせ、外京を除く東西の幅は中ツ道と下ツ道の距離を2倍にした長さで設計された。

※ □ は世界遺産に登録されている寺社（春日山は「春日山原始林」として登録）。
※ □ は平城京の京域。

平城京（復元模型）

データでみる平城京
①京域　南北約4.8km×東西約4.3km＋外京
②人口（推定）　10万人前後
③平城宮　141万㎡（東京ドームの約30個分）
④朱雀大路　幅約74m（その他の大路　幅約14〜37m）
⑤各大路は約533mの間隔

原始・古代

奈良

◆テーマのポイント

❶都を中心に官道が地方に伸び、官道沿いに駅や関が整備された
❷各国の行政は国府(国衙)でおこなわれ、東西の拠点として多賀城や大宰府が設置された

1 官道と文書で結ばれる平城京と地方官衙

平城京 — 官道 — 駅 — 関 — 国府(国衙)
符↓↑解
上位官庁から発給される文書は「符」、下位官庁から中央へ提出される文書は「解」とよばれる。
駅
国府(国衙) — 郡家(郡衙)
郡家(郡衙)

❶天皇御璽　❷太政官印　❸民部省印　❹大倭国印　❺山田郡印

◥ 天皇御璽は約9cm四方、太政官印は約7.5cm四方と権威に比例した大きさである。

↑❶印章　官司が発行する書類の偽造防止のため、文書全面に公印が捺された。
❶〜❺はすべて17%の大きさで表示。

● 国府(国衙)

各国の政治の拠点を国府(国衙)といい、国司が勤める役所が置かれた。政庁(国庁)を中心として、一定の区画内に数棟の建物が建ち並んだ。
◀❷伯耆国国庁(復元模型)(現、鳥取県倉吉市)国立歴史民俗博物館蔵

● 郡家(郡衙)

◀❸武蔵国都筑郡家(想定復元模型)
横浜市歴史博物館蔵

郡庁
倉庫群

2 駅路と地方機関

古代における官道を駅路という。駅路は直線的な道路網で、原則として30里(約16km)ごとに駅(駅家)がおかれた。駅には駅馬がおかれ、人馬の食料や休憩・宿泊の施設が整えられた。駅鈴(駅馬の利用を許された時に与えられる鈴)を貸与された官人などが到着すれば、乗り継ぎの駅馬や案内の駅子を提供した。

◀❹曲金北遺跡(静岡市)　約12mの幅をもつ東海道駅路の遺構。道の両端には側溝が設けられ直線上にのびている。

● 駅(駅路に設置された施設)

山城国府　駅家　山陽道　淀川　山崎津

❺山城国山崎駅(復元模型)*
*模型は9〜10世紀の復元。
大山崎町歴史資料館(京都)蔵

◀❻駅鈴　隠岐国の駅鈴。現存する唯一のもの。

● 関

◀❼不破関(復元模型)　鈴鹿・不破・愛発が三関として、特に重要視された。天皇の死去、謀反などの有事に際しては、関が閉じられた。

● 国分寺

聖武天皇は、741(天平13)年に、仏教のもつ鎮護国家の思想によって国家の安定をはかろうとし、国分寺建立の詔を出して、諸国に国分寺(金光明四天王護国之寺)・国分尼寺(法華滅罪之寺)を造営する政策を打ち出した。寺は国衙にほぼ接して置かれ、七重塔が建てられ、その地方の象徴的な役割を担った。

↓❽陸奥国国分寺(復元模型)
国立歴史民俗博物館蔵

[地図]

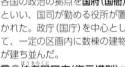

出羽　712年設置　陸奥
秋田城　志波城
出羽柵
佐渡　❿多賀城　胆沢城
磐舟柵　伊治城
❽陸奥国国分寺
淳足柵
北陸道　718年設置
能登　越後
越中　下野　常陸
加賀　信濃　武蔵
越前　飛驒　甲斐　相模
若狭　美濃　下総
近江　三河　上総　❸都筑郡家
山城　尾張　安房　718年設置
丹波　伊勢　東海道
丹後　❼不破関
鈴鹿　愛発　伊豆
隠岐　❺山崎駅
山陰道
❷伯耆国国庁
出雲　伯耆　因幡　但馬
石見　美作　播磨　和泉　紀伊
備後　備中　備前　山陽道
安芸　河内　大和　伊賀
周防　讃岐　淡路　畿内
長門　阿波　土佐
豊前　伊予
対馬　壱岐　筑前　南海道
❾大宰府
肥前　筑後　豊後
肥後　日向
西海道
薩摩　大隅　713年設置
披玖(屋久島)　多禰(種子島)

○ 国府所在地
凸 おもな城柵
卅 三関
畿内七道の境

見方・考え方
都から伸びる官道が放射状に国府につながっていることを確認しよう。

国境 — — — 中路
大路 ━━━ 小路

● 西の拠点—大宰府

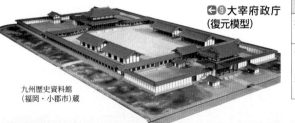

◀❾大宰府政庁(復元模型)
九州歴史資料館(福岡・小郡市)蔵

● 東の拠点—多賀城

❿多賀城国庁(復元模型)
国立歴史民俗博物館蔵

	西の拠点 大宰府	東の拠点 多賀城
名称	遠の朝廷	鎮守府・陸奥国府
役割	外交の窓口、西海道統括	蝦夷対策の拠点、陸奥・出羽の政治

律令体制下の地方豪族は、どのような役割を担っていたのだろうか。

ヤマト政権に属して、国造や県主として地方支配を任されていた地方の豪族たちは、中央集権的な律令体制のもとでは、郡司に任じられることが多かった。地域の実情に詳しい彼らは地方でどのような役割を担ったのだろうか。

↑❶龍角寺岩屋古墳(千葉・印旛郡栄町)　千葉県北東部にある龍角寺古墳群は、6〜7世紀の古墳時代終末期(◆p.62)に形成された大規模古墳群であり、当地の有力な豪族である印波国造の築造ではないかと考えられている。なかでも岩屋古墳は、東西約108m・南北約96mの方墳で、近年、国内最大の方墳であることが判明した。

長さ約2m　像高130cm

↑❷龍角寺境内に残る塔礎石跡(左)と龍角寺薬師如来坐像(右)　岩屋古墳の近くに7世紀後半に創建されたとされる下総国最古の龍角寺が建つ。印波国造との関連を持つ地方豪族が、律令国家成立以降も地方支配の一端を担っており、建立したものと考えられる。創建時約33mの三重塔が建っていたと推定される礎石が残る。薬師如来坐像は畿内の白鳳時代の様式を関東地方に残す希少な像である。

見方・考え方
地方豪族が建造する対象が、古墳から寺院へ移行していったのはなぜだろうか。国家体制の推移にも注目して考えてみよう。

1 郡司の業務

郡は、律令の規定として、所属する里の数によって大・上・中・下・小と5つの規模があった。官職としての郡司には「大領・少領・主政・主帳」という四等官があったが、すべての郡に配属されていたわけではなく、現地の実情に合わせてさまざまであった。

● 郡司と国司

国司によって郡司の勤務評定が都に報告された。また、郡司の子弟は国学(国ごとに設けられた学校)に入学できた。

	郡司	国司
任命規定	「性識清廉にして時務に堪える者」と律令に定めるが、実質は国造の系譜をひく現地の者が任じられた	中央から派遣
任期と身分	終身任期で非官位相当	4年。官位相当制の五〜六位が長官となる
業務	郡内の戸籍・計帳の作成、税の取り立てと保管、運脚の監督、軽い刑罰の執行	国内の行政・財政・司法・軍事全般を統括

見方・考え方
郡司と国司の違いを比較して、地方行政における郡司の業務の特徴を考えよう。

3 采女−宮廷を支える郡司の姉妹

国造、のちに郡司の未婚の姉妹や子女のなかで、容姿端麗なものは、采女として皇室に近侍して食事の世話や祭祀にあたることが定められていた。下級女官であったが、なかには高い教養を持ち、天皇の寵愛を得て皇子をもうけるものもいた。

➡❺采女装束　古代宮中に勤めた女官である采女の衣装。近代では大嘗祭や新嘗祭などに、配膳などの役を命じられた女官が着用している。

宮内庁蔵

2 地方行政の拠点−郡家(郡衙)

郡の行政の中心として設けられた施設を郡家(郡衙)という。郡庁を中央にして、正殿や脇殿などの役所群、徴収した穀物などを収蔵する正倉群、公的な食事を用意する厨家などが配置されていた。

↑❹復元された倉庫(中宿遺跡)(埼玉・深谷市)

⬇❸下寺尾官衙遺跡群(神奈川・茅ヶ崎市)の推定図　郡家と正倉群、南に位置する郡の寺院、河川を利用した物資輸送が推定される津(船着き場)、公私の祭祀場など各遺跡が狭い範囲にセットで出土しており、この場所が7世紀末〜9世紀半ばまで相模国高座郡の行政の拠点であったことが判明した。

高座郡衙　正倉
館・厨
郡庁
津
祭祀場
集落
下寺尾廃寺
小出川
祭祀場
駒寄川

茅ヶ崎市教育委員会提供(構成：田尾誠敏 画：霜出彩野　平成20年(2008)作成)

見方・考え方
なぜ郡家の遺跡からは、多くの倉庫群跡が発掘されるのか、理由を考えてみよう。

● 相模国と郡

武蔵国　橘樹郡　都筑郡　久良郡　鎌倉郡　愛甲郡　余綾郡　高座郡　大住郡　足上郡　足下郡　御浦郡　相模国　下寺尾官衙遺跡群

現在の神奈川県には相模国と武蔵国があり、相模国には、8つの郡があった。

🅝鎌倉市中心部の今小路西遺跡から木簡が出土し、周囲から正殿や倉庫群らしき建物跡も発掘され、同地が鎌倉郡家であることが判明した。鎌倉が古代においても当地域の要衝であったと考えられ、頼朝が幕府を置く以前の鎌倉の様相も明らかとなってきた。

4 郡司から国司(受領)へ−郡司の衰退

9世紀後半以降、中央政府は一定の租税を納めさせるかわりに国司に任国の支配権を大幅に委譲するようになり、以後、郡司の活動や郡衙の機能は衰退、消滅していく。各地で国司の違法な徴税などがおこなわれるようになり、郡司らは有力農民たちと一体となって国司の非法と解任を政府に訴える事件が相次いだ。

➡❻尾張国郡司百姓等解　988年に尾張国の「郡司百姓」らが上京して尾張国司藤原元命の非法と解任を訴えた解文。◆p.115

探Q
●身近な地域にも地方豪族の存在を示す伝承や遺跡、寺院、郡家跡はないだろうか。調べてみよう。
●律令体制下では地方行政に重要な役割を果たした郡司は、その後の時代にはどうなったのだろうか。調べてみよう。

原始・古代
奈良

1 奈良時代の政界の推移

● テーマのポイント
■藤原氏が進出。皇族や旧来の氏族との間で政局はゆれ動いた
■聖武天皇は仏教の鎮護国家思想で国家の安定をはかろうとした

天皇	政界の実力者		政治 ○数字は地図に対応
	藤原氏	皇族・他氏	
707 文武 / 715 元明	不比等		701 大宝律令制定 / 710 平城京遷都　711 蓄銭叙位令 / 718 養老律令を撰定
元正 / 724		長屋王 ●p.89	722 百万町歩開墾計画●p.88■ / 723 三世一身法 史 ●p.88■ / 729 長屋王の変①
	四子(武智麻呂・房前・宇合・麻呂)		729 光明子立后 / 737 天然痘により藤原四子病死
聖武	橘 諸兄 玄昉 吉備真備 ●p.90■,91■ 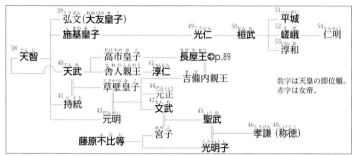 ↑①玄昉		740 藤原広嗣の乱② / 740~45 聖武天皇、相次いで遷都③ / 741 国分寺建立の詔 史 / 743 墾田永年私財法●p.88■ / 大仏造立の詔(紫香楽宮) 史 / 752 大仏開眼供養 / 756 橘諸兄隠退、聖武太上天皇没
749 孝謙 / 758 淳仁 / 764	仲麻呂〈南家〉(恵美押勝)		757 養老律令施行 / 〃 橘奈良麻呂の変④ / 758 仲麻呂右大臣、恵美押勝の名を賜る。官名を唐風に改称 / 764 恵美押勝の乱⑤
称徳(孝謙重祚) / 770		道鏡	765 道鏡、太政大臣禅師就任 / 766 道鏡、法王就任 / 769 宇佐八幡神託事件⑥ / 770 称徳天皇没、道鏡下野薬師寺に左遷
光仁	百川〈式家〉永手〈北家〉		780 伊治呰麻呂の乱

＊太上天皇とは譲位した天皇のこと。略して上皇ともいう。●p.119■
＊＊太政大臣に相当する令外官(●p.102■)で、道鏡が唯一の例。

見方・考え方
藤原氏と皇族・他氏に分けて確認し、推移を理解しよう。

2 皇室と藤原氏系図

● 皇室 ●p.71■,100■

```
                    39弘文(大友皇子)                          51平城
          施基皇子 ─── 49光仁 ── 50桓武 ── 54仁明
                                              53淳和
   38天智 ── 40天武 ── 高市皇子                 52嵯峨
                       舎人親王 ── 47淳仁
                       草壁皇子 ── 44元正
          41持統              42元明  45聖武
                       元明        46孝謙 48
          藤原不比等      宮子        称徳
                        光明子
```
数字は天皇の即位順。
赤字は女帝。

長屋王 ●p.89
吉備内親王
文武

● 藤原氏 ●p.108■

```
                    (南家)武智麻呂 ─── 仲麻呂(恵美押勝)
                    (北家)房前 ─── 永手
                                   真楯 ── 内麻呂 ── 冬嗣 ●p.102■■
藤原鎌足 ── 不比等 ── (式家)宇合 ─── 広嗣
●p.71■          (京家)麻呂        清成 ── 種継 ── 仲成
               宮子                 苅田 ── 緒嗣    薬子 ●p.102■■
               (文武夫人)                          ●p.102■■
          県犬養三千代          光明子(聖武皇后)
          葛城王(橘諸兄) ─── 奈良麻呂
          美努王
```

3 奈良時代の政治関係地図

①長屋王の変 729

長屋王は天武天皇の孫で、藤原不比等の死後、左大臣となり、政界を主導した。勢力のまき返しをねらう藤原四氏との対立のなかで、謀反(八虐の１つで、国家転覆をはかった罪 ●p.78■)の疑いをかけられ、兵に邸宅を囲まれ、王は２日後に自害し、妃の吉備内親王や子どもたちも死んだ。その後、律令の規定では皇族のみに認められた皇后の地位に光明子がはじめて就いた。

③あいつぐ遷都(740~45)

(数字)は遷都の年
紫香楽宮④(744)
摂津 山背
恭仁京(740)
難波宮③(744)
河内 平城京①(710)

東北の経営
対蝦夷政策
律令政府は同化しない東北の民を蝦夷と称し、支配下に治めようとした。7世紀半ばに、日本海側に拠点(柵)を築き、7世紀後半には阿倍比羅夫が秋田地方に進出した(●p.71■)。8世紀になると、日本海側に出羽国を設置し、太平洋側には陸奥国府となる多賀城を築き、東北経営の中心とした。

④橘奈良麻呂の変 757

橘諸兄の子奈良麻呂は、大伴・佐伯ら旧豪族と組んで仲麻呂を除こうとしたが、捕らわれて刑死した。

⑥宇佐八幡神託事件 769

和気清麻呂が、道鏡の即位を促す宇佐八幡宮の神託を偽託としたため、大隅国に流罪になった。

九州南部の経営
対隼人政策
政府は九州南部の従属した人々を隼人と称し、713年には大隅国として行政下に組み入れた。種子島・屋久島などの薩南諸島とも交易するようになった。

②藤原広嗣の乱 740

大宰少弐に左遷された藤原広嗣は、諸兄政権の玄昉・吉備真備らを除こうと、九州北部で乱をおこしたが、敗れて刑死。

■隼人の盾(復元)

畿内に移住させられた隼人は、宮廷の警備や舞などの芸能で朝廷に奉仕した。
国立歴史民俗博物館蔵
原本：奈良文化財研究所

⑤恵美押勝の乱 764

恵美押勝は、孝謙太上天皇の寵愛を得た道鏡を除こうとして挙兵したが、近江で敗死。淳仁天皇は淡路に配流。

⚔城 🏯柵 ■国府 数字は設置年代

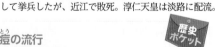
秋田城733
雄勝城759
出羽柵708
衣川柵
伊治城767
磐舟柵648
多賀城
桃生柵759
淳足柵647
越
白河関
菊多関

博多津
大宰府
宇佐八幡宮
板櫃川
平城京
薩　大隅

披玖(屋久島)699来貢
多褹(種子島)682来貢
奄美(大島)699来貢
度感(徳之島)
信覚(石垣島)714来貢
球美(久米島)714来貢
阿児奈波(沖縄島)
西表島
宮古島

天然痘の流行

歴史ポケット

天然痘はウイルスによる伝染病で、40℃前後の高熱が出て頭痛・腰痛に襲われる。呼吸不全に陥り死亡する率が高い。『続日本紀』には、735(天平7)年8月から西海道諸国で天然痘を意味する「裳瘡」が大流行しはじめたとある。伝染源として疑われるのは、遣唐使や新羅使、遣新羅使の感染である。737年には再び大流行し多数の死者が出た。藤原氏では、4月17日に房前、7月13日に麻呂、同月25日には武智麻呂、そして8月5日に宇合が相次いで亡くなった。この社会不安が大仏造立の動きにつながっていく。

律令国家は蝦夷や隼人をどのように征服していったのだろうか。

中国皇帝がアジアの異民族を従えたように、日本の律令国家も自らを文明の中心（中華）に位置づけ、「辺境」とされた東北地方の蝦夷、南九州の隼人とよばれる人々の地域に支配を拡大していった。自らの文化と異なる蝦夷や隼人を律令国家はどのように支配したのだろうか。

➡**❶阿弖流為**　蝦夷のリーダーとして789年に侵攻してきた朝廷軍と戦い勝利したが、翌年坂上田村麻呂の遠征軍の前に降伏した。鹿島神宮に納められたこの木像の首は「悪路王」とよばれ、阿弖流為と伝えられるもの。鹿島神宮のある古代の常陸国は、対蝦夷征伐の前進基地として位置づけられていた。➡p.102❶

見方・考え方
①や②から蝦夷に対する律令国家のイメージを推測しよう。阿弖流為の復元画像（➡p.102）と比較してみよう。

⬇**❸現代のねぶた祭り**　これまでの中央政府からの征服的な歴史的視点を見直し、阿弖流為を「蝦夷の誇りを守るために戦う郷土の英雄」という視点で、現代のねぶた祭りのモチーフや演劇でも取り上げられることも多くなった。

提供：サンロード青森

⬆**❷蝦夷と朝廷軍の戦い**（『清水寺縁起絵巻』）16世紀初めに描かれたもの。当時の中央政府の人々の蝦夷に対するイメージがうかがえる。

1　律令体制下の隼人

種子島や屋久島など南西諸島の人々はともに8世紀のはじめには律令国家に服属して、薩摩や大隅国が設置された。彼らには田租などが免除されるかわりに、6年交代で朝貢することが課されていた。

⬆**❹現在の隼人舞**（京都・京田辺市、大住隼人舞）　隼人は朝廷の儀式や王宮の警備のために都に徴発され、朝廷の儀式や宴の場では、「土風の歌舞（隼人舞）」を天皇や外国の使節に披露したが、中世に断絶したと考えられる。盾（➡p.86❷）は儀式に使われていたと考えられる。京田辺市観光協会提供

⬆**❺隼人塚**（鹿児島・霧島市）　伝承によると古代熊襲の死霊を慰めるためとも、朝廷に討たれた隼人の慰霊のためともいう。石造物は平安時代後期と推定されるので、古代寺院跡の可能性が高い。
＊＊南九州中・南部に居住し、朝廷に征伐されたといわれる。

● 南九州と東北地方の動向年表

南九州	年	東北地方
隼人の朝貢開始	天武期	蝦夷の朝貢開始
覓国使を脅迫*	699	
反乱 戸籍の作成 薩摩国を設置（肥後から移民か）	702	
	708	越後国に出羽郡を設置
	709	東国・北陸10国の兵士を動員して、陸奥・越後の蝦夷を攻撃。「出羽柵」史料に初出
	712	出羽国を設置
隼人の反乱？ 大隅国を設置	713	
隼人の反乱	720	陸奥国蝦夷の反乱
	724	陸奥国蝦夷の反乱 多賀柵（多賀城）完成
	774	蝦夷の入京しての朝貢を停止
	780	伊治呰麻呂の乱 按察使を殺害 坂東の軍士数万を動員
隼人の朝貢を停止	801	
	802	陸奥国に胆沢城築城 蝦夷の阿弖流為降伏
	803	陸奥国に志波城築城
	811	文室綿麻呂、蝦夷平定

＊朝廷が国設置と南西諸島視察のために派遣した使節。

見方・考え方
隼人や蝦夷に対する律令国家の政策の共通点と相違点を考えてみよう。

2　律令体制下の蝦夷

律令国家の東北支配は、城柵を拠点に進められていくが、その城柵の周囲には関東や北陸などから人々（柵戸という）を移住させて開拓にあたらせた。史料からは715年、東国10か国の浪人（浮浪人）4,000人が徴発され、東北北部の拠点胆沢城周辺に入植させられたことがわかる。

● 他国に移配された俘囚の分布

□ 10人以下	□ 50人以下
□ 100人以下	□ 200人以下
□ 300人以下	□ 301人以上

数値は『延喜式』にもとづいた俘囚料から推計される俘囚人口。
（下向井龍彦『武士の成長と院政』）

律令国家に帰属した蝦夷を「俘囚」といい、集団で各地に移住させる政策（内国移配という）がとられた。移配先は40か国以上にもおよび、西国にも多い。防人に代わる武力が期待されたともいう。俘囚は税を免除され、首長には位階を与えるという懐柔策がとられた。

①延暦十六年十一月五日、従四位下坂上宿禰田村麻呂を征夷大将軍となす。（延暦二十一年一月九日従三位坂上大宿禰田村麻呂をして、陸奥国胆沢に城を造らしむ。②延暦二十一年一月十一日勅すらく、官軍薄伐し、地を闢くに嗜遠なり。宜しく駿河・甲斐・相模・武蔵・上総・下総・常陸・信濃・上野・下野等の国の浪人四千人を発し、陸奥国胆沢城に配すべし。『日本紀略』

（七九七年。②八〇二年。）

歴史ポケット 蕨手刀からみる蝦夷と倭人の交流

柄頭が早蕨のような形状をしていることからこの名称がある。東北・北海道の7〜8世紀の墳墓などから約8割が出土しているため、馬上からの斬撃に優れた蝦夷の独自の刀とされていた。しかし、近年、発祥は群馬県と推定されることから、蝦夷が倭人との交流の中で発展させた武器と考えられるという。この蕨手刀がのちに刃反りの発達した日本刀の祖型になるとの説もある。

➡**❻蕨手刀**（北海道恵庭市　柏木東遺跡出土）

探Q
●古代の隼人や蝦夷に関わる伝説や史跡は、ここで紹介した以外にはどのようなものがあるだろうか。調べてみよう。
●中央政府の辺境政策に関して、過去や現在の歴史事象で似たような出来事はないだろうか。中央と地方という視点で歴史を調べてみよう。

原始・古代
奈良

1 土地政策の変化
➡p.121（古代から中世への土地制度の変遷）

公地公民制の変化

土地	・人口増加 ・荒廃田の増加 ↓ 口分田の不足

人民	班田農民の負担過重 偽籍、浮浪・逃亡史 私度僧・資人の増加 ↓ 課丁減少による財源不足

新しい土地政策

722年 （養老6年）	723年（養老7年の格） 三世一身法史	743年（天平15年の格） 墾田永年私財法史
百万町歩開墾計画 ◆農業を奨励し良田百万町歩の開墾を企図 成果なし 〈元正天皇時〉	◆灌漑施設を新造し開墾した者は、子・孫・曽孫の三代までの私有を認める ＊本人・子・孫の三代とする説あり。 ◆旧来の施設を利用し再開墾した者は、本人一代のみの私有を認める ◆墾田は輸租田（租を納める田） 〈元正天皇時〉	◆永久に私有を許可 ただし、身分により墾田所有面積に制限がある◆貴族・寺院は国司・郡司の協力を得て開墾を進め、私有地を拡大 ◆墾田は輸租田 ☆田地の増加、土地支配の再編・強化が目的 〈聖武天皇時〉

初期荘園の成立

8～9世紀 初期荘園 （墾田地系荘園）
◆耕作は周辺の班田農民や浮浪人を使用。2割の賃租 ◆特に東大寺は北陸地方などに大規模な荘園開発 ☆律令制の衰えとともに衰退する

2 浮浪・逃亡の増加
726（神亀3）年山背国愛宕郡出雲郷雲上里計帳

逃亡者　（　）は位階　数字は年齢

| 女43 逃 | 男36 逃 | | 女43 逃 | 男 逃 |
戸主

女43逃 女30逃 男20 男22 少初位上32 男32 少初位上32 男48（従八位下） 女55 男51（従八位下）

婢56逃 婢21逃 婢54逃 奴30逃 奴31逃 奴39逃 奴43 奴47 奴52 男2 男4 男2 女7 男3 男12 男4 男7 女21逃 男9 男11 男16 男31

女19逃 女22逃 女24逃 女9 男12 男13 男21逃

〈正倉院文書〉

資料鑑賞 この計帳では、41人中21人が浮浪・逃亡している。

律令制では、本貫（戸籍に登録された地）と居住地の一致が原則。その農民が正当な理由なく流浪すること（**浮浪**）自体が罪であり、さらに課役を出さない場合は一段と重い「**逃亡**」の罪となった。しかし、班田農民のなかには、課税逃れや経営拡大のために口分田を班給される権利を放棄して地方豪族などのもとに身を寄せる者が増えた。

史料 浮浪人の増加『続日本紀』史

①養老元年五月、率土の百姓、四方に浮浪して、課役を規避し、或いは王臣に仕へて、資人を望み、或いは得度を求む。王臣、五百本貫を経ずして、私に駆使し、遂にその志を成す。

七一七年　②国土、全国。③課役、税。④得度、出家。⑤貴族の護衛・雑用に従事する者。⑥本籍。

3 初期荘園の成立 ●東大寺越前国道守荘

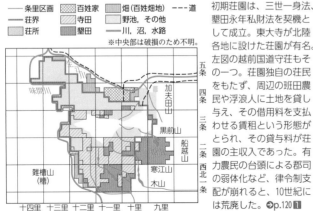

凡例	
—— 条里区画	▨ 百姓家
—— 荘界	▨ 寺田
▢ 荘所	▢ 野池、その他
▨ 畑（百姓畑地）	--- 道
▨ 墾田	—— 川、沼、水路

※中央部は破損のため不明。

五条 四条 三条 二条 西北一条
味間川 加夫礼山 黒前山 船越山 難櫃山（櫃）寒江山（櫃）木山
十四里 十三里 十二里 十一里 十里 九里

初期荘園は、三世一身法、墾田永年私財法を契機として成立。東大寺が北陸各地に設けた荘園が有名。左図の越前国道守荘もその一つ。荘園独自の荘民をもたず、周辺の班田農民や浮浪人に土地を貸し与え、その借用料を支払わせる賃租という形態がとられ、その貸与料が荘園の主収入であった。有力農民の台頭による郡司の弱体化など、律令制支配が崩れると、10世紀には荒廃した。➡p.120 ⚊

4 『貧窮問答歌』の世界—奈良時代の庶民のくらし

史料 山上憶良『貧窮問答歌』史

①人並に　我も作るを　綿も無き　布肩衣の　海松のごと　わわけ下がれる　かかふのみ　肩にうち掛け　②伏廬の　曲げ廬の内に　直土に　藁解き敷きて　父母は　枕の方に　妻子どもは　足の方に　囲み居て　憂へ③吟ひ　かまどには　火気ふき立てず　④甑には　蜘蛛の巣かきて　飯炊く　ことも忘れて

①海松。海草の名。②低い家。③破れてぶらさがった。④蒸し器。⑤ぼろ着。⑥土にじかに。⑦うめく。⑧屋根。

＊山上憶良が筑前国守であった頃に見聞したことをもとに長歌と短歌によって問答歌形式に詠んだもの。『万葉集』に収録。

（稲葉和也・中山繁信『日本人のすまい』）

2 竪穴住居の内部 ➡p.63 ⚃

煙道　水甕　カマド　土間　飯

↑3 側壁のある竪穴住居 側柱が立ち、その間には窓や入口が設けられる。内部空間は高くなり、側壁近くにはカマド（竈）がつく。中央部の土間のまわりに一段高い床がベッド状につくられ、この上に藁や筵を敷いて寝たのであろう。

↩1 古代の普段着 写経所で支給された作業着から奈良時代の庶民の衣服を推測すると、基本は上着の袍と袴（写真下。女性は裳）の上下のツーピースで、素材は麻布。上着の内側には衫（写真上。肌着）を着る。布肩衣は麻布製の袖無し防寒具で、綿入れにされることもあった。（正倉院宝物）

↑5 庶民の食事 庶民の食膳はご飯と汁物のほか一品程度。畿内周辺では8世紀になると甑があまり出土しなくなるので、鍋で直接炊いて飯や粥にしたようである。➡p.120 ⚊

玄米のご飯　ゆでたノビル　海藻の汁　塩

↑4 カマドと甑 カマドは竪穴の周壁に接したつくり付けのもので、屋外に煙を出すための煙道も土中にあけられていた。ここに水甕をすえ沸騰させ、その上部に底に穴の開いた蒸し容器（甑）を置いた。➡p.63 ⚃

（実物大）

長屋王邸の発掘成果から何がわかるのだろうか。

平城宮跡に近い左京三条二坊八坪の東南隅で発見された約4万点あまりの木簡のなかには、「長屋親王宮」と記したものが多くあり、同地が長屋王邸跡であることが判明した。この木簡の発見により、当時の貴族のようすをうかがうことができる。

→❶長屋王邸から発掘された木簡

a 長屋王への貢物として贈られた鮑につけられた荷札。「親王」（本来は天皇の兄弟や子の称号）、「贄」（神や天皇に納める供物）の文字から、長屋王がその文字を使用できるほどの権勢をふるっていたことが推測できる。

b 氷室（天然の冷蔵庫）を独自に所有し、6～9月の間に邸内に天然氷を運ばせていた。

c 長屋王の家政機関に務める従七位の事務員を記した木簡。下級官吏が長屋王邸内の私的な家政機関に勤務していたことがうかがえる。

d 長屋王邸に牛乳が納められ、持参した者に米が対価として支払われていたことがわかる。

木簡（縦書き）

d 牛乳持参人米七号五夕　愛内万呂九月十五日

c 「長飛鳥長」従七位上行家令赤染豊嶋

b 進上氷一駄丁阿部色麻呂

a 長屋親王宮鮑大贄十編

1 長屋王とは

長屋王は天武天皇の孫で高市皇子の子。吉備内親王を妻とし、藤原不比等とも姻戚となって724年に左大臣になったが、729年に謀叛の疑いをかけられて自殺した。

→❷おもな貴族の住まいの位置

長屋王邸は、平城宮に近い一等地にあった。

地図
- 一条北・一条南・二条・三条・四条・五条・六条・七条・八条・九条
- 平城宮／外京
- 右京・左京
- 藤原不比等（正三位・右大臣）
- 長屋王（正二位・左大臣）
- 太安万侶（従四位下）→p.92 3,93
- 藤原仲麻呂（正一位，太政大臣）

2 長屋王邸と貴族の住まい・食事・服装

→❸長屋王邸（復元模型）

広さ4町（約6万7,000㎡）の広大な邸宅。妻の吉備内親王の御所や、米や氷室（木簡b）を管理する家政機関（木簡c）、職人の居住区や倉庫などがあった。

吉備内親王御所／舎人所／長屋王寝殿／家令所／持仏堂か

● 位階ごとの宅地の割当て基準と年収

◤ 正一位・従一位（年収3億7500万円）、正二位・従二位（年収1億2500万円）、正三位・従三位（年収7500万円）の上級貴族の邸宅の広さは4町だった。

- 1町　正四位 4200万円／従四位 3500万円／正五位 2800万円／従五位 1500万円
- 四～五位
- 六位
- 1/2町　正六位 700万円／従六位 600万円
- 1/4町　正七位 500万円
- 従七位 400万円
- 六～七位
- 七位
- 七～八位
- 1/16町　正八位 350万円／従八位 320万円
- 八位
- 1/8町
- 1/32町　大初位 230万円／少初位 230万円
- 無位　1/64町

（『平城京展』図録参照）

貴族の食事（料理番号説明）
❶鴨とセリの汁　❷塩　❸醤（醤油に似た調味料）❹ハスの実入りご飯　❺鮮鮭鱠（生鮭、大根、紫菜）❻鹿醢（鹿の細切り肉の糀入り塩辛）❼生牡蛎　❽干蛸　❾いりこ　❿クルマエビの塩焼き　⓫焼いた竹の子、フキ、菜の花　⓬焼きあわび　⓭蘇→p.113 2　⓮漬菜　⓯茄子入醤（塩漬けの茄子と瓜を醤に漬けたもの）　⓰干柿、草餅、煮小豆　⓱荷葉飯（ハスの実入りご飯をハスの葉で包んだもの）

→❹貴族の食事（復元）

8世紀の貴族の食事は、食品・調理・食器とも唐風を意識したものが多かった。蘇は牛乳（木簡d）からつくられる乳製品の一種。

←❺貴族の服装

律令には着用できる衣服の色や装飾にも規定があった。唐風の礼服が用いられ、腰には西域で流行した装飾品をつるすことが多かった。

探Q

● 木簡は長屋王邸跡以外からも日本各地で出土している。どのような場所から、どんな内容の木簡が出土しているか調べてみよう。

● 出土した木簡からは、どのようなことが読み取れるだろうか。後世に編纂された書物や記録などと比べ、その特徴を考えてみよう。

見方・考え方
出土した資料や復元資料などさまざまな資料を組み合わせてイメージを膨らませてみよう。

原始・古代
奈良

テーマのポイント

❶高度な貴族文化　❷唐の文化の影響を受けた国際色豊かな文化
❸仏教が発展。仏教によって国家の安定をはかる鎮護国家の思想

南都六宗＝三論・成実・法相・倶舎・
　　　　　華厳・律（六宗兼学）
南都七大寺＝大安寺・薬師寺・元興寺・
　　　　　　興福寺・東大寺・西大寺・
　　　　　　法隆寺（または唐招提寺）
社会事業←善行を積むことで福徳を生む思想
　行基―架橋・用水施設・救済施設
　光明皇后―悲田院・施薬院
　和気広虫（法均尼）―恵美押勝の乱後の孤
　　　　　　　　　　　児養育

1 仏教の発展

↑❶行基

僧名	業績
行基 （668～749）	道昭・義淵らに師事し法相を学ぶ。民衆教化・社会事業に従事し、道場・用水池・橋などの設置に取り組むが、その活動は僧尼令違反としてしばしば弾圧を受ける。743年からの大仏造立には人々を率いて協力、745年に大僧正に任じられた
良弁 （689～773）	金鐘寺（東大寺の前身）で『華厳経』の講説を開始し華厳宗を広める。大仏開眼供養ののち、初代東大寺別当に就任
玄昉 （？～746） ◆p.86❶	義淵に師事。717年に入唐し法相を学び、735年に帰国。吉備真備とともに橘諸兄政権を担うが、740年の藤原広嗣の乱の標的となり、745年に大宰府の観世音寺に左遷
鑑真 （688～763） ◆p.97❼	日本律宗の開祖。742年に入唐僧の栄叡・普照の招請により来日を決意したが、5度もの渡航に失敗し、苦難のなかで失明。752年に帰国の遣唐使船に乗り、翌年、来日。戒律※を伝え東大寺戒壇堂（戒壇院）を建立して聖武太上天皇・光明皇太后らに授戒。唐招提寺を創建

※戒律は仏教徒の遵守すべき規範で、所定の手続きで授けられる。この手続きを受けて初めて正式な官僧となる。

2 大仏造立と東大寺

743	聖武天皇、紫香楽宮で「大仏造立の詔」発布 行基、大仏造営の勧進活動に参加
747	東大寺で大仏の鋳造開始（～3か年間）
748	「造東大寺司」を設立し造営組織を拡充
749	陸奥国から黄金を貢上、年号を「天平感宝」と改元
752	大仏開眼供養（導師：天竺僧菩提）
756	聖武太上天皇の遺愛の品を東大寺に納める→正倉院

❷東大寺境内◆p.67❸
転害門　正倉院　二月堂　大仏殿　法華堂　戒壇堂　南大門

※戒律を授ける儀式をおこなう場所を戒壇という。754年に初めて鑑真が東大寺に設けた戒壇院には、戒壇堂・講堂・僧坊・回廊などがあったが、3度の火災にあい、現在復興されているのは戒壇堂と千手堂だけである。

←❸東大寺転害門　東大寺創建当時の遺構。平城京一条南大路に向かって開く。
国宝　高さ10.6m

正堂　礼堂

↑❹東大寺法華堂（三月堂）　不空羂索観音像や執金剛神像などの仏像を安置する正堂と、安置した仏像を礼拝するための礼堂からなっている。正堂が創建当時のもの、礼堂は鎌倉時代の再建。国宝　高さ18.5m

←❺東大寺盧舎那仏　創建当時の面影を残す部分は腹部から膝、台座の大半、蓮弁の一部のみである。
国宝　高さ14.98m

大仏鋳造に使われた物資
・熟銅（精錬した銅）約499t
・しろめ（不純物を含む錫）約8.5t
・錬金（鍍金用の純金）約411kg
・水銀（鍍金用）約2.5t
・木炭（溶解や鋳型の乾燥）約7,162石
（「大仏殿碑文」）

金光明四天王護国之寺

見方・考え方
「護国之寺」に込められた聖武天皇の東大寺への想いを理解しよう。

▷文字は聖武天皇の筆とされる。

↑❻東大寺西大門の勅額　741年に国分寺建立の詔がだされ、諸国に国分寺・国分尼寺がつくられ、東大寺は総国分寺とされた。

↑❼竜門奉先寺洞の盧舎那仏（中国）　為政者の盧舎那仏造立が国家の安寧をもたらすとの考えから則天武后（◆p.91）が造立。東大寺盧舎那仏に影響を与えた。高さ17.1m

3 鎮護国家思想

①仏教は国家の保護・統制を受け、国家を鎮護することを使命とする
　保護：全国に国分寺・国分尼寺建立
　　　　盧舎那仏（大仏）造立
　　　　寺田は不輸租田、僧侶は課役免除
　統制：僧尼令による統制（私度僧禁止）
②仏教理論の研究的性格

影響→

①大伽藍建立や寺領の増加により、国家財政への負担が増大する
②仏教が政治の動向と結びつき、互いに影響しあう
③仏教文化がますます栄えるようになる

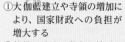

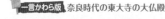

❶ 古代の対外関係の変遷（3〜9世紀）

● 3世紀の東アジア

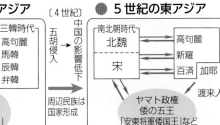

〔4世紀〕
中国の影響低下
五胡侵入
周辺民族は国家形成

- 三国時代　魏／蜀・呉
- 三韓時代　高句麗／馬韓・辰韓・弁韓

→ 倭国　卑弥呼「親魏倭王」
→ 冊封
→ 朝貢

● 5世紀の東アジア

- 南北朝時代　北魏／宋
- 高句麗・新羅・百済・加耶
- 渡来人

→ ヤマト政権　倭の五王「安東将軍倭国王」など

● 6〜7世紀の東アジア

中国に統一帝国
→ 東アジアは激動

- 統一帝国　隋 → 唐
- 高句麗　遠征
- 百済・新羅
- 白村江の戦い＝改新政府　斉明・天智天皇　防人・水城　烽・山城
- 遣隋使・遣唐使
- ※遣新羅使

● 8世紀の東アジア

- 唐
- 渤海 698建国
- 新羅 676朝鮮半島統一
- 遣唐使
- ※渤海使・遣渤海使
- ※新羅使・遣新羅使

東アジア各地に律令国家成立
律令国家（奈良時代）

※新羅使・渤海使を、日本側は朝貢の使者とみていた。

冊封

東アジアの国際関係は、中国を中心としていた。中国の皇帝は近隣諸国の首長を臣下として服従させ、官職・爵位や印綬などを授与し統治を認めた（冊封）。近隣諸国の首長は定期的な朝貢（貢物を献上して君臣の礼をつくすこと）を義務づけられた。冊封のメリットは、中国の軍事的圧力の回避や、自国内の王権の強化と安定などであった。

❷ 8〜9世紀の東アジアと航路 ▶遣唐使船

- ── 遣唐使の航路
- ❶ 1〜7回
- ❷ 8〜12、16〜19回
- ❸ 13回（渤海路）
- ── 渤海使の航路

※大使の上席が押使、執節使。

遣唐使の航路は、7世紀には、朝鮮半島を経由する北路がとられたが、8世紀に入り新羅との外交的対立が表面化すると南路が採用された。

◀❶遣唐使船復元模型

❸ 7〜9世紀の日本と中国（隋・唐）・新羅・渤海との外交関係

日本				中国		新羅・渤海
天皇	出発年	人数（船数）・航路	おもな使節と随行員	→ 日本の文化 への影響		おもな事柄
推古	600	？	※隋書に記述あり			
	607		小野妹子（翌年、隋使裴世清を伴い帰国）	隋の文化が朝鮮半島経由で日本に取り入れられる → 飛鳥文化		
	608	遣隋使	小野妹子（裴世清の送使）。高向玄理（留学生）、南淵請安・僧旻（学問僧）を伴う			
	614		犬上御田鍬			
舒明	630	北路？	①犬上御田鍬ら。僧旻帰国	618 隋滅亡、唐建国 627〜649 貞観の治（太宗）		
孝徳	653	121人(1)北路？	②吉士長丹、道昭（学問僧）			
		121人(1)南路	高田根麻呂（大使）※薩摩竹島付近で遭難。			
	654	(2) 北路	③高向玄理（押使※、唐で没）			
斉明	659	(2) 北路	④坂合部石布（大使）			
			663 白村江の戦い			
天智	665	北路	⑤守大石（唐使の送使）	初唐の文化がおもに新羅経由で日本に取り入れられる→ 白鳳文化		668 新羅、日本との国交再開を求め来航
	667	北路	⑥伊吉博徳（唐使の送使）			676 新羅、唐を朝貢から追い出し半島統一
	669	？	⑦河内鯨			
文武	702	南路	⑧粟田真人（執節使※）、山上憶良（少録）			698 渤海建国
元正	717	557人(4)南路？	⑨多治比県守（押使※）、藤原宇合（副使）、玄昉（学問僧）、吉備真備・阿倍仲麻呂・井真成（留学生）	713〜741 開元の治（玄宗） 玄宗・則天武后の仏教政策、盛唐の国際性 → 天平文化		727 渤海使、国交を求め来航 728 引田虫麻呂を渤海に派遣
聖武	733	594人(4)南路	⑩多治比広成、栄叡・普照（学問僧）玄昉・吉備真備帰国			732 渤海、唐と対立 735 日本、新羅使を追い返す
	746	（発遣中止）	⑪石上乙麻呂（大使）			
孝謙	752	約450人(4)南路	⑫藤原清河（大使）、大伴古麻呂・吉備真備（副使）。鑑真来日（753年）			753 唐の朝賀で日本・新羅の席次争い
淳仁	759	99人(1)渤海経由	⑬高元度（藤原清河を迎えに行くが果たせず）	755〜763 安史の乱		759 藤原仲麻呂、新羅攻撃を計画
	761	（発遣中止）	⑭仲石伴（大使）、石上宅嗣（副使）			
	762	（発遣中止）	⑮中臣鷹主（唐使を送るため）			
光仁	777	(4)南路	⑯佐伯今毛人（大使）、小野石根（副使）※今毛人、病気と称し入唐せず、石根帰途遭難。	中国で、社会の流動化や不安定化から個人救済の宗教の流行 → 弘仁・貞観文化		779 新羅、日本に朝貢姿勢
	779	(2)南路	⑰布勢清直 ※唐使の送使。			836 新羅、自らを「大国」と称す
桓武	804	(4)南路	⑱藤原葛野麻呂（大使）、橘逸勢（留学生）、最澄・空海（学問僧）			
仁明	838	651人(4)南路	⑲藤原常嗣（大使）、小野篁（副使）、円仁（学問僧）※小野篁は船を交換されたことから仮病を使い入唐せず。	875〜884 黄巣の乱 907 唐滅亡		918 高麗建国 926 渤海滅亡
宇多	894	（発遣停止）	⑳菅原道真（大使）			935 新羅滅亡

◀❷阿倍仲麻呂（701〜770）

※文献によって表記に相違がみられる。

717年に留学生として入唐。難関の国家試験である科挙に合格し、管吏の道を歩み、玄宗皇帝の信任を得た。753年に帰国の途についた際に詠んだ「天の原ふりさけみれば春日なる三笠の山にいでし月かも」の歌は有名。しかし、船は遭難し、帰国はかなわず、その後、唐で没した。

新羅との関係

6〜7世紀には百済や隋・唐の勢力に対抗するため頻繁に新羅使が来航し、日本からも遣新羅使が送られた。白村江の戦い以降、朝鮮半島での新羅の国力が揺らぎないものとなると、従属国とみなしたい日本との間は冷却し対立した。私貿易は継続した。

渤海との関係

建国当初は唐・新羅に共同で対抗しようという軍事目的があったが、8世紀以降は交易が主目的となった。松原客院・能登客院が設けられ、渤海産の獣皮と日本の繊維品や金が取引された。

原始・古代

奈良

1 天平美術一覧表

分類		
建築	東大寺法華堂(三月堂)・転害門➡p.90❸❹ 正倉院宝庫➡p.95❶ 唐招提寺金堂・講堂➡p.94❶〜❸ 法隆寺夢殿・伝法堂・経蔵・東大門➡p.94❺〜❼ 新薬師寺本堂➡p.96❽	
彫刻	[塑像]➡p.96 東大寺法華堂日光菩薩像・月光菩薩像 東大寺法華堂執金剛神像 東大寺戒壇堂四天王像 (広目天像・増長天像など) 新薬師寺十二神将像 (迷企羅大将像など)	[乾漆像]➡p.97 東大寺法華堂不空羂索観音像 興福寺八部衆像(阿修羅像など) 興福寺十大弟子像 (富楼那・須菩提像など) 唐招提寺鑑真像 唐招提寺金堂盧舎那仏像 聖林寺十一面観音像
絵画	正倉院鳥毛立女屏風➡p.98❶ 薬師寺吉祥天像➡p.98❸ 絵因果経(過去現在絵因果経)➡p.98❼	
工芸	正倉院宝物➡p.95❶ (螺鈿紫檀五絃琵琶・漆胡瓶・銀薫炉など) 東大寺大仏殿八角灯籠➡p.95❿　百万塔陀羅尼➡p.95⓫	

3 歴史・地誌・文学

	名称・成立年	巻数・内容	関係人物と特色
歴史	古事記 712(和銅5)	3巻。神代〜推古天皇まで。漢字の音訓を用いて表現	天武天皇が稗田阿礼によみならわせた『帝紀*』『旧辞*』の内容を太安万侶が筆録
歴史	日本書紀 720(養老4)	30巻。神代〜持統天皇まで。六国史の初め。編年体(年代を追って出来事を記述する)	天武天皇の命で川島皇子・刑部親王らが検討した『帝紀』などをもとに、舎人親王・紀清人らが中心になり、天皇中心の国家成立史にまとめたもの
地誌	風土記 713(和銅6)に諸国に撰進命令	各地の地名の由来・産物・伝承を記した書物	元明天皇のとき命じられる。現存は常陸・出雲・播磨・豊後・肥前の5つの風土記で出雲のみが完全に残る
文学	懐風藻 751(天平勝宝3)	1巻。天智天皇〜奈良時代の64人の漢詩120編を編集。最古の漢詩集	編者は淡海三船、石上宅嗣らの諸説ある。ほぼ時代順に作者ごとにまとめて配列。中国の六朝・初唐の影響が強い
文学	万葉集[史] 8世紀末頃までに全巻成立	20巻。約4500首。長歌・短歌・旋頭歌などを収録。漢字の音訓であらわす。万葉がな使用	歌は宮廷の歌人から東国の民衆(防人歌・東歌)に及ぶ。白鳳期には額田王・柿本人麻呂、天平期には山部赤人・山上憶良[史]・大伴旅人、家持らがいる

＊ 6世紀前半に撰述されはじめたとされる史書で、『帝紀』は大王・天皇の事績などを記したもの、『旧辞』は神話あるいは氏族伝承・説話や事件を記したもの。＊＊五風土記という。

2 教育制度の整備

	大学(寮)	国学
所管	中央に設置 式部省の所管	国ごとに設置 国司の所管
入学資格	●五位以上の貴族の子、孫 ●八位以上の子弟の志願者 ●文筆で仕える東西史部の子弟 ●13〜16歳の聡明なもの	郡司の子弟で13〜16歳の聡明なもの
学生定員	学生　400名 算生　30名 書生　若干名	国の大きさに応じ 国学生　20〜50名 医学生　4〜10名
官人への登用試験	●旬試(10日ごと)と歳試(年1度)の試験に合格すると太政官に推薦される ●式部省で秀才・明経・進士・明法の4科目の試験を受け、その結果に応じて、大初位上から正八位までの位階を授与され、相当の官職に就いた	●儒教・医学教育が中心 ●終業者は上京し、受験を経て官吏になる ●平安後期になると衰退

教科について

奈良時代初期
●本科(儒教、のちの明経道)とそれに付随する算道・書道

奈良時代中期
●本科から文章(文学・史学を学ぶ)と明法(律令格式)の2道に分かれる

9世紀以降
●明経道・明法道・紀伝道・算道の4道が確立。紀伝道は文章博士・文章生などからなる学科で、貴族の教養として重視される
●大江・菅原・小野氏が代々文章博士をつとめる

4 『風土記』の残る国と『万葉集』に詠まれた地

❶⓵大伴家持(? 〜785)　越中守などを歴任。『万葉集』には家持の歌が473首収録されている。

珠洲の海に朝ひらきして
漕ぎ来れば　長浜の浦に
月照りにけり
(大伴家持・巻十七四〇二九)

天離る夷の長路ゆ恋ひ来れば
明石の門より大和島見ゆ
(柿本人麻呂・巻三二五五)

鞆の浦の磯のむろの木見るごとに
相見し妹は忘らえめやも
(大伴旅人・巻三四四七)

熟田津に船乗りせむと月待てば
潮もかなひぬ今は漕ぎ出でな
(額田王・巻一八)

大野山霧立ちわたるわが嘆く
息嘯の風に霧立ち渡る
(山上憶良・巻五七九九)

田子の浦ゆうち出でて見れば真白にそ
不尽の高嶺に雪は降りける
(山部赤人・巻三三一八)

珠洲の海
出雲 733
肥前 733頃
大野山
明石
鞆の浦
熟田津
田子の浦
常陸 718頃まで
播磨 715頃まで
豊後 733頃

[凡例] 風土記の残る国

原始・古代

奈良

『古事記』や『日本書紀』、『風土記』はなぜ編纂されたのだろうか。
奈良時代のはじめに『古事記』『日本書紀』が次々と完成し、諸国にも地誌である『風土記』の献上の命令が出された。なぜこの時期に次々と歴史書や地誌の成立が続いだのだろうか。それぞれの特徴とともに編纂の背景を考えてみよう。

1 編纂事業の経過

年	天皇	できごと
681	天武	『帝紀』(大王の系譜を中心とする伝承)・『旧辞』(神話・説話・伝承をまとめたもの)の検討。稗田阿礼に誦みならわせる。『帝紀』などを記し定めることを川島皇子ら12名に命じる
701	文武	大宝律令
712	元明	711年の詔をうけて、太安万侶、「稗田阿礼の誦む勅語の『旧辞』を撰びて献上」…『古事記』
713	元明	諸国に『風土記』編纂が命じられる
717	元正	奈良時代最初の遣唐使の派遣➡p.91
720	元正	舎人親王が『日本書紀』(30巻と系図*1巻)を献上 ＊現存せず
733〜	聖武	天平年間に出雲・播磨・肥前などの諸国の『風土記』が成立
741	聖武	国分寺建立の詔(諸国に国分寺、国分尼寺を建立)

見方・考え方 『古事記』『日本書紀』『風土記』の編纂は、どのような時代背景の中でおこなわれていると考えられるだろうか。

2 『古事記』と『日本書紀』

	古事記	日本書紀
編纂期間	4ヶ月	39年
内容	天皇家の歴史を記す	国家の正式な記録を遺す。中国・朝鮮などの記録も参照
目的	国内向けに天皇の正当性をアピール	対外向けに日本をアピール
表記	漢字による一字一音の仮名表記	中国正史と同じ編年体・漢文体表記

見方・考え方 両書を比較して、編纂の目的や経緯の違いを考えてみよう。

中国では新しい王朝が成立すると前王朝の歴史を編纂するのが通例で、こうして編纂された各王朝の公式歴史書は正史とよばれる。『日本書紀』はこの正史を編纂する目的で編纂されたが、神話・伝承を含みこんでいる部分が多く、中国の正史とは本質的な違いがある。

臣安万侶が申し上げます。天武天皇が、「私が聞くところによると、豪族の家々に伝わる天皇の年代記や古い物語などの記事は、真実と相違し、多くの虚偽が加えられているという。」とおっしゃった。天皇のお側近くに仕える者に、姓は稗田、名は阿礼という者がおりました。そこで、天皇は阿礼にお命じになって、皇位の継承についての記録や古い物語などをよみ習わせました。……和銅四(七一一)年九月十八日、元明天皇の勅命によって安万侶に詔して、稗田阿礼のよみ習った天武天皇の物語を文書に記録して献上せよと命ぜられました。……しかし、上古の時代は、言葉も内容も素朴で、これを漢字で文に書き表すことが困難です。この書物の記述では、一句の中に漢字の音と訓を交えて用い、あるいは一つの事を記すのに全く訓だけを使うようにしました……。

『古事記』の序文は、編者の太安万侶が天皇に奏上する形で、編纂の経緯などを記している。

3 『風土記』

713年、元明天皇は全国にむけて地誌の編纂と撰上を命じた。各国の国司によって撰上された報告書がのちに『風土記』と称された。中央集権国家にとって地方の実情把握は重要であり、『風土記』はその支配に不可欠であった。

(和銅六年)五月甲子、制すらく、「畿内七道諸国の郡郷名は好き字を着けよ。其の郡内に生ずる所の、銀・銅・彩色・草木・禽獣・魚虫等の物は、具に色目を録せしむ。及び土地の沃塉、山川原野の名号の所由、又古老の相伝旧聞異事は、史籍に載せて亦宜しく言上すべし。」

① 種類・品目
② 肥えているか、やせているか
③ 名称の由来

『続日本紀』

神話と芸能

記紀に載っている神話は、各地で伝わったさまざまな神話が天皇家の神話と結びつくことで、天皇家が国土を支配する物語としてまとめられたものと考えられている。現在も神話の内容が、各地で独自の発達を遂げて神事や芸能として現在に受け継がれている。

⬇❶ヤマタノオロチを題材とした石見神楽(島根・浜田市)

⬇❷天の岩戸開きの神話を題材とした高千穂神社の夜神楽(宮崎・高千穂町)

● 六国史

🔍 日本書紀以降の6つの史書を六国史という。

六国史	巻数	内容	成立年	天皇	編者
日本書紀	30	神代〜持統	720(養老4)	元正	舎人親王
続日本紀	40	文武〜桓武	797(延暦16)	桓武	藤原継縄
日本後紀	40	桓武〜淳和	840(承和7)	仁明	藤原緒嗣
続日本後紀	20	仁明一代	869(貞観11)	清和	藤原良房
日本文徳天皇実録	10	文徳一代	879(元慶3)	陽成	藤原基経
日本三代実録	50	清和・陽成・光孝	901(延喜元)	醍醐	藤原時平

探Q
● 『古事記』や『日本書紀』にはどのような神話が収録されているか調べてみよう。
● 身近な地域に神話に関連する史跡や芸能、神社などがないだろうか。調べてみよう。

原始・古代 奈良

1 唐招提寺 世界遺産 奈良市

↑❶唐招提寺金堂 寄棟造のどっしりとした建物。鎌倉時代にやや屋根の勾配を急にするなどの修理がおこなわれているが、天平建築を代表する貴重な遺構である。→p.24 国宝 高さ14.7m

↑❷唐招提寺金堂柱廊 前面の1間通りに壁がなく吹き放しで、最前列の8本の円柱が堂に奥行きを与え、ギリシア建築のような空間をつくり出している。

↑❸唐招提寺講堂 平城宮の東朝集堂を移築し、屋根を切妻造から入母屋造に改修したもの。平城宮の宮殿建築の遺構として唯一のものである。国宝 高さ11.2m

唐招提寺全景

鑑真墓所
講堂
戒壇
金堂

見方・考え方 当時の建物が鮮やかな色彩であったことを想像しよう。

内裏
東朝集堂
朱雀門

←❹東朝集堂の復元模型 儀式のときに高級官人が待機する場所。東西に2棟あった。

尼ヶ辻
秋篠川
近鉄橿原線
卍唐招提寺
西ノ京
卍薬師寺
400m

2 法隆寺 世界遺産 →p.67 **1**

↑❺法隆寺夢殿 花崗岩の二重基壇の上に立つ八角円堂。厩戸皇子の斑鳩宮跡に僧行信が739（天平11）年に創建したもの。堂内に本尊救世観音像を納める厨子が安置されている。国宝 奈良・斑鳩町 高さ12.9m

←❻法隆寺東大門 法隆寺の東院と西院を結ぶ道にある。東大寺転害門とならぶ天平時代の数少ない門の遺構。国宝 高さ7.2m

→❼法隆寺伝法堂 内部は板張りの床。聖武天皇の夫人橘古那可智の住宅が移築されたといわれ、当時の貴族の住宅遺構として貴重なもの。国宝 高さ7.7m

1 正倉院と宝物　● 正倉院

正倉院宝庫　国宝

←2 校倉造 断面が三角形の木材（校木）を横に重ねて外壁とした建築様式。

正倉内部

正倉院は、檜造り、単層、寄棟本瓦葺きで、高床式。間口約33m、奥行き約9.4m、総高約14mで、床下には直径約60cmの丸柱が自然石の礎石の上に立ち並んで巨大な本屋を支える。倉は三倉に仕切られ、北（正面に向かって右）から順に北倉、中倉、南倉とよばれる。北倉と南倉は校倉造。各倉とも東側の中央に入口があり、内部は二階造りとなっている。北倉は主として光明皇后奉献の聖武太上天皇の遺愛の品を納めた倉で、中・南倉はそれ以外の東大寺にかかわる品々を納める。

● 正倉院宝物

正倉院の宝物は中国や朝鮮半島からの舶来品も多い。国産であってもデザイン・技法などの源流はシルクロードを経て、はるか西アジアにまでたどることができる。

↑3 平螺鈿背八角鏡 白銅（錫の含有量の多い青銅）製背面に螺鈿、琥珀などを嵌めてある。直径27.4cm

↓9 薫炉の内部構造（銅薫炉）

→4 螺鈿紫檀五絃琵琶 インドに起源をもつ五絃の琵琶（通常は四絃）としては現存する世界唯一のもの。撥うけの部分には熱帯樹と駱駝に乗る人物を螺鈿であらわしている。

＊螺鈿は夜光貝やオウム貝などの光を放つ部分を薄く切りとり、木地などの面にはめ込む装飾の技法。●p.218

夜光貝

（表）（裏）

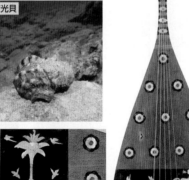

（全長108.1cm）

←5 漆胡瓶 形・製作法とも唐からもたらされた。高さ41.3cm

←6 瑠璃坏 金属の台付きが珍しい。形は西方的だが、台に刻まれた模様は中国風である。高さ11.2cm

↑7 白瑠璃碗 カットグラスの器。カスピ海周辺で生産されたと推定される。高さ8.5cm

2 工芸

↑8 銀薫炉 香を衣に炷きしめるためのもの。球体中央で上下に分かれる。内部の鉄製の火炉は回転軸をちがえた三重の鉄輪で、常に水平を保っている。高さ18.8cm

↑10 東大寺大仏殿八角灯籠 大仏開眼にあわせて752年頃に製作され、大仏殿の前庭正面にすえられた灯籠。金銅製として最古のもの。各面は斜格子地に音声菩薩（右）の浮き彫りがある。国宝　高さ462cm

↑→11 百万塔と陀羅尼経 764年、恵美押勝の乱鎮定後、称徳天皇の命によって木製の三重小塔が百万基つくられた。塔内には、現存する世界最古の印刷物といわれる陀羅尼が納められている。国立歴史民俗博物館蔵　高さ21.4cm

⇒p.99（仏像理解の基礎知識）

1 塑像 ●東大寺戒壇堂四天王像 国宝

↑**1 東大寺法華堂執金剛神像** 良弁が安置し修行に励んだと伝えられている。秘仏（毎年12月16日だけ開扉）とされていたため、鮮やかな彩色が残る。国宝 像高170.4cm

東
↑**2 持国天** 像高160.5cm

南
↑**3 増長天** 像高162.2cm

西
↑**4 広目天** 像高169.9cm

北
↑**5 多聞天** 像高164.5cm

↑**6 邪鬼**

↑**7 増長天腕部**

四天王は仏法を守護する存在。東大寺戒壇堂の四天王像は瞳に黒石を嵌めて写実性がきわめて高い。東の持国天は剣を、南の増長天は矛をつき、仏敵を寄せつけない激しさを表現している。一方、西の広目天は筆と経典を、北の多聞天（毘沙門天）は宝塔をささげ、静かさのなかに秘めた仏の偉大な叡知をあらわしている。
＊多聞天は、単独で祀られる場合、毘沙門天とよばれる。

8 新薬師寺本堂内部

新薬師寺の本堂（天平建築）は、中央に円形の土壇を築き、本尊薬師如来像（弘仁・貞観期、一木造）を十二神将が取り囲んでいる。国宝（昭和に補作された1体〈宮毘羅大将像〉を除く）　像高153〜170cm

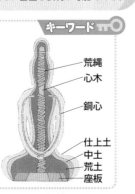
↑**9 新薬師寺迷企羅大将像** 新薬師寺での名称は伐折羅。迷企羅は文化庁指定の名称。国宝　像高162.1cm

↑**10 東大寺法華堂月光菩薩像** 国宝　像高204.8cm

↑**11 東大寺法華堂日光菩薩像** 国宝　像高207.2cm

日光は法衣、月光は唐風の礼服を着けて、目を半眼に開いて胸元で合掌する姿は気品がただよう。⇒p.97 **1**
＊現在は東大寺ミュージアムに安置されている。

←**12 法隆寺五重塔初層群像（北面）** 心柱の周囲に93体の塑像を配置。北面は釈迦の死とそれを悼む仏弟子たちをあらわす。国宝　711年制作

作品鑑賞 塑像は粘土を使用するため、自由な表現が可能である。

塑像

①座板に角棒を立て、腕は銅の針金をさし、荒縄を巻く。
②心木にしっかりと食いこむように荒土をつける。荒土には麻の繊維や藁などを混ぜて強度を高める。
③中土、紙の繊維を混ぜて強度を増した仕上土で形を整えていく。
④最後に白土を塗り、彩色をする。

キーワード

復元

荒縄
心木
銅心
仕上土
中土
荒土
座板

CG制作：株式会社キャドセンター
協力：新薬師寺、元東京藝術大学美術研究科・長澤市郎教授

→p.99(仏像理解の基礎知識)

原始・古代 奈良

頭部右側面

頭部左側面

背面

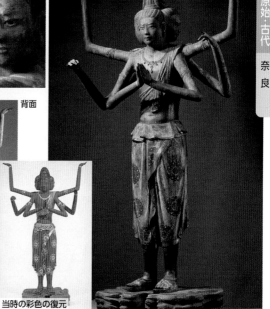

当時の彩色の復元

↑❶東大寺法華堂不空羂索観音像 法華堂の本尊で三目(額に第3の目)八臂(8本の腕)の巨像。羂索の「羂」は獣を捕らえる網、「索」は釣り糸を意味し、観音菩薩が慈悲の網や糸であますところなく人々を救うところからこの名がある。脱乾漆像。国宝 像高362.0cm

*日光・月光菩薩像などは、現在東大寺ミュージアムに安置。

● 法華堂内陣諸仏の配置

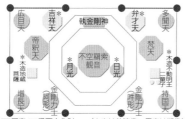

	吉祥天		弁才天	
広目天		執金剛神		多聞天
帝釈天				梵天
	月光	不空羂索観音	日光	
木造地蔵菩薩像				木造不動明王・二童子像
増長天	金剛力士阿形		金剛力士吽形	持国天

□国宝 ▨重要文化財 (赤字は乾漆像、黒字は塑像)

↑❷興福寺阿修羅像 こうふくじあしゅら もと西金堂に安置されていた八部衆像のひとつ。3つの顔と6本の腕をもつ仏教守護の鬼神である。脱活乾漆像。国宝 像高153.0cm

←❻唐招提寺金堂盧舎那仏像 とうしょうだいじこんどうるしゃなぶつ 切れ長の目をもつ厳しい顔つきで、重量感のある像である。脱活乾漆像。国宝 像高304.5cm

↓❼唐招提寺鑑真像 がんじん 鑑真の弟子忍基が、夢で和上の死期を知り造立したと伝えられる日本史上初の肖像彫刻。鑑真の高潔な人柄を抑制のきいた写実的手法で表現した傑作。国宝 像高80.1cm →p.90 ❶

→❸興福寺五部浄像 こうふくじごぶじょう 八部衆像のひとつで、象の冠をかぶる。胸より上のみが現存。脱活乾漆像。国宝 現状高48.8cm

←❹興福寺十大弟子像富楼那 十大弟子像は、光明皇后の母橘三千代の一周忌に供養された西金堂の旧像で、本尊釈迦三尊像を囲んでいた。脱活乾漆像。国宝 像高148.7cm

→❺聖林寺十一面観音像 しょうりんじ もと大神神社の神宮寺である大御輪寺の本尊であったが、明治の廃仏毀釈により移された。木心乾漆像。国宝 奈良・桜井市 像高209.1cm

作品鑑賞 乾漆像の土と布と木粉の絶妙なバランスの造形を感じよう。

乾漆像 かんしつぞう

キーワード

乾漆像には脱活乾漆像と木心乾漆像とがある。脱活乾漆像は土で像形をつくり、その上に麻布を漆ではりつけ、あとで内部の土を取り除き、木枠を入れて保持する。木心乾漆像は木で大体の形をつくり、その上に麻布を漆で貼りかためて木粉(木屎)の塑形材で、像容を整える。

原始・古代

奈良

1 絵画　↓1 正倉院鳥毛立女屏風（第1扇～第6扇）

 第6扇　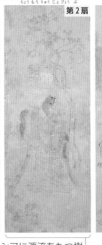 第5扇　 第4扇　 第3扇　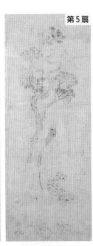 第2扇　 第1扇

インド・ペルシアに源流をもつ樹下に美人をあらわす構図で、全部で6扇（1～3は立ち、4～6は岩に腰かける）からなる。髪や衣服にヤマドリの羽根を貼っていたが剝落してしまっている。第2扇のウロコ状のものは羽根を貼る前の下書きがみえている。
第2扇　149.0×56.5cm

↓→3 薬師寺吉祥天像
吉祥天は毘沙門天の妃。除災求福の仏として尊崇され、この画像は称徳天皇の発願による。唐代の貴婦人の姿がモデル。
国宝　53.0×31.7cm

トルファン

↗2 樹下美人図　中国トルファンで出土した8世紀初めの絵。樹下美人の構図が共通する。
MOA美術館（静岡・熱海市）蔵　149.0×56.5cm

第2扇

ヤマドリ

● 中国の女性像

←5 彩絵木胎女舞俑

↑4 正倉院鳥毛篆書屏風　当時は鳥毛を用いた各種の屏風がつくられていた。149.0×56.0cm

←6 唐三彩女人立俑

貴族の女性は化粧も唐の流行にならい、白粉を塗り、太く左右が寄る眉を描き、頰紅や口紅をつけ、額と唇の左右に花鈿（化粧のひとつ）というアクセントをつけた。

←7 絵因果経（過去現在絵因果経）　釈迦の本生譚（前世の物語）を述べた経典で、巻物の下段に唐風楷書で経文を写し、上段に相当する絵を六朝風に描く。後世の絵巻物の源流。
国宝　東京藝術大学（東京・台東区）蔵
26.5×1096.3cm（部分）

如来（にょらい）

仏の別称。梵語タターガタの訳で、真如（真理）から衆生（生きとし生けるもの）の世界へ来た者と解釈されている。

造形の特徴

- ●釈迦が悟りを開いた姿を示す。
- ●仏に備わる32の優れた特徴（三十二相）が表現されている。
- ●一般に肉髻とよばれる隆起をもち、その上に螺髪とよばれる渦巻状のちぢれ毛がある。衲衣とよばれる質素な衣をまとい、身には一切の装身具をつけていない。

白毫　眉間にはえている巻き毛。光を放ち、すべての国を照らす。

光背　仏の身体から放たれる金色の光をあらわしたもの。

肉髻

螺髪

如来の種類

①釈迦如来　古代インドに実在した釈迦を仏（悟りを開いたもの）としてよぶ時の表現。
→法隆寺金堂釈迦三尊像（◯p.68⑤）、室生寺弥勒堂釈迦如来坐像（◯p.106③）

②（毘）盧舎那仏　華厳経による三千世界を統括する如来中の如来。
→東大寺盧舎那仏（◯p.90⑤）、唐招提寺金堂盧舎那仏像（◯p.97⑥）

③阿弥陀如来　無限の寿命や光を意味するアミターバに由来。
→平等院鳳凰堂阿弥陀如来像（◯p.112④）、高徳院阿弥陀如来像（鎌倉大仏）（◯p.147②）

④薬師如来　病気平癒など現世利益をかなえてくれる。
→薬師寺金堂薬師三尊像（◯p.75①）、元興寺薬師如来像（◯p.105②）

⑤大日如来　大日経に説かれる盧舎那仏であり、宇宙そのものを神格化した存在。

📏立像は「丈六」＝1丈6尺（約4.8m）、座像は1/2の2.4mが基本。大仏は丈六の10倍の大きさとされる。

↑❶法界寺阿弥陀如来像
◯p.111⑤

印相

仏像が伝えようとする意志を手の形であらわしたもの。

❶こわがることはない〈施無畏印〉◯p.307⑥

❷願いをかなえてあげる〈与願印〉

❸心静かに瞑想する〈禅定印〉

↑❷教王護国寺講堂大日如来像
◯p.105①

明王（みょうおう）

「明」は明呪、すなわち神秘的な力をもつ言葉や呪文（真言）を意味し、明王とはその力を身につけている者たちのなかでとくに秀でた者（＝王）。如来の教えに従わない者たちを威嚇・屈服させ、教え導く。

造形の特徴

●人々を強い心と智慧で仏道に導くため、怒りをあらわす恐ろしい姿をしている。手には悪をこらしめる武器（剣など）をもっている。

明王の種類

①不動明王　五大明王の筆頭で、激しく燃える炎を背後にし、右手には降魔の剣、左手には羂索をもつ。
→教王護国寺講堂五大明王（◯p.105①）

②孔雀明王　明王のなかで唯一憤怒の表情ではない。病気平癒や延命の信仰を集める。

＊もともとは鳥獣を捕える縄や網。仏教では教化しにくい者を救済する道具の象徴。

↑❹教王護国寺講堂不動明王像
◯p.105①

仏教における偶像崇拝の対象である仏像は、広い意味でその種類は、如来・菩薩・明王・天部の4グループにわけられる。また、釈迦の弟子（＝羅漢）（◯p.96⑫）や各宗派の開祖（＝祖師）（◯p.147④）の像も信仰の対象となった。

菩薩（ぼさつ）

菩提薩埵の略。菩提は悟り、薩埵は衆生を意味し、悟りを開くことをめざして一切衆生を救済する志を立てて修行するものをさす。

造形の特徴

●釈迦が修行に入る前の姿をあらわすため、当時のインド貴族の正装が基本。身に宝石をちりばめた胸飾りをつけ、腰より下に裳をまとう。

菩薩の種類

①聖観音　基本となる1面2臂。
→薬師寺東院堂聖観音像（◯p.75⑦）

②十一面観音　頭部に阿弥陀如来の化仏をいただき、正面・側面・背面に喜怒哀楽を表現した面を載せ、左手に蓮華を生けた水瓶をもつ。
→聖林寺十一面観音像（◯p.97⑤）、法華寺十一面観音像（◯p.105③）、室生寺金堂十一面観音立像（◯p.106⑤）

③千手観音　千本の手でどのような衆生をも漏らさず救済しようとする観音の慈悲と力の広大さをあらわす。→唐招提寺金堂千手観音像など

観音は「観世音」の略で、「観自在」とも称される。世の中の音をあまねく自在に見て聞き届けてくれるとされる。

📏如来の脇侍（如来の左右に立つもの）をつとめる菩薩の組み合わせ
釈迦如来＆文殊・普賢、阿弥陀如来＆観音・勢至、薬師如来＆日光・月光

↑❸薬師寺東院堂聖観音像
◯p.75⑦

天部（てんぶ）

仏教以前に古代インドで崇拝されていた神が仏教に取り入れられて、仏教の護法神、守護神となったもの。

造形の特徴

●仏敵と戦う武将などの勇壮な形で表現され、手には武器をもち、靴を履くスタイルが多い。

天部の種類

武将形
四天王
十二神将

→❺東大寺戒壇院四天王像（増長天）
国宝　像高162.2cm
◯p.96③

鬼神形
八部衆

→❻興福寺八部衆像（迦楼羅）
国宝
像高149.7cm

📏八部衆はもとはインド古来の神々。夜叉＝鬼神、阿修羅＝戦闘神、迦楼羅＝動物神、緊那羅＝音楽神などだったが、仏法を守護する役目を負うようになった。

力士形
金剛力士

→❼興福寺金剛力士像
国宝　像高154.0cm
◯p.146④

天女形
吉祥天（女）

→❽浄瑠璃寺吉祥天立像
像高90.0cm

原始・古代 平安

1 桓武天皇と政治の特徴

↑①桓武天皇(737〜806)

① 光仁天皇(天智天皇系)の子
→藤原氏式家と密接な関係
(例)藤原種継を重用
② 「文華より政事を好む」と評価される実務型天皇
③ 渡来系氏族との強い結びつき
→母は渡来系和氏出身の高野新笠。東北経営に活躍した百済王氏とも密接な関係

2 相次ぐ造作事業

平城京の問題点	・氏族間対立等による政局不安定 ・仏教保護政策の悪影響
784 長岡京 遷都	・葛野川・宇治川の淀川水系を利用できる交通の便に恵まれた立地 ・藤原種継が造宮事業を主導 ・難波宮、平城京の建物を移築
785 藤原種継 暗殺事件	・種継が造営状況視察中に暗殺される ・大伴、佐伯ら旧氏族の犯行とし断罪 ・皇太弟早良親王を淡路へ配流→早良親王は抗議し絶命→のち、怨霊とされる
794 平安京遷都	・淀川水系に加え、東海・北陸・東山・山陰の各道と結ぶ陸上交通の便 ・賀茂川をはじめとする豊かな水資源

○国名を山背国から山城国に改める
○新京名を「平安京」と号することとする
※これまでの都の名が地名に因むことからは異例
宮中での祝賀の踏歌「新京楽 平安楽土 万年春」

以後、畿内とその周辺から役夫を動員して、造宮職を中心に、東北経営と並行して事業が継続される

| 805
徳政相論(論争) | 桓武天皇、藤原緒嗣・菅野真道の2参議に天下の徳政を論じさせる。 史→p.102 3 |

緒嗣の意見を採用し、造宮職の廃止を決定

4 平安初期の皇室系図 ○p.86 2 , 108 2

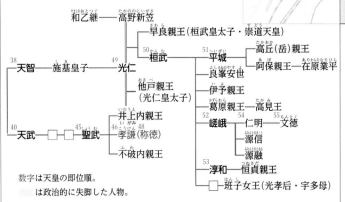

数字は天皇の即位順。
□□は政治的に失脚した人物。

和乙継——高野新笠
　　　　　　　早良親王(桓武皇太子・崇道天皇)
38 天智——施基皇子——49 光仁——50 桓武——51 平城——髙丘(岳)親王
　　　　　　　　　　　　　　　　　阿保親王——在原業平
　　　　　　　　　　　　　他戸親王(光仁皇太子)
　　　　　　　　　　　良峯安世
　　　　　　　　　　　伊予親王
　　　　　　　　　　　葛原親王——高見王
　　　　　　　　52 嵯峨——54 仁明——55 文徳
　　　　　　　　　　　　源信
　　　　　　　　　　　　源融
　　　　　　　　53 淳和——恒貞親王
　　　　　　　　　　　　班子女王(光孝后・宇多母)
40 天武—□—□—45 聖武——井上内親王
　　　　　　　　46 孝謙(称徳) 48
　　　　　　　　不破内親王

3 桓武天皇が造営した2つの都 －長岡京と平安京

テーマのポイント

■天智天皇系の桓武天皇が政治の刷新のために遷都した

凡例
卍 寺院
开 神社
■ 平安京造営時に建立された寺
■ 院政期に建立された寺
■ 平安遷都以前に建立された寺
■ 平安時代に建立されたその他の寺
緑字は世界遺産

資料鑑賞 桓武天皇は自身の即位を王朝の交替とみなし、自分が政治をはじめる場所は新しい場所でなければならないと考えた。遷都の理由は、物資運搬の利便性ということもあった。

見方・考え方
p.73地図を使って平安京の位置を確認し、長岡京・平安京の利便性を理解しよう。

白河 鴨川の東側一帯をさす。平安末期に院の御所や六勝寺などが建てられ都市化がすすみ、政治・文化の一拠点となる。

鳥羽 鴨川と桂川が合流する一帯は、朱雀大路から鳥羽作道が巨椋池につながり、水郷地・遊猟地として皇族や貴族が訪れた。白河上皇が後院として鳥羽殿を造営し、院政の拠点となる。

宇治 古来より水陸交通の要衝で平安時代には貴族の別荘地となり藤原道長も別荘を建てた。

長岡京
長岡は、桓武天皇の母の高野新笠と同じ渡来系の秦氏の勢力地域であり、京都盆地の北西部に位置し、難波津につながる淀川から分かれる桂川に沿う地域。古代から河川交通が発達し、現在も東海道線・同新幹線、名神高速道路等の陸上交通の要である。784年が、すべてが改まるとされる甲子の年にあたり、この年の朔旦冬至に遷都した。

平安京
造宮長官藤原種継暗殺による工事の遅延や天皇の近親者のあいつぐ死が早良親王の怨霊とされたことに加え、長岡京がたびたび洪水の被害を受けたため、山背国葛野郡宇太村に2度目の遷都を決意。ここは秦氏が開発に携わってきた地域でもある。宮中の宴でも歌われた踏歌の「新京楽、平安楽土、万年春」から、「平安京」と名づけられた。

一言かわら版 南海に消えた法親王 平城天皇の第3皇子高丘親王は、嵯峨天皇の皇太子となるが、薬子の変に連座し、のち出家。唐に学び、その後、唐から天竺をめざしたが、シンガポール付近で死去。

桓武天皇の政治はどのようなものだったのだろう

1 東北経略関係年表 →p.87

大化の改新後	**日本海側からの進出**	
	647	越後(新潟県)に渟足柵設置
	648	越後(新潟県)に磐舟柵設置
	658	阿倍比羅夫の蝦夷征討(〜660)→p.71⑤
	708	出羽(山形県)に出羽柵設置
奈良時代	712	出羽国設置
	太平洋側からの進出はじまる	
	724	陸奥(宮城県)に多賀城築城→p.84⑩
	733	出羽柵を北に移し、秋田城設置
	767	陸奥(宮城県)に伊治城築城
	780	伊治呰麻呂の乱。多賀城焼亡
	788	第1回蝦夷征討(〜789)
	789	征東大使紀古佐美、北上川畔で阿弖流為らに大敗
	791	第2回征討(〜794)(大伴弟麻呂=征夷大将軍)
	792	健児をおく(東北・大宰府は除く)
平安時代初期	794〜	蝦夷を諸国に移住させる
	797	第3回征討(〜801)(坂上田村麻呂=征夷大将軍)
	802	陸奥(岩手県)に胆沢城築城 蝦夷の族長の阿弖流為が降伏
	803	坂上田村麻呂、陸奥(岩手県)に志波城築城
	808	鎮守府を胆沢城に移転
	811	征夷将軍文室綿麻呂、蝦夷平定

3 律令政治の刷新 青字は令外官(4)。

桓武天皇(在位781〜806)

782	国司交替期間を120日とする
784	**長岡京に遷都**
785	藤原種継暗殺事件
788〜	蝦夷征討→東北支配拡大
792	陸奥・出羽・佐渡・九州以外の軍団を廃止。**健児**をおく
794	**平安京に遷都**
795	公出挙率を3割に減らし、雑徭も半減する
797	勘解由使の設置
801	畿内の班田を(一紀)一班*とする
805	徳政相論(徳政論争)→蝦夷征討と平安京造営事業を中止

*6年に1回の班田の期間を12年に1回とした。

↓

平城天皇(在位806〜809)

806	観察使を置き、国司等を監督。藤原薬子を寵愛し、その兄仲成を重用

↓

嵯峨天皇(在位809〜823)

809	平城太上天皇、平城旧京に移る
810	蔵人所設置(藤原冬嗣〈北家〉、巨勢野足を蔵人頭〈長官〉とする) **平城太上天皇の変**(薬子の変)→藤原式家没落
816	検非違使設置
820	**弘仁格式**撰定
823	大宰府管内で公営田制実施

2 東北経略関係図 →p.86③, 117②

凡例:
- 柵または城
- 国府
- 鎮守府(東北支配のための軍政府)
- 延喜式による官道

秋田城 733 780年頃
志波城 803
徳丹城 812〜813 803年頃
胆沢城 802
雄勝城 759
出羽柵 708 750年頃
7C
磐舟柵 648
渟足柵 647
越後
出羽
伊治城 767
桃生城 759
陸奥
多賀城 724
北上川
白河関
勿来関(菊多関)
阿武隈川

鎮守府移転 808 多賀城から胆沢城へ移転。

多賀城築城 724 陸奥国府と鎮守府を設置し東北経営の中心とする。

0 100km

テーマのポイント

1. 太平洋側を中心に蝦夷地域への支配がすすめられた
2. 律令政治の再建のため、令外官を設置し、格式の編纂がすすめられた
3. 軍事(蝦夷征討)と造作(都の造営)が財政や農民に重い負担となった

プロフィール

蝦夷の族長

阿弖流為
陸奥国(現在の岩手県)出身 ?〜802 →p.87①

蝦夷の族長の阿弖流為は、789年、5万人の征討軍に対し、地の利を生かした戦術で大勝した。しかし、802年に坂上田村麻呂が胆沢城を築城すると、五百余人とともに降伏した。田村麻呂は、阿弖流為を都に連れて行き、他の蝦夷を従わせるために阿弖流為を生かして帰すことを主張したが、貴族たちはこれを認めず、阿弖流為は斬殺された。

→①CGで復元された阿弖流為

4 令外官 →p.79① *令外官とは、令の規定にない官職のこと。

■ 奈良時代以前　■ 奈良時代　□ 平安時代

官名	設置年・天皇		おもな任務
中納言	705	文武	大納言を補佐。ただし、大臣不在時、職務代行は不可
按察使	719	元正	地方行政の監督官として数か国ごとに設置
参議	731	聖武	ほぼ四位の者を朝政に参議させたことに由来。中納言につぐ重職
内大臣	777	光仁	右大臣の次で、太政官の政務を統理する
征夷大将軍	794	桓武	蝦夷征討のための臨時の最高指揮官。大伴弟麻呂が初任。のちには武家政権の最高職となる
勘解由使	797	桓武	国司交替の際の不正や紛争をなくすために、引き継ぎ文書(解由状)を審査し、監督した
観察使	806	平城	地方行政の監察をするため畿内七道に各一人設置。810年廃止
蔵人頭	810	嵯峨	蔵人所の長官。定員2人。初代は藤原冬嗣・巨勢野足。**平城太上天皇の変**(薬子の変)の際、嵯峨天皇が平城太上天皇側に機密が漏れるのを防ぐために設置。その後、天皇に近侍し、詔勅の伝言、宮中行事、日常生活まで取り仕切る。蔵人頭から参議に昇進するのが常例となる
検非違使	816頃	嵯峨	おもに都での盗賊検挙、風俗の取り締まり、非法の糾弾をおこなう。のち訴訟・裁判を扱う。長官は別当
押領使	878	陽成	国の兵を率い、地方の暴徒鎮圧にあたる。10世紀半ば以後、諸国に設置される
関白	884	光孝	すべての奏上文を天皇に先立ち内覧する。正式には887年に**藤原基経**が初任
追捕使	932	朱雀	諸国の盗賊を追捕。平将門の乱、藤原純友の乱(→p.116③④)以後常置

史料 軍事と造作の停止

八〇五(延暦二十四)年十二月

藤原朝臣緒嗣と菅野朝臣真道とをして、天下の徳政を相論ぜしむ。時に緒嗣、議して云ふ、「方今、天下の苦しむ所は軍事と造作となり。此の両事を停めば百姓安んぜむ」と。……帝、緒嗣の議を善しとし、即ち停廃に従ふ。
（『日本後紀』）

5 格式*の編纂 *格は律令の規定の補足・修正、式は施行細則。

	名称		内容	編者	巻数	編纂年(天皇)	施行年(天皇)
三代格式	弘仁	格	701〜819年の間の格	藤原冬嗣ら	10	820年(嵯峨)	830年(淳和)
		式	701〜819年の間の式		40		840年(仁明)
	貞観	格	819〜868年の間の詔勅・官符	藤原氏宗ら	12	869年(清和)	869年(清和)
		式	弘仁式の補遺		20	871年(清和)	871年(清和)
	延喜	格	869〜907年の間の詔勅・官符	藤原時平ら	12	907年(醍醐)	908年(醍醐)
		式	弘仁・貞観式の改定	藤原忠平ら	50	927年(醍醐)	967年(冷泉)
注釈書	令義解		養老令の注釈書(官撰)	清原夏野ら	10	833年(淳和)	834年(仁明)
	令集解		養老令の注釈書(私撰) 諸家の私説を広く編集	惟宗直本	30	貞観年間	

◥三代格式で完本として残っているものは延喜式のみ。

原始・古代　平安

●内裏 *禁裏・御所ともいう。

東西約220m、南北約300m

本来、天皇とそれに奉仕する宮人たちの生活空間だったが、平安時代には皇后や妃なども住むようになり、摂関政治がはじまると政治決定の場になった。960年以来15回も焼亡し、そのたびに里内裏が設けられた。

清涼殿

天皇が日常起居する殿舎。平安中期頃より叙位・除目などの日常の政務や、四方拝などの年中行事がおこなわれた。930年に落雷があり、多くの死傷者が出た。

紫宸殿

平安宮内裏の正殿。南殿ともいう。即位・朝賀・節会の公事や大小の儀式がおこなわれた。承明門との間の南庭には、左近の桜、右近の橘が植えられ、儀式の場となった。

（『歴史地図本 知って訪ねる京都』などを参照）

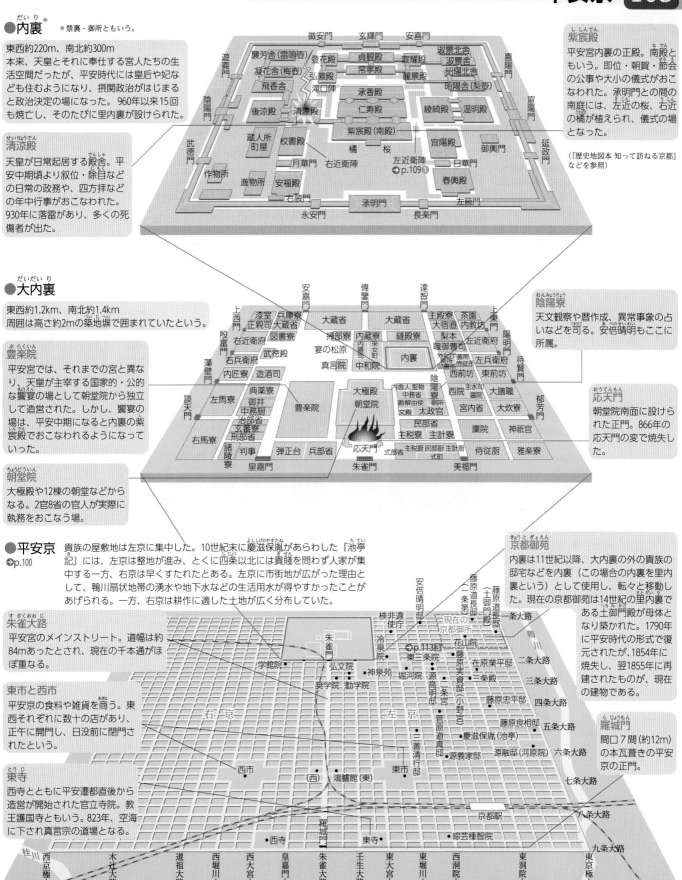

［内裏の図中ラベル］
微安門　玄輝門　安喜門
襲芳舎（雷鳴壺）　淑景北舎
登花殿　貞観殿　宣耀殿　淑景舎
凝花舎（梅壺）　弘徽殿　常寧殿　龍景殿　昭陽北舎
遊義門　飛香舎　滝口陣　承香殿　昭陽舎（梨壺）　喜陽門
陰陽門　後涼殿　仁寿殿　綾綺殿　温明殿　宣陽門
清涼殿　蔵人所町屋　校書殿　紫宸殿（南殿）　宜陽殿　御輿門　延政門
武徳門　月華門　橘　桜　春興殿
作物所　右近衛陣　左近衛陣 →p.109　日華門
進物所　安福殿　左兵衛陣
右腋門　承明門　長楽門　左腋門
永安門

●大内裏

東西約1.2km、南北約1.4km
周囲は高さ約2mの築地塀で囲まれていたという。

豊楽院

平安宮では、それまでの宮と異なり、天皇が主宰する国家的・公的な饗宴の場として朝堂院から独立して造営された。しかし、饗宴の場は、平安中期になると内裏の紫宸殿でおこなわれるようになっていった。

朝堂院

大極殿や12棟の朝堂などからなる。2官8省の官人が実際に執務をおこなう場。

陰陽寮

天文観察や暦作成、異常事象の占いなどを司る。安倍晴明もここに所属。

応天門

朝堂院南面に設けられた正門。866年の応天門の変で焼失した。

［大内裏の図中ラベル］
安嘉門　偉鑒門　達智門
上西門　漆室　兵庫寮　大蔵省　大蔵省　主殿寮　茶園　上東門
正親司　大蔵司　内教坊
殷富門　左近衛府　図書寮　掃部寮　内蔵寮　縫殿寮　梨本　右近衛府　陽明門
右兵衛府　武徳殿　宴の松原　職御曹司　待賢門
藻壁門　内匠寮　造酒司　真言院　中和院　内裏　外記庁　左兵衛府
内膳司　西院　西前坊　東前坊
談天門　左馬寮　典薬寮　舎人監　陰陽寮　西院　大膳職
御井　大極殿　中務省　勘解由使　典薬寮　内省　郁芳門
中務厨　朝堂院　文殿　太政官　宮内省　大炊寮
右馬寮　治部省　玄蕃寮　民部省　主殿寮　神祇官
諸陵寮　刑部省　主税寮　主計寮　侍従府　雅楽寮
判事　弾正台　兵部省　応天門　式部省　主税厨　民部厨　主計厨
皇嘉門　朱雀門　美福門
式町

●平安京 →p.100

貴族の屋敷地は左京に集中した。10世紀末に慶滋保胤があらわした『池亭記』には、左京は整地が進み、とくに四条以北には貴賤を問わず人家が集中する一方、右京は早くすたれたとある。左京に市街が広がった理由として、鴨川扇状地帯の湧水や地下水などの生活用水が得やすかったことがあげられる。一方、右京は耕作に適した土地が広く分布していた。

朱雀大路

平安宮のメインストリート。道幅は約84mあったとされ、現在の千本通がほぼ重なる。

東市と西市

平安京の食料や雑貨を商う。東西それぞれに数十の店があり、正午に開門し、日没前に閉門されたという。

東寺

西寺とともに平安遷都直後から造営が開始された官立寺院。教王護国寺ともいう。823年、空海に下され真言宗の道場となる。

京都御苑

内裏は11世紀以降、大内裏の外の貴族の邸宅などを内裏（この場合の内裏を里内裏という）として使用し、転々と移動した。現在の京都御苑は14世紀の里内裏である土御門殿が母体となり築かれた。1790年に平安時代の形式で復元されたが、1854年に焼失し、翌1855年に再建されたものが、現在の建物である。

羅城門

間口7間（約12m）の本瓦葺きの平安京の正門。

［平安京の図中ラベル］
安倍晴明邸　藤原道長邸（土御門殿）　藤原道長邸（二条第）
検非違使庁　現在の京都御所　現在の京都御苑　一条大路
朱雀院　冷泉院　花山院　鴨川
学館院　東三条殿　藤原実資邸　在原業平邸　二条大路
弘文院　神泉苑　堀河院　三条殿　三条大路
奨学院　勧学院　源高明邸　二条宮（小野宮）
右京　左京　菅原道真邸　藤原忠平邸　四条大路
慶滋保胤（池亭）　藤原良相邸　五条大路
源融邸　源融（河原院）　六条大路
西市　東市　源義家邸　善清行邸
（西）鴻臚館（東）　七条大路
京都駅　八条大路
羅城門　東寺　綜芸種智院
西寺　九条大路

［下部の大路ラベル］
桂川　西京極大路　木辻大路　道祖大路　西堀川小路　西大宮大路　皇嘉門大路　朱雀大路　壬生大路　東大宮大路　東堀川小路　西洞院大路　東洞院大路　東京極大路

原始・古代

平安

テーマのポイント

1. 平安京中心の貴族文化
2. 文芸（漢文学）を中心として国家の隆盛をめざす文章経国の思想
3. 密教の影響が濃い仏教文化

1 弘仁・貞観文化一覧表

教育	大学教科の充実⊃p.92 2 **大学別曹**（有力氏族が設けた大学の寄宿舎） 　**弘文院**－和気氏（和気広世が創設） 　**勧学院**－藤原氏（藤原冬嗣が創設） 　**学館院**－橘氏（檀林皇后＝橘嘉智子が創設） 　**奨学院**－在原氏・皇族（在原行平が創設） 庶民教育機関 　**綜芸種智院**－空海が創設
文芸	勅撰漢詩集 　『**凌雲集**』（814年、小野岑守ら） 　『**文華秀麗集**』（818年、菅原清公ら） 　『**経国集**』（827年、良岑安世ら） 私的漢詩集　「**性霊集**」（空海） その他　『**入唐求法巡礼行記**』（円仁）
書道	三筆－唐風の力強い書体⊃p.106 2 嵯峨天皇、橘逸勢、空海（「**風信帖**」）
建築	**室生寺**（金堂・五重塔）⊃p.106 1
彫刻	教王護国寺講堂五大明王像⊃p.105 1 **神護寺薬師如来像**⊃p.105 4 室生寺金堂釈迦如来像 **室生寺弥勒堂釈迦如来坐像**⊃p.106 3 元興寺薬師如来像⊃p.105 2 法華寺十一面観音像⊃p.105 3 **観心寺如意輪観音像**⊃p.105 7 **薬師寺僧形八幡神像**⊃p.105 5 薬師寺神功皇后像⊃p.105 6
絵画	神護寺両界曼荼羅 **教王護国寺両界曼荼羅**⊃7 8 **園城寺不動明王像**（黄不動） 高野山明王院不動明王像（赤不動）⊃p.105 8

	天台宗	真言宗
開祖	**最澄**（伝教大師）　767～822	**空海**（弘法大師）　774～835
中心寺院	**比叡山延暦寺**〈滋賀県〉⊃p.198 4 **園城寺**（三井寺）〈滋賀県〉	**高野山金剛峯寺**〈和歌山県〉 **教王護国寺**（東寺）〈京都府〉
主著	『**山家学生式**』…大乗戒壇の独立を求める 『**顕戒論**』…大乗戒壇独立の正統性を主張	『**三教指帰**』…仏教の優秀性を主張 『**十住心論**』…真言密教の境地への道筋を説く
経典	**法華経**を中心とする	**大日経・金剛頂経**を中心とする
教義	人間の仏性の平等を説き、修学・精神統一により仏の真理を体得することと、すべての人々の救済をはかる菩薩行の実践を重視する	諸尊を念じ、真言を誦え、加持祈禱という特殊な儀式によって即身成仏できると説く →現世利益の追求
密教	円仁により教義が整えられる。「**台密**」とよばれる	本来、密教であり、加持祈禱が中心。「**東密**」とよばれる
展開	**円仁・円珍**により教団が大成。のち、派閥の対立から993年に円珍派が園城寺（＝**寺門派**）に移り、延暦寺（＝**山門派**）と対抗	加持祈禱により現世利益をもたらす活動が、貴族層の支持を受けて発展。後世の仏教の祈禱儀式に大きな影響を与える
南都仏教との相違⊃p.90 1	①鎮護国家に加え、貴族の現世利益や個人救済もめざす ②理論・哲学的側面より、密教的色彩の強い加持祈禱などの実践的側面を重視 ③山岳仏教的性格→山岳崇拝と結びつき、**修験道**の源流となる	

2 平安仏教

密教とは、釈迦がこの世にあらわれ、言葉や文字で説き示した教え（**顕教**）に対する語で、真実秘密の教えは宇宙の根本仏**大日如来**（⊃p.99如来）の法力によって直接伝えられるものとする。密教では宇宙のすべての現象は大日如来の徳を開現したものとされる。

キーワード 加持祈禱

密教では、行者が本尊の前に坐し手に印を結び口に仏の真言を唱え、心も仏の心境になれば、現世において悟りを得てそのまま仏になれる（**即身成仏**）と説いた。行者の最終目標は即身成仏で、この仏と行者が一体になる作法を加持という。加持・祈禱とも神仏に祈ることで、「加持祈禱」と並称されるが、祈禱は、厳密には、呪文をも含めて言語の形をとるものをさす。

禱（とう）

神に声をあげて祈る意を表わし、祝と同じ意味であったが、のち、これと区別して祈り求める意に用いる。

↑5 加持祈禱

↑1 **最澄**　804年、遣唐使船で唐に渡り、天台宗・密教を学んで805年に帰国。

↑2 **空海**　804年、遣唐使船で唐に渡り、恵果から真言密教を学び、806年に帰国。

←3 **円仁**（慈覚大師）（794～864）

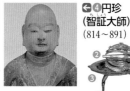

←4 **円珍**（智証大師）（814～891）

←6 **空海請来の五鈷鈴と五鈷杵**　鈴は諸仏の勧請に振り鳴らし、杵は護身用武器の象徴として行中常に携帯した。

①五鈷鈴　国宝　高さ24.5cm
②五鈷杵　国宝　長さ24.0cm
③金剛盤　国宝　長さ30.7cm

● 曼荼羅

7 **大日経**にもとづいたもの。中央の蓮華の花（中台八葉院）の中心に大日如来を配し、その周りを11の院（グループ）で構成する。
国宝　京都市　183.0×154.0cm

8 **金剛頂経**にもとづいたもの。9つのブロックからなり、1461体の仏尊が描かれている。現存最古の彩色曼荼羅である。
国宝　183.0×154.0cm

大日如来を中心に各部の諸尊を配置した図像を**曼荼羅**という。大日如来の内証（さとり）を知徳の方面から開示したものが**金剛界**、同じく慈悲の方面からのものを**胎蔵界**といい、両者合わせて**両界曼荼羅**という。

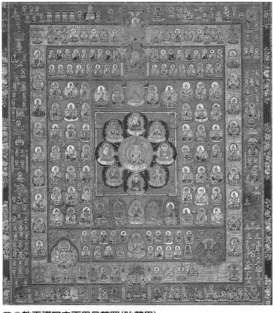

↑7 **教王護国寺両界曼荼羅（胎蔵界）**

↑8 **教王護国寺両界曼荼羅（金剛界）**

原始・古代 平安

1 彫刻 ➡p.99（仏像理解の基礎知識）

↑❶**教王護国寺講堂五大明王像** 講堂内には大日如来（➡p.99 ❷）を中心に21体の像が配置され、密教の理念である曼荼羅を立体的にあらわしている。大日如来の右手側に置かれた五大明王の中尊が不動明王像（➡p.99 ❹）である。
国宝 京都市 不動明王像像高173.3cm

教王護国寺講堂内諸像配置図

	多聞天 東 持国天	広目天 帝釈天 西 増長天
	梵天 大日如来生 阿閦宝	金剛夜叉 降三世 大威徳 軍荼利 不動明王 金剛業金剛 金剛波羅蜜多菩薩 金剛薩埵 金剛宝 金剛波羅蜜多菩薩 不空成就阿弥陀
	五智如来	五大明王

↑❷**元興寺薬師如来像** カヤの一木造。量感に富み、神秘的な表情をもつ。両足の前面をおおう衣が長卵形の面をつくり、**翻波式**のひだを刻んでいる。国宝 奈良市 像高166.0cm

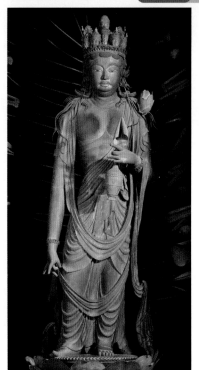

↑❸**法華寺十一面観音像** 光明皇后をモデルにつくられたといわれる。
国宝 奈良市 像高100cm

◀❹**神護寺薬師如来像** 824年、神護寺は和気清麻呂の子真綱によって創建され、その際に移された像らしい。用材はカヤと考えられる。大きい螺髪が特徴で、怨霊調伏のために造立された像だけに威圧感を強調した造形である。
国宝 京都市 像高170.6cm

※仏教と日本古来の神祇思想の融合・調和を唱える神仏習合の風潮がこの時代に強まった。八幡神も、その影響でつくられた神像のひとつで、東九州の地で祀られていた神々が統合され、僧形であらわされたものである。

作品鑑賞 奈良時代の仏像（➡p.96,97）とは違った技法であることを感じよう。

薬師寺南側にある鎮守社の休ヶ岡八幡宮の神体としてつくられたうちの二像。

↑❺**薬師寺僧形八幡神像**※
国宝 奈良市 像高38.8cm

↑❻**薬師寺神功皇后像**
国宝 像高33.9cm

2 絵画

◀❼**観心寺如意輪観音像** 一木造に乾漆を盛り、彩色しているため、豊満さと深い神秘性をたたえている。国宝
大阪・河内長野市
像高108.8cm

➡❽**高野山明王院不動明王像（赤不動）** 明王の身体、着衣とも赤色で描かれているため赤不動とよばれる。持明院（和歌山・高野町）蔵

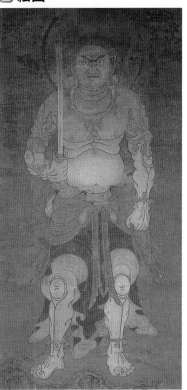

↑❾**曼殊院不動明王像（黄不動）** 右手に悪を滅ぼす剣、左手に衆生を救う働きを象徴する羂索をもち、力強い憤怒の姿をとっている。この曼殊院の黄不動は園城寺黄不動を模したものである。国宝
京都市 168.2×80.3cm

原始・古代
平安

室生寺は、奈良県東部の山間にある真言宗の寺院。

▲女人禁制の高野山に対して、室生寺は女性の入山が許されていたため「女人高野」とよばれる。

平安時代になると、寺院は密教的な霊力が存在し修行に適していると考えられる山間に建てられるようになり、各建物も自然の地形に合わせた伽藍配置となった。→p.67 3

↑④翻波式　衣のひだとひだの間に小さなひだを彫り込む技法。

1 室生寺 奈良・宇陀市

↑①室生寺金堂　現在は5間四方で寄棟造、柿葺であるが、創建当初は入母屋造、檜皮葺の簡素な建物であった。
国宝　高さ9.6m

▲檜皮は、檜の皮を小さな板にしたもので、これで屋根を覆ったものを檜皮葺という。高価で人手もかかり、宮中の建物や貴族の邸宅などで用いられる。柿葺は柿板とよばれる椹や檜などの薄い割り板を竹釘によって打ちつける。社寺建築に多く用いられる。→p.37 6～8

←③室生寺弥勒堂釈迦如来坐像　肩も胸も厚く、膝にも張りがあり堂々としているが、衣文はあざやかな翻波式の典型を示している。
国宝　像高106.3cm
→p.99（如来）

↑②室生寺五重塔　檜皮葺で、高さは平均的な五重塔の約半分と最小の塔である。1998年に台風により被害を受けたが、2000年に復旧された。国宝　高さ16.7m

→⑤室生寺金堂十一面観音立像　一木造。用材はカヤと考えられる。彩色が美しく、左肘および両手首、天衣の一部のほかは、十一面まで共木で刻まれている。
国宝　像高195.1cm
→p.99（菩薩）

2 書道－三筆 →p.110 4（三蹟）

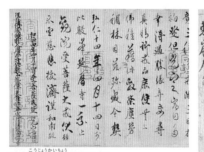

↑⑥伊都内親王願文（伝橘逸勢筆）
29.7×340.9cm（部分）　宮内庁蔵

↑⑦光定戒牒（嵯峨天皇筆）
国宝　延暦寺（滋賀・大津市）蔵　36.9×148.1cm（部分）

9世紀前半の嵯峨・淳和両天皇の時代には、漢詩文制作の最盛期をむかえ、『凌雲集』などの三勅撰集が次々と編纂された。その風潮は書の世界にもおよび、空海らの力強い書が高い評価を受けた。**空海・嵯峨天皇・橘逸勢**の3人を称して、三筆という。

→⑨顔真卿の書　顔真卿は、唐代中期の書道家で、従来の典雅な書風を一変させ、力強い書法をうちたてた。

→⑧風信帖（空海筆）　冒頭、「風信雲書…」ではじまるためこの名がある。風信帖は、最澄が真言の伝授を請うたことに対して、空海が送った返書である。文中や宛名に「金蘭」とあるのは最澄のこと。最澄と空海は、唐から帰国直後はこのように親密な交際を続けていたが、のちに疎遠になった。この書は、唐の顔真卿一派の影響が認められる。
国宝　教王護国寺蔵　28.8×157.9cm（部分）

平安時代にはなぜ信仰がさかんだったのだろうか。

当時の平安京は頻繁に伝染病が流行し、貴族から庶民に至るまで多くの死者を出したため、人々はその見えないものに恐れをなし、自らの身を守るために信仰にすがった。都の人々の生活の規範は、こうした信仰の影響が大きかった。さまざまな信仰について、疫病とのかかわりから考えてみよう。

↑❶天神となった菅原道真（⇒p.108）と内裏への落雷（『北野天神縁起絵巻』）
平安時代には非業の死を遂げたものが、社会全体に疫病や災害などの災いをもたらすと信じられた。人々は怨霊をまつることで災いを回避しようと考えた。京都の北野天満宮は、道真の霊を鎮めるため創建された。やがて道真の生前の功績は「天神信仰」として崇められるようになり、今日では「学問の神様」として信仰を集めている。

見方・考え方
菅原道真はどんな人物だったか確認しよう（⇒p.108）。

↑❷屋根の上の疫鬼（『春日権現縁起絵巻』）
病気は、目に見えないものの存在によってもたらされるとも信じられた。やがて中国から疫病の概念が貴族社会に広まると、疫病などは人に疫鬼（鬼）が取りついているものと考えるようになった。

1 平安時代の信仰

		貴族	庶民
仏教		南都仏教 ⇒p.90■	祖霊信仰
		天台宗・真言宗 ⇒p.104■	
		現世利益を求め加持祈禱中心	盂蘭盆会
		浄土教 → 末法思想 ⇒p.111■	
神道など		神仏習合	
	9世紀〜	修験道	
	10世紀〜	本地垂迹説 ⇒p.144■	熊野信仰 ⇒p.119⑥
陰陽道		中国の陰陽五行説	
		陰陽道の発展（吉凶を占う）	
		生活・行動の規範となる →物忌・方違	
その他		怨霊思想 → 御霊会	御霊信仰

2 御霊会

見方・考え方
平安時代の人々が、疫病をもたらすと考えていたものにはどのようなものがあっただろうか。

都で疫病が蔓延するのは、非業の最期を遂げたものが怨霊となって祟り、疫病をもたらすためとも考えられたため、怨霊を「御霊」として慰める御霊会が開催された。疫病が蔓延した863年、内裏に近い神泉苑にて早良親王ら6名の霊を慰めるため、歌舞や相撲などの芸能を催す御霊会が朝廷の主催で開かれた。このとき苑が庶民にも開放され、御霊会は民間信仰とも結びつくようになった。

❸神泉苑

● 御霊会の開催地

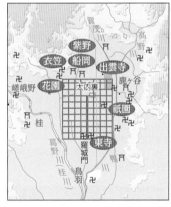

御霊会は当初は神泉苑など都の中心でおこなわれたが、やがて都を清浄に保ち疫神を退散させる意味から、祇園など都の周縁部で開催されるようになった。

❹祇園御霊会（『年中行事絵巻』）

3 陰陽道の発展

中国の陰陽五行説にもとづいた陰陽道は、吉凶占いや物忌・方違＊など貴族生活に広く受け入れられた。特に北東の方角は、鬼や疫神が侵入してくる「鬼門」として、陰陽道でも忌み嫌うようになった。

＊物忌は、凶と判断される時、一定期間外出しないこと。方違は、凶の方角を避けること。

安倍晴明

↑❺安倍晴明（921〜1005）　陰陽師の安倍晴明が疫神を祓うための祈禱をしているようす。
『不動利益縁起絵巻』　出典：ColBase

4 末法思想の流行と疫病

平安後期には、釈迦の入滅後2000年後に、仏法の破滅により世の中が乱れるとする末法思想が流行した。1052年が末法に入る初年と考えられ、人々は災害や治安の悪化などに加え、疫病の流行も、末法到来の前兆ととらえていた。

史料　末法の到来
永承七年壬辰、正月廿六日癸酉、千僧を大極殿に屈請して、観音経を転読せしむ。去る冬より③疫病流行し、年を改むる巳後、いよいよ以て①熾盛す。仍て其の災を除かんが為に始めて末法に入る。②疫病 ③さかんとなる　一〇五二年　①②③（『扶桑略記』）

歴史ポケット

平安京の衛生環境

伝染病が多発した背景には、当時の都の劣悪な衛生状態が挙げられる。人口が密集し、夏は高温多湿なうえ、トイレや排水施設も十分整備されていなかった。住民は道の片隅で排泄し、道路には籌木（糞ベラ）やゴミが散乱していた。⇒p.1

←❻用を足す人　ハネを防ぐために高下駄をはいて用を足しているようす。
『餓鬼草紙』　出典：ColBase

探Q

● 身近な地域でも疫病や怪我などを祓うような風習や芸能、伝承がないか、調べてみよう。
● 平安時代の人々の信仰と現在の私たちの間にもつながっている生活様式や風習がないか、調べてみよう。

原始・古代　平安

テーマのポイント

❶藤原北家は冬嗣以後、外戚関係と他氏排斥により勢力を拡大した
❷良房が摂政に、基経が関白に就き、10世紀後半以後は摂政・関白が常置化した

1 藤原北家の発展関係年表

□は、摂関政治のおこなわれた期間。　❶～❻は 2 に対応。

天皇	藤原北家	特色	事項
嵯峨 823 淳和 833 仁明 850 文徳 858 清和	冬嗣	北家の台頭	810　冬嗣、蔵人頭に就任 810　平城太上天皇の変（薬子の変）
	良房	摂関政治開始	842　承和の変 857　良房、太政大臣に就任 858　良房、事実上摂政に就任 866　応天門の変 　　　良房、正式に摂政に就任
876 陽成 884 光孝 887 宇多	基経		876　基経、摂政に就任 884　基経、事実上関白に就任 887　基経、正式に関白に就任 888　阿衡の紛議
897 醍醐	時平	延喜の治	891　菅原道真、蔵人頭に就任 894　遣唐使派遣停止 →p.91 899　道真、右大臣に就任 　　　時平、左大臣に就任 901　菅原道真の左遷
930 朱雀 946 村上	忠平		935～941　平将門の乱、藤原純友の乱 →p.116 3 4
967 冷泉 969 円融 984 花山 986 一条	実頼 伊尹 兼通 頼忠 兼家 道隆 道兼	天暦の治 摂関政治確立	967　実頼、関白に就任 　　　以後、摂政関白は常置 969　安和の変 972　兼通（兄）・兼家（弟）の対立 995　道長（叔父）・伊周（甥）の対立
1011 三条 1016 後一条 1036 後朱雀 1045 後冷泉	道長 頼通	摂関政治全盛	995　道長、内覧に就任 1016　道長、摂政に就任 1017　頼通、摂政に就任 1020　道長、法成寺を建立 1051～　前九年合戦はじまる 1052　末法第1年（末法思想流行） 1053　頼通、平等院鳳凰堂建立

❶810　平城太上天皇の変（薬子の変）
　原因　平城太上天皇が復位と平城京遷都を画策
　経緯　嵯峨天皇側の迅速な出兵
　排斥　側近の藤原式家の藤原仲成は射殺、薬子は自殺
　結果　藤原式家が没落、藤原北家台頭の契機

❷842　承和の変
　原因　仁明天皇後の皇位継承をめぐる争い
　経緯　伴健岑・橘逸勢（→p.106 6 ）らに謀反の嫌疑がかかる
　排斥　健岑・逸勢ら配流。恒貞親王も皇太子を廃される
　結果　藤原良房の妹の子が東宮となり（のち文徳天皇）、北家の優位が確立

❸866　応天門の変 →p.126
　原因　大納言伴善男が左大臣 源 信の失脚を画策
　経緯　子どもの喧嘩から善男が応天門に放火と判明
　排斥　伴善男と息子伴中庸、紀豊城らは配流
　結果　藤原良房が正式に臣下初の摂政に就任
　　　　藤原北家による摂関時代のはじまり

❹888　阿衡の紛議
　原因　宇多天皇即位に際して藤原氏が示威行為
　経緯　藤原基経、関白任命の詔にある「阿衡」とは位のみで職掌がないとして抗議
　排斥　起草者 橘 広相は罷免される
　結果　宇多天皇は勅書の非を認める

❺901　菅原道真の左遷（昌泰の変）→p.107 1
　原因　左大臣藤原時平が右大臣菅原道真の台頭を警戒
　経緯　時平、道真が女婿の斉世親王の即位を策謀と訴える
　排斥　菅原道真は大宰府に左遷され、2年後に死去
　結果　時平らは道真の怨霊に悩まされた

❻969　安和の変
　原因　冷泉天皇後の皇位継承をめぐる争い
　経緯　左大臣源高明の女婿である為平親王擁立の動きがあると源満仲（清和源氏）が密告
　排斥　源高明は大宰府に左遷される
　結果　以後、摂政・関白が常置され藤原氏の全盛時代到来。清和源氏も台頭

政変関係系図　❶～❻は 2 に対応。

❶平城太上天皇の変

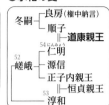

❷承和の変

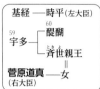

❺菅原道真の左遷

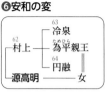

❻安和の変

↑❶菅原道真の左遷（『北野天神縁起絵巻』〈承久本〉）
道真が大宰府の配所で醍醐天皇より賜った御衣の余香を拝し、涙を流す場面。

古代の流罪と左遷

律では、笞・杖・徒・流・死の五刑（→p.78 3 ）が規定されていたが、死刑は9世紀はじめに停止され、受刑者を遠隔地の配所へ強制移住させ、1年間徒刑に服役させる流刑が実質的な最高刑となった。流刑は、畿内からの距離によって近流・中流・遠流の3等級があった。古代の遠流先としては、佐渡・伊豆（橘逸勢・伴善男）・隠岐（伴健岑）・土佐などがある。これとは別に、官人が政治的に失脚し降格のうえ大宰府などの遠隔地に赴任を命じられる左遷がある。左遷の場合は、俸禄が与えられ恩赦による帰還もあり得る。菅原道真は大宰権帥に左遷され、その2年後大宰府で没した。非業の死が道真の怨霊を生むことになった。→p.107 1

2 藤原氏系図 →p.86 2

見方・考え方　天皇家との外戚関係が続いていることを理解しよう。

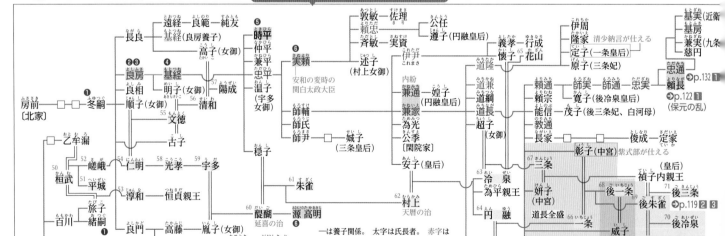

一は養子関係。　太字は氏長者。　赤字は摂政・関白。　　は天皇。　数字は天皇即位順。❶～❻は 1 の事件関係者。

一言かわら版　飛梅伝説　菅原道真は大宰府に旅立つに際し、愛した庭の梅を想い「東風吹かば 匂ひおこせよ梅の花 あるじなしとて春な忘れそ」と詠んだ。梅は道真を慕い大宰府に飛来した。現在も太宰府天満宮にある「飛梅」の由来である。

1 摂関時代 ● 時期

- ■ 9世紀後半　藤原良房・基経が摂政や関白に就く → **政治機構(1)**
- ■ 969　安和の変
  - →以後、摂政・関白が常置される → **政治機構(2)**
- ■ 道長の全盛期　3代の天皇の外祖父
  - 1018「此世をば、我世とぞ思ふ望月…」の歌🔲 p.110 3
- ■ 頼通の全盛期　3天皇50年にわたり摂政・関白
  - 1052　宇治の別荘を寺に改修
  - →平等院鳳凰堂 p.112 1
- ■ 1067　頼通辞任→後三条天皇即位、親政開始
- ■ 1086　白河上皇が院政を開始 p.119

この時期を特に摂関時代という

● 特色

外戚関係の利用 p.119 3

娘を天皇の后妃に入れ、生まれた皇子が天皇の地位に就くとその外祖父として権力を握り、摂政・関白として天皇を補佐

高位高官を藤原北家(特に良房の嫡流家)が独占

強い政治権力	豊かな経済力
役人の任免(叙位・除目)に強い影響力・発言力をもつ ↓ 中・下級貴族は有利な官職を得るために従属 ➡ p.115 4	①官職・位階に伴う莫大な収入(職田・職封、位田・位封) ②国司任命に伴う収入(受領からの成功) ③荘園からの収入 ・墾田地系荘園からの収入 ・寄進地系荘園から領家・本家としての収入 ➡ p.120 3

先例・儀式の重視
年中行事の発達→政治における日記の重要性

● 摂関時代の 政治機構(1)

```
          天 皇
    ┌────────┤
  摂 政        関 白
幼少の天皇に    天皇の決裁
代わって政務    に参画
を決裁
        奏上を参考
        にして決裁
    奏上
  一人一人の
  意見を列記
        勅
```

公卿による合議 = 陣定 ➊
[内裏の左(右)近衛陣でおこなう]

(太政大臣)	大 納 言
左 大 臣	中 納 言
右 大 臣	参 議

太政官符

上申(解)　　　宣旨

諸司・諸国

● 摂関時代の 政治機構(2)

道長・頼通の時代　摂関政治の時代には特定の人(道長、頼通)だけが天皇から国政に関する諮問を受けそれに対し意見を具申することができた。

```
          天 皇
   ┌──────────┐
  諮問         意見具申
道長(内覧*・摂政)、頼通(摂政・関白)
        勅
          公 卿
```

＊道長は、995〜1016年まで内覧の地位にあった。内覧とは、摂関の地位に就くべき候補者がまったく大臣の経験がない場合、その候補者は大臣に任ずる内覧宣旨を受け、大臣経験をつんだ上で正式に摂関とされた。

● テーマのポイント

1 国政は公卿による合議で決定されたが、しだいに摂関の権限が強化された

↑➊陣定(『年中行事絵巻』)　太政官での国政審議は、毎朝おこなわれるきまりだったが、摂関時代には月に2、3回となった。内裏の左・右近衛の陣でおこなわれた(多くは左近衛陣)(陣定)。諸公卿が意見を述べ、それを尊重して天皇・摂関が裁許を下し、宣旨・官符が発令された。写真は右近衛の陣。

2 延喜・天暦の治

	年	事 項
延喜の治 醍醐天皇 在位 (897〜930)	901	右大臣菅原道真、大宰権帥に左遷➡p.108 1
		『日本三代実録』編纂…最後の六国史➡p.93 2
	902	延喜の荘園整理令🔲
		……最初の荘園整理令➡p.120 2
		班田を12年1班とする……最後の班田実施
	905	紀貫之ら『古今和歌集』編纂
		……最初の勅撰和歌集➡p.110 3
	907	新銭「延喜通宝」を使用➡p.82 ⑪
		『延喜格』完成……最後の格式編纂➡p.102 5
	914	三善清行、意見封事十二箇条奏上🔲
	927	『延喜式』完成
天暦の治 村上天皇 在位 (946〜967)	951	『後撰和歌集』編纂
	957	菅原文時、意見封事三箇条奏上
	958	新銭「乾元大宝」を使用
		……最後の本朝十二銭➡p.82 ⑫
	964	学館院を大学寮別曹とする➡p.92 2

醍醐・村上天皇の時代は摂政・関白を置かず、天皇親政とし、諸法令の体系化・荘園の新立禁止・国史の編纂・勅撰和歌集の編纂など、政治・文化両面に積極的な政策が集中することから、後代から理想的な時代とされた。

3 藤原氏公卿の増加

＊摂政・関白・太政大臣・大納言・中納言・参議および三位以上の者を公卿とよぶ(➡p.79 1)。

年	天皇	藤原北家	事 項	5	10	15	20	25(人)
794	桓武		平安京遷都	6	5	11		
811	嵯峨	冬嗣	平城太上天皇の変翌年	6	7	13		
858	清和	良房	良房、事実上の摂政	5	5	4	14	
866	〃	〃	応天門の変	6	4	5	15	
887	宇多	基経	基経、正式に関白就任	7	7	2	16	
969	冷泉	実頼	安和の変	11	6	1	18	
995	一条	道長	道長、内覧に就任	17	5	1	23	
1017	後一条	頼通	頼通、摂政に就任		20	4	24	
1065	後冷泉	〃	頼通、摂政就任48年		18	7	25	
1072	後三条	教通	後三条天皇即位(1068)後	17	8	25		
1105	堀河	忠実	白河上皇院政期	12	13	1	26	

凡例：藤原氏 / 源氏 / 他氏

(『公卿補任年表』)

見方・考え方
公卿のなかに占める藤原氏の割合と摂関政治の盛衰が関連していることを理解しよう。

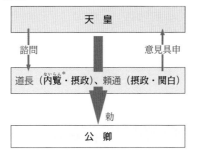

↑➋『御堂関白記』　平安時代の貴族の日記は、朝廷の儀式・行事の記録を主とし、先例や手本として子孫に残す目的で書かれたものであった。『御堂関白記』は、藤原道長が998〜1021年におよぶ公私の生活を記した日記で、摂関期に関する根本史料の一つとなっている。世界最古の自筆日記として2013年6月、ユネスコ「世界の記憶」(➡p.191 2、200 5、355 2)に登録された。なお、「御堂関白」とは道長をさすが、実際には、道長は関白に就いたことはない。

テーマのポイント

1. 大陸文化の消化・吸収→国風（日本風）文化の誕生
2. 高度な貴族文化と、仮名文字の発達
3. 浄土教の流行、末法思想の影響

1 国風文化一覧表

仏教	浄土教の流行　阿弥陀信仰　布教：空也（市聖）→p.111 ❶ 書物：源信（恵心僧都）『往生要集』→p.111 ❷ 往生伝：慶滋保胤『日本往生極楽記』
歴史	六国史の最後→p.93 ❷：『日本三代実録』（藤原時平ら） 六国史の分類書：『類聚国史』（菅原道真）
建築	国風建築：寝殿造−貴族の住宅　白木造、檜皮葺 浄土建築：阿弥陀堂　平等院鳳凰堂→p.112、法界寺阿弥 陀堂→p.111 ❹、醍醐寺五重塔→p.111 ❸
彫刻	寄木造による阿弥陀如来像 平等院鳳凰堂阿弥陀如来像（定朝）→p.112 ❹ 法界寺阿弥陀如来像→p.111 ❺
絵画	国風美術：大和絵の流行（巨勢金岡）、蒔絵 浄土美術：来迎図：高野山聖衆来迎図→p.111 ❻、 平等院鳳凰堂扉絵→p.112 ❼
書道	三蹟—流麗な和様書の名手→❹　小野道風（秋萩帖）、 藤原佐理（離洛帖）、藤原行成（白氏詩巻）

4 三蹟（和様）→p.106 ❷（三筆）

書道においても前代の唐風に対して、王羲之の書体をもとに優美な線を表現する和様が発達した。小野道風・藤原佐理・藤原行成の3人の名手を三蹟という。

＊それぞれの筆跡を、小野道風「野跡」、藤原佐理「佐跡」、藤原行成「権跡」といい、これら三人、またその書を総称して「三蹟（跡）」という。

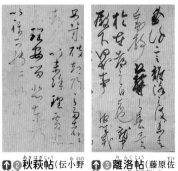

❷秋萩帖（伝小野道風筆）　『古今和歌集』の「安幾破起乃」の秋の歌からはじまるのでこの名がある。
国宝　東京国立博物館（東京・台東区）蔵
23.8×819cm（部分）
出典：ColBase

❸離洛帖（藤原佐理筆）　大宰大弐に任命された佐理が甥にあてた書状で、冒頭に「離洛」とあることに由来する。
国宝　畠山記念館（東京・港区）蔵
31.7×64.6cm（部分）
出典：ColBase

❹白氏詩巻（藤原行成筆）　『白氏文集』の七言絶句・律詩8詩が61行で書かれている。世尊寺流を創始した。
国宝　東京国立博物館蔵
75.3×336.3cm（部分）
出典：ColBase

←❺王羲之の書「蘭亭序」
東晋の王羲之は楷書・行書・草書の三書体を芸術的に完成させ、「書聖」といわれた。

2 東アジアの変動と各地の文字

唐が907年に滅亡し、中国を中心とする東アジア秩序がゆるんだ10〜13世紀に各地で独自の文字がつくられた。

西夏文字（11世紀）（西夏）　遼（契丹）　上京臨潢府（遼の国都）　契丹文字（10世紀）　日本　開城　京都　高麗（全州）　女真文字（12世紀）　天　五台山　東京開封府（宋の国都）　宋　西安　西夏　北宋　天台山　福州　泉州　広州　呑（空）　チュノム（大越の文字）（13世紀）　大理　大越

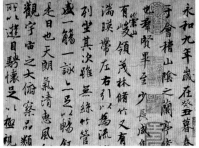

日本語を表記するために、平安初期に漢字をもとに表音文字が用いられはじめ、11世紀初めに整理・統一された。かな（仮名）は、漢字を真名というのに対することからくる名称。**平がな**は万葉仮名の草書体である草がなを簡略化したもの。**片かな**は漢字の一部分をとったところに特徴がある。

3 国文学の隆盛

見方・考え方：独自の文字を用いた文学作品も生まれたことを理解しよう。

	作品名	編著者	成立	内容
詩歌	古今和歌集	紀貫之ほか	905年	**最初の勅撰和歌集**
	和漢朗詠集	藤原公任	1018年頃	和漢の詩集・歌集から集めた朗詠に適する詩歌800首
物語	竹取物語	未詳	10世紀初め	竹取の翁とかぐや姫の伝奇物語。**物語文学の最初**
	伊勢物語	未詳	10世紀中頃	和歌を中心とした、120余の短編からなる**歌物語**
	宇津保物語	未詳	970〜99年	琴の秘伝伝授、貴宮をめぐる求婚話や政争
	落窪物語	未詳	10世紀末	継母にいじめられる女性が、貴公子と結婚する物語
	源氏物語	紫式部	1008年頃	光源氏の恋愛を中心とする44帖と、源氏の子の薫大将の悲劇を描く宇治10帖。**世界最古の長編小説**
日記・随筆	土佐日記	紀貫之	935年頃	土佐守の任期を終え帰京するまで。**最初のかな日記**
	蜻蛉日記	藤原道綱の母	969年頃	夫の藤原兼家との結婚生活や不和
	枕草子	清少納言	995年頃	**一条天皇の中宮定子**に仕えていたころの宮廷生活を回想した随筆→p.114
	和泉式部日記	和泉式部	1008年	敦道親王との恋を回想した歌物語的日記
	紫式部日記	紫式部	1010年頃	**中宮彰子**に仕えていたころの宮廷生活など→p.114
	更級日記	菅原孝標の女	1060年頃	父の任地（上総）からの帰京、老境までの回想録
	御堂関白記	藤原道長	—	道長33〜56歳（998〜1021年）までの記事→p.109 ❷
	小右記	藤原実資	—	小野宮右大臣（実資）の日記。982〜1032年が現存。道長の「此世をば…」の歌を収録→p.109 ❶
その他	和（倭）名類聚抄	源順	931〜38年	項目を立て、内外の書物から記事を引用した百科辞典

八代集 →p.144 ❸

『古今和歌集』以後、七つの勅撰和歌集が撰集され、これらを**八代集**とよぶ。

古今和歌集（905年）＊　金葉和歌集（1126年）
後撰和歌集（951年）＊　詞花和歌集（1151年）
拾遺和歌集（1006年）＊　千載和歌集（1188年）
後拾遺和歌集（1087年）　新古今和歌集（1205年）

＊古今・後撰・拾遺の三つを三代集という。

やまとうたはひとのこころをたねとしてよろづのことのはとぞなれりけるよのなかにあるひとことわざしげきものなれはこころにおもふことをみるものきくものにつけていひいだせるなりはなになくうぐひすみづにすむかはづのこゑをきけばいきとしいけるものいづれかうたをよまざりける

←❶『古今和歌集』仮名序（伝源俊頼筆）　最初の勅撰和歌集である『古今和歌集』は、905年の醍醐天皇の勅命によって成立した。撰者は紀貫之、紀友則、凡河内躬恒、壬生忠岑らで、歌数約1,100首である。紀貫之が書いた仮名序は、初めての文学論である。
国宝　『古今和歌集』序　巻頭部分

※『古今和歌集』仮名序に名を挙げられている6人の歌人（僧正遍昭・在原業平・小野小町・文屋康秀・喜撰・大友黒主）を六歌仙とよぶ。

史料　土佐日記

をとこもすなる日記といふものを、をんなもしてみむとて、するなり。

原始・古代　平安

原始・古代

平安

1 浄土の信仰 ⇒p.107 1

キーワード 浄土教

個人的信仰として仏・菩薩の住む浄土に往生し悟りを得ることを勧める浄土教が広がった。なかでも、阿弥陀如来と西方極楽浄土がもっとも信仰を集めた。浄土世界のイメージを立体的に表現したものが、藤原道長の法成寺や頼通の平等院鳳凰堂に代表される阿弥陀堂建築である。天台宗の円仁（⇒p.104 3）が、教学と実践の基礎を築いた。

キーワード 末法思想 図

釈迦の入滅後、釈迦の教え（教）、正しい実践（行）、実践の結果としての悟り（証）の三つがそろった正法をへて、証を欠いた像法の時代、行と証を欠いた末法の時代へと衰退していくという思想。日本では1052年から末法の世に入るとする説が広く信じられた。

```
釈迦入滅（前949）    51    1052（永承7）
   ├──────────┼──────────┼─────────
   正法（1000年）  像法（1000年）   末法
```

キーワード 本地垂迹説

神仏習合が進展した9世紀半ばに生まれた思想で、本地である仏（菩薩や天部を含む）が仮に日本の神に形をかえてこの世に現れたもの（権現）とする考え。平安後期の学者の大江匡房（⇒p.119 2）は伊勢神宮や春日神社などの神々の本地仏を定め、神を仏の化身（権現）として位置づけた。鎌倉時代中期には、逆に仏が神の権化で、神が主で仏が従と考える伊勢外宮神官度会家氏の神本仏迹説が生まれる（⇒p.144 2）。この考えは、蒙古襲来（⇒p.140）以後の神国思想の高まりによって発展していった。

作品鑑賞
前の文化（⇒p.105）の仏像とは違った技法であることを感じよう。

↑4 法界寺阿弥陀堂　国宝　京都市　高さ13.9m

キーワード 寄木造

寄木造は、各部を別の木でつくり、内部をくりぬいたあとで、はぎあわせてつくる手法で、定朝により完成した。複数の仏師の分担制作、**大型仏像の制作、大量生産に適している。**工程は、像の形に合わせて材を寄せ①、材を組んだまま彫刻をすすめる。解体して材ごとに内割りを施し、最後にそれらの部分を組み合わせて完成する②。

→1 空也（903～972）
「市聖」ともよばれる空也は、諸国を巡って、道路開設・架橋などをおこなった。938年に京に入り、浄土教の教えを説いた。

◪ 空也像は鎌倉時代の作品。
⇒p.147 6

史料 往生要集 図

夫れ往生極楽の教行は、濁世末代の目足なり。道俗・貴賤、誰か帰せざる者あらむ。一には厭離穢土、二には欣求浄土、

↑2 源信（恵心僧都）（942～1017）
9歳で出家し延暦寺で修行。多くの経典の中から、地獄や極楽のありさまを示す要文を集めて、念仏による極楽往生を説いた『往生要集』を著した。

↑5 法界寺阿弥陀如来像　国宝　像高280.0cm　⇒p.99 1

相輪

↑3 醍醐寺五重塔
907年、醍醐天皇の勅願で整備され、五重塔は、951年に完成した。相輪が長く、総高の約3分の1ほどある。内部に両界曼荼羅（⇒p.104）が描かれている。
国宝　京都市　高さ38.2m

法界寺は藤原氏の一族日野氏の氏寺。創建は平等院鳳凰堂と同じ末法前年の1051年頃。阿弥陀堂（鎌倉時代の再建）は金色の阿弥陀如来像を本尊とし、壁に極彩色で天女を描く阿弥陀堂建築の典型。「法界」は、自他を含むあらゆる存在が、利益を同じくしてともに喜び合うことを意味する浄土教の教えに由来する。

観音菩薩が往生者が乗る豪華な蓮華座を捧げもつ。

↑6 高野山聖衆来迎図　現存する来迎図で最も大規模なもの。西方の極楽浄土から25人の菩薩を従え阿弥陀如来が来迎したところ。もともと延暦寺にあったが、織田信長の焼打ちにより破損し、その後高野山に移された。
国宝　有志八幡講十八箇院（和歌山・高野町）蔵　3幅　中幅2.10m×2.10m　左右2.10m×1.05m（部分）

❶ 平等院

平等院鳳凰堂

↑❶平等院鳳凰堂 藤原頼通は、末法に入ると信じられていた年、1052年に父道長から伝えられた宇治の別荘を寺に改め、翌年定朝作の阿弥陀如来像を安置する阿弥陀堂を建立した。鳳凰堂の名は、中堂から左右対称に翼廊を広げ、さらに後ろに尾廊がつく形と、中堂の大棟上に吉祥をあらわす空想上の鳥、鳳凰一対を飾っていることに由来する。国宝　京都・宇治市　高さ13.6m

←❷平等院と宇治川 鳳凰堂は、人工的に掘られた池の中島に建てられ、その配置は浄土図を連想させるものとなっている。また、極楽浄土は西方にあると信じられており、極楽浄土をあらわす阿弥陀仏を、対岸から拝むように意図されている。

←❸鳳凰 国宝

鳳凰とは、鳳という雄と凰という雌のつがいをいうが、平等院ではその区別がない。

↑❺鳳凰堂内陣の復元
ミュージアム鳳翔館

←❻雲中供養菩薩像 阿弥陀を讃え、楽器を奏でたり持物をとりながら、さまざまなポーズで浄土の天空を舞う52体の菩薩。下から仰ぎ見ることを計算して上半身は丸彫り、下半身と雲はレリーフ状とする像が多い。

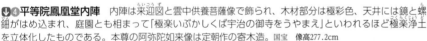

↓❹平等院鳳凰堂内陣 内陣は来迎図と雲中供養菩薩像で飾られ、木材部分は極彩色、天井には鏡と螺鈿がはめ込まれ、庭園とも相まって「極楽いぶかしくば宇治の御寺をうやまえ」といわれるほど極楽浄土を立体化したものである。本尊の阿弥陀如来像は定朝作の寄木造。国宝　像高277.2cm

→❼平等院鳳凰堂扉絵 扉に描かれた九品来迎図は、生前の生業に応じ様々な臨終を遂げる往生者と、その魂を迎えるために極楽浄土から飛来する阿弥陀聖衆をあらわしている。下の写真は復元されたもの。
国宝
扉壁画14面（部分）

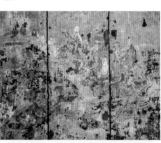

1 服装

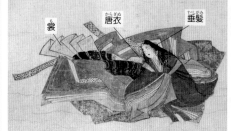

①束帯(『三十六歌仙絵』紀貫之) 男子貴族の正装で、朝廷の儀式や通常の参内に着用した。耕三寺博物館蔵

②女房装束(十二単)(『三十六歌仙絵』小大君) 女房たちの正装で、天皇の前にでるときは必ず着用した。大和文華館蔵

③直衣(『春日権現霊験記』模本)貴族が自宅で着る平常服。

④水干(『伴大納言絵巻』)庶民の服装。出光美術館蔵

2 食事 ➡p.89④

魚の切身・海藻・蒸鮑・蕪のあつもの・漬物・鰯の干物・酢・白米強飯・蘇・酒・醤・塩

平安時代の食事は、朝と夕方の1日2回が通例であった。主食は米だが、甑で蒸した強飯と、今日のごはんに相当する炊いた姫飯があった。副食の多くは、佃煮・干物・塩漬けなどの保存処理がしてあった。食事の際に醤・塩などの調味料で好みによって味付けして食べた。

乗物

⑤牛車(『輿車図考附図』) 牛に引かせて運行する、屋形のついた乗物を牛車という。乗る人の地位により使用できる車が定められていた。写真は、大臣・納言・大将の略儀用のもの。

3 住居(寝殿造)(東三条殿復元模型) 国立歴史民俗博物館蔵

北対・渡殿・寝殿・透渡殿・東対・侍所・遣水・東四足門・車宿・釣殿・反橋・平橋・中島

東三条殿(➡p.103下)は藤原氏嫡流の邸宅。寝殿造は、寝殿を中心に東・西・北に別棟の建物=対屋があり、東西の対屋から南にのびた渡殿の先端に泉殿・釣殿が設けられ、中庭に接している。室内は、必要な場所にだけ畳を敷き、菅などを渦巻状に編んだ円座が使われた。

⑥室内のようす 灯台・円座・畳

4 年中行事

区分	行事名
政務	叙位・県召除目(1月) 定考(8月)
神事	四方拝(1月) 賀茂祭(4月)
仏事	灌仏会(4月) 孟蘭盆会(7月) 御仏名(12月)
学問	釈奠(2月・8月)
農事	祈年の祭(2月) 新嘗の祭(11月)➡p.64⑥⑦
武芸	賭弓(1月) 端午節会・競馬(5月) 相撲節(7月)
遊興	踏歌節会(1月) 曲水宴(3月) 七夕(7月)
除災・祓	白馬節会・七種(1月) 重陽(9月) 大祓(6月・12月) 追儺(12月)

季節の推移と稲作儀礼が結びついて、季節ごとの行事が生まれた。その行事と中国から伝来した宮廷行事とが、9世紀には入り混じり、独特の朝廷儀式行事へ発展した。これらの儀式は、宴や集会とよばれ、形が整えられた。

⑧相撲節(『平安朝相撲節会図』)諸国から集まった相撲人が天皇の前で相撲をおこなう。

⑦賭弓(『年中行事絵巻』)天皇の前で、左右近衛府・兵衛府の舎人が弓の技を競う。

見方・考え方 摂関政治のもとで行事や儀式が重んじられ、政務が形骸化したことを理解しよう。

歴史ポケット
病気に悩まされた平安貴族➡p.107
平安貴族というと優雅なイメージを抱きがちだが、天然痘・麻疹・インフルエンザなどの疫病におびえた。流行の原因として、不衛生な生活環境がある。寝殿造の建物は固定した壁がなく、寒さへの対応が十分でないため、風邪や気管支炎に罹りやすかった。食事については、栄養についての意識に乏しく、食料保存技術も限られていたので、食中毒もしばしばおこり、塩干物が多いため、必然的に塩分が濃いものや、消化のよくないものが多かった。典薬寮という医療関係の役所はあったが、体制も技術も極めて不備だったため、人々はまず加持祈禱にたより、迷信にすがった。

原始・古代
平安

← ❶『源氏物語』を漫画化した大和和紀の『あさきゆめみし』

← ❷『源氏物語』（英文）　『源氏物語』は、日本語の現代語訳だけでなく、英語、ドイツ語、フランス語、イタリア語、スペイン語、韓国語など、30以上の言語に翻訳され、世界中で読まれている。『枕草子』も英語、中国語、フランス語、スペイン語、イタリア語などに翻訳されている。
アーサー・ウェーリー 翻訳　チャールズ・イー・タトル出版

古代の女性の立場はどのようなものだったのだろうか。

古代には政治の表や裏で活躍した女性たちがいた。また平安時代には、紫式部『源氏物語』、清少納言『枕草子』など、女房という立場にあった女性たちによって、多くの優れた文学作品が著された。なぜこのような高い教養をもった女房たちが登場したのだろうか。

見方・考え方
他にどんな作品があるか探してみよう。

1 女帝の時代

弥生時代から古墳時代前期には多くの女性首長が存在した。4世紀後半以降、朝鮮半島をめぐる軍事的緊張のなかで男性首長の割合は高くなるが、女性首長も存続していた。⇒p.54❶

➡❸女性の人骨（熊本・向野田古墳）　全長90mの前方後円墳に数多くの副葬品とともに30歳代の女性が葬られていた。地域の盟主的な女性首長とみられる。

6世紀末から8世紀半ばには、8代6人の女帝がおり、その在位期間は男性天皇とほぼ半々であった。この時代、天皇には男女の違いよりも、豊富な経験と統治能力が重視されていた。しかし8世紀以降、中国の法体制と官僚制が導入され、社会全体に父系原理が浸透するなかで女帝の時代は終わりを告げ、男女の政治的役割が区分されていった。

● 女帝の在位期間

女帝		在位	備考
推古	⇒p.65	592〜628	敏達天皇皇后
皇極	⇒p.71	642〜645	舒明天皇皇后
斉明	⇒p.71	655〜661	皇極の重祚
持統	⇒p.72	686〜697	天武天皇皇后
元明	⇒p.86	707〜715	草壁皇太子妃
元正	⇒p.86	715〜724	草壁皇子の子
孝謙	⇒p.86	749〜758	聖武天皇皇女
称徳	⇒p.86	764〜770	孝謙の重祚

2 律令制下の女性官僚

➡❹女性官僚　律令制のもとでは女性も官僚として働いていた（女官）。なかには夫婦共働きの官僚もいた。

見方・考え方
女官と女房の立場を比較してみよう。

3 摂関政治を支えた天皇の母

9世紀以降女性は政治の表舞台からは退けられていった。しかし摂関政治の時代、天皇の母となった摂関家の女性は、子や孫の天皇を後見して政務を補佐し、政務決定にも関与していた。藤原道長の娘彰子は、後一条天皇・後朱雀天皇の生母として、幼少の際には天皇を代行し、人事や儀式・政務にも関与した。摂関政治は、外戚としての摂政・関白だけでなく、天皇の母である摂関家の女性によって支えられていたのである。

● 藤原道長・彰子関係系図 ⇒p.108❷

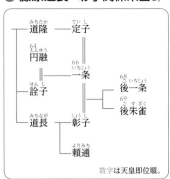

```
道隆 ── 定子
       ┃
円融     一条 66
       ┃
詮子     ┃    後一条 68
       ┃    後朱雀 69
道長 ── 彰子
       ┃
       頼通
```
数字は天皇即位順。

道長の死後、彰子は87歳で没するまで40年以上、弟頼通らを支えた。

4 女房の登場

見方・考え方
平安時代の女房の立場と役割を考えてみよう。

藤原彰子が入内したとき、父の道長は、20人もの選りすぐりの女房をつけたという。女房とは、天皇や貴族に私的に仕え、身の回りの世話などにあたった女性のことである。平安時代になると天皇の后妃に仕える女房には、教育係として高い教養と才智が求められた。清少納言や紫式部は、漢字を書き、漢詩文の学識も備えていた。后妃の主催する文化サロンは歌人や貴族たちが集う社交場となり、女房たちの文学的才能が発揮された。また女房は、政務に関する取次の役目も担っており、公私にわたり后妃を支える存在であった。

➡❺『紫式部日記絵詞』　中宮彰子に『白氏文集』を進講する紫式部（手前）。奥は中宮彰子。

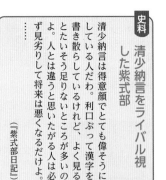

史料
清少納言をライバル視した紫式部

清少納言は得意顔でとても偉そうにしている人だわ。利口ぶって漢字を書き散らしているけれど、よく見るとたいそう足りないところが多いのよ。人とは違うと思いたがる人は必ず見劣りして将来は悪くなるだけよ。
……
（『紫式部日記』）

見方・考え方
紫式部はなぜ清少納言をライバル視したのだろうか。

● 平安時代の女性による文学作品 ⇒p.110❸

作者	作品
藤原道綱母	『蜻蛉日記』
清少納言（一条中宮定子の女房）	『枕草子』
紫式部（一条中宮彰子の女房）	『源氏物語』『紫式部日記』
和泉式部（一条中宮彰子の女房）	『和泉式部日記』
菅原孝標女	『更級日記』

探Q
● 他の時代と比べてみよう。女性の立場の変化を政治体制との関連でまとめてみよう。
● 女房の出自や生涯について調べてみよう。

テーマのポイント

1 一国の統治が国司に委ねられ、国司の役割と権限が増大した
2 地方の現状に即応して、土地を基本とした課税方式へと変化した

1 偽籍

→①延喜2(902)年 阿波国板野郡田上郷戸籍　この戸籍には、5戸435人の名が記載されており、そのうち男性は59人、女性が376人。女性では耆女(66歳以上の女性)が圧倒的に多いが、実態とはかけ離れていた。これは6歳以上に班給される口分田(→p.80■)をできるだけ多くし、死亡・逃亡を隠して回収されないようにし、また男性のみに賦課される調・庸をのがれるためであった。

見方・考え方
律令体制において戸籍が果たしていた役割を確認しよう。

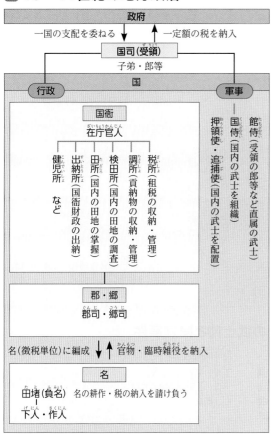

2 10～11世紀の地方政治

```
               政府
一国の支配を委ねる ↓    ↑ 一定額の税を納入
            国司(受領)
            子弟・郎等
  ┌──────────┬──────────┐
 行政                      軍事
            国
  ┌────────────────┐
     国衙
   在庁官人
 健│出│田│検│調│税
 児│納│所│田│所│所
 所│所│(│所│(│(
   │(│国│(│貢│租
 な│国│内│国│納│税
 ど│衙│の│内│物│の
   │財│田│の│の│収
   │政│地│田│収│納
   │の│の│地│納│・
   │出│掌│の│・│管
   │納│握│調│管│理
   │)│  │査│理│)
         │)│)
  ┌────────────────┐
        郡・郷
       郡司・郷司
名(徴税単位)に編成 ↑↓ 官物・臨時雑役を納入
  ┌────────────────┐
         名
    田堵(負名) 名の耕作・税の納入を請け負う
      下人・作人
```

押領使・追捕使(国内の武士を組織)
国侍(国内の武士)
館侍(受領の郎等など直属の武士)

10世紀には、国司の最上席の者(受領)に国内の支配・経営の専権が与えられ、地方政治は、受領が任国の税の納入の責任を負うという体制へと変化した。受領は、子弟・郎等を率いて任国に赴き、在庁官人によって構成される国衙を統括した。また、受領は国内の治安維持のために押領使・追捕使を設置し、都から連れてきた直属軍(館侍)だけでなく、国内の武士を国侍として軍事力を編成した。国内の田地は名という徴税単位に編成され、有力農民(田堵)が名の耕作と税(官物・臨時雑役)の納入を請け負った。その一方で、国司は上級貴族の荘園には不輸(税の免除)を認めたため、荘園も増加していった。これを国免荘という。(→p.120, 121)

🖊 摂関家は有能な受領を家司に組織して、受領の財力をもって奉仕させた。藤原道長・頼通に家司として仕えた藤原惟憲は、因幡守・甲斐守などを歴任したのち、最終的には大宰大弐(大宰府の現地長官)にまで出世した。

3 国司の収奪の激化

年	摂政	国	事項
974	兼通	尾張	百姓らの訴えで国司藤原連貞を解任する
988	兼家	尾張	郡司・百姓らが国司藤原元命の非法を訴える(尾張国郡司百姓等解)史料→翌年解任→p.85⑥
999	(道長)	淡路	百姓らの訴えで国司讃岐扶範を解任する
1008	〃	尾張	郡司・百姓らが国司藤原中清を訴える
1012	〃	加賀	百姓らが国司源政職を訴える
1016	〃	尾張	郡司・百姓らが国司藤原経国を訴える
1019	道長頼通	丹波	百姓らが陽明門前で国司藤原頼任を訴える→しかし百姓らは頼任に捕らえられ、3か月後に頼任の善状(善政をたたえる文書)を提出
1023	〃	丹波	国人、国司藤原資業の京の邸宅を焼く
1036	〃	近江	百姓数百人が上京、国司を訴える
1040	〃	和泉	百姓らが行幸から帰る途中の天皇に直訴する

②任国に赴く受領(『因幡堂縁起絵巻』)
出典：ColBase

信濃守藤原陳忠は任国信濃から京へ上る途中、御坂峠(現在の神坂峠)で人馬もろとも谷底へ落ちてしまったが、そこに生えていた平苴を大量に持ち帰った。

受領の貪欲

今ハ昔、信濃ノ守藤原ノ陳忠ト云フ人有ケリ。国ニ下テ国ヲ治テ任畢ニケレバ、上ケルニ……守、『辟事ナゾ云ヒ、汝等ヨ、宝ノ山ニ入テ手ヲ空シクシテ返タラム心地ゾスル。カメ『トコソ云ヘ』トコソ云ヘバ……『受領ハ倒ルル所ニ土ヲツカメ』(『今昔物語集』)

4 成功・重任

```
    任官を希望する貴族
   私財 ⇩ 寄進
・朝廷の儀式の費用、寺社や宮殿の造営を請け負う
・人事権を握る公卿たちへの貢納
   その「功」に対し ⇩ 朝廷より
  国司などの官職が与えられる(成功)
    収入の多い官職に再任
      してもらう(重任)
```

5 遙任国司

```
遙任：国司に任じられても任国に赴任しないで在京する国司
(任国に赴任する国司：受領)
国務に通じた代理人を派遣 ⇩     ⇧ 任国の租税から私財を得る
        国衙
      (留守所)
        ↓
       目代
        ↓
      在庁官人
        ↑
      国内有力者
```

歴史ポケット

10世紀の東アジアの変化―中国に渡る僧侶たち

10世紀は、東アジアの古代国家(唐・新羅・渤海)が滅亡し、国際関係も大きく変化した時代であった。日本は宋との正式な国交は開かなかったが、中国商船の来航は絶えることはなく、この中国商船などを利用して、多くの僧侶が中国に渡った。東大寺の僧奝然は、983年に宋に渡り、天台山・五台山を巡礼し、太宗に謁見。大蔵経や生身釈迦仏像の模刻を許された。天台宗の僧成尋は、1072年に渡航し、神宗に謁見。仏書413巻や仏像などを弟子に託し、自身は宋に残り、そこで没した。著書に『参天台五台山記』がある。

朝鮮半島	新羅	918	935	高麗			
中国東北部	渤海	916	926	契丹(遼)	1115 1125	金	
中国	唐	907	五代 960	宋(北宋)		1127	南宋

原始・古代 平安

●テーマのポイント

1. 地方の治安維持のため地方に派遣された貴族が土着して武士となっていった
2. 東国で平将門が、瀬戸内で藤原純友が反乱。武士の実力を示した

1 武士の成長

見方・考え方
地方の治安維持のなかから武士が成長していったことを理解しよう。

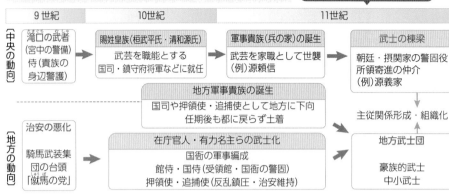

	9世紀	10世紀	11世紀
〔中央の動向〕	滝口の武者（宮中の警備） 侍（貴族の身辺警護） →	賜姓皇族（桓武平氏・清和源氏） 武芸を職能とする 国司・鎮守府将軍などに就任 →	軍事貴族（兵の家）の誕生 武芸を家職として世襲 （例）源頼信 →	武士の棟梁 朝廷・摂関家の警固役 所領寄進の仲介 （例）源義家

地方軍事貴族の誕生
国司や押領使・追捕使として地方に下向
任期後も都に戻らず土着

主従関係形成・組織化

| **〔地方の動向〕** | 治安の悪化
騎馬武装集団の台頭
「嶺馬の党」 → | 在庁官人・有力名主らの武士化
国衙の軍事編成
館侍・国侍（受領館・国衙の警固）
押領使・追捕使（反乱鎮圧・治安維持） → | 地方武士団
豪族的武士
中小武士 |

2 武士（兵）の家の構成（鎌倉時代頃）

→p.135 1

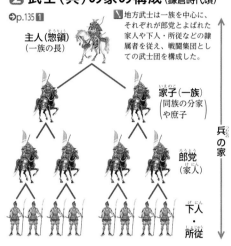

地方武士は一族を中心に、それぞれが郎党とよばれた家人や下人・所従などの隷属者を従え、戦闘集団としての武士団を構成した。

主人（惣領）（一族の長）
家子（一族）（同族の分家や庶子）
郎党（家人）
下人・所従

兵の家

3 平将門の乱（935～940年）

平将門の乱と藤原純友の乱を、「承平・天慶の乱」ともいう。

- 平将門の本拠地
- 将門の最大勢力範囲
- ✕ 将門らの襲撃地
- ■ 国府

平将門
石井と鎌輪に館を持ち、2つの官牧の牧司を兼務

一族内の紛争
931 以来、伯父たちと争う
935 伯父国香を殺害

国府占領
939 常陸国司に追われた藤原玄明を保護→常陸国府を焼き、上野、下野国府占領

新皇と称する
939 上野国府で「新皇」に即位。関東諸国の受領任命

反乱の鎮圧
940 押領使藤原秀郷と平貞盛が下総猿島で将門を討つ

桓武天皇 — 高望王 — 国香 — 貞盛
良兼
良将 — 将門
良正
良文

4 藤原純友の乱（939～941年）

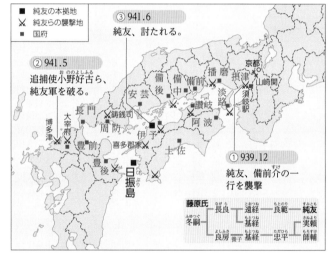

- ■ 純友の本拠地
- ✕ 純友らの襲撃地
- ■ 国府

③ 941.6 純友、討たれる。

② 941.5 追捕使小野好古ら、純友軍を破る。

① 939.12 純友、備前介の一行を襲撃

藤原氏
冬嗣 — 長良 — 遠経 — 良範 — 純友
良房（養子）— 基経 — 基経 — 実頼
良房 — 養子 — 基経 — 忠平 — 師輔

5 諸国の武士団と関連事件

③ **刀伊の入寇** 1019
沿海州地方の**女真人（刀伊）**が九州北部に襲来したが、大宰権師**藤原隆家**は大宰府の官人・武者などを指揮して撃退した。日本側の被害は死者365人、連行された者は1289人におよんだ。

契丹（遼）（916～1125）
女真（刀伊）*
刀伊の入寇（襲来）50隻の船団（1隻に約50人）
定州 開城
高麗（918～1392）
慶州
対馬 壱岐
大宰府
*「トイ」とは朝鮮語で夷狄の意味。

日振島

② **藤原純友の乱** 939～941
藤原純友は伊予掾となったが、瀬戸内海の海賊を組織し、伊予の日振島を本拠として反乱、大宰府まで侵した。その後、追捕使小野好古や源経基らによって討たれた。

河内源氏
源満仲の子**頼信**は、河内国の壺井を本拠とし河内源氏の祖となる。

① **平将門の乱** 935～940
下総の平将門は、常陸・下野・上野の国府を攻略し、新皇と称した。

④ **平忠常の乱** 1028～31
平忠常は上総介・武蔵国押領使となり、房総で反乱をおこした。源頼信が追討使に任じられこれを平定。

多田源氏
源満仲は摂津国多田荘を本拠とし、摂関家の武力として、**安和の変**などに活躍した。

藤原氏
兼家 — 道隆 — 伊周
道長 — 隆家
道長 — 頼通

伊勢平氏
平維衡は貞盛の子で武名高く、11世紀の初め伊勢守となり、伊勢平氏の祖となる。のちに**平清盛**らが出た。

各武士団の土着地
- ● 源氏またはその一族
- ○ その他の氏族
- ■ 平氏またはその一族
- ▲ おもな僧兵の所在
- ■ 藤原氏またはその一族

原始・古代　平安

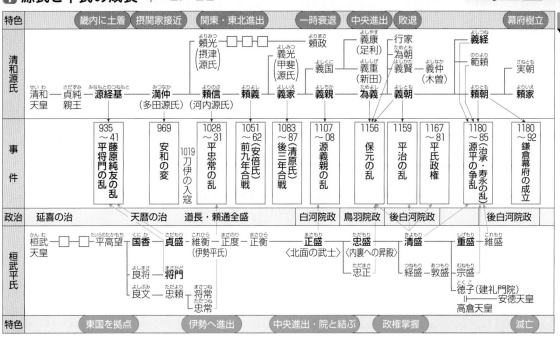

特色	畿内に土着	摂関家接近	関東・東北進出	一時衰退	中央進出	敗退		幕府樹立

清和源氏

頼光（摂津源氏）／義光（甲斐源氏）／頼政／義康（足利）／義経／範頼／実朝
清和天皇─貞純親王─源経基─満仲（多田源氏）─頼信（河内源氏）─頼義─義家─義親─為義─義朝─頼朝─頼家
義国─義重（新田）
行家／為朝／義賢─義仲（木曽）
よしつね 義経／のりより 範頼

事件

| 935〜41 平将門の乱・藤原純友の乱 | 969 安和の変 | 1019 刀伊の入寇 | 1028〜31 平忠常の乱 | 1051〜62 前九年合戦（安倍氏） | 1083〜87 後三年合戦（清原氏） | 1107〜08 源義親の乱 | 1156 保元の乱 | 1159 平治の乱 | 1167〜81 平氏政権 | 1180〜85 源平（治承・寿永）の争乱 | 1180〜92 鎌倉幕府の成立 |

政治	延喜の治	天暦の治	道長・頼通全盛	白河院政	鳥羽院政	後白河院政	後白河院政

桓武平氏

桓武天皇─□─□─平高望─国香─貞盛─維衡─正度─正衡─正盛〈北面の武士〉─忠盛〈内裏への昇殿〉─清盛─重盛─維盛
良将─将門
良文─忠頼─将常／忠頼／忠常
忠正
経盛─敦盛／忠正／経盛─敦盛／宗盛
徳子（建礼門院）─安徳天皇
高倉天皇

特色	東国を拠点	伊勢へ進出	中央進出・院と結ぶ	政権掌握	滅亡

■源平両氏は地方武士団を広く組織し、武家の棟梁となった

↑①源氏の白旗(左)と平氏の赤旗(右) 源氏の八の字をあらわす鳩は、八幡大菩薩の使。

② 前九年合戦・後三年合戦 →p.102 2

出羽／秋田城／岩手郡／厨川柵／嫗戸柵／比与鳥柵／比爪館／紫波郡／金沢柵／鶴脛柵／和賀郡／稗貫郡／沼柵／黒沢尻柵／鳥海柵／胆沢城（鎮守府）／白鳥柵／江刺郡／豊田柵／胆沢郡／平泉／衣川柵／小松柵／石坂柵／雄勝城／鬼切部／河崎柵／陸奥／色麻柵／黄海／国府（多賀城）／北上川

凡例：
□ 前九年合戦前の安倍氏の勢力圏
→ 前九年合戦の源頼義の推定進路
■ 後三年合戦前の清原家衡の勢力圏
■ 後三年合戦前の藤原清衡の勢力圏
→ 後三年合戦の源義家の推定進路

◎国府／凸城／╫柵／0 50km／奥六郡

源頼義と義家は、豪族清原武則らの来援を受け、陸奥の豪族安倍氏を討った（**前九年合戦**）。清原氏に内紛がおこると、源義家が介入し、清原一族の藤原清衡を助けて清原氏を討った（**後三年合戦**）。両合戦を通じて、源氏は東国武士団に強い影響力をもつようになった。

● 前九年合戦関係図（1051〜62年）

安倍頼時（陸奥6郡に勢力をもつ豪族）：貞任／宗任／女─藤原経清
×
源頼義（父）　義家（子）（陸奥守・鎮守府将軍）
↑援助
清原武則（出羽の豪族）

結果	清原武則（鎮守府将軍）	源頼義（伊予守）	源義家（出羽守）
意義	源氏の武家としての名声が高まる		

● 後三年合戦関係図（1083〜87年）

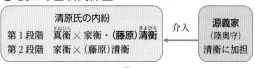

清原氏の内紛
第1段階　真衡×家衡・(藤原)清衡
第2段階　家衡×(藤原)清衡
← 介入　源義家（陸奥守）清衡に加担

結果	藤原清衡→奥州藤原氏の基礎を固める　陸奥・出羽押領使に任じられ、東北地方を支配
意義	源氏が武家の棟梁になる

源義家／源頼義

↑②前九年合戦の頼義と義家（『前九年合戦絵巻』） 1053年8月、安倍氏追討の勅命が出たが、兵士・兵糧の不足などで、頼義は苦戦した。子の義家の活躍と清原光頼・武則の来援で、安倍氏を滅ぼした。写真は、出陣前の宴のようす。国立歴史民俗博物館蔵

↓③後三年合戦（『後三年合戦絵巻』） 源義家は、金沢柵の戦いで、空を飛ぶ雁の列が乱れているのを見て、清原軍の伏兵がいることを知り、これを攻めた。東京国立博物館蔵
出典：ColBase

● 奥州藤原氏関係系図

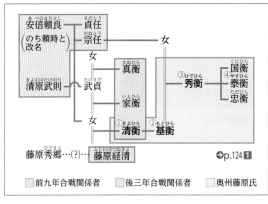

安倍頼良（のち頼時と改名）：貞任／宗任─女／女
清原武則─武貞：真衡／家衡／女
真衡─③秀衡：国衡／④泰衡／忠衡
藤原秀郷…(?)…藤原経清
①清衡─②基衡
→p.124 1

□ 前九年合戦関係者　□ 後三年合戦関係者　■ 奥州藤原氏

中世という時代　白河上皇が院政を開始し、政治の中心は藤原氏による摂関政治から上皇による院政に変わった。その後、はじめての武家政権である平氏政権が誕生し、平氏政権の滅亡後は鎌倉幕府・室町幕府と、次々と武家政権が成立した。

	1100年	1200年	1300年	1400年	1500年
	（移行期）		中世		
	平安時代（院政期）	鎌倉時代		南北朝　室町時代	
	院政、平氏政権	鎌倉幕府の成立→北条氏の執権政治→鎌倉幕府の滅亡		建武の新政→南北朝の内乱→室町幕府政治の確立	

中世

日本	1086 白河上皇、院政開始 1167 平清盛、太政大臣となる 1185 壇の浦の戦い（平氏滅亡）	1192 源頼朝、征夷大将軍就任 1221 承久の乱 1232 御成敗式目制定	1274・81 蒙古襲来 1297 永仁の徳政令 1333 鎌倉幕府滅亡	1333 建武の新政 1338 足利尊氏、征夷大将軍就任 1392 南北朝の合一	1404 日明貿易開始 1438 永享の乱（～39） 1441 嘉吉の変
世界	1096 十字軍運動開始 1127 金が宋（北宋）を滅ぼす 1169 エジプトにアイユーブ朝建国	1206 チンギス=ハン即位（～27） 1215 イギリス、マグナ=カルタ 1241 モンゴル軍、ドイツ・ポーランド連合軍を破る	1271 フビライ、国号を元とする 1299 オスマン帝国成立	1339 英仏間で百年戦争（～1453） この頃、ペスト流行 1368 明成立 1392 朝鮮王朝成立	1402 明、永楽帝即位 1453 ビザンツ帝国滅亡

場所からみる鎌倉時代

源頼朝（→p.128）は、挙兵後、源氏と関係の深い鎌倉を根拠地とした。

北

❶鎌倉 →p.130

鶴岡八幡宮

見方・考え方
鎌倉が選ばれた理由に着目し、これまで政治の中心があった地域と比較してみよう。

政治 武士の姿

→❷合戦での武士のようす（『後三年合戦絵巻』）　出典：ColBase

←❸束帯姿の武士（『天子摂関御影』）　平清盛（→p.122❷）の姿。
宮内庁三の丸尚蔵館蔵

国際交流 日宋貿易

↑❹博多で出土した宋の陶磁器

福原京　大輪田泊

←❺福原京の想像復元模型　平清盛は福原京に遷都したが、未完成のまま半年で京に戻った。

社会 異類異形の人々

派手な格好で田楽をしながら練り歩くことが流行し、異体奇異と書かれた。

↓❻悪党（『山中常磐物語絵巻』）　室町後期の源義経伝説の御伽草子を元にした絵巻。鎌倉後期に出現した体制外の武装集団である悪党のなかには、烏帽子を被らないなどの異類異形の姿の者がいた。
MOA美術館蔵

史料　京中を練り歩く人々

今夜、少納言家俊が青侍十余人を率いて、田楽をしながら京中を横行した。彼らは裸形であったり、烏帽子を放りなげたりして、異体奇異であった……
『中右記』①寛治八年五月二十日
①一〇九四年

文化 仏教と人々

↑❼描かれた餓鬼道（『餓鬼草紙』）→p.149❷
平安後期から広まった末法思想や社会不安を背景に描かれたと考えられる。

←❽坐禅　鎌倉時代の道元（→p.142）はひたすら坐禅することを説いた。

時代の見方

武家政権のはじまりを一つの区切りとしてみると、政治的には中世を武家政権の展開した時代としてとらえることができる。では、ほかの切り口でみるとどのような特色がみえてくるだろうか。前の時代と比較してどのような変化があったのかを確認しながら考えてみよう。

テーマのポイント
1. 後三条天皇の親政を経て、白河上皇が院政を開始
2. 上皇が皇位継承決定権・朝廷の人事権を掌握
3. 院の武力を編成し、経済基盤として知行国・荘園を確保

1 院政関係年表

院政	西暦	事項
(後三条)	1068	摂関家を外戚としない後三条天皇即位
	1069	延久の荘園整理令発布→p.120②
	1072	宣旨枡の制定
白河	1086	白河上皇、院庁で政務をみる（院政のはじまり）
	1090	白河上皇、初めて熊野に参詣
	1093	興福寺僧徒、神木を奉じ入京し近江守を訴える →僧兵横暴顕著化
	1095	院に北面の武士設置
	1097	平正盛、六条院（白河上皇の娘の持仏堂）へ荘園寄進
鳥羽	1129	鳥羽上皇、院政開始
		平忠盛、瀬戸内海の海賊を追討
	1132	平忠盛、内裏への昇殿を許される
	1156	保元の乱→p.122①
後白河	1158	後白河上皇、院政開始
	1159	平治の乱→p.122②
	1167	平清盛、太政大臣就任⇒平氏の全盛期を迎える
	1172	平徳子、高倉天皇の中宮となる
	1177	鹿ケ谷の陰謀
	1179	清盛、院政を停止、後白河法皇を幽閉
中断	1180	以仁王の令旨。以仁王・源頼政の挙兵
		6月、福原遷都→11月、京都に戻る
後白河	1181	清盛没
	1185	平氏滅亡→p.128④

*後白河上皇は、1169年に出家し法皇となった。

プロフィール
政治を動かした女院
美福門院と八条院 京都出身
1117〜60　1137〜1211

美福門院は、晩年の鳥羽上皇の寵愛を一身に受け、権勢を振るった。保元の乱にも重要な役割をはたした。近衛天皇・八条院の母でもある。八条院は、弟の近衛天皇死去の際、女帝に推されたこともある。両親に愛されて莫大な所領（八条院領）を譲られ、また、その権威と富を求めてさまざまな勢力が接近した。
❶❷安楽寿院（京都市）蔵

❶美福門院

❷八条院

2 後三条天皇の政治

1068〜1072年　親政をおこなう（摂政・関白を外戚としない）
①人材の登用　大江匡房→p.111①
②延久の荘園整理令(1069年)→p.120②
→記録荘園券契所（記録所）設置
③公定枡を作る（宣旨枡）
→太閤検地まで使用される→p.179③

3 後三条天皇関係系図 →p.108②
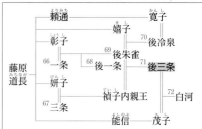

外戚とは母方親族の総称で、生母の父・兄弟程度までをさす。その点で後三条天皇の外戚に摂関はいない。

4 院政関係系図 →p.108②
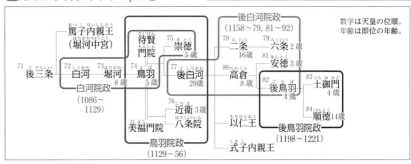

院政は、天皇家の家長である上皇が後継者を決定するという、皇位継承決定権を掌握することからはじまった。政治権力を掌握した上皇は「治天の君」とよばれた。

5 六勝寺・院御所の造営 →p.101

←❸六勝寺復元模型　六勝寺は、白河以後の歴代の天皇が発願して造営された、「勝」のつく6寺の総称。

←❹鳥羽離宮　白河上皇が離宮を置いた鳥羽の地には、鳥羽上皇が院御所を置いて政治をおこなった。周辺には上皇・皇后の発願により御願寺が建立された。

6 院政の構造
院宣…院からの書状　院庁下文…院庁が出す文書　政治上のさまざまな場面で院の意向が伝えられた。

院の荘園
長講堂領（鎌倉初期で約90か所）後白河上皇の持仏堂長講堂の所領。のち、持明院統の経済的基盤となる。
八条院領（平安末で約100か所）八条院は鳥羽天皇の第3皇女。母は美福門院。のち大覚寺統の重要な経済基盤となる。

院の知行国
院近臣を国司に任命し、上皇が国主として知行権・収益権を得た国。院分国ともよばれた。

院近臣の奉仕
院近臣とは院庁の職員である院司として上皇に仕えた近臣。受領出身者が多い。
地方収益の豊かな国の国司職を得るため成功をおこない、造寺造仏事業も財力で支えた。また朝廷内でも高位高官を得て政治面でも院政を支えた。

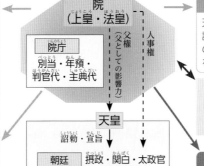

院（上皇・法皇）
院庁　別当・年預・判官代・主典代
父（父としての影響力）　人事権

造寺造仏事業
天皇や上皇は仏教を厚く保護し、六勝寺をはじめ多くの御願寺を建立し、仏教界を支配した。

熊野詣・高野詣
熊野三山信仰と高野山信仰
熊野詣は、白河上皇9回、鳥羽上皇21回、後白河上皇34回、後鳥羽上皇28回おこなわれた。

南都北嶺の僧兵の強訴
（南都）興福寺の僧兵（奈良法師）—春日神社の神木（榊）を担ぐ
（北嶺）延暦寺の僧兵（山法師）—日吉神社の神輿を担ぐ

天皇　詔勅・宣旨
朝廷　摂政・関白・太政官　公卿会議
太政官符
諸国の国司・国衙領

軍事力
北面の武士…白河上皇が創設。身辺警固などにあたった直属の武力。西面の武士…後鳥羽上皇が新設。

鎮圧

武家
源氏・平氏などの武家を寺社強訴の鎮圧などに動員。

◀1 荘園の分布

- 伯耆・東郷荘(松尾社)
  下地中分の絵図 ➡p.137◀1
- 越前・道守荘(東大寺)
  初期荘園の代表例 ➡p.88◀3
- 奥山荘(摂家)
  惣領・名主・職人の家や市を示す絵図 ➡p.136◀2
- 備前・福岡荘(東寺)
  『一遍上人絵伝』の福岡市 ➡p.139◀4
- 神崎荘(院)
  平忠盛が預所
- 矢野荘(東寺)
- 大庭荘(長講堂)
- 大山荘(東寺)
- 多田荘(摂家)
- 太良荘(東寺)
- 新見荘(東寺)
- 弓削島荘(長講堂)
- 若山荘(摂家)
- 高鞍荘(摂家)
- 伊貝荘(院)
- 伴野荘(院)
- 足利荘
- 相馬御厨(伊勢)
- 大庭御厨(伊勢)
- 伊隅荘(摂家)
- 小弓荘(法勝院)
- 宍咋荘(高野山)
- 幡多荘(摂家)
- 福原荘(摂家)
- 南部荘(高野山)
- 大国荘(東寺)
- 上野・新田荘(金剛心院)
  院政期成立の領域型荘園の代表例
- 桛田荘(神護寺)
- 紀伊・阿氐河荘(寂楽寺)
  地頭の非法 ➡p.136◀3
- 伊賀・黒田荘(東大寺)
  悪党の活動
- 肥後・鹿子木荘(東寺)
  院政期成立の領域型荘園の代表例
- 山鹿荘(院)
- 島津荘(摂家)

凡例:
- ⋮ 8世紀に成立した荘園
- ⋮ 9～11世紀の荘園
- ⋮ 12～13世紀の荘園
- ( )内は領家を示すが時代によって異なることもある

畿内・北陸に存在した初期荘園は10世紀までにほとんど衰退した。9～11世紀の荘園の多くが、12世紀に再編成された。

◀2 荘園の形成と荘園整理令

青字は上皇。

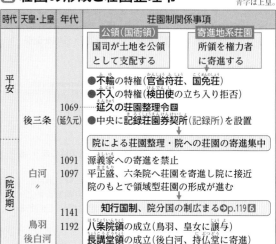

時代	天皇・上皇	年代	荘園制関係事項		
平安			公領(国衙領)	寄進地系荘園	
			国司が土地を公領として支配する	所領を権力者に寄進する	
			●不輸の特権(官省符荘、国免荘)		
			●不入の特権(検田使の立ち入り拒否)		
	後三条	1069 延久元	延久の荘園整理令◀		
			●中央に記録荘園券契所(記録所)を設置		
(院政期)			院による荘園整理・院への荘園の寄進集中		
	白河	1091	源義家への寄進を禁止		
		1097	平正盛、六条院へ荘園を寄進し院に接近 院のもとで領域型荘園の形成が進む		
		〃			
	鳥羽	1141	知行国制、院分国の制広まる➡p.119◀6		
	後白河	1192	八条院領の成立(鳥羽、皇女に譲与) 長講堂領の成立(後白河、持仏堂に寄進)		

延喜の荘園整理令(902年)◀	延久の荘園整理令(1069年)◀
①公地公民制の再建をめざす ②勅旨田を開くことを禁止 ③諸国の人民の寄進行為の禁止 ④院宮王臣家の山川藪沢占有を禁止。券契分明で国務を防げないものを公認 →国司に任されていて不徹底 ➡p.109◀2	①寛徳2年以後の新立荘園停止 ②券契の不分明なものなど停止 ③国司任せにせず、中央に記録荘園券契所(記録所)を設置し、券契を国司の報告と合わせ審査する →荘園の整理事業が進む。反動により荘園寄進が増加

◀3 荘園の構造とその例

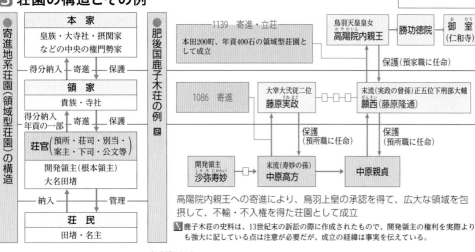

- ●寄進地系荘園(領域型荘園)の構造
  - 本家:皇族・大寺社・摂関家などの中央の権門勢家
  - (得分納入/寄進/保護)
  - 領家:貴族・寺社
  - (得分納入 年貢の一部/寄進/保護)
  - 荘官(預所・荘司・別当・案主・下司・公文等):開発領主(根本領主)大名田堵
  - (納入/管理)
  - 荘民:田堵・名主

- ●肥後国鹿子木荘の例◀
  - 1139 寄進・立荘 本田200町、年貢400石の領域型荘園として成立
  - 鳥羽天皇皇女 高陽院内親王 ─ 保護(預家職に任命)
  - 勝功徳院 ─ 御室(仁和寺)
  - 1086 寄進
  - 大宰大弐従二位 藤原実政 ─ 末流(実政の曾孫)正五位下刑部大輔 顕西(藤原隆通)
  - 保護(預所職に任命)
  - 開発領主 沙弥寿妙 ─ 末流(寿妙の孫)中原高方 ─ 中原親貞

  高陽院内親王への寄進により、鳥羽上皇の承認を得て、広大な領域を包摂して、不輸・不入権を得た荘園として成立

  N 鹿子木荘の史料は、13世紀末の訴訟の際に作成されたもので、開発領主の権利を実際よりも強大に記している点は注意が必要だが、成立の経緯は事実を伝えている。

- ●上野国新田荘の例

  - 金剛心院:1154年鳥羽院が建立
  - (寄進・立荘)新田郡を超える39ヶ郷が加えられ新田荘として成立〈領域型荘園の成立〉
  - 藤原忠雅(鳥羽院近臣)左衛門督
  - (寄進1157年 下司に任命)
  - 源義重(河内源氏):京都と地方を行き来して活動。政界の情報にも通じる
  - 1108年浅間山噴火の後、新田郡内19ヶ郷の開発を請け負う〈開発私領〉

  寄進地系荘園は11世紀ころから増加しはじめたが、11世紀末～12世紀の院政期になると、上皇の承認によって、寄進された土地だけでなくその周辺の公領も取り込んだ広大な領域の荘園が形成されるようになった(領域型荘園)。

◀4 領域型荘園－紀伊国桛田荘

桛田荘は、825年に白根氏が開発した荘園で、12世紀後半に後白河院領となり、1183年に神護寺に寄進された。耕地・集落・山野・河川を含む領域が牓示によって示されている。このような荘園を領域型荘園という。領域型荘園は、院政期以降の荘園の特徴的な形態である。

◀2 桛田荘四至牓示書出
宝来山神社(和歌山・かつらぎ町)蔵

資料鑑賞 文書に書かれた5つの牓示(❶～❺)は所領の境界を示すための標識(石や樹木)で、絵図には黒点で示されている。

見方・考え方
牓示で囲まれた領域の内に、耕地・集落・山野・河川が含まれていることを確認しよう。

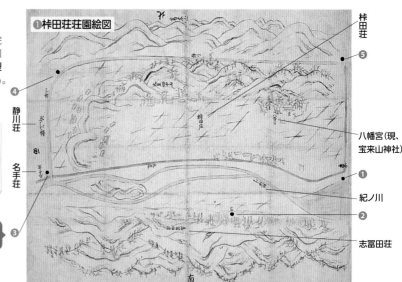

❶桛田荘荘園絵図

- 桛田荘
- ❹
- 静川荘
- 名手荘
- ❸
- ❷
- ❶
- ❺
- 八幡宮(現、宝来山神社)
- 紀ノ川
- 志冨田荘
- 南

時代	世紀	支配の特色	土地制度の変遷

奈良時代	7世紀後半	地方支配 律令制の成立	中央政府は実際には郡司の伝統的支配力に依存して人民を支配
	8世紀		
	9世紀	律令制の動揺	低下 ← 郡司の支配力
平安時代	10世紀	地方支配の転換・摂関政治の全盛	国司（受領）に任国支配を一任（一定額の税の納入を条件）
	11世紀		
	12世紀	院政期	負名体制の崩壊 公領の再編

（右欄「中世 平安（院政期）」は縦書き）

律令制にもとづく人民・土地支配

- 戸籍（6年に1度作成）
- 計帳（毎年作成）　課口・不課口を把握

人を基礎に課税
正丁（成人男子）等　庸・調・雑徭・兵役を負担

班田収授法
6歳以上の人民に口分田を班給（性別・身分により差）

土地を基礎に課税
班給された口分田　1段につき2束2把の租

浮浪・逃亡の増加 ⟶
偽籍 ⟶ 農民層の分解

口分田の不足 ⟶
- 722　百万町歩開墾計画 ⟶p.88 **1**
- 723　三世一身法 ⟶p.88 **1**
- 743　墾田永年私財法 ⟶p.88 **1**
　　　墾田の私有を承認
　　　国家による土地管理の強化
　　　（班田図・田籍の作成）

戸籍・計帳をもとにした
公民支配の形がい化

直営方式の採用による財源確保

公営田（823年）	大宰府管内に設けられた直営田
官田（879年）	畿内に設けられた中央官司の財源となる田

初期荘園（古代荘園）

院宮王臣家の荘園	大寺院の荘園
富豪浪人の流入・結託	律令制に依存した経営
拡大	10世紀までに衰退

902　班田実施の最後

902　延喜の荘園整理令 **史**　勅旨田・院宮王臣家の山川藪沢所有を禁止
　　　富豪浪人との結託を阻止

人を基礎に課税する律令制の徴税体制の崩壊

受領による地方支配の再編成

負名体制
有力農民（田堵）に田地の耕作と納税を請け負わせる
- 名……田堵が請け負った田地
- 負名……請け負った田堵

土地を基礎に課税する体制へ
税目の再編成（田地面積に課税）
- 官物（租・調・庸・出挙に由来）
- 臨時雑役（雑徭・雇役に由来）

土地把握の強化
検田の実施

荒廃田の開発奨励
前国司・国司子弟
下級貴族
大名田堵
　開発私領の形成

院宮王臣家の荘園墾田
前国司・国司子弟
下級貴族が継承

⟶ 上級貴族への寄進 ↓

公領（国衙領）の再編成　郡・郷・保

荘園の増加　寄進地系荘園の形成
　　　　　　　（多くは国免荘）

1069　延久の荘園整理令 **史**　根拠不明確な荘園の停止、国家による荘園領有の承認
　　⟶ 国司と荘園領主の対立激化

↓ 院への寄進の急増・荘園の再編成

中世荘園の成立　寄進地系荘園の形成の本格化
　　　　　　　　（院の承認による領域型荘園）

荘園公領制

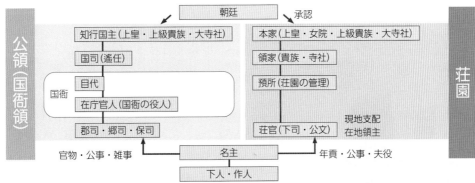

公領（国衙領）

朝廷 ⟶ 承認

知行国主（上皇・上級貴族・大寺社）
国司（遙任）
国衙：目代／在庁官人（国衙の役人）
郡司・郷司・保司

荘園

本家（上皇・女院・上級貴族・大寺社）
領家（貴族・寺社）
預所（荘園の管理）
荘官（下司・公文）　現地支配 在地領主

官物・公事・雑事 ← 名主 → 年貢・公事・夫役
下人・作人

中世

平安(院政期)

① 保元の乱　1156(保元元)年

原因	上皇・天皇の対立に、摂関家内部の対立が結びつく
経過	鳥羽上皇の死後、対立が表面化。それぞれ武士を集める。天皇方の夜襲で一気に勝敗が決まる

上皇方　負		天皇方　勝	
崇徳(兄) →讃岐へ配流	天皇家	後白河(弟)	
左大臣頼長(弟) →傷死	藤原氏	関白忠通(兄)	
忠正(叔父) →斬首	平氏	清盛(甥)	
為義(父)→斬首 為朝(弟) →伊豆大島へ配流	源氏	義朝(兄)	

結果	院政が混乱、武士の実力が示される

② 平治の乱　1159(平治元)年

原因	後白河上皇の近臣の対立に、武家の棟梁の対立が結びつく
経過	源義朝が平清盛の熊野詣中に挙兵。後白河上皇を幽閉、一時優位に立つが、清盛の巻き返しにあう

負		勝	
藤原信頼 →斬首	院近臣	藤原通憲(信西) →自害(斬首との説あり)	
源義朝 →謀殺 源義平 →斬首 源頼朝 →伊豆へ配流	武士	平清盛 平重盛 平頼盛	

結果	源氏が失脚、平氏が権力を握る

◆テーマのポイント

1. 保元・平治の乱の結果、平氏の武力が政権の維持に重要性を増す
2. 平氏一門は高位高官を独占、清盛は天皇との外戚関係を利用し、朝廷政治の実権を掌握

（『平治物語絵巻』三条殿夜討巻）

↑❶平治の乱　1159(平治元)年12月、藤原信頼・源義朝軍が後白河上皇の御所(三条殿)を急襲した場面。→p.148 ④

④ 平氏政権の特質

貴族的性格	①律令の官職に依拠 清盛が太政大臣、長男重盛が内大臣など、平氏一門で公卿16人、殿上人30人余りと高位・高官を独占 ②天皇の外戚関係利用 清盛の娘徳子が高倉天皇の中宮になり、生まれた皇子が安徳天皇として即位。清盛は外祖父となる ③荘園や知行国からの収入 荘園500余か所、知行国30数か所を所有
積極的な対外政策 (日宋貿易)	①大輪田泊の改修……宋船を瀬戸内海に乗り入れさせる 　輸入：銅銭、陶磁器、織物、典籍、香料など 　輸出：金(→p.34 ③)、硫黄(→p.34 ②)、刀剣、漆器など
武家的性格	①家人を平氏と関係のある荘園や国衙領に、地頭として私的に任命する ②国家の軍事警察権を掌握する

> 見方・考え方
> 前後の時代と比較し、平氏政権の特徴が政治的権力・軍事力・経済力にあったことを理解しよう。

③ 平氏系図

→p.117 ①、128 ③

（　）内は最高官位。

〔伊勢平氏〕

桓武天皇 ─ 葛原親王 ─ 高見王 ─ 高望王
　　　　　　　　　平高棟 ── 知信 ── 時信 ── 時子
　　　　　　　　　　　　　　　　　　　信範 ── 時忠(正二位・権大納言)
　　　　　　　　　　　　　　　　　　　　　　　滋子

維衡 ── 正盛 ── 忠盛 ──
　　　　　　　　忠正

忠盛の子:
経盛(従三位・参議)
教盛(従二位・中納言)
頼盛(正二位・権大納言)
忠度(正四位下・薩摩守)
清盛(従一位・太政大臣)

清盛の子:
重盛 ── 維盛(正二位・内大臣)／近衛権中将
　　　　基盛(正四位下・大和守)
　　　　宗盛(従一位・内大臣)
　　　　知盛(従二位・権中納言)
　　　　重衡(正三位・左近衛権中将)
　　　　知度
　　　　盛子
　　　　徳子(建礼門院) ── 安徳天皇
後白河天皇 ─ 以仁王 →p.128 ④
高倉天皇 ── 安徳天皇

⑤ 平清盛の栄達

年　代 (清盛の年齢)	1129 (12)	1137 (20)	1146 (29)	1156 (39)	1158 (41)	1159 (42)	1160 (43)	1162 (45)	1165 (48)	1166 (49)	1167 (50)	1168 (51)	1170 (53)
正　一　位													
従　一　位											内大臣	太政大臣	(出家)
正　二　位													
従　二　位													
正　三　位								権中納言・右衛門督	権大納言・兵部卿				
従　三　位						大宰大弐・参議							
正　四　位　下		肥後守	安芸守	播磨守	大宰大弐								
従　四　位　下													
正　五　位　下													
従　五　位　下	左兵衛佐												

▲保元の乱(1156)　▲平治の乱(1159)

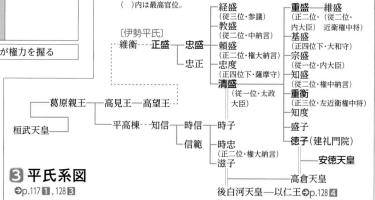

❷平清盛(1118〜1181)

受領を歴任して勢力を蓄えた清盛は、保元の乱後に大宰大弐に任じられ、日宋貿易の管轄者の地位を得た。平治の乱後には、武家として初めて公卿に昇り、以後急速に昇進した。

⑥ 日宋貿易

── 日宋交通路

金(1115〜1234)
西夏(1038〜1227)
南宋(1127〜1276)
高麗(918〜1392)
日本

大同、燕京、遼陽、開城、平安京、福原、大輪田泊、開封、建康(南京)、揚州、臨安(杭州)、明州(寧波)、坊津、多禰島、松浦、大宰府 →p.124、厳島神社、音戸瀬戸 →p.124

0　　　　500km

↓❸宋船復元模型
製作者：蓮尾正博
福岡市博物館蔵

↑❹音戸瀬戸*(広島・呉市)
*平清盛が開削したという伝承があるが、確証はない。

平氏は正盛以来、西日本の国守を歴任し、海賊を従えて海上権を握った。忠盛の頃から宋との貿易をはじめ、清盛は大宰府に家人などを配した。大輪田泊の改修を実行するなど、貿易体制を固めた。

史料　平氏の繁栄

日本秋津嶋は纔に六十六箇国、平家知行の国卅余箇国、既に半国にこえたり。其外庄園田畠いくらといふ数を知ず。（『平家物語』）

⑦ 平氏の知行国

1180(治承4)年に平氏一門・家人らの知行国は30国にのぼった。

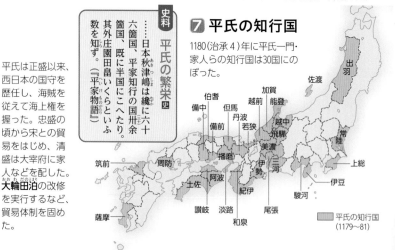

出羽、佐渡、越後、加賀、能登、越中、越前、若狭、飛騨、信濃、上野、常陸、下野、上総、下総、武蔵、相模、伊豆、駿河、美濃、尾張、三河、伊勢、伊賀、近江、丹後、但馬、丹波、播磨、美作、備前、備中、備後、安芸、周防、長門、石見、出雲、伯耆、筑前、豊前、豊後、筑後、肥前、肥後、日向、大隅、薩摩、土佐、阿波、讃岐、淡路、和泉、紀伊、大和、山城、河内、摂津

■ 平氏の知行国(1179〜81)

1000	1100	1200
国風文化	院政期文化	鎌倉文化

院政期の文化はどのような特色をもっていたのだろう

院政期の文化①（地方文化）

123

中世　平安（院政期）

 の下にある富貴寺大堂、臼杵磨崖仏の地図

テーマのポイント

1 貴族文化に武士・庶民や地方の文化が取り入れられた

2 浄土教思想が全国に広がり、平泉文化などの地方文化がおこった

見方・考え方
庶民の感情を表現したものもある今様を後白河上皇や貴族たちが愛好したことに注目しよう。

史料 今様『梁塵秘抄』史

仏は常にいませども
現ならぬぞあはれなる
人の音せぬ暁に
ほのかに夢に見えたまふ

遊びをせんとや生まれけむ
戯れせんとや生まれけん
遊ぶ子どもの声聞けば
わが身さへこそ揺るがるれ

1 院政期の文化一覧表

建築	中尊寺金色堂→p.124④ 白水（願成寺）阿弥陀堂→⑤ 浄瑠璃寺本堂・三重塔→③ 三仏寺奥院（投入堂）→④ 富貴寺大堂→①　　厳島神社→p.124②	芸能	猿楽……滑稽を主とした雑芸・歌謡 田楽……祭礼神事芸能→③
絵画	《絵巻物》源氏物語絵巻（作者不明）→p.125① 　　　　鳥獣戯画（伝鳥羽僧正覚猷筆）→p.127 　　　　信貴山縁起絵巻→p.125② 　　　　伴大納言絵巻→p.126 　　　　年中行事絵巻→p.113⑦ 《その他》厳島神社平家納経→p.125④ 　　　　扇面古写経（扇面法華経冊子）→p.125③	歴史物語	『大鏡』（作者不明）8巻 　道長を中心とする藤原氏の栄華を描く。 　世継物語ともいう 『今鏡』（藤原為経）10巻 　『大鏡』のあとを受けた伝記、逸話集 『栄華物語』（伝　赤染衛門）40巻 　道長を中心とする宮廷貴族の栄華を描く
彫刻	蓮華王院本堂千手観音像 白杵磨崖仏→② 浄瑠璃寺九体阿弥陀如来像→③	軍記物語	『将門記』（作者不明）1巻 　平将門の乱を記す最初の軍記物。11世紀 　成立が有力 『陸奥話記』（作者不明）1巻 　前九年合戦の顛末を記す軍記物
歌謡	『梁塵秘抄』（後白河法皇） 今様（民間の流行歌）などの雑芸歌を編集	説話集	『今昔物語集』（作者不明）31巻 　インド・中国・日本の古今の仏教説話を 　集めたもの

地図（毛越寺・中尊寺→p.124④、厳島神社→p.124②、三仏寺、富貴寺、臼杵磨崖仏、浄瑠璃寺、白水阿弥陀堂）

2 文化の地方普及

➊富貴寺大堂（大分・豊後高田市）　九州最古の建築遺構で、宝形造の簡素な阿弥陀堂である。内部に定朝様の阿弥陀像を祀り、壁画も残る。下は、大分県立歴史博物館（宇佐市）に復元されている大堂内陣。国宝

↓④三仏寺奥院（投入堂）（鳥取・三朝町）　三仏寺は、山岳信仰の霊場である三徳山の山中にある。断崖に建てられた投入堂は、修験道の開祖とされる役小角が窪みに投げ入れたという伝説がある。本尊は蔵王権現立像（現在は宝物殿）。国宝

▲ 投入堂は、滑落事故があいついだため入堂は禁止されていたが、2007年に三徳山開山1300年記念事業の一環で、60年ぶりに特別参拝が許された。

↑②臼杵磨崖仏（大分・臼杵市）　院政期の豊後地方では、地方豪族が願主となって巨大な石像仏がつくられ、独特の石仏文化が開花した。国宝

→③浄瑠璃寺本堂・九体阿弥陀如来像（京都・木津川市）　9体の阿弥陀像をつくり祈れば九品いずれかの往生がかなうという考え方をあらわす。現存する唯一の九体阿弥陀堂。国宝

←⑤白水（願成寺）阿弥陀堂（福島・いわき市）　豪族岩城則通の妻徳姫（藤原秀衡の妹）が亡夫の冥福を祈るため、1160年に建立したと伝えられる。国宝

（2007年撮影）

投入堂（標高約500m）

3 田楽

牛耕

田植にあたり豊作を祈る田遊びから発達し、都市で芸能化された神事芸となる。平安中期には田楽法師という職業芸人が出現し、大流行した。
『大山寺縁起絵巻』　東京大学史料編纂所所蔵模写

1 平泉 (岩手県平泉町)

*平泉は、その歴史的景観が、2011年に「平泉一仏国土(浄土)を表す建築・庭園及び考古学的遺跡群」として世界遺産に登録された。
➡後見返し

奥州藤原氏は、東北地方の金や馬をもち、北方との交易で財力を蓄え、京都の文化を移植して独自の平泉文化を創造した。政庁「平泉館」と考えられる柳之御所遺跡が調査され、その全容が解明されつつある。

清衡(1056〜1128)
基衡(1105〜1157)
秀衡(1122〜1187)
泰衡(1155〜1189)
➡p.117系図

⬆1 藤原三代 清衡は前九年合戦のあと清原氏の一員として成長し、後三年合戦では源義家とむすんで勝利を収めた。父の姓である藤原氏に復して奥州藤原氏の祖となった。孫の秀衡の時代に全盛期を迎え、源義経を庇護して源頼朝と対立した。義経死後の1189年、奥州藤原氏は頼朝軍によって滅ぼされた。

2 現在の平泉

3 当時の平泉(復元) 歴史復元画家 中西立太

➡↓4 中尊寺金色堂と内陣 1124年に藤原清衡によって建立された阿弥陀堂で、内外を黒漆に塗り、上に金箔を押し、内部の四本の巻柱、須弥壇などに金蒔絵・螺鈿を施している。須弥壇の下に藤原三代の遺体が納められている。国宝

巻柱の螺鈿

見方・考え方
奥州藤原氏の滅亡後も金色堂が残されたことの意味を考えてみよう。

➡↓5 無量光院(CG復元) 秀衡が宇治平等院(➡p.112)を模して建立した。阿弥陀堂は鳳凰堂より大きかったが、現存しない。

⬅6 毛越寺庭園 藤原基衡が建立し、秀衡が規模を拡大して堂塔40余宇を数えた。中尊寺をしのぐ平泉最大の寺院であったが、火災で焼失。庭園は、典型的な浄土式庭園の姿を伝える。1989年に、本堂が再建された。

2 厳島 (広島県廿日市市)

「神の斎く島」といわれる厳島でもっとも高い弥山(約530m)の頂上付近には、花崗岩の巨礫群があり、原生林が広がっている。全島が神の島として神聖視され、その場所に平清盛によって社殿が造営された。
➡p.122 6 ,後見返し

7 厳島神社社殿
国宝 世界遺産

8 海上から見た厳島神社

絵巻物とその読み方

絵巻物（絵巻・絵詞）は説明文（詞書）と絵画を交互に配列したものが基本で、奈良時代の『絵因果経』（⇒p.98）を源流とし、平安時代になると大和絵様式の絵巻物が作成されたが、11世紀までの作品は現存しない。縦幅は30〜40cm、長さは10m前後のものが多い。異時同図法（⇒p.126）や吹抜屋台・引目鉤鼻などの技法が用いられることもある。詞書・絵画は右から左に展開し、読み手は膝の前に50〜60cmの幅に開き、右に巻き取りながら読み進める。

吹抜屋台　屋根を描かず室内を見やすくする描法。

引目鉤鼻　貴族の男女の顔をあらわす描法。目は1本の線を引いたように、鼻は簡単な鉤形に描く。個性を抑えた象徴的表現法。

📖 一般に、『源氏物語絵巻』『信貴山縁起絵巻』『伴大納言絵巻』（⇒p.126）をさして三大絵巻という。これに『鳥獣戯画』（⇒p.127）を加えて四大絵巻という場合もある。

↑❶源氏物語絵巻（夕霧）　夕霧は『源氏物語』54帖のうちの第39帖である。光源氏の子である夕霧（夕霧大将）が落葉の宮（柏木の未亡人で、後に夕霧の妻となる）の母親（一条御息所）からの返書を見ていたところ、それを落葉の宮からの手紙と早合点した雲居の雁（夕霧の正妻）が嫉妬のあまり、背後から夕霧に近づいて手紙を奪い取ろうとする場面を描いている。
国宝　五島美術館（東京・世田谷区）蔵　部分

見方・考え方
僧侶の伝記や寺社の縁起を描く絵巻物が鎌倉時代になると数多く制作された。どのような作品があるか調べてみよう。

↑❷信貴山縁起絵巻（飛倉の巻）　大和国の信貴山に住む僧の命蓮にまつわる奇跡の説話を絵巻物にしたもので、3巻からなる。山崎長者の巻（飛倉の巻）は、命蓮が秘法を使って山城国の山崎長者のもとに鉢を飛ばし、その鉢に米俵のつまった倉を信貴山まで運ばせるという話である。この場面は、驚いた長者たちが淀川の上を飛んでいく倉を追いかけようとしている場面である。その後、倉は信貴山に到着した。長者が命蓮に返還を求めたところ、米俵だけが返されることになり、米俵は鉢とともに空を飛んで山崎に戻った。
国宝　朝護孫子寺（奈良・平群町）蔵　3巻　31.5×872.2cm　部分

道端の井戸

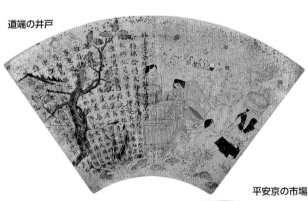

平安京の市場

↑→❸扇面古写経（扇面法華経冊子）　装飾経の一つ。扇面型の用紙に法華経を書き写したもの。下絵は都でくらす貴族・庶民の風俗・生活のようすや花鳥などを描く。
国宝　四天王寺（大阪市）蔵
法華経巻7第1扇
縦25.6cm

↑❹平家納経　平清盛が一門の繁栄を祈って発願し、一族が一品一巻を分担してつくり、1164年に厳島神社に奉納した。国宝　厳島神社蔵　全33巻　縦26cm

300年前の事件は絵巻物にどう描かれたのだろうか。『伴大納言絵巻』(12世紀後半成立)は、866年の応天門の変を脚色して描いた説話絵巻である。この絵巻物は何を伝えているのだろうか。

❶『伴大納言絵巻』
ばんだいなごん

国宝　出光美術館(東京・千代田区)蔵

↓❶風下に立つ群衆　上巻　31.5×839.5cm(部分)

朱雀門

写真上❶は、朱雀門と応天門のあいだで、大内裏の外から駆けつけてきた群衆であふれている。彼らは庶民と考えられる。風下は熱風と煙・火の粉が襲い、混乱する人々のようすが描かれている。

写真下❷は、応天門の内側の群衆で、大内裏から集まってきた貴族・官人たちである。風上は熱風も火の粉も関係なく、安全が保障された場所での高見の見物のようすがうかがえる。

📖応天門の変(→p.108❶)は、応天門の炎上をめぐり、大納言の伴善男が流罪になった事件。もとになった説話は『宇治拾遺物語』(→p.144❶)に収録されている。作者は宮廷絵師の常盤光長と推定される。現在は3巻からなるが、元来は1巻だった。

応天門

↑❷風上に立つ群衆　上巻　31.5×839.5cm(部分)

異時同図法　一つの場面に同一人物を二度三度と描き、動きと物語の進行をあらわす。

見方・考え方　異時同図法がみられる作品を探してみよう。

◀❸子どものけんかの場面
中巻　31.5×858.7cm(部分)

作品鑑賞　応天門の変の真犯人発覚の発端となった子どものけんかである。❶放火の目撃者である右兵衛舎人の子どもと隣に住む大納言家の出納の子がとっくみあいをはじめ、❷そこへ出納がかけつけ、❸足蹴にし、❹出納の妻が子の手を引いて家に入る。この仕打ちに、舎人は真相を暴露することになる。

検非違使

伴善男の乗った牛車

◀❹連行される伴大納言　応天門放火の真犯人とされた伴善男は、ついに逮捕され、牛車に乗せられて検非違使一行に連行された。伴善男は伊豆へ流罪となった。なお、この絵巻物には伴善男は一度も顔を見せず、後姿だけである。下巻　31.5×931.7cm(部分)

探Q
●応天門の変の歴史的意義について考えてみよう。

この絵巻物は何を表現したものだろうか。

『鳥獣戯画（鳥獣人物戯画）』は甲・乙・丙・丁の4巻と断簡からなる。内容や画風が異なることから数人の絵師が平安末期から鎌倉時代前期に描いたものであろう。擬人化された動物が遊びに興じる姿や、僧侶・俗人などの風俗などが白描画（墨一色で描く絵）で描かれている。詞書がなく、制作された目的は不明で、まさに謎だらけの絵巻である。

❶猿と蛙のけんか

作品鑑賞 最も有名な甲巻には蛙・兎・猿・狐などの動物が登場する（❶〜❸）。左側に1匹の蛙がひっくり返っている。兎が声をかけても反応がない。右側には兎と蛙に追われて一目散に逃げる1匹の猿。この猿の仕業で蛙が倒されたものと推測できる。この場面の左側では田楽がおこなわれていて、それを見学していた猿と蛙がけんかをしたのであろう。

◀❷兎と蛙の相撲

作品鑑賞 右側で相撲を取る蛙と兎。蛙が兎の耳にかみつきながら外掛けをかけたが倒れない。左側では蛙が兎をひっくり返して、仁王立ちになる。見物している2匹の蛙たちは大喜びである。宮中の年中行事の一つである相撲の節会を描いたものと考える見方もある。

◀❸猿僧正らによる読経

見方・考え方 この絵巻に登場する猿を僧侶と見る説がある。その場合、兎と蛙はどのような人々を表現しているのか考えてみよう。

作品鑑賞 蛙仏（❶で猿に倒されて死んだ蛙かもしれない）を弔い、供養するために猿僧正や蛙・兎・狐らが集まった。右側では参会者の前で兎・狐が読経し、左側では猿僧正が読経している。猿は仏教に関係する動物といわれる。仏壇には花瓶が置かれ、蛙仏の背後には葉っぱの光背（→p.99）がある。左端の梟は死をつかさどる鳥といわれる。

▶プロフィール

『鳥獣戯画』の作者とされた僧

鳥羽僧正覚猷 京都出身　1053〜1140

白河・鳥羽両上皇の信任が篤く、さまざまな仏事・法会に奉仕し、晩年に大僧正、さらに天台座主になった。絵の名手として知られる。鳥羽僧正の名は、1131年に鳥羽離宮内の証金剛院の別当になったことによる。覚猷が臨終を迎えたとき弟子たちはその莫大な財産をどのように処分するかについて遺書を残すようにたびたび勧めた。覚猷がやむなく書いた遺書を死後に開いてみると、「処分は腕力に依るべし」と書いてあった。江戸時代から『鳥獣戯画』の作者といわれるようになったが、確証はない。

↓❹首引きのようす 丙巻の前半は、囲碁・双六・目比べ（にらめっこ）・闘鶏などで遊ぶ人々、後半は動物（犬・鹿・猿・兎・蛙・蛇など）の戯画である。この絵は、若い僧侶と頭巾をかぶった老尼が、首にかけたひもを引っ張り合う首引きの対決をしているようすを描いたもの。

◀❺印地打ち（石合戦） 丁巻では流鏑馬・田楽・木遣りなどが描かれる。印地打ちは飛礫を投げ合うもので、10世紀以降の史料に頻出する。飛礫は諸社の祭りや合戦などで使われた。

探Q
● この絵巻物を所蔵する高山寺について調べてみよう。

中世 / 鎌倉

● テーマのポイント

1. 平氏の専制政治に対する諸権力の不満が増大
2. 源平の争乱の過程で、鎌倉幕府の機構が整えられていった

1 源平の争乱関係年表

□は鎌倉幕府の成立に関係する事柄。

年代	事項 ○数字は地図に対応。
1177.6（治承元）	鹿ヶ谷の陰謀→①
1179.11	平清盛、後白河法皇を幽閉
1180.4（治承4）	以仁王、令旨で平氏追討の挙兵を促す
5	以仁王・源頼政ら挙兵、敗死→②
6	福原遷都（11月、再び平安京へ）→③
8	源頼朝挙兵、石橋山の戦いに敗北→④、p.306❷
9	源義仲挙兵
10	頼朝、鎌倉に入る。富士川の戦い→⑤
11	頼朝、侍所を設置 ▷p.131 ■
12	平重衡による南都焼打ち→⑥、p.146▲
1181.2（養和元）	平清盛没（64歳）。この頃、養和の飢饉
1183.5（寿永2）	倶利伽羅峠（砺波山）の戦い→⑦
	平氏の都落ち→義仲入京
10	寿永二年十月宣旨（後白河法皇、宣旨で頼朝の東国支配権を公認）▷p.●
1184.1（寿永3）	宇治川の戦い→義仲、粟津で敗死→⑧
	一の谷の合戦→⑨
10	頼朝、公文所・問注所を設置 ▷p.131 ■
1185.2（文治元）	屋島の合戦→⑩
	壇の浦の戦い→平氏滅亡→⑪
10	義経・行家に頼朝追討の院宣下る
11	頼朝に義経・行家の追討の院宣下る
	頼朝、守護（国地頭）・荘郷地頭を任命する権利と兵粮米の徴収権を得る▷p.131 ▲
	京都守護を設置 ▷p.131 ■
12	鎮西奉行を設置 ▷p.131 ■
1189.閏4（文治5）	衣川の戦い→⑫
9	頼朝、奥州平定。奥州総奉行を設置
1190.11	頼朝上洛、権大納言・右近衛大将就任
1191.1	政所を設置（公文所から改称）▷p.131 ■
1192.7	頼朝、征夷大将軍就任

＊皇太子・三后（皇后・皇太后・太皇太后）らの命令を伝える文書。

見方・考え方
反乱者であった源頼朝が段階的に朝廷から支配権を認められていったことを理解しよう。

● 頼朝と義経の対立

↑① 源義経（1159～89）

御家人の掌握につとめていた頼朝に対し、義経が従五位下、検非違使・左衛門少尉の官位を後白河法皇より独断で受けたことから両者は対立。1185年10月に義経は法皇に迫って頼朝追討の院宣を得るが、1か月後には形勢が逆転、義経は平泉に逃れる。頼朝はこの事態を利用し、朝廷への影響力を強め、義経の捜索を名目に諸国に国地頭を任命する権利を得た。

義経伝説
源義経の悲運の生涯は多くの伝説を生み、『義経記』をはじめ御伽草子（▷p.165）、謡曲、歌舞伎の題材となり、江戸時代にも黄表紙（▷p.225）などで庶民に広く親しまれた。義経は平泉を脱して蝦夷地に渡ったという伝説もそのひとつである。

2 源氏略系図 ⊃p.117 ■, 132 ■

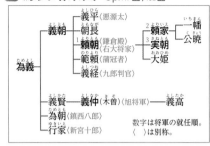

数字は将軍の就任順。〈 〉は別称。

3 平氏略系図 ⊃p.117 ■, 122 ■

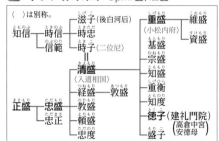

〈 〉は別称。

4 源平の争乱（治承・寿永の乱）

1180年、後白河法皇の子の以仁王が源頼政の勧めにより、平氏追討の令旨を発して挙兵したが失敗した。しかし、この令旨は、伊豆に流されていた源頼朝や木曽の源義仲をはじめ各地の源氏の挙兵を促した。

⑦ 倶利伽羅峠の戦い 1183.5
源（木曽）義仲が砺波山で平維盛と対戦。「火牛攻め」の奇襲で平氏を打ち破る。

⑧ 宇治川の戦い 1184.1
源義仲は、宇治川で源義経に敗れ、近江の粟津で敗死。

① 鹿ヶ谷の陰謀 1177.6
後白河法皇の近臣藤原成親や僧俊寛らが京都の鹿ヶ谷で平氏打倒を計画したが失敗。

② 源頼政の挙兵 1180.5
源頼政が後白河法皇の子以仁王を奉じて平氏打倒の挙兵。宇治の平等院でともに敗死。

③ 福原遷都 1180.6

⑨ 一の谷の合戦 1184.2
源範頼・義経が、福原に集結して西方の一の谷に陣を構えた平氏を攻撃。平氏は屋島に敗走。

⑫ 衣川の戦い 1189.閏4
藤原秀衡の子泰衡が、源義経を衣川の館に襲い自害させる。

⑤ 富士川の戦い 1180.10
平維盛軍が富士川で源頼朝の軍勢と対戦。平氏は水鳥の羽音を敵襲来と間違えて敗走。

④ 石橋山の戦い 1180.8
源頼朝は伊豆で挙兵後、石橋山（現、小田原市付近）で平氏方の大庭景親らに敗れる。

⑪ 壇の浦の戦い 1185.3
長門の壇の浦（現、下関市）における源平最後の戦い。幼い安徳天皇は入水し、平氏滅亡。

⑥ 南都焼打ち 1180.12
平重衡、南都の東大寺・興福寺を焼打ち。

⑩ 屋島の合戦 1185.2
源義経が阿波の勝浦に上陸して、屋島にいる平氏を背後から急襲。平氏は西の海上へ逃れる。

凡例：
- 頼朝の勢力範囲
- 義経の勢力範囲
- 平氏の勢力範囲
- 奥州藤原氏の勢力範囲
- × おもな戦場

● プロフィール

出家した東国武士
熊谷直実
武蔵国（埼玉県）出身 1141～1208

武蔵国大里郡熊谷（現、埼玉県熊谷市）を本領とし、石橋山の戦いでは頼朝に敵対したが、のち頼朝に臣従。一の谷の戦いで、平敦盛（当時16歳）を涙ながらに討ち取った話は有名で、『平家物語』以来、能や歌舞伎にも取り上げられた。その後、直実は出家し、法然の弟子となる。これは、自分の子と年齢の変わらない敦盛を討たざるをえなかったことで無常を感じてのこととされるが、1192年に所領相論に敗れたためともいわれている。

数字は就任時年齢、数字は退任時の年齢（と理由）。番号（❶〜❾）は将軍就任順、番号（⓫〜⓰）は執権就任順（□は得宗家）。

左側年表

〔院政〕後鳥羽 — 〔天皇〕後鳥羽 — 〈将軍〉頼朝 — 〈得宗〉p.141
1192
1199　土御門
1202
1203　②頼家／時政
1205
後鳥羽（院政）実朝③・②義時
順徳
1219
仲恭
後堀河
1224
③泰時
1226　④藤原頼経
四条
後嵯峨
1242　④経時
1244
1246　⑤頼嗣／⑤時頼
後深草
1252
56　⑥宗尊親王／⑥長時
64　⑦政村
亀山
1266
1268　⑦惟康親王／⑧時宗
後宇多
1284
伏見
1289　⑧久明親王／⑨貞時
後深草
1301　⑩師時
伏見　後伏見
1308　⑨守邦親王
花園
1311　⑪宗宣　⑫熈時　⑬基時
後伏見
後二条
1316　⑭高時
伏見
後伏見
後宇多
後醍醐　⑮26—26貞顕
光厳　⑯守時
後伏見
1333
〈内管領〉長崎高綱（円喜）・高資

● 将軍

❶ 1192〜99（約7年）源頼朝　45歳　52歳（落馬死?）

❶1147〜99
1180　伊豆で反平氏の挙兵
1185　壇の浦の戦い（平氏滅亡）
　　　諸国に守護・地頭設置
1192　征夷大将軍となる

❷ 1202〜03（約1年）源頼家　20歳　21歳（幽閉）
❷1182〜1204（享年22）建仁寺蔵
《メモ》頼朝長男。その安産を祈って築造されたのが、鎌倉若宮大路の段葛。妻は比企能員の娘、若狭局。1203年に出家のうえ伊豆修禅寺に幽閉される（翌年殺害）。

❸ 1203〜19（約16年）源実朝　11歳　27歳（暗殺）
❸1192〜1219　大通寺蔵
《メモ》後鳥羽上皇が実朝と命名。上皇の影響を受け和歌に熱中（◎p.144）。妻は上皇の近臣坊門信清の娘、信子。1219年、鶴岡八幡宮社前で、頼家の遺児公暁によって暗殺される。

❹ 1226〜44（約18年）藤原（九条）頼経　＜摂家将軍＞　8歳　26歳（出家）
❹1218〜56（享年38）
《メモ》父は九条道家（摂政・関白）。母が頼朝の姪の娘にあたる。12歳の時、15歳年上の頼家の娘竹御所と結婚。

❺ 1244〜52（約8年）藤原（九条）頼嗣　＜摂家将軍＞　5歳　13歳（京都追放）
❺1239〜56（享年17）
《メモ》1246年、父頼経が京都へ追放される（宮騒動）。妻は執権北条経時の妹、檜皮姫。

❻ 1252〜66（約14年）宗尊親王　＜皇族将軍＞　10歳　24歳（京都送還）
❻1242〜74（享年32）
《メモ》後嵯峨天皇の皇子。妻は近衛兼経の娘、宰子（北条時頼猶子）。

❼ 1266〜89（約23年）惟康親王　＜皇族将軍＞　2歳　25歳（京都送還）
❼1264〜1326（享年62）
《メモ》父宗尊親王の京都送還とともに、わずか2歳で将軍に任じられる。

❽ 1289〜1308（約19年）久明親王　＜皇族将軍＞　13歳　32歳（京都送還）
❽1276〜1328（享年52）
《メモ》後深草上皇の皇子。妻は惟康親王の娘。

❾ 1308〜33（約25年）守邦親王　＜皇族将軍＞　7歳　32歳（出家）
❾1301〜33（享年32）
《メモ》久明親王の子。鎌倉幕府最後の将軍。将軍を退任の後、同年中に鎌倉で没する。

歴史ポケット

将軍の京都への追放と得宗の短命

　源氏将軍が三代で絶えたあと、摂家将軍が二代、皇族将軍が四代と続いた。幼少で将軍となった彼らに実権はなく、名目上の存在に過ぎなかった。しかし、青年に成長するにしたがい、その周囲には北条氏庶家や有力御家人の一族からなる側近集団が形成され、しばしば得宗家と対立する構図が生まれた。そのため、彼らは一定の年齢に達すると引退させられたり、京都へ追放されたりするなど、不遇な晩年を過ごした。
　一方、将軍を飾りとして実権を掌握し続けた得宗家では、歴代当主の不健康や短命に悩まされ続けた。3代執権泰時の嫡子時氏以降、貞時の40歳を最高齢として、いずれも20代、30代で死没している。夭折する子女も多く、得宗家では幼名に健康長寿を願う「寿」の字を用い続けた。嫡流の成長を待つ間、北条庶家が執権職を中継ぎすることも多かった。また、若年の当主を支えるため、御内人（得宗被官）の代表としての内管領の権力が拡大した。

● 執権

⓵ 1203〜05（約2年）北条時政　65歳

⓵1138〜1215（享年77）
1199　頼家の親裁を制限。有力御家人13人の合議制。梶原景時失脚（翌年敗死）
1203　比企能員の乱。頼家幽閉（翌年殺害）
1205　畠山重忠の乱。北条時政失脚

⓶ 1205〜24（約19年）北条義時　42歳
⓶1163〜1224（享年61）
1213　和田合戦（和田義盛を敗死させる）
1221　承久の乱。六波羅探題設置

⓷ 1224〜42（約18年）北条泰時　41歳
⓷1183〜1242（享年59）
1225　北条政子没。連署設置。評定衆設置
1232　御成敗式目制定

⓸ 1242〜46（約4年）北条経時　18歳
⓸1224〜46（享年22）
1244　将軍藤原頼経を廃止、その子頼嗣を擁立

⓹ 1246〜56（約10年）北条時頼　19歳

⓹1227〜63（享年36）建仁寺蔵
1247　宝治合戦（三浦泰村を敗死させる）
1249　引付衆設置

⓺ 1256〜64（約8年）北条（赤橋）長時　26歳
⓺1230〜64（享年34）
《メモ》得宗家の時宗が成長するまでの間、中継ぎとして執権に就任。

⓻ 1264〜68（約4年）北条政村　60歳
⓻1205〜73（享年68）
《メモ》泰時の弟。北条一族の長老として、執権だけでなく、時頼・長時・時宗の連署をつとめた。

⓼ 1268〜84（約16年）北条時宗　17歳

⓼1251〜84（享年33）佛日庵蔵
1274　文永の役
1281　弘安の役

⓽ 1284〜1301（約17年）北条貞時　13歳
⓽1271〜1311（享年40）
1285　霜月騒動（平頼綱、安達泰盛を滅ぼす）
1293　平頼綱の乱
1297　永仁の徳政令

⓾ 1301〜11（約10年）北条師時　27歳
⓾1275〜1311（享年36）
《メモ》貞時の従兄弟で女婿、また時宗の養子でもあった。評定の座で没したという。

⓫ 1311〜12（約1年）北条（大仏）宗宣　52歳
⓫1259〜1312（享年53）
《メモ》義時の弟時房の曾孫、大仏流北条氏。

⓬ 1312〜15（約3年）北条熙時　34歳
⓬1279〜1315（享年36）
《メモ》政村の曾孫で貞時の女婿。祖父時村が北条氏の内紛で殺された時、命をねらわれたが難を逃れた。

⓭ 1315〜16（約1年）北条基時　30歳
⓭1286〜1333（享年47）
《メモ》泰時の弟で極楽寺殿とよばれた重時の曾孫。在職一年足らずで得宗高時に執権職を譲る。幕府滅亡時には化粧坂で新田義貞の軍と奮戦した。

⓮ 1316〜26（約10年）北条高時　13歳
⓮1303〜33（享年30）
1317　文保の和談（両統迭立）
1324　正中の変

⓯ 1326〜26（10日）北条（金沢）貞顕　49歳
⓯1278〜1333（享年55）称名寺所蔵（神奈川県立金沢文庫保管）
《メモ》学問に秀でた人物で、祖父の実時が開いた金沢文庫を拡張し、蔵書の充実をはかった。

⓰ 1326〜33（約7年）北条（赤橋）守時　32歳
⓰1295〜1333（享年38）
1331　元弘の変　　1333　鎌倉幕府滅亡
《メモ》足利尊氏の妻登子の兄にあたる。

中世　鎌倉

幕府所在地
①1185〜1225
（大倉幕府）
②1225〜1236
（宇都宮辻子幕府）
③1236〜1333
（若宮大路幕府）

卍 鎌倉五山
― 当時の道路
＝ 切通し

北鎌倉

卍円覚寺 →p.145

東慶寺卍　　卍明月院（あじさい寺）

化粧坂切通し

浄智寺卍　　建長寺卍

亀谷切通し　長寿寺卍

鎌倉市

瓜ヶ谷やぐら　巨福呂坂切通し

葛原岡神社　海蔵寺卍

藤原仲能の墓　円応寺卍　卍薬王寺

鶴岡八幡宮

日野俊基の墓　卍妙伝寺

来迎寺

①

荏柄天神社

源頼朝墓　大江広元の墓　鎌倉宮

永福寺跡

お塔の窪やぐら

天台山

五○車上左七址

胡桃山

瑞泉寺跡

北条首やぐら

護良親王の墓

十二所神社卍

銭洗弁天卍　一阿仏尼の墓　卍浄光明寺　卍寿福寺　卍護国寺

源氏山

源実朝・北条政子墓

桔梗山

八雲神社

県の天然記念物でもあった大銀杏は、2010年3月、強風などの影響により倒れた。

若宮大路

③

②

和田義盛邸

文覚上人邸跡
三浦義村邸
北条高時邸
腹切りやぐら
東勝寺跡

杉本寺卍

卍浄妙寺

梶原景時邸跡木槻

明王院卍　大慈寺跡

報国寺卍　　光触寺卍

足利公方邸跡

日蓮辻説法跡

妙本寺

大仏切通し

鎌倉大仏（高徳院）→p.147

安達盛長邸

鎌倉

本覚寺卍

常栄寺卍（ぼたもち寺）

日月やぐら

唐糸やぐら

大町釈迦堂口遺跡

衣張山

大江広元屋敷跡

卍大宝寺

上行寺卍　卍安養院

卍本興寺

卍妙法寺

極楽寺

極楽寺切通し

成就院

長谷寺卍

由比ヶ浜　和田塚

長谷　江ノ島電鉄

③段葛

横須賀線

安国論寺卍

「やぐら」は岩壁につくられた中世の横穴式の墓や供養所。

向福寺卍

名越切通し・①名越の切岸

卍妙行寺

相模湾

稲村ヶ崎

滑川

山比ヶ浜

材木座

来迎寺卍　卍長勝寺

卍九品寺

まんだら堂やぐら群　法性寺卍

卍補陀洛寺

和賀江島

光明寺卍

逗子市

資料鑑賞　鎌倉街道は鎌倉に通じる道の総称で、武蔵国などには網の目のように存在する。そのうち幹線としての上ノ道は、上野・武蔵方面と鎌倉の化粧坂を結び、1333年の新田義貞鎌倉攻めの進路にもなった。

資料鑑賞　源頼義以来、源氏に関係深い地であった鎌倉は、三方を山に囲まれ、前面は海という天然の要害の地であり、幕府がおかれてからは、「切通し」と呼ばれる、山の尾根を切り下げて坂をゆるやかにした7つの口が主要な陸路となった。当初は、亀谷（寿福寺周辺）－鶴岡八幡宮－大倉幕府－朝比奈切通し－六浦津の東西が軸であったが、執権北条氏の時代以降、若宮大路沿いに幕府が移され、南北を軸に都市の整備がなされた。1232年には人工の港湾施設として和賀江島が築かれた。また、鎌倉には、大路・小路のほか、辻子という小道があった。

←①名越の切岸
2〜10mの断崖が800m以上にわたって続く。従来は都市鎌倉の特徴を示す防衛遺構と推測されていたが、調査によって、石材生産のための石切り場であったと考えられている。

←②朝比奈切通し
鎌倉の東方、六浦津（現在の横浜市金沢区）へと通じる。

鶴岡八幡宮

段葛

↑③段葛
鶴岡八幡宮の参詣道として整備された若宮大路の中央を走る。段（＝壇）を築き、縁石を兼ねる葛石で一段高い道をつくる特殊な構造。

若宮大路は、頼朝が妻政子の安産を祈念して築いたことにはじまる。

● 鎌倉街道

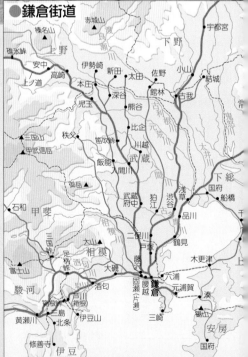

① 鎌倉幕府の職制

承久の乱以前に設置　承久の乱以後に設置　蒙古襲来以後に設置

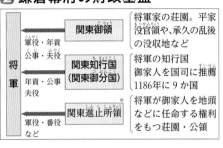

中央

評定会議

将軍 ─ 執権（1203年）／連署*（1225年）／評定衆（1225年）

- 侍所（1180年）…御家人の統制・軍事・警察など（初代別当和田義盛）　（ ）は設置年。
- 公文所（1184年）→政所（1191年）…財政・一般政務など（初代別当大江広元）●→p.132
- 問注所（1184年）…訴訟・裁判事務（初代執事三善康信）
- 引付衆（1249年）…所領関係の裁判
- 京都守護（1185年）→六波羅探題（1221年）…朝廷の監視、京都内外の警備、尾張（のち三河）以西の行政・裁判
- 長門探題（1276年）…中国探題ともいう。モンゴルの再来に備え、長門に設置
- 鎮西奉行（1185年）→鎮西探題（1293年）…九州の軍事・行政・裁判など
- 奥州総奉行（1189年）…奥州の御家人の統括など
- 守護（1185年）…諸国に設置。大番催促、謀叛人・殺害人の逮捕
- 地頭（1185年）…荘園・公領ごとに設置。年貢の徴収と納入、土地の管理、治安維持

*初代は北条時房。

地方

●→p.153② （室町幕府の職制）

② 鎌倉幕府の財政基盤

将軍 ─
- 関東御領：将軍家の荘園。平家没官領や、承久の乱後の没収地など　（軍役・年貢・公事・夫役）
- 関東知行国（関東御分国）：将軍の知行国。御家人を国司に推薦。1186年に9か国　（年貢・公事・夫役）
- 関東進止所領：将軍が御家人を地頭などに任命する権利をもつ荘園・公領　（軍役・番役など）

朝廷との交渉などによってこのような経済基盤を得た。

*関東進止所領では、地頭は荘園領主・国司に年貢や税を納入し、将軍への軍役・番役を負担した（軍役・番役も財政の一種）。

③ 御家人体制

軍役
- 合戦に参加
- 謀叛人の追討

番役勤仕
- 京都大番役
- 鎌倉番役
- 異国警固番役

関東御公事
- 内裏・幕府・寺社などの修造役

奉公 ←→ 将軍（鎌倉殿） ──（封建的主従関係）── 御家人

御恩
- 本領安堵　新恩給与
- 実際には地頭職補任の形をとる
- 朝廷の官職への推挙

御家人は将軍に対し、平時・戦時の忠勤義務（**奉公**）を負い、将軍は御家人に対し、彼らが保有してきた土地支配権を保証し、また新たに土地を給与する（**御恩**）という関係にある。土地を媒介とする支配・服従の主従関係を**封建的関係**という。

④ 守護と地頭

	守護 ●→p.154①	地頭 ●→p.133③
範囲	各国に1人	公領（郡・郷・保）と荘園（平家没官領・謀叛人跡など）
義務・職権	**大犯三カ条** 京都大番役の催促（御所の警護） 謀叛人・殺害人の逮捕 在庁官人の支配、国衙の行政事務*	所領内の治安維持 土地の管理 年貢などの徴収・納入
得分	守護としての得分なし 地頭を兼ね、その得分を得る	荘官や郷司の得分を継承。先例による給田・給名など。段別5升の兵糧米（1186年中止）

鎌倉幕府の守護・地頭は、1185年、義経追捕のため勅許により発足した。初期には一国単位の国地頭・惣追捕使などもあって制度として不安定であったが、頼朝が上洛した1190年以後、恒常的な制度として確立した。

*本来、国衙行政への介入は禁止されていた。

🔍 **テーマのポイント**

1️⃣将軍と御家人との主従関係が鎌倉幕府の支配の根本となった

2️⃣鎌倉幕府成立期の中央の支配機構は、侍所・政所・問注所からなる簡素なものだった

●→p.153,188

見方・考え方
頼朝も朝廷から与えられた知行国をもっていた。

⑤ 鎌倉初期の守護の設置
（1192～99年頃）

源頼朝の知行国（1186年3月）

← 源頼朝の奥州出兵

赤字 守護（1190年代）

（地図内の地名・人名）
陸奥・出羽・佐渡・越後・小山朝政・常陸・下野・小田知家・上野・比企能員・武蔵・平賀義信・千葉常胤・下総・上総・相模・鎌倉・伊豆・安房・三浦義澄・北条時政

佐々木盛綱・越中・加賀・信濃・甲斐・駿河・遠江・三河・尾張・安達盛長・安達親長・佐々木定綱・津々見忠季・能登・越前・飛騨・美濃・近江・伊勢・志摩・小野成綱・山内首藤経俊

隠岐・因幡・但馬・若狭・丹後・丹波・播磨・摂津・和泉・河内・伊賀・大和・紀伊・小野時広・佐々木定綱・出雲・石見・安芸・備後・備中・備前・美作・讃岐・阿波・土佐・伊予・梶原景時・宗孝親・佐原義連

対馬・河内義長・長門・周防・筑前・豊前・筑後・豊後・肥前・肥後・日向・武藤資頼・後藤基清・佐々木経高

壱岐・薩摩・大隅・日向・島津忠久

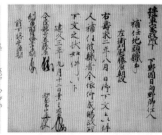

←② **千葉常胤**（1118～1201）
下総守護。頼朝の信望は厚く、東国御家人の重鎮として、草創期の鎌倉幕府を支えた。1192年、政所下文による所領安堵に満足せず、頼朝の直判のある下文を求めたことでも知られる。

↑① **北条時政**
伊豆に配流されていた頼朝を助け挙兵に従う。頼朝亡き後も、頼家・実朝の外祖父、政所別当として幕政の中心を担った。
願成就院蔵 ●→p.129

● 地頭職補任状

🔍 小山朝政の父政光の後妻となった寒河尼は女地頭として有名。

神奈川県立歴史博物館所蔵

←③ **小山朝政を下野国日向野郷の地頭に任命した同じ日付の将軍家政所下文（上）と頼朝袖判下文（下）** これは御家人が、政所という幕府機関からの任命状だけでは承知せず、頼朝の人格を象徴するものとして、頼朝自身の花押がある文書を欲していたことを物語っている。御家人が頼朝との人格的つながりを重視していたことが理解できる。

中世 / 鎌倉

中世
鎌倉

1 鎌倉幕府関係系図 ●p.128 2

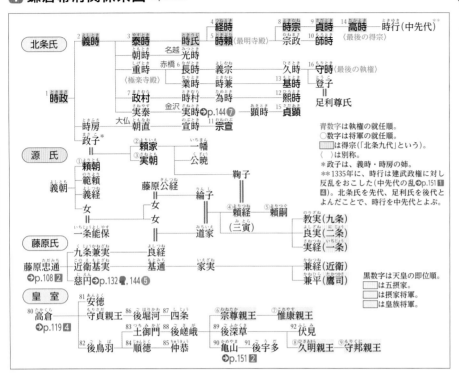

青数字は執権の就任順。
○数字は将軍の就任順。
□は得宗（「北条九代」という）。
〈　〉は別称。
＊政子は、義時・時房の姉。
＊＊1335年に、時行は建武政権に対し反乱をおこした（中先代の乱●p.151 1 4）。北条氏を先代、足利氏を後代とよんだことで、時行を中先代とよぶ。

黒数字は天皇の即位順。
□は五摂家。
□は摂家将軍。
□は皇族将軍。

2 鎌倉時代の荘園公領制

鎌倉幕府は平家没官領など謀叛人から没収した所領と東国の荘園・公領に地頭を設置し、現地支配を担わせ、荘園公領制を安定させた。しかし幕府の力が及ばない荘園（本所一円地）や公領も少なくなかった。

資料鑑賞 おもに東国の御家人は、公領（国衙領）では郡司・郷司・保司から地頭に、荘園では荘官（下司など）から地頭になった。御家人は幕府から地頭に任命され現地を支配し、国司や荘園領主に対して年貢・公事などを貢納する義務をもった。

見方・考え方 鎌倉幕府成立以前の荘園・公領の支配のあり方と比較してみよう。

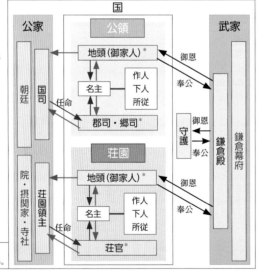

← 支配関係　← 貢納関係
＊郡司・郷司、荘官と地頭は、同一人物である場合もある。

3 大田文　●大田文からみた荘園・公領

国名	年代	荘園	公領	国名	年代	荘園	公領
常陸	1306（嘉元4）	44	56	豊後	1285（弘安8）	74	26
能登	1221（承久3）	70	30	肥前	1292（正応5）	76	24
若狭	1265（文永2）	26	74	薩摩	1197（建久8）	33	67
淡路	1223（貞応2）	72	28	大隅	〃	42	58
但馬	1285（弘安8）	73	27	日向	〃	75	25
石見	1223（貞応2）	43	57				

（永原慶二『荘園』）※数値は、荘園・公領の面積比（％）。

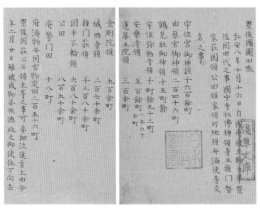

←2 大田文（豊後国図田帳）　各国の荘園と公領の水田面積を記した文書（図田帳ともいう）。国衙が一国平均の課役を徴収する基礎資料とするために作成する場合と、幕府の命令で守護が作成させる場合があった。

資料鑑賞 国ごとにばらつきがあるものの、常陸・若狭・石見・薩摩・大隅の5か国で公領の面積の割合が荘園を上回っており、公領の比重が決して小さくないことが明らかである。

見方・考え方 荘園と公領の同質性と相違点を考えてみよう。

テーマのポイント

1 鎌倉幕府は全国の軍事警察権を担う政権として成立したが、京都の朝廷は全国の政治権力をもち、荘園領主も各地の荘園を支配した

プロフィール

尼将軍と卿二位
北条政子と藤原兼子
政子　相模国出身　1157〜1225
兼子　京都出身　1155〜1229

北条政子は夫頼朝の亡き後、家長として将軍家を実質的に取り仕切った。藤原兼子は後鳥羽上皇に仕えた女房で、卿二位とよばれ、申次の役割を担い、上皇の側近として権力を振るった。実朝が将軍であった1218年、政子が熊野詣のついでに京都に滞在したとき、政子のもとに兼子が密かに訪れ、子のいない実朝の後継に兼子の養女の生んだ後鳥羽の皇子を将軍とすることで合意したという。政子は兼子の推挙で三位、さらに二位に叙せられた。この兼子と政子の約束は、承久の乱の勃発により実現しなかったが、鎌倉と京都でともに政治の実権を女性が握っていたことを、慈円（●p.144 5）は『愚管抄』で「女人入眼の日本国」と記し、日本国は女性が最後の仕上げをする国だと評した。

↑1 尼将軍とよばれた北条政子
安養院／（株）Gakken写真資料

プロフィール

幕府草創期を支えた実務官僚
大江広元　京都出身　1148〜1225
文章道の家柄である大江家の出身で、頼朝の要請に応じて鎌倉に入り、初代公文所の別当となった。守護・地頭の設置を献策するなど、頼朝の側近として初期幕府政治を支えた。頼朝の死後は、北条氏に協力して執権体制確立に貢献、幕府の対朝廷政策にも重要な役割をはたした。また、彼の子孫は毛利氏、長井氏などの武士となっている。

中世 鎌倉

テーマのポイント

①西国にも幕府の支配権が広がる
②執権北条氏を中心に法・訴訟制度が整備される

① 承久の乱とその影響 史

■ **幕府側の状況**（執権北条義時が中心）
実朝暗殺で、源氏の正統断絶。幼少の**藤原頼経***を将軍に迎える。御家人は動揺 *頼経が4代将軍に就任したのは乱後の1226年。

■ **朝廷側の状況**（後鳥羽上皇が中心）
西面の武士を新設、大寺院の僧兵との提携、在京御家人の誘引により、北条義時の追討に動きだす（義時追討の院宣）

■ **承久の乱（1221年）の結果**　幕府側の勝利
①六波羅探題設置　②新補地頭設置　③後鳥羽・土御門・順徳上皇を配流。仲恭天皇を廃位　④朝廷側の公家・武家の処罰

③ 本補地頭と新補地頭

	本補地頭➡p.131 ④	新補地頭
時	1185（文治元）年	1221（承久3）年以後
所	公領と荘園（平家没官領・謀叛人跡など）	承久の乱後の没収地のうち得分の先例のない所領
得分	荘官や郷司の得分を継承 先例による給田・給名など （段別5升の兵糧米は 1186年に中止）	**新補率法** 11町につき1町の給田 段別5升の加徴米 山野河海の得分を領家と折半 犯罪人の没収地の1/3

幕府は承久の乱後、没収した土地に多くの地頭を配し、先例のない土地については、得分率を定めた（**新補率法**）。この地頭を**新補地頭***とよび、従来の本補地頭と区別した。

*鎌倉時代末期になると、新補地頭の概念が混乱し、新補率法が適用されなくても、承久の乱後に設置された新恩地頭をさすようになった。

東への旅 歴史ポケット

鎌倉時代になると、朝廷のある京と、武家政権の拠点である鎌倉とをさまざまな目的で往来する者が多くなった。そのなかに女性の姿も見られるのがこの時代の特徴で、『十六夜日記』の作者阿仏尼もその一人である。平安時代の女性が、せいぜい父や夫の国司赴任にともなうなどして地方へ行ったのとは異なり、自らの意思で旅に出ている点が注目される。

自身も歌人である阿仏尼は、藤原定家の子で歌人であった為家の秘書的な立場からやがて後妻に入り、為家に対して、長男の為氏にいったん譲った所領をあらためて自分との子である為相に譲るよう求めた。しかし、為家没後に、為氏がその所領を手放さないため、鎌倉幕府に訴え出るべく東国へ下ったのである。『十六夜日記』はその紀行文で、京・鎌倉間を14日間かけ、雨にあえば水田のようなぬかるむ道も歩いたなどと記されている。阿仏尼の没後、幕府は為相の相続を認める裁許を下すが、その後20年以上も相論は続いたという。

↑③ **阿仏尼**
（？～1283）
冷泉家時雨亭文庫蔵

資料鑑賞

原告が訴状を問注所に出すと、被告はそれに反論する陳状を提出し、両者が対決して「三問三答」の書面弁論がおこなわれる。引付会議はこれらをまとめて結論を評定会議に報告し、評定会議で判決を決める。

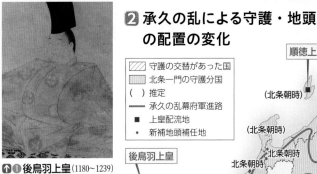
↑① **後鳥羽上皇**（1180～1239）
（伝藤原信実筆）　水無瀬神宮
（大阪・島本町）蔵
N この絵は上皇の隠岐配流に際し描かれた似絵（➡p.150 ④）。

② 承久の乱による守護・地頭の配置の変化

凡例：
◢ 守護の交替があった国
▦ 北条一門の守護分国
（ ） 推定
― 承久の乱幕府軍進路
■ 上皇配流地
● 新補地頭補任地

順徳上皇
（北条朝時）
後鳥羽上皇
（北条朝時）
北条朝時
北条朝時
島津忠久
鎌倉
（佐々木義清）
■（佐々木義清）
島津忠久
佐々木信綱
常陸房昌明
（佐々木義清）
北条時房
安保実員
長井時広
武田信光
六波羅探題兼任
逸見入道 北条時房
長沼宗政
三浦義村
橘公業
（藤原親実）
小笠原長清
三浦義村
宇都宮頼綱
土御門上皇 のちに阿波

承久の乱に際して、畿内近国の守護の多くが上皇側につき、乱後大量の守護の交替があった。これによって、畿内・西国の荘園・公領にも幕府の力が及ぶようになり、朝廷と幕府との二元支配の様相も一変した。➡p.132 ②

④ 御成敗式目（貞永式目）の制定 史

項目	内容	
年代・制定者	1232（貞永元）年　3代執権北条泰時	
基準	**頼朝以来の先例・道理**（武家社会の慣習・道徳）	
目的	御家人間や御家人と荘園領主間の訴訟を公平に**裁判する基準**を明示	
範囲	**幕府の支配地域**、諸国の守護を通して地頭・御家人に徹底	
内容	51か条	守護・地頭に関する規定 知行年紀法の規定 所領の支配・相続の原則 犯罪に関する刑罰の規定
追加法	式目追加	
意義	①最初の武家法　②武家の法的独立 ③以後の武家政治の根本法典	

御成敗式目は、公平な裁判の基準を設けることを目的とし、武家法の独立を主張したものとして高い価値をもっている。のちの室町幕府法や分国法にも大きな影響を与えた。

北条泰時～時頼期の政治

❶連署、評定衆の設置による合議制
❷武家の基本法の御成敗式目を制定
❸引付衆設置による裁判の公正・迅速化

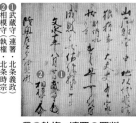
② ①武蔵守（連署・北条義時）②相模守（執権・北条時宗）
↑② **執権・連署の署判**
宮内庁書陵部蔵

⑤ 鎌倉幕府の訴訟制度

見方・考え方
裁判制度の整備が幕府の体制維持に重要であったことを理解しよう。

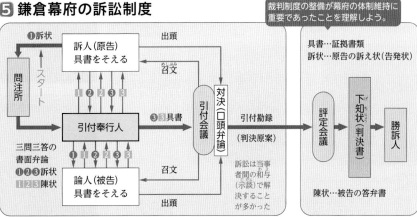

❶訴状　訴人（原告）具書をそえる　出頭
問注所　スタート
召文
① ② ③
引付奉行人
③具書
❶❷❸訴状 ①②③陳状
論人（被告）陳状　具書をそえる　出頭
三問三答の書面弁論
召文
引付会議
対決（口頭弁論）
引付勘録（判決原案）
評定会議
下知状（判決書）
勝訴人
具書…証拠書類
訴状…原告の訴え状（告発状）
訴訟は当事者間の和与（示談）で解決することが多かった
陳状…被告の答弁書

引付衆は土地訴訟を、侍所は刑事訴訟を、問注所はその他の雑訴をおもに受け付けた。

中世
鎌倉

1 家長となった女性

源頼朝の妻北条政子（◆p.132❸）は、頼朝の死後、将軍の母として、将軍家を支え、幕府の政治にも関与した。女性は、平安時代以降、政治機構からは排除されていったが、家の内部では、夫を亡くした女性（後家）が家長として家を支え、政治権力を握ることもあった。

◀❶『吾妻鏡』に記された歴代将軍　承久元（1219）年から嘉禄二（1226）年までは「平政子」と記され、北条政子が3代将軍源実朝の死から政子自身の死までの期間、事実上鎌倉幕府の4代将軍とみなされていたことがわかる。

◀❷日野富子（1440〜96）室町幕府8代将軍足利義政の妻・9代将軍義尚の母。夫義政が政治に積極的でなかったため、自ら政治に乗り出した。◆p.170❶

◀❸寿桂尼（？〜1568）駿河国の戦国大名今川氏親の正室。夫氏親が病床にあったときから、氏親の印を用いて朱印状を出し、夫の死後には自ら朱印状を出し、若年の息子氏輝にかわって政務をおこなった。
正林寺（菊川市）蔵

中世の女性の立場はどのようなものだったのだろうか。

中世は、夫婦を中心に生活・経営がなされ、家業や財産が父系的に嫡子へと継承されていく家が成立した時代であった。家のなかでの女性、また家から離れた女性の立場はどのようなものだったのだろうか。

2 後家尼・尼僧

北条政子も寿桂尼も、亡き夫の菩提を弔うために出家し尼となったが、それは再婚せず家にとどまり、財産の継承と家の存続をはかるためであった。その一方で、信仰から世俗の家族を捨て、自発的な意志によって出家する尼僧もいた。尼僧となることも女性の生きる道のひとつであった。

➡❹絵巻物に描かれた尼（「頬焼阿弥陀縁起」）鎌倉在住の町の局という家を営む富裕な尼。町の局は、雲慶という仏師に阿弥陀像の製作を依頼し、日夜家人や娘とともにこの阿弥陀を礼拝した。
光触寺（神奈川県）蔵

↑❺大和法華寺（奈良市）鎌倉時代、多くの尼寺が興隆した。

➡❻律宗の尼（「七十一番職人歌合」）

歴史ポケット

財産をもった女性

鎌倉時代、武家の女性は父母から土地財産を分割相続し、地頭職をもつものも珍しくなかった。庶民でも同様に、財産をもち、売却したり、処分したりする権限ももっていた。しかし室町時代になると、次第に男子の一人が家と財産を相続するようになり、女性が独立した財産をもつことは少なくなっていった。

3 職業をもった女性たち

中世にはさまざまな職業の女性がいた。『七十一番職人歌合』には豆腐売りなどの商人・職人、白拍子など芸能者、巫女などの宗教者の姿がみえる。商人・芸能者・宗教者たちのなかには諸国を遍歴して活動する人々もいた。

➡❼組紐をつくる組師と縫い物をする縫師（「七十一番職人歌合」）

◀❽豆腐売り（左）と歌舞の芸能を職業とした白拍子（右）（「七十一番職人歌合」）

◀❾絵解きをして熊野信仰を広めた熊野比丘尼　比丘尼とは、女性出家者のことをいい、巫女が比丘尼として、修験者（山伏）とともに諸国を遍歴し、祈禱や託宣をしたり、布教活動をおこなったりした。
「住吉神社祭礼図屏風」（江戸時代）フリーア美術館蔵

見方・考え方
仏教などの宗教との関連を考えてみよう。

◀❿神降ろしをする巫女（「春日権現験記絵」）病となった僧侶によばれて祈禱をする巫女（右の人物）。鼓をもち、首に数珠をかけている。

探Q

●武士の家と女性の立場を他の時代と比べてみよう。
●庶民がどのように生活をしていたか調べてみよう。

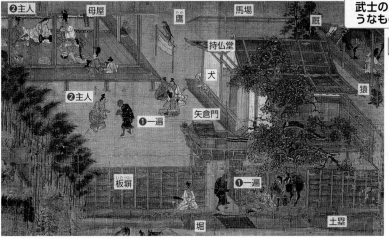

中世 鎌倉

▶ 同じ絵のなかに同一人物が数か所に描かれるのは、絵巻物における特色のひとつである異時同図法(→p.126 ③)によるものである。この絵では、主人に念仏を施している一遍と門をくぐって武士の館を去ろうとする一遍(①)や主人(②)が描かれ、時間の推移があらわされている。

テーマのポイント

① 武士は、幕府御家人として奉公をする武者的側面と、平時、所領の管理、年貢徴収などにあたる在地領主としての側面があった
② 惣領が分家など庶子を統率して一門・一家を形成した(惣領制)

1 武士の生活 →p.116 ②

↑① **東国武士の館(復元模型)** 館は平地あるいは山麓の緩やかな扇状地などに建てられ、周囲に堀と土塁をめぐらせたものが多い。堀は防備のためばかりでなく、川の水や湧水を貯えて田畠に供給する役割もはたしていた。堀の外、館のまわりには氏神や氏寺、郎党たちの住居が建てられ、牧や佃・門田とよばれる直営地があった。その経営にあたっては、下人・所従が耕作にあたった。

> **見方・考え方**
> 館のようすから、武士の武者的側面と在地領主としての側面があることを理解しよう。

国立歴史民俗博物館(千葉・佐倉市)蔵

←③ **弓の手入れ**(『男衾三郎絵巻』部分) 武士の守るべき道徳を弓馬の道、弓矢の道ともいうほど、弓矢は大切なものとされ、鍛錬とともに、整備も武士の大切な務めであった。
東京国立博物館蔵 出典：ColBase

↑② **筑前国の武士の館**(『一遍上人絵伝』部分)

作品鑑賞 堀や竹やぶ・板塀に囲まれ、矢倉門を構えた館の中には、母屋、持仏堂、厩が描かれている。母屋は板敷きで座る場所のみに畳を敷く。母屋の右には、鷹狩用の鷹が飼われ、厩には魔よけとして猿が飼われていた。

● 騎射三物

鎌倉武士は、騎射が日頃のおもな鍛錬であった。その修練としておこなわれていたのが、「騎射三物」とよばれる流鏑馬・笠懸・犬追物であった。

↑④ **流鏑馬** 約200m強の直線の馬場に、三か所に的を立て、疾走する馬上から鏑矢で次々と的を射る。現在では、鎌倉の鶴岡八幡宮などでおこなわれている。

↑⑤ **笠懸**(『男衾三郎絵巻』部分) 晴れの儀の流鏑馬をおこなった後に、余興として綾藺笠を的にして、疾走する馬上より鏑矢で射たことにはじまる。
東京国立博物館蔵 出典：ColBase

↑⑥ **犬追物**(『犬追物図屏風』部分) 動く標的を馬上から射止める弓技の鍛錬として、大きな鏑鏑の矢で犬を射る。東京国立博物館蔵 出典：ColBase

2 惣領制

それぞれの武士は一族の強い血縁的統制をもち、軍事行動や祭祀においては、一門(一家)として団結してこれにあたり、宗家(本家)の**惣領**が主導した。したがって、財産を分割しても、**庶子**家がまったく独立したわけではない。幕府は、御家人を掌握するためにこの惣領の統制力を利用し、御家人役なども惣領に一括して納入させた。

将軍(鎌倉殿)

軍役・番役勤仕・関東御公事 ─ **奉公** ─ **封建的主従関係** ─ **御恩** ─ 本領安堵・新恩給与・官職推挙

御家人 = 惣領 [宗家(本家)]

役割：戦時に一門の統率・祖先・氏神の祭祀・番役・貢納の納入責任

分家 — 庶子家の惣領 — 庶子・庶子
分家 — 庶子家の惣領 — 庶子・庶子

(一門・一家)

3 分割相続の例 (豊後国守護大友氏の場合)

豊後国守護大友能直の遺領
↓
妻の深妙尼相続
1240(延応2)年 分割
↓

惣領の相続分	庶子の相続分
相模国大友郷 地頭郷司職 大友親秀	  下村 上村 豊後国大野荘300町 中村 志賀村

● は女性

① 下村地頭職 大友能直 ② 中村内保多田名 帯刀時直の後家
③ 中村地頭職 犬御前 ④ 志賀村半分地頭職 志賀能郷
⑤ 志賀村半分地頭職 宅万能郷 ⑥ 上村半分地頭職 一万田景直
⑦ 上村半分地頭職 美濃局

1240(仁治元)年に一族に**分割相続**された大友氏の所領のうち、本領である相模国大友郷は分割されずに惣領分として嫡男に与えられた。残る豊後国大野荘は、男女7人の庶子にほぼ均等に分割相続された。女性も相続の権利を有し、婚姻後も所領の所有が認められたが、多くは一代限り(**一期分**)であった。

ℹ️ **インフォメーション** 『ジェンダーから見た日本史』(久留島典子ほか編) 各時代の女性の立場に注目する。ジェンダーという視点から歴史を通してみる試みをおこなっている。

承久の乱後、武士の土地支配はどのように変化しただろう

テーマのポイント

❶地頭の土地支配権が拡大し、荘園領主の支配を脅かす　❷農民は地頭の支配に抵抗して団結を強め、荘園領主に地頭の非法を訴えることもあった

中世
鎌倉

1 地頭による荘園支配の拡大

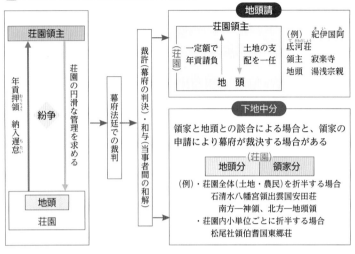

承久の乱後、幕府権力の強大化を背景に地頭の年貢押領などが増加し、荘園領主との間で紛争が多発した。紛争解決には、**地頭請・下地中分**などの方法がとられた。地頭請は現地の支配権を完全に地頭にゆだねて、領主は一定額の年貢のみを受け取るもの、下地中分は荘園を地頭と領家で分割して相互の不可侵を約するものであった。

2 分割相続された荘園 (越後国奥山荘) ○p.120 ■

❶越後国奥山荘絵図

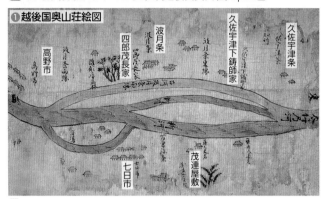

🔍 奥山荘は、現在の新潟県新発田市・胎内市と、岩船郡関川村にまたがる地域。

● 和田氏略系図

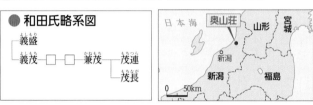

近衛家の荘園であった奥山荘に相模の和田氏が地頭として入り、和田合戦でも北条義時に味方して生き残った。奥山荘で勢力を得た和田氏は、地頭請所の契約を結び、やがて下地中分で中条を得た。茂連が惣領であり、庶子の茂長の名もみえる。また、七日市・高野市のような市場や鋳物師の家もみえる。久佐宇津は地名だが、臭水つまり石油のことである。

3 地頭の非法 (紀伊国阿氐河荘) ○p.120 ■ 史

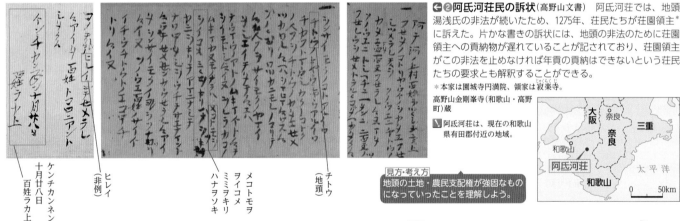

ケンチカンネン
十月廿八日
百姓ラカ上

ケンチカンネン
十月廿八日
百姓ラカ上

（非例）ヒレイ

メコトモヲ
ワイコメ
ミミヲキリ
ハナヲソキ

（地頭）チトウ

← ❷阿氐河荘民の訴状 (高野山文書)　阿氐河荘では、地頭湯浅氏の非法が続いたため、1275年、荘民たちが荘園領主*に訴えた。片かな書きの訴状には、地頭の非法のために荘園領主への貢納物が遅れていることが記されており、荘園領主がこの非法を止めなければ年貢の貢納はできないという荘民たちの要求とも解釈することができる。

*本家は園城寺円満院、領家は寂楽寺。
高野山金剛峯寺(和歌山・高野町)蔵

🔍 阿氐河荘は、現在の和歌山県有田郡付近の地域。

【見方・考え方】
地頭の土地・農民支配権が強固なものになっていったことを理解しよう。

史料　阿氐河荘民の訴状

阿氐河荘の上村百姓らが謹んで申し上げます。
一、①京上、あるいは地頭の②近夫と申して、人夫を地頭の方に責め使われるために、百姓にはまったく暇がありません。わずかに残った人夫が材木の山出しに向かいましたが、地頭は、逃亡した百姓の跡の麦を蒔けといって追い戻し、おまえらがこの麦を蒔かないのなら、妻子どもを追い籠めて、耳を切り、鼻を削いで、髪を切って尼にして、縄で縛り上げて打ち苛むぞといって責め立てるので、御材木の納入はますます遅滞してしまいます。そのうえ百姓の住む家を一軒地頭殿に取り壊されてしまいますので、このような条々の非例にて責められていますので百姓等が申し上げます。

③建治元年十月廿八日
百姓等が申し上げます。

①京都の大番役勤仕などのために上京する人夫
②近所の用事で使役される人夫
③一二七五年

一、御材木のことについて、あるいは地頭の①京上、あるいは②近夫と申して、人夫を地頭の方に責め使われるために、百姓にはまったく暇がありません。（中略）

一、①伏田（年貢免除の田）のことについて、領家の御方に伏田を支払って伏田を承認してもらったのに、さらに地頭の方から四〇〇文を支払って伏田を要求され、そのうえさらに年別に田一反につき二〇〇文づつ伏料を責め取られることは堪え難いことです。（中略）

名字の地

歴史ポケット

平安時代末期以降、武士は荘園や公領の現地支配の職を任され、その所領の地名を名字として名乗るようになった。彼らは獲得した所領のなかに館を構え本拠とした。足利氏の場合、源義家の孫義康が下野国足利荘を本拠として足利を名乗ったことにはじまる。

← ❸足利氏の氏寺の鑁阿寺(栃木・足利市)

中世 鎌倉

荘園絵図からどのようなことが読み取れるだろうか。

平安時代後期から、鎌倉、室町時代を通じて、荘園はもっとも基本的な土地制度であった。代表的な荘園の絵図、現地の景観や今日残る地名を通して、荘園の具体的な姿を想像してみよう。

1 伯耆国東郷荘
（鳥取県東伯郡湯梨浜町付近）

見方・考え方 荘園絵図・裏書からどのようなことが読み取れるだろうか。絵図は何のために描かれたのだろうか。

史料 東郷荘の絵図の裏書

領家と地頭が和与中分したので、これより道路がある所々は、その路をもって堺とし、堺がない所々は、両方寄り合って朱を引いた。朱の跡には、両方寄り合って堀を通した。このように東西を両方に中分した。田畠を等分したので、伯井田は西方にこの田の内から東方に分割することにした。この故に馬野・橋津・伯井田等は、西分が交じり合っている。小垣は、北条河の東西ともに東分である。よってこの絵図に、東分・西分としておのおのの名を書きおいた。そもそも、南方の堺にあたっては、置福寺・木谷寺の二つの寺の中間に朱を引き、堀を通すことはできない。しかしこの堀の末は深山で、峯や谷があるので、堀を通すまっすぐに見したがって、その境目の朱より三朝郷の堺に至るまでは、ただ朱の通りまっすぐに見通して、東西の分領を存知するように。

① 一二五八年
① 正嘉弐年十一月　日
沙弥寂□
散位政久（花押）

→② 現在の東郷池周辺 領家松尾社と地頭の紛争により、1258年に下地中分された。

日本海／大山／島根／鳥取／鳥取／東郷荘／岡山／0 50km

❶東郷荘下地中分絵図
〇の部分が花押

木谷寺／置福寺／地頭分／領家分／北条河／伯井田東分／馬野東分／伯井田西分／馬野西分／東小垣東分／西小垣東分

東京大学史料編纂所所蔵模写

作品鑑賞 田地、山林、牧野といった地域ごとに、領家分と地頭分に分割している。4本の朱線の両脇には、執権北条長時、連署北条政村の花押（写真中の〇）が据えられており、幕府がこの和与を保証したことを示す。

2 尾張国富田荘 （愛知県名古屋市）

❸富田荘荘園絵図

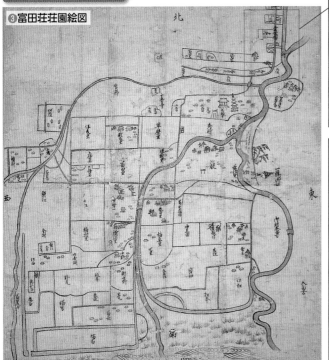

この絵図は荘内を把握するために作成したと考えられているが諸説ある。富田荘は、庄内川が分岐して伊勢湾に注ぎ込む地域に立地し、絵図には川筋と方形に区画された耕地、海岸側に築かれた太い堤が描かれている。東北部には、東海道と萱津宿が描かれ、宿のようすがうかがえる。萱津宿は交通の要所であったため、北条氏得宗家が当荘地頭職を保持していた。1283年、北条時宗から鎌倉の円覚寺に地頭職が譲与され、その後200年あまり円覚寺の所領として続いた。

◀❹萱津宿（部分） 赤線が東海道。庄内川と五条川の合流点の北西部、道に沿って寺院や家屋が並ぶ。

❺現在の小字図（『甚目寺町史』1975年）

五条川旧河道／上萱津／正法寺東／光明寺／中萱津／宿之口／下萱津

富田荘

↑❻当時の萱津宿にある光明寺（愛知・あま市）

探Q ●現在の地図と比べてみよう。●絵図はどのような目的で作成されたか調べてみよう。

中世
鎌倉

❶日根野村絵図

宮内庁書陵部蔵

荘園のなかで人々はどのようにくらしていたのだろうか。
土地の利用、水源、耕地、寺社等の位置に注目して絵図に描かれた景観を読み解いてみよう。

❷現在の日根野村付近

見方・考え方
用水源となる池に注目し、江戸時代のようすと比較してみよう。

❸江戸時代の日根野村の用水図（部分）

1 和泉国日根荘（大阪府泉佐野市）

日根荘（日根野荘）は、現在の大阪府泉佐野市の大部分にあたり、1234年に摂関家の九条家の荘園として成立し、当初は、鶴原・井原・日根野・入山田の4つの村で構成されていた。日根野村については、1316年の絵図によって、当時のようすを理解することができる。

荘園現地に下った荘園領主

歴史ポケット

16世紀初め、荘園領主の前関白九条政基は守護の押領を排除するため日根荘に下り直接支配をおこなった。日根野村の無辺光院に到着した政基は、ここを荘園支配の拠点の政所に定めた。その後政基は入山田村の長福寺に4年弱の間滞在し、現地での支配や寺社の祭礼のようすなどを記録した。

（文亀2年・1502年）4月2日、今日は大井関神社の祭礼である。朝早く無辺光院から赤飯と酒等が送られてきた。夜には猿楽が行われるそうだ。…入山田村の百姓等の射弓もあった。（『政基公旅引付』）

2 紀伊国井上本荘
（和歌山県紀の川市）

井上本荘は、紀ノ川中流域にあった京都の随心院領の荘園である。この絵図は東隣の粉河寺と境界をめぐって争っていた1393年ころに作成されたものとみられる。池・川・寺社・在家（百姓の家）・田・畠が鮮やかに描かれ、中世後期の荘園のようすがよくわかる。

➡**❹現在の井上本荘付近**

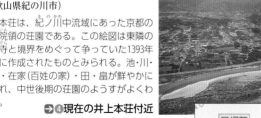

『朝日百科日本の歴史』

現在名が比定できる池
現在存在しない池
古地図にない池
古地図にみえる池および地名は赤文字で示した

0　500km

探Q

●身近に荘園に由来する寺社や地名などがあるか調べてみよう。

日根荘

井上本荘

❺井上本荘荘園絵図

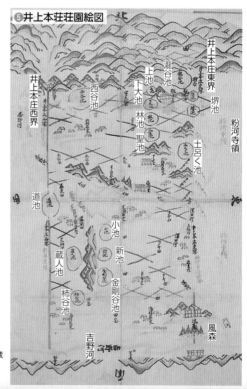

随心院（京都市）蔵

中世 鎌倉

◉ テーマのポイント

1 農業技術が進歩し、畿内や西日本では二毛作が普及し、商品作物栽培や手工業品の生産がおこなわれるようになった

2 日宋貿易により宋銭が大量に輸入されて広く流通するようになり、貨幣経済が発達した

↑**1** 鎌倉時代の農地（『一遍上人絵伝』部分）　地力回復のために耕地を一年ないし数年おきに休耕することもあった。田植えのすんだ水田の隣に休耕地がみえる。

↑**2** 牛耕（『松崎天神縁起絵巻』部分）　西日本では牛を飼うことが普及し、犂を使って田をおこしたり、運搬に使役した。

1 農業の発達　●畿内・近国の集約農耕の発展

やりがんな
→p.49 **13**

- 二毛作（稲と裏作の麦）の普及
- 鉄製農具の普及（鍬・鋤・鎌）
- 牛馬耕（牛耕・馬耕）の普及
- 多収穫品種（大唐米（赤米）など）の輸入
- 肥料の使用…草木灰・刈敷→p.203 **3**
- 荏胡麻の栽培→p.32 **1**、159 **2**

段当たりの収穫量の増大
↓
余剰生産物の蓄積
↓
作人、下人・所従らの自立化
↓
惣の形成→p.160

→p.157 **1**（室町時代の農業）

2 手工業の発達

←**3** 番匠（『春日権現験記絵』部分）　農業のかたわら手工業に従事していた人々の中から、専門の手工業者があらわれた。また宮廷・貴族・寺社に隷属していた技術者も独立した。番匠は、建築職人のことで、職人・徒弟を率いて建築に従事した。
宮内庁三の丸尚蔵館蔵

3 商業の発達

↑**4** 借上（『山王霊験記』部分）　貨幣経済の進展による貨幣の需要の増大を背景に生まれた高利貸業者。銭は100文・1,000文ずつ紐に通す（銭さし）。上の絵は、借上（右端の男）から銭を借りているところ。

↑**5** 銭さし（兵庫・堂坂遺跡）

4 市のにぎわい

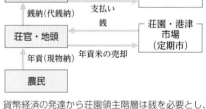

↑**6** 宋銭　本朝十二銭以後、日本では貨幣が鋳造されなかったため、中国から輸入される宋銭が流通した。→p.82 **4**
写真提供　日本銀行貨幣博物館

地方の市は月3回の市（三斎市）が多くなり、市のたつ日は近在から人々が集まった。

履物　布　米　一遍　船着場　備前焼の壺・甕

苫井川　兵庫　岡山　山陽新幹線　赤穂　福岡市　倉敷　岡山　瀬戸内海　小豆島
0　20km

↑**7** 備前国福岡市（『一遍上人絵伝』部分）→p.120 **1**

見方・考え方
船着場が描かれていることに注目しよう。

作品鑑賞　福岡荘の市場（現、岡山県瀬戸内市）は、苫井川の河原に立地した定期市である。小屋がけの店で米や地方の特産品、履物、布などが売られている。

◉ 年貢の銭納

```
                        必要品の購入
荘園領主  ←─────────→  都市市場
  ↑                        ↑
銭納（代銭納）          支払い │銭
  │                        ↓
荘官・地頭  ←─────────→  荘園・港津市場（定期市）
  ↑                   年貢米の売却
年貢（現物納）
  │
農民
```

貨幣経済の発達から荘園領主階層は銭を必要とし、荘官・地頭は農民から年貢を現物で集め、荘園領主には市場で売却して銭を納めた。

◉ 為替の発達

```
                 ⑤米・銭などを渡す
荘園領主  ─────────────→  京都などの割符（替銭）屋
  │                              ↑        │
③割符に   ④割符を持参する        │        │⑥物資輸送・
よる支払い                      │        │ 商取引
  │        ②割符（為替）を       │        │
  ↓        振り出す              │        ↓
荘園      ─────────────→  その地方の割符（替銭）屋
荘官・地頭   ①年貢米・銭などを渡す
```

遠隔地の取引では、荘園年貢の支払いに為替（割符）が使われるようになり、金融業が発達した。

←**8** 信濃国伴野市（『一遍上人絵伝』部分）　市が開かれていない日の伴野市（現、長野県佐久市）のようす。閑散としていて、家のない者のねぐらになっている。

←**9** 見世棚（『一遍上人絵伝』部分）　京都や鎌倉などの都市には常設の小売店（見世棚）もみられるようになった。

◀蒙古襲来はなぜおこったのだろうか

1 蒙古襲来関係年表

青字は国外事情。

天皇	執権	事 項
—1259	時頼	1206 チンギス=ハン(成吉思汗)即位
	—1256—	1231 第1次高麗侵入(〜第6次1259)
	長時	1259 高麗、モンゴルに服属
	—1260—	1260 フビライ(忽必烈)即位
	政村	日蓮、『立正安国論』を北条時頼に呈する
亀山	—1268—	1268 高麗使節、フビライの国書を持参 →朝廷、異国降伏の祈禱を命じる 北条時宗、執権に就任
		1270 高麗、三別抄の乱(73年、鎮圧)
		1271 フビライ、国号を元とする 元の使節、趙良弼来日 →幕府、九州に所領をもつ御家人に、下向して防衛の任にあたることを命じる
	時宗	1272 九州御家人に筑前・肥前の要害警固を命じる(異国警固番役のはじめ)
—1274—		1274 文永の役
		1275 九州御家人の異国警固番役を規定 元の使者杜世忠を鎌倉の龍口で斬る
後宇多		1276 「異国征伐」の動員令をしき、九州の武士に防塁(石築地)を構築させる 長門探題を設置○p.131 ■ 元、南宋を滅ぼす
		1279 無学祖元来日
		1281 弘安の役
—1284—		1286 元、3度目の日本遠征を中止
	貞時	1293 『蒙古襲来絵詞』制作か○p.148 ❺ 鎮西探題を設置○p.131 ■

● テーマのポイント

1. 宋(南宋)を中心とする東アジア通商圏が蒙古襲来の背景
2. 朝鮮・中国(南宋)、ベトナムなど東アジア諸国の人々の激しい抵抗と武士団の活躍で蒙古襲来は失敗
3. 多くの御家人はわずかな恩賞しか得られず、幕府への不満が増大した

2 13世紀後半のアジア

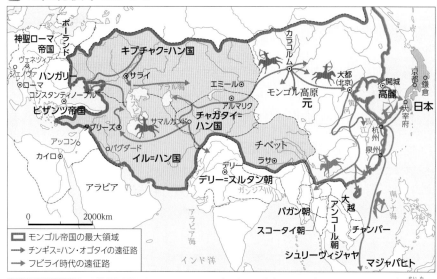

凡例
- モンゴル帝国の最大領域
- → チンギス=ハン・オゴタイの遠征路
- → フビライ時代の遠征路

13世紀初頭からはじまったモンゴル帝国の拡大は、とどまるところを知らず、西夏、金を征服、高麗での三別抄の乱などの抵抗も1270年代前半には鎮圧され、高麗は完全に服属させられたが、その抵抗によって日本侵略の力が弱まった。また、1276年に南宋を滅ぼし(1276年に首都臨安の開城・降伏によって南宋が滅亡し、1279年、これに不満な残存勢力が崖山で敗北)、その地の経済力を背景に本格的に日本・ベトナムを征服する戦略をたてたが、各地の抵抗で失敗に終わった。

◀❶フビライ(1215〜94)

3 蒙古襲来

▶蒙古襲来絵詞

▶中央で炸裂しているのがてつはう、右の馬に乗る人物が竹崎季長。○p.148 ❺

↑❷文永の役(『蒙古襲来絵詞』) 一騎打ちを主体とする鎌倉武士の戦法に対して、元軍は集団戦法で戦い、さらに空中で炸裂する「てつはう」という火器を使用した。
宮内庁三の丸尚蔵館蔵

凡例
- → 文永の役元軍進路
- ← 弘安の役・高麗軍進路
- ⁓⁓⁓ 防塁(海岸線は推定)

「寇」は国外から侵攻してくる敵のことをさし、「かすめ取る」といった略奪行為への非難の意を含む。「元寇」は江戸時代以降の用語で、「倭寇」の語への対抗意識や江戸幕末・近代以降の国防意識の高まりから一般化した。同時代には「異国(蒙古)合戦」などとよばれた。

文永の役で、元・高麗軍が退却した後、幕府は博多湾岸に防塁を築き、中国地方の御家人を長門防衛に動員、非御家人たちも警固に参加させた。さらに、九州御家人には京都大番役にかえ北九州沿岸を交代警備させ、異国警固番役を制度化した。

←❸出土した「てつはう」
直径14cm

↑❹防塁(石築地) 文永の役後、幕府は九州の御家人のほか、荘園・公領にも所領1町につき1尺(約30cm)の割で国別に負担させて、今津から香椎までの約20kmに防塁を築かせた。写真は、福岡市生の松原に残る防塁。

←❺弘安の役(『蒙古襲来絵詞』) 弘安の役では、元軍が海上戦に不慣れなことを見ぬいた日本軍が、小舟で敵船団を襲った。舟をこぎ寄せて乗り移り、相手を射たり、火をつけたりする戦法をとった。
宮内庁三の丸尚蔵館蔵

● 元軍の兵力

	文永の役			弘安の役		
	元・漢軍(元・宋ら)	高麗軍	合計	東路軍(元・宋・高麗)	江南軍(南宋)	合計
艦船		900艘	900艘	900艘	3,500艘	4,400艘
兵士	20,000人	5,600人		25,000人	100,000人	142,029人
梢工水手		6,700人	32,300人	17,029人		

(阿部征寛『蒙古襲来』)

中世
鎌倉

中世

鎌倉

◆ テーマのポイント

1. 幕府の支配権が強化されるなかで北条氏が権力拡大
2. 北条氏のなかでも家督をつぐ得宗の勢力が強大化
→御家人の不満は蓄積、幕府衰退の一因となる

1 得宗専制政治関係年表 ◆p.129, 151 1 4

天皇	院政	執権	得宗	事項 「執権」の数字は就任順。	
後深草 -1259	後嵯峨	5 時頼	時頼	1247 宝治合戦(三浦泰村一族滅亡)	評定会議の形式化
		-1256		1249 引付衆を設置◆p.131 1	
亀山		6 長時 -1264		1264 越訴奉行を設置	
		7 政村 -1268	時宗	1274 文永の役◆p.140 2	
-1274		8 時宗		1281 弘安の役◆p.140 5	
後宇多	亀山			執権時宗、自邸で寄合を開き、重要政務決定	
		-1284		1285 霜月騒動 (安達泰盛一族滅亡)	得宗専制確立
-1287	後深草			内管領平頼綱実権掌握 北条氏に守護職集中	
伏見		9 貞時	貞時	1293 鎮西探題設置◆p.131 1 平頼綱の乱 (内管領平頼綱追討)	
				1297 永仁の徳政令	
-1298	伏見			1300 所領質入れ禁止 越訴禁止	得宗・御内人の権力闘争
後伏見 -1301		-1301		1305 内管領北条宗方、連署 北条時村を殺害	
後二条 -1308	後宇多	10 師時 -1311			
花園	後宇多			1316 文保の和談(幕府による 両統迭立の提案)	
-1318		14 高時	高時	1318 安藤氏の乱(陸奥の安藤 氏の内紛が拡大)	
				1324 正中の変◆p.151 4	
後醍醐		-1326 15 貞顕 -1327		1331 内管領長崎高資の専制 元弘の変◆p.151 4	
		16 守時		北条氏が30か国守護独占	
光厳	後伏見			1333 鎌倉幕府の滅亡	

最後の得宗で、内管領長崎高資らに実権をゆだね、自らは闘犬や田楽などにおぼれ、幕府の衰退を招いた。

↑**①北条高時**(『太平記絵巻』)
埼玉県立歴史と民俗の資料館蔵

北条氏の嫡流の当主である**北条得宗**の独裁化がすすむと、幕府の重要政務が得宗の私邸で開かれる**寄合**で決められるようになった。この寄合には得宗を中心として、得宗の外戚や得宗被官である**御内人**の筆頭**内管領**、評定衆の主要人物が参加した。

2 得宗専制政治

```
      北条氏家督
        得宗
    得宗専制 │        評定会議
             │     ・執権・連署・評定衆
   執権・連署 │      しだいに形式化
             │
  ┌──────────┼──────────┐
侍所頭人   引付衆   守護職
御家人を掌握 北条一門 北条一門
する侍所の次官 と実務官 1285年には28か国
(頭人)に御内人の筆 僚による 1333年には30か国
頭である内管領が 独占化  の守護職につく
就任
```

寄合
得宗・北条一門・得宗と縁故の外様の御家人・内管領など少数で構成
重要政策決定

御内人
得宗家の直属家臣

3 鎌倉末期の守護の配置

● 北条一門の守護職の増大

	得宗および北条一門	外様	不設置
頼朝没後 (1199年)	3	31	4
承久の乱後 (1221年)	13	28	4
宝治合戦後 (1247年)	15	26	5
霜月騒動後 (1285年)	28	23	5
幕府滅亡前 (1333年)	30	22	5

(佐藤進一『鎌倉幕府守護制度の研究』)

資料鑑賞 鎌倉末期には、北条氏一門の守護職が全国の守護職の約半数を占め、しかも、その多くは、畿内とその周辺や東海・山陽・西海諸道の要地にあった。また、得宗は北条家領を拡大し、多くの御内人を配置してその権力を誇った。こうした得宗専制政治に対する御家人たちの不満は蓄積されていった。

見方・考え方 推移を確認し、北条氏による独占がこの時期の特徴であることを理解しよう。

（幕府直轄支配）

平泉

佐々木 六波羅探題 長井 小山 足利

武藤 武藤 海老名 太田 後藤 佐々木 小田
博多 赤間関 厳島 長井 京都 胴福寺 武田 足利
大宰府 鞆 長沼 千葉 箱根 金沢 千葉
宇都宮 小笠原 鎌倉

大友
熊野

島津

坊津

得宗の守護国
北条氏一門の守護国

(1333年頃)

4 御家人の窮乏

→**②恩賞を求める竹崎季長**(『蒙古襲来絵詞』) 蒙古襲来での功績に対する恩賞の交渉のため、九州の御家人竹崎季長(右)は、有力御家人の**安達泰盛**(左)に懇願した。この結果、季長は恩賞地を得たが、多くの御家人はわずかな恩賞しか得られず幕府への不満が高まった。

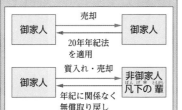

宮内庁三の丸尚蔵館蔵

5 永仁の徳政令

発令の背景：御家人の経済的困窮
経済的困窮の原因
①分割相続による所領の細分化
②貨幣経済の進展による出費の増大
③蒙古襲来による多大な出資
発令年：1297(永仁5)年

永仁の徳政令

①今後御家人の所領の質入れ・売買の禁止
②質入れ・売却地の無償返還

```
        売却
御家人 ←──────→ 御家人
      20年年紀法
      を適用
      質入れ・売却
御家人 ←──────→ 非御家人 凡下の輩
    年紀に関係なく    *武士以外の庶民・農民・
    無償取り戻し       商工業者をさす。
```

③金銭貸借に関する訴訟の不受理
④越訴制度を廃止する
(①③④は翌1298年に撤回)

→**借上の金融引き締め**

→**社会への影響**
経済界の混乱
御家人の窮乏激化

▼ 徳政は、もとは出挙や課役を免除する意味で、のちには債務破棄の意味で用いられた。これまでにも朝廷や幕府から何度も発令されたが、永仁の徳政令は、もっとも徹底したものであった。

◆p.129, 151 1 4

史料 永仁の徳政令

一、質券売買地の事
右、所領を以て或ひは質券に入れ流し、或ひは売買せしむるの条、御家人等侘傺の基也。向後に於ては停止に従ふべし。以前の沽却の分に至りては、本主領掌せしむべし。…
①困窮すること。

6 悪党の出現

↑**③悪党**(『春日権現霊験記』模本) 貨幣経済の進展のなかで生まれた新興領主などは、荘園領主や幕府の支配と衝突したため、支配者の側から悪党とよばれ忌避された。

テーマのポイント

❶祈禱・学問中心の仏教から内面的な信仰の深まりをもった新しい仏教の門流（宗派）が誕生した
❷貴族以外の武士や庶民などを対象に布教活動がさかんにおこなわれた
❸この時代の仏教界の中心勢力は依然として「旧仏教」の諸寺にあり、「旧仏教」は戒律の復興や社会事業にも力を注いだ

見方・考え方
それぞれの活動時期を確認しよう。

● 高僧たちの生きた時代

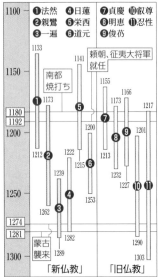

❶法然　❹日蓮　❼貞慶　❿叡尊
❷親鸞　❺栄西　❽明恵　⓫忍性
❸一遍　❻道元　❾俊芿

1100
1133
1141　南都焼打ち
1150　頼朝、征夷大将軍就任
1155
1166
1173　1173
1180
1192
1200　1201
1212　1213
1215　1217
1222
1227
1232
1239
1250
1262
1253
1274
1281
1282　1290
1289
1300　1303
蒙古襲来

「新仏教」　「旧仏教」

鎌倉時代は地震などの災害や天候不順による飢饉などが頻発した時代で、人々は社会不安のなか仏教に救いを求めた。また日宋貿易により僧侶の往来もさかんで、宋から蘭溪道隆・無学祖元などの高僧が招かれ、多くの禅宗寺院が建立された。

● 臨済宗の禅僧

＊＊
辛未季春、住持建長禅寺、宋蘭溪道隆、奉為朗然居士、書于観瀾閣。

＊文永8（1271）年。
＊＊北条時宗のこととされる。
◀❶蘭溪道隆（1213〜78）

頂相　禅宗で、弟子が一人前になった際に、師が自分の肖像画に賛（自賛の詩文）を書き与えたもの。上の像はその代表例。

■ 新しい仏教（「鎌倉仏教」）

これらの新しい門流が宗派として確立したのは戦国〜江戸時代初期である。

門流（宗派）		開祖		本山・主著など	特色	開祖の教義（内容）など	布教の対象
浄土宗系	浄土宗	❶法然（源空）1133〜1212 美作の武士の家の出身		・知恩院（京都）・『選択本願念仏集』（九条兼実の求めにより著述）	他力本願（阿弥陀仏による救済）	念仏（南無阿弥陀仏）を称えれば、難しい教義や造寺・造仏も必要ではなく、死後極楽浄土に往生できるという専修念仏の教えを説く。75歳の時に讃岐へ流された（承元の法難）	京都周辺の公家・武家・庶民層
	浄土真宗（一向宗）	❷親鸞 1173〜1262 貴族の家の出身		・本願寺（京都）・『教行信証』『歎異抄』弟子唯円が著す		法然に学び、煩悩の深い人間（悪人）こそが阿弥陀仏の救う対象であるという悪人正機（機とは対象の意）を説く。一度信心をおこして念仏を称えれば直ちに往生が決まると説く	武士・農民（特に下層）関東→北陸 東海 近畿
	時宗（遊行宗）	❸一遍（智真）1239〜89 伊予の有力武士の家の出身		・清浄光寺（神奈川）・死の直前に焼却・『一遍上人語録』弟子智応が著す		善人・悪人や信心の有無を問わず、すべての人が救われると説く。時宗は日常の一念が臨終のときであると考え、常に称名を怠らない。各地を遊行し踊念仏という形で表現した	武士・農民・賤民階層まで広く信仰を集める［全国］
法華宗系	日蓮宗（法華宗）	❹日蓮 1222〜82 安房の漁村の出身		・久遠寺（身延山）（山梨）・『立正安国論』（北条時頼に呈する）		法華経が正しい教えであるとし、題目（南無妙法蓮華経）を唱えれば救われると説く。「念仏無間・禅天魔・真言亡国・律国賊」と他宗を激しく非難。鎌倉で布教したが、幕府から迫害を受ける	下級武士商工業者［鎌倉］
禅宗系（宋より伝来）	臨済宗	❺栄西 1141〜1215 備中の神官の家の出身		・建仁寺（京都）・『興禅護国論』・『喫茶養生記』→p.31 ■	自力で悟りに至る	2度入宋し、坐禅や、禅の問答である公案を通して、釈迦の境地に近づくことを実践した。その厳しさが武士の気風にも合い、幕府の帰依を受けた	京都・鎌倉の上級武士
	曹洞宗	❻道元 1200〜53 貴族の家の出身		・永平寺（福井）・『正法眼蔵』『正法眼蔵随聞記』を弟子懐奘が筆録		比叡山で修学し、のち入宋して悟りを得た。世俗的権力との結びつきを退け、ひたすら坐禅すること（只管打坐）を重視する教えを説き、永平寺を本拠地に厳しい修行をおこなった	地方武士

❷無学祖元（1226〜86）

蘭溪道隆・無学祖元とも南宋の禅僧。蘭溪道隆は1246年に来日、北条時頼の帰依を得て鎌倉に建長寺を開いた。無学祖元は北条時宗の招きで1279年に来日。のち鎌倉に円覚寺（→p.145 ❺）を開いた。2人は臨済宗の発展に大きな影響を与えた。

● 時宗の踊念仏

↑❸踊念仏（『一遍上人絵伝』部分）　時宗の開祖一遍は、広く諸国を遊行して街頭で布教し、往生喜悦を踊りで表現した。これは踊念仏とよばれた。この絵は、京都の市中に踊屋を立て、48日間この地にとどまったときのようす。

1 鎌倉仏教関係図

卍 関係寺院（＿＿＿は「旧仏教」の寺院）
（浄）浄土宗　（臨）臨済宗
（真）浄土真宗　（曹）曹洞宗
（時）時宗　（律）律宗
（蓮）日蓮宗　（華）華厳宗
（法）法相宗

―― 一遍の巡路
○ 祖師誕生の地〔祖師名〕
■ 流罪地〔祖師名〕

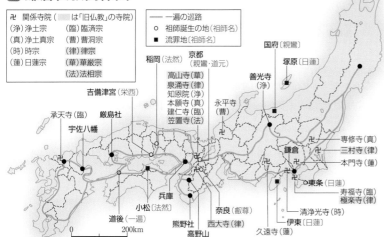

国府〔親鸞〕
稲岡〔法然〕
京都〔親鸞・道元〕
塚原〔日蓮〕
善光寺〔浄〕
高山寺〔華〕
泉涌寺〔律〕
知恩院〔浄〕
本願寺〔真〕
建仁寺〔臨〕
笠置寺〔法〕
永平寺〔曹〕
吉備津宮〔栄西〕
承天寺〔臨〕
厳島社
宇佐八幡
専修寺〔真〕
三村寺〔律〕
本門寺〔蓮〕
鎌倉
東条〔日蓮〕
寿福寺〔臨〕
極楽寺〔律〕
清浄光寺〔時〕
伊東〔日蓮〕
久遠寺〔蓮〕
兵庫
小松〔法然〕
道後〔一遍〕
熊野社
高野山
奈良〔叡尊〕
西大寺〔律〕

0　200km

▲①～⑤、⑦⑧の建物はいずれも鎌倉時代のものではなく、のちに建築されたもの。

● 曹洞宗

↑⑤永平寺（福井・永平寺町）
曹洞宗の大本山。

↑⑥只管打坐のようす

● 臨済宗

←⑦建仁寺（京都市東山区）臨済宗建仁寺派の本山。将軍源頼家が宋より帰国した栄西を開山として1202（建仁2）年に創建。のち蘭溪道隆が住持となった。京都五山のひとつ。

● 日蓮宗

←⑧久遠寺（山梨・身延町）日蓮宗の総本山。日蓮が1274年から9年間在住した旧跡で、のちに寺院となった。もとは身延山西谷にあったが1474年現在の地に移転し、江戸時代には壮大な伽藍が整えられた。

● 浄土宗

←①知恩院（京都市東山区）浄土宗の総本山。法然が流罪を解かれたのち住み、念仏道場としたのにはじまる。

▲延暦寺や興福寺などの「旧仏教」は専修念仏の教えが広まることに危機感をもち、法然を天台座主や朝廷に訴えた。そうした時、法然の弟子が後鳥羽上皇の女房を出家させたことに激怒した上皇は、法然と門弟親鸞らを流罪に処した。

［見方・考え方］
法然が流罪となった背景に、旧仏教側からの非難や迫害があったことを理解しよう。

● 浄土真宗

↑②西本願寺（京都市下京区）浄土真宗本願寺派の本山。1591年、現在地に移ったが、1602年に東西に分裂し、西本願寺が通称となった。

↑③東本願寺（京都市下京区）浄土真宗の真宗大谷派の本山。1602年に本願寺が東西に分裂し現在地に創建され、東本願寺が通称となった。

本願寺●p.168 3
親鸞の娘覚信尼が1272年、京都東山に建立した大谷廟堂を曽孫の覚如が寺院化して本願寺と号した。山科、大坂石山などへの移転を経て、1591年、京都に戻った。

● 時宗

←④清浄光寺（神奈川・藤沢市）時宗の総本山。1325年、時宗開祖一遍の孫弟子呑海が遊行を引退したのち創建。藤沢道場とよばれ、今は遊行寺の名で知られる。

2 「旧仏教」の業績

❼～⓫はp.142図「高僧たちの生きた時代」に対応。

法相宗	❼貞慶（解脱） 1155～1213	僧侶の堕落をきらい、笠置山に籠り戒律を復興。法然の専修念仏を批判して『興福寺奏状』を執筆。藤原通憲（●p.122 2）の孫
華厳宗	❽明恵（高弁） 1173～1232	京都栂尾に高山寺を開く。戒律を尊重し法然の専修念仏を批判して『摧邪輪』を著す。栄西が伝えた茶の種を蒔き、茶の繁殖をはかる
律宗	❾俊芿（我禅） 1166～1227	入宋して戒律を学び、栄西に迎えられ建仁寺に入る。のち、泉涌寺を開き、天台・真言・禅・律兼学の道場とし、戒律の復興をはかった
律宗	❿叡尊（思円） 1201～90	はじめ真言密教を学び、戒律の復興に努める。真言密教と戒律とを並修する真言律宗の開祖。大和の西大寺を中心に各地に架橋などの社会事業につとめ、下層民を救済
律宗	⓫忍性（良観） 1217～1303	叡尊の弟子。北山十八間戸を建て、貧民救済・架橋などの社会事業をおこなう。鎌倉に入り、北条時頼らの支持を得て極楽寺を開く

▲南都六宗（●p.90）や天台宗・真言宗（●p.104）などの「旧仏教」（これら顕教・密教を総称して顕密仏教ともいう）は、鎌倉時代においても仏教の主流であり、東大寺・興福寺・延暦寺・金剛峯寺などの顕密寺院は鎮護国家を任務とし、経済基盤として多くの荘園を領有して、大きな勢力をもっていた。「新仏教」の宗祖はみな（一遍を除く）比叡山で学んでおり天台宗がその母胎であった。「旧仏教」でも南都を中心に戒律の復興など革新の動きがおこり、戒律の民衆布教のために慈善事業や土木工事などの社会事業がおこなわれた。

←⑨明恵上人樹上坐禅図（成忍筆）京都栂尾の高山寺の裏山の樹上で坐禅する明恵（高弁）の姿を、弟子が写したものといわれる。
国宝　高山寺（京都市）蔵　146.0×58.8cm（部分）

↑⑩叡尊　西大寺蔵

↑⑪忍性　極楽寺蔵

↑⑫北山十八間戸（奈良市）忍性が、ハンセン病患者を救済するために建てた施設。18の病室があったためこの名がある。

中世
鎌倉

🔰 テーマのポイント

1 文化の二面性（公家文化と武家文化）
2 モンゴルの中国侵入により多くの高僧が亡命し、南宋や元の文化がもたらされた

1 鎌倉文化一覧表

神道	伊勢神道─神本仏迹説　度会家行『類聚神祇本源』	
学問	公家	古典研究─『万葉集註釈』（仙覚） 『釈日本紀』（卜部兼方） 有職故実─『禁秘抄』（順徳天皇） 『世俗浅深秘抄』（後鳥羽天皇）
	武家	図書館─金沢文庫（金沢実時）〈武蔵国六浦荘金沢〉
	禅僧	宋学（朱子学）…大義名分論
文学	和歌	『新古今和歌集』（藤原定家ら。後鳥羽上皇の命） 『金槐和歌集』（源実朝）、『山家集』（西行）
	随筆	『方丈記』（鴨長明）、『徒然草』（兼好法師）
	歴史	『愚管抄』（慈円）、『元亨釈書』（虎関師錬） 『吾妻鏡』（編者未詳）、『水鏡』（中山忠親？）
	説話	『十訓抄』、『宇治拾遺物語』（未詳） 『古今著聞集』（橘成季）、『沙石集』（無住）
	軍記物	『保元物語』、『平治物語』 『平家物語』（信濃前司行長？）、『源平盛衰記』
	紀行	『海道記』、『東関紀行』、『十六夜日記』（阿仏尼）
彫刻	仏像彫刻	東大寺南大門金剛力士像（運慶・快慶）⊙p.146② 興福寺天灯鬼・龍灯鬼像（康弁ら）⊙p.147③ 興福寺金剛力士像（定慶）⊙p.146④ 東大寺僧形八幡神像（快慶）⊙p.147① 三十三間堂千手観音像（湛慶） 高徳院阿弥陀如来像〔鎌倉大仏〕⊙p.147②
	肖像彫刻	興福寺無著・世親像（運慶）⊙p.147④ 六波羅蜜寺空也上人像（康勝）⊙p.147⑥ 東大寺重源上人像⊙p.146⑤ 明月院上杉重房像⊙p.147⑤
絵画	絵巻物	縁起物─北野天神縁起絵巻・春日権現験記絵 石山寺縁起絵巻⊙p.148①〜③ 伝記物─法然上人絵伝⊙p.149① 一遍上人絵伝⊙p.135②,139①④,142③ 合戦物─蒙古襲来絵詞・平治物語絵巻⊙p.148④⑤ その他─餓鬼草紙・地獄草紙・病草紙⊙p.149①
	肖像画	藤原隆信・信実　頂相⊙p.142① 伝源頼朝像・伝平重盛像⊙p.150 後鳥羽上皇像（伝藤原信実）⊙p.133①,150④
工芸	刀剣	長船長光・粟田口吉光・岡崎正宗⊙p.149⑦⑧
	甲冑	明珍　　陶器　瀬戸焼（加藤景正）⊙p.149⑨
書道	青蓮院流─尊円入道親王　『鷹巣帖』⊙p.149⑩	
建築	大仏様（天竺様）	東大寺南大門、浄土寺浄土堂
	禅宗様（唐様）	円覚寺舎利殿
	和様	三十三間堂（蓮華王院本堂）、石山寺多宝塔
	折衷様	観心寺金堂 ⊙p.145

2 神道

	本地垂迹説　⊙p.111🔑	神本仏迹説（反本地垂迹説）
時期	10世紀以降	鎌倉中期（蒙古襲来）以降
理論	仏が本地（本来の姿）で、神は衆生を救うために迹（仮の姿）として現れたもの（権現）	本地垂迹説に反発して、神道の優位を主張するために、神を本地とし、仏を迹とした
代表例	山王一実神道（天台宗にもとづく） 両部神道（真言宗にもとづく）	度会家行の伊勢神道（度会神道） 吉田兼倶の唯一神道（吉田神道）〈室町時代〉⊙p.164①

3 文学　● 遁世者の文学

【史料】山家集（西行）
願はくは花の下にて春死なむ
その如月の望月のころ

↑1 西行（1118〜90）　鳥羽上皇の北面の武士であったが23歳で出家し、各地に旅を重ねるなかで、多くの和歌を詠んだ漂泊の歌人。歌集『山家集』を残し、『新古今和歌集』にも最多の94首が選ばれた。
東京国立博物館蔵　出典：ColBase

ℕ 平安末期以降、無常観や厭世観から出家するなどして山中などに草庵を営み、世間と距離を置きながら文芸に打ち込む遁世者（隠者）があらわれ、草庵文学といわれるジャンルが生まれた。

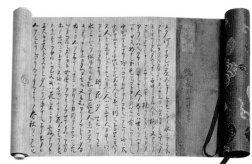

↑2『方丈記』（伝鴨長明自筆）　「ゆく河の流れは絶えずして、しかももとの水にあらず」。鴨長明は、十代後半で父を亡くし、家が没落するなかで、京都近郊に隠棲した歌人。晩年に自らの曲折の多い生涯を振り返り、都を襲った数々の災害を通して、人と世の無常を説く随筆『方丈記』を著した。大福光寺（京都・京丹波町）蔵

● 新古今和歌集と和歌の興隆

『新古今和歌集』は、後鳥羽上皇の命により、藤原定家や藤原家隆らによって編まれた第8番目の勅撰和歌集。歌風は繊細かつ優雅で、本歌取や懸詞などの技巧をこらし、観念的な美を追究するものであった。上皇周辺の和歌興隆の動きは鎌倉の将軍源実朝にも影響を与え、歌集『金槐和歌集』が残るが、実朝の歌風は新古今調とは対照的な万葉調であった。

【史料】鎌倉初期の和歌

新古今和歌集
心なき身にもあはれは知られけり
鴫立つ澤の秋の夕暮れ（西行）

大海の磯もとどろに寄する波
われてくだけて裂けて散るかも（藤原定家）

金槐和歌集（源実朝）
山は裂け海はあせなむ世なりとも
君に二心わがあらめやも

● 歴史書

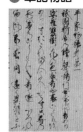

↑5 慈円（1155〜1225）　延暦寺の最高位にあたる天台座主をつとめた。関白藤原忠通の子で、九条兼実の弟。歴史書『愚管抄』では、激動の政局を見つめながら、道理による歴史の解釈を試みた。
平凡社提供（『国民百科事典』）

● 軍記物語

◀3『平家物語』　戦いを題材にして武士の活躍をいきいきと描いた軍記物語が著された。なかでも仏教的無常観を主題とし、治承・寿永の乱を平家一門の興亡を中心に描いた『平家物語』は、この時代を代表する作品。
龍谷大学図書館（京都市）蔵

琵琶法師

↑4 立って演唱する琵琶法師（『慕帰絵詞』）　『平家物語』は、中世を通じて「平曲」として琵琶法師によって語り継がれた。
西本願寺（京都市下京区）蔵

↑6『吾妻鏡』　編年体で日記の体裁をとり、諸記録を引用しながら鎌倉幕府の歴史を編纂した書。1180年の以仁王の令旨から、1266年に将軍宗尊親王が帰洛するまでを記す。幕府の立場からの叙述になっている部分があり、史料批判が必要な部分もあるが、鎌倉時代前期の基本史料として価値が高い。⊙p.20①

4 学問

◀7 金沢文庫　鎌倉の外港にあたる六浦荘に、北条義時の孫にあたる金沢実時が設置した文庫。金沢氏歴代によって国書・漢籍・仏典と多岐に及ぶ蔵書の充実が図られた。写真は、金沢文庫に隣接する金沢氏の菩提寺である称名寺。

↑❶**東大寺南大門**　1199年に東大寺再建の一環として上棟した南大門は、重源の建立で、浄土寺浄土堂とともに大仏様の数少ない遺構である。国宝　奈良市　高さ25.5m

大仏様〈天竺様〉

重源（⇒p.146 ）が東大寺再建において採用した様式。中国南方の様式を改良し、宋の工人をまねいてつくられた。太い円柱を高く建て、天井を張らず、通肘木・挿肘木を多用して、大建築に適した工法である。

↑❷**南大門の組物**

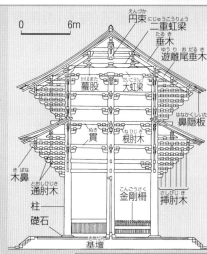

折衷様

平安時代以来の伝統的な和様を基調としながら、鎌倉時代に伝えられた大仏様や禅宗様の細部を織りまぜた新しい様式。

←❹**観心寺金堂**　本尊の如意輪観音像を安置している。国宝　大阪・河内長野市　高さ11.9m

↑❸**浄土寺浄土堂**　東大寺領播磨国大部荘に重源が建立。大仏様の典型例であり、本尊の阿弥陀如来像は快慶作。国宝　兵庫・小野市

↑❺**円覚寺舎利殿**　禅宗様の代表的な遺構である。円覚寺は、1282年の創建で、開山は無学祖元。国宝 神奈川・鎌倉市 高さ10m

現在の舎利殿は、室町時代の建築で、他の場所から移建されたとする説が有力となっている。

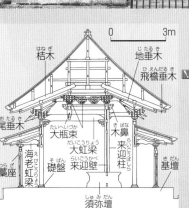

禅宗様〈唐様〉

禅宗とともに伝来した宋の様式で、平面が正方形で木割が細かく、細部まで装飾的な意匠をこらす。花頭窓・桟唐戸・発達した組物など調和がとれている。

↑❻**三十三間堂（蓮華王院本堂）**　後白河法皇の発願で平清盛によって造営されたが焼失し、鎌倉時代に再建された。内部に千一体の観音像を安置し、柱間が三十三間あるためこの名がある。江戸時代におこなわれていた通し矢は有名。提供：妙法院　国宝　京都市　高さ22.0m　長さ118.2m

和様

平安時代以来の伝統的な様式。細い木割、ゆるい勾配の檜皮葺の屋根、全体からうける繊細で、優美な感覚など、寝殿造の建物がもつ諸特徴を備えている。

多宝塔とは、法華経にでてくる多宝如来を安置する上下二層の塔のことだが、石山寺では大日如来を安置している。

↑❼**石山寺多宝塔**　鎌倉初期の和様の典型例で、ゆるやかに流れるような檜皮葺の屋根の形に特徴がある。国宝　滋賀・大津市　高さ16.7m

中世

鎌倉

1 定朝・運慶派（慶派）の系譜

```
定朝 ── （3代略）── 康慶 ── 運慶 ──── 湛慶
（平等院鳳凰堂        （興福寺南円堂    （東大寺金剛力士像      （三十三間堂千手観音像）
阿弥陀如来像）         の諸仏）         興福寺無著・世親像）
                                                      康運
                              快慶
                              （東大寺僧形八幡神像       康弁
──師弟関係。                    東大寺金剛力士像（運慶と合作）） （興福寺天灯鬼・龍灯鬼像）
（ ）主要作品。                   定慶                康勝（空也上人像）
                              （伝興福寺金剛力士像）
```

平安時代中期の定朝の様式は、円派・院派・慶派に受けつがれた。慶派は、奈良に拠点をおき（＝奈良仏師）、東大寺・興福寺再建という活躍の場を得て、写実性にあふれる仏像・肖像を残した。

➡①運慶（？〜1223）
六波羅蜜寺（京都市）蔵

2 彫刻

> 📝 阿形の「阿」とは、口を開いて発する最初の言葉、吽形の「吽」は口を閉じて発する声の最後といわれる。通常は、仁王門に向かって右側が阿形で、左側が吽形である（ただし、東大寺南大門は左右逆）。

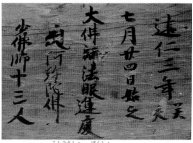

↑③阿形の金剛杵に墨書されていた「大仏師法眼運慶／𭄡（あん＝梵字）阿弥陀仏（快慶）」の銘文　近年の解体修理によって、阿形の金剛杵から銘文が発見された。それによると、1203（建仁3）年に、両像はわずか69日で完成し、それを可能にした徹底した分業体制のようすなどが明らかになった。南大門に搬入して立たせた後も、視線やその位置などが大幅に修正されたこともわかった。また、大仏師運慶・快慶、再建の総責任者「南無阿弥陀仏」（重源）などの名前が確認された。

玉眼の技法
> 📝 眼を描いた上に水晶を嵌める技法を玉眼という。

↑②東大寺南大門金剛力士像〈阿形（左）〉〈吽形（右）〉　国宝　奈良市　阿形：高さ8.36m　重さ6.9t　吽形：高さ8.38m　重さ6.89t
金剛力士は仏法を守護するもので、仁王像ともいわれる。東大寺南大門の金剛力士像は、1203年に運慶・快慶をはじめとする慶派の仏師たちの手により造立された。写実をいかし、豪放な力士の姿をあらわした鎌倉彫刻の典型。寄木造（➡p.111 🔴）。美術院提供

👤 プロフィール

東大寺再建の勧進上人
重源 京都出身
ちょうげん 1121〜1206

47歳の時入宋、この時、土木建築の技術を学んだと伝えられる。1180年、平重衡の南都焼打ちによって炎上した東大寺の再建にあたり、法然の推挙により総責任者（東大寺造営勧進職）となった。宋人陳和卿の協力を得て事業を推し進めた。諸国で勧進をおこなうとともに、民衆の教化・救済もおこなった。86歳で没するが、その間に東大寺の復興をほぼ成し遂げた。

↑⑤東大寺重源上人像
国宝　奈良市　高さ82.5cm

作品鑑賞　平安時代の仏像に比べ、筋肉の隆盛や衣服のようすが力強くたくましく表現されていることに注目しよう。

➡④興福寺金剛力士像（阿形、伝定慶作）　極めて写実性の強い作品で、筋肉や血管までリアルに表現している。また、目つきも玉眼の技法によりにらむ方向に玉を膨らませ、さらに朱を入れて血走った眼になっており迫力満点となっている。西金堂内安置像であったため、彩色（鎌倉後期の補彩）がよく残っている。　国宝　奈良市　高さ154.0cm
➡p.99 ❼

⬛1 仏像彫刻 ⇒p.99（仏像理解の基礎知識）

↑❶東大寺僧形八幡神像（快慶作）　東大寺の鎮守・手向山八幡宮の神体として、重源の依頼で快慶が作成。神像で長らく秘仏であったため彩色がすばらしい。国宝　奈良市　高さ87.1cm

↑❷高徳院阿弥陀如来像　通称を鎌倉大仏という。はじめは木造であったが破損したため、1252年から鋳物師丹治久友が関係して造立したとされる。神奈川・鎌倉市　高さ11.5m

↑❸興福寺天灯鬼（左）・龍灯鬼（右）像（康弁ら作）
興福寺西金堂内の本尊のための灯籠として作成された。ユーモラスで力強さをもつ小像である。
国宝　奈良市　天灯鬼：高さ78.2cm　龍灯鬼：高さ77.8cm

⬛2 肖像彫刻

↑❹興福寺無著（左）・世親（右）像（運慶作）　5世紀にインドのガンダーラに生まれた法相宗の祖師とされる兄弟の高僧の像。
国宝　奈良市　無著：高さ194.7cm　世親：高さ191.6cm

⇒❺明月院上杉重房像
上杉重房は6代将軍宗尊親王に随い、京より鎌倉に入った。室町時代の関東管領上杉氏の祖。烏帽子・狩衣姿で、幕府の重職らしい風格を表現している。
神奈川・鎌倉市
高さ68.2cm

作品鑑賞　空也上人像は、着衣は硬くこわばった皮衣で腹帯と襷で締めるという質素な身なりで、大寺院に所属せず豊かとはいえない空也の属性をリアルに伝えている。

見方・考え方
写実的な空也の姿と写実を超えた表現から人々は何を感じただろうか。

↓❻六波羅蜜寺空也上人像
（康勝作）　京都市　高さ117cm

空也は、平安時代の僧。浄土教を民間に広めた人物。かわいがっていた鹿が死んだのを悼み、その角を杖の上につけ京洛の内外を念仏を唱えながら歩き回った。南無阿弥陀仏の6字がそれぞれ仏となり口から出たという。
⇒p.111 ❶

中世
鎌倉

1 絵巻物

平安後期にはじまる絵巻物は、鎌倉時代になって一層発展し、寺社の縁起を解く縁起物、高僧の伝記をあらわす伝記物、武士の時代にふさわしい合戦物など、さまざまなジャンルの絵巻物が作成された。

> 見方・考え方
> 前の時代の絵巻物と比較し、この時代の絵画にみられる仏教の影響を理解しよう。

● 縁起物

◀❶北野天神縁起絵巻 1219年頃の成立で、菅原道真の生涯と、死後、北野天満宮に祀られるまでの由来を描く。大画面を得るために、通常とは異なって紙の長辺をつないで作成された。⇒p.108 **1**
国宝　北野天満宮（京都市）蔵　〈承久本〉巻5
51.5×926.2cm（部分）全8巻

作品鑑賞 道真の霊が雷神となって清涼殿へ落雷した。公卿たちは逃げ惑っている。

◀❷石山寺縁起絵巻 奈良時代の高僧良弁が石山寺を創建した由来、当時の歴史的出来事、歴代の高僧の事跡や、本尊観世音菩薩にまつわる霊験を描く。
石山寺（滋賀・大津市）蔵
巻1　33.7×1532.5cm（部分）全7巻

作品鑑賞 仏閣建立中に土中より銅鐸が発見された場面。

◀❸春日権現験記絵（高階隆兼筆）藤原氏の氏神である春日大社の霊験の数々を描いたもの。
宮内庁三の丸尚蔵館（東京・千代田区）蔵
巻1　41.8×921.8cm（部分）全20巻

作品鑑賞 白河上皇が参拝のために奈良に到着した場面。左右後方に僧兵が数多くならんでいる。

● 合戦物

◀❹平治物語絵巻 平治の乱を描いたもの。13世紀の成立で、現存は3巻。⇒p.122 **1**
三条殿夜討巻　ボストン美術館蔵
41.3×699.5cm（部分）

作品鑑賞 藤原信頼・源義朝の夜討ちの知らせに、都が混乱に陥っている場面。疾走する牛車、弓をもって駆けつける武士などのようすをリアルに描いている。

■ 扇を持つ中央の人物が菊池武房。その右下の馬に乗る人物が竹崎季長。

◀❺蒙古襲来絵詞 文永・弘安の両役で奮戦した九州の肥後国御家人竹崎季長が、自己の戦功を記録するために描かせた絵巻。奥書には、1293年2月に制作・奉納したとある。
⇒p.140 **2 5**,141 **2**
下巻　宮内庁三の丸尚蔵館蔵
39.7×1985.6cm（部分）　全2巻

作品鑑賞 生の松原の防塁で、文永の役で名を高めた菊池武房の前を進軍する竹崎季長。

中世

鎌倉

● 伝記物

◀❶法然上人絵伝

浄土宗の開祖法然上人の伝記を全48巻にまとめたもので、現存する絵巻物の中で最大規模。

国宝　知恩院（京都市）蔵
巻34　32.3×1126.0cm（部分）

作品鑑賞　場面は、土佐（実際は讃岐に変更）に流罪となった法然が、京都の鳥羽から淀川を下ってゆくところ。

1 六道絵

📝六道とは、六界ともいい、人間の内面にある迷いの世界を代表するもので、地獄道、餓鬼道、畜生道、阿修羅道、人道、天道がある。

末法思想の深まりのなかで、浄土と対極の地獄のようすを描いた絵巻もさかんとなった。これらは**六道絵**とよばれ、人々の地獄に対する恐怖感をあおり、浄土信仰の広がりの要因ともなった。

❷国宝　3段、27.3×388.1cm（部分）
❸国宝　26.1×243.4cm（部分）
❹国宝　26.0×27.9cm（部分）
出典：ColBase

↑❷餓鬼草紙

↑❸地獄草紙

↑❹病草紙

2 工芸・書道

● 甲冑

↑❺威（拡大）

国宝　総高七五・一㎝

↑❻**赤糸威鎧**　中世初期の戦闘の中心は、馬上での弓矢戦であり、甲冑には、そのための工夫がみられる。敏速な動きにも対応できるように、小札が用いられている。写真の大鎧は、実戦用ではなく、神社に奉納されたもの。

櫛引八幡宮（青森・八戸市）蔵

📝鎧は牛革や鉄の小片（小札）を横に並べ革紐で綴じ合わせ、さらに組み紐や鹿革などで綴じってつくる威で構成される。穴に紐を通すことを、本来、威といい、この威の材料と色で鎧の名称が決まる。

● 刀剣

📝太刀は、平安時代から室町時代にかけては、刃を下にして腰に吊るして用いた。室町時代以降は刃を上にして腰にさして用いた。これを打刀という。

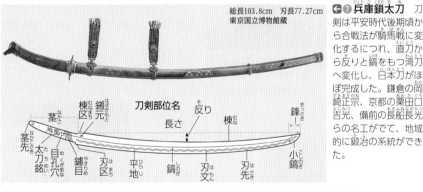

総長103.8cm　刃長77.27cm
東京国立博物館蔵

刀剣部位名

棟区　鎺元　そり　反り　鋒
茎　　長さ　　　　　　棟　　鋒先
茎先　　　　　　　　　　　小鎬
刀銘　目釘穴　刃区　　　　　　小鎬
太刀銘　鑢目　平地　鎬　刃先
　　　　　　　　刃文　　　刃先

◀❼**兵庫鎖太刀**　刀剣は平安時代後期頃から合戦法が騎馬戦に変化するにつれ、直刀から反りと鎬をもつ湾刀へ変化し、日本刀がほぼ完成した。鎌倉の岡崎正宗、京都の粟田口吉光、備前の長船長光らの名工がでて、地域的に鍛冶の系統ができた。

◀❽長船長光の太刀

東京国立博物館蔵
❼❽❾出典：ColBase

● 陶芸

↓常滑焼（尾張）・備前焼などもつくられた。➡p.35 2

◀❾**瀬戸焼**（黄釉牡丹唐草文広口壺）
加藤景正が道元に従って宋にわたり、釉を用いる中国の製陶法を研究し、帰国後、尾張国瀬戸に窯を開いたとされる。草葉色や飴色の釉のかかった焼物がつくりだされた。

● 書道

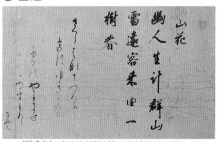

↑❿**鷹巣帖**　尊円入道親王が後光厳院に奉ったもので、習字の手本として書かれた。和様をもとにした青蓮院流の穏やかな筆法がよく示されている。西本願寺蔵

中世
鎌倉

1 肖像画の主は誰か

この3つの肖像画には誰を描いたかは書かれていないが、『神護寺略記』（鎌倉時代末期成立）のなかに、後白河上皇が建立した神護寺仙洞院に、後白河法皇・平重盛・源頼朝・藤原光能・平業房（後白河上皇近臣）の肖像画が安置されていること、これが藤原隆信の筆になるものであることが記されていたことから、3幅の肖像画が、このうちの源頼朝・平重盛・藤原光能であると伝えられてきた。

↑❶伝源頼朝像

↑❷伝平重盛像

↑❸伝藤原光能像

↑❹藤原隆信の子信実筆と伝える後鳥羽上皇像　水無瀬神宮蔵
⇒p.133❶

> 見方・考え方
> 肖像画や木像を比較してみよう。

作風は藤原隆信の頃とは異なり、南宋の禅宗の肖像画（頂相）の影響があるとされ、幅の広い一枚物の絵絹は鎌倉後期以降にしか使用例がないこと、また神護寺には1345年に足利直義が兄尊氏と直義自身の影像を安置したという史料（「足利直義願文」）があることから、この肖像画を足利直義・尊氏、その後描かれた義詮の像だとする新説が出された。論争は今も続いており、作者・制作時期・肖像画の主は定まっていない。

↑❺伝源頼朝座像（木造）善光寺（山梨県）蔵

↑❻伝源頼朝座像*（木造）東京国立博物館蔵

*執権北条時頼像とする説もある。

項目	伝源頼朝像
大きさなど	大きさは143.0×112.8cm。絵や裏面にも文字は書かれていない
服装など	束帯。冠をかぶり笏を持つ。太刀もさしている。畳に座っている
そのほかの肖像画との比較	同時期の作品といわれている❹の後鳥羽上皇像に似ているか見てみよう
そのほかの木像との比較	同じく源頼朝といわれている❺❻の像に似ているか見てみよう
文献資料との比較	①『神護寺略記』に藤原隆信筆の肖像画を安置したとある ②「足利直義願文」に神護寺に尊氏と直義の像を安置したとある

2 騎馬武者像

←❼騎馬武者像　この肖像画は、室町幕府初代将軍足利尊氏の肖像画と伝えられ、かつては教科書でも足利尊氏像として掲載されてきた。しかし、尊氏の愛馬は栗毛色であったこと、高貴な武将が抜刀して矢の折れた姿で描かれることが考えがたいこと、馬具の家紋が足利家のものでないこと、子の義詮が父親の頭上に花押を書き込むとは考えがたいことなどから、尊氏の肖像画であることには疑問がもたれ、現在では単に「騎馬武者像」と呼称されている。肖像画の主は、高師直かその子師詮か、と考えられている。

←↓❽後醍醐天皇像
像の上部には、「天照皇大神」「八幡大菩薩」「春日大明神」と書かれている。

3 後醍醐天皇像

後醍醐天皇は、天皇の正装である黄櫨染の袍を着て、その上に袈裟をかけて、右手には密教の法具の金剛杵（五鈷杵）、左手には金剛鈴（五鈷鈴）をにぎり、八葉蓮華の敷物の上に座した姿で描かれている。かつては後醍醐天皇が幕府調伏の祈禱をおこなうさまを描いたともいわれたが、この絵は密教の秘法を授けたときの姿である。

Ⓝ頭上に、通常の冠のうえに即位礼などの大儀のときのみに着装する冕冠を重ねてかぶるのは、物理的に不可能で不自然であるが、これは在俗で至高の仏教者であった聖徳太子（厩戸皇子）を理想とし、その図像を模したと推測されている。

←❾聖徳太子勝鬘経講讃像　四天王寺蔵

探Q
- 他の肖像画や木像について調べてみよう。
- 実物が公開されていたら見に行ってみよう。

> 肖像画から何がわかるのだろうか。
> 京都の神護寺に伝わるほぼ等身大の3幅の肖像画は、永らく、源頼朝・平重盛（平清盛の子）・藤原光能（後白河上皇の近臣）を描いたもので、作者は似絵の名手藤原隆信による鎌倉時代初期の作品であるとされてきた。しかし、製作年代・作者に疑問が出され、描かれた人物についても新たな説が出され論争となっている。肖像画の主は誰なのだろうか。

テーマのポイント

1. 元弘の変をきっかけに鎌倉幕府は滅亡し、建武の新政がはじまる
2. 建武の新政は政務の停滞や社会の混乱をもたらし、短期で崩壊
3. 朝廷が南朝・北朝に分裂し、60年近く南北朝の内乱が続く

1 鎌倉幕府の滅亡 ○p.141 1

天皇	年代	事 項
亀山…花園	1272	後嵯峨法皇没。その後、**大覚寺統**と**持明院統**が皇位などをめぐり対立
	1317	文保の和談(幕府の提案で両統の間でなされた皇位継承をめぐる協議。**両統迭立**を提案)
	1318	大覚寺統の**後醍醐天皇**即位
	1321	後醍醐天皇、院政を廃し、親政開始。記録所を再興
	1324	**正中の変**(後醍醐天皇の討幕計画失敗)
光厳	1331	**元弘の変**(後醍醐天皇、再度討幕計画)。**楠木正成**、河内で挙兵
	1332	後醍醐天皇、隠岐に配流。**護良親王**、楠木正成挙兵
	1333	**新田義貞**、鎌倉を攻略(**鎌倉幕府滅亡**)
後醍醐		**建武の新政はじまる**2
	1335	**中先代の乱**○p.132 1
	1336	足利尊氏入京、持明院統の**光明天皇**即位
光明		足利尊氏、**建武式目**を制定。後醍醐天皇、**吉野**へ(**南北朝の内乱はじまる**)
	1338	尊氏、征夷大将軍となる
	1339	後醍醐天皇没。後村上天皇即位

➡️**❶楠木正成**(?~1336) 河内の悪党的性格をもった武士。元弘の変では千早城の戦いなどで活躍し、建武政権下で記録所の寄人などに登用された。摂津湊川の戦いで敗死。近代になって教育の場で天皇の忠臣「大楠公」と賞賛された。

▲写真は皇居外苑(東京・千代田区)の楠木正成像。

● 畿内拡大図

⑫湊川の戦い 1336.5
足利尊氏×楠木正成・新田義貞
❸笠置山の戦い 1331.9
後醍醐天皇×鎌倉幕府
⑯四条畷の戦い 1348.1
楠木正行×高師直
⑭石津の戦い 1338.5
北畠顕家×高師直
❹赤坂城の戦い 1331.10
楠木正成×鎌倉幕府
❺千早城の戦い 1332.11
楠木正成×鎌倉幕府

■ 北朝方
■ 南朝方
■ 南北両朝に分裂
■ 南朝の行在所

南北朝の内乱が長期化した理由
1. 南朝勢力の粘り…**北畠親房・懐良親王・楠木正儀**(正成の子)らの奮闘
2. 幕府側の分裂…足利尊氏派と足利直義派の武力対決(**観応の擾乱**[1350~52])。南朝勢力を加えて三つ巴の争いになった
3. 武士団内部の分裂と対立・**惣領制の解体**にともない、惣領家と庶子家が対立

2 皇室略系図 ○p.132 1

見方・考え方
後醍醐天皇の皇子たちの動きに注目しよう。

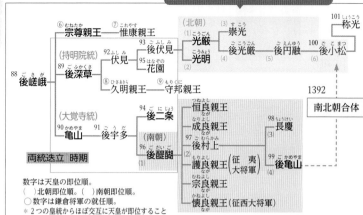

両統迭立 時期
数字は天皇の即位順。
( ) 北朝即位順。( ) 南朝即位順。
○数字は鎌倉将軍の就任順。
＊2つの皇統からほぼ交互に天皇が即位すること

1392
南北朝合体

3 建武の新政の職制

見方・考え方
国司と守護が並置されたことの意味を考えてみよう。

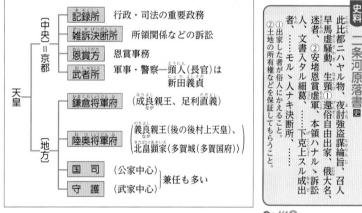

天皇	[中央＝京都] 記録所	行政・司法の重要政務
	雑訴決断所	所領関係などの訴訟
	恩賞方	恩賞事務
	武者所	軍事・警察―頭人(長官)は新田義貞
	[地方] 鎌倉将軍府	(成良親王、足利直義)
	陸奥将軍府	(義良親王(後の後村上天皇)、北畠顕家〈多賀城(多賀国府)〉)
	国司	(公家中心) 兼任も多い
	守護	(武家中心)

○p.161 3

史料 二条河原落書 史
此比都ニハヤル物、夜討強盗謀綸旨、召人早馬虚騒動、生頸、還俗自由出家、俄大名、迷者、①安堵恩賞虚軍、本領ハナルル訴訟人、文書入タル細葛、モルル人ナキ決断所、①出家シ還俗スル俗人、文書入タル細葛、下克上スル成出者、①出家シタ者が俗人にかえって、②土地の所有権などを保証してもらうこと。
①モルル人ナキ決断所、俄大名、②安堵恩賞虚軍、本領ハナルル訴訟人、下克上スル成出

4 鎌倉幕府の滅亡から南北朝の内乱へ

南北朝の内乱期は、武家社会における一族的結合から地縁的結合への転換、貨幣経済の進展にともなう新興領主層の成立など、新しい秩序の形成にともなう大きな変革期でもあった。

❶正中の変 1324
後醍醐天皇は側近の公家日野資朝・俊基と討幕計画をすすめたが露顕した。

❷元弘の変 1331.5
後醍醐天皇は再度の討幕計画をすすめたが失敗し、**隠岐**に流された。

❻六波羅攻め 1333.5
足利高氏(のち尊氏)は丹波の篠村八幡宮で討幕の旗をあげ、六波羅探題を陥落させた。

⑮藤島の戦い 1338.閏7
新田義貞は越前の国府を奪ったが、藤島で敗死。

❽鎌倉幕府の滅亡 1333.5
新田義貞は上野で挙兵して、鎌倉にはいり、北条高時以下を攻め滅ぼした。

❾中先代の乱 1335.7
北条高時の遺児時行が一時鎌倉を占領。尊氏は時行追討のため関東に下向し、新政権に反旗をひるがえした。

⑪多々良浜の戦い 1336.3
足利尊氏は後醍醐党の菊池武敏を破った。

⑰筑後川の戦い 1359.8
南朝軍と足利軍との間で激戦がおこなわれた結果、一時九州は南朝の支配下にあった。

❻後醍醐天皇の隠岐脱出 1333.閏2
隠岐を脱出した後醍醐天皇は伯耆の名和長年に迎えられた。

⑫湊川の戦い 1336.5
九州から東上してきた足利尊氏が、楠木正成・新田義貞らと戦い、正成は敗死。

⑩箱根竹の下の戦い 1335.12
足利尊氏軍は新田義貞軍を破った。

⑬南北朝の分立 1336.12
京都に軟禁されていた後醍醐天皇は、吉野へ脱出し、足利氏打倒の拠点とした。

足利尊氏の建武政権打倒の足どり(❾~⑫の期間)

氏名 南朝方
氏名 北朝方

■ 鎌倉幕府末期
■ 建武新政期
■ 南北朝動乱期

中世
鎌倉

数字は将軍就任時年齢（満年齢）。享年も満年齢。〈緑字〉は別称。

中世
室町

1338		
58	①尊氏	
67	②義詮	
68	③義満	
94	④義持	
1423	⑤義量	
25	⑥義教	
29	⑦義勝	
41	⑧義政	
42		
43		
49		
73	⑨義尚	
89	⑩義稙	
90	⑪義澄	
93		
94	⑩義稙	
1508	⑫義晴	
21		
46	⑬義輝	
65	⑭義栄	
68	⑮義昭	
73		

1305～58（享年53）

1　1338～58（約20年）　足利尊氏　33歳

- 1333　足利尊氏、鎌倉幕府に反旗、六波羅探題を滅ぼす
- 1335　中先代の乱おこる。尊氏、建武政権に反旗
- 1336　建武式目制定　南北朝の分立
- 1338　足利尊氏、征夷大将軍に就任し、幕府を再興
- 1350　観応の擾乱（～52）

《メモ》足利尊氏は、後醍醐天皇から討幕の功労者として認められ、天皇の名尊治の一字を賜り、高氏から尊氏に改名した。

1330～67（享年37）

2　1358～67（約9年）　足利義詮　28歳

- 1361　懐良親王（南朝）、大宰府に入る
- 1363　大内弘世・山名時氏、幕府に帰服

《メモ》義詮の兄の直冬は叔父の直義の養子になり、観応の擾乱以降、義詮は直冬と敵対関係にあった。

1358～1408
（享年50）
〈北山殿〉
本将軍義持期

3　1368～94（約28年）　足利義満　10歳

- 1372　九州探題今川貞世（了俊）、大宰府を攻略
- 1378　足利義満、京都室町に花の御所造営
- 1391　明徳の乱（山名氏清敗死）
- 1392　南北朝の合一
- 1394　義満、将軍職を義持に譲る。太政大臣に就任
- 1397　義満、北山殿に金閣を創建
- 1399　応永の乱（大内義弘敗死）
- 1401　義満、祖阿・肥富を明に派遣し、国交樹立

1386～1428（享年42）
神護寺蔵

4　1394～1423（約29年）　足利義持　8歳

- 1411　足利義持、明との国交・勘合貿易を中止
- 1416　上杉禅秀の乱（～17。上杉氏憲敗死）
- 1419　応永の外寇

《メモ》義持は、息子の5代将軍義量が早世したので、再び政務をとったが、1428年に継嗣を決めないまま没した。

1407～25（享年18）

5　1423～25（約2年）　足利義量　16歳

《メモ》義量の将軍就任後も父義持が政務をとった。

1394～1441（享年47）
〈くじ引き将軍〉
妙興寺蔵

6　1429～41（約12年）　足利義教　35歳

- 1432　日明国交回復
- 1438　永享の乱（～39、足利持氏敗死）
- 1440　結城合戦（～41、結城氏朝敗死）
- 1441　嘉吉の変で、義教が赤松満祐に殺害される

《メモ》義教は天台座主だったが、くじ引きによって将軍就任が決まり、還俗した。「万人恐怖」といわれる専制政治をおこない、守護大名たちから恨まれた。

● **観応の擾乱**（1350～52年）

幕府の軍事指揮権を掌握	対立	幕府の司法・行政権を掌握
足利尊氏 高師直（尊氏の執事） 高師泰（師直の弟） 悪党的急進勢力	⇔	足利直義（尊氏の弟） 足利直冬（尊氏の子で直義の養子） 法秩序を重視する勢力

高師直・師泰は1351年に、足利直義は1352年に殺害されたが、その後も両派と南朝三つ巴の対立・抗争は、約10年間続いた。

足利尊氏と足利直義

二人は同じ両親を持つ1歳違いの兄弟で、子どもの時からたいへん仲が良かった。幕府を開いた尊氏は、将軍として武士に対する軍事指揮権を、直義は司法・行政権を握り、支配権を分けあった。尊氏は勇気・慈悲・寛容の精神を持ち、物惜しみをしない性格だったが、直義は理知的・冷静沈着・保守的な性格だった。その直義の性格が、実力で新しい秩序をつくろうとする新興武士団から反発を受けることになった。尊氏は執事高師直の急進的路線を支持し、直義との対立が決定的になった。観応の擾乱で二人は戦い、敗れた直義は鎌倉で死んだ。

1434～43（享年9）

7　1442～43（約1年）　足利義勝　8歳

《メモ》義教が嘉吉の変で殺害されたあと、子の義勝が将軍となったが、幕政は有力大名の合議によっておこなわれた。

1436～90（享年54）
〈東山殿〉
東京国立博物館蔵
出典：ColBase

8　1449～73（約24年）　足利義政　13歳

- 1454　享徳の乱（～77）
- 1455　足利成氏、下総古河に敗走（古河公方の始まり）
- 1457　足利政知を伊豆に派遣（堀越公方の始まり）
- 1460　寛正の飢饉（～61）
- 1467　応仁の乱（～77）

《メモ》義政は将軍職を義尚に譲ったのち、東山山荘を造営するなど芸術・宗教に没頭したため、東山文化が開花した。

1465～89（享年24）

9　1473～89（約16年）　足利義尚　8歳

- 1477　応仁の乱一応終結
- 1485　山城の国一揆（～93）
- 1488　加賀の一向一揆、富樫政親を自殺させる

《メモ》義尚の後見人は母の日野富子。応仁の乱後、義尚は将軍権力の強化をはかったが、近江の陣中で病死した。

1466～1523
（享年57）
〈流れ公方〉

10　1490～93（約3年）、1508～21（約13年）　足利義稙　24歳

- 1493　北条早雲、堀越公方足利茶々丸を攻略
- 1510　三浦の乱

《メモ》義稙は義視の子で、義政の養嗣子となる。初名は義材。次いで義尹、義稙に改名。1493年、細川政元により将軍職を廃される。その後、諸国を転々としたのち、大内義興に擁されて入京。11代義澄のあと将軍に復帰。

1480～1511
（享年31）

11　1494～1508（約14年）　足利義澄　14歳

- 1500　幕府、初めて撰銭令を発令

《メモ》義澄は、堀越公方足利政知の子。細川政元のクーデタ（明応の政変）によって将軍に就任したが、実権は細川政元が掌握していた。

1511～50（享年39）

12　1521～46（約25年）　足利義晴　10歳

- 1523　寧波の乱
- 1532　京都法華一揆・六角定頼、山科本願寺を焼く
- 1536　天文法華の乱
- 1543　鉄砲伝来

《メモ》義晴は細川高国に擁立されて将軍に就任したが、実権は細川氏が握る。京都からの逃亡と復帰を繰り返した。

1536～65（享年29）

13　1546～65（約19年）　足利義輝　10歳

- 1549　キリスト教伝来
- 1551　大内義隆滅亡
- 1560　桶狭間の戦い

《メモ》義輝は、三好長慶によってしばしば京都を追われた。将軍在任中、三好三人衆らに殺害された。

1540～68（享年28）

14　1568　足利義栄　28歳

- 1568　織田信長、足利義昭を奉じて入京

《メモ》義栄は、松永久秀と対立した三好三人衆によって擁立され将軍になったが、織田信長の入京により阿波に逃れた。

1537～97（享年60）

15　1568～73（約5年）　足利義昭　31歳

- 1570　姉川の戦い。石山戦争（～80）
- 1571　織田信長、延暦寺焼打ち
- 1573　織田信長、足利義昭を京都から追放

《メモ》義昭は、織田信長に擁立されて将軍に就任したが、信長包囲網をつくったため、信長によって追放され、室町幕府は滅亡した。その後、義昭は毛利輝元を頼り、備後の鞆を拠点に幕府再興をはかった。晩年、豊臣秀吉の保護を受け、1万石を与えられた。

テーマのポイント

1. 室町幕府の機構は、3代将軍足利義満の時代にほぼ整った
2. 室町幕府の政治は、将軍と三管領・四職などの有力守護大名が担った
3. 室町幕府の財源は、御料所からの収入や多様な税金だった

■ 足利氏略系図

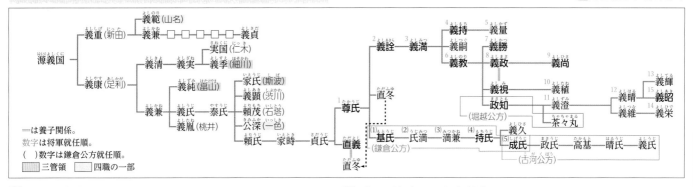

＝は養子関係。
数字は将軍就任順。
（ ）数字は鎌倉公方就任順。
▨ 三管領　□ 四職の一部

中世 室町

② 室町幕府の職制

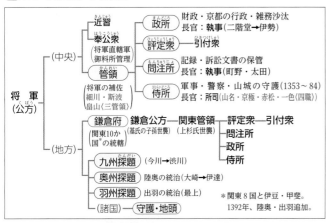

将軍（公方）

（中央）
- 近習
- 奉公衆（将軍直轄軍／御料所管理）
- 管領（将軍の補佐／細川・斯波・畠山〈三管領〉）
  - 政所……財政・京都の行政・雑務沙汰／長官：執事（二階堂→伊勢）
  - 評定衆——引付衆
  - 問注所……記録・訴訟文書の保管／長官：執事（町野・太田）
  - 侍所……軍事・警察・山城の守護（1353～84）／長官：所司（山名・京極・赤松・一色〈四職〉）

（地方）
- 鎌倉府……鎌倉公方（基氏の子孫世襲）——関東管領（上杉氏世襲）
  - 評定衆——引付衆
  - 問注所
  - 政所
  - 侍所
- 九州探題（今川→渋川）
- 奥州探題……陸奥の統治（大崎→伊達）
- 羽州探題……出羽の統治（最上）
- （諸国）——守護・地頭

＊関東8国と伊豆・甲斐。
1392年、陸奥・出羽追加。

＊この『洛中洛外図屏風』に描かれた景観は1530年頃とされ、現存する洛中洛外図屏風（→p.183❶）のなかで最古のものである。三条家から町田家、東京国立博物館から国立歴史民俗博物館へと移ったため、三条（家）本、町田（家）本などとよばれる。➡p.157❷、159❺、163❺

↑❶ 室町の将軍邸（『洛中洛外図屏風』町田本＊） 1378年、足利義満は、京都室町に豪壮な新邸（花の御所）を築き、室町殿とよばれた。室町幕府の名称はこれに由来している（写真は、12代将軍義晴の将軍邸）。国立歴史民俗博物館蔵

←❷ 足利義満（1358～1408） 将軍を辞任したあと出家したが、その後も幕府の実権を握り、明の皇帝から「日本国王源道義」宛の返書と明の暦を与えられた。名実ともに公武統一政権の頂点に立った。鹿苑寺蔵

足利義満のおもな業績

❶ 室町に花の御所を造営　❷ 幕府機構の整備　❸ 南北朝の合一の実現　❹ 有力守護大名の勢力を削減　❺ 朝廷の権限（京都の市政権など）の吸収　❻ 日明貿易・日朝貿易の推進➡p.155　❼ 北山文化の発展に尽力（金閣の造営➡p.162❹、五山・十刹の制の整備➡p.162❷、能の保護➡p.163❷など）

③ 室町幕府の財政基盤

項　目	内　容
御料所（将軍直轄領）	各地に散在し、奉公衆が管理。領内の農民に年貢・公事・夫役を賦課
守護、地頭・御家人	守護…分担金。　地頭・御家人…賦課金
全国の田地・家屋	**段銭**…天皇即位、内裏造営、幕府の行事などの際に一国平均に田地1段別に賦課 **棟別銭**…朝廷費用や寺社・橋などの修造料として家屋1棟別に賦課
土倉・酒屋	**土倉役**（倉役）・**酒屋役**…土倉・酒屋に賦課する税金
債務者・債権者	**分一銭**…徳政令発布の際に、債務者（庶民）の債務破棄、または債権者（土倉・酒屋などの高利貸）の債権の保護を認めるかわりに納入させる手数料
関所・津	**関銭**…関所を通る際に徴収される通行税 **津料**…港・船着場で徴収される通行税
京都五山	**五山官銭**…住持補任の謝礼金 **五山献物**・献上銭…五山寺院に物品・銭を賦課
日明貿易	**抽分銭**…請負商人に賦課 **明朝頒賜物**・頒賜銅銭…明の皇帝から下賜される物品・銅銭

御料所からの収入のほか、土倉・酒屋や京都五山、関所・津などからの現金収入、日明貿易の利益などが重要な財源となった。

見方・考え方 鎌倉幕府・江戸幕府の財政基盤と比べてみよう。

④ 応仁の乱以前の京都－土倉・酒屋の分布 ➡p.159❹

京都に幕府が開かれたため、武士が多数居住した。1378年に花の御所が造営されると、その周辺に有力武将が邸宅を構えた。

資料鑑賞 土倉・酒屋などの商工業者は、おもに三条～六条間に集中した。この地域が日本経済の中心地だった。

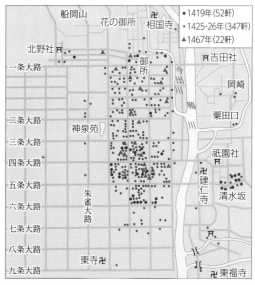

- ●1419年（52軒）
- ●1425・26年（347軒）
- ▲1467年（22軒）

船岡山／北野社／花の御所／相国寺／御所／吉田社／今川／岡崎／北野社／一条大路／二条大路／神泉苑／三条大路／粟田口／四条大路／祇園社／朱雀大路／五条大路／六条大路／建仁寺／七条大路／清水坂／八条大路／東寺／九条大路／東福寺

守護大名はどのように勢力を拡大したのだろう

テーマのポイント
1 南北朝の動乱以降、守護の権限が拡大され、守護は守護大名に成長した
2 国人とよばれる地方の有力武士は、しばしば国人一揆を結成した

中世
室町

1 守護の権限拡大と守護大名への成長 ➡p.172 1

鎌倉時代 ➡p.131 4		南北朝・室町時代		守護大名の成長 守護領国制の確立
任命	幕府に功績のある有力御家人	任命	足利一門や有力武将	・荘園・公領の侵略
役割	国内の御家人統制・治安維持。国衙の行政事務にも介入	役割	全国の混乱収拾のため所領給与権や課税権など多くの権限が付与	半済令→下地半済、守護請 ・国衙機能の吸収・家臣団の編成

	鎌倉前期	鎌倉後期	南北朝時代	室町時代
軍事警察関係	大犯三カ条（京都大番役の催促、謀叛人・殺害人を逮捕する権限）➡p.131 4			
	1232〜	夜討・強盗・山賊・海賊を逮捕する権限		
		1310**〜 ＊＊1310年に検断の対象、1346年に沙汰として定まる。	刈田狼藉の取締権 ＊刈田狼藉は、他人のもつ田畑の作物を実力で刈り取り奪うこと。	
司法		1346〜	使節遵行権*** ＊＊＊使節を派遣して幕府の判決を強制執行させる権限。	
所領給与		1352〜	半済の給与権	
			闕所（没収地）の預置権	
行政			国衙の行政事務（大田文の作成など）	
課税			一国平均役・段銭の徴収権	
請負		14世紀末〜	守護請**** ＊＊＊＊荘園領主などが年貢徴収などを守護に請け負わせる。	

守護の領国支配

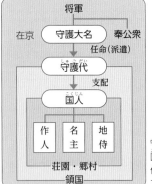

将軍
在京　守護大名　奉公衆
　　　　↓ 任命（派遣）
　　　守護代
　　　　↓ 支配
　　　　国人
作人／名主／地侍
荘園・郷村
領国

守護は、領国の国人を被官化し、任国の領国化をすすめた。

氏名 足利氏一族系統の守護大名
氏名 足利氏一族以外の守護大名
(1440年頃)
■ 鎌倉府の管轄領域（のち出羽・陸奥も管轄）
■ 明徳の乱直前の山名氏一族の領国（11か国）
■ 応永の乱直前の大内義弘の領国（1392年、6か国）

引き出し事項
将軍義満の時代
将軍義持の時代
将軍義教の時代

史料
① 半済令（観応令）足

次に近江・美濃・尾張三ケ国、本所領半分の事、当年一作、軍勢に預け置くべきの由、①守護に一国内の荘園・公領の年貢の半分を徴収する権限を認めたもの。②兵糧米を徴収する所領。

2 守護大名の反抗(1440年頃)

守護大名の反抗事件は絶え間なかった。また、幕府は、みずから有力守護を挑発して反抗させ、動乱の過程で強大化した守護勢力を削減したりした。

⑦ 嘉吉の変（嘉吉の乱）播 1441
播磨守護赤松満祐は将軍義教を自邸に招いて暗殺。のち敗死。

② 明徳の乱 1391
一族で11か国を領し、六分の一衆と称された山名氏は氏清の時反乱をおこし一時勢力が衰える。

⑥ 結城合戦 1440〜41
結城氏朝が足利持氏の遺子（安王丸・春王丸）を擁して幕府に抗戦。

③ 応永の乱 1399
6か国の領国を持つ大内義弘が足利満兼と謀って堺で挙兵。義満の討伐で敗死。

① 土岐康行の乱 1390
土岐氏は康行の時、美濃・尾張・伊勢の守護を兼ねたが、将軍義満の討伐で衰退。

⑤ 永享の乱 1438〜39
将軍職就任を果たせなかった鎌倉公方足利持氏の反抗。持氏は自殺。以後鎌倉府は、関東管領上杉氏が掌握。

④ 上杉禅秀の乱 1416〜17
鎌倉公方足利持氏と対立した前関東管領の上杉禅秀（氏憲）が反乱をおこし鎌倉府を奪うが、敗死。

3 国人と国人一揆

・国人
鎌倉時代以来の地頭・御家人の系譜を引く、地方在住の有力武士。国衆ともいう。

・国人一揆の目的
①戦闘時の相互支援
②国人相互の紛争の解決
③農民支配の強化
④守護による支配への抵抗

見方・考え方
国人から戦国大名に成長した武士がいる。これをふまえ守護と国人の関係を考えよう。

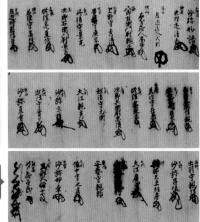
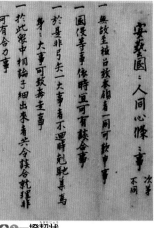

↑1 一揆契状

歴史ポケット
芝居になった嘉吉の変

赤松満祐は気性が激しく傲慢な性格だったといわれ、同じような性格の将軍足利義教とはそりが合わなかったらしい。結城合戦の戦勝の祝賀と称して将軍を自邸に招き、子の赤松教康らに命じて義教を殺害させた。満祐は播磨に下ったが、山名持豊ら幕府軍の攻撃を受けて滅亡した。この事件は人々に衝撃を与え、後世長く語り継がれることになった。18世紀初期に近松門左衛門はこの事件をもとに『雪女五枚羽子板』を書いた。

↑2 赤松満祐を演じる市川団十郎の錦絵

国人たちは南北朝の内乱期、**地域的結合**を基本とする国人一揆を結成して集団で戦うことが多かった。さらに独立の気質が強い国人たちは、守護大名の圧力に抵抗して国人一揆を結成するようになり、その時に作成された一揆契状が残っている。上の一揆契状は1404年に、安芸の国人（毛利氏・熊谷氏など）33人が守護の山名満氏に抵抗するために結んだ一揆契状である。第三条で、守護が国人の反対を押し切って政策を強行する場合、武力で抵抗することを誓っている。山名満氏は安芸の統治に失敗し、罷免された。

中世 室町

1️⃣14世紀後半、16世紀後半に倭寇の活動が活発化　2️⃣足利義満が朝貢形式の日明貿易（勘合貿易）を開始した　3️⃣朝鮮や琉球との交易もさかんになった

1️⃣ 室町時代の対外関係

□ 明・朝鮮の建国関係事項。

将軍	元・明との外交	倭寇の件数 0 10 20 30 40 50 60 70 80 90 100	高麗・朝鮮との外交
	1325 鎌倉幕府、**建長寺船**を元に派遣	1325-	
尊氏	1342 尊氏、**天龍寺船**を元に派遣	1350-	1350 倭寇、高麗沿岸に出没
義詮	1368 **明の建国（太祖洪武帝）**		1367 高麗、倭寇鎮圧を要請
義満	1369 太祖、懐良親王に**倭寇鎮圧**を要請	1375-	
	1401 義満、祖阿・肥富らを派遣（**明と国交**）史	1400-	1392 李成桂、朝鮮を建国
義持	1402 義満、倭寇鎮圧		1398 朝鮮、幕府に遣使
	1404 **日明貿易**開始	1425-	1401 義満、朝鮮に遣使
	1411 義持、日明貿易中止		1419 **応永の外寇** 朝鮮軍の対馬襲来
義教	1432 日明貿易再開	1450-	1443 宗貞盛、癸亥約条（嘉吉約条）締結（貿易船年間50隻）
義政	＊建長寺船は建長寺再建費用調達、天龍寺船は後醍醐天皇の冥福を祈るための天龍寺建設のための費用調達が目的。	1475-	
義尚			
義植		1500-	1510 **三浦の乱** 三浦の日本人が蜂起
	1523 **寧波の乱** 細川方と大内方の衝突、大内氏と博多商人が貿易独占	1525-	1512 壬申約条（永正約条）締結─貿易制限の強化（年間25隻）
義晴		1550-	
義輝	1547 最後の遣明船（大内船4隻）		
	1551 大内氏滅亡 **日明貿易断絶**	1575-	
義昭			1592 文禄の役
	1588 豊臣秀吉、**海賊取締令**	1600-	1597 慶長の役 ◆p.179 3️⃣

─ 高麗・朝鮮における倭寇件数
─ 明における倭寇件数
田中健夫『倭寇』より

見方・考え方
倭寇の活動が活発化した時期を確認しよう。

3️⃣ 日明貿易

❶**遣明船**（『真如堂縁起』部分）

← ❷**勘合（部分）**（『戊子入明記』）　遣明船は寧波と首都北京で査証をうけ、交易にあたった。勘合には、朝貢品の内容などが記されていた。遣明使が携帯した勘合には、写真のような割書（2枚の紙にかかるように文字を書くこと）がなされ、割印が捺された。これを、中国に保管されていた底簿と照合し、正式な使節かどうか調べた。

📝勘合は、「日本」の二字をわけ、明からの船は「日字勘合」、日本からの船は「本字勘合」を持参した。「本字勘合」は、本字壹號から百號まで作成された。明皇帝の代替わりごとに日本に与えられた。

日明貿易の日本からの輸出品は、**刀剣**や工芸品、**銅**（◆p.34 3️⃣）・**硫黄**（◆p.34 2️⃣）・**蘇木**（蘇芳）が中心を占め、輸入品は**銅銭**のほか、**生糸・高級織物・書籍**など（**唐物**）であった。

←❸**勘合の復元**（北海道大学・橋本雄氏による復元案）
※写真中の□部分が❷に該当。

2️⃣ 倭寇の侵略と対明・対朝鮮交通

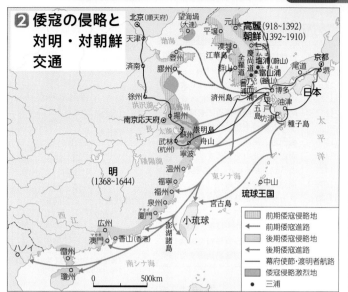

明（1368~1644）
高麗（918~1392）
朝鮮（1392~1910）
琉球王国

□ 前期倭寇侵略地
← 前期倭寇進路
■ 後期倭寇侵略地
← 後期倭寇進路
─ 幕府使節・渡明者航路
■ 倭寇侵略激烈地
● 三浦

0　500km

日明貿易は**朝貢**形式をとり、真使と偽使を区別するため**勘合**を用いる**勘合貿易**であった。日朝貿易は対等であったが、朝鮮の国家統制が種々おこなわれており、塩浦・富山浦・乃而浦の3港（**三浦**）が貿易港として指定された。対馬の**宗氏**が主導し、日本からは銅（◆p.34 3️⃣）・硫黄・香料などが輸出され、朝鮮からは大量の**木綿**や**大蔵経**が輸入された。しかし、1510年の**三浦の乱**以降、衰退していった。

4️⃣ 倭寇 ▶倭寇

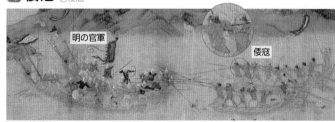

明の官軍　倭寇

↑❹**倭寇の活動**（『倭寇図巻』部分）　14世紀なかば以降、南北朝の動乱を背景に、九州北部や瀬戸内海の武士団などが、朝鮮沿岸、中国沿岸に私貿易に赴き、略奪などの海賊行為をおこなった（**前期倭寇**）。倭寇はいったん鎮静化したが、16世紀後半に再び活発化した（**後期倭寇**）。後期倭寇では、明の海禁政策によって生計を失った中国沿岸の住民が多かった。上の絵は、後期倭寇を描いたもの。

東京大学史料編纂所蔵

5️⃣ 東アジアの国際貿易 ◆p.192 1️⃣

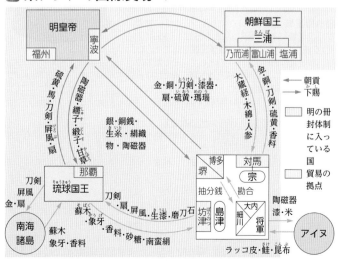

明皇帝　福州　寧波
朝鮮国王　三浦　乃而浦　富山浦　塩浦
→ 朝貢 下賜
□ 明の冊封体制に入っている国
□ 貿易の拠点

明の成立とその海禁政策により、従来の民間貿易から、明の冊封体制に入った国家間の管理貿易が主となり、琉球は東アジア各地域との中継貿易で繁栄した。

1 中世の琉球と蝦夷ヶ島

琉球王国の歴史			琉球(沖縄)	日本	蝦夷(北海道)		北海道の歴史	
1100頃	各地に按司とよばれる首長が出現		港川人骨 (18000年前)	旧石器時代	縄文文化		13世紀前半	北条氏の被官安藤(安東)氏、蝦夷管領(蝦夷代官)に任じられる
1296	沖縄島に元軍襲来		旧石器時代	縄文時代				安藤氏、十三湊を拠点として勢力を伸張
1326頃	この頃より三山の対立はじまる	先史時代	貝塚文化 (新石器時代)	弥生時代	続縄文文化			
1372	中山王察度、初めて明に入貢			古墳時代 奈良時代	擦文文化	オホーツク文化		
1402	明から冊封使が初めて来琉		12世紀	平安時代		トビニタイ文化	1457	コシャマインの蜂起
	シャム船が来流し交易		グスク時代	鎌倉時代				アイヌ(コシャマインら)蜂起し、和人の館を攻め落とす
1406	尚巴志、拠点を首里城に移す	第一尚氏王朝	14世紀 三山	南北朝時代				花沢館和人の大将武田信広(松前氏の祖)、コシャマインと戦う
1416	尚巴志、北山を滅ぼす		1429 第一尚氏王朝	室町時代	アイヌ文化		1514	蠣崎光広、本拠を松前に移す
1429	尚巴志、南山を滅ぼし全島を統一		1470				1551	蠣崎季広、蝦夷地交易の制を定める
1439	福建に琉球館をおく		古琉球 第二尚氏王朝前期	戦国時代				
1470	クーデタにより擁立された金丸(尚円)即位	第二尚氏王朝	島津氏侵入	安土桃山時代			1590	蠣崎慶広上洛し、豊臣秀吉より蝦夷ヶ島主に認められる
1490	第3代尚真王、中央集権を確立		1609 第二尚氏王朝後期	近世 江戸時代	(松前藩支配、1799〜1821幕府直轄、のち東北諸藩など分割支配)		1599	蠣崎慶広、松前氏に改姓
1570	シャムへ最後の貿易船を派遣 →以後、南海貿易途絶する		1879					

(海保嶺夫『中世の蝦夷地』、野村崇等編『続縄文・オホーツク文化』、日本放送協会『南の王国琉球』など参照)

2 中世の琉球

● 琉球王国の領域 ▶琉球王国

↑1 今帰仁城
世界遺産

□ 琉球王国の最大領域
― 現在の県境

琉球王国の領域は、15世紀には奄美群島から八重山・与那国までおよんでいた。1609年の薩摩藩侵略以降、与論島以北は薩摩藩に割譲された。

高さ 155.5cm

↑2 首里城正殿(復元)* 中山王尚巴志は、浦添から首里城に本拠を移し、北山(山北)・南山(山南)を滅ぼし全島を統一、琉球王国をたてた。以来、首里城は琉球王国の中心として、その繁栄の象徴となった。右の写真は、首里城正殿にかけられた「万国津梁之鐘」で、その銘文は当時の琉球の繁栄を物語る。 *2019年に火災により焼失した。

「万国津梁之鐘」銘文
「琉球国は南海の勝地にして、三韓の秀をあつめ、…此の二つ(中国と日本)の中間に在りて湧出するの蓬莱島なり。舟楫をもって万国の津梁(かけ橋)となし、…(原漢文)

←3 進貢船
琉球は明の冊封(○p.91 1)を受け、頻繁に朝貢して中国の品々を大量に持ち帰った。

↑4 おもろさうし 琉球の神祭りの歌を「おもろ」という。これを16〜17世紀に編集したもので、琉球の人々の生活や思想を知ることのできる重要な史料である。○p.256 8

↘ おもろさうしは、「琉球の万葉集」とよばれている。

3 中世の蝦夷ヶ島 ▶蝦夷地との交易

● チャシ(アイヌの砦)

蝦夷ヶ島
花沢館(館主蠣崎氏) 勝山館
上之国守護 茂別館 志苔館
下之国守護
松前守護
大館
十三湊 福島城(安藤氏の居館)
津軽
岩木山▲

● 道南十二館
○ その他の館
□ 安藤氏の編成した守護(1456年)

14世紀以降、安藤氏が蝦夷ヶ島に進出し、道南十二館を形成し、上之国・松前・下之国の三つの集団となった。和人の圧迫に不満をもったアイヌは、1457年、コシャマインを中心に十二館を次々と陥落させたが、花沢館の蠣崎氏がこれを鎮圧して、交易権を独占した。

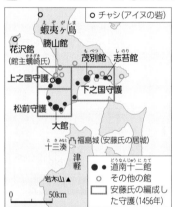

↑5 十三湊(青森・五所川原市) 十三湊は中世の日本海交易の拠点であり、蝦夷ヶ島の産物の流入口でもあった。この地の津軽安藤氏は、蝦夷ヶ島の産物交易を独占して繁栄した。十三湊は、十三湖にのびる砂州の先端に位置し、中国製陶磁器などが出土している。

岩木山
日本海
十三湖 十三湊
安藤氏居館跡
北

↑6 志苔館跡と出土した中国銭 志苔館は道南十二館の一つ。周辺からは、38万枚以上の中国銭が発見された(写真右)。

出土した中国銭

←7 チャシ跡
(北海道・二風谷遺跡 ポロモイチャシ) チャシとはアイヌ語で砦・囲い、柵などを意味する。

↑8 蝦夷錦 中国からもたらされた錦織で、山丹錦ともいう。当時の交易の状況がわかる。
68:市立函館博物館(北海道)蔵

↑❶牛馬耕（六道絵　畜生道）　牛馬耕は鎌倉時代よりもさらに普及した。東日本では馬、西日本では牛が多く利用された。絵は馬に馬鍬をつけて田をかきならしているところ。→p.139❷　聖衆来迎寺（滋賀・大津市）蔵

テーマのポイント

❶室町時代には、農業の集約化・多角化が進展した
❷地方の産業が発達し、さまざまな特産物が生産された
❸地方の定期市は、三斎市（→p.139❹）から毎月6回開く六斎市に発展した（戦国時代に一般化）　❹手工業者や商人の座が著しく増加した　❺貨幣経済が一層進展し、撰銭が問題になった　❻交通路が発達し、廻船の往来も頻繁になった

1 農業の発達 →p.139❶（鎌倉時代の農業）, p.202❶（江戸時代の農業）

- ・二毛作の普及、畠の三毛作の出現国
- ・稲の品種改良—早稲・中稲・晩稲など
- ・畑作物の多様化—蔬菜類栽培
- ・商品作物の生産—茶・楮・木綿・藍・桑
- ・牛馬耕の普及
- ・肥料の普及—草木灰・刈敷・下肥・厩肥 →p.203❹
- ・用水施設—水車・龍骨車

農業技術の全国的進歩 → 集約農耕の定着 — 段あたり収量の増大 → 一般農民の自立化

←❷施肥（『洛中洛外図屛風』町田本）施肥技術の発達は農業生産力を向上させた。絵は下肥（人糞尿）を水田に撒いているようす。国立歴史民俗博物館蔵

←❹水車（『石山寺縁起絵巻』）　宇治川には水流を利用して回転させ、自動的に水を汲み上げる水車が設置されていた。石山寺（滋賀・大津市）蔵

龍骨車　なげつるべ
（『たはらかさね耕作絵巻』）　東京大学史科編纂所蔵模写

↑❺なげつるべと龍骨車　なげつるべと龍骨車で田に灌水をしているところ。龍骨車は中国伝来の揚水機で、蛇腹のように小さな水槽を重ね、上部へ水を送る。

←❸田植え（『月次風俗図屛風』）　田植え祭りの田楽を描いたもの。東京国立博物館（東京・台東区）蔵　出典：ColBase

作品鑑賞　仮面をつけ扇をもって踊る者、小鼓ではやす者、菅笠の早乙女も多数描かれている。右下には、牛耕のようすも描かれている。→p.123❸

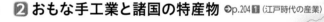

2 おもな手工業と諸国の特産物 →p.204❶（江戸時代の産業）

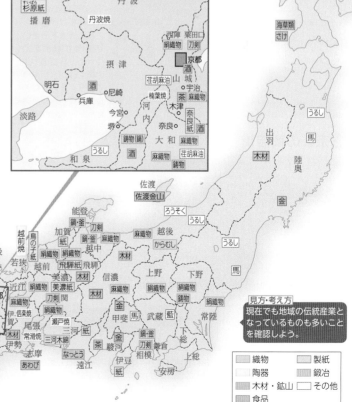

見方・考え方　現在でも地域の伝統産業となっているものも多いことを確認しよう。

織物	製紙
陶器	鍛冶
木材・鉱山	その他
食品	

中世
室町

1 専門職人の分化

見方・考え方
女性の仕事だったことに注目しよう。

←❶機織り(『七十一番職人歌合』) 15世紀末頃から木綿の国内栽培がはじまり、これにともない、織物業も発達した。
→p.28 ３ , 235 ❶
東京国立博物館(東京・台東区)蔵
Image：TNM Image Archives

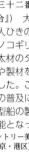

←❹大鋸ひき
(『三十二番職人歌合』) 大鋸は二人ひきの長い棒ノコギリで、丸太材のタテ割りや製材を可能にした。この大鋸の普及により、大型船の製造が可能となった。
サントリー美術館(東京・港区)蔵

↑❷鎧師(『七十一番職人歌合』) 甲冑の製作を職能とする人。近世では具足師。

↑❸鍛冶(『七十一番職人歌合』) 金属鍛造、おもに鉄加工の技術者をさす。なお、鍋・釜などの鋳物を製作する職人を鋳物師という。

↑❺檜物師(『七十一番職人歌合』) 曲物を製造・販売した手工業者のこと。檜などを材料とする。→p.33 ５

↑❻紙漉き(『七十一番職人歌合』) 楮を原料とし、流漉という独特の方法で和紙をつくる。→p.33 ⑲, 204 ❽

手工業者は、しだいに荘園への隷属をたちきり、独立してそれぞれ専門化していった。農具や日用品のほか、時代の要求や貿易のための刀剣・武具が多く生産された。彼らは同業者の組合=座を結成し、寺社・公家に座役を納めるみかえりに売買の独占権などの特権を保持した。

2 製塩業

海水を運ぶ人や砂をならす人も描かれている。

←❼塩田(『文正草子』) 揚浜(自然浜)を利用した塩焼きのようす。室町期には、干潮時の塩分の凝固した砂をかき集め、これに海水をそそいで濃厚な塩水をつくった。写真の中央の桶には塩水が入っており、それを隣の塩釜で煮た。→p.35 ３
宮内庁三の丸尚蔵館蔵

3 行商人の活躍

↑❽連雀商人(『石山寺縁起絵巻』) 連雀という木製の背負い道具で商品を運んだ行商人で、中世・近世に活躍した。
石山寺(滋賀・大津市)蔵

↑❾振売(『三十二番職人歌合』) 棒手振ともいう。商品を天秤棒でかついで売り歩く商人のこと。サントリー美術館蔵

←❿大原女(『七十一番職人歌合』) 京都の大原に住み、炭や薪を頭に載せて売る行商の女性。→p.306 ❶

→⓬魚売り(『七十一番職人歌合』)

→⓭扇売り
(『七十一番職人歌合』)

→⓫桂女(『福富草紙』) 京都の桂に住む鵜飼集団の女性で、鮎などを行商する。→p.195 ３

4 京都の商店街

資料鑑賞
板が風で飛ばされないように石を置いた屋根は当時の流行の形式だった。

↑⓮室町時代末期の室町通り(『洛中洛外図屏風』) 見世棚(店棚)(→p.139 ❾)をかまえた小売店がならんでいる。烏帽子の看板をかかげた烏帽子屋が描かれている。三条通りもみえる。なお、烏帽子屋のある場所は、現在、京都市中京区烏帽子屋町となっている。米沢市上杉博物館(山形・米沢市)蔵

一言かわら版 大山崎油座のその後 大山崎(→p.159)は、応仁の乱で大きな打撃を受けて衰退していった。江戸時代には、大坂が製油業(原料は菜種・綿実にかわる)の中心地となった。

1 室町時代の都市と交通と座

鎌倉時代の交通は、京都と鎌倉を中心とする交通であったが、室町時代には京都を軸とする交通が展開されるようになった。また地方経済の発達から地方相互の交通も頻繁になった。交通運輸の増加に着目した幕府・寺社・公家・在地領主は交通の要地に関所を設け、**関銭・津料**を徴収した。

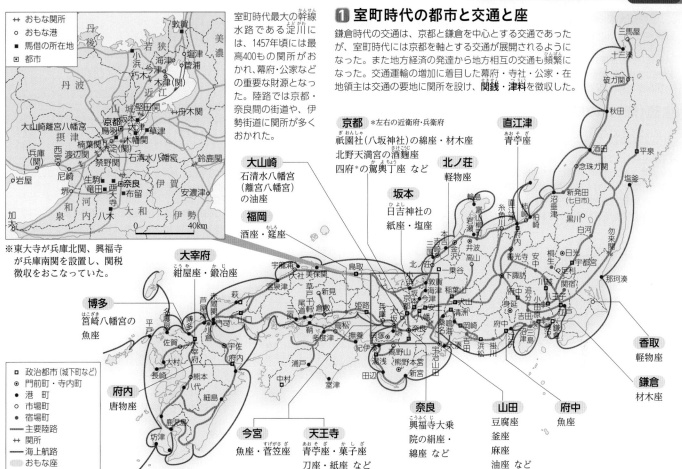

室町時代最大の幹線水路である淀川には、1457年頃には最高400もの関所がおかれ、幕府・公家などの重要な財源となった。陸路では京都・奈良間の街道や、伊勢街道に関所が多くおかれた。

※東大寺が兵庫北関、興福寺が兵庫南関を設置し、関税徴収をおこなっていた。

凡例
- ♯ おもな関所
- ○ おもな港
- ■ 馬借の所在地
- ▫ 都市

0 ── 40km

京都 ＊左右の近衛府・兵衛府
祇園社（八坂神社）の綿座・材木座
北野天満宮の酒麴座
四府＊の駕輿丁座 など

直江津
青苧座

北ノ荘
軽物座

大山崎
石清水八幡宮（離宮八幡宮）の油座

坂本
日吉神社の紙座・塩座

福岡
酒座・莚座

大宰府
紺屋座・鍛冶座

博多
筥崎八幡宮の魚座

府内
唐物座

今宮
魚座・菅笠座

天王寺
青苧座・菓子座
刀座・紙座 など

奈良
興福寺大乗院の絹座・綿座 など

山田
豆腐座
釜座
麻座
油座 など

府中
魚座

香取
軽物座

鎌倉
材木座

凡例
- ▫ 政治都市（城下町など）
- ◉ 門前町・寺内町
- ▣ 港 町
- ○ 市場町
- ● 宿場町
- ── 主要陸路
- ♯ 関所
- ── 海上航路
- ── おもな座

2 座の機構（大山崎の油座）

本所　石清水八幡宮（離宮八幡宮）＊

＊大山崎離宮八幡宮は、石清水八幡宮の末社である。

座役
① 八幡宮の船の御綱引、日使神事役奉仕
② 灯油の献納

保護
① 関銭・津料の免除
② 倉役の免除
③ 荏胡麻の仕入れ独占
④ 油販売の独占

座（大山崎油座）
座衆（大山崎離宮八幡宮油神人）

独占

荏胡麻の仕入れ
摂津、播磨、備前、阿波、伊予

油の販売
畿内、美濃
尾張、阿波 など

↑① **大山崎**（京都）　大山崎は、宇治川など三川が合流する交通の要衝の地であった。石清水八幡宮（離宮八幡宮）を本所とする神人は、石清水八幡宮の保護のもとで、油の原料の荏胡麻（◆p.32①）の仕入れや製品販売の権限を独占した。

3 貨幣経済の進展

日本の中世社会は中国の貨幣（**宋銭や明銭**）によって支えられたが、絶対量が不足しがちであった。そのため、国産の模造貨幣（**私鋳銭**）も横行した。室町幕府や戦国大名・寺院は**撰銭令**を出して、とくに劣悪なものを除き、良質な銭と悪銭の交換比率を公定し、ともに流通させようとした。

↑② 明銭（永楽通宝）

↑③ 私鋳銭

写真提供　日本銀行貨幣博物館

↑④ **土倉**（『洛中洛外図屏風』舟木本）　質物保管のための土蔵からおこった名。室町時代に最も繁栄し、しばしば土一揆の襲撃目標となった。倉役は幕府の重要財源で、土倉は町衆として政治的な力をもっていた。◆p.153④

東京国立博物館蔵　出典：ColBase

馬借と車借

馬借・車借は運送業者で、中世の流通を支える重要な役割を担った。馬は一頭で米2～3俵を運んだが、牛に車をひかせる車借は一度にその数倍を運んだ。しかし、車の通行可能な道路は淀～京都～大津が中心であったため、馬借の方が広い範囲で活躍した。

見方・考え方
馬借はしばしば土一揆に参加したことに注目しよう（◆p.160③）。

キーワード

↑⑤ 馬借（『石山寺縁起絵巻』）

↑⑥ 車借（『洛中洛外図屏風』町田本）

国立歴史民俗博物館蔵

中世
室町

テーマのポイント

❶鎌倉時代後期以降、近畿地方とその周辺部において農民らの自立的・自治的な村である惣（惣村）が成立した

❷惣の農民（惣百姓）は、惣掟の制定や、土一揆などさまざまな活動をおこなった

① 惣（惣村）の成立

〈成立の背景〉

①農業生産力の向上にともなう小百姓（作人）の成長
②入会地・灌漑用水の共同管理の必要性の増大
③戦乱・略奪から村を自衛する必要性の増大
④村の神社（鎮守）の共同祭礼の活発化（宮座の発展）
⑤領主に対する年貢減免などの要求の高揚

↓

〈発展〉惣荘・惣郷の形成

荘園〈荘園領主の支配地〉	郷〈公領〉
惣荘 惣村の連合体	惣郷 惣村の連合体
惣村 惣村 惣村	惣村 惣村 惣村

③ 土一揆

年代	事　項
1428	正長の徳政一揆（土一揆）
1429	播磨の土一揆…土民たちは「侍をして国中に在らしむべからず」と主張し守護方の軍勢を攻めたが、守護赤松満祐によって鎮圧された 史
1441	嘉吉の徳政一揆（土一揆）…はじめて徳政令が出される
1454	享徳の徳政一揆…はじめて分一徳政令が出される

＊債務者から債務額の10分の1（5分の1）の分一銭を幕府に納めさせて、債務の破棄を認める徳政令。また債権者から分一銭を納めさせて債権を保証する分一徳政禁制もあった。

② 惣（惣村）の機構と活動

惣（惣村）は、惣の運営に必要な惣有財産をもち、年貢・公事の納入を請け負う地下請（百姓請・村請）を獲得し、惣掟を定めて独自に村内の紛争を処理した。

```
惣（惣村）
  │
 寄合
  │
惣村の運営
（地侍など有力名主層）
長・乙名・沙汰人・年寄・番頭
  │
惣百姓（惣の構成員）
  │（決定）
```

・一揆の相談
・警察・裁判権行使（地下検断〈自検断〉）
・地下請（百姓請・村請）
・入会地用水管理
・惣掟史（村法・村掟）
・祭礼〈宮座〉

下人・名子

＊村落に住む下級武士。有力農民でもあった。戦国時代には大名の下級家臣になった者が多い。

史 惣百姓が愁状を書き、領主に年貢減免などを嘆願する愁訴、惣百姓が領主のもとに大挙して押しかけ、年貢減免などを要求する強訴、領主が惣百姓の要求に応じない場合、耕作を放棄して一時的に集団で山林などに立退く逃散もおこなわれた。

・一揆…中国の古典にある「揆（道や方法）を一にする」が語源。武士や庶民の一致団結する意志や行動をさす。中世においては、一味神水という儀式により、一味同心して一揆を結成することが多かった
＊一揆・盟約などを結ぶ人々が、神前において一味の起請文を書き、焼いて灰にし、神前に供えた水（神水）にまぜて飲み、約束を神に誓約すること。

・土一揆…広範な惣百姓や馬借などの都市下層民など（支配者側から土民とよばれた）が徳政令の発布などを要求して蜂起する。多くは徳政一揆である

● 正長の徳政一揆（土一揆） 史 ⇒p.171

→一揆の波及　（　）内数字は徳政一揆の初見月日

近江の馬借たちが徳政を要求したことを機に、京都近郊の土民が京都の土倉・酒屋・寺院などを襲い、質物や売買・貸借証文を焼き払って徳政令の発布を要求したが、管領畠山満家が率いる幕府軍によって鎮圧された。一揆は畿内・近国に波及した。幕府は徳政令を出さなかったが、一部の地域で私徳政がおこなわれた。興福寺の僧侶は「およそ亡国の基これに過ぐべからず。日本開白以来、土民蜂起これ初めなり」と記した。1428年は飢饉や病気が流行して社会不安が増大していた。また天皇・将軍が交代する時期で、「代始めの徳政」を要求したとも考えられる。

見方・考え方
馬借が徳政一揆に参加した理由を考えてみよう。

正長元年ヨリサキ者（ハ神戸）カンヘ四カン負（目）カウ（ヲ）ヰメアルヘカラス 史

←❷ 柳生の徳政碑　奈良市柳生街道の峠口に「疱瘡地蔵」を彫った巨石があり、その右下に神戸4か郷の郷民が私徳政をかちとり実施したことを物語る文章が刻みこまれている。

惣村の「民主主義」

寄合は惣村の最高議決機関だった。しばしば寄合が開かれ、村の重要な問題が話し合われた。意見が合わない場合、参加者の多数決で規約（惣掟）を定めた村もあった。1583年、近江国志那村（現、滋賀県草津市）では村人11人が参加して寄合が開かれ、村人に実子がない時の養子の取り方について、「多分」（過半数、この場合は6人以上）の賛成で惣掟がつくられた。近江国今掘（現、東近江市）でも「諸事、申し合わせ、多分の賛成で決着する」と定められた。平等意識・連帯意識をもつ寄合参加者たちによる話し合いと多数決による決定がなされた。世襲制、男性のみなど、いくつかの制限はあったが、現代の民主主義に近い姿を見ることができる。

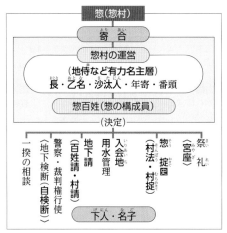

↑❶動物たちの寄合のようす（『十二類絵巻物』）
十二支の動物（鼠・牛など）から辱めを受けた狸が、報復のために仲間の狐・猫・梟などを集めて戦いの策を練っている場面。十二支の動物とそれ以外の動物の戦いを描いた絵巻物で、15世紀に成立した。

● 嘉吉の徳政一揆（土一揆） 史

← 一揆の進出方向　● 襲撃された土倉
[凡例] 徳政一揆の根拠地／推定市街地／たてこもった場所／● 京の七口

1441年、6代将軍足利義教が殺害された嘉吉の変ののち、近江でおきた徳政一揆が京都に波及し、近郊の数万の土民が「代始めの徳政」を要求して蜂起した。一揆勢は京の七口を封鎖して、東寺・清水寺・北野神社などの寺社を占拠して、正長の土一揆同様、京都の土倉・酒屋を襲った。室町幕府はこれを鎮圧できず、はじめて徳政令を発布した。以後、債務者が土倉・酒屋に押しかけ、証文を破棄し質物を返却させた。その後も、享徳の徳政一揆（1454年）など徳政一揆はたびたびおこり、幕府は徳政令の発布を余儀なくされた。

■ テーマのポイント

1. 南北朝文化、北山文化（足利義満時代）、東山文化（足利義政時代）が形成された
2. この時代の一揆のような対等な人々の結びつきも文化にみられる
3. 武家文化と公家文化、中央文化と地方文化の融合が進んだ
4. 能・狂言・茶の湯・生花など、日本固有の文化の基礎が確立された

1 南北朝文化一覧表

軍記物	『太平記』（未詳）…江戸時代に太平記読みによって流布 『曽我物語』（未詳）…遊行の芸人によって全国に流布 『難太平記』（今川了俊）…今川氏の歴史を記す
歴史書	『増鏡』（未詳）…源平争乱から1333年までを公家側から記述 『神皇正統記』（北畠親房）…南朝側の正統性を説く➡❶ 『梅松論』（未詳）…足利政権の成立過程を描く
有職故実	『建武年中行事』（後醍醐天皇）…朝廷の年中行事を月をおって記述 『職原抄』（北畠親房）…初の官職沿革研究書
和歌・連歌	『新葉和歌集』（宗良親王）…南朝の人々の和歌集 『菟玖波集』（二条良基）…最初の準勅撰連歌集 『応安新式』（二条良基）…連歌の規定書
芸能	能楽、茶寄合・闘茶…「バサラ*」の気風を反映　*派手、ぜいたく。
建築	永保寺開山堂（禅宗様）➡❹
庭園	西芳寺庭園・天龍寺庭園（夢窓疎石）➡❻〜❽
絵画	〈水墨画〉白衣観音図（伝黙庵）、寒山図・蜆子和尚図（可翁）➡❾❿ 〈絵巻物〉慕帰絵詞➡p.144❹、163❽

3 建築

↑❹永保寺開山堂　南北朝時代を代表する禅宗様式の建築。永保寺は美濃の土岐氏の援助のもとに夢窓疎石が開いた。国宝　岐阜・多治見市

↑❺夢窓疎石
（1275〜1351）
伊勢国出身。後醍醐天皇、足利尊氏の帰依をうけ、臨済宗の隆盛のもととなった。天龍寺などを開いたほか、造園でも才能を発揮。著書に『夢中問答集』などがある。

4 庭園

↑❻天龍寺庭園　夢窓疎石の作庭で、嵐山などを借景にして、池を中心に滝や石組みを配した池泉廻遊式庭園（池や泉の周囲の道を巡りながら景色を鑑賞できる庭）の代表作。世界遺産　京都市

↑❼西芳寺庭園　西芳寺は、1339年に夢窓疎石が禅宗に改めた。池泉廻遊式の庭園で、苔が美しいため「苔寺」ともよばれている。世界遺産　京都市

↑❽西芳寺滝組　滝を表現する石組みで、実際の水は流れていない。これが発達して枯山水がうまれた。

↑❶『神皇正統記』　1339年、北畠親房が常陸小田城で執筆し、年少の後村上天皇に献じた。南朝の正統性を説いた。

2 文芸

史料
……京鎌倉ヲコキマセテ、一座ソロハヌエセ連歌、在々所々ノ歌連歌、ヌ人ソナキ、……

　優劣を審判する者。

↑❸連歌（『十界図屏風』）　連歌は、和歌の上の句と下の句を複数の人が継いでいく共同詠作。上の絵は、屋外でおこなわれる花下連歌会のようす。當麻寺奥院（奈良・葛城市）蔵

➡p.151❸

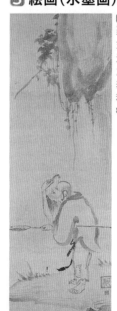

←❷太平記読み（『人倫訓蒙図彙』）　物語僧が『太平記』を語ることからはじまり、江戸時代には講釈師となった。講談のもと。

5 絵画（水墨画）

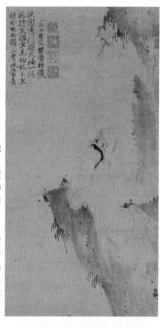

←❾蜆子和尚図（可翁筆）　可翁は鎌倉末期、中国（元）で臨済宗や水墨画を学んだ。初期水墨画の代表的画僧。絵の蜆子和尚は唐末の禅僧。
86.8×34.5cm

➡❿白衣観音図（伝黙庵筆）　黙庵は、鎌倉末期、中国に渡り活躍した画僧。中国で活躍してその作品は逆輸入された。後には中国の画僧と誤解されていた。賛（➡p.163❶）は、臨済宗の禅僧である一畳聖瑞によるもの。
❾❿東京国立博物館（東京・台東区）蔵
出典：ColBase

中世

室町

❶ 北山文化一覧表

臨済宗	五山・十刹の制の完成 京都五山・鎌倉五山・十刹・諸山
建築	北山殿（現、鹿苑寺）金閣➡❷ 〈寝殿造・禅宗様〉 興福寺五重塔・東金堂〈和様〉
庭園	鹿苑寺庭園➡❸
水墨画 ➡p.163	溪陰小築図（南禅寺金地院） （伝明兆） 瓢鮎図（妙心寺退蔵院）（如拙） 寒山拾得図（伝周文）
文学	五山文学（義堂周信・絶海中津） 五山版（五山文学の出版）➡❶
有職故実	『公事根源』（一条兼良）
芸能	能・狂言➡p.163❷ 大和猿楽四座（興福寺を本所 とする観世・宝生・金春・金剛） 観阿弥・世阿弥 能理論書『風姿花伝』（世阿弥）

❷ 五山・十刹の制

```
    僧録司
（五山僧侶の任免、
  寺領の管理 ）
初代僧録：春屋妙葩
      ↓
  南禅寺（五山の上）
```

京都五山	鎌倉五山
①天龍寺	①建長寺
②相国寺	②円覚寺
③建仁寺	③寿福寺
④東福寺	④浄智寺
⑤万寿寺	⑤浄妙寺

```
      ↓
京都十刹・関東十刹
      ↓
    諸山
```

室町幕府は、初代将軍尊氏が夢窓疎石に帰依して以来、代々臨済宗を重んじた。3代将軍義満は宋の官寺の制にならって臨済宗の官寺化をはかり、五山・十刹・諸山の制を整備した。その頂点に南禅寺を置き、春屋妙葩に僧録の地位を与えて、統制下においた。以後、官寺の住持の任免権を握り、任命にあたっては官銭などを徴収した。これがやがて重要な財源となった。また五山の僧は幕府の外交文書作成などに携わり、政治的発言権も大きくなった。

⬅❶ **五山版** 五山の僧侶たちが出版した木版の書籍。仏典だけでなく、漢詩文集や儒教の経典も出版し、文化の広がりに寄与した。

❸ 林下の禅（五山派以外の禅宗諸派）➡p.168❶
りんか（りんげ）

曹洞宗系	永平寺（越前）・総持寺（能登）など 曹洞宗中興の祖といわれた永平寺4世瑩山紹瑾が、1321年に、もと天台宗寺院であった総持寺を禅宗に改宗して、教団の拡大強化をはかった
臨済宗系	大徳寺・妙心寺（京都）など 大徳寺は後醍醐天皇の時、五山第一に列せられたが、足利義満の時に十刹の9位に落とされた。1431年に五山派を離れ林下の禅を選択した。応仁の乱後、一休宗純（➡p.168❼）が再建した

❹ 鹿苑寺金閣 京都市

⬅⬆❷ **鹿苑寺金閣と金閣の三層内部** 足利義満が京都北山に設けた北山殿（義満の死後、臨済宗の鹿苑寺となる）の唯一の遺構であったが、1950年に焼失し、現在のものは1955年に再建された。一層が公家風の寝殿造、二層が寝殿造と書院造の折衷、三層が禅宗様からなる楼閣。三層は究竟頂とよばれ、床は黒漆塗りで、壁面・天井まで金箔が押され、舎利を安置している。

世界遺産　高さ12.5m　鹿苑寺提供

❺ 和様建築－興福寺 ➡p.145（和様）　奈良市

五重塔

東金堂

⬅❹ **興福寺東金堂**
東金堂は726年に聖武天皇が建立したが、たびたび罹災。現在のものは1415年に再建された。なお、1937年、本尊の台座下から仏頭が発見された（➡p.75❻）。

国宝　世界遺産　高さ15m

⬅❺ **興福寺五重塔**
五重塔は730年に光明皇后が建立したが、たびたび罹災した。現在のものは1426年に再建された。

国宝　世界遺産
五重塔高さ50.1m

鹿苑寺提供

⬆❸ **鹿苑寺庭園** 鏡湖池の周囲を巡りながら鑑賞する池泉廻遊式庭園。

1 水墨画

↑1・2 渓陰小築図（伝明兆筆）　京都東福寺の画僧**明兆**の作と推定される水墨画で、書斎用に描かれた。国宝　南禅寺金地院（京都市）蔵　101.5×34.5cm（部分）

2・3 寒山拾得図（伝周文筆）　作者とされる**周文**は室町時代前期を代表する京都相国寺の画僧。
東京国立博物館蔵　100.2×37.4cm（部分）
出典：ColBase

↑1 瓢鮎図（如拙筆）　京都相国寺の画僧**如拙**が、「いかにして丸くすべすべした瓢箪でねばねばした鮎（なまず）を取り押さえるか」という**公案**（禅宗で師僧が弟子に与える課題）を将軍足利義持の命によって描いたもので、上部には31名の五山の僧侶が序文と自分の考え（賛）を記している。前景の竹や後方の遠山などに、山水画の特徴があらわれている。
国宝　妙心寺退蔵院（京都市）蔵　111.5×75.8cm（部分）

2 能・狂言の完成

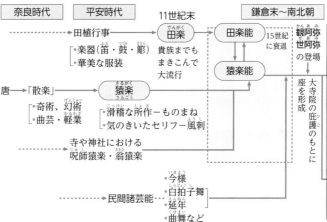

奈良時代	平安時代	11世紀末	鎌倉末～南北朝	室町時代

田植行事 → 田楽 → 田楽能 → 15世紀に衰退

楽器（笛・鼓・鉦）／華美な服装　貴族までもまきこんで大流行

田楽能・猿楽能 → 観阿弥・世阿弥の登場

唐 → 散楽 → 猿楽 → 猿楽能

奇術・幻術／曲芸・軽業

滑稽な所作ーものまね／気のきいたセリフー風刺

寺や神社における呪師猿楽・翁猿楽

座を形成　大寺院の庇護のもとに

民間諸芸能　今様／白拍子舞／延年／曲舞など

能の大成
うたい（歌の要素）
はやし（音曲の要素）
まい（おどりの要素）
能面を使用して登場人物の性格を表現

狂言の独立
セリフと所作により滑稽・飄逸・軽妙・洒脱・風刺を演じる。基本的には面をつけないが、特殊な役柄には面を用いる

将軍・大名などの保護

大寺院に保護された猿楽座として興福寺を本所とする**大和猿楽四座**（観世・宝生・金春・金剛座）、白吉大社を本所とする近江猿楽上三座が名高い。大和四座は、現在の能楽の四流派の源とされる。

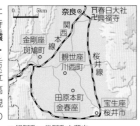

＊観阿弥・世阿弥を輩出。

→6 能面　能で使用される木彫の仮面。翁・尉・鬼・女・男などに大別されるが、能の発展にともなって種類が増え、現在は数百種類を超える。小面は若い女の面の一つ。翁は、老翁の面。

小面
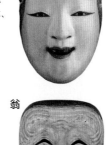

翁

←4 現在の能舞台

←5 16世紀はじめの演能図
（『洛中洛外図屏風』町田本）　壁のない舞台と橋掛りという、今日の能舞台の源流がうかがえる。16世紀頃の京都賀茂河原での観世能のようすを描いたもの。
国立歴史民俗博物館蔵

橋掛り

3 茶の湯・立花

→p.31 **1**, 184 **1**

→7 喫茶の普及（『七十一番職人歌合』）　喫茶の風習は、寺院から武家へ、やがて民間に普及した。この時代に寄合の興の一つとして流行し、会所で**闘茶**などがおこなわれた。写真は茶を売る「一服一銭」のようす。
東京国立博物館蔵
＊産地の違うお茶を飲み、味を飲み分ける競技。

←8 立花（『慕帰絵詞』）　室町時代には仏前の供花から、会所などを飾る立花が発達した。
西本願寺蔵

中世
室町

1 東山文化一覧表

建築・庭園	建築(書院造)	東山山荘(現、慈照寺) 銀閣・東求堂同仁斎→④
	庭園 →⑤⑥	東山山荘庭園(善阿弥) 枯山水(龍安寺・大徳寺大仙院)
絵画	水墨画	四季山水図巻〈山水長巻〉、秋冬山水図(雪舟)
	大和絵	土佐光信〈土佐派〉→p.217
	狩野派 →p.165	周茂叔愛蓮図(狩野正信) 大仙院花鳥図(伝狩野元信)
学問・文学	有職故実	『江次第抄』(一条兼良)
	古典研究	『花鳥余情』(一条兼良)
	政治	『樵談治要』(一条兼良)
	朱子学	桂庵玄樹・南村梅軒
	歴史	『善隣国宝記』(瑞溪周鳳)
	連歌	正風連歌『新撰菟玖波集』(宗祇) 『水無瀬三吟百韻』→p.165② (宗祇・肖柏・宗長) 俳諧連歌『犬筑波集』(山崎宗鑑)
	和歌	古今伝授(東常縁)→p.165②
	御伽草子	酒呑童子、物くさ太郎→p.165⑥ 一寸法師、浦島太郎
	教材	『節用集』→p.167③ 『庭訓往来』〈往来物(書簡形式の教科書)〉
芸能		能、狂言、幸若舞、古浄瑠璃、小歌(『閑吟集』→p.165②)、盆踊り、風流踊り→p.165⑦
	茶道	侘茶 村田珠光→武野紹鷗
	花道	池坊専慶
宗教	臨済宗	一休宗純→p.168⑤
	浄土真宗	蓮如→p.168③
	日蓮宗	日親→p.168①
	神道	唯一神道(吉田兼倶)→p.144②

2 慈照寺銀閣

見方・考え方 金閣と比較してその違いを確認しよう。

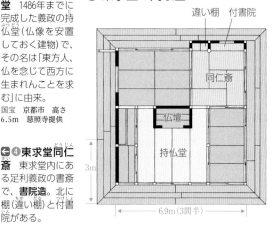

↑② 東山山荘復元図 歴史復元画家 中西立太

常御所 / 会所 / 銀閣 / 東求堂 / 泉殿

◁①銀閣 8代将軍足利義政は、応仁の乱後の1482年に東山山荘の造営をはじめたが、生存中には完成しなかった。死後、法名にちなんで慈照寺となった。銀閣は山荘内の観音殿で、一層は書院造、二層は禅宗様で、黒漆塗り。
国宝 世界遺産 京都市 高さ10.9m 慈照寺提供

◁③慈照寺東求堂 1486年までに完成した義政の持仏堂(仏像を安置しておく建物)で、その名は「東方人、仏を念じて西方に生まれんことを求む」に由来。
国宝 京都市 高さ6.5m 慈照寺提供

3 庭園

角柱 / 土壁 / 違い棚 / 襖 / 明障子 / 付書院 / 畳(4畳半)
慈照寺提供

◁④東求堂同仁斎 東求堂内にある足利義政の書斎で、書院造。北に棚(違い棚)と付書院がある。

● 東求堂の間取図

違い棚 / 付書院 / 同仁斎 / 仏壇 / 持仏堂
3m
6.9m(3間半)

書院造の特徴

- 接客用の広間が中心
- 部屋は襖で小室に区切る
- 広間には床・違い棚がある
- 内部に畳をしきつめる
- 柱は角柱
- 明障子・雨戸を用いる
- 天井などを張る

◁⑤大徳寺大仙院庭園 大仙院本堂(創建は16世紀初期)の書院の間から眺められる枯山水は、石・砂・樹木を使って深山幽谷から流れ出た川が海に至るまでの大自然を表現している。京都市

↓⑥龍安寺石庭 作庭の名手相阿弥の作と伝えられる。東西約22m、南北約10mの庭に、白砂と大小15個の石で大海と島々を表現している。龍安寺は細川勝元によって建立されたが、応仁の乱で焼失。子の政元(→p.171①)によって再建された。世界遺産 京都市

1 絵画―水墨画・狩野派

この時期には雪舟が日本的な水墨山水画を大成、狩野正信・元信が水墨画に大和絵の手法を加え、狩野派をおこした。また、大和絵の土佐光信が土佐派の基礎を固めた。

↑❶四季山水図巻（山水長巻）（雪舟筆） 雪舟は周文に絵を学び、明に渡り修業。帰国後、独自の日本的水墨画を完成させた。国宝 毛利博物館（山口・防府市）蔵 39.7×1568.0cm（部分）

↑❷秋冬山水図（雪舟筆） 秋冬２幅で一対となり、絵はむかって左側に掛ける冬景色。墨一色で雪景色を巧みに表現している。
国宝 東京国立博物館（東京・台東区）蔵 46.4×29.4cm
出典：ColBase

←❸周茂叔愛蓮図（狩野正信筆） 北宋の文人周茂叔を水墨と淡彩で描く。正信は幕府の御用絵師だった。
国宝 九州国立博物館蔵 84.7×33.2cm（部分）

→❹大仙院花鳥図（伝狩野元信筆） 大徳寺大仙院の襖絵の一部。水墨画と大和絵の技法を巧みに融合させた独自の狩野派の画風を代表する作品。
京都市 174.5×139.5cm（部分）

2 文学・芸能・連歌

■ 古今伝授

■ 御伽草子・風流踊り

史料

正風連歌《水無瀬三吟百韻》

（発句）雪ながらやまもとかすむ夕べかな　宗祇

（脇句）行く水とほく梅にほふさと　肖柏

（第三句）川風に一むら柳春見えて　宗長

（第四句）舟さす音もしるきあけがた　宗祇

（第五句）月や猶霧わたる夜に残るらん　肖柏

（下略）　柏祇肖宗

宗祇と弟子の肖柏・宗長の３人が1488年に詠んだ正風連歌の傑作。

史料

小歌《閑吟集》

我らもちたる尺八を、そでの下よりとりいだし、しばしはふひて松の風、花をや夢とさそふらん、いつまでか此の尺八、ふひて心をなぐさめむ。なにせうぞ、くすんで、一期は夢よ、ただ狂へ。

宇治の川瀬の水車、なにとうき世をめぐるらふ。

室町時代に流行した庶民的な内容の小歌の歌集で、1518年に成立した。

古今伝授

　〈当流＝御所伝授〉
東常縁―――三条西実隆―公条――実枝

　├―宗祇――細川幽斎――烏丸光広

　〈堺伝授〉　　　　　中院通勝

　　肖柏―――――――八条宮智仁

　　└――饅頭屋宗二　松永貞徳

▼宗祇以降は、当流（のちに御所伝授）と堺伝授（のちに奈良伝授）に分かれた。

「古今伝授」とは、『古今和歌集』に関する故実や秘事口伝を弟子に授けることで、古く平安末期におこったとされるが、形式化するのは東常縁が宗祇に伝えてからである。

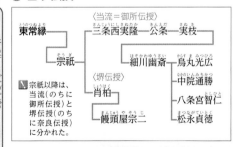

↑❺古今伝授の間（熊本市・水前寺成趣園） 細川幽斎が八条宮智仁親王に伝授した建物。

←❻物くさ太郎 ものぐさな男が上京して出世する話。御伽草子は室町時代の短編物語で、作者・成立年代が未詳のものが多い。

←❼風流踊り（『洛中洛外図屛風』）風流とは華美な飾り物をさしたが、それが揃の飾り物や衣装で踊る踊りの名称となった。
米沢市上杉博物館蔵

公益財団法人阪急文化財団逸翁美術館蔵

中世
室町

「鬼」は何をあらわしているのだろうか。
日本の歴史や古典作品にはたびたび鬼が登場する。鬼の意味や系譜はさまざまで、一様ではない。では一体鬼とは何者なのだろうか。

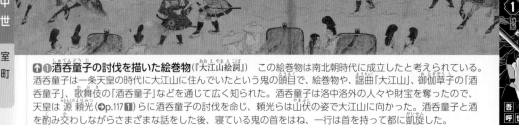

↑①酒呑童子の討伐を描いた絵巻物（『大江山絵詞』） この絵巻物は南北朝時代に成立したと考えられている。酒呑童子は一条天皇の時代に大江山に住んでいたという鬼の頭目で、絵巻物や、謡曲「大江山」、御伽草子の「酒呑童子」、歌舞伎の「酒呑童子」などを通じて広く知られた。酒呑童子は洛中洛外の人々や財宝を奪ったので、天皇は源頼光（→p.117①）らに酒呑童子の討伐を命じ、頼光らは山伏の姿で大江山に向かった。酒呑童子と酒を酌み交わしながらさまざまな話をした後、寝ている鬼の首をはね、一行は首を持って都に凱旋した。

←②漫画『鬼滅の刃』 鬼を退治する話は、大江山の物語だけでなく、桃太郎や一寸法師などさまざまな物語でみられる。現代に人気を博した漫画『鬼滅の刃』は、家族が鬼に殺され、妹も鬼に変化してしまった主人公が、鬼と戦う物語である。
©吾峠呼世晴／集英社

1 「鬼」の登場―古代の鬼

鬼が文献に多く記されるようになるのは奈良時代からである。『日本書紀』には景行天皇が「東夷の山には邪神、野には姦鬼がいる、それらを従わせよ」と命じたとあり、ここでは従わないものを鬼ととらえていたとも考えられる。『出雲国風土記』『万葉集』などにも鬼が登場する。平安時代以降は、『日本霊異記』『今昔物語集』『宇治拾遺物語』などの説話集に、鬼がたびたび登場する。887年に大内裏内の宴の松原（→p.103）でおこった、若い女性が鬼に食われるという事件も記録されている。

↑③法隆寺金堂四天王像（増長天像）の足下の邪鬼 邪鬼は仏教で登場する鬼。この像は7世紀半ばのものと考えられている。
〔見方・考え方〕邪鬼はなぜ踏まれているのだろうか。

史料 鬼が登場する説話

今は昔、光孝天皇の御代に、武徳殿の松原を若い女が三人一緒に御所の方へ行った。……これは、てっきり鬼が人間の姿に化けて、この女を食べたのだ、ということであった。……
（今昔物語集）

↑④京都御所の鬼門にあたる猿ケ辻 陰陽道（→p.107）で艮の方角（北東）を鬼門*（表鬼門）という。鬼が出入りする方角とされ、忌み嫌われた。京都御所の築地塀の北東の角（猿ケ辻）は凹んだ形になっており、鬼門除けのためとされる。建築でも、鬼門に玄関・厠などをつくることを避ける傾向が長く続いた。現在でも北東部分に玉砂利を敷く、魔よけの柊・南天などを植えるなど、鬼門除けをしている建物も多い。

*平安京大内裏東北の比叡山に延暦寺が、江戸城北東の忍が岡に東叡山寛永寺が建立されたのは都と江戸の鎮護のためだった。また、正反対の坤の方角（南西）も裏鬼門といい、不吉な方角とされた。

＊＊丹波と丹後の国境にも大江山連峰があり、酒呑童子の大江山はそちらという説もある。

↑⑤首塚大明神（京都市・亀岡市老ノ坂付近） 酒呑童子の首塚がある。丹波・山城国境、都との境界（山陰道が山城国に入る地点）に位置し、大枝山（大江山）にある。外から都へ侵入する疫病（疱瘡）をさえぎる役割を担った。都との境にはモノノケが跳梁すると考えられ、見えない疫病の具現化がモノノケ、「大江山の鬼」となったとも考えられている。

▷疫病を引き起こし人々を苦しめるとされる疫鬼も、絵巻物などに描かれた。→p.107

2 中世の「鬼」

翳　　般若

↑⑥能面 能では多くの演目で鬼が登場する。人間に危害を加える鬼の面が翳（顔をしかめた凶悪な相の鬼）で、「大江山」「紅葉狩」「土蜘蛛」などで使われる。女性の恨み・無念などの情念が込められた能面が般若で、「葵上」「道成寺」などで使われる。

3 現代に残る「鬼」

↑⑦廬山寺の追儺式鬼法楽 節分の夜、「鬼は外、福は内」の掛け声とともに豆をまく。本来は大晦日の夜に宮中でおこなわれていた追儺が悪鬼を払い疫病を除く行事だった。のち、立春前日の節分の夜に豆をまき鬼を追い払うようになり、近世には現在のようなかたちになった。廬山寺*の鬼法楽では赤・青・黒の3鬼が出現し、追い払われる。　*紫式部の邸宅跡。

〔見方・考え方〕自分の住む地域の節分や鬼に関わる行事を調べてみよう。

● さまざまな鬼（馬場あき子『鬼の研究』をもとに作成）

系譜	例
神道系	祝福に来る祖霊・地霊
修験道系	山伏系の鬼、天狗
仏教系	邪鬼、夜叉、羅刹、獄卒、牛頭鬼、馬頭鬼など
人畜系	体制に従わない人々、放逐された者、賤民、盗賊など
変身譚系	怨恨・憤怒・雪辱などの情念をエネルギーとして復讐をとげるために鬼になった者

探Q

●「鬼」がつく言葉や地名を探してみよう。
●現代の私たちがもつ鬼のイメージとの違いを考えてみよう。

1 文化の地方普及

文化の地方普及の背景

❶応仁の乱を機に京都の公家・僧侶が地方に疎開

❷地方都市の形成と地方武士の中央文化への憧れ

❸連歌師などの文化人の地方遍歴（宗祇・雪舟ら）

足利学校（足利）

創建年代は諸説ある。1439年に関東管領上杉憲実が再興し、のち北条氏次いで江戸幕府の保護を受けて発展した。ザビエルは「日本国中、最も大にして最も有名な坂東の大学」と記した。

↑❶足利学校門（1668年設立）

←❷江戸中期の姿に復元された足利学校

山口（山口）

日明貿易の富で栄えた大内氏の城下町。応仁の乱後、宗祇・雪舟などの文化人や公家が京都を逃れて来住し、「西の京」といわれた。ザビエルも訪れた。

万里集九（江戸）

1428～？。五山の禅僧。太田道灌の招きで江戸におもむく。漢詩文。

一条兼良（奈良）

1402～1481。摂政・関白・太政大臣を歴任、博学の学者・文化人。応仁の乱の際に子の興福寺大乗院の尋尊を頼って奈良に疎開した。帰京後、将軍足利義尚のために『樵談治要』を著した。

饅頭屋宗二（奈良）

1498～1581。清原宣賢らに学び、肖柏から古今伝授を受ける。『節用集』を刊行。

清原宣賢（一乗谷）

1475～1550。朝倉氏の招きで儒学を講義。

雪舟の足跡❶～⑫

❺寧波（中国・浙江省）

❻天童景徳寺（中国・浙江省）

❼北京（中国）

雪舟出生地

雪舟没地？

益田⑫　天橋立（宮津）⑪

博多❹　山口❸　備中　吉崎　谷

（現、菊池市）　豊後府内❽　赤浜　京都❷　正法寺⑩　足利

隈府　鎮田滝❾　奈良　堺　身延山　富士山

鹿児島　中村　弘岡（現、春野町）　（久遠寺）

桂庵玄樹（鹿児島・隈府）

1427～1508。臨済宗の僧侶。肥後の菊池氏に招かれて隈府で儒教を講義。薩摩の島津氏に招かれて鹿児島で薩南学派を開く。1481年、『大学章句』を刊行。

南村梅軒（弘岡）

土佐の吉良宣経の客となり、南学（海南学派）の祖とされてきたが、現在ではその存在が疑問視されている。

阿佐井野宗瑞（堺）

？～1531。堺の医師。明版『医書大全』を翻訳。医書刊行の最初。

↑❸節用集　15世紀に成立し、近代まで使用された用字集・国語辞典。原作者は不明。饅頭屋本のほか多くの刊本がある。初期のものは「伊勢」から始まる。

←❻宗祇（1421～1502）　連歌師。心敬らに連歌を学び、東常縁から古今伝授を受けた。正風連歌を確立。『新撰菟玖波集』を編纂した。各地を遍歴して連歌の発展に尽力した。

山口県立山口博物館蔵

←❼雪舟（1420～1506？）　日本的な水墨山水画の大成者。相国寺で周文に学び、周防山口に移り、1467年、桂庵玄樹らと明に渡航し水墨画を研究した。帰国後、山口のほか豊後・石見・美濃などで活動した。

山口県立美術館蔵

3 寺院の教育

地方の武士などは各地の寺院で教育を受けた。『庭訓往来』『御成敗式目』『実語教』などが教材として使用された。

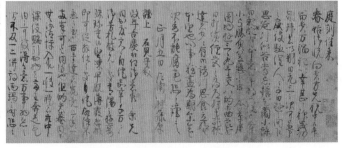

➡❽『庭訓往来』　代表的な往来物（往復一組の手紙集）。

撮影：国文研／所蔵：東書文庫

2 大内氏と山口の文化

● 大内氏系図

琳聖・・・弘世 ── 義弘（応永の乱） ── 持世

（百済聖明王の子？）　盛見 ── □ ── 政弘（応仁の乱西軍の中心）

義興 ── 義隆（陶晴賢の謀反により自刃）

周防山口は南北朝時代に弘世が居館（大内氏館）を構えて以来、日明貿易で富を築いた大内氏の領国の中心として発展した。代々の領主は京都を模倣した町づくりを進め、古熊神社、八坂神社、瑠璃光寺五重塔、常栄寺庭園などがその繁栄を今日に伝えている。

←❹瑠璃光寺五重塔　応永の乱（1399年）で戦死した大内義弘の菩提を弔うために、弟の盛見の発願で建立された（1442年頃竣工）。檜皮葺で日本三名塔（ほかに法隆寺五重塔、醍醐寺五重塔）の一つとされる。

国宝　高さ31.2m

←❺常栄寺庭園（雪舟庭）　大内政弘が雪舟に依頼して築庭させたと伝えられている。枯山水を用いた池泉廻遊式庭園で国の名勝・史跡。ほかに雪舟庭園とされるものは、益田（島根県）の医光寺や萬福寺など、各地にある。

今に残る鷺舞

歴史ポケット

大内氏が城下町の山口に祇園社（八坂神社）を開いた際、京都祇園社（八坂神社）の祇園会で風流として舞われていたという鷺舞も伝えた。この鷺舞は現在も八坂神社でおこなわれる。また、山口から津和野（島根県）に伝えられた鷺舞も江戸時代に再興されたものが残っている。廃れていた京都の鷺舞は、この津和野の鷺舞を手本として1955年に再興された。

❾八坂神社の鷺舞

中世　室町

1 新仏教の動き

禅宗（臨済宗五山派）	幕府の保護と統制を受ける（**五山・十刹の制**→p.162 2）。幕政に関与。**五山文学・水墨画**が発展。幕府の衰退とともに次第に衰退
禅宗（林下）	曹洞宗の**永平寺**（越前）・**総持寺**（能登）、臨済宗の**大徳寺・妙心寺**（京都）を中心に発展
日蓮宗（法華宗）	**久遠寺**（甲斐）など東国の寺院を基盤に発展。日像・**日親**らの布教活動によって京都・西国で信者が増加。16世紀には京都に多くの寺院ができ、**町衆**（商工業者）が**法華一揆**を結ぶ
浄土宗	鎮西派・白旗派などの諸派が競う。**知恩院**（京都）を中心に発展
浄土真宗（一向宗）	仏光寺派・真宗高田派などの諸派が競う。**蓮如**が出て本願寺派が飛躍的に発展。拠点は大谷（京都）、山科（京都）、吉崎（越前）、石山（大坂）などに移る。各地で信者（門徒）による**一向一揆**がおこる→p.171 4
時宗	**清浄光寺**（相模）を中心に遊行上人が各地を遊行。**同朋衆**（足利将軍に芸能・技能で仕えた阿弥号をもつ者）になった時宗僧もいた

● 新仏教の拠点

京都五山
大徳寺・妙心寺
日蓮宗21か寺
知恩院
大谷・山科本願寺
仏光寺

現在は総持寺祖院
（石川・輪島市門前町）

（三重・津市一身田）

2 日蓮宗の京都進出

←1**日親**（1407~88）
日蓮宗の僧。京都での布教活動では投獄されるなど、将軍**足利義教**から弾圧を受けたが、町衆の間に信者を増やしていった。著書に、『**立正治国論**』がある。
叡昌山本法寺蔵

京都の町衆を中心に支持を受けて発展。21か寺（本圀寺・妙覚寺・本能寺など）の本山を形成

法華一揆 1532~36年
・1532年、山科本願寺（本願寺10世の証如）の指示により京都周辺で一向一揆がおこる。日蓮宗信者の京都町衆が法華一揆を結び、近江の大名六角定頼の軍勢と連合して山科本願寺を焼く
・自検断の行使など自治権を握り、京都の町政を支配
・「京都に日蓮宗繁昌して…京中、大方、題目（南無妙法蓮華経）の巷となる」といわれる

天文法華の乱 1536（天文5）年
法華一揆が延暦寺と対立。延暦寺の僧兵や六角定頼の軍勢が洛中に押し寄せ、日蓮宗21か寺を焼き払う。洛中の大半が焼失し、洛中で日蓮宗は禁教となる。信者の多くは堺へ移る

↓

1542（天文11）年	洛中に還住の勅許がでる
1547（天文16）年	日蓮宗と延暦寺の和議が成立し、洛中での布教が許される

↑2**再建された本圀寺**（『洛中洛外図屛風』） 洛中法華21か寺の一つ。天文法華の乱で焼かれたが、1547年、六条堀河の旧地に再建された。
米沢市上杉博物館（山形・米沢市）蔵

3 浄土真宗本願寺派の発展

1321？~1465		1465~71		1471~75
大谷本願寺	→	**本福寺など**（滋賀・大津市堅田）	→	**吉崎御坊**（道場）

↓

1478~1532		1533~80
山科本願寺	→	**石山本願寺**（大坂本願寺）
・蓮如が1478年から5年かけ完成 ・50年余、本山となり、寺内町も繁栄した ・1532年、日蓮宗徒による焼打ちにあう		・現在の大阪城本丸付近に、1496年蓮如が建立した石山御坊にはじまる ・戦国大名に対抗する勢力をもつ ※1580年の石山戦争終結後、本願寺は大坂天満を経て、1591年に京都（現在の西本願寺）に戻った。

↑3**蓮如**（1415~99）**と御文（御文章）** 1457年に本願寺第8世法主になり、当時優勢だった浄土真宗の専修寺派や仏光寺派にかわって本願寺派の勢力を拡大した。各地の門徒を**講**に組織し、道場を建てさせた。また、平易な手紙（**御文**）で教えを説いた。越前吉崎を拠点に北陸で布教したほか、山科に本願寺を再興した。晩年、石山御坊を建設した。

←4**吉崎御坊** 1471年、加賀との国境に近い越前吉崎（福井県あわら市）に建立され、蓮如による北陸地方での布教の拠点となった。三方を北潟湖に囲まれた天然の要害の地に宿坊なども立ち並び、町（初期の**寺内町**→p.174 1）が形成された。

プロフィール

風狂の禅僧

一休宗純 京都出身 1394~1481

後小松天皇の子といわれる。奇抜な言動によって五山の禅僧の腐敗・堕落を風刺・批判したが、自らも酒を飲み、肉を食べ、女性とつきあった。応仁の乱後、林下の大寺である大徳寺の再興に尽力した。侘茶の村田珠光、連歌の宗長や宗鑑、猿楽の金春禅竹らが一休のもとに集まり、一休の禅は東山文化の形成に大きな影響を与えた。江戸時代に『一休咄』などが刊行され、「一休さん」は庶民の人気者になった。

一言かわら版 **少年時代の雪舟** 雪舟（→p.167 7）は、宝福寺（岡山・総社市）で修行中のある日、罰で本堂の柱にしばりつけられた際に、床に落ちた涙で精巧なねずみを描き、許されたという。

近世という時代

中近世移行期として捉えられる戦国時代、1573年の室町幕府滅亡ののち織田信長や豊臣秀吉の織豊政権が切り開いた安土桃山時代を経て、それを受け継いだ徳川家康が関ヶ原の戦いののちに江戸幕府を開き、約260年以上、江戸時代が続いた。

	（移行期）		近世				
	1573年	1600年					
	戦国時代	**安土桃山時代**	**江戸時代**				
	室町時代後期	織田信長の政権→豊臣秀吉の政権	江戸幕府確立期 →	幕府安定期 →	幕府動揺期 →	幕府衰退期	
日本	1543 鉄砲伝来 1549 キリスト教伝来 1573 信長、将軍義昭を追放（室町幕府滅亡）	1575 長篠合戦 1582 本能寺の変 1590 秀吉、小田原攻め・奥州平定（全国統一完成）	1600 関ヶ原の戦い 1614 大坂の役（〜15） 1637 島原・天草一揆（〜38）	1651 由井正雪の乱（慶安の変） 1709 新井白石の政治（〜16）	1716 享保の改革（〜45） 1767 田沼意次の政治（〜86） 1787 寛政の改革（〜93）	1804 レザノフ、長崎に来航	
世界	1571 スペイン、オスマン帝国海軍を破る	1588 スペイン無敵艦隊、イギリス海軍に大敗	1600 イギリス、東インド会社設立	1688 イギリス、名誉革命（〜89）	1776 アメリカ独立宣言 1789 フランス革命（〜99）	1804 皇帝ナポレオン1世（〜14）	

場所 からみる 江戸時代

徳川家康がはじめた江戸城を中心とする城下町の建設は、三代将軍家光の時代に完成をみた。

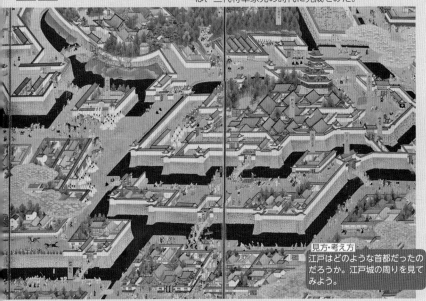

見方・考え方
江戸はどのような首都だったのだろうか。江戸城の周りを見てみよう。

↑①江戸城とその周辺（『江戸図屏風』）　将軍の首都江戸を東から西にみた視線で描かれている。
国立歴史民俗博物館蔵

国際交流 唐人屋敷のにぎわい

日用品の交易場

門番の小屋

身体検査

↑③唐人屋敷（『長崎唐蘭館図巻』伝渡辺秀石（1639〜1707）筆）　江戸時代の日本にとって、中国とオランダへの2つの窓口を兼ねたのが長崎だった。オランダ商館が置かれた出島がよく知られる。中国人ははじめ長崎の町で雑居していたが、密貿易対策のため、17世紀終わりごろには唐人屋敷が設けられた。神戸市立博物館蔵

社会 武士と百姓を結ぶ年貢

近世においては、総人口の8割以上を占めた百姓が納めた年貢が、幕府や藩の財政の柱であった。百姓の生活が成り立つように、領主には仁政を行う責務があるとされていた。

↑②年貢を納入するようす（『農業図絵』）➡p.203

文化 浮世絵とジャポニズム

↑④絵画に描かれた浮世絵　1865年にロンドンのロイヤルアカデミーに展示された。モデルは、歌川広重（➡p.226）の浮世絵を手に取って眺めている。
「紫と金色の奇想曲：金屏風」ホイッスラー筆

時代の見方

近世は、近現代の社会や生活文化の萌芽も数多くみられる。また、近世の大部分を占める江戸時代の特徴の一つとして、世界史的にみてもまれなほど長い間、大規模な内乱や対外戦争が起こらなかったことが挙げられる。その「徳川の平和」を準備した歴史的な条件について、安土桃山時代に遡って、政治的、経済的、文化的な面からとらえてみよう。

近世

1 応仁の乱と関東の動乱関連年表 ●p.154

将軍	年代	事項　　　　　□は関東の動乱関係。
義教	1438	永享の乱(～39、4代鎌倉公方足利持氏敗死)
義勝	1440	結城合戦(～41、持氏の遺子と結城氏朝敗北)
義政	1449	足利成氏(持氏の遺子)、5代鎌倉公方になる
	1454	足利成氏、関東管領上杉憲忠(憲実の子)を謀殺し、享徳の乱始まる(～82)
		畠山氏の家督争い始まる(政長と義就の対立)
	1455	足利成氏、下総古河に敗走(古河公方の初め)
	1457	足利政知、伊豆に下り堀越公方となる
	1460	長禄・寛正の飢饉(～61)
	1464	畠山政長、細川勝元にかわって管領となる
		足利義政、弟の足利義視を養子とする
	1465	義政の妻日野富子が足利義尚を生む
	1466	斯波義廉・義敏、家督を争う
	1467	畠山政長・義就両軍、京都上御霊社で戦い、応仁の乱勃発。大内政弘(西軍)上洛 史
	1468	足利義視、東軍から西軍にうつる
	1471	古河公方足利成氏、堀越公方足利政知と戦う
	1473	山名持豊(宗全)・細川勝元病死。足利義尚、9代将軍になる
義尚	1477	大内政弘帰国し、応仁の乱一応終結
	1482	足利成氏、幕府・足利政知と和解
	1485	山城の国一揆(～93)
	1487	関東管領上杉(山内)顕定、上杉(扇谷)定正と対立し争う
	1488	加賀の一向一揆、守護富樫政親を自殺させる
義稙	1493	細川政元、10代将軍足利義稙(義材)を廃し、義澄を擁立(明応の政変)。畠山政長敗死。
義澄		北条早雲、堀越公方足利茶々丸(政知の子)を攻め、伊豆を奪う
	1495	北条早雲、相模の小田原城を奪取

3 応仁の乱直前の対立関係

山名方(西軍)11万	細川方(東軍)16万

将軍継嗣問題

開戦直前
足利義教
日野富子＝義政　義勝
　　　┃　　　(養子)
　　義尚　　　義視

1468年*以降
義視　　　義政＝富子
　　　　　　　　┃
　　　　　　　義尚

*1468年、義視は山名方、尚・富子は細川方となる。

三管領・四職の対立
所司　　　　　　管領
山名持豊(宗全)　細川勝元

渋川義鏡　斯波義健　斯波持種
　　　　　　(後継)　(養子)
　　斯波義廉　　　　義敏

家督相続争い
畠山満家
持国　　　　持富
　　(養子)
義就　　　　政長

関東管領と上杉氏

足利尊氏の母が上杉氏の出身だったことから優遇され、上杉憲顕が鎌倉公方の補佐役である関東管領に就任して以来、上杉氏がその職を世襲した。1561年、越後守護代長尾景虎が関東管領と上杉氏を継承した(上杉謙信)。●p.173 ⑥

西軍(山名方)の優勢地
東軍(細川方)の優勢地
両勢力の対立地域

青字 西軍守護
赤字 東軍守護
(潜在勢力を含む)

↑❶日野富子(1440～96) 将軍後継に実子義尚をたて、応仁の乱の一因をつくった。●p.134 ❷

見方・考え方 戦局の推移にともない、将軍家の対立の構図が変化したことに注目しよう。

● テーマのポイント

1 将軍家・管領家の家督争いが原因となり、応仁の乱がおこった
2 応仁の乱などを機に下剋上の風潮が強まり、戦国時代が開幕した
3 関東地方では永享の乱以降、長く戦乱が続いた

2 享徳の乱と応仁の乱

❶享徳の乱(1454～82) 鎌倉公方足利成氏が関東管領上杉憲忠を鎌倉で殺害したことから始まった大乱。幕府(足利義政)は成氏の追討を命じ、成氏は古河に逃れて幕府に敵対した(古河公方)。義政は兄の政知を鎌倉公方として下向させたが、鎌倉には入れず伊豆の堀越に留まった(堀越公方)。鎌倉の上杉(山内・扇谷に分裂)勢に二人の公方の軍勢が入り乱れて争う状況が続いた。

❷応仁の乱(1467～77) 管領家・将軍家の家督相続争いに端を発した応仁の乱は、細川勝元の支援を受けた東軍の兵力16万*、山名持豊(宗全)の支援を受けた西軍11万*が京都を舞台に戦闘を繰り返した。しかし、両軍にはそれぞれ統一した目的があったわけではなく、参加者各人が個々の目的をもち、二大派閥に集合しただけであった。*数値は『応仁記』による。

◁❷足軽(『真如堂縁起』) 徒歩で戦闘に参加した兵士。武家奉公人や庶民から募集された。応仁の乱頃に歩兵集団として一般化し、集団戦にあって重要な役割を果たしたが、戦乱に乗じて、放火・強奪を繰り返した。真正極楽寺(京都市)蔵 史

4 応仁の乱の京都被災地

船岡山　大徳寺
花の御所　下鴨社
鹿苑寺(金閣)　上御霊社
北野社　相国寺
西陣　田中社
西京　慈照寺(銀閣)
仏光寺　吉田山
二条　吉田社
真如堂
聖護院 黒谷(真正極楽寺)
一条
神泉苑　青蓮院
二条　南禅寺
三条
等持寺
下京　四条　祇園社
五条　建仁寺
六条　清水寺
七条　妙法院
八条　六波羅蜜寺　清閑寺
三十三間堂
九条　泉涌寺
東寺　東福寺

記録によって確認できる被災地域

0　800m

歴史ポケット

南総里見八犬伝の世界

『南総里見八犬伝』は、19世紀前半に曲亭馬琴が書いた読本の大作である(●p.225 ⑦)。この作品は室町後期の関東が舞台になっている。結城合戦に敗れた里見義実が安房に落ち延びるところから始まり、娘の伏姫が産んだ八犬士が鎌倉の実力者上杉(扇谷)定正の悪政にたちむかい、力を合わせて里見家を再興するという伝奇小説である。史実に即したものではないが、結城合戦から享徳の乱の時代の関東地方の混乱した状況が描かれている。悪役上杉定正は実在の人物で、関東管領上杉(山内)顕定を助けて古河公方足利成氏と戦った。

→❸八犬士の活躍を描いた江戸時代の錦絵(歌川国芳筆) 東京国立博物館蔵

1 明応の政変

1493年、管領細川政元(勝元の子)が、河内に出陣中の10代将軍足利義稙(義視の子)を廃して足利義澄(政知の子)を11代将軍に擁立した。これが**明応の政変**である。さらに義稙と結ぶ畠山政長を河内で敗死させた。以後将軍権力は弱体化し、畿内では細川氏の政権が16世紀半ばまで続くことになった。また1493年、駿河の今川氏のもとにいた伊勢盛時(北条早雲)(◆p.173 3)は細川政元派と連携して伊豆に攻め込み、義澄の母と弟を殺害していた堀越公方足利茶々丸を堀越から追放した。このように、畿内と関東地方で下剋上の動きが強まった。

↑①細川政元(1466～1507)

戦国時代の始期

戦国時代の始期については諸説あって定まっていない。従来、応仁の乱からはじまった戦国の動乱が全国に波及していったとする見方が有力だったが、近年は享徳の乱や明応の政変が注目されるようになった。享徳の乱を重視するなら、畿内よりも10年以上早く関東地方で戦国時代がはじまったことになる。明応の政変を重視するなら、1493年に畿内や関東地方で戦国時代がはじまったことになる。

2 北条氏の領国拡大

1493年に北条早雲が駿河から伊豆に侵入して以来、豊臣秀吉によって滅ぼされる1590年までの約100年間、北条氏の領国は相模・武蔵から関東一帯へと拡大した。早雲の子氏綱の時代から相模の小田原城を本城とし、敵から奪った城や新たに造った城を支城として領国を支配した。主な支城には江戸城・八王子城(東京都)、河越城(川越城)・鉢形城(埼玉県)などがあった。

北条氏の最大領国
- 早雲
- 氏綱
- 氏康
- 氏政
- 氏直
● 本城
○ おもな支城

3 戦国時代の京都

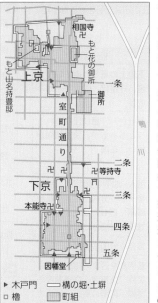

▶ 木戸門　━━ 構の堀・土塀
□ 櫓　▨ 町組

応仁の乱で京都の多くの寺社が焼失し(◆p.170 4)、上京を中心に京都の市街地も被災したので景観は大きく変わってしまった。乱後、町の復興が進められ、公家・武士が多く住む上京と、富裕な商工業者(**町衆**)が多く住む下京は、「構」といわれる堀や塀で守られた。住民の自治組織である町、町が集まった町組が組織され、町衆から選ばれた**月行事**が町組の自治を担った。町衆の多くは日蓮宗を信仰し、本能寺など多くの日蓮宗寺院が繁栄を極めた(◆p.168)。町衆の祭りになっていた祇園祭は応仁の乱で中断したが、1500年に復活し、前祭には26基、後祭には10基の山鉾が巡行したという。その後次第に山鉾巡行が盛大になっていった。この絵には四条通を進む岩戸山・鶏鉾・(左側)と新町通を進む船鉾(右下)が描かれている。

↓②祇園祭『洛中洛外図屛風』
◆p.183 ①　米沢市上杉博物館蔵

鶏鉾
岩戸山
船鉾

見方・考え方
祇園祭の起源をふりかえってみよう。

4 国一揆と一向一揆

● 山城の国一揆
(1485～93)

応仁の乱が終わった後も、畠山政長・義就両軍の戦闘が南山城などで続いていた。1485年、南山城の国人・土民らは両畠山に対し、両軍の撤退、寺社本所領の復旧、新関の廃止を求めた。その結果、両軍は南山城から撤退した。翌年、国人たちは宇治の平等院で会合を開き、掟法を定めた。ここに南山城3郡の国一揆が成立し、以後8年間、**国人による自治支配**が続いた。1493年、山城の守護伊勢貞陸に近い国人たちが守護の支配下に入り、反対した国人たちは稲屋妻城にたてこもって抵抗したが、守護方の軍勢に敗れ、国一揆は完全に終結した。

1485年12月、南山城の国人・土民らと畠山軍の交渉の結果、古市・筒井・十市・越智らの大和の国人は、この地から引き上げた。

△▲畠山政長軍
△▲畠山義就軍
▨政長方国人
▨義就方国人

- **一揆**… ◆p.160
- **国人一揆**…国人の一揆 ◆p.154 3
- **国一揆**…一国または数郡規模で国人・地侍が中心となり、惣百姓も連合してその地域の自治をおこなう
- **一向一揆**…浄土真宗(一向宗)門徒の国人・惣百姓が中心となった国一揆
- **法華一揆**…京都の日蓮宗(法華宗)の信者の一揆 ◆p.168 2

● 加賀の一向一揆
(1488～1580)

1474年、**富樫政親**は加賀の一向一揆の協力により守護になったが、その後、本願寺門徒を弾圧した。1488年、本願寺門徒が国人と提携して高尾城(現、金沢市)を攻撃し、政親を自害に追い込んだ。一揆勢は富樫泰高を名目上の守護に擁立し、約90年間加賀を支配する本願寺領国が成立した。記録には「百姓ノ持タル国ノヨウニナリ行キ候」とある。

● 越前の一向一揆　(1506～75)

越前の一向一揆は、朝倉氏(◆p.173 10)滅亡の翌1574年、加賀の一向一揆の支援を得て越前を支配したが、1575年、織田信長(◆p.176 1)が自ら越前に出陣して一揆を鎮圧した。信長は「府中町(現、福井県越前市)は死がい計りにて、一円あき所なく候、見せ度候」と京都に書き送った。

□ 一向一揆が蜂起した国や地域
- 加賀(1488～1580)
- 越中(1481～1580)
- 飛驒(1485)
- 越前(1506～75)
- 近江(1465～67、1570～73)
- 畿内(1532～35)
- 三河(1563～64)
- 石山(石山戦争、1570～80)
- 長島(1570～74)
- 雑賀(1570～77)

赤字は一向一揆以外の一揆

近世
戦国

近世　戦国

テーマのポイント
① 応仁の乱以降の争乱のなかで各地で戦国大名が成長した
② 戦国大名は守護大名と異なる方法で分国支配をおこなった

① 守護大名と戦国大名

	守護大名 →p.154 ①	戦国大名
系譜	守護（足利一門や有力武将）が使節遵行、半済・守護請などを利用して成長	下剋上の風潮の中で守護大名、守護代、国人などから成長
室町幕府との関係	幕府から守護に任命され、幕府の要職につくなど幕府権力に依存。在京。領国には守護代を設置	幕府から守護に任命されることもあるが、独立傾向が強い。在国
家臣団統制	国人の家臣化をめざすが、国人一揆に悩まされる。関係は希薄	国人・地侍を家臣化。寄親・寄子制や分国法により統制。貫高に応じた軍役を課す。城下町に集住させる
法律	室町幕府法に従う	独自の分国法を制定
領国支配	荘園制に寄生。半済・守護請により荘園を侵略。座を保持	荘園制を否定。指出検地を実施。楽市令。交通制度の整備。関所の廃止。鉱山の開発。大河川の治水・灌漑

④ 家臣団の構成

戦国大名

上級家臣
- ●一族〔門〕衆〔大名一族〕
- ●譜代〔父祖の代から家臣〕
- ●国人（国衆）
- ●外様（新参の家臣など）

下級家臣
- ●地侍（一部は大名の直臣）
  - 武田氏では軍役衆
  - 毛利氏では一所衆

中間・小者など

（寄親／寄子）

戦国大名は苦心しながらも独立性の強い国人（国衆）を家臣化していった。また惣村の指導者である地侍集団を家臣として組織し、軍役を負担させたが、その際に有力家臣に地侍を預ける寄親・寄子制を用いた。

② 下剋上の例 — 支配者の変遷

国・地域	支配者
京都	足利義植（将軍）→細川氏（管領）→三好長慶（細川家臣）→松永久秀（長慶家臣）
伊豆	足利茶々丸→北条早雲（堀越公方）
尾張	斯波氏（守護）→織田氏（守護代）→織田信秀・信長（奉行）
美濃	土岐氏→斎藤氏→斎藤道三
加賀	富樫政親（守護）→加賀一向一揆
越前	斯波氏（守護）→朝倉孝景（守護代または斯波氏の重臣）（敏景）
北近江	京極氏（守護）→浅井亮政（守護代・国人）
出雲	京極氏（守護）→尼子経久（守護代）
西中国	大内義隆（守護）→陶晴賢（周防守護代）→毛利元就（安芸国人）

③ 戦国大名の出自

出自	戦国大名
守護大名	佐竹（常陸）、今川（駿河）、武田（甲斐）、大内（周防）、大友（豊後）、島津（薩摩）
守護代や守護の重臣	朝倉（越前）、長尾〈上杉〉（越後）、織田（尾張）、尼子（出雲）、陶（周防）
国人	伊達（陸奥）、浅井（近江）、宇喜多（備前）、毛利（安芸）、小早川（安芸）、長宗我部（土佐）、龍造寺（肥前）、相良（肥後）
その他	北条（伊豆・相模）、諏訪（信濃）、斎藤（美濃）

⑤ 群雄割拠（16世紀後半）→p.176 ③

川中島の戦い 1553〜64
武田信玄と上杉謙信が5回にわたり対決。

厳島の戦い 1555
毛利元就が陶晴賢を破る。

桶狭間の戦い 1560
織田信長が上洛の途中の今川義元を急襲し破る。
→p.176 ③

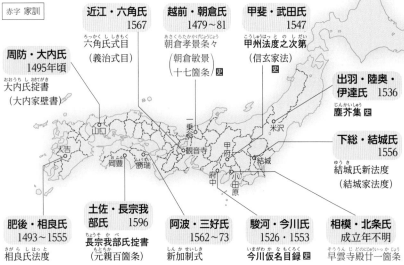

（地図中の地名・人名）
宗義純／尼子義久／富田／毛利元就／吉田／小早川隆景／厳島／波多／松浦鎮信／龍造寺隆信／大村純忠／有馬義純／府内／河野／長宗我部元親／大友義鎮（宗麟）／弘岡／中村／相良／島津義久／鹿児島／宇喜多直家／京都／浅井長政／斎藤／松永久秀／北畠／神戸具盛／一向一揆／一乗谷／朝倉義景／川中島／木曽／武田信玄／甲府／清洲／織田信長／徳川家康／浜松／北条氏康／小田原／今川氏真／里見／千葉／古河公方／宇都宮／佐竹／春日山／長尾景虎（上杉謙信）／南部／最上／伊達

見方・考え方　守護大名と戦国大名の違いを理解しよう。

⑥ 分国法（家法） ■ 道徳的訓戒を主とするものを家訓、法規範を示したものを家法とよぶ。

`赤字 家訓`

周防・大内氏 1495年頃
大内氏掟書（大内家壁書）

近江・六角氏 1567
六角氏式目（義治式目）

越前・朝倉氏 1479〜81
朝倉孝景条々（朝倉敏景）十七箇条 家

甲斐・武田氏 1547
甲州法度之次第（信玄家法）家

出羽・陸奥・伊達氏 1536
塵芥集 家

下総・結城氏 1556
結城氏新法度（結城家法度）

肥後・相良氏 1493〜1555
相良氏法度

土佐・長宗我部氏 1596
長宗我部氏掟書（元親百箇条）

阿波・三好氏 1562〜73
新加制式

駿河・今川氏 1526・1553
今川仮名目録 家

相模・北条氏 成立年不明
早雲寺殿廿一箇条

（地図中の地名）山口／人吉／岡豊／勝瑞／観音寺／甲府／府中／小田原／米沢／結城／一乗谷

分国法は、戦国大名が家臣団統制や領国支配のために独自に制定した法。鎌倉幕府法・室町幕府法などの中世法を集大成した性格をもつ。喧嘩両成敗法は、家臣同士の紛争の解決は大名の裁定によること、同じ罰を科すことを規定したもの。

⑦ 鉱山開発

戦国大名は金・銀山の開発・経営に全力をあげ、金・銀山の奪取に努めた。石見銀山、生野銀山（但馬）、甲斐・伊豆の金山はその代表例である。

↑① 甲州金　戦国〜江戸時代、甲斐国内で流通した金貨。左が一両金、右が一分金。
写真提供　日本銀行貨幣博物館

⑧ 治水事業 — 信玄堤

（図中）御勅使川／釜無川／竜王高岩／本土手／信玄堤／亀甲出し／六科／旧御勅使川
……▶ 旧御勅使川の流れ
──▶ 御勅使川の流れ

現在の信玄堤
（山梨県甲斐市）

武田信玄は、甲府のある釜無川扇状地の治水のため、御勅使川の激しい流れをまず竜王高岩にぶつけ弱めて、釜無川に合流させ、さらに下流に石堤を築き、33か所に亀甲出しを設置した。堤防上には竹木を植えて防水林とした。信玄の築造した堤防を総称して、信玄堤という。

一言かわら版　**軍師**　戦国大名に仕えて謀略をめぐらした武将を軍師という。美濃の斎藤龍興や織田信長・豊臣秀吉に仕えた竹中半兵衛はその一人である。

① 東北・関東地方

幼時、右目を失明し「独眼竜」と呼ばれる。出羽米沢を拠点に奥羽の覇者となった。1590年、小田原征伐に参陣し豊臣秀吉に服属した。関ヶ原の戦い後、徳川家康に仙台藩62万石を安堵された。

↑①伊達政宗
(1567～1636)

出羽山形城主。一族・国人を次々と討滅して支配を強化した。伊達政宗との戦いは苦戦を強いられた。関ヶ原の戦い後、徳川家康に山形藩57万石を安堵された。

↑②最上義光
(1546～1614)

幕府の政所執事伊勢氏の一族。伊勢盛時。通称は新九郎。早雲庵宗瑞。1493年、堀越公方足利茶々丸を追放して伊豆を奪取。次いで小田原城を拠点に相模を平定した。子の氏綱は南関東を制覇し、孫の氏康は古河公方足利晴氏や山内・扇谷上杉氏を破り、関東を制覇した。

↑③北条早雲
(1456?～1519)

↑④北条氏綱
(1487～1541)

↑⑤北条氏康
(1515～71)

北条氏*

早雲 ― 氏綱 ― 氏康 ┬ 氏政 ― 氏直
　　　　　　　　　└ 氏照

*鎌倉幕府執権の北条氏と区別して、「後北条氏」ともよばれる。

② 中部地方

越後守護代長尾氏の出。春日山城主。川中島で武田信玄と戦ったほか、小田原城を包囲するなど関東や北陸に度々出兵した。上杉憲政の名跡を継いで関東管領を称した。神仏への信仰心が強かった。

↑⑥上杉謙信
(1530～78)
米沢市上杉博物館蔵

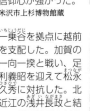

↑⑦武田信玄
(晴信)(1521～73)

父信虎を追放して自立。甲斐から信濃・駿河・遠江に勢力を伸ばした。上杉謙信と戦ったほか、三方ケ原の戦いで徳川・織田連合軍を破ったが、翌年没した。
持明院(和歌山・高野町)蔵

駿河・遠江を支配。北条氏綱・氏康、武田信玄らと戦うが、1554年、武田信玄・北条氏康と三国同盟を結んだ。三河に勢力を伸ばし、上洛をめざしたが、桶狭間の戦いで織田信長に討たれた。

↑⑧今川義元
(1519～60)

長井規秀を名乗っていたが、美濃守護代斎藤氏の家督を奪って斎藤利政と称した。守護土岐頼芸を追放し、美濃の支配権を確立した。女婿の織田信長とは同盟関係にあったが、長男義龍と戦い、敗死した。

↑⑨斎藤道三
(1494?～1556)

一乗谷を拠点に越前を支配した。加賀の一向一揆と戦い、足利義昭を迎えて松永久秀に対抗した。北近江の浅井長政と結んで織田信長と対立したが、姉川の戦いなどで敗れ、滅亡した。

↑⑩朝倉義景
(1533～73)

三河岡崎に生まれる。幼少期、織田・今川氏の人質となる。のち織田信長と同盟を結ぶ。この絵は、武田信玄と戦った三方ケ原の戦い後に描かれたもの。◎p.187

↑⑪徳川家康
(1542～1616)

③ 近畿地方

主君の細川晴元や13代将軍足利義輝を京都から追放して政権を樹立した。芥川山城(摂津)や飯盛山城(河内)を中心に最盛期には8か国に支配が及んだが、晩年は松永久秀に実権を奪われた。

↑⑫三好長慶
(1522～64)

三好長慶に仕え、信貴山城(大和)を拠点に勢力を伸ばした。長慶死後、三好三人衆と戦う。この争乱で東大寺大仏殿が焼失した。上洛した織田信長に従うが、やがて背いて敗死した。

↑⑬松永久秀
(1510～77)

④ 中国・四国地方

安芸の国人出身。厳島の戦いで陶晴賢を破り、次いで大内義長や尼子義久を倒して山陽・山陰を制覇した。3男隆景を小早川氏の、次男元春を吉川氏の養子に出して家督を継がせ、長男隆元を補佐させる「毛利両川」体制を築いた。

↑⑭毛利元就
(1497～1571)

吉川史料館蔵

↑⑮毛利隆元
(1523～63)

↑⑯吉川元春
(1530～86)

↑⑰小早川隆景
(1533～97)

毛利氏　元就 ┬ 隆元 ― 輝元
　　　　　　├ 元春(吉川氏)
　　　　　　└ 隆景(小早川氏)

出雲守護代だったが、守護の京極政経の上洛後、実権を握った。月山富田城を拠点に、安芸・石見で大内氏や配下の毛利氏と覇を競った。とくに石見銀山の争奪戦は有名である。

↑⑱尼子経久
(1458～1541)

岡豊城を拠点に1575年、土佐を平定した。1585年には四国をほぼ制覇したが、同年豊臣秀吉との対決では戦わずして降伏し、土佐一国のみを安堵された。4男盛親を後嗣とした。

↑⑲長宗我部元親
(1539～99)
秦神社(高知市)蔵

⑤ 九州地方

水ヶ江城(肥前佐賀)を本拠とした。毛利元就と結び大友宗麟と戦った。一代で国人から大友・島津に対抗する大名となり、みずから「五州二島の太守」と称し、「肥前の熊」とも呼ばれた。

↑⑳龍造寺隆信
(1529～84)

豊後府内を本拠とし、一時九州6か国の守護に任じられ、九州探題の称も得た。毛利・龍造寺・島津氏らと戦う。キリシタン大名となり、南蛮貿易をおこなった。天正遣欧使節を派遣した。

↑㉑大友義鎮
(宗麟)(1530～87)

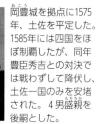

薩摩内城(鹿児島)を拠点に南九州を固め、大友宗麟・龍造寺隆信らと戦い、3人の弟(義弘・歳久・家久)とともに、九州のほぼ全域を制圧した。1587年、豊臣秀吉による「惣無事」の命令(◎p.178)を無視したため、秀吉軍に攻められて降伏。薩摩・大隅と日向諸県郡を安堵された。

↑㉒島津義久
(1533～1611)

朝鮮侵略(◎p.179 ③)で活躍。関ヶ原の戦いでは西軍についたが、敗戦。この退却時の敵中突破など、多くの武勇伝が残る。

↑㉓島津義弘
(1535～1619)

島津氏　貴久 ┬ 義久
　　　　　　├ 義弘 ┬ 久保
　　　　　　├ 歳久 └ 忠恒(家久)
　　　　　　└ 家久

近世
戦国

近世
戦国

●テーマのポイント
①戦国時代、城下町・寺内町・門前町・港町などの都市が発展した
②京都・堺・博多など自治的性格を備えた都市が生まれた

1 おもな都市

この他、摂津の平野(現、大阪市平野区)なども自由都市。

□ 城下町　□ 港町
◎ 門前町　○ 宿場町
▲ 寺内町
▨ おもな自由都市(自治都市)

見方・考え方
地理的条件をふまえ、都市の特色を確認しよう。

2 自由都市・堺(大阪府堺市)史

堺は、日明貿易など海外貿易で莫大な富を蓄えた会合衆といわれる36人の豪商が市政を運営し、北・東・南の三方を濠で囲い、傭兵を置いて町を戦乱から守った。1569年、織田信長の直轄地となった。堺のほか、京都(町衆から選ばれた月行事による自治 ➡p.171 3)や、博多(年行事による自治)なども自由都市であった。

↓①堺の町並(復元模型)

3 城下町・一乗谷(福井市)

②一乗谷全景

山城　上城戸　朝倉氏本館　下城戸　一乗谷川　足羽川　北

一乗谷は、戦国大名の朝倉氏が、南北約4kmの狭い谷間に築いた城下町。1573年に織田信長軍に滅ぼされるまでの約100年間繁栄した。現在、戦国時代の町並みが200mにわたって復元されている。

↑④復元された町並み

③朝倉氏本館(復元模型)
蔵　会所　主殿　厩
国立歴史民俗博物館蔵

4 港町・草戸千軒(広島県福山市)

草戸千軒町遺跡

↑⑤草戸千軒町遺跡全景　草戸千軒は港町であり、常福寺(現、明王院)の門前町でもあった。芦田川の中州に眠っていた遺跡が、1961年から30年かけて発掘調査され、中世の地方都市のようすや庶民の生活が解明された。

↓⑥草戸千軒復元模型(60分の1)

仮設の市場　寺院　職人の住居　富豪の屋敷　常設の市場

➡⑦出土した青白磁梅瓶

⑧船着場(復元)

5 門前町と寺内町

↑⑨現在の善光寺(長野市)　寺社の門前に形成された町を門前町という。門前市から発達したものが多い。信濃の善光寺では門前町が栄えたが、川中島の戦い(➡p.172 5)で焼け、勝った武田信玄によって場所を移された。本尊の移動の際には人々や町も移動した。

↑⑩石山本願寺(大坂本願寺)の寺内町復元模型(大阪市)　おもに浄土真宗の寺院を中心に形成された町を寺内町という。石山本願寺(➡p.168 3)は、京都の山科本願寺の焼失後に本山となり発展し、寺内町も栄えた。

テーマのポイント

1. ヨーロッパ諸国は、キリスト教の布教、海外貿易の拡大をめざして世界に進出。「大航海時代」とよばれる時代に入った
2. 鉄砲伝来をきっかけにはじまった南蛮貿易は、キリスト教宣教師の布教活動と一体化しておこなわれた

1 鉄砲・キリスト教関係年表

	年代	事項
室町幕府	1510	ポルトガル、インドのゴアを占領
	1534	イグナティウス＝ロヨラ、フランシスコ＝ザビエルら、イエズス会を創設
	1543	ポルトガル人を乗せた倭寇の船が種子島へ漂着(鉄砲の伝来)史
	1549	フランシスコ＝ザビエル、鹿児島へ来航(キリスト教の伝来)
	1556	ガスパル＝ヴィレラ、豊後府内へ来航
織田信長	1568	大村純忠、長崎に聖母教会を建設
	1575	長篠合戦(信長の鉄砲隊、武田勝頼を破る)→p.176 7
	1579	アレッサンドロ＝ヴァリニャーニ来日
	1580	大村純忠、長崎の地をイエズス会に寄進
	1582	ヴァリニャーニ、天正遣欧使節をともない長崎を出発する
豊臣秀吉	1585	天正遣欧使節、ローマ教皇に謁見する
	1587	豊臣秀吉、博多でバテレン追放令を布告
	1590	天正遣欧使節、長崎に帰着
	1596	スペイン船サン＝フェリペ号、土佐漂着　長崎で26人の宣教師・キリシタン処刑
徳川家康	1612	江戸幕府、幕領に禁教令発布
	1613	禁教令を全国におよぼす→p.191 1

見方・考え方
鉄砲を伝えたポルトガル人が倭寇の船に乗っていたことなどをふまえて、当時の国際情勢を理解しよう。

2 日本から世界へ

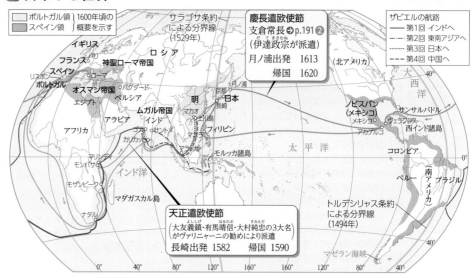

凡例:
- □ ポルトガル領 } 1600年頃の
- ■ スペイン領 } 概要を示す

慶長遣欧使節
支倉常長 →p.191 2
(伊達政宗が派遣)
月ノ浦出発　1613
帰国　1620

ザビエルの航路:
- ── 第1回 インドへ
- ──・ 第2回 東南アジアへ
- ……… 第3回 日本へ
- ─── 第4回 中国へ

天正遣欧使節
大友義鎮・有馬晴信・大村純忠の3大名がヴァリニャーニの勧めにより派遣
長崎出発 1582　帰国 1590

スペインは**マニラ**(フィリピン)、ポルトガルは**ゴア**(インド)や**マカオ**(中国)などをアジアの拠点とした。ポルトガルは、東アジア諸国の海禁政策を背景に、琉球に代わって中継貿易を独占。一方、鉄砲伝来以降、築城法・戦法が変化し、戦国時代は終息に向かった。

3 鉄砲の伝来 史 ▶鉄砲伝来

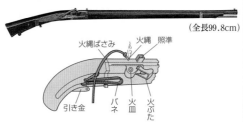

(全長99.8cm)

火縄ばさみ　火縄　照準
引き金　バネ　火皿　火ぶた

1543年、種子島に漂着したポルトガル人から領主種子島時堯が譲り受けた火縄銃は、種子島銃とよばれた。火縄銃は、その後、近江の国友、和泉の堺、紀伊の根来・雑賀などで生産された。→p.10, p.176 8

4 宣教師の活動

● イエズス会
● フランシスコ会

● **フランシスコ＝ザビエル**：スペイン(1549来日)
イエズス会宣教師。鹿児島に上陸し、はじめてキリスト教を伝える。山口・豊後府内で布教→p.10

● **ガスパル＝ヴィレラ**：ポルトガル(1556来日)
将軍足利義輝の許可を受けて畿内で布教。本国への書簡で堺を「ヴェネツィアと同様…」と報告 史

● **ルイス＝フロイス**：ポルトガル(1563来日)
信長の保護を得て畿内布教の基礎を築く。10年余をかけて『日本史』を執筆。他に『日欧文化比較』がある

● **オルガンチノ**：イタリア(1570来日)
信長の信任を得て教会(**南蛮寺**)の設計建設をする。安土にセミナリオ、大坂などに教会を建てた

● **アレッサンドロ＝ヴァリニャーニ**：イタリア(1579来日)
日本の布教体制を改革。**天正遣欧使節**を企画、**活字印刷機**を伝えるなど大きな役割をはたす

● **ルイス＝ソテロ**：スペイン(1603来日)
伊達政宗の遣欧使節支倉常長の案内役として、ローマ教皇パウロ5世に謁見。再来日の際に密入国で処刑

5 キリスト教の伝来と発展

南蛮寺(京都)
ルイス＝フロイスとオルガンチノが建立した和洋折衷の3階建ての建物。1576(天正4)年に完成した。

黒田孝高(如水)の印
Simeon Josui

大友義鎮の印
Frco(Franciscoの略)

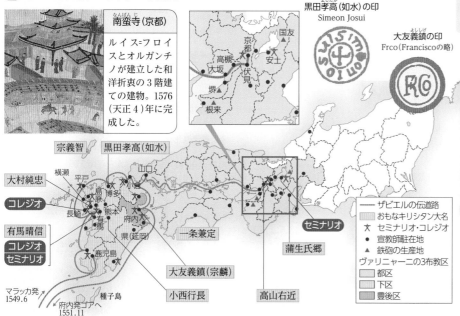

宗義智　黒田孝高(如水)
大村純忠　横瀬　平戸　山口　小倉　博多
コレジオ
有馬晴信
コレジオ　セミナリオ
マラッカ発 1549.6
府内発ゴアへ 1551.11
島原　熊本　府内　県(延岡)
一条兼定
鹿児島　種子島
大友義鎮(宗麟)
小西行長
京都　安土　高槻　大坂　伏見　堺　根来
蒲生氏郷
セミナリオ
高山右近

凡例:
- ── ザビエルの伝道路
- ▨ おもなキリシタン大名
- ★ セミナリオ・コレジオ
- ● 宣教師駐在地
- ▲ 鉄砲の生産地

ヴァリニャーニの3布教区:
- 都区
- 下区
- 豊後区

←1 フランシスコ＝ザビエル
(1506~52)
S.FRACISCVS XAVERIVS SOCIE NTIS

1920年、大阪府茨木市の山間部の旧家でザビエルの肖像画が発見された。同地はキリシタン大名高山右近の旧領で、現在、隠れキリシタンの里といわれている。イエズス会関係の宗教画は少なく、絵画史上貴重なものである。口から出ている言葉は、「十分なり、主よ十分なり」と書かれている。

近世　安土桃山

①織田信長（1534～82）

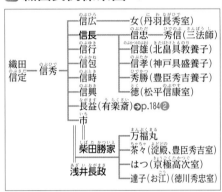
←②天下布武印
織田信長は稲葉山（岐阜）城攻略後、「天下布武」の印を用い、天下を武力統一する意志を示した。

◆テーマのポイント

1 信長は、機動的で強力な軍事力、すぐれた軍事的手腕で次々とライバルの戦国大名を倒した

2 指出検地の推進、関所の廃止、楽市の実施、都市の直轄など、都市や商工業を重視する経済政策を打ち出した

3 延暦寺の焼打ち、一向一揆の討滅など、仏教勢力の弾圧をおこなった

近世 / 安土桃山

1 織田信長関係年表

将軍	年月	事項　○数字は地図に対応。
足利義輝	1534	尾張那古野城に生まれる
	1551	父信秀死去。信長家督を継ぐ(18歳)
	1560.5	桶狭間の戦い。今川義元を破る①→
	1565.5	松永久秀ら、将軍足利義輝を殺害
	1566.8	信長、足利義昭から幕府回復の依頼
	1567.8	稲葉山城の戦い。斎藤龍興を追い、稲葉山城（岐阜）に本拠をおく(34歳)→②
義栄	1568.9	足利義昭を奉じて入京→③
	10	足利義昭、征夷大将軍となる
義昭	1570.6	姉川の戦い。浅井・朝倉を破る→④
	9	石山戦争はじまる（～80）→⑤
	1571.9	延暦寺の焼打ち(38歳)→⑥、→p.20 2
	1572.12	三方ヶ原の戦い。武田信玄、家康を破る
	1573.7	足利義昭追放。室町幕府の滅亡→⑦
	1574.9	伊勢長島の一向一揆を滅ぼす→⑧
	1575.5	長篠合戦。武田勝頼を破る→⑨
	8	越前の一向一揆を滅ぼす→⑩
	1576.2	近江国に安土城を築城(43歳)→⑪
	1577.2	信長、岐阜より安土城に移る
		紀伊雑賀一揆を攻める→⑫
	6	安土城下を楽市とする 史→⑬
	10	羽柴秀吉、中国攻め開始（～82）→⑭
	1580.閏3	石山戦争おわる。顕如と和睦
	1582.3	天目山の戦い。武田勝頼を滅ぼす→⑮
		羽柴秀吉、備中高松城を水攻め
	6	本能寺の変。信長自害(49歳)→⑯

（内藤昌復元、安土城天主　信長の館（近江八幡市）蔵）

2 織田氏関係系図　→p.178 2 , 187 4

織田信定―信秀
- 信広
- 信長―信忠（三法師）
  - 女（丹羽長秀室）
  - 信忠―秀信（三法師）
- 信行
- 信包
- 信時
- 信興
- 長益（有楽斎）→p.184 2
- 市―万福丸
  - ―柴田勝家
  - ―茶々（淀殿、豊臣秀吉室）
  - ―はつ（京極高次室）
  - ―達子（お江）（徳川秀忠室）
- 浅井長政

（子関係）
- 信雄（北畠具教養子）
- 信孝（神戸具盛養子）
- 秀勝（豊臣秀吉養子）
- 徳（松平信康室）

史料 楽市令（一五七七〔天正五〕年）

一、定　安土山下町中
当所中①楽市として仰せ付けらるるの上は、諸座・諸役・諸公事等、悉く免許の事。
①座に属さない新儀商人の営業を認める自由な市場。

楽市令は、戦国大名が市場や城下町の繁栄を目的として出した法令。大名の政策による楽市は、近江の六角氏城下の石寺新市のもの(1549年)が初見である。信長は、岐阜から安土に本拠を移したが、新城下町建設にあたって出されたのが右の史料である。

見方・考え方
信長が楽市令を安土で出した意味を考えよう。

3 信長の全国統一

□ 信長の支配領域（1582年頃）

③ 足利義昭を奉じて入京　1568

⑦ 足利義昭を追放　1573

⑯ 本能寺の変　1582.6.2
信長が家臣の明智光秀に討たれる。
↑⑩明智光秀

⑩ 越前の一向一揆を滅ぼす　1575

② 稲葉山城の戦い　1567
斎藤龍興を討つ。

④ 姉川の戦い　1570
織田・徳川連合軍が浅井・朝倉軍を破る。

⑪ 安土城築城　1576
⑬ 楽市令　1577

⑥ 延暦寺の焼打ち　1571

⑭ 中国攻め　1577～
毛利氏への攻撃を開始。

（地図内の人名）
吉川元春、毛利輝元、小早川隆景、宗義智、松浦鎮信、龍造寺隆信、大村純忠、有馬晴信、大友義鎮、島津義久、長宗我部元親、宇喜多直家、羽柴秀吉、筒井順慶、雑賀、根来、明智光秀、浅井長政、織田信長、朝倉義景、一向一揆、柴田勝家、斎藤龍興、滝川一益、佐久間盛政、佐々成政、今川義元、徳川家康、武田勝頼、北条氏政、北条氏規、上杉景勝、伊達輝宗、宇都宮国綱、佐竹義重、千葉胤富、秋田愛季

↑④浅井長政
持明院（和歌山・高野町）蔵

↑⑨武田勝頼
持明院蔵

⑮ 天目山の戦い　1582
武田勝頼軍滅亡。

⑨ 長篠合戦　1575
武田勝頼軍を3,000（あるいは1,000）挺の鉄砲で撃破。

↑③安土城　安土は水陸の要衝であり、天下制圧の重要拠点であった。安土山上に築かれた安土城は、本丸から三の丸までの豪壮な砦風城郭であったことが推測される。天守は五層七階、黄金と朱と青で彩られていたと推測され、信長の超越的権威が象徴されていた。

↑⑤顕如
西本願寺（京都市下京区）蔵

⑥一向一揆の旗
（旗の文字）進者往生極楽、退者無間地獄

⑤ 石山戦争　1570～
一向一揆の本拠地石山本願寺の顕如は、各地の大名などとともに信長を苦しめたが、1580年、朝廷の権威を利用して開城をせまる信長に屈した。左の旗には、「進めば往生極楽、退けば無間地獄」と書かれている。→p.168

⑫ 紀伊雑賀一揆攻撃　1577

⑧ 長島の一向一揆鎮圧　1574

① 桶狭間の戦い　1560
今川氏の大軍を破る。今川義元敗死。

→⑦長篠合戦（鉄砲隊）（『長篠合戦図屏風』部分）　織田・徳川の連合軍は、鉄砲隊を最前線に配置し、騎馬中心の武田軍を打ち破った。→p.177 1

←⑧鉄砲足軽（『雑兵物語』）→p.175 3（火縄）

東京国立博物館蔵　Image：TNM Image Archives

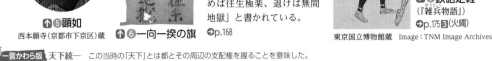

信長や秀吉の政策は、どのような点で先進的だったのだろうか。

信長は、新兵器鉄砲の大量使用や馬防柵による野戦築城など、経済力を背景に戦略的に勝利をおさめ、戦争のあり方を変えた。また、信長の安土城・秀吉の大坂城などが築かれ、秀吉は経済力重視の城郭政策を進めた。戦争と城郭について見てみよう。

1 戦争のあり方の変化

➡**❶長篠合戦**（『長篠合戦図屏風』）
➡p.176 **❼**

見方・考え方
織田・徳川連合軍と武田軍、どちらが攻めかかっているのだろうか。

徳川氏と武田氏の領国の境にあたる三河の長篠城は、両軍の争奪の的であった。1575年、武田勝頼が徳川方の長篠城を攻めたため、家康は織田信長に援軍を要請した。長篠城の救援に向かった織田・徳川連合軍は、城の西の設楽原に馬防柵を築いて陣を構えた。誘い出されるように決戦に臨んだ武田軍は、大量の鉄砲を有効に使った信長の戦術により大敗した。

2 織田信長の城と戦略

❷現在の安土城の石垣

見方・考え方
石垣造りの城郭建築は、見る者にどのような印象を与えただろうか。

❸安土城復元CG
近江八幡市提供・天主復元案は内藤昌氏監修凸版印刷株式会社制作

木綿と信長

戦国時代の鉄砲は火縄銃（➡p.175 **❸**）とよばれるしくみで、火のついた縄で火薬を点火することによって発砲させる。他の繊維の火縄に比べて長く燃え続けるなど、火縄の材料に適したのが木綿（➡p.28 **❸**）であった。木綿は、火縄以外にも、軍衣や帆布など軍需品の素材として機能性の高い繊維であった。いわば戦略物資であった木綿を手に入れるため、長い間朝鮮から輸入していたが、ようやく中世末になって尾張・三河・河内などで木綿の国産化がはじまる。これらの産地を押さえていた大名こそ、織田信長であった。

1576年、信長は京都に近い琵琶湖畔に新たな居城として安土城（➡p.176 **❸**）を築きはじめた。信長の権威の象徴として1579年に完成したのが五層七階建ての大規模な天主（天守）である。ここから信長の有力武将の城にも天守がつくられるようになり、秀吉の時代以降、江戸時代の城郭建築にも引き継がれていく。

▶実戦的な山城から、戦国時代の後期に平山城や平城が築かれるようになった（➡p.180 **❷**）。織田信長・豊臣秀吉が築き、のち全国に広がった城を「織豊系城郭」という。

● 信長の本拠地の移転

天下統一を明確な目標として掲げ、それに着手した最初の戦国大名が織田信長であった。信長はその領国の拡大に従って、領国支配に適した新たな居城を構えて本拠地としたことが特徴的である。信長は本拠地を那古野城→清洲城→小牧山城→岐阜城→安土城と移転していった。家臣団のうち、弓衆・馬廻衆とよばれる直属家臣は信長とともに移住し、城下町に集住することを求められた。

岐阜城
聚楽第
安土城
清洲城
那古野城
伏見城
桶狭間の戦い（1560）
大坂城
長篠合戦（1575）

□ で囲んだ城は信長の城

3 豊臣秀吉の城

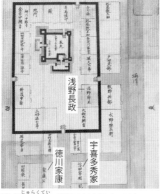

浅野長政
徳川家康
宇喜多秀家

↑❹聚楽第（「諸国古城之図」より）
豊臣秀吉は関白になった翌年から京都に聚楽第の建設をはじめ、1587年に大坂城から移って関白公邸とした。平城ながら城郭様式の豪邸であったことは、1588年の後陽成天皇の聚楽第行幸を描いた屏風などからわかる。また、周囲に大名屋敷を配置してここに集住させようとしたことは画期的で、伏見城とともに江戸の町づくりにも影響を与えている。広島市立中央図書館（浅野文庫）蔵

❺大坂城下復元図
歴史復元画家 中西立太

東横堀川
平野町
寺町
天満橋
京橋
三の丸
二の丸
本丸
惣構

信長が10年にわたる石山合戦を戦った本願寺の跡地に、秀吉が建てたのが大坂城である。1585年に天守が完成したが、その後も秀吉の生涯を通じて建設は続けられ、聚楽第や伏見城とは異なる、豊臣家の本城としての重要性をもった。また、城郭だけでなく周囲に城下町となる町屋をつくり、近世大坂の原型となる都市をも築いた。

探Q
●先進的な政策の一方、他の戦国大名と似た政策についても調べてみよう。
●信長・秀吉ゆかりの場所や遺構について調べてみよう。

近世
安土桃山

テーマのポイント

❶秀吉は軍事力だけでなく、朝廷など伝統的権威も利用して全国統一をめざした
❷太閤検地を実施し、農民に石高に応じた年貢などの負担を義務づけた
❸太閤検地や刀狩令などによって兵農分離をすすめた

1 豊臣秀吉関連年表

年代	事項 ○数字は地図に対応。
1537	尾張国中村に生まれる
1558	織田信長に仕える
1582.6	本能寺の変(信長、明智光秀に討たれる)
	備中高松城にて毛利輝元と和睦➡①
	山崎の合戦(光秀敗死)、清洲会議②、③
7	太閤検地はじまる(～98)史➡p.179 ❶
1583.4	賤ヶ岳の戦い(柴田勝家敗死)(47歳)➡④
9	石山本願寺跡地に大坂城築城開始
1584.4	小牧・長久手の戦い➡⑤
1585.4	紀伊平定➡⑥
7	関白就任。四国平定(長宗我部元親服属)➡⑦
10	島津義久に九州停戦を命じる
1586.12	太政大臣となり、豊臣姓を賜る(50歳)
1587.5	九州平定(島津氏服属)➡⑧
6	バテレン追放令発令史➡⑨
9	京都に城郭風邸宅聚楽第完成➡⑩
10	京都の北野で茶会開催(北野大茶湯)
12	関東・奥羽に惣無事を命じる史
1588.7	刀狩令を出す史。海賊取締令を出す
1590.7	小田原攻め(北条氏滅亡)➡⑪
	奥州平定(伊達政宗服属)➡⑫。全国を統一
8	徳川家康を江戸に移す
1591.8	人掃令(身分統制令)発令史
1592.3	朝鮮侵略(文禄の役、～93)➡⑬,p.179 ❸
	全国の戸口調査(人掃令)
1596.12	26聖人の殉教➡⑭
1597.1	朝鮮侵略(慶長の役、～98)➡⑮,p.179 ❸
1598.8	秀吉没(62歳)

（正親町天皇／後陽成天皇）

*惣無事とは和平・和睦の意味。

↑❶豊臣秀吉(1537～98) 秀吉は信長に仕え、才覚をもって台頭した。本能寺の変後ただちに明智光秀を破り、信長の後継者として統一事業の端緒を開き、強力な軍事力や経済力を背景とし、全国を統一していった。
公益財団法人阪急文化財団逸翁美術館蔵

2 織田・豊臣・徳川氏の関係系図 ➡p.176 ❷, 187 ❹

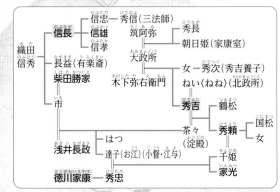

3 豊臣政権の財政基盤

蔵入地(直轄領)	約220万石(全国石高の約12%) 領内の農民に年貢などを賦課
主要鉱山	佐渡金銀山・石見大森銀山・但馬生野銀山・摂津多田銀山などの金・銀
貨幣の鋳造	天正大判の鋳造(京都の金工後藤徳乗)
重要都市	京都・大坂・伏見・堺・博多・長崎などを直轄し豪商(堺の千利休・小西隆佐、博多の島井宗室・神谷宗湛ら)の力を利用
南蛮貿易	生糸購入の先買権など

見方・考え方
豊臣政権がさまざまな財政基盤によって支えられていたことを理解しよう。

→天正大判(長さ一四・六㎝)
バックの写真が原寸の大きさ。
写真提供 日本銀行貨幣博物館

秀吉の経済的基盤はばく大な蔵入地(直轄地約200万石)と鉱山の直轄、都市の直轄にあった。

4 秀吉関係地図

⑤ 小牧・長久手の戦い 1584
徳川家康と戦い、和睦。

④ 賤ヶ岳の戦い 1583
柴田勝家を討つ。

▲ おもな金山・銀山
● おもな直轄都市

⑫ 奥州平定 1590
秀吉、全国平定。

⑪ 小田原攻め 1590
北条氏政を討つ。

③ 清洲会議 1582
信長の後継者を決定。

⑩ 聚楽第完成 1587

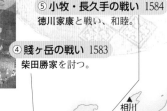

⑬ 文禄の役 1592 ⑮ 慶長の役 1597

名護屋城

⑦ 四国平定 1585
長宗我部元親、降伏。

⑥ 紀伊平定 1585
紀伊根来寺(真言宗)の一揆と雑賀の一向一揆を平定。

① 毛利氏と和睦 1582.6.4
水攻め中、本能寺の変で毛利輝元と和睦。

⑧ 九州平定 1587
島津義久、降伏。

② 山崎の合戦 1582.6.13
明智光秀を討つ。

⑭ 26聖人の殉教 1596

⑨ バテレン追放令 1587
九州平定後、博多で発令。バテレン(宣教師)の国外退去を命じたが、貿易は奨励したので実効は少なかった。

秀吉の中国大返し
6月6日 夕方出発　6月12日 到着　京都
姫路
高松　山崎
6月2日 本能寺の変

1 太閤検地

● 検地の国数

年	できごと	
1582	本能寺の変・山崎の合戦	
1583	賤ヶ岳の戦い・大坂城築城	
1584	小牧・長久手の戦い	
1585	四国平定	
1586	検地条目のはじまり	速水佐恵子「太閤検地の実施過程」
1587	九州平定	
1588	刀狩令	
1589		
1590	小田原攻め	
1591	人掃令	
1592	文禄の役(〜93)	
1593		
1594	伏見城の完成	
1595		
1596	26聖人の殉教	
1597	慶長の役(〜98)	
1598	秀吉没	

秀吉は、新領地を獲得するごとに、検地を実施した。検地の基準が整備されるまでは、幾度も検地を繰り返している国もある。はじめ各大名に命じていた検地は、やがては五奉行が主導した。

● 度量衡の統一

度(面積)	量(容積)
6尺3寸(約191cm)四方＝1歩	10勺＝1合
30歩＝1畝	10合＝1升
10畝＝1段	10升＝1斗
10段＝1町	10斗＝1石

令の規定では、360歩＝1段であったが、太閤検地からは、300歩＝1段となった。
1町は約10,940㎡である。

● 石盛と年貢
＊石盛は1段あたりの標準生産高。地域や村落の等級(上中下)によって異なる。

[石盛＊] × [各等級の面積(段)]＝基準生産高(石高) →p.189 4

1石5斗 × [上田の面積(段)]	＝ 上田の石高	この合計に畑地・屋敷地の石高
1石3斗 × [中田の面積(段)]	＝ 中田の石高	を加えたものが村高
1石1斗 × [下田の面積(段)]	＝ 下田の石高	村高×2/3＝年貢高
	下々田の石高＊＊	(年貢率二公一民の場合)

＊＊この場合の石盛は現場の状況で決定。
〈文禄3(1594)年摂津・河内・和泉3か国の検地条目の例〉

宮城県図書館(仙台市)蔵

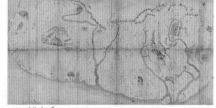

↑1 国絵図 1591年、秀吉は諸大名に検地帳と、国の領域を示した国絵図、または郡絵図の提出を命じた。写真は、毛利氏領石見国国絵図。

↑2 検地 四方に細見竹をたて、縦・横に水縄を張り、両端に梵天竹をたて、中央が直交するように十字をあてている。これは江戸時代の検地のようす(想像図)。

大坂城出土
大阪府教育委員会(大阪市)提供

↑3 太閤検地で使われた京枡 京都を中心に広く用いられていた京枡を公定枡とした。1枡は内法4寸9分(14.8cm)平方、深さ2寸7分(8.2cm)。

→4 検地尺

● 検地帳 (豊後国大分郡津守村内曲村御検地帳)

検地帳は、検地の結果を1村ごとにまとめた土地台帳である。屋敷・田畑1筆ごとに、場所・等級・面積・石高・作人などが記載された。

等級／面積／石高 作人

豊後国大分郡津守村之内曲村御検地帳	山口玄蕃代 八月廿六日	文禄弐年	川勝九兵衛

2 五大老・五奉行
＊最初は6人。小早川隆景の死後、五大老とよばれた。

五大老＊	五奉行	政務担当事項
徳川 家康	浅野長政	(司法)五奉行の首座、検地にあたる
前田 利家	石田三成	(行政)内政に練達、太閤検地などの政務処理
宇喜多秀家	増田長盛	(土木)検地に尽力、伏見城の工事分担
毛利 輝元	長束正家	(財政)財政及び検地を担当
小早川隆景		
上杉 景勝	前田玄以	(宗教)公家・寺院・京都の庶政を担当

プロフィール

家康に挑んだ秀吉の頭脳

石田三成 →p.187 2
近江国(現在の滋賀県)出身
1560〜1600

出身は、農民であるとも、郷士であるともいう。幼い頃から学問を修めるため、近くの寺で修行した。その寺に鷹狩の途中に秀吉が立ち寄った。幼い三成が秀吉に茶を出したところ、秀吉は、その三成の行き届いた茶の出し方に才能を見いだし、そのまま家臣にしたという話がある。その後、秀吉の側近として重用され、民政や大名との折衝などに才能を発揮、また、太閤検地も推進した。のち、秀吉没後、徳川家康と対立。関ヶ原の戦いにおいて、西軍を率いて家康と戦ったが敗れた。

3 朝鮮侵略

明軍(李如松) 明
会寧
豆満江
平壌
開城
漢城
碧蹄館
朝鮮
蔚山城
釜山
泗川
珍島
対馬
壱岐
名護屋
日本
0 200km

文禄の役＊ 1592〜1593 (文禄元〜2)	慶長の役＊ 1597〜1598 (慶長2〜3)
── 侵略経路	── 侵略経路
✕ おもな戦場	✕ おもな戦場
● 日本城所在地	

＊この秀吉の侵略を朝鮮では「壬辰・丁酉倭乱」とよぶ。

→5 耳塚 日本軍は、手柄を示すため、朝鮮軍将兵の首の代わりに鼻や耳を切り、秀吉のもとへ送った。秀吉は供養のため、京都の方広寺に塚をつくった。

→6 李舜臣 (1545〜98)

←7 亀甲船 亀甲船は前進後退が容易で、防御のため表面を亀甲のように覆い、船首や舷側に大砲を備えている。敵の進入を防ぐため、屋根にはとげがある。李舜臣は朝鮮水軍を率い、この船を用いて日本軍を苦しめた。

近世 安土桃山

🌸 テーマのポイント

1 豪商の経済力と進取の気性が基盤となる
2 華麗さ（城郭建築・障壁画）と簡素さ（茶の湯文化）の同居
3 仏教色の衰退

近世

安土桃山

1 桃山文化一覧表

建築	城郭	姫路城（白鷺城）、松本城、彦根城、犬山城、松江城、二条城二の丸御殿 ➡②〜⑥
		大徳寺唐門・西本願寺飛雲閣（伝聚楽第遺構）
		西本願寺唐門・書院
		都久夫須麻神社本殿（伏見城遺構）➡p.181①〜⑦
	茶室	妙喜庵茶室（待庵）・如庵（織田有楽斎茶室）➡p.184
	書院・庭園	醍醐寺三宝院表書院・庭園 ➡p.181⑧
絵画	障壁画*	濃絵 唐獅子図屏風➡p.182①・檜図屏風（狩野永徳） 牡丹図（狩野山楽）➡p.182③ 智積院襖絵（楓図／長谷川等伯 ➡p.182②、桜図／同久蔵）
		水墨画 松林図屏風（長谷川等伯）➡p.182④ 山水図屏風（海北友松）➡p.182⑥ 松鷹図（狩野山楽）➡p.182⑤
		*障壁画には、濃絵と水墨画がある。濃絵は金碧画ともいう。
	風俗画	洛中洛外図屏風（狩野永徳）➡p.183① 花下遊楽図屏風（狩野長信）➡p.183③ 職人尽図屏風（狩野吉信） 高雄観楓図屏風（狩野秀頼）➡p.183④
工芸・芸能	漆器	高台寺蒔絵 ➡p.184④
	芸能	かぶき踊り（阿国歌舞伎）（出雲阿国）
		人形浄瑠璃、隆達節
	風俗	小袖の一般化
南蛮文化	絵画	南蛮屏風 ➡p.185②
	出版	活字印刷機の伝来（ヴァリニャーニ）
		キリシタン版（天草版）の出版（『伊曽保物語』・『平家物語』➡p.185⑧）、『日葡辞書』

2 城郭建築

↑① 竹田城　標高353mの古城山頂に築かれた山城。現存する遺構の大部分は、安土桃山時代に城主であった赤松氏時代のものと推定される。屈指の山城遺構で国史跡。「天空の城」の異名をもつ。兵庫・朝来市

山城から平城へ

戦国時代の実戦的な構えの山城から、平野の中の小高い丘の上につくられた平山城、まったくの平野につくられた平城があらわれ、役所としての役割と、威光を示す政治的・象徴的な施設としての性格を強めていった。

↑② 姫路城（白鷺城）　標高45mの姫山を利用した平山城。連立式天守閣は外観5層、内部6層の大天守を中心に渡櫓で結ばれた3つの小天守からなる。耐火性強化のため、外壁から軒裏まで白亜で塗りこめてある。国宝　世界遺産　兵庫・姫路市

● 天守閣の変遷

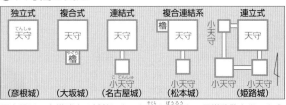

独立式	複合式	連結式	複合連結系	連立式
天守	天守 櫓	天守	櫓 天守 小天守	小天守 天守 小天守 小天守
（彦根城）	（大坂城）	（名古屋城）	（松本城）	（姫路城）

天守閣は、中世武家の城館にあった櫓や望楼と、日常政務をおこなう主殿が融合して生まれた。はじめは単独の独立式であったが、しだいに複雑化していった。

↑③ 犬山城（白帝城）　西と北に木曽川をひかえ、濃尾平野を見渡す丘陵上に位置する平山城。3層4階地下2階で、現存する最古の天守遺構である。国宝　愛知・犬山市

↑④ 彦根城（金亀城）　城は東に佐和山、西に琵琶湖をひかえた金亀山に縄張りされた平山城で、3層3階の天守閣をもつ。江戸時代をとおして井伊氏の居城であった。国宝　滋賀・彦根市

↑⑤ 松本城（深志城）　天守に小天守が直結している5層6階の平城で、内外の階数が一致していない。防御のため窓が少ない。石垣は傾斜がゆるく安定感がある。国宝　長野・松本市

↑⑥ 二条城の全景と二の丸御殿大広間　1603（慶長8）年、徳川家康が京都御所の守護と上洛の際の宿所として築城した平城。二の丸御殿の大広間・黒書院・白書院は、桃山文化の代表的な遺構である。国宝（二の丸御殿）　世界遺産　京都市

元離宮二条城事務所提供（右写真）

↑❶西本願寺飛雲閣 聚楽第の遺構と伝えられる数寄屋風書院造の建物。左右非対称、不規則な破風、さまざまな形状の窓などが軽快で、室内から船に乗れる「舟入の間」など自由で奇抜な意匠が施されている。国宝　世界遺産　京都市　高さ14.0m

←❷西本願寺唐門 華麗な装飾で桃山建築の特徴をしのばせる。屋根の前後に大ぶりの唐破風をもつことから唐門という。国宝　京都市　高さ8.0m

↑❸西本願寺書院 かつては秀吉の伏見城の遺構と伝えられていた203畳の豪壮華麗な書院造で、金碧障壁画や豪華な彫刻欄間など絢爛たる装飾で彩られている。1632年の完成とされているが、桃山建築の壮麗さをしのばせる建築物である。国宝

↑❹西本願寺欄間彫刻 各室の鴨居の上の小壁には、透かし彫りの豪華な欄間彫刻が施されている。栗鼠とぶどうを立体的に透かし彫りにしたもので、代表的な欄間として知られている。

←❺西本願寺書院(鴻の間)上々段

←❻大徳寺唐門 聚楽第の遺構と伝えられる。左右の切妻、前後に唐破風のある壮麗な四脚門で、立体的な彫刻の丸彫りは桃山建築の特徴。国宝　京都市　高さ8.3m

↓❼都久夫須麻神社本殿 琵琶湖の竹生島にある古社。戸や板壁には菊・牡丹・鳳凰の透かし彫り、天井には桜・楓の桃山風装飾が施され、豪華華麗な特徴をよく伝えている。国宝　滋賀・長浜市

←↓❽醍醐寺三宝院表書院と庭園 醍醐寺の創建は9世紀で、応仁の乱で荒廃したが、豊臣家によって再興された。表書院は、秀吉の「醍醐の花見」の際に建てられた建物を移築したもので、桃山時代の書院の代表的遺構。庭園では、秀吉が盛大な花見や茶会を開いた。国宝　京都市

都久夫須麻神社
竹生島
琵琶湖
滋賀県
大津
0　20km

狩野派の系譜

室町	安土桃山	江戸	明治

正信¹ — 元信² ┬ 宗信³ ┬ 永徳⁵ ┬ 山楽 — 英一蝶 — 憲信¹⁰
　　　　　　　├ 秀頼　　　 ├ 光信⁶ — 貞信⁷ — 安信⁸ — 時信 — 主信⁹ — 英信¹¹
　　　　　　　└ 直信⁴ — 長信　├ 孝信 — 探幽・久隅守景　　橋本雅邦
　　　　　　　　　　　　　　　└ 尚信 — 常信‥‥‥雅信 — 芳崖

── は師弟関係、━━ は養子関係を示す。数字は狩野本家の相続順序を示す。

1 障壁画（濃絵） ▶この絵は「唐獅子図屏風」の右隻にあたる。左隻は江戸時代に狩野常信が補作。

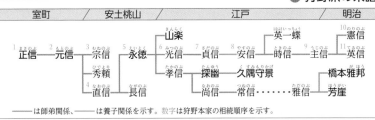

↑①唐獅子図屏風（狩野永徳筆）　豪壮で華麗な桃山絵画の典型を示す絵画で、濃絵の手法で描かれている。縦2mを超す大画面いっぱいに雌雄二匹の唐獅子を配し、背景は金地と巨岩だけで主題を強調している。唐獅子は地上最強の動物といわれ、諸大名が好んだ。虎は唐獅子に出会うと死んだふりをするといわれる。宮内庁三の丸尚蔵館蔵　6曲1双　225.0×459.5cm（右隻部分）

↑②智積院襖絵・楓図（長谷川等伯筆）　長谷川等伯とその弟子達の作で、中でも等伯の「楓図」は画面中央に巨木の幹を配し躍動感に溢れた名作。息子作の「桜図」とともに、画壇の主流狩野派を抑えて秀吉に登用された等伯親子の最高傑作である。国宝　4面部分　各172.4×139.4cm

↑③牡丹図（狩野山楽筆）　大覚寺の「牡丹・紅梅図襖絵」の一部で、紅梅図とは背中合わせになっている。襖三面を使って大ぶりな牡丹を描き、周囲に岩組や小鳥を配して構図に変化を与えている。金地に緑と白の配色が鮮やかである。京都市　18面　各184.0×99.0〜153.5cm（部分）

作品鑑賞　障壁画は画面の大きな絵画である。「障」は引き戸の障子や襖をさす。東西南北の壁に絵が描かれる場合、北の壁が冬、東が春、南が夏、西が秋という形で方位と季節が対応していることが多い。

2 障壁画（水墨画）

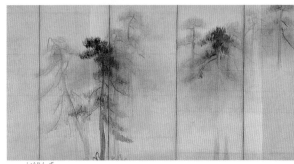

↑④松林図屏風（長谷川等伯筆）　朝霧が立ちこめる中に黒く浮かび、また薄くかすむ松林を巧みなバランスで描いた等伯の代表作。等伯には作風の対照的な「楓図」（②）がある。この時代の絵師は、権力者の要望により両様の絵を描き分ける才能が必要とされた。国宝　東京国立博物館（東京・台東区）蔵　6曲1双　155.7×346.9cm（部分）

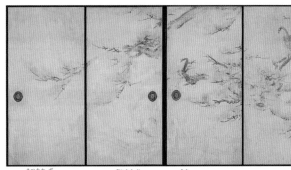

↑⑤松鷹図（狩野山楽筆）　大覚寺正寝殿の鷹の間には壁貼付絵1面と襖8面にわたって鷹の様々な姿態が描かれている。図は松の枝につくられた巣のひなを見守る母鷹の姿を描いたもの。京都市　9面　各179.0〜183.0×93.0〜180.0cm（部分）　❸❺旧嵯峨御所　大本山大覚寺蔵

↑⑥山水図屏風（海北友松筆）　海北友松の父は浅井長政の重臣で、織田信長の浅井攻めの際、主君に殉じた。友松は、絵は狩野派に師事したが、禅宗寺院に伝わる宋元画から直接学んだ。武人的な気迫あふれる独自の画風で、水墨画の手法による襖絵や屏風絵が多い。「山水図屏風」は、1602年に桂宮智仁親王（●p.198系図）の求めに応じて描いたもので、濃墨の鋭い筆勢を示す作品である。東京国立博物館蔵　6曲1双　154.5×360.6cm（部分）　❹❻出典：ColBase

● 障壁画（濃絵）のつくり方

金箔と岩絵具の調和によってつくりだされる。（『秘技探訪　日本美術の伝統技法』講談）

①文様の部分を盛りあげ、彩色する。　②金箔を貼る。　③彩色をする。

1 風俗画 ※□(p.183①左下の範囲)，□(p.171②の範囲)，□(p.158⓮の範囲)。

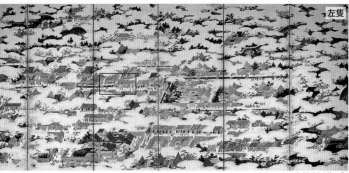

左隻 右隻

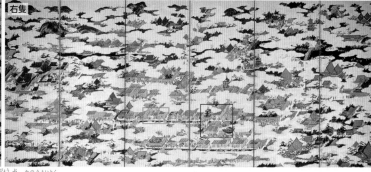

作品鑑賞 金色は地面と雲（空間部分）をあらわしている。洛中洛外図屏風のような広範囲を描くものでは、場所と場所の空間を雲によって縮める効果がある。

←↑① 洛中洛外図屏風（狩野永徳筆） 洛中洛外図は、戦国時代から近世初期にかけて京都の市中と郊外のようすを描いた風俗画で、現在、100点ほどが知られている。①の洛中洛外図は、米沢藩上杉氏に伝わるもので、織田信長から上杉謙信に贈られたものと伝えられる。これまで、信長が永徳に命じて描かせたものと考えられてきたが、近年の研究では、注文主を室町幕府13代将軍足利義輝とする説も有力となっている。国宝　米沢市上杉博物館（山形・米沢市）蔵　6曲1双　各160.0×364.0cm

小川通りのようす（左隻部分）

「「洛中洛外図屏風」復元」
国立歴史民俗博物館（千葉・佐倉市）蔵

● 屏風の形式

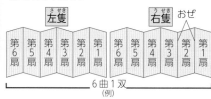

左隻　右隻　おぜ

第6扇	第5扇	第4扇	第3扇	第2扇	第1扇	第6扇	第5扇	第4扇	第3扇	第2扇	第1扇

6曲1双（例）

1枚を1扇といい、これを2枚（2曲、2扇）・4枚・6枚とつなぎ合わせる。中世以後は、左右2つの屏風を1双として組み合わせるようになった。扇の枚数によって、4曲1双、6曲1双などとよぶ。

←② 洛外名所遊楽図屏風（狩野永徳筆） 右隻には京都西山の名所、左隻には宇治の名所が描かれている。絵は、嵯峨の釈迦堂から天龍寺にいたる道沿いのようす（右隻）。4曲1双　各85.4×177.0cm

↑③ 花下遊楽図屏風（狩野長信筆） 広場に幔幕を張り、貴人が花と踊りを楽しむようすが描かれている。出雲阿国の**かぶき踊り**の影響からか、華やかな装いもみられ、当時の流行を知るうえでも貴重。
国宝　東京国立博物館（東京・台東区）蔵　6曲1双（左隻）　154.8×361.5cm（部分）
出典：ColBase

↑④ 高雄観楓図屏風
（狩野秀頼筆） 高雄は京都市の北西にあり、紅葉の名所として知られる。人々が高雄で楓をみて楽しむようすが描かれている。紅葉を楽しむ人々の近景に、雪景色を遠景にして、その間に渡って行く雁を配置し、晩秋の季節感を表現している。
国宝　東京国立博物館蔵
6曲1双 149.0×364.0cm（部分）
出典：ColBase

2 風俗（衣装）

阿国

↑⑤ 阿国歌舞伎　**出雲阿国**がはじめた**かぶき踊り**は、人々にもてはやされた。やがてこれをもとに女歌舞伎が生まれた。舞台中央で、鉦をうちながら念仏踊りをしているのが阿国。
➡p.214②

（織田信長妹　お市）
持明院（和歌山・高野町）蔵

小袖

打掛

↑⑥ 女性の服装（浅井長政夫人） 打掛を腰にまとい、上半身は**小袖**である。小袖は、庶民の女性の衣服であったが、上質化し、この時代公家・武家の女性も着用するようになった。

↑⑦ 小袖の復元

ℹ **インフォメーション** 智積院（京都市）　収蔵庫には、長谷川等伯らの国宝の障壁画「楓図」、「桜図」などが納められており、公開もされている。https://chisan.or.jp/

近世　安土桃山

近世

安土桃山

1 茶道と建築

● 待庵の間取図

書院

棚　床
炉
棚
躙口

↑→ ②如庵　信長の弟で茶人の織田有楽斎が、1618年に建仁寺正伝院に建てた二畳半の茶室。
国宝　愛知・犬山市

躙口　身をかがめて入る小さく狭い入口。茶室を聖なる空間として俗界と区切る結界とされる。

↑①妙喜庵待庵　千利休の作と伝えられる。わずか二畳ながら、天井の空間が手前から段々に低くなる構造で、奥行きを出す効果を持つ。装飾性を一切断った、侘びの精神・美の極致を示す。国宝　京都・大山崎町

←③千利休
(1522〜91)(長谷川等伯筆) 堺の商人から若くして茶匠となり、侘茶を大成したが、秀吉と対立して切腹した。妙喜庵待庵は利休作と伝える唯一の遺構である。
表千家不審菴（京都市）蔵

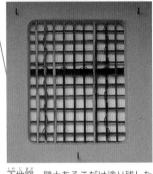

下地窓　壁土をそこだけ塗り残した窓で、下地のよしや、竹組をそのままみせる。（写真は、外側より撮影）

2 工芸

←④高台寺蒔絵
(秋草蒔絵歌書箪笥)
秀吉の妻北政所(高台院)が秀吉の冥福を祈るために建立した高台寺に、北政所が愛用した蒔絵調度品が伝えられている。高台寺蒔絵とよばれ、安土桃山時代の代表作として知られている。高台寺蔵

● 茶道の系譜

			今井宗久(堺商人)	細川忠興(武将)		千宗左(表千家の祖)
	足利義政		津田宗及(堺商人)	織田有楽斎(長益)(武将)		千宗室(裏千家の祖)
村田珠光	宗悟	武野紹鷗(堺商人)	千利休(宗易)(堺商人)	高山右近(武将)	千宗淳 — 千宗旦	千宗守(武者小路千家の祖)
	津田宗伯(堺商人)		細川幽斎(武将)	蒲生氏郷(武将)		本阿弥光悦
			神谷宗湛(博多商人)	古田織部(武将)	小堀遠州(武将)	沢庵宗彭(禅僧)

武家と茶 〔歴史ポケット⑥〕

千利休が大成した侘茶は、織田信長が天下人となって武家に広まった。豊臣秀吉も茶道に熱中したため、多くの大名がこれにならい、茶道具の収集や贈答が武家のたしなみとなり、茶会の場が社交に利用された。徳川氏の時代になっても、利休の弟子古田織部やその弟子の小堀遠州が将軍の茶の湯指南となるなど、江戸時代を通じて大名とよばれる武家茶道の諸流派が隆盛した。

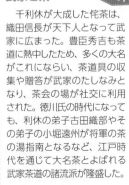

←⑤利休の茶碗(黒楽茶碗、銘「あやめ」)
MOA美術館(静岡・熱海市)蔵

→⑥駿河版銅活字　朝鮮の銅活字をもとに徳川家康が鋳造させたもの。

利休と朝鮮文化 〔歴史ポケット〕

千利休の茶碗は楽茶碗とよばれる。聚楽土という土を使い、ろくろを使わずすべて手びねりの手法でつくられる土の肌合いを残した茶碗である。この楽茶碗は利休の創意によって、渡来人の長次郎という人物が製陶したことにはじまる。その特色は、朝鮮半島で日常的に使われる高麗茶碗と類似する。妙喜庵待庵のもつ土壁の特色も、朝鮮半島の民家との類似性が指摘されている。これは、利休の朝鮮文化への造詣の深さを伝えるとともに、利休の住んだ堺が、海外貿易で栄えた町であったことも影響していると考えられる。
安土桃山時代には、従来の伝統を受け継ぐ瀬戸・美濃・備前・信楽などの古窯に加え、唐津・有田・薩摩・萩などで焼物が発展した。これらは、朝鮮侵略の際に、出陣した諸大名が連行した陶工によるものである(→p.199⑧)。また、朝鮮侵略により活字印刷の技術も導入され、その後の日本の出版物に大きな影響を与えた。

1 南蛮文化 ▶南蛮文化

↑①南蛮船復元模型 日本の大型船は、千石船でも150トン前後であったが、南蛮船は、小さいものでも500トン級、大きいもので1,600トンもあった。国立歴史民俗博物館蔵

↑②南蛮屏風* 画面左手に南蛮船の入港を描き、右に陸揚げされた貿易品、町屋・**南蛮寺**などが描かれている。現存する60双ほどの南蛮屏風はほぼ同じパターンで描かれている。
サントリー美術館（東京・港区）蔵 6曲1双 182.0×371.0cm
*南蛮屏風は、渡来した南蛮人との交易や風俗を主題とした屏風。

→③南蛮人の風俗 南蛮人の帽子、鼻眼鏡、襞衿（ひだのついた衿）、上衣（ジュバン）、ズボン（カルサン）、靴下（メイヤス）、マント（カパ）は興味をよび、やがて当世風のファッションとなった。

↑④カルタ ポルトガルから伝えられた48枚1組のカルタは、図柄が複雑化していった。博奕カルタも流行し、戦国大名のなかには、しばしばこれを禁止するものもあった。

↓⑤地球儀 織田信長は、宣教師がもたらした地球儀をみながら彼らと対談したといわれる。

←⑥日本図 1595年にオランダ人が、ポルトガル人イエズス会士の知識をもとにつくったもの。Hixe（伊勢）、Vlloari（尾張）、Surunga（駿河）、Mino（美濃）などの国名が見える。上智大学蔵

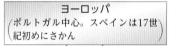

←⑦世界図屏風 1609年版のカエリウス世界地図をもとに描かれた世界図屏風。イエズス会の布教状況が教会のマークで記載されている。

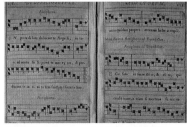

←⑧キリシタン版『平家物語』 中央の絵の上には、「日本の言葉とヒストリアを習い知らんと欲する人のために、世話にやわらげたる平家の物語」とあり、下には「ゼススのコンパニアのコレジオ天草において、スペリオーレス（準管区長）の御免許としてこれを版に刻むものなり、御出世より1592」とある。全文ローマ字で書かれている。
大英図書館蔵

↑⑨「サカラメンタ」とよばれる定式書 日本の教会のために規定や心得がラテン語で書かれ、グレゴリオ聖歌も五線譜で収められている（写真）。1605年版で、安土のセミナリオで使われたころのものに近い。上智大学蔵

2 南蛮貿易

```
              ┌──────────────────────┐
              │      ヨーロッパ       │
              │ （ポルトガル中心。スペインは17世 │
              │   紀初めにさかん）    │
              └──────────────────────┘
                 │                    ↑
            香辛料など          ヨーロッパ産
                                 毛織物など
                 ↓                    │
        ┌──────────────────────┐
        │ 中国（マカオ）、インド（ゴア）、│
        │   フィリピン（マニラ）    │
        └──────────────────────┘
                 │                    ↑
         銀が主（中国           中国産の生糸
         では金に比べ          が中心。他に
         て銀の価値が          絹織物・鉄砲
         高かった）            など
                 ↓ 冬          夏 │
              ┌──────────────────────┐
              │      日本（長崎）     │
              └──────────────────────┘
```

● 日本語になった外来語

ポルトガル語系		オランダ語系	
パン（麺麭）	páo	コーヒー（珈琲）	koffie
ボーロ	bolo	ビール（麦酒）	bier
カステラ	castella	ゴム（護謨）	gom
コンペイトウ（金平糖）	confeito	ガラス（硝子）	glas
		ブリキ（錻力）	blik
カンテラ	candeia	ペンキ（番瀝青）	pek
カッパ（合羽）	capa	コルク（木栓）	kurk
ビードロ（硝子）	vidro	ランドセル	ransel
タバコ（煙草）	tabaco	スペイン語系	
シャボン（石鹸）	sabào	メリヤス（莫大小）	medias
フラスコ	frasco	ビロード（天鵞絨）	velludo

近世
安土桃山

数字は将軍就任時年齢（満年齢）。享年も満年齢。〈緑字〉は別称。

左端の年表（縦）：
豊臣政権
1603
05 ①家康
②秀忠
23
③家光
51
④家綱
80
⑤綱吉
1709
12 ⑥家宣
13 ⑦家継
16
⑧吉宗
45
⑨家重
60
⑩家治
86
87
⑪家斉
1837
⑫家慶
53 ⑬家定
58 ⑭家茂
66 ⑮慶喜
67

近世 / 江戸

1 1603～05（約2年）　徳川家康　62歳

1590　駿府から江戸に移る　　1600　関ヶ原の戦い
1603　家康、征夷大将軍就任（江戸幕府開設）
1605　将軍職を秀忠に譲る
1607　家康、駿府に隠居（大御所）
《メモ》家臣では、酒井忠次・本多忠勝・榊原康政・井伊直政（徳川四天王）のほか、本多正信・正純父子らが有名。

1542～1616（享年75）〈東照大権現〉

2 1605～23（約18年）　徳川秀忠　27歳

1607　朝鮮使節来日
1614　大坂冬の陣
1615　大坂夏の陣。一国一城令布告。武家諸法度（元和令）・禁中並公家諸法度制定
《メモ》前半は家康の大御所政治。

1579～1632（享年54）　家康三男

3 1623～51（約28年）　徳川家光　20歳

1635　武家諸法度改定（寛永令、参勤交代の制度化）
1637　島原・天草一揆（～38）
1639　ポルトガル船の来航禁止
1641　オランダ商館を出島に移す
《メモ》秀忠は、光光の弟の忠長を偏愛。乳母春日局の働きかけで家康により家光の世継ぎが確定。おもな幕僚は松平信綱ら。

1604～51（享年48）　秀忠次男

4 1651～80（約29年）　徳川家綱　11歳

1651　由井正雪の乱（慶安の変）。末期養子の禁緩和
1657　明暦の大火
1663　殉死を禁止
《メモ》会津藩主で叔父（家光の異母弟）の保科正之や譜代大名が政治を補佐。後半は大老酒井忠清の専横。

1641～80（享年40）　家光長男

5 1680～1709（約29年）　徳川綱吉　35歳

1683　武家諸法度改定（天和令）
1685　最初の生類憐みの令　　1695　元禄小判発行
1702　赤穂浪士の討ち入り
《メモ》綱吉は、家綱の弟で上野国館林藩主。前半は大老堀田正俊が補佐、後半は側用人（のち老中）柳沢吉保を重用。そのほかの幕僚は、荻原重秀（勘定吟味役、のち勘定奉行）ら。

1646～1709（享年64）〈犬公方〉

6 1709～12（約3年）　徳川家宣　48歳

正徳の政治（1709～16）
1709　生類憐みの令廃止
1710　閑院宮家創設
1711　朝鮮通信使の待遇簡素化
《メモ》家宣は甲府徳川家出身。側用人間部詮房・儒学者新井白石の政治。

1662～1712（享年51）

7 1713～16（約4年）　徳川家継　4歳

正徳の政治（1709～16）
1714　正徳金銀発行
1715　海舶互市新例（長崎新令）制定
《メモ》前代から引き続いて、幕政は間部詮房・新井白石が担う。

1709～16（享年8）　家宣三男

8 1716～45（約29年）　徳川吉宗　33歳

享保の改革（1716～45）
1719　相対済し令制定　　1721　目安箱設置
1722　上げ米の実施　　1723　足高の制定
1732　享保の飢饉（～33）　1742　公事方御定書制定
《メモ》吉宗は紀伊藩主。身長6尺（約182cm）で、質素倹約・一汁一菜を守る。おもな幕僚は大岡忠相ら。

1684～1751（享年68）〈米将軍〉

9 1745～60（約15年）　徳川家重　35歳

1754　久留米藩で大一揆
1755　宝暦治水完了（薩摩藩による木曽川・長良川・揖斐川の三川分流工事）
1758　京都で、宝暦事件
《メモ》幕政は老中たちが担う。側用人大岡忠光が重用され、忠光も老中政治に協力。

1711～61（享年51）　吉宗長男

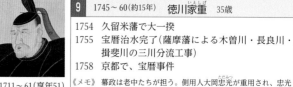

10 1760～86（約26年）　徳川家治　24歳

1767　田沼意次、側用人となる（田沼時代、～86）
　　　江戸で、明和事件
1772　南鐐二朱銀発行
1782　天明の飢饉（～87）　1783　浅間山噴火
《メモ》田沼意次（側用人、のち老中）が幕政を担う。その子意知も若年寄として幕政に参加。意次は、家治没後に失脚。

1737～86（享年50）　家重長男

11 1787～1837（約50年）　徳川家斉　14歳

寛政の改革（1787～93）
1789　棄捐令。囲米　　1790　人足寄場設置
1792　ロシア使節ラクスマン、根室に来航
大御所政治（1793～1841）
1804　ロシア使節レザノフ、長崎に来航
1808　フェートン号事件　　1825　異国船打払令
1833　天保の飢饉（～39）　1837　大塩の乱
《メモ》初期は老中松平定信による寛政の改革。家斉は、隠居後も大御所として政治の実権を握る。側室40人、子女55人。

1773～1841（享年69）　一橋家出身

12 1837～53（約16年）　徳川家慶　45歳

大御所政治（～1841）
天保の改革（1841～43）
1841　株仲間解散令　　1843　人返しの法。上知令
1845　阿部正弘、老中首座就任（安政の改革開始）
1853　ペリー、浦賀に来航
《メモ》初期は、家斉の大御所政治が継続。家斉没後、老中水野忠邦による天保の改革。

1793～1853（享年61）　家斉次男

13 1853～58（約5年）　徳川家定　30歳

1854　日米和親条約締結
1855　堀田正睦、老中首座就任
1858　井伊直弼、大老就任。日米修好通商条約締結　将軍継嗣を徳川慶福（のち家茂）に決定
《メモ》江戸城内にアメリカ初代駐日総領事ハリスを引見した。病弱で子がなかった。

1824～1858（享年35）　家慶四男

14 1858～66（約8年）　徳川家茂　13歳

1858　安政の大獄（～59）　1860　桜田門外の変
1862　将軍後見職に徳川慶喜、政事総裁職に松平慶永、京都守護職に松平容保就任（文久の改革実施）
1863　八月十八日の政変
1864　禁門の変　　1866　薩長同盟
《メモ》家茂は紀伊藩主で、元の名は徳川慶福。将軍就任の過程で、継嗣問題がおこる。妻は孝明天皇の妹の和宮。

1846～66（享年21）

15 1866～67（約1年）　徳川慶喜　30歳

1866　孝明天皇没
1867　明治天皇即位
　　　討幕の密勅下る
　　　慶喜、朝廷に大政奉還の上表（江戸幕府の滅亡）
　　　王政復古の大号令。小御所会議
《メモ》慶喜は、維新後は駿府（静岡）に隠退、趣味に生きた。

1837～1913（享年77）　水戸藩主徳川斉昭の七男で、一橋家相続

近世 江戸

■テーマのポイント

1関ヶ原の戦い後、江戸幕府成立。家康は将軍就任2年で、将軍職を子の秀忠に譲り、徳川氏が政権を世襲していくことを示した

1 徳川家康関係年表

将軍	年代	事項
足利義晴	1542	三河国で松平広忠の子として誕生
足利義輝	1547	織田・今川氏の人質時代（～60）
	1560	桶狭間の戦い。人質生活から解放（19歳）
	1562	織田信長と同盟
足利義栄	1566	松平を徳川に改姓
足利義昭	1572	三方ヶ原の戦い。武田信玄に敗れる
	1582	本能寺の変
	1584	小牧・長久手の戦い。豊臣秀吉と和解
	1590	駿府から江戸へ移る（約236万石）
	1598	秀吉死去
	1600	関ヶ原の戦い。石田三成を破る
徳川家康	1603	征夷大将軍となり、江戸幕府開設（62歳）
	1605	将軍職を秀忠に譲る
	1607	家康、駿府に隠居（大御所）
	1614	方広寺鐘銘事件→大坂冬の陣
徳川秀忠	1615	大坂夏の陣（豊臣氏の滅亡）
		武家諸法度・禁中並公家諸法度制定
	1616	太政大臣就任。死去、久能山に埋葬（75歳）
	1617	朝廷より「東照大権現」の神号。日光へ改葬

2 関ヶ原の戦い

1600年9月15日、美濃の関ヶ原で、東軍7万5000余と西軍8万余が激突した。緒戦は、西軍有利に展開する。しかし、西軍の小早川秀秋が、家康による再三の寝返りの誘いに呼応、東軍につく。これにより、西軍は総崩れとなった。

1600年9月15日 午前8時前後
西軍／東軍
寝返り／傍観
0 2km

見方・考え方
西軍は吉川広家などの内応者や傍観者も多く、実際の参戦は3万程度であったことを理解しよう。

● 関ヶ原の戦い前の家康の動き

会津／宇都宮／上田／小山／秀忠の動き／関ヶ原／馬籠／江戸／伏見／清洲／島田／大坂／小田原／家康の動き

● 西軍と東軍
*関ヶ原の戦いの現場にいなかった人物。

	西軍（約8万人）	東軍（約7.5万人）
五大老	毛利輝元 上杉景勝 宇喜多秀家	徳川家康 前田利長* （利長は、利家の嫡男。利家の死後（1599）、五大老となった。）
五奉行	石田三成 長束正家* 前田玄以 増田長盛	浅野長政*
諸大名	佐竹義宣 真田昌幸* 大谷吉継 小西行長 島津義弘 など	伊達政宗* 福島正則 山内一豊 池田輝政 細川忠興 など

関ヶ原の戦い後、西軍側大名は大規模な改易・転封、豊臣氏は摂津・河内・和泉65万石の大名に転落。

3 大坂の役 ● 方広寺鐘銘事件

（京都市東山区）

関ヶ原の戦い後も強固な大坂城と豊富な財産をもつ豊臣秀頼に対し、家康は寺社の造営などを勧め財力の削減をはかった。秀吉が建立した方広寺の再建もその一つで、家康は、鐘銘の「国家安康」「君臣豊楽」の文字が家康を呪うものであるとして、これが**大坂冬の陣・夏の陣（大坂の役）**のきっかけとなった。

● 大坂冬の陣（1614年10月）

徳川軍／豊臣軍
大坂城
0 2km

● 大坂夏の陣（1615年4月）

東軍（徳川軍）／行軍中の東軍／西軍（豊臣軍）／冬の陣後埋めたてられた濠
大坂城 真田丸跡
2km

1615年の夏の陣で豊臣秀頼と母淀殿は自害し、豊臣氏は滅んだ。ここに戦国時代以来の戦乱は終わりを告げた（元和偃武）。

↑**1**淀殿

4 徳川氏系図 ○p.176**2**,p.178**2**

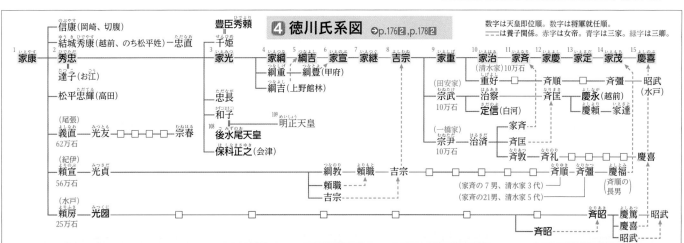

数字は天皇即位順。数字は将軍就任順。
＝＝＝＝は養子関係。赤字は女帝。青字は三家。緑字は三卿。

テーマのポイント

❶幕藩体制は、将軍と大名(幕府と藩)が全国の土地と人民を統治する支配体制で、3代将軍徳川家光の頃までに確立した

❶ 幕藩体制のしくみ

*領知宛行は、領知・領民の支配を認めること。➡p.131、153

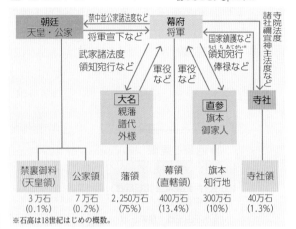

	禁裏御料 (天皇領)	公家領	藩領	幕領 (直轄領)	旗本 知行地	寺社領
	3万石 (0.1%)	7万石 (0.2%)	2,250万石 (75%)	400万石 (13.4%)	300万石 (10%)	40万石 (1.3%)

*石高は18世紀はじめの概数。

見方・考え方

藩領の総数は幕領を圧倒していた。その藩は、それぞれ独自の組織で領地を統治していたことを理解しよう。

❸ 『江戸図屏風』に描かれた江戸

『江戸図屏風』は、江戸の町のようすを描いた屏風絵の総称。下は、国立歴史民俗博物館(千葉・佐倉市)所蔵のもの。制作年代は明確ではないが、1657年の明暦の大火(➡p.200❸)後に描かれたと考えられている。

◀❶江戸のにぎわい

作品鑑賞

日本橋とその周辺の町人地のにぎわいのようす。川(日本橋川)の右側(東側)には米俵などを荷揚げする河岸のようすもうかがえる。

江戸の発展

歴史ポケット

1590年に豊臣秀吉から関東を与えられた徳川家康は、本拠を駿府から江戸に移した。江戸は、もともとは寂しい漁村で、江戸という地名も「入江の戸」の村を意味したという。江戸は、1457年に上杉氏の執事であった太田道灌が城を築いて城下町ができたが、家康が関東へ入った頃は、その面影もないほど荒廃していた。江戸に幕府を開いた家康は、江戸城を中心に城下町にふさわしい都市の建設にとりかかり、家光までの3代にわたる大土木事業で、江戸は日本一の都市に変貌を遂げた。

↑❷太田道灌(1432~86)

❷ 江戸幕府の職制

*は三奉行、▨は譜代大名、▢は旗本より任命。役高は役職の基準石高。

将軍

大老(幕府の最高職。1名。常置ではない。延べ10人のみ。名誉職であったが、幕末の大老井伊直弼は幕政を総理した) ➡堀田正俊、井伊直弼らが有名

老中(政務を統轄。5~6名)
➡土井利勝*
松平信綱
酒井忠清*
松平定信
水野忠邦
阿部正弘
安藤信正
らが有名
*大老にも就任。

▲評定所…最高司法機関。老中に三奉行・大目付らで構成。重要訴訟などを扱った。のち、老中は傍聴の立場となり、三奉行がその中心となった。

- **高家**(儀式・典礼、勅使や公家の接待。吉良・畠山・武田など26家世襲)役高1,500石 ➡吉良上野介が有名
- **側衆**(江戸城に宿直し、夜間、老中にかわって城中の事務を処理。5~8名)役高5,000石
- **留守居**(旗本最高職。大奥の取締り、武具類保管の諸奉行などの支配・留守警備・関所の女手形などを司る。4~6名)役高5,000石
- **大番頭**(江戸城・江戸市中の警備。12組あり)役高5,000石—大番組頭
- **三家家老**
- **大目付**(大名・高家の監察、布令の伝達。4~5名)役高3,000石 ➡初代は柳生宗矩
- ***(江戸)町奉行**(江戸市中の行政・司法。南町・北町奉行所があり月番交代で勤めた。2名)役高3,000石 ➡大岡忠相、遠山景元、鳥居忠耀(燿蔵)らが有名
- ***勘定奉行**(幕領の租税徴収・幕府財政の管理、幕府と関八州の私領の訴訟。4名。1722年より、勝手方2名・公事方2名)—郡代・代官 役高3,000石 ➡荻原重秀、小栗忠順らが有名
- **勘定吟味役**(勘定奉行の財政の監察・監査。1699年廃止、1712年新井白石の建議に基づき再興。4~6名。1723年より、公事方2名・勝手方2名)—勘定吟味方改役 ➡荻原重秀が有名
- **関東郡代**(関東の幕領支配。1792年まで伊奈氏が世襲。1806年廃止。1864年に再置)➡初代は伊奈忠次
- **作事奉行**(殿館の築造。2~3名)役高2,000石
- **普請奉行**(土木建築の基礎工事。2名)役高2,000石
- **道中奉行**(五街道の旅宿・飛脚・道路・伝馬など。大目付・勘定奉行が1名ずつ兼務)
- **宗門改役**(大目付・作事奉行より兼務)
- **城代**(城の守護、駿府・伏見〈1619廃止〉・二条〈1699廃止、定番に〉)…遠国役人
- **町奉行**(京都・大坂・駿府の行政・司法)役高1,500石(駿府1,000石)……遠国役人
- **奉行**(伏見** ・長崎・奈良・山田・日光・堺・下田・浦賀・新潟・佐渡・箱館などに設置。いわゆる遠国奉行)…遠国役人
  **伏見奉行は、多く大名が勤めた。
- **甲府勤番支配**役高3,000石—甲府勤番支配組頭
- **外国奉行**(1858年設置)➡永井尚志、岩瀬忠震、川路聖謨らが有名
- **軍艦奉行**(1859年設置)➡初代は永井尚志。勝海舟も就任
- **講武所奉行**(1860年設置)
  (1862年、陸軍総裁・陸軍奉行・騎兵奉行・歩兵奉行を設置)

- **京都所司代**(京都の護衛、朝廷・公家の監察、西国諸大名の監察、京都諸役人の統率。1名)➡板倉勝重(初代)とその子重宗が有名
- **大坂城代**(大坂城の守衛、大坂の諸役人の統括、西国諸大名の監察。1名)
- **側用人**(将軍の側近、将軍の命令を老中に伝達する。1名)➡柳沢吉保、間部詮房、田沼意次らが有名

若年寄(老中の補佐、旗本を監督。3~5名)
➡田沼意知が有名

- **目付**(旗本・御家人の監察、布令の伝達。10名内外)役高1,000石
- **書院番頭**(江戸城の警備、将軍の護衛)役高4,000石—書院番組頭 役高1,000石
- **小姓組番頭**(江戸城の警備、将軍の護衛)役高4,000石—小姓組番組頭 役高1,000石
- **新番頭**(書院番、小姓組番の補佐)役高2,000石
- **林大学頭**—学問所勤番組頭
- **天文方** ➡初代は渋川春海。高橋至時・景保らが有名

- ***寺社奉行**(全国の寺社領の司法・行政、僧侶・神職・連歌師・楽人などの支配。関八州外の私領の訴訟。4名前後)➡大岡忠相も就任
- **奏者番**(城内の儀礼、大名・旗本の謁見などを司る。1658年以降、寺社奉行が兼任)

家康・秀忠時代は老中、若年寄などの職はなく、三河以来の門閥と有能な商人・僧侶などが将軍の側近をかためていた。3代将軍家光の時代になって三河以来の職制(庄屋仕立)をもとにして、1635年までに官僚政治体制がととのった。①譜代大名と旗本が要職を独占、②複数制・合議制・月番交代(1か月交代)制を特色とした。

近世 / 江戸

幕藩体制の確立②(幕府と藩)

見方・考え方
鎌倉幕府・室町幕府の財政基盤と比べてみよう。

1 江戸幕府の財政基盤

直轄領(幕領「天領」)	約400万石(17世紀末。全国石高の約13%)。領内の百姓に**本途物成(本年貢)**などを賦課
主要鉱山	**佐渡金山・石見大森銀山・但馬生野銀山・足尾銅山**などの金・銀・銅。金銀の産出は江戸初期が最盛期。次第に減少
貨幣の鋳造	金貨・銀貨・銭貨の鋳造権➲p.213
貨幣の改鋳	金貨・銀貨改鋳(悪貨鋳造)の益金(出目)
重要都市	江戸・京都・伏見・大坂・堺・長崎などを直轄し、商工業者に**冥加・運上**を賦課。御用商人に**御用金**を賦課
長崎貿易	長崎会所に長崎運上金を賦課
その他	**国役**(享保期以降金納)、無役の旗本・御家人に賦課する小普請金、享保の改革時の**上げ米**など

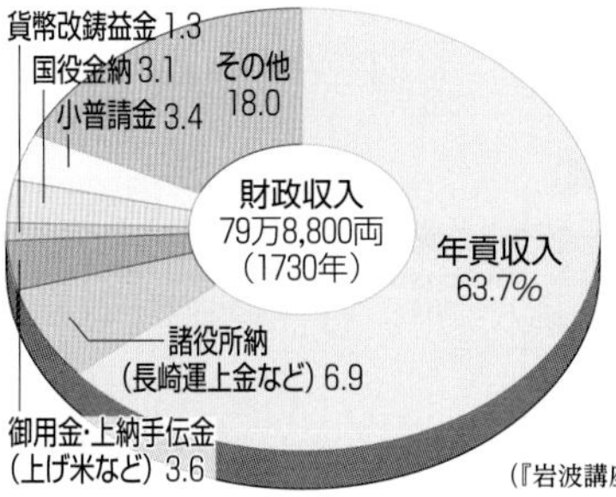

貨幣改鋳益金 1.3
国役金納 3.1
小普請金 3.4
その他 18.0
財政収入 79万8,800両 (1730年)
年貢収入 63.7%
諸役所納 (長崎運上金など) 6.9
御用金・上納手伝金 (上げ米など) 3.6

(『岩波講座日本歴史12』)

幕府財政の内訳

江戸時代を通じて幕府の主要財源は本途物成(本年貢)だった。しかし幕末になると、6割を超えていた年貢の比率が4割を下回るようになり、御用金や貨幣改鋳益金の比率が高まる。

2 幕府の軍事力

- 1万石未満の直参(旗本・御家人)と諸大名の軍役
- 1649年の軍役規定案による軍役人数
  - 10万石の大名…2,155人、
  - 1万石の大名…235人
  - 5,000石の旗本…102人、
  - 1,000石の旗本…21人
- その他、鉄砲・弓・鑓・旗など

旗本と御家人

	旗本…お目見え以上(将軍に謁見できる)	御家人…お目見え以下(将軍に謁見できない)
総数	5,205人(1722年) 18世紀末の数字もほぼ同数で、知行取が2,264人(3,000石以上が246人)、蔵米取が2,941人	1万7,399人(1722年) 知行取は約1%で、ほとんどが蔵米取 旗本全員の軍役人数と御家人およびその家来を入れると約8万人となり、「旗本八万騎」といわれる。
役職	大番頭、大目付、勘定奉行、町奉行、目付、郡代・代官など	町奉行所の与力・同心、徒士頭・徒士など

3 大名配置(1664年)

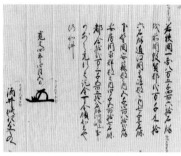

➊**領知宛行状**　1664(寛文4)年、4代将軍徳川家綱は全国のほぼすべての大名(三家など若干の大名を除く)に対して領知を安堵する領知宛行状(朱印状・判物および領知目録)を発行した(これを「寛文印知」という)。以後、将軍代替わりごとに諸大名の所領確認がなされた。写真は小浜藩主酒井氏に出された判物。

➋**飛驒郡代の陣屋跡**　飛驒国は1692年に幕領となり飛驒代官が置かれた。1777年に飛驒郡代に昇格。役所である陣屋跡が高山(岐阜県)に現存する。

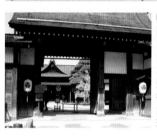

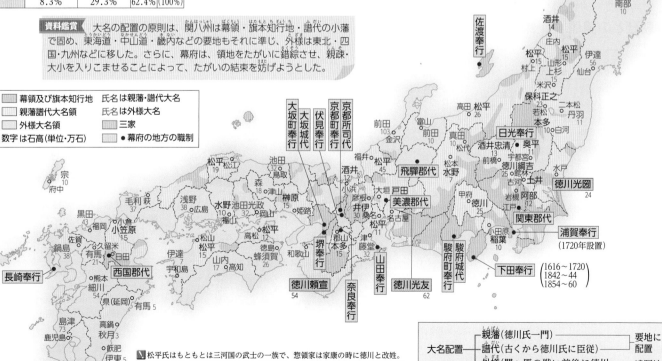

4 大名の分類と数・石高(慶応年間)

	50万石以上	20万石以上	10万石以上	5万石以上	5万石未満	計
親藩	2	4	8	1	8	23
譜代	0	2	16	33	94	145
外様	5	9	8	12	64	98
計	7	15	32	46	166	266
	8.3%		29.3%		62.4%	(100%)

大名にとって石高は収納を許された年貢高の基準値であるとともに、幕府に奉仕する軍役高の基準でもあった。石高は大名の政治的・経済的・社会的地位をあらわした。➲p.179 1

資料鑑賞　大名の配置の原則は、関八州は幕領・旗本知行地・譜代の小藩で固め、東海道・中山道・畿内などの要地もそれに準じ、外様は東北・四国・九州などに移した。さらに、幕府は、領地をたがいに錯綜させ、親疎・大小を入りこませることによって、たがいの結束を妨げようとした。

幕領及び旗本知行地　氏名は親藩・譜代大名
親藩譜代大名領　氏名は外様大名
外様大名領　三家
数字は石高(単位・万石)　●幕府の地方の職制
1802年設置。1807年に松前奉行と改称
箱館奉行
松前
弘前 津軽 7
佐竹 21 秋田
盛岡 南部 10
酒井 14 庄内
松平 15 村上
松平 15 山形
上杉 15 米沢
伊達 56 仙台
保科正之 23 若松
二本松 丹羽 11
本多 10 白河
佐渡奉行
高田 松平 26
前田 103 金沢
富山 前田 10
真田 10 松代
酒井忠清 13 前橋
奥平 11 宇都宮
徳川綱吉 25 館林
古河 土井
水戸 徳川光圀 24
岩槻 阿部 12
関東郡代
江戸
浦賀奉行 (1720年設置)
小田原 稲葉 10
下田奉行 (1616～1720 1842～44 1854～60)
甲府 徳川 25
駿府城代
駿府町奉行
徳川光友 62
松本 水野 7
飛驒郡代
美濃郡代
大垣 戸田
彦根 井伊 30
桑名
名古屋
松平 11
津 藤堂 32
山田奉行
福井 松平 45
酒井 12 小浜
大坂町奉行
大坂城代
伏見奉行
京都町奉行
京都所司代
堺奉行
奈良奉行
郡山 本多 15
和歌山 徳川頼宣 54
松平 19 松江
池田 32 鳥取
森 18 津山
榊原 15 姫路
浅野 38 広島
水野 10 福山
池田光政 32 岡山
松平 12 高松
蜂須賀 26 徳島
松山 松平 15
伊達 7 宇和島
山内 17 高知
毛利 37 萩
宗 10 府中
黒田 43 福岡
小倉 小笠原 15
佐賀 鍋島 38
久留米 有馬 21
日田
西国郡代
長崎奉行
熊本 細川 54
県(延岡) 有馬 5
島津 73 鹿児島
高鍋 秋月 3
飫肥 伊東 5

松平氏はもともとは三河国の武士の一族で、惣領家は家康の時に徳川と改姓。松平姓には、家康の流れをくむもののほか、家康以前に成立していた松平諸氏、さらに、家康や歴代の将軍の取り立てによって、称号として松平姓を与えられた大名20数氏(毛利・伊達・前田・島津・山内など)がある。

大名配置
- 親藩(徳川氏一門)─要地に配置
- 譜代(古くから徳川氏に臣従)─要地に配置
- 外様(関ヶ原の戦い前後に徳川氏に臣従)─遠隔地に配置

インフォメーション　徳川家の遺品　徳川宗家(将軍家)については徳川記念財団、尾張徳川家については徳川黎明会、水府徳川家については水府明徳会がその多くを所蔵する。

近世
江戸

■ 大名に対する統制

大名配置◆p.189
一国一城令(1615)－居城以外の城を破却させる
武家諸法度－違反者は転封・減封・改易に処せられる
大名の義務
　軍役－石高により人数・武器数を規定
　参勤交代－在府・在国1年交代──大名の経済力削減に効果的
　手伝普請－幕府の土木工事

● 大名の改易・減封

黒字改易　青字減封

時期別	大名数	石高	原因別	大名数	石高
関ヶ原の戦い直後	93家	約507万石	関ヶ原・大坂の役など軍事的なもの	93家	約507万石
	4〃	222〃		4〃	222〃
関ヶ原の戦い〜家光の時代	105〃	1,186〃	末期養子の禁によるもの（慶長〜寛永）	46〃	457〃
	18〃	47〃		12〃	17〃
家綱の時代	22〃	67〃	武家諸法度など法的なもの	59〃	648〃
	4〃	18〃		1〃	30〃
綱吉の時代	33〃	135〃	（慶長〜寛永）		
	13〃	30〃			

大名の改易は、5代将軍綱吉の時代までに253家1895万石余にのぼった。豊臣恩顧の大名のほか、徳川氏の肉親・功臣も処罰された。

● おもな大名の改易

大名	藩名など	石高	改易年	理由
武田信吉	水戸藩(常陸)・家康5男	15万石	1603	20歳で没。跡継ぎなし
最上義俊	山形藩(出羽)・外様	57万石	1622	御家騒動(最上騒動)
加藤忠広	熊本藩(肥後)・外様	51万石	1632	民心離反など諸説あり
松倉勝家	島原藩(肥前)・外様	4万石	1638	島原・天草一揆の責任。改易の上斬首
堀田正信	佐倉藩(下総)・譜代	11万石	1660	無断で帰国(武家諸法度違反)
浅野長矩	赤穂藩(播磨)・外様	5万石	1701	江戸城内での刃傷事件

■ 朝廷との関係　● 幕府による朝廷統制

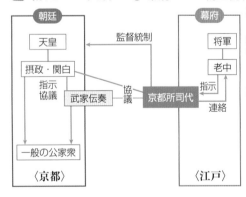

幕府は1613年の公家衆法度に続いて、1615年に禁中並公家諸法度を制定、朝廷に対して公布した。金地院崇伝の起草による幕府の朝廷支配の基本法で、これによって朝廷内の秩序化が幕府によってはかられた。天皇の務めを学問・和歌・有職故実などと規定し、その行動を規制した。また、譜代大名を京都所司代に任じ、天皇と公家の動きを監視させた。武家が朝廷から官位を受けることをなくすため、武家の官位が公家の官位から切り離された。

● 紫衣事件

天皇系図
数字は天皇即位順。赤字は女性。
107 後陽成──108 後水尾
109 明正
徳川秀忠──和子(東福門院)

紫衣は、徳の高い僧尼に朝廷が勅許する最高の僧衣。1627年7月、幕府は禁中並公家諸法度に反するとして大徳寺や妙心寺への紫衣勅許を認めないとした。これに抗議した大徳寺の沢庵宗彭らは流罪になり、以後、幕府の許可のない紫衣は無効とされた。1629年、後水尾天皇は抗議の意思を込めて興子内親王(母は徳川秀忠の娘の和子)に譲位し、女帝の明正天皇が即位した。

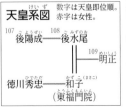
↑❶紫衣
大正大学提供

↑❸徳川和子
(1607〜78)

↑❹沢庵宗彭
(1573〜1645)

● 大名領知替え

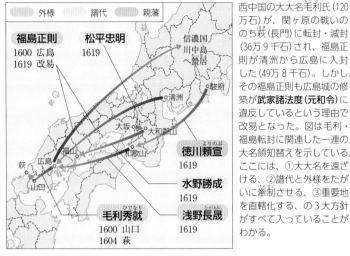

外様　譜代　親藩

福島正則
1600 広島
1619 改易

松平忠明
1619

信濃国川中島へ蟄居

駿府

清洲

大坂
大和郡山
萩
福山
広島
和歌山
山口

徳川頼宣
1619

水野勝成
1619

浅野長晟
1619

毛利秀就
1600 山口
1604 萩

西中国の大大名毛利氏(120万石)が、関ヶ原の戦いののち萩(長門)に転封・減封(36万9千石)され、福島正則が清洲から広島に入封した(49万8千石)。しかし、その福島正則も広島城の修築が武家諸法度(元和令)に違反しているという理由で改易となった。図は毛利・福島転封に関連した一連の大名領知替えを示している。ここには、①大大名を遠ざける、②譜代と外様をたがいに牽制させる、③重要地を直轄化する、の3大方針がすべて入っていることがわかる。

史料 武家諸法度(元和令)
一、文武弓馬の道、専ら相嗜むべき事。
一、諸国の居城、修補をなすと雖も、必ず言上すべし。……
一、私に婚姻を締ぶべからざる事。

〔金地院崇伝が起草。元和令は、1615年に2代将軍秀忠の名で出された。〕

◆p.200❷

● 参勤交代(鳥取藩の例)

見方・考え方
参勤交代のねらいを各藩の財政から理解しよう。

参勤交代の経費
1812(文化9)年
帰国時

宿泊費(含昼食休憩代) 97両
運賃(川渡賃、船賃等) 134両
諸品購入費(含修理費) 387両
人足費(含雇賃・軽給金) 847両
駄賃(通し馬・軽尻馬賃等) 492両

合計 1,957両

※金額の両未満は四捨五入

10/10着 江戸

9/19発 鳥取
姫路　西宮　大津　新居
　　　　　　　　　　　　大坂

経路と日程
鳥取から江戸へ
安政6(1859)年
藩主 池田慶徳(23歳)
日程 21泊22日
行程 180里(約702km)
1日平均 8.2里(約32km)

〔『贈従一位池田慶徳公御伝記』〕

武家諸法度(寛永令)で参勤交代が制度化され、大名たちは原則として1年交代で江戸と国元を行き来することとなった。家の格式に応じて行列を組み、莫大な費用をかけ参勤した。加賀前田家の行列は2,500人にも達し、行列が長くなるので幾つかに区切ったという。こうした華美な傾向を戒めているが、道中の宿駅の発展をもたらすことにもなった。

史料 武家諸法度①(寛永令)
一、大名小名、在江戸交替相定むる所なり。毎歳夏四月中参勤致すべし。従者の員数近来甚だ多し。且は国郡の費、且は人民の労なり。向後其相応を以て、之を減少すべし。……

〔一六三五年、三代将軍家光の時に出された。〕

◆p.200❷

↑❷後水尾天皇
(1596〜1680)　在位は1611〜29年。退位後も51年間院政をおこなった。
御寺　泉涌寺提供

● 公家諸家の家格
※極官とはその家の最高官位。

家格	公家名	極官
摂家(5)	近衛・九条・二条・一条・鷹司	摂政・関白
清華(9)	三条(転法輪)・菊亭(今出川)・大炊御門・花山院・徳大寺・西園寺・醍醐・久我・広幡(醍醐・広幡は江戸時代になってから創立された)	太政大臣
大臣家(3)	三条西・中院・正親町三条(嵯峨)	大臣
羽林(58)	四辻・中山・姉小路・飛鳥井・冷泉・六条・岩倉・持明院・武者小路・四条・山科・七条・梅渓・千種・綾小路・花園・久世・東久世など	大納言(武官)
名家(25)	日野・烏丸・柳原・広橋・三室戸・北小路・勧修寺・甘露寺・葉室・万里小路など	大納言(文官)

〔『日本の近世2』中央公論新社〕

一言かわら版　隠元隆琦　臨済宗の僧として1654年に中国から来日し、黄檗宗の開祖となった。後水尾上皇や公家の信望を得た。インゲンマメを伝えたといわれる。

1 初期の外交年表 ●p.192 1

　■は鎖国に関する事柄。

		項　目
1582 秀吉	1549	ザビエル来日(キリスト教伝来)●p.175①
	1584	スペイン船、平戸に来航
	1587	バテレン追放令●p.178 4　　1588　海賊取締令
1598 家康	1596	サン=フェリペ号事件→長崎で26聖人の殉教●p.178 4
	1600	ヤン=ヨーステン・ウィリアム=アダムズらの乗ったオラン ダ船リーフデ号、豊後に漂着
1605	1601	朱印船制度(～35)　　1604　糸割符制度はじまる
秀忠	1607	朝鮮使節来日
	1609	己酉約条(朝鮮と宗氏)。島津氏、琉球を侵略。オランダ、平戸に 商館開設。ドン=ロドリゴ(前フィリピン臨時総督)、上総に漂着
	1610	家康、田中勝介をメキシコ(ノビスパン)へ派遣
	1611	中国船に長崎での貿易を許可
	1612	幕領にキリスト教禁止令(禁教令)
	1613	慶長遣欧使節(～20)。イギリス、平戸に商館開設。全国に禁教令
	1614	高山右近らをマニラ・マカオへ追放
	1616	ヨーロッパ船の寄港地を平戸・長崎に制限
	1622	元和の大殉教●p.194 1
1623	1623	イギリス、平戸の商館を閉鎖して日本から退去
	1624	スペイン使節との会見を拒絶　　1625　スペイン船の来航禁止
	1629	長崎で踏絵(絵踏)がはじまる●p.194①
	1630	キリスト教関係書物の輸入禁止
	1631	奉書船制度開始
	1633	奉書船以外の海外渡航禁止(寛永十年禁令)■
家光	1634	長崎に出島を構築。琉球最初の謝恩使来日。海外との往来、通商を制限
	1635	海外渡航・帰国の全面禁止(寛永十二年禁令)■
	1636	ポルトガル人を出島に移す。ポルトガル人の子孫などを追放
	1637	島原・天草一揆(～38)●p.194 4
	1639	ポルトガル船の来航禁止(寛永十六年禁令)■
	1640	幕領に宗門改役を設置
	1641	オランダ商館を出島に移す。最初のオランダ風説書の提出
1651 1680 綱吉	1644	明滅亡
	1689	長崎に唐人屋敷完成

見方・考え方
キリスト教禁止令前後で、貿易の形
が変化していることに注目しよう。

↑❶リーフデ号(復元)

↑❷支倉常長 (1571
～1622)　仙台藩士。
1613年に、藩主伊達政
宗の命により、スペイ
ン領メキシコとの通商
を目的として、スペイ
ンに派遣された(慶長
遣欧使節)。スペイン
国王やローマ教皇にも
謁見したが、目的は果
たせず、1620年に帰国。

Ⓝ この支倉常長の肖像画は、
2013年、ユネスコ「世界
の記憶」に登録された。
●p.109 ❷、200 ❺、355 ❷

🔍 テーマのポイント

1 幕府は、キリスト教の禁制と対外貿易の利益の独占
を目的に、日本人の海外渡航や貿易に制限を加えた

2 世界進出をすすめていた非カトリック国のオラン
ダ・イギリスとの貿易開始

3 糸割符制度による輸入生糸の極端な貿易統制(五カ
所商人による取引独占)がおこなわれた

2 日本人の海外発展

● 日本町所在地
□ 日本人居住地
--- 朱印船の主要航路

幕府は、海外へ渡航して貿易をおこなう商人たちに朱印状を与
えた。発給された朱印状は356通、日本人の海外渡航が盛んに
なり、フェフォ・ツーラン(ベトナム)、プノンペン(カンボジ
ア)、アユタヤ(タイ)、サンミゲル・ディラオ(フィリピンのル
ソン島)などに日本町が形成された。現地の日本人は5,000人以
上といわれ、なかでもシャム(現在のタイ)の山田長政は、シャ
ム王位継承の反乱を鎮圧し、太守に任じられるなど活躍した。

3 朱印船貿易

担い手(船主)	西国大名	松浦鎮信・島津家久・有馬晴信ら
	商　人	末次平蔵(長崎)、末吉孫左衛門(摂津平野)、 角倉了以・茶屋四郎次郎(京都)ら
	外国人	ヤン=ヨーステン、ウィリアム=アダムズ
おもな 輸出入品	輸出：銀・銅・鉄(銀は当時、世界産出額 の1/3を輸出、●p.34)・硫黄(●p.34)・樟 脳(●p.33 6)・米・刀剣	
	輸入：生糸・絹織物・砂糖・鹿皮・鮫皮・ ラシャ・象牙など	

←❸朱印船
末次船の復元模型。中洋折衷式の
国産大型船(約500トン)で、航海
性にすぐれていた。

→❹朱印状　家康
が交趾国(ベトナム)
への渡航を許可した
もの。
出典：ColBase

↓❺おもな輸入品　鮫皮は鎧や刀の柄などに、鹿皮は足袋や手袋などに利用された。

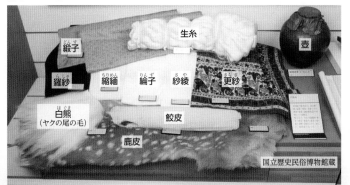

綴子　生糸　壺
羅紗　縮緬　綸子　紗綾　更紗
白熊
(ヤクの尾の毛)　鮫皮
鹿皮

国立歴史民俗博物館蔵

4 糸割符制度

(中国産)
生糸

ポルトガル
船・中国船・
オランダ船

→　生糸(白糸)
の価格決定、
一括購入

糸割符仲間
(五カ所商人)
京都・堺・長崎・
江戸・大坂

時価で販売
(5か所に配分)

諸国の商人

＊当初は京都・堺・長崎の
三か所の割符仲間。

1604年、徳川家康は、ポル
トガル船が船載した白糸を
京都・長崎・堺の豪商に一
括購入させ、ポルトガルが
法外な利益を得ることを防
止させた。1631年以降は江
戸と大坂を加え、分配され
た。

◆ テーマのポイント

1. 江戸時代の日本は、長崎（中国・オランダ）、対馬（朝鮮）、薩摩（琉球）、松前（アイヌ）の4つの窓口を通じ、異国・異民族と交流をもった
2. キリスト教への取り締まりが強化されるなかで、宣教師をともなわないオランダのみが残り、ヨーロッパで唯一の交渉相手となった

① 鎖国後の東アジア

→p.155 ⑤　※①玉、中国製織物　②毛皮、米、酒　③米、酒、漆器　④銀・銅　⑤銀・昆布

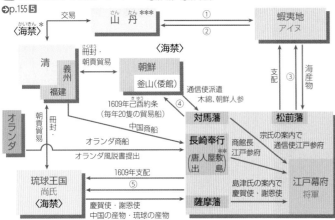

*明・清の時代に、中国政府が一般中国人の私的な海外渡航・貿易を禁止・制限した政策。貿易については、原則として朝貢貿易だけを認めた。　**1689年、長崎郊外十善寺村に完成。長崎在住の中国人を収容した。塀で囲まれ、自由な出入りはできなかった。中国船は生糸・絹織物や東南アジアの産物などをもたらし、日本の銀・銅・海産物（俵物）などを中国に運んだ。　***黒竜江下流域住民をさす。→p.193地図（下）

> **見方・考え方**
> オランダ風説書は幕府の重要な情報源であったことを知ろう。

↑① 出島（川原慶賀筆『長崎出島之図』）　1634年、長崎町人に建設が命じられ、36年に完成。ポルトガル人が収容されたが、追放後、1641年に**オランダ商館**（オランダ東インド会社日本支店）が平戸から移された。オランダ船は中国産生糸やヨーロッパ産の毛織物などをもたらし、日本の銀・金・銅・有田焼（伊万里焼）などを入手した。長崎大学附属図書館経済学部分館蔵

③ 朝鮮との関係　→p.254 ②, 266, 273, 274

秀吉の朝鮮侵略後、朝鮮との関係は途絶えていたが、1607年に朝鮮通信使が来日し、国交が回復した。**朝鮮通信使**は、総数300〜500名に及び、「三家」並の待遇を受けた。

*1609年に対馬の宗氏と朝鮮国王との間で己酉約条が結ばれた。

→④ 雨森芳洲（1668〜1755）　対馬藩に仕えた朱子学者。朝鮮語・中国語に通じ、朝鮮との外交に活躍した。

↑⑤ 朝鮮通信使　出典：ColBase

● 江戸時代の朝鮮通信使一覧

年代（将軍謁見の年）	目的	総人数
1607	国交回復	504
1617	大坂平定・日本統一の祝賀	428
1624	家光襲職の祝賀	460
1636	泰平の祝賀	478
1643	家綱誕生の祝賀	477
1655	家綱襲職の祝賀	485
1682	綱吉襲職の祝賀	473
1711	家宣襲職の祝賀	500
1719	吉宗襲職の祝賀	475
1748	家重襲職の祝賀	477
1764	家治襲職の祝賀	477
1811	家斉襲職の祝賀	328

※1607〜24年の3回は回答兼刷還使。

② 長崎の貿易（オランダ・中国）　→出島

② 19世紀前半の長崎港（川原慶賀筆）

唐人屋敷／出島／清船／オランダ船／長崎奉行所

作品鑑賞　オランダ船・中国船が入港すると、長崎奉行所の役人、オランダ通詞・唐通詞が乗船して取り調べの上、上陸・荷揚げがおこなわれた。

● 長崎関係地図

城山／浦上天主堂／平和公園／山里／長崎奉行所（1603〜73）／西山／海軍伝習所（1855〜59）／浦上／銭座／長崎奉行所（1673〜1867）／悟真寺／26聖人殉教地／諏訪神社／片淵／鳴滝塾／春徳寺／立山／聖堂／稲佐／番所／長崎会所／伊良林／亀山社中／興福寺／出島／福済寺／崇福寺／飽浦／大徳寺／愛宕神社／唐人屋敷跡／大浦／高島秋帆宅／造船所／立神／グラバー園／大浦天主堂

■ は現在の市域　─ 当時の海岸線

0　　1000m

↑③ 商館長の江戸参府　オランダ商館長（カピタン）の江戸参府が定期的におこなわれた。上の絵は、江戸参府の際の商館長の定宿（長崎屋）で、そこには見物人のほか、多くの大名や学者などが訪れ、外国の知識や情報の収集をおこなった。

> **見方・考え方**
> 江戸参府は商館長が将軍に謁見し貿易の謝意を表することが目的であった。

←⑥ 牛窓に伝わる唐子踊り（岡山・瀬戸内市）　通信使が伝えたと考えられている芸能。
瀬戸内市提供

● 朝鮮通信使の参府経路

漢城／朝鮮／釜山／対馬／壱岐／藍島／上関／蒲刈／牛窓／室津／兵庫／大坂／淀／京都／彦根／大垣／名古屋／岡崎／浜松／駿府／箱根／小田原／江戸／日光／赤間関（下関）

※図は一般的な行程。回により行程は多少異なることがあった。

近世　江戸

➡p.156, 249, 256, 353

1 近世の蝦夷地（えぞち）

年代	事　項
1599	蠣崎慶広、松前氏に改姓
1604	松前慶広の蝦夷地交易独占を幕府許可
1669	**シャクシャインの戦い**
	●18世紀はじめ頃、**場所請負制度**急速に成立
1740	松前藩、幕命で俵物を長崎に送る
1785	幕府、蝦夷地に**最上徳内**らを派遣する
1789	国後・目梨の戦い（松前藩の支配に対する国後・目梨地方のアイヌ蜂起）
1799	幕府、東蝦夷地を直轄（場所請負制度を廃す）
1807	幕府、蝦夷地全島を直轄とし、松前藩を奥州梁川に移す
1821	幕府、蝦夷地を松前藩に返す
1854	日米和親条約。幕府、箱館奉行をおく
1855	箱館開港。東・西蝦夷地を幕府再直轄
1869	開拓使設置。蝦夷地を北海道と改める

2 近世の琉球（りゅうきゅう）

年代	事　項
1591	豊臣秀吉、朝鮮派兵決定。薩摩の島津氏を通して琉球に出兵要求→琉球拒否
1605	野国総管、中国から甘藷の苗持ち帰る
1606	明から琉球に冊封使来航し、尚寧を中山王に封ずる。琉球、明に謝恩使派遣
1609	薩摩の島津家久、3,000の兵で**琉球へ侵攻し首里城を占領**。尚寧降伏
1611	島津氏、琉球王府領を8万9,000石余とし、薩摩への貢納物を定める
1634	琉球最初の**謝恩使**、将軍家光に謁見
1662	琉球王府、砂糖奉行を設置し、サトウキビ栽培から製糖まで厳しく統制
1698	琉球から薩摩に甘藷が伝えられる
1771	八重山で大津波・大飢饉おこる（～72）
1853	ペリー来琉、日本開国の足掛かりとする

➡4 **琉球使節**　1609年の島津家久の琉球侵略後、琉球は中国と日本との二重支配を受けた。琉球は、「大名」並の待遇を受け、将軍の代替りごとに**慶賀使**が、琉球王の代替りごとに**謝恩使**が、江戸へ参府した。

琉球使節一覧

年　代	将軍	目　的	総人数
1634（寛永11）	家光	謝恩	?
1644（正保元）	家光	慶賀・謝恩	70
1649（慶安2）	家光	謝恩	63
1653（承応2）	家綱	慶賀	71
1671（寛文11）	家綱	謝恩	74
1682（天和2）	綱吉	慶賀	94
1710（宝永7）	家宣	慶賀・謝恩	168
1714（正徳4）	家継	慶賀・謝恩	170
1718（享保3）	吉宗	慶賀	94
1748（寛延元）	家重	慶賀	98
1752（宝暦2）	家重	謝恩	94
1764（明和元）	家治	慶賀	96
1790（寛政2）	家斉	慶賀	96
1796（寛政8）	家斉	謝恩	97
1806（文化3）	家斉	謝恩	97
1832（天保3）	家斉	謝恩	78
1842（天保13）	家慶	慶賀	99
1850（嘉永3）	家慶	謝恩	99

● 和人地の北上

① 1550年	② 1669年	③ 1800年	④ 1865年

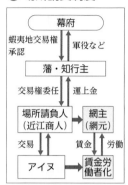

● 場所請負制度

幕府
↓蝦夷地交易権承認　↑軍役など
藩・知行主
↓交易権委任　↑運上金
場所請負人（近江商人）　網主（網元）
↓交易　↑賃金・労働
アイヌ　賃金労働者化

シャクシャイン（?～1669）　アイヌの首長。1669年、松前藩の圧制に対し蜂起。
北海道・新ひだか町
特定非営利活動法人新ひだかアイヌ協会提供

松前藩は、家臣にアイヌと交易する権利として、一定の河川流域（商場）を知行地として与えた（**商場知行制**）。この商場での不公平な交易はアイヌ集団の不満を鬱積させた。1669年、石狩地方を除く全蝦夷地のアイヌが、首長**シャクシャイン**のもと一斉に蜂起したが、シャクシャインが謀殺され鎮圧された。乱後、アイヌの自立性は失われ、交易も和人の商人に任され、家臣は運上金を受け取る方式（**場所請負制度**）に変わった。

● 琉球使節

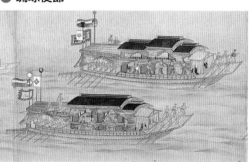

● 17世紀後半～18世紀末の蝦夷地

得撫（うるっぷ）
択捉（えとろふ）
国後（くなしり）
目梨（めなし）
西蝦夷地
東蝦夷地
厚岸（あっけし）
札幌
箱館
松前

0　　100km

● 商場（場所）（18世紀末）　和人地

➡2 **厚岸の首長イコトイ**（蠣崎波響「夷酋列像」）竜や渦巻き型の雲を描いた中国産の錦織（「蝦夷錦」とよばれた）の上に西洋風の赤いコートを羽織っている。アイヌの交易の国際性がわかる。
➡p.156 8
＊画家でもあった蠣崎波響は、松前藩士の子で、のち家老となった。

蝦夷地での鰊漁　小船に乗ったアイヌたちが鰊をとり、浜で肥料の鰊粕などに加工した。
函館市中央図書館（北海道）蔵

山丹
樺太アイヌ
千島アイヌ
北海道アイヌ
蝦夷地
朝鮮
北前船昆布
大坂
清
薩摩
黒砂糖
昆布
生糸・反物・薬種
進貢船貿易
琉球
琉球王国
昆布ロード

琉球料理（クーブイリチー）　せん切りにした昆布に、豚肉を入れた炒り煮。

● 昆布ロード

18世紀、北前船（きたまえぶね）によって蝦夷地から日本海を通って大坂に運ばれた昆布は、大坂の市場で薩摩商人が黒砂糖と換え、さらに、琉球の進貢船貿易を利用して中国に輸出されるようになり、中国からは、生糸・反物・薬種などがもたらされた。

昆布は、琉球の食生活にも根づき、現在でもその消費量は全国有数で、豚肉とともに琉球料理の必需品であり、長寿県沖縄を支える食品の一つでもある。このように、江戸期には蝦夷地から琉球へのいわば昆布ロードが形成され、大坂はその接点としての役割をはたし、昆布を使った佃煮が大坂名物として定着した。

⬅6 **出荷された昆布（復元）**
国立歴史民俗博物館蔵

近世　江戸

江戸幕府の宗教統制はどのような特色をもっていたのだろう

1 禁教と寺社統制関係年表

年代	事項
1612	幕領にキリスト教禁止令を出す
1613	全国にキリスト教禁止令を出す
1614	高山右近らをマニラ・マカオに追放
1622	元和の大殉教*
1629	長崎で踏絵（絵踏）を開始
1630	日蓮宗不受不施派の日奥らを処罰
	キリスト教書物の輸入を禁止
1635	寺社奉行を設置
1637	島原・天草一揆（島原の乱）（～38）
1640	宗門改役を設置
1654	中国僧の隠元隆琦来日（黄檗宗伝来）
1664	諸藩に宗門改役の設置を命じる
1665	諸宗寺院法度・諸社禰宜神主法度を制定
	日蓮宗不受不施派の僧を処罰
1669	日蓮宗不受不施派の寺請を禁止
1671	宗門改帳の作成を命じる（制度化）

テーマのポイント
1. 江戸幕府はキリスト教に対し厳しい弾圧をおこなった
2. 幕府による宗教統制の制度は民衆統制策として機能した
3. 江戸時代には仏教のほか、多様な宗教活動が存在した

*長崎でイエズス会・フランシスコ会などの宣教師・信者55人が火刑・斬首によって処刑された事件。海外に伝えられ、26聖人の殉教（→p.178）とともに有名な事件になった。55人は聖人に次ぐ福者になる。

**現代では「踏絵」「絵踏」が使い分けられることもあるが、江戸時代は行為も物も「踏絵」とよんだ用例がある。

***不受不施とは、日蓮宗の僧は他宗の信者から布施を受けず、信者は他宗の僧に施しをしてはならないというもの。

2 キリスト教の禁止

↑2 **踏絵**
東京国立博物館蔵
出典：ColBase

↑1 **長崎での踏絵のようす**（シーボルト『Nippon』）
キリシタンの発見のためにおこなわれた。木・銅・真鍮製の聖母マリアやキリスト像を足で踏ませてキリシタンではないことを証明させた。長崎では正月の年中行事となった。

→3 **宗門改帳** 美濃国安八郡の宗門改帳*（1719年）の一部で、家1軒の家族（この場合は母親と息子の二人家族）の名前・年齢・宗派・檀那寺名（この場合は東本願寺に属する松林寺）などが記されている。戸籍簿の役割をはたした。

*美濃国安八郡浅草中村（現在の岐阜県大垣市浅中）の宗門改帳で、明治大学博物館の所蔵する河合家文書の一つ。河合家は代々、浅草中村の名主をつとめてきた家柄。

←4 **「切支丹禁制の高札」**（1661年）
宣教師やキリシタンを密告したものに褒美を与える内容の高札。バテレンの訴人は銀300枚、キリシタンの訴人は銀50枚あるいは30枚とある。
徳川林政史研究所（徳川黎明会）蔵

4 島原・天草一揆

天草市立天草キリシタン館蔵

← 板倉重昌進路
← 松平信綱進路
（数字）一揆百姓戸数

神代 三会（268） 東古閑 島原（73） 雲仙岳 深江（277） 小浜（204） 布津（196） 串山（292） 堂崎（183） 有馬（827） 原城 天草四郎時貞 口之津（581） オランダ船 肥前 肥後 談合島 三角 津 天草下島 上津浦 本渡 上島 20km

↑5 **益田（天草四郎）時貞の陣中旗** ラテン文で「至聖なる秘蹟、賛美されんことを」と記す。

1637年、島原城主松倉氏と天草領主寺沢氏の圧政（キリシタン弾圧や過酷な課税）に抵抗するキリシタン百姓や牢人たちが一揆をおこした。益田（天草四郎）時貞を首領とする約3万7,000人の一揆勢は原城跡に立てこもった。幕府は老中松平信綱ら12万を越える大軍を送り、オランダ船の協力も得て1638年に鎮圧に成功した。幕府は翌年、ポルトガル船の来航を禁止し、禁教政策を一層強化した。

↑6 **益田（天草四郎）時貞**（1622？～38）

● 宗門改め・寺請制度・寺檀制度

宗門改め	禁教を目的とした信仰調査。宗門改役が設置され、宗門改帳が作成された。1671年以降、人別改め（戸口調査）をもとに宗門改めをおこない、原則として毎年作成される宗門改帳は宗門人別改帳ともよばれる
寺請制度	寺檀制度にもとづいて、檀那（檀家）がキリシタンではないことを檀那寺に証明させた制度。檀那寺は檀那の結婚・旅行・転居などの際に寺請証文を発行した
寺檀制度	檀那制度ともいう。すべての住民を、宗派を問わずいずれかの寺院（檀那寺）に所属させ、その寺の檀家にさせる制度。原則、檀那寺と檀那の関係を固定した

見方・考え方
檀那寺の存在は地域の結びつきの強化にもつながったことに留意しよう。

3 寺社統制

幕府
- **寺院法度** 1601～16年
  宗派ごとに本山を確定して、末寺を組織させる（本末制度） → 寺院 本山→末寺
- **諸宗寺院法度** 1665年
  全宗派共通。僧侶全体を統制 → 檀那
- **寺社奉行** 1635年設置
- **諸社禰宜神主法度** 1665年
  神社・神職を統制。本所は吉田家（公家） → 神社

↑7 **原城跡**（長崎・南島原市）

歴史ポケット 隠れキリシタンの「御前様」

キリシタン弾圧にも屈せず、江戸時代を通じて信仰を続ける人々（潜伏キリシタン）がいた。潜伏キリシタンは全国に散在していたが、肥前など西九州に多数存在した。その多くは明治以後、カトリック教会に復帰したが、生月島（長崎県平戸市）のキリシタンのように、カトリック司祭の指導下に入らず従来の信仰を守り続けるキリシタンもいた（隠れキリシタン）。生月島では、「御前様」とよばれるマリアやキリストの絵画が信仰の対象とされ、現在まで大切に祀られてきた。右の絵の聖母子の足元には太陽と月が描かれている。

↑8 **「御前様」**
平戸市生月町博物館
島の館蔵

一言かわら版 **近世の修験道** 幕府は1613年、修験道（→p.107）の二大勢力争いをおさえるために修験道法度を出した。天台宗系の本山派（京都の聖護院門跡が中心）と真言宗系の当山派（醍醐寺三宝院門跡が中心）は各地の修験者（山伏）を支配した。

近世 江戸

近世の女性はどのような立場だったのだろうか。

江戸時代、百姓の家でも武士の家でも、男性当主が家長として家族の財産を管理し、妻子に対して強い権限をもつようになった。それに対して女性は弱い立場に追い込まれたというだけでは一面的な見方にすぎる。具体的な女性たちのようすを見ていこう。

1 江戸時代の結婚・離婚

江戸時代の女性は、幕府や藩から正式な家の代表者としてみなされておらず、公的な権利を与えられなかった。庶民の夫婦が離婚する場合、夫に離縁状を作成する権利があったが、離縁状は必ずしも一方的なものではなく、妻の再婚の自由を保障するものでもあった。

↑❶三行半　三行半として知られる離縁状は3行半で書かれるよう定型化されており、抽象的な内容のみで離婚理由などは書かないのが通例だった。「勝手につき」「不熟につき」などが定型文で用いられた。また、再婚について、この離縁状でも、「何え方再縁いたし候とも、毛頭差し構いこれ無く候（どちらへ再婚したとしても、まったく差し支えありません）」と述べている。
新潟県立文書館蔵

一、去状一札之事
其方儀、不熟に付、此度相談之上、離縁いたし申候、此末何方江再縁致候共、毛頭差構無之候、為後日依而如件

天保十五辰年
九月朔日　　夫
井澤博輔㊞
おきんとの

↑❷東慶寺（鎌倉）

◀❸縁切寺（駆込寺）に駆け込む女性
妻から離婚の請求ができる場合も例外的にはあったが、それでも夫が承諾しない場合には、妻は鎌倉の東慶寺や上野国（群馬県）の満徳寺などの縁切寺に駆け込んで約2年の修行を勤め、実家の父か兄弟に引き取られて離婚を成立させる慣行があった。中世以前の、世俗権力が及ばない聖域、無縁所（アジール）の名残りと考えられる。

2 江戸時代の道徳

➡❹『女大学宝箱』　女性は嫁入り先の舅や姑（義理の両親）に従順に従うべき、そのために必要な封建道徳を結婚前に身につけておくべきとする。この『女大学』は、江戸時代中期以降広く普及した女子教訓書である。貝原益軒（●p.216❶）の著とされるが、じつは益軒の『和俗童子訓』中の一部の文体をわかりやすく改めたものである。

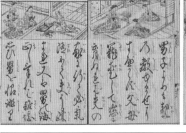

見方・考え方
学び（●p.231）とあわせて女性がどのようなことを学んでいたか考えてみよう。

女大学
一、夫女女子ハ成長して他人の家へ行、舅姑に仕ふるものなれば、男子よりも親正しければ舅姑に思ひ舅を恨詬随ひて夫の家に育ぬれば必ず寵愛して恋にすべからず。父母の教ゆるがせに男子の海気に疎まれ、又は舅の海正しければ難堪思ひ舅を恨詬（中悪くなりて、終には追出され、恥を曝す。）

歴史ポケット
江戸の女性の旅

江戸幕府が設置した箱根や小仏などの関所で、「入り鉄砲に出女」の厳しい取り調べがおこなわれたことはよく知られている。自分の住む町村の町年寄や庄屋などの発行した往来手形のみで関所を通過できる男性に比べ、女性の場合は幕府や藩の役所発行の「女手形」を要求する関所が多く、女性の旅には大きな制約が加えられた。このような規制は、人質として江戸に置かれた大名の妻や子どもが逃亡するのを防ぐためといわれるが、各藩が自領内に設置した関所でも「出女」に厳しいことから、江戸時代には女性の移動や流出そのものを否定する考え方が強かったといえる。また、他国から藩内に入る女性についてはチェックしないことも多く、人口政策に関わる藩単位での女性抱え込みの戦略の可能性も指摘されている。

3 働く女性たち

◀❺三井家の女性たち　呉服商越後屋（●p.212❺）を発展させた三井高利の母珠法は、夫の死後に優れた経営者の手腕を発揮し、女主人として三井家の商いの元祖とされる。一方、15歳の時に28歳の三井高利の妻となったかね（寿讃、左写真）は、「千人に勝れてはげしき姑」の珠法と、「元来こまか成る人」であった夫高利に仕え、15人の子どもを産み育て、家事に励むとともに、店の奉公人たちにも常に気を配り、豪商三井家の繁栄の基礎を築いた。
三井文庫蔵

◀❻農家の女性たち（『養蚕秘録』）　近世の養蚕・製糸・機織といった衣料生産は、ほとんど女性によって支えられていたといえ、とくにそれらの商品としての生産がさかんな地域では、家計の収入に占める女子労働の割合が男子のそれをしのぐようになった。このような背景から、とくに上野国では「上州名物かかあ天下」という言葉も生まれた。

◀❼遊郭の遊女たち　江戸時代、身分的に他の庶民女性と異なる扱いを受けた人々として、遊女があげられる。中世までの遊女は、自立的な売春営業者であったが、16世紀末以降、売買によって女性の人身を手に入れた男性の遊女屋経営者が、女性に売春をおこなわせるというかたちの遊郭が全国的に拡大していった。とくに江戸は参勤交代で出府する武士や商家の奉公人など、独身男性が集中する特異な都市であり、18世紀半ばまで男女の人口比が2対1という状況だったことも、大規模な遊郭の成立をうながした。
国立歴史民俗博物館蔵

探Q
●近世の初め頃と終わり頃では、女性の立場に変化はあったか、調べてみよう。
●近世の女性の職業について、どのようなものがあったか調べてみよう。

1 江戸時代の身分

支配	武士	将軍、大名、旗本・御家人、大名や旗本の家臣 特権…苗字、帯刀、切捨御免
	その他	天皇、公家、上層の僧侶・神職
被支配	百姓	本百姓（高持百姓）、水呑（無高百姓）、名子・被官・譜代　※杣人（きこり）・漁師なども含む
	町人	町人（地主・家持）…職人の親方・棟梁、大商人 地借・借家・店借…職人、商人
	その他	宗教者（僧侶・神職・修験者・陰陽師）、知識人（儒者・医者）、芸能者、日用（日雇）、奉公人、かわた（長吏・えた）、非人など

身分は完全に固定されたものではなく、百姓・町人から武士になる者（二宮尊徳◆p.202⑩など）や、貧困や犯罪により非人になる者などもいた。

2 村と百姓　● 村の構造

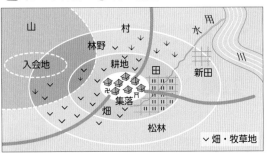

16世紀末以降の村切や新田開発により、17世紀末になると村の数は約6万3,000に達した。1村の平均人口は約400人、平均石高は約400石と推定される。村の運営は**村役人（村方三役）**が中心となり、**村法（村掟）**にもとづいておこなわれた。

● 本百姓の負担

年貢・諸役の納入は村全体の責任で請け負った（**村請制**）。

本途物成（本年貢）	検地帳に登録された田畑・屋敷地に課せられる基本的な税。米納が原則だが、一部貨幣納もあった。石高の40%の年貢を納める場合は**四公六民**という。賦課方法には**検見法**や**定免法**があった
小物成	山野河海の利用や農業以外の副業に課せられる税
高掛物	村高に応じて課せられた付加税
国役	治水工事など一国単位で課された**夫役**。貨幣納化
助郷役	宿駅の**伝馬役**（◆p.210）を補うために街道近辺の村々が人馬を提供。人馬を提供する村を助郷という

● 本百姓に対する幕府の統制法

田畑永代売買禁止令(1643)図…寛永の飢饉（1641～42）で被害を受けた本百姓の没落を防ぐために、田畑の売買を禁止

分地制限令(1673～)図…本百姓の所持田畑の分割を制限。幕府が望む本百姓の規模は面積1町、石高10石だった

田畑勝手作りの禁（作付制限令。1642～）…本田畑での五穀（◆p.30）以外の商品作物（たばこ・木綿・菜種など）の栽培を禁止

※**「慶安の触書」**…1649年に幕府が出した百姓の日常生活の細部にまで指示した法令として知られているが、近年の研究では、1697年に甲府藩が出した**「百姓身持之覚書」**が、明治時代に幕法とされて広まったものと考えられている

● テーマのポイント

① 軍事力を背景に武士が民衆を支配
② 武士以外の農工商は役割分担といったもので、民衆間には横並びの意識が育った

賤民（被差別民衆）

かわた（えた）…農業をおこなうもの、死牛馬の処理、皮革製造や行刑役に従事するものなど。えた頭（弾左衛門など）の支配下におかれた

非　人…村や町の番人、清掃、乞食、芸能や行刑役もおわされる。非人頭（車善七など）の支配下におかれた

えた・非人などの賤民は、皮革・行刑・警備を公的な役儀として幕府や藩から担わされた

● 百姓に対する統制

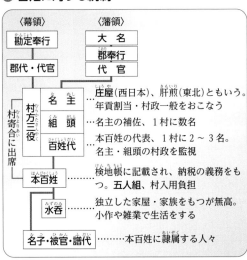

3 町と町人
● 江戸・大坂の町人の統制

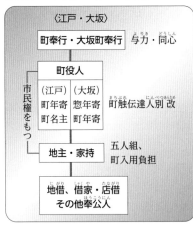

● 町人（地主・家持）の負担

地子（銭）	宅地税。免除されることが多い
町人足役	清掃などの夫役。貨幣による代納も
冥加・運上	商工業者の営業免許税・営業税
御用金	御用商人らが納めた臨時の賦課金

● 身分別人口構成
（関山直太郎『近世日本人口の研究』）

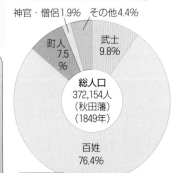

神官・僧侶1.9%　その他4.4%
町人7.5%
武士9.8%
総人口
372,154人
（秋田藩）
（1849年）
百姓76.4%

> 見方・考え方
> 百姓が全人口の約80%を占めていたことを理解しよう。

● 五人組

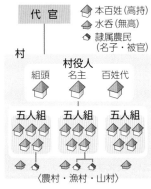

寛永期（1624～44）に全国的に制度化された百姓・町人の連帯責任の組織。村や町の治安維持、租税の完納、キリシタン禁止などを目的とした。

● 町の住人の構成
〈大坂・菊屋町の場合〉
※菊屋町は現在の大阪市中央区心斎橋筋にあった。

	1639年	1765年
家持	8軒・15人	20軒・58人
借家人	11軒・73人	149軒・368人
下男・下女	8人	133人
合計	19軒・96人	169軒・559人

〈商家の奉公人〉

番頭	最上位の奉公人。商売全般を差配した。独立する場合もあった（暖簾分け）
手代	17～18歳で丁稚から昇進。給金支給
丁稚	最下位の奉公人。10歳前後で雇用され、主人の雑役・使い走り。無給

➡❶江戸店　三井越後屋のようす。他所に本店がある商家で、江戸の店を江戸店という。ここでは、番頭・手代・丁稚といった男性店員のみで運営されていた。◆p.212❷

江戸時代の武士と現代のサラリーマンはどこが似ていてどこが違うだろうか。

百万都市といわれる江戸の人口の半分、約50万人の武士のうち、幕臣（旗本・御家人）は家族や家臣を含めても10万人ほどで、江戸の武家人口の約8割は各藩邸でくらす藩士たちだった。家族持ちの定府侍（江戸に定住している者）もいたが、参勤交代にともなって地方から出てくる単身赴任の勤番侍も数十万人いた。彼らのくらしはどのようなものだったのだろうか。

● 江戸詰武士（紀州藩士）の家計費

⑦居住費　4.9
①医療衛生費　2.9
（江戸における1年分の支出分類）

見方・考え方
武士のくらしと江戸の消費経済はどのような関係にあったのだろうか。

その他 9.9
① ⑦
衣料費 27.0%
交際費 16.2
食費 20.2
小遣い娯楽費 18.9

1 江戸の武士のくらし

↑❶武士のくらし（『久留米藩士江戸勤番長屋絵巻』）　実際に江戸勤番を体験した久留米藩士が、明治時代になってからかつての様子を懐かしむために絵師に書かせたもの。天保頃の久留米藩上屋敷での藩士たちの何気ない日常のくらしが描かれている。各藩では、地方出身の藩士が江戸で散財したりトラブルを引き起こしたりすることを恐れ、藩邸からの外出を制限し、街に出る場合も厳しい門限のため日暮れまでには戻らねばならず、夜遊びはできなかった。狭い長屋のくらしは退屈で、俳諧や囲碁・将棋などの趣味をもつものが多かった。こうした武士たちの娯楽や交際を主としたくらしが、江戸の消費経済を支えていた。

2 武士の給料

● 地方知行制と俸禄制度

```
┌─────────────┐
│  地方知行制  │
└─────────────┘
17世紀半ば〜
      ↓
┌──────────────────┐
│ 俸禄制度（蔵米給与）│
│ ◆知行取          │
│ ◆切米取          │
│ （○○石取・○○俵取）│
│ ◆扶持米取        │
│ （○人扶持）       │
└──────────────────┘
```

江戸時代の初めには、上級武士が領地（知行地）を与えられ、彼らが領民を支配して年貢を受け取る**地方知行制**と、幕府や藩が代官を派遣して百姓から収取した年貢米を、武士の家ごとに家禄として支給する**俸禄制度**（蔵米給与）がともに存在した。17世紀半ば以降、地方知行制はほとんどみられなくなり、上級家臣は知行高の4割にあたる蔵米を受け取る知行取となった。中・下級の武士には、年俸を3回に分けて支給される切米取と、1人1か月分の食料を玄米1斗5升（1日5合）とみつもり、毎月支給される扶持米取とがあった。

● おもな給料

武士の職務内容は、本来家ごとに定まった家禄に対する奉公であるため、自分の俸禄の中で、その役職を務める上での諸経費を負担するのが原則。

家禄	武士の定収入を禄という。祖先が戦功の褒賞として与えられたものがそのまま固定化するなど、家柄・家格に応じて家ごとに定まった額を支給されたので、家禄ともいう ※折々の功罪によって増減したり、はく奪されたりした。
役料	役職についていて受ける禄

〈問題点〉　高い家禄を支給されている家に必ずしもいつも有能な人材がいるわけではない。→重職になればなるほど、人材選択の幅が狭まる
※禄は低いが有能な人材を要職に抜擢する場合には家禄自体を役職に見合うレベルに加増したが、次第に幕府が財政難となるにしたがって、在職中の間のみ役職手当である役料を家禄に加算する形で支給した。

● 役料規定の推移（江戸幕府の場合）

4代家綱　1665年と66年、一定の役料を定めて支給し、家禄が低いものが役職に就くことになっても、困窮しないようにした（町奉行の役料は1,000俵）。
↓
5代綱吉　1682年、役料の大部分はいったん廃止されるが、1689年以降、役職ごとに基準の家禄（役高）を定めるとともに、それ以下の者に対して、定額の役料を給付するようになる（町奉行の基準家禄は3,000石、それに満たない者は役料700俵）。
〈問題点〉　基準家禄をはるかに下回る者には、十分な補助とはならない。→有能な人材の登用に障害となる。
↓
8代吉宗　1723年、**足高の制**（◆p.219❸）によって、基準の家禄（役高）に対する不足分全額を加給することになる
→（例えば、足高の制が施行された時の町奉行だった家禄1,920石の大岡忠相は、それまで役料700俵を支給されていたが、基準家禄3,000石との差の1,080石を追給されることになった）。

3 武家屋敷と江戸登城

→❷芝三田の武家屋敷　敷地面積が限られた江戸の藩邸は、大名やその妻子が住む御殿の周囲を、藩士の居住する表長屋で囲むように建てることが多かった。勤番の武士たちは、屋敷の塀を兼ねた表長屋の狭い部屋でくらし、身をもって大名を守る楯の役割を担っていた。1863年頃、F・ベアト（◆p.238❾）撮影
■左が久留米藩、右が秋月藩の上屋敷。

↑❸江戸登城の「通勤ラッシュ」（「温故東の花旧正月元旦諸侯初登城ノ図」）　参勤交代で江戸在府中の大名の最大の公務は江戸城への登城であった。毎月1日、15日、28日が定例の登城日として定められ、その他年始や五節句（◆p.27❷）など儀礼の日にも登城が義務づけられ、将軍拝謁の時間に遅れることは許されなかった。200もの大名の登城行列で大変な混雑がおこり、江戸城の周囲に屋敷を構える大名であっても、2時間もの「通勤」時間を覚悟しなくてはならなかったという。

歴史ポケット

定年がない？いつまでも現役の武士

武士には明確な定年退職制度はなく、幕府・諸藩とも老年による隠居願の提出は、70歳以上にようやく認められる場合が多かった。武士は主君に対し奉公の義務があり自由に隠居はできなかったのである。大岡忠相（◆p.219❶）は、41歳で江戸町奉行に抜擢され、その後20年間、8代将軍吉宗の享保の改革を支え、60歳で寺社奉行となり、それから12年後の加増によって72歳にして大名に昇格することになった。その後75歳で病没するまで現役であった。

探Q
●武士の給料の制度的な特徴をまとめてみよう。
●江戸（現在の東京）におけるかつての大名屋敷や藩邸だった場所がどうなっているか調べてみよう。

◆ テーマのポイント

❶ 洗練された優美さを基本とする、宮廷文化人によるサロン文化

❷ のちに武家・町人にも広がる。王朝文化と町衆文化が融合

権現造 ←キーワード

霊廟建築の代表的な様式。前後に並行する本殿と拝殿の間に直角に石の間を入れ、エ字形に連結したもの

数寄屋造 ←キーワード

江戸初期の書院造の一形式。自由で装飾性が高い。茶室の影響もある

桂離宮と日光東照宮は対照的な建築であるが、小堀遠州が両建築に深い影響を与えたといわれ、また、幕府絵師狩野探幽も、両建築の彩色や襖絵を担当しているなど、共通性もある。

❶ 寛永期の文化一覧表

建築	桂離宮（数寄屋造）→❸ 修学院離宮（数寄屋造）→❷ 日光東照宮（権現造）→❶ 延暦寺根本中堂→❹ 万福寺大雄宝殿→❺ 崇福寺大雄宝殿→❻ 清水寺本堂
絵画 → p. 199	風神雷神図屏風（俵屋宗達） 夕顔棚納涼図屏風（久隅守景） 彦根屏風（作者不詳） 大徳寺方丈襖絵（狩野探幽）
工芸 → p. 199	舟橋蒔絵硯箱（本阿弥光悦） ●陶磁器　有田焼・薩摩焼など 色絵花鳥文大深鉢（酒井田柿右衛門）
学問	（朱子学）藤原惺窩、林羅山
文学	仮名草子 （俳諧）松永貞徳（貞門俳諧）

❸ 数寄屋造

京都市

↑❷修学院離宮　後水尾上皇（→p.190❷）が営んだ山荘。上・中・下の3つの離宮（御茶屋）からなる。比叡山を借景にした雄大な庭園。写真は「上の御茶屋」の数寄屋造の茶屋「隣雲亭」。

新御殿付書院

● 関係系図

```
    107 ようぜい     108 ごみずのお
  ┌ 後陽成 ── 後水尾
  │   桂宮
  └ 智仁親王 ── 智忠親王
       （八条宮）
     数字は天皇の即位順。
```

書院外観

←❸桂離宮　後陽成天皇の弟である智仁親王とその子智忠親王が、1616年頃から1663年頃にかけて、桂川の近くに営んだ別荘。以来、桂宮家の別荘となった。書院造に茶室様式を取り入れた数寄屋造の建物で、中心の御殿群は雁行形に続いている。　京都市

新御殿
中書院
古書院
松琴亭

❶ 日光東照宮陽明門

東照宮は徳川家康を祀る霊廟。寛永年間に3代将軍家光によって造営され、特に**陽明門**はその華麗さから「日暮しの門」の異名を持つ。国宝　世界遺産

栃木・日光市　高さ11.1m

1600　1700
桃山文化　寛永期の文化　元禄文化

❷ 権現造

陽明門　拝殿　石の間　本殿

❹ 寺院建築

←❹延暦寺根本中堂　平安期密教建築の様式を伝えるが、現在の建物は徳川家光の命で建てられたもの。

国宝　世界遺産
滋賀・大津市
高さ24.3m

←❺万福寺大雄宝殿　万福寺は、1661年に明僧**隠元隆琦**（→p.190）が創建した黄檗宗の本山。大雄宝殿は、1668年の建立。

京都・宇治市
高さ19.8m
京都万福寺提供

←❻崇福寺大雄宝殿　崇福寺は、1629年に創建された黄檗宗の禅寺。大雄宝殿は、1646年の建立。万福寺とともに、中国風の黄檗宗寺院建築の様式を伝えている。

国宝　長崎市　高さ13m

近世
江戸

1 絵画

途切れさせた(はみ出した)太鼓の輪　ねじれた腕

↑①風神雷神図屏風(俵屋宗達筆)　金箔の天空を背景に、緑と白で躍動感あふれる二神を二つの画面の左右に配置し、絵を途切れさせるなどして空間の広がりを感じさせる。三十三間堂の風神雷神像を参考にしたといわれる。宗達の最高傑作。国宝 建仁寺(京都市)蔵 2曲1双　157.0×173.0cm 部分

大胆な余白、絶妙の構図　湧き立つ雲の表現　思い切りのいい大胆な曲線

作品鑑賞　雷神は赤色で描かれるのが通例だが、宗達はこれを白色で描くことによって、画面に明るさと軽やかさをもたらした。

↑②三十三間堂の雷神(左)と風神(右)
提供：妙法院

近世
江戸

↑③彦根屏風　狩野派の手法で、室内で遊び楽しむ男女の姿を描き、服飾の描写は精巧をきわめ、風俗資料として貴重である。　国宝 彦根市(滋賀)蔵　6曲1双　94.5×278.8cm 部分

←④大徳寺方丈襖絵(狩野探幽筆)　大徳寺本坊の方丈は9室あり、その100面以上の襖を探幽が1人で描いた。画材は山水・人物・花鳥などで温雅な江戸絵画を示している。
各178.0×91.0cm 部分

←⑤夕顔棚納涼図屏風(久隅守景筆)　背景に大きな月、夕顔棚で涼む親子を描き、貧しいながら幸福に暮らす人々の、満ち足りた気分が漂う。久隅守景は、市井に画題を見い出し、風俗画に独自の境地を開いた。国宝 東京国立博物館蔵　2曲1双 150.6×167.3cm 部分
出典：ColBase

2 工芸

↑⑥色絵花鳥文大深鉢(酒井田柿右衛門作)　本焼きした白磁の上に、上絵具で文様を描き、再び焼き上げる上絵付の手法でつくられている。
東京国立博物館蔵　高さ21.3cm
出典：ColBase

内部

↑⑦舟橋蒔絵硯箱
(本阿弥光悦作)　高くもりあがった蓋の表に鉛で橋を、金蒔絵で舟と波を描き、銀の文字で和歌を配している。
国宝 東京国立博物館蔵　24.2×22.9cm
出典：ColBase

上絵付

● 赤絵
成形した器を素焼きし、釉薬を付けて高火度で焼いた上にさまざまな色彩の色絵を付ける上絵付の技法をとる。赤絵具を基調とする。
(『秘技探訪 日本美術の伝統技法』講談社より)

赤絵具を基調に、さまざまな色彩で色絵付し、約800度で焼成する。

↑⑧薩摩茶碗　伝統をうけつぐ瀬戸・美濃・備前・信楽などの古窯に加え、唐津・有田・薩摩・萩焼など、秀吉の朝鮮侵略の際に、出陣した諸大名が連行した陶工による窯が発展した。
⊙p.35 2 1,184,204 ⑦

テーマのポイント

■家康・秀忠・家光期の武断政治から、改易・減封による牢人の増加と社会不安などを契機として、武力によらない文治政治への転換がおこなわれた

近世
江戸

❶ 幕政の推移－文治政治の展開

4代将軍 家綱 (在職1651～80)	・会津藩主保科正之(家綱の叔父)や酒井忠勝・松平信綱らが補佐 後半は、大老酒井忠清の専横を招く ・由井正雪の乱(慶安の変)(1651年に由井正雪・牢人の集団が企てた幕府転覆未遂事件)などを契機に、幕府は末期養子の禁を緩和(1651)し、牢人の増加を防ぐとともに、牢人・かぶき者の取締りを強化 ・殉死の禁止(1663)、領知宛行状の発給(1664)➡p.189❶、大名の人質禁止(1665) ●この頃、江戸で大火➡明暦の大火(振袖火事、1657年)
5代将軍 綱吉 (在職1680～1709) ➡p.201❶	・大老堀田正俊が補佐→暗殺後、柳沢吉保による側用人政治 ・貨幣改鋳…元禄小判➡p.213❷:背景として財政難進行 　金銀産出の激減、商品経済の浸透、明暦の大火の復興費 　寺社造営(寛永寺〈上野〉・増上寺〈芝〉の修築、護国寺造営など) 　(改鋳責任者)　勘定吟味役(のち勘定奉行)荻原重秀 　(改鋳方針)　　金の含有量を減らした低品質の小判を発行 　(結果)　　　　改鋳差益(出目)を獲得し、幕府財政が一時的に好転 　　　　　　　　➡貨幣供給量が増加し、インフレを招く ・学問の奨励・湯島聖堂建設(1691) 　貞享暦を作成した渋川春海(安井算哲)を天文方に登用、 　林信篤(鳳岡)を大学頭に登用 ・生類憐みの令:仏教思想の影響。食犬の風習排除➡野犬が減る ・服忌令:神道の影響。死や血を忌み嫌う風潮現出
6・7代将軍 家宣 (在職1709～12) 家継 (在職1713～16) ➡p.201❷	・正徳の政治＝儒学者新井白石、側用人間部詮房の政治 　朝幕関係の融和:閑院宮家の設立(1710) 　朝鮮との関係の整備:朝鮮使節の接遇を簡素化(1711)。朝鮮からの国書における将軍の称号の変更*(「日本国大君殿下」→「日本国王」)➡p.201❽ 　*1717年、8代吉宗の時にもとの称号にもどされた。 ・貨幣の改鋳:正徳小判の発行→デフレの進行史➡p.213❸ ・長崎貿易の制限:海舶互市新例(長崎新令・正徳新令)の発令(1715)

❷ 武家諸法度における方針の変化

元和令(1615)史 秀忠(実質は家康) 伏見城で発布 ➡p.190❶	第1条に「文武弓馬の道、専ら相嗜むべき事」。以下、遊興の禁止、居城補修や新築の禁止、私婚の禁止など全13条
寛永令(1635)史 家光 ➡p.190❶	在江戸参勤交代義務、居城新築禁止(再度)、大船(五百石以上)建造禁止など全19条、諸藩においても「万事江戸の法度の如く」施行すること
寛文令(1663) 家綱	キリスト教禁止、不孝者処罰を追加(諸士法度で末期養子*の禁緩和)
天和令(1683) 綱吉	第1条を「文武忠孝を励まし、礼儀を正すべき事」とするなど、ほぼ全条項を改訂、末期養子の禁をさらに緩和、殉死の禁止など全15条。享保令以降は天和令を踏襲

*当主が病気危篤に際し急きょ願い出た養子。江戸幕府では、当初認められていなかった。

代々の将軍は、短期に終わった家継と慶喜を除いて、その就任後、武家諸法度を諸大名に公示した。

「見方・考え方」
武士の本分が「弓馬の道」から「忠孝」に変化していることに着目しよう。

❹ 諸藩の文治政治

藩名	藩主	招かれた学者	内　容
会津	保科正之 (1611～72)	山崎闇斎 (朱子学者)	●「家法」15カ条制定 ●漆・蠟の専売
水戸	徳川光圀 (1628～1700)	朱舜水 (明の儒学者)	●彰考館設置　●紙の専売 ●『大日本史』編纂
加賀	前田綱紀 (1643～1724)	木下順庵 (朱子学者)	●農政改革実施 ●古文献収集・整理(「東寺百合文書」など)
岡山	池田光政 (1609～82)	熊沢蕃山 (陽明学者)	●新田開発奨励　●〈郷学〉閑谷学校の設立、〈私塾〉花畠教場➡p.230❸

↑❷徳川光圀

❼❸『大日本史』 1657年、徳川光圀の命により、江戸小石川の藩邸(➡p.206❹,207❹)に彰考館が置かれ『大日本史』の編纂がはじめられ、1906年に完成した。神功皇后の立后、大友皇子を歴代天皇に入れたこと、南朝を正統としたことの3つが特徴である。本書の編纂を通じて、のち尊王攘夷を中核とする水戸学が誕生した。➡p.235❸
徳川ミュージアム蔵

❸ 明暦の大火

1657年1月18～19日にかけておこった大火は、北西の風に乗って燃え広がり、江戸城天守閣が焼けるなど、ほぼ江戸全域を焼いた。大火後は、類焼を誘う大名屋敷や寺院など大規模建築は周辺部に移動させられ、各地に広小路(防火帯)が設けられ、全体として江戸の範囲は拡大した。大火の復興費は幕府財政の窮乏化の一因ともなった。

＼後年、火に投じた火模様のついた振袖が燃えあがり大火になったという伝承がうまれ、明暦の大火は「振袖火事」ともいわれるようになった。

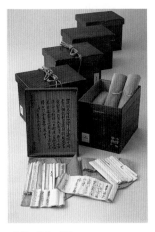
↑❶かぶき者(『江戸名所図屏風』)
社会に抗して、不満をぶつける無頼集団＝かぶき者が横行し、幕府はこれを取り締まった。出光美術館蔵

↑❻保科正之
土津神社(福島・猪苗代町)蔵

↑❹前田綱紀
前田育徳会(東京・目黒区)蔵

↑❼池田光政
林原美術館(岡山市)蔵

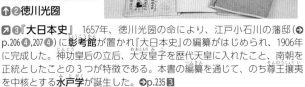
←❺『東寺百合文書』 1685年、加賀藩主前田綱紀が京都の東寺文書の書写をおこなった謝礼として、文書の目録を作成し、桐箱100合を製作・収納して東寺に返還した。文書箱が100合あったとされたことから、これらの文書を「東寺百合文書」と称するようになった。2015年にユネスコ「世界の記憶」に登録された。➡p.109❷, 191❷, 355❷
*1997年の調査で、前田綱紀の寄進した文書箱は93合であったことが判明した。

一言かわら版　かぶき者　「かぶき」は「かぶく」「傾く」と同義で、異形・異装、奇行をさす。かぶき者には、町人出身の町奴、旗本出身の旗本奴がいた。

1 元禄時代

おもな側用人

将軍	氏名	在職期間	備考
（5代）綱吉	牧野成貞	1681〜1695	側用人の初例
	柳沢吉保	1688〜1709	のち、大老格
（6代）家宣	間部詮房	1704〜1716	のち、老中格
（9代）家重	大岡忠光	1756〜1760	
（10代）家治	田沼意次	1767〜1772	のち、老中に就任
（11代）家斉	水野忠成	1812〜1818	「水の出て、元の田沼となりにけり」

1684年に大老堀田正俊が将軍居室（御座之間）の近受で若年寄稲葉正休に殺害された。この事件を契機に、老中の執務室（御用部屋）を将軍居室から遠ざけた。これ以後、将軍と老中との間に、政務取次役として側用人が介在するようになり、次第に発言権を高めていった。

↑① 柳沢吉保（1658〜1714） 館林藩時代から綱吉に仕え、綱吉の将軍就任とともに幕臣となり、側用人ののち、大老格までなった。

幕府の学問政策

←② 湯島聖堂 綱吉は、江戸忍ヶ岡にあった林家の私塾を湯島に移転し、これに孔子を祀り、聖堂学問所とした。林信篤を大学頭に任命し管掌させ、朱子学を講じさせた。

赤穂事件 歴史ポケット

1701（元禄14）年3月14日、江戸城内で播磨赤穂藩主浅野内匠頭長矩が、年頭の恒例行事である勅使下向にあたっての儀式典礼役をめぐるトラブルから、高家（儀式典礼指南役）吉良上野介義央に斬りつけ、浅野は即日切腹、赤穂浅野家は断絶となった。翌年12月14日、浅野家の旧臣らは、吉良邸に討ち入り主君の恨みをはらしたが、大石良雄（内蔵助）ら四十七士（実際は四十六士）は、幕命により切腹となった。大石らの行動について、幕府内部では、武家諸法度第1条「文武忠孝を励まし」にかなうとする意見、同法度第6条「徒党を結び誓約を成す」ことの禁止に反するとする意見があった。儒学者荻生徂徠は、社会の秩序を維持する「法」の見地からは処罰に値するが、「侍の礼」をもって切腹に処すべしという判断を示した。

⑤ 赤穂浪士の討ち入り

生類憐みの令と服忌令

→③ 綱吉が使ったとされる犬の湯たんぽ

生類憐みの令は1685年以来出された一連の生類保護法の総称。犬だけでなく鳥類や小さな虫までも対象となり、人々を苦しめた。また、忌引などの日数を定める服忌令は、広く農村まで浸透し現在まで引き継がれている。

佐渡金山の上納金高

年代	江戸上納金高
慶長18（1613）〜元和8	680,400両
元和9（1623）〜寛永9	1,200,000
寛永10（1633）〜寛永19	501,200
寛永20（1643）〜承応元	269,000
承応2（1653）〜寛文2	231,400
寛文3（1663）〜寛文12	212,600
延宝5（1673）〜天和2	291,200
天和3（1683）〜元禄5	163,600
元禄6（1693）〜元禄15	191,600

佐渡金山などからの収入が減少したため、勘定吟味役荻原重秀の意見により、金の含有量を減らした元禄金銀（→p.213）を鋳造。その改鋳差益（出目）で財政を補った。

←④ 富士山の噴火 1707（宝永4）年、宝永の大地震の50日後に大噴火、現在の宝永山ができ、降灰は江戸にまで及んだ。幕府は災害復興のため大名に高100石につき2両の献金を命じた。しかし、集められた献金の過半数が幕府の財源に充てられたという。→p.26

2 正徳の政治

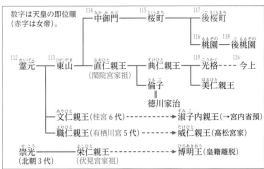

←⑥ 新井白石（1657〜1725）
→p.215 2, 216 1, 228 3

↑⑦ 間部詮房（1666〜1720） 6代家宣・7代家継のもとで、儒学者の新井白石、側用人の間部詮房が政治を主導した（正徳の政治）。

閑院宮家の創設 →後見返し裏

数字は天皇の即位順（赤字は女帝）。

（系図）
112 霊元 — 113 東山 — 直仁親王（閑院宮家祖）
114 中御門 — 115 桜町 — 117 後桜町
116 桃園 — 118 後桃園
典仁親王 — 119 光格 --- 120 今上
倫子 — 美仁親王
徳川家治
文仁親王（桂宮6代）------ 淑子内親王（→宮内省預）
職仁親王（有栖川宮5代）------ 威仁親王（高松宮家）
崇光（北朝3代）
栄仁親王（伏見宮家祖）------ 博明王（皇籍離脱）

見方・考え方
正徳の政治の特色は将軍の威信を高めることにあったことを理解しよう。

新井白石は、1627年の紫衣事件（→p.190 2）以来疎遠となっていた朝幕関係修復のため、皇嗣を確保し皇室の繁栄をはかるとして、新たに閑院宮家を創設した。なお2代閑院宮典仁親王の子が光格天皇で、この時に尊号一件（→p.222 5）がおき、朝幕関係は再び緊張した。

朝鮮との関係整備

→⑧ 朝鮮国王宛の徳川家宣の国書 新井白石は、対馬から江戸までの宴席地を限定したり、接待に使用する小道具に高価なものの使用を禁じたりして、従来約100万両を費やしていた朝鮮通信使接遇の費用の4割を減じた。また、「大君」は朝鮮国内においては王子のことを指すとして、将軍に対する称号を「日本国王」に変更させた。

長崎貿易の制限

年代	船数制限（年間）	貿易年高
1685（貞享2）	*東南アジア方面からの船も含まれる。	オランダ 銀高3,000貫 / 清 銀高6,000貫
1686（貞享3）		朝鮮 1万8,000両 / 琉球 2,000両
1688（元禄元）	清船* 70隻	
1709（宝永6）	清船 59隻	
1715（正徳5）（海舶互市新例）	清船 30隻 / オランダ船 2隻	清 銀高6,000貫 / オランダ 銀高3,000貫
1720（享保5）	清船 30隻	清 銀高4,000貫
1736（元文元）	清船 25隻	清 銀高4,000貫
1739（元文4）	清船 20隻	清 銀高4,000貫
1746（延享3）	清船 10隻	
1765（明和2）	清船 13隻	清 銀高3,510貫
1790（寛政2）	オランダ船 1隻	オランダ 銅60万斤
1791（寛政3）	清船 10隻	清 銀高2,740貫

新井白石は、貿易によって国産の金銀が大量に海外に流出していることをつきとめ、貿易制限を幕府へ提起、これにより海舶互市新例（長崎新令）が定められた。

近世
江戸

テーマのポイント

1. 幕府や藩、大商人らによる大規模な新田開発によって、全国の耕地面積が飛躍的に拡大した
2. 農業技術が発達。少ない耕作地からより多くの収穫を得るための農作業の効率化がはかられた
3. 金肥の使用や農具の改良が農業の飛躍的発展を支えた

1 農業の発達

→p.157 **1** (室町時代の農業)
色分けは **2** (地図)と対応。

- ●耕地面積の拡大…**新田開発**
  - ・**代官見立新田**…代官が適切な土地を見立て村々に開発させる
  - ・**藩営新田**…藩が資金を出し開発したもの
  - ・**村請新田**…村が開発願いを出して村の負担で開発したもの
  - ・**町人請負新田**…町人が資金・技術を投じて開発したもの
  - ・その他…**土豪開発新田**(土豪が資金・技術を投じて開発したもの。初期の新田に多い)など
- ●集約化(段あたり収穫量の増加)…農業技術の進歩
  - ・農具の改良・発明…**備中鍬**(深耕用具)、**千歯扱**(脱穀具)、**唐箕**・**千石簁**(選別具)、**踏車**・**龍骨車**(揚水具)
  - ・**金肥**(→p.32 **2**)の導入…**干鰯**・**〆粕**・**油粕**・**下肥**→p.203 **4**
  - ・品種改良…早稲、中稲、晩稲
- ●商品作物の生産拡大…販売して貨幣を獲得
  - ・四木(桑・楮・漆・茶)、三草(紅花・藍・麻)→p.28,29
  - ・綿花、菜種、たばこ、野菜類、果物、藺草など→p.31,32,33
- ●農書の出版…農業技術・知識の普及
  - ・『清良記』、『農業全書』(宮崎安貞)、『農具便利論』・『**広益国産考**』・『**除蝗録**』(大蔵永常)、『**老農夜話**』など

見方・考え方
農具の改良、新たな肥料の登場、農書の普及が農業の発達を支えたことを理解しよう。

● 田畑面積の増加

(万町歩)	0	100	200	300
1450年頃	94.6			
1600年頃	163.5			
1720年頃			297.0	
1874年頃				305.0

『体系日本史叢書7 土地制度史Ⅱ』

● 石高の増加

(万石)	0	1,000	2,000	3,000
1592(文禄元)		1,846		
元禄年間(1688~1704)			2,577	
1832(天保3)				3,040
1871(明治4)				3,162

『日本史料集成』

2 新田開発

- ●おもな新田
  - 〔海面干拓・湖沼・河川・低湿地干拓・原野開墾・山地開墾が含まれる〕
  - (数字)は開発年代
  - 色分けは **1** と対応

菊池利夫『新田開発』など

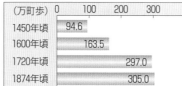

(地図中の新田名)
- 十三湖畔新田(1803~23)
- 広須・木造新田(1682~1727)
- 三本木開墾(1855~60)
- 紫雲寺潟新田(1726~34)
- 十六島開墾(1590~1638)
- 大濱野新開(1638~78)
- 五郎兵衛新田(1626~62)
- 勘兵衛新田(1844~52)
- 元禄開作(1691)
- 大浜塩田(新田)(1766)
- 皆実新開(1663)
- 後潟開作(1752)
- 大開(1853)
- 学料開(1840)
- 七百町新田(1819)
- 堤添新地(1804)
- 高江新田(1679~87)
- 手城新涯(1662)
- 興除新田(1821~23)
- 武蔵野新田(数次)
- 熱田新田(1637~47)
- 鴻池新田(1704~08)
- 川口新田(1698~99)
- 箱根用水(1666~70)
- 椿新田(1668~72)
- 印旛沼干拓(1724~1843)
- 手賀沼干拓(1727~80)
- 飯沼新田(1725~27)
- 見沼代用水(1728)

近世初期には、年貢増収を見込んだ領主主導型の開発が中心で、多くの村が創出され、総石高も大幅に増えた。享保の改革期には、幕府は財政再建のため、新田開発を奨励した。江戸時代後期にも開発はすすめられたが、村の共有地までも開発の対象としたため、村人同士の騒動なども頻発し、開発面積は増えなかった。

→**1** 箱根用水 芦ノ湖の水を、隧道を掘って、黄瀬川流域の村々の耕地へ送るもので、1666年に計画がたてられ、5年がかりで完成した。当地では深良用水とよばれている。

(写真下)
静岡県　湖尻峠　神奈川県
箱根用水　芦ノ湖
1350m

4 おもな農書と農政家

→**8** 『**農業全書**』(宮崎安貞著) 安貞は17世紀の農学者。畿内や伊勢・志摩などの農業の調査と中国の本草学・農書を学び、1697年に著したのが『農業全書』である。

→**9** 『**除蝗録**』(大蔵永常著) 永常は諸国を巡り、見聞によって『広益国産考』『農具便利論』『除蝗録』などの農書を多く著す。米作の大敵である害虫の駆除法を紹介したのが『除蝗録』(1826年刊)。

↑**10** 二宮尊徳(1787~1856) 倹約・貯蓄を中心とする事業法(**報徳仕法**)により、農政家として諸藩・諸村の復興に尽力した。

↑**11** 大原幽学(1797~1858) 道徳と経済の調和にもとづく**性学**を説き、下総国で相互扶助による農村復興を指導した。

3 農具の発達

米の工程(稲→籾→玄米→白米)
① 稲穂から種子を取りはずす(脱穀)。この取りはずされた種子が籾。
② 籾から外皮(籾殻)を取り去る(籾摺り)。この状態の米を玄米という。
③ 玄米の表面を覆う種を取り去る(精白)。精白された米が白米(精米)。

→**4** 千歯扱 脱穀具。従来の扱箸に比べ能率は倍増した。

→**2** 備中鍬 深耕用の鍬。江戸中期に全国に普及。

→**5** からさお打ち 大麦や豆類の脱穀や実をとるために使われた。

→**3** 踏車 低い水面から水をくみ上げる足踏みの小型水車。

←**6** 千石簁 籾から玄米を選別する農具。穀粒の大きさでふるいわける。「簁」は「ふるい」の一種。

↓**7** 唐箕 穀類を脱穀した後、風力を利用して籾殻やごみをあおり分ける選別農具。→p.39 **9**

(左欄)近世 / 江戸

1 農民の1年（農事暦）（『農業図絵』）　※旧暦　➡p.27

月	1月	2月	3月	4月	5月	6月
節気	立春　雨水	啓蟄　春分	清明　穀雨	立夏　小満	芒種　夏至	小暑　大暑
事項	肥汲み始め、道具拵え 肥汲み	苗代への種籾蒔き、本田の荒起こし（耕起）、代掻き（牛馬を利用しての耕起） 荒起こし　代掻き		苗代の苗取り・田植え 田植え	中耕・除草・施肥 中耕	除草
休日	大正月、小正月	春彼岸　（16日）	耕起1日、寺参り（2日）	田植え後（2日）	節句（端午）（1日）	6月朔日、15日（2日）

月	7月	8月	9月	10月	11月	12月
節気	立秋　処暑	白露　秋分	寒露　霜降	立冬　小雪	大雪　冬至	小寒　大寒
事項	水戸払い（田の水を抜く） 水戸払い	稲刈（早稲・大唐米：8月、中稲：9月、晩稲：10月）　脱穀・選別 稲刈　脱穀　選別			村納め（年貢米の運搬・御蔵入れ） 年貢米の運搬	皆済目録の受け取り 御蔵入れ
休日	七夕、墓参、祭り（5日）	休日なし（0日）			米の村納め2日間（2日）	

近世　江戸

2 水の確保

農民にとって水の確保は死活問題であった。龍骨車や踏車を用いて水を引いたり、振釣瓶などで水を汲んだりした。水の管理をめぐって近隣の村々と争うこともあった。

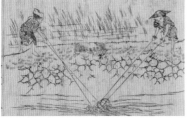
↑❶振釣瓶（大蔵永常『農具便利論』）

3 生産力の向上

江戸時代の日本は、狭い耕地に労働力を集約して、世界的にも高い生産力を上げていた。農民たちは斜面を棚田にしたり、田地の一部に畝をきずいて稲以外の作物を同時に栽培する半田にしたりして、高い生産力を上げようとした。

◀❷丸山千枚田（三重・熊野市）高低差160mもの斜面に約1,340枚の棚田が石積みでつくられ、その規模は日本最大級。

4 肥料

肥料は作物の育成に欠かせないものである。とくに稲作がはじまった弥生時代から刈敷がおこなわれたが、時代とともにさまざまな種類の肥料が出現した。

〈古代〉刈敷　〈中世〉➡p.139❶,157❶　〈近世〉➡p.202❶　〈近代〉
草木灰　人糞尿　堆肥・厩肥　〆粕（鰊粕・油粕）など　干鰯　化学肥料

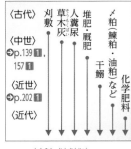

◀❸刈敷　刈り取った草葉を田畑にすきこんだり、まいたりして肥料としたもの。➡p.139❶（1957年、岩手県久慈市）

➡❹下肥（人糞尿）下肥は、肥だめで熟成させ肥料とした。

➡❺堆肥　堆肥は、草・わら・落ち葉などを積み重ねてつくった肥料。なお、草・わらなどに家畜の糞尿を混ぜて熟成させたものを厩肥という。（1956年、長野県阿智村）（熊谷元一撮影）➡p.157❷

↓❻干鰯　千葉県立中央博物館（千葉市）蔵

➡❼〆粕（復元）千葉県立中央博物館蔵

➡❽油粕　油粕は、現在でも肥料として使われている。

純良 油かす

干鰯は鰯を半月から1か月間天日で乾燥させたもので、とくに綿や菜種など多くの肥料を必要とする商品作物に有効であった。〆粕は鰯や鰊を煮たあと油をしぼって乾燥させたもの、油粕は菜種などの植物種子から油をしぼった残り粕。これらは、堆肥・厩肥などの自給肥料に対して、金銭を支払って購入する肥料で金肥（➡p.32❷,202❶）とよぶ。

1 産業の発達

→p.157 ② (室町時代の産業)

①漁業	鰯(九十九里浜)・鰹(土佐)・鯛(肥前五島)・鰊(松前)・鯨(紀伊、土佐、肥前、長門)・俵物(蝦夷地)
②製塩業 →p.35 ⑤	赤穂(播磨)、撫養(阿波)、坂出(讃岐)、行徳(下総)
③鉱山業	金山(佐渡相川)、銀山(石見大森、但馬生野、摂津多田、出羽院内)、銅山(下野足尾、伊予別子、出羽阿仁)
④林業 →p.33 ⑤	木曽檜、飛騨檜、秋田杉、吉野杉、熊野杉
⑤醸造 →p.30 ⑬⑭	酒:伏見(京都)、池田、伊丹、灘(摂津)　醤油:野田、銚子(下総)、龍野(播磨)

⑥織物業	絹・木綿・麻 →p.28
	絹:西陣織(京都)、桐生絹(上野)、足利絹(下野)、丹後縮緬、上田紬(信濃)、結城紬(下総)
	木綿:小倉織、久留米絣、有松絞(尾張)、尾張木綿、河内木綿、三河木綿
	麻:奈良晒、越後(小千谷)縮、近江麻、薩摩上布
⑦窯業 →p.35 ②	磁器:有田焼(肥前)、九谷焼(加賀)　陶器:京焼、瀬戸焼、備前焼
⑧製紙業 →p.33 ④	日用紙:美濃、土佐、駿河、石見、伊予　高級紙:鳥の子紙、奉書紙(越前)、檀紙(讃岐)、杉原紙(播磨)、美濃紙

テーマのポイント

1. 貢納品などとして高品質な商品が大量に生産された
2. 藩の保護のもとで各地の諸産業が発達した

2 江戸時代の各地の産業

見方・考え方 室町時代の産業(→p.157)と比べてみよう。

(地図中の地名)
蝦夷、昆布、鰊、近江麻、信楽焼、友禅染・栗田焼・西陣織・清水焼、京都、宇治、伊丹、大坂、奈良、灘、酒、池田、酒、油、河内木綿、吉野、杉、みかん、熊野、春慶塗、能代、阿仁銅山、南部塗、南部鉄瓶、秋田、杉、院内銀山、釜石、釜石鉄山、庄内米、庄内、最上紅花、米沢織、仙台、金山、佐渡、相川、銀山、輪島塗、越後縮(小千谷)、富山、薬、高山、春慶塗、会津塗、福島、福島絹、上田、上田紬、桐生絹、足尾銅山、足利絹、結城紬、美濃縮、瀬戸焼、木曽、木曽檜、伊勢縮、金、甲府、駿府、醤油、野田、銚子、行徳、九十九里浜、浅草、佃煮、浅草のり、鰯、伊豆金山、伊豆大島、八丈島、黄八丈

3 漁業

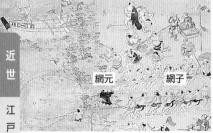

← ①九十九里の地曳網漁　2艘の船で、鰯の群を囲むように網を投げ入れ、陸地へ向かう。陸地では、網引き人が引き寄せ、鰯を陸上げした。鰯は干鰯や〆粕にした。→p.39 ⑰、203 ④

網元　網子

● 俵物

↑ ②いりこ(復元)
国立歴史民俗博物館蔵
*なまこの腸を取り去り、海水や塩水で煮て干したもの。

↑ ③ふかひれ

→ ④干し鮑(復元)
国立歴史民俗博物館蔵

俵物とは、長崎での中国貿易で、金・銀のかわりに輸出された海産物。俵に詰めて輸出されたのでこの名がある。とくに、いりこ・干し鮑・ふかひれは「俵物三品」とよばれる。中国では中華料理の高級食材として需要が高かった。このほか、寒天・昆布・鰹節なども輸出されたが、こちらは〈俵物〉諸色とよばれた。→p.221 ①

(地図中の地名)
出雲、石見大森銀山、石州半紙、萩、小倉織、博多織、伊万里、有田焼(伊万里焼)、久留米絣、鯨、伊万里、上野、上野焼、砂鉄、大森、竹原、塩、生野銀山、岡山、備前焼、竹原、塩、表、備中塩、尾道、赤穂、尾道、坂出、撫養、塩、松山、伊予絣、別子銅山、土佐半紙、阿波藍、高知、鰹、丹後縮緬、京都、大坂、奈良、醤油、龍野、鯨、薩摩上布、鹿児島、薩摩上布、奄美大島、大島紬、黒砂糖

4 醸造業 →p.30 ①

↑ ⑤酒造　江戸期の酒造は、伏見・伊丹・池田から灘へ広がった。播州の良米、六甲水系の水車精米と宮水、六甲の寒風での低温発酵、海上輸送に便利などの利点があった。杉樽の腐敗防止効果で江戸への輸送も可能となった。

5 織物業 →p.28 ②, 209 ⑤

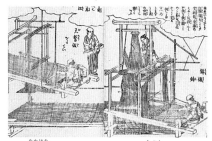

↑ ⑥高機　江戸中期には国内産生糸が国内需要をみたし、西陣では高機による金襴・緞子などの高級織物の技術が進み、生産を独占した。

6 窯業 →p.35 ②

↑ ⑦陶磁器　のぼり窯での大量生産が可能となり、上絵付の技法が確立した。藩の保護、専売制で発展し、有田焼は佐賀藩の、瀬戸焼は尾張藩の保護を得た。→p.184, 199 ⑧

7 製紙業

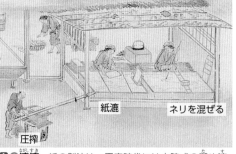

↑ ⑧流漉　紙の製法は、平安時代には大陸式の溜め漉き法から流漉に改良され、江戸期に広く普及した。楮がおもな原料。→p.33 ⑬、158 ⑥

紙漉　ネリを混ぜる　圧搾

歴史ポケット

和紙(WASHI)

2014年、「和紙」がユネスコの無形文化遺産に登録された。登録が決まったのは、石州半紙(島根・浜田市)、本美濃紙(岐阜・美濃市)、細川紙(埼玉・小川町、東秩父村)で、いずれも原料に楮のみを使い、伝統的な技法でつくられる。石州半紙は2009年に単独登録されていたが、あらたに二紙を加え、「和紙　日本の手漉和紙技術」として再登録された。和紙は、土地台帳や戸籍、帳簿として使われてきた。現在では、その柔らかさをいかし、世界で絵画の修復などに重用されている。

近世　江戸

石見銀山はなぜ世界的に有名なのだろうか。

16世紀から17世紀にかけて日本は、「銀鉱山王国」「プラタレアス群島（銀の島）」などとよばれていた。当時、世界の銀生産の3分の1を産出した日本の最大の銀山が石見銀山であった。石見銀山はどのような役割をはたしたのだろうか。

1 石見銀山

石見銀山は、16世紀前半に博多の豪商神谷寿禎が新しい精錬法（灰吹法）（○p.34 12）を用いてから銀の産出額が増え、戦国時代、大内・尼子・毛利氏の間で争奪戦が繰り広げられた。その後、豊臣氏、江戸幕府が直轄地として支配した。2007年に「石見銀山遺跡とその文化的景観」として世界遺産に登録された。○後見返し

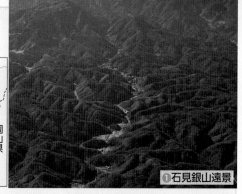

❶石見銀山遠景

2 世界の銀の流れ（16〜17世紀初め）

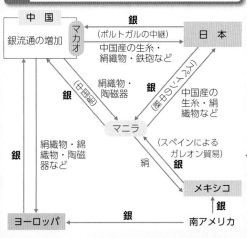

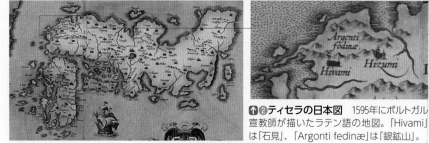

❷ティセラの日本図　1595年にポルトガル宣教師が描いたラテン語の地図。「Hivami」は「石見」、「Argonti fedinæ」は「銀鉱山」。

見方・考え方
銀の動きを確認しよう。

● 日本・フィリピンから中国に流入した銀

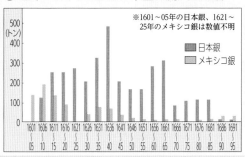

※1601〜05年の日本銀、1621〜25年のメキシコ銀は数値不明

■日本銀
■メキシコ銀

16世紀は「大航海時代」の世紀で、地球を一周する交易ネットワークが形成された。南アメリカ大陸で銀鉱山が開発され、スペインがアンデス山中から産出した銀は、ヨーロッパの経済を活性化させ、さらにポルトガル商人によってアジアにもち込まれた。また、スペイン船は太平洋をこえてマニラに銀を運んだ。一方、日本では石見銀山が開発され、その産出銀が東アジア各地で流通した。これらの東西の銀は最終的に生糸や陶磁器などの生産地である中国に流れ、物流のグローバル化がはじまることとなった。

3 石見銀山の技術

❸採掘　銀山労働者は10歳で「手子」（＝使い走り）として坑内に入り、15歳からは一人前の「銀掘」として、坑道の掘削や鉱石の採掘をおこなった。労働は厳しく、「30にして無病の者なし」といわれるほどであった。❸❹中村俊郎蔵

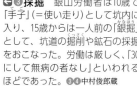

❹水をくみ出す
家康の命によって石見銀山を支配した大久保長安は、「横相掘り」とよばれる大規模な坑道開削方式を取り入れ、排水や換気問題を解決した。また、「水銀流し」とよばれた精錬法を用いて、産銀額を飛躍的に高めた。

4 遺跡と遺物−石見銀山の繁栄を物語るもの

❺大久保間歩　石見銀山の山肌にポッカリと開いた穴が見られる。これが間歩であり、鉱物を採掘する坑道を意味する。現在700以上の間歩が確認されているが、大久保長安の名を冠した大久保間歩が、その代表的なものである。

❻大森の町並み　石見銀山の中心に、大森という鉱山都市がつくられた。京都・堺などの商人のほか、南九州や瀬戸内方面からも多数の商人が来住し、鉱山の経営や労働者相手の商売に従事した。近年建物の修復など整備が進められ、昔の景観が復元されている。

長さ16cm
幅5.2cm
重さ160g

❼石見銀山の銀で鋳造された丁銀　1557（弘治3）年、正親町天皇の即位に際して毛利元就が献上した丁銀。1枚しか現存しない。
❷❼島根県立古代出雲歴史博物館蔵

プロフィール

鉱山開発のスペシャリスト
大久保長安　甲斐国（山梨県）出身
1545〜1613

家康は1601年、大久保長安を銀山奉行として石見に送り込み、石見銀山を直轄地とした。長安は開発・運営に辣腕をふるい、幕府財政の確立に貢献した。「石見守」の肩書をもらうほど出世し、幕府の中枢にまで登りつめた。佐渡金山の開発も長安が指揮をとった。しかし、死後、莫大な私財を不正に蓄えていたことが発覚し、7人の男子はすべて死刑に処せられた。

探Q

●日本の金山・銀山・銅山を調べてみよう。

近世 江戸

近世

江戸

十条　十条
王子
石神井川
荒　川
加賀
下板橋宿
上板橋宿
北千住
川越街道
千住宿
板橋
葛
王子権現
飛鳥山
尾久
日光
隅田
中山道
上中里
奥州道中
染井
松平甲斐
駒込
田端
道灌山
日暮里
千住大橋
小塚原刑場
南千住
❸東京大学〈赤門〉
池袋
大塚
加賀
巽橋
西日暮里
三河島
目黄不動
日光御成道（岩槻道）
豊島
池袋
雑司谷
護国寺
❻六義園
目赤不動
千駄木
天王寺
谷中
根岸
吉原
向島
目白
鬼子母神
小石川養生所
根津権現
谷中御廟
寛永寺
入谷鬼子母神
目白不動
御薬園
東叡山
浅草寺
伝法院
浅草
下落合
❹小石川後楽園
小石川
上野
水戸
東京スカイツリー
高田馬場
伝通院
本郷
湯島聖堂
学問所
上野
東本願寺
吾妻橋
業平橋
押上
高田馬場
早稲田
彰考館
水戸
東京ドーム
水道橋
神田明神
御徒町
御蔵前
亀戸梅屋敷
亀戸天神
下落合
東中野
神田上水
飯田橋
神楽坂
小石川御門
牛込御門
御茶ノ水
神田
秋葉原
浅草橋
御蔵
本所
大久保
新大久保
市ヶ谷
牛込
清水橋御門
雉子橋御門
一ツ橋御門
神田橋御門
青物市場
浅草御門
両国
吉良邸
❺上智大学
尾張
防衛省／市ヶ谷
和学講談所
田安御門
竹橋御門
平河御門
防通門
伝馬町
回向院
花園神社
内藤新宿
市ヶ谷御門
江戸城
大手門
和田倉御門
金座
両国橋
魚市場
深川
霊巌寺
新宿
甲州道中
四谷
四ツ谷御門
西御丸
内桜田御門
日本橋
薬園塾
四谷大木戸
尾張
紀伊
井伊
麹町
半蔵御門
坂下御門
北町奉行所
評定所
呉服橋御門
代々木
迎賓館（旧赤坂離宮）
西丸大手門
馬場先御門
鍛冶橋御門
八丁堀
京橋
霊岸島
千駄ヶ谷
国立競技場跡地
信濃町
喰違御門
外桜田御門
山内
日比谷
国会議事堂
山下御門
銀座
南町奉行所
冨ケ岡八幡
木場
代々木
井伊
赤坂御門
井伊
浅野
黒田
数寄屋橋御門
数寄屋橋
石川島
越中島
井伊
明治神宮
虎御門
西本願寺
佃島
原宿
赤坂
幸橋御門
目青不動
天徳寺
新橋
六本木
愛宕社
愛宕山
汐留
尾張
浜御殿
渋谷
麻布
飯倉
金地院
増上寺
伊達
浜松町
東京タワー
善福寺
羽根川
薩摩
三田
恵比寿
細川
海
東
田町
江　戸　湾
白金
目黒川
泉岳寺
高輪大木戸
高輪
端聖寺
東禅寺
目黒
第六台場
第三台場
第五台場
第二台場
目黒不動
五反田
第四台場
第一台場
品川
品川台場（1853〜54年に建設）
御殿山

❷旧鳥取藩池田家上屋敷

凡例
大名屋敷
一般武家地
町人地
寺社地
● 現在の建物など
● 当時の建物など
— 江戸朱引（江戸の範囲）

※ □ および番号❷〜❻は、p.207との対応を示す。
※ 鉄道は現在のもの。

幕末〈1850〜1868〉における土地利用，
正井泰夫『江戸・東京の地図と景観』

0　　　　　2km

1 大名屋敷

←❶大名屋敷(復元模型) 大名の屋敷のなかには、10万坪(約33ha)を超えるものもあり、武家地は江戸全域の約70%を占めていた。写真は越前福井50万石の松平氏の屋敷。

←❷旧鳥取藩池田氏上屋敷正門

現在は、東京国立博物館(東京・台東区)構内に移築・保存されている。 Image：TNM Image Archives

⚠ 上屋敷……大名が江戸に設けた藩邸のうち、江戸在府中の平常の住居とした屋敷。本宅。
中屋敷……大名が上屋敷以外につくった控えの屋敷。
下屋敷……中屋敷同様、大名の控えの屋敷で、別荘兼火災時の避難所にあてられた。中屋敷・下屋敷とも複数あった。

↑❸東京大学〈赤門〉(東京・文京区) 東京大学の敷地は、加賀藩前田氏の上屋敷跡。

↑❹小石川後楽園(東京・文京区) 三家の一つ水戸徳川氏の上屋敷跡。

↑❺上智大学(東京・千代田区) 三家の一つ尾張徳川氏の中屋敷跡。

↑❻六義園(東京・文京区) 柳沢吉保の別邸。のち大和郡山藩柳沢氏の下屋敷跡。

3 江戸時代の人口
(関山直太郎『日本の人口』など)

	西暦	年号	人口(人)
全国	1721	享保6	26,065,425
	1732	享保17	26,921,816
	1744	延享元	26,153,450
	1756	宝暦6	26,070,712
	1762	宝暦12	25,921,458
	1768	明和5	26,252,057
	1774	安永3	25,990,451
	1780	安永9	26,010,600
	1786	天明6	25,086,466
	1792	寛政4	24,891,441
	1798	寛政10	25,471,033
	1804	文化元	25,621,957
	1822	文政5	26,602,110
	1834	天保5	27,063,907
	1846	弘化3	26,907,625

	西暦	年号	人口(人)
江戸	1721	享保6	501,394
	1786	天明6	457,083
	1816	文化13	501,161
	1834	天保5	522,754
	1840	天保11	551,365
大坂	1721	享保6	382,471
	1786	天明6	380,098
	1816	文化13	373,045
	1834	天保5	359,290
	1858	安政5	314,370
京都	1634	寛永11	410,098
	1669	寛文9	362,322
	1715	正徳5	350,986
	1719	享保4	341,494
	1729	享保14	374,449

1721年、幕府は武士を除く諸階層の人口調査を実施した。1726年からは、同調査を子年と午年の6年毎に定期的に実施することとし(「子午改め」とよばれる)、現在、19か年分が残されている(表参照)。しかし、武士人口は調査から除外され、また、蝦夷地(松前藩は除く)や琉球は含まれていない。

🎯 テーマのポイント

1 家康入府後の大土木工事によって江戸の開発がはじまった
2 江戸城の周囲の丘陵地に武家地、東部の低地・干拓地に町地(＝市街地)が開かれ、日本橋が商業の中心となった
3 江戸の総面積の6割が武家地、2割が寺社地、2割が町地(明治2年調査)
4 江戸の町人地は俗に「八百八町」といい、武士人口とあわせて人口は最盛期には100万人を突破した

ー 玉川上水系
ー 神田上水系
ー 千川上水系

『東京都上水史』

2 江戸の上水道

江戸では、上水道が発達した。寛永期に井頭池から神田上水、1653年に多摩川から玉川上水が引かれ、木樋・石樋を用いた暗渠で市中を通し、上水井戸で共同利用した。

見方・考え方
地下水道網は、すべて地形の高低差を利用した自然の流れによるものだったことに注目しよう。

● 井戸のしくみ

木樋

歴史復元画家 中西立太

❽木樋

↑❼仙台藩藩邸跡の木樋の発掘状況(東京・港区) 木樋は、上水の給水管として木でつくられたもの。

↑❾玉川上水 現在も導水路として利用されている。

↑⓫神田川 都心中央部を東西に流れる。江戸城の外堀でもあった。

↑⓫神田上水 江戸最古の上水道。1900年の東京上水道の完成で廃止されるまで、江戸・東京市民の飲料水となった。現在、その流路は神田川の一部となっている。写真は、現在に残る神田上水の石垣。間知石という石材を隙間なく積み上げている。

近世

江戸

江戸の人々はどのようなくらしをしていたのだろうか。
江戸の町人地の裏長屋には大勢の人々がくらし、独自の文化が育っていた。そのような人々の生活を支えるためにどのようなサービスが提供されていたか、不要品処理はどうしていたか、考えてみよう。

1 庶民のくらし

❶長屋のようす
波多野純建築設計室作成

井戸
便所
ごみ捨て場

⇒❷復元された長屋

長屋は9尺(約2.7m)間口に奥行2間(約3.6m)、面積3坪(約9.9㎡)が普通で、路地の中央にどぶが走り井戸、便所、ごみ捨て場はすべて共同であった。路地は子どもの遊び場や井戸端会議の場所、行商人の商売の場であった。木戸は四ツ(亥の刻=現在の22時)に大家によって閉められた。

便所
ごみ捨て場

四文屋(寛永通宝(4文銭)1枚で数々の惣菜を売っていた。)
天ぷら屋 するめ屋 なんでも屋

❸屋台 江戸には、諸大名の家臣として、国元から上ってきた者など単身の男性が多かった。そのため、屋台や一膳めし屋のように手軽に食事ができる店が登場した。

蕎麦屋
細長い戸棚を二つつないで担ぎ、夜中まで営業した。

⇐❹髪結床
髪結の順番を待つ人々が雑談にふけっており、庶民の社交場となっていた。

❹『浮世床』国立国会図書館、❸❺❻『近世職人尽絵詞』出典：ColBase

⇐❺銭湯 男湯に二階座敷が設けられ、庶民の憩いの場としても利用された。江戸では湯屋とよばれていた。19世紀初頭には600軒を数えた。

● リサイクル

↓❻古着売り 同じ品物が何度も売られることもあった。

↑❽灰買い 竈や炉の灰を肥料用に買い集める。

↑❼錠前直し 錠の修理や、鍵の取り付けをする。

⇒❾羅宇屋
煙管の竹の部分(らう)の修理をする。

↑❿雪駄直し 雪駄は竹皮ぞうりの裏に牛皮を張ったもの。その修繕をする。

↑⓫瀬戸物焼接 瀬戸物を直す。

↑⓬古傘買い 江戸では1本4文から12文で買いとった。上方では土瓶や団扇と交換した。

江戸時代は大規模なリサイクル社会であり、ものを有効活用する知識に富んでいた。都市にはさまざまな専門業者が存在した。

● 庶民の家計 - 大工(女房・子1人の3人家族、裏長屋住まい)の場合

(秋山忠彌『江戸通になる本』)

収入			支出		
1日当たり手間賃4.2匁(4匁2分)			米代(3石5斗4升)		354匁
同 飯米代1.2匁(1匁2分)			味噌・醤油・薪・炭代		700匁
計5.4匁			道具・家具代		120匁
1年354日(旧暦)、休業60日			衣服代		120匁
実働294日で年収1587.6匁			交際費(湯屋・床屋)		100匁
			店賃(家賃)		120匁
			計		1514匁

● 初物売出し期日 (1742年)

⇒⓭かつお売り 「初鰹直を聞いて買う物でなし」と川柳に詠まれたように、初物のなかでも初鰹はとくに高価だった。

正月	ます・しいたけ
2月	つくし・ぼうふう
3月	あいくろ・生わらび たで・葉しょうが
4月	かつお・あゆ・生しいたけ たけのこ・根いも
5月	なすび・白うり・びわ・くねんぼ
6月	ささげ・まくわうり
7月	ほとしぎ・りんご
8月	つる・さけ・なまこ・まつたけ なし・ぶどう・芽うど
9月	さけ・きじ・つぐみ かも・御所がき・みかん
10月	がん・かも
11月	あんこう・生たら・まて貝
12月	しらうお

探Q
●江戸のくらしと現代のくらしとの共通点を探してみよう。

🔍 テーマのポイント

1 大坂は全国の物資の集散地として発展、「天下の台所」とよばれた
2 京都には大商人の本拠地が多く存在。また、高度な技術を用いた手工業が発達

1 大坂

2 京都　→p.101

- 武家地
- 寺社地
- 朝廷・公家地
- 町人地
- 水路
- 御土居

①禁裏
②二条城
③大徳寺
④相国寺
⑤本能寺
⑥壬生寺
⑦東本願寺
⑧西本願寺
⑨東寺
⑩賀茂御祖神社
⑪北野天満宮

← 1 **大坂の港のようす**　出入船でにぎわう淀川河口のようす。大阪城天守閣（大阪市）蔵

作品鑑賞　この絵は『菱垣新綿番船川口出帆之図』という。新綿番船とは、その年最初の新綿を江戸に送るために、一番乗りを競った廻船のレースのこと。安治川と木津川の分岐点一帯を川口といい、その下流に巨船は停泊し、積荷は小船から巨船に積み替えられ運ばれた。

現在の御土居

（京都市北区）

1591年、豊臣秀吉は京の街全体を堀で囲い込み、土塁である「御土居」を構築し、京都の大改造に着手した。それは、京都を聚楽第の「城下町」にしようとしたためとされている。また、同時に新しい町割りにも着手し、町人地と寺町を分け、鴨川の西沿いに寺町を配置して京の防衛線としている。このように、近世の京都は、秀吉によって形づくられたといえる。その結果、各種の商工業も活性化したといわれている。

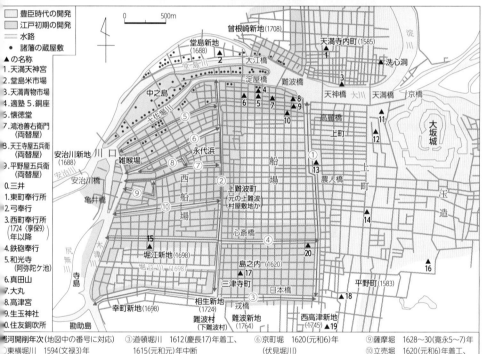

- 豊臣時代の開発
- 江戸初期の開発
- 水路
- 諸藩の蔵屋敷
- ▲ 〇の名称

1.天満天神宮
2.堂島米市場
3.天満青物市場
4.適塾 5.銅座
6.懐徳堂
7.鴻池善右衛門（両替屋）
8.天王寺屋五兵衛（両替屋）
9.平野屋五兵衛（両替屋）
10.三井
11.東町奉行所
12.弓奉行
13.西町奉行所（1724〔享保9〕年以降）
14.鉄砲奉行
15.和光寺（阿弥陀ケ池）
16.真田山
17.丸
18.高津宮
19.生玉神社
20.住友銅吹所

運河開削年次（地図中の番号に対応）
①東横堀川　1594（文禄3）年
②西横堀川　北の一部は豊臣期か、南は1619（元和5）年以降か
③道頓堀川　1612（慶長17）年着工、1615（元和元）年中断
④長堀　1622〜25（元和8〜8）年
⑤江戸堀　1617（元和3）年
⑥京町堀　1620（元和6）年（伏見堀川）
⑦阿波座堀　1600（慶長5）年
⑧海部堀　1624（寛永元）年
⑨薩摩堀　1628〜30（寛永5〜7）年
⑩立売堀　1620（元和6）年着工、1626（寛永3）年中断

大坂の役で焼失した大坂城の再建をはじめ、町の復興がおこなわれた。町の建設は庶民の力でおこなわれた。京町堀や長堀など巨大な運河も建設され、その両脇に広大な町屋敷も開発された。1644年頃までにほぼ開発は終了し、市街地が形成された。これ以後に開発された市街地は新地とよばれる。

← 4 **高瀬舟**　高瀬（浅瀬）に用いる川船の一種。角倉了以によって開削された京都の高瀬川は幅約7m約10kmにおよぶ運河で、この高瀬舟の航行にちなんで高瀬川と命名された。淀川を経て、京・大坂間を結んだ。写真は明治末期頃のもの。

← 2 **堂島の米市場**　堂島米市場では、諸藩の蔵屋敷から振り出された米切手の取引がおこなわれ、全国の米相場を左右した。生魚専門の**雑喉場**の魚市場、野菜・果物類を扱う**天満**の青物市場は、堂島米市場とともに大坂三大市場と称された。大坂はまさに「**天下の台所**」であった。

↑ 3 **住友銅吹所跡**（大阪市中央区）　江戸時代を通じて大坂は銅精錬業の中心地だった。川沿いには数多くの精錬所（銅吹所）があり、輸出向けの銅（棹銅）が調製され、銅座を通じて長崎へ廻送された。長堀の住友銅吹所（地図中の20）は代表的なもので、17世紀から19世紀にいたる銅精錬の炉跡100基などが発掘されている。　→p.34 3

← 5 **西陣織の着物**

西陣織は、京都の西陣で生産される絹織物の総称で、江戸時代に発展し、最高級絹織物として、その名を全国に知られた。

近世
江戸

１ 交通の発達

● 陸上交通
江戸幕府によって整備され、三都や各藩の城下を結ぶ。公務・参勤交代に利用された。

五街道	江戸日本橋を起点として放射状に伸びる。道中奉行が管轄 **東海道**(53宿)品川～大津・(4宿)伏見～守口、**中山道**(67宿)板橋～守山、**甲州道中**(44宿)内藤新宿～下諏訪、**奥州道中***(27宿)千住～白河、**日光道中**(21宿)千住～日光　**道中奉行が管轄** *厳密には、宇都宮～白河間のみが奥州道中、江戸～宇都宮間を日光道中とよぶが、一般には、宇都宮以南は日光・奥州両道に属するものとして扱う。		
脇街道	五街道の付属街道(美濃路・佐屋路・本坂道(姫街道)・例幣使道・日光御成道・水戸佐倉道など)、地方の主要道路(伊勢街道、北国街道、中国街道、長崎街道など)　○○路ともいう		
街道の施設・制度	一里塚	街道に設けられた路程標。1里(約4km)ごとにおかれた
	宿駅(宿場)	宿泊施設と問屋場がおかれた場所 宿泊施設…**本陣・脇本陣**(大名・公家・幕府役人らが利用) 　　　　　**旅籠・木賃宿**(一般庶民が利用) **問屋場➡p.211②**…伝馬役の差配や継飛脚の中継など一種の宿場事務 **伝馬役**　運送用人馬を負担。宿駅の町人、近隣村の百姓負担。助郷(➡p.196②)で補う
	関所	通行人を吟味し、治安維持にあたる 幕府直轄の関所：箱根・新居(東海道)、碓氷・木曽福島(中山道)など 「**入鉄砲に出女**」を厳重に取り締まった➡p.211⑤
	渡し	江戸防衛のため、大井川などの大河川に架橋せず。船、川越人足
	飛脚	**継飛脚**　幕府の公文書逓送。江戸・京都間を66～82時間で連絡 **大名飛脚**　江戸の藩邸と各領国間を結ぶ大名用の飛脚 **町飛脚**　江戸、大坂、京都三都の商人が幕府の許可を得て開設

● 水上交通
年貢米や各地の特産品など、大量の物資を安価に運ぶのに適する。海上交通のほか、河川・湖沼交通も発達。

海上交通	海運・航路	**東廻り海運**(航路)1671年　東北日本海沿岸→津軽海峡→銚子→江戸 **西廻り海運**(航路)1672年　酒田→日本海→下関→瀬戸内→大坂→江戸 いずれも**河村瑞賢**により整備 **南海路**　大坂⇔江戸を結ぶ貨物航路。**菱垣廻船・樽廻船**が就航
	就航船	**菱垣廻船**　積荷落下防止用に菱組みの格子を組んだことに由来。1619年～ **樽廻船**　大坂・西宮から江戸に酒樽などを廻漕した廻船。1730年～ **北前船**　西廻り海運に就航。蝦夷地、北陸方面の物資を買い入れ大坂に運ぶ
河川交通		**利根川**　幕府による付け替え工事 **富士川・天竜川・保津川**(大堰川)・**高瀬川**➡p.209④…**角倉了以**の開削 **安治川**(淀川河口)➡p.209❶…**河村瑞賢**による開削
湖沼交通		霞ケ浦・琵琶湖など

⑥菱垣廻船(復元)　南海路に就航した大型船。左舷・右舷の壁を補強する「垣立」に菱形の格子(左写真)を組んだことでこのように呼ばれる。

大江八幡宮所蔵　牧之原市史料館寄託

一言かわら版　下り物　上方(京都・大坂)から江戸へさまざまな物資が運ばれ、これらは「下り物」とよばれた。現在は東京に行くことが上り。江戸時代は江戸へ向かうことが下りだった。

２ 飛脚

↑❶継飛脚　幕府公用の書類を、各宿駅で人足を継ぎ替えながら2人一組で走った。

３ 近世の交通網と買積船*
*荷物を買い取って寄港地で売買する船。一方、菱垣廻船や樽廻船は運賃で利益を得る。

テーマのポイント
❶幕府や諸藩が積極的に交通網を整備した
❷全国的な商品流通が活発化した

←❷江戸の町飛脚　江戸府内を専ら営業範囲とした飛脚で、幕末に盛んとなった。状箱に鈴をつけたため「ちりんちりんの町飛脚」ともよばれた。

←❸北前船(復元模型)　江戸中期以降、蝦夷地の海産物や東北の物資を西廻り海運で大坂に輸送した。買積船のため、1往復の航海で大きな利益をあげた。

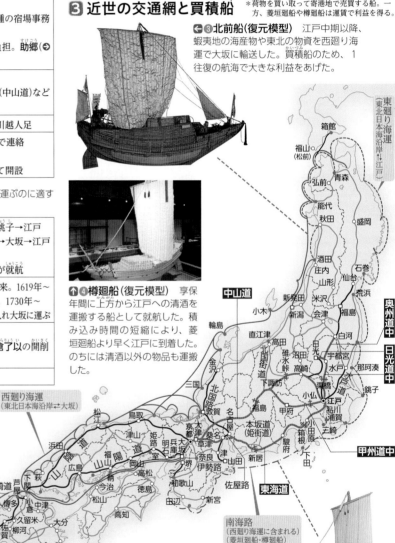

↑❹樽廻船(復元模型)　享保年間に上方から江戸への清酒を運搬する船として就航した。積み込み時間の短縮により、菱垣廻船より早く江戸に到着した。のちには清酒以外の物品も運搬した。

○	城下町
●	宿駅・湊津
□	陣屋(郡代・代官の役宅・屋敷)
⇕	関所
──	五街道
━━	脇街道
──	その他の道路

↑❺内海船　19世紀初頭から勢力を伸ばした尾張国知多半島周辺の買積船。兵庫-江戸間の南海路に就航し、菱垣廻船や樽廻船と競合した。

1 東海道と中山道

凡例
○ 城下町・陣屋
○ 宿駅
‡ 関所
╎ 渡し

中山道
東海道

0   50km

2 街道と宿駅（宿場）

宿駅は、旅行者の宿泊地というだけでなく、街道を移動する荷物の荷継ぎをおこなう地でもあり、継場ともよばれた。

↑❶妻籠宿（長野・南木曽町） 中山道の42番目の宿駅。1960年代にいち早く景観保全活動に取り組み、江戸時代の宿駅のようすをよく伝えているとして、1976年に重要伝統的建造物群保存地区に指定された。

←❷問屋場（『東海道五十三次』藤枝）
問屋場は公用の人馬の継立、御用旅宿の手配をはじめ宿駅の財政全般を管理した。
東京国立博物館蔵
24678
出典：ColBase

松並木　(F・ベアト撮影)→p.238❾

↑❸東海道の松並木 1604年、徳川家康が国奉行の大久保長安（→p.205）に命じて植えさせたもの。夏場は厳しい日差しを、冬場は寒風を防いだ。現在でも何か所かが残されている。
放送大学附属図書館蔵

一里塚

↑❹一里塚（『東海道五十三次』袋井） 一里塚は、江戸の日本橋を起点として、1里（約4 km）ごとに築かれた塚。松や榎などが植えられ、旅人の目印となった。

関所

↑❺復元された東海道新居関所（静岡・湖西市）
復元された大御門の中に見えるのは江戸時代から現存する面番所。関所は、街道を移動する通行人や物資を改めるために設置された。とくに、「入鉄砲に出女」とよばれる、江戸へ入る武器と江戸から出ていく女性は厳しく改められた。関所を通過しない「関所破り」は重罪とされた。

↑❻新居宿（『東海道五十三次』荒井）

本陣

↑❼関宿（三重・亀山市）の本陣（『東海道五十三次』関）　↑❽草津宿（滋賀・草津市）の旧本陣
本陣は大名や公家、幕府役人の宿泊施設。右写真の草津宿本陣は現存している。

旅籠・木賃宿

↑❾赤坂宿（『東海道五十三次』赤坂）

↑❿旅籠屋（旅籠） 夕食・朝食を提供する宿泊施設。写真は東海道赤坂宿の大橋屋（愛知・豊川市）で、2015年まで営業を続けた。

←⓫木賃宿（『東海道五十三次』水口） 食事なしの宿泊施設。自炊のための薪の販売や炊事設備の提供があった。

3 水運の諸施設

←⓬鞆の浦（広島・福山市）
鞆の浦は、瀬戸内海海運の拠点の一つで、日本で唯一江戸時代の港湾の景観を残している。鞆港の港湾遺跡として常夜燈のほか、石段状の岸壁である「雁木」、船を修理する砂浜の「焚場」などが残る。

近世
江戸

1 江戸時代の流通機構図

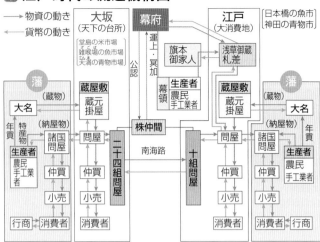

→ 物資の動き
← 貨幣の動き

二十四組問屋
綿買次積問屋、油問屋、鉄釘積問屋、木綿仕入積問屋仲間江戸組、一番組紙店、表店〈畳〉、塗物店、二番組紙店、内店組〈木綿類〉、明神講〈昆布・白粉・線香・布海苔・下駄・花緒・傘・絵具類〉、通町組〈小間物・古手・葛籠・竹皮・日傘・傘・象牙細工類〉、瀬戸物店、薬種店〈青蓙類〉、乾物店、安永一番組〈紙類〉、安永二番組〈金物・鉄・銅・木綿・古手・畳表・青蓙・火鉢類〉、安永三番組〈渋・檜木・砥石類〉、安永四番組〈打物・針金・砥石〉、安永五番組〈烟草・帆木綿・布海苔〉、安永六番組〈指金・肥料・鰹節・干魚・昆布類〉、安永七番組〈鰹節・傘・柳行李・白粉・砥石・木綿類〉、安永八番組〈蠟店〉、安永九番組〈木綿・灰・炭・紙屑・針金・古綿・古手・檜木綿〉 ※〈 〉内は取扱い商品。

十組問屋
米問屋〈本船町〉、塗物問屋〈室町〉、畳表問屋〈通町〉、酒問屋〈中呉服町〉、紙問屋〈本町〉、綿問屋〈大伝馬町〉、薬種問屋〈大伝馬町〉、小間物諸色問屋〈通町〉、内店組〈本町〉、釘問屋〈日本橋〉 ※〈 〉は町名。

↑① 蔵屋敷（『摂津名所図会』） 大坂では中之島を中心に関西・東海・北陸諸藩の蔵屋敷がおかれ、その数は元禄年間に97、天保年間には124邸にものぼった。国元から運ばれた米などの**蔵物**を検査し、収納した。

資料鑑賞 江戸・大坂は経済の二大中心地であった。大名の蔵物はまず蔵屋敷に送られ、**蔵元**と**掛屋**によって売却・現金決済がおこなわれた。蔵物と、これとは別に民間の商人によって産地から送られてきた**納屋物**とが問屋に集められ、仲買・小売の手を経て消費者へと流通していった。

2 金遣い・銀遣い

江戸期の経済の特色は、大坂が物資の集散地であったため、上方から大消費都市の江戸に物資が流れたこと、また、上方経済圏と江戸経済圏が銀本位と金本位という異なった貨幣体系をもっていたため、その間に両替商の介在が不可欠であったことである。金・銀間の交換相場が立ち、幕府はこの交換相場を操作することによって、経済政策を運用していた。

4 問屋制家内工業 ○p.235 ■

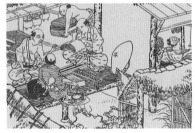

問屋制家内工業は、問屋商人が生産者（農民）に原料や器具を貸出し、賃貸料を差し引いて生産物を買い上げる農村加工業の形式である。18世紀から織物業で始まった。上の絵は商人が綿布の買い付けのため農家を訪れているようす。

● 越後屋の販売戦略
①「屋敷売り」（訪問販売）→「店頭売り」
②「延べ金」（付け）→「現金売り」（即金）
③「空値」（オープン価格）→「正札売り」（定価売り）
④引き札（今でいうチラシ広告）

● 三井越後屋（駿河町本店）の経営規模

（万両）	0	5	10	15	20	25
松江藩（18.6万石, 1767年）	収入 10万5,697両					
三井越後屋（1747年）	年間売上（最大）23万583両					

（江戸東京博物館資料）

5 三井越後屋の商法

越後屋は、従来の呉服商の慣行を破り、庶民がゆっくりと品選びができて、安心価格で、端物（少量の呉服）でも買える、という商法を採用し、庶民の支持を得て大発展を遂げた。京都・江戸・大坂に14店舗を構え、三井家発祥の地伊勢の松坂店をも加えた一大チェーン店を展開した。○p.196 ■

← ③ 越後屋の看板

作品鑑賞 1683（天和3）年につくられた江戸駿河町の本店は、売り場が30か所、1つの売り場には手代と丁稚の2人が割り振られ、従業員は約300人いた。

テーマのポイント
■ 江戸・大坂に多様な業種からなる問屋仲間の連合組織ができた
■ 都市の問屋の資本力が、農村での問屋制家内工業の発展を促進した

3 株仲間の変遷

時期	区分	内容
江戸初期（17C・前半）	禁止期	幕府直営かその監督下にある貨幣発行・度量衡などの座以外は禁止
元禄時代（17C・後半）	結成期	公安保持、良品製作・販売などのために命令伝達単位として容認
享保の改革（18C・前半）○p.219 ②	公認期	物価の高騰をおさえるねらい
田沼時代（18C・後半）○p.221 ■	奨励期	商品流通拡大運上・冥加の増徴を企図
天保の改革（1840年代）○p.234 ⑤	解散	**株仲間解散令**(1841) 1843年以降取締り緩和
嘉永年間（19C・後半）	復活	**株仲間再興令**(1851) 旧株仲間の再興運動の成果
明治維新	解散	封建的諸制度の排除(1872)

株仲間は、幕府によって公認された商人の同業組合である。仲間以外の商人の同種営業を禁ずる独占機能をもち、この代償として、幕府に営業税である**運上・冥加**を納めた。

西日本
上方・西国経済圏
大坂・京
「天下の台所」
銀貨で商取引（**銀遣い**）
（貫・匁）

物資（下り物）
菱垣廻船・樽廻船

東日本
関東・東国経済圏
江戸
100万の消費都市
金貨で商取引（**金遣い**）
（両・分・朱）

両替商 貨幣

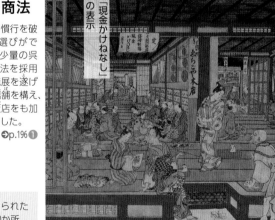

「現金かけねなし」の表示

↑② 越後屋の店内 越後屋は、三井高利が1673年に江戸で開いた呉服商で、1683年には両替商もはじめた

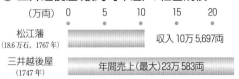

一言かわら版 三井家での昇進　両替店の場合では、11〜14歳頃に入店し丁稚として勤めがはじまり、18〜20歳で手代、その仕事が評価されれば、20代半ばから30代前半には組頭格となる。以後、支配人や元締などへと続いていく。

近世 江戸

写真提供 日本銀行貨幣博物館(❶～❿)

❶ 江戸時代の貨幣

江戸時代の貨幣の歴史は改鋳の歴史でもあった。貨幣経済の浸透により、通貨需要は急激に増加した。逆に、国内の金銀の産出量の減少とともに、貿易により市中の金銀が流出、さらに、相次ぐ江戸の大火の復旧費用などで、家康が備蓄したという分銅金とよばれた幕府の財政準備金も底をつくようになった。そこで、古い貨幣を回収し新しい貨幣に改鋳することにより、差額収入(出目)を取得することがおこなわれた。

● 金貨(小判)

❶慶長小判
(実寸)

❷元禄小判
(実寸)

➡正徳小判
新井白石は、貨幣の信用を高めるため、金の含有量を慶長小判と同率に戻した。しかし、品質は向上したが、再度の改鋳で、経済の混乱を引きおこすことになった。➡p.200 ❶

(実寸)

関ヶ原の戦いに勝利した家康が、経済の基本である貨幣の鋳造権を握ったことを世間に知らしめる意味で発行した。

5代将軍綱吉の時代、勘定吟味役荻原重秀の建議により改鋳。この改鋳により出目は500万両にのぼったといわれる。➡p.200 ❶

➡❹万延小判(実寸)

⬅❺金座での小判の製造
(『金座絵巻』) 金貨の製造をおこなう機関を金座といい、はじめ京都・駿府・佐渡にも設けられたが、のち江戸のみとなった。現在の日本銀行は江戸の金座の跡地に建っている。なお、銀貨製造をおこなう場所を銀座という。

❷ 小判1両中の金成分比の推移
『日本通貨変遷図鑑』

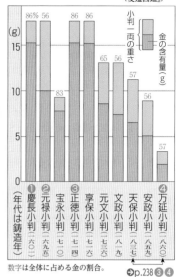

86%	56		86	86				
		83			65	56		
							57	56
								57
❶ 慶長小判(一六〇一)	❷ 元禄小判(一六九五)	宝永小判(一七一〇)	❸ 正徳小判(一七一四)	享保小判(一七三六)	元文小判(一七三六)	文政小判(一八一九)	天保小判(一八三七)	安政小判(一八五九) ❹ 万延小判(一八六〇)

(年代は鋳造年)

小判一両の重さ
金の含有量(g)

数字は全体に占める金の割合。
➡p.238 ❸❹

近世
江戸

❸ 三貨の交換

金貨

一分金 4枚	二分金 2枚	一両小判 1枚	二朱金 8枚	一朱金 16枚

= = = =

‖ ‖ ‖ ‖ ‖

銀貨

一分銀 4枚	五匁銀 12枚	丁銀・豆板銀 (秤量貨幣)60匁	二朱銀 8枚	一朱銀 16枚

= = = =

‖

4,000～10,000文(4～10貫文)

銭貨

金1両=4分=16朱
銀1貫=1,000匁
銭1貫文=1,000文
金1両＝銀50匁＝銭4貫文
(1609年の交換率)

*1700年に金1両=60匁と改定されたが、実際はその時々の金銀相場によって交換されていた。

➡⓬両替商と両替用の天秤
近世の貨幣は金・銀・銭の3種で、たび重なる改鋳もあり、相場はたえず変動していた。

● 銀貨・銭貨・藩札

❼～❿は70%、⓫は40%の大きさ。

➡❼天保通宝

(表) (裏)

⬆❽寛永通宝*
幕府は1636年、江戸と近江坂本に銭座を設けて寛永通宝の鋳造をはじめた。当初は、有力町人が銭座の経営を請け負っていた。

*1文の銅銭として鋳造されたが、江戸時代中期以降には、真鍮の4文銭がつくられた(写真)。表面は同じだが、4文銭の裏面は青海波紋が描かれ、一文銭と区別した。

⬆❾元禄豆板銀

(表) (裏)

➡⓫藩札
(伊予国〈愛媛県〉大洲藩、銀10匁)

⬅❿南鐐二朱銀
➡p.221 ❷

⬇❻慶長丁銀(実寸)

銀貨は秤量貨幣で丁銀が主で、豆板銀は重量調整に使用された。銭貨は、1636年に最初に発行された寛永通宝が中心であった。藩のなかには、幕府の許可を得て領内で通用する藩札を発行するところもあった。

三井文庫蔵

〈元禄文化はどのような特色をもっていたのだろう〉

1600　1700　1800　→化政文化
寛永期の文化　元禄文化　宝暦・天明期の文化

1 元禄文化一覧表

学問	儒学の発達により合理的思考・実証的研究が発達		
文芸	古典	契沖『万葉代匠記』　北村季吟『源氏物語湖月抄』	
	俳諧	松永貞徳『御傘』（古風、俳諧の規則を定める）…貞門派	
		西山宗因『西翁十百韻』（新風、自由・軽快）…談林派	
		松尾芭蕉『俳諧七部集』（冬の日・春の日など）…蕉風	
	俳文	松尾芭蕉『野ざらし紀行』『笈の小文』『奥の細道』	
	小説	仮名草子　浅井了意『東海道名所記』	
		浮世草子　井原西鶴『好色一代男』（好色物）	
		『武家義理物語』（武家物）	
		『日本永代蔵』（町人物）	
	脚本	人形浄瑠璃　近松門左衛門『曽根崎心中』（世話物）	
		『国性（姓）爺合戦』（時代物）	
美術・工芸	建築	善光寺本堂・東大寺大仏殿 ●p.218❻❼	
	庭園	後楽園（岡山）	
	絵画	紅白梅図屏風・燕子花図屏風（尾形光琳）●p.217❶❷	
		見返り美人図●p.217❸・歌舞伎図屏風（菱川師宣）	
		洛中洛外図巻（住吉具慶）	
		秋郊鳴鶉図（土佐光起・光成）●p.217❹	
	工芸	陶器　色絵藤花文茶壺・色絵吉野山図茶壺（野々村仁清）●p.218❷	
		漆器　八橋蒔絵螺鈿硯箱（尾形光琳）●p.218❶	
		染色　友禅染（宮崎友禅）　彫刻　円空仏●p.218❺	
芸能	歌舞伎	和事（恋愛劇）―坂田藤十郎、芳沢あやめ	
		荒事（武勇劇）―市川団十郎	
	浄瑠璃	語り手　竹本義太夫（義太夫節）	

❶人形浄瑠璃　人形浄瑠璃は浄瑠璃にあわせ人形遣い❶が人形を操る芸能。**竹本義太夫**が**近松門左衛門**の作品を演じるようになり流行した。詞・三味線❷・旋律・語り❸を基本とした。義太夫の浄瑠璃は**義太夫節**とよばれる。現代では文楽とよばれる。

❷歌舞伎の劇場（「浮絵劇場図」鳥居清忠筆）　歌舞伎は、この頃、劇場演劇として確立した。江戸・大坂・京都などの都市には、常設の芝居小屋がおかれた。●p.183❺、232❷❸　平木浮世絵財団（東京・江東区）蔵

作品鑑賞　江戸中村座の内部で、「暫」の場面。絵の左下部分には、花道に立つ5代目市川団十郎がみえる。客席は東西（上の絵では左右）にある二重式で、屋根のついている桟敷と、切落しと呼ばれる平土間で構成される。桟敷は上等席で、武士や富裕な町人が占めた。正面の舞台が本舞台で、破風とよばれる柿葺きの立派な屋根がある。

一言かわら版　経世済民　「世を経（おさ）め、民を済（すく）う」の意で、広く政治・統治・行政全般を指す語であった。これを「経済」という語ではじめて紹介したのが太宰春台である。

テーマのポイント

1 上方（京都・大坂）を中心とし、経済の繁栄を背景として、幅広い層が担った
2 現実謳歌の風潮（「憂き世」から「浮き世」へ）　**3** 合理的精神にもとづく学問が発達した

2 元禄の三大文学者

井原西鶴（1642〜93）
談林派の俳人で、また、浮世草子の大成者。

●好色物
　『好色一代男』…7歳で性に目覚めた世之介の一代記。絵は西鶴の自画といわれる
　『好色一代女』・『好色五人女』
●武家物
　『武道伝来記』…武家の敵討を描く
　『武家義理物語』…武家社会の義理・犠牲的精神を描く
●町人物
　『日本永代蔵』…勤勉・倹約で成功する町人の話
　『世間胸算用』…大晦日の町人の悲喜劇を描く

松尾芭蕉（1644〜94）
さび・しおり・かるみを中心とする蕉風（正風）を確立。

『奥の細道』…門人の曽良をともなった俳文紀行。1689（元禄2）年3月江戸を発し、平泉、新潟を経て美濃大垣に至る。東北・北陸の巡遊記
『野ざらし紀行』…伊勢から故郷の伊賀を経て、江戸に帰るまでの紀行文
『猿蓑』…門人向井去来らが撰した俳諧集

◆『奥の細道』の代表句
行春や鳥啼魚の目は泪（千住）
夏草や兵どもが夢の跡（平泉）
閑さや岩にしみ入る蝉の声（立石寺）
荒海や佐渡によこたふ天の河（出雲崎）

❸立石寺（山形市）

❹『奥の細道』の関係地図

―『奥の細道』の旅程　0　50km

近松門左衛門（1653〜1724）
人形浄瑠璃や歌舞伎にすぐれた脚本を残した。竹本座の座付作者。

●時代物
　『国性（姓）爺合戦』…清に滅ぼされた明国を復興する鄭成功の姿を描く。1715年、竹本座で初演
●世話物（心中物）
　『曽根崎心中』…手代徳兵衛と遊女お初の心中事件を、恋愛と義理と金銭をからませて描く
　『心中天網島』…大坂天満の紙商人治兵衛と遊女小春との心中事件
　『冥途の飛脚』…飛脚屋の養子忠兵衛と遊女梅川の駆け落ち事件

3 俳諧・演劇の流れ

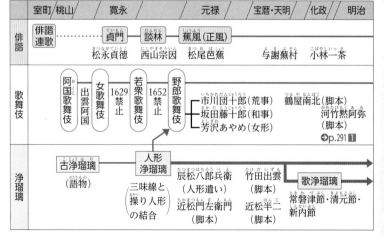

	室町・桃山	寛永	元禄	宝暦・天明	化政	明治
俳諧連歌		貞門 談林	蕉風（正風）			
		松永貞徳 西山宗因	松尾芭蕉	与謝蕪村 小林一茶		
歌舞伎	阿国歌舞伎 出雲阿国	女歌舞伎 1629禁止 若衆歌舞伎 1652禁止	野郎歌舞伎 市川団十郎（荒事） 坂田藤十郎（和事） 芳沢あやめ（女形）		鶴屋南北（脚本） 河竹黙阿弥（脚本）●p.291❶	
浄瑠璃	古浄瑠璃（語物）	人形浄瑠璃 三味線と操り人形の結合	辰松八郎兵衛（人形遣い） 近松門左衛門（脚本）	竹田出雲（脚本） 近松半二（脚本）	歌浄瑠璃 常磐津節・清元節・新内節	

近世　江戸

1 儒学の系統

●出典：ColBase

武断政治の時代 幕藩体制の確立期			文治政治への転換期	元禄時代	正徳の政治	享保の改革	田沼時代	寛政の改革	化政時代	天保の改革
家康	秀忠	家光	家綱	綱吉	家宣 家継	吉宗	家重	家治	家斉	家慶
1600	20	40	60	80 1700	20	40	60	80	1800 20	40

朱子学派

藤原惺窩〔京学〕 ─ 林羅山 ─ 林鵞峰 ─ 林信篤(鳳岡) ─ 林述斎

石川丈山

木下順庵〔木門派〕 ─ 新井白石／室鳩巣／雨森芳洲 ●p.192④

松永尺五

室鳩巣 ─ 三浦梅園

柴野栗山

野中兼山 ─ 向井三省 ─ 佐藤直方 ─ 尾藤二洲 ─ 頼山陽

南村梅軒〔南学〕 ─ 谷時中 ─ 浅見絅斎／岡田寒泉

山崎闇斎〔崎門学派〕 ─ 古賀精里／竹内式部

陽明学派

中江藤樹 ─ 熊沢蕃山

三宅石庵 ─ 中井甃庵／富永仲基／中井竹山／山片蟠桃／佐藤一斎／大塩平八郎 ●p.234②／佐久間象山

古学派

山鹿素行

伊藤仁斎〔堀川学派〕〔古義学派〕 ─ 伊藤東涯 ─ 青木昆陽 ●p.219②

太宰春台

荻生徂徠〔古文辞学派〕〔蘐園学派〕 ─ 広瀬淡窓

(人物の年代は40歳の時を示す)

☐ 寛政の三博士 (岡田寒泉ののち古賀精里。儒学の振興に貢献した3人を称した呼称。)

↑❶藤原惺窩

↑❷林羅山

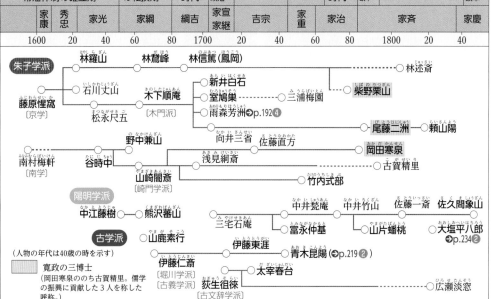

↑❹蘐園の額

↑❸荻生徂徠 東京大学駒場図書館所蔵

↑❺藤樹書院(滋賀・高島市)

近世 江戸

2 儒学者の業績

【正学】 寛政異学の禁(1790)で幕府公認の学問とされたもの

朱子学(南宋の朱熹が大成)

社会の秩序・自然の秩序を天の理ととらえ、君臣父子上下の秩序を重視。身分に伴う道徳(名分)を説く。敬(つつしみ)、礼を重んじ封建的身分制に適合。官学となった

京学(藤原惺窩が祖)

藤原惺窩(1561〜1619)	もと京都五山相国寺の禅僧。朱子学を僧侶・公家の手から解放して武家にも広め、政治道徳とした
林羅山(1583〜1657)(道春) 家康に仕える	惺窩の紹介で家康に仕える。上野忍ケ岡に私塾を開き、林家の祖となる。幕府の思想的基盤を築く
林鵞峰(1618〜80) 家光に仕える	春斎とも。林家を継ぎ、父羅山とともに『本朝通鑑』を編集する
林信篤(1644〜1732) 家綱以来5代に仕える	鳳岡とも。湯島聖堂学問所を初代大学頭として管掌
木下順庵(1621〜98) 綱吉に仕える	加賀前田家に仕え、のち江戸で木門派を形成し、人材を輩出
新井白石(1657〜1725) ●p.201⑥,216■	正徳の政治をおこなう。実証・実践の結合した合理主義者。『読史余論』
室鳩巣(1658〜1734) 吉宗に仕える●p.219②	加賀で順庵に学び、幕府儒官となる。『六諭衍義大意』など

南学(南村梅軒が祖、土佐で成立・発展。海南学派とも称す)

谷時中(1598〜1649)	土佐の人。還俗して南学を大成、実質上の祖といわれる
野中兼山(1615〜63)	土佐藩家老。南学による藩政(新田開発・殖産興業など)推進
山崎闇斎(1618〜82)	朱子学と吉田神道を結合させ垂加神道を創始。崎門派を形成し、多くの弟子を育成。垂加は闇斎の号

【異学】 寛政異学の禁で幕府学問所での講義が禁止された

陽明学(明の王陽明が創始)

朱子学を主知主義として批判し、認識と実践の合一(知行合一)という実践的道徳を説く。現実社会の矛盾を改めようとする。大塩平八郎(中斎)も陽明学者

中江藤樹(1608〜48) 近江小川村出身 ●p.230③	日本陽明学の祖。孝を万事万物の道理として重視。郷里で藤樹書院を開き、その人格は周囲に大きな影響を与え、近江聖人とよばれた
熊沢蕃山(1619〜91)	中江藤樹に学ぶ。岡山藩主池田光政に仕えたが、著書『大学或問』での社会批判で幕府に咎められ、下総古河に幽閉される

↑❻聖堂学問所での講釈のようす 徳川綱吉は、上野忍ケ岡にあった林家の家塾を湯島に移して聖堂学問所として整備し、幕臣の教育につとめた。 ②⑥東京大学史料編纂所蔵

古学(日本独自の儒学)

朱子学や陽明学を後世の解釈としてしりぞけ、直接古代の孔子・孟子の教えの原典に学ぶことを主張。古典研究を重視、復古主義的傾向をもつ

聖学

山鹿素行(1622〜85) 赤穂藩家老の大石良雄(内蔵助)は素行から兵学を学ぶ。山鹿流の陣太鼓はよく知られる。 ●p.201	兵学者にして、古学の創唱者。社会の指導者としての武士の新しい生き方(士道)を説き、朱子学を批判。赤穂に流される。おもな著書は『聖教要録』

堀川学派(古義学派)

伊藤仁斎(1627〜1705) 伊藤東涯(1670〜1736) ●p.230③	伊藤仁斎・東涯父子は、『論語』の古義を回復しようとする古義学を提唱。京都堀川に古義堂を開いて、民衆に開かれた儒学を確立した

古文辞学派(蘐園学派)

荻生徂徠(1666〜1728) 柳沢吉保に仕え、徳川綱吉にも進講した ●p.219②,230③	古文辞学を始めた。経世済民の方術を重視。江戸茅場町に私塾蘐園塾を開いた。おもな著書は、8代将軍吉宗の諮問に答えた『政談』
太宰春台(1680〜1747)	徂徠の弟子。徂徠の経世論を継承発展させ、特に幕藩体制下での経済活動の分野で多くの改善策を示す。おもな著書は、『経済録』『経済録拾遺』

近世

江戸

1 実証的学問の成果

❶自然科学における観察・収集・実験→本草学・農学・医学・和算・天文学
❷国文学における秘事口伝の否定→古典研究
❸歴史研究における史料収集、考証→合理的・実証的な歴史解釈、理論

● 本草学　薬草の研究から動植物・鉱物など博物学へ

貝原益軒 (1630〜1714) 筑前の人	福岡藩の儒学者。本草学の基礎となる『大和本草』を著す
稲生若水 (1655〜1715) 江戸の人	本草学の大成者。加賀藩主前田綱紀の保護下で大著『庶物類纂』を著す

● 農学　商業的農業(商品作物)の発達に大きな影響 ➡p.202 4

宮崎安貞 (1623〜97) 安芸の人	農学者。農業の実情を調査し、農業技術の改良・普及に努める。著書『農業全書』

🔲江戸後期の農学者に大蔵永常(著書『広益国産考』)がいる。

● 医学　実践重視の漢代医学(古医方)への復古をめざす

山脇東洋 (1705〜62) 京都の人	死刑囚の死体を解剖させ、従来の説の誤りを正した日本初の解剖書『蔵志』を著す

● 暦学　天体を観測し暦をつくる学問。幕府天文方が司る

渋川春海 (1639〜1715) 京都の人	安井算哲ともいう。初代幕府天文方。中国伝来の宣明暦(862年作成)の誤差を正し、日本に適応した貞享暦(1684)を作成

🔲当時は太陰太陽暦(太陰暦)。太陽暦採用は1872(明治5)年から。

● 和算　江戸期に発達した日本独自の数学

吉田光由 (1598〜1672) 京都の人	著書『塵劫記』。級数・根・体積・幾何学などを平易な日常の例題で解く
関 孝和 (1640?〜1708) 江戸の人	筆算の創始、行列式の発見、円の計算など独創的業績をあげる。著書『発微算法』

● 古典研究　古語の用法の実証研究。多数の古典注釈書

下河辺長流 (1627?〜86) 大和の人	『万葉集』の注釈に新説を出す。徳川光圀に契沖を推挙した
戸田茂睡 (1629〜1706) 江戸の人	伝統的歌学を否定。自由な詞での作歌を主張し、歌学の革新を試みた➡p.228 2
契沖 (1640〜1701) 摂津の人	徳川光圀の依頼で万葉集の注釈書『万葉代匠記』を著す➡p.228 2
北村季吟 (1624〜1705) 近江の人	幕府歌学方となり、源氏物語など古典の注釈書作成。『源氏物語湖月抄』➡p.228 2

🔲実証的古典研究はのちの国学の先駆とされ、本居宣長に影響を与えた。

● 歴史研究　史料をもとに、合理的、実証的、客観的に考究

林 羅山 (1583〜1657) 鵞峰 (1618〜80)	『本朝通鑑』(1670)…幕命で編纂された神武から後陽成までの編年体の歴史書
山鹿素行 (1622〜85)	『中朝事実』(日本こそ「中華」とし、中国崇拝を排した)、『武家事紀』(武家政治の歴史など武家百般を記す)を著す
徳川光圀 〈水戸藩主〉 (1628〜1700) ➡p.200 2	『大日本史』(神武から後小松までの漢文による紀伝体の歴史書。大義名分論で書かれ、水戸学の基礎を築く)の編纂
新井白石 (1657〜1725) ➡p.201 6 、215 2 、228 3	『読史余論』(平安前期から織豊期を14段階に分け、武家政権の発展を論じる)、『藩翰譜』『古史通』『折たく柴の記』を著す

🔲日本3大史論は、『愚管抄』『神皇正統記』『読史余論』。

京都で本草学・朱子学を学ぶ。帰国後、藩内を歩きまわって『筑前国続風土記』を編纂。『大和本草』のほか、『養生訓』『和俗童子訓』、吉野への紀行文『和州巡覧記』などを著す。

↑1貝原益軒

←2稲生若水
杏雨書屋蔵本

本草学は、文献による考証から野外での実物の観察・分類・整理と発展した。物自体の探究など科学や博物学に発展していった。

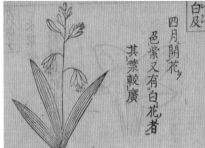
↑3『大和本草』(貝原益軒著)
1362種の物産の名称・来歴・形状・効用等を分類配列している。上の絵はラン科シラン。球茎が止血、排膿薬として利用された。左の写真は実物のシラン。

←4『蔵志』(山脇東洋)　胸部と腹部の解剖図。1754年、京都所司代の許可を得て、死刑囚の首のない死体を解剖させて観察した。これをもとに観蔵図を作成し、1759年に刊行した。

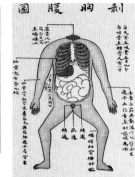
←5『西洋紀聞』(新井白石著)　屋久島に潜入し、捕らえられ江戸に監禁されたイタリア人宣教師シドッチを尋問して得た知識などをもとにして、世界の地理やキリスト教などについて記述している。

↑6貞享暦　渋川春海が中国の授時暦をもとに天体観測の結果を加えて作成した。日本人の手による最初の暦で、1685〜1754年の70年間使用された。春海は幕府碁方の安井家に生まれ、囲碁のほか、儒学、和算、天文暦学などを学んだ。

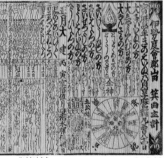
↑7渾天儀　指針の回転で天体の位置と経緯度の観測をおこなう。渋川春海は、日夜これを観測し、貞享暦を作成した。

提供:仙台市天文台

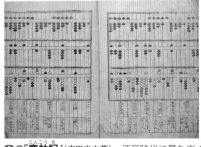
↑8『塵劫記』(吉田光由著)　江戸時代に最も広く普及し、和算書の代名詞となった。写真は、そろばんの使い方を解説した部分。

↑9『発微算法』(関孝和著)　1674年刊。筆算による連立多元高次方程式の解法をはじめて記した和算書。関孝和の生前に刊行された唯一のもの。のちに、弟子の建部賢弘はその解説書『発微算法演段諺解』を著した。

→❶燕子花図屏風（尾形光琳筆） 人物・背景などを一切省略して、花群のパターンをリズミカルに繰り返している。また、右隻は花の位置を高くし、左隻では極端に低くするという大胆な構図をとっている。日本のデザインの先駆的試みといえる。色彩も、花の群青、葉茎の緑青、金一色の下地が華麗なコントラストを生み、豪華さを引き立たせている。画題の「燕子花」は『伊勢物語』から着想したとされている。

光琳の梅
『紅白梅図屏風』のモデルとされる梅（京都・下鴨神社）。

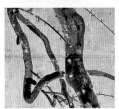

たらし込みの技法
墨や絵具が乾かないうちに、より水分を含んだ墨や絵具をその上にたらし込み、自然のにじみによる色彩効果をねらう琳派の特徴的な技法。

国宝　根津美術館（東京・港区）蔵　6曲1双 151.2×385.4cm

←❷紅白梅図屏風（尾形光琳筆） 大画面の中央の流水が、大胆にデフォルメ化・文様化され、左右の梅の若枝は、俵屋宗達の風神雷神図（→p.199❶）の構図を意識したものといわれている。燕子花図とともに光琳の代表作。国宝　MOA美術館（静岡・熱海市）蔵　2曲1双 156.5×172.5cm

● 琳派（宗達・光琳派）

時代	
江戸初期	俵屋宗達（京都）　本阿弥光悦 ──親戚── 共同制作（和歌巻など）
江戸前期	尾形光琳 ──兄弟── 尾形乾山 共同制作（絵付陶器など）
江戸後期	酒井抱一（江戸琳派） ──── 血縁関係

● 土佐派の系譜

時南北代朝	（祖）藤原土佐守行光
室町時代	土佐行広（京都） 初めて土佐姓を名乗り、宮廷絵所の絵師となる。 光信 光茂 土佐派の確立 光元
桃山時代	光吉（光茂門人） 光則（江戸） 土佐派の復興
江戸時代	光起 住吉如慶（光吉門人、江戸で住吉派をおこす） 絵所預に復帰 具慶 幕末まで流派は続く

● 浮世絵

←❸見返り美人図（菱川師宣筆） ふと後をふりかえった瞬間のポーズをたくみにとらえている。肉筆浮世絵の名品である。東京国立博物館蔵
63.0×31.2cm
❸❹❺出典：ColBase

● 土佐派 →p.164❶

←❹秋郊鳴鶉図（土佐光起・光成筆） 土佐派を再興し、朝廷の絵師となった光起が、子の光成とともに作成した。菊の下に、遊ぶ鶉を配置している。光起が鶉、光成が菊を描いた。東京国立博物館蔵 85.4×44.8cm（部分）

● 住吉派

東京国立博物館蔵　40.9×1368.0cm（部分）

←❺洛中洛外図巻（住吉具慶筆） 如慶の子の具慶は、大和絵系の画家として幕府の御用絵師となり、江戸に大和絵を広め、住吉派興隆の基礎を築いた。

ℹ️ **インフォメーション** 東京理科大学近代科学資料館（東京・新宿区） 江戸時代の和算書をはじめ、算木・そろばんから電子計算機まで、さまざまな計算具を展示。https://www.tus.ac.jp/info/setubi/museum/

近世　江戸

近世
江戸

内部

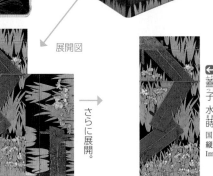

展開図

さらに展開。

1 工芸

螺鈿と蒔絵

いずれも漆芸の技法である。螺鈿とは、夜光貝などの貝片を切って漆面にはめ込むもの(●p.95 ④)。蒔絵は、漆で描いた文様の上に、金銀などの粉末を蒔きつけて装飾する。それぞれ、貝の厚さや種類、粉の形や粒の大きさなどにより、さまざまな表現となる。

螺鈿の工程(貝貼り) 文様にあわせて切った貝片を貼りつける。

蒔絵の工程(粉蒔き) 文様にあわせて金粉を蒔く。

←①八橋蒔絵螺鈿硯箱(尾形光琳作) 蓋の表から箱の側面にかけて、燕子花と橋の図柄をあしらっている。水は黒漆、花は螺鈿、葉茎は金蒔絵、橋は鉛で表現している。
国宝 東京国立博物館(東京・台東区)蔵
縦27.3cm 横19.7cm 高さ14.3cm
Image : TNM Image Archives

橋の両側に燕子花が咲きみだれていることがわかる。

色絵藤花文茶壺の特徴
①均整のとれた形。ロクロの名品。
②茶壺の口のまわりに放射状に描かれた藤の花。
③人気絵師に下絵を依頼。
④自作に「仁清」の印。個人名を作品に残した初の陶芸家。

↑②色絵藤花文茶壺(野々村仁清作) 藤花文で壺の曲面をたくみに飾り、優雅な趣をかもし出している。
国宝 MOA美術館(静岡・熱海市)蔵 高さ28.8cm

↑③銹絵染付金銀白彩松波文蓋物(尾形乾山作) 乾山は光琳の実弟。外面は釉薬をかけずに素地を残し、金、銀、染付、白彩を重ねて、風に揺られる松林をあらわしている。
出光美術館(東京・千代田区)蔵 高さ6.3cm、幅23.4cm

↑④友禅染の振袖 友禅染は、京都の宮崎友禅がはじめたとされる手描きの染め物。一枚の着物のなかに江戸中期の染色のあらゆる技法が網羅されている。丈156.5cm

2 彫刻

↑⑤円空仏(不動明王像)(円空作) 円空は東日本一帯を行脚し、布教のかたわら仏像12万体をつくった。その作風は鉈彫といわれる。
清瀧寺(栃木・日光市)蔵

3 建築

↑⑥東大寺大仏殿 1567年、松永久秀の手によって再度焼失した大仏殿は、公慶上人によって再興され、1709年に落慶供養がおこなわれた。世界最大の木造建築である。●p.90 ②
国宝 奈良市 高さ47.3m

↑⑦善光寺本堂 1707年に完成した江戸時代の代表的建造物。礼堂・外陣・内々陣をもつ奥行の深い重層の大建築である。
国宝 長野市 高さ37.0m

一言かわら版 井沢弥惣兵衛 豪農出身。紀伊藩に召し抱えられ、治水・土木工事に大きく貢献。吉宗の将軍就任後、幕臣に登用され、新田開発政策の実務を支えた。

テーマのポイント

1. 生産・経済活動が活発化する一方、幕府・諸藩の財政は窮乏した
2. 18世紀以降、財政再建を主眼とした幕政改革がおこなわれた

1 社会の変化と幕府・諸藩の窮乏

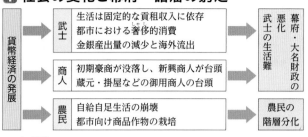

貨幣経済の発展

- 武士　生活は固定的な貢租収入に依存／都市における奢侈的消費／金銀産出量の減少と海外流出
- 商人　初期豪商が没落し、新興商人が台頭／蔵元・掛屋などの御用商人の台頭
- 農民　自給自足生活の崩壊／都市向け商品作物の栽培

→武士・大名財政の悪化／幕府・大名財政の悪化／武士の生活難／農民の階層分化

2 享保の改革 (1716〜45)

① 将軍みずから改革を主導　② 改革の中心は、幕府財政の再建と江戸の都市政策　③ とくに米価対策に力をそそぎ、吉宗は「米将軍(米公方)」とよばれる

中心人物		8代将軍　徳川吉宗(在職1716〜45)⊃p.186
人材登用		大岡忠相、田中丘隅、荻生徂徠⊃p.215③・室鳩巣(侍講)、神尾春央4
法制整備		相対済し令(1719)4…金銭貸借訴訟を受け付けない 公事方御定書(1742)4…裁判の基準、大岡忠相らが編集 御触書寛保集成…幕領法令の集大成
経済政策	財政	上げ米(1722〜30)4…大名に1万石につき100石の上納を命じる。その代償として参勤交代の江戸在住期間を半減 足高の制(1723)4…在職期間のみ役高の不足分を加増 年貢増徴策…定免法採用(1722)。幕領の年貢率引き上げ(1727)
	貨幣	元文金銀を鋳造(1736)
	殖産興業	新田開発奨励(1722)　商品作物栽培奨励…甘藷(さつまいも)(⊃p.30⑲)・甘蔗(⊃p.31⑤)・櫨(⊃p.32③)・朝鮮人参・胡麻など
	農村政策	質流し禁令…農民の階層分化への対処→質地騒動→撤回
	物価調整	堂島米市場の公認(1730)…米価上昇をはかる
社会政策	民政	町火消の制(1718)…江戸「いろは」47組結成(1720) 目安箱の設置(1721)…評定所前に設置、庶民の投書受付 →小石川養生所(貧民を対象とする医療施設)設置
文教政策	実学奨励	キリスト教関係以外の漢訳洋書輸入の制限緩和(1720) 青木昆陽・野呂元丈に蘭語の学習を命じる(1740)
	士風引き締め	武芸奨励、鷹狩復活、質素倹約令
結果		一応の成果をあげるが、社会の動揺(年貢増徴・享保の飢饉)で、庶民の不満の増大→一揆・打ちこわしの頻発

5 幕領の総石高と年貢収納高

『日本史総覧Ⅳ』

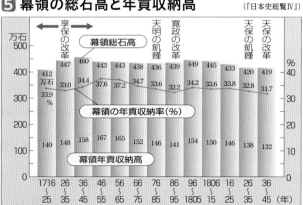

幕領の石高は、享保期には440万石に達した。また、年貢収納率は、幕政の改革の際に一時的に微増するが、低下の一途をたどった。

3 足高の制　⊃p.188②

● おもな役職の禄高基準

5,000石	側衆、留守居、大番頭
4,000石	書院番頭、小姓組番頭
3,000石	大目付、町奉行、勘定奉行
2,000石	新番頭、普請奉行、作事奉行
1,500石	京都町奉行、大坂町奉行、高家衆、弓鉄砲頭
1,000石	山田奉行、長崎奉行、目付、書院番組頭、小姓組番組頭

■ 「足高の制」制定前後の人材登用状況

石高(石)	大目付 足高以前	大目付 足高以後	町奉行 足高以前	町奉行 足高以後	勘定奉行 足高以前	勘定奉行 足高以後
500未満	0	13	0	6	1	22
1,000未満	4	12	0	6	2	8
1,000石	11	15	15	7	18	19
2,000石	12	5	3	2	6	3
3,000石	3	3	2	1	6	2
4,000石	5	0	1	0	1	1
5,000石	4	1	2	0	4	0

(泉井朝子「足高制に関する一考察」)

いずれも3,000石相当の役職。足高の制以後は、持高の低い人材が多数登用されていることがわかる。

史料　上げ米

……御恥辱を顧みられず仰せ出され候。高一万石に付(1)八木百石積り差上げらるべく候。……これにより在江戸半年充御免成され候間、緩々休息いたし候様に仰せ出され候。
(1)米。

(御触書寛保集成)

＊1731年に廃止。

4 徳川吉宗の人材登用

↑① 大岡忠相(1677〜1751)　旗本出身。江戸南町奉行に登用され、物価対策や町火消制度の開始など江戸市政を推進。のち、寺社奉行に昇進、1万石の大名となった。

↑② 青木昆陽(1698〜1769)　町人出身。伊藤東涯に学ぶ。大岡忠相の推挙により幕臣となる。『甘藷記』を著し、飢饉対策として甘藷(⊃p.30⑲)の普及に努めた。早稲田大学図書館蔵

↑③ 田中丘隅(1662〜1729)　武蔵国川崎宿の名主で、荻生徂徠に学ぶ。1722年に農政に関する意見書『民間省要』を幕府に上呈し、吉宗に抜擢された。

↩④ 町火消の設置　江戸には大名火消や定火消(旗本担当)が置かれていたが、1718年、江戸町奉行大岡忠相が町人からなる町火消(いろは47組)を設置した。町火消は火災現場に着くと屋根上で目印となる纏を振った。当時は建物を破壊することで鎮火させたため、火消人足は鳶口とよばれる破壊用の道具をもって現場に急行した。左の絵は、1772年の目黒行人坂火事のようす。

6 米価の変動と財政政策

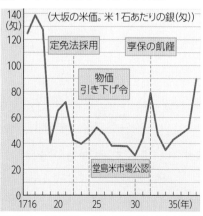

(大坂の米価。米1石あたりの銀(匁))

- 定免法採用
- 物価引き下げ令
- 享保の飢饉
- 堂島米市場公認

幕府にとって米価を一定の水準に保つことは重要な課題であり、堂島の米市場を公認して、米価の調節をはかろうとした。

↑⑤ 武蔵野新田の地割　幕府は新田開発を奨励した。全国で新田開発がおこなわれた結果、幕府の領地が50万石も増加した。武蔵野新田もこの時期に開発された新田の一つである。

資料鑑賞　享保期に入ると、新田による耕地面積の増加と農業技術の向上などにより、深刻な「米余り」が生じ、米価は他物価に比べて著しく低落した。それでも災害に襲われれば米価は高騰し飢饉となった。

近世／江戸

テーマのポイント

1 貨幣経済の進展にともない、土地を集積する豪農と土地を失う貧農の二極分化がおこり、各地で百姓一揆や村方騒動などが頻発した

1 本百姓の分解

畿内農村（河内国下小阪村）の場合

年	貧農	中農	富農	大地主
1607年（慶長12）	15.2%	72.7	9.1	3.0
1657年（明暦3）	17.2	65.5	11.5	5.8
1730年（享保15）	43.1	48.3	8.6	2.2
1841年（天保12）	60.9	26.1	10.8	

（永原慶二『商品生産と寄生地主制』）

貧農	中農	富農	大地主
（5石以下）	（5〜20石）	（20〜50石）	（50石以上）

見方・考え方
中農層が減少し、その一方で、小経営の本百姓や貧農層が増加していることに着目しよう。

貨幣経済の発展、幕府や藩の年貢増徴、天災や飢饉などで、持高5〜20石の中農層が質流れの形で土地を手放した。

2 百姓一揆の発生件数の推移

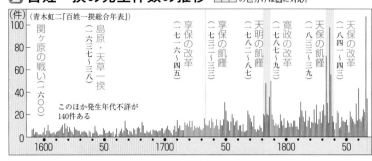

（青木虹二「百姓一揆総合年表」）

このほか発生年代不詳が140件ある

関ヶ原の戦い（一六〇〇）
島原・天草一揆（一六三七〜三八）
享保の改革（一七一六〜四五）
享保の飢饉（一七三二〜三三）
天明の飢饉（一七八二〜八七）
寛政の改革（一七八七〜九三）
天保の飢饉（一八三三〜三九）
天保の改革（一八四一〜四三）

□□□ の色分けは 4 に対応。

資料鑑賞 18世紀半ばから北半球は寒冷期であったため冷害の被害が広がった。百姓一揆のもっとも多い年は1866年だが、これは貿易の開始後の経済変動による貧農層の増加と、第2次幕長戦争（○p.239）による米価の暴騰が要因。

→ 1 車連判状（傘連判状）

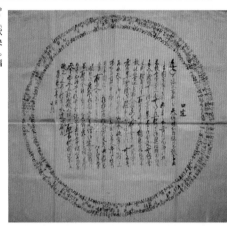

＊この写真の形式は、とくに藁座廻状とよばれる。大きな円形に村名、中央部分に「口達」という訴えの趣旨を記す。写真は、奥州信夫・伊達両郡（現在の福島県）のもの。

資料鑑賞 どの村が首謀かわからないように円形に村々の名を記している。連判には参加者の強い連帯意識、平等観念がある。

3 民衆運動の類型

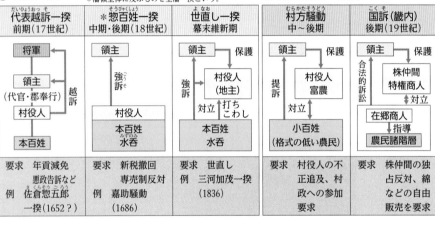

● 百姓一揆 ＊藩領全体に及ぶものを全藩一揆という。

代表越訴一揆 前期（17世紀）	惣百姓一揆 中期・後期（18世紀）	世直し一揆 幕末維新期
将軍 ← 領主（代官・郡奉行） 越訴 村役人 本百姓	領主 ← 強訴 村役人 本百姓・水呑	領主 → 保護 村役人（地主） 対立／打ちこわし 本百姓・水呑
要求 年貢減免 悪政告訴など 例 佐倉惣五郎一揆（1652？）	要求 新税撤回 専売制反対 例 嘉助騒動（1686）	要求 世直し 例 三河加茂一揆（1836）

● 村方騒動・国訴

村方騒動 中〜後期	国訴（畿内）後期（19世紀）
領主 → 保護 村役人・富農 提訴／対立 小百姓（格式の低い農民）	領主 → 保護 合法的訴訟 株仲間・特権商人 ← 対立 在郷商人 → 指導 農民諸階層
要求 村役人の不正追及、村政への参加要求	要求 株仲間の独占反対、綿などの自由販売を要求

4 おもな民衆運動

渋染一揆 1856
岡山藩のかわた身分に対する差別強化に抵抗。

福山藩一揆 1717〜18、1753、1786〜87

防長大一揆 1831
長州藩の物産会所の収奪強化に反対した農民10万人が参加。

久留米一揆 1754
久留米藩の人別銀賦課に反対して、10万人が参加した全藩一揆。

武左衛門一揆 1793
吉田藩による紙の専売と過重年貢に反対。

嘉助騒動 1686
松本藩で年貢減免を要求した全藩一揆。指導者は中萱村嘉助。

三河加茂一揆 1836
天保の飢饉の中、物価値下げ要求。

郡上宝暦一揆 1754〜58

与茂七騒動 1711
大庄屋の非違を訴える。

生田万の乱 1837

大塩の乱 1837 ○p.234 3

大坂の打ちこわし
1783 天明の打ちこわし
1787 同上
1836 天保の打ちこわし
1866 慶応の打ちこわし

国訴 1823
大坂の株仲間による木綿・菜種流通独占に対し、1,000か村を超える村々が連合した合法的訴訟。

南部藩三閉伊一揆 1847、1853
藩政改革要求。

磯茂左衛門騒動 1681
沼田藩主真田氏の悪政を将軍綱吉に直訴。

元文一揆 1738
磐城平藩で年貢など諸税減免を要求した全藩一揆。

伝馬騒動 1764
助郷加役に反対する武蔵・上野の農民約20万人参加。

佐倉惣五郎一揆 1652？
佐倉藩主堀田氏の悪政を将軍家綱に直訴。

江戸の打ちこわし ○p.221 9
1733 享保の打ちこわし
1787 天明の打ちこわし
1866 慶応の打ちこわし

郡内騒動 1836
天保の飢饉の中、米価引下げを要求。

島原・天草一揆 1637 ○p.194 4

五社騒動 1756
藍専売制反対。

凡例
・ 前期（1603〜1712）
・ 中期（1713〜82）
・ 後期（1783〜1867）
◎ おもな一揆の発生地

一言かわら版 島原大変、肥後迷惑 1792年、雲仙普賢岳の大爆発で眉山が崩落、大量の土砂が有明海に流れ大津波が発生、対岸の肥後で4〜5mに達したという。

近世 江戸

1 田沼時代 （1767〈もしくは1772〉〜 86）→p.186

❶幕府は年貢増徴策の限界から財源を商業利益に求め、株仲間の積極的公認や商人の資本による新田開発をおこなった

❷宝暦・天明期には火山の噴火や飢饉があいつぎ、不安をつのらせた都市民衆は富商・豪商に打ちこわしをおこした

中心人物		田沼意次（側用人〈在職1767〜72〉→老中〈在職1772〜86〉）
目標		商業資本の積極的な利用による重商主義の政治 享保の改革の殖産興業を継承
経済政策	貨幣発行	明和五匁銀（1767）・南鐐二朱銀の発行（1772） …計数銀貨の新規発行→p.213❿
	貿易対策	長崎貿易の制限緩和 …銅や俵物（→p.204❷❸❹）を輸出→金銀の輸入促進
	商業政策	株仲間の積極的公認…冥加・運上の増設を企図 専売制度の拡張…鉄・銅・真鍮・人参座など設置
	新田開発	町人請負新田の奨励…印旛沼・手賀沼の干拓
対外政策		蝦夷地の開発、ロシア人との交流を計画 →工藤平助『赤蝦夷風説考』の影響 最上徳内の千島探検…得撫島にいたる →p.224

↑❶田沼意次（1719〜88）　9代将軍家重の小姓から、10代将軍家治の側用人となる。積極的な重商主義政策をとるが、賄賂の横行などにより政治不信を招き、失脚した。

2 計数銀貨の発行

（表）　　（裏）

（実物大）

↑❷南鐐二朱銀　田沼意次は金を中心とする貨幣制度の一体化を試み、純銀に近い計数銀貨（南鐐二朱銀など）を発行した。南鐐二朱銀の表の印字は、8枚をもって金1両とすることを示す。南鐐は良質の銀の別称。→p.213❿

3 株仲間の奨励

↑❸株仲間の鑑札　株仲間商人は、販売の独占権を幕府が保障するかわりとして、運上や冥加を幕府に上納し、鑑札が交付された。→p.212❸

4 長崎貿易の拡大

←❹長崎出島での輸入品の計量　左の絵は、長崎において、外国人立会いのもとでオランダから輸入された砂糖などを計量しているようす。田沼は、これまでの長崎貿易の政策を転換し、銅のほか中華料理の材料として中国から需要が高かった俵物三品（→p.204❷❸❹）を積極的に輸出して、貨幣鋳造のための金銀を輸入しようとした。

7 噴火・飢饉・打ちこわし

↑❼浅間山の噴火　1783年4月8日に浅間山の噴火がはじまり、6月28日以後、連日大規模な噴火が続いた。とくに、7月6〜8日の3日間の大噴火は、「この世のものと思われぬ有様」であったといわれる。7月8日午前10時頃に発生した大火砕流は、斜面を猛スピードで流れ下り、上野国鎌原村（現、群馬県吾妻郡嬬恋村）をのみ込んだ。1979年からおこなわれた発掘調査では、観音堂の石段から老母を背負った嫁または子と思われる、2人の女性の遺骨が発見された（写真）。→p.26❷

5 蝦夷地の探査

←❺最上徳内（1755〜1836）　出羽の農民出身。本多利明に師事し、天文学などを学ぶ。幕府の蝦夷地探査にあたり、病の本多に代わって蝦夷地へ赴く。1786年、単身、得撫島に至り同島を探査。それらの功績により、武士身分に取り立てられた。

6 新田開発

←❻印旛沼・手賀沼の干拓（『続保定記　下』）　印旛沼・手賀沼は、享保期・天明期・天保期に大規模な干拓事業がおこなわれた。天明期には田沼による新田開発の一環として実施されたが、利根川の大洪水と田沼の失脚により、工事は中止された。
東京大学史料編纂所蔵

↑❽天明の飢饉の惨状（『凶荒図録*』）　1782年に東北地方を冷害がおそい、浅間山の噴火によりさらに状況が悪化したと考えられる。旅行家菅江真澄の記録によると、東北の村々では、死体が重なって道をふさいでおり、人々は死者の人肉も食べたという。

*記録をもとに明治時代に描かれたもの。

↑❾打ちこわし（『幕末江戸市中騒動図』）　おもに都市下層民が富商・豪商を襲い、建具や家財を破壊し、米穀や金銭をまき散らす行為。飢饉の際に頻発した。盗み・物取りはおこなわれないことが多かった。上の絵は、1866年の江戸の打ちこわしのようす。→p.220❹
東京国立博物館蔵　Image：TNM Image Archives

プロフィール

民俗学の祖
菅江真澄　三河国（愛知県）出身
1754〜1829

はじめ国学や和歌を学んでいたが、1783年、故郷を離れて旅に出て、東北地方から北海道南部を歴訪、各地の生活文化や民俗を日記に綴った。また、津軽地方における天明の飢饉の惨状や、1792年の地震を生々しく記録している。彼の残した民俗文化の記録は大変貴重なもので、菅江真澄は、民俗学の祖と言われる。→p.225❾

右側縦書き：近世　江戸

近世 江戸

1 寛政の改革 (1787〜93) ➡p.186

❶享保の改革を理想とし、田沼政治を否定
❷幕府権威の高揚と風俗・思想の統制
❸江戸の治安維持・救恤(困窮者などの救済)政策

中心人物		老中松平定信(白河藩主、吉宗の孫、在職1787〜93)
財政政策	財政	**棄捐令**(1789)…札差に対する6年以前の貸金放棄、以後の貸金は低利長年賦返済史
		商品作物の栽培を抑制、専売制の廃止→年貢の確保
	農村政策	**旧里帰農令**(1790)…都市出稼ぎ農民の帰村奨励
		助郷役軽減、治水植林工事…疲弊農民救済のため
社会政策		米穀の備蓄…幕府は諸大名に**囲米**(1789)を命じる。庶民の**社倉・義倉**
		七分積金…江戸の各町に町費を節約させ、節約分の7割を蓄えさせる
		人足寄場(1790)…石川島に設置、無宿人・浮浪人への職業指導を実施
文教政策	風俗	文武奨励、倹約令、銭湯での男女混浴禁止
		出版統制令により**山東京伝**を処罰➡p.225❷
	思想統制	**寛政異学の禁**(1790)…朱子学奨励、湯島聖堂の学問所での異学の禁止
		定信退陣後の1797年、聖堂学問所(林家私塾)を**昌平坂学問所**(幕府の学校)とする。出版統制令により**林子平**の『**海国兵談**』史・『**三国通覧図説**』を絶版とする➡p.229❷
対外政策		沿岸諸藩に海防強化を命令
結果		緊縮財政の推進・封建支配強化
		都市・百姓の下層民救済の諸政策を実施 →田沼時代末期の危機的状況は脱し、一時的に幕府財政が好転
		緊縮財政に対する武士・庶民の不満、定信と将軍家斉との対立
		尊号一件→定信の失脚

↑❶**松平定信**(1758〜1829)　三卿田安宗武の子で、吉宗の孫。陸奥白河藩主。天明の飢饉に際しての藩政手腕が評価され、老中となり、寛政の改革を推進。きびしい風紀統制のため、庶民には不評であった。

見方・考え方
庶民の支持は得られなかったことを理解しよう。

史料 寛政の改革に対する風刺史
世の中に蚊ほどうるさきものはなし ぶんぶ(文武)といふて夜もねられず
白川(白河)の清きに魚のすみかねて もとのにごる田沼の水ぞ恋しき

2 人足寄場

人足寄場は、火付盗賊改の長谷川平蔵の建言により、1790(寛政2)年に江戸の石川島に設置された。この施設には、江戸に徘徊する無宿人を強制収容して、打ちこわしの発生を防ぐことを目的とした。施設内では紙漉きや縄・藁細工などの職を身につけさせ、品行が修まれば、金を与えて釈放した。右の写真は、現在の石川島周辺(東京・中央区)。

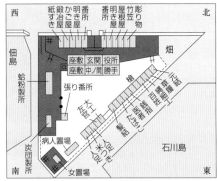

人足寄場跡

3 札差と棄捐令

➡❷**浅草の蔵屋敷**　**札差**とは、旗本・御家人(幕臣)の蔵米を売って換金する商人。浅草の蔵屋敷周辺に多く住んでいた。

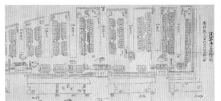

棄捐令(札差棄捐令)
幕臣の多くが禄米を担保として札差から多額の借金をしており、窮乏を救済するために発令された
内容：6年以前の借金は帳消し、5年以内の借金は低利長年賦で返却
札差の損害は約118万両→札差への低金利貸付をする猿屋町会所設立

史料 棄捐令史
此度御蔵米取御旗本・御家人勝手向御救のため、蔵宿借金仕法御改正仰せ出され候間、……一、借請候金子は勿論、六ヶ年以前辰年までに借来りの借金は、古借新借の差別なく、棄捐の積り相心得べき事。……

4 寛政の改革の出版統制

➡❸**山東京伝**(1761〜1816)
山東京伝は、江戸深川の質屋に生まれ、浮世絵師から黄表紙や洒落本の作者となった。寛政の改革の出版統制では、『仕懸文庫』など洒落本三部作が、風俗を乱す書物とされ、京伝は手鎖50日、出版元の蔦屋重三郎も財産の半分を没収された。➡p.225❷

5 尊号一件

➡❹**光格天皇**(1771〜1840)　1789年、光格天皇が実父の閑院宮典仁親王(➡p.201❷)に太上天皇の称号(尊号)を贈ろうとした。これに対し定信ら幕閣は、皇位についていない天皇の父に尊号を贈るのは不可とした。結局、尊号宣下は中止となり、関係した武家伝奏が処罰された。この後幕府と朝廷は一時不和となった。

「御寺 泉涌寺」提供

6 天明期〜寛政期の藩政改革

❶藩主みずからが藩政の改革を実施
❷藩財政の引き締め…藩士の綱紀の引き締めと倹約・統制
❸農村の復興…田畑の再開発、農民層分解の抑止、特産品の開発
❹財政収入の増加…専売制の強化

藩名	中心人物	おもな政策
秋田	佐竹義和(1775〜1815)	国産品生産を奨励(養蚕・織物・銅山) 藩制の整備 藩校明徳館の設立
米沢	上杉治憲➡■	藩校興譲館の開設 譜代門閥勢力を排除、有能な人材を登用 養蚕・製糸業を奨励、家内工業をおこす
松江	松平治郷(1751〜1818)	農村復興と財政緊縮 人参・陶器・紙・蠟の生産を奨励 ＊茶人でもあり、号を不昧という。
熊本	細川重賢(1720〜85)	有能な人材の登用。藩校時習館の設立 財政の緊縮、農村の復興 櫨の栽培の奨励と蠟の専売

プロフィール
米沢藩中興の祖
上杉治憲(鷹山)　日向国(宮崎県)出身　1751〜1822

上杉鷹山は、日向高鍋藩の出身。戦国時代から続く名家米沢藩主上杉氏の養子となり、17歳で藩主となった。そのころ、米沢藩は領地返上を考えるほどの財政難であったが、鷹山は倹約をすすめ、検地改めや特産品の生産奨励などにより藩財政を救った。国家・民衆を私すべきではないという有名な「伝国の詞」を残した。アメリカのケネディ大統領からも「尊敬する日本の政治家」と賛美された。

米沢市上杉博物館蔵

1 列強の接近と幕府の対外政策

	年代	事　項 ○数字は 4 地図に対応。
田沼時代	1778	ロシア船、蝦夷地厚岸に来航、通商を求む→松前藩拒否(1779)
	1783	工藤平助『赤蝦夷風説考』を田沼意次に献上
	1785	林子平『三国通覧図説』出版 最上徳内、蝦夷地・千島を調査(〜86)
寛政の改革	1791	林子平『海国兵談』出版(翌年絶版)
	1792	ロシア使節ラクスマン、大黒屋光太夫らを連れて根室に来航→①
	1793	松平定信、海防強化を諸藩に命ずる
	1798	近藤重蔵・最上徳内ら、択捉島に「大日本恵登(土)呂府」の標柱たてる
	1799	幕府、東蝦夷地を直轄地とする
	1800	伊能忠敬、蝦夷地を測量
	1804	ロシア使節レザノフ、長崎に来航→②
	1806	文化の薪水給与令(撫恤令)
		ロシア船、樺太・択捉を攻撃(〜07)
	1807	幕府、西蝦夷地を直轄地とする
大御所政治	1808	フェートン号事件→③
	1809	間宮林蔵、間宮海峡を発見
	1811	ゴローウニン事件→④
	1818	英ゴルドン、浦賀に来航し通商要求
	1824	英捕鯨船員、常陸大津浜(→⑤)・薩摩国宝島に上陸
	1825	異国船打払令(無二念打払令)国
	1828	シーボルト事件、天文方高橋景保投獄
	1837	モリソン号事件→⑥
	1839	蛮社の獄、渡辺崋山・高野長英を処罰
	1840	アヘン戦争(〜42) →天保の薪水給与令(1842)国
	1846	ビッドル来航→⑦

□ロシア関係　□イギリス関係　□アメリカ関係

見方・考え方
幕府は蝦夷地を段階的に直轄化した。ロシアの接近により幕府の蝦夷地への意識が高まったことを理解しよう。

2 列強のアジア進出

19世紀後半の領域
- □ オランダ領
- □ フランス領
- □ イギリス領
- □ スペイン領
- □ ロシア領
- → イギリスの進出 ⑧
- → フランスの進出 ⑨
- → ロシアの進出 ⑩
- 数字は進出年次

欧米で産業革命・市民革命がおこり、資本主義が発達してくると、商品の販売と原料の確保を目的として、列強がアジアへ進出するようになった。

④ゴローウニン事件 1811〜13

1811年、ロシアのゴローウニンが、国後島測量中に日本側に捕らえられた。翌1812年には高田屋嘉兵衛がロシアに抑留され、翌年帰国。その後、嘉兵衛の尽力もありゴローウニンは釈放された。

①ラクスマン来航 1792

漂流民大黒屋光太夫らの送還と通商を要求、松平定信は長崎入港の許可書を与える。

⑤英船員常陸大津浜に上陸 1824

英捕鯨船員が薪水・食料を要求し水戸藩士と衝突。翌年の異国船打払令の契機となる。

⑥モリソン号事件 1837

漂流民送還と通商要求を目的に浦賀に来航したアメリカ商船モリソン号が、異国船打払令によって砲撃された。次に寄港した薩摩の山川でも撃退された。渡辺崋山・高野長英が、この事件を批判し、1839年に処罰された(蛮社の獄)。→p.229

＊知識人のサロンである尚歯会をさす。両名ともに尚歯会のメンバーだったためこの名称がつけられたが、事件と尚歯会は直接の関係はなかった。

テーマのポイント

1 国際情勢の変化にともない、天明期頃から諸外国の船が日本近海に来航した

3 北方の探検

凡例
- ── 最上徳内(1785,86)
- ── 近藤重蔵、最上徳内の行路(1798〜99)
- ── 伊能忠敬(1800)の実測路
- ── 近藤重蔵(1807)の推定航路
- ── 間宮林蔵(1808)の第1回行路
- --- 間宮林蔵(1808〜09)の第2回行路

0　200km

「大日本恵登(土)呂府」の標柱

↑2 大黒屋光太夫(1751〜1828)　伊勢国の船頭。1782年、伊勢白子から江戸に向かう途中で暴風雨に遭い、アリューシャン列島に漂着。その後、女帝エカチェリーナ2世に謁見、帰国を許された。ラクスマンの根室来航にともない帰国。その後は江戸に軟禁。桂川甫周の『北槎聞略』は、光太夫から聴取して著した漂流記。

↑1 間宮林蔵(1780〜1844)　18世紀末から19世紀初め、西蝦夷地と樺太を幕府直轄領とするにあたり、その探検のため幕府は間宮を派遣した。間宮は樺太が島であることを発見、大陸との海峡は間宮海峡と名づけられた。

プロフィール

ゴローウニン事件の解決に尽力した海商
高田屋嘉兵衛　淡路国(兵庫県)出身　1769〜1827

淡路島から兵庫に出て船持船頭になった。上方と蝦夷地(箱館)を北前船で往復し、国後・択捉間の航路や漁場も開拓した。廻船業と漁場経営によって一代で財を成した。ゴローウニン幽囚の報復として、1812年、国後島付近でロシア海軍に捕らえられ、カムチャツカに連行された。ロシア語を学んで事件の解決に尽力し、翌年両者は釈放されて日露間の紛争は解決された。司馬遼太郎の長編『菜の花の沖』は嘉兵衛の生涯を描いた作品である。

4 江戸後期の対外関係

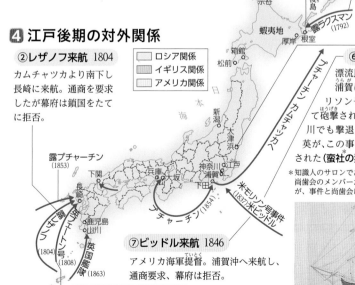

凡例
- □ ロシア関係
- □ イギリス関係
- □ アメリカ関係

②レザノフ来航 1804

カムチャツカより南下し長崎に来航。通商を要求したが幕府は鎖国をたてに拒否。

⑦ビッドル来航 1846

アメリカ海軍提督。浦賀沖へ来航し、通商要求、幕府は拒否。

③フェートン号事件 1808

英船フェートン号が長崎に侵入。オランダ商館員を捕らえ、薪水・食料を奪取。

↑3 モリソン号

江戸時代、幕府の蝦夷地の認識はどのように変化したのだろうか。
ロシアという国の存在を認識した幕府は、ロシアと隣り合う蝦夷地に対してどのような政策をとったのだろうか。

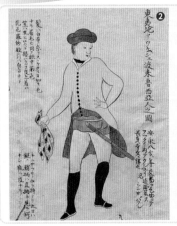

1 ロシアからの来航

←❶来航した人物（『辺要分界図考』）　1771年、ロシアの捕虜となっていたハンガリー出身のベニョフスキー（中央の人物）が阿波国の日和佐に上陸。「ルス国（ロシア）が日本の地をうかがっている」との警告をオランダ商館にもたらした（❶）。1778年には、ロシアのイルクーツクの商人シャバーリンが根室半島に来航し通商を求めた。松前藩が対応したが、幕府には報告しなかった（❷）。

2 ロシアを確認

工藤平助による『加模西葛杠加国風説考』（『赤蝦夷風説考』）（→p.229❷）は、1781～83年に、蘭学者たちによる地理研究の成果や松前からの情報を総合して著された。巨大国家ロシアを、付図を用いて紹介し、ロシアとの交易・蝦夷地開発を説いた。この『加模西葛杠加国風説考』の叙述を受け、1785年から、最上徳内が幕府の役人として初めて択捉島に到達し、ロシア人と接触。蝦夷地の背後にロシアの存在を確認した。

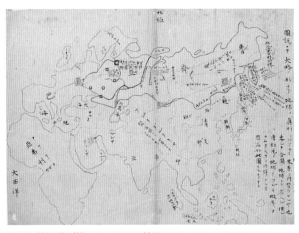
↑❷工藤平助が描いたロシアの地図（『加模西葛杠加国風説考』）

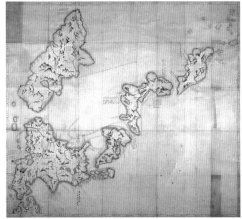
↑❸最上徳内が蝦夷地探査後に描いた地図

3 幕府の対蝦夷政策の転換とアイヌ社会の変化

● アイヌ史の概念図

- - - - アイヌの言語・文化区分

- オホーツク海
- 樺太
- 千島アイヌ
- 樺太アイヌ
- 北蝦夷地　北海道アイヌ
- 得撫島
- 国後島　択捉島
- 色丹島
- 西蝦夷地
- 松前藩　東蝦夷地
- 本州アイヌ
- 日本海　太平洋

国後・目梨の戦い（1789年）やラクスマンの来航（1792年）、レザノフの来航（1804年）などを受けて、幕府は蝦夷地を段階的に直轄化した。
＊1799年に東蝦夷地、1807年に全蝦夷地を直轄化。

● 幕府による同化政策の展開

幕府は、アイヌ社会を「未開社会」とし、将軍の「慈悲」により日本の風俗に変え、外国からの懐柔を拒むよう教育した。択捉島と得撫島との交易が禁止され、アイヌ社会は分断された。

↑❹和風化したアイヌの男性　説明文に「前を剃て中髪を取上ケ結ひ髭を剃れと申遣し候とも　髭は大切に候たる故剃事ハ御免と其侭なり…」とある。

● アイヌ女性の生活の変化

アイヌの女性の改俗として、入れ墨と耳輪をしないことが勧奨された。しかし、入れ墨は成長の証、耳輪は病気やけが、死などの災いから人体を守るためのものとされており、改俗に応じる女性は男性より少なかった。

↑❺機織りをするアイヌの女性
□の周囲に入れ墨をしている。

←❻糸を紡ぐアイヌの女性
幕府によって択捉アイヌに漁業が導入されたことで、漁業に適したアットゥシが大量に必要となった。択捉アイヌの女性は、幕府によって、その織り方の修得を求められることとなった。
＊オヒョウなどの木の繊維を使った織物。

❸北海道大学附属図書館蔵
❹北海道立総合博物館蔵
❺❻市立函館博物館蔵

探Q
●アイヌの人々のくらしや伝統的な文化について調べてみよう。

近世
江戸

1600　1700　1800　化政文化
元禄文化
寛永期の文化　宝暦・天明期の文化

テーマのポイント

1. 幕藩体制の動揺から、古い体制への批判と脱却をめざす動きが生まれた
2. 教育の普及により、文化の担い手が庶民まで広がった
3. 三都の繁栄を背景に町人文化が最盛期を迎えた

近世
江戸

1 文芸一覧

項目	事項
小説　洒落本・黄表紙	『仕懸文庫』→2、『通言総籬』（山東京伝）
	『金々先生栄花夢』→3（恋川春町）
	『江戸生艶気樺焼』（山東京伝）
滑稽本	『東海道中膝栗毛』→4（十返舎一九）
	『浮世風呂』『浮世床』（式亭三馬）
人情本	『春色梅児誉美』→5（為永春水）
合巻	『偐紫田舎源氏』→6（柳亭種彦）＊本名「高屋知久」という旗本。
読本	『雨月物語』（上田秋成）
	『南総里見八犬伝』→7、『椿説弓張月』（曲亭馬琴）
俳諧	『蕪村七部集』（与謝蕪村）　『おらが春』（小林一茶）
和歌	良寛、香川景樹（桂園派）ら
川柳	『誹風柳多留』（柄井川柳ら撰）
狂歌	大田南畝（蜀山人）、石川雅望（宿屋飯盛）ら
脚本　浄瑠璃	『仮名手本忠臣蔵』『菅原伝授手習鑑』（竹田出雲）
	『本朝廿四孝』『伊賀越道中双六』（近松半二）
歌舞伎	『東海道四谷怪談』（鶴屋南北）
	『三人吉三廓初買』（河竹黙阿弥）
その他	『北越雪譜』→8（鈴木牧之）
	『菅江真澄遊覧記』→9（菅江真澄）→p.221

←1 蔦屋重三郎の耕書堂の店先　18世紀末以降の出版作品増加を支えた代表的な版元。出版と販売を兼ねていた。小説本のほか浄瑠璃本や浮世絵（→p.226）が並んでいるのがわかる。

流行本の宣伝
本の陳列
製本
蔦屋重三郎
通油町
紅絵問屋
出し箱（看板）

3 地方の文化の記録

↑8 『北越雪譜』（鈴木牧之著、1835〜42年刊）　雪国の自然や農民の生活、風俗を実証的に描いた随筆集。著者の鈴木牧之は越後塩沢の縮商人で、越後縮（→p.28 1）についての記述が多い。

↑9 『菅江真澄遊覧記』　菅江真澄の紀行日記。三河を出発し、東北各地をめぐる見聞の記録と写生は、当時の庶民のくらしを知る貴重な資料である。→p.221

2 江戸時代の小説系統図

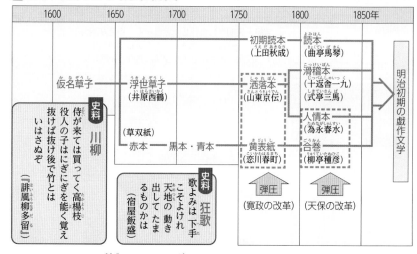

1600　1650　1700　1750　1800　1850年

初期読本（上田秋成）　読本（曲亭馬琴）
仮名草子　浮世草子（井原西鶴）
洒落本（山東京伝）　滑稽本（十返舎一九）（式亭三馬）
（草双紙）　人情本（為永春水）
赤本──黒本・青本
黄表紙（恋川春町）　合巻（柳亭種彦）
明治初期の戯作文学

史料　川柳
侍が来ては買ってく高楊枝
役人の子はにぎにぎを能く覚え
抜けば抜け後で竹とは
いはさぬぞ
　　　　『誹風柳多留』

史料　狂歌
歌よみは下手こそよけれ
天地の動き
出してたまるものかは
（宿屋飯盛）

弾圧（寛政の改革）　弾圧（天保の改革）

洒落本　短編の遊里小説。滑稽と通を描く。

↑2 『仕懸文庫』（山東京伝著、1791年刊）　鎌倉時代の曽我兄弟に題材をとり、深川の遊里の実情を描いたもの。幕府に統制された。→p.222 4

黄表紙　風刺滑稽を主とする大人向けの絵入小説。

↑3 『金々先生栄花夢』（恋川春町著、1775年刊）　夢の中での栄華、愛欲話を描く。春町は、黄表紙の祖となった。

滑稽本　庶民生活の滑稽さを描いた小説。

↑4 『東海道中膝栗毛』（十返舎一九著、1802〜09年刊）　一九の代表的滑稽本。江戸っ子の弥次郎兵衛と喜多八の東海道中での失敗滑稽談。好評で続編も書かれた。8編18冊　「続膝栗毛」12編25冊

人情本　町人の恋愛を描いた女性向けの読み物。

↑5 『春色梅児誉美』（為永春水著、1832〜33年刊）　主人公と3人の女性の恋愛話を描き、江戸女性に愛読された。1842年、天保の改革で弾圧を受けた。4編12冊　→p.234 5

合巻　黄表紙を数冊綴じ合わせた絵入小説。

↑6 『偐紫田舎源氏』（柳亭種彦著、1829〜42年刊）　偽者の紫式部による「源氏物語」。家斉を風刺したとして天保の改革で弾圧される。38編（各編4編合2冊）　→p.234 5

読本　勧善懲悪などをテーマとした文章中心の読み物。

↑7 『南総里見八犬伝』（曲亭馬琴著、1814〜41年刊）　安房里見家の八犬士による主家再興を描いた伝奇小説。馬琴は晩年失明し、口述筆記させて完成した。98巻106冊　→p.170

インフォメーション　太田記念美術館（東京・渋谷区）　原宿にある浮世絵専門の美術館。蔦屋重三郎が制作・販売にかかわった喜多川歌麿や東洲斎写楽の浮世絵も所蔵している。http://www.ukiyoe-ota-muse.jp

近世

江戸

1 多色刷版画（錦絵）の開発

錦絵 キーワード

絵師が下絵をつくり、彫師が版木をつくり、摺師が刷る。

版木

色摺

摺り重ね

錦絵は、絵師・彫師・摺師・版元の共同作業である。宝暦・天明期に流行した絵暦から、多色刷版画（錦絵）が完成し、版画による浮世絵価格の低下で、庶民が入手しやすくなり、流行・発展した。

↑①**弾琴美人**（鈴木春信筆） 鈴木春信は多色刷浮世絵版画（錦絵）の創始者。琴を弾く、ほっそりとした体つきと細面で清楚な顔つきの女性は、当時の美人の代表であった。

2 大首絵の技法の確立

大首絵とは、全身を描くこれまでの技法に対し、上半身や顔を強調した技法。喜多川歌麿や東洲斎写楽らが採用した。

● 美人画

↑②『婦女人相十品』「ポッピンを吹く女」（喜多川歌麿筆） ガラス製の笛を吹く町屋の娘を描いたもの。『婦女人相十品』の内の代表作。38.5×25.5cm

● 役者絵

↑③**市川鰕蔵**（東洲斎写楽筆）「恋女房染分手綱」の重の井の父竹村定之進に扮した市川鰕蔵を描いたもの。

▶歌麿は美人画を、写楽は役者絵や相撲絵を得意とした。写楽の作品には、背景部分の版木ににかわなどを塗って刷り、白・黒・紅などの雲母の粉末を貼り付ける「雲母摺り」の技法が用いられている。

3 風景画の登場

葛飾北斎や歌川広重により風景画が描かれ、旅ブームの到来にともなって人気を博した。

↑④『富嶽三十六景』神奈川沖浪裏

↑⑤『富嶽三十六景』凱風快晴

● 葛飾北斎

『富嶽三十六景』

各地から望むさまざまな富士山の姿を絵にしたもの。当初は36枚の予定であったが、好評で10枚を追加した。

● 歌川広重

『東海道五十三次』

東海道の53の宿場に出発地である江戸の日本橋と到着地である京都の三条大橋を加えた55枚からなっている。江戸時代の風俗がよく描かれている。

↑⑥『東海道五十三次』日本橋

↑⑦『東海道五十三次』庄野

①②③④⑤⑥⑦出典：ColBase

一言かわら版 **広重の画号** 広重は、定火消同心安藤家に生まれたが、早く両親を失い、歌川豊広の門で修行、始祖豊春からも認められた。画号は「歌川広重」が正式となる。

1 絵画一覧・江戸時代の絵画の流れ

文人画	十便十宜図→❶❷（池大雅・与謝蕪村）
	山水図❸（谷文晁）、船窓小戯帖（田能村竹田）
	鷹見泉石像❹・一掃百態→p.230❻（渡辺崋山）
写生画	雪松図屛風→❺・保津川図屛風（円山応挙）
	柳鷺群禽図屛風❻（呉春＝松村月溪）
西洋画	不忍池図→❽（銅版画）（司馬江漢）
	西洋婦人図❼（平賀源内）・不忍池図（小田野直武）
	浅間山図屛風❾（亜欧堂田善）

浮世絵	美人画	弾琴美人→p.226❶・ささやき（鈴木春信）
		婦女人相十品［ポッピンを吹く女］→p.226❷（喜多川歌麿）
		寛政三美人（喜多川歌麿）
	役者絵 相撲絵	市川鰕蔵→p.226❸・大谷鬼次の奴江戸兵衛（東洲斎写楽）
		大童山の土俵入（東洲斎写楽）
	風景画	富嶽三十六景→p.226❹❺（葛飾北斎）
		東海道五十三次→p.226❻❼（歌川広重）
		名所江戸百景（歌川広重）
	その他	朝比奈小人嶋遊、大宅太郎光国妖怪退治之図（歌川国芳）

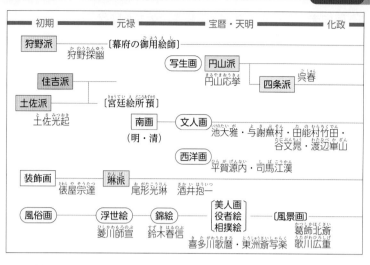

初期 ─── 元禄 ─── 宝暦・天明 ─── 化政

狩野派 ──［幕府の御用絵師］
　　　　狩野探幽
住吉派 ──　　　　写生画 円山派
土佐派 ──　　　　円山応挙 四条派 呉春
　　　　［宮廷絵所預］
土佐光起
　　　　南画 → 文人画
　　　　（明・清） 池大雅・与謝蕪村・田能村竹田・谷文晁・渡辺崋山
　　　　西洋画 平賀源内・司馬江漢
装飾画 琳派
俵屋宗達 尾形光琳 酒井抱一
風俗画 ── 浮世絵 ── 錦絵 ──美人画 役者絵 相撲絵／風景画
菱川師宣 鈴木春信 喜多川歌麿・東洲斎写楽 葛飾北斎 歌川広重

2 文人画　明・清の影響を受け、文人や学者が余技として描いた絵画である。

↑❶十便十宜図『釣便図』（池大雅筆）　↑❷十便十宜図『宜秋図』（与謝蕪村筆）
十便十宜図は、明末清初の文人李笠翁が自分の別荘伊園のくらしとたたずまいを自賛した詩「十便十二宜」にもとづいて描いた作品で、十便図（十の便利の図）を池大雅が、十二宜のうちの十宜図（十のよいところの図）を与謝蕪村が担当した。両画人ともに生涯の傑作である。国宝
川端康成記念会（神奈川・鎌倉市）蔵　両図とも17.9×17.9cm

↑❸山水図（谷文晁筆）
文晁は、元・明・清の絵画や狩野派・土佐派・西洋画まで学び、新しい画風を工夫した。
66.5×28.0cm（部分）
東京国立博物館蔵

↑❹鷹見泉石像（渡辺崋山筆）　鷹見泉石は崋山の蘭学の師である。陰影を施した洋画的な筆で、近世肖像画の傑作である。国宝
115.4×57.3cm　東京国立博物館蔵
❸❹❺出典：ColBase

4 西洋画

蘭学・洋学の隆盛につれて、西洋画の技法が伝わり、油絵具が長崎を通じて伝えられたこともあり、発展した。

↑❼西洋婦人図（平賀源内筆）
神戸市立博物館（兵庫・神戸市）蔵　41.5×30.5cm

3 写生画　狩野派の画法に西洋の遠近法を取り入れた画法。

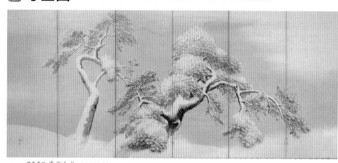

↑❺雪松図屛風（円山応挙筆）　応挙は、狩野派の画法を学び、さらに西洋写実画の遠近法や投影法の技法を取り入れ、新たに円山派の様式を完成した。
国宝　三井記念美術館蔵　6曲1双　155.2×359.6cm（部分）

→❻柳鷺群禽図屛風（呉春筆）　呉春（松村月溪）は、京都で円山応挙に写生画を学び、新しい様式である四条派を完成した。
京都国立博物館蔵　164.0×366.0cm（部分）

のぞき眼鏡

→❽不忍池図（司馬江漢筆）
神戸市立博物館蔵　28.5×41.5cm
銅版画で、のぞき眼鏡を通して絵を見る「眼鏡絵」として描かれている。

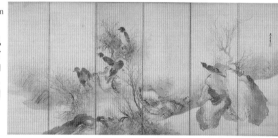

↓❾浅間山図屛風（亜欧堂田善筆）　東京国立博物館蔵　149.0×342.4cm

近世
江戸

❶ 国学者・洋学者系統図と思想家の生きた時代　（人物の年齢は40歳の時を示す）

	1680	1700	40	60	80	1800	20	40	60	80

国学

戸田茂睡　荷田春満　賀茂真淵　本居宣長　＊平田篤胤　生田万
契沖　　　　　　荷田在満　　加藤（橘）千蔭　＊伴信友
北村季吟　　　　　　　　　　　　村田春海　　　＊平田・伴は宣長の没後に門人となる。
　　　　　　　　　　　　　　　　塙保己一

洋学

西川如見　青木昆陽　前野良沢　大槻玄沢
新井白石　野呂元丈　杉田玄白
　　　　　　　　　　　稲村三伯　　宇田川榕庵
　　　　　　　　　　　宇田川玄真　坪井信道
　　　　　　　　　　　安岡玄真。　箕作阮甫
　　　　　　　　　　　玄随の死後、
　　　　　平賀源内　　宇田川家相続　緒方洪庵
　　　　　志筑忠雄　　　　　　　　福沢諭吉
　　　　　　　　　　　　　　　　　橋本左内
　　　　　　　　　桂川甫周　　　　大村益次郎
　　　　　　　　　宇田川玄随　　　佐野常民
　　　　　　　　　　　　吉田長淑　　大鳥圭介
　　　　　　　　　　　　　　　　　長与専斎

　　　　　　　　　　　　シーボルト
　　　　　　　　　　　　伊東玄朴
　　　　　　　　　　　　高野長英
　　　　　　　　　　　小関三英
　　　　　　　　　　　渡辺崋山

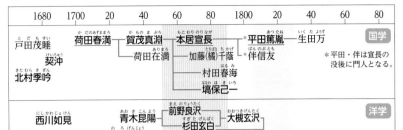

↑❶国学者たち（『契沖・賀茂真淵・本居宣長対座画像』）
東京大学史料編纂所所蔵模写

→❷エレキテル　郵政博物館蔵

伊能忠敬　　　　　　佐久間象山
高橋至時

思想

海防・鎖国批判論　林子平

| 尊王論 | 竹内式部 | 高山彦九郎 | 頼山陽 | 藤田東湖 |
| | 山県大弐 | 蒲生君平 | | 会沢安 |

| 倫理学・哲学・体制批判 | 石田梅岩 | 富永仲基 | 山片蟠桃 |
| | 安藤昌益 | | |

経世論	工藤平助		
	本多利明	佐藤信淵	
	海保青陵		

宝暦・天明期　　　　　化政期

洋学発展の背景

❶徳川吉宗の享保の改革（→p.219❷）の一環として、漢訳洋書輸入の制限が緩和された（1720年）
❷吉宗は家臣らにオランダ語の習得を命じた（青木昆陽、野呂元丈）
❸『解体新書』翻訳事業を通じて、オランダ語による学問研究（蘭学）が発展した
❹私塾（→p.230❸）のうち蘭学を学ぶ塾（蘭学塾）が多く開かれた

● 私塾（蘭学塾）

↑❹鳴滝塾（長崎市）→p.230❸　シーボルトの診療所兼私塾。長崎奉行の許可を得て長崎郊外の鳴滝で開いた。高野長英・伊東玄朴ら優れた人材を輩出した。
※写真は1860年ごろのもの。長崎歴史文化博物館蔵

←❺緒方洪庵　1838年に大坂に適塾（→p.230❸）を開いた。正式には適々斎塾という。出身者には大村益次郎・橋本左内・福沢諭吉・大鳥圭介・佐野常民らがいた。

❷ おもな国学者

下線の人物を四大人という。大人は師匠・学者の尊称。

戸田茂睡（1629～1706）、契沖（1640～1701）、北村季吟（1624～1705）→p.216❶	
荷田春満（1669～1736）	伏見稲荷の社家。国学の学校創立を請願
賀茂真淵（1697～1769）	遠江国の神職。田安家の和学御用。『国意考』『万葉考』を著述
本居宣長（1730～1801）	「もののあはれ」提唱。漢意を批判し国学を大成。『古事記伝』『玉勝間』を著述
塙保己一（1746～1821）	『群書類従』編纂、和学講談所を設ける
平田篤胤（1776～1843）	復古神道を大成し、尊王攘夷論に影響

←❸鈴屋の内部と柱掛鈴　鈴屋は、本居宣長の書斎兼私塾である。床の間の柱に鈴をぶら下げたのでこの名がある。三重・松阪市

\写真中の掛軸は、師真淵をまつったもの。『縣（県）居』は真淵の号。

❸ おもな洋学者

西川如見（1648～1724）	初の世界地誌である『華夷通商考』を著述
新井白石（1657～1725）→p.201❻、216❶	イタリア人宣教師シドッチを尋問し、『采覧異言』『西洋紀聞』図を著述
青木昆陽（1698～1769）→p.219❷	吉宗の命でオランダ語を学び、甘藷栽培を進める。『蕃薯考』『和蘭文字略考』
野呂元丈（1693～1761）	吉宗の命でオランダ語学習。『阿蘭陀本草和解』
前野良沢（1723～1803）	杉田玄白と『解体新書』翻訳
杉田玄白（1733～1817）	前野良沢と『解体新書』翻訳。『蘭学事始』
大槻玄沢（1757～1827）	芝蘭堂→p.229❷、蘭学入門書『蘭学階梯』
宇田川玄随（1755～97）	日本初のオランダ内科書『西説内科撰要』
稲村三伯（1758～1811）	ハルマの蘭仏辞典を和訳。『ハルマ和解』
平賀源内（1728～79）	本草学・物理学・西洋画などで活躍。摩擦発電機エレキテルを修理して復元
伊能忠敬（1745～1818）	全国の沿岸を測量。『大日本沿海輿地全図』完成への道を開く
高橋至時（1764～1804）	幕府の天文方に任じられ『寛政暦』を完成。高橋景保（天文方）の父
志筑忠雄（1760～1806）	『暦象新書』を著し、地動説などを紹介
宇田川榕庵（1798～1846）	イギリスの化学書を翻訳し、『舎密開宗』を著す。西洋の植物学も紹介
シーボルト（1796～1866）	オランダ商館医として来日し、鳴滝塾を開く。地図を海外に持ち出そうとし、国外追放（シーボルト事件）
緒方洪庵（1810～63）	蘭方医で、大坂に適塾を開く。内科学の蘭語訳書の邦訳や、種痘所を設立して天然痘の防疫にもつとめた
佐久間象山（1811～64）→p.237❷	朱子学・蘭学・砲学を学び、開国論を提唱

一言かわら版　種痘　天然痘の予防として、伊東玄朴や緒方洪庵らによって牛痘法が紹介された。当時人々はこれを接種すると牛になると信じ、普及するまでには多くの時間が費された。

❶ 蘭学

◀❶『解体新書』 ドイツ人のクルムスが著した解剖書『解剖図譜』の蘭訳本『ターヘル=アナトミア』を邦訳した、日本初の翻訳解剖書。全文漢文で記述されている。翻訳は、前野良沢が中心となっておこなった。1774年刊行であり、まだ辞書がないなかでの翻訳だった。翻訳のようすは杉田玄白の『蘭学事始』に詳しい。▶解体新書

大黒屋光太夫か
早稲田大学図書館蔵

↑❷芝蘭堂の新元会（オランダ正月） 芝蘭堂は大槻玄沢が開いた蘭学塾で、江戸における蘭学研究の中心的役割をはたした。寛政6年閏11月11日は西暦1795年1月1日にあたり、多くの蘭学者らを集めて祝宴を開いた。これを新元会（オランダ正月）と称し、1837年まで続いた。

作品鑑賞 長テーブルにはスプーン、ナイフ、フォークが並べられている。西洋風の料理を食べ、ワインをグラスで酌み交わす。中央の大皿に料理を盛り、銘々に取り分けるという食事方法は日本の一般的な作法ではない。西洋医学の祖とされるヒポクラテスの肖像画（❶）も飾られ、蘭学塾内のようすもうかがえる。右手の椅子にすわっている人物は、ロシア帰りの大黒屋光太夫とする説がある。

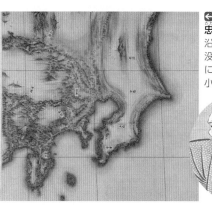

◀❸『大日本沿海輿地全図』 伊能忠敬が1800～16年にかけて、全国の沿岸部を測量して作成した。忠敬が没して3年後の1821年、高橋景保らにより完成した。縮尺の異なる大中小の3種からなる。出典：ColBase

◀❹伊能忠敬 下総佐原で酒造業などに従事。49歳で隠居し、高橋至時に天文・測量術などを学ぶ。

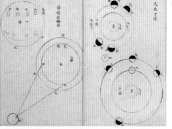

◀❺『暦象新書』 元オランダ通詞で天文学者・蘭学者であった志筑忠雄の著作。ニュートンやケプラーの諸法則や地動説を紹介している。志筑忠雄はケンペルの『日本誌』を抄訳し「鎖国」という語を訳出したことでも知られる。国立天文台図書室蔵

❷ おもな思想家・学者

分類	人物	説明
尊王論	竹内式部（1712～67）	越後の医師の子で神道家。京都で、公家たちに尊王論を説き追放刑となる（宝暦事件）
	山県大弐（1725～67）	甲斐国の与力の子。『柳子新論』を著す。江戸で尊王斥覇を説き死刑となる（明和事件）
	高山彦九郎（1747～93）	上野国の郷士の子。諸国を遊説し尊王論を説く
	蒲生君平（1768～1813）	下野国の町人の子。天皇陵を調査し、『山陵志』を著す
	頼山陽（1780～1832）	安芸国出身の儒学者の子。『日本外史』などを著す。志士たちの歴史意識・尊王思想の形成に影響を与える
	藤田東湖（1806～55）	水戸学派。尊王攘夷派志士を指導→p.235❸,237❹
	会沢安（正志斎）（1782～1863）	水戸学派。『大日本史』編纂に従事。『新論』で神道と儒学をあわせた大義名分論を唱える
倫理学・哲学・体制批判	石田梅岩（1685～1744）	丹波の農家出身。京都の商家で奉公しながら神・仏・儒を学ぶ。心学の祖。『都鄙問答』
	安藤昌益（1703～62）	八戸の医師。『自然真営道』で武士による収奪や身分制批判。『統道真伝』
	富永仲基（1715～46）	懐徳堂出身。大坂の商家の子。儒教を批判して仏教加上説を主張。『出定後語』を著す
	山片蟠桃（1748～1821）	懐徳堂出身。播磨の在郷商人の子。合理主義者で無鬼論（無神論）や地動説を主張し、『夢の代』を著す

◀❻懐徳堂 1724年、富永仲基の父義春や鴻池屋など大坂の豪商が出資し、学主に三宅石庵を迎えて船場に開設した。1726年には8代将軍徳川吉宗から官許の学問所に公認された。正式な入門がなくても聴講が許され、書生は貴賎富貴を問わず平等とされた。1869年閉校。

↖大正時代に再建され、現在は大阪大学文学部に継承されている（写真は1916年に再建された懐徳堂）。

分類	人物	説明
経世論	工藤平助（1734～1800）	仙台藩医。田沼意次に『赤蝦夷風説考』（→p.224）を献上し、ロシアとの貿易、蝦夷地開発を説く
	本多利明（1743～1820）	出身は越後といわれる。浪人。洋学をもとに貿易の振興による富国策を説く。『西域物語』『経世秘策』を著す
	海保青陵（1755～1817）	丹後国宮津藩家老の子。商売を蔑視する封建的道徳観を否定し、藩財政再建のため専売制を主張。『稽古談』を著す
	佐藤信淵（1769～1850）	出羽国久保田藩郷士の子。産業の国営化、貿易の振興を主張。『経済要録』『農政本論』を著す
海防・鎖国批判論	林子平（1738～93）	幕臣の子。開業医の叔父のもとで育つ。『海国兵談』や『三国通覧図説』で海防論を説く ＊『三国』とは、朝鮮・琉球・蝦夷地をさす →p.222❶
	渡辺崋山（1793～1841）	三河国田原藩の家老。1837年のモリソン号事件に対し、『慎機論』を著して幕府の対外政策を憂慮・批判した。蛮社の獄（→p.223❹）で処罰され、自刃 田原市博物館蔵
	高野長英（1804～50）	陸奥国出身の医師。『戊戌夢物語』を著して鎖国政策を批判。蛮社の獄で永牢、脱獄したが、のちに捕らえられ自殺

奥州市立高野長英記念館蔵

◀❼咸宜園（大分・日田市） 広瀬淡窓が豊後国日田に開いた私塾。高野長英も学んだ。

1 幕府の教育機関の流れ

『東京大学百年史』

〈朱子学〉
| 1630 林家私塾 — 1690 湯島聖堂学問所〈5代綱吉期〉 — 1797（昌平黌）昌平坂学問所〈寛政の改革後〉 — 1868 昌平学校 — 1869 大学校本校 — 1869 大学 — 1871（廃止）|

〈洋学〉
| 1811 蛮書和解御用 — 1855 洋学所 — 1856 蕃書調所 — 1862 洋書調所 — 1863 開成所 — 1868 開成学校 — 1869 大学校分局 — 1869 大学南校 — 1871 南校 — 1874 東京開成学校 |

〈医学〉
| 1858 種痘所 — 1860 種痘所（幕府移管）— 1861 西洋医学所 — 1863 医学所 — 1868 医学校 — 1869 大学校分局 — 1869 大学東校 — 1871 東校 — 1874 東京医学校 |

| 1877 東京大学 — 1886 帝国大学 — 1897 東京帝国大学 — 1947〜 東京大学 |

教育発展の背景

① 幕藩体制の動揺により、幕臣・藩士による基礎・高等教育の必要性が高まる
→藩士子弟の教育（藩校）、藩士・庶民の教育（郷学）
② 貨幣経済の進展にともない、庶民の学問への要求が高まる（読み・書き・そろばん）
③ 出版の盛行により庶民教育が容易になる

2 藩校と郷学

閑谷学校では、50〜60人の生徒が在学し、修学年限は1年が基本だった。

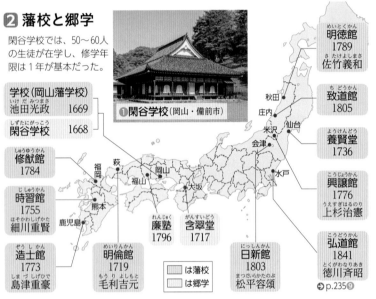

❶閑谷学校（岡山・備前市）

| 学校（岡山藩学校）池田光政 1669 |
| 閑谷学校 1668 |
| 修猷館 1784 |
| 時習館 1755 細川重賢 |
| 造士館 1773 島津重豪 |
| 明倫館 1719 毛利吉元 |
| 廉塾 1796 |
| 含翠堂 1717 |

| 明徳館 1789 佐竹義和 |
| 致道館 1805 |
| 養賢堂 1736 |
| 興譲館 1776 上杉治憲 |
| 弘道館 1841 徳川斉昭 → p.235❾ |
| 日新館 1803 松平容頌 |

□は藩校　□は郷学

↑❷致道館　庄内（鶴岡）藩9代藩主酒井忠徳によって創設。現在、孔子を祀った聖廟・廟門、講堂、藩主の滞在したお入間等が残る。東北地方で唯一現存する藩校建築物である。鶴岡市教育委員会（山形・鶴岡市）提供

↑❸日新館（復元）　会津藩5代藩主松平容頌の時、家老田中玄宰を奉行として学問所の建設に着工、1803年に日新館が創設された。7,000坪以上の校域を誇り、在学生は1,000人をくだらなかった。学問の主流は朱子学で、保科正之（→p.200❺）の著作が指導原理となった。現在、当時の建物が復元されている。會津藩校日新館（福島・会津若松市）提供

3 私塾

| 鳴滝塾 1824 シーボルト → p.228❹ おもな出身者は高野長英・伊東玄朴ら。|
| 松下村塾 1842（吉田松陰）→ p.237❸ おもな出身者は久坂玄瑞・高杉晋作・伊藤博文・山県有朋ら。|
| 古義堂 1662 伊藤仁斎 → p.215❷ |
| 藤樹書院 1648 中江藤樹 → p.215❺ |
| 佐倉順天堂 1843 佐藤泰然 |
| 蘐園塾 1709頃 荻生徂徠 |
| 芝蘭堂 1788頃 大槻玄沢 |

| 花畠教場 1641 熊沢蕃山 |
| 咸宜園 1817 広瀬淡窓 おもな出身者は高野長英・大村益次郎・橋本左内・清浦奎吾ら。→ p.229❼ |
| 適塾 1838 緒方洪庵 おもな出身者は大村益次郎・橋本左内・福沢諭吉・大鳥圭介ら。|
| 洗心洞 1830頃 大塩平八郎 → p.234❷ |
| 懐徳堂 1724 中井甃庵 おもな出身者は富永仲基・山片蟠桃ら。|

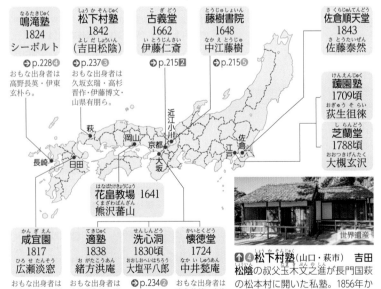

↑❹松下村塾（山口・萩市）　吉田松陰の叔父玉木文之進が長門国萩の松本村に開いた私塾。1856年から松陰が主宰し1858年に藩公認となった。多くの尊王攘夷派・討幕派の人材を輩出した。

4 庶民教育

→❺心学の講話（『孝経童子訓』）　心学は、儒教道徳に仏教・神道の教えを加味して生活倫理をやさしく説いたもので、石田梅岩によってはじめられ、手島堵庵、中沢道二らにより広められた。石門心学ともよばれる。講話の実施で全国に広まった。女子にも聴聞を許したが、儒教道徳にもとづき、男女の席はわけられていた。

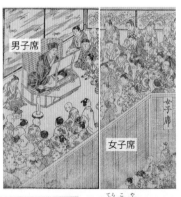

男子席／女子席

←❻寺子屋（渡辺崋山筆「一掃百態」）　寺子屋は庶民の教育機関で、庶民の6〜13歳くらいの子どもたち20〜30人を集め、読み・書き・そろばん（算数）や平易な道徳を教えた。

❺新日本古典籍データベースより一部掲載（奈良女子大学学術情報センター蔵）
❻田原市博物館蔵

江戸時代の人々は何をどのように学んでいたのだろうか。

江戸時代後半、日本の識字率は世界的にみても高い水準にあった。人々の学習はどのようにおこなわれていたのだろうか。

❶素読の講義

● 藩士の子弟と町人の娘の1日

* 稲垣忠彦「藩校における学習内容・方法の展開」　**『浮世風呂』

松代藩士の子(7歳)	時刻	町人娘のお角(10歳位)
厩へ行き乗馬	明6つ(6:00頃)	寺子屋の机並べ、三味線の朝稽古
朝食	5つ(8:00頃)	朝食
手習い、剣術・弓術(鉄炮)、読書	4つ(10:00頃)	寺子屋で学習
休憩	8つ(14:00頃)	銭湯
鑓の稽古	7つ(16:00頃)	琴の稽古、三味線・踊りの復習
夕食		少し遊ぶ
謡	4つ(22:00頃)	琴の復習

↑❷女子のたしなみ(『教草女大学栄文庫』)　女子のたしなみとして、手習い物書きや三味線・琴が奨励されている。

1 武士の学び

● 幕府の学校(昌平黌・昌平坂学問所)・藩校

封建官僚となった武士には、統治者としてふさわしい人格や武術が求められた。小学や四書・五経などを教材とし、素読・会読・輪講などの授業がおこなわれ、素読吟味・学問吟味などの試験があった。右の会読とは数人で同じ書物を読み、論じあうこと。

東京大学史料編纂所蔵

❸会読のようす

2 私塾(蘭学塾)での学び

オランダ語は「公用外国語」として使われていたが、特に18世紀後半以降、西洋の知識・技能を学ぶための語学としてさかんとなった。蘭学塾がさかんとなり、蘭学を学ぶ者のためにテキストもつくられた。→❹『蘭学楷梯』

↓❺適塾(→p.228❺,230❸,255❻)での学び(『陽だまりの樹』)
塾生は辞書を競って使用していた。　*手塚治虫による、幕末期の日本を描いた漫画。

ⓒ手塚プロダクション

3 庶民の学び

↓❻寺子屋のようす(「文学万代の宝」)東京都立中央図書館蔵

庶民の教育熱の高まりや開設が簡単なことから、多くの寺子屋がつくられた。教育内容は読・書・算盤が中心であるが、師匠が筆子(教え子)に応じて自由に決めることができた。筆子のしつけが重んじられ、学問より道徳の習得が上位とされることもあった。

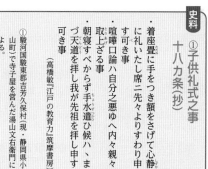
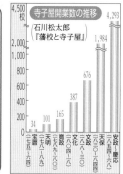

見方・考え方
貨幣経済社会を生き抜くために庶民はどのような教育を受けていたのだろうか。

史料 ①子供礼式之事 十八カ条(抄)

一 着座畳に手をつき額をさげて心静に礼いたし席ニ先々よりすわり申す可き事
一 喧嘩口論ハ自分之悪ゆへ内々親々取上ざる事
一 朝寝すべからず手水遣ひ候ハ、まづ天道を拝し我が先祖を拝し申す可き事

(高橋敏『江戸の教育力』筑摩書房)
① 駿河国駿東郡吉芳久保村(現・静岡県小山町)で寺子屋を営んだ湯山文右衛門による。

寺子屋開業数の推移

		4,293
	1,984	
	676	
	387	
34	101 165	

(石川松太郎『藩校と寺子屋』)

(一七七六~一七八四)宝暦
天明
寛政
文化
文政
天保(一八三〇~四四)
安政・慶応(一八五四~六八)

4 女子の学び →p.195

←❼浮世絵に描かれた女子の学び(「江戸名所百人美女」(湯島天神))　書道をしているようす。

見方・考え方
②もふまえ、江戸時代の女子は何のために、どのようなことを学んだのか考えてみよう。

探Q
●庶民の子弟が使っていた教材について調べてみよう。

近世 江戸

1 庶民の生活と信仰

娯楽	芝居小屋（歌舞伎・人形浄瑠璃）→p.214、村芝居、寄席 見世物小屋、遊廓、銭湯、髪結床→p.208 読本・人情本・滑稽本 寺社の縁日、出開帳、富突①など	年中行事や信仰、旅行などで生活に潤いを与える。若衆宿などで同年齢層の交流
旅行	湯治、物見遊山、江戸・京都・浪速などの『名所図会』が刊行される	
信仰	講…………信仰のための組織で社交・娯楽的性格もある 　　　　　寺社参詣では代参もおこなわれる（富士講、伊勢講など） 寺社参詣…伊勢参詣（御蔭参り）→⑦・善光寺参り・金毘羅参り→⑧ 巡礼………西国三十三カ所（観音信仰）、四国八十八カ所遍路など 民間宗教…現世利益の神仏・流行神・地方神など信仰、迷信も流行 　　　　　日待・月待・庚申講→⑩など 　　　　　五節句の祝賀：人日(1/7)、上巳(3/3)、端午(5/5)、七夕(7/7) 　　　　　重陽(9/9)→p.27②、203❶	

写真提供 日本銀行貨幣博物館

↑❶富突（富くじ）と富札 富突は、寺社の修理費を捻出するためにおこなわれ、元禄・享保以後さかんになった。境内が会場となり、富札が売られ、木札を錐で突いて当たりを決めた。当選者には賞金が与えられた。

3 旅行と信仰

庶民の寺社参詣や物見遊山の旅が流行すると、旅のガイドブックである各地のさまざまな『図会』が発行された。旅人たちはこれらを片手に旅をした。

御蔭参り参宮者数

1705年	362万人
1771年	270万人
1830年	486万人

←❼御蔭参り 集団での伊勢参りを御蔭参りといい、ほぼ60年ごとに流行した。1830年の参加人数は、約500万人にも達した。→p.242❸
神宮文庫（三重・伊勢市）蔵

↑❽象頭山全図（金刀比羅宮案内図）

↑❾安芸厳島神社図

2 娯楽　↓❷中村座（復元）

↓❸市川団十郎

江戸・京都・大坂では、常設の芝居小屋が設けられた。中村座は、江戸の代表的な歌舞伎の芝居小屋である。右は、7代目市川団十郎の「暫」の場面。→p.214❷

↑❹江戸両国橋（復元模型） 隅田川の川辺には水茶屋とよばれる休息所が、川の中には屋形船が見える。

↑❺相撲の興行 相撲の興行は、寺社修復、橋の修復などの名目で木戸銭を取っておこなわれた。民衆の娯楽に対する要求が強まるとともに、相撲の人気も高まった。

←❻三社祭 さまざまな祭りも人々の娯楽の一つであった。とくに、江戸では日枝神社の山王祭、神田明神の神田祭、浅草神社の三社祭が、江戸三大祭としてにぎわった。写真は、現在の三社祭のようす。

4 農村の生活

↑❿庚申塔 十干十二支の組み合わせのうち、庚申の日の夜に寝ると三匹の虫が体内から出て天帝に罪過を告げるため早死にするとの信仰から、庚申の日には庚申塔に御神酒や供物を供え、夜を徹して招福除災を願った。これを庚申講という。

←⓫農村の休日（『農業図会』） 農村は、都市に比べて娯楽が少なく、農事暦にしたがった生活であり、農作業の節目節目や、盆・正月などが休み日とされた。→p.203❶

←⓬現代に残る村芝居（埼玉県） 江戸時代後期から幕末にかけて、祭りや村芝居（農村歌舞伎）など人の集まる興行の場が、活況を呈するようになった。

近現代という時代 19世紀の後半の江戸時代末から現代までの期間。日本は開国し、近代国家の道をあゆみ、いくつもの大きな戦争を経験した。第二次世界大戦の敗戦後、連合軍の占領を経て国際社会に復帰、経済発展を果たした。

	1868年	1912年 1926年		1989年	2019年
	（移行期）		近現代		
	江戸時代（幕末）	明治時代	大正時代	昭和時代	平成時代 令和
	近代国家日本の形成 幕末の動乱→藩閥中心の政治→立憲政治の確立	二つの世界大戦 政党政治の時代→軍部の台頭	日本の再建と発展 占領→高度経済成長	経済大国日本とグローバル化 経済大国の実現→グローバル化の時代	

	日本		世界	
日本	1853 ペリー来航 1858 日米修好通商条約調印 1867 大政奉還、王政復古の大号令 1868 戊辰戦争(～69)。五箇条の誓文	1889 大日本帝国憲法発布 1894 日清戦争(～95) 1904 日露戦争(～05) 1910 韓国併合	1913 大正政変 1914 第一次世界大戦(～18) 1937 日中戦争開始 1941 太平洋戦争開始	1945 降伏文書調印 1946 日本国憲法公布 1951 サンフランシスコ平和条約調印 1971 沖縄返還協定調印	1973 石油危機（第1次） 1992 PKO協力法成立 1995 阪神・淡路大震災 2011 東日本大震災
世界	1840 アヘン戦争（～42) 1861 イタリア王国成立 南北戦争(～65)	1871 ドイツ帝国成立 1882 三国同盟成立 1907 三国協商成立	1921 ワシントン会議(～22) 1929 世界恐慌はじまる 1939 第二次世界大戦(～45)	1945 国際連合成立 1949 北大西洋条約機構(NATO)結成 1955 ワルシャワ条約機構結成	1990 東西ドイツ統一 1991 湾岸戦争。ソ連解体 2001 アメリカ同時多発テロ

技術革新からみる幕末

技術革新は、海洋進出などに重要な役割を果たし、世界とのつながりが深まるようになった。

◀❶黒船の来航 1853年、アメリカ東インド艦隊司令長官ペリーの率いる艦隊が来航した（◀p.236 ❷）。アメリカ艦隊は蒸気船サスケハナ号をはじめとする軍艦4隻で、その威容から「黒船」とよばれた。蒸気船は蒸気機関を用いてスクリュー・プロペラや外輪を回し推進する。それまでの天候に左右される帆船と違い、航海の確実性が増し、移動時間が大幅に短縮された。また大型化が可能となり、大量の貨物を輸送できるようになった。これによって人の移動も活発化していくこととなった。黒船館蔵

見方・考え方
日本やアジアにどのような影響を与えたのだろうか。

人の移動 移民の時代

1868年のハワイ諸島とマリアナ諸島のグアムへの移民以降、多くの日本人が移民として海外に渡った。移民の渡航先は、日本が植民地とした台湾、樺太、朝鮮半島のほか、オセアニア、中国大陸、北米、中南米などへ広がった（◀p.275）。

◀❷ハワイでの盆踊りのようす
（2014年）　移民の子孫が現在も地域社会にくらしている。

グローバル化と感染症の広がり コレラの流行

↑❸「流行悪疫退散の図」（井上探景（安治）筆）　中央の虎のような怪獣はコレラをあらわしている。当時、正体不明の病気を怪獣や妖怪の姿に見立ててその恐怖を表現した。コレラはもともと日本になかった感染症で、19世紀以降海外から流入してきた。人やモノの移動にともない、従来はある地域で限定的に流行していた感染症が、世界的に流行する現象（パンデミック）が発生するようになった。九州大学蔵

🔍この絵では、包丁やキセルを手に立ち向かおうとする着物姿の町人、汽車に乗って逃げようとする洋装の男性のほか、消毒薬を浴びせかける洋装の男性も描かれ、病気に対して消毒薬を用いるという近代的対処法もうかがえる。

民衆の力 東大紛争

↑❹東大紛争時のビラ（1968年）　近現代を通して、さまざまな場面で民衆は声をあげた。戦後、とくに1960年代から70年代にかけては学生運動や住民運動など社会運動が盛り上がりをみせた。国立歴史民俗博物館蔵

時代の見方

一般的に第二次世界大戦の終結以前・以後で近代・現代と区分する。これは戦前・戦後と言い換えられる。しかし、戦前と戦後の連続性も唱えられており、政治的見方、経済的見方でさまざまなとらえ方が考えられる。

近現代

近現代
江戸（幕末）

1 大御所政治 ⏎p.186 ＊

＊家斉が将軍、前将軍（大御所）として政治の実権を握っていた時代をさす。

❶文化・文政・天保時代の政治 ❷質素倹約から放漫財政に転換
❸内憂外患…財政難、治安悪化、天保の飢饉と欧米列強の接近

中心人物	11代将軍徳川家斉（大御所）（1793〜1841）
国内情勢	老中水野忠成の賄賂政治→綱紀弛緩 幕府の窮乏…豪奢な生活と財政の放漫化 商品経済の進展…農村工業の展開、在郷商人の台頭、農民の階層分化
財政政策	文政小判などの発行→15年間で380万両以上の出目
治安対策	関東取締出役の設置（1805）　寄場組合の結成（1827）
対外政策 ⏎p.223	近藤重蔵・最上徳内・間宮林蔵らによる千島・樺太探検 伊能忠敬による蝦夷地測量（1800） レザノフ（ロシア）の長崎来航（1804） 文化の薪水給与令（撫恤令）（1806） 異国船打払令（無二念打払令）（1825） モリソン号事件（1837）→蛮社の獄（1839）⏎p.223 4
結果	物価騰貴→庶民疲弊→社会不安高まる 天保の飢饉→各地で百姓一揆・打ちこわし発生 大塩の乱・生田万の乱（1837）→幕府の権威失墜 江戸中心の町人文化が爛熟する⏎p.225〜232

◀❶救い小屋　飢饉などに際して、窮民救済のために建てられた仮小屋。天保の飢饉の時には、江戸で数千人が収容され、食料の支給や医師の派遣がおこなわれた。
国立国会図書館（東京・千代田区）蔵

5 天保の改革（1841〜43）　⏎p.186

❶享保の改革、寛政の改革を理想とする復古主義政治
❷大御所時代の政治を改め、風俗の引き締めと奢侈を禁止する
❸封建支配維持のため、商品経済の直接支配を企図
❹幕府の権威を高め、軍事力を増強して内憂外患に対処する

中心人物	老中水野忠邦（在職1834〜43、44〜45）
農村政策	人返しの法（1843）…百姓の江戸流入禁止・強制的帰農
経済政策	株仲間の解散…物価引き下げを企図 （1841）　　　　→物資の江戸流入量減少、物価高騰 上知令…江戸・大坂周辺の大名領・旗本領を幕領と （1843）　しようとした。いずれも大名・旗本・百姓の反対で撤回 印旛沼の開削（掘割）工事再開⏎p.221 6
文教政策	倹約令…高価な菓子・人形・衣服など禁止 出版統制…合巻・人情本などの発行禁止 柳亭種彦・為永春水ら処罰⏎p.225 5 6
海防政策	西洋砲術の採用…高島秋帆による訓練（1841） アヘン戦争→異国船打払令撤回、天保の薪水給与令（1842）
結果	統制的な政策を強行。幕府中心の権力政治 →各階層から不満→水野忠邦失脚

◀❼水野忠邦（1794〜1851）　肥前唐津、のち遠江浜松藩主。大御所家斉の死後、家斉の寵臣らを粛清し、天保の改革を本格化した。

2 関東取締出役と寄場組合

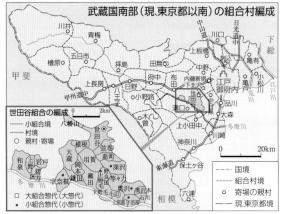

武蔵国南部（現,東京都以南）の組合村編成

世田谷組合の編成
— 小組合境　‥‥八幡山
---- 村境
● 親村・寄場

---- 国境
---- 組合村境
○ 寄場の親村
— 現,東京都境
● 大組合惣代（大惣代）
● 小組合惣代（小惣代）

関東取締出役は、江戸近在を巡回する警察機構として、1805年に設置された。俗に「八州廻り」という。勘定奉行に直属し、当時流行してきた田舎博打などを領主の別なく取締った。この関東取締出役の職務を円滑に遂行するために、領主の枠をこえて寄場組合が設立された。その組織は、隣村5〜6村で小組合、10前後の小組合で大組合とされた。大組合の中心となる村は親村や寄場とよばれ、罪人を一時預りした。

3 大塩の乱

↑❷大塩平八郎
（1793〜1837）⏎p.215 1

→❹「救民」の旗印

↑❸「救民」の旗をかかげて蜂起した大塩（『出潮引汐奸賊聞集記』）
大坂町奉行所元与力の大塩平八郎は、引退後も洗心洞という私塾で陽明学を教えていたが、天保の飢饉に対する大坂町奉行の無策ぶりや豪商との癒着に憤り、1837年2月19日、周辺百姓をも動員して武装蜂起した。乱は半日で鎮圧されたが、窮民のなかにはその後も大塩を崇拝する者も多く、幕府や諸藩の受けた衝撃は大きかった。

4 三方領知替え

将軍家斉の第53子を養子とした川越藩松平氏がその関係を利用して、生産力の豊かな地域への転封を願った。そこで家斉は、1840年、三方領知替えを命じたが、庄内藩では大規模な反対一揆がおこった。結局、家斉の死などもあり領知替えは中止されたが、幕府はいったん出した命令を撤回することになり、その権威は急速に低下した。

❺三方領知替え反対一揆

↑❻談合のようす

作品鑑賞　❺❻の絵は、一揆の顛末を描いた『夢の浮橋』の一場面。『夢の浮橋』には、一揆の顛末が物語り風に描かれている。一揆は村を単位に組織された。❺の絵は、一揆勢が集まったところ。一揆では、喧嘩・盗み、農作物を踏み荒らすことなどは厳しく禁じられた。さまざまな作法にのっとって、秩序ある行動が求められたことを知ることができる貴重な資料である。

一言かわら版　三方領知替えでの庄内領民の反発理由　移封の命令を受けた庄内藩酒井氏は、転封費用の調達のため、農民たちが未納している年貢や諸役、貸しつけている米・金の回収を開始。この収奪強化に農民たちは反発

近現代　江戸（幕末）

●テーマのポイント

1 19世紀には、大坂周辺など一部の地域で工場制手工業（マニュファクチュア）が発達した

2 藩政改革によって有能な下級武士が多く登用されるようになった。財政再建に成功し、雄藩に成長する藩も出た

① 工場制手工業の開始

農村家内工業	問屋制家内工業	工場制手工業（マニュファクチュア）
農民 副業	問屋 ←原料・道具の前貸→ 農民 製品 / 加工賃	作業所（工場） 問屋 労働 / 賃金 奉公人 賃金労働者 分業と協業

→p.212 4

↑① 織物業の作業場（『尾張名所図会』）　糸繰り、製糸、機織りが分業によりすすめられている。

@で燃焼した炎は天井に反射して⑥に集中するため反射炉とよばれる。図は炉体部で、銑鉄を溶かすところ。

② 反射炉の建設

↑② 肥前（佐賀）藩の大砲製造所

19世紀になると地主・問屋（商人）が労働者を家内工業に集めて、分業による協業組織で手工業的生産をおこなう**工場制手工業（マニュファクチュア）**がおこなわれるようになった。天保期には、大坂周辺や尾張の綿織物業、桐生・足利の絹織物業などにみられた。

反射炉は、鉄製の大砲を鋳造するために築造された溶解炉である。1852年に、海防の目的から、肥前（佐賀）藩がオランダ書を翻訳して完成させたのが最初。その後、薩摩藩や水戸藩などがこれにならって建設した。幕府も、代官江川英龍に命じて、伊豆韮山に建設した。なお、この絵は昭和初期に描かれた復元図。

↑④ 江川英龍（1801〜55）

↑③ 伊豆韮山の反射炉　世界遺産

1854年着工、1857年完成。（静岡・伊豆の国市）

③ 諸藩の藩政改革（天保期）と専売制

●見方・考え方
藩政改革に成功した藩が雄藩としてのちに政局に大きな役割をはたすことに着目しよう。

↑⑥ 村田清風（1783〜1855）

長州藩の藩政改革…村田清風の登用
① 銀8万5000貫（約140万両）を37年賦返済に
② 紙・蠟の専売制整備
③ 下関に越荷方を設け藩営の金融業・委託販売の開始
④ 洋式軍備、下級武士を登用

肥前（佐賀）藩の藩政改革…藩主鍋島直正
① 均田制の採用
　→本百姓体制の再建
② 陶磁器や石炭の専売
③ 反射炉・大砲製造所の建設→国産初の鉄製大砲を鋳造

↑⑤ 鍋島直正（1814〜71）

薩摩藩の藩政改革…調所広郷の登用
① 500万両の借財を250年賦に
② 奄美大島・徳之島・喜界島の黒砂糖の専売を強化 →p.31 6
③ 琉球貿易における俵物の密貿易
④ 洋式軍備、集成館の建設

↑⑦ 調所広郷（1776〜1848）

↑⑧ 集成館機械工場　集成館は、島津斉彬（→p.236 9）の別邸に建設された洋式工場群で、反射炉・機械工場・紡績工場などが築かれた。写真の機械工場は、1865年完成（現、尚古集成館）。世界遺産

土佐（高知）藩の藩政改革…藩主山内豊熙
① おこぜ組とよばれる改革派の登用
② 抑商政策・財政緊縮政策→失敗
③ 木材・紙の専売を強化

水戸藩の藩政改革…藩主徳川斉昭
① 藤田東湖・会沢安を登用 →p.229 2、237 4
② 藩学弘道館の設立→封建道徳を鼓吹
③ 農村復興
④ 軍事力強化

↓⑨ 弘道館

📖 水戸藩には、『大日本史』（→p.200 3）の編纂事業を遂行する過程でおこった独自の学風があり、これは水戸学とよばれる。18世紀末から幕末にかけては、藩校弘道館を中心に、尊王思想と攘夷思想が展開された。その中心的役割をはたしたのが、藤田東湖・会沢安だった。

（地図上のラベル）松前　昆布・鰊／塩／八戸／鍋・きせる／秋田　塩・鉄／盛岡／仙台／米沢　織物／会津　蠟燭・朝鮮人参／塩・炭／高田／金沢　絹・紬・杏仁／福井　紙／郡上　生糸／松代／前橋　生糸／水戸　蒟蒻・紅花・紙／朝鮮人参／津和野　紙・蠟／浜田　紙／松江　塩・陶磁器／萩／福岡　紙・蠟／岡山　塩・木綿／姫路／佐賀　石炭・皮／石炭・陶磁器／熊本　蠟・塩／府内／青莚／高知　紙／宇和島／藍／和歌山／徳島　塩・寒天／名古屋　木綿・陶磁器／鹿児島　黒砂糖・樟脳／高鍋　紙

初期の専売制としては、長州藩の紙・仙台藩の塩などがあるが、その数はそれほど多くはなかった。中期以降は藩財政強化の方策として重視され飛躍的に増加した。これらの専売品は、国産会所（産物会所）が一手に取り扱うことが多く、生産物の集荷・販売などを独占した。また、生産者への資金の前貸などもおこなった。

テーマのポイント

1. ペリー来航後、幕府はそれまでの方針を変え、朝廷への報告をおこない、諸大名や幕臣に意見を求めた。これによって朝廷は権威を高め、諸大名は発言力を強めた
2. 幕府は人材を登用するとともに、海防のため江戸湾に台場（砲台）を築くなど、改革をおこなった

1 幕末史年表(1)(1844〜1862) ➡p.239 ■

天皇	将軍	年 月	事 項
仁孝	徳川家慶	1844.7	オランダ国王ウィレム2世、幕府に開国勧告 史
		1845.2	阿部正弘、老中首座就任(〜1855)
1846		1846.閏5	ビッドル(米東インド艦隊司令長官)、浦賀来航
		1853.6 (嘉永6)	ペリー(米東インド艦隊司令長官)、浦賀来航
			幕府、久里浜でフィルモア大統領の国書 史 受理
		7	幕府、国書を諸大名に示し意見を問う
		〃	プチャーチン(ロシア極東艦隊司令官)、長崎来航
		8	幕府、品川台場築造着手
	徳川家定	9	幕府、大船建造の禁を解禁
		1854.1 (安政元)	ペリー再来航
		2	ペリー横浜上陸 ➡⑥
		3	日米和親条約締結 史
		12	日露和親条約締結 史
		1855.7	幕府、長崎に海軍伝習所創設
		10	堀田正睦、老中首座就任(〜1858)
		1856.4	幕府、江戸築地に講武所創設
		7	米駐日総領事ハリス(➡p.241⑲)、下田着任
		10	松平慶永(越前藩主)が島津斉彬(薩摩藩主)らに徳川(一橋)慶喜を将軍継嗣として推すことを要請
孝明		12	将軍家定、近衛忠熙の養女篤姫(敬子)と結婚
		1857.10	ハリス、幕府に通商条約勅許求め江戸登城
		1858.1	堀田正睦、通商条約勅許求め上洛
		3	堀田正睦、条約勅許得られず
		4	井伊直弼、大老就任(〜1860)
		6	日米修好通商条約及び貿易章程を無勅許調印 史
		〃	幕府、将軍継嗣を徳川慶福(紀州藩主)に決定
		1858.8	安政の五カ国条約調印
		7〜9	
		9〜10	梅田雲浜、橋本左内ら逮捕、拘禁。以後、尊攘派志士次々逮捕(安政の大獄)
		1858.12	
		1859.5	英駐日総領事オールコック(➡p.241㉑)、江戸に着任
		〃	神奈川、長崎、箱館で貿易開始
	徳川家茂	1860.1 (万延元)	遣米使節(新見正興ら)渡米、咸臨丸が同行 ➡p.238 ⑤⑥
		3	桜田門外の変(井伊直弼暗殺)
		〃	安藤信正・久世広周(老中)(〜1862)※
		閏3	五品江戸廻送令制定
		4	万延小判通用開始
		12	薩摩藩士がヒュースケン(➡p.241⑳)を斬殺
		1861.5 (文久元)	水戸浪士が英仮公使館襲撃(東禅寺事件)
		10	孝明天皇の妹和宮、将軍家茂に嫁すため江戸へ(和宮降嫁)
		1862.1	坂下門外の変(安藤信正が襲撃され負傷)

阿部正弘(福山藩主)は、開国に導くなかで水戸や薩摩の大名との連携をはかる。また国防強化をはかる安政の改革実施。

堀田正睦(佐倉藩主)は将軍継嗣と通商条約締結の政治課題に直面。幕閣が分裂。

井伊直弼(彦根藩主)は譜代大名層の支持を受け、幕府独裁路線をとった。

※安藤信正は陸奥国磐城平藩主、久世広周は下総国関宿藩主。

対朝廷融和の公武合体策を掲げる。通商開始以後、国内市場混乱のなか、攘夷の風潮高まる。

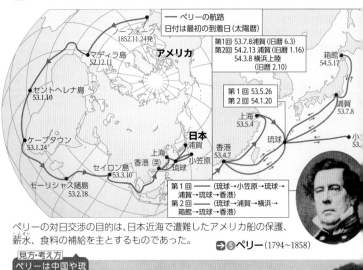

➡① 阿部正弘 (1819〜57) 福山誠之館同窓会蔵(広島・福山市)蔵

➡② 堀田正睦 (1810〜64) 厚生園(千葉・佐倉市)蔵

➡③ 井伊直弼 (1815〜60) 豪徳寺(東京・世田谷区)蔵

➡④ 安藤信正 (1819〜71) 良善寺(福島・いわき市)蔵

2 ペリーの来航(1853、1854年) ➡ペリー来航

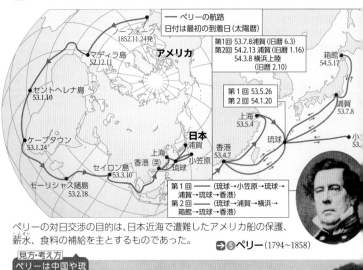

━━ ペリーの航路		
日付は最初の到着日(太陽暦)		

第1回 53.7.8浦賀(旧暦 6.3)
第2回 54.2.13 浦賀(旧暦 1.16) 54.3.8 横浜上陸(旧暦 2.10)

第1回 53.5.26 第2回 54.1.20

第1回 (琉球→小笠原→琉球→浦賀→琉球→香港)
第2回 (琉球→浦賀→横浜→箱館→琉球→香港)

ペリーの対日交渉の目的は、日本近海で遭難したアメリカ船の保護、薪水、食料の補給を主とするものであった。

➡⑤ ペリー(1794〜1858)

見方・考え方 ペリーは中国や琉球を経由して浦賀に来航したことを確認しよう。

➡⑥ ペリーの横浜上陸(1854年2月10日) 横浜市美術館蔵(原範行氏、原會津子氏寄贈)

3 江戸湾防備 ➡品川台場は、全6基あったうちの2基が、現在、史跡として保存されている。

━━ 第1回ペリー来航路(1853年)
━━ 第2回ペリー来航路(1854年)
■ おもな台場
● 諸藩の防備配置(1854年)

➡⑦ 品川台場(東京・港区)

ペリー来航を機に、江戸湾警備は4藩から14藩に増強された。また、ペリー艦隊は羽田沖まで侵入したため、江川英龍(➡p.235④)らに命じ、品川沖に砲台を備えた埋め立て地(品川台場)を築造した。台場は海防のために築かれた砲台場で、各地につくられた。

4 安政の改革(1853〜57年)

阿部正弘は、ペリー来航などの外圧の危機克服に向け国防強化をはかった。徳川斉昭や島津斉彬、松平慶永らの支援を得て、長崎海軍伝習所、韮山反射炉、洋学所設立などの事業を推進した。この安政の改革を支えたのは、川路聖謨・井上清直・岩瀬忠震(➡p.241⑤)・永井尚志ら、阿部によって抜擢された幕臣たちだった。

➡⑧ 徳川斉昭 (1800〜1860)

➡⑨ 島津斉彬 (1809〜1858) 尚古集成館(鹿児島市)蔵

近現代 江戸(幕末)

1 幕閣の分裂－堀田・井伊政権の政治問題

	南紀派（幕府独裁路線）	一橋派（雄藩連合路線）
将軍継嗣問題	家格を重視し、紀伊藩主の徳川慶福（のち家茂）を14代将軍候補とする	指導力を重視し、前水戸藩主徳川斉昭の子の徳川（一橋）慶喜を14代将軍候補とする
支持層	井伊直弼ら譜代大名、老中層	徳川斉昭（水戸）、松平慶永（越前）、島津斉彬（薩摩）ら雄藩

テーマのポイント

1 幕府が独断で結んだ通商条約と将軍継嗣問題もからみ、幕府への非難が高まり、これに対し、井伊直弼は弾圧をおこなった（安政の大獄）

2 貿易額の急増で物不足となり、物価の上昇を招き、庶民の生活は圧迫された。貿易に対する反感から攘夷運動が高まった

2 安政の大獄（1858～59）

永蟄居	徳川斉昭（前水戸藩主）
隠居・謹慎	徳川（一橋）慶喜（一橋家当主）→p.241⑤ 松平慶永（越前藩主）→p.241⑬ 近衛忠煕（左大臣、落飾謹慎※） 岩瀬忠震（幕臣）→p.241⑥ 永井尚志（幕臣） 川路聖謨（幕臣）　※貴族が、髪を剃り落とし謹慎すること。
死罪など	橋本左内（越前藩士、死罪） 吉田松陰（長州藩士、死罪）→3 頼三樹三郎（儒学者、死罪） 梅田雲浜（元小浜藩士、獄死）

① 桜田門外の変

井伊直弼は、日米修好通商条約の締結に反対する一橋派の人々などをきびしく弾圧した。処罰された人々は100余人におよんだ。しかし、この処置は志士たちの憤激を買い、井伊は桜田門外で暗殺された（桜田門外の変）。
茨城県立図書館蔵（茨城県立歴史館保管）

3 幕末の思想家

激化する内外の危機にいかに対処するかが幕末知識人の課題であった。彼らの思想は幕末の政治史に大きな影響を与えた。

↑② 佐久間象山（1811～64）　松代藩士。朱子学者・兵学家で、「東洋道徳・西洋芸術」を主張。1864年には、徳川慶喜に公武合体・開国論を説く。門弟には、勝海舟・吉田松陰らがいる。→p.228 ③

↑③ 吉田松陰（1830～59）　長州藩士。叔父の松下村塾を受け継ぎ、一君万民制や攘夷思想を説く。高杉晋作・久坂玄瑞・伊藤博文・山県有朋らを輩出。安政の大獄で刑死。→p.230 ③④

↑④ 藤田東湖（1806～55）　水戸藩士。徳川斉昭の腹心として活躍、著書『回天詩史』『弘道館記述義』などが、尊王攘夷の志士に愛読された。1855年の安政江戸地震で圧死。→p.229 ②、235 ③

4 和親条約・修好通商条約締結

	日米和親条約（全12か条）1854（嘉永7）年	日米修好通商条約 1858（安政5）年
全権	林韑（大学頭）、ペリー	岩瀬忠震ら、ハリス
内容	①永世不朽の和親 ②下田、箱館開港 　薪水、食料等供給 ③アメリカ漂流民への援助 ④片務的（一方的）最恵国待遇※　ほか	①神奈川、長崎、新潟、兵庫の開港、江戸、大坂の開市 ②自由貿易 ③領事裁判権を認める、居留地制 ④協定関税（関税自主権の欠如）→p.265 ①　ほか
他国との条約	英、露、蘭とも和親条約締結。日露和親条約では長崎も開港。択捉、得撫島間を国境と決定、樺太を両国雑居地とすることを決めた	蘭、露、英、仏とも修好通商条約締結（安政の五カ国条約） ※神奈川は隣村の横浜、兵庫は神戸が開港場となった。また、横浜開港後、下田は閉鎖された。

※※この場合、日本が、アメリカよりも有利な条件を他国に認めた時は、アメリカにも自動的にその条件が認められるというもの。本来は双務的が原則。

5 貿易の不平等－協定関税制

● 貿易章程による関税率

輸入	第一類	日本居留民の所持品（貨幣・衣類・家財等）	無税
	第二類	修理用船具・捕鯨漁具・居留民の生活物資など	5%
	第三類	酒類（蒸留・醸造酒）	35%
	第四類	その他	20%
輸出		金銀貨幣と棹銅以外の品	5%

史料 日米修好通商条約

第四条　総て国地に輸入輸出の品々、①別冊の通、日本役所へ②運上を納むへし……

①貿易章程。②関税。

6 貿易額の推移 →p.280 ②

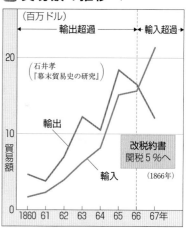

（百万ドル）

輸出超過　　　輸入超過

石井孝『幕末貿易史の研究』

輸出

改税約書関税5%へ（1866年）

輸入

1860 61 62 63 64 65 66 67年

貿易は1859年6月に開始されて以降、横浜を中心に急速に発展していった。

資料鑑賞 はじめは輸出が輸入を上回っていたが、改税約書により輸入関税が大幅（平均20％から一律に5％に）に引き下げられたため、輸入超過へと転じた。

開港後の貿易の特色

1 貿易額は横浜、相手国はイギリスが1位

2 生糸を中心とする輸出品の急増による品不足で物価が急上昇

3 安価な綿糸や綿織物の大量輸入で国内の綿糸・綿織物生産は激減

五品江戸廻送令を発し、雑穀・蝋・水油・呉服・生糸の5品目については江戸の問屋を経て輸出するよう命じた。これらを特権商人に扱わせて流通を管理しようとしたが、外国側の反対などで継続して統制することはできなかった。

7 幕末貿易の特徴

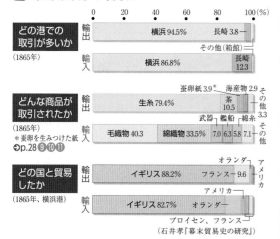

どの港での取引が多いか（1865年）

輸出　横浜 94.5%　長崎 3.8　その他（箱館）

輸入　横浜 86.8%　長崎 12.3

どんな商品が取引されたか（1865年）　※蚕卵を生みつけた紙 →p.28 ⑨⑩⑪

輸出　生糸 79.4%　茶 10.5　蚕卵紙 3.9　海産物 2.9　その他 3.3

輸入　毛織物 40.3　綿織物 33.5%　武器 7.0　艦船 6.3　綿糸 5.8　その他 7.1

どの国と貿易したか（1865年、横浜港）

輸出　イギリス 88.2%　フランス 9.6　オランダ　アメリカ

輸入　イギリス 82.7%　アメリカ　オランダ　プロイセン、フランス

石井孝『幕末貿易史の研究』

8 物価高騰

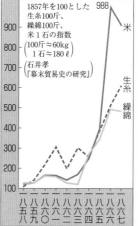

1857年を100とした生糸100斤、繰綿100斤、米1石の指数（100斤≒60kg　1石≒180ℓ）
石井孝『幕末貿易史の研究』

米 988
生糸
繰綿

八五八　八五九　八六〇　八六一　八六二　八六三　八六四　八六五　八六六　八六七

輸出需要に生産が追いつかず、国内では品不足による物価高騰が起こった。これに貨幣改鋳による貨幣価値の低下が拍車をかけ、1858年から1867年にかけて卸売物価は約6.6倍、米価は約10倍となった。幕府は1860年、

近現代　江戸（幕末）

1 金銀比価問題 →p.213

外国人は、洋銀4枚を日本に持ち込む。
（重量108g、銀量98g）

日本へ入港

日本の開港場で天保1分銀12枚に交換する。
（重量104g、銀量103g）

＝

従来より、1両は4分に相当するので、1分銀は天保小判3枚に交換できる。
（重量34g、金量19g）

海外へ持ち出し

上海など外国では小判3枚（金量19g）は洋銀12枚に換金できた。
（重量324g、銀量293g）

日米修好通商条約では、外貨両替は同種同量の規定があり、銀貨を持ち込めば、同じ重さの日本の銀貨に交換することとなっていた。

金量19gと銀量103gが等しいことから、日本では、金と銀の価格比が約1：5であることがわかる。

国際相場では、金量19g分は銀量293gと交換できた。つまり、海外では金と銀の価格比は約1：15であることがわかる。

　開港によって、日本から大量の金貨が流出した理由のひとつに金銀比価の違いがあった。国際相場では1：15なのに対し、日本では1：5であり、国内の銀の金に対する価値は国際的比率よりも高かった。外国人は、この金銀比価に着目し、日米修好通商条約の規定により、両替を繰り返しおこなうだけで、3倍の洋銀を入手できたのである。幕府は対策として、1860年、金量を約3分の1に少なくした**万延小判**を発行し、ようやく金銀比価を海外のそれと揃えた。しかし、それは、国内で物価騰貴の原因ともなっていった。

（貨幣は実物大）

日本で刻印された

←1メキシコ銀（洋銀）
（重量27g、銀量24.5g）
「改三分定」とあり、メキシコ銀1枚（1ドル）と一分銀3枚（3分）と交換できた。

↑2天保一分銀
（1837年）
（重量8.6g、銀量8.5g）

←3天保小判
（1837年）
（重量11.3g、金量6.4g）

壱両

↑4万延小判
（1860年）
（重量3.3g、金量1.9g）

壱両

写真提供　日本銀行貨幣博物館

2 遣外使節

→5万延元年遣米使節　1860（万延元）年に日米修好通商条約批准のための使節が派遣された。正使新見正興、目付小栗忠順のほか75名が随行、米艦ポーハタン号に乗船した（→p.362 1）。使節はその後、日本人初の世界一周をして帰国した。この使節を護衛する役目で、幕府のオランダ製軍艦咸臨丸が同行。提督木村喜毅、艦長勝海舟が指揮した。

新見正興　小栗忠順

←6咸臨丸　使節団が乗る米艦ポーハタン号より一足先に、1860年、太平洋を渡りサンフランシスコに着いた。なお、この船には福沢諭吉も同乗していた。写真7は、この渡航の際にサンフランシスコで撮影されたもの。

←7福沢諭吉と写真館の娘
木村喜毅の世話役として咸臨丸に同乗した福沢がサンフランシスコの写真館の娘テオドーラ＝アリス（リオ）と撮った写真。

↑8文久3年遣仏使節　横浜港閉鎖交渉の目的で、外国奉行池田長発を正使とする総勢35名の使節がフランスへ派遣された。写真は、その往路エジプトに立ち寄った際の記念写真（1864年、A・ベアト撮影）。三宅立雄蔵

3 あいつぐ攘夷事件

年代	事項
1860	米国通訳官ヒュースケン（→p.241 20）、三田で尊攘派浪士に斬殺される
1861	高輪東禅寺の英国公使館を浪士襲撃、館員負傷
1862	英国公使館警護中の松本藩士が英国水兵を殺傷
	薩摩藩士、生麦村で英国人を殺傷
	高杉晋作ら、品川御殿山に建設中の英国公使館を焼く
1863	長州藩、下関で米船・仏艦・蘭艦を砲撃→p.239 2

開国による貿易への不満や、西洋人への反感や不安をつのらせた人々は、攘夷事件をおこすようになった。

東海道

↑9生麦事件の現場　現在の横浜市鶴見区。薩摩藩主の父（国父）島津久光（→p.241 7）の行列を横切ったイギリス人を、行列を警護していた薩摩藩士が殺傷した。（F・ベアト撮影）

撮影者のF（フェリックス）・ベアトは幕末の写真家。→p.197 2、211 3、239 2も彼の撮影。また、彼の兄A（アントニオ）・ベアトも写真家（9）。

テーマのポイント

❶朝廷をもりたてながら西洋人を排撃しようとする尊王攘夷運動が高まりをみせ、これらは次第に反幕府的な政治運動となっていった

❶ 幕末史年表(2)(1862〜1867) ➡p.236❶   ○数字は地図に対応

天皇	将軍	年月	事項
孝明	徳川家茂	1862.4 (文久2)	島津久光上洛、朝廷に幕政改革の意見書提出
			島津久光が藩内尊攘派を弾圧(寺田屋事件)①
		5	島津久光と勅使大原重徳、江戸下向
		6	大原重徳が幕府に改革の要望についての勅旨伝える
		7	徳川慶喜が将軍後見職、松平慶永が政事総裁職就任 →幕府、文久の改革実施②③
		8	生麦事件③
		閏8	京都守護職に松平容保(会津藩主)➡p.241⑮
			幕府、参勤緩和(3年に1回出府)
		1863.3 (文久3)	将軍家茂上洛(家光以来229年ぶり)
		4	将軍家茂、攘夷期限を5月10日と決定
		5	長州藩、下関で米、仏、蘭船を砲撃④
		6	長州藩の高杉晋作ら奇兵隊編成⑤
		7	薩英戦争⑥
		8	天誅組の変⑦
		〃	薩摩藩などの公武合体派が宮中の尊攘派を一掃(八月十八日の政変)⑧
		〃	三条実美ら長州へ逃れる(七卿落ち)⑨
		10	生野の変⑩
		1864.3 (元治元)	天狗党の乱⑪
		6	新撰組が池田屋に集結した倒幕派襲撃(池田屋事件)⑫
		7	長州藩兵、御所諸門を襲撃し、会津・薩摩を主とする幕府軍に敗退(禁門の変〈蛤御門の変〉)⑬ ※御所諸門(禁門)のうち、蛤御門付近で激戦がおこなわれたため、蛤御門の変ともよばれる。➡p.240❼
		〃	第1次幕長戦争⑭
		8	四国艦隊による下関砲撃事件⑮
		1865.10 (慶応元)	幕府、条約及び兵庫開港についての勅許要請
			条約勅許下る、兵庫開港勅許は不許可
		1866.1 (慶応2)	薩長同盟(連合)成立⑯、p.240❺
			改税約書締結(幕府ー米、英、仏、蘭)
	1866	6	第2次幕長戦争⑰
		7	将軍家茂、大坂城で急死
		12	徳川慶喜、征夷大将軍(第15代)・内大臣就任
		〃	孝明天皇急death
1866		1867.1 (慶応3)	明治天皇即位
	徳川慶喜		兵庫開港の勅許下る⑱
明治		8	「ええじゃないか」拡大➡p.242❸
		10	岩倉具視、討幕の密勅を薩摩藩に下す⑲
		〃	将軍慶喜、朝廷に大政奉還の上表提出、勅許匿⑳
		12	王政復古の大号令匿㉑
		〃	小御所会議で徳川慶喜の辞官納地決定㉒
		〃	有栖川宮熾仁親王、総裁就任(新政府成立)

❹ 攘夷の挫折ー薩摩藩・長州藩の共通体験

↑❶薩英戦争 1863年6月、イギリス艦隊7隻が、生麦事件の報復として鹿児島湾に侵入。7月に戦争が開始された。

↑❷四国艦隊による下関砲台の占領 1864年8月、英・仏・米・蘭の4か国の艦隊が、長州藩の攘夷行動に対して攻撃。尊攘派の一部は外国の軍事力に対抗できないことを悟った。(F・ベアト撮影)

❷ 幕末の動乱

色分けは❶に対応

⑤ 奇兵隊の編成 1863
武士と農民ら庶民の混成軍。正規兵に対し奇兵と称された。1865年で定員400人。

⑭ 第1次幕長戦争 1864
禁門の変の後、幕府による長州藩への制裁。15万の幕府軍出兵。藩が恭順の意を示したため総攻撃中止。

⑰ 第2次幕長戦争 1866
討幕派が主導権を握る長州藩に対し、幕府軍は再び出兵。すでに薩長連合が成立しており、幕府の攻撃も苦戦。休戦成立。

⑩ 生野の変 1863
尊攘志士平野国臣らが公卿沢宣嘉を擁して、代官所を襲撃。

① 寺田屋事件 1862
⑧ 八月十八日の政変 1863
⑨ 七卿落ち 1863
⑫ 池田屋事件 1864
⑬ 禁門の変 1864
⑲ 討幕の密勅下る 1867
⑳ 大政奉還 1867 ➡p.242❶
㉑ 王政復古の大号令 1867
㉒ 小御所会議 1867 ➡p.242❷

⑪ 天狗党の乱 1864
水戸藩尊攘派の藤田小四郎らが筑波山で挙兵。武田耕雲斎らは上京めざすが、越前で降伏。

② 文久の改革 1862
③ 生麦事件 1862

⑦ 天誅組の変 1863
尊攘派の志士吉村虎太郎らが公卿中山忠光を擁して、大和五条の代官所を襲撃。

⑱ 兵庫開港勅許 1867
⑮ 四国艦隊下関砲撃事件 1864
④ 外国船を砲撃 1863
⑥ 薩英戦争 1863
⑯ 薩長同盟 1866

⚓ 1854年日米和親条約の開港地
⚓ 1858年日米修好通商条約の開港地
ー 天狗党の西上

❸ 文久の改革

(1862年)

安藤・久世政権の公武合体政策を受けて、幕府は改革を推進した。文久の改革の柱は2つある。

軍制改革など幕府強化策	朝廷や雄藩との融和策
・洋式陸海軍の編成 ・海軍奉行、陸軍奉行など設置 ・洋書調所(もと蕃書調所) ・留学生派遣=榎本武揚、津田真道、西周らをオランダに派遣	・安政の大獄処罰者赦免 ・薩摩と朝廷の意見を受け容れて職制改革→ 　徳川慶喜→将軍後見職 　松平慶永→政事総裁職 　松平容保→京都守護職 ・参勤交代制の緩和

❺ 幕末の動向

尊王攘夷論	公武合体論
幕府の独裁と開国政策を批判	朝廷(公)と幕府(武)の協力で安定した体制を企図
水戸藩 長州藩	幕府 薩摩藩

討幕(武力討幕)論	公議政体論
幕府を倒し朝廷による新しい体制を企図	朝廷のもとで徳川慶喜を盟主とする雄藩連合政権を企図
長州藩 薩摩藩	幕府 土佐藩
1866 薩長同盟 1867 討幕の密勅	1867 大政奉還

プロフィール

奇兵隊の創設者
高杉晋作 山口県出身 1839〜67

高杉は、松下村塾で吉田松陰に学び、久坂玄瑞とともに松下村塾の双璧とよばれる俊才だった。24歳の時、幕府使節団の一員として上海に赴く。そこで、欧米列強の軍隊に驚かされ、西洋の軍事力を熱心に学び、翌1863年に奇兵隊を創設した。これは、これまでの常識をくつがえし、志あるものを身分を問わず募った軍隊であった。その後、長州藩では、さまざまな諸隊が結成された。これらの軍隊は討幕の原動力となった。

港区立郷土歴史館(東京・港区)蔵

近現代 江戸（幕末）

1 坂本龍馬関係年表

年代	おもな出来事
1835.11	土佐藩高知城下に生まれる
1853. 3	江戸修行に出る(19歳)
6	ペリー来航
1854. 6	江戸修行を終え、帰郷(20歳)
1861. 8	武市瑞山が土佐勤王党を結成、龍馬も参加(27歳)
1862. 3	脱藩(1863.2に許される)(28歳)
10	松平慶永の紹介状を持って勝海舟を訪ね、その門人となる
1863.12	再度脱藩(1867.1に許される)
1864. 5	神戸に海軍操練所開設される
7	禁門の変
1866. 1	薩長同盟成立(32歳)
1867. 4	海援隊が結成され隊長となる(33歳)
6	「船中八策」を示す
10	大政奉還
11	京都にて暗殺される

↑**1** 坂本龍馬(1835〜1867)
高知県立歴史民俗資料館(南国市)蔵

坂本龍馬は、土佐藩の下級武士(郷士)の次男として生まれる。海援隊を活動の拠点とし、多くの志士らと交流、1866年には薩長同盟を成立させた。1867年11月、滞在先の京都・近江屋にて、中岡慎太郎とともに暗殺された。

坂本龍馬は何をした人物なのだろうか。

日本史に登場する人物のなかでもとくに人気の高い坂本龍馬。しかし、龍馬が何をした人物なのか、はたしてどれだけの人が説明できるだろうか。

2 江戸修行

龍馬は、北辰一刀流の千葉定吉のもとで修行し、免許皆伝を得た。江戸滞在中にペリー来航に直面し、攘夷思想の影響を受けた。
埼玉県立歴史と民俗の博物館(さいたま市)蔵

2 黒船を見物する人々

3 脱藩、勝海舟との出会い

赤数字は1868年当時の年齢。

↑**3** 勝海舟(1823〜99)　46歳

江戸から帰国後、武市瑞山の土佐勤王党に参加する。1862年に脱藩。その後、松平慶永に接し、さらに勝海舟と出会い、その門に入った。この勝海舟との出会いは、龍馬にとって大きなものであった。

✓ 脱藩とは、武士が主君の許可なく藩籍を捨てて浪人となること。犯罪行為で、きびしく処罰された。幕末期には、下級武士が広く活躍の場を求め、脱藩者が増加した。ただし、各藩とも、政治情報の収集などに利用するため、黙認する場合もあった。龍馬は2度脱藩、2度とも許されている。

4 海援隊の創設

坂本龍馬

4 海援隊の人々

1867年4月、土佐藩の後藤象二郎らにより組織された。隊士は、土佐藩や諸藩を脱藩した海外に志のある者で、のち外相となる陸奥宗光もいた。船船による運輸・商業活動など、活動は多岐にわたった。坂本龍馬は隊長としてその中心を担った。
維新史研究室(福岡・柳川市)蔵

5 薩長同盟

赤数字は1868年当時の年齢。

坂本龍馬と中岡慎太郎による斡旋の結果、1866年1月、京都で大久保利通・西郷隆盛らと桂小五郎(木戸孝允)との間で薩長同盟が実現し、討幕運動が進展した。

↑**5** 大久保利通
(1830〜78) 39歳
→p.248 **3**

↑**6** 西郷隆盛
(1827〜77) 42歳
→p.257

↑**7** 桂小五郎
(1833〜77) 36歳
港区立郷土歴史館蔵

↑**8** 中岡慎太郎
(1838〜67)
中岡慎太郎館蔵

7 幕末の京都

→p.101

＊常時閉ざされていたが、1788年の大火の際に開かれ、「焼けて口あく蛤」の例えで、この名がついた。それ以前は新在家門といった。

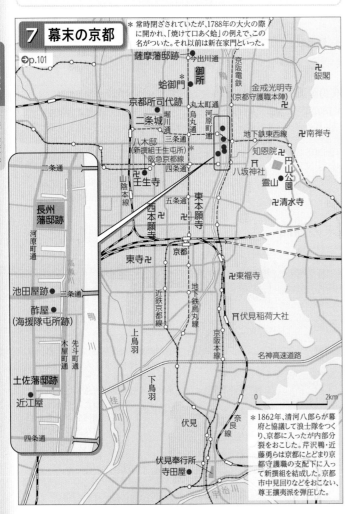

薩摩藩邸跡　今出川通　京阪電鉄　金戒光明寺(京都守護職本陣)　銀閣
御所
蛤御門＊
京都所司代跡　丸太町通
二条城跡　堀川通　烏丸通　河原町通　地下鉄東西線　南禅寺
八木邸(新撰組士生屯所) 阪急京都線　三条通　知恩院
二条通　山陰本線　壬生寺　四条通　八坂神社　円山公園　霊山
五条通　東大路通　清水寺
西本願寺
東寺　東本願寺
長州藩邸跡　河原町通　京都　京阪本線
池田屋跡　三条通　地下鉄烏丸線
酢屋(海援隊屯所跡)　近鉄京都線
土佐藩邸跡　上鳥羽　伏見稲荷大社
近江屋　先斗町通　木屋町通　名神高速道路
四条通　下鳥羽　鴨川
桂川
2km
伏見　奈良線
伏見奉行所　寺田屋

＊1862年、清河八郎らが幕府と協議して浪士隊をつくり、京都に入ったが内部分裂をおこした。芹沢鴨・近藤勇らは京都にとどまり京都守護職の支配下に入って新撰組を結成した。京都市中見回りなどをおこない、尊王攘夷派を弾圧した。

6 船中八策

＊「船中八策」について、後年の創作ではないかとその存在を疑問視する見解もある。ただし、龍馬が暗殺される直前に「新政府綱領八策」を著し、自筆の日付・署名を残していることから、同船内で新政府に関する何らかの建言はあった可能性も指摘されている。

史料 船中八策

一　天下の政権を朝廷に奉遷せしめ、政令よろしく朝廷より出づべき事
一　上下議政局を設け、議員を置きて万機を参賛せしめ、万機よろしく公議に決すべき事
一　有材の公卿諸侯及び天下の人材を顧問に備え、官爵を賜ひ、よろしく従来有名無実の官を除くべき事
一　外国の交際広く公議を採り、新たに至当の規約を立つべき事
一　古来の律令を折衷し、新たに無窮の大典を撰定すべき事
一　海軍よろしく拡張すべき事
一　御親兵を置き、帝都を守衛せしむべき事
一　金銀物貨よろしく外国と平均の法を設くべき事

1867年6月、長崎から上洛中の土佐藩船「夕顔」の船内で、龍馬が新政府構想を発表し、これを聞いた後藤象二郎は感嘆、前藩主山内豊信も賛成し、幕府に上奏されたとされる。大政奉還・開国和親・国会開設などがうたわれている。

探Q
●坂本龍馬に関係する土地や場所について調べてみよう。

赤数字は1868年当時の年齢。

1 皇族・公家

◀❶孝明天皇（1831～66）　在位中、終始攘夷を主張し、討幕運動・安政の五カ国条約に反対、妹の和宮を降嫁させた。痘瘡により死去したとあるが、毒殺説もある。「御寺 泉涌寺」提供

◀❷和宮（1846～77）　孝明天皇の妹。公武合体政策により、熾仁親王との婚約を破棄して14代徳川家茂に降嫁。家茂の死後は剃髪して静寛院と称した。23歳

◀❸岩倉具視（1825～83）　公卿。安政の五カ国条約に反対、和宮降嫁を画策。維新政府樹立の中心となる。日本鉄道会社の創設、士族授産にも努力。44歳

◀❹三条実美（1837～91）　公卿。長州藩と密に提携し尊王攘夷運動を進めた。八月十八日の政変で失脚したが、1867年帰京。太政大臣・内大臣を務めた。32歳

2 幕府

◀❺徳川慶喜（1837～1913）　15代将軍。水戸藩主徳川斉昭の子で、のち一橋家を相続。将軍職就任後、大政奉還をおこなった。鳥羽・伏見の戦い後、江戸で謹慎した。➡p.186

◀❻岩瀬忠震（1818～61）　幕臣。堀田正睦のもとで日米修好通商条約締結に奔走するなど、幕末の外交交渉を主導、安政の五カ国条約においては、すべての調印者となった。

3 薩摩藩

◀❼島津久光（1817～87）　薩摩藩の国父。兄斉彬の死後、その遺志を継いで公武合体を周旋。寺田屋事件で藩内の尊攘派を弾圧。➡p.238❾　52歳

◀❽小松帯刀（1835～70）　薩摩藩家老。島津久光の側近として、大久保利通らを登用。京都にあって藩を代表し、薩長連合締結・大政奉還にも深く関わり、討幕を推進。34歳

4 長州藩

◀❾久坂玄瑞（1840～64）　長州藩士。松下村塾に学ぶ。藩論を尊王攘夷に転換。イギリス公使館焼打ち事件などに活躍。禁門の変で敗れ自刃した。

◀❿大村益次郎（1825～69）　長州藩士。緒方洪庵の適塾で学ぶ。長州藩の洋式軍制改革を指導、戊辰戦争では彰義隊の平定にあたる。近代的兵制の創始者。44歳

5 土佐藩

◀⓫山内豊信（1827～72）　土佐藩主。号は容堂。藩内では、武市瑞山ら土佐勤王党を弾圧。公武合体を推進、徳川慶喜に大政奉還を建白。42歳　高知県立歴史民俗資料館（南国市）蔵

◀⓬後藤象二郎（1838～97）　土佐藩士。前藩主山内豊信を説いて大政奉還を建白させる。新政府で参与・参議など歴任。31歳　港区立郷土歴史館（東京・港区）蔵

6 越前（福井）藩

◀⓭松平慶永（1828～90）　越前藩主、号は春嶽。ペリー来航時には海防強化を主張したが、のち開国派に転じる。文久の改革で政事総裁職となり、公武合体を推進。41歳　➡p.237❷

◀⓮由利公正（1829～1904）　越前藩士、維新前は三岡八郎と称した。幕末の越前藩財政を再建。維新後は五箇条の誓文の起草、太政官札発行などに尽力した。40歳　➡p.244❷

7 会津藩

◀⓯松平容保（1835～93）　会津藩主。1862年に京都守護職に任じられ上洛。戊辰戦争では会津若松城に立てこもり抗戦したが、降伏。34歳　会津若松市（福島）蔵

8 宇和島藩

◀⓰伊達宗城（1818～92）　宇和島藩主。開明派諸藩主らと親交し、台場築造・軍艦建造をおこなった。安政の大獄で隠居させられたが、新政府では大蔵卿などを歴任。51歳

9 新撰組　➡p.240❼

◀⓱近藤勇（1834～68）　新撰組局長（隊長）。武蔵国多摩郡の農家の生まれ。池田屋事件などで尊王攘夷派を弾圧。戊辰戦争では政府軍と戦うが、捕らえられて処刑された。35歳

◀⓲土方歳三（1835～69）　武蔵国出身。浪士組に参加し、京都で新撰組を結成、近藤勇のもとで副長となる。戊辰戦争では各地を転戦し、五稜郭の戦いで戦死。34歳

10 来日した外交官

◀⓳ハリス（1804～78）　米国外交官、1856年に米国総領事として下田に駐在。通商条約締結の全権を委任された。1858年、日米修好通商条約の締結に成功。65歳

◀⓴ヒュースケン（1832～60）　オランダ人。1856年、通訳としてハリスとともに来日、日米修好通商条約締結などで活躍。1860年、薩摩藩士らに襲われ、斬殺された。

◀㉑オールコック（1809～97）　英国外交官。1858年に初代総領事として来日。長州藩の下関海峡封鎖に対抗し、四国艦隊による下関砲撃を遂行。著書に『大君の都』。60歳

◀㉒パークス（1828～85）　英国外交官。1865年に駐日公使として横浜に着任。攘夷から通商貿易に転換した薩摩に接近。幕府を支援する仏のロッシュと激しく対立した。41歳

◀㉓アーネスト＝サトウ（1843～1929）　英国外交官。英国領事館の通訳官・書記官としてパークスの対日外交を助ける。著書に『一外交官の見た明治維新』。26歳

◀㉔ロッシュ（1809～1900）　駐日仏国公使。1864年来日。横須賀製鉄所を建設。幕府軍の教練にフランスから技師・軍人を招聘し、幕府を積極的に支援した。60歳

🖊「維新の三傑」という言葉がある。討幕・明治維新に尽力した三人の人物で、木戸孝允〈桂小五郎〉（➡p.240❼）、西郷隆盛（➡p.240❺, 257♦）、大久保利通（➡p.240❺, 248❸）をさす。

近現代 江戸（幕末）

● テーマのポイント

1. 大政奉還によって政権が朝廷に返還され、王政復古の大号令によって天皇を中心とする新政府が樹立。ここに江戸幕府は終わりを告げた
2. 幕末の混乱のなかで、社会不安が増大し、人々のあいだに「世直し」の意識が広がった

1 幕府の滅亡関係年表 ○p.243 **1**

年代	事項
1867.10	大政奉還
12	王政復古の大号令
	小御所会議
1868.1	鳥羽・伏見の戦い（戊辰戦争開始）
（慶応4）	新政府、東征軍を進撃
	赤報隊偽官軍事件（～3月）
3	五箇条の誓文
	五榜の掲示
	西郷・勝会談
4	江戸無血開城
閏4	政体書公布
5	奥羽越列藩同盟成立
	上野戦争（彰義隊の戦い）
	長岡城の戦い（～7月）
7	江戸を東京と改称
8	榎本武揚、旧幕府軍艦を奪い箱館へ
	会津戦争（～9月）
9	明治と改元
（明治元）	一世一元の制
1869.3	天皇、東京へ到着。太政官を東京
（明治2）	に移す（東京遷都）
5	五稜郭の戦い（戊辰戦争終結）

□は戊辰戦争関連事項。

● 諸藩の留学生

幕府は、オランダやロシアに留学生を送り、文化・学術を取り入れようとした一方、諸藩も留学生を諸外国に派遣した。

❸ 密航による長州藩のイギリス留学生 1863年、横浜港から英国船に乗り込み上海経由でイギリスに渡り、ロンドン大学で学んだ。

伊藤博文／遠藤謹助／井上勝／山尾庸三／井上馨

❹ 薩摩藩のイギリス留学生（1865年）英商人グラバーの持ち船で19名が密航し、ロンドン大学などで学んだ。

森有礼

尚古集成館（鹿児島市）蔵

2 大政奉還

←❶大政奉還 徳川慶喜は、朝廷に政権担当能力がないことと、討幕派の気勢をそぐ意図から、前土佐藩主山内豊信（容堂）の進言を受け入れ、1867年10月14日、朝廷への政権返上をおこなう大政奉還の上表を朝廷に提出した。絵は、大政奉還の前日、二条城で慶喜（奥の人物）が老中らに諮問している場面。

明治天皇／岩倉具視／山内豊信／大久保利通

↑❷小御所会議（1867年12月9日）王政復古の大号令発令当日の深夜に、京都御所内の小御所で開かれた。山内豊信らの公議政体派と、岩倉具視・大久保利通らの討幕派が対立したが、徳川慶喜への厳罰・辞官納地が決定した。

❶「大政奉還」（邨田丹陵）聖徳記念絵画館蔵　❷「小御所会議之図」東京大学史料編纂所蔵

3 幕末期の社会と文化 ● ええじゃないか

1867年から翌年にかけて、伊勢神宮などの御札が降ったとして、民衆が狂喜し乱舞する事件がおこった。御蔭参り（○p.232**7**）の変形ともいえる。三河吉田宿（現、愛知県豊橋市）近郊農村の御鍬祭百年祭を発端とし、東海・近畿・南関東・中国・四国の都市へ波及した。国文学研究資料館（東京・立川市）蔵

史料

ええじゃないかの囃子ことば

ヨイジャナイカ
エイジャナイカ
クサイモノニ紙ヲハレ
ヤブレタラマタハレ
エイジャナイカ
エイジャーナイカ

『岩倉公実記』

作品鑑賞 民衆は狂喜乱舞し、「ええじゃないか」と叫びながら町中を踊り歩いた。「太神宮」「天照皇太神宮」などと書かれた伊勢神宮の御札や掛け軸、仏像が降っている。「ええじゃないか」の囃子ことばは、地域によって違いがみられる。

● 民衆宗教 ○p.282 **2**

	開祖	内容
黒住教	黒住宗忠（備前の神官）	1814年開教。天照大神中心の信仰で、神人合一を説く。1876年、神道黒住派として公認、1882年に黒住教と改称
天理教	中山みき（大和の農民）	1838年開教。1864年世直しを求めて歌い踊る「かぐらづとめ」をおこない普及。1888年、神道系教会として公認
金光教	川手文治郎（備中の農民）	1859年開教。民衆的な救済を目的とした新宗教。1900年、教派神道の一派として公認

教祖自らが生活体験の中で神の啓示を受け生き神となる。民衆の救済、現世利益などを説き、幕末の混乱期に普及していった。これらは教派神道とよばれるようになった。

● プロフィール

英語教育の先駆者

James Curtis Hepburn

ヘボン アメリカ出身　1815～1911

1859年に来日、以後33年間、キリスト教の伝道と医療の普及などにつとめた。1863年に開設したヘボン塾では英語を教えた。高橋是清（○p.292）、林董（○p.271**4**）、星亨らも学んでいる。1867年、日本ではじめての和英辞書（『和英語林集成』）を完成させた。その辞書に用いられた日本語のローマ字表記はヘボン式ローマ字とよばれる。また、ヘボンの活動が、日本におけるミッションスクール（○p.286）の起源ともなっている。

1 戊辰戦争

④五稜郭

④ 鳥羽・伏見の戦い 1868.1

新政府軍

徳川慶喜に対する辞官納地の処分に憤慨した旧幕府軍15,000と薩長を中心とする新政府軍4,500とが、京都南郊の鳥羽・伏見で衝突、装備にまさる新政府軍が完勝した。

> 見方・考え方
> 新政府に反対する勢力は「抵抗勢力」となり、これを屈服させることで、国内統一が成し遂げられたことに着目しよう。

2 「官軍」の登場

↑⑤東征軍(官軍)の行進　新政府軍には錦旗(天皇の旗)が与えられ、これによって、新政府軍が朝敵を征伐する「官軍」としての性格をおびることとなった。錦旗は、新政府軍が自軍の正統性を根拠づけるものとなり、その後の戦闘に影響を与えた。
堀内久幸氏蔵　藤沢市文書館(神奈川)提供

←⑥錦旗(錦の御旗)
東京国立博物館蔵
Image：TNM Image Archives

---

⑩ 五稜郭の戦い 1869.5

旧幕府海軍副総裁榎本武揚は、幕府軍艦8隻を率いて箱館にいたり、五稜郭において新政権の設立をもくろんだ。目的は旧幕臣のための蝦夷地確保だったが、東征軍に敗退して投降、戊辰戦争は終結した。

⑦ 奥羽越列藩同盟 1868.5

仙台・米沢両藩の提唱により東北25藩が盟約した反政府同盟。北越の6藩も参加して、会津・庄内両藩の救援をめざした。中心は同盟外の会津藩。

⑤ 赤報隊偽官軍事件 1868.1～3

相楽総三の率いる赤報隊は、新政府の承認を得た年貢半減令を掲げて東征軍(「官軍」)の先鋒として民衆の恭順を図った。戦費の財源に困った新政府は、三井ら豪商を頼り年貢半減令を撤回し、進軍途中の赤報隊を偽官軍として下諏訪で処刑した。

① 大政奉還 1867.10 ⇒p.242①

② 王政復古の大号令 1867.12

③ 小御所会議 1867.12 ⇒p.242②

（地図）
蝦夷地　江差　箱館　松前　榎本武揚らの退路　青森　蝦夷地　仙台　新潟　白石　高田　長岡　若松　白河　水戸　福井　下諏訪　江戸　大垣　名古屋　駿府　浜松　松江　京都　兵庫　大坂　徳川慶喜の退路　1868

（凡例）
佐幕同盟
→ 討幕軍進路
→ 幕府軍退路

⑥ 江戸無血開城 1868.4

→①東征軍参謀の西郷隆盛(左)と旧幕府陸軍総裁の勝海舟(右)
「江戸開城談判」(結城素明) 聖徳記念絵画館蔵

東征軍の江戸総攻撃を前に、徳川慶喜の恭順や勝海舟と西郷隆盛の会見などにより、無血開城が実現した。背後に、貿易の混乱を恐れるパークスの意向もあったという。

テーマのポイント

1 王政復古によって成立した新政府と旧幕府勢力との間に内戦(戊辰戦争)がおこった
2 1年半にわたる戦争で新政府が正統政府としての地位を固めた

⑨ 会津戦争 1868.8～9

②会津若松城

河井継之助率いる長岡藩の抵抗に苦しんだ東征軍だが、7月には制圧し、奥羽越列藩同盟軍を会津に敗走させ、会津若松城への攻撃を開始した。藩士の家族や白虎隊の集団自決後、会津若松城は落城し戦いは終結した。

③白虎隊

⑧ 上野戦争 1868.5

江戸無血開城に対して不満をもつ旧幕臣たちは、彰義隊に結集し、上野寛永寺に集まり東征軍に抵抗した。東征軍を指揮する大村益次郎は、アームストロング砲の威力を発揮してこれを壊滅させ江戸を掌握、東京と改称した。

□ 奥羽越列藩同盟側に立ち、新政府と戦った藩
■ 新政府側に恭順し、「官軍」となって戦った藩
□ 同盟軍と新政府軍との間で、動揺した藩

---

3 戊辰戦争における武器

↑⑦ゲベール銃　先込式の洋式小銃で、火打石か雷管を発火装置にもち、銃口部に鉄剣を装着できる。幕末に大量に輸入されたが、戊辰戦争時には旧式となった。
(銃身長100.4cm、全長138.5cm)
国立歴史民俗博物館蔵

↑⑧スペンサー銃　元込式で施条式の洋式小銃である。飛距離はゲベール銃と大差ないが、連続7発まで発射することができた。
(銃身長46.7cm、全長94.0cm)
国立歴史民俗博物館蔵

↑⑨エンフィールド銃　拡張式弾丸(ミニエ弾)を用いた先込め式の施条銃(ライフル)。この形式はミニエ銃と総称される。命中精度はゲベール銃を圧倒、戊辰戦争の主力銃となった。
(銃身長84.2cm、全長122.9cm)
国立歴史民俗博物館蔵

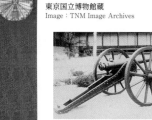

↑⑩アームストロング砲
イギリスから輸入された鋼鉄製の大砲で、絶大な破壊力があった。肥前藩がいち早く輸入し東征軍が使用した。

プロフィール

五稜郭の出会い
榎本武揚と黒田清隆
榎本　東京都出身　1836～1908
黒田　鹿児島県出身　1840～1900

幕府の海軍副総裁であった榎本武揚は、戊辰戦争の際、軍艦8隻を率いて品川沖を脱出、箱館の五稜郭にあって徹底抗戦を続けた。榎本は死を覚悟し、幕府留学生としてオランダから持ち帰った『万国海律全書』を官軍側参謀の黒田清隆のもとに届けた。ハーグ大学の教授が榎本に贈った貴重な国際法の蘭訳本だった。戦火で失うより新政府で役立ててほしいという榎本の行動に黒田は感激した。その後、榎本らは降伏するが、黒田は自らの頭を丸め、榎本の助命のために奔走した。

↑⑪榎本武揚 ⇒p.254④
↑⑫黒田清隆 ⇒p.254②、261

近現代 明治

< 新政府の体制はどのような特色をもっていただろう

🔍 テーマのポイント

❶明治新政府は戊辰戦争と併行して成立した
❷天皇を中心とする中央集権体制実現をめざした

❶ 明治新政府の成立関係年表

年代	事　項
1867.12	王政復古の大号令🅼
1868. 3	五箇条の誓文🅼、五榜の掲示🅼
閏4	政体書を公布🅼　＊天皇一代の元号を一つとする制度。
7	江戸を東京と改称
9	明治と改元、一世一元の制を定める
1869. 1	薩・長・土・肥4藩主、版籍奉還を上奏
(明2)3	太政官を東京に移す(東京遷都)
6	版籍奉還、諸藩主を知藩事に任命 公卿・諸侯の称を廃し、華族とする
7	官制の改革(二官六省の制を定める)
1871. 2	薩・長・土3藩の兵1万で御親兵を編成
(明4)7	廃藩置県の詔書(3府302県→11月3府72県)🅼 官制の改革(太政官に正院・右院・左院設置)🅼
8	華族・士族・平民間の結婚を許可 「えた」「非人」などの称を廃止
1872. 1	皇族・華族・士族・平民の身分制定まる
(明5)2	初めて全国戸籍調査を実施(壬申戸籍の作成)
3	御親兵を廃止し、近衛兵をおく
8	学制を公布(初の近代的教育制度)🅼→p.284❶
11	徴兵の詔・太政官告諭(徴兵告諭)🅼
1873. 1	徴兵令を公布→p.245❹、269❶
(明6)7	地租改正条例を公布🅼→p.247❶
1874. 1	東京に警視庁をおく
1875. 2	大阪会議(大久保・木戸・板垣の会合) 元老院・大審院をおき、地方官会議を設ける 漸次立憲政体樹立の詔出る
(明8)4	
1876. 8	廃刀令を公布
1878. 5	大久保利通、暗殺される(紀尾井坂の変)
1879. 3	東京府会開会(府県会の最初)

近現代

明治

❺ 中央官制の変遷

内閣制度成立まで太政官制が続いた。

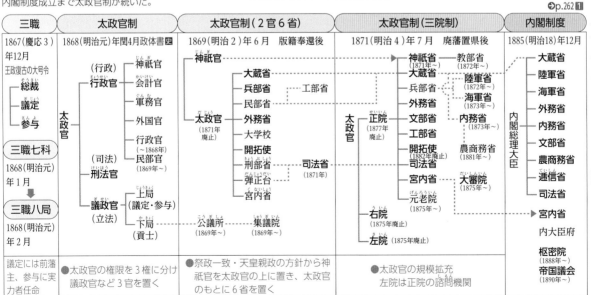

三職	太政官制		太政官制(2官6省)		太政官制(三院制)		内閣制度
1867(慶応3)年12月 王政復古の大号令 ─総裁 ─議定 ─参与	1868(明治元)年閏4月政体書🅼		1869(明治2)年6月　版籍奉還後		1871(明治4)年7月　廃藩置県後		1885(明治18)年12月
	(行政) 行政官	神祇官 会計官 軍務官 外国官 行政官(～1868年) 民部官(1869年～)	神祇官 大蔵省 兵部省 民部省 太政官(1871年廃止) 外務省 大学校 開拓使	工部省	神祇省(1871年～) 大蔵省 兵部省 外務省 文部省 工部省 開拓使(1882廃止～) 司法省 宮内省	教部省(1872年～) 陸軍省(1872年～) 海軍省(1872年～) 内務省(1873年～) 農商務省(1881年～)	大蔵省 陸軍省 海軍省 外務省 内務省 文部省 農商務省 逓信省 司法省
三職七科 1868(明治元)年1月	(司法) 刑法官	刑部官(1869年～) 弾正台 宮内省		司法省(1871年)	正院(1877年廃止) 大審院(1875年～) 元老院(1875年～)		
三職八局 1868(明治元)年2月	(立法) 議政官	上局(議定・参与) 下局(貢士)	公議所(1869年～)	集議院(1869年～)	右院(1875年廃止) 左院(1875年廃止)		宮内省 内大臣府 枢密院(1888年～) 帝国議会(1890年～)
議定には前藩主、参与に実力者任命	●太政官の権限を3権に分け議政官など3官を置く		●祭政一致・天皇親政の方針から神祇官を太政官の上に置き、太政官のもとに6省を置く		●太政官の規模拡充 左院は正院の諮問機関		

王政復古の大号令で三職を設置、1868年に政体書が公布され、太政官制がはじまる。版籍奉還時には2官6省、廃藩置県後は三院制をとり、正院のもとに各省をおいた。1885年の内閣制導入により、太政官制は廃止となった。

政体書
❶太政官への権力集中、福岡孝弟と副島種臣が起草
❷アメリカ合衆国憲法を参考にした三権分立制
❸官吏の互選などがその内容

❷ 五箇条の誓文

1868年3月14日、新政府の基本方針を天皇が神誓という形で発表した。由利公正の原案を福岡孝弟が修正。のち、木戸孝允が修正をおこない、福岡案の「列侯会議ヲ興シ」を「広ク会議ヲ興シ」と改め世に示した。公議世論の尊重を基軸とした理念を示したものである。

見方・考え方
第1項目は、その後の藩閥政府を攻撃する側の拠りどころとなったことを理解しよう。

史料
五箇条の誓文

一、広ク会議ヲ興シ、万機公論ニ決スヘシ
一、上下心ヲ一ニシテ、盛ニ経綸ヲ行フヘシ
一、官武一途庶民ニ至ル迄各其志ヲ遂ケ、人心ヲシテ倦マサラシメン事ヲ要ス
一、旧来ノ陋習ヲ破リ、天地ノ公道ニ基クヘシ
一、智識ヲ世界ニ求メ、大ニ皇基ヲ振起スヘシ

国家ヲ治メ、ととのえること。

①国家を治め、ととのえること。②悪習。ここでは攘夷運動をさす。③世界共通の正しい道。

天皇政治の基礎。

↑❶明治天皇(左:束帯姿、右:軍服姿)
和装の写真は、天皇19歳の姿。翌年、断髪し軍服姿での撮影となった。これは、欧米諸国との外交儀礼で、国家元首の肖像写真を交換するという慣例に対処するためだった。近代国家の元首にふさわしい軍装の写真は、岩倉使節団外遊中のイギリスに届けられた。→p.254❶

❸ 五榜の掲示

1868年3月15日、新政府は、旧幕府と同じように5枚の高札(五榜の掲示)を立てた。旧幕府の民衆政策を引き継いだもので、五箇条の誓文とは対照的であった。

定

一切支丹邪宗門之儀は是御制禁之通固く可相守事
一邪宗門之儀は固く禁止候事

慶応四年三月

太政官

↑❷五榜の掲示(第三札)

❹ 版籍奉還

↑❸版籍奉還上表への沙汰書　版籍奉還とは、諸藩主が版(領地)と籍(領民)を朝廷に還納したこと。政府による政治的統一をめざすことを目的として、木戸孝允・大久保利通らの間で計画され、1869年1月、まず薩長土肥4藩主が版籍奉還を願い出、3月までに大部分の藩がこれにならった。旧藩主は地方官である知藩事に任じられ、引き続き藩政にあたった。

→p.262❶

廃藩置県と軍隊・警察制度

1 兵制・警察制度のあゆみ

➲p.269

年代	事項　（■は警察制度関係。）
1869. 7	兵部省を設置
9	兵部大輔大村益次郎、襲撃される(同年死去)
1870. 10	政府、海軍はイギリス式、陸軍はフランス式と定める
1871. 2	薩・長・土3藩で親兵を編成
4	初めて鎮台をおく(2鎮台。同年7月に4鎮台に)
7	兵部省に陸軍部・海軍部をおく
10	東京に邏卒をおく
1872. 2	兵部省を廃し、陸軍省・海軍省をおく
3	親兵を廃止し、近衛兵をおく
8	司法省に警保寮をおく
11	徴兵の詔・太政官告諭(徴兵告諭) 史
1873. 1	全国を6軍管区に分け、鎮台をおく(6鎮台) 徴兵令を公布➲p.269 2
11	内務省をおく➲p.248 3
1874. 1	東京に警視庁をおき、内務省に所属させる
1875. 10	警部を府県におき、邏卒を巡査と称することを決定
1877. 1	西南戦争おこる(～9月、徴兵の力を示す)➲p.257 3
1878. 8	近衛砲兵隊、俸給削減を不満とし暴動(竹橋事件)
12	参謀本部をおく
1879. 9	北海道を第七軍管区とし、鎮台をおく
1882. 1	軍人勅諭を公布(軍人の守るべき徳目などを明示)
1883. 12	徴兵令改定(代人料の廃止など)
1885. 12	内閣制度発足。陸・海軍卿を陸・海軍大臣と改称
1888. 5	鎮台を師団と改称➲p.269 4
1889. 2	大日本帝国憲法発布(統帥権の独立を規定)➲p.262 5

テーマのポイント

1. 廃藩置県により中央集権機構が確立した
2. 政府の要職は薩長土肥4藩の出身者で占められた(藩閥政府)

3 藩閥政府の形成 (1871年8月)

	官職		人名	出身
正院(最高官庁)	太政大臣		三条　実美	公卿
	左大臣		欠	
	右大臣		欠	
	参議		木戸　孝允	長州
	〃		西郷　隆盛	薩摩
	〃		板垣　退助	土佐
	〃		大隈　重信	肥前
左院(立法機関)	議長		欠	
	副議長		江藤　新平	肥前
右院(行政機関、各省の長官・次官(卿・大輔)で構成)	神祇省	卿	欠	
		大輔	福羽　美静	津和野
	外務省	卿	岩倉　具視	公卿
		大輔	寺島　宗則	薩摩
	大蔵省	卿	大久保利通	薩摩
		大輔	井上　馨	長州
	兵部省	卿	欠	
		大輔	山県　有朋	長州
	文部省	卿	大木　喬任	肥前
		大輔	欠	
	工部省	卿	欠	
		大輔	後藤象二郎	土佐
	司法省	卿	欠	
		大輔	佐々木高行	土佐
	宮内省	卿	欠	
		大輔	万里小路博房	公卿
	開拓使	長官	東久世通禧	公卿
		次官	黒田　清隆	薩摩

2 廃藩置県

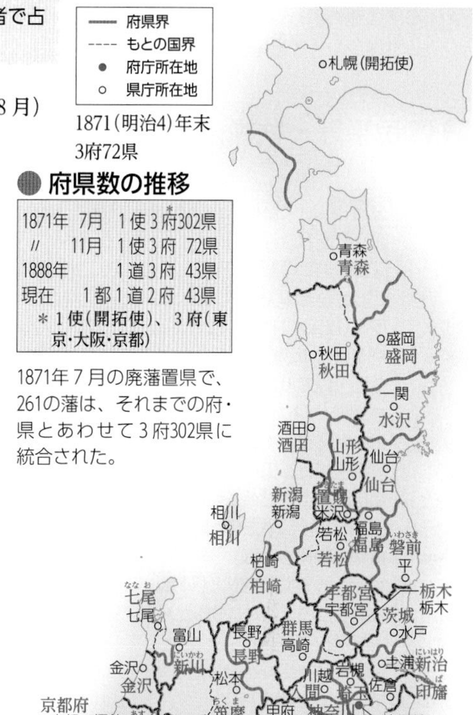

府県界
もとの国界
● 府庁所在地
○ 県庁所在地
1871(明治4)年末
3府72県
札幌(開拓使)
青森
盛岡
秋田
一関
水沢
酒田
山形
仙台
新潟
相川
若松
福島
磐前
平
柏崎
七尾
宇都宮
栃木
茨城
水戸
富山
長野
群馬
高崎
新川
金沢
松本
筑摩
山梨
甲府
入間
印旛
新治
木更津
京都府
京都
福井
足羽
敦賀
岐阜
長浜
静岡
浜松
足柄
小田原
東京
東京府
松江
島根
鳥取
豊岡
飾磨
姫路
兵庫
奈良
度会
名古屋
浜田
広島
岡山
高松
香川
徳島
名東
和歌山
大阪
大阪府
堺
大津
山口
松山
高知
宇和島
三潴
久留米
福岡
小倉
伊万里
大分
長崎
熊本
八代
美々津
都城
鹿児島
屋久島
種子島
鹿児島
奄美大島
徳之島
沖縄島(琉球藩)
首里
[琉球藩]
宮古島
与那国島
石垣島

府県数の推移

1871年	7月	1使3府302県
〃	11月	1使3府　72県
1888年		1道3府　43県
現在		1都1道2府　43県

＊1使(開拓使)、3府(東京・大阪・京都)

1871年7月の廃藩置県で、261の藩は、それまでの府・県とあわせて3府302県に統合された。

なぜ県数が多いのか
江戸時代は、大名の数が多く、これら大名の支配する藩領のほか、旗本領・幕領があり、一つの地域でも、これら領主の違う村々が入り組んでいた。新政府は、戊辰戦争でその支配地域を拡大するなかで、幕府の支配していた地域を府や県としていった。さらに、廃藩置県によって藩が廃止され府・県となったが、当初は藩が府や県に改称されただけであったため、その数は膨大だった。

1872年 琉球王国を廃し尚泰を藩王
1879年 沖縄県を設置

廃藩置県により、藩は廃止されて知藩事は東京移住が命じられ、府と県には政府が任命した府知事と県令が派遣された。

4 徴兵制と軍管区制

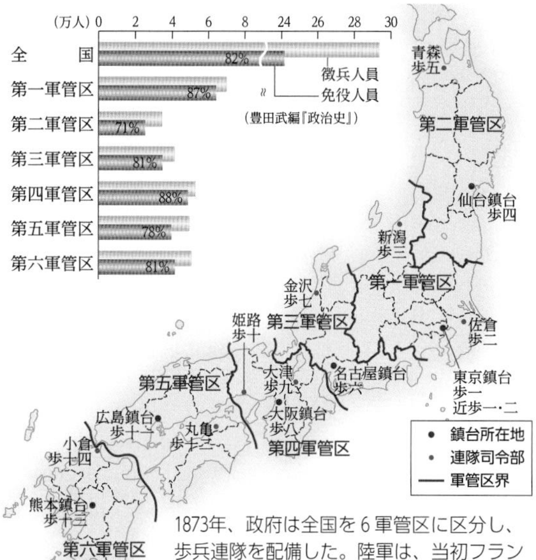

(万人)
0
2
4
6
8
24
26
28
30
全国 82%
第一軍管区 87%
第二軍管区 71%
第三軍管区 81%
第四軍管区 88%
第五軍管区 78%
第六軍管区 81%
徴兵人員
〃　免役人員
(豊田武編『政治史』)
青森 歩五
第二軍管区
仙台鎮台 歩四
新潟 歩三
金沢 歩七
第一軍管区
姫路 歩十
第三軍管区
佐倉 歩二
名古屋鎮台 歩六
東京鎮台 歩一 近歩一・二
大津 歩九
大阪鎮台 歩八
第五軍管区
広島鎮台 歩十一
丸亀 歩十二
第四軍管区
小倉 歩十四
熊本鎮台 歩十三
第六軍管区
● 鎮台所在地
● 連隊司令部
軍管区界

1873年、政府は全国を6軍管区に区分し、歩兵連隊を配備した。陸軍は、当初フランス陸軍に学んだが、1882年以後、ドイツの影響が強くなった。

1. 身長5尺1寸(約154.5cm)未満の者
2. 病弱で兵役に耐えない者
3. 官省府県に勤務している者
4. 陸海軍生徒で兵学寮にある者
5. 官立学校で学ぶ者・洋行中の者。医術・馬医術を学ぶ者
6. 一家の主人である者
7. 家のあとを継ぐ者
8. 一人っ子、一人孫
9. 病気などの父兄に代わって一家を治める者
10. すでに養家で生活する者
11. 兄弟が兵役についている者
12. 代人料270円を支払った者

●兵役免除の規定(徴兵令公布当初のもの)　徴兵令は国民皆兵を建前としたが、上のいずれかの場合は免除された。

5 警察制度の整備

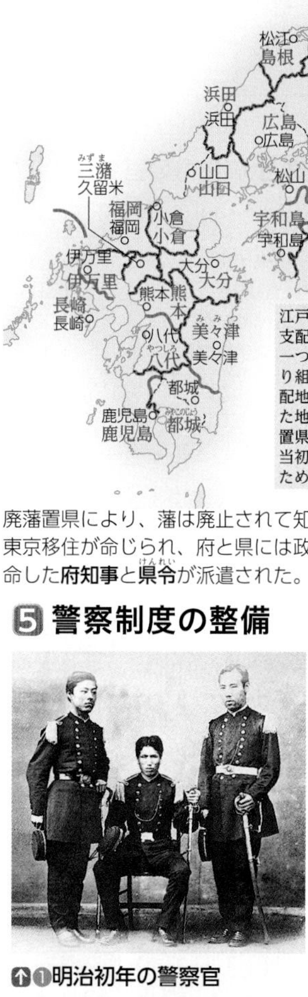
↑1 明治初年の警察官

↑2 川路利良 (1834～79)

1871年に東京に初めて邏卒がおかれた後全国の警察制度が整えられ司法省(のち内務省)警保寮がこれを統括した。1874年、川路利良の建議により、東京に警視庁が設置され、翌年、邏卒は巡査と改称された。1877年、地方の警察出張所は各府県警察署に改称された。

初期の警察機構

内務省(内務大臣)
- 東京：警視庁(警視総監) → 警察署
- 道府県：知事 → 警察本部(警部長) → 警察署 → 各駐在所

(1888～)

近現代 / 明治

テーマのポイント

❶明治新政府は、四民平等をうたい、戸籍を作成した
❷華族・士族への家禄支給が国家財政を圧迫。政府はすべての家禄を廃止する秩禄処分をおこなった

❶ 四民平等・秩禄(ちつろく)処分関係年表

年代	事 項
1869.6	公卿(公家)・諸侯(大名)を**華族**と改称。諸侯の家臣らを**士族**と呼称する
	版籍奉還により、知藩事の家禄を実収高の10分の1とし、藩士の家禄もこれに準ずる
1870.9	平民(農工商)に苗字使用許可
1871.4	戸籍法公布(華族・士族・平民の三族籍)
8	散髪・廃刀の自由認可。華士族・平民の相互の結婚を許可。「えた」「非人」などの称を廃し、身分・職業とも平民と同様とする(いわゆる解放令(賤称廃止令))
1872.2	戸籍法施行、壬申戸籍作成
1873.7	地租改正条例を公布🔲➡p.247❶
12	秩禄奉還の法を定める(家禄・賞典禄100石未満の者に家禄奉還を許可)
1874.11	家禄・賞典禄100石以上の者にも奉還を許可
1875.1	東北3県の士族を募り、北海道屯田兵とする➡p.249❸
8	家禄奉還を停止
9	家禄・賞典禄を金禄にあらためる
1876.3	帯刀の禁止(廃刀令)
8	金禄公債証書発行条例を定める
	華士族の家禄・賞典禄を廃止し、金禄公債を支給
1878.7	**金禄公債証書**発行開始(金禄の5～14年分を、元金は5年据置き、6年目から毎年抽選で全額償還)
9	金禄公債証書の書き入れ、質入れ、売買を解禁
1906.4	金禄公債の償還完了

◻︎は秩禄処分関連事項。

● 藩主層の金禄公債上位受給者

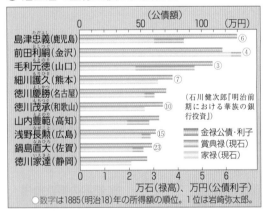

(公債額)(万円)
- 島津忠義(鹿児島) ⑥
- 前田利嗣(金沢) ④
- 毛利元徳(山口) ③
- 細川護久(熊本) ⑦
- 徳川慶勝(名古屋)
- 徳川茂承(和歌山) ⑩
- 山内豊範(高知)
- 浅野長勲(広島) ⑮
- 鍋島直大(佐賀) ㉓
- 徳川家達(静岡)

金禄公債・利子 / 賞典禄(現石) / 家禄(現石)

(石川健次郎『明治前期における華族の銀行投資』)

○数字は1885(明治18)年の所得額の順位。1位は岩崎弥太郎。

旧大名家は旧幕府時代よりも安定した資産家となった。上位のものは公債の利子だけでも政商と肩を並べるほどであった。

❺ 士族授産

37道府県、167授産業場に授産金交付

❶養蚕・製糸関係 64,757戸
❷絹・綿紡織 56,278
❸雑工業(傘・足袋など) 31,763
❹開墾事業 21,492
❺マッチ・紅茶製造他 9,241

計183,531戸
(全士族の4割強)

❶❸❹…成功
❷❺…失敗

このうち成果が上がったのは全体の3割程度

❷ 人口構成と財政収支

版籍奉還で公卿や諸侯の名称は廃されて、**華族**となり、旧藩主や幕臣などの武士は**士族**、足軽以下の下級武士は**卒**とされたが、その割合は全体の5%にすぎなかった(卒はのち平民と士族に編入)。しかし、こうした旧武士層への支給は財政支出の4分の1を占め、大きな負担となっていた。

● 人口構成

平 民	3,100万人	93.57%
士 族	183.6万人	5.54%
華 族	0.3万人	0.01%
神官・僧・尼	29.3万人	0.88%

総人口 3,313万1,525人
(関山直太郎『近世日本の人口構造』)

● 新政府の財政収支

(1867年12月～75年6月)

諸禄・扶助金 26.5%	旧武士層への支給
陸海軍費 13.3%	
その他通常歳出 27.7%	
例外歳出(征討諸費等) 32.5%	戊辰戦争の戦費等

(『近現代日本経済史要覧』)

❸ 秩禄処分

⬅❶**金禄公債証書** 1876年、華士族の秩禄処分の最終措置として、金禄公債証書が発給された。証書の保持者は、年2回の利払いを受けたが、その際、写真の利息支払い票を切り取り、利息を受領した。公債は1882年から1906年まで毎年抽選して償還された。

＊交付された公債の総額は約1億7,384万円、現金支給額は約73万円、支給人員は31万3,517人であった。
(日本銀行金融研究所アーカイブ保管資料)

● 金禄公債の階層別交付状況

(丹羽邦男『明治維新の土地変革』)

金禄高	公債利子	金禄高に乗する年数	公債受取人員(人)	発行総額(千円)	1人平均
1000円以上(藩主中心)	5分	5.00～7.50	519(0.2%)	31,414(18.0%)	60,527円
100円以上(上・中級士族)	6分	7.75～11.00	15,377(4.9%)	25,039(14.3%)	1,628円
10円以上(下級士族)	7分	11.50～14.00	262,317(83.7%)	108,838(62.3%)	415円
売買家禄	1割	10.00	35,304(11.3%)	9,348(5.4%)	265円
合計			313,517(100%)	174,638(100%)	557円

● 士族出身の官吏

区分	人員	うち士族(比率)	
	人員	人	%
中央・府県官公吏(含巡査)	90,317	58,704	65.0
区郡町村吏	83,821	9,013	10.8
公立学校教員	83,943	34,629	41.3
計	258,081	102,346	39.7
全人口	37,451,727	1,945,638	5.2

資料鑑賞 下級士族の公債交付額は、1人平均415円だった。しかし、公債利子は、年間で29円5銭、1日あたり8銭たらずで、当時の大工手間賃(日給40～45銭)と比較しても、かなりの少額だった。

少額の金禄公債を受け取った下級武士は、再就職先として、文筆の才を生かせる官吏や教員を選び、武芸に自信のある者は警察官を志望した。

❹ 士族の商法

士族は特権を奪われ、下級士族のなかには、生活のために商売をおこなう者も多くいた。士族意識を捨てきれず、失敗することも多かった。

国文学研究資料館(東京・立川市)蔵

見方・考え方
売り物として書かれている言葉に注目してみよう。

作品鑑賞

困弊盗(こんぺいとう) 「世間の騒々しきにつけて出来」と西南戦争の戦乱に乗じて横行した強盗を風刺。

蒸洋艦(じょうようかん) 「三菱形西洋風売り切れの日多し」と西南戦争において三菱の運搬船が忙しくしているさまを風刺。

熊鹿戦べい(くまかせんべい) 鹿児島の士族が熊本城(政府軍)と戦ったこと。

不平おこし 「お骨のかたまり、消化あしく崩れやすし」とあり、薩摩を風刺。

◀西南戦争(→p.257)勃発後に描かれたため、薩摩(鹿児島)に関係する言葉がみられる。

テーマのポイント

1. 安定した財源の確保をめざし、地租改正を実施
2. 課税基準を不安定な収穫高から一定した地価に変更（物納→金納）
3. 土地所有者を明確化（地券所有者が納税の義務を負う）

① 地租改正

財政基盤の安定要求（政府）

① 官僚制度の整備、富国強兵・殖産興業の資金、旧諸藩の債務・士族の家禄支払い
② 現物貢租の不安定さ
　⇨財政基盤安定の必要性

封建的諸制度の撤廃

① 田畑勝手作りを許可・・・・・・・・1871
② 田畑永代売買禁止令解除・・・・・1872
③ 壬申地券発行・・・・・・・・・・・・・・1872

⇨p.196 ②

地租改正条例の公布（1873）

① 課税基準：収穫高（石高）から地価に変更
② 納税法：現物納を金納に改める
③ 税率：豊凶にかかわらず地価の3％で一定（1877年に2.5％に引き下げ）
④ 納税者：本百姓・村単位→土地所有者（地主や自作農＝地券所有者）・個人

地租改正の結果と影響

① 政府・・・・・安定した税収（金納税）を確保。全国一律の租税制度達成
② 地主・・・・・地租の負担を小作人に押し付け、現物小作料高率、米価の高騰で利益が増大
　　　　　　　　　　　　　　　　　　⇨寄生地主化する
③ 自作農・・・高率地租で経営困難になり、小作人に転落
④ 小作農・・・高率の現物小作料と権利を奪われ貧窮化

地租改正完了年度（府県名）　　　（福島正夫『地租改正の研究』）

年	府県名
1873年	山口　*山林原野を含めての完了は1882年。沖縄は1899年開始、1903年完了。
1874年	宮城
1876年	青森・岩手・山形・石川・長野・山梨・岐阜・和歌山・奈良・滋賀・鳥取・岡山・福岡・大分
1877年	福島・秋田・三重・愛知・大阪・京都・島根
1878年	東京・神奈川・千葉・埼玉・栃木・群馬・茨城・富山・香川・長崎
1879年	福井・兵庫・広島・徳島・愛媛・熊本・佐賀
1880年	新潟・静岡・高知・鹿児島・宮崎

⇦① 土地丈量（測量）のようす　地租改正は、土地丈量をおこない、地価を算定した。土地丈量は、厳格におこなわれた。
秋田県立博物館（秋田市）蔵

⑤ 地租改正反対一揆

三重県を中心とした一揆（**伊勢暴動**）のようす。1876年12月18日、地租改正作業が遅れていた、旧度会県下の農民が石代米価・地価の算定などに反発。愛知・岐阜・堺の三県にも及ぶ、地租改正反対一揆の中で最大のものとなった。一揆は23日に鎮圧され、処罰者は5万人にのぼる。暴動の結果、地租が2.5％に引き下げられた。⇨p.257 ②
東京大学法学部明治新聞雑誌文庫（東京・文京区）蔵

② 地券

(複製)

↑② 壬申地券　1872年に発行された地券で、まだ地租の額は記されていない。

⇦③ 地券　地券は、土地の所有を政府が証明したものである。

地価の算出

壬申地券では、旧幕府時代の年貢をそのまま引き継ぎ、地価を記載しようとした。しかし、旧来の年貢は、地域差が大きく、同じ収穫の土地でも、年貢の高低によって地価が異なるため、それを地租賦課の基準とすることは、大きな問題があった。そのため、田畑の地価をその土地の生産力（＝収益）にもとづいて定めるよう改められた。

資料鑑賞

表面には、地名・地番（①）、面積（②）、持主（③）、地価（④）、地租の額（⑤）が記載され、裏面には所有者の変遷が記載されるようになっている。

右が、地価の3％の地租額。左が、地価の2.5％の地租額。

③ 小作人生産米配分比の変動

（土屋喬雄『続日本経済史概要』）

	小作人	地主	領主・政府
江戸時代末期	小作人 39%	地主 24%	領主・政府 37%
1873年（明治6）	32	34	34
1874〜76年（明治7〜9）	32	55	13
1878〜83年（明治11〜16）	32	58	10

幕末にくらべ、地租改正によって領主（国家）の配分は3％、小作人の取分は7％も減じて、その合計分だけ地主の取分が増加している。その後も政府の取分が減少する分、地主の取分が増加しており、寄生地主化していく過程がみてとれる。なお、1873年の数値は「地租改正地方官心得」に定められている取分比率。

見方・考え方
小作人の取分はほとんど変わらず、江戸時代同様の状態にあったことを理解しておこう。

④ 国税収入の内訳

（『近代経済史要覧』）

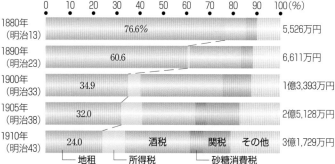

年	地租の割合	金額
1880年（明治13）	76.6%	5,526万円
1890年（明治23）	60.6	6,611万円
1900年（明治33）	34.9	1億3,393万円
1905年（明治38）	32.0	2億5,128万円
1910年（明治43）	24.0	3億1,729万円

地租・所得税・酒税・砂糖消費税・関税・その他

1880年には、地租収入が国税収入全体の4分の3以上を占めていたが、経済の近代化にともない酒税・所得税・関税などが増加し、1910年には地租収入の割合は4分の1まで減少している。

近現代

明治

◁ 政府はどのように近代産業を育成していったのだろう

● テーマのポイント

1 政府は、軍事力の強化とともに経済的な力をつける富国強兵の実現をめざし、近代産業を育成する殖産興業政策を積極的に推進した

1 殖産興業関係年表

年代	事 項
1868. 5 (慶応4)	太政官札5種を発行 (10両、5両、1両、1分、1朱)
1869.12	東京・横浜間に電信開通
1870.閏10	工部省設置
1871. 1 (明4)	東京・大阪間に郵便制度を開始
2	大阪に造幣寮が開業
5	新貨条例制定(円・銭・厘の10進法採用)
1872. 9 (明5)	新橋・横浜間に鉄道開業(日本初の鉄道)
10	官営富岡製糸場の開業
11	国立銀行条例制定
1873. 2 (明6)	東京・長崎間に有線電信工事完成
6	第一国立銀行の設立
11	内務省設置
1875. 3	東京・青森間に電信開通
1877. 6 (明10)	万国郵便連合に加入調印(郵便制度の国際化)
9	第1回内国勧業博覧会(東京・上野公園)
9	三田育種場設立
1878. 1	内務省所管の駒場農学校開校式
1879. 9	千住製絨所開業
1880.11	工場払下概則制定
1881. 4	農商務省設置

↑1 官営富岡製糸場 *(群馬・富岡市) 300釜を備えたフランス製繰糸器械をはじめ、工場システム全体が各地の器械製糸場のモデルとなった。1893年、三井に払い下げられた。→p.278**7**

＊富岡製糸場は、2014年に世界遺産に登録された。

2 明治期の官営事業と鉄道 →p.279**1**2

凡例:
- 明治初期の軍需工場
- ── 1872(明治5)年に開通した鉄道
- ── 1887(明治20)年までに開通した鉄道(……は私鉄)

＊年数は官営の期間

- 札幌麦酒醸造所 1876〜86
- 幌内炭鉱 1876〜83 ＊86年に北海道庁へ
- 小坂銀山 1869〜84
- 大葛金山 1873〜85
- 阿仁銅山 1875〜85
- 院内銀山 1875〜84
- 三本木種牧場 1877
- 釜石鉄山 1874〜87
- 佐渡(相川)金山 1869〜96
- 千住製絨所 1879〜88 ＊88年に陸軍省へ ＊軍の制服製造
- 広島紡績所 1879〜82 ＊82年に広島県に交付
- 播州葡萄園 1880〜88
- 兵庫造船所 1871〜87
- 生野銀山 1868〜96
- 深川工作分局 1874〜84 ＊セメントの製造。赤羽工作分局(機械製造)、品川工作分局(ガラス製造)とあわせて三工作分局という。
- 長崎造船所 1868〜87
- 石川島造船所 1871〜76
- 三田育種場 1877〜84 ＊84年に日本農会に委託
- 愛知紡績所 1881〜86
- 横須賀造船所 1870〜72 ＊72年に海軍省へ移管
- 堺紡績所 1872〜78
- 大阪砲兵工廠 1870〜 ＊工廠とは軍直属の工場。
- 新町屑糸紡績所 1875〜87
- 高島炭鉱 1874
- 三池炭鉱 1873〜88
- 富岡製糸場 1872〜93
- 東京砲兵工廠 板橋・目黒火薬製造所
- 品川硝子製造所 1876〜85

見方・考え方
幕府や諸藩がおこなっていた造船や鉱山などの事業が引き継がれていることに注目しよう。

3 殖産興業政策の推進官庁

工 部 省	内 務 省 キーワード
・1870〜1885年 ・中心事業は鉱山、鉄道、工作 ・欧米の技術の導入と移植を中心に官営事業を推進	・1873〜1947年 ・中心事業は勧業・勧農、警察、郵便、土木、衛生、地方行政等国内統治に関し多岐にわたる

↑2 工部省

初代工部卿 伊藤博文

↑3 内務省

初代内務卿 大久保利通

1880年の工場払下概則制定をきっかけに民業育成方針に転じた。1881年に農商務省が開庁し、両省の農・商・工業部門の諸事業を一括して担当した

4 鉄道の敷設

↑4 横浜駅の陸蒸気(鉄道) 1872年に新橋・横浜間で鉄道が開通、開式式が盛んにおこなわれた。鉄道は近代産業に欠かせないものだけに政府は次々と路線を拡張していった。神奈川県立歴史博物館所蔵

新橋・横浜間の運賃(開業時)
上等：1円12銭5厘
中等：75銭　下等：37銭5厘

新橋・横浜間の列車は1日9便。米1升が5銭の時代、非常に高価な乗り物だった。

5 海運業ー三菱の台頭

年代	事 項
1870	岩崎弥太郎により九十九商会設立(土佐藩から藩船引き継ぐ)
1873	三菱商会に改称
1874	台湾出兵で軍事輸送を担当(政府は汽船13隻を三菱に委託)
1875	横浜・上海航路開始(日本初の外国航路)
〃	三菱汽船会社に改称
〃	郵便汽船三菱会社に改称
1877	西南戦争で軍事輸送を担当
1879	香港航路開始
1885	共同運輸会社と合併し、日本郵船会社設立

←5 復元された新橋駅(東京・港区汐留)
初代の新橋駅は1914年の東京駅開業にともない汐留駅に改称され、1986年に廃止された。2002年に、創業時の新橋駅のあった場所に当時の駅舎が復元された。

近現代 明治

❶ 近代の北海道関係年表

年代	事項
1854	日露和親条約（樺太はロシアとの雑居地）
1869	戊辰戦争が箱館で終結 開拓使設置。蝦夷地を北海道と改称
1871	札幌に開拓使庁開設。開拓使顧問としてケプロン（⇒p.287）来日
1874	屯田兵制度制定（〜1904廃止）
1875	樺太・千島交換条約締結。最初の屯田兵、琴似入植
1876	樺太アイヌを石狩平野の対雁へ強制移住。アイヌの仕掛け弓猟禁止令 札幌農学校開校。札幌麦酒醸造所官設
1877	アイヌの占有地を無主地として官有地に編入
1878	戸籍上のアイヌの呼称を「旧土人」に統一
1881	開拓使官有物払下げ事件おこる ⇒p.258❶
1882	開拓使廃止、函館・札幌・根室の3県設置。手宮〜札幌〜幌内間に鉄道全通
1884	北千島の占守島のアイヌ97人を色丹島へ強制移住
1886	3県廃止、北海道庁開設
1892	バチェラー（イギリス人宣教師）が函館にアイヌ学校開設
1896	札幌に第7師団設置
1898	全道に徴兵令施行
1899	北海道旧土人保護法公布図（1997廃止）
1913	樺太アイヌ・山辺安之助、『あいぬ物語』出版
1918	北海道アイヌ・武隈徳三郎、『アイヌ物語』出版。北海道帝国大学創立
1920	道産の産米100万石となる
1930	道産の産米300万石となる。アイヌ初の全道的組織「北海道アイヌ協会」が道庁の主唱で設立される
1931	バチェラー八重子、歌集『若きウタリに』出版。北海道・東北で冷害・凶作
1946	日高で全道アイヌ大会開催、「北海道アイヌ協会」設立（再生）（1961北海道ウタリ協会に改称。2009.3元の名称に）
1997	アイヌ文化振興法成立図
2019	アイヌ施策推進法成立図

▶アイヌ文化振興法

❷ 政治・外交政策とアイヌ
⇒p.156, 193, 224

― 1875（明治8）年の樺太・千島交換条約による日露の国境

1875年の樺太・千島交換条約で千島全島が日本領、樺太はロシア領に確定した。政府は樺太在住のアイヌを強制的に北海道に移住させ、約100戸の約850名が札幌郡対雁（現、江別市）に移された。対雁での生活は過酷だった。加えてコレラや天然痘も流行し、300名以上が死亡した。

千島列島のアイヌはすでにロシア文化の影響を受けており、政府は「ロシア化」を懸念した。占守島のアイヌは、1884年に、すべて色丹島に強制移住させられた。97名の占守島アイヌは、生活環境の激変によって、わずか5年後には66名に減少した。

● 近代の北海道開発

■ 屯田兵入植地
▨ 集治監（刑務所）
□ その他の囚人労働がおこなわれた場所

■ 政府の方針で囚人が道路工事に用いられた。多大な犠牲をともない、北海道を中央に貫く道路が造成された。

----- 1882年の県境
―― 囚人のつくった道路
┼┼┼ 幌内鉄道

❸ 開拓使と屯田兵
▶北海道開拓

❶開拓使本庁

蝦夷地（北海道）の開拓も、政府の推し進める殖産興業政策のひとつだった。その中心として、1869年に開拓使が設置された。事業は、士族の移住、屯田兵の配置、道路・鉄道・都市の整備などで、1882年の開拓使廃止まで、巨額の資金が投入された。

❷屯田兵
北辺警備と開拓を兼ねて実施された土着兵制度で、奥羽諸藩の士族から募集された。国境警備隊・開拓農民・公安官としての役割が与えられた。道内各所にいくつもの屯田兵村がつくられた。

「北海道巡幸屯田兵御覧」（高村真夫）聖徳記念絵画館蔵

↑❸札幌麦酒醸造所 1876年設立。開拓使経営の醸造所。⇒p.279❶

● 北海道開拓とアメリカ人

←❹ケプロン（1804〜1885）アメリカ人の開拓使顧問。アメリカ式農業を導入し北海道開発の基礎を築いた。

↑❺クラーク（1826〜1886）⇒p.287

北海道の開拓は、アメリカ人によるところが大きかった。アメリカから牛や緬羊を大量に輸入したダンや、札幌農学校（北海道大学の前身）教頭として赴任したクラークがその代表である。

←❻札幌市時計台（旧札幌農学校演武場）

近現代
明治

❹ 北海道旧土人保護法―同化政策の実態

1899年に北海道旧土人保護法が制定された。アイヌを「旧土人」とし、1戸あたりに土地1万5千坪（5町歩・約5ha）以内の土地を無償給付するなど、アイヌを保護することを掲げる政策であったが、本来のアイヌの生業である狩猟・漁労を全否定するものであった。しかも、本州からの移民が肥沃な土地に入植しており、アイヌにあてがわれた土地は、多くが農耕地としては不向きな地区もあった。

法律第二十七号 北海道旧土人保護法 第一条 北海道旧土人ニシテ農業ニ従事スル者又ハ従事セムト欲スル者ニ限リ一戸ニ付土地一万五千坪以内ヲ無償下付スルコトヲ得 第二条 前条ニ依リ下付シタル土地ノ所有権ニハ左ノ制限ヲ付ス 一、相続ニ因ルノ外譲渡スコトヲ得ス

❺ アイヌ文化の継承

↑❼シマフクロウのイヨマンテ*のようす（掛川源一郎撮影）掛川源一郎は、1950年代からアイヌの人々の生活を撮り続けた。
*動物を神の国に送り返すアイヌの儀礼

提供：（公財）アイヌ民族文化財団

←❽「ゴールデンカムイとアイヌ文化展」のポスター（2016年）
冒険活劇漫画「ゴールデンカムイ」では、アイヌの少女アシリパをはじめ、アイヌ語やアイヌ文化が描かれており、関連する展示もおこなわれてアイヌ文化にふれるきっかけともなっている。また、2020年には北海道に「民族共生象徴空間」（ウポポイ）が開設し、アイヌ文化を伝えている。

©野田サトル／集英社
GOLDEN KAMUY & AINU CULTURE
ゴールデンカムイとアイヌ文化展

1 郵便事業と電信事業

→①最初の切手（1871年）
❶❸❹❺郵政博物館（東京・墨田区）蔵

→②1円切手に描かれている前島密（1835～1919）

→③初期の郵便ポスト

前島密は、飛脚制度にかわる郵便制度の発足を建議し、1871年、東京・京都・大阪間に郵便が開かれた。1873年には料金の全国均一制が実施された。前島は、現在、1円切手に描かれている。

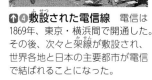

↑④敷設された電信線　電信は1869年、東京・横浜間で開通した。その後、次々と架線が敷設され、世界各地と日本の主要都市が電信で結ばれることになった。

→⑤ペリーが献上した電信機

1854年にペリーが幕府に献上したもので、多くの日本人に驚きをもたらした。

3 「円」の誕生—新貨条例制定

1868～1870年　江戸時代の貨幣制度継続
・明治二分銀、明治一分銀など ・太政官札（10両など）、民部省札（2分など）→p.251❽❾ 「両分朱」「貫文」などを用い、また幕府発行の貨幣も認めた。 貨幣制度は混乱の状況を呈した

↓

1871（明治4）年　「円」誕生、新貨条例制定
・金貨を本位（基本）貨幣とし、銀・銅貨を補助貨幣として通用させる ・「円」を基本とし「円・銭・厘」の十進法採用 （1円＝100銭＝1000厘） ・貨幣は円形の打刻貨幣とする→p.251Ⓐ

↓

1872（明治5）年　新紙幣の発行
太政官札などの既存の紙幣の回収を目的として、政府は新紙幣を発行した。1872～73年にかけて、9種類の紙幣が発行され、1876年末には、政府紙幣のほとんどが、新紙幣に統一された。

電信事業の発達

1869年	東京・横浜間で電信事業開始
1870年	大阪・横浜間開通
1871年	長崎・上海間に海底ケーブルを敷設
1873年	東京・長崎間開通
1875年	東京・札幌間開通
1877年	電話機輸入、工部省で実験。同年、実用化

【見方・考え方】
電信で培われた電気を応用した技術は電話などの技術につながっていったことを理解しよう。

明治政府は、当初、江戸時代の金銀貨や藩札をそのまま通用させた。しかし、交換比率の問題や、偽造金貨、紙幣などの横行から、通貨制度は混乱をきわめ、貨幣制度の確立が急務となった。

4 「銀行」の誕生—国立銀行条例制定

銀行名	所在地	設立年	資本金
第一国立銀行	東京	1873	250万円
第二国立銀行	横浜	1874	25万円
第三国立銀行※	（大阪）	—	—
第四国立銀行	新潟	1874	20万円
第五国立銀行	大阪	1873	50万円

📝国立銀行の番号は認可順につけられた。

※第三国立銀行は第1回株主総会が紛糾し、営業開始までに解散した。

↑⑦第一国立銀行（東京・中央区日本橋）　政府は、1872年、アメリカのナショナルバンク制度にならって国立銀行条例を制定し、これにもとづき民間銀行として「国立銀行」の設立を進めた。兌換制度の確立と殖産興業への資金供給を目的として、当初4行が設立された。1876年には、条例を改正し、設立の規制を緩和したため設立は進み、1879年までに全国で153行にのぼった。しかし、正貨兌換制を廃し、国立銀行券は不換紙幣と化した。1882年、日本銀行設立にともない、国立銀行は銀行券発行権を失い、1899年までに普通銀行に転換するなどして消滅した。

📝第一国立銀行社屋は、施主は三井組と小野組で、当時は「三井ハウス」とよばれていた。

テーマのポイント

❶資本主義育成の前提として貨幣・銀行制度の確立を図り、欧米の生産技術をモデルに、その導入に力を入れた

2 内国勧業博覧会の開催

↑⑥内国勧業博覧会　殖産興業の目的で内務省（のち農商務省）の主催で開催された産業博覧会。第1回博覧会は1877年8月から3か月間、東京の上野公園で開かれ、全国から8万5,000点もの特産品が出品された。81年の第2回、90年の第3回は上野公園、その後95年には京都の岡崎公園、1903年には大阪の天王寺公園でも開かれた。　出典：ColBase

5 政商

政商とは、明治初期、政府の強力な保護を受け自己の資本を形成した事業家である。

←⑧三井高福（1808～1885）
豪商三井家は、維新政府の官金取扱いを務め、保護を得た。三井高福は、三井銀行や三井物産を設立し、のちの三井財閥の基礎を築いた。三井文庫蔵

←⑨岩崎弥太郎（1834～1885）
土佐出身。海運事業において政府の保護を受け資本を形成した。台湾出兵、西南戦争時の政府の軍事輸送を機に、三菱財閥の基礎を築いた。→p.248❺

←⑩安田善次郎（1838～1921）
越中富山出身。両替商から身をおこし、太政官札の取扱いを務めた。安田銀行を中心に保険業も手がけ、安田財閥の基礎を築いた。

←⑪住友友純（1864～1926）
公家の徳大寺家出身。西園寺公望の実弟。大阪の住友家の養子となる。銅山、銀行経営を軌道に乗せ、住友財閥を築いた。

←⑫五代友厚（1835～1885）
薩摩出身。1868年、参与・外国事務掛就任。のち実業界に転身。大阪株式取引所を設立し、関西財界に貢献した。

←⑬渋沢栄一（1840～1931）
武蔵国出身。一橋家に仕官。1869年、民部省に入る。財政制度の確立に貢献した。実業界に転身し、第一国立銀行、大阪紡績会社など数々の会社を設立した。

1 近代貨幣制度史年表

（　）内の赤字は内閣名。

年代	事項
1868（明治元）	明治二分金、一分銀など発行
	太政官札（10両、5両、1両など）発行 ┐D
1869	民部省札（2分、1分、2朱など）発行 ┘
1871（明治4）	**新貨条例**制定…A
	金貨（20円、10円など）、銀貨（1円、50銭など）
	銅貨（1銭、1厘など）発行
	金本位制採用（貿易は銀貨であったため 実質は金銀複本位制）
1872（明治5）	明治通宝などの政府紙幣（**不換紙幣**）発行…E
	国立銀行条例制定、国立銀行設立
1873	国立銀行券（金貨兌換紙幣）発行…F
1881	松方正義（大蔵卿）による紙幣整理（不換紙幣の回収）
1882	**日本銀行**設立→p.259 4
1885（明治18）	日本銀行券（銀貨兌換紙幣）発行…G, B
	銀本位制確立
1897（明治30）	**貨幣法**制定（松方②）…C
	新金貨（20円、10円など）発行（松方②）
	金本位制確立
1899	日本銀行券（金貨兌換紙幣）発行（山県②）…H
1917（大正6）	金輸出禁止、金貨兌換停止（寺内）
	金本位制停止
1930（昭和5）	金輸出解禁、新金貨再発行、兌換再開（浜口）
	金本位制復帰
1931（昭和6）	金輸出再禁止、金貨兌換停止（犬養）
	金本位制離脱し、管理通貨制へ移行

3 金本位制 →p.280 1 , 310 2

〈日本〉　国際金融市場　〈貿易相手国〉

国内市場　金貨　金地金　金貨　国内市場

1円3 → 1円 ＝ 1ドル ← 1ドル（例：アメリカ）

兌換紙幣　　　　　　　　　　　　　兌換紙幣

1871年の新貨条例では金1.5gを1円とした。のち、1897年の貨幣法では金0.75gを1円にあらためた。よって、100円＝50ドルの為替レートが成立した。

金本位制とは、通貨の信用を金によって保証する制度。資本主義発展のため日本は、国際経済、とりわけ金融市場との連携をはかる必要があった。すでに、ヨーロッパ諸国は金を国際通貨とし、金の輸出入の自由を認めており、また、自国の通貨制度も金を本位貨幣（正貨）として、国内市場ではもっぱら兌換紙幣を用いる体制を実現していた。日本は、1897年に金本位制を確立することになった。金本位制の成立は、近代資本主義成立の象徴でもあった。

▶兌換紙幣とは、正貨（金本位制下では金）と交換が保証されている紙幣。これに対し、その保証がないのが不換紙幣。つまり、正貨の保有高（＝準備高）によって、兌換紙幣の発行額が左右されることになり、これが一国の経済規模を示す尺度ともされた。

4 近代の紙幣 ※紙幣写真は縮小。

紙幣は、不換紙幣である政府紙幣（太政官札・民部省札）の発行からはじまった。国立銀行紙幣についても、当初は金貨兌換であったが、のち不換紙幣化した。1885年の日本銀行券の発行で日本に兌換制が定着することになり、1899年には、念願の金貨兌換券の発行、あわせて金貨発行により金兌換制の確立、すなわち金本位制の確立となった。

2 近代の硬貨

〈硬貨は実物大〉

A 新貨条例による硬貨

↑①10円金貨（重量16.66g）

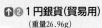
↑③1銭銅貨（重量7.13g）

↑②1円銀貨（貿易用）（重量26.96g）

←④1厘銅貨（重量0.91g）

0　　10mm

B 日本銀行券発行開始の頃（1885）の1円銀貨

↑⑤1円銀貨（重量26.96g）
1874〜1897年発行

この1円銀貨は「新1円銀貨」と称され、国内で流通した。

C 貨幣法による金貨（新金貨）

↑⑥20円金貨（重量16.66g）→p.280①

↑⑦10円金貨（重量8.33g）→p.280②

新20円金貨発行年
・1897（明治30）年〜1920（大正9）年頃
・1930（昭和5）年〜1932（昭和7）年頃

新貨条例による10円金貨と貨幣法による20円金貨が同じ重量であるのは、金1.5g＝1円から金0.75g＝1円としたことによる。すなわち、1897年以降は旧10円金貨は新20円金貨と等価というように、旧金貨幣は額面の2倍で通用するようになった。銀貨については、1円銀貨は当初は貿易専用として用いられたが、のち国内流通としても認められるものも製造されるようになった。

D 維新直後の政府紙幣

→⑧**太政官札**（左）
1868年発行
159mm×68mm

→⑨**民部省札**（右）
1869年発行
112mm×43mm

E 新貨の単位の政府紙幣

←⑩**明治通宝**（10円札）　政府は、維新直後に発行していた太政官札などの政府紙幣の回収を目的として、この紙幣を発行した。これは、当初ドイツに依頼して印刷した。1872年発行　137mm×89mm

F 国立銀行紙幣

↑⑪**国立銀行紙幣**（10円券）1873年発行　80mm×190mm

↑⑫**国立銀行紙幣の参考としたアメリカのナショナルバンク紙幣** 1864年発行　80mm×190mm

G 最初の日本銀行券

→⑬**10円券**（大黒札）
1885年発行
93mm×156mm

此券にか圓渡申也引へ銀拾相可候

H 最初の金兌換券

→⑭**5円券**
1899年発行
85mm×146mm

写真提供　日本銀行貨幣博物館（①、⑤〜⑧、⑩〜⑬）、国立印刷局　お札と切手の博物館蔵（⑨・⑭）

近現代　明治

🔷 テーマのポイント

①大都市を中心に欧米流の生活文化が流入（文明開化）
②政治思想も紹介され、自由民権運動の根拠となった

近現代
明治

1 文明開化関係年表

年代	事項
1868. 4 （慶応 4 ）	福沢諭吉、英学塾を芝に移し、**慶応義塾**と改称
1869. 6	本木昌造が活版伝習所を設立
（明 2 ） 7	政府、昌平学校を大学校と改称
1871. 8	散髪・廃刀を許可する
（明 4 ） 9	熊本洋学校が開校する
1872. 8	**学制**公布 ▣p.284 ②
（明 5 ）12	太陽暦の採用（12月 3 日を明治 6 年 1月 1 日とする） ※旧暦＝太陰太陽暦。
1874. 3	明六社が『**明六雑誌**』を創刊する
1875.11	新島襄が同志社英学校を設立
1876. 4	官庁が日曜休日、土曜半休を実施
（明 9 ） 8	札幌農学校開校
1877. 5	佐野常民らが博愛社（のち日本赤十字社）を創設
（明10）	
1882.10	大隈重信らが東京専門学校を開校

2 新しい風俗

1872年の築地・銀座・京橋付近の大火を契機に、政府は築地と新橋駅とを結ぶ道路幅を拡張し、両側に洋風建築を建設した。通りは東京の新名所となったが、裏には従来の町屋が残った。

朝野新聞社　ガス灯　鉄道馬車　人力車

❶②東京ガス ガスミュージアム（東京・小平市）蔵　❶東京の銀座通り

新文物・新制度の導入

牛鍋店登場(1867)　日曜休日制導入(1872)
自転車使用(1870)　人力車登場(1870)
西洋料理店登場(1871)　鉄道馬車登場(1882)
太陽暦使用(1872)　電灯設置(1887)
鉄道開通(1872)　映画の登場(1896)

➡②**ガス灯**　1872年に横浜で初めて設置、同年銀座にも登場した。現在のような自動点火ではなく、夕刻になると 1 本ずつ火をともしていった。

3 おもな啓蒙思想家 ➡p.282① 　赤字の人物は明六社のメンバー。

思想家	年代	訳著書	内容
福沢諭吉 (1834～1901)	1866～70	『**西洋事情**』	欧米諸国の紹介書。欧米滞在中の見聞資料や外国書をもとに著述
	1872～76 ▣	『**学問のすゝめ**』	一身の独立には学問を身につけることが必要であることを説く
	1875	『**文明論之概略**』	個人や国家の独立には、西洋文明の摂取が必要であると説く
中村正直 (1832～91)	1871	『**西国立志編**』	スマイルズの「Self Help」（自助論）を翻訳
	1872	『**自由之理**』	ミルの「On Liberty」（自由論）を翻訳
加藤弘之 (1836～1916)	1870	『**真政大意**』	天賦人権論を背景として、政治のあり方を説いたもの
	1882	『**人権新説**』	進化論思想により天賦人権論を否定
西周	1868	『**万国公法**』	近代国際法の初学者向けの翻訳
植木枝盛 ➡p.259①,264⑦	1879	『**民権自由論**』	民衆のためにやさしい民権思想を説いた
中江兆民 ➡p.264🔴	1882	『**民約訳解**』	ルソーの『社会契約論』の一部を漢訳したもの
馬場辰猪 (1850～88)	1883	『**天賦人権論**』	加藤弘之の『人権新説』を批判したもの
田口卯吉 (1855～1905)	1877～82	『**日本開化小史**』	自由主義経済論によって著述された日本通史

↑③**牛鍋**（仮名垣魯文『安愚楽鍋』）

◀④**福沢諭吉**
慶応義塾を創設して人材育成に努めるとともに、さまざまな西洋思想の紹介をおこなった。また、**明六社**の同人として、社会の実利実益などを主張。➡p.266🔴

◀⑤**『明六雑誌』**　啓蒙活動思想家たちが集まる、明六社の雑誌。

明六社
・1873（明治 6 ）年結成
・森有礼（社長）、福沢諭吉、加藤弘之、中村正直、西周ら
・機関誌『明六雑誌』
・1875年、讒謗律・新聞紙条例の制定にともない雑誌廃刊。事実上解散

↑⑦破壊された仁王像

↑⑥**廃仏毀釈**（横河秋涛『開化の入口』）　新政府は**神道国教化**の方針をとり、1868年、**神仏分離令**を出した。これを背景に、神官の指導する**廃仏毀釈**の運動が各地で強行され、全国で多くの寺院が廃寺となった。現在でも、首なし地蔵など廃仏毀釈の傷跡が残っている寺院もある。➡p.337② (1945.12.15)

4 宗教界の変遷

1868	**キリスト教禁制**（五榜の掲示）キリスト教徒弾圧（浦上教徒弾圧事件、～73）**神仏分離令**。神仏習合の風習否定、**廃仏毀釈**運動おこる**神祇官**設置（太政官内）
1869	神祇官独立宣教使設置（～72）※
1870	**大教宣布の詔**
1871	神祇省設置（～72）
1872	教部省設置。大教院の設置
1873	**キリスト教禁制の高札撤廃**
1875	信教自由保護の通達
1876	教派神道の黒住教承認、以後12派が認められる
1877	教部省廃止。神祇偏重の宗教統制第一段落
1889	**大日本帝国憲法発布**（条件つきで信教の自由を認める）
1891	**内村鑑三不敬事件**。国家主義者などの仏教徒・キリスト教徒に対する攻撃激化

＊神仏分離令は、王政復古・祭政一致の理念にもとづいて神仏習合を禁止し、神社からの仏教色の排除を命じたもの。大教宣布の詔で、祭政一致のための神道国教化を表明した。

❶ 新聞の変遷

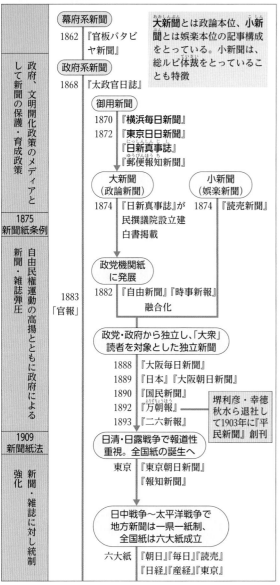

政府、文明開化政策のメディアとして新聞の保護・育成政策

幕府系新聞
1862　『官板バタビヤ新聞』

政府系新聞
1868　『太政官日誌』

御用新聞
1870　『横浜毎日新聞』
1872　『東京日日新聞』 　　　『日新真事誌』 　　　『郵便報知新聞』

大新聞とは政論本位、**小新聞**とは娯楽本位の記事構成をとっている。小新聞は、総ルビ体裁をとっていることも特徴

大新聞 （政論新聞）	小新聞 （娯楽新聞）
1874　『日新真事誌』が 民撰議院設立建 白書掲載	1874　『読売新聞』

1875 新聞紙条例

政党機関紙 に発展
1882　『自由新聞』『時事新報』 融合化

1883「官報」

自由民権運動の高揚とともに政府による新聞・雑誌弾圧

政党・政府から独立し、「大衆」 読者を対象とした独立新聞
1888　『大阪毎日新聞』
1889　『日本』『大阪朝日新聞』
1890　『国民新聞』
1892　『万朝報』
1893　『二六新報』

堺利彦・幸徳秋水ら退社して1903年に『平民新聞』創刊

日清・日露戦争で報道性 重視。全国紙の誕生へ
東京　『東京朝日新聞』 　　　『報知新聞』

1909 新聞紙法

新聞・雑誌に対し統制強化

日中戦争～太平洋戦争で 地方新聞は一県一紙制、 全国紙は六大紙成立
六大紙　『朝日』『毎日』『読売』 『日経』『産経』『東京』

❷ 新聞の誕生

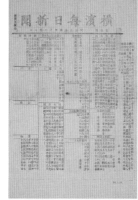

←❶横浜毎日新聞（1870年創刊）　日本最初の日刊邦字新聞。それまでの新聞は和紙数枚を綴じた冊子の体裁であったが、これは現在のような洋紙1枚（44×29cm）に両面印刷したものだった。

→❷本木昌造が発明した鉛製活字　諏訪神社（長崎市）蔵

❶明治以降、印刷技術の発達にともなって、新聞・雑誌が発達した
❷新聞は、戦争報道により全国紙へと成長した
❸雑誌は、大衆文化の発展とともに成長した

❸ 新聞の普及と発達

❶主要新聞の社主・主筆の似顔絵入りカタログ（明治20年代後半）　東京大学法学部明治新聞雑誌文庫蔵

❶**東京日日新聞**　1877年より福地源一郎が主筆兼社主
❷**朝野新聞**　政論新聞。自由党、立憲改進党双方の論調掲載
❸**郵便報知新聞**　立憲改進党の機関紙
❹**万朝報**　黒岩涙香が創刊。明治30年代、日露対立に際し、反戦論から主戦論へ論調転換
❺**読売新聞**　代表的小新聞
❻**朝日新聞**　大阪で創刊。1889年に東京進出
❼**時事新報**　福沢諭吉が創刊
❽**毎日新聞**　横浜毎日新聞の後身　＊現在の「毎日新聞」とは別個のもの。

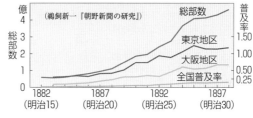

● 新聞・雑誌の年間総部数と戸別普及率

（鵜飼新一『朝野新聞の研究』）

総部数　総数　東京地区　大阪地区　全国普及率　普及率

1882（明治15）　1887（明治20）　1892（明治25）　1897（明治30）

新聞の購読料（1か月、1881年）

東京日日新聞	85銭＊
朝野新聞	60銭
読売新聞	33銭
郵便報知新聞	83銭

※小学校教員の初任給（1886年）　5円
＊（100銭＝1円）

❹ 雑誌の変遷

＊「トバエ」とは、江戸時代の「漫画」を意味する「鳥羽絵」に由来する。

西洋思想啓蒙雑誌
1874　『明六雑誌』

風刺雑誌
1877　『団団珍聞』

	総合雑誌
	1880　『六合雑誌』
1887　『トバエ』＊	1887　『国民之友』
	1888　『日本人』
	1895　『太陽』
1905　『東京パック』	1899　『中央公論』
	1919　『改造』 　　　『社会問題研究』

↑❹『東京パック』

大正・昭和初期 各種大衆雑誌創刊
1916　『婦人公論』
1917　『主婦之友』
1922　『サンデー毎日』 　　　『週刊朝日』
1925　『キング』 　　　『家の光』

❺ 風刺雑誌

↑❺『団団珍聞』（1877年創刊）
本格的な滑稽風刺雑誌。誌名は、筆禍を恐れて使われた伏字の○○を皮肉ってつけられた。最盛期の発行部数は、約1万5,000で、1907年に廃刊。
東京大学法学部明治新聞雑誌文庫蔵

↑❻『トバエ』（1887年創刊）　ビゴーは、『トバエ』のなかで、明治政府の政治家などを風刺している。彼がもっとも多く取り上げているのは、伊藤博文である。上の絵は、建築中の国会議事堂の天井画の候補として伊藤博文を提案している。反対勢力を次々に懐柔している伊藤を皮肉っている。

→❼ビゴー（1860～1927）　フランス人。1882年に来日し、陸軍士官学校の画学教師をつとめた。その後、新聞や雑誌に風刺漫画を発表した。

■ テーマのポイント

1 日本の外交課題は、欧米諸国との不平等条約改正、中国・朝鮮との国交樹立、国境の確定であった

■ 岩倉使節団の行路

▶岩倉使節団

横浜 1871.11.12(旧暦)出発
(太陽暦 1871.12.23)
1873.9.13 帰着

- ❶ワシントン
- ❷ロンドン
- ❸エディンバラ
- ❹パリ
- ❺ブリュッセル
- ❻ハーグ
- ❼ベルリン
- ❽ペテルブルク
- ❾コペンハーゲン
- ❿ストックホルム
- ⓫ローマ
- ⓬ウィーン
- ⓭ベルン
- ⓮ジュネーヴ

サンフランシスコ 1872.1.15着
ボストン 1872.8.6着
マルセイユ 1873.7.20発
ナポリ
リヨン
ポートサイド
アデン 1873.8.1着
ゴール 1873.8.9着
シンガポール 1873.8.18着
サイゴン
香港
上海
長崎
神戸

安政の五カ国条約地で、1872年から条約改正の交渉ができることになっていた。

日付は太陽暦

■ 1 岩倉使節団の派遣

(1871.11~1873.9) (旧暦) (太陽暦)

岩倉具視を団長とする46名の使節と随員18名、留学生(●p.255)43名の大使節団が派遣された。目的の条約改正の予備交渉は成功しなかったが、使節団の人々は欧米のすすんだ文化をまのあたりにして帰国した。

見方・考え方
服装や髪形に着目してみよう。

山口尚芳 32歳(外務少輔)
伊藤博文 30歳(工部大輔)
木戸孝允 38歳(参議)
岩倉具視 46歳(右大臣)
大久保利通 41歳(大蔵卿)

➡❶岩倉使節団(1872年1月15日、サンフランシスコにて)

■ 2 明治初期の外交

■ 日朝間の外交 ●p.192 3, 274

年代	事 項
1870.10	朝鮮に国交を求め拒絶される →朝鮮への非難高まる(征韓論)
1873.8 (明6) 9	閣議で西郷隆盛の朝鮮派遣決定* 岩倉使節団帰国、「征韓論争」
10	朝鮮遣使を無期延期 (征韓派敗北、西郷ら下野)
1875.5 (明8) 9	軍艦雲揚が釜山に入港し威嚇 江華島事件(雲揚と江華島守備兵交戦)
12	黒田清隆を朝鮮に派遣
1876.2 (明9) 8	日朝修好条規調印 日本、無関税特権の獲得

*西郷は即時出兵に同意せず、みずから使節として派遣されることを主張した。

征韓論争　日朝外交交渉において、朝鮮への使節派遣を決めた西郷・板垣らに対し、内治優先の立場をとる岩倉・大久保らとの政治的主導権をめぐる対立。

史料

日朝修好条規图
第一款　朝鮮国ハ自主ノ邦ニシテ日本国ト平等ノ権ヲ保有セリ。

■ 日露間の外交

ロシアは、1860年に清から沿海州を獲得し、樺太経営に力を入れていた。一方、日本は北海道開拓を優先課題とし、樺太経営は財政的に困難となった。1875年、駐露公使榎本武揚と外相ゴルチャコフとの間で樺太・千島交換条約が調印された。

←❹榎本武揚 ●p.243 ⓫

樺太・千島交換条約(1875.5)
①樺太をロシア領土とする
②占守島から得撫島までの18島を日本の領土とする

1875年5月 樺太・千島交換条約による国境

カムチャツカ半島
占守島
得撫島
択捉島
国後島
色丹島
歯舞群島
樺太(サハリン)

日露和親条約により、日本とロシア両国民の雑居地

ロシア
沿海州 1860

日露和親条約による国境
(1854年12月〈陰暦〉)
※太陽暦1855年2月

清

↑❷黒田清隆 ●p.243 ⓬, 261

江華島事件
草芝鎮砲台
江華島
漢城(インチョン)
永宗鎮砲台
仁川(インチョン)
0 20km

日朝修好条規(1876.2)
日本に有利な不平等条約
①釜山、仁川、元山の開港
②日本の領事裁判権承認。その後日本は関税免除の特権を獲得した

北京
平壌
元山1880
漢城
仁川1883
釜山1876

● 日朝修好条規
による開港場

朝鮮

日本

■ 小笠原諸島領有

1593年、小笠原貞頼が発見したとされる小笠原諸島は「無人島」と称されていた。1827年にイギリスが領有を宣言して以後、アメリカも帰属を主張した。幕府は、1861年に現地調査をおこない、日本の領有を主張した。1876年、明治政府は、米・英など諸国に領有権を通告した。

●p.222

伊豆諸島
八丈島
小笠原諸島
父島
母島
南鳥島

■ 日清間の外交

年代	事 項
1871.7	日清修好条規調印(対等条約)
12	台湾で琉球漂流民殺害事件(54人)
1873.3	日清間での外交交渉実施(~6月)
1874.2	閣議で台湾出兵決定
4	参議木戸孝允、台湾出兵に反対し下野
5	台湾出兵(西郷従道主導)
10	日清両国間互換条款を調印

日清両国間互換条款(1874.10)
①清は日本軍の台湾出兵を「義挙」(正義の行為)と認める
②清は日本軍の撤兵を条件に日本に賠償金50万両を支払う

↑❸西郷従道(1843~1902)

明治政府は、日中両属の形態にあった琉球を日本の領土に確定していく方針をもっていた。1871年、琉球民が清の統治領の台湾に漂着し原住民に殺される事件がおこった。事件の処理をめぐる外交交渉で、清は台湾・琉球を清の領土につき殺害事件は国内問題にすぎないと主張しながらも、台湾原住民を「化外の民(統治のおよばないところの人々)」といい、事件の責任を回避する態度をとった。1874年、日本は台湾出兵にふみきった。

■ 日本軍の侵入
枋寮
社寮
社寮社
竹社
牡丹社
車城
八瑤湾
八瑤社
台湾
1871.11 琉球民漂着
1874.5 社寮港上陸
0 20km
台湾出兵

■ 琉球との関係 ●p.256

奄美大島
琉球諸島
沖縄島
宮古島
石垣島
硫黄島

年代	事 項
1871.7	琉球王国を鹿児島県に編入
1872.9	琉球藩設置、藩王尚泰
1874	琉球、清に進貢船派遣
1875.7	松田道之(内務大丞)、琉球藩に清との関係断絶を令達
1879.3	首里城接収
4	琉球藩を廃し、沖縄県設置(琉球処分)
5	尚泰、東京移住

日本による琉球の併合(琉球処分)を清は正式には承認しなかった。琉球帰属問題は結局、日清戦争によって、事実上、日本への帰属が確定し解消した。

薩南諸島

一言かわら版 山川捨松　岩倉使節団の5人の女子留学生のひとり。捨松ははじめ咲子といったが、留学に際して、母が「捨てたつもりで待つ」という意味から捨松と改名した。

幕末・明治の人々はどのように英語を学んだのだろうか。

当時の日本人はどのように語学を習得していったのだろうか。通詞や漂流民、留学生などの例を通して考えてみよう。

1 「英語」への関心 −その契機

1808年8月、フェートン号がオランダ船を装って長崎湾に侵入し、応対したオランダ商館員に抜刀し、拉致した。艦長ペリューは長崎奉行に食料、薪を要求した。長崎奉行は対応に苦慮し、やむなく要求をのみ、その2日後にフェートン号は長崎を出帆した。

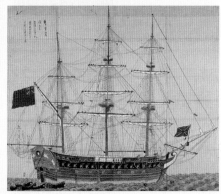
「崎陽録」長崎歴史文化博物館蔵

←❶フェートン号 イギリス船フェートン号は、長崎湾に侵入する際、国旗をオランダ旗にさしかえた。

当時、フランス皇帝ナポレオンは、隣国オランダを占領していた。イギリスは、フランスと敵対していたため、オランダ船を襲撃するに至った。

2 オランダ通詞のはたらき

フェートン号事件の翌年の1809年、幕府は、オランダ通詞*6人に英語の習得を命じた。幕府は国際情勢におけるイギリスやアメリカの存在感が増していることを感じていたものと思われる。日本で初めて英和辞典を編纂した本木庄左衛門（6人の通詞の一人）や、1854年のペリー来航に際し通訳をつとめた森山栄之助らは、日本にいながらにして驚異的な英語力を習得した。その学習法の中心は素読（音読）で、出島のオランダ人からも指導を受けた。

*長崎奉行所所属のオランダ語の通訳官。中国語通訳官は通事とよばれた。

→❷本木庄左衛門 (1767～1822)（シーボルト著『日本』）

↑❸『諳厄利亜語林大成』 (1814年) 本木が編纂した英和辞典。

3 日本人漂流民の英語力−アメリカ人社会のなかでの英語習得

中濱万次郎は14歳のとき、出漁中に遭難し、アメリカ捕鯨船に救助された。船長のホイットフィールドは万次郎をアメリカに迎え、万次郎は船長の養子となり通学の機会も与えられ、海学、測量学を学んだ。1850年に帰国して土佐藩に出仕し、このころ『英米対話捷径』を刊行した。1860年には、遣米使節団の通訳官として咸臨丸（●p.238❻）で渡米した。万次郎の英語習得法において特徴的な点は、実際の発音を伝えようとしたことにある。

↑❹中濱万次郎(1827/28～1898) ジョン万次郎として知られる。土佐出身。

→❺『英米対話捷径』 万次郎著。英語の発音をカタカナで示す。

善き 日で ござる
Good day Sir.
（グーリ・デイ・シヤァー）

あなた みゆる はなはだ こころよく
You look very well.
（ユー・ロック・ウエレ・ウワイル）

万次郎がアメリカで通学したのは、わずか2年半であった。万次郎の英語力は、アメリカ滞在中に知り合った多くのアメリカ人たちとの異文化交流と、働くなかで体感した結果身についたもので、書物からというより体で身につけた英語力であった。

4 明治政府の英語政策

1872年の学制（●p.284）によって近代学校制度が創設され、小学校が設置された。当初は、初等教育において英語指導が盛り込まれていた。

↓❻小学校用の英語教科書 足羽県（現、福井県）で作成されたもの。

←❼森有礼 (1847～1889) 薩摩出身。明六社初代社長。文部大臣。英語が支配的な世界になっていることをふまえて、国家の体制を維持するために英語を公用語にすべきことを主張した。「英語民族の勢力に伍していくため、西洋の学問から果実を得るためには国語を英語とすべきである」と述べた。

5 女子留学生

1871年、岩倉使節団（●p.254）とともに5人の女子留学生が派遣された。津田梅子（●p.286❻）は、6歳で日本を出発し、10年にわたりアメリカでの生活を送った。梅子は読書欲が旺盛で、滞在先のランマン家で蔵書を片っ端から読み漁ったといわれる。

↓❽女子留学生たち（1872年撮影）
津田塾大学（東京・小平市）蔵
①永井繁子（11歳） ②上田悌子（17歳）
③吉益亮子（15歳） ④津田梅子（7歳）
⑤山川捨松（12歳）●p.286❼

6 福沢諭吉と語学

福沢諭吉（●p.252❹）は、適塾（●p.231❺）でのオランダ語習得の手順を『福翁自伝』に記している。まず原書の素読、次に講釈（解釈）の講義を受ける。集団で講読しあい、しめくくりに指導者に訳の出来を評価してもらう会読（●p.231❸）をおこなう手順で学んだ。また、英語の重要性も説いている。

福沢の語学習得の方法
①非常に多くの分量を音読すること
②短文を訳すこと
③興味を覚えた問題で作文を書き、これを写すこと

史料 我国普通の洋学は英語に帰すべし

目下東洋の貿易に関係の最も洪大なるものは何れの国民なるやと尋るに、英国人民と答へざる者はなかるべし。之に次ぐは米国人にして、而してこの英米の両国は言文を同うし、その国語は数百年来世界中の貿易国に通用して、およそ地球上船舶の至るところに英語の行はざれる地なし。……されば前に云へるごとく我日本も東洋の一国にして、今後の目的貿易を以って国を起すべきものと覚悟するときは、後進の輩が洋学に従事するにあたって、身の為にもまた国の為にもまず勉むべきものは英語の外にあるべからず……

（『時事新報』一八八三年十二月二十六日）

見方・考え方
「脱亜論」（●p.266）とあわせて、福沢の対外認識を考えてみよう。

探Q
●中濱万次郎や福沢諭吉の語学習得の方法を見て、現在でも効果的か考えてみよう。
●森有礼など、英語を国語にしようとした動きの背景にはどのような考えがあったのだろうか。

近現代

明治

1 琉球王国の開国

↑❶ペリーの琉球への来航 1853年、ペリー率いる艦隊は日本の浦賀来航に先立って那覇港に寄港し、尚泰との会見を求めた。翌年ペリーは再び琉球に来航し、その後江戸へ向かった。その帰路、またも那覇に入り琉米修好条約締結を強行した。これを機に琉球はフランスやオランダとも同様の修好条約を結んだ。これらの条約はすべて領事裁判制度などを盛り込んだ不平等条約であった。

2 近代の琉球（沖縄）関係年表

年代	事　項
1848	尚泰即位（当時、琉球は日中両属）
1853	ペリー来琉
1854	ペリー、2度目の来航。琉米修好条約締結
1871	廃藩置県の詔で琉球王国は鹿児島県の管轄となる。**日清修好条規**締結（**日中両属関係続く**）。琉球王国宮古島の島民が台湾（清領）で殺害される
1872	**明治政府、琉球藩を設置。**尚泰を藩王に任命（日中両属関係ゆらぐ）●p.254 ❷
1874	**台湾出兵**（明治政府が琉球の日本帰属を表明）
1879 (明12)	琉球から清への最後の進貢船を派遣 明治政府、琉球の廃藩置県強行（**琉球処分**）。**琉球王国滅亡**（清は認めず）●p.254 ❷ 旧慣温存政策を県政の基本方針とする 日中間の外交交渉開始。分島・改約案→廃案
1891	謝花昇、沖縄県技師に任命される
1892	奈良原繁、沖縄県知事着任 宮古島で人頭税廃止運動おこる
1894	謝花昇、開墾政策めぐり奈良原知事と対立
1898	土地整理事業（地租改正）開始 謝花昇、上京して奈良原の免官を訴える 沖縄県に徴兵令施行
1899 (明32)	謝花昇、『沖縄時論』発行 沖縄県第1回ハワイ移民130名渡航。以後、マニラ111名、メキシコ210名など渡航
1903	人頭税廃止
1909	府県制実施（制限付） 沖縄県、初の県会議員選挙
1910	この頃中南米、東南アジアへの移民増加
1911	**伊波普猷**の論文集『**古琉球**』刊行
1912	衆議院議員選挙法施行。沖縄県、初の衆議院議員選挙。太田朝敷・伊波普猷ら沖縄青年倶楽部設立
1921 (大10)	黒糖の相場大暴落（～1920年代） この頃、他府県への出稼ぎ急増。県内では食料不足から、飢餓状態（ソテツ地獄）
1940	柳宗悦による方言論争はじまる
1944	那覇など大空襲
1945	**沖縄戦**●p.330
1972	**沖縄の日本復帰**●p.353

近現代

明治

3 近代の琉球（沖縄）関係地図

▶日本の琉球処分強行に対し、清は厳しく非難し、明治政府は清との外交交渉に入った。その結果、分島・改約案が清へ提示された（1879年）。それは、八重山・宮古の先島を清に割譲するかわりに、日清修好条規を改正して清との内地の通商などの利権を獲得しようとする内容だった。背景には、米前大統領のグラントの勧めもあった。しかし、交渉は難航をきわめ、結局廃案となった（1880年）。

鹿児島県
屋久島
種子島
奄美大島
沖縄諸島
徳之島
沖永良部島
与論島
久米島
尖閣諸島
先島諸島
八重山列島
沖縄島
西表島
宮古島
石垣島

―― **日本の提案した国境**
（沖縄諸島以北を日本領土とする。宮古・八重山諸島を中国領土とする）

‥‥ **清の提案した国境**
（奄美群島以北を日本領土とする。沖縄諸島を独立させ琉球王国を復活させる。宮古・八重山は中国領土とする）

↑❷尚泰（1843～1901）
第19代琉球王。5歳で王位を継いだ。1872年、琉球王国が琉球藩となり王位を奪われた尚泰は、その後琉球藩王、華族としての生涯を送った。1879年、明治政府は尚泰に、首里城を明け渡し、尚泰を東京に移住させ、王府を解体することを伝えた。政府は500名の軍隊で首里城を接収し、沖縄県の設置が宣言された。

4 沖縄県政

● 旧慣温存政策

明治政府は、本土とは異なる琉球の社会を統治するにあたって、社会の秩序の混乱を防ぐ目的から、王国時代の土地租税（人頭税）などの制度をそのまま引き継ぐ方針をとった。旧王族・士族などには優遇措置（経済的保障）や、授産資金の貸付けなどの施策を講じた。農民層は不満をつのらせていった。

→❸琉球の旧士族たち
❶❸❾那覇市歴史博物館蔵

● 同化政策・近代教育の推進

政府は教育と勧業に力を入れた。王国時代の学校は地方官吏養成を目的とするもので、本土の寺子屋に匹敵する庶民の教育機関はなかった。明治政府は琉球人を日本人として帰属化していくため、本土なみの近代公教育の必要性を感じた。しかし、小学校の就学率は本土に比べて低く、同化教育は難航した。小学校就学率は1887年で約6.8％、1893年で約19.9％、1896年で約31.5％だった。

↑❹標準語習得のためのテキスト『沖縄対話』

5 沖縄の自由民権運動

農家に生まれた謝花昇は、県費留学生として帝国大学農科大学を卒業。沖縄で官職に就いたが、薩摩閥の県知事の圧政に反対して辞職。その後、沖縄倶楽部を結成して、沖縄県会の設置、沖縄県民の参政権獲得などを求めて、運動を展開した。

↑❺謝花昇
（1865～1908）

6 海外への移民

←❻ハワイへの移民 1899年にはじめての沖縄からの移民がハワイに渡った。移民先は、ハワイのほか、メキシコ・ブラジル・カナダなどで、また、出稼ぎとして本土に渡った人も多かった。●p.275

7 ソテツ地獄

第一次世界大戦後、日本は深刻な戦後不況に陥った。沖縄における状況は本土以上に深刻で、特産の黒糖の価格が暴落し、生産費もまかなえず、庶民は飢餓状態に陥った。飢えをしのぐために、有毒成分を含むソテツの幹や実を食べていた人もいた。この悲惨な状況は「ソテツ地獄」と名づけられた。

→❼ソテツ

＊サイカシンという有毒成分を含み、処理をしないと死ぬこともある。

8 沖縄文化の継承

沖縄の人々にとって、近代化とは日本の文化に同化することであった。これに対し、沖縄文化を再評価したのが、伊波普猷である。那覇に生まれた伊波は、東京帝国大学在学中に恩師から『おもろさうし』（●p.156 ❹）の資料を譲り受けて沖縄学の研究を本格化し、のち、「沖縄学の父」とよばれた。代表作に『古琉球』がある。

↑❽伊波普猷
（1876～1947）

→❾『古琉球』
（1911年刊）

新政府の政策に不満をもった人々はどのように行動したのだろう

❶ 士族・農民による新政府への抵抗

年代	月	政府への抵抗	月	政府施策
1872			8	学制制定
1873 (明6)		この年一揆多発	1	徴兵令布告
		徴兵令反対一揆（血税一揆）	7	地租改正条例制定
	5	北条県、徴兵反対一揆	9	岩倉使節団帰国
		学制反対一揆	10	明治六年の政変　大久保利通の政権成立
1874 (明7)	1	板垣、後藤、副島、江藤ら愛国公党結成		
		民撰議院設立建白書　提出 →立法府の左院へ		
	2	佐賀の乱　江藤新平	5	台湾出兵
	6	西郷、鹿児島に私学校設立		
	8	酒田県、わっぱ騒動		
		この年地租改正反対一揆多発		
1875			9	江華島事件
1876 (明9)			3	廃刀令
			8	秩禄処分決定　家禄全廃　金禄公債証書発行条例制定
	10	敬神党の乱　太田黒伴雄 ← 熊本鎮台兵鎮圧		
	10	秋月の乱　宮崎車之助 ← 熊本鎮台兵鎮圧		
	10	萩の乱　前原一誠 ← 広島鎮台兵鎮圧		
	11	茨城県真壁郡から地租改正反対一揆		
	12	三重県飯野郡から地租改正反対一揆	12	大久保利通の地租軽減建議
1877 (明10)			1	地租引き下げ　3％から2.5%に
	1	西南戦争　西郷隆盛　私学校生徒 ← 谷干城（熊本鎮台）山県有朋、黒田清隆（政府軍）		
	9			
1878 (明11)	5	大久保利通暗殺（石川県士族島田一郎による）		

❷ おもな農民一揆と士族反乱

- ○ おもな士族の反乱地
- ■・農民一揆の発生地（1868〜99）
- ▨ 農民一揆
- ▨ 士族反乱

信濃川堀割反対 1872
新潟県蒲原郡の農民が信濃川分水工事の過重負担に対し、県庁に強訴。

わっぱ騒動 1874
酒田県（1876から山形県）でおこった農民一揆。1万人が参加し、県令三島通庸によって弾圧された。「わっぱ」とは弁当箱のことで、これで配分できるくらいの過納租税の返還金があるという意味。

敬神党（神風連）の乱 1876.10
太田黒伴雄を中心とし、熊本県士族が廃刀令に反対し、約190名が熊本鎮台を襲い、司令官や県令を殺害。

佐賀の乱 1874.2〜3
征韓論に敗れて下野した前参議・司法卿の江藤新平が郷里で征韓党に迎えられ、攘夷征韓を主張し挙兵。反対士族は約12,000名。

萩の乱 1876.10〜11
前参議の前原一誠を中心とて、山口県士族数百名が挙兵。県庁に向かったが広島鎮台兵がこれを鎮圧。

秋月の乱 1876.10〜11
宮崎車之助ら旧秋月藩士約230名が、敬神党の乱に呼応し挙兵。熊本鎮台兵が鎮圧。

徴兵令反対一揆 1873
北条県（1876から岡山県）で数万人が参加した大規模な血税一揆。

地租改正反対一揆 1876
→p.247 ⑤

西南戦争 1877.1〜9
鹿児島県の私学校生徒を中心に、不平士族らが西郷隆盛を擁して挙兵。西郷軍全体（私学校、協力諸隊）約3万人、これに対し、政府軍（陸・海軍）は約6万人が動員され、約8か月の戦いのなか、西郷は自刃した。
＊私学校とは、西郷下野に呼応して、鹿児島に帰郷した士族が設けた軍事訓練中心の学校のこと。

↓❶わっぱ

近現代
明治

❸ 西南戦争

◀❷西郷軍の熊本城攻撃
1877年2月、西郷軍は、熊本鎮台司令官・谷干城が率いる政府軍の拠点の熊本城を攻めた。2か月の戦いの結果、西郷軍は敗退した。

＊奥で燃えているのが熊本城。
「西南役熊本籠城」（近藤樵仙）聖徳記念絵画館蔵

● 西南戦争関連地図

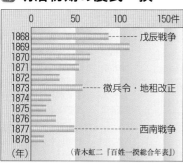

0　50km

田原坂 2.25〜3.20
吉次峠
高瀬
山鹿
植木
熊本 2.22〜4.15
浜町
三田井
八代
日奈久
人吉
水俣
江代
横川
都城
鹿児島
志布志
福岡
久留米
大分
竹田
臼杵
佐伯
長井 8.14〜8.19
延岡
可愛岳
高鍋
佐土原
宮崎
飫肥
福島

西郷軍出撃開始 2.14
西郷、城山で自刃 9.24

数字は月・日

- ■ 西郷軍本営
- ● 鹿児島県以外の呼応決起発生地
- → 政府軍の進路
- ← 西郷隆盛の脱出路
- ― 西郷最大進出線

プロフィール

幕末維新の英雄
西郷隆盛 鹿児島県出身 1827〜77

西郷隆盛は、維新第一の功臣として、新政府に参画したが、明治六年の政変で下野した。西郷は人望が厚く、多くの元薩摩藩士も西郷を慕い、鹿児島に帰った。これが西南戦争の遠因ともなった。鹿児島に帰郷した西郷は山野を狩猟して歩くことを最大の楽しみとしていた。西南戦争勃発時も猟に出ており、知らせを聞いて「しまった」と言ったという。→p.240 ⑥

→❸西郷隆盛 鹿児島県歴史・美術センター黎明館蔵

❹ 明治初期の農民一揆

（年）	0	50	100	150件
1868				戊辰戦争
1869				
1870				
1871				
1872				
1873				徴兵令・地租改正
1874				
1875				
1876				
1877				西南戦争
1878				

新政府に対して、年貢減免や村役人交替を求める世直し騒動が1868〜70年頃をピークに廃藩置県(1871)まで続いた。これ以後、新政府の諸政策に対しての新政府反対一揆が続発した。

（青木虹二『百姓一揆総合年表』）

●テーマのポイント

❶立憲政治の実現を目標とする言論による政治運動(自由民権運動)がはじまり、これは士族・豪農・都市知識人らによって主導された
❷藩閥政府は「懐柔」と「弾圧」の方針で対処した

❷ 民撰議院設立の建白書

征韓論で下野した板垣退助らは、薩長の政治家に独占された政府を批判し、国内政治の改革をめざし、民撰議院、すなわち国会の設立を主張した。建白の署名者は8名で、藩閥の反主流の旧土佐、肥前藩出身者が中心だった。

史料

民撰議院設立の建白書 史

臣等伏シテ方今政権ノ帰スル所ヲ察スルニ、上帝室ニ在ラズ、下人民ニ在ラズ、而独リ有司ニ帰ス。……臣等愛国ノ情自ラ已ム能ハズ、乃チ之ヲ振救スルノ道ヲ講求スルニ、唯天下ノ公議ヲ張ルニ在ルノミ。天下ノ公議ヲ張ルハ民撰議院ヲ立ルニ在ルノミ。①……

❶ 自由民権運動関係年表

年	担い手	月	自由民権運動 ➡p.260❶	月	政府の動向
1873 (明6)				10	**明治六年の政変** ➡p.254❷、257❶ 西郷隆盛、副島種臣、 後藤象二郎、板垣退助、 江藤新平ら辞職
1874 (明7)	Ⓐ士族（士族民権）	1	愛国公党設立(板垣、後藤ら) 民撰議院設立の建白書を提出 史 ➡		左院へ
1875 (明8)		4 2	高知に立志社設立(板垣、片岡健吉) 大阪で愛国社設立(板垣)	3 2	政府、佐賀の乱を鎮圧 **大阪会議**→板垣と木戸孝允、参議復帰
			懐柔	4	漸次立憲政体樹立の詔
				4	元老院、大審院設置
				6	第1回地方官会議
			弾圧	6	讒謗律 史・新聞紙条例 史制定
				9	出版条例改正
1877 (明10)		6	立志社建白、国会開設要求	1 9	地租軽減(2.5%) 政府、西南戦争を鎮圧
1878		9	大阪で愛国社再興大会	5 7	大久保利通暗殺 地方制度に関する**三新法**制定(郡区町村編制法、府県会規則、地方税規則)
1880 (明13)	Ⓑ豪農や士族（豪農民権）	3 4	第4回愛国社大会で**国会期成同盟**結成 国会開設の上願書提出(片岡ら) ➡		太政官、元老院不受理
			弾圧	4	集会条例制定 史
1881 (明14)				3	参議・大隈重信 国会即時開設論 政党内閣制の憲法論　対立　参議・伊藤博文 国会開設時期尚早論 欽定憲法論
			私擬憲法(憲法私案)の発表相つぐ ➡p.259❶	7	開拓使官有物払下げ事件
		10	自由党結成(板垣)➡p.259❷	10	○開拓使官有物払下げ中止 ○大隈重信罷免 ○国会開設の勅諭 史 明治十四年の政変
			下野		
1882 (明15)	Ⓒ困窮農民・自由党員（農民民権）	3 4 11	立憲改進党結成(大隈)➡p.259❷ 板垣遭難　弾圧 福島事件(～12月)➡p.260❶　懐柔	3 6 11 11	立憲帝政党結成(福地源一郎)➡p.259❷ 集会条例改正 板垣と後藤の西欧外遊を援助 鹿鳴館完成➡p.265❶
1883 1884 (明17)		3 5 9 10 12 12	高田事件 群馬事件 加波山事件　自由党解党 秩父事件➡p.260❶ 名古屋事件　立憲改進党 飯田事件　大隈離党	11 3 7 12	制度取調局設置 華族令 朝鮮で甲申事変(金玉均)➡p.266❶
1885 1886	Ⓓ民権運動再統一（大同団結運動）	11 6	大阪事件(大井憲太郎ら) 静岡事件	12	内閣制度創設
(明19)		10	大同団結運動(旧自由党の星亨や後藤象二郎中心。自由民権派の再結集をよびかける)		●この頃、鹿鳴館で舞踏会開催(欧化政策)➡p.265❷
1887 (明20)		10	三大事件建白運動　批判 (言論集会の自由、地租の軽減、外交失策の回復)	4	外相井上馨、条約改正交渉
		12	三大事件建白　弾圧 (2府18県代表)	12	保安条例制定 史 ➡p.260❷
1888			懐柔	2	大隈重信、伊藤内閣の外務大臣に就任
1889 (明22)			懐柔	2 3	大日本帝国憲法発布➡p.262❹❺ 後藤象二郎、黒田内閣の通信相就任

↩❶板垣退助
(1837～1919)➡p.268❷

❸ 民権運動の高まりと弾圧

↑❷演説会のようす(「絵入り自由新聞」)　自由民権運動を広める手段として、新聞・雑誌などとともに、演説会が有効であった。この頃、各地で演説会が活発におこなわれた。こうした自由民権運動の高まりによる政府への攻撃に対し、政府はさまざまな条例を制定し、言論や集会などをきびしく取り締まった。写真❸は、福沢諭吉によって建てられた日本最初の演説館。

↑❸三田演説館
(東京・港区、慶応義塾大学構内)

史料

讒謗律 史

第一条　凡ソ事実ノ有無ヲ論セス、人ノ栄誉ヲ害スルノ行事ヲ摘発公布スル者、之ヲ讒毀トス。人ノ行事ヲ挙ルニ非スシテ悪名ヲ以テ人ニ加ヘ公布スル者、之ヲ誹謗トス。……

一人をあしざまにいう。

「讒」は「そしる」の意味で、「讒謗」とは誹謗のこと。讒謗律は、政府への批判を取り締まるための法律で、著作によって、「讒謗」するものを罰した。

讒（ざん）

❹ 明治十四年の政変

↩❹明治十四年の政変の風刺画(『団団珍聞』)

資料鑑賞　開拓使官有物払下げをめぐる事件で批判の的になった黒田清隆(タコ)と、これに対する大隈重信(クマ)の対決をあらわしている。

開拓使官有物払下げ事件の背景に大隈重信がいるとみた政府は、大隈と彼の与党とみられた福沢諭吉門下の進歩的官僚を追放した(明治十四年の政変)。東京大学法学部明治新聞雑誌文庫蔵

❺ 薩長藩閥政権の確立　*は参議兼任。

明治十四年の政変後の役職				
参議	伊藤博文(長州)		大蔵卿	*松方正義(薩摩)
	山県有朋(長州)		陸軍卿	*大山 巌(薩摩)
	黒田清隆(薩摩)		海軍卿	川村純義(薩摩)
			司法卿	*大木喬任(肥前)
外務卿	*井上 馨(長州)		文部卿	福岡孝弟(土佐)
内務卿	*山田顕義(長州)		工部卿	佐々木高行(土佐)
			農商務卿	*西郷従道(薩摩)

筆頭参議として大きな勢力をもっていた大隈の追放により、薩長藩閥官僚の支配が強化された。これに対し、下野した大隈、尾崎行雄、犬養毅らは在野で立憲改進党を結成していく。

近現代　明治

1 私擬憲法（憲法私案）

名　称	成立年	起　案		内　容
私擬憲法案	1881年 4月	交詢社 （立憲改進党系） 矢野龍溪ら	79条	立憲君主制・イギリス流・議院内閣制・二院制
五日市憲法草案	1881年 4〜9月	千葉卓三郎ら	204条	君民共治・三権分立・人権と自由を重視
東洋大日本国国憲按 （日本国々憲案）区	1881年 8月	植木枝盛 （自由党系） →p.252 3,264 7	220条	抵抗権や革命権強調・人民主権・一院制
日本憲法見込案	1881年 9月	立志社 （自由党系） 片岡健吉	192条	広範な権利と自由規定・人民主権・一院制

＊千葉卓三郎は、東京・五日市（現、あきる野市）地方の民権運動の理論的指導者。

3 大隈財政と松方財政

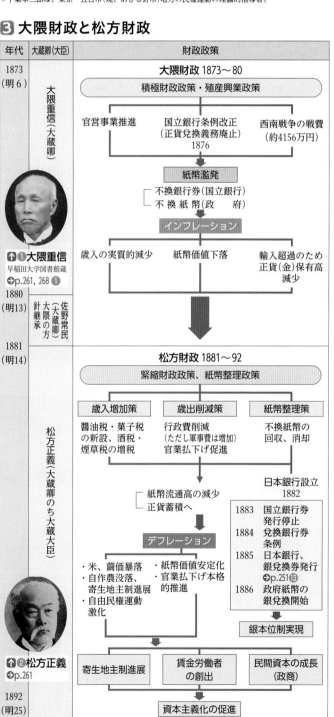

年代	大蔵卿（大臣）	財政政策

大隈財政 1873〜80
積極財政政策・殖産興業政策

官営事業推進　国立銀行条例改正（正貨兌換義務廃止）1876　西南戦争の戦費（約4156万円）

紙幣濫発
- 不換銀行券（国立銀行）
- 不換紙幣（政府）

インフレーション

歳入の実質的減少　紙幣価値下落　輸入超過のため正貨（金）保有高減少

1873（明6） 大隈重信（大蔵卿）

↑① **大隈重信**
早稲田大学図書館蔵
→p.261, 268①

1880（明13） 佐野常民（大蔵卿）大隈の方針継承

1881（明14）

松方財政 1881〜92
緊縮財政政策、紙幣整理政策

歳入増加策	歳出削減策	紙幣整理策
醬油税・菓子税の新設、酒税・煙草税の増税	行政費削減（ただし軍事費は増加）官業払下げ促進	不換紙幣の回収、消却

日本銀行設立 1882

- 紙幣流通高の減少
- 正貨蓄積へ

デフレーション

1883	国立銀行券発行停止
1884	兌換銀行券条例
1885	日本銀行、銀兌換券発行 →p.251⓭
1886	政府紙幣の銀兌換開始

- ・米、繭価暴落
- ・自作農没落、寄生地主制進展
- ・自由民権運動激化

- ・紙幣価値安定化
- ・官業払下げ本格的推進

銀本位制実現

松方正義（大蔵卿のち大蔵大臣）

寄生地主制進展	賃金労働者の創出	民間資本の成長（政商）

資本主義化の促進

↑② **松方正義**
→p.261

1892（明25）

2 政党の結成

＊は党首。

政党	主要人物	主張内容	支持層	機関紙
自由党 1881(明治14)	＊板垣退助 星　亨 中島信行 後藤象二郎	フランス流の急進的自由主義 一院制、主権在民 普通選挙	士族 豪農 商業資本家	『自由新聞』
立憲改進党 1882(明治15)	＊大隈重信 犬養　毅 尾崎行雄 矢野龍溪	イギリス流の漸進的立憲主義 二院制、君民共治 制限選挙	知識層 産業資本家	『郵便報知新聞』
立憲帝政党 1882(明治15)	＊福地源一郎 丸山作楽	国粋主義の欽定憲法論 二院制、主権在君 制限選挙	官僚　神官 僧侶　学者	『東京日日新聞』

大隈財政と松方財政

❶大隈重信大蔵卿による財政政策はインフレーションを引きおこし、税収・貿易収支ともに悪化した
❷松方正義大蔵卿による財政政策はデフレ不況を引きおこす 農民層分解をうながし、寄生地主制が進展した
❸日本銀行設立によって銀本位制が確立し、民間資本の成長によって資本主義化が促進された

4 日本銀行の設立 →p.251（近代の貨幣制度と貨幣の種類）

←❸**日本銀行**　1877年の西南戦争勃発以来、政府は、戦費調達のため、政府紙幣や国立銀行券の増発を進めた。このため、激しいインフレーションを招いた。政府は、強力に緊縮財政と紙幣流通の収縮（回収、整理）をおこなった。その過程で、兌換券発行や普通銀行への融資をおこなう中央銀行の必要性が認識され、1882年に日本銀行が設立された。
→p.290 ❼ 写真提供 日本銀行

● 貨幣発行の推移 （『新体系日本史12　流通経済史』）

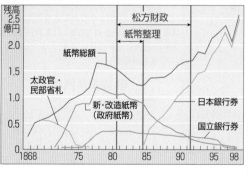

政府は正貨兌換を約束した信用通貨、つまり兌換紙幣による貨幣制度を打ちたてるため、不換紙幣の回収にふみきった。1885年から100円、10円、5円、1円の日本銀行の銀兌換銀行券が発行され、1886年には政府紙幣の銀兌換も始まり、銀本位制が実現した。

5 米・生糸価格の変動 （『新聞集成 明治編年史』）

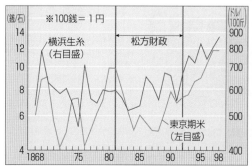

1881年からはじまった政府による紙幣整理により、政府発行の紙幣や国立銀行券が回収されはじめると、デフレーションがおこり、米価や生糸の価格は著しく下落した。これにより、農村は深刻な不況にみまわれた。

近現代

明治

近現代

明治

1 おもな激化事件と民権政社

民権運動は、1882〜83年頃から政府の弾圧と農村の不況によって停滞状況に陥り、激化事件が続発した。この間、政府は伊藤博文の主導で立憲体制への準備を進めた。一方で、自由党や立憲改進党は解党状態となり、民権運動は挫折した。→p.258 **1**

④ 群馬事件（群馬）1884.5
群馬県自由党員が負債と租税の重圧に苦しむ農民を妙義山のふもとに結集、蜂起したが失敗。

③ 高田事件（新潟）1883.3
新潟県高田地方の自由党員が、政府高官暗殺計画の嫌疑で逮捕された。

⑧ 飯田事件（長野）1884.12
長野県飯田と愛知県の自由党員が組んで政府打倒を計画したが、未然に発覚し処罰された。

① 板垣退助遭難（岐阜）1882.4
「板垣死すとも自由は死せず」。自由党総裁の板垣は岐阜で暴漢に襲われ負傷した。

② 福島事件（福島）1882.11〜12
福島県令三島通庸の道路開削に対して、これに反対する河野広中ら福島自由党・農民が正面衝突し、多数検挙された。

⑥ 秩父事件（埼玉）1884.10〜11
埼玉県秩父の農民が困民党（借金党）を組織し、自由党左派の指導で負債据置、年賦返済を主張し、蜂起された。鎮台兵により鎮圧された。

⑤ 加波山事件（茨城）1884.9
栃木県令三島通庸の圧政に対し、自由党員が三島暗殺を計画したが失敗。茨城県の加波山で蜂起したが弾圧された。

⑩ 静岡事件（静岡）1886.6
自由党員による政府高官暗殺計画。未然に発覚し、処罰された。

⑦ 名古屋事件（愛知）1884.12
自由党員左派による政府打倒計画、未然に発覚し、処罰された。

⑨ 大阪事件（大阪）1885.11
1884年、朝鮮で独立党のクーデタ（甲申事変）が失敗におわると、自由党員の大井憲太郎らは朝鮮に渡って独立党の政権をうちたてようと計画。独立達成後は、民権拡張をおこない、日本の民権運動の再興を企図したが未然に発覚、大阪で逮捕された。130余名が処罰された。

丸囲み数字は事件の発生順。

青森
秋田
岩手
求我社
進取社
自主社
宮城
山形
福島 三師社 石陽社 興譲社
下毛社 茨城
新潟 栃木
高田 群馬
妙義山 埼玉 潮来社
長野 愛国公党
山梨 神奈川 千葉
北立社 富山 奨匡社 以文会
石川 岐阜 愛知
飯田 静岡
福井 滋賀 三重
京都 自治社
共立社 兵庫 大阪
鳥取 奈良
尚志社 岡山 和歌山
島根 広島
立志社 香川 徳島
山口 愛媛
福岡 高知 立志社
成美社 愛国社
二輪社 大分 国会期成同盟 1880〜81
佐賀 相愛社
長崎 熊本 宮崎
鹿児島同志会
鹿児島

□ 国会開設請願（1880.4）に参加した府県
▨ おもな結社

2 言論の弾圧

『トバエ』をもっている巡査（警官）
「今さとして聞かせた通り、これから注意せぬと直ちに臨機の処分を致すから左様心得ろ」

↑⑥ 言論の弾圧（ビゴー筆『トバエ』）
政府は、**三大事件建白運動**（→p.258 **1 D**）が高まると、民権論を唱える新聞編集者に対して弾圧を加えた。　＊『トバエ』は時事風刺雑誌。→p.253 **⑥**

● 保安条例
→⑦ 尾崎行雄への退去命令書

保安条例第四条ニ依リ満三ヶ年間退去ヲ命ス但明治二十年十二月三十一日午後三時限リ退去スヘシ
尾崎行雄
明治二十年十二月
警視総監
藤…

民権運動の高まりに対して、第1次伊藤博文内閣は、1887年12月に保安条例を発布し、民権派を皇居外3里の地に追放した。その対象者は、高知県出身者を中心に、総数約570名におよんだ。おもな人物は、尾崎行雄、星亨、中島信行、中江兆民、片岡健吉ら（片岡は退去命令を拒否し、軽禁錮2年になった）。なお、この執行にあたった当時の警視総監は三島通庸である。

↑① 景山（福田）英子（1865〜1927）
大阪事件で逮捕・投獄される。キリスト教、社会主義の影響も受け、女性解放運動に傾いていった。田中正造に協力し、足尾銅山鉱毒事件の支援も続けた。著書は『妾の半生涯』。

● 福島事件
県令**三島通庸**は産業道路の必要性を主張。農民の労役による三方道路の建設を計画した。三島は、これに反対する河野広中らの県会の自由党員や農民の運動を弾圧した。

↑③ 三島通庸（1835〜88）

↑④ 河野広中（1849〜1923）

↑② 三方道路（高橋由一筆）
福島県立図書館（福島市）蔵

新潟県
至山形
喜多方
弾正ヶ原×
会津若松
福島
郡山
田島
白河
檜原湖
福島
小浜町
三春
至今市

□ 当時の若松県
━ 三方道路

太平洋
北 西 東 南
会津若松

0　30km

● 秩父事件

埼玉県秩父郡の職業構成

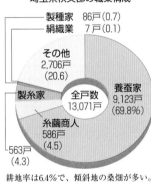

製種家 86戸（0.7）
絹織業 7戸（0.1）
その他 2,706戸（20.6）
製糸家 563戸（4.3）
糸繭商人 586戸（4.5）
養蚕家 9,123戸（69.8%）
全戸数 13,071戸

耕地率は6.4％で、傾斜地の桑畑が多い。

↓⑤ 秩父事件で人々が集まった椋神社
武蔵国出身の田代栄助（1834〜85）が秩父困民党の最高指導者にむかえられ、困民軍総理をつとめたが、逮捕され死刑となった。

3 国会への期待

⑧ 思想の積荷（小林清親『団団珍聞』）国会開設を待つ各階層の人々の心情を描いている。

政党	記者	議員	書生	百姓	僧侶	商人	官吏	華族
ヲヤヲヤ、モー二三着くと云ふ一件かさてもくたいものだ。近く成るほど遅くなるやうだ、もちっと速力を早くしたいものだ。	独こい来たせのソラ来たモ少し是が猪牙船ならば桟橋から二三間といふ処だ。	長い間の辛抱だったがどうか滞りなく此まま早く着きたいもんだ。	しめたぞ、いよいよ是からこれの世の中だぞ。	何もかも出会った事の無いものだからどれがどうか皆さん宜しく。	着いた上でなければ分からぬが着いた上も面白くハ仏といふものさ。	何事も最う少し景気を見た上の事、それ迄ハまづは念仏しよう。	何事も最う少しかさねてもさても早や過ぎらア、サアモ少しで着くゾ、余り急くな。	ヲヤヲヤ、モー二三着くと云ふ一件かさても念早や過ぎらア。

→p.292（大正の内閣）,308（昭和初期の内閣）,333～335（現代の内閣）

➡は内閣総辞職の経緯。□は政党内閣。数字は在職日数。事項は外交関係。（　）内は首相の爵位・出生地。〈　〉は首相または内閣のニックネーム。

（1841～1909）

1　1885.12（明治18）～1888.4（明治21）　伊藤博文①（伯爵・山口県）861日

■おもな経歴	1885.12	内閣制度成立
内務卿	1886.4	学校令公布
■主要閣僚	10	ノルマントン号事件
外相　井上馨	1887.10	三大事件建白運動
伊藤（臨時兼任）	1888.4	市制・町村制公布
蔵相　松方正義	➡4	枢密院設置、伊藤博文首相辞任し、枢密院議長に就任

（1840～1900）

2　1888.4（明治21）～1889.10（明治22）　黒田清隆（伯爵・鹿児島県）544日

■おもな経歴	1888.6	枢密院、憲法草案審議開始
開拓長官	6	高島炭鉱事件問題化
■主要閣僚	1889.2	大日本帝国憲法発布
外相　大隈重信	2	衆議院議員選挙法公布
蔵相　松方正義	7	東海道本線全通
	➡10	大隈外相遭難、4日後、総辞職

（1838～1922）

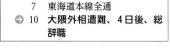

3　1889.12（明治22）～1891.5（明治24）　山県有朋①（伯爵・山口県）499日

■おもな経歴	1890.5	府県制・郡制公布
内相（黒田）	7	第1回衆議院議員選挙
■主要閣僚	1890.10	教育勅語発布
外相　青木周蔵	11	第1回帝国議会
蔵相　松方正義	1891.1	内村鑑三不敬事件
	➡5	予算案成立、議会終了を機に辞表提出

（1835～1924）

4　1891.5（明治24）～1892.8（明治25）　松方正義①（伯爵・鹿児島県）461日

■おもな経歴　蔵相	1891.5	大津事件
（伊藤・黒田・山県）	12	田中正造、足尾銅山鉱毒問題質問書を議会に提出
■主要閣僚	1892.2	品川弥二郎内相による選挙干渉
外相　青木周蔵　榎本武揚		
蔵相　松方（兼）	➡7	選挙干渉をめぐる閣内不統一により辞表提出
海相　樺山資紀		

〈元勲内閣〉

5　1892.8（明治25）～1896.8（明治29）　伊藤博文②（伯爵・山口県）1,485日

■与党（自由党）	1894.7	日英通商航海条約成立
■おもな経歴	8	清国に宣戦布告（日清戦争）
枢密院議長	1895.4	下関条約、三国干渉
■主要閣僚	1896.3	航海奨励法、造船奨励法公布
外相　陸奥宗光	➡8	大隈入閣（外相）をめぐり閣内不統一により辞表提出
西園寺公望		

〈松隈内閣〉

6　1896.9（明治29）～1898.1（明治31）　松方正義②（伯爵・鹿児島県）482日

■与党　進歩党	1897.3	貨幣法公布（金本位制確立）
■主要閣僚	7	労働組合期成会結成
外相　西園寺公望	10	台湾総督府官制公布
大隈重信	➡12	地租増徴案をめぐり、大隈外相の離反などで総辞職
西徳二郎		

7　1898.1（明治31）～1898.6（明治31）　伊藤博文③（侯爵・山口県）170日

■主要閣僚	1898.6	自由・進歩両党、提携して地租増徴案否決。自由・進歩両党合同憲政党結成
外相　西徳二郎		
蔵相　井上馨	➡6	憲政党多数派となり、議会運営困難、総辞職

（1838～1922）
〈隈板内閣〉

8　1898.6（明治31）～1898.11（明治31）　大隈重信①（伯爵・佐賀県）132日

■与党　憲政党	1898.8	尾崎文相、共和演説事件
■おもな経歴　外相	10	憲政党分裂
（伊藤①・黒田・松方②）		社会主義研究会結成（安部磯雄ら）
■主要閣僚	➡10	尾崎文相後任人事をめぐる憲政党分裂により総辞職
内相　板垣退助		

9　1898.11（明治31）～1900.10（明治33）　山県有朋②（侯爵・山口県）711日

■与党（憲政党）	1899.3	文官任用令改正
■主要閣僚	1900.3	治安警察法公布
外相　青木周蔵	5	軍部大臣現役武官制確立
蔵相　松方正義	9	立憲政友会結成
内相　西郷従道	➡9	憲政党との対立などにより総辞職

10　1900.10（明治33）～1901.5（明治34）　伊藤博文④（侯爵・山口県）204日

■与党　立憲政友会	1901.1	北清事変などで増税案提出
■おもな経歴	2	八幡製鉄所操業開始
立憲政友会総裁	3	増税案を勅令により可決
■主要閣僚	5	社会民主党結成（即日禁止）
外相　加藤高明	➡5	予算をめぐる閣内不一致により辞表提出
蔵相　渡辺国武		

11　1901.6（明治34）～1906.1（明治39）　桂太郎①（子爵・山口県）1,681日

■おもな経歴　陸相	1902.1	日英同盟締結
（伊藤③・大隈・山県②・伊藤④）	1904.2	ロシアに宣戦布告（日露戦争）
■主要閣僚	8	第1次日韓協約調印
外相　曾根荒助（臨時兼任）	1905.9	ポーツマス条約調印
小村寿太郎	11	第2次日韓協約調印
	➡06.1	日露講和への政友会協力の約束で西園寺へ政権移譲

（1847～1913）
〈小山県内閣〉

12　1906.1（明治39）～1908.7（明治41）　西園寺公望①（侯爵・京都府）920日

■与党　立憲政友会	1906.1	日本社会党結成
■おもな経歴	3	鉄道国有法公布
立憲政友会総裁	1907.7	第3次日韓協約調印
■主要閣僚	8	義兵運動
外相　加藤高明	➡08.7	山県ら元老の内閣批判高まり総辞職
林董		

（1849～1940）

〈ニコポン宰相〉

13　1908.7（明治41）～1911.8（明治44）　桂太郎②（侯爵・山口県）1,143日

■主要閣僚	1908.10	戊申詔書発布
外相　寺内正毅（臨時兼任）	1910.5	大逆事件の検挙はじまる
	8	韓国併合条約
小村寿太郎	1911.1	大逆事件判決
蔵相　桂（兼）	2	日米新通商航海条約
陸相　寺内正毅	3	工場法公布
	➡8	政綱実行の一段落を期して辞表提出

→p.292

14　1911.8（明治44）～1912.12（大正元）　西園寺公望②（侯爵・京都府）480日

大隈　伊藤

歴史ポケット

和洋折衷の時代

左の写真は、1899年に大磯（神奈川県）にある伊藤博文の別荘に大隈重信が訪れた時に撮影されたものである。和服姿に山高帽、そして大隈は革靴である。今見れば珍奇なスタイルであるが、明治ではこういう「和洋折衷」のスタイルは、モダンであったようである。

近現代　明治

テーマのポイント

1. 憲法草案作成と並行して、立憲体制を支える諸制度が整備された
2. 憲法は天皇から「臣民」（国民）に与えられ、天皇主権の国家の根拠となった

1 立憲制国家へのあゆみ →p.244 5

```
国会開設の勅諭 1881
        ↓
伊藤博文渡欧（憲法調査）1882～83
グナイスト、シュタインにドイツ
の憲法理論を学ぶ
        ↓
    制度取調局設置 1884
（長　官）伊藤博文
（協力者）井上毅、伊東巳代治、金子堅太郎
        ↓
ロエスレル、モッセ（→p.287 1）、政府の法律
顧問に就任
```

憲法草案作成	諸制度の整備
	華族令 1884
憲法草案作成着手 1886～	貴族院議員選出準備
伊藤博文、伊東巳代治、井上毅、金子堅太郎	内閣制度 1885 / 太政官制廃止
枢密院で憲法草案審議 1888～89	市制・町村制 1888
大日本帝国憲法発布 1889.2.11	枢密院 1888 / 天皇の最高諮問機関 議長は伊藤博文
皇室典範、議院法、貴族院令、衆議院議員選挙法公布 1889	
	府県制、郡制 1890
	民法、商法公布 1890

```
第1回衆議院議員選挙 1890
        ↓
第1回帝国議会開催 1890  第1次山県有朋内閣
```

←1 伊藤博文（1841～1909）
憲法草案の起草の中心人物。神奈川県夏島（横須賀市夏島町）の伊藤の別荘で、憲法草案（「夏島草案」）は作成された。
→p.242 3、248 3、261

←2 伊東巳代治（1857～1934）
伊藤博文直系の官僚として活躍、憲法起草にも参画。のち、枢密院顧問官などを歴任、「憲法の番人」を自任した。

←3 井上毅（1843～95）
憲法起草をはじめ、皇室典範、教育勅語の起草にもたずさわり、立憲制国家の基礎を固めた。

←4 金子堅太郎（1853～1942）
伊藤博文に認められ憲法起草に参画。日露戦争ではセオドア＝ローズヴェルト大統領と接し、アメリカ世論を親日に導いた。

←5 憲法草案 伊藤の手による修正がみえる。

> **見方・考え方**
> その一連の儀式が示すように、憲法は天皇が授けるものだった点に注目しよう。

2 枢密院の設置

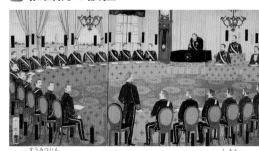

↑6 枢密院会議 枢密院は、天皇の政務上の最高諮問機関として、1888年に設置された。憲法草案の審議は、天皇臨席のもと、伊藤博文を初代議長として1888年6月に始まり1889年1月末に完了、憲法は完成した。枢密院は、この後も存続し、1947年に廃止された。郵政博物館蔵

3 大日本帝国憲法の制定

枢密院議長の伊藤博文が憲法を天皇にささげ、天皇が発布の勅語を読み上げ、憲法は黒田清隆首相に授けられた

↑7 大日本帝国憲法発布の式典 宮内庁宮内公文書館蔵

1889年2月11日、憲法は天皇が定め、臣民に授けるという「欽定憲法」の形で発布された。憲法発布の式典が終わると祝砲や鐘が雪の東京市中に鳴り響き、たくさんの山車が出て、仮装行列も繰り出した。ドイツ人医師のベルツ（→p.287 2）は、「誰も憲法の内容を知らないのにお祭り騒ぎをしている」と皮肉っている。

4 大日本帝国憲法下の国家機構

→8 大日本帝国憲法

```
元老 ──補佐── 天皇 ──────────────
 └1934年から重臣会議に移行                枢密院
                                        1888
                                      （天皇の諮問）
統帥    皇族                              ↓
        華族    解散      任命      任命   〈宮中〉
                「立法権の協賛」「行政権の輔弼」「天皇の名による裁判」
陸軍 海軍                                  内大臣
参謀総長 軍令部長  帝国議会    〈府中〉    裁判所   1885
一八七八 一八九三 （両院対等）  内閣       大審院  （天皇を補佐）
              貴族院 衆議院  国務大臣    控訴院
帝国陸海軍              各省庁   地方裁判所  宮内大臣
                                        1885
徴兵*      制限選挙                      （皇室事務）

多額納税者  「臣　民」**               □ 憲法外機関
官僚経験者
```

*徴兵事務は陸軍省の所管。　**大日本帝国憲法での国民の呼称。天皇・皇族以外をさす。

第1次伊藤内閣の閣僚（発足時）

職名	氏名	出身	職名	氏名	出身
総理	伊藤博文	長州	司法	山田顕義	長州
外務	井上馨	長州	文部	森有礼	薩摩
内務	山県有朋	長州	農商務	谷干城	土佐
大蔵	松方正義	薩摩	逓信	榎本武揚	幕臣
陸軍	大山巌	薩摩	書記官長	田中光顕	土佐
海軍	西郷従道	薩摩	法制局長官	山尾庸三	長州

5 大日本帝国憲法の要点

プロイセンやドイツの君主権の強い憲法を範に起草。欽定憲法として制定され、主権は天皇にあり、天皇は帝国議会が関与できない大きな権限をもった。君権主義と立憲主義が併存し、解釈の幅は大きく、大正期には立憲主義的理解が深まった。

制定	1889.2.11発布　1890.11.29施行、欽定憲法
起草者	伊藤博文・井上毅・伊東巳代治・金子堅太郎
条数	7章76条
主権	**天皇主権**
内閣	天皇輔弼制（助言制）、天皇への責任あり、議会にはなし
国会	**貴族院・衆議院の二院制**で両院対等、天皇の協賛機関
選挙	衆議院は公選、貴族院は皇族・華族・勅選議員
国民	「臣民」としての権利を『法律の範囲』内で保障
天皇	国家元首、統治権の総攬者

天皇大権の内容

- 統治権者（1条）
- 統治権の総攬者（4条）
- 議会の召集・解散権（7条）
- 緊急勅令制定権（8条）
- 官吏の任命権（10条）
- 陸海軍統帥権・編制権（11、12条）
- 宣戦・講和・条約締結権（13条）　→p.314 2
- 戒厳令布告・栄典授与権（14、15条）

一言かわら版 憲法発布の朝　憲法発布の式典に出ようとしていた森有礼が、自宅で国粋主義者に刺され、翌日死去した。伊勢神宮参詣の際に、森に不敬行為があったという話を信じてのものだった。

1 法典の編纂 ○p.340 3

＊は六法。

刑法＊	公布 1880	ボアソナードが起草。フランス法系の近代的刑法。大逆罪（○p.281 4）・不敬罪・内乱罪も規定
	施行 1882	
治罪法	公布 1880	ボアソナードが草案作成。明治の近代的刑事訴訟法。拷問の禁止・証拠法などの規定
	施行 1882	
大日本帝国憲法＊ 史	制定 1889	ドイツ憲法を模範とし、伊藤博文らが起草
	施行 1890	
皇室典範	制定 1889	明治憲法とともに制定された皇室関係の法規。皇室の継承・即位など規定
	施行 1890	
刑事訴訟法＊	公布 1890	治罪法を改定
	施行	
民事訴訟法＊	制定 1890	ドイツ法を模範とする。1926年改正法が成立
	施行 1891	
民法＊ 史	公布 1890	ボアソナードが草案起草。民法典論争で施行延期。1898年戸主重視の新民法施行
	施行 延期	
商法＊	公布 1890	ロエスレルが起草。法典調査会で修正し、1899年新商法施行
	施行 延期	

刑法制定に先立って、1870年に新律綱領、1873年に改定律例が制定されたが、身分によって刑の差異があるなどの点で、近代的刑法典とはいえなかった。

テーマのポイント

1 大日本帝国憲法の制定と前後して、諸法典が制定され、法治国家としての体裁が整えられた

2 民法典論争

```
1890年公布民法
ボアソナード起草
個人の自由と独立重視
フランス法の影響
          ↓
穂積八束
「民法出デ、忠孝亡ブ」
実施延期主張
          ↕ 民法典論争
梅謙次郎
「家父長権は封建制の遺産」実施断行主張
          →  施行延期  →
1896、98年公布民法
（明治民法）史
1898年施行
戸主権を絶対化し、夫権・親権が強い家父長制的な家族制度を維持する内容。
```

1890年に、フランス人法律顧問ボアソナード（○p.287 1）が起草した民法が公布された。しかし、この民法が、①妻や未成年の子どもにも完全な権利能力を認めていたことや、②賃貸権も所有権と同様物件として扱うことで地主の権利を脅かすおそれがあると批判がおこり、その施行に強く反対する穂積八束らと、施行を主張する梅謙次郎との間に民法典論争が展開された。

3 近代地方制度

山県有朋の地方制度についての考え

山県は、「地方名望家」といわれる、町村における「財産と教養ある」限られた人々による自治行政を構想した。たとえ中央の政治が動揺しても、影響を受けない地方政治を考えていた。山県は、自治は権利ではなく、兵役と同じ義務の観念によって担われなければならないとも述べている。

● 大区小区制（1872年）

政府は、江戸時代の庄屋・名主等を廃止し、戸長と改称し小区として管轄させた。また、郡レベルでは大庄屋などを区長に任命し、大区として旧来の地域全体の業務に加え、戸籍作成の事務を担わせた。1878年の段階では全国で907大区、7,699小区があった。具体的には「○○県第1大区第3小区」のように称した。1878年の「地方三新法」の制定まで続いた。

● 郡区町村制（1878年）

↑❶郡役所

政府は、自由民権運動の高揚に対応して地方制度改革を実施した。1878年のいわゆる「**地方三新法**」（郡区町村編制法、府県会規則、地方税規則）の制定である。この法令の趣旨は、旧来の町村がもっている自治性を公認し、地方分権の名のもとに**地方議会**設置を制度化することで、統一的・安定的な地方制度をめざした点にある。写真は、旧東村山郡役所（山形・天童市）。1879年設立。

● 市制・町村制（1888年）、府県制・郡制（1890年）のしくみ

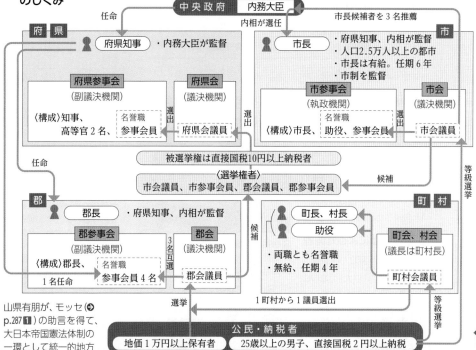

山県有朋が、モッセ（○p.287 1）の助言を得て、大日本帝国憲法体制の一環として統一的地方制度を作った。1888年公布の市制・町村制と1890年公布の府県制・郡制による地方制度である。なお、郡制は1921年に廃止された。

● 市町村数の変遷

年	市町村数	合併の法令根拠
1888	71,314	町村合併標準提示
1889	15,859	市制・町村制施行（明治の大合併の成果）
1945	10,520	（10月時点での市町村数）
1953	9,868	町村合併促進法施行
1956	4,668	新町村建設促進法施行
1961	3,472	（昭和の大合併の成果）
1965	3,392	合併特例法
1999	3,229	地方分権一括法
2010	1,727	新合併特例法改正（平成の大合併の成果）

町村は、江戸時代には地域の自治共同体として存在していた。明治に入り、大区・小区制のもとでも旧来の町村は国の行政区画ではなかった。のち1878年の郡区町村編制法ではじめて国の監督下に組み込まれた。

見方・考え方

国家の基礎を強固にする地方自治制度の確立のため、国民を地方公共事務に習熟させるねらいもあったことを理解しよう。

近代地方自治制度の特色

❶江戸時代以来続く町村の指導層である、地方名望家といわれる地主たちを地方統治の末端に組み込んだ

❷地方代議制度では、納税額の多寡で選出方法に軽重をつけ、より多額納税者ほどより多くの議員を選出できる等級選挙制をとった

❸町村長、助役、地方議会議員、参事会員は「名誉職」とされ無給であった。一般事務職員も無給の名誉職であった

近現代
明治

◆ テーマのポイント

1. 第1議会から第6議会までを初期議会という
2. 初期議会は藩閥政府と民党の対立に終始した

見方・考え方
現在の選挙との違いを考えてみよう。

1 初期内閣の閣僚 →p.261, 262 4

※閣僚は組閣時の人物。（ ）は出身藩名。

	黒田内閣	第1次山県内閣	第1次松方内閣	第2次伊藤内閣
総理	黒田清隆（薩摩）	山県有朋（長州）	松方正義（薩摩）	伊藤博文（長州）
外務	大隈重信（肥前）	青木周蔵（長州）	青木周蔵（長州）	陸奥宗光（紀伊）
内務	山県有朋（長州）	山県有朋（兼任）	西郷従道（薩摩）	井上馨（長州）
大蔵	松方正義（薩摩）	松方正義（薩摩）	松方正義（兼任）	渡辺国武（諏訪）
陸軍	大山巌（薩摩）	大山巌（薩摩）	大山巌（薩摩）	大山巌（薩摩）
海軍	西郷従道（薩摩）	西郷従道（薩摩）	樺山資紀（薩摩）	仁礼景範（薩摩）
司法	山田顕義（長州）	山田顕義（長州）	山田顕義（長州）	山県有朋（長州）
文部	森有礼（薩摩）	榎本武揚（幕臣）	芳川顕正（徳島）	河野敏鎌（土佐）
農商務	榎本武揚（幕臣）	岩村通俊（土佐）	陸奥宗光（紀伊）	後藤象二郎（土佐）
逓信	榎本武揚（幕臣）	後藤象二郎（土佐）	後藤象二郎（土佐）	黒田清隆（薩摩）

薩摩 ／ 長州

3 初期議会

内閣	年代	月	（□□□は会期）　事　項
山県有朋（1次）内閣	1890（明23）	7	第1回衆議院議員選挙
			● 300議席のうち171議席は民党
		11	第　1　議　会
	1891（明24）		● 山県有朋首相、施政方針演説で国力増強主張（「主権線演説」）⑤ ● 民党は「政費節減」「民力休養」を主張し、予算をめぐり政府と対立 ● 政府、自由党土佐派議員を買収し、予算案可決
松方正義（1次）内閣		3	第　2　議　会
		11	● 民党側、軍艦建造削減予算案 ● 樺山資紀海相「蛮勇演説」
	1892（明25）	12	第2回衆議院議員選挙
		2	● 品川弥二郎内相主導の選挙大干渉
		5	第　3　議　会
		6	● 軍艦建造費を削減し追加予算可決
伊藤博文（2次）内閣（元勲内閣）		11	第　4　議　会
	1893（明26）		● 衆議院で軍艦建造費削減決定 ● 政府は同意せず「和衷協同」の詔勅** を天皇に求め予算成立
		2	第　5　議　会
			● 衆議院議長星亨（自由党）の議員除名処分 ● 改進党、現行条約励行を政府に要求し、対外的に強硬方針を主張（対外硬運動）
		11	
	1894（明27）	12	● 条約改正方針をめぐり民党と政府の対立。議会解散
		3	第3回衆議院議員選挙
		5	第　6　議　会
		6	● 議会解散に対して政府を非難する決議案可決
		8	日清戦争勃発
		9	第4回衆議院議員選挙
		10	第　7　議　会（広島）
			● 臨時軍事予算全会一致可決

近現代 明治

** 軍艦建造費は宮廷費と官僚の俸給（月俸の10分の1）を財源としてあてるので、議会も政府に協力せよという内容。

2 第1回衆議院議員選挙

選挙権のない見物人
立会人
有権者
警官

↑❶ 投票風景（ビゴー筆『国会議員之本』）　選挙は、制限選挙（選挙人は満25歳以上の男子で、地租や所得税などの直接国税を15円以上納めた者。有権者数は全人口の約1.1% →p.299 3 ）であった。

↓❷ 投票用紙

初期議会* ＊第1議会から日清戦争直前の第6議会までをさす。

1. 議会は一貫して民党が優勢で、政党の意向に左右されないという超然主義⑤をとる政府と対立した
2. 争点は予算や外交方針をめぐる対立であった
3. 議員の職業では地主・農業がもっとも多かった

4 初期議会における勢力分野

民党 ／ 吏党 ／ 中立

国民自由党 5

第1議会 1890〜91	立憲自由党 130	41	大成会 79	無所属 45

第2議会 1891	自由党 92	44	17	19	大成会 52	25	無所属 51

立憲改進党 — 巴倶楽部 — 自由倶楽部

第3議会 1892	自由党 94	38	31	中央交渉部 95	無所属 42

立憲改進党 — 独立倶楽部**

＊ 政府支持の政党を「吏党」といい、政府反対の政党を「民党」とよんだ。
＊＊ 第3議会においては民党寄りの立場に立つ勢力とみなされていた。

● 第1議会衆議院議員職業別構成

地主及び農業	144
官吏	60
弁護士	24
新聞、雑誌記者	20
商業	12
工業	10
銀行員	7
会社員	7
医師	3
雑業	5
無職	8

（合計300議席）

↑❸ 樺山資紀
第2議会で、衆議院予算委員会が海軍の予算を削減したことに対し、過去の海軍の功績を数え上げ、国のために死んでいった将兵に顔向けできないと演説した（蛮勇演説）。

● 選挙干渉による死傷者

	府県名	死亡	負傷
1	佐　賀	8（人）	92（人）
2	高　知	10	66
3	福　岡	3	65
4	千　葉	2	40
5	熊　本	2	39
	その他	0	86
	合　計	25	388

第2回衆議院議員選挙では、品川弥二郎内相の指示のもと、地方官、警察が民党候補者に対して選挙妨害をおこなった。

5 第1回衆議院議員選挙の当選者たち

↑❹ 尾崎行雄　25回連続当選。三重県選出。→p.293

↑❺ 犬養毅　17回連続当選。岡山県選出。→p.293, 318 4

↑❻ 田中正造　6回連続当選。栃木県選出。→p.281

↑❼ 植木枝盛　第2回総選挙を前に病死。高知県選出。→p.252 3

1 条約改正のあゆみ ●p.237 4

担当者の年代は在任期間。

政権	担当者	改正交渉の要点	経過・結果	
三条実美（太政大臣）	岩倉具視（右大臣）1871～73	条約改正交渉に関する予備交渉	1871.11	岩倉使節団出発
			1872.7	対米交渉不調、中止
			1873.9	使節団帰国
	寺島宗則（外務卿）1873～79	関税自主権回復 *イギリス人ハートレーのアヘン密輸入全員無罪。	1878.7	米と日米関税改定約書
			1879.9（明12）	英・独の反対
				ハートレー事件判決*に世論沸騰
伊藤博文①	井上馨（外務卿）1879～85（外務大臣）1885～87〈鹿鳴館外交〉	領事裁判権の部分的撤廃と輸入関税率引き上げ **井上案** ①外国人判事任用 ②外国人の内地雑居許可 ③西欧主義を導入した諸法典の編纂 ④税率を5％から11％に引き上げ	1883.7（明16）	鹿鳴館の完成 欧化政策の推進
			1886.5（明19）10	集団会議方式で交渉開始 ノルマントン号事件で世論沸騰
			1887.6～7（明20）7 10	法律顧問ボアソナード、農商務相谷干城らが井上案に反対 会議延期 三大事件建白運動 ●p.258 1 D
黒田清隆	大隈重信（外務大臣）1888～89	**大隈案** ①外国人判事を大審院に任用 ②外国人の内地雑居や土地所有許可など	1888.11	国別秘密交渉で会議開始
			1889.2（明22）4	アメリカと新条約調印 『ロンドンタイムズ』が大隈案を掲載公表
				政府内外に強い反対論おこる
			10	大隈重信が国家主義団体玄洋社社員に襲われ負傷、辞職
山県有朋① 松方正義①	青木周蔵（外務大臣）1889～91	領事裁判権撤廃と関税自主権の一部回復	1890.9（明23）	日英交渉、イギリス同意 （背景）ロシアのアジア進出
			1891.5	**大津事件**
伊藤博文②	陸奥宗光（外務大臣）1892～96	領事裁判権撤廃主眼 15か国と同様の条約を調印	1894.7（明27）	**日英通商航海条約⑤調印** ①領事裁判権撤廃 ②相互対等の最恵国待遇 ③関税自主権一部回復 駐英公使青木周蔵
			1894.8	日清戦争開始
山県有朋②			1899.7	日英通商航海条約実施
桂太郎②	小村寿太郎（外務大臣）1908～11	関税自主権回復主眼	1911.2（明44）7	**日米新通商航海条約調印** 実施 関税自主権完全回復

テーマのポイント

条約改正では、領事裁判権の撤廃により独立国家としての名実を保持すること、関税自主権の回復により貿易上の不利益を除去することを目標とした

2 鹿鳴館時代

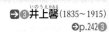
→3 井上馨（1835～1915）●p.242 3

↑1 鹿鳴館　1883年に完成した鹿鳴館は、国際親善の場であると同時に、ここに招かれた外国人たちに、日本が未開の野蛮の国ではなく、欧米諸国に劣らぬほど文明開化された国であることを印象づける社交場であった。しかし、この夜会外交は、国粋主義者や保守主義者の反発をかい、国権論台頭のきっかけとなった。

題は「名磨行」（＝生意気）

→2 社交界に出入りする紳士淑女（猿まね）（ビゴー筆『トバエ』）風刺画。洋装に身を包んでいるが、鏡に映る姿は猿。

3 ノルマントン号事件 (1886年)

メンザレ号　イギリス人船長

1887年5月のフランス船メンザレ号遭難事件を描いたもの。これを利用してノルマントン号事件でのイギリスの横暴を風刺した。

「いま何ドル持っているか？－早く言え－タイム・イズ・マネーだ」

↑4 ノルマントン号事件（ビゴー筆『トバエ』）　イギリスの貨物船ノルマントン号が和歌山県大島沖で沈没。イギリス人乗組員ら30名はボートで脱出したが、日本人乗客25名は全員溺死した。神戸のイギリス領事裁判所は、領事裁判権を行使し、ドレーク船長以下全員に無罪を言い渡した。これに対し、世論の条約改正への要求は高まった。

滋賀 ○大津　和歌山　潮岬　大島

4 大津事件 (1891年)

1891（明治24）年5月11日、シベリア鉄道起工式出席の途中来日したロシア皇太子ニコライ（のちのニコライ2世）を、滋賀県大津で警備の巡査津田三蔵が負傷させた（**大津事件**）。政府は大逆罪（●p.263 1）を適用させ死刑を求めたが、大審院長児島惟謙は普通謀殺未遂罪を適用し、無期徒刑の判決を下すよう助言し、司法権の独立を守った。

↑5 ニコライ（1868～1918）

↑6 児島惟謙（1837～1908）

↑7 青木周蔵（1844～1914）大津事件により外相を辞任。

史料 領事裁判権

（日米修好通商条約第六条 ⑤）

① 日本人に対し法を犯せる亜米利加人は、亜米利加コンシュル裁断所にて吟味の上、亜米利加の法度を以て罰すべし。亜米利加人へ対し法を犯したる日本人は、日本役人糺の上、日本法度を以て罰すべし。……

① 領事裁判所。

近現代 明治

1 日朝関係と日清戦争

```
1875  江華島事件 〈日本による朝鮮の開国強要〉
        ↓
1876  日朝修好条規          ●p.254 2
        日本による不平等条約の押しつけ
        ↓
1882  壬午軍乱 〈反日的クーデタ〉
        大院君派          ↔  閔氏政権
        (攘夷・親清派)        (開国・親日派)
        ①旧軍隊の反乱から大院君が復権、日本公使館焼亡
        ②清軍が鎮圧。朝鮮における清の影響力増す
        ↓
1882  済物浦条約          ※済物浦は仁川の地名。
        朝鮮の賠償と謝罪、日本軍の駐留を条文に盛り込む
        ↓
1884  甲申事変 〈親日独立党のクーデタ〉
        事大党政権        独立党(改革、親日派)
        (閔氏、親清派)      金玉均・朴泳孝ら
        ①日本公使館が支援する独立党のクーデタが
          清側の反撃で失敗
        ↓
1885  漢城条約
        朝鮮の謝罪と賠償、公使館護衛のための日本軍の駐留承認
        ↓
1885  天津条約 〈清との関係打開〉
        (日本側全権 伊藤博文  清側全権 李鴻章)
        ①朝鮮からの撤兵   ②朝鮮派兵時の相互事前通告
        ↓
1889  防穀令事件 〈防穀令をめぐる日朝の紛争〉
        ①朝鮮政府および地方官発令の防穀令(米・大豆輸出
          禁止)で、日本側が賠償請求し、外交問題化
        1890年、防穀令解除。1893年、日本へ賠償金11万円
        ↓
1894  甲午農民戦争(東学党の乱) 〈悪政と侵略への抵抗〉
        ①日本の侵略と朝鮮政府の悪政に対する農民蜂起
        ②全琫準ら民衆教団(東学)の幹部が中心
        ③朝鮮政府は清に救援要請
        ④清軍出兵。天津条約にもとづき日本に通告、日本軍も出兵
        ↓
1894～95  日清戦争
        ↓
1895.4.17  下関条約          ●p.267 2
        (日本側全権 伊藤博文  陸奥宗光  清側全権 李鴻章)
        ↓
1895.4.23  三国干渉
        ①ロシア、ドイツ、フランスによる遼東半島還付勧告
        ②清へ遼東半島還付(清より3,000万両賠償)
        ↓
1895.10.8  閔妃殺害事件
        ①三国干渉後、朝鮮における日本の地位低下
        ②親露政策で閔妃が政権奪回
        ③駐朝公使三浦梧楼の指揮により閔妃殺害。以後、日
          本勢力後退し、ロシアが台頭
```

🔍 テーマのポイント

1 朝鮮に対し宗主権を主張する清と、朝鮮を勢力圏下におさめようとする日本が対立を深めていった

2 朝鮮王室・政権の内部対立に日清両国が干渉した

2 朝鮮王宮の対立

1863年、12歳で王位に就いた高宗を補佐して、大院君*(国王の父としての尊称)の李昰応は王権強化と鎖国政策を進めた。しかし、1873年に政変がおこり、閔氏一族に政権を奪われた。開国後は朝鮮の改革路線をめぐり対立が続いた。

*大院君は国王の父に贈られる称号であるが、一般に高宗の父李昰応大院君をさす。

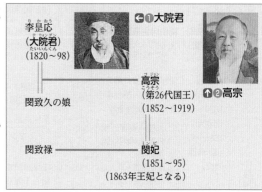

←❶大院君
↑❷高宗

李昰応（大院君）(1820～98)

閔致久の娘 ─── 高宗(第26代国王)(1852～1919)

閔致禄 ─── 閔妃(1851～95)(1863年王妃となる)

3 壬午軍乱(1882年)

閔氏政権は、開国後、近代化をめざし兵制改革に着手した。これに対し、旧軍隊が蜂起した。漢城の民衆も参加し、閔氏派官僚や日本人軍事顧問が殺され、日本公使館が襲撃された。清側も出兵し、事態を収拾した。

5 日本と清の対立

日本　ロシア　清　朝鮮

↑❸漁父の利
(ビゴー筆『トバエ』1887年2月)

朝鮮の支配権をめぐる日清の対立にロシアが漁父の利を得ようとしている。日本は、下関条約で朝鮮の独立を認めさせたものの、朝鮮では閔氏が親露政権をうちたて、結局、ロシアが漁父の利を得ることとなった。

4 甲午農民戦争

清　● おもな蜂起地域

平安道　咸鏡道　元山　平壌　黄海道　江原道　漢城　仁川　京畿道　太白山　忠清道　牙山　公州　慶尚道　参礼　全州　古阜　金山　全羅道　対馬　済州島　日本

黄海

0 ───── 200km

1894年2月、全羅道古阜で全琫準を指導者とする1,000余名の農民が、郡の官吏による奇政に対して蜂起した。反乱が大規模になり、朝鮮政府が清に援軍を要請すると、日本も出兵した。農民軍は政府と全州和約を結び日清両軍の撤退をはかった。しかし、日本軍は撤退せず、清との対立が深まった。

＼この蜂起は、キリスト教(西学)に対して東学と称する民衆教団がおこしたことから、東学党の乱ともいわれた。

📷 プロフィール

朝鮮改革への期待と挫折

金玉均と福沢諭吉 ●p.252 4

朝鮮出身 1851～94　大分県出身 1834～1901

1882年、福沢諭吉は、来日した金玉均と出会い、朝鮮独立党と接触をもった。「文明に非ざれば独立は保つ可からず」(『文明論之概略』)と考える福沢は、金玉均を支援した。甲申事変により日本に亡命した金玉均は、一時、福沢邸に身を寄せたこともあった。しかし、同事変の失敗によって、福沢の独立党への期待は崩れた。福沢が『脱亜論』[2]を発表したのは、その翌年(1885年)のことである。

↑❹金玉均

↑❺福沢諭吉

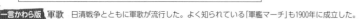

1 日清戦争 ▶日清戦争

見方・考え方
朝鮮の地が多く戦場になっている点に着目しよう。

⑥大連・旅順占領 1894.11.7〜21

⑤黄海海戦 1894.9.17

95.3.7　奉天

94.10.31

遼東半島　安東

④平壌の戦 1894.9.16

清

旅順　大連

平壌　元山

⑦威海衛占領（北洋艦隊降伏）1895.2.2〜12　山東半島

威海衛

江華島

朝鮮

漢城

②成歓の戦 1894.7.29

⑧下関条約締結 1895.4.17

①豊島沖海戦 1894.7.25

牙山　成歓

群山

③牙山の戦 1894.7.30

釜山

大本営広島（のち宇品港）

日本軍の進路
← 第1軍進路
← 第2軍進路
← 日本艦隊進路
数字 上陸地または占領年月日

0　200km

済州島

対馬

下関

日本

日本海

黄海

日清戦争後の日本と東アジア
❶敗戦後の清では、列強諸国による中国分割が進んだ ▶p.270 2
❷日本は台湾において初めて本格的な植民地経営をはじめた
❸日本は、下関条約で新たな領土と多額の賠償金を獲得し、それを軍備増強にあてた
❹満洲・朝鮮半島への進出を企図する日本とロシアは、三国干渉を機に対立を深めた

↑①仁川に上陸した日本軍　1894年6月7日に日清両国が相互に出兵を通告すると、日本軍は5日後には主力部隊を仁川に上陸させた。

■ 日本と清の戦力比較

	日 本	清
兵力	240,616人	630,000人
軍艦	28隻	82隻
水雷艇	24隻	25隻
総トン数	59,088トン	85,000トン
戦死	1,417人	不詳
病死	11,894人	不詳
戦費	約2億円	不詳

日本の戦艦は、排水量4,000トン級が最大であったが、清は「定遠」「鎮遠」という7,000トン級の戦艦を所有していた。しかし、速力に勝る日本艦隊が制海権を握った。

2 下関条約（1895年4月17日）

「下関講和談判」（永地秀太）聖徳記念絵画館蔵

陸奥宗光　伊藤博文

李鴻章

← 2 下関講和会議
1895年3月20日から下関の春帆楼において、7回にわたり講和条約交渉会議がもたれ、4月17日に講和条約が成立した。

下関条約のおもな内容 史
❶清は、朝鮮の独立を承認する
❷清は、遼東半島、台湾、澎湖諸島を日本に譲る
❸清は、2億両（約3億1,000万円）の賠償金を日本に支払う
❹清は、沙市、重慶、蘇州、杭州を開市・開港する

← 3 李鴻章　清側全権。日本側全権は伊藤博文（首相）、陸奥宗光（外相）。

● 下関条約による新たな領土

日本新領土
同上還付地

● 新開港場
（露）ロシア租借
（仏）フランス租借
（独）ドイツ租借
（英）イギリス租借

奉天
北京
天津　遼東半島　大連 1898（露）　旅順 1898（露）
青島　威海衛 1898（英）
済南　膠州湾 1898（独）

江寧（南京）　漢口　蘇州　上海
重慶　杭州
沙市
福州
広東　九竜 1898（英）　台湾
香港　澎湖諸島
広州湾 1899（仏）

条約締結の6日後、ロシアはフランス・ドイツをさそい遼東半島の返還を日本に求め（三国干渉）、日本はこれに応じた。国内には反ロシア感情が芽生えた。

キーワード
租借
ある国が他国の領土の一部を借りること。なかば植民地として統治権を行使した。

3 日清戦争による賠償金の使いみち

賠償金特別会計 約3億6,450万円
（賠償金（約3億1,000万円）に、遼東半島の代償などを加えた金額）

災害準備金 2.7
皇室財産 5.5
軍備拡張費 62.0%
臨時軍事費 21.7
その他 5.4
教育基金 2.7

『明治財政史』

資料鑑賞　日本は遼東半島還付金の約4,500万円を含む総額約3億6,450万円の賠償金を得た。その使途は、大半が軍備拡張費に充てられた。

4 台湾統治（1895〜1945）

1895	樺山資紀、初代台湾総督就任
↓	日本は、抗日運動によって建てられた「台湾民主国」を鎮圧（1895）
1896	台湾総督府条例（1896）（総督は陸海軍大将、中将）
1898	児玉源太郎総督と後藤新平民政局長（のち民政長官）の台湾統治
↓	土地調査事業（1898〜1905）／台湾銀行設立（1899）／台湾製糖会社設立（1900）／戸籍調査令（1903）
1906	
1915	タパニー事件＝抗日武装蜂起
1919	文官総督時代（貴族院議員）
↓	台湾教育令（1919）、霧社事件（台湾先住民が日本人132名殺害、1930）
1936	
1936	再び武官総督時代
（方針）	台湾人の「皇民化」／台湾産業の「工業化」／東南アジア進出のための「南進基地化」
1945	

台湾縦貫鉄道全通（1908）

台北
霧社
新高山
台南
高雄

0　50km

↑④児玉源太郎（右）（1852〜1906）**と後藤新平（左）**（1857〜1929）　この二人によって台湾統治は本格的に推し進められていった。

↑⑤台湾製糖会社　台湾総督府の要請で、三井物産などの出資により1900年に設立された製糖会社。地元資本や中小製糖工場を吸収合併し、一大植民地資本として成長していった。

↑⑥旧台湾総督府庁舎（台北市）　設計長野宇平治。1911年起工、1919年竣工。現在は台湾総統府。

近現代
明治

ⓘ インフォメーション　佐賀県立博物館（佐賀市）　佐賀県出身の大隈重信や江藤新平などの関連資料を展示。https://saga-museum.jp/museum/

◉ テーマのポイント

1. 日清戦争後、国内では藩閥と政党の妥協がすすんだ
2. 初の政党内閣が成立した
3. 元老が政局に影響力をもつようになった

1 日清戦争後の政局

伊藤博文②内閣　1892.8〜96.8 ―自由党支持
① 「日清戦後経営」―軍備拡張、産業育成、教育充実、植民地領有が課題
② 第9議会―地租増徴でなく営業税、酒造税での増税

松方正義②内閣（松隈内閣）　1896.9〜98.1 ―進歩党支持
① 第10議会―貨幣法成立、金本位制確立(1897)
② 第11議会―政府の地租増徴策をめぐり進歩党反発

伊藤博文③内閣　1898.1〜6
① 第5回総選挙―自由党との提携断絶
② 第12議会―地租増徴案否決、議会解散
③ 自由党と進歩党、合同して憲政党結成(1898)

大隈重信①内閣（隈板内閣）　1898.6〜11 ―日本初の政党内閣―
① 第6回総選挙―憲政党圧勝
② 尾崎行雄文相「共和演説事件」で辞任―後任文相めぐり
③ 地租増徴も各種増税策も実現できず　憲政党分裂

山県有朋②内閣　1898.11〜1900.10 ―憲政党(旧自由党)支持
① 第13議会―地租増徴案成立(2.5%から3.3%)(1898)
② 文官任用令改正―政党幹部が官僚になることを制限
③ 治安警察法公布(1900)―第5条で女子の政治結社加入禁止
④ 衆議院議員選挙法改正―直接国税10円以上、大選挙区制
⑤ 軍部大臣現役武官制確立(1900)
⑥ 憲政党の星亨と元老伊藤により立憲政友会結成(1900)

伊藤博文④内閣　1900.10〜01.5 ―立憲政友会支持
① 第15議会―増税法案成立(酒税、砂糖税など)

桂太郎①内閣　1901.6〜06.1 ―官僚、貴族院の支持
① 第17〜18議会―地租増徴案否決(1902〜03)
② 日英同盟協約締結―日露対立進行(1902)
③ 日露戦争勃発(1904)
④ 非常特別税法で地租増徴(5.5%)

西園寺公望①内閣　1906.1〜08.7 ―立憲政友会支持
① 「日露戦後経営」―軍備拡充、植民地経営
② 鉄道国有法公布―17私鉄の買収(1906)

● 政党のあゆみ ⟶p.293 4

自由党1881
総理 板垣退助
1884 解党
1890
立憲自由党
自由党1891
総理 板垣退助
第2次伊藤内閣の内相に板垣

立憲改進党1882
総理 大隈重信
1884 大隈 脱党
1891 大隈 復党
進歩党1896
党首 大隈重信
第2次松方内閣の外相に大隈

立憲帝政党1882
福地源一郎
1883 解党
大成会1890
吏党
国民協会1892
西郷従道
品川弥二郎
1891 消滅

民党の大合同

憲政党1898
第3次伊藤内閣の地租増徴案に反対して合同。
総務委員松田正久、尾崎行雄ら初の政党内閣である隈板内閣を結成

憲政党1898
旧自由党系
板垣

憲政本党1898
旧進歩党系
大隈

1899
帝国党

立憲政友会1900
総裁　伊藤博文
星亨、西園寺公望らが参加

↑③ **星亨**
(1850〜1901)

見方・考え方
政党の代表と内閣(首相)の関係に注目しよう。

1903
西園寺公望総裁

1905
大同倶楽部

1910
立憲国民党

1910
中央倶楽部

立憲同志会1913
総理　加藤高明

5 元老

げんろう

氏名	出身	在任期間	元老以前のおもな地位	最終爵位など
伊藤博文	山口	1889〜1909	参議・工部卿・内務卿・首相	公爵
黒田清隆	鹿児島	1889〜1900	参議・開拓長官・首相	伯爵・陸軍中将
山県有朋	山口	1891〜1922	参議・兵部卿・陸軍卿・首相	公爵・陸軍大将・元帥
松方正義	鹿児島	1898〜1924	参議・内務卿・大蔵卿・首相	公爵
井上馨	山口	1904〜1915	参議・工部卿・外務卿・外相・蔵相	侯爵
西郷従道	鹿児島	？〜1902	参議・文部卿・陸軍卿・海相・内相	侯爵・海軍大将・元帥
桂太郎	山口	1911〜1913	台湾総督・陸相・首相	公爵・陸軍大将
大山巌	鹿児島	1912〜1916	参議・陸軍卿・陸相	公爵・陸軍大将・元帥
西園寺公望	公家	1912〜1940	首相	公爵

維新に抜群の功績のあった者を「元勲」といい、これがのち「元老」といわれるようになった。元老は、後継首相の選任や重要政策に関与・干渉した。明治末から大正初めにかけて、西園寺が「前官礼遇」(前職の功労に天皇が下したもの)を受け、元老に加えられた。

2 隈板内閣の成立

わいはん

総理大臣兼外務大臣	**大隈重信**	進歩党系
内務大臣	**板垣退助**	自由党系
大蔵大臣	松田正久	自由党系
陸軍大臣	桂太郎	
海軍大臣	西郷従道	
司法大臣	大東義徹	進歩党系
文部大臣	尾崎行雄	進歩党系
農商務大臣	大石正巳	進歩党系
通信大臣	林有造	自由党系

↑① **大隈重信**　⟶p.259 1、261

↑② **板垣退助**　⟶p.258 1

衆議院の3分の2を占める憲政党に組閣の大命が下り、陸・海軍大臣以外を憲政党で占める政党内閣が成立した。首相に大隈重信、内相には板垣退助が就任した(隈板内閣)。

3 文官任用令改正

高級官吏	勅任官	親任官(大臣、大使等)
	勅任官*	(各省の次官等)
	奏任官	文官高等試験合格者から任用(各省の事務官等)
下級官吏	判任官	文官普通試験合格者から任用

＊勅任官
大隈①内閣の時、政党員の任用進む
山県②内閣の時、勅任官は奏任官からの昇任によると改正

従来、自由任用であった親任官以外の勅任官を奏任官からの昇任にすることで、政党勢力の排除を企図した。⟶p.293 1

4 軍部大臣現役武官制

1900年	第2次山県内閣で成立「大臣及総務長官ニ任セラルルモノハ現役ノ将官ヲ以テス」(陸・海軍省官制改正)
1913年	第1次山本権兵衛内閣で現役規定を削除 ⟶p.293 1
1936年 (二・二六事件後)	広田弘毅内閣は、軍部の発言力が強まるなか現役制を復活 ⟶p.318 1

軍部大臣現役武官制は、陸・海軍大臣の任用資格を現役の大将・中将に限定する制度。

近現代

明治

1 軍制度関係年表

	年代	事項
明治	1869	兵部省設置
	1871	薩・長・土3藩で親兵編成(のち近衛兵)
	1872	兵部省廃止、陸軍省・海軍省設置。徴兵告諭
	1873	徴兵令 ◯p.245 ■ 4
	1878	参謀本部設置―統帥権の独立
	1882	軍人勅諭発布 ◯p.245 ■
	1888	鎮台制廃止、師団制採用(7個師団)
	1889	徴兵令改正―兵役制度の改定
	1893	海軍軍令部設置―統帥権の独立
	1894	日清戦争(～95) ◯p.266, 267
	1896	陸軍6個師団増設決定(13個師団体制)
	1900	軍部大臣現役武官制確立 ◯p.268 4
	1904	日露戦争(～05) ◯p.270, 271
	1907	「帝国国防方針」決定。陸軍19個師団体制へ
大正	1912	2個師団増設問題で上原勇作陸相辞任 ◯p.293 ■
	1913	軍部大臣任用資格を予備役の大・中将に拡張
	1915	2個師団増設予算案可決 ◯p.293 ■
	1922	ワシントン海軍軍縮条約 ◯p.297 ■
		山梨半造陸相による陸軍軍縮(山梨軍縮)
		―6万人兵力削減
	1925	宇垣一成陸相による陸軍軍縮(宇垣軍縮)
		―4個師団廃止 ◯p.299 2
		→陸軍現役将校学校配属令を公布し、中等学校以上の男子校における陸軍現役将校による軍事教練(◯p.322⑫)を実施
昭和	1927	徴兵令廃止、兵役法公布
	1930	ロンドン海軍軍縮条約、統帥権干犯問題 ◯p.314 2
	1931	柳条湖事件―満洲事変へ ◯p.316 ■ 2
	1932	五・一五事件 ◯p.318 4
	1934	陸軍パンフレット事件 ◯p.318史料。ワシントン海軍軍縮条約破棄決定
	1936	二・二六事件 ◯p.318 5。軍部大臣現役武官制復活
	1937	盧溝橋事件―日中戦争へ ◯p.319
	1941	太平洋戦争(～45) ◯p.326
	1943	学生・生徒の徴兵猶予停止、学徒出陣 ◯p.328 8
	1944	徴兵年齢1年引下げ(満19歳)
	1945	敗戦、軍の解体

2 兵役制度(1889年徴兵令改正) ◯p.245 4

↑①徴兵検査のようす(1941年)

40歳	国民兵役	戦時に際し、国民軍が編成されるが、事実上兵役免除に等しかった。
27歳	後備兵役(5年)	常備兵役を終えた者が服する。戦時には召集される。
	予備役 陸軍4年 海軍3年	現役を終えた者が服する。戦時には召集される。
20歳	常備兵役 現役 陸軍3年 海軍4年	徴兵検査に合格した者の中から抽選で常備兵役に服する。
17歳	徴兵検査 国民兵役	戦時に際し、国民軍が編成されるが、事実上兵役免除に等しかった。

※予備役・現役は「常備兵役」の枠内。

3 軍人の階級(昭和期)

	大将	
将校	中将	〈将官〉
	少将	
	大佐	
	中佐	〈佐官〉
	少佐	
	大尉	
	中尉	〈尉官〉
	少尉	

	陸軍	海軍
准士官	特務曹長〈1936年〉准尉	兵曹長
下士官	曹長 軍曹 伍長	一等兵曹(上等兵曹)** 二等兵曹(一等兵曹) 三等兵曹(二等兵曹)
兵*	兵長〈1941年新設〉 上等兵 一等兵 二等兵	一等水兵(水兵長) 二等水兵(上等水兵) 三等水兵(一等水兵) 四等水兵(二等水兵)

* 1931年以前は「兵」は「卒」といった。
** ( )は、1943年以後の呼称。

徴兵により20歳で入隊し、二等兵となり、2年目に一等兵、一部は上等兵となる。そこで除隊となり、本来の職業に復帰した。引き続き、軍に残り、軍人を職業にしようとする者が下士官になっていった。将校は、別に陸軍士官学校や海軍兵学校を卒業してつくことができるエリート集団であった。

4 陸軍―師団のしくみ

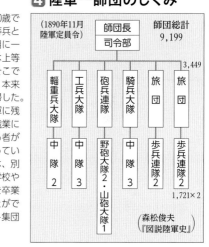

(1890年11月 陸軍定員令)

師団長
司令部 ── 師団総計 9,199

3,449

輜重兵大隊 ─ 中隊2
工兵大隊 ─ 中隊3
砲兵連隊 ─ 野砲大隊2・山砲大隊1
騎兵大隊 ─ 中隊3
旅団 ─ 歩兵連隊2
旅団 ─ 歩兵連隊2 ─ 1,721×2

(森松俊夫『図説陸軍史』)

近衛	東京(1891年)	第10	姫路(1898年)
第1	東京(1888年)	第11	丸亀→善通寺(1898年)
第2	仙台(1888年)	第12	小倉(1898年)
第3	名古屋(1888年)	第13	高田(日露戦争で編成)
第4	大阪(1888年)	第14	宇都宮(〃)
第5	広島(1888年)	第15	豊橋(〃)
第6	熊本(1888年)	第16	京都(〃)
第7	札幌→旭川(1896年)	第17	岡山(1907年)
第8	弘前(1898年)	第18	久留米(1907年)
第9	金沢(1898年)	第13・15・17・18は、1925年の宇垣軍縮で廃止	

師団とは、陸軍の常備兵団としての最大単位の部隊のことで、平時には人員約1万人、戦時には約2万5000人の規模であった。1925年の宇垣軍縮から日中戦争開始までの師団数は17(朝鮮の2個師団を含む)であったが、戦争開始の2年間で倍増、太平洋戦争敗戦時では189個師団になっていた。

5 海軍―艦艇の種類

艦艇	軍艦	戦艦 巡洋戦艦 巡洋艦 航空母艦 水雷母艦 敷設艦 海防艦 砲艦
		駆逐艦 潜水艦 水雷艇

(1920.4海軍省達)

主力艦といわれるのは戦艦(排水量1万トン以上、20cm～40cm砲搭載)、巡洋戦艦をさし、これらより小型の艦艇である巡洋艦、駆逐艦などを補助艦と称した。

八・八艦隊とは、明治末期から大正にかけて海軍が目標とした艦隊整備の基準で、建艦後8年未満の戦艦8隻・装甲巡洋艦(のちに巡洋戦艦)8隻をそろえることだった。しかし、これは建艦後8年未満を1期として、以後8年区切りで2期・3期と分け編成し、合計48隻の戦艦・巡洋戦艦を保有することで、莫大な予算を必要とした。右の写真は、八・八艦隊の主力艦だった戦艦「長門」。

6 海軍―八・八艦隊構想

年代	内閣	事項
1907	西園寺①	八・八艦隊構想成立
1908	桂②	八・六艦隊案に縮小も予算成立せず
1911	西園寺②	四・四艦隊案に縮小も予算成立せず
1914	大隈②	第一次世界大戦に呼応して八・四艦隊案とし、一部予算成立
1918	寺内	八・六艦隊案実現、予算成立
1920	原	八・八艦隊案実現、予算成立。1927年までに実現計画
1921	高橋	ワシントン海軍軍縮条約で、八・八艦隊構想中止。実際に就航したのは4隻(長門・陸奥・赤城・加賀)

1936年にワシントン海軍軍縮条約が失効、軍拡再開
1937年、戦艦大和・武蔵以下艦艇66隻の建造計画決定
1941年、太平洋戦争開戦直前で戦艦10隻

↓②戦艦「長門」

「のらくろ」と軍隊 歴史ポケット

「のらくろ」は、1931年に雑誌『少年倶楽部』で連載がはじまり、戦後まで断続的に書き続けられた人気漫画である。作者は、田河水泡。当初、現実の兵役制度にあわせて2年で満期除隊のつもりが、連載3年目には、のらくろは下士官志願で伍長にまで進級した。貧しい子どもたちが、自分より不遇な主人公をみて力づけられるようにとの考えから、主人公は「野良犬黒吉」、「のらくろ」となった。

©田河水泡／講談社

近現代
明治

テーマのポイント

1 日清戦争後、欧米列強は中国へ進出し勢力範囲を設定していった
2 ロシアが強力に極東政策を進めた結果、韓国における権益をおびやかされることを懸念した日本との対立が深まった

1 満洲・朝鮮をめぐる日露対立

内閣	年	月	事 項
伊藤博文②			**ロシア極東政策推進、満洲・朝鮮に進出**
	1895 (明28)	4	ロシアが中心となり日本に遼東還付勧告（三国干渉）
		7	ロシアの支援を受けた閔妃派による親露政権成立
		10	日本軍による大院君を擁したクーデタ、**閔妃殺害**
	1896 (明29)	2	朝鮮国王がロシア公使館に入る（ロシアの庇護）
			ロシア、東清鉄道敷設権獲得
			朝鮮問題について日露交渉・妥協成立
		6	山県・ロバノフ協定（朝鮮に関する議定書）調印（朝鮮財政の共同援助など）
松方②	1897 (明30)	10	朝鮮、国号を大韓帝国と改称
			列強諸国による中国の半植民地化
伊藤③	1898 (明31)	3	ロシアは旅順・大連租借、南満洲鉄道敷設権獲得
			ドイツは膠州湾租借、膠州鉄道敷設権獲得
		4	フランスは広州湾租借と雲南鉄道敷設権要求し広州占領（1899租借、獲得）
大隈重信①		7	イギリスは九龍、山東省の威海衛租借
		9	英・独間で中国の権益についての協定成立（イギリスは長江沿岸、ドイツは黄河沿岸の支配）
山県有朋②			**中国で排外運動、ロシアの満洲占領**
	1899	3	山東半島から**義和団**の蜂起はじまる。ドイツ軍出動
	1900 (明33)	5	英・仏・露・伊・日の列国軍と義和団戦闘
		6	清が列国8か国に対し宣戦布告（**義和団戦争へ**）
		8	列国軍、北京総攻撃
	1901 (明34)	9	北京議定書調印。列国軍、北京から撤兵
			日本政府、外交路線めぐり紛糾
			林董公使、英外相と日英同盟交渉開始
			伊藤博文、露外相と日露協定交渉開始
		12	伊藤博文、ベルリンより桂首相に**日露協定**を先決とし**日英同盟案**の延期を勧告するが、政府は同意せず
桂太郎①	1902	1	**日英同盟協約**調印
	1903 (明36)	6	戸水寛人ら東大七博士、政府へ建議書提出（**主戦論**）
			ロシア軍の満洲駐留、満洲支配進行
		8	ロシアで政変おこる。満洲・韓国への軍事進出推進派が政権掌握
			日本とロシア2国間協議開始
			1年半にわたる日露戦争
	1904 (明37)	2	ロシアとの交渉打ち切り、国交断絶決定
			日本軍、韓国の仁川上陸。ロシアに宣戦布告
			政府国債ならびに英国で公債募集決定
			日韓議定書調印（軍事上必要な土地収用）
		4	非常特別税法公布（消費税率増税）
		8	黄海海戦
			第1次日韓協約調印
		9	与謝野晶子「君死にたまふこと勿れ」史の詩をめぐり大町桂月と論争
	1905 (明38)	1	日本軍、旅順攻略、占領
		3	奉天会戦（奉天総攻撃）
		5	日本海海戦（バルチック艦隊撃滅）
		6	日本から米大統領セオドア＝ローズヴェルトに日露講和の斡旋希望を打診、日露両国講和受諾
		9	**日露講和条約（ポーツマス条約）**調印

（縦書き右端：近現代 明治）

（縦書き：日本の韓国進出）

2 列強諸国による中国分割

凡例
勢力範囲
■ 日本（日）
■ ロシア（露）
■ イギリス（英）
■ ドイツ（独）
■ フランス（仏）
（ポ）ポルトガル
（租）租借地
鉄道利権
── 中国自設
── ロシア
── その他
● 下関条約による新開港場

日清戦争で清が日本に敗れると、帝国主義政策を進める列強は中国へ進出し、勢力範囲を設定していった。ロシアは旅順・大連、ドイツは膠州湾、イギリスは威海衛・九龍半島、フランスは広州湾を租借、アメリカは中国分割には直接加わらなかったが、門戸開放・機会均等を主張した。

アメリカは、1899年に、国務長官ジョン＝ヘイが、中国における各国の勢力範囲を前提として、その内部での通商上の機会均等を要求した。

← 1 列強クラブの新入り（ビゴー筆）

作品鑑賞

日清戦争の勝利後、日本はイギリスの紹介で列強クラブに仲間入りした。洋装に高下駄の見なれぬ男の登場にメンバーはとまどっている。[*]

＊列強のメンバーは明確でなく、オーストリア＝ハンガリー帝国を入れる説もある。

3 義和団戦争[*]（1900年） ＊日本では北清事変ともいう。

↑2 義和団戦争に出兵した連合国8か国の兵士 日本は、イギリスの要請により派兵し、連合国の主力となり、「極東の憲兵」といわれた。

1 日露戦争の背景

↑①ヨーロッパ列強の勢力拡大（『滑稽欧亜外交地図』1904年）

19世紀後半の欧米列強諸国の世界進出の状況についての基本構図は英露対立である。黒海方面への進出を企図したロシアの南下政策は、地中海、スエズ、インドへとつながるルートをもつイギリスと対立した。一方で、満洲・朝鮮半島進出を企図し旅順・大連を支配したロシアは、日本と対立し、山東半島の威海衛を拠点にもつイギリスとも対立した。また、アジア進出に乗り遅れたアメリカは、満洲経営をもくろみ、日本への接近策をとった。

作品鑑賞 巨大なタコはロシア、8本の足の行方はロシアの膨張的な領土政策をあらわしている。向かって一番右の足は満洲を縦断して、中国の左腕を巻き込みながら旅順港へ向かう。軍服の日本は水鉄砲で対処している。

↩②火中の栗（『中央新聞』1903年）
ロシアが焼いている火中の栗（満洲・朝鮮のこと）を英・米が日本に取らせようとしている。

↩③イギリスに後押しされてロシアに立ち向かう日本（ビゴー筆）

● 日英同盟

↑④林董（1850〜1913）　のち外相として、日露戦争後の外交に貢献。

史料	日英同盟協約史

第二条　若シ日本国又ハ大不列顛国ノ一方カ上記各自ノ利益ヲ防護スル上ニ於テ、別国ト戦端ヲ開クニ至リタル時ハ、他ノ一方ハ厳正中立ヲ守リ、……

ロシアの南下政策に対抗するため、日本（第1次桂太郎内閣）は、1902年にロシアの勢力拡大を警戒するイギリスと同盟（日英同盟）を結んだ。日英の一方が第三国と開戦した場合、他方は厳正中立を守るなどを内容とした。この同盟の締結にあたっては、駐英公使林董が交渉にあたった。

2 日露戦争 ▶日露戦争

見方・考え方 戦場となった奉天や旅順は中国であった点に着目しよう。

④**奉天会戦**　1905.3.1〜10
死傷者、日本7万、ロシア9万
戦力限界に

②**沙河会戦**　1904.10.10〜17
両軍35万が沙河をはさんで冬営

①**遼陽会戦**　1904.8.30〜9.1
死傷者、日本2万3千人

③**旅順占領**　1905.1.1
不凍港の旅順はロシア東洋艦隊の根拠地
死傷者、日本6万人

⑤**日本海海戦**　1905.5.27〜28
日本、ロシアのバルチック艦隊を壊滅させる

（地図内）
ロシア　ウラジヴォストーク　清　奉天　沙河　会寧　鏡城　遼陽　安東　北韓道　咸興　元山　鴨緑江　平壌　鎮南浦　漢城　仁川　蔚陵島　大孤山　旅順　大連　第4軍（野津）　第2軍（奥）　第3軍（乃木）　第1軍（黒木）　韓国　釜山　黄海　下関　日本　日本海　日本艦隊　バルチック艦隊進路

日本軍の進路
← 第1軍
← 第2軍
← 第3軍
← 第4軍
0　200km

リバウ　ロシア　1904.10.15発　アフリカ　日本
― バルチック艦隊本隊
― 第三艦隊および支隊

↪⑤戦艦三笠艦上の指揮官（東城鉦太郎『三笠艦橋の図』）　三笠は連合艦隊の旗艦で、連合艦隊司令長官の東郷平八郎が座乗した。絵は、日本海海戦開始直前の1905年5月27日午後2時頃のようすを描いている。緊急信号のZ旗を掲げる。東郷の右が参謀・秋山真之、左が参謀長・加藤友三郎。

● 日清・日露戦争の比較（『日本史総覧』など）

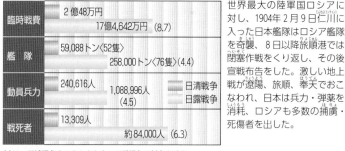

	日清戦争	日露戦争
臨時戦費	2億48万円	17億4,642万円（8.7）
艦隊	59,088トン〈52隻〉	258,000トン〈76隻〉（4.4）
動員兵力	240,616人	1,088,996人（4.5）
戦死者	13,309人	約84,000人（6.3）

（　）は、日清戦争を1としたときの日露戦争の割合を示す。

世界最大の陸軍国ロシアに対し、1904年2月9日仁川に入った日本艦隊はロシア艦隊を奇襲、8日以降旅順港では閉塞作戦をくり返し、その後宣戦布告をした。激しい地上戦が遼陽、旅順、奉天でおこなわれ、日本は兵力・弾薬を消耗、ロシアも多数の捕虜・死傷者を出した。

（写真内）乙旗　加藤友三郎　東郷平八郎　秋山真之　記念艦「三笠」提供

↑⑥旅順の攻防　陸軍は旅順攻略のため3度にわたって総攻撃したが失敗に終わった。小口径の大砲では不可能と知り、参謀本部は、当時最新最大級の国土防衛用であった28センチ砲を旅順に急送し、ようやく占領に成功した。

🔴 日露講和会議(1905.8.10〜8.29)

ウィッテ(首席全権)　小村寿太郎(外相、首席全権)
セオドア＝ローズヴェルト

●❶日露講和会議 アメリカ大統領セオドア＝ローズヴェルトの斡旋でポーツマスで開かれた。ロシア側のニコライ皇帝の「一銭の金銭も一握の領土も渡さない」という方針と、日本側の賠償金の要求が会議の争点となった。

ポーツマス条約(1905年9月5日)史

〈日本側全権：小村寿太郎、ロシア側全権：ウィッテ〉
❶ロシアは日本の韓国での指導権・保護権承認
❷ロシアは旅順・大連の租借権、長春・旅順間の鉄道とその付属地の利権を日本に譲渡
❸ロシアは北緯50度以南の樺太を日本に譲渡
❹ロシアは沿海州とカムチャツカの漁業権を認める

● ポーツマス条約で獲得した領土

ロシア／北緯50度以南の樺太／北緯50度／清／長春／豊原(樺太庁)1906／大連／旅順／韓国／日本／台湾／0　1000km

● 遼東半島の領有の変遷

日清戦争後　0　50km　下関条約による日本の領土に／大連／旅順

1898 三国干渉後　0　50km　ロシアの租借地／大連／旅順

1905 日露戦争後　0　50km　ポーツマス条約による日本の租借地／関東州／南満洲鉄道／大連／旅順

＊租借地 ●p.267

●❷日比谷焼打ち事件 ポーツマス条約が締結された1905年9月5日、日露講和反対の国民集会の後、人々は暴徒と化し、内相官邸・警察署・交番などを襲撃した。賠償金を得られなかったことが不満の一つにあった。●p.276❸

🟠 テーマのポイント

❶日露戦争後、日本は満洲進出を本格化させた。それによってアメリカとの関係が悪化した
❷韓国への支配を強め、1910年に韓国を併合した

② 樺太の経営

年代	事項
1854	**日露和親条約**…樺太、両国雑居
1875	**樺太・千島交換条約**…樺太全島ロシア領
1905 (明38)	**ポーツマス条約**…北緯50度以南の樺太 日本領
	樺太守備隊による軍政統治
1907 (明40)	樺太庁設置…樺太守備隊司令官 楠瀬幸彦陸軍少将、樺太庁長官就任
1908 〜 1945	文官統治時代　樺太植民地経営進展 ○漁業、林業　○石炭—三井鉱山 ○パルプ、製紙業—王子製紙など

漁業(サケ・ニシン)やパルプ製造、石炭生産を主とする植民地経営が展開した。

● 樺太統治機構

```
樺太庁(大泊→1908豊原)
     │
  樺太庁長官
(陸軍将官兼樺太守備隊司令官)
   │        │
樺太守備隊    民政
```

「樺太国境画定」(安田稔)聖徳記念絵画館蔵

北緯50度
面積36,000km²(台湾とほぼ同一)
人口約33万人(1935年)

オホーツク海
豊原(ユジノサハリンスク)
大泊(コルサコフ)
宗谷海峡
北海道

●❸樺太の国境画定 1906年6月から日露両国代表が協議をおこない、1907年9月、4基の天測境界標と17基の標石を建てた。

③ 関東州の経営＊

年代	事項
1905 (明38)	**ポーツマス条約** 旅順、大連を含む遼東半島の租借 長春・旅順間の鉄道と付属地の獲得 撫順炭坑など獲得⇒清の承認(北京条約)
1906 (明39)	関東都督府設置 南満洲鉄道株式会社設立 └資本金額政府出資、初代総裁後藤新平 └鉄道経営、撫順炭坑経営
1907	第1次日露協約(満洲分割勢力圏)
1910	第2次日露協約(満洲の現状維持と鉄道権益確保)
1912	第3次日露協約(内モンゴル分割勢力圏)
1916	第4次日露協約(第三国の中国進出阻止)

＊万里の長城の東端の山海関から東の地方を「関東」といった。いわゆる満洲(中国東北部)の別称であった。しかし、ロシアは「関東」を遼東半島の一部をさす名称として用いた。日本もこれにならい、遼東半島南部を関東州と称するようになった。

● 関東州統治機構

1906〜1919年
```
      関東都督府(旅順)
     👤 関 東 都 督
(陸軍大将・中将から任命される)       (業務監督)
   │        │
  陸軍部      民政部      南満洲鉄道
独立守備隊と一個  関東州や満鉄     株式会社
師団。兵力1万人  付属地＊の民政
```

機構の改編 ⬇

```
1919〜1945年          1919〜1934年
  関東軍                関東庁
👤関東軍司令官         👤関 東 長 官
                              (業務監督)
  │    │          │    │
独立    一個        外事部   民政部    南満洲鉄道
守備隊   師団       (外交)   (行政)    株式会社
```

＊満鉄付属地とは、満鉄が所有する鉄道沿線一帯の地域。

1919年の機構の改編(原敬内閣)で軍事部門(関東軍)と行政部門(関東庁)が分離独立した。このことは、のち、関東軍による独走的な軍事行動を引きおこすきっかけとなった。

● 満鉄設立当初の鉄道網

ブラゴヴェシチェンスク／ボチカレオ／ロシア／ハイラル／シベリア鉄道／ハバロフスク／チチハル／東清鉄道／ハルビン／清／南満洲鉄道／長春／吉林／ニコリスク／奉天／撫順／遼陽／ウラジヴォストーク／関東都督府／山海関／錦州／鞍山／安東／新義州／営口／遼東半島／平壌／元山／旅順／大連／韓国／仁川／漢城／黄海／大邱／南満洲鉄道株式会社／馬山／三浪津／釜山／日本海／日本／0　300km

凡例：南満洲鉄道／ロシアの鉄道／清の鉄道／日本敷設の鉄道

● 日露協約による日露の勢力範囲

凡例：第1次日露協約／第1次日露協約による日本の勢力圏／第3次日露協約／第3次日露協約による日本の勢力圏／ロシアの勢力圏

ロシア／黒竜江省／外モンゴル／ハルビン／吉林省／沿海州／116／122／奉天省／熱河省／遼寧／内モンゴル／北京／大連／旅順／関東州／韓国／清／0　500km

日露戦争後、日露間は満洲支配において妥協を重ね、日露協約を結んだ。その背景には、満洲支配にアメリカが参入しようとしていることに対する危機感が存在していた。

近現代　明治

1 日露戦争後の国際関係

● 対立から提携に一転した日露関係

年代	事　項
1905 (明38)	ポーツマス条約
1907 (明40)	第1次日露協約 ・相互の領土・権利の尊重 ・満洲に鉄道・電信利権に関する分界線設定
1910 (明43)	第2次日露協約 ・満洲の現状維持と鉄道に関する相互協約 ・第1次協約の分界線を特殊利益地域とする確認
1912 (明45)	第3次日露協約 ・特殊利益の地域分界線を内蒙古まで延長する。 東側を日本、西側をロシアの範囲とする
1916 (大5)	第4次日露協約(日露同盟) ●p.295 2 4 ・中国における日露両国の勢力範囲を確定
1917 (大6)	日露外交終了 ・ロシア革命でロシア帝国滅亡 ●p.294 4 ・ソビエト政権成立

● 提携がつづく日英関係

年代	事　項
1905 (明38)	第2次日英同盟 ・日本の韓国保護権の確認、適用範囲をインド まで拡大
1911 (明44)	日英新通商航海条約 ・関税自主権回復
	第3次日英同盟 ・アメリカを条約の対象から除く

3 近代日朝関係 (韓国併合まで) ●p.274

年代	事　項
1875	江華島事件
1876	日朝修好条規締結(不平等条約)
1882	壬午軍乱
1884	甲申事変、朴泳孝・金玉均、日本へ亡命
1894	甲午農民戦争(東学党の乱)
1895	閔妃殺害事件
1897	国号を大韓帝国(韓国)と改める
1904 (明37)	日露戦争(～05) 韓国保護国化の進展 日韓議定書 (日本は軍事上必要な土地を収用できる) 第1次日韓協約 (財政・外交顧問は外国人を登用) 韓国保護国化に対する列国の合意
1905 (明38)	桂・タフト協定(日米間) 第2次日英同盟協約 ポーツマス条約(日露間) 韓国、日本の保護国時代へ 第2次日韓協約(乙巳条約・韓国保護条約) ―韓国の外交権接収、統監府設置
1906	漢城に統監府開庁、統監伊藤博文
1907 (明40)	ハーグ密使事件 韓国皇帝高宗退位、純宗即位 第3次日韓協約―韓国の内政権接収 韓国軍隊解散の詔勅、これに対し義兵運動拡大
1908	東洋拓殖株式会社設立
1909 (明42)	伊藤博文、統監を辞職。ハルビンで伊藤博文が安重根によって暗殺される。日本は反日義兵運動討伐作戦を展開 韓国併合へ

● 提携から対立に一転した日米関係

年代	事　項
1905 (明38)	アメリカの斡旋による日露協約 桂・タフト協定 ・日本による韓国、アメリカによるフィリピン支配の相互承認 桂・ハリマン協定→中止 ・南満洲鉄道について日米共同経営の方向での覚書 ・外相小村寿太郎の反対で中止
1906 (明39)	カリフォルニア州で排日運動激化 カリフォルニア州で日本人学童隔離問題 ・日本人移民に対する排斥高揚
1907 (明40)	日本、「帝国国防方針」制定 ・仮想敵国のひとつにアメリカを想定 移民に関する日米紳士協約* ・日本は移民渡航自主規制
1908 (明41)	高平・ルート協定 ・太平洋方面の支配における現状維持と清国における商業上の機会均等確認
1909 (明42)	ノックス米国務長官、南満洲鉄道中立化提起 ・アメリカがイギリスを誘って日本とロシアに提議。両国は拒否 ・内容は国際共同組織による満鉄経営案
1911 (明44)	日米新通商航海条約

＊日米紳士協約により移民は制限されるようになり、1913年の排日土地法や1924年の排日移民法(日本人移民のアメリカ入国禁止)によってアメリカ移民は終了した。

2 中華民国の誕生 ●p.313

列強の侵略が進む中国では、1905年、孫文らが東京で**中国同盟会**をつくり、外国の侵略に抵抗できない清を倒す運動を進めた。1911年、**辛亥革命**がおこり、翌年には**中華民国**が成立して、清は滅亡した。その後、実権は袁世凱が握った。

4 韓国支配

日露戦争勃発を機に日本の韓国支配が進められていった。日本は、アメリカ・イギリス・ロシアの確認を得て、韓国の保護国化を進めた。

● 義兵運動関係図

- 初期の蜂起(1895年10月11日～)
- 中期の蜂起(1904年～)
- 末期の蜂起(1907年～)

初期の義兵は、日清戦争後の閔妃殺害事件を機におこった。中期以降は日本の韓国保護国化に対する蜂起となった。とくに、1907年の第3次日韓協約を機に全道に波及した。

● 歴史ポケット ハワイ王国と日本人移民

1881年にハワイ王国のカラカウア王が来日し、ハワイのサトウキビ畑に日本人労働者を送るよう要請した。また、明治天皇に姪のカイウラニ王女と日本の皇族との結婚を提案した。ハワイでアメリカ人が勢力を強めるなか、同じ太平洋の島国である日本との連携を強め、独立を保とうとした。結婚は実現せず、1898年、ハワイはアメリカに併合された。しかし、移民策は具体化され、1920年頃には人口の4割以上を日本人が占めるようになった。

↑❶日本人排斥を示す看板(1920年) 19世紀末に太平洋航路が開設されると、日本からアメリカ本土への移民が増え、日系人社会が形成され、西海岸の都市には日本人街ができた。しかし、やがて現地でアメリカ人の職が奪われるという危機感や人種差別的な感情が加わり、日露戦争後から排日運動がさかんになった。

↑❷孫文(1866～1925)　↑❸袁世凱(1859～1916)

←❹伊藤博文と韓国皇太子 (1908年撮影)　椅子にすわっているのは、27代純宗の異母弟で、皇太子の李垠(10歳)。1920年、22歳のとき、日本の皇族の梨本宮方子女王*(18歳)と日朝融合の名目で結婚した。
＊皇族女子の称号・身位。

↑❺安重根(1879～1910) 安重根は、1906年私学校を建て教育による愛国啓蒙運動に尽力した。1907年にシベリアへ亡命、1908年には、大韓義兵軍の参謀中将となり、日本軍と交戦した。

近現代 明治

1 近代日朝関係史（韓国併合以降）

年代	事　項		
1910 (明43)	韓国併合条約田	1910	
	朝鮮総督府設置（初代朝鮮総督寺内正毅）。韓国を朝鮮に改称		
	日本の朝鮮植民地統治のはじまり		
1910 (明43)	土地調査事業着手（～18）		武断政治
	─土地所有権の確定、地税の確保目的、没収地は日本人に払下げ		
1911	朝鮮教育令（同化教育推進）		
1919 (大8)	高宗死去、三・一独立運動（パゴダ公園〈現、タプコル公園〉で独立宣言の朗読）	1919	
	朝鮮全土で独立要求示威運動		
	水原郡堤岩里虐殺事件（日本軍による）		文化政治
1920	産米増殖計画実施（～34）。朝鮮、食料事情悪化		
1923	関東大震災、朝鮮人虐殺事件		
1925	治安維持法を朝鮮、台湾、樺太に施行		
1929	光州学生抗日運動	1931	
1938	日本語常用を強要、ハングル教育禁止		兵站基地化政策
1939	国民徴用令公布		
1940	創氏改名実施、皇民化政策推進		
1943	朝鮮に徴兵制施行		
1944	朝鮮人労務者に徴用令適用		
1945	日本の敗戦、朝鮮の植民地支配終了	1945	

＊創氏は、日本と同じ氏制度の導入によって家族全員を同じ氏とすること。改名は、日本風の名に改めること。

● ソウルの名称の変遷

1394　李成桂が朝鮮建国を機に、漢陽を漢城に改称する。
1910　日本が韓国併合をおこない、漢城を京城に改称させる。
1945　現在のソウルの呼称に改称。

7 皇民化政策 →p.327

←❹日本語の強制　日中戦争期以降になると、朝鮮語を正課からなくして日本語の常用を強制するなど、朝鮮人を「皇国臣民」とするための政策がすすめられた。写真は、朝鮮総督府が開いた日本語講習会のようす。

→❺朝鮮の美術品と柳宗悦

プロフィール

朝鮮の文化と人々への敬慕

柳宗悦　東京都出身　1889～1961

1919年の三・一独立運動（→p.297 3）に際し、日本国内の世論は比較的冷淡であった。そのようななか、美術研究家でのちに民芸運動を提唱する柳宗悦は、読売新聞紙上で「反抗する彼らよりも一層愚かなのは圧迫する吾々である」と述べ、朝鮮の人々への同情とともに、日本の朝鮮政策を批判した。さらに、朝鮮総督府が、旧朝鮮王宮の正門であった光化門の取り壊しを発表すると、これに反対を表明、保存を求める世論を喚起し、移築を実現させた。柳の民芸運動の原点は、朝鮮の美術品への関心にあった。柳は朝鮮の美術品や民芸品の収集にもつとめ、京城に朝鮮民族美術館を建設した。

旧朝鮮総督府　光化門

光化門　景福宮

↑❶撤去前の旧朝鮮総督府庁舎（上）と現在のようす（下）　旧朝鮮総督府庁舎は、1995年から翌年にかけて解体された。

3 朝鮮の統治

年代	1910～19年	1919～31年	1931～45年
政治	武断政治	文化政治	兵站基地化政策
朝鮮総督	寺内正毅（1910～16） 長谷川好道（1916～19）	斎藤実（1919～27）（1929～31） 山梨半造（1927～29）	宇垣一成（1931～36） 南次郎（1936～42） 小磯国昭（1942～44） 阿部信行（1944～45）
統治行政	憲兵警察制度 軍事警察と普通警察が一体化。言論・集会の自由は完全に抹殺された	憲兵警察制度廃止、普通警察制度採用 ハングルの新聞を一部許可、朝鮮人の官吏登用などの懐柔策実施	兵站基地化政策 戦争遂行のための後方基地として朝鮮を位置づける。朝鮮の物的及び人的資源を戦争遂行に動員
経済政策	土地調査事業（1910～18） 申告制によって土地所有権が確定されたため、複雑な手続きにとまどった多くの農民が申告漏れとなり、国有地として没収された	産米増殖計画実施（1920～） 土地改良と農事改良で米の生産を増加させ、日本に移出する計画を実施した。朝鮮内は慢性的食料不足に見舞われた	工業化政策 日窒コンツェルンなどの日本資本が電源開発を進め、朝鮮の地下資源開発（石炭、鉄）により重化学工業を推進。北部に工業地帯形成

2 朝鮮総督府

● 朝鮮総督府の機構

4 土地調査事業

↑❷東洋拓殖会社　日韓両国政府によって、1908年に設立された国策会社で、朝鮮の土地開発を目的とした。朝鮮の農民から土地を奪って朝鮮最大の地主となり、朝鮮の人々を小作人として支配した。

5 三・一独立運動 →p.297 3

↑❸三・一独立運動のレリーフ（韓国・タプコル公園、旧パゴダ公園）　1919年3月1日、独立宣言書がパゴダ公園で朗読された。人々はこれに感激し「朝鮮独立万歳」を叫んで市中を行進、この動きは朝鮮全土へ波及した。

6 日の丸抹消事件（1936年）

1936年、ベルリン・オリンピックのマラソンで孫基禎選手が優勝した。日本の統治下にあったため、孫選手の胸には日の丸があったが、朝鮮の『東亜日報』は日の丸を塗りつぶした写真を掲載し、朝鮮総督府から無期限発行停止処分を受けた。これに対し、ドイツ国内のラジオ放送は日本の勝利ではない、朝鮮の勝利であると報じた。

人々は何を求めて海を渡ったのだろうか。

移民の行き先には時代によって変化があったのだろうか。
また、渡航先では何をして生活していたのだろうか。

● 県別の移民数 (1899〜1941年) (上位5県)

順位	都道府県	人数	全国比
1	広島県	179,514人	16.7%
2	熊本県	116,211人	10.8%
3	沖縄県 ➡p.256⑥	108,762人	10.1%
4	福岡県	87,802人	8.2%
5	山口県	57,684人	7.7%

広島の移民が多い理由

①広島は、官約移民*の人数も全国第1位であった。県や市町村を窓口に募集された
②外国産の綿花輸入の影響で特産品(安芸木綿)の生産が縮小していた
③県は1880年代前半には北海道への開拓移住を奨励し、1885年からはハワイへの移民もはじまった　など

↑❶ハワイのサトウキビ畑で働く日本人移民
サトウキビ農園での3年間の契約労働のために、1885年からの10年間で約3万人が海を渡った。故郷に送金したり、大金を稼いで故郷に戻ったりしたほか、そのままハワイに定着した人々もいた。

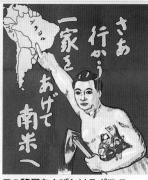

↑❷移民をよびかけるポスター
外務省外交史料館(東京・港区)蔵

*官約移民は政府が斡旋するもの。そのほか、民間の移民会社による私約移民がある。

1 明治から戦前までの移民(1868〜1945年)

見方・考え方
社会がどのような状況になったとき移民が増えるのだろうか。

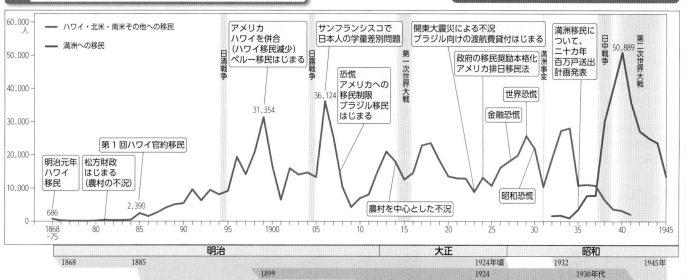

凡例：
— ハワイ・北米・南米その他への移民
— 満洲への移民

グラフ注記：
- 686
- 明治元年 ハワイ移民
- 2,390
- 松方財政はじまる(農村の不況)
- 第1回ハワイ官約移民
- 日清戦争
- アメリカ ハワイを併合(ハワイ移民減少) ペルー移民はじまる
- 31,354
- 日露戦争
- サンフランシスコで日本人の学童差別問題
- 36,124
- 恐慌 アメリカへの移民制限 ブラジル移民はじまる
- 第一次世界大戦
- 農村を中心とした不況
- 関東大震災による不況 ブラジル向けの渡航費貸付はじまる
- 政府の移民奨励本格化 アメリカ排日移民法
- 世界恐慌
- 金融恐慌
- 昭和恐慌
- 満洲事変
- 満洲移民について、ニ十カ年百万戸送出計画発表
- 日中戦争
- 50,889
- 第二次世界大戦

時代区分：明治 / 大正 / 昭和
1868 / 1885 / 1899 / 1924年頃 / 1924 / 1932 / 1930年代 / 1945年

ハワイ・北米などへの移民
ハワイは世界有数のサトウキビ輸出国であり、労働力の不足分を中国人・日本人移民でまかなった。1885年に政府認可の官約移民がはじまった。北米への移民は日清戦争後に増加していき、日露戦争後に日米関係悪化により移民が禁止されるまで約35,000人が北米(アメリカ・カナダ)に渡った。

南米などへの移民
1899年のペルー移民にはじまる。北米の排日移民法により南米移民が進んだ。1930年代前半はブラジル移民の最盛期で、年間2万人を超える年が続いた。

満洲への移民
満洲事変を機に、日本各地から満洲へ、開拓移民団(約27万人)が渡った。➡p.317⑥

2 戦後の移民(1946〜1989年)

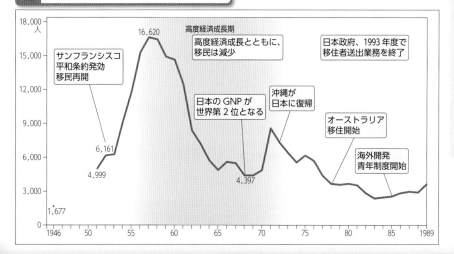

グラフ注記：
- 1,677
- 4,999
- サンフランシスコ平和条約発効 移民再開
- 6,161
- 16,620
- 高度経済成長期 高度経済成長とともに、移民は減少
- 日本のGNPが世界第2位となる
- 4,397
- 沖縄が日本に復帰
- 日本政府、1993年度で移住者送出業務を終了
- オーストラリア移住開始
- 海外開発青年制度開始

移民・難民・移住

☑ 国際連合の「国連事務総長報告書」(1997年)では、移民を「通常の居住地以外の国に移動し、少なくとも12か月間、当該国に居住する人のこと」と定義している。また国際移住機関(IOM)は「国内移動を含め自発的に他の居住地に移動すること」としている。さらに「非自発的な移住」として、戦争や内乱、武力紛争、人権侵害、自然災害などによる移住者は難民と定義されている。一般に歴史でいう移民とは、社会全体に影響をおよぼしうるほどの大規模な移住を意味している。

☑ 現在はグローバル化のなか個人での移住も可能となった。また高齢者の海外移住もおこなわれている。現在、移住協定を結んでいるのは、アメリカ合衆国、カナダ、オーストラリア、ブラジル、アルゼンチン、パラグアイ、ボリビアの7か国である。

探Q
● 身近な地域で移民・移住の実例がないか調べてみよう。

◉ テーマのポイント

1. 日露戦争後、政府は戦費調達にかかる国債の償還のため、増税と産業政策を重点とした
2. 韓国・満洲の植民地化推進のため軍備拡充が国家課題
3. 藩閥勢力は社会運動の高揚など戦後の新情勢に対応していくため、政党・議会重視へ

① 日露戦争後の政局〈桂園時代〉(1906～12)

西園寺公望①内閣　1906.1～08.7 ── 立憲政友会支持

① 「日露戦後経営」…軍備拡充、植民地経営、国債整理が課題
② 鉄道国有法公布…民営鉄道17社買収計画(1906)
③ 日本社会党結成…合法的社会主義政党(1906)
④ 労働争議激発…足尾銅山、別子銅山などで暴動(1907)
⑤ 「帝国国防方針」決議…軍備拡充計画案(1907)
⑥ 日露戦後も非常時特別税継続に対して、増税反対運動おこる(1908)
⑦ 赤旗事件…荒畑寒村・堺利彦ら逮捕(1908)

桂太郎②内閣　1908.7～11.8 ── 官僚の支持

① 戊申詔書発布…国民統合を企図(1908)
② 地方改良運動活発化…町村是(町村運営方針)を作成し納税、勤倹貯蓄、耕地整理など推進
③ 大逆事件…幸徳秋水ら逮捕(1910) ➡p.281 ④
④ 帝国在郷軍人会*の結成(1910)
⑤ 韓国併合、朝鮮の植民地経営推進(1910)
⑥ 日米新通商航海条約調印─関税自主権の回復(1911)
⑦ 工場法公布…1911(施行は1916)
⑧ 警視庁に特別高等(特高)課設置(1911)

*現役ではない予備役・後備役・退役軍人の全国組織。日露戦争前後から各地につくられた在郷軍人の団体を統合するもので、市町村単位の在郷軍人会をその分会とした。目的は、戦時動員体制の整備と、軍国主義的国民教化にあった。終戦後の1945年11月まで存続した。

西園寺公望②内閣　1911.8～12.12 ── 立憲政友会支持

① 義務教育就学率98%(1911)
② 明治天皇没…大正改元(1912)
③ 鈴木文治ら友愛会結成(1912)
④ 上原勇作陸相、2個師団増設案否決を不満として単独辞表提出(1912)

◀❶桂園時代　藩閥・官僚を代表する桂太郎と、政党勢力を代表する西園寺公望が交互に政権を担当した。➡p.261, 292, 293 ①

桂太郎　西園寺公望

⑤ 軍国主義の浸透

↓❻ブリキ製の玩具

◀❺紙製の「めんこ」　日露戦争の勝利は、軍国主義の風潮を加速し、玩具にもその影響が色濃くあらわれるようになった。

② 日露戦争戦費の財源(臨時軍事費の増大)

計17億4,600万円

						3.7
外債 39.5% 6億9,000万円	内債 35.7 6億2,400万円	一時借入金 1億7,900万円 10.8	10.3			

一般会計繰替 1億8,900万円　その他 6,400万円

資料鑑賞　日露戦争で、政府は、約17億4,600万円にのぼる臨時軍事費を組んだ。戦費は内債で約6億2,400万円、外債で約6億9,000万円を依存する形となった。

③ 増税と世論

◉ 軍事費の突出した日露戦争

年	割合	財政支出総額
1893	(27%)	846
1894	(69)	1853
1895	(66)	1786
1896	(44)	1688
1897	(49)	2237
1898	(52)	2198
1899	(45)	2542
1900	(46)	2928
1901	(38)	2669
1902	(30)	2892
1903	(48)	3160
1904	(82)	8222
1905	(82)	8878
1906	(54)	6968
1907	(35)	6172

☐財政支出総額
☐財政支出における軍事費
(数字はその割合)
※単位10万円。
『明治財政史』

◀❷日露戦費調達のための増税(『東京パック』、1910年)　ムチをもつ桂首相に「此上取られるものは命ばかりだ」と嘆く庶民が描かれている。

戦費や公債の利払いは、国民の租税負担によるところとなった。1904年と1905年の非常特別税法による増収計画で地租増徴、煙草と塩の専売制、各種の消費税新設・増徴を柱として、実施された。戦争が終わっても、この非常特別税は、軽減されることなく、平時の課税に固定化された。

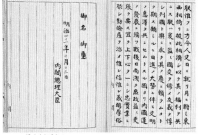

◀❸日比谷焼打ち事件　日露戦争中、増税など、国民は重い負担を強いられた。それにもかかわらず、期待した賠償金は得られず、国民の不満は高まった。そして、ポーツマス条約が締結された1905年9月5日、日露講和反対の国民集会の後、人々は暴徒と化し、内相官邸・警察署・交番などを襲撃した。➡p.272 ②

④ 戊申詔書と地方改良運動

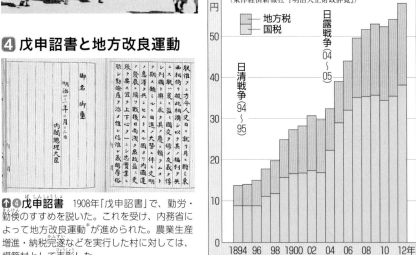

↑❹戊申詔書　1908年「戊申詔書」で、勤労・勤倹のすすめを説いた。これを受け、内務省によって地方改良運動*が進められた。農業生産増進・納税完遂などを実行した村に対しては、模範村として表彰した。

*日露戦争後、国力増強策の一環として、内務省を中心に町村財政と生活習俗の改良をめざしておこなわれた国家施策。荒地の開墾、青年会などの教育事業など多岐にわたる施策が全国規模で推進された。

◉ 一戸あたりの租税負担

(東洋経済新報社『明治大正財政詳覧』)

☐地方税
☐国税

日清戦争(94～95)　日露戦争(04～05)

（横軸：1894, 96, 98, 1900, 02, 04, 06, 08, 10, 12年）
（縦軸：円 0～60）

見方・考え方　高まる国民の不満に対して桂内閣は税負担にたえうる町村編成をめざしたことを確認しよう。

一言かわら版　**豊田佐吉**　自動織機の発明・改良を重ね、「世界の織機王」の名声を得た。佐吉が得た特許権は84件におよぶ。トヨタ自動車工業を創業した豊田喜一郎は長男。

近現代　明治

テーマのポイント
1. 政府の保護育成策で、資本の育成が進行した
2. 機械工業は、綿工業（紡績・綿布）からはじまった
3. 日清戦争後、日本は欧米諸国にならって金本位制を確立し、貿易の発展がはかられた

1 産業発展のあゆみ ⊃p.311 **1**

年代	事 項	
1870	殖産興業政策〈～74〉—官業育成	
1880	工場払下概則制定—民業育成	
1881	松方財政〈～92〉	
1882	**日本銀行設立**	
1883	**大阪紡績会社**操業	
1884	工場払下概則廃止	
1885～89	**企業勃興期〈第1次〉**—中心は紡績・鉄道（例：1888 山陽鉄道会社設立）	紡績・製糸などの軽工業の成長
1890（明23）	**最初の経済恐慌**—株価暴落 綿糸生産量が輸入量を超える	
1894	日清戦争〈～95〉	
1895～97	**企業勃興期〈第2次〉**—中心は紡績・鉄道・銀行（例：1895 住友銀行設立）	
1897（明30）	貨幣法制定—**金本位制**確立 綿糸輸出量が輸入量を超える—紡績業は輸出生産の主体に	鉄鋼・造船などの重工業成長
1900	経済恐慌〈～01〉—企業合併進行	
1901	**官営八幡製鉄所**操業	
1904	日露戦争〈～05〉	
1907	経済恐慌	
1909	生糸輸出量世界1位 **三井合名会社**設立—この頃、三井・三菱・住友など財閥形成	

日本の産業は、日清戦争・日露戦争を機に飛躍的に発展。会社や資本金が著しく増大し、機械制の工業生産は急速に発展した。

2 綿工業の発展

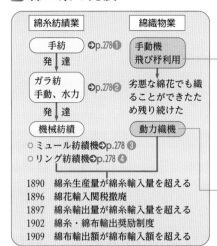

綿糸紡績業	綿織物業
手紡 ⊃p.278**1**	手動機 飛び杼利用
↓発達	
ガラ紡 手動、水力 ⊃p.278**2**	劣悪な綿花でも織ることができたため残り続けた
↓発達	
機械紡績	動力織機

○ ミュール紡績機⊃p.278 **3**
○ リング紡績機⊃p.278 **4**

1890	綿糸生産量が綿糸輸入量を超える
1896	綿花輸入関税撤廃
1897	綿糸輸出量が綿糸輸入量を超える
1902	綿糸・綿布輸出奨励制度
1909	綿布輸出額が綿布輸入額を超える

←↑1 飛び杼 よこ糸を通すための杼に改良を加えたもので、杼が左右に飛び、作業の効率が上がった。

杼

→2 豊田式汽力織機（木鉄混製動力織機） 1896年、豊田佐吉によって、動力織機が発明され、綿布生産額は急上昇した。

←3 大阪紡績会社　渋沢栄一により設立。1883年に第1工場が完成、1886年に3階建てレンガ造りの第2工場が完成した。低価格の中国産綿花を原料とし、蒸気でイギリス製の紡績機を動かし、電灯を導入して昼夜2交代制のフル稼働で生産を上げた。

3 綿糸生産量の推移

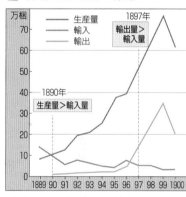

1893年のインドのボンベイ航路の開設により、安価なインド綿花の輸入が実現し、綿糸輸出は急伸した。（『日本経済統計要覧』）

見方・考え方 綿糸輸出がのびる反面、国内の綿作は急速に衰えたことに着目しよう。

↑4 大阪紡績会社の工場内部　綿花の繊維を引き出して撚りをかけて糸にする道具を紡錘車という。大阪紡績会社は、紡錘数が1万500錘（ミュール紡績機）という規模で操業を開始し、のちリング紡績機を導入した。

4 製糸業の発展—外貨獲得産業 ⊃p.278 **2**

座繰り製糸 →発達→ **器械製糸** 1870年代後半以降、長野県・山梨県から普及

● 座繰り製糸と器械製糸

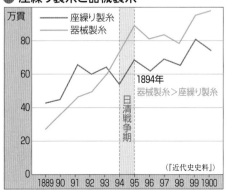

従来の手挽きに比べて、2倍の生産力をもつ座繰り製糸は、開港後に普及した。この後、洋式技術の導入により、器械製糸が普及し、1894年、器械製糸による生産量が座繰りの生産量を上回った。

器械製糸が「機械」ではなく「器械」というのは、繰糸工の技術に依存している点で、機械以前のマニュファクチュア段階にあるからである。なお、座繰り製糸と器械製糸のどちらに区分するかあいまいな製糸方法もある。

5 生糸の国際競争力

● 輸出量（イタリアのみ生産量、単位：トン）

年代	日本	中国	イタリア
1891（明24）	2,994	4,156	3,210
1905（明38）	4,619	6,010	4,440
1909（明42）	8,372	7,480	4,251

● 輸出先 （単位%）

年代	アメリカ	フランス	イギリス
1897（明30）	57.1	35.1	0.5
1909（明42）	69.6	19.5	0.1
1919（大8）	96.3	2.8	0.5

日本の製糸業は、欧米、とくにアメリカからの強い需要に支えられて発展した。**1909年**には、**生糸輸出量は中国を抜いて世界第一位**となった。

↑5 輸出生糸につけられた商標 1870年代頃から、生産者は商標をつけ始めた。桜花や富士山など日本的デザインも多くあった。

近現代

明治

1 紡績業

> 紡績とは、糸を紡ぐこと。おもに綿糸紡績を意味し、実綿から綿織物の原料の綿糸を製造する産業。産業革命の中心的産業であり、また輸出産業としても発展した。 ⊃p.28 **3**, 277 **2**

● 綿糸のあゆみ〈近代〉

幕末　開港後、良質綿糸の輸入で綿作農業衰退。維新後、イギリスなどから機械紡績技術導入

1890年　生産量が輸入量抜く

1897年　輸出量が輸入量抜く

1933年　綿布輸出量がイギリスを抜いて世界一

（原材料）	（工程1）	（工程2）	（工程3）	（製品）
実　綿	＜引き伸ばし＞	＜撚りかけ＞	＜巻き取り＞	綿　糸
	紡錘車を回転させて綿実から綿の繊維を伸ばしながら引き出す	紡錘車が回転していることで、糸には撚りがかかることになる	糸の太さを均等にしながら巻き取っていく	

> この一連の工程で「ガラ紡機」から「ミュール紡績機」そして「リング紡績機」への発達がみられた

● 在来の工法—手紡

←**①糸車** 右手で車を回し、左手で糸を紡いでいく。

● 機械の登場—ガラ紡

←**②手廻しガラ紡機**（複製）回転するつぼのなかの綿のかたまりから繊維を引き出して撚りをかけ、糸を作る。「ガラガラ」と鳴ったのが名前の由来。

● 機械の発達①—ミュール紡績機

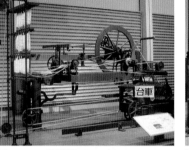

↑**③ミュール紡績機** 台車が右に動く時、糸は引き伸ばされる。左に戻る時に撚りがかかりながら紡錘に巻き取られる。極細の糸を作るのに適しているが、台車の操作が難しく熟練した腕力のある男性の工員が必要であった。

①~④トヨタ産業技術記念館（愛知・名古屋市）蔵

● 機械の発達②—リング紡績機

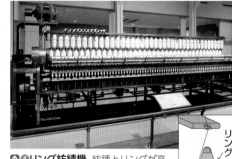

↑**④リング紡績機** 紡錘とリングが高速回転することによって、撚りかけと巻き取りを連続しておこなうことができた。女性でも操作が容易で生産性も高いことから、1890年に全国で約半数を占めたリング機は、1913年には98％に増えた。

⊃p.49 **18**

2 製糸業

> 蚕がつくる繭から絹織物の原料の生糸を製造する産業。近代日本の主力輸出品であり外貨獲得産業であった。 ⊃p.28 **2**, 277 **4**

● 生糸のあゆみ〈近代〉

幕末　開港後、生糸は主要輸出品。維新後、フランスなどから器械製糸技術導入

1894年　器械製糸の生産量が座繰り製糸の生産量を抜く

1909年　生糸輸出量が清を抜いて世界一

1934年　生糸生産量ピーク

（原材料）	（工程1）	（工程2）	（工程3）	（製品）
繭	＜煮繭＞	＜繰糸＞	＜揚返し＞	生　糸
	乾燥した繭を98℃の熱湯で3~4分煮て、繭の繊維をほぐしやすくする	65~75℃の湯に繭を浸し、約8粒の繭を同時に繰糸し1本の生糸をつくる	繰糸で小枠に巻かれた生糸を大枠に巻き返す	

> この一連の工程で「器械製糸」の発達がみられた

● 在来の工法—手挽き

↑**⑤手作業の糸繰りのようす** 写真は、牛首という座繰り以前に使われた道具での作業。

● 在来の工法—座繰り

↑**⑥座繰り器** ハンドルを回すことで歯車が回転し、糸を均質に巻き取る。

● 器械製糸の導入

蒸気機関で枠を回転させ糸を巻き取る
繭を煮る丸い鍋
フランス人技師
通訳

↑**⑦富岡製糸場の内部** 富岡製糸場は1872年開業。フランスの技術を導入。製糸の作業は、女性労働者の技術に依存する部分も大きく、完成度の低い「器械」製糸であったが、この製糸場の女性労働者たちが、のちに全国各地に器械製糸技術を伝えた意義は大きい。⊃p.248 **1**

↑**⑧富岡製糸場の内部**

↑**⑨繰糸作業**

1870年代後半から器械製糸が長野・山梨・岐阜などで普及

1 官営事業の払下げ ○p.248 2

(単位：万円)

払下げ年月	払下げ物件	投下資本額	払下げ価格	払受け人	現況
1874.11	高島炭鉱	39.4	55.0	後藤象二郎(のち三菱)	1986年閉山
1882.6	広島紡績所	5.4	1.3	広島綿糸紡績会社	
1884.7	深川セメント	10.2	6.2	浅野総一郎	太平洋セメント
1884.9	小坂銀山	54.7	27.4	久原庄三郎	1991年閉山
1884.12	院内銀山	70.3	10.9	古河市兵衛	1953年閉山
1885.3	阿仁銅山	167.3	33.8	古河市兵衛	1970年閉山
1885.5	品川硝子	29.4	8.0	西村勝三 他	1982年廃止
1886.12	札幌麦酒醸造所	—	2.8	大倉喜八郎	サッポロビール
1887.6	新町紡績所	13.9	14.1	三井	1975年廃止
1887.6	長崎造船所	113.1	45.9	三菱	三菱重工業
1887.7	兵庫造船所	81.6	18.8	川崎正蔵	川崎重工業
1887.12	釜石鉄山	237.7	1.3	田中長兵衛	1993年閉山
1888.8	三池炭鉱	75.7	459.0	三井(名義人佐々木)	1997年閉山
1889.11	幌内炭礦・鉄道	229.2	35.2	北海道炭礦鉄道	
1893.9	富岡製糸場	31.0	12.1	三井	1987年廃止
1896.9	佐渡金山	141.9	} 256.1	三菱	1989年閉山
1896.9	生野銀山	176.1		三菱	1973年閉山

工部省や内務省などの政府直営事業の多くは、毎年赤字が続き、とくに西南戦争後の財政逼迫は官営方式による殖産興業政策を困難にした。1880年に**工場払下概則**が制定され官営方針は見直しが図られ、官営事業の多くが民間へ払い下げられた。

↑1日本鉄道時代の仙台駅 1887年開通。仙台には1888年に設立された第2師団(仙台鎮台を改変)が置かれ、仙台駅はその輸送の拠点としても発展した。

↑2最初の国産機関車 1893年、官営鉄道工場で国産機第1号が誕生した。こうした技術は、やがて大正期の名機の登場へとつながっていった。鉄道博物館提供

2 鉄道の発達 ● 鉄道国有法による鉄道の買収(1906)

――― 官設(国)
――― 買収路線
――― 私設
● 師団司令部
⚓ 鎮守府

見方・考え方 軍事施設の場所を確認しよう。

0　　　200km

1892年の鉄道敷設法によって、鉄道敷設の規定が示された。すなわち、県庁所在地・師団司令部・軍港(鎮守府)所在地に鉄道が通されることになった。1906年、軍事上・経済上の必要から**鉄道国有法**が制定され、**日本鉄道・山陽鉄道・九州鉄道**など17社が買収され国有化された。○p.248 2

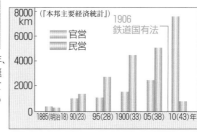

『本邦主要経済統計』
1906 鉄道国有法
■ 官営
■ 民営

8000km / 6000 / 4000 / 2000 / 0
1885(明治18) 90(23) 95(28) 1900(33) 05(38) 10(43)年

● 官営鉄道と民営鉄道の総距離

1906年に鉄道国有法が成立し、1906〜1907年にかけて、総キロ数4,800km、車輌2万5,000輌余が、4億8,000万円で国に買収された。これにより全国の鉄道の90%以上が国有鉄道となった。

3 重工業の発展

軍事工業 → 造船業 → 工作機械 → 電気機械 → 発展

↓ 鉄鋼の需要増大

官営八幡製鉄所 ── 1901年操業開始

1908年、**大冶鉄山**と漢陽製鉄所、萍郷炭鉱が合併し、中国最大の製鉄工場である漢冶萍公司が成立した。

漢陽製鉄所　大冶鉄山　萍郷炭鉱　八幡製鉄所

● 八幡製鉄所の生産・消費割合

1910年には年間銑鉄12.7万トン、鋼材15.3万トンを生産した。

＊銑鉄は鉄鉱石から直接に製造された鉄。鋼材は銑鉄から不純物を除去し機械用などに加工した鉄。○p.34 1

鉄鋼＼年度	八幡製鉄所産の銑鉄＊		八幡製鉄所産の鋼材＊	
	国内生産に対する割合	消費に対する割合	国内生産に対する割合	消費に対する割合
1901	53%	30%	82%	26%
1911	73%	37%	95%	29%

(1900年撮影)

東田第一高炉跡

←↑3八幡製鉄所 1,400万円の巨費を投じて福岡県八幡村(現、北九州市)に建設された。中国大冶鉄山の鉄鉱石(○p.34 6)を用い、九州の**筑豊炭田**の石炭を燃料とし、日本の重工業発展を支える大製鉄所となった。左の写真は、伊藤博文首相が訪問した時の記念写真。世界遺産

↑4池貝鉄工所製造の旋盤 池貝鉄工所は1889年に創業した工作機械製造工場で、動力式として国産初の旋盤を製造した。旋盤とは、材料を削る工作機械で、機械加工でもっともよく使われるもの。

この旋盤は日本の機械工業発展の礎となった記念碑的な存在であり、2012年、日本機械学会が認定する機械遺産に認定された。

● 部門別工場数・労働者数(10人以上使用)

部門	1886年 工場数	1886年 労働者数	1900年 工場数	1900年 労働者数	1909年 工場数	1909年 労働者数
染織	498	35,144	4,277	237,132	8,301	442,169
製糸	411	26,763	2,558	118,804	2,945	184,397
紡績	22	2,977	149	62,856	124	102,986
織物	65	5,404	1,375	49,356	4,245	127,441
機械・器具	42	2,896	413	29,730	1,092	54,810
機械	10	615	147	7,546	336	11,424
船舶	9	1,018	39	11,378	63	17,369
その他	23	1,263	227	10,806	693	26,017
運輸通信		22,967		166,079		366,420
鉱山		40,870		140,846		235,809

(大石嘉一郎編『日本産業革命の研究』上巻)　　(単位：人)

● 繊維産業と機械工業の比較

	年次	1890	1892	1894	1896
会社数	繊維産業	1,048	1,215	3,472	4,153
	機械工業	100	111	313	455
従業員数	繊維産業	156,510	121,062	215,227	228,713
	機械工業	5,202	6,087	16,979	23,755

(有沢広巳編『現代日本産業講座』)

近現代 / 明治

1 金本位制の確立 (1897年) ➡p.251 3 , 310 2

(表) (裏)

↑②10円金貨 ➡p.251 7
重量8.33g、直径21.21mm

↑①20円金貨 ➡p.251 6
重量16.66g、直径28.78mm

←③5円金貨
重量4.17g、直径17mm

金本位制となった貨幣法にもとづく金貨(原寸)

此券引換ニ金貨拾圓相渡可申候也

↑④金兌換日銀券(10円) (1899年) 95mm×159mm

N この金兌換日銀券に描かれた人物は和気清麻呂(➡p.86 3 6)で、1945(昭和20)年までに計6種の紙幣に登場している。

1897年の貨幣法制定により、日本は実質的に金本位制を確立した。首相兼蔵相松方正義と、日本銀行総裁岩崎弥之助が指揮しての金本位制の確立は、直接的には、日清戦争の賠償金2億両をイギリス金貨で得たことを契機に実現した。国内市場での銀価格の半減に呼応し、1円を金1.5gから0.75gにあらため、新しい金貨(これに対し、1871年の新貨条例にもとづく金貨を旧金貨と称する)が鋳造され、あわせて金兌換日銀券が発行された。

写真提供 日本銀行貨幣博物館

2 貿易 ● 貿易額の推移 ➡p.237 6 , 296 3

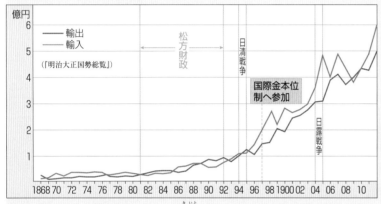

産業の発展とともに貿易額は急上昇した。生糸や綿糸・綿布の輸出拡大にもかかわらず、貿易総額で大幅な輸入超過が続いた。この要因として、人口の増加や、消費水準上昇による国内市場の拡大(内需拡大)とともに、消費財関係の輸入が増えたためである。

● 輸出入の内訳

総額3715万 (1885年) 輸出品
その他 / 生糸 / 米 / 緑茶 / 乾魚 / 銅 / 石炭

総額2億443万 (1900年)
その他 / 生糸 / 綿糸 / 銅 / 石炭 / 絹織物

総額2936万 (1885年) 輸入品
その他 / 綿糸 / 機械類 / 砂糖 / 綿織物 / 鉄類 / 石油 / 毛織物

総額2億8726万 (1900年)
その他 / 綿花 / 砂糖 / 毛織物 / 石油 / 鉄類 / 機械類 / 綿織物

紡績業では、安い外国綿花を輸入して綿糸を輸出する加工貿易の構造となり、綿布の輸出もおこなわれるようになった。しかし、紡績業のみの日本の貿易収支は大幅な赤字となっていた。

見方・考え方 貿易品の内訳を確認しよう。

● 韓国・台湾・関東州との貿易 (1908年)

● 対韓国
移入	1位	米 (44.4%)
	2位	大豆 (31.1)
移出	1位	綿布 (18.7)
	2位	綿糸 (9.2)

● 対台湾
移入	1位	米 (41.5%)
	2位	砂糖 (38.7)
移出	1位	木材板 (10.4)
	2位	綿布 (9.6)

● 対関東州 (旅順・大連)
移入	1位	大豆粕 (62.5%)
	2位	大豆 (27.0)
移出	1位	綿布 (12.8)
	2位	木材板 (10.6)

韓国、台湾、関東州からの輸入・移入の1位は、米・大豆などの農産物。一方、輸出・移出の1位は、おもに中国大陸から輸入した綿花を加工した綿布。

3 海運 ➡p.248 5

遠洋航路の開拓	1893年	日本郵船————日本→インド、ボンベイ(ムンバイ)
	1896年	航海奨励法、造船奨励法で大型鉄鋼汽船に奨励金交付
	1896年	日本郵船————日本→ヨーロッパ 北米 オーストラリア
	1896年	日本郵船、大阪商船———日本→台湾
	1898年	東洋汽船————日本→北米、サンフランシスコ
	1905年	東洋汽船————日本→南米、チリ
	1909年	大阪商船————日本→北米、シアトル(タコマ)

● おもな定期航路

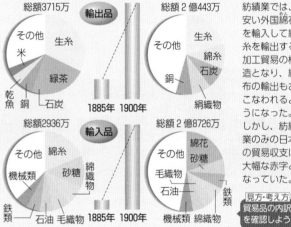

ヨーロッパ ロンドン アントワープ マルセイユ ポートサイド アデン / アジア カルカッタ ボンベイ シンガポール / ウラジヴォストーク 天津 大連 上海 長崎 ホンコン マニラ / 横浜 / 北アメリカ シアトル サンフランシスコ / 南アメリカ パナマ / アフリカ / オーストラリア シドニー / 太平洋 インド洋

—— 日本郵船開設航路
—— 大阪商船開設航路
—— 東洋汽船開設航路

1896年の航海奨励法と造船奨励法によって遠洋航路の開拓が本格化した。また、日清戦争の後、台湾定期航路も開かれた。

←⑤日本丸 サンフランシスコ航路で活躍した、日本における最初の本格的な貨客船。
日本郵船歴史博物館(神奈川・横浜市)蔵

4 寄生地主制の進行 ➡p.296 8

	0 20 40 60 80 100%
1873年 平均	小作地 27.4% / 自作地 72.6
1883〜84年	35.9 / 64.1
1892年	40.2 / 59.8
1903年	43.6 / 56.4
1912年	45.4 / 54.6
1922年	46.4 / 53.6
1932年	47.5 / 52.5
1940年	45.9 / 54.1
1950年	10.1 / 89.9

寄生地主制とは、一般に、自ら耕作せず、土地を小作農民に貸し付けて小作料を取ることを主とした地主経営のこと。地主は、農業経営だけでなく他事業にも手を伸ばし、地方での資本を形成していった。経済力を有する地主は、政治的には地方議員や国会議員に進出した。

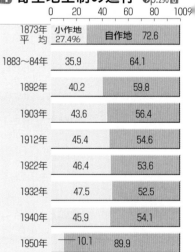

テーマのポイント

①産業革命の急速な進展によって、労働問題・公害問題などが発生
②諸問題に対し、人々は組織的に対処。やがて政治的改革を求め、社会主義運動が発生した

1 社会運動・労働運動のあゆみ

→p.300 1, 312 1

産業革命の進展

賃金労働者の増加　　低賃金と劣悪な労働条件

労働運動・社会運動の発生

1886　甲府雨宮製糸工場でストライキ（最初の工場ストライキ）
1888　高島炭鉱（長崎）で労働者虐待、社会問題化
1889　大阪天満紡績工場ストライキ
1891　足尾銅山（栃木）鉱毒被害社会問題化

労働組合結成へ

1897　職工義友会結成（高野房太郎）
　　　労働組合期成会結成（高野、片山潜）
　　　『労働世界』発刊

1897〜99　**労働組合誕生**
　　　鉄工組合、日本鉄道矯正会
　　　活版工組合

社会主義運動発生

1898　**社会主義研究会**結成（安部磯雄、幸徳秋水、片山潜）
1900　社会主義協会（改組）

治安警察法史 → 弾圧

社会主義政党結成

1901　**社会民主党**結成（翌日解散命令）（安部、片山、幸）
1903　**平民社**結成（社会主義啓蒙団体）（堺利彦、幸徳）
1906　**日本社会党**結成（堺、西川光二郎）｜軍備全廃 土地国有｜主眼（翌年解散）

社会主義運動弾圧へ

1908　**赤旗事件**
1910　**大逆事件**

労働運動、社会主義運動「冬の時代」

工場法公布史　→　初の労働者保護法（1916施行）
　　1911

特別高等課設置　→　社会主義者を検挙
警視庁に設置　1911
→p.312 1

2 劣悪な労働環境　　●紡績・製糸工場の就業時間

	0:00	2:00	4:00	6:00	8:00	10:00	12:00	14:00	16:00	18:00	20:00	22:00	24:00	
紡績工場 昼業				器械注油 その他準備	入浴　就業	朝食	就業	昼食	就業	掃退 除場				勤務時間合計11:10
夜業		就業			夜食	掃退場			器械注油 その他準備	入場		就業		勤務時間合計11:55
長野県諏訪郡の製糸工場	起床	朝食	就業		就業	昼食	就業		就業 小憩	終業予告 終業				勤務時間合計14:20

『職工事情』1903年刊

長野県のある製糸工場は1日14時間20分の労働時間であった。土曜・日曜の休日もなく、休みは盆と正月だけであった。また、当時のジャーナリストの**横山源之助**（1871〜1915）は、『**日本之下層社会**』史で産業革命期の都市と地方の下層社会の実態を明らかにした。

3 社会民主党の結成（1901年5月18日）史

河上清
木下尚江
西川光二郎
安部磯雄 →p.312 3
幸徳秋水
片山潜

日本最初の社会主義政党で、安部磯雄・片山潜・幸徳秋水・木下尚江・西川光二郎・河上清の6人で結成された。土地公有、軍備全廃、**普通選挙**などをかかげた。結社届を19日に提出したが、20日には結社が禁止された。

安部磯雄は、1901年に早稲田大学野球部を創設。以来、学生野球の発展・育成に貢献。「学生野球の父」として日本野球界の功労者を讃える野球殿堂にその名を刻んでいる。

4 大逆事件

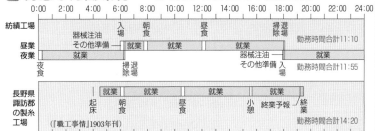
大逆罪の判決
二名を除く他〈外悪く〉死刑

天皇暗殺を計画したことを理由に、全国数百名の社会主義者が検挙された。刑法の大逆罪（→p.263 1）が適用され、幸徳秋水（写真）や管野スガら12名が死刑となった。幸徳ら多数の者は、無実だったといわれる。写真左は事件を報じる新聞。

5 社会・労働問題の発生

足尾銅山鉱毒問題 1891

足尾銅山からの鉱毒水や亜硫酸ガスを含む煙害、**渡良瀬川**を水源とする水田の荒廃、山林の立ち枯れの被害。衆議院議員の**田中正造**が議会で取り上げた。
1901　田中正造、**明治天皇に直訴**
1907　洪水対策として、**谷中村**に遊水地造成をおこなうため、谷中村強制破壊

足尾銅山産銅高		
1斤＝600g		
1883	1885	1891
109万斤	609万斤	1500万斤

●おもな労働争議の発生地
■鉱毒被害地
鉱毒被害地

足尾銅山
松木
足尾
群馬
栃木
桐生　足利
小中
佐野
藤岡
館林
谷中
茨城
埼玉
古河
幸手
利根川　渡良瀬川

↑①旧谷中村跡地につくられた渡良瀬遊水地（栃木市）

プロフィール

公害とたたかう

田中正造と幸徳秋水
栃木県出身　　　高知県出身
1841〜1913　　　1871〜1911

足尾銅山鉱毒問題は、田中正造の追及にもかかわらず、政府は何ら対策を講じなかった。こうした政府の態度に失望した田中は議員を辞職、最後の手段として、議会開院式に出席する天皇への直訴を試みた。直訴は失敗に終わるが、この出来事は大きな社会的反響をよび、世論も盛り上がった。この直訴状を起草したのが、幸徳秋水である。幸徳は、『万朝報』の記者時代から鉱毒事件を精力的に報道、田中とも親交を深めていた。これ以後、田中は被害地に入り、住民とともに鉱毒問題と対決し、幸徳らが支援をおこなった。

↑②田中正造 →p.264 6

（地図中の地名・施設）
八幡製鉄所
長崎造船所
筑豊炭田
三池炭鉱
呉海軍工廠
別子銅山
日本楽器
大阪鉄工所
釜石製鉄所
野田醤油
常磐炭田
東京砲兵工廠
東洋モスリン
浦賀ドック
幌内炭鉱
日本製鋼所

足尾銅山暴動 1907
会社側の待遇改善要求拒否に対し、労働者が暴動。

高島炭鉱事件 1888
労働者虐待の実態が、雑誌『日本人』に報じられ問題化。

大阪天満紡績工場スト 1889、1894
会社幹部への不満から、組織的におこなわれた大規模な女性労働者スト。

甲府雨宮製糸工場スト 1886
賃金引き下げ、長時間労働に女性労働者たちが反対。日本最初のストライキ。

史料　製糸業女性労働者の歌

かごの鳥より監獄よりも寄宿舎住まいはなお辛い工場は地獄で主任は鬼でまわる検番火の車
〈あゝ野麦峠〉より

近現代　明治

テーマのポイント

①政府の指導のもとに、西洋文化の摂取が推進された
②交通・通信・教育・出版などを通じ、国民も積極的に西洋文化を吸収した

1 明治期の思想

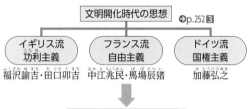

文明開化時代の思想 →p.252 3

イギリス流 功利主義	フランス流 自由主義	ドイツ流 国権主義
福沢諭吉・田口卯吉	中江兆民・馬場辰猪	加藤弘之

明治10年代、20年代の思想
(朝鮮問題をきっかけに国権論登場)
平民的欧化主義と国権論の対立

平民的欧化主義(平民主義)
政府の貴族的欧化主義に反対
国民生活向上のための欧化主義

近代的民族主義
国民の幸福は国家の独立や国民性の統一が前提

	国粋保存主義	国民主義
民友社 1887	政教社 1888	
雑誌『国民之友』徳富蘇峰	雑誌『日本人』三宅雪嶺	新聞『日本』陸羯南

(日清戦争勝利と三国干渉をきっかけに)
国家主義の台頭

日本主義
蘇峰は国家主義に転向
国権主義は思想の主流になる

帝国主義と植民地の肯定
雑誌『太陽』高山樗牛

明治30年代〜の思想

(資本主義の成立を契機に)

キリスト教社会主義
高野房太郎・片山潜
労働組合期成会(1897)

(日露戦争勝利をきっかけに)

独・仏流社会主義
幸徳秋水・堺利彦
平民社(1903)
日本社会党(1906)

国家主義への疑問
既成の秩序への疑問
地方利益や実利尊重

戊申詔書 1908
国民道徳の強化
地方秩序再編

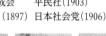
↑①徳富蘇峰 (1863〜1957)

↑②三宅雪嶺 (1860〜1945)

↑③陸羯南 (1857〜1907)

↑④高山樗牛 (1871〜1902)

↑⑤雑誌『国民之友』

↑⑥雑誌『日本人』

↑⑦雑誌『太陽』

2 明治期の宗教

①神道…政府は、伊勢神宮を頂点とする神社神道を国家祭祀(儀式)と結びつけ、国家神道とする。神社の格付けと保護
②仏教…廃仏毀釈での打撃以後、島地黙雷らが回復に努力
③キリスト教…青年知識層に普及。布教のほか、教育・医療・社会福祉、廃娼運動などをおこなう。国家主義の高揚のなか圧迫を受ける

神道(教派神道13派)

教祖創唱系	山岳信仰系	その他の神道系
黒住教(黒住宗忠) 金光教(川手文治郎) 天理教(中山みき) →p.242 3	扶桑教(富士信仰) 御嶽教(木曽御嶽信仰) 実行教(富士信仰)	神道修成派、出雲大社教 神道大成教、禊教 天理教、神習教 神道本局

明治政府は、1876年から1908年に13の神道系の民間宗教を公認した。

仏教

←⑧島地黙雷 (1838〜1911) 浄土真宗本願寺派の僧。政府の神道国教化政策に反対し、政教分離を論じた。

←⑨清沢満之 (1863〜1903) 浄土真宗大谷派の僧。教団の改革運動に失敗したのち、精神主義を提唱。

←⑩井上円了 (1858〜1919) 仏教哲学者。1887年、哲学館(現、東洋大学)創設。西洋哲学の方法で、仏教の体系化を試みた。

キリスト教

←⑪内村鑑三(1861〜1930) 札幌農学校出身。1891年、第一高等中学校在職の時、教育勅語への礼拝を拒否し教職を退いた(不敬事件)。『万朝報』の記者となり、日露戦争に対する非戦論を唱えた。無教会主義を唱道した。

←⑫新島襄(1843〜90) アメリカに渡り洗礼を受け、帰国後、京都に同志社英学校(のちの同志社大学)を設立。キリスト教主義を基本とした自由教育をめざし、多くの人材を育てた。

←⑬植村正久(1857〜1925) 日本基督教会を主導。1904年、東京神学社(現、東京神学大学)創設。

←⑭海老名弾正(1856〜1937) 熊本洋学校、同志社出身。同志社卒業後、各地で伝道。のち同志社大学総長。

←⑮矢島楫子(1833〜1925) 1893年、日本基督教婦人矯風会の会頭となり、廃娼運動を進めた。→p.301 1

←⑯山室軍平(1872〜1940) 同志社出身。1926年に救世軍日本司令官に就任し、社会運動に貢献した。

←⑰ジェーンズ(1838〜1909) 1871年、アメリカから来日。熊本洋学校の経営を任された。

←⑱新渡戸稲造(1862〜1933) 札幌農学校在学中に洗礼を受けた。1918年、東京女子大学初代校長に就任。1920〜26年に国際連盟事務局次長として、国際平和に貢献した。

プロフィール

鎮守の森を守った生物・民俗学者
南方熊楠 和歌山県出身 1867〜1941

粘菌学では世界的業績をあげ、のち民俗学者としても活躍した。彼の遺したもう一つの業績が、1906年からはじめられた神社合祀に反発し反対運動をおこしたことである。民俗学者の柳田国男(当時内閣法制参事官)の支援もあり、大正期に入ると神社の合併・統廃合はおこなわれなくなった。彼の運動によって数多くの鎮守の森の自然は保護されたのである。

1 文学の展開―近代小説

明治初期～10年代	明治20年代前半	明治20年代後半	明治30年代	明治末～大正期
戯作文学、翻訳小説、政治小説	写実主義	ロマン主義	自然主義	反自然主義・その他
江戸文学の系統である戯作文学や文明開化の時流で西洋文学の翻訳が流行。自由民権運動とともに政治小説も流行	現実をありのままに表現。近代文学の誕生	文学・芸術の自立を説き、根強く残る封建道徳からの人間の解放を主張	フランスやロシアの自然主義文学の影響を受け、人間社会の現実をありのままに表現	高踏派…時流にとらわれず理知的立場で表現 耽美派…美の創造が第一義とする 白樺派…人道主義の立場から自我の尊厳を主張
戯作…仮名垣魯文『安愚楽鍋』●p.252 ❸ 翻訳…川島忠之介『八十日間世界一周』 政治小説…矢野龍溪『経国美談』 東海散士『佳人之奇遇』 末広鉄腸『雪中梅』	坪内逍遙『小説神髄』『当世書生気質』 二葉亭四迷『浮雲』 幸田露伴『五重塔』（理想主義） 尾崎紅葉ら硯友社（機関誌『我楽多文庫』） 尾崎紅葉『金色夜叉』	森鷗外『舞姫』 樋口一葉『たけくらべ』 国木田独歩『武蔵野』 泉鏡花『高野聖』 徳冨蘆花『不如帰』 北村透谷・島崎藤村ら、雑誌『文学界』創刊	島崎藤村『破戒』 田山花袋『蒲団』『田舎教師』 国木田独歩『竹の木戸』 徳田秋声『黴』 長塚節『土』 ＊農民文学の傑作。	高踏派…夏目漱石『吾輩は猫である』 森鷗外『雁』『阿部一族』 耽美派…永井荷風『ふらんす物語』 白樺派…武者小路実篤ら『白樺』創刊

2 文学の展開―詩歌・短歌・俳句

	新体詩＊	ロマン詩	象徴詩	ホトトギス派
近代詩	外山正一ら『新体詩抄』 島崎藤村『若菜集』＊＊	森鷗外ら『於母影』、 島崎藤村『若菜集』＊＊ 土井晩翠『天地有情』 薄田泣菫『白羊宮』	蒲原有明『春鳥集』、 上田敏（訳）『海潮音』、 北原白秋『邪宗門』	正岡子規 高浜虚子『ホトトギス』 俳句
	浅香社	新詩社	根岸短歌会	アララギ派
短歌	落合直文主宰の短歌結社浅香社	与謝野鉄幹新詩社創立『明星』 石川啄木『一握の砂』	正岡子規が1899年にはじめる。写生と万葉調を主張	伊藤左千夫 長塚節『アララギ』創刊

＊新体詩は「漢詩」に対する語。新形式の意味。
＊＊『若菜集』は詩型としては新体詩、文学思潮はロマン詩の代表的作品。

←❶坪内逍遙（1859～1935）『小説神髄』で、写実主義という新しい文学理論を主張。演劇の近代化にも参加し、1906年には島村抱月と文芸協会を設立。

↑❷『小説神髄』（表紙）

←❸与謝野晶子（1878～1942）1904年には、日露戦争に赴いた弟の無事を祈願して反戦詩「君死にたまふこと勿れ」🏱を発表した。

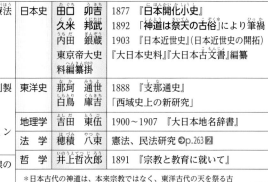

↑❹『明星』（表紙）（藤島武二画）

←❺島崎藤村（1872～1943）1893年、北村透谷らと『文学界』創刊。『破戒』では、瀬川丑松が被差別部落に対する人々の偏見に苦悩する姿を描きだした。

↑❻『破戒』（表紙）

←❼樋口一葉（1872～96）父の死後、生計のため小説を執筆。下谷竜泉寺町で雑貨屋を営み、『文学界』同人と交わり、24歳の生涯で名作を残した。

↑❽『たけくらべ』（表紙）

3 学問の発展

🅽 鈴木梅太郎がオリザニンの抽出を発表したのが1910年12月13日。2000年に、この12月13日が「ビタミンの日」に制定された。

分野	人名	年	業績
医学	北里柴三郎	1890	ジフテリア、破傷風の血清療法を発見
		1892	伝染病研究所を設立
		1894	ペスト菌を発見
	志賀潔	1897	赤痢菌を発見
薬学	高峰譲吉	1894	消化酵素タカジアスターゼ創製
		1900	止血剤アドレナリン創製
	秦佐八郎	1910	サルバルサンの創製を発表
	鈴木梅太郎	1910	米糠からオリザニン（ビタミンB₁）抽出発表
物理学	田中館愛橘	1892	濃尾地震にともなう等磁力線の変位を発表
	長岡半太郎	1904	原子模型の理論を発表
地震学	大森房吉	1899	地震の初期微動と震源地との距離に関する「大森公式」を発表
天文学	木村栄	1902	緯度変化に関するＺ項を発見
植物学	牧野富太郎	1888	『日本植物志図編』第1巻第1集を自費出版
生物学	南方熊楠		粘菌類の採集・研究。民俗学研究にも貢献 ●p.282

分野	人名	年	業績
日本史	田口卯吉	1877	『日本開化小史』
	久米邦武	1892	「神道は祭天の古俗」により筆禍
	内田銀蔵	1903	『日本近世史』（日本近世史の開拓）
	東京帝大史料編纂掛		『大日本史料』『大日本古文書』編纂
東洋史	那珂通世	1888	『支那通史』
	白鳥庫吉		「西域史上の新研究」
地理学	吉田東伍	1900～1907	『大日本地名辞書』
法学	穂積八束		憲法、民法研究 ●p.263 ❷
哲学	井上哲次郎	1891	『宗教と教育に就いて』

＊日本古代の神道は、本来宗教ではなく、東洋古代の天を祭る古い風俗と解釈し、王政の基として国家と結びつけることを否定。

↑❾木村栄（1870～1943）岩手県の水沢緯度観測所（現、国立天文台水沢観測センター）の初代所長となり、緯度変化の計算式にＺ項（木村項）を加えるべきことを発見。

←❿北里柴三郎（1852～1931）ドイツでコッホに師事して細菌学を修めた。帰国後、伝染病研究所を設立した。

←⓫志賀潔（1870～1957）伝染病研究所に勤め、細菌学を修めた。1897年に赤痢菌を発見した。

←⓬高峰譲吉（1854～1922）麹菌から消化酵素を抽出、「タカジアスターゼ」を創製、胃腸薬として商品化した（左の写真）。また、アドレナリンの結晶抽出に成功、世界的にその名を知られた。

第一三共株式会社提供

⓫⓫学校法人北里研究所北里柴三郎記念室提供

近現代

明治

左端縦書き：近現代　明治

1 教育制度の変遷 →p.341

■義務教育に関する事柄。

年	内容
1871	文部省設置
1872（文部卿）大木喬任	**学制公布**史 ●文部省による全国の教育行政の明示 ●学区制制定（大学区・中学区・小学区） ●公教育思想、個人主義的な教育思想 ●学区制についてはフランス制度の影響 ●とくに小学校設立に重点
1879（文部卿）寺島宗則	教育令公布（第1次教育令） ●学区制廃止、小学校設置単位は町村に ●下等小学4年間で最低16か月の就学規定 ●教育課程は町村で自主的に編成
1880（文部卿）河野敏鎌	教育令改正（第2次教育令） ●教育課程は文部省規定の方針で編成 ●儒教主義的教育方針強化（「修身」重視）
1886伊藤①（文部大臣）森 有礼	学校令〈総称〉制定 ●帝国大学令・師範学校令・中学校令・小学校令の総称 ■尋常小学校4年間の義務制明示
1890山県①（文部大臣）芳川顕正	教育ニ関スル勅語（教育勅語）発布史 ●元田永孚（儒者）・井上毅ら起草 ●忠君愛国の精神強調
1894伊藤②（文部大臣）井上 毅	高等学校令 ●高等中学校を高等学校に改称
1899山県②（文部大臣）樺山資紀	実業学校令・高等女学校令 ●実業教育の振興 ●女子教育の充実
1900山県②	小学校令を改正し、尋常小学校を4年制に統一、義務教育の授業料を徴収せず
1903桂①	専門学校令公布 小学校の国定教科書制度成立（1904年4月施行）
1907西園寺①（文部大臣）牧野伸顕	小学校令を改正し、義務教育年限4年を6年に延長
1908桂①	戊申詔書発布 ●教育を通じて国民道徳強化企図
1918原（文部大臣）中橋徳五郎	大学令公布→p.298② ●公私立大学、単科大学設立認可 ●分科大学制を廃止し学部制採用 高等学校令改正→p.298②
1941近衛②	国民学校令→p.322④
1947吉田①	**教育基本法**・**学校教育法**公布→p.341③

テーマのポイント

❶国民育成のための公教育が学制によって成立した
❷教育理念は個人主義から国家主義へと転換していった
❸複線型の学校制度

2 学制（1872年）にみる教育構想

史料

学事奨励に関する太政官布告史

…学問ハ身ヲ立ルノ財本共云ヘキモノニシテ、人タルモノ誰カ学ハスシテ可ナランヤ…今般文部省ニ於テ学制ヲ定メ、…自今以後、一般ノ人民（華士族農工商及婦女子）邑ニ不学ノ戸ナク、家ニ不学ノ人無カラシメン事ヲ期ス…

地図（大学区界）

1872年に、全国を8大学区に分け、1大学区を32中学区に、さらに1中学区を210小学区として、各学区に大学、中学、小学校を設立することを定めた。翌1873年には、第2と第3学区を統合して全国7大学区制に改編し、1879年まで存続した。

—大学区界
第八大学区／第七大学区／第三大学区／第一大学区／第五大学区／第二大学区／第四大学区／第六大学区

学制にみる学校設立構想
大学（8校）、中学校（256校）
小学校（53,760校）

↑①旧開智学校（長野県松本市）
1876年竣工。初期の小学校の遺構。

学制の理念には、全国民の就学、実学思想、個人の立身出世の思想などが明示されていた。大学・中学・小学校を設けることが定められていたが、現実には、小学校設立に力点が置かれた。しかし、設立主体は地方負担、経費は個人負担であり、教育内容も生活との隔たりも大きかったため、人々の不満は大きく、**学制反対一揆**もおこった。

● 小学校の学校数

年度	学校数
1873	12,558校
1875	24,303校
1880	28,410校
1890	26,017校
1900	26,857校
1910	25,910校
1920	25,639校

3 教育勅語 史

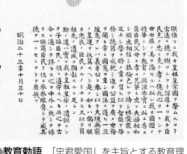

御名御璽
明治二十三年十月三十日

↑②教育勅語　「忠君愛国」を主旨とする教育理念をあらわしている。

天皇の写真（御真影）

↑③小学校での元旦の式典風景（『風俗画報』）
1月1日は午前9時までに登校し、新年の礼式に臨んだ。その際、天皇・皇后の写真（御真影）が掲げられ、教育勅語が奉読された。このほか、2月11日の紀元節、11月3日の天長節にも勅語奉読がおこなわれた。

4 国定教科書制度

↑④国定教科書　1904年から1909年まで使用された『尋常小学国語読本』教科書。第一巻がイ・エ・ス・シで始まるため「イエスシ読本」と称された。

5 義務教育制度の変遷

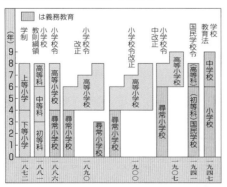

□は義務教育

● 義務教育における就学率と通学率

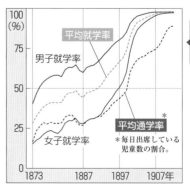

平均就学率／男子就学率／平均通学率／女子就学率
*毎日出席している児童数の割合。

見方・考え方
1900年の小学校令改正も就学率の増加に大きく影響していることを確認しよう。

1907（明治40）年に義務教育年限を4年から6年に延長した。就学率も95％以上に伸びた。

近代の学校制度はどのような特色があったのだろうか。

近代の学校制度では、学歴はおよそ3つの層に考えられる。1つは尋常小学校・高等小学校卒などのいわゆる庶民、2つは中学校や高等女学校などを卒業した地方のインテリ層の人々、3つは高等学校や専門学校、大学などに進んだいわゆる社会のエリートと位置づけられる学歴をもつ人々である。

● 小学校の在籍者数と中学校以上の在籍者数

見方・考え方
在籍者数の推移を確認しよう。

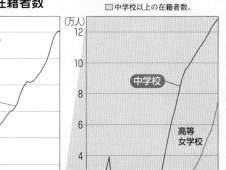

□中学校以上の在籍者数。

（『明治時代館』）
＊高等小学校を含む。

1 近代の学校制度 →p.230 1 , 341 4

〈複線型という特色〉
尋常小学校の次のステップとして、さまざまなパターンがあった。

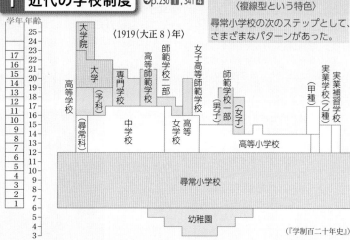

〈1919（大正8）年〉

（『学制百二十年史』）

近代の学校制度については、1918（大正7）年の**大学令**公布によって高等教育の整備がおこなわれたことで学校体系が完成したといえる。当時、ほとんどの人々は、**尋常小学校**（義務）か高等小学校卒で、家事に従事したり工場で働いたりという進路で社会に出た。一部の人々は、**中学校**、女子であれば**高等女学校**などに進学し中等教育を受け、終了後は、会社員・銀行員・役場の公吏など地方社会での中堅層となっていった。さらに、大学などの高等教育に進むためには、**高等学校**（1894年に高等中学校を改称）や大学予科に入らなければならなかった。

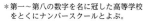

● 高等教育機関（高等学校・帝国大学）

＊第一～第八の数字を名に冠した高等学校をとくにナンバースクールとよぶ。

旅順高1940
京城帝大予科1924
京城帝大1924
台北高1922
台北帝大予科1941
台北帝大1928
富山高1923
四高1887
甲南高1923
広島高1923
姫路高1923
山口高1886 1919再興
松江高1919
金沢
神戸
京都
名古屋
大阪
岡山
福岡高1921
九州帝大1910
佐賀高1920
熊本
鹿児島
五高1887
七高1887 1901再興
高知高1922
松山高1919
六高1900

一高1886
東京高1921
武蔵高1921
学習院1921
成蹊高1925
成城1926
府立高1929＊
北海道帝大予科1918
北海道帝大1918
札幌
東京帝大＊＊1897
弘前高1920
新潟高1919
山形高1920
三高1886 京都帝大1897
仙台
二高1887
東北大1907
水戸高1920
浦和高1921
東京
静岡高1922
松本高1919
八高1908 名古屋帝大1939
浪速高1926 大阪高1921 大阪帝大1931

■■ はナンバースクール。数字は設置年。
（＊＊東京帝大は帝国大学から改称した年）

1886年の**中学校令**によって、全国に5つの**高等中学校**（第一～第五高等中学校）が設立された。1894年の**高等学校令**によって、これらは新たに**高等学校**となった。その後、第六～第八の高等学校が設置され＊、1918年の高等学校令の改正により、地名などを冠する高等学校が増設された。高等学校は、帝国大学の予備教育機関として位置づけられ、全寮制や外国語重視という独自の伝統をつくりあげた。戦後の学制改革により、新制大学の教養部などとして吸収された。→p.341 4

おもな出身者

一高（東京）	**四高（金沢）**
平沼騏一郎（首相）	林銑十郎（首相）
広田弘毅（首相）	阿部信行（首相）
鳩山一郎（首相）	木村栄（天文学者）
近衛文麿（首相）	井上靖（作家）
芥川龍之介（作家）	**五高（熊本）**
菊池寛（作家）	池田勇人（首相）
川端康成（作家）	佐藤栄作（首相）
二高（仙台）	重光葵（外相）
井上準之助（蔵相）	**六高（岡山）**
高山樗牛（評論家）	大原総一郎（経営者）
吉野作造（政治学者）	内田百閒（作家）
美濃部亮吉（都知事）	仁科芳雄（物理学者）
三高（京都）	**七高（鹿児島）**
浜口雄幸（首相）	東郷茂徳（外相）
幣原喜重郎（首相）	佐野学（社会主義者）
伊波普猷（沖縄学研究者）	吉田秀雄（経営者）
片山哲（首相）	**八高（名古屋）**
滝川幸辰（刑法学者）	盛田昭夫（経営者）
湯川秀樹（物理学者）	平岩外四（経営者）
朝永振一郎（物理学者）	梅原猛（哲学者）

● 私立の教育機関

地方の主要都市で官立の高等教育が設立される一方、東京・大阪・京都などの大都市では多くの私立の教育機関が設立された。

おもな私立の教育機関 数字は設立年。
東京
慶応義塾（慶応義塾大学）1868
聖公会立教学校（立教大学）1874
東京法学社（法政大学）1880
明治法律学校（明治大学）1881
東京専門学校（早稲田大学）1882
國學院（國學院大学）1882
一致神学校（明治学院大学）1886
日本法律学校（日本大学）1889
女子英学塾（津田塾大学）1900
日本女子大学校（日本女子大学）1901
京都
同志社英学校（同志社大学）1875
京都法政学校（立命館大学）1900
大阪
関西法律学校（関西大学）1886
神戸
関西学院（関西学院大学）1889

近現代

明治

● 高等学校在学率

年度	校数	卒業者数	Ⓐ20歳男子数（全国）	在学率（Ⓐに対する割合）
1908	8	1,269	454,330	0.29
1925	23	4,345	507,656	0.86
1930	33	5,486	607,136	0.90
1940	34	4,674	651,100	0.72

📖 大学卒業までには厳しい受験勉強だけでなく経済的な負担も大きく、高等教育に進める者は一部の人々に限られた。戦前の学校体系においては、高等教育はエリート教育機関という性格をもっていた。

2 学校の建築

↑❶旧登米高等尋常小学校（宮城・登米市）　1888年竣工。コの字形に中庭を囲み、教室の前面には吹き抜けの廊下がついている。登米は、明治期に登米県・水沢県の県庁が置かれ、地域の中心地として栄えた。

↑❷旧福島県尋常中学校本館（福島・郡山市）　1889年竣工。明治時代の学校建築の典型を示す木造の洋風建築。1948年から1973年まで福島県立安積高等学校本館として使用され、現在は安積歴史博物館となっている。

↑❸旧第四高等学校本館（石川・金沢市）　1891年竣工。赤煉瓦2階建ての洋風建築で、現在は石川四高記念文化交流館として利用されている。

探Q
●明治の大学と現在の大学は何が異なるのだろうか。
●別に存在した、軍に関する教育機関についても調べてみよう。

近代の女子教育はどのようなあゆみをたどったのだろうか。

女子中等教育(高等女学校)では「良妻賢母」の育成が目標とされた。女子高等教育になると、教育、語学、医療、薬学など専門分野で貢献する社会的に自立した女性の育成を目標とした教育がおこなわれた。

1 明治の女子教育

年代	事 項
1872	学制制定…序文で「男女の別なく、小学に従事」せることと定め、初等教育の方針とする
明治初期	女子中等教育では、のちの跡見女学校やフェリス和英女学校など私立学校創設
1875	東京女子師範学校創立→高等師範学校女子部などを経て1890年、唯一の女子中等教員養成機関として女子高等師範学校に発展(現、お茶の水女子大学)
1882	文部省、女子中等教育のための学校を「女学校」と正式に定める…修身、礼節を理念とし良妻賢母の育成に主眼をおく教育を推進
1899	高等女学校令…中学校令と同様に目的や入学資格や授業等の基本事項を規定
1900〜	女子高等教育機関として、女子英学塾(現、津田塾大学)、日本女子大学校(現、日本女子大学)などが創設

女子教育のはじまり

➡①ミッションスクール
キリスト教各派の伝導団体が設立した学校。女子教育・英語教育などで大きな役割を果たした。写真は、横浜のフェリス和英女学校。

➡②体操の授業
(フェリス和英女学校) 知育・徳育・体育の3本柱を理念とする教育が多くの女学校でおこなわれた。

①②フェリス女学院歴史資料館蔵

③高等師範学校女子部の生徒(1886年)

授業時数
＊週の時間数の全学年の合計。

学校	授業時数(1901年のもの)＊
中学校(男子)(5年制)	修身5、国語及漢文33、外国語34、歴史・地理15、数学20、博物6、物理及化学8、法律及経済3、図画4、唱歌3、体操15
高等女学校(4年制)	修身8、国語22、外国語12、歴史・地理11、数学8、理科7、図画4、家事4、裁縫16、音楽8、体操12

見方・考え方
科目や時間数を比較してみよう。

④裁縫の授業(滋賀・彦根高等女学校) 高等女学校では、「良妻賢母」の育成を教育理念とし、中流以上の家庭の子女に修身・家事・裁縫を重視した教育がおこなわれた。

2 女子高等教育の先駆者

日本初の女医養成学校をつくった

←⑤吉岡弥生(1871〜1959)
医者を志し、1889年、18歳のとき上京、済生学舎(現、日本医科大学)に入学。21歳で卒業と同時に医術開業試験に合格した。1900年、29歳のとき、東京女医学校(現、東京女子医科大学)を設立した。1908年に第1回の卒業生が医学開業試験を突破し、自伝で「ようやくの思いで花を一輪咲かせたという感じ」と語っている。

女性の職業的自立のための学校をつくった

←⑥津田梅子(1864〜1929)
日本初の女子留学生の一人として6歳で渡米した。11年間のアメリカ生活の後、帰国。下田歌子と知り合い、歌子とともに英語を教授した。しかし良妻賢母を育てる教育方針に疑問を抱き、自立をめざす教育を考えるようになった。1889年に再留学し帰国後の1900年、女子英学塾を創設した。生徒10人ではじまった小さな学校は戦後、新制大学・津田塾大学となった。➡p.255 ⑧

女子教育に貢献した人々

↑⑦大山捨松(1860〜1919)
旧姓は山川。津田梅子らとともに岩倉使節団に随行(➡p.255 ⑧)。米国で看護婦の免許を取得した。帰国後は、梅子の支援者となり、梅子の学校設立に尽力した。

↑⑧下田歌子(1854〜1936)
19歳で宮中に出仕、結婚を機に退官。1881年に桃夭女塾を創設。のち、華族女学校で教鞭をとった。1893年に渡米、帰国後、実践女学校(現、実践女子大学)を創設。

↑⑨戸板関子(1869〜1929)
1889年、横浜のフェリス和英女学校で英語を学ぶ。1902年、戸板裁縫学校(現、戸板女子短期大学)を創設。のち、三田博和女学校などを創設した。

3 近代の女性の活躍

近代日本最初の女医

←⑩荻野吟子(1851〜1913)
1873年、22歳のとき上京し、医師をめざす。1875年、東京女子師範学校の1期生として入学、1879年に卒業した。さらに医学校・好寿院に入学。内務省に女性の医術開業試験の受験を認めさせ、1885年に医師免許を取得、「公許女医登録第1号」となった。東京・湯島に産婦人科を開業し、女性開業医の道を開いた。

女性科学者の草分け

←⑪保井コノ(1880〜1971)
1902年、22歳のとき女子高等師範学校を卒業し理科教育の道を歩みはじめた。1905年、女子高等師範学校の官費研究生に選ばれ、動植物学を専攻、同年女性初とされる研究論文を発表した。1927年には石炭の研究論文によって女性としてわが国では初めて、博士号(理学博士)を取得した。

探Q
- 女性の職業的自立について、明治時代と現在を比較してみよう。
- 身近な地域にある女子教育機関やその教育理念を調べてみよう。

● おもなお雇い外国人

所属	人物	雇用期間(上)と職種(下)
内閣	ロエスレル(独) (1834〜94) ⊃p.262❶	1878〜93 法律顧問
内閣	モッセ(独) (1846〜1925) ⊃p.262❶	1886〜90 法律顧問
大蔵省	キンドル(英) (1816〜?)	1870〜75 造幣寮造幣首長
大蔵省	キヨソネ(伊) (1832〜98)	1875〜91 紙幣寮印刷局技師
文部省・大学	ナウマン(独) (1854〜1927)	1875〜79 東京開成学校・東京大学地質学教師
文部省・大学	ベルツ(独) (1849〜1913) ⊃p.262❼	1876〜1902 東京医学校・東京大学内科学教師
文部省・大学	モース(米) (1838〜1925) ⊃p.44	1877〜79 東京大学動物学教師
文部省・大学	フェノロサ(米) (1853〜1908)	1878〜86 東京大学哲学教師
文部省・大学	ハーン(英) (1850〜1904)	1890〜93、96〜1903 松江中学校、第五高等学校英文学教師
文部省・大学	ケーベル(露) (1848〜1923)	1893〜1914 帝国大学哲学教師
司法省	ボアソナード(仏) (1825〜1910) ⊃p.263❷	1873〜95 法律顧問
陸・海軍省	メッケル(独) (1842〜1906)	1885〜88 陸軍大学校教官
工部省・工部大学校	ミルン(英) (1850〜1913)	1876〜77 工部大学校教師
工部省・工部大学校	モレル(英) (1841〜71)	1870〜71 鉄道寮建築首長
工部省・工部大学校	フォンタネージ(伊) (1818〜82)	1876〜78 工部美術学校画学教師
工部省・工部大学校	コンドル(英) (1852〜1920) ⊃p.290❽❾	1877〜90 工部美術学校造家学教師
工部省・工部大学校	ラグーザ(伊) (1841〜1927) ⊃p.290❶	1876〜82 工部美術学校彫刻学教師
開拓使	ケプロン(米) (1804〜85) ⊃p.249❹	1871〜75 開拓使雇教師
開拓使	クラーク(米) (1826〜86) ⊃p.249❺	1876〜77 札幌農学校教頭
その他	ブリュナ(仏) (1840〜1908) ⊃p.248❶	1871〜76 富岡製糸場建設指導

❶ お雇い外国人

お雇い外国人とは、明治初期から20年代を中心に日本に招かれ、雇用された外国人のことである。官公庁雇用の外国人は1874〜75年の約520人をピークに減少していった。対照的に民間雇用の外国人は、1874年の約100名から増加傾向をたどり、明治20年代には約500名にのぼった。政府で雇用が多かったのは工部省と文部省であり、西洋の学術・技術の導入に貢献した。英・仏・独・米出身者が多い。

人物	国籍	月給	職種	雇用期間
キンドル	英	1,045円	大蔵省造幣寮	5年間
ロエスレル	独	900円	外務省法律顧問	12年間
ケプロン	米	833円	北海道開拓使顧問	4年間
ベルツ	独	700円	東京大学医学部	26年間
コンドル	英	400円	工部大学校教師	14年間
グリフィス	米	330円	東京開成学校教師	4年間
ナウマン	独	350円	東京大学教授	10年間
ミルン	英	400円	帝国大学教授	19年間

● お雇い外国人の高い俸給 (月給)

明治政府はお願い外国人に対しては破格の俸給を与えた。先進諸国に追いつき、国益が増進するならば打算として損ではない、と考えた政府の方針のもと、最先端の技能や学識をお雇い外国人を通して導入した。

Ⓝ 金額は雇用期間中の最高額。明治前期の平均月額は、岩倉具視(太政大臣)800円、東京府知事330円、銀行員35円(初任給)、女性の工場労働者2円であった。

❷ お雇い外国人と日本文化

● 日本滞在中の日記を残した医学者

ベルツは27歳のとき東京医学校(のち東京大学)教師として雇われた。1880年には日本の温泉を研究した『日本鉱泉論』を著し、温泉の効用を示した。1889年の大隈重信遭難後の治療にも力を尽くした。退官後は、日本人の妻とともにドイツに帰国した。日本滞在中に膨大な日記書簡などを残し、のち『ベルツの日記』として刊行された。

史料 ベルツの日記

一八八九年二月九日付 東京全市は十一日の憲法発布をひかえてその準備のため言語に絶した騒ぎを演じている。到るところ奉祝門・照明・行列の計画、だが滑稽なことには誰も憲法の内容をご存じないのだ。

● 日本人「小泉八雲」として生きた文学者

ハーンはギリシアで軍医の子として生まれた。来日したのは40歳のときで、アメリカの雑誌通信員として日本に派遣されたが、契約を破棄し、松江中学校の英語教師として雇われた。松江の風土と人情に魅了されたハーンは日本人の小泉セツと結婚、セツは多くの物語をハーンに語った。のち、熊本、神戸、東京へと移り、1896年、日本に帰化し小泉八雲と名乗った。日本文化・民俗に深く関心を寄せ、天性の文才で多くの著作を残した。

↑❶『KWAIDAN』(怪談) 英文で「耳なし芳一」「雪女」など日本の伝承・民話を紹介した。

● 日本画家でもあった建築家

コンドルはロンドン大学で建築学をおさめ、1877年、25歳のとき工学寮・工部大学校の造家学教師として雇用された。29歳のとき絵画の河鍋暁斎に入門し、日本画を学んだ。日本文化に魅了されたコンドルは花道や造園にも関心をもって研究書を出すほどであった。31歳のとき自ら設計した鹿鳴館(⊃p.265❶)が竣工。のちニコライ堂(⊃p.290❽)の設計など明治建築の発展に貢献した。

↑❷暁斎絵日記 右下の人物がコンドル。

● 「縄文土器」の名付け親の動物学者

モースは39歳のとき来日、東京大学動物学教師として雇用された。横浜から新橋へ向かう汽車の窓から大森貝塚(⊃p.44)を発見したこともよく知られている。貝塚研究のなかで土器も研究した。1923年には、関東大震災で東京帝国大学の図書館も全焼したことを知り、遺言状を添えて自己の1万2,000冊におよぶ全蔵書を大学に寄贈した。

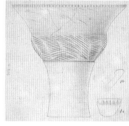

↑❸モースが記録した縄文土器 出土した土器に独特の縄状の紋様が施されている点に着目・研究し、「Cord marked pottery」と名付けた。これが「縄文土器」の命名となった。

❸ 多分野にわたるお雇い外国人

人物	ナウマン 独	ミルン 英	チェンバレン 英(1850〜1935)	グリフィス 米(1843〜1928)
功績	●「ナウマン象」の化石発見東京開成学校の地質学教師として来日。日本初の地質図を完成させた。ゾウの化石研究でも貢献。フォッサマグナの発見者でもある	●地震研究に尽力工部大学校で地質学を教授した。横浜地震(1880年)を体験し地震研究に没頭。日本地震学会創設に尽力した	●俳句の英訳東京帝国大学で英語を教授した。俳句の英訳や『古事記』の英訳をおこない、アイヌや琉球の文化の研究においても業績を残した	●日本を海外に紹介福井藩お雇いから東京開成学校で理化学を教えた。著書『ミカド』などで日本の政治体制や歴史を海外に紹介した

近現代

明治

静嘉堂文庫美術館イメージアーカイブ／DNPartcom

↑❶龍虎図（橋本雅邦筆、1895年）　雅邦は、**東京美術学校**開校とともに同校教授となった。「龍虎図」は伝統的な題材に新しい構成と色彩を加えた6曲1双の屏風。静嘉堂文庫美術館（東京・世田谷区）蔵　160.5×369.5cm（部分）

←❷無我（横山大観筆、1897年）大観は、東京美術学校に入学し、卒業後は同校助教授となった。「無我」は初期の作品であり、大観の雅号を用いた最初である。
東京国立博物館（東京・台東区）蔵
143.0×84.6cm（部分）
出典：ColBase

❶ おもな美術作品

	作品	作者
日本画 p.288	悲母観音❺	（狩野芳崖）
	龍虎図❶	（橋本雅邦）
	無我❷・流灯	（横山大観）
	落葉・黒き猫❻	（菱田春草）
	大原御幸❹	（下村観山）
	アレタ立に❸	（竹内栖鳳）
西洋画 p.289	鮭❶	（高橋由一）
	収穫❷	（浅井　忠）
	湖畔❸・読書	（黒田清輝）
	渡頭の夕暮❹	（和田英作）
	夜汽車❺	（赤松麟作）
	天平の面影❻	（藤島武二）
	海の幸❼	（青木　繁）
	南風❽	（和田三造）
	某婦人の肖像	（岡田三郎助）

❷ 明治美術界のあゆみ

日本画	洋画
1878　フェノロサ来日	1876
1884	工部美術学校
鑑画会	78　フォンタネージ帰国
フェノロサ・岡倉天心・	83　廃校
狩野芳崖・橋本雅邦	1889
1887 設立　89 開校	明治美術会
東京美術学校	脂派　浅井忠
90 フェノロサ帰国	1896
98 岡倉、校長辞職	白馬会
98 橋本、日本画科教授辞職	外光派　黒田清輝　1902
1898	久米桂一郎　太平洋画会
日本美術院	藤島武二
岡倉・橋本・横山大観	青木繁
菱田春草・下村観山	1911 解散
1906 活動休止	1896 西洋画科設置
1907	黒田
文部省美術展覧会（文展）	

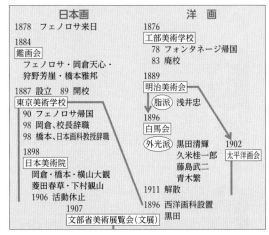

→❸アレタ立に（竹内栖鳳筆、1909年）　栖鳳は、円山・四条両派の手法に西洋の写実性を加えて独自の画風を確立した。
髙島屋史料館（大阪市）蔵　165.0×84.0cm（部分）

↓❹大原御幸（下村観山筆、1908年）　観山は、狩野芳崖、橋本雅邦に師事した。「大原御幸」は、『平家物語』の一章を題材にとり絵巻に仕立てた作品である。東京国立近代美術館（東京・千代田区）蔵　52.0×790.0cm（部分）　Photo：MOMAT／DNPartcom

↑❺悲母観音（狩野芳崖筆、1888年）　芳崖は、**岡倉天心**らとともに東京美術学校創立に参加した。「悲母観音」は、死の直前まで筆をとっていた。東京藝術大学（東京・台東区）蔵　196.0×86.5cm（部分）

↑❻黒き猫（菱田春草筆、1910年）　春草は37歳で亡くなる1年前の作品。春草は、東京美術学校で、橋本雅邦らの指導を受けた。永青文庫（東京・文京区）蔵　150.0×51.0cm（部分）

一言かわら版　**高橋由一**　下野佐野藩士の子。家は代々、藩の剣術指南をつとめ、由一も剣術を学んだ。その後、横浜でワーグマンに師事。日本で最初の洋画家ともよばれる。

近現代

明治

↑❷収穫（浅井忠筆、1890年）　浅井忠は、工部美術学校でフォンタネージ（⇨p.287❶）に油絵を学んだ。1889年、**明治美術会**を創立した。明治の農村を自然主義的に描いている。全体が脂っぽいのも秋の色濃い風景とよく合致している。東京藝術大学蔵　69.6×98.2㎝

←❶鮭（高橋由一筆、1877年頃）
高橋由一は1873年に画塾を創設、数々の作品を描いた。「鮭」もその1つで、写実的描写を追求した。
東京藝術大学（東京・台東区）蔵　140.0×46.5㎝

↑❸湖畔（黒田清輝筆、1897年）　黒田清輝は、パリ留学で明るい外光をとり入れた印象派的な視覚を学び、帰国後、**白馬会**を結成した。その画法は**外光派**とよばれ、明るい色調は美術界に大きな影響を与えた。「湖畔」は妻とともに箱根に行った時、妻を描いた作品である。東京国立博物館（東京・台東区）蔵　出典：ColBase
69.0×84.7㎝

↑❹渡頭の夕暮（和田英作筆、1897年）　和田英作は、黒田清輝に師事、のち白馬会結成に参加。「渡頭の夕暮」は明治の農民の生活のひとこまを伝える彼の代表作。
東京藝術大学蔵　126.6×189.3㎝

↑❺夜汽車（赤松麟作筆、1901年）　1902年の第7回白馬会展で白馬賞を受賞。三等車両のようすが描かれている。東京藝術大学蔵　161.0×200.0㎝

←❻天平の面影（藤島武二筆、1902年）　藤島武二は、黒田清輝の影響を受け、白馬会結成に加わった。「天平の面影」は、当初「天平時代の婦人図」と名づけられていた。武二はまた、文学雑誌『明星』のさし絵も多く描いた。
石橋財団アーティゾン美術館蔵
197.5×94.0㎝

←❽南風（和田三造筆、1907年）　和田三造は、黒田清輝に師事、1907年の第1回文展に「南風」を出品し、2等賞を受けた。
東京国立近代美術館（東京・千代田区）蔵　151.5×182.4㎝
Photo：MOMAT／DNPartcom

↓❼海の幸（青木繁筆、1904年）
青木繁は、東京美術学校で黒田清輝の指導を受けた。1904年の白馬会展に出品し、声価を高めた。石橋財団アーティゾン美術館蔵
70.2×182.0㎝

近現代

明治

1 彫刻・建築作品

	作品	彫刻家
彫刻	日本婦人❶	ラグーザ
	老猿❸	高村光雲
	伎芸天❺	竹内久一
	ゆあみ❹	新海竹太郎
	墓守❷	朝倉文夫
	女❻	荻原守衛

	建築物名	設計
建築	鹿鳴館→p.265❶	コンドル
	ニコライ堂❽	〃
	旧岩崎久弥邸❾	〃
	日本銀行本店本館❼	辰野金吾
	旧赤坂離宮❿	片山東熊

💡 ラグーザはイタリア人、コンドルはイギリス人。→p.287 1

2 彫刻

↑❶日本婦人(ラグーザ作、1880年頃) ラグーザは、1876年、工部美術学校彫刻学教師として来日。1880年、画家清原玉と結婚。20歳の妻をモデルとして「日本婦人」を制作した。
東京藝術大学(東京・台東区)蔵 高さ62.0cm

↑❷墓守(朝倉文夫作、1910年) 朝倉文夫は、第2回文展から第8回文展まで連続入選した。朝倉彫塑館(東京・台東区)蔵 高さ176.0cm

↑❸老猿(高村光雲作、1893年) 光雲は、西洋画の写実性をとり入れて近代木彫に新風を吹きこんだ。「老猿」は、1893年シカゴ万国博覧会に出品された。東京国立博物館(東京・台東区)蔵
高さ90.9cm 出典：ColBase

←❹ゆあみ(新海竹太郎作、1907年) 第1回文展に出品された。本格的裸婦像の先駆的作品。
東京国立近代美術館(東京・千代田区)蔵
高さ189.0cm
Photo：MOMAT／DNPartcom

→❺伎芸天(竹内久一作、1893年) 竹内久一は、彩色彫刻を得意とし、古美術への造詣も深かった。この作品は極彩色の着色像で、近代彫刻が着色を邪道とする中で制作された。
東京藝術大学蔵
高さ281.0cm

←❻女(荻原守衛〈碌山〉作、1910年) 荻原守衛は、フランス滞在中、ロダンの「考える人」をみて感動し、彫刻に転じた。「女」は30歳で亡くなる年の作品。
東京国立近代美術館蔵
高さ98.5cm
Photo：MOMAT／DNPartcom

3 建築

写真提供 日本銀行
新館
本館
→p.259 3

↑❼日本銀行本店本館(辰野金吾設計・東京) 辰野金吾は、コンドルの教えを受けた最初の日本人である。高さ約18m

↑❿旧赤坂離宮(現迎賓館)(片山東熊設計・東京) 片山東熊は、宮内省に属し、宮廷建築技師として数々の宮殿・離宮を設計した。旧赤坂離宮は、ヴェルサイユ宮殿を模して設計された石造2階建の建物である。高さ約23m
国宝

↓❽ニコライ堂(コンドル設計・東京) 日本におけるビザンチン様式の代表作である。しかし純粋にロシア式ではなく、塔にはイギリス風を加味している。高さ約35m

↑❾旧岩崎久弥邸(コンドル設計・東京) コンドルが設計したもので現存する最も古い作品。高さ約21m

近現代
明治

1 演劇

歌舞伎(明治初～中期にかけて)	
脚 本	河竹黙阿弥(1816～93) 江戸歌舞伎後半期の集大成者。明治になり新時代の傾向を散切物(文明開化主義)や活歴物(歴史劇)で表現した
役 者	9代市川団十郎、5代尾上菊五郎、初代市川左団次 (明治中期に団菊左時代という全盛期を迎える)

新派劇(明治中期、日清戦争前後)	
新 派	明治中期から在来の歌舞伎に対抗して発達。しかし演技・演出とも歌舞伎の影響強く新劇と区別される
中 心	川上音二郎=オッペケペー節、壮士芝居 伊井蓉峰=現代劇

新劇(明治後期、日露戦争後)	
新 劇	ヨーロッパ近代劇の移植、日本演劇の改良をめざす文芸協会と直接の移植をめざす自由劇場にはじまる 1924年の築地小劇場、昭和初期のプロレタリア新劇運動、戦後の文学座、俳優座につながる
文芸協会(1906～13)	坪内逍遥、島村抱月、松井須磨子
自由劇場(1909～19)	小山内薫、2代目市川左団次ら翻訳劇(チェーホフ等)

←⑤自由劇場　小山内薫が、1909年に市川左団次とともに結成。1924年には「演劇の常設館」をモットーとして、築地小劇場が創設された。
➡p.305⑫

2 音楽

←⑥伊沢修二(1851～1917)　日本の唱歌教育の確立者。22歳で愛知師範学校の校長に就任。その附属幼稚園で唱歌教育を開始した。

←⑦滝廉太郎(1879～1903)　東京音楽学校卒業後、ピアニストになる。1900年『中学唱歌』に「荒城の月」が採用され、そのほか、数々の唱歌を作曲した。

↑⑧明治時代のオルガン(複製)　日本の唱歌教育において、オルガンは重要な役割をはたした。

5 明治の風景・風俗

↑①市川団十郎 (1838～1903)　↑②尾上菊五郎 (1844～1903)　↑③市川左団次 (1842～1904)

歌舞伎座を中心に「団、菊」が活躍した。「左」は、河竹黙阿弥の脚本の新作史劇で新しい息吹きをふきこんだ。

↑④川上音二郎(1864～1911)　自由民権運動の壮士で、政治演説で政府を批判し、たびたび検挙された。1891年頃には、政治風刺の「オッペケペー節」を歌い、大流行した。その後、壮士芝居・戦争劇で評判を博し、新しい演劇の発展に貢献した。

3 スポーツの普及

↑⑨ボートレース　1878年頃から東京大学や東京師範学校の学生が、スポーツとしてボートを楽しむようになった。写真は、1897年の東大各科対抗レースのよう。

↑⑩野球の普及　日本に野球を伝えたのは、アメリカに留学していた鉄道局技師の平岡凞とされる。1873年以後、しだいに大学、高等学校の学生に広まり、数々の野球チームが誕生した。

4 新しい娯楽―映画(活動写真)

➡⑪神田錦輝館での活動写真(『風俗画報』)　明治30年代に入ると映画が人々の娯楽の一つになっていった。当初は芝居小屋で見世物として上映された。1903年に浅草に常設映画館の電気館がオープンした。当時の映画はサイレント(無声)映画であり、弁士(右の写真)が臨場感あふれる解説をおこなった。

弁士

↑⑬東京市電の混雑　路面電車(市電)は1895年に京都ではじめて開業し、以後、都市民の足として利用された。写真は、東京の路面電車のよう。鉄道博物館提供

➡⑭自転車　自転車は、幕末から明治初期にかけて移入された。

←⑫東京・本郷界隈のにぎわい(『風俗画報』)

作品鑑賞　路面電車が走り、洋装、和装いろいろな人々が往来している。空には電線もみえる。1907(明治40)年頃の東京の本郷三丁目あたりの風景。

近現代

明治

⬭は内閣総辞職の経緯。□□は政党内閣。数字は在職日数。事項は外交関係。（ ）内は首相の爵位・出生地。〈 〉は首相または内閣のニックネーム。

⬭p.261

14 1911.8（明治44）～ 1912.12（大正元）　西園寺公望② （侯爵・京都府）480日

■与党　立憲政友会	1912. 1	中華民国成立
■おもな経歴	7	明治天皇没、大正に改元
立憲政友会総裁	8	鈴木文治ら友愛会結成
■主要閣僚	⬭12	2個師団増設問題で上原陸相辞任、後任陸相を得られず総辞職
内相　原敬		
陸相　上原勇作　ほか		

〈ニコポン宰相〉
⬭p.261

15 1912.12（大正元）～ 1913.2（大正2）　桂太郎③ （公爵・山口県）62日

■おもな経歴	1912. 12	第一次護憲運動はじまる
内大臣兼侍従長	1913. 2	尾崎行雄、内閣弾劾演説
■主要閣僚	⬭2	第一次護憲運動の激化で総辞職
蔵相　若槻礼次郎		
海相　斎藤実		

（1852～1933）
〈海軍の棟梁〉

16 1913.2（大正2）～ 1914.4（大正3）　山本権兵衛① （伯爵・鹿児島県）421日

■与党　立憲政友会	1913. 6	軍部大臣現役武官制を改正
■おもな経歴	8	文官任用令改正
海軍大将	12	立憲同志会結成
■主要閣僚	⬭14. 3	ジーメンス事件に対する批判の高まりと、貴族院による海軍軍拡予算の否決により総辞職
内相　原敬		
蔵相　高橋是清		

（1861～1923）

21 1922.6（大正11）～ 1923.8（大正12）　加藤友三郎 （男爵・広島県）440日

■与党　(立憲政友会)	1922. 10	シベリア撤兵完了
■おもな経歴	1923. 4	石井・ランシング協定廃棄
海相(寺内・原・高橋)	⬭8	加藤首相病死により総辞職
■主要閣僚		
外相　内田康哉		*高橋内閣時にワシントン会議全権。
陸相　山梨半造		

（1850～1942）

22 1923.9（大正12）～ 1924.1（大正13）　山本権兵衛② （伯爵・鹿児島県）128日

■与党　革新倶楽部	1923. 9	亀戸事件、甘粕事件おこる
■おもな経歴	12	虎の門事件おこる
海軍大将	⬭24. 1	虎の門事件の責任をとり総辞職
■主要閣僚		
蔵相　井上準之助		
逓信相　犬養毅		

23 1924.1（大正13）～ 1924.6（大正13）　清浦奎吾 （子爵・熊本県）157日

■与党　(政友本党)	1924. 1	第二次護憲運動おこる
■おもな経歴	1	中国で第1次国共合作成立
枢密院議長	5	第15回総選挙で護憲三派大勝
■主要閣僚	⬭6	護憲三派の攻撃を受け、総辞職
陸相　宇垣一成		

（1852～1919）
〈ビリケン宰相〉

17 1914.4（大正3）～ 1916.10（大正5）　大隈重信② （伯爵・佐賀県）908日

■与党　立憲同志会	1914. 8	ドイツに宣戦布告し、第一次世界大戦に参戦
■おもな経歴	1915. 1	中国に二十一カ条の要求
早稲田大学総長	1916. 7	第4次日露協約締結
■主要閣僚	⬭10	大浦内相の選挙干渉や買収事件で、元老や野党と対立し総辞職
外相　加藤高明		
蔵相　若槻礼次郎		
内相　大浦兼武		

（1860～1926）
〈護憲三派内閣〉

24 1924.6（大正13）～ 1926.1（大正15）　加藤高明 （子爵・愛知県）597日

■与党　護憲三派→憲政会	1924. 12	婦人参政権獲得期成同盟会結成
■おもな経歴	1925. 1	日ソ基本条約調印
憲政会総裁	4	治安維持法公布
■主要閣僚	5	普通選挙法公布
農商務相　高橋是清	⬭26. 1	加藤首相病死により総辞職
陸相　宇垣一成		

18 1916.10（大正5）～ 1918.9（大正7）　寺内正毅 （伯爵・山口県）721日

■与党　(立憲政友会)	1917. 1	西原借款開始
■おもな経歴	9	金輸出禁止
陸軍大将、元帥	11	石井・ランシング協定
〈初代〉朝鮮総督	1918. 8	シベリア出兵開始、米騒動
内相　後藤新平	⬭9	米騒動の責任と首相の健康問題から総辞職
海相　加藤友三郎		

（1866～1949）
⬭p.308

25 1926.1（大正15）～ 1927.4（昭和2）　若槻礼次郎① （島根県）446日

■与党　憲政会	1926. 12	大正天皇没、昭和に改元
■おもな経歴	1927. 3	金融恐慌おこる
内相(加藤高明)	⬭4	台湾銀行救済の緊急勅令案を枢密院で否決され、総辞職
■主要閣僚		
蔵相　浜口雄幸		
片岡直温		

（1856～1921）
〈平民宰相〉

19 1918.9（大正7）～ 1921.11（大正10）　原敬 （岩手県）1,133日

■与党　立憲政友会	1918. 11	第一次世界大戦終結
■おもな経歴	12	大学令公布
立憲政友会総裁	1919. 3	朝鮮で三・一独立運動
■主要閣僚	5	中国で五・四運動
外相　内田康哉	6	ヴェルサイユ条約調印
蔵相　高橋是清	1920. 1	国際連盟に加盟
陸相　田中義一	3	尼港事件
山梨半造	5	初のメーデー
海相　加藤友三郎	⬭21. 11	原首相が東京駅で暗殺、総辞職

安倍晋三	3,188日
桂 太郎	2,886日
佐藤栄作	2,798日
伊藤博文	2,720日
吉田 茂	2,616日
小泉純一郎	1,980日
中曽根康弘	1,806日
池田勇人	1,575日
西園寺公望	1,400日
岸 信介	1,241日

長期政権

東久邇宮稔彦	54日
羽田 孜	64日
石橋湛山	65日
宇野宗佑	69日
林銑十郎	123日
鈴木貫太郎	133日
阿部信行	140日
犬養 毅	156日
清浦奎吾	157日
米内光政	189日

短命政権

*数次にわたり連続して就任した首相の在任日数は、個々の内閣の終わりの日とはじめの日が重なるため、それぞれの在任日数の合計より少なくなる。

ビリケン宰相

歴史ポケット

寺内正毅は、山県有朋・桂太郎につぐ長州閥の巨頭。人々は、からかいと皮肉をこめて「ビリケン」とあだ名した。「ビリケン」はアメリカ漫画の主人公で、これに寺内が似ていることが理由だが、政党嫌い（＝非立憲）の意味も隠されている。

↑❶ビリケン人形

20 1921.11（大正10）～ 1922.6（大正11）　高橋是清 （子爵・東京都）212日

■与党　立憲政友会	1921. 11	ワシントン会議開催
■おもな経歴	12	四カ国条約調印
蔵相(原)	1922. 2	ワシントン海軍軍縮条約・九カ国条約調印
■主要閣僚	3	全国水平社結成
外相　内田康哉	⬭6	閣内不一致のため総辞職
内相　床次竹二郎		

（1854～1936）
〈ダルマ宰相〉

近現代　大正

1 第一次護憲運動関係年表

■は第一次護憲運動関係。

内閣	年代	事項
西園寺公望②	1911. 8.30	第2次西園寺公望内閣成立
	1912. 3.1	美濃部達吉、『憲法講話』を刊行(天皇機関説)
	(大1) 5.15	第11回総選挙(政友会211、国民党95など)
	7.30	明治天皇没、皇太子嘉仁親王践祚し、大正に改元
	8.13	桂太郎前首相、内大臣兼侍従長に就任
	9.13	明治天皇大喪、乃木希典夫妻殉死
	11.22	上原勇作陸相、2個師団増設案を閣議に提出
	11.30	閣議、2個師団増設案を否決
	12.2	上原陸相、単独辞表提出
	12.5	西園寺内閣総辞職
	12.19	東京で第1回憲政擁護大会開催
桂太郎③	12.21	第3次桂太郎内閣成立
	1913. 1.20	桂首相、新党(立憲同志会)組織計画を発表
	(大2) 1.21	議会に15日間の停会を命令
	2.5	議会再開。政友会・国民党、内閣不信任案提出 尾崎行雄、桂首相を弾劾。議会に5日間の停会命令
	2.10	再開の議会を民衆が取り囲む。3度目の議会停止に激怒した民衆が政府系新聞社・交番などを襲撃
	2.11	桂内閣総辞職(大正政変)
	2.13	神戸で民衆が新聞社を襲撃。広島・京都にも波及
山本権兵衛①	2.20	第1次山本権兵衛内閣が政友会を与党として成立
	2.23	尾崎行雄ら政友会脱党宣言
	6.13	軍部大臣現役武官制改正(現役規定を削除)公布
	8.1	文官任用令改正公布→p.268 3
	12.23	立憲同志会(総裁加藤高明)結党式
	1914. 1	各新聞、海軍高官の収賄疑惑を報道(ジーメンス事件)
大隈②	(大3) 2.10	東京の日比谷公園で内閣弾劾国民大会開催
	3.24	山本内閣総辞職
	4.16	第2次大隈重信内閣成立(立憲同志会を与党)

↑❶上原勇作 (1856～1933)

*朝鮮に駐屯させる予定だった。1個師団は平時約1万名の将兵からなる。1915年に第2次大隈内閣が設置を認めた。

4 大正・昭和の政党系譜 →p.268 1

立憲政友会		立憲国民党	
1900.9	伊藤博文	1910.3	犬養毅
1903.7	西園寺公望		
1914.6	原敬		立憲同志会
		護憲三派	1913.12 加藤高明
		1922.11	
立憲政友会		革新倶楽部	憲政会
1921.11	高橋是清	犬養毅・尾崎行雄	1916.10 加藤高明
		政友本党	
	1925.4	床次竹二郎	
	田中義一	1924.1	
			立憲民政党
			1927.6 浜口雄幸
			1931.4 若槻礼次郎
1929.10		国民同盟	
犬養毅		1932.12	
1932.5		安達謙蔵	1935.1
鈴木喜三郎	東方会		町田忠治
1940.7	1936.5	1940.7	1940.8
解党	中野正剛	解党	解党
	1940.10 解党		
大政翼賛会 1940.10			

自由党の流れをくむ立憲政友会は40年間存続した。立憲改進党系の立憲国民党から分かれた立憲同志会が憲政会、立憲民政党に発展した。

2 第一次護憲運動

プロフィール

「憲政」の神といわれた政治家

犬養毅 岡山県出身 1855～1932 と 尾崎行雄 神奈川県出身 1858～1954

犬養毅(木堂。立憲国民党)と尾崎行雄(咢堂。立憲政友会)は、立憲改進党結成時の同志だったが、行動をともにするのは十数年ぶりのことであった。護憲運動に際し、二人が前後して演壇に立つと、聴衆の間から「脱帽」の声がおこり、拍手喝采は鳴り止まなかった。各地に木堂会・咢堂会が結成され、二人は「憲政二柱の神」と称えられた。→p.264 ❹❺

尾崎行雄　犬養毅

史料 尾崎行雄の議会演説 (一九一三年二月五日)

①彼等は常に口を開けば直に忠愛を唱へ、恰も忠君愛国は自分の一手専売の如くに唱へてありますが其為すところを見れば、常に玉座の蔭に隠れて、政敵を狙撃するが如き挙動を執つて居るのである。
(帝国議会衆議院議事速記録)

①桂太郎らの藩閥政治家。
②天皇の御座所(居室)。

→p.268 ❹、318 1

→❷議事堂を取り囲む民衆(1913年2月)
1913年2月上旬、護憲運動は頂点に達した。2月10日、数万の民衆が停会明けの衆議院に押しかけ、議事堂周辺は騒然となった。内乱を恐れた桂首相はついに内閣総辞職を決意した。

見方・考え方
民衆による抗議活動によって内閣が退陣に追い込まれた初めての例となったことを理解しよう。

近現代 大正

3 ジーメンス事件
*「ジーメンス(Siemens)」はドイツ語読み。英語読みは「シーメンス」。

山本　サイトウ　内閣丸
東京大学法学部明治新聞雑誌文庫蔵

「山本」(山本権兵衛首相)や「サイトウ」(斎藤実海相)が乗る内閣丸は順調に滑り出したが、ジーメンス事件という暗礁に乗り上げてしまい、沈没寸前である。(『東京パック』1914年2月)

*海軍の高官が船橋無線電信所設置にからみ、ドイツの重電機メーカーのジーメンス社から収賄した事件。また別に海軍高官が軍艦「金剛」の発注に際してイギリスの造船会社ヴィッカース社から金銭を受け取っていたことも明らかになった。

歴史ポケット

大隈首相の選挙運動
1915年3月に実施された第12回総選挙は、大隈首相に対する国民の高い人気を活用したものになった。たとえば、大隈は得意の演説をレコードに吹き込んで、与党(立憲同志会)の候補者に分け与えた。また、大阪の与党候補者の応援に出かけた時には、汽車が停車するたびに車上演説をおこなって候補者を激励し、人々を驚かせた。従来みられなかったこれらの選挙戦術を展開した結果、与党は選挙で圧勝した(同志会153議席、政友会108議席)。

大隈重信
↑❸停車場での演説(1915年3月、神奈川県国府津駅)

第一次世界大戦はなぜおこったのだろう

1 第一次世界大戦中の世界の情勢 ▶第一次世界大戦

植民地
(A) アメリカ領
(B) イギリス領
(Be) ベルギー領
(F) フランス領
(G) ドイツ領
(I) イタリア領
(P) ポルトガル領

同盟国側諸国とその領土	連合国側諸国の植民地
連合国側諸国	同盟国側に対し断交した諸国 / 中立諸国

赤数字 対独宣戦または交戦状態に入った年月
緑文字 日本の領土拡大

ドイツ・オーストリアの同盟国側にオスマン帝国とブルガリアが加わり、中立だったアメリカ・中国などが1917年に連合国側で参戦した。

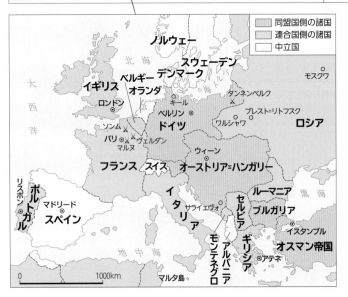

同盟国側の諸国	
連合国側の諸国	
中立国	

2 第一次世界大戦前の国際関係

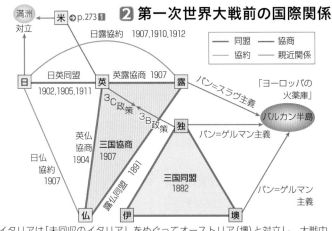

同盟	協商
協約	親近関係

イタリアは「未回収のイタリア」をめぐってオーストリア（墺）と対立し、大戦中に三国同盟から離脱して連合国側で参戦した。

3 新兵器の登場

第一次世界大戦では機関銃が大量に使用されたので、両軍とも塹壕を掘って対峙し、長期戦になった。その打開のために戦車や毒ガス（化学兵器）が出現した。さらに戦闘機・飛行船・潜水艦などの新兵器が次々と誕生し、大砲も巨大化した。

◀❶戦車　1916年のソンムの戦いで初めてイギリスが使用した。鉄条網を破壊し、塹壕を突破した。写真は給水用タンクにみせかけたためにタンクと呼ばれたイギリス製戦車。

見方・考え方
新兵器を開発し、量産化できた各国の経済力に注目しよう。

◀❷飛行機　機関銃や爆弾を搭載するようになった飛行機による空中戦や空襲がはじまった。写真はドイツ製戦闘機。

❸潜水艦　ドイツの潜水艦（Uボート。写真）は1915年、アイルランド沖でイギリスの客船ルシタニア号を攻撃し、中立国のアメリカ人128人を含む約1200人が死亡した。1917年には無制限潜水艦作戦を宣言し、アメリカの参戦を招いた。

◀❹機関銃と毒ガス　ドイツ軍が1915年4月のイープルの戦い（ベルギー）で初めて塩素ガスを使用した。その後、より強力なマスタードガスが使用されるようになり、被害は拡大した。写真は、塹壕から機関銃を使用するガスマスクをつけた兵士。

4 ロシア革命

↑❺ロシア革命　第一次世界大戦中の1917年3月、ロシアでは、約300年続いたロマノフ朝が倒れた（三月革命）。同年11月には、レーニンの指導するボリシェビキが中心となって、ソヴィエト政権が誕生し、世界最初の社会主義国家が生まれた（十一月革命）。写真は、演説するレーニン。

一言かわら版　ドイツ兵の俘虜　青島陥落の際に俘虜になったドイツ兵たちは、収容された板東俘虜収容所（徳島県鳴門市）でオーケストラのコンサートや演劇を催していた。

近現代 大正

ⓘ テーマのポイント

1️⃣日本は、日英同盟を理由に連合国側で参戦して勝利を収め、権益を拡大した

2️⃣日本はロシア革命に干渉してシベリア出兵をおこなった

1️⃣ 第一次世界大戦関係年表

内閣	年代		事　項　　①～⑧は2️⃣に対応。
大隈重信②	1914. (大3)	6	サライェヴォ事件おこる
		7	オーストリア、セルビアに宣戦を布告し**第一次世界大戦**勃発
		8	ドイツ(同盟国側)、ロシア・フランス・イギリス・日本(連合国側)参戦史
			タンネンベルクの戦い(独軍が露軍を撃破)
		9	マルヌの戦い(仏軍が独軍の進攻を阻止)
		10	日本軍、赤道以北の**ドイツ領南洋諸島**を占領①
		11	日本軍、中国山東省**青島**を占領②
	1915. (大4)	1	日本、中国の**袁世凱**政府に**二十一カ条の要求**③
		4	ドイツ軍、初めて毒ガスを使用
		5	袁世凱、二十一カ条の要求の大部分を受諾※
			イタリア参戦(連合国側)
	1916. (大5)	2	ヴェルダンの戦い(～12。仏軍・独軍激戦)
		6	ソンムの戦い(～11。連合国軍・独軍激戦)
		7	**第4次日露協約**(日露同盟)調印④
寺内正毅	1917. (大6)	1	日本、中国の段祺瑞内閣に初めて借款供与 (**西原借款**)⑤
		2	ドイツ、無制限潜水艦作戦を宣言
			日本艦隊、地中海に向けて出発⑥
		3	ロシアで三月(二月)※※革命(ロマノフ朝消滅)
		4	アメリカ参戦(連合国側)
		8	中国参戦(連合国側)
		11	日米間で**石井・ランシング協定**調印⑦
			ロシアで十一月(十月)※※革命(ソヴィエト政権成立)
	1918. (大7)	1	ウィルソン米大統領、十四カ条を発表
			ブレスト・リトフスク条約調印(独ソ講和)
			イギリスなど、対ソ干渉戦争を開始
		8	日本軍、**シベリア出兵**を開始(～22)⑧
		11	ドイツ革命。共和国政府が連合国と休戦協定に調印し、**第一次世界大戦終結**
原敬	1919. (大8)	1	**パリ講和会議**はじまる
		3	朝鮮で**三・一独立運動**はじまる
		5	中国で**五・四運動**おこる
		6	**ヴェルサイユ条約**調印

※中国では、受諾日の5月9日は「国恥記念日」とされた。
※※二月・十月は当時のロシア暦の表記。

👤 プロフィール

帝国主義を批判したジャーナリスト

石橋湛山 東京都出身 ➡p.333、350⑥
いしばしたんざん 1884～1973

日本軍が青島を占領して間もなく、自由主義の立場に立つ経済雑誌『東洋経済新報』に「青島は断じて領有すべからず史」と題する社説が掲載された。筆者の石橋湛山は、主幹の三浦銕太郎の支援を得て、朝鮮を含めたすべての帝国主義政策による獲得物の放棄、軍備の撤廃を堂々と主張した。彼は、のち満洲事変後の戦争拡大に反対し、言論の自由を唱え続けた。戦後の1956年に自由民主党総裁・首相に就任したが、病のために2か月で辞任した。

⬆❸石橋湛山

2️⃣ 日本の参戦と外交

事　項	内　容
❶ドイツ領南洋諸島の占領	1914年10月(第2次大隈内閣)、日本海軍は赤道以北のドイツ領南洋諸島(マリアナ・カロリン・マーシャル諸島など)を占領
❷青島の占領	1914年11月(第2次大隈内閣)、日本軍はドイツ東洋艦隊の拠点の中国山東省の青島を占領。10月には山東省の済南も占領していた
❸二十一カ条の要求史	1915年1月(第2次大隈内閣)、中国の袁世凱政府に対して提出 第一号　山東省のドイツ権益の継承に関する件(4カ条) 第二号　南満洲・東部内蒙古の権益の強化に関する件(7カ条) 第三号　漢冶萍公司(➡p.279❸)に関する件(2カ条) 第四号　中国沿岸の港湾・島嶼の不割譲・不貸与に関する件(1カ条) 第五号　中国全土にわたる要求(7カ条) 5月9日、袁世凱政府は第五号の大部分を削除した16カ条を受諾した
❹第4次日露協約 (日露同盟)調印 ➡p.273❶	1916年7月(第2次大隈内閣)。秘密協定で、第三国(アメリカを想定)による中国支配の防止のため相互援助すること、戦争時の単独不講和を定める。1917年、ロシア革命により消滅
❺西原借款	1917～18年(寺内内閣)。袁世凱のあとを継いだ北京の段祺瑞内閣に対して、寺内の私設秘書である西原亀三を派遣して総額1億4,500万円の借款を供与
❻日本艦隊を地中海に派遣	1917年2月(寺内内閣)。イギリスの要請に応じて9隻の艦隊を派遣(のち増派)。マルタ島を基地として連合国側の船を護衛。戦死者59人
❼石井・ランシング協定成立史	1917年11月(寺内内閣)。**石井菊次郎**特派大使とアメリカの**ランシング**国務長官が交渉し成立。日本はアメリカが主張する中国の領土保全・門戸開放の原則を確認し、アメリカは中国における日本の特殊権益を承認。九カ国条約調印(1922年)により1923年廃棄
❽シベリア出兵	1918年8月～1922年(寺内・原・高橋・加藤友三郎内閣)。列国がロシア革命への干渉戦争(対ソ干渉戦争)に乗り出し、日本も参加。大戦終了後、列国は撤退したが、日本は1922年まで駐兵した。日本の戦費は約10億円、約3,500人の死者と2万人以上の負傷者を出した。また、シベリア出兵中の1920年3～5月、沿海州北部のニコライエフスク(尼港)で、日本軍・居留民とロシアのパルチザン(ゲリラ部隊・遊撃隊)が衝突し、多数の死傷者が出た。捕虜になっていた日本人122人が虐殺される事件(尼港事件)もおこった。原内閣はこの事件を利用して北樺太を占領した(～1925年)。

青島占領

←日本軍の進路
数字は、上陸または占領年.月.日

黄河
イギリス租借(1898～1930) 威海衛
龍口 1914.9.2
莱州
濰県 14.9.26
山東半島
済南 14.10.7
博山
中立地
海陽
膠州
青島 14.11.7
14.10.19
0　100km

3️⃣ シベリア出兵

←日本軍の進路
数字は、上陸または占領年.月.日

ロシア
18.9.22 ルフロヴォ
尼港事件 1920.3～5
18.9.9 ニコライエフスク(尼港)
20.4.21 アレクサンドロフスク
樺太
20.1.1 イルクーツク
18.9.8 チタ
18.9.18 ブラゴヴェシチェンスク
18.9.5 ハバロフスク
バイカル湖
ウェルフウージンスク 18.9.29
満洲里 18.8.22
チチハル
沿海州
北海道
ハルビン
ニコリスク
ウラジヴォストーク 1918.8.12上陸
満洲
日本
外モンゴル
長春

❶ウラジヴォストークを占領した日本軍

⬆❷**シベリア出兵の風刺画**(北沢楽天画)　白熊(ソヴィエト政権)に手こずっている日本軍のようすを(Ⓐ)、すでに撤兵した連合軍は暖炉の前でうかがっている(Ⓑ)。日本は巨額の軍事費を底なし井戸に投げ込んでいる(Ⓒ)。
さいたま市立漫画会館蔵

見方・考え方
各国の共同干渉は失敗に終わったことを理解しよう。

近現代

大正

大戦景気によって日本経済はどのように変化したのだろう

テーマのポイント

1. 大戦によって工業を中心に産業が飛躍的に発展した
2. 大戦景気とよばれる好景気となり、これは明治末期以降の不況を吹き飛ばした

1 大正期の経済関係年表

内閣	年代	事項
大隈重信②	1914. 8	日本、第一次世界大戦に参戦
	1915. 3 (大4)	猪苗代－東京高圧送電開始
		●大戦景気はじまる。輸出超過へ
寺内正毅	1917. 9	金輸出禁止（金本位制停止）
	1918. 5 (大7)	満鉄、鞍山製鉄所を設立
	8	米騒動、全国へ波及
原 敬	11	第一次世界大戦終結
	1920. 3 (大9)	株価暴落、戦後恐慌はじまる
	4	日銀、財界救済のため非常貸出し
高橋是清	1921.10 (大10)	株式、綿糸・米穀相場下落
加藤友三郎		●慢性不況つづく
山本権兵衛②	1923. 9 (大12)	関東大震災。震災恐慌おこる 支払猶予令公布、モラトリアム30日間 震災手形割引損失補償令公布

2 大戦景気

① 交戦中のヨーロッパ諸国がアジア市場から手を引く
　⇒日本から綿織物などの製品を輸出
② アメリカの好景気　⇒日本から生糸輸出が激増
③ 世界的な船舶不足　⇒海運業・造船業、鉄鋼業が発展
　船成金・鉄成金などの成金が生まれる
④ 貿易額の急増、輸入超過から大幅な輸出超過に転換
　⇒債務国から債権国に転換
⑤ 敵国ドイツからの輸入が途絶
　⇒薬品・染料・肥料などの化学工業が勃興
⑥ 重化学工業の発展（ただし、まだ軽工業中心）
　⇒工業労働者、特に男性労働者の増加が顕著
⑦ 工業の躍進　⇒工業生産額が農業生産額を追い越す
⑧ 電力事業、特に水力発電が発展
　⇒工業原動力では電力が蒸気力をしのぐ
⑨ 寄生地主制の進展　⇒農業の発展は停滞

7 水力発電の発展

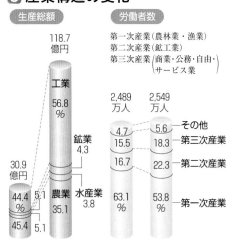

●1 猪苗代第一発電所　1915年に猪苗代湖の猪苗代水力発電所（福島県）と東京・田端変電所225kmをつなぐ送電線が完成した。これにより、日本は長距離高圧送電時代を迎えることになった。写真は1914年完成のもの〈現存せず〉。

　　猪苗代
白河
宇都宮
古河
田端
―― 送電線ルート
0　　100km

8 寄生地主制の進展

1908年	2,574戸
1912年	2,932戸
1916年	3,482戸
1919年	4,226戸
1923年	5,078戸
1926年	4,141戸
1930年	3,880戸
1934年	3,543戸
1940年	2,941戸

50町歩以上地主の推移。米価の高騰や投機で利益を上げた寄生地主が土地を買い集め、50町歩（約60ha）以上の小作地を所有する大地主が増加した。この時期に寄生地主制は頂点に達した。➡p.280 4

9 在華紡の発展

数字は紡績錘数（単位：万錘）

年	総計(A)	中国人経営	日本人経営(B)	B/A(%)
1921(大10)	323	212	85	26.3
1924(大13)	358	218	122	34.0
1927(昭2)	369	210	138	37.4
1931(昭6)	490	273	200	40.8

（『近代日本経済史要覧』）

在華紡は日本の紡績会社が中国に設立した紡績工場。第一次世界大戦以降、主な紡績会社が続々と上海・青島・天津などに工場を建設した。

3 貿易額の推移　➡p.280 2, 315 3

第一次世界大戦以前の貿易は、日清戦争以来、1909年を除いて連年輸入超過（入超）だったが、1915年から輸出超過（出超）に転じた。輸入額も増加したが、輸出額は一層急増し、1914～19年に輸出額が約4倍に達した。また、海運運賃などの貿易外収入も貿易黒字に並ぶほど巨額に達した。その結果、1914年には11億円の債務国だった日本は、1920年には27億円以上の債権国になった。

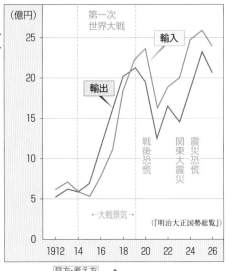

（億円）
第一次世界大戦
輸入
輸出
戦後恐慌
震災恐慌
関東大震災
←大戦景気→
（『明治大正国勢総覧』）

見方・考え方
大戦中の貿易の推移に注目しよう。

4 造船業の発展

	1913年末	1918年10月初
造船業者数	5	52
造船工場数	6	57
造船台数	17	157
職工数	26,139	107,260
建造汽船総トン数	51,525	626,695

（『日本金融史資料・明治大正編』）

大戦中、海運ブームと世界的な船舶不足のために造船業は空前の活況を呈した。造船高は戦前の世界第6位から3位に躍進し、汽船建造トン数は1919年に第二次世界大戦前の最高を記録した。

5 成金

短期間で大金持ちになる人を、将棋の歩などが敵陣で金になることにたとえて、成金とよぶ。大戦景気では、船成金・株成金・鉄成金などが続出した。（和田邦坊筆）

● 初任給（月給）(1918年)

小学校教員	12～20円
銀行員（大学卒）	40円

6 産業構造の変化

生産総額

118.7億円

工業 56.8%

鉱業 4.3

水産業 3.8

農業 35.1

30.9億円

44.4%　5.1
45.4　5.1

1914年　1919年

労働者数

第一次産業（農林業・漁業）
第二次産業（鉱工業）
第三次産業（商業・公務・自由・サービス業）

2,489万人　2,549万人

4.7　5.6　―その他
15.5　18.3　―第三次産業
16.7　22.3　―第二次産業
63.1%　53.8%　―第一次産業

1914年　1919年

第一次世界大戦中、綿糸紡績業・製糸業などの繊維工業をはじめ、鉄鋼・機械・化学などの工業が発展し、第一次世界大戦後の1919年には工業生産額が農業生産額を超え、日本はアジア最大の工業国になった。第1次産業就業者は1914年から19年の間に196万人減少し、第2次産業就業者は166万人増加した。

プロフィール

脱サラの船成金

内田信也
茨城県出身
1880～1971

三井物産の社員だった内田信也は、退職して汽船1隻をチャーターし、神戸に事務所をおこした。大戦景気の波に乗って造船所なども設立し、1919年には18隻の船を所有する船成金になった。神戸の須磨に敷地5000坪の「須磨御殿」を建て、政治家・実業家らを接待した。1919年の鉄道事故の際に「神戸の内田だ。金はいくらでも出すから助けてくれ」と叫んだという伝説がある。後に衆議院議員となり、鉄道大臣・農林大臣なども務めた。

1 パリ講和会議とワシントン会議

＊ハーディング米大統領の提唱で開催された海軍軍縮、極東・太平洋問題に関する会議。

会議・条約		参加国	内閣	日本全権	日本関係のおもな内容と関連事項
パリ講和会議	ヴェルサイユ条約 (1919.6)	日・米・英・仏・伊など27か国	原	西園寺公望 牧野伸顕	日本は赤道以北の旧ドイツ領南洋諸島の委任統治権を獲得。日本は山東省における旧ドイツ権益を継承。国際連盟の成立
ワシントン会議 21〜22年	四カ国条約 (1921.12)	日・米・英・仏	高橋	加藤友三郎 徳川家達 幣原喜重郎	太平洋の諸島に対する4国相互の尊重。期限10年。日英同盟廃棄を明記(1923年廃棄)➡p.270 1
	九カ国条約 (1922.2)	日・米・英・仏・伊・中・蘭・ベルギー・ポルトガル			中国の主権・領土の尊重、中国における商業上の機会均等などを確認。これにともない石井・ランシング協定廃棄(1923)➡p.295 7
	海軍軍縮条約 4 (1922.2)	日・米・英・仏・伊			主力艦・航空母艦の保有量制限 10年間主力艦の建造を禁止
	山東懸案解決に関する条約(1922.2)	日・中		加藤友三郎 幣原喜重郎	山東省における旧ドイツ権益を中国に返還 青島などに駐屯する日本軍の撤退
ジュネーヴ軍縮会議 1927.6〜8〈不成立〉		日・米・英	田中	斎藤実 石井菊次郎	海軍補助艦の制限を討議するが不成立
パリ会議 不戦条約(1928.8) 5		日・米・仏など15か国	田中	内田康哉	国際紛争を解決する手段としての戦争を放棄
ロンドン海軍軍縮会議 ロンドン海軍軍縮条約 (1930.4) ➡p.314 2		日・米・英・仏・伊	浜口	若槻礼次郎 財部彪	補助艦の保有量を制限。主力艦の建造禁止を1936年まで延長

➡① **パリ講和会議の日本代表団**(1919年6月) 第一次世界大戦で「五大国」の一国になった日本は、会議に全権・随員64名を派遣した。タイピスト・医師らを加えると総勢106名にもなった。随員には後に首相や外相となる人々が多く含まれていた。

松岡洋右(のち外相)　重光葵(のち外相)　吉田茂(のち首相)　芦田均(のち首相)　牧野伸顕(元外相)　西園寺公望(元首相)　近衛文麿(のち首相)

3 三・一独立運動 (1919年3月) ➡p.274 5

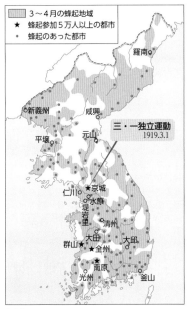

■ 3〜4月の蜂起地域
★ 蜂起参加5万人以上の都市
・ 蜂起のあった都市

三・一独立運動 1919.3.1

羅南 / 新義州 / 咸興 / 平壌 / 元山 / 仁川 / 京城 / 水原 / 提岩里 / 清州 / 群山 / 大田 / 全州 / 南原 / 光州 / 大邱 / 釜山

京城のパゴダ公園(現、タプコル公園)での独立宣言にはじまる独立運動は、5月までに全国218郡のうち211郡の都市や農村部に波及した。参加者は200万人以上に達した。

↑③ **三・一独立運動** 運動は、集会のほか、「独立万歳」を叫びながらおこなうデモ、ストライキ、憲兵・警察への攻撃などの形態をとった。朝鮮総督府は、憲兵・警察・軍隊を動員して運動を弾圧し、約7,500名の死者を出した。この年の1月に急死した高宗の葬儀が3月3日と定められており、参列のため全国から多数の人々が京城に集まっていた。写真は、現在のタプコル公園にあるレリーフで、独立宣言朗読の場面。

←④ **柳寛順(ユグァンスン)** 15歳の学生で独立運動の先頭に立ち逮捕された。拷問で併発した病気のために、1920年に獄死した。

見方・考え方
三・一独立運動は日本からの独立、五・四運動は日本に対する抗議運動であったことを理解しよう。

テーマのポイント

1 大戦後、日本は協調外交と海軍軍縮を進めた
2 大戦後、ロシア革命の影響や米大統領ウィルソンの主張などによって、国際的に民族自決(各民族はその政治的地位を他の民族によって干渉されないという考え)の風潮が高まった

ヴェルサイユ体制とワシントン体制 ⦿キーワード

①ヴェルサイユ体制は、第一次世界大戦後の講和会議(パリ講和会議)で結ばれたヴェルサイユ条約(1919年)にもとづくヨーロッパの新しい国際秩序
②ワシントン体制は、ワシントン会議(1921〜22年)で結ばれた諸条約にもとづくアジア・太平洋地域の新しい国際秩序

日本 / 太平洋 / 南洋諸島 / 南洋庁(1922〜45) / グアム島 / (パラオ諸島コロール島) / カロリン諸島 / 赤道 / ニューギニア / 0 1000km

● 南洋諸島
ヴェルサイユ条約で、日本は赤道以北の旧ドイツ領南洋諸島の**委任統治権**を得た。

＊委任統治権とは、国際連盟から委託されて一定地域を統治する権利。

● ワシントン海軍軍縮条約による軍艦保有制限

主力艦とは、戦艦と巡洋戦艦である。この条約により、日米英の建艦競争は抑制されたが、補助艦の制限が次の課題となった。
➡p.269 5

	主力艦(比)	航空母艦[比]
アメリカ	52.5万トン(5)	13.5—[5]
イギリス	52.5(5)	13.5—[5]
日本	31.5(3)	8.1[3]
フランス	17.5	6.0
イタリア	17.5	6.0

(単位／万トン)

2 幣原外交

幣原喜重郎は、駐米大使時代にワシントン会議の全権委員として活躍し、加藤高明内閣・第1次若槻礼次郎内閣・浜口雄幸内閣・第2次若槻内閣の外相として、幣原外交とよばれる**協調外交**を推進した(➡p.314)。

←② 幣原喜重郎(1872〜1951)

4 五・四運動 (1919年5月)

↑⑤ **五・四運動** 1919年5月4日、北京の天安門広場に集まった北京大学の学生たち約3,000人は、ヴェルサイユ条約調印拒否、二十一カ条の要求の破棄、青島の返還などを求めて反日デモを開始した。運動は上海など各地におよび、結局、中国政府は、ヴェルサイユ条約の調印を拒否した。

↑⑥ 上海での日貨排斥(日本製品の不買)運動

近現代

大正

米騒動はなぜおこり、社会や政治にどのような影響をもたらしたのだろう

1 米騒動

大戦景気などにより、物価、とくに米価が高騰し、都市勤労民・下層農民・被差別民の生活が困窮した。1918年の夏、富山県ではじまった米騒動は、新聞報道を契機としてたちまち各地に波及し、7～9月にかけて38市153町177村、70万人以上が参加する空前の民衆騒擾に発展した。寺内内閣は、10万人を超える軍隊を投入してこれを鎮圧した。死者30名以上を出し、2万5,000人以上が検挙されて約7,800名が起訴され、死刑2名、無期懲役12名を数えた。

↑2 寺内正毅 ◯p.292

◎ テーマのポイント

1 大戦景気は物価高を引きおこした。とくにシベリア出兵も加わって米価が高騰し、米騒動へと発展した

2 米騒動を契機として、本格的な政党内閣である原敬内閣が成立した

←1 米騒動を報じた新聞 8月3日に富山県西水橋町(現、富山市)で発生した騒動は、「女房連の一揆」と報じられた。(『大阪朝日新聞』1918年8月5日)

女房連の一揆

米騒動の発端
(富山県)1918年

7月23日・魚津 漁民の妻が米の移出を止めようと海岸に集合。

8月3日・西水橋町 米の移出禁止・安売りを求める行動。

● 米騒動発生地

氷見 高岡8月2日 石動8月16日 八尾8月27日 富山8月10日 上市 四方8月8日 東岩瀬8月7日 滑川8月6日 水橋8月3日・8月4日 生地8月5日 泊 魚津7月23日 五箇庄 宮崎 富山湾 0 20km

■ 実質賃金の低下

凡例:
- 物価指数 230
- 賃金指数 157
- 実質賃金指数 68

1914=100

1914 15 16 17 18年

■ 小売米価の高騰

(東京)深川正米平均相場

(円) 50 40 30 20 10

米騒動

←第一次世界大戦→

1912 1913 1914 1915 1916 1917 1918 1919 1920

見方・考え方 米騒動がおこった時期を確認しよう。

↑3 米騒動(桜井清香筆『米騒動絵巻』) 米騒動が最も激しかったのは8月10日から16日の間、とくに13・14の両日だった。この絵巻に描かれているように、名古屋市でも9日から騒動がはじまり、数千数万の群衆が米屋などを襲撃した。警官は抜剣し、群衆は瓦を投げて応酬した。軍隊も出動した。 ©徳川美術館イメージアーカイブ／DNP artcom

徳川美術館所蔵

2 原敬内閣の政治関係年表

年		事項
1918. 9 (大7)		原敬内閣成立
	12	大学令、改正高等学校令公布 ◯p.284 1
1919. 3 (大8)		朝鮮で三・一独立運動。武力鎮圧を強行
	5	衆議院議員選挙法改正公布(小選挙区制、納税資格3円以上) ◯p.299 3
	6	ヴェルサイユ条約調印 ◯p.297 1
1920. 1 (大9)		国際連盟発足し、日本は常任理事国に 森戸事件 ◯p.300 1
	2	慶応義塾大学・早稲田大学、大学令により初の私立大学として認可 東京で数万人規模の普通要求大示威行進
	3	尼港(ニコライエフスク)事件(～5月) 株価暴落し、戦後恐慌はじまる 第14回総選挙(政友会278、憲政会110、国民党29など)
		日本軍、北樺太へ出兵 衆議院、憲政会提出の普選案を否決
	8	海軍八・八艦隊建造予算公布
	10	第1回国勢調査実施(内地人口5,596万人、外地人口2,103万人)
	11	東京市疑獄事件おこる
	12	日本軍、ハバロフスクより撤退完了
1921. 5 (大10)		日本社会主義同盟を結社禁止処分
	8	ワシントン会議への参加を表明
	11	原首相が東京駅で刺殺され、原内閣総辞職。全閣僚留任のまま高橋是清内閣成立

←4 原敬 盛岡藩出身。外交官や大阪毎日新聞社社長などを経て、立憲政友会結成に参加。1914年、政友会総裁に就任した。平民籍の衆議院議員で初めて首相になったことから、「平民宰相」とよばれた。 ◯p.292

原内閣の特色

① 立憲政友会の本格的な政党内閣(陸・海・外相以外の閣僚は立憲政友会の会員)
② 小選挙区制を導入。普通選挙制の導入は拒否
③ 四大政綱(教育の改善、交通機関の整備、国防の充実、産業の奨励)をかかげ積極政策を推進
④ 利権政治で汚職事件相次ぐ

↑5 普通選挙運動(1920年2月11日) 普通選挙を要求する普選運動は、1919～20年に最も盛り上がった。1万人以上が参加する集会・デモが繰り返され、衆議院では憲政会などの野党が普選法案を提出したが、原内閣は時期尚早として拒否した。写真は東京の日比谷公園に向かう示威行進の列。

歴史ポケット 原首相遭難

1921年11月4日、原首相は東京駅の乗車口(現在の丸の内南口付近)で、18歳の青年に短刀で右胸部を刺され殺された。現職の首相の殺害はこれが最初である。犯人は大塚駅の職員で、原内閣の政策や、当時あいついで発覚した疑獄・汚職事件に反感を抱いていたという。現在、遭難場所には「原首相遭難現場」のプレートがあり、床には鋲が埋められている(写真)。なお、犯人は無期懲役の判決を受けたが、13年後の1934年に出獄した。

近現代 大正

一言かわら版 **スペイン風邪の大流行** 1918年から翌年にかけて、世界各地でスペイン風邪とよばれるインフルエンザが大流行した。日本の病死者は38万人以上と推定されている。

1 関東大震災 (1923年9月1日)

↑**❶ 東京の日比谷交差点の惨状**

両国の陸軍被服廠跡の広大な空地に約4万人の避難民が集まったが、家財道具や着衣に延焼し、約3万8,000人が焼死した。現在、その場所には、東京都慰霊堂・復興記念館が建てられている。

↑**❷ 東京都慰霊堂** (墨田区・横網町公園)

2 第二次護憲運動と護憲三派内閣

原敬内閣	1918.9~21.11 立憲政友会内閣

原首相暗殺

高橋是清内閣	1921.11~22.6 立憲政友会内閣

閣内不一致

加藤友三郎内閣	1922.6~23.8 非政党内閣

加藤首相病死

第2次山本権兵衛内閣	1923.9~24.1 非政党内閣

見方・考え方
加藤首相の病死が8月24日、山本内閣の成立が9月2日で、関東大震災は首相不在期間におこったことを理解しておこう。

虎の門事件 (難波大助が摂政宮裕仁親王を狙撃)

清浦奎吾内閣	1924.1~24.6 非政党・超然内閣

↓ 立憲政友会・憲政会・革新倶楽部が護憲三派を結成。第二次護憲運動開始

第15回総選挙で護憲三派勝利
(憲政会151、政友会105、革新倶楽部30)
(政友本党109、無所属69)

加藤高明内閣	1924.6~25.8 護憲三派内閣 (外相は幣原喜重郎)

以後8年間政党内閣が続き、「憲政の常道」が慣行化した

1925 ・日ソ基本条約調印 (国交樹立)
・治安維持法公布 史料 ➡p.312史料
・普通選挙法公布
・陸相宇垣一成による軍縮〈宇垣軍縮〉(4個師団削減など) ➡p.269 ❶

↓ 立憲政友会が革新倶楽部を吸収し三派の提携こわれる

加藤高明〈改造〉内閣	

1925.8~26.1 憲政会内閣

➡**❹ 宇垣一成**

➡**❺ 護憲三派の党首たち** (1924年1月) 政界の黒幕三浦梧楼の斡旋で3党首が会談をもち、護憲三派連盟を結成した。護憲三派内閣では、高橋は農商務大臣、犬養は逓信大臣として入閣した。
＊1895年、閔妃殺害に関与して投獄されたが、裁判で無罪になった。

ℹ インフォメーション 原敬記念館(岩手・盛岡市) 原敬の生家に隣接し、『原敬日記』などの遺品や遺墨を展示。https://www.mfca.jp/harakei/

1 関東大震災は政治・経済・社会各方面に多大な影響を与えた
2 第二次護憲運動の結果、護憲三派内閣が成立し、「憲政の常道」が慣行化した

● 被害状況

死者	10万5,385人	全潰建物	10万9,713棟
行方不明		半潰建物	10万2,773棟
虐殺された朝鮮人	約6,700人	焼失建物	21万2,353棟
中国人	約700人	罹災者	340万人
		被害総額	50~200億円

9月1日(土)午前11時58分、関東地方南部を中心とするマグニチュード7.9の関東大地震がおこった。東京・横浜・横須賀などで大火災が発生したために、日本史上最大の地震災害になった。電気・水道などのライフラインは麻痺し、政治・経済・社会は大混乱に陥った。「富士山大爆発」「朝鮮人暴動」など、さまざまな流言が飛びかい、政府は9月2日、戒厳令を施行し、軍隊を出動させた。ニュースは海外にも伝えられ、40以上の国から救援物資・義捐金が寄せられた。

(地図)
木造家屋全壊率 □1% □10% ■50%
〰〰〰 津波 ╌╌╌ 震源域
(『日本大百科全書』)

➡**❸ 甘粕事件** (1923年9月16日) 震災の混乱の中で朝鮮人虐殺事件がおこり、「社会主義者が朝鮮人を扇動した」との噂が流れる中、憲兵(軍事警察官)大尉の甘粕正彦らが無政府主義者の**大杉栄**と妻の**伊藤野枝**、甥の少年の3人を東京憲兵隊本部で殺害した。軍法会議で甘粕は懲役10年の判決を受けたが、3年で出獄して満洲に渡った。

＊当時、「主義」とは「社会主義」をさした。

3 衆議院議員選挙法改正と有権者の増加

＊1950年4月の公職選挙法の公布により廃止。

公布年	内閣	有権者の資格		実施年	上段: 有権者数(100万人) 下段: 総人口比(%)	選挙区制	議員定数	投票率
		直接国税	性別年齢					
1889	黒田清隆 ➡p.264❷	15円以上	男25歳以上	1890	45万人(1.1%)	小選挙区	300	94.0
1900	山県有朋	10円以上	男25歳以上	1902	98万人(2.2) (被選挙人の納税資格停止)	大選挙区	369	88.4
1919	原敬	3円以上	男25歳以上	1920	307万人(5.5) 有権者数 総人口比	小選挙区	464	86.7
1925	加藤高明	制限なし	男25歳以上	1928	1,241万人(20.8)	中選挙区	466	80.3
1945	幣原喜重郎	制限なし	男女20歳以上＊＊	1946	3,688万人(48.7)	大選挙区	466	72.1

＊＊2015年6月に改正公職選挙法が成立。選挙権年齢が18歳以上に引き下げられた。

↑**❻ 治安維持法反対集会** (1925年2月) 護憲三派内閣は、普選実施による無産政党の進出と、日ソ基本条約締結による共産主義の拡大を警戒して治安維持法案を提出、労働団体・社会主義団体は反対運動を展開した。しかし衆議院では法案は大差で可決された。国体の変革や私有財産制度の否認を目的とする結社を組織し、加入した者を10年以下の懲役または禁錮に処すという内容である。

↑**加藤高明** ↑**犬養毅** ↑**高橋是清**

「千駄ヶ谷のコレアン」 歴史ポケット

関東大震災のさなか、「朝鮮人暴動」などのデマが流れ、軍隊・警察・自警団の手によって多数の朝鮮人が虐殺された。また朝鮮人とみなされて殺された中国人や日本人もいた。当時早稲田大学の学生だった伊藤圀夫は、東京の千駄ヶ谷で朝鮮人と間違えられて自警団に尋問されたが、かろうじて助けられた。のち俳優座を創設し、著名な新劇俳優・演出家になった伊藤は、「千駄ヶ谷のコレアン(朝鮮人)」を意味する千田是也を芸名とした。

↑**❼ 自警団**
↑**❽ 千田是也** (一九〇四~九四)

近現代 大正

近現代
大正

1 大正期の社会運動 →p.281 ■, 312 ■

年代	事 項
1911	平塚らいてうら青鞜社を結成→p.301 ❷❸
1912	鈴木文治ら友愛会を結成。第一次護憲運動→p.293 ❷
1916 (大5)	吉野作造、『中央公論』に「憲政の本義を説いて其有終の美を済すの途を論ず」発表（民本主義の提唱）史
1918 (大7)	米騒動→p.298 ■ 吉野作造ら黎明会を結成。東大新人会結成
1919 (大8)	満川亀太郎・大川周明ら猶存社を結成 普通選挙運動高揚（～1920）→p.298 ❺
1920 (大9)	森戸辰男東大助教授、クロポトキンの研究をとがめられ休職処分（森戸事件）。八幡製鉄所争議。平塚らいてう・市川房枝ら新婦人協会を結成→p.301 ❹ 第1回メーデー。日本社会主義同盟結成
1921 (大10)	伊藤野枝・山川菊栄ら赤瀾会を結成→p.301 ❺ 神戸三菱・川崎両造船所争議。日本労働総同盟友愛会を日本労働総同盟に改称
1922 (大11)	西光万吉ら全国水平社を結成 杉山元治郎・賀川豊彦ら日本農民組合を結成 堺利彦ら日本共産党を非合法に結成
1923	関東大震災。亀戸事件。甘粕事件→p.299 ❸
1924	市川房枝ら婦人参政権獲得期成同盟会を結成
1925 (大14)	治安維持法・普通選挙法公布。日本労働総同盟第1次分裂、左派は日本労働組合評議会を結成
1926	労働農民党など無産政党結成→p.312 ❸

3 労働争議・小作争議の推移

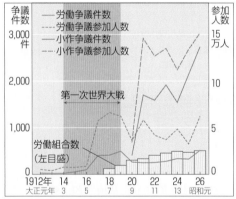

凡例：
- 労働争議件数
- 労働争議参加人数
- 小作争議件数
- 小作争議参加人数

（グラフ：争議件数・労働組合数（左目盛）、参加人数（右目盛）、第一次世界大戦の期間を図示。横軸：1912年～26年／大正元年～昭和元年）

大戦景気とともに労働争議が増加し、1920年の戦後恐慌以来、労働組合数や小作争議の件数が急増している。

5 全国水平社の結成（1922年3月）

↑❻水平社の「荊冠旗」 黒地は暗黒の差別社会、赤い荊冠は受難の象徴。

↑❼水平社の人々 1922年、京都岡崎公会堂に被差別部落の人々約700名を集めて全国水平社の創立大会が開催された。創立の中心人物西光万吉・阪本清一郎・駒井喜作は、いずれも奈良県柏原（現、御所市）の青年だった。彼らは佐野学（→p.318 ❼）の自主解放論に感銘を受けて運動をはじめた。写真は1924年第3回水平社全国大会時のもの。

2 吉野作造の民本主義

↑❶吉野作造（1878～1933）東大教授時代に雑誌『中央公論』で民本主義を唱え、美濃部達吉の天皇機関説とともに大正デモクラシー運動に多大な影響を与えた。

民本主義は、主権在民ではなく、主権者が民衆の利益・幸福や意向を重視することが大切と説く。

↑❷第1回メーデー（1920年5月） メーデーは5月1日におこなわれる国際的な労働者の祭典。日本の第1回メーデーは1920年5月2日（日）、東京の上野公園で開催され、約5,000人が参加した。

鈴木文治

↑❸神戸三菱・川崎両造船所の大争議（1921年7～8月） 3万5,000人の労働者がストライキに参加し、太平洋戦争以前では最大の労働争議だったが惨敗した。鈴木文治らも応援に加わった。

❶ テーマのポイント

❶ロシア革命・米騒動などを契機として社会運動が勃興した
❷社会運動は、労働運動・農民運動・社会主義運動・女性解放運動・部落解放運動など多岐におよぶ

4 労働運動と農民運動

1912.8 友愛会 …鈴木文治、15名の会員で発足。労資協調を唱え、労働者の地位向上をめざす

1919.8 大日本労働総同盟友愛会 … 3万名。労働組合の全国組織としての体制整備。8時間労働制・普通実施などを要求。第1回メーデーを主催

1920.10 日本労働総同盟友愛会

1921.10 日本労働総同盟 … 3万名。労資協調主義から階級闘争主義へ

（右派）日本労働総同盟
（左派）日本労働組合評議会 1928.解散

杉山元治郎

↑❹日本農民組合の結成（1922年4月） 杉山元治郎（初代組合長）・賀川豊彦を指導者として神戸で結成された。最初の全国的な農民組織で、香川県伏石、新潟県木崎村など各地の小作争議を指導した。1926年には1,070支部、6万7,000人を組織した。

↑❺賀川豊彦（1888～1960） 神戸出身の社会運動家。キリスト教の布教でも国際的に活躍した。

プロフィール
社会事業に取り組んだ実業家
大原孫三郎 1880～1943 岡山県出身

岡山県の一紡績会社（倉敷紡績）を大企業に育て、関西財界の重鎮となった大原は、一方で企業の社会的責任を果たすためにさまざまな社会事業に取り組んだ。米騒動を契機に、1919年に社会思想の研究機関として大原社会問題研究所（初代所長は高野岩三郎→p.340 ❷）を大阪に設立したほか、大原農業研究所、倉敷労働科学研究所、総合病院、そして洋画家の児島虎次郎に収集させたモネやルノワールらの西洋絵画を展示するための大原美術館などを次々と設立し、財を社会に還元した。

❶ 日本女性史（近代）関連年表

■ 法令関係事項。

年代	事項
1871(明4)	津田梅子・山川捨松ら5人の女子、アメリカへ留学→p.255 ❽
1872(明5)	官営富岡製糸場開業。伝習工女を募集→p.248 ❶
1874(明7)	東京女子師範学校(現、お茶の水女子大学)設立 福沢諭吉、『学問のすゝめ』第8編で男女同権を主張
1883(明16)	自由民権運動家岸田俊子、演説「函入娘」で投獄される
1885(明18)	『女学雑誌』(最初の本格的な女性雑誌)創刊 民権活動家景山(福田)英子、大阪事件で投獄される→p.260 ❶
1886(明19)	甲府雨宮製糸工場の女性労働者が最初のストライキ→p.281 ❺
1893(明26)	日本基督教婦人矯風会(会頭矢島楫子)設立→p.282 ⑮
1895(明28)	樋口一葉、小説「たけくらべ」を『文学界』に発表→p.283 ❼
1896(明29)	民法(男尊女卑の諸規定を含む)公布(1898にも公布)→p.263 ❶
1900(明33)	治安警察法(第5条で女性の政治結社加入と政治演説会参加を禁止)公布。津田梅子、女子英学塾を設立→p.286 ❻
1901(明34)	奥村五百子ら、愛国婦人会を結成
1904(明37)	与謝野晶子、詩「君死にたまふこと勿れ」を『明星』に発表
1911(明44)	社会主義者管野スガ、大逆事件で死刑に処せられる→p.281 ❹ 平塚らいてうら、青鞜社を結成。『青鞜』創刊
1914(大3)	新劇女優松井須磨子の歌う「カチューシャの唄」が大流行→p.305 ⑪
1915(大4)	三浦環、ロンドンでプッチーニの「蝶々夫人」を熱唱→p.305 ❷
1918(大7)	富山県の「女一揆」を契機に米騒動発生→p.298 ❷
1920(大9)	平塚らいてう・市川房枝・奥むめおら、新婦人協会を結成
1921(大10)	伊藤野枝・山川菊栄ら、社会主義団体の赤瀾会を結成
1922(大11)	治安警察法第5条改正(女性の政治演説会への参加を許可)
1924(大13)	市川房枝らが、婦人参政権獲得期成同盟会を結成
1925(大14)	細井和喜蔵が『女工哀史』を刊行
1928(昭3)	人見絹枝、アムステルダム五輪陸上800mで銀メダルを獲得
1936(昭11)	前畑秀子、ベルリン五輪200m平泳ぎで金メダルを獲得
1943(昭18)	勤労動員の強化に伴い、勤労挺身隊(→女子挺身隊)結成→p.328 ❾

❷ 女性解放運動に参加した人々

←❶岸田(中島)俊子(1863～1901) 自由民権運動家。1882年に大阪・岡山などで自由民権や女性の権利伸張を説いた。翌年、大津で演説した際に投獄された。1884年に中島信行(自由党副総理)と結婚。『女学雑誌』で女性の地位向上を主張した。
東京大学法学部明治新聞雑誌文庫蔵

● 平塚らいてうと青鞜社

→❷平塚らいてう(1886～1971)
明治末～昭和期の社会運動家。太平洋戦争後は平和問題にも取り組む。1953年、日本婦人団体連合会会長に就任した。

史料

『青鞜』発刊に際して(平塚らいてう) 史

元始、女性は実に太陽であった。真正の人であった。今、女性は月である。他に依って生き、他の光によって輝く、病人のような蒼白い顔の月である。

ここに『青鞜』は初声を上げた。其日、女性は矢張り元始の太陽である。真正の人である。

←❸『青鞜』創刊号
青鞜社の同人誌として1911年9月に発刊。25銭で、部数は1,000部(最盛期3,000部)。表紙のデザインは、のちに高村光太郎と結婚する長沼智恵子が担当した。

青鞜社は、平塚らいてうら日本女子大学校(現、日本女子大学)の同窓生が中心となり、「女流文学の発達を計り……他日女流の天才を生まむ事を目的」として1911年結成された。同人誌『青鞜』は大きな反響をよび、「新しい女」の出現として世間の注目を浴びた。1914年にらいてうが退き、伊藤野枝が主宰したが、1916年活動停止となった。

近現代 大正

❸ 大正・昭和初期の「職業婦人」

第一次世界大戦期の大戦景気に伴って、タイピスト・事務員・電話交換手・車掌などの新しい「職業婦人」が急増した。「職業婦人」が進出した理由としては、経済が急成長したために労働力が不足したこと、男性よりも低賃金(男性の5～6割以下)で雇えたことなどが考えられる。

↑❻タイピスト 1915(大正4)年に和文タイプライターが開発され、女性がタイピストに採用された。1920年には全国タイピスト組合も結成された。

↑❼バスの女性車掌(バスガール) 1924(大正13)年、東京市営乗合自動車の運行がはじまると、女性車掌(バスガール)が採用され乗務した。

市川房枝 奥むめお 平塚らいてう

↑❹新婦人協会の設立(1920年3月) 平塚らいてう・市川房枝・奥むめおら、進歩的な女性たちによって結成された。会員は約400人。治安警察法第5条の改正運動に取り組んだ結果、1922年に一部改正され、女性が政治演説会に参加することができるようになった。同年解散。

プロフィール

女性解放にささげた一生

市川房枝 愛知県出身
1893～1981

市川房枝らが結成した新婦人協会が解散(1922年)した後、1924年には婦人参政権獲得期成同盟会(翌年、婦選獲得同盟に改称)を結成し、婦人参政権運動を指導した。婦人参政権が、平等で平和な社会を築く鍵であるという意味で、「婦選は鍵なり」という標語をしばしば使った。1953年から「理想選挙」を掲げて5回参議院議員(無所属)になった。とくに1980年には、全国区で278万票を集め、1位当選を果たした。→p.340 ❷

女学生が就職したい職業順位
①音楽家 ②保母
③タイピスト ④画師
⑤教師 ⑥医者
⑦記者 ⑧看護婦
⑨裁縫師 ※表記は原典による。
(大正後期、大阪のある高等女学校の生徒、『日本労働年鑑』1920年版)

→❺赤瀾会の結成(1921年4月) 堺真柄(堺利彦の娘)ら40余名の女性が結成した最初の女性社会主義団体。山川菊栄(山川均の妻)・伊藤野枝が顧問格で加わったが、弾圧を受けて1年足らずで消滅した。「赤瀾」の意味は「赤いさざなみ」。

山川菊栄 伊藤野枝

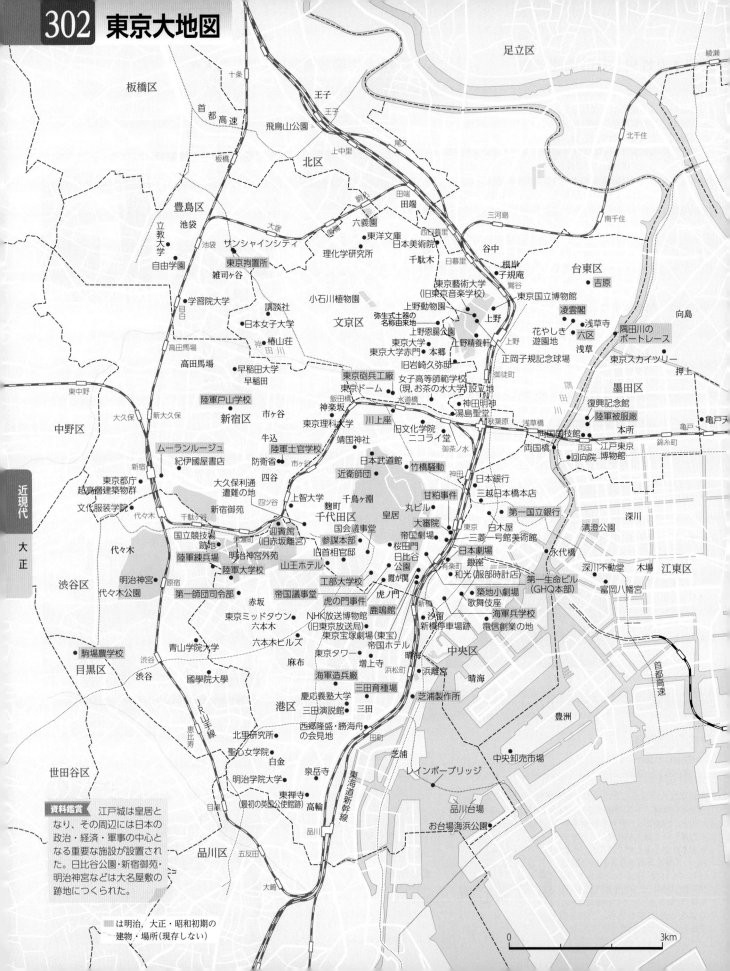

近現代

大正

資料鑑賞 江戸城は皇居となり、その周辺には日本の政治・経済・軍事の中心となる重要な施設が設置された。日比谷公園・新宿御苑・明治神宮などは大名屋敷の跡地につくられた。

足立区
綾瀬

板橋区
十条
王子
王子
飛鳥山公園
北千住
首都高速
上中里
尾久
南千住
板橋
北区
三河島
田端
田端
駒込
六義園
大塚
豊島区
池袋
東洋文庫
西日暮里
谷中
台東区
池袋
サンシャインシティ
理化学研究所
日本美術院
根岸
立教大学
東京拘置所
千駄木
日暮里
子規庵
向島
自由学園
小石川植物園
鶯谷
吉原
雑司ヶ谷
東京藝術大学
（旧東京音楽学校）
東京国立博物館
学習院大学
講談社
文京区
上野動物園
凌雲閣
浅草寺
目白
日本女子大学
弥生式土器の
名称由来地
上野
花やしき
六区
東京スカイツリー
椿山荘
上野恩賜公園
上野精養軒
遊園地
浅草
押上
高田馬場
東京大学
本郷
上野
早稲田大学
東京大学赤門
正岡子規記念球場
御徒町
墨田区
高田馬場
早稲田
旧岩崎久弥邸
隅田川の
ボートレース
東京砲兵工廠
女子高等師範学校
（現、お茶の水大学）設立地
復興記念館
陸軍戸山学校
東京ドーム
飯田橋
水道橋
神田明神
陸軍被服廠
本所
東中野
神楽坂
湯島聖堂
新宿区
市ヶ谷
川上座
秋葉原
両国技館
江戸東京
錦糸町
新大久保
東京理科大学
旧文化学院
浅草橋
両国
亀戸
中野区
大久保
牛込
靖国神社
ニコライ堂
両国橋
回向院
博物館
ムーランルージュ
陸軍士官学校
御茶ノ水
神田
両国橋
新宿
紀伊國屋書店
防衛省
日本武道館
竹橋騒動
深川
東京都庁
四谷
近衛師団
甘粕事件
日本銀行
清澄公園
超高層建築物群
大久保利通
遭難の地
三越日本橋本店
文化服装学院
上智大学
丸ビル
木場
代々木
国立競技場
跡地
麹町
千代田区
皇居
大審院
第一国立銀行
白木屋
江東区
迎賓館
（旧赤坂離宮）
国会議事堂
帝国劇場
三菱一号館美術館
永代橋
陸軍練兵場
明治神宮外苑
旧首相官邸
桜田門
日本劇場
銀座
深川不動堂
渋谷区
陸軍大学校
山王ホテル
日比谷
公園
和光（服部時計店）
第一生命ビル
（GHQ本部）
富岡八幡宮
明治神宮
原宿
工部大学校
霞が関
築地小劇場
代々木公園
第一師団司令部
赤坂
虎の門事件
虎ノ門
歌舞伎座
海軍兵学校
駒場農学校
東京ミッドタウン
NHK放送博物館
（旧東京放送局）
鹿鳴館
汐留
電信創業の地
目黒区
六本木
東京宝塚劇場（東宝）
新橋停車場跡
目黒
六本木ビルズ
帝国ホテル
中央区
青山学院大学
東京タワー
麻布
渋谷
国學院大學
増上寺
浜松町
浜離宮
晴海
恵比寿
JR山手線
港区
海軍造兵廠
三田育種場
芝浦製作所
北里研究所
聖心女学院
慶応義塾大学
芝浦
中央卸売市場
白金
三田演説館
三田
豊洲
世田谷区
泉岳寺
田町
明治学院大学
西郷隆盛・勝海舟
の会見地
レインボーブリッジ
東禅寺
（最初の英国公使館跡）
高輪
東海道新幹線
目黒
品川台場
お台場海浜公園
品川区
品川
お台場海浜公園
五反田
首都高速
大崎

■は明治、大正・昭和初期の
建物・場所（現存しない）

0 ────────── 3km

1 大衆文化関連年表

年代	事項
1912（大元）	日本活動写真株式会社（日活）設立
1913（大2）	中里介山『大菩薩峠』の新聞連載開始
1914（大3）	宝塚少女歌劇第1回公演。『少年倶楽部』創刊。「カチューシャの唄」流行（翌年レコード化）
1915（大4）	第1回全国中等学校優勝野球大会（豊中球場）
1917（大6）	浅草オペラ（藤原義江ら）設立。『主婦之友』創刊。「コロッケの唄」流行
1918（大7）	鈴木三重吉、児童文芸雑誌『赤い鳥』創刊
1919（大8）	上野－新橋間に青バス運行
1922（大11）	週刊誌『週刊朝日』『サンデー毎日』創刊
1923（大12）	東京駅前に丸の内ビル（丸ビル）完成 ○p.37⑭
1924（大13）	『大阪毎日新聞』『大阪朝日新聞』発行部数100万部突破を発表。築地小劇場開場。甲子園球場完成
1925（大14）	『キング』（講談社）創刊。ラジオ放送開始
1926（昭元）	東京に同潤会青山アパート完成。改造社『現代日本文学全集』（円本）刊行、円本時代の到来
1927（昭2）	岩波文庫刊行。上野・浅草間に初の地下鉄開通
1929（昭4）	ターミナルデパート阪急百貨店（大阪）開店
1931（昭6）	有声映画（トーキー）登場

テーマのポイント

①中等・高等教育の拡充などを背景に、一般勤労者（大衆）を担い手とする大衆文化が成立した
②新聞・雑誌・ラジオ・映画などのマス＝メディアが急速に発達した
③衣・食・住など生活様式の洋風化・近代化が進んだ　④女性の社会進出がすすんだ（「職業婦人」）

2 サラリーマンの増加

弁当箱
懐中時計
『キング』

←①俸給生活者（サラリーマン）の持ち物　俸給生活者いわゆるサラリーマンは、第一次世界大戦にともなう大戦景気によって急増し、新興の実業家や知識人などとともに新中間層を形成した。1930年には全就業者の約8％を占めるようになった。洋服にカバンというハイカラなサラリーマンスタイルがこの時期に形成された。銀行員の初任給は、70円（大学卒、1927年）であった。
新宿歴史博物館蔵

3 ラジオ放送

ラジオ（真空管式受信機）
昭和初期

JOAK
東京放送局
ラジオ開局記念ポスター
写真提供：NHK

（グラフ縦軸）普及率（%）　（横軸）1925年　30　35

ラジオ体操・大相撲の実況中継開始（28年）
全国中等学校優勝野球大会を初めて放送（27年）

ラジオ放送は1925年、東京・大阪・名古屋の各放送局がはじめた。3放送局は翌26年に合同して日本放送協会（NHK）になった。ラジオ体操、野球・相撲の実況中継の開始もあって急速に普及した。

4 活字文化

←②『キング』創刊号　万人向けの月刊娯楽雑誌として1925年1月に創刊され、1部50銭、増刷を重ねて74万部が売れた。1928年には驚異的な150万部を記録するなど、大衆に支持され、1957年まで続いた。創刊号の表紙の美人画は、和田英作（○p.289④）の作品。
東京大学法学部明治新聞雑誌文庫蔵

↓③『少年倶楽部』

↓④『主婦之友』

5 映画（活動写真）

←⑥尾上松之助（一八七五～一九二六）
（「猿飛佐助」、1925年）

←⑦阪東妻三郎（一九〇一～五三）
（「雄呂血」、1925年）

↑⑤浅草（東京）の興行街　最初の常設映画館は1906年開館の浅草電気館だった。浅草六区は、大正期に映画館を中心に日本一の繁華街として発展した。映画館入場料30銭（1921年）。

1920年代半ばから日本の映画が黄金時代を迎え、尾上松之助・阪東妻三郎らのスターが誕生した。この時期の映画は無声映画（サイレント）だった。

6 家庭生活の変化・風俗

ちゃぶ台（食台）の普及にともない、一家だんらんの風景が定着していった。照明もランプから電灯に変化した。○p.38⑪

↓⑧ちゃぶ台

↓⑨電灯のある台所（大隈重信邸）
早稲田大学図書館蔵

↓⑩文化住宅　大正から昭和初期にかけて大都市郊外の鉄道沿線の住宅地に建てられた和洋折衷住宅。おもにサラリーマンなどの中間層が住んだ。○p.304④

（群馬・桐生市）

↓⑪モガ（モダンガール）　この時代、流行の先端をいくモガ・モボ（モダンボーイ）たちが、東京の銀座などを闊歩した。

近現代

大正

大正・昭和初期の関西の発展を支えたものは何だったのだろうか。

大正・昭和初期に関西は大きく発展した。国鉄以上に5大私鉄が発展し、とくに大阪・神戸（阪神）間には国鉄・阪神・阪急の線路が並行して走り、「阪神間モダニズム」といわれるハイカラなライフスタイルの形成に大きな役割をはたした。人々のくらしはどのようなものだったのだろうか。

● 京阪神の鉄道路線（昭和初期）

凡例：
阪急（新京阪を含む）／阪神／京阪／近鉄／南海／国有鉄道

箕面・池田・宝塚・伊丹・豊中・茨木・寝屋川・西大寺・木津・十三・淡路・夙川・西宮北口・元町・神戸・甲子園・中之島・新世界・布施・奈良・大阪・梅田・柏原・玉寺・天理・大阪湾

0 20km

←❶ 阪急電鉄のポスター（大正時代）

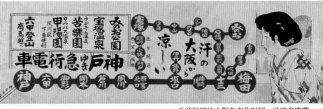

公益財団法人阪急文化財団　池田文庫蔵

1 阪神地域の成立

←❷ 川崎造船所（神戸市）　神戸には、三菱造船所や神戸製鋼所などもあり、造船がさかんだった。神戸港は国際貿易港として栄え、明治から昭和初期にかけて多くの異人館が建てられ、その一部は北野地区に現存する。

↑❸ 工場の煙突（大阪市）　大阪は紡績業のほか神戸以上に重化学工業が発展し、「煙の都」ともよばれた。

● 大都市の比較（1925年）

	人口（人）	面積（km²）	人口密度（人/km²）
大 阪 市	2,114,804	181.7	11,639
東 京 市	1,995,567	81.2	24,576
名古屋市	768,558	148.1	5,189
京 都 市	679,963	59.9	11,352
神 戸 市	644,212	62.6	10,291
横 浜 市	405,888	37.0	10,970

大阪市は1925年に隣接する町村と合併し人口では日本一の都市になり、「大大阪」とよばれた。関東大震災（→p.299）から復興を遂げた東京は1932年に日本一に復帰した。

2 分譲住宅とターミナルデパート

↑❹ 池田室町住宅（1910年、大阪・池田市）　阪急電鉄は、明治末期以降、沿線に文化住宅（→p.303 ⑩）のはしりともいえる月賦で買えるサラリーマン向けの分譲住宅を開発した。その第1号が室町住宅200戸だった。

↑❺ 阪急百貨店の食堂　1929年に開業した百貨店の最上階（8階）の大食堂の人気メニューはライスカレー（コーヒー付20銭）で、多い日には1万食を超えたという。→p.314
❹❺阪急電鉄提供

都市文化を創造した実業家
小林一三（こばやし いちぞう）　山梨県出身　1873〜1957
阪急電鉄の創業者。宝塚少女歌劇・阪急百貨店を創設し、東京に進出して東京宝塚劇場・東宝映画なども設立した。1910年、阪急池田駅前に私鉄としては最初の郊外住宅地を開発して売り出したが、その際にローン方式を採用し、「大阪で借家するよりも安い月賦で買える立派な邸宅」と宣伝した。このほか沿線に関西学院や神戸女学院などの学校を誘致するなど、次々と独創的なアイデアで事業を拡大していった。

公益財団法人阪急文化財団　池田文庫蔵

3 新しい娯楽と市民文化

©宝塚歌劇団

↑❻ 阪神甲子園球場（兵庫・西宮市、1924年完成）　球場は阪神電鉄によって1924（大正13、甲子の年）年に建設され、同年8月の第10回全国中等学校優勝野球（高校野球の前身）大会の会場となり、現在に至っている。甲子園ホテル（現、甲子園会館）も1930年竣工。帝国ホテル（東京）と並び称された。

1924年第10回大会の静岡中学（右）と北海中学（左）の試合前のあいさつ

「パリゼット」（1930年）

↑❼ 宝塚少女歌劇　阪急電鉄は、1911年、ターミナルの宝塚に新温泉を開設したが、さらに客を集めるために少女歌劇を創設し、1914年に第1回公演をおこなった。1918年には東京初公演が成功し、音楽歌劇学校も設立された。1924年には4,000人収容の宝塚大劇場が竣工し、「モン・パリ」「パリゼット」が大ヒットした。「清く正しく美しく」をモットーとし、今もファンを魅了してやまない。

←❽ 初代通天閣　1912年に、新世界ルナパーク（遊園地）とともに建設された。通天閣とルナパークの塔がロープウェイで結ばれていた。通天閣は1943年に火災により閉鎖、解体された。2代目は1956年の竣工。

探Q
● 「阪神間モダニズム」について調べてみよう。

近現代　大正

1 おもな人文・社会科学の業績

分野	人物	内容
哲学	西田幾多郎	『善の研究』(1911)などで独創的な哲学を構築
倫理学	和辻哲郎	『古寺巡礼』『風土』などで日本文化論も展開
歴史学	津田左右吉	『古事記』『日本書紀』の本文批判にもとづく日本古代史の研究。『神代史の新しい研究』
民俗学	柳田国男	日本民俗学を創始。『郷土研究』創刊。『遠野物語』
政治学	吉野作造	民本主義を主張。黎明会を結成●p.300 2
法学	美濃部達吉	天皇機関説を唱え、上杉慎吉と論争。『憲法講話』 ●p.318 10
経済学	河上肇	マルクス主義経済学の研究。『貧乏物語』(1917刊)
	高畠素之	マルクス『資本論』完訳などマルクス主義を紹介
	森戸辰男	クロポトキンの社会思想の研究●p.300 1
	野呂栄太郎	マルクス主義経済学。『日本資本主義発達史講座』

↑❶西田幾多郎 (1870〜1945)　↑❷津田左右吉 (1873〜1961)　↑❸柳田国男 (1875〜1962)　↑❹河上肇 (1879〜1946)

2 おもな自然科学の業績

分野	人物・機関	内容
医学	野口英世	細菌学を研究。ガーナで黄熱病を研究中死去
金属学	本多光太郎	KS磁石鋼を発明(KSは資金援助した住友吉左衛門の頭文字)
工学	八木秀次	宇田新太郎と超短波アンテナ(八木アンテナ)を発明
数学	高木貞治	代数的整数論における類体論を完成
研究機関	北里研究所	1915年、北里柴三郎設立の医学研究所
	理化学研究所	1917年設立の半官半民の財団法人。物理化学研究
	航空研究所	1918年設立の東大付属研究所。航空科学研究
	鉄鋼研究所	1919年、本多光太郎の主唱で東北帝国大学に設立。1922年に金属材料研究所になる
	地震研究所	1925年設立の東大付属研究所。地震と予防の研究

↑❺野口英世 (1876〜1928)　↑❻本多光太郎 (1870〜1954)　↑❼理化学研究所(東京・文京区) ●p.315 9

プロフィール

日本初の国際的プリマ・ドンナ
三浦 環　東京都出身
1884〜1946

ソプラノ歌手の三浦環は、1904年に東京音楽学校を卒業した。三浦環は、1915年5月にロンドンで上演されたオペラ「蝶々夫人」(舞台は長崎)に初めて出演し、成功を収めた。その後、欧米各地の大歌劇場で蝶々夫人を主演し、世界的名声を得た。1920年に三浦環をローマに招いた作曲家のプッチーニは、「あなたは最も理想的な蝶々さん」と絶賛した。1936年に帰国後は、日本で活躍した。蝶々夫人の主演は2,000回に及んだ。

↑❽『新思潮』(第4次) 1916年刊。東大の学生を中心とする同人雑誌。大正期は第3次・4次。

↑❾『太陽のない街』表紙(徳永直著) 1926年の共同印刷争議を描いたプロレタリア文学の代表作。

↑❿『白樺』創刊号 1910年刊。白樺派は皇族・華族の子弟が学んだ学習院の出身者を中心に、同人雑誌『白樺』(1910〜23年)に集まった作家たちである。

3 おもな文学作家と作品

特徴	作家	作品
高踏派 反自然主義 西洋的教養派	森 鷗外 夏目 漱石	『山椒太夫』『高瀬舟』 『こころ』『明暗』
白樺派 反自然主義、反耽美派。人道主義・理想主義に立ち、自我や個性を尊重	志賀 直哉 武者小路実篤 倉田 百三 有島 武郎	『暗夜行路』(1921〜37) 『友情』『人間万歳』 『出家とその弟子』 『カインの末裔』『或る女』
耽美派 反自然主義。官能享楽主義、唯美主義	永井 荷風 谷崎潤一郎	『腕くらべ』『濹東綺譚』 『痴人の愛』『春琴抄』
新思潮派 新現実主義 人間・現実の理知的・個性的追求	芥川龍之介* 菊池 寛 山本 有三	『羅生門』『鼻』 『父帰る』『恩讐の彼方に』 『波』『女の一生』
新感覚派 斬新な感覚的表現、表現技法の革新	川端 康成* 横光 利一	『伊豆の踊子』『雪国』 『日輪』『機械』
プロレタリア文学 無産階級の文学 『文芸戦線』(1924) 『戦旗』(1928)	小牧 近江 葉山 嘉樹 小林多喜二 徳永 直	『種蒔く人』創刊(1921) 『海に生くる人々』 『蟹工船』(1929) 『太陽のない街』(1929)
大衆文学 大衆娯楽雑誌の普及は連載物の大衆通俗小説を生んだ	中里 介山 吉川 英治 大佛 次郎 直木三十五*	『大菩薩峠』 『鳴門秘帖』『宮本武蔵』 『鞍馬天狗』 『南国太平記』
児童文学 情趣豊かな近代童話の樹立・童心主義	鈴木三重吉 宮沢 賢治	童話童謡雑誌『赤い鳥』の創刊 『風の又三郎』『銀河鉄道の夜』

＊は、芥川賞など文学賞に名を残す作家。

4 演劇

劇団	内容
芸術座 (新劇)	1913年、文芸協会を脱退した島村抱月・松井須磨子が結成。「復活」など。1919年解散
築地小劇場 (新劇)	1924年、小山内薫・土方与志が結成した劇団・劇場。劇団は1929年分裂
新国劇	芸術座を脱退した沢田正二郎が1917年結成。「月形半平太」「国定忠治」などの剣劇(チャンバラ劇)で成功

→⓫松井須磨子(1886〜1919) 文芸協会退会後、島村抱月と芸術座を結成。「復活」の劇中歌の「カチューシャの唄」が大流行した。病死した抱月の後を追って自殺した。

松井須磨子

5 音楽

人物	内容
三浦 環	ソプラノ歌手。オペラ「蝶々夫人」で活躍
山田耕筰	作曲家(赤とんぼ、この道)・指揮者。日本交響楽協会設立
近衛秀麿*	作曲家(ちんちん千鳥)・指揮者。新交響楽団(現、NHK交響楽団)を結成

＊34代首相となった近衛文麿の弟。

→⓬築地小劇場 1924年に土方与志が私財を投じて設立した定員400余の新劇専用劇場。劇団分裂後も多くの新劇団体が使用したが、1945年の戦災で焼失した。●p.291 5

近現代
大正

1 おもな美術作品

日本画 →p.306	斑猫（竹内栖鳳） **生々流転❽、夜桜（横山大観）** 白狐（下村観山） 行く春、彩雨（川合玉堂） 築地明石町❻（鏑木清方） 阿弥陀堂、髪❼（小林古径） 夢殿、風神雷神❸（安田靫彦） 黒船屋❹（竹久夢二） 洞窟の頼朝❷（前田青邨） 大原女❶（土田麦僊） 名樹散椿、炎舞❺（速水御舟）
洋画 →p.307	もたれて立つ人❹（萬鉄五郎） エロシェンコ氏の像❺（中村彝） 長安街、紫禁城❶（梅原龍三郎） 金蓉❷（安井曽太郎） 麗子微笑❸（岸田劉生） 広告貼り（佐伯祐三）
彫刻	転生、五浦釣人（平櫛田中） 手、鯰（高村光太郎）→p.307 ❻❼❽
建築	**東京駅（辰野金吾）→p.307 ❿** 旧帝国ホテル（ライト）→p.307 ❾

2 大正・昭和初期の絵画の流れ

```
                  日本画   文部省美術展覧会（文展）   洋 画
1914                        1907                        1912
日本美術院（再興）                              フュウザン会
（院展）    横山大観                             岸田劉生
          下村観山                             高村光太郎
              1919                              1913解散
          帝国美術院
          （帝展）
土田麦僊ら 1918        1928            1914
国画創作協会          国画会          二科会
（国展）              梅原            梅原龍三郎
    1937      1937                  1915
帝国芸術院   新文展                 草土社
    1947      1946                  岸田
日本芸術院  日本美術展              1922
          覧会（日展）             春陽会
                                    梅原
                                    岸田
```

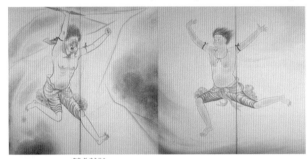

↑❸風神雷神（安田靫彦筆、1929年）　再興第16回院展出品。靫彦は自由な発想により、風神・雷神を表現した。
遠山記念館（埼玉・川島町）蔵　2曲1双　各177.0×191.0cm

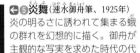

←❺炎舞（速水御舟筆、1925年）炎の明るさに誘われて集まる蛾の群れを幻想的に描く。御舟が主観的な写実を求めた時代の代表作。山種美術館蔵　120.3×53.8cm

→❻築地明石町（鏑木清方筆、1927年）　清らかで気品のただよう女性を描いた清方の代表作。築地明石町は外国人居留地があった所。個人蔵　128.0×79.0cm
©Kiyoo Nemoto 2023/JAA2300037

↓❽生々流転（横山大観筆、1923年）　山の渓流が大河となって海に流れ込み、洋上で竜巻となる。40mに及ぶ壮大な作品で、大観の水墨画の最高傑作。
東京国立近代美術館（東京・千代田区）蔵　55.3×4070.0cm（部分）

3 日本画

↑❶大原女（土田麦僊筆、1915年）　満開の桜の下を歩む大原女を描いた文展出品作。麦僊は、1918年に反文展の立場で国画創作協会を結成した。
山種美術館（東京・渋谷区）蔵　176.4×373.7cm（右隻部分）

↑❷洞窟の頼朝（前田青邨筆、1929年）　石橋山の戦い（→p.128 ❶ ❹）に敗れて身を潜める頼朝。大和絵の特色がよく出た青邨の代表作。院展出品。
大倉集古館（東京・港区）蔵　190.9×278.8cm（部分）

↑❼髪（小林古径筆、1931年）　色・線・構成の単純化を進め、清潔・端正な画面を追求した古径の代表作。
永青文庫（東京・文京区）蔵　173.5×108.0cm

↑❹黒船屋（竹久夢二筆、1919年）　一世を風靡した独特の「夢二式」美人画の代表作。
竹久夢二伊香保記念館（群馬・渋川市）蔵　130.0×51.0cm

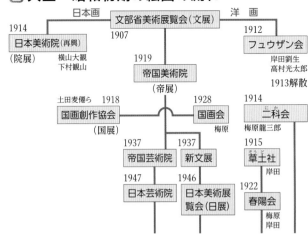

一言かわら版 岸田劉生　白樺派の一員でもあり、『劉生日記』など多くの文章を残した。それらは『岸田劉生全集』全10巻（岩波書店）に収められている。

近現代　大正

1 洋画

↑❶紫禁城(梅原龍三郎筆、1940年) フランスのルノワールに師事した龍三郎は、日中戦争中にたびたび北京を訪れ、そのつど作品を残した。装飾的な構図、豊麗な色彩、個性的な筆致など、彼の絵の特徴がよく表現された作品である。
大原美術館(岡山・倉敷市)蔵 115.0×90.0cm

←❷金蓉(安井曽太郎筆、1934年)肖像画を得意とした曽太郎の代表的傑作。金蓉はモデルの愛称。
東京国立近代美術館(東京・千代田区)蔵
96.5×74.5cm
Photo:MOMAT／DNPartcom

↓❺エロシェンコ氏の像(中村彝筆、1920年) ロシアの盲目詩人をモデルにした彝の最高傑作。第2回帝展で絶賛された。東京国立近代美術館蔵
45.5×42.0cm Photo:MOMAT／DNPartcom

編み物をする麗子
東京国立近代美術館蔵

↑❸麗子微笑(岸田劉生筆、1921年) 劉生の娘の麗子をモデルとした連作の一枚で、最も有名な作品である。毛糸の肩掛けも印象的である。
東京国立博物館蔵 44.2×36.4cm 出典:ColBase

2 彫刻

木彫家の高村光雲の長男光太郎(→p.332❹)は欧米に留学し、ロダンの影響を受けた。ブロンズ像のほか木彫小品を制作した。

←❻手(高村光太郎作、1923年)→p.99❶
東京国立近代美術館蔵
高さ38.6cm ブロンズ

↓❼鯰(高村光太郎作、1926年)
東京国立近代美術館蔵
長さ42.5cm 木彫

↑❹もたれて立つ人(萬鉄五郎筆、1917年) 鉄五郎はキュビスム(立体派)の影響を受けた。東京国立近代美術館蔵
162.5×112.5cm Photo:MOMAT／DNPartcom

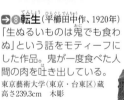

→❽転生(平櫛田中作、1920年)「生ぬるいものは鬼でも食わぬ」という話をモティーフにした作品。鬼が一度食べた人間の肉を吐き出している。
東京藝術大学(東京・台東区)蔵
高さ239.3cm 木彫

プロフィール

パリを描き、パリに死す

佐伯祐三 大阪府出身
1898〜1928

大正時代にも藤田嗣治をはじめ芸術を志す青年たちが次々とパリへ渡った。佐伯祐三も東京美術学校を卒業した1923年に海を渡った。「ユトリロに近い作品を描いている」「古いパリの街を描きたい」と手紙に記した。いったん帰国するが、日本の風景には満足できず再びパリへ渡った。連日制作に没頭していたが病に倒れ、30歳で没した。作家の横光利一は、「日本人が巴里を見た眼のうちで佐伯氏ほど、巴里をよく見た人はあるまいと思ふ」と記した。

テラスの広告

3 建築

↑❾旧帝国ホテル(ライト設計、1923年完成) アメリカのライトの設計で、東京の日比谷公園に面して建てられた。1967年に取り壊され、その中央玄関が博物館明治村(愛知県)に移築された。
📍帝国ホテルの開業は1890(明治23)年。大正期に、建物のすべてが改築された。この設計にあたったのがライトである。

(2020年代)

(1920年代)

↑❿東京駅(辰野金吾設計、1908年着工、1914年完成) 旧称は中央停車場。鉄骨煉瓦造り3階建て。1945年の空襲で破損し、修理・改造され、その後、2012年にほぼ元の姿に復原された(写真上)。

近現代
大正

●p.261（明治の内閣），292（大正の内閣），333〜335（現代の内閣）

●は内閣総辞職の経緯。□は政党内閣。数字は在職日数。事項は外交関係。（ ）内は首相の爵位・出生地。〈 〉は首相または内閣のニックネーム。

〈文官提督〉
●p.292

25 1926.1〜1927.4（大正15）（昭和2）　若槻礼次郎①（島根県）446日
- 与党 憲政会
- おもな経歴　内相（加藤高明）
- 主要閣僚　蔵相 浜口雄幸、片岡直温

1926.12	大正天皇没、昭和に改元
1927. 3	金融恐慌おこる
● 4	台湾銀行救済の緊急勅令案を枢密院で否決され、総辞職

（1864〜1929）〈おらが首相〉

26 1927.4〜1929.7（昭和2）（昭和4）　田中義一（男爵・山口県）805日
- 与党 立憲政友会
- おもな経歴　陸軍大将
- 主要閣僚　外相 田中（兼）、蔵相 高橋是清

1927. 5	第1次山東出兵
1928. 2	第1回普通選挙
6	張作霖爆殺事件
8	パリ不戦条約調印
●29. 7	張作霖爆殺事件処理で、天皇の不信を招き総辞職

（1870〜1931）〈ライオン宰相〉

27 1929.7〜1931.4（昭和4）（昭和6）　浜口雄幸（高知県）652日
- 与党 立憲民政党
- おもな経歴　立憲民政党総裁
- 主要閣僚　外相 幣原喜重郎、蔵相 井上準之助

1930. 1	金解禁
4	ロンドン海軍軍縮条約調印
5	日中関税協定調印
●31. 4	前年に狙撃された浜口首相の病状が悪化し、総辞職

28 1931.4〜1931.12（昭和6）（昭和6）　若槻礼次郎②（男爵・島根県）244日
- 与党 立憲民政党
- おもな経歴　立憲民政党総裁
- 主要閣僚　外相 幣原 蔵相 井上

1931. 9	柳条湖事件（満洲事変はじまる）
10	十月事件おこる
● 12	関東軍の暴走をめぐる閣内不一致で、総辞職

（1855〜1932）
●p.264⑤、293

29 1931.12〜1932.5（昭和6）（昭和7）　犬養毅（岡山県）156日
- 与党 立憲政友会
- おもな経歴　立憲政友会総裁
- 主要閣僚　蔵相 高橋是清、陸相 荒木貞夫

1931.12	金輸出再禁止
1932. 1	第1次上海事変
3	満洲国建国宣言
● 5	五・一五事件で犬養首相暗殺、総辞職

（1858〜1936）〈挙国一致内閣〉

30 1932.5〜1934.7（昭和7）（昭和9）　斎藤実（子爵・岩手県）774日
- おもな経歴　海軍大将、朝鮮総督
- 主要閣僚　外相 内田康哉、広田弘毅 ほか、蔵相 高橋是清

1932. 9	日満議定書調印
1933. 3	国際連盟脱退
. 5	滝川事件おこる、塘沽停戦協定
●34. 7	帝人事件により、総辞職

（1868〜1952）

31 1934.7〜1936.3（昭和9）（昭和11）　岡田啓介（福井県）611日
- おもな経歴　海軍大将
- 主要閣僚　外相 広田弘毅、蔵相 高橋是清 ほか

1934.12	ワシントン海軍軍縮条約破棄
1935. 1	天皇機関説問題化
8	国体明徴声明、相沢事件
●36. 2	二・二六事件おこり、総辞職

（1878〜1948）

32 1936.3〜1937.2（昭和11）（昭和12）　広田弘毅（福岡県）331日
- おもな経歴　駐ソ連大使
- 主要閣僚　外相 広田（兼）、有田八郎、蔵相 馬場鍈一

1936. 5	軍部大臣現役武官制復活
11	日独防共協定調印
●37. 1	浜田国松「腹切り問答」発生、閣内不一致生じ、総辞職。宇垣一成の組閣不成立

（1876〜1943）〈越境将軍〉

33 1937.2〜1937.6（昭和12）（昭和12）　林銑十郎（石川県）123日
- おもな経歴　陸軍大将
- 主要閣僚　外相 林（兼）、佐藤尚武、蔵相 結城豊太郎

1937. 3	日ソの危機強調、臨戦体制確立を強調
	政党排撃「祭政一致」方針
● 5	元老・軍部が退陣に動き、総辞職

（1891〜1945）

34 1937.6〜1939.1（昭和12）（昭和14）　近衛文麿①（公爵・東京都）581日
- おもな経歴　貴族院議長
- 主要閣僚　外相 広田弘毅、宇垣一成、有田八郎 ほか

1937. 7	盧溝橋事件（日中全面戦争へ）
11	日独伊三国防共協定調印
1938. 1	第1次近衛声明
4	国家総動員法公布
●39. 1	閣内対立激化、総辞職

（1867〜1952）〈神がかり〉

35 1939.1〜1939.8（昭和14）（昭和14）　平沼騏一郎（男爵・岡山県）238日
- おもな経歴　枢密院議長
- 主要閣僚　外相 有田八郎、内相 木戸幸一

1939. 5	ノモンハン事件おこる
7	国民徴用令公布、日米通商航海条約廃棄通告
● 8	独ソ不可侵条約に「欧州の天地は複雑怪奇」と声明、総辞職

（1875〜1953）

36 1939.8〜1940.1（昭和14）（昭和15）　阿部信行（石川県）140日
- おもな経歴　陸軍大将
- 主要閣僚　外相 阿部（兼）、野村吉三郎

1939. 9	第二次世界大戦がはじまる
10	価格等統制令公布
●40. 1	政党の倒閣運動と、陸軍の支持を失い、総辞職

（1880〜1948）

37 1940.1〜1940.7（昭和15）（昭和15）　米内光政（岩手県）189日
- おもな経歴　海軍大将、海相（林・平沼・小磯・鈴木・東久邇宮・幣原）
- 主要閣僚　外相 有田八郎

1940. 2	斎藤隆夫、反軍演説 津田左右吉著書発禁
3	汪兆銘、南京政府樹立
● 7	畑俊六陸相、単独辞任、後任陸相推薦得られず、総辞職

38 1940.7〜1941.7（昭和15）（昭和16）　近衛文麿②（公爵・東京都）362日
- おもな経歴　枢密院議長
- 主要閣僚　外相 松岡洋右、近衛（管理）、陸相 東条英機

1940. 9	北部仏印進駐 日独伊三国軍事同盟締結
10	大政翼賛会発足
1941. 4	日ソ中立条約、日米交渉
● 7	松岡外相更迭の目的で総辞職

39 1941.7〜1941.10（昭和16）（昭和16）　近衛文麿③（公爵・東京都）93日
- 主要閣僚　外相 豊田貞次郎、陸相 東条英機

1941. 7	南部仏印進駐
8	米、対日石油輸出全面禁止
9	帝国国策遂行要領決定
● 10	陸軍と意見対立、総辞職

（1884〜1948）〈カミソリ東条〉

40 1941.10〜1944.7（昭和16）（昭和19）　東条英機（東京都）1,009日
- おもな経歴　陸軍大将
- 主要閣僚　内相 東条（兼）、陸相 東条（兼）、外相 東郷茂徳 ほか

1941.11	米、ハル＝ノート提出
12	太平洋戦争はじまる
1942. 4	翼賛選挙
6	ミッドウェー海戦
●44. 7	サイパン島全滅。木戸内大臣らの倒閣運動により、総辞職

（1880〜1950）

41 1944.7〜1945.4（昭和19）（昭和20）　小磯国昭（栃木県）260日
- おもな経歴　陸軍大将
- 主要閣僚　外相 重光葵、陸相 杉山元、海相 米内光政

1944.11	B29東京初空襲
1945. 2	ヤルタ会談
3	東京大空襲
● 4	米軍、沖縄本島上陸。対中国和平工作失敗を機に総辞職

（1867〜1948）〈鬼貫太郎〉

42 1945.4〜1945.8（昭和20）（昭和20）　鈴木貫太郎（男爵・大阪府）133日
- おもな経歴　海軍大将、侍従長、枢密院議長
- 主要閣僚　外相 鈴木（兼）、東郷茂徳、陸相 阿南惟幾

1945. 6	沖縄の日本軍全滅
7	ポツダム会談、ポツダム宣言
● 8	広島・長崎に原爆投下、ソ連対日参戦、ポツダム宣言受諾、終戦の詔書発表、総辞職

一言かわら版　**越境将軍**　1931年の満州事変の際に朝鮮司令官であった林銑十郎は、独断で満洲に越境侵攻し、問題となった。そのため、「越境将軍」とよばれた。

近現代　昭和初期

1 戦後恐慌・震災恐慌が尾を引いて金融恐慌がおこる
2 金融恐慌の結果、財閥の産業支配が進む

1 金融恐慌　● 金融恐慌の背景

戦後恐慌（1920年）

・第一次世界大戦後の貿易収支悪化で通貨収縮、株価や綿糸・生糸の価格暴落
〈原内閣の対策〉　日銀の大規模な救済により、経営状態の悪い企業・銀行残存

震災恐慌（1923年）

・関東大震災の被害総額約45億7000万円（一般会計予算の3倍）
〈山本②内閣（井上準之助蔵相）の対策〉　※現金を支払うこと（決済）を約束する証書。
・銀行が所持する手形*のうち、**震災手形**（取り引き先が被災し、支払い不能となった手形）を日銀が引き取って銀行の損失を救済
→震災に無関係な手形を震災手形と偽って乱用（特に**鈴木商店**）。その結果、経営状態の悪い企業が残ってしまった

● 金融恐慌の経過カレンダー（1927年）

> 見方・考え方
> 発生から収束まで短期間であったことに気づこう。

	日	月	火	水	木	金	土		
3月	3/13	▶14 片岡蔵相の失言❶	▶15 東京渡辺銀行休業	16	17	18	19	第1段階 取りつけ騒ぎで東京の中小銀行倒産	
	20	▶21 日銀の非常貸し出し	22	▶23 震災手形2法案貴族院通過	24	25	26		
	27	28	29	▶30 震災手形2法銀行法公布	31	4/1	2		
4月	3	▶4 鈴木商店取引中止	5	6	7	8	9		
	10	11	12	13	14	15	16		
	▶17 若槻内閣①総辞職	▶18 台湾銀行休業❸	19	▶20 田中内閣成立	21	▶22 モラトリアム実施❹ ←全国の銀行一斉休業	23	第2段階 台湾銀行休業、全国の大銀行休業	
	24	▶25 銀行営業開始	26	27	28	29	30		
5月	5/1	2	3	4	5	6	7		
	8	▶9 台湾銀行などの救済法公布	11	▶12 モラトリアム終了	13	14			

左側縦書き：第一次若槻礼次郎内閣　｜　田中義一内閣

□ モラトリアムの期間。　■ 全国の銀行一斉休業の期間。

❶片岡蔵相の失言を報じる新聞（1927年3月15日）**と取りつけ騒ぎ**　1927年3月14日の衆議院予算委員会での震災手形善後処理法案の審議の際、野党から不良債権の公開をせまられ、片岡直温蔵相（写真）は、田大蔵事務次官の「本日正午東京渡辺銀行支払いを停止せり」のメモを読んだ。銀行側は、金策に成功した後であったが、この発言から預金者が支払いを求めて銀行に殺到（取りつけ騒ぎ）、東京渡辺銀行は倒産に追い込まれた。このことが金融恐慌の引き金となった。

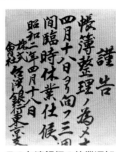

←❷鈴木商店　1877年頃、神戸で設立。番頭の金子直吉の才覚によって発展し、第一次世界大戦時に年間取引高で三井物産を追い抜き日本一の商社になった。しかし、1920年の戦後恐慌にはじまる経済不況のなかで経営が悪化し、金融恐慌によって破産した。→p.296

↑❸台湾銀行の休業通知

〈台湾銀行〉
1899年に設立。植民地台湾において銀行券の発行権をもつ銀行で、台湾の開発や華南・南洋諸島の貿易金融を目的としていた。

〈台湾銀行と鈴木商店の関係〉
台湾で生産される樟脳と砂糖の販売権を鈴木商店が獲得して以来、台湾銀行と鈴木商店の関係は深まっていた。大戦景気の後、台湾銀行は鈴木商店に膨大な貸し付けをおこない、恐慌・震災で回収不能になった。台湾銀行の回収不能債権の78%（2億1200万円）は鈴木商店関係で、台湾銀行は、払われる見込みのない震災手形を多く抱えて経営危機におちいっていた。

←❹裏白紙幣　1927年4月22日の**モラトリアム**による一斉休業のあとの一斉開業に備えて、非常貸し出し用の大量の紙幣を必要とした。印刷が間に合わないので裏の白い紙幣（200円札）を急造した。3日間で500万枚に達した。恐慌が鎮静化すると、同年中に大部分を回収した。

● 金融恐慌の根本原因と影響

根本原因①　政府の不徹底な対策
戦後恐慌以降の不況と、不良債権を一時的な救済融資でしのいできただけで、生産の効率化には向かわなかった。

〈影響〉①中小銀行の整理が進み、中小企業の金融難深刻化
②不良債権の整理が進む
③5大銀行の覇権確立

根本原因②　銀行の古い体質
放漫な経営。特定企業と特定銀行とが癒着し、一企業に多額の貸し出しをしたり、担保もなく貸し出しをおこなった。

〈影響〉④銀行の取り締まりを強化した銀行法が施行。銀行の合同と銀行業の近代化が促進される。

2 銀行の変化

※安田銀行・第一銀行は現在のみずほ銀行、住友銀行・三井銀行は現在の三井住友銀行、三菱銀行は現在の三菱UFJ銀行である。

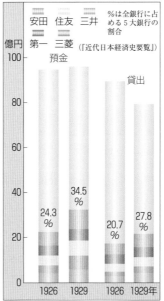

安田　住友　三井　第一　三菱
%は全銀行に占める5大銀行の割合
『近代日本経済史要覧』

預金　貸出

24.3%　34.5%　20.7%　27.8%

1926　1929　1926　1929年

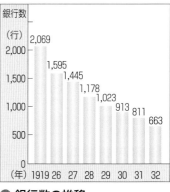

銀行数
（行）
2,069　1,595　1,445　1,178　1,023　913　811　663
（年）1919　26　27　28　29　30　31　32

● 銀行数の推移

● 金融の5大銀行への集中

金融恐慌を機に、銀行に対する政府の規制が強化され、銀行の合併が促された。また、取り付けで引き出された預金は、5大銀行（三井・三菱・住友・安田・第一）に流れ、5大銀行の覇権が確立した。

◆ テーマのポイント

1. 浜口内閣は、蔵相に井上準之助を起用
2. 金解禁のために、財政緊縮（財政支出を減らし、金利を引き上げ、物価を下げる）と産業の合理化政策を推進
3. 金解禁（輸入品の代金支払いのために正貨の輸出を認めること）によって金本位制に復帰

① 井上財政—金輸出解禁（金解禁）政策 ○p.315 ■

目的	①外国為替相場の安定による貿易の振興 ②生産性の低い企業の淘汰による日本経済の体質改善
旧平価 の採用	①円の国際的信用の維持 ②円の切り上げにともなうデフレと不況で競争力の低い企業淘汰
結果	①深刻な恐慌状態によって輸出が大きく減少し、金が大量に海外流出 ②金輸出再禁止を予想した財閥による円売り・ドル買い

←① 金解禁を報じる新聞記事（1930年1月12日）

↑② 井上準之助（1869～1932）

城山三郎の小説『男子の本懐』には、命がけで金解禁を断行しようとする浜口が、「きみも、君国のため、覚悟を同じくしてくれないか」と井上に蔵相就任をかけあったとある。井上は金解禁を決意し、その準備を整えていく。井上は金本位制のもつ自動調節機能に期待した。金本位制への復帰によって、国際収支のバランスを回復させ、産業を合理化させて国際競争力の上昇をはかり、日本経済を根本的に立て直そうとした。

旧平価解禁論（井上準之助）	新平価解禁論（石橋湛山・高橋亀吉）
第一次世界大戦前と同じ為替相場による解禁	当時の為替相場の実勢による解禁
当時の為替レートは、100円＝46.5ドル前後であったが、100円＝49.845ドルの旧平価で金解禁。実質的に円の切り上げになり、円高となって日本経済をデフレと不況に導くことになる。法律改正の必要がない	当時の為替レート100円＝46.5ドル前後に合わせ、第一次世界大戦前よりも切り下げて金本位制に復帰すること。当時の為替レートのままなので輸出入に有利・不利はない。法律改正の必要がある

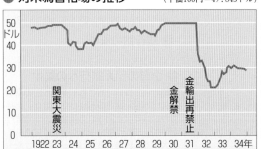

↑③ 金輸出再禁止を報じる新聞記事（1931年12月14日）

● 各国の金本位制採用・金解禁

国名	金本位制採用	金輸出禁止	解禁	再禁止
日本	1871・1897	1917. 9	1930. 1	1931.12
イギリス*	1816	1919. 4	1925. 4	1931. 9
アメリカ	1873	1917. 9	1919. 6	1933. 4
ドイツ	1871	1915.11	1924.10	1931. 7
フランス	1876	1915. 7	1928. 6	1936. 9
イタリア	1878	1914. 8	1927.12	1934. 5

＊イギリスは第一次世界大戦中に事実上金輸出を禁止していた。

● 対米為替相場の推移　（平価100円＝49.845ドル）

（縦軸：ドル 50, 40, 30, 20, 10, 0）（横軸：1922 23 24 25 26 27 28 29 30 31 32 33 34年）関東大震災　金解禁　金輸出再禁止

対米為替相場は、1917年に金本位制を停止して以降、不安定となった。1923年以降は関東大震災の復興需要で輸入が増え円安になり、1925年1月に38ドル台で最低になった。1930年、31年と井上蔵相の金本位制復帰により為替相場が安定したが、1931年の12月に高橋蔵相が金の輸出を再禁止すると急激に円安となった。

（大蔵省『金融事項参考書』より作成）

② 金本位制

● 金本位制とは ○p.251 ③, 280 ■

①国内的には紙幣と金との兌換（紙幣は、貴金属である金との引き換え券）
→金の保有量で紙幣の発行量が決まる
②対外的には金の輸出入の自由（貿易の代金は金でおこなう）
この2つが成り立っていること

● 金本位制の利点（国際収支の自動調整作用）

（フロー図）
国内の金保有量増加
→中央銀行による紙幣の発行量増加
→ 金の流入 ← 輸出超過 ← 国際物価よりも国内物価が割安
物価上がる
↓
国際物価＝国内物価
国際収支（輸出と輸入）の均衡
↓
国際物価よりも国内物価が割高 → 輸入超過 → 金の流出
物価が下がる
↓
国内の金保有量減少
→中央銀行による紙幣の発行量減少

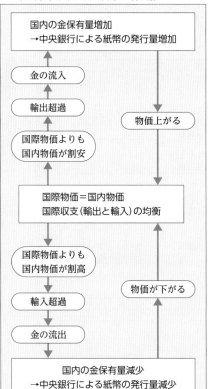

→⑤ 円売りで流出する金塊（1930年）（神戸港）

金解禁当初から日本の金輸出再禁止は予想された。日本の金輸出再禁止は円安が予想されるため、禁止される前に円をドルに替え、禁止後円安になってからドルを円に戻せば儲かることになる。そこで投機家や財閥は巨額のドル買いをおこなう。犬養内閣の蔵相高橋是清は就任後ただちに金輸出を再禁止したため、円が急落し、財閥は巨額の為替差益を手にした。

（表）

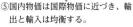

図柄は、1897年発行のものと同様。翌1931年に金輸出再禁止となったため、使用期間は短かった。
写真提供　日本銀行貨幣博物館

↑④ 金解禁に備えて増鋳された20円金貨

金貨は、貨幣法の制定にともない、1897（明治30）年に鋳造された。その後、1917年の金輸出禁止にともない、金貨は鋳造されなくなったが、1930（昭和5）年の金本位制への復帰（金解禁）のための金準備として、再び鋳造された。○p.280 ①

国際物価より国内物価の方が割安なとき

①輸出超過で貿易黒字となる。
②金本位制では、貿易代金は金によって決済されるため、金が流入し、金保有量が増加する。
③紙幣の発行量は、金の保有量に規定されるため、中央銀行は金融緩和政策をとり、紙幣の発行量は増加する。
④紙幣が増加すると、物価が上昇し、輸出は減少する。
⑤国内物価は国際物価に近づき、輸出と輸入は均衡する。

国際物価よりも国内物価の方が割高なとき

①輸入超過で、貿易赤字となる。
②金が流出し、金保有量が減少する。
③中央銀行は、金融引き締め政策をとり、紙幣の発行量が減少する。
④紙幣が減少すると物価が下がり、輸入は減少する。
⑤国内物価は国際物価に近づき、輸出と輸入は均衡する。

テーマのポイント

1 世界恐慌の波及により日本で昭和恐慌おこる
2 昭和恐慌により農村に打撃。一方で、カルテル・財閥の形成が進む

1 近代経済のあゆみ（概観）→p.251, 277 **1**　　　　■ 恐慌

内閣	年代	経済のあゆみ	政治のあゆみ
	1871 (明4)	5 新貨条例制定→p.250 **3** 　殖産興業 1870～80年代	7 廃藩置県
	1872 (明5)	10 官営富岡製糸場設立→p.248 **1** 11 国立銀行条例制定→p.250 **4**	11 徴兵告諭 12 太陽暦採用
	1873 (明6)	7 地租改正条例公布→p.247 **1** 8 第一国立銀行開業→p.250 **7**	1 徴兵令布告
	1876	●地租改正反対一揆→p.247 **5**	
	1877 (明10)	1 地租税率を2.5%に軽減	2 西南戦争
	1880	大隈財政 1873～80 11 工場払下概則制定→p.279 **1**	4 集会条例制定
	1881 (明14)	8 開拓使官有物払下げ問題→p.258 **4** 松方財政 1881～92	10 明治十四年の政変
	1882	10 日本銀行開業→p.259 **4**	11 福島事件
	1883	5 国立銀行条例改正	
	1885 (明18)	5 兌換銀行券発行（銀本位制） 産業革命 →p.277 **1**	4 天津条約
伊藤①	1886	●企業勃興（第1次）1886～89	●大同団結運動
黒田	1889		2 大日本帝国憲法公布
山県①	1890	●最初の経済恐慌	11 第1回帝国議会開催
	1894		8 日清戦争（～95）
伊藤②	1895 (明28)	●企業勃興（第2次）1895～96 産業革命の進展	4 下関条約、三国干渉
松方②	1897	3 貨幣法公布（金本位制確立）→p.280 **1**	
山県②	1900 (明33)	●経済恐慌（～01） 資本主義の発達	3 治安警察法公布
伊藤④	1901	11 八幡製鉄所操業開始→p.279 **3**	5 社会民主党結成
桂①	1904		2 日露戦争（～05）
	1909	●生糸輸出量世界第一位→p.277 **5**	
桂②	1911 (明44)	3 工場法公布→p.281 **1**	2 日米新通商航海条約調印 （関税自主権回復）
桂③	1913		2 大正政変
	1914	大戦景気	7 第一次世界大戦勃発
大隈②	1915	●大戦景気（～18）→p.296	1 二十一カ条の要求提出
寺内	1917	9 金輸出禁止	
	1918	8 米騒動勃発→p.298 **1**	8 シベリア出兵
原	1920	●戦後恐慌	
山本②	1923 (大12)	9 関東大震災→p.299 **1** ●震災恐慌	
若槻①	1927 (昭2)	3 金融恐慌→p.309	5 第1次山東出兵
田中		4 モラトリアム（支払猶予令）実施 井上財政 1929～31→p.310	
浜口	1930 (昭5)	1 金解禁実施 ●世界恐慌 ●昭和恐慌	4 ロンドン海軍軍縮条約調印、 のち統帥権干犯問題
若槻②	1931 (昭6)	4 重要産業統制法公布 （カルテル・トラスト結成助成） 高橋財政 1931～36→p.315 **1 2**	9 満洲事変
犬養		12 金輸出再禁止	
岡田	1932 (昭7)	6 衆議院、時局匡救を決議 戦時経済 →p.320	5 五・一五事件
	1936		2 二・二六事件
近衛①	1937		7 日中戦争（～45）
平沼 阿部 米内	1938	4 電力国家管理実現	4 国家総動員法公布
	1939	10 価格等統制令公布	7 国民徴用令公布
近衛②③	1940		10 大政翼賛会発足
東条	1941	4 生活必需物資統制令公布	12 太平洋戦争勃発

---

i インフォメーション 『男子の本懐』（城山三郎著、新潮文庫）　金解禁という1つの政策にかけた浜口雄幸と井上準之助の思いを描く。

→1 世界恐慌 1929年10月24日、ニューヨークのウォール街で株式価格が大暴落した。この「暗黒の木曜日」を機に、10月29日の「悲劇の火曜日」を経て、**アメリカ史上最大の恐慌**がはじまり、その後、恐慌は世界に波及した。

2 昭和恐慌

原因	1929年の**世界恐慌**と、1930年の**金解禁**による二重の打撃
恐慌の状況	①輸出の減少 ②正貨（金）の海外大量流出 ③企業の操業短縮・倒産 →賃金引き下げ、人員整理 ④農業恐慌（農産物価格の暴落） ・失業者の増大による帰農 ・1930年の豊作貧乏（豊作による米価下落による貧乏）と1931年の大凶作
対策	①低金利政策 ②浜口内閣はカルテル助成を明記した**重要産業統制法**により産業の合理化をはかる

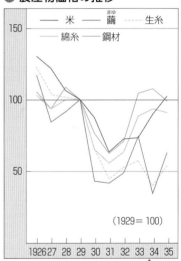

↑2 農村の惨状 農業恐慌により農村の生活は悲惨をきわめ、青田売り、欠食児童、女子の身売りが続出した。写真は、人買いから救出された少女たち。

● 農産物価格の推移

（グラフ：米、繭、生糸、綿糸、鋼材）（1929＝100）
1926 27 28 29 30 31 32 33 34 35

● カルテルの成立

部門 時期	重工業	化学工業	繊維工業	食品業	計
1914年以前	―	5	1	1	7
1914～26年	5	6	1	―	12
1927～29年	6	1	3	2	12
1930～32年	19	18	6	5	48
不詳	3	1			4
計	33	31	11	8	83

（『近代日本経済史要覧』）

重要産業統制法による指定を背景に、特に重化学工業部門で、カルテルの結成が相次いだ。

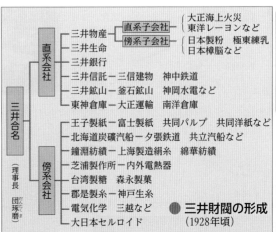

三井財閥の形成 （1928年頃）

（三井財閥組織図）
三井合名（理事長 団琢磨）
直系会社：三井物産─直系子会社（大正海上火災・東洋レーヨンなど）傍系子会社（日本製粉・極東練乳・日本樟脳など）、三井生命、三井銀行、三井信託─三信建物・神中鉄道、三井鉱山─釜石鉱山・神岡水電など、東神倉庫─大正運輸・南洋倉庫
傍系会社：王子製紙─富士製紙・共同パルプ・共同洋紙など、北海道炭礦汽船─夕張鉄道・共立汽船など、鐘淵紡績─上海製造絹糸・綿華紡績、芝浦製作所─内外電熱器、台湾製糖・森永製菓、郡是製糸─神戸生糸、電気化学・三越など、大日本セルロイド

近現代 昭和初期

見方・考え方 アメリカの不況によって生糸の対米輸出が後退し、これが生糸・繭の価格暴落につながっていることを理解しよう。

1909年に持株会社として三井合名会社を設立し、三井財閥のコンツェルン体制が完成した。

中国統一の動きに日本はどのように対応したのだろう

●テーマのポイント

❶普通選挙法の成立によって社会運動が活発化。政府は危機感を強め、弾圧をおこなう
❷北伐への対応で、協調外交から強硬外交へ転換する

◀ 近現代 昭和初期 ▶

❶ 社会運動関係年表 ●p.281❶, 300❶

内閣	年代	事 項
加藤高明	1925.12	農民労働党結成、即日禁止
若槻礼次郎①	1926.3(昭1)	**労働農民党(労農党)**結成(1926.10分裂)労働争議調停法公布
	12	**社会民衆党、日本労農党**結成。労農党、共産党系の無産政党として再出発
	1927.3(昭2)	全日本農民組合結成
		日本農民組合総同盟結成
田中義一	1928.2(昭3)	**第1回普通選挙**で無産政党8名当選
	3	**三・一五事件**(共産党員大量検挙)
		労農党・日本労働組合評議会に解散命令
	5	全国農民組合結成
	6	緊急勅令で**治安維持法改正**公布🖪
	7	全県警察に**特別高等課**設置●p.281❶, 336❶
	12	日本大衆党結成。日本労働組合全国評議会結成
	1929.4	**四・一六事件**(共産党員検挙)

❹ 外交政策の転換

内閣	外相	外交	年代	日本	年代	中国
加藤高明 若槻礼次郎①	幣原喜重郎	協調外交	1925.1(大15)	日ソ基本条約	1926.7	**北伐開始**
					1927.4(昭2)	上海クーデタ(国共分裂)
田中義一	田中義一	強硬外交	1927.5(昭2)	第1次山東出兵	1927.4(昭2)	南京国民政府成立
			6	**東方会議**開催		
			1928.4(昭3)	第2次山東出兵	1928.4(昭3)	第2次北伐開始
			5	済南事件		
				第3次山東出兵		
			6	張作霖爆殺事件	6	北伐完了
			8	パリ不戦条約●p.297❶	12	易幟事件

❺ 北伐と山東出兵

凡例
- ➡ 北伐の進路
- ▨ 敵対的軍閥
- □ 協力的軍閥
- ➡ 山東出兵(1927〜28*)

*完全撤兵は1929年5月。

1926年7月、蔣介石を総司令とする国民革命軍は広州(広東)から北伐を開始した。国民革命軍が山東省に迫ると、田中義一内閣は在留邦人の生命・財産の保護を名目として、旅順にある関東軍から2,000名(のち2,300名を増援)を山東省に派遣した。

見方・考え方
山東出兵の目的は満洲の権益を守ることにあったことを理解しよう。

❷ 第1回普通選挙(1928年2月20日)

	政党	立候補者数	当選者数	得票数
保守系	立憲政友会	342	217	4,244,885
	立憲民政党	342	216	4,256,010
	実業同志会	31	4	166,250
	革新党	15	3	81,324
	中立その他	147	18	628,474
	計	877	458	9,376,943
革新系(無産政党)	労働農民党	40	2	193,047
	社会民衆党	17	4	120,039
	日本労農党	13	1	85,698
	日本農民党	12	0	44,203
	地方政党	6	1	46,766
	計	88	8	489,753

無産政党は激しい選挙干渉にもかかわらず8名*が当選した。*山本宣治・安部磯雄・鈴木文治ら。

史料
改正治安維持法 (一九二八年)🖪

第一条 国体ヲ変革スルコトヲ目的トシテ結社ヲ組織シタル者、又ハ結社ノ役員其ノ他指導者タル任務ニ従事シタル者ハ、死刑又ハ無期若クハ五年以上ノ懲役若クハ禁固ニ処シ……

1928年、治安維持法は緊急勅令によって改悪され、罰則に死刑・無期懲役が付け加えられた。1941年には予防拘禁制度を導入した(🖪)。●p.299❻

❷山本宣治(1889〜1929) 第1回普通選挙で労働農民党から立候補して当選した。治安維持法に反対し、1929年3月5日、右翼に刺殺された。

◀❹東方会議(1927年6月) 田中内閣は、中国関係の外交官と軍代表を東京に集めて東方会議を開催。田中外交の対中国政策(**対支政策綱領**)を決定した。

◀❻張作霖爆殺事件(1928年6月) 北伐が満洲におよぶことを恐れ、関東軍参謀河本大作は、奉天付近で満洲軍閥の張作霖(●p.313❸)を列車もろとも爆破し、これを中国側の仕業とした。

↑❶三・一五事件(1928年3月15日) 日本共産党は、第1回の普通選挙で労働農民党から党員を立候補させ、公然と君主制の廃止、帝国主義戦争反対などを掲げた。田中内閣は、治安維持法を適用し、1,600名にのぼる共産党員や党支持者を一斉検挙した。

❸ 無産政党と労働組合・農民組合

農民労働党 1925.12
書記長 浅沼稲次郎

(即日結社禁止)

労働農民党 1926.3
委員長 杉山元治郎

↑❸安部磯雄●p.281❸

(左派)
労働農民党 1926.12
委員長 大山郁夫
日本労働組合評議会
日本農民組合

1928.4 結社禁止

(中間)
日本労農党 1926.12
書記長 三輪寿壮
日本労働組合同盟
全日本農民組合

1928.12 解党
日本大衆党に参加

(右派)
社会民衆党 1926.12
委員長 安部磯雄
日本労働総同盟
日本農民組合総同盟

1932.7 解党
社会大衆党に参加

1925年の普通選挙法成立は、労働者・農民の利害を代表する無産政党結成の動きを本格化させた。1926年、合法的な無産政党として労働農民党が成立したが、激しい内部対立によって、まもなく3党に分裂した。

↑❺済南事件(1928年5月) 国民革命軍が山東省に進出すると、田中内閣は直ちに**第2次山東出兵**を強行し、済南城を攻撃し、これを占領した。

↑❼易幟事件(1928年12月) 張学良(張作霖の子)(●p.319❼)は、国民政府の支配権を認め、中国東三省政権の五色旗にかえ、国民政府旗の青天白日旗(写真)を掲げた。

一言かわら版 山本宣治 山宣とも略称される。生物学者だが、青年期は園芸家を志した。大隈重信邸へ住み込み、園芸修行も経験している。

❶ 軍閥・中国国民党・中国共産党

● 中華民国 ➡p.273❷

辛亥革命によって、1912年に中華民国が成立し、清が滅んだ。孫文、のち袁世凱が臨時大総統に就任。その後、1917年に、孫文は広州に別の政府を組織した。これを広東軍政府とよぶ。これに対して、中華民国政府は北京に置かれたため、北京政府とよばれた。国際社会は北京政府を承認していた。

● 軍閥 ➡p.312❺

清朝末期に袁世凱が創設した北洋軍の士官に由来。段祺瑞の安徽派、馮国璋の直隷派、張作霖の奉天派など。直隷派は欧米の支援を受け、安徽派と奉天派は日本の支援を受けていた。彼らは、清の崩壊後、現地で勝手に税を集め、一定の地域範囲に独自の支配権力を築き上げた。

↑❶段祺瑞（1865～1936）

↑❷馮国璋（1859～1919）

←❸張作霖（1875～1928）➡p.312❻

● 中国国民党

蔣介石 孫文

1919年に孫文を中心に成立。孫文の死後は蔣介石が主導権を握り、国民政府を樹立した。日中戦争期は中国共産党と協力した。➡p.319❻

● 中国共産党

1921年に上海で結成。農民・労働者の支持を拡大した。日中戦争期は、ゲリラ戦を展開し、日本軍に対抗した。このなかで毛沢東が指導権を握った。戦後、国民政府との内戦に勝利し、1949年、中華人民共和国を成立させた。

❷ 1920～40年代の中国の動きと日本

中国	中国共産党の動き	中国国民党の動き	軍閥および日本の動き
中華民国	1919 五・四運動による抗日民族運動の高まり		1916 袁世凱死去→軍閥による中国の分裂
	1921 中国共産党結成	1919 中国国民党成立	
	1924.1 第1次国共合作		
	1925.5 五・三〇事件❺	1925.3 孫文死去	1924.11 段祺瑞が中華民国臨時執政就任
		1925.7 広州国民政府成立	
		1926.7 第1次北伐開始➡p.312❺	
		1927.1 国民政府は武漢へ移る	
		1927.4 蔣介石、上海・南京を制圧し、共産党員や共産党系労働者を弾圧。南京国民政府樹立	1927.5 第1次山東出兵➡p.312❺
	1927.7 国民党左派と共産党が対立し、国共分裂。国民党左派は南京政府に合流		
		1928.4 第2次北伐	1928.4 第2次山東出兵
		1928.6 北伐軍、張作霖を満洲へ追い、ここに北京政府が滅亡（北伐完成）	1928.5 済南事件➡p.312❺ 第3次山東出兵
			1928.6 張作霖爆殺事件➡p.312❻
		1928.10 南京国民政府正式に発足。蔣介石、国民政府主席に就任	1928.12 易幟事件（奉天派の張学良、国民府に合流）➡p.312❼
	1930.12 蔣介石、中国共産党に対する包囲攻撃作戦開始		
	1931.11 毛沢東を主席とする中華ソヴィエト共和国臨時政府が江西省瑞金に樹立		1931.9 柳条湖事件。満洲事変➡p.316❷
			1932.1 第1次上海事変
			1932.3 満洲国建国宣言
			1933.3 日本、国際連盟脱退通告➡p.316❹
	1934.10 国民政府の攻撃により瑞金が陥落し、共産党が長征開始		1934.3 満洲帝国成立
	1935.8 八・一宣言（抗日救国宣言）		1935.11 日本、華北分離工作
	1936.10 長征終了	1936.12 西安事件❻	1937.7 盧溝橋事件➡p.319❶❷❸
	1937.9 第2次国共合作 抗日民族統一戦線が正式に成立		1937.8 第2次上海事変
		1937.11 首都を重慶へ移す	1937.12 南京事件
			1940.3 重慶を脱出した汪兆銘が南京に親日政権設立
	1945.8 終戦 1946.6 国共内戦はじまる		1945.9 日本、降伏文書に調印
中華人民共和国	1949.10 中華人民共和国成立	1949.12 国民政府、台湾へ。台湾で中華民国国民政府を維持	

袁世凱が1916年に死去すると中華民国は、彼の部下たちが軍閥となって分裂した

1924年に中国国民党と中国共産党による協力関係（第1次国共合作）が成立した。これを基盤に広州国民政府が成立すると、1926年、蔣介石を国民革命軍総司令として中国統一をめざした北伐がはじまった

1928年に北伐が完成し、中国統一が一応の完成をみた＊

＊北伐により北京政府は滅亡するが、国としての中華民国がなくなったわけではない。

北伐後も、蔣介石は、軍閥との戦乱が続く。張学良の協力で軍閥を打倒し、権力を確立。その後、抗日をおこなう準備として、国内の安定を優先し、中国共産党を攻撃

国民政府の攻勢により、中国共産党は、瑞金にあった根拠地から1万2500キロの長距離を移動する長征を敢行した。1936年の西安事件後、1937年に第2次国共合作が成立し、抗日民族統一戦線が成立した

↑❺五・三〇事件 1925年、上海の在華紡において、中国人労働者のストライキがおこり、5月30日、これを支援する民衆のデモ行進に租界警察が発砲。これを機に反帝国主義運動が全国に広がった。写真は、租界警察に拘束される中国人学生。

張学良 蔣介石

↑❻西安事件 1936年12月、張学良は、西安を訪れた蔣介石を襲撃して監禁し、中国共産党との内戦の停止と抗日を要求した。この事件を機に蔣介石と中国共産党の周恩来とが会談し、国共合作（第2次）につながった。なお、張学良は、その後1980年代まで国民政府によって軟禁状態におかれた。➡p.319❼

● 中国国民党・共産党関係地

（右凡例）共産党の勢力範囲　共産党の長征路

1937.7 盧溝橋事件
1931.9 柳条湖事件
満洲国 ハルビン 新京（長春）奉天 旅順 大連 朝鮮
1936.10 長征終了
呉起鎮 北京 済南 青島 徐州
1936.12 西安事件
太原 延安 西安
中華民国政府（北京政府）（1928滅亡）
1928.10 南京国民政府発足
中華民国 南京 上海
武漢 長沙
1931.11 中華ソヴィエト共和国臨時政府成立
重慶 遵義 井崗山 瑞金 台湾
広州 香港
1925 広州国民政府成立
0 500km

↑❹毛沢東（1893～1976）

（縦書き）近現代 昭和初期

近現代

昭和初期

1 小作争議と労働争議 ● 小作争議の発生件数

見方・考え方
都市では労働争議、農村では小作争議が増大したことを理解しよう。

（角川『日本史辞典』）

凡例：小作人の参加人員／地主の参加人員／小作争議件数

縦軸左：参加人数（万人）0〜14／縦軸右：小作争議件数（千件）0〜7
横軸：1926 27 28 29 30 31 32 33 34 35 36 37 38 39 40 41 42 43 44（年）

大正期の小作争議が関西中心だったのに対して、昭和恐慌下の小作争議は、農業恐慌の打撃の最も深刻だった東北地方に多発した。

テーマのポイント
1 昭和恐慌の影響で小作争議・労働争議増大
2 浜口内閣で協調外交が復活。統帥権干犯問題おこる

昭和恐慌に対処するため、大企業は産業合理化をはかり、操業短縮・人員整理・賃金切り下げ・労働強化を推し進めた。中小企業では、倒産・休業があいついだ。そのため、失業者が増大し、労働争議が急増した。その多くは、賃金減額反対・解雇反対など防衛的な要求であったが、長期化した。その背後には労働組合の存在があった。組織率は、1931年に7.9％と戦前の最高を記録した。

● 失業者の増大

凡例：失業者数（左目盛）／就職率（右目盛）／失業率（右目盛）
縦軸左：失業万人 0〜50／縦軸右：％ 0〜50
横軸：1929（昭4）30（5）31（6）32（7）33（8）34（9）

● 労働争議の発生件数

凡例：参加人数／組合数／争議件数
縦軸左：参加人数 万人 2〜12／縦軸右：組合・争議件数 200〜800
横軸：一九二六〜一九四四
（角川『日本史辞典』）

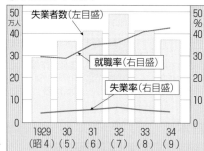

←❶「大学は出たけれど」 1929年9月封切の映画で、当時の大学生の就職難を描いた。題名は流行語となった。小津安二郎監督作品。写真は、田中絹代（右、●p.344⑫）と高田稔。
監督/小津安二郎、松竹提供

↑❷無料宿泊所にあふれる失業者（1931年、東京）

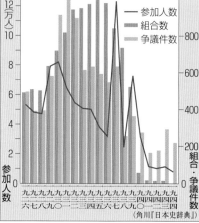

『住みなれた煙突よ 人氣男遂に地に下る 滞空實に百三十時間 一月位覺悟してゐた……

←❸煙突男 神奈川県の富士紡績川崎工場での争議の中、1930年11月、100mの煙突に登って争議を支援する煙突男が出現した。滞空130時間の闘争であった。その後、次々と煙突男が現れた。

2 浜口内閣の外交政策

↓❹幣原喜重郎 ●p.297 2 , 333

浜口内閣の外交の特色
①外相に幣原喜重郎を起用
②対中国不干渉・軍備縮小政策を基本

対中国	●日中関税協定締結（1930.5） ①中国の関税自主権承認 ②綿製品の3年間の協定関税確保
対英米	●ロンドン海軍軍縮会議（1930.1）●p.297 1 （ロンドン海軍軍縮条約、1930.4） 統帥権干犯問題をひきおこし、海軍および立憲政友会などが政府攻撃→浜口首相狙撃事件

←❺ロンドン海軍軍縮会議 1930年1月、イギリスは米・日・仏・伊を招請し、補助艦制限を議題とするロンドン海軍軍縮会議を開催した。立っているのが若槻礼次郎全権大使。●p.297 1

● 統帥権干犯問題 ●p.262 5

図：天皇 → 統帥大権／編制大権
統帥大権 → 参謀本部・海軍軍令部（大日本帝国憲法 第11条）
編制大権 → 内閣（陸海軍大臣を含む）（大日本帝国憲法 第12条）

大日本帝国憲法第12条の編制大権は、国の外交と財政に関わるため、内閣の責任に属することになっており、従来は何の問題もなかったが、野党の立憲政友会の犬養毅や鳩山一郎らが、ロンドン海軍軍縮条約の調印は、軍令部長の意向に反しているので統帥権を犯していると政府を攻撃した。

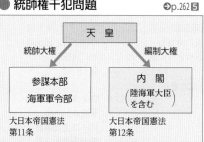

←❻浜口首相狙撃事件（1930年11月） 統帥権干犯問題で立憲政友会・軍部・国家主義者から非難を浴びていた浜口雄幸は、東京駅のホームで右翼青年にピストルで狙撃された。この傷がもとで半年後に死去した。

● ロンドン海軍軍縮条約による補助艦の保有量

	イギリス	アメリカ	日 本	日米比（％）
大型巡洋艦（8インチ砲）	14万6800t	18万0000t	10万8400t	60.2
小型巡洋艦（6インチ砲）	19万2200t	14万3500t	10万0450t	70.0
駆逐艦	15万0000t	15万0000t	10万5500t	70.3
潜水艦	5万2700t	5万2700t	5万2700t	100.0
合計	54万1700t	52万6200t	36万7050t	69.8

大型巡洋艦に関して、対米6割で妥協し、政府は海軍軍令部の反対を押し切って、条約に調印した。補助艦の保有量については、仏・伊との交渉が妥結せず、日米英3国間の協定となった。

史料 大日本帝国憲法
第十一条 統帥ス 天皇ハ陸海軍ヲ
第十二条 編制及常備兵額ヲ定ム 天皇ハ陸海軍ノ

歴史ポケット 恐慌下の百貨店

恐慌下でも日本中が暗く低迷していたわけではなかった。1929年にターミナルデパートとして営業を開始していた阪急百貨店（●p.304⑤）をはじめ、百貨店は、積極策で厳しい経済情勢を乗り切ろうとした。店舗の大型化や、支店の数を増やし、さらに、食堂の充実、全館冷暖房、エスカレーターの設置などをおこない、売り上げを伸ばしていった。

↑❼阪急百貨店（大阪市北区）

❶ 井上財政から高橋財政へ

	井上財政 ⊃p.310❶	高橋財政
内容	金解禁による金本位制復帰 円高による不良企業の淘汰 緊縮財政と産業合理化促進	金輸出再禁止による管理通貨制度。円安による輸出促進 赤字国債による積極財政
結果	恐慌の深刻化	恐慌からの脱出

❷ 高橋財政とニューディール政策

		高橋財政	ニューディール政策
年 代		1931〜36年	1933〜37年
担当者		高橋是清（蔵相）	F・ローズヴェルト（大統領）
目 標		世界恐慌からの脱出	
手 法		国家による経済への積極的介入、公共事業による需要の創出と積極財政	
内 容		①管理通貨制の導入 →円安による輸出促進 「ソーシャル・ダンピング」とイギリスに非難される ②赤字財政による景気刺激 ・財源…赤字国債 ・軍事費の増大 ・時局匡救事業（公共土木事業による農村救済） ③農山漁村経済更生運動	①全国産業復興法 →生産税制と企業競争 ②TVA（テネシー川流域開発公社）→公共事業による需要の拡大と失業者救済事業 ③農業調整法 →生産制限による価格上昇をめざす ④社会保障法 ⑤全国労働関係法 ⑥税制改革
結 果		①綿織物の輸出拡大（世界1位） ②世界恐慌からいちはやく脱出 ③産業構造の変化（軽工業から重工業中心へ） ④軍と財閥（新旧）との結合 ⑤綿花・石油・クズ鉄の対米依存度高まる	①民主主義への国民の信頼回復 ②1937年、再び不況に ③政府の経済的機能拡大

❸ 貿易額と為替相場の推移 ⊃p.296❸

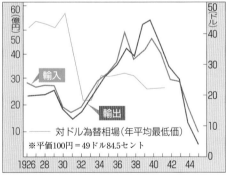

※平価100円＝49ドル84.5セント

高橋財政の結果、貿易が急速に拡大した。とくに、綿布の輸出は第一次世界大戦以後増大し続け、1930年代後半には実数においてイギリスを上回った。

❹ 綿布の輸出の増大 （指数と実数）

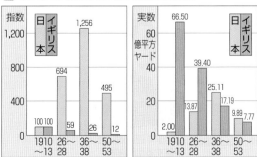

❺ 国家財政における軍事費と国債依存率

（『昭和国勢総覧』）
── 国債および借入金依存率（%）
▨ 軍事費の割合

国債および借入金依存率が1931年〜1932年に急上昇している。高橋財政によって赤字財政による積極的支出がおこなわれた。それにつれて国家財政における軍事費の比率が次第に高まっているのがわかる。

❻ 税負担の増加

（『本邦主要経済統計』ほか）
── 税額（億円）
── 一人当たり税額

1936年の高橋蔵相の暗殺後は軍事費の膨張を補うために増税がおこなわれ、一人当たりの税額が上昇した（⊃p.321❸）。

❼ 工業生産の変化

	食料品	繊維	化学	機械	鉄鋼	非鉄	その他
1919年総額 111億6000万円	18.9%	41.2	9.8	13.2	4.1	3.4	9.4
1929年総額 107億4000万円	23.1	35.1	12.2	9.4	6.3	2.4	11.5
1933年総額 111億6000万円	20.2	32.5	13.7	10.5	8.1	4.0 / 3.2	11.8
1938年総額 252億5000万円	13.3	22.2	16.3	20.0	14.5		9.7

工業生産額の内訳をみると、1933年に金属（鉄鋼・非鉄鋼）・機械・化学工業生産額が繊維工業を上回り、1938年には過半を占めた。他の資本主義国より早く世界恐慌以前の水準に達していた。

❽ 日本の貿易相手（経済圏）

※中国満関─中国・満洲・関東州。

	年代	1位	2位	3位
輸出	1931	アメリカ（37.1%）	英連邦圏（22.6%）	*中国満関（19.3%）
	1935	英連邦圏（24.0%）	*中国満関（23.0%）	アメリカ（21.4%）
	1940	*中国満関（51.1%）	アメリカ（15.6%）	英連邦圏（12.6%）
輸入	1931	英連邦圏（30.1%）	アメリカ（27.7%）	*中国満関（19.1%）
	1935	アメリカ（32.8%）	英連邦圏（30.8%）	*中国満関（14.2%）
	1940	アメリカ（35.9%）	*中国満関（21.9%）	英連邦圏（14.9%）

輸出は、日本の勢力圏（中国・満洲・関東州）へ急速に伸び、輸入は対米依存度が高まった。

❾ 新興財閥*の成長

※明治以来の財閥に対して、満洲事変以降の軍需生産拡大で発展した財閥のこと。

新興財閥名	持株会社	設立年	傘下企業
日産コンツェルン （鮎川義介）	日本産業	1929年	日産自動車など18社
日窒コンツェルン （野口遵）	日本窒素肥料	1908年	日本窒素肥料設立 / 日窒鉱業など28社
森コンツェルン （森矗昶）	森興業	1922年	森興業設立 / 昭和電工など27社
日曹コンツェルン （中野友礼）	日本曹達	1920年	日本曹達設立 / 日曹人絹パルプなど25社
理研コンツェルン （大河内正敏）	理化学興業	1917年	理化学研究所設立⊃p.305❼ / 理研電線など63社

（ ）は創始者。

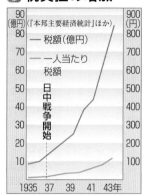
←❶鮎川義介
（1880〜1967）⊃p.317❹

←❷大河内正敏
（1878〜1952）

近現代 昭和初期

❶ 満洲事変関係年表

○数字は地図に対応。

内閣	年代	事項
若槻礼次郎②	1931.6 (昭6)7	中村大尉事件→①
		万宝山事件→②
		日貨排斥運動、中国各地で激化
	9.18	柳条湖事件(関東軍、奉天郊外で満鉄線を爆破)
		満洲占領に向けて軍事行動開始(満洲事変)→③
	9.24	日本政府不拡大方針を発表
犬養毅	1932.1.28 (昭7)2.29	第1次上海事変(日中両国軍の衝突)→④
		リットン調査団来日(4.21満洲へ渡る)→⑤
	3.1	満洲国建国宣言(執政には溥儀)→⑥
	5.5	上海停戦協定調印
斎藤実	9.15	日満議定書調印(満洲国承認)史→⑦
	9.16	平頂山事件→⑧
	10.1	リットン報告書史、日本政府に通告(公表10.2)
	1933.2.24 (昭8)	国際連盟、日本軍の満洲撤兵勧告案を42対1で可決、松岡洋右代表退場
	3.27	日本、国際連盟脱退を通告史
	5.31	塘沽停戦協定成立(日中軍事停戦協定)→⑨
	1934.3.1	満洲帝国の成立、溥儀が皇帝となる→⑩

↑❶「満蒙の危機」 日本国内では、軍部などが「満蒙の危機」をさけび、1931年、関東軍によって満洲事変がひきおこされた。「満蒙は日本の生命線」であるとして、満洲事変は正当化された。石原莞爾は、関東軍の作戦主任参謀で、満洲事変を計画し、満洲国建国を推進した。

石原莞爾

ソ連 / 満洲 / 内蒙古 / モンゴル / 黒竜江省 / 吉林省 / 長春 / 遼寧省 / 奉天 / 察哈爾省 / 熱河省 / 綏遠省 / 北平(北京) / 旅順 / 南満洲鉄道 / 朝鮮

「満洲」は、もともと地名ではなく、民族名であって、「満」「洲」「清」いずれも水を意識してさんずいの字が選ばれている。

「満蒙」とは、満洲(中国の東三省)と内蒙古(熱河・察哈爾・綏遠の3省)をさす。

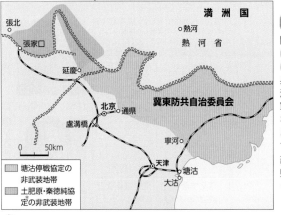

満洲国 / 張北 / 熱河 / 張家口 / 熱河省 / 延慶 / 北京 / 通県 / 冀東防共自治委員会 / 盧溝橋 / 寧河 / 天津 / 塘沽 / 大沽

凡例:
- 塘沽停戦協定の非武装地帯
- 土肥原・秦徳純協定の非武装地帯

テーマのポイント

❶昭和恐慌のなかで政府の政策に不満をもつ軍部や国家主義団体が発言権を強める ❷関東軍は日本経済の行きづまりを解消するため満蒙を武力で占領しようとした

❷ 満洲事変

⑥満洲国建国宣言 1932.3
⑦日満議定書調印 1932.9
⑩満洲帝国成立 1934.3
⑨塘沽停戦協定調印 1933.5
④第1次上海事変 1932.1
⑤リットン調査団派遣 1932.2〜9

満洲 / ハバロフスク / 黒竜江 / チチハル / ノモンハン / ハルビン / 吉林 / 吉林 / 張鼓峰 / ウラジヴォストーク / 長春 / 察哈爾 / 熱河 / 柳条湖 × 奉天(瀋陽) / 綏遠 / 北平(北京) / 山海関 / 大連 / 旅順 / 朝鮮半島 / 京城 / 河北 / 山西 / 済南 / 山東 / 青島 / 南京 / 上海 / 杭州

凡例:
- 満洲国(1932年)
- 省名 東三省
- 省名 華北五省
- → 満洲事変における日本軍の進路
- 数字は日本軍の侵略年次

①中村大尉事件 1931.6
参謀本部中村震太郎大尉が密偵調査中、張学良指揮下の兵士に射殺される。

②万宝山事件 1931.7
長春近郊の万宝山で、中国人農民と朝鮮人農民が衝突。

③柳条湖事件 1931.9.18

⑧平頂山事件 1932.9
中国東北地方の撫順近郊で、抗日ゲリラへの報復として、関東軍が平頂山村民を虐殺。

↑❷リットン調査団 1932年3月、国際連盟は、イギリスのリットンを団長にフランス・ドイツ・イタリアの委員とアメリカのオブザーバーで構成された調査団を中国に派遣し、10月、満洲事変は日本の侵略であるとの報告書を作成した。

リットン

←❸リットン(1876〜1947)
満洲問題調査団の団長。イギリスの枢密顧問官で、インドのベンガル州の知事などを歴任した。

❸ 塘沽停戦協定

関東軍は、1933年2月、満洲を超えて南の熱河省に侵攻し、4月には、万里の長城を超えて河北省にまで進撃した。さらに、北京・天津の手前まで兵を進めて部隊を停めた。5月31日、天津近くの港町塘沽で停戦協定が結ばれた。その後も、関東軍は、華北5省(河北・察哈爾・綏遠・山西・山東)を国民政府の支配から切り離す華北分離工作をおこなった。1935年6月、梅津・何応欽協定を結んで河北省から国民党軍を撤退させ、11月河北省東部の塘沽停戦協定による非武装地帯18県を含む22県の地域に冀東防共自治委員会を成立させた。

*1935年に、奉天特務機関長の土肥原賢二と察哈爾省主席代理秦徳純の間に結ばれた協定。これにより、日本軍は察哈爾省を支配地域に組み込んだ。

↑❹日満議定書の調印(1932年9月15日) 関東軍司令官で駐満大使の武藤信義(左)と、満洲国総理鄭孝胥(右)との間で、議定書が調印され、政府(斎藤実内閣)は、満洲国を正式に承認した。

❹ 国際連盟脱退史 ▶日本と国際連盟

→❺日本の国際連盟脱退を報じる新聞(1933年2月25日)

1933年2月24日、国際連盟総会で日本に対する勧告案が42対1、棄権1で採択されると、松岡洋右代表は、国際連盟脱退の演説をおこない、議場を退場した。これによって、日本は国際的に孤立することになった。

↑❻国際連盟脱退を宣言する松岡洋右

満洲国で日本軍はどのような支配をおこなったのだろうか。

日本は満洲事変を経て、1932年に満洲国の建国を宣言する。なぜ満洲は日本によって重要な地域だったのだろうか。

◀❶溥儀(1906〜67)　清の最後の皇帝(宣統帝)。在位4年で辛亥革命により退位。関東軍によってかつがれ、26歳で満洲国執政、2年後に皇帝となった。戦後は、東京裁判で証人となった後、中国で一市民として生活した。

❷満洲国建国のポスター　五族が仲良く国旗を振る姿で五族協和・王道楽土の建設をうたった。国旗は、満洲を表す黄地に、赤(日本民族)青(漢民族)白(モンゴル民族)黒(朝鮮民族)の4色の線が入って、五族協和を表した。

1　満洲国関係年表

年代	内閣	事 項
1919. 4	原敬	関東都督府廃止。関東都督府陸軍部独立守備隊が**関東軍**として独立
1928. 6	田中義一	張作霖爆殺事件
1932. 3	犬養毅	満洲国建国宣言
1932. 8	斎藤実	関東軍司令官と満洲国駐在大使・関東長官兼務となる
9		**日満議定書**調印
1934. 3		溥儀、皇帝となり、満洲帝国成立
1936.11	広田弘毅	20年間に満洲移民100万戸の移住計画を策定
1937.11	近衛文麿①	満蒙開拓青少年義勇軍編成閣議決定
1937.12		満洲重工業開発株式会社発足
1938. 7		張鼓峰事件
1939. 5	平沼騏一郎	ノモンハン事件勃発
1941. 7	近衛文麿②	関東軍特種演習
1945. 8	鈴木貫太郎	ソ連軍、国境より侵攻
1945. 8	東久邇宮稔彦	皇帝溥儀、退位式

2　南満洲鉄道（満鉄）

➡❸特急あじあ号　特急あじあ号は、大連−新京(長春)間を時速120キロで8時間半で走破して満鉄を象徴する機関車となった。

3　関東軍　●関東軍司令官*

氏 名	就任年月日	階 級
立花小一郎	1919. 4.12	陸軍中将・大将
河合 操	1921. 1. 6	陸軍中将・大将
尾野 実信	1922. 5.10	陸軍大将
白川 義則	1923.10.10	陸軍中将・大将
武藤 信義	1926. 7.28	陸軍大将
村岡長太郎	1927. 8.26	陸軍中将
畑 英太郎	1929. 7. 1	陸軍中将・大将
菱刈 隆	1930. 6. 3	陸軍大将
本庄 繁	1931. 8. 1	陸軍中将
武藤 信義	1932. 8. 8	陸軍大将・元帥
菱刈 隆	1933. 7.28	陸軍大将
南 次郎	1934.12.10	陸軍大将
植田 謙吉	1936. 3. 6	陸軍大将
梅津美治郎	1939. 9. 7	陸軍中将・大将
山田 乙三	1944. 7.18	陸軍大将

*1942年10月1日より関東軍総司令官に改称。武藤信義以降は駐満大使を兼任。

4　満洲国の組織

満洲国政府の中央行政組織は、諮問機関の参議府をおき、執政(のち皇帝)のもと、立法院は開設されず、行政機関として国務院をおいた。実質的には関東軍司令官のもと、総務長官以下の日本人官僚によって支配された。満洲開発にあたっては、「二キ三スケ」と言われた東条英機関東軍参謀長・星野直樹国務院総務長官・松岡洋右満鉄総裁(◉p.316❻)・岸信介実業部次長(◉p.333)・鮎川義介満洲重工業開発総帥(◉p.315❶)が実権を握った。

日本にとっての満洲の役割
❶日露戦争以来日本が利権を有する地
❷国防の最前線としての対ソ連防衛線
❸日本本土を守るための資源供給地
❹人口問題解決のための人口流出先

［組織図］
参議府 ── 執政*(1934.3.1より皇帝)
法院(裁判所)　監察院(人事院・会計検査院)　国務院(内閣)　立法院(議会)
駐満特命全権大使 (兼)関東軍司令官 (兼)関東長官 ──指導──→ 総務庁(長官以下、主要ポストを日本人が独占)
民政・外交・軍政・財務・実業・交通・司法の7部**　部長は満洲人だが、1935年には約45%が日本人だった。

*執政：満洲国の元首は、当初、帝政をさけて「執政」と名づけられた。
**部：「省」にあたる。

◀❺撫順炭鉱　満鉄が採掘権をもっていた撫順炭鉱の露天掘り。日本への石炭供給地として欠かせない存在であった。

5　満洲における日本の利権

［地図］
黒羽清隆『日中15年戦争(上)』
横浜正金銀行・朝鮮銀行 発行・流通権
南満洲土地商租権 居住・往来・営業権
満鉄幹線経営権(長春・旅順間701.4km)
平行線禁止権
吉長線経営権
鄭家屯−法庫門間
鉄道付属地 行政権・駐兵権
鉄道付属地 行政権・駐兵権(275.8km×62m)
安奉線経営権
関東州租借権(1905+99=2004まで)
山海関　熱河　営口　新民　奉天　撫順　海龍　会寧　敦化　吉林　長春　四平街　開原　本渓湖　安東　旅順　大連　鞍山　石橋
中立地帯 設定権
関東州租借権 関東州租借地行政権(1898+99=1997まで)
鴨緑江沿岸 森林伐採権

鉄道分類記号
個＝ 先議権
個＝ 借款権
個＝ 請負権

満洲における利権とは、南満洲鉄道とその付属地に関する権利だけでなく、土地商租権(借地権のこと)までもあった。

6　満洲の開拓　◉p.316❸

↑❻満洲移民　満洲国の中国農民から収奪した土地に、日本から村ごとまとめて移民する分村開拓団が送り出された。写真は、トラクターで広大な土地を耕す開拓団員。

↓❼満蒙開拓青少年義勇軍　日中戦争がおきると、高等小学校を終えたばかりの少年たちが満洲各地の訓練所に送られた。写真は、ソ連との国境近くの大額訓練所を警備する少年。

↑❹旧関東軍司令部(現、中国共産党吉林省委員会)　関東軍司令官は、中央・地方の人事も左右し、皇帝の後見であり、事実上の満洲国の元首であった。また、関東軍司令官が関東長官と満洲国駐在大使を兼任した。

探Q
●満洲を描いた書籍や文学作品などから、くらしや生活のようすを調べてみよう。

近現代
昭和初期

軍部の台頭

軍部はどのように台頭してきたのだろう

テーマのポイント
1 軍部の急進派や国家主義者のなかに、国家の危機が支配層の腐敗にあるとして、これを武力行使による直接行動で打開しようとする動きが高まった
2 国家権力の弾圧によって、社会主義者たちの転向がすすんだ

1 軍部の台頭関係年表

内閣	年代	軍部・右翼
浜口	1930. 9 (昭5)	橋本欣五郎陸軍中佐ら桜会を結成
	11	浜口首相、東京駅で右翼青年に狙撃される➲p.314⑥
	1931. 3	**三月事件**(桜会による宇垣内閣樹立クーデタ未遂)
若槻②	1931. 9 (昭6)	**満洲事変**勃発➲p.316
	10	**十月事件**(桜会による荒木内閣樹立クーデタ未遂)
犬養	1932. 2 (昭7)	血盟団員、前蔵相井上準之助を暗殺
	3	血盟団員、三井合名会社理事長団琢磨を暗殺
	5	**五・一五事件**(犬養首相殺害)
斎藤	1933. 2 (昭8)	小林多喜二、特高により東京の築地署で虐殺される
	4	**滝川事件**
岡田	1934. 10 (昭9)	陸軍パンフレット事件
	11	士官学校事件〈十一月事件〉(陸軍皇道派青年将校らのクーデタ未遂)
	1935. 2 (昭10)	**天皇機関説問題**史
	8	政府、**国体明徴声明**史。相沢事件*
	1936. 2	**二・二六事件**、東京市に戒厳令
広田	5	軍部大臣現役武官制復活➲p.268 4, 293 1
	12	ワシントン海軍軍縮条約失効

*皇道派の相沢三郎中佐が統制派の永田鉄山軍務局長を斬殺

2 軍部の台頭の背景と結果

背景	①昭和恐慌、農業恐慌 ②政府の経済政策への国民の批判 ③政党政治、財閥に対する国民の不信感 ④統帥権干犯問題
結果	①五・一五事件→政党内閣の崩壊 ②二・二六事件→陸軍の政府内発言力の飛躍的拡大 ③ナショナリズムの高まり、社会主義からの大量転向

皇道派と統制派

キーワード

皇道派　直接行動によって天皇親政の実現をめざす陸軍の青年将校中心のグループ。荒木貞夫・真崎甚三郎らが中心。

統制派　軍部の統制のもとで総力戦体制をめざす陸軍の中堅将校中心のグループ。永田鉄山・東条英機らが中心。

←①荒木貞夫(一八七七～一九六六)

←②永田鉄山(一八八四～一九三五)

3 国家改造運動の活発化

今朝三井銀行前で
團琢磨男射殺さる
犯人現場で即時捕縛
1932年3月5日

井上日召

←③**血盟団事件**(1932年2～3月)「一人一殺」(血盟団員一人が政財界の要人一人を殺す)によって国家改造をはかる**井上日召**の指導のもと、血盟団員たちが**井上準之助**前蔵相(➲p.310②)、**団琢磨**三井合名理事長を暗殺した。

事祥不の有曾未都帝夕昨
首相遂に兇手に倒る
1932年5月16日

←④**五・一五事件**(1932年5月15日)国家改造を唱える海軍青年将校*たちが首相官邸を襲い、「話せばわかる」と制する犬養首相を、「問答無用」と射殺した。この結果、8年間続いた政党内閣は終わった。

*20代～30代前半の尉官級将校(少尉・中尉・大尉)のこと。

史料　**国防の本義と其強化の提唱**

たたかひは創造の父、文化の母である。……国防の組織　将来の国際的抗争は知能と知能の戦争であり、組織と組織の争闘であるといいうる。……

1934年、陸軍省は、「国防の本義と其強化の提唱」というパンフレットを発行。陸軍の政治への介入の意欲を示すものとして問題になった(**陸軍パンフレット事件**)。

昨早暁一部青年将校等
各所に重臣を襲撃
内府、首相、教育総監は即死
藏相と侍従長は重傷

勅命下る軍旗に手向ふな

↖「重臣」とは内大臣や侍従長など天皇の側近。また、「(岡田)首相即死」は誤報であった。

↑⑤**二・二六事件**(1936年2月26日)陸軍内部では、国家改造をめぐり**皇道派**と**統制派**が対立。皇道派青年将校は、約1,400名の兵力を率いて、首相官邸や警視庁などを襲い、**斎藤実**内大臣・**高橋是清**蔵相・渡辺錠太郎教育総監らを殺害、鈴木貫太郎侍従長に重傷を負わせ、東京の中枢部を占拠した。しかし、勅令(天皇の命令)で解散、4日間でクーデタは鎮圧された。事件の結果、統制派が主導権を握った。上の写真は、事件を報じる新聞Ⓐ、反乱軍の兵士Ⓑ、「勅命下る　軍旗に手向かうな」と書かれたアドバルーンⒸ。

←⑥**北一輝**(1883～1937)1919年に「日本改造法案大綱」を執筆し、青年将校や国家社会主義者を中心とする国家改造運動に大きな影響を与えた。

二・二六事件関係図
偕行社
軍人会館
憲兵司令部
東京憲兵隊
靖国神社
九段坂
近歩1連隊
近歩2連隊
陸軍士官学校
教育総監部
イギリス大使館
皇居
半蔵門
宮内省
四谷
宝亭
航空本部
坂下門
丸ビル
東京駅
伏見宮邸
東京警備司令部
一重橋
三宅坂
陸軍省
参謀本部
海軍省
軍令部
李王邸
蔵相官邸
陸相官邸
拓務省
日比谷
赤坂離宮
幸楽
新議事堂
警視庁
日比谷公園
朝日新聞社
斎藤実私邸
山王ホテル
首相官邸
貴族院
衆議院
帝国ホテル
陸大
高橋是清私邸
虎ノ門
近歩3連隊
アメリカ大使館
満鉄東京支社
新橋
第一師団司令部
歩1連隊
竜土軒
六本木
歩3連隊
0
1km

4 社会主義勢力の転向

年代	事項
1932	日本国家社会党結成 社会民衆党書記長赤松克麿が党を離脱し、「一君万民」(天皇の下での国民の平等)の平等社会の実現をめざして結成。民族の利益のために満洲事変を支持 **社会民衆党**は、全国労農大衆党と合同し、**社会大衆党**を結成
1933	獄中の日本共産党最高幹部**佐野学**・**鍋山貞親**、連名で**転向**を声明 コミンテルンが指示した「天皇打倒」の方針は誤りで、天皇制の下での一国社会主義実現を提唱 →以後、大量の共産主義者の転向
1934	麻生久社会大衆党書記長、陸軍パンフレットを評価 →社会大衆党の国家社会主義化

↑⑦**佐野学**(1892～1953)

↑⑧**鍋山貞親**(1901～79)

*転向とは、国家権力の弾圧によって社会主義・共産主義の思想を放棄すること。

5 学問・思想の弾圧 ➲p.323 1

脅かされる「學の自由」
法科教授結束を固む

←⑨**滝川事件**(1933年)京都帝国大学教授**滝川幸辰**の刑法学説が、国体に反するという理由で発禁処分となり、滝川自身も休職となった。

片言隻句を捉へて
反逆者とは何事
美濃部博士諄々憲法を説き
貴院で一身上の弁明
1935年2月26日

←⑩**天皇機関説問題**(1935年)美濃部達吉の**天皇機関説**が反国体的との理由で貴族院で問題化。岡田内閣の**国体明徴声明**史により、美濃部は貴族院議員を辞職した。➲p.305 1

一言かわら版 **チャップリンの来日**　1932年5月14日、映画俳優のチャップリンが来日した。犬養首相と会う予定もあったので、あやうく五・一五事件に巻き込まれていたところであった。

◆テーマのポイント

1. 宣戦布告のないまま国家間の全面戦争（日中戦争）がはじまった
2. 中国国民政府の徹底抗戦により、日中戦争は終結の展望のない長期戦となった

1 日中戦争関係年表

○数字は地図に対応。

内閣	年代	日本とアジアの関係	日本と欧米の関係
岡田啓介	1935 (昭10)	6 梅津・何応欽協定、土肥原・秦徳純協定◆p.316 **3** ➡①	
		11 冀東防共自治委員会樹立	
広田弘毅	1936 (昭11)	12 西安事件（蔣介石監禁）➡② ◆p.313 **6**	11 日独防共協定調印 12 ワシントン海軍軍縮条約失効
近衛文麿①	1937 (昭12)	7 盧溝橋事件（日中全面戦争へ）➡③	
		8 第2次上海事変➡④	
		9 第2次国共合作成立	
		11 国民政府、重慶へ移る➡⑤	11 日独伊三国防共協定調印
		12 日本軍、南京占領➡⑥ （南京事件おこる）	
	1938 (昭13)	1 第1次近衛声明 **3**	7 張鼓峰事件➡⑦
		11 第2次近衛声明 **3**	
		12 汪兆銘（◆p.327 **1**）、重慶を脱出➡⑧	
		第3次近衛声明 **3**	
平沼騏一郎	1939 (昭14)	2 日本軍、海南島上陸	5 ノモンハン事件➡⑨
		6 日本軍、英仏天津租界封鎖	7 米、日米通商航海条約廃棄通告
		8 平沼首相、欧州「複雑怪奇」と声明、総辞職	8 独ソ不可侵条約調印 9 第二次世界大戦勃発
阿部信行	1940 (昭15)	3 汪兆銘、南京政府樹立➡⑩	6 独軍、パリ無血占領
米内光政		9 日本、北部仏印進駐➡⑪	9 日独伊三国軍事同盟調印
		11 汪政権と日華基本条約調印	
近衛文麿②	1941 (昭16)	7 帝国国策要綱決定	4 日ソ中立条約調印
		関東軍特種演習発動	日米交渉正式に開始
		日本軍、南部仏印進駐	6 独ソ戦開始
近衛文麿③		9 帝国国策遂行要領決定	8 米、対日石油輸出全面禁止
		12 御前会議で対米英蘭開戦を決定	11 米、ハル=ノート提出
東条英機			12.8 真珠湾攻撃
		12 日本軍、マレー半島上陸開始	対英米宣戦布告

◆事変と戦争のちがい
戦争：国際法上は、宣戦布告をともなう戦闘
事変：宣戦布告が相互におこなわれない戦闘

◆盧溝橋事件後、近衛内閣は「北支事変」とよんで軍事行動を拡大し、第2次上海事変後は、「支那事変」とよんだ。

2 日中戦争

戦線の拡大	日本軍の進路	
1937.7～38.6	→ 満洲事変	---➤ 援蒋ルート
1938.7～45.8	→ 日中戦争	数字は侵略年次
		□ 満洲国（1932年）

---- 日本側の主張する国境
---- ソ連側の主張する国境

9 ノモンハン事件 1939.5

7 張鼓峰事件 1938.7

1 華北分離工作 1935～

3 盧溝橋事件 1937.7

2 西安事件 1936.12

6 南京事件 1937.12

10 南京汪政権樹立 1940.3

4 第2次上海事変 1937.8

5 国民政府移転 1937.11

8 汪兆銘重慶脱出 1938.12

11 北部仏印進駐 1940.9

満洲　外モンゴル　ソヴィエト連邦　満洲国（1934年3月より満洲帝国）　モンゴル人民共和国（外モンゴル）1924成立　中華民国　日本　朝鮮　フランス領インドシナ　東シナ海　南シナ海

0　500km

盧溝橋事件関係図

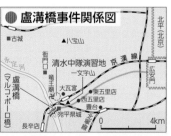

北平（北京）　八宝山　古城　清水中隊演習地　京漢線　衡門　一文字山　盧溝橋（マルコ＝ポーロ橋）　大瓦窰　五里店　宛平県城　豊台　長辛店　永定河　0　4km

↑**1** 北京郊外の永定河にかかる盧溝橋

↑**2** 盧溝橋事件を報じる新聞　左は中国の新聞「大字報」。右は日本の『東京朝日新聞』。

蘆溝橋中日軍衝突／日軍猛烈進攻我軍沉着應付／迄昨夜止雙方交渉尚無結果／断乎・北支派兵に決定／計畫的の武力抗日歴然／政府中外に重大聲明

← **3** 盧溝橋事件
1937年7月7日、北京郊外の盧溝橋付近で夜間演習中の発砲事件をめぐって、日中両軍が武力衝突した。

← **4** ノモンハン事件
（1939年5月）満洲の西北部のモンゴルとの国境に近いノモンハン付近で関東軍は大部隊を動員し、ソ連軍と戦闘をおこなったが、ソ連軍の機械化部隊の前に惨敗した。

← **5** 援蒋ルート　日本軍によって包囲されていた蒋介石（写真下）の重慶政府に対して、アメリカ・イギリスなどは、いわゆる援蒋ルートを通じて物質的な援助をおこなった。左写真は、ビルマルートを進むアメリカの輸送隊。

← **6** 蒋介石（1887～1975）

↑**7** 張学良（1901～2001）1936年12月、蒋介石を西安で監禁し（西安事件）、内戦の停止と抗日を要求した。

3 近衛声明

1938.1		国民政府の講和条件の打診……参謀本部が交渉継続要求（南京陥落など連戦連勝背景に）近衛内閣交渉の打ちきり決定
1.16	第1次近衛声明	……「国民政府を対手とせず」企画院の立案による、国家総動員法成立
11.3	第2次近衛声明	……戦争目的は「東亜新秩序の建設」中国の主要都市、鉄道幹線を占領したが、点（都市）と線（鉄道）の維持に精一杯、汪兆銘一派との和平に期待
12.18		汪兆銘の重慶脱出（1940年、南京政府樹立）
12.22	第3次近衛声明	……「善隣友好、共同防共、経済提携」（近衛三原則）戦争は収拾のメドを失い泥沼化した

近現代　昭和初期

---

i インフォメーション 犬養木堂生家・記念館（岡山市）　記念館は犬養毅に関する遺品などを展示。隣接する生家は重要文化財に指定されている。木堂は犬養の号。

❶ 戦時統制と国民生活

内閣	年	政治・経済・国民生活	教育・学問・思想・宗教・文化
広田	1936 (昭和11)	2　二・二六事件 3　メーデー禁止通達 5　自動車製造事業法公布(国防のため自動車の国産化推進)	3　大本教に解散命令 7　講座派マルクス主義経済学者(山田盛太郎・平野義太郎ら)一斉検挙
林	1937 (昭和12)	1　浜田国松(立憲政友会代議士)と寺内寿一陸相の「腹切り問答」→p.320 ❶ 7　盧溝橋事件、日中戦争始まる 9　臨時資金調整法公布(戦時金融統制の基本法)。輸出入品等臨時措置法公布(貿易に関する物資を統制) 10　企画院設置→p.321 ■ 11　大本営設置	4　ひとのみち教団の結社を禁止 5　文部省、『国体の本義』を発行 10　国民精神総動員中央連盟発足(国民精神総動員運動を推進) 12　矢内原事件(東京帝大経済学部教授矢内原忠雄辞職)。人民戦線事件(第1次)→p.323 ❷
近衛①	1938 (昭和13)	綿糸配給統制規則公布(最初の切符制) 「黙れ事件」→p.320 ❷ 4　国家総動員法公布■(政府は、議会の承認なしに勅令によって戦時に必要な人的・物的資源を統制・運用できる権限を獲得)→p.321 ❷。電力管理法公布(各電力会社の経営が国策会社の日本発送電会社の管理下に置かれる) 7　産業報国連盟結成	2　人民戦線事件(第2次)(労農派マルクス主義経済学者大内兵衛・美濃部亮吉ら38名検挙)。石川達三の小説(『生きてゐる兵隊』)発禁処分→p.323 ❻ 10　河合栄治郎(東京帝大経済学部教授)の著作(『ファシズム批判』など)発禁処分
平沼	1939 (昭和14)	3　賃金統制令公布(軍需企業の賃金抑制) 4　米穀配給統制法公布(米の配給機構の統制) 6　パーマネント・男子学生の長髪禁止、ネオン廃止→p.322 ❻ 7　国民徴用令公布(国民を強制的に徴集し、政府が指定する業務に就業させる)	1　平賀粛学(平賀譲東京帝大総長が河合栄治郎教授を休職処分) 3　大学での軍事教練必修化 4　宗教団体法公布(宗教団体の保護と取り締まりを強化)
阿部		10　価格等統制令公布(公定価格により物価上昇を防止) 11　米穀配給統制応急措置令公布(米穀強制買い上げ) 12　白米を禁止。小作料統制令(小作料の引下げ)	5　青少年学徒ニ賜ハリタル勅語 9　第1回興亜奉公日(毎月1日に実施)→p.322 ❶
米内	1940 (昭和15)	3　斎藤隆夫、「反軍演説問題」で議員除名→p.320 ❸ 6　新体制運動開始 7　社会大衆党解党。奢侈品等製造販売制限規則公布(「七・七禁令」)。日本労働総同盟解散。立憲政友会解党 8　立憲民政党解党	1　津田左右吉(歴史学者)、早稲田大学教授を辞任 2　津田左右吉の著作(『古事記及び日本書紀の研究』『神代史の研究』など)発禁処分 11　紀元二千六百年記念式典挙行(宮城前広場)、各地で祝賀行事→p.323 ❸
近衛②		9　部落会・町内会等整備要綱を通達(隣組制度発足)→p.321 ❸ 10　大政翼賛会発足→p.321 ❶。米穀管理規則公布(米の供出制実施)。東京のダンスホール閉鎖 11　砂糖・マッチの切符制全国実施。大日本帝国国民服令公布(国民服制定)。大日本産業報国会結成→p.321 ❷	12　内閣情報局設置(内閣情報部を拡大強化)→p.323 ❶
近衛③	1941 (昭和16)	東条英機陸相、『戦陣訓』を示達。大日本青少年団結成 4　生活必需物資統制令公布(生活関連物資の配給・統制)。米穀配給通帳制実施(米の配給が6大都市ではじまり、全国に拡大)→p.322 ❸ 8　金属類回収令公布→p.322 ❽ 10　ゾルゲ事件(国際スパイ事件。尾崎秀実・ゾルゲら検挙) 12　太平洋戦争はじまる	3　国民学校令公布(4月1日に小学校を国民学校に改称)→p.322 ⓬。治安維持法改正公布(予防拘禁制などを追加) 7　文部省、『臣民の道』を刊行 12　言論・出版・集会・結社等臨時取締法公布(集会など許可制になる)
東条	1942 (昭和17)	1　大日本翼賛壮年団結成 2　衣料の点数切符制実施。大日本婦人会結成。食糧管理法公布(主要食糧の供出制・配給制確立) 4　翼賛選挙(第21回総選挙)→p.321 ❺ 5　翼賛政治会結成 11　大東亜省設置(拓務省廃止)	5　日本文学報国会設立(会長徳富蘇峰) 9　細川嘉六(ジャーナリスト)検挙(横浜事件に発展) 12　大日本言論報国会設立(会長徳富蘇峰)
	1943 (昭和18)	3　戦時行政特例法公布(軍需生産拡充のため政府の権限を強化) 10　出陣学徒壮行会挙行(学徒出陣)→p.328 ❽	5　谷崎潤一郎『細雪』連載禁止→p.323 ❼ 6　創価教育学会の幹部を検挙
小磯	1944 (昭和19)	8　閣議、一億国民総武装を決定竹槍訓練始まる→p.328 ⓬ 女子挺身勤労令公布(勤労動員)→p.328 ❾ 11　たばこの配給制実施(1人1日6本)	7　中央公論社・改造社に廃業命令(横浜事件) 8　学童疎開始まる→p.328 ⓫ 学徒勤労令公布(学徒勤労動員)
鈴木	1945 (昭和20)	6　戦時緊急措置法公布(本土決戦などの非常事態に際し政府に全権を委ねる)	5　戦時教育令公布(学校教育の事実上の放棄・否定)

左側縦: 近現代 / 昭和初期

❶ テーマのポイント

■ 政府は日中戦争を契機に直接的な経済統制にふみきった

■ 国家総動員法制定により、政府による国民生活全般の統制を可能にした

❷ 軍部と政党の対立

三重県立図書館蔵

↑❶「腹切り問答」(1937年1月22日『伊勢新聞』号外)　前衆議院議長の浜田国松が、帝国議会で軍部の政治介入を厳しく批判する演説をおこなった。寺内寿一陸相(寺内正毅の長男)は、軍部への侮辱だと反論した。浜田は「速記録を調べて、軍を侮辱する言葉があるなら割腹して君に謝罪する。なかったら君が割腹せよ」と寺内に迫った。　広田内閣は閣内不一致で総辞職した。

↑❷「黙れ事件」(1938年3月)　衆議院の委員会で国家総動員法案の審議中、法案の成立を図る佐藤賢了*陸軍中佐は、佐藤の発言資格を問う議員に向かって「黙れ！」と一喝した。委員会は混乱したが、杉山元陸相が遺憾の意を表明して収拾され、法案は圧倒的多数で可決された。

＊佐藤賢了(1895～1975)　陸軍省軍務局長・陸軍中将。東京裁判でA級戦犯、終身刑。

↑❸斎藤隆夫、議員除名(1940年3月)　1936年の帝国議会で、二・二六事件後の軍部の政治介入を激しく非難した(粛軍演説)。1940年には、日中戦争の処理をめぐって軍部を痛烈に批判した(反軍演説)。陸軍の圧力によって立憲民政党を離党させられ、議員を除名された。1942年の翼賛選挙では非推薦で当選し、戦後、吉田・片山内閣の国務相になった。

1 企画院の設置

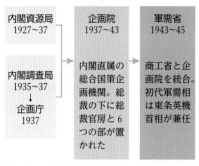

```
内閣資源局          企画院          軍需省
1927～37         1937～43       1943～45

内閣調査局       内閣直属の       商工省と企
1935～37        総合国策企       画院を統合。
               画機関。総       初代軍需相
企画庁          裁の下に総       は東条英機
1937           裁官房と6       首相が兼任
               つの部が置
               かれた
```

「経済の参謀本部」といわれた企画院には、戦時統制経済政策を推進する革新官僚や中堅将校らが集まり、国家総動員法・電力管理法などを立案した。

※1941年、「経済新体制確立要綱」の原案を作成した企画院関係者17名が左翼活動の嫌疑により治安維持法違反により検挙された（企画院事件）。なお、その中心だった和田博雄は戦後、農林大臣に、勝間田清一は日本社会党委員長になった。

4 翼賛政治体制

```
              大政翼賛会（1940.10～45.6）
                総裁（首相が兼任）

道府県・郡市区町      大日本翼賛壮年団
村支部（各長が支部      （1942～45）
長）               21歳以上の有志青
                 年壮年の実践部隊

町内会   部落会      大日本産業報国会
                  大日本婦人会
                  大日本青少年団
隣 組   隣 組      農業報国連盟
                  商業報国会
                  日本海運報国団
```

←❶大政翼賛会の発足 1940年10月、近衛文麿首相を総裁とする**大政翼賛会**が発足した。翼賛会は、生活必需品の配給にかかわる町内会・隣組の指導者を最末端組織の担い手とし、上意下達の組織として行政補助機関の機能をもった。

> 見方・考え方
> ドイツのナチ党のような一大新党の結成をめざす新体制運動の結果であったことに注目しよう。

5 翼賛選挙 (1942年4月：東条内閣)

『資料日本現代史』

立候補者	総計1,079人		
推薦466人（43.2%）		非推薦613人（56.8%）	
208	258	55	558

当選者	総計466人		翼賛議員同盟
推薦381人（81.8）		非推薦85（18.2）	その他
176	205	21—64	

2 国家総動員法によるおもな統制勅令

人的資源の統制と利用に関する勅令
賃金統制令(1939.3)、**国民徴用令**(39.7)
船員徴用令(40.10)、女子挺身勤労令(44.8)
学徒勤労令(44.8)、国民勤労動員令(45.3)など

物的資源の統制と利用に関する勅令
価格等統制令(39.10)、小作料統制令(39.12)
金属類回収令(41.8)、物資統制令(41.12)など

事業の統制と運用に関する勅令
貿易統制令(41.5)、重要産業団体令(41.8)など

資金の統制と運用に関する勅令
会社経理統制令(40.10)、銀行等資金運用令(40.10)
株式価格統制令(41.8)など

文化と情報を統制する勅令
新聞事業令(41.12)、出版事業令(43.2)など

日中戦争が長期化するなか、国家総動員体制の確立が必要となり、企画院の立案で1938年4月、**国家総動員法**が制定された。施行後、太平洋戦争の開始までの間に58の勅令が次々と出された。太平洋戦争開始後は勅令改正が多く、国家総動員法が拡大強化されていった。

↑❷大日本産業報国会の成立

↑❸隣組の常会 隣組（隣保班）は**部落会・町内会**のもとに5～10軒を単位に編成。動員供出、公債の消化、配給・防空演習などの協力実行機関とされ行政組織の末端組織としての機能を果たした。常会は月1回、宮城遥拝・黙禱ではじまった。原則は全員出席。

1942年4月、5年ぶりに、太平洋戦争中唯一の衆議院議員総選挙（第21回総選挙）が実施された。東条内閣が実質的に候補者を推薦し、大政翼賛会などを総動員して選挙運動をおこなったので**翼賛選挙**といわれた。非推薦候補は警察・軍部の激しい選挙干渉を受けたが、85名（斎藤隆夫・鳩山一郎・尾崎行雄・芦田均・三木武夫らがいた）が当選した。選挙後、当選者のほぼ全員が参加する**翼賛政治会**が結成され、東条内閣を支持する翼賛議会が成立した。

3 財政支出の増大

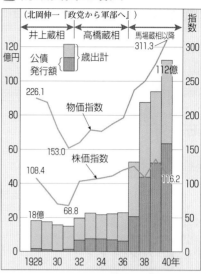

高橋是清蔵相は軍事費のための公債の発行は認めなかったが、広田内閣の馬場鍈一蔵相は、国策のための歳出の増大を認め、政府は軍事拡張予算を組んだ。そのため、増税、公債の発行がおこなわれ、軍需需要の増大により、原材料および設備投資用の輸入が急増し、国際収支は急速に悪化した（◎p.315❻）。

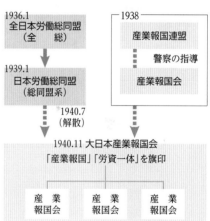

```
1936.1                    1938
全日本労働総同盟           産業報国連盟
（全  総）
                          警察の指導
1939.1
日本労働総同盟           産業報国会
（総同盟系）
     ↓
   1940.7
  （解散）

        1940.11 大日本産業報国会
        「産業報国」「労資一体」を旗印

   産業      産業      産業
   報国会    報国会    報国会

                        1945.9 解散
```

1940年11月、産業報国会の全国組織として**大日本産業報国会**が創設された。これにともなって労働組合はすべて解散させられた。

↑❹大日本国防婦人会 1932年3月に大阪で結成された大阪国防婦人会が前身。割烹着に象徴される庶民性が特徴。1942年、愛国婦人会・大日本連合婦人会とともに、**大日本婦人会**に統合された。

近現代 昭和初期

1 日々のくらし ▶戦時下の生活

◀❶興亜奉公日 1939年9月から毎月1日に実施。兵士の苦労を思い、自粛・自省する日である。42年1月、大詔奉戴日（毎月8日）に変更された。国民精神総動員中央連盟は、戦死者の墓参、慰問文・慰問袋の前線への送付、服装・食事の質素化、遊興の自粛、貯蓄の実行などを国民に求めた。写真には、「食堂・喫茶室休業」の看板がみえる。

◀❷「ぜいたくは敵だ！」 1940年8月1日、国民精神総動員本部は「ぜいたく」をいましめる立看板を東京の繁華街1,500か所に設置した。「ぜいたくは敵だ！」は戦時体制に応じた生活刷新のスローガンとなり、服装から料理・宴会・タクシー・ゴルフなどに拡大されていった。

◀❺千人針 (1937年) 白木綿の布に、千人の女性の手で一針ずつ縫って赤い糸の結び目をつけ、武運を祈った。土門拳撮影

千人針は、兵士が腹に巻けば弾丸よけになると信じられた。

軍需物資不足のため、1941年に金属類回収令が出され、一般家庭からは鍋・釜、寺院からは釣鐘や銅像が供出された。

↑❽釣鐘の供出

2 代用品の登場

↑❾木炭自動車 1938年7月にはガソリン不足から石油のかわりに、木炭を燃やして発生するガスを燃料とする木炭自動車が登場した。

↑❿陶製湯たんぽ ◯p.39❻

近現代

昭和初期

テーマのポイント

❶日中戦争の長期化によって日用品が不足するようになった
❷国民生活に対する統制が強化され、切符制・配給制も導入されるようになった

❸配給に並ぶ人々

買いだめが横行する中、総力戦の長期化で食料や生活必需品も欠乏し、通帳や切符を用いた配給制がはじまった。主食の米も配給制となり、1941年から6大都市*で、成人1日2合3勺(330g)となった。やがて押麦・とうもろこし・いも・小麦粉などの代用品の割合が増加していった。
*東京、大阪、名古屋、京都、神戸、横浜。

◀❹衣料切符

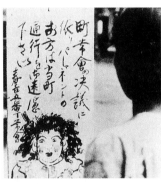

◀❻パーマネントの禁止
1939年6月にはネオン全廃とパーマネント禁止が決定された。写真の掲示には、「町常会の決議に依りパーマネントのお方は当町通行を御遠慮下さい」とある。

→❼戦時下の服装 衣料資源の節約から、1940年に国民服が定められた。1943年には婦人標準服として、繊維量を節約するため和服は長袖を切って短くすること、防空頭巾・もんぺ常用が閣議で決定された。写真は、もんぺ姿の女学生。

3 大衆の娯楽

1930年代後半、映画・レコード、野球がさかんになった。1934年、プロ野球が本格的に始まり、巨人軍の沢村栄治らが活躍した。1938年には、映画「愛染かつら」(田中絹代〈◯p.314❶, 344❷〉ら主演)が、主題歌「旅の夜風」(「花もあらしも　踏み越えて…」)とともに大ヒットした。

↑⓫沢村栄治
野球殿堂博物館蔵

資源は軍需品優先で、物資の統制がきびしくなり、民間での使用は制限された。それまでの金属にかわって、陶製や木製のものが登場し、衣料はスフ(人造綿花)製のものもあらわれた。

4 子どもたちの生活

→⓬軍事教練 1941年3月1日、国民学校令が公布され、4月1日から、小学校を国民学校と改められた。国家主義的色彩の強い教育方針にもとづき、「忠君愛国」の精神が強調されるとともに、軍事訓練が課された。

◀⓭戦争ごっこ(1940年、栃木県) 時局を反映して、子どもたちのあいだでは戦争ごっこがさかんにおこなわれた。

見方・考え方
1930年代はまだ文化的明るさがあった。

↑⓮『少年倶楽部』
(1936年1月号)　(1935年7月号)

⓯『少女倶楽部』

◀子ども向けの娯楽雑誌『少年倶楽部』『少女倶楽部』が人気を博した。『少年倶楽部』には江戸川乱歩『怪人二十面相』などの連載が掲載された。

テーマのポイント
①思想や言論統制が強化され、全体主義的な思想が主流になった
②文学界ではプロレタリア文学が壊滅し、戦争文学が人気を博した

1 言論統制・検閲

↑①検閲制度 日中戦争開始以降、言論・報道などメディアに対する規制がきびしくなり、内閣情報部による事前検閲がおこなわれた。さらに、1940年12月には内閣情報局が設置され、取締りが強化された。写真は、検閲の結果、不許可となった日中戦争時の写真。

内閣情報局の権限
①国策遂行の基礎に関する情報蒐集、報道および啓発宣伝
②新聞紙その他の出版物に関する掲載制限・禁止など
③ラジオ放送・有線放送に関する指導取締
④映画、蓄音機レコード、演劇および演芸の国策の基礎に関する啓発宣伝上必要な指導取締

↑②人民戦線事件(第1次)(1937年12月23日)
反ファシズム統一戦線(人民戦線)を企図したとして、日本無産党代議士の加藤勘十や労農派マルクス主義者の山川均・荒畑寒村ら約450名が治安維持法違反で検挙された。日本無産党は解散に追い込まれた。

> **見方・考え方**
> 国民を戦争に向けて統制するため、その統制を乱すと判断されるものに対しさまざまな規制がおこなわれたことを理解しよう。

2 戦意高揚

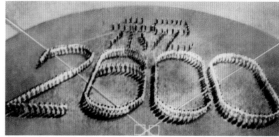

↑③紀元(皇紀*)二千六百年記念式典 1940(昭和15)年、紀元2600年を奉祝する第11回明治神宮国民大会。

*1872(明治5)年に、『日本書紀』の神武天皇即位の年(紀元前660年)を元年と定め、これを皇紀元年とよんだ。

←④映画「ハワイ・マレー沖海戦」(1942年、東宝) 国民の戦勝気分をあおるために戦意高揚映画がつくられた。真珠湾攻撃とマレー沖海戦を描いたこの映画の特撮を担当したのが、後に「ゴジラ」「ウルトラマン」で有名になる円谷英二である。

←⑤「撃ちてし止まむ」(東京・有楽町) 1943(昭和18)年の陸軍記念日(3月10日)に、日本劇場(日劇)前に掲げられた畳百畳ほどの巨大ポスター。この下で『愛国行進曲』が演奏され、戦意高揚が図られた。

3 文学

戦争文学	火野葦平『麦と兵隊』 石川達三『生きてゐる兵隊』
転向文学	中野重治『村の家』 村山知義『白夜』 島木健作『生活の探求』
既成作家の作品	島崎藤村『夜明け前』 谷崎潤一郎『細雪』
芸術派	堀辰雄『風立ちぬ』 石川淳『マルスの歌』 岡本かの子『生々流転』 中島敦『李陵』
日本の伝統文化への回帰	『日本浪曼派』(亀井勝一郎・保田与重郎ら)

↑⑥石川達三と『生きてゐる兵隊』
日本近代文学館提供

火野葦平は、日中戦争で中国大陸出征中に『糞尿譚』(1937年)で芥川賞受賞。翌38年、中国徐州作戦での兵士たちの姿を『麦と兵隊』で描き、人気を博した。一方、ジャーナリズムの軍迎合の態度に腹を立てた石川達三は、特派員として戦地に赴き、1か月で『生きてゐる兵隊』を書き上げ、1938年の3月号の『中央公論』に掲載した。小説中の中国人青年が刺殺される場面などが軍の威信を失墜させるとして発禁処分になった。

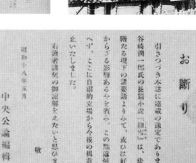 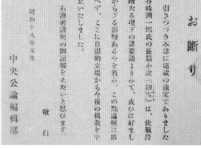

←⑦『細雪』連載中止の社告
『細雪』は1943年に月刊誌『中央公論』で連載開始。大阪・船場の商家の四人姉妹の生活を描いたものだが、軍部より、その内容が戦時にそぐわないとして、連載禁止となった。戦後、1948年に谷崎は作品を完成させた。

芦屋市谷崎潤一郎記念館提供

プロフィール

1933年8月、関東地方で大規模な防空演習が実施された。自由主義者で『信濃毎日新聞』主筆の桐生悠々(政次)は「関東防空大演習を嗤ふ」と題する批判記事を書いた。空襲を受ける都市の惨状を予言した上で、「敵機を関東の空に、帝都の空に迎へ撃つといふことは、我軍の敗北」であり、「最初からこれを予定するならば滑稽」であると論じた。同紙の不買運動がおこなわれ、退社を余儀なくされた桐生は、検閲に抵抗しながら、個人雑誌『他山の石』に軍部批判の記事を書き続けた。

↑⑧「桃太郎海の神兵」
(1945年、松竹)
監督/瀬尾光世、松竹提供

歴史ポケット

手塚治虫が感動したアニメ
政岡憲三と弟子の瀬尾光世が、海軍省の命令をうけて戦意高揚のために、セレベス島落下傘奇襲作戦を題材とした長編アニメ「桃太郎海の神兵」をつくった。政岡は日本アニメの父といわれる。「建前は戦意高揚でも、私の理想のアニメを実現しよう」と心血を注いだ。漫画家手塚治虫は、1945年4月、大阪の焼け残った映画館でこの映画を鑑賞。その叙情に感動して、自分の将来を決めたという。

近現代

昭和初期

1 貿易額の推移 →p.280 2, 296 3, 315 3

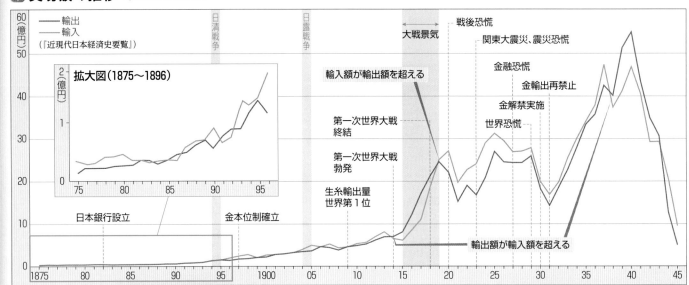

2 卸売物価指数（東京）の推移

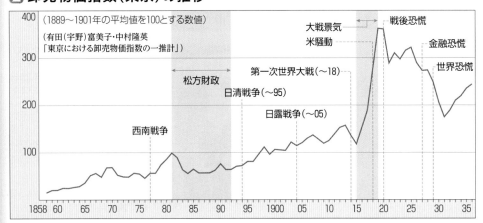

3 軍事費の推移 →p.276 3, 315 5

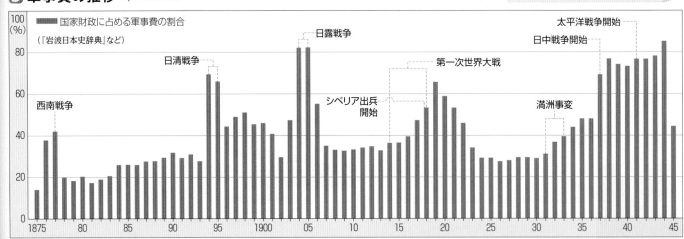

1 第二次世界大戦関係略年表

内閣	年代	事項
平沼	1939. 5	ノモンハン事件
	8	独ソ不可侵条約調印
阿部	9	ドイツ軍、ポーランドへ侵攻
		→英・仏、独に宣戦を布告
		第二次世界大戦開始
		ソ連軍、ポーランドへ侵攻
米内	1940. 5 (昭15)	イギリス、チャーチルが首相に就任
	6	伊、英・仏に宣戦を布告
		ドイツ軍、パリを占領
近衛②	8	独、ロンドンを空襲
	9	日本軍、北部仏印進駐
		日独伊三国軍事同盟締結史
		米、くず鉄対日輸出禁止
	1941. 4 (昭16)	日ソ中立条約締結史
		日米交渉開始
近衛③	6	独、ソ連侵入(独ソ戦)
	7	日本軍、南部仏印進駐
	8	米、対日石油輸出全面禁止
	8	大西洋憲章(米・英)
	9	帝国国策遂行要領決定史
	11	米、ハル=ノートを提示史
	12	対米英開戦最終決定
		日本軍、マレー半島上陸
		ハワイ真珠湾攻撃
		独・伊、米に宣戦を布告
	1942. 6 (昭17)	ミッドウェー海戦
	8	独・ソ、スターリングラードの戦い開始
	1943. 2 (昭18)	日本軍、ガダルカナル島撤退
		独、スターリングラードの戦いでソ連軍に大敗
東条	5	アッツ島の日本軍守備隊全滅
	9	伊、無条件降伏
	11	東京で大東亜会議
		カイロ会談開催 ▶p.329②
	1944. 2 (昭19)	米軍、トラック島を空襲
	6	連合軍、フランスのノルマンディーに上陸
	6	日本軍、マリアナ沖海戦で敗北
	7	サイパン島の日本軍守備隊全滅。東条内閣総辞職
小磯	8	連合軍、パリを解放
	10	米軍、レイテ島上陸
	1945. 1 (昭20)	米軍、ルソン島に上陸
	2	ヤルタ会談開催 ▶p.329②
		米軍、硫黄島に上陸
	4	米軍、沖縄本島に上陸
	5	ソ連軍、ベルリン占領
		→独、無条件降伏
鈴木	6	沖縄の日本軍全滅
	7	ポツダム会談開催 ▶p.329②
		ポツダム宣言発表(7.26)
		鈴木貫太郎首相、ポツダム宣言の黙殺を声明(7.28)
	8	広島・長崎に原爆投下。ソ連、対日宣戦布告し参戦。ポツダム宣言受諾

■ はドイツの動き。

▶p.329② (referenced multiple times in table)

テーマのポイント

1. ドイツがヴェルサイユ体制を打破し、隣国へ侵攻を開始して第二次世界大戦がはじまった
2. 日本は大戦不介入の方針をとったが、のちドイツ・イタリアと同盟を結んだ

2 第二次世界大戦中のヨーロッパ ▶第二次世界大戦

凡例：
- 連合国
- 中立国
- 枢軸国(1939年)
- 大ドイツ国の国境(1942)
- 枢軸軍の進路(1939～42)
- 大戦前のポーランド国境
- 枢軸軍の最大勢力(1942.11)
- 1939年9月の独ソ権益線

- 枢軸国軍への参加国(1941年まで)
- 枢軸国の占領地(1942年まで)
- 数字 枢軸国軍の占領年次

0 ─ 500km

1945.5.7 ドイツ降伏
1944.6.6 連合軍ノルマンディー上陸
1944.8 パリ解放
1943.9.8 イタリア降伏

↑①ドイツ軍のポーランド侵攻 1939年9月1日、ドイツは、2000両の戦車と2000機の飛行機でポーランドへ侵攻した。

見方・考え方
1939年ドイツとソ連によるポーランド侵攻、独ソ戦開始、1942年スターリングラードの戦いと連合軍の反撃というように時期区分して考えることができる。

3 第二次世界大戦前の国際関係

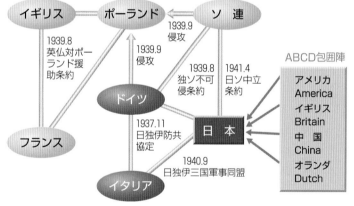

イギリス ─ ポーランド ← ソ連

1939.8 英仏対ポーランド援助条約
1939.9 侵攻
1939.9 侵攻
1939.8 独ソ不可侵条約
1941.4 日ソ中立条約

ドイツ
フランス
イタリア

1937.11 日独伊防共協定
1940.9 日独伊三国軍事同盟

日本

ABCD包囲陣
- アメリカ America
- イギリス Britain
- 中国 China
- オランダ Dutch

↑②日独伊三国軍事同盟の締結 ヨーロッパを席巻するドイツとイタリアに対して「バスに乗り遅れるな」と三国同盟締結の勢いが強まり、1940年9月、日独伊三国軍事同盟が成立した。これによって、日本は、米・英・仏の陣営から分かれてファシズム陣営に組することが鮮明となった。

来栖三郎(駐独大使) / ヒトラー / チアーノ(イタリア外相)

日独伊三国軍事同盟の締結によって、ワシントン体制とヴェルサイユ体制の打破をめざした日・独・伊が枢軸国を形成し、米英を中心とする陣営と対抗することとなった。

↑③日ソ中立条約の調印 1941年4月13日、日本は、日ソ中立条約に調印した。独ソ不可侵条約・日ソ中立条約と日独伊三国軍事同盟を組み合わせることによって、松岡洋右は、英・米に対抗しようとした。

スターリン / 松岡洋右

戦争の呼称

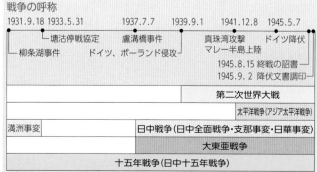

1931.9.18 / 1933.5.31 / 1937.7.7 / 1939.9.1 / 1941.12.8 / 1945.5.7

塘沽停戦協定 / 盧溝橋事件 / 真珠湾攻撃 ドイツ降伏
柳条湖事件 / ドイツ、ポーランド侵攻 / マレー半島上陸
1945.8.15 終戦の詔書
1945.9.2 降伏文書調印

第二次世界大戦
太平洋戦争(アジア太平洋戦争)
満洲事変 / 日中戦争(日中全面戦争・支那事変・日華事変)
大東亜戦争
十五年戦争(日中十五年戦争)

日中戦争は、中国では「抗日戦争」とよばれる。「太平洋戦争」は、戦後、GHQによってつけられた呼称。近年、「アジア太平洋戦争」という意見が広がっている。「大東亜戦争」は、東条内閣が閣議決定した呼称。

〈 アメリカとの戦争はなぜはじまったのだろう

1 日独伊三国軍事同盟
締結により日米関係は
悪化

2 日米関係の打開のため
日米交渉がおこなわれ
るが、中国からの日本
軍の撤兵などをめぐっ
て対立

1 日本の軍需物資 国別輸入割合

太平洋戦争開始前、日本は軍需物資をアメリカに依存していた。

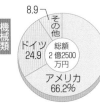

機械類

その他 8.9
ドイツ 24.9
総額 2億2500万円
アメリカ 66.2%

石油

その他 8.8
蘭印 14.5
総額 3億5200万円
アメリカ 76.7%

鉄類

その他 7.0
インド 7.5
中国 15.6
（1940年）
総額 3億8500万円
アメリカ 69.9%

2 日米交渉

日米交渉

①日米関係の打開が目的。日本側は野村吉三郎駐米大使が交渉を担当

▶日米民間人の国交調整が政府間交渉に発展。

②交渉は妥協案を見いだせず、米国務長官ハルが最後通告というべき最終案（ハル＝ノート）国を日本側に提示

▶日本軍の仏印・中国からの撤兵、蒋介石の重慶政権以外の政権の否認、三国同盟の否認などの10項目で、日本は開戦を決定。

野村　ハル　来栖三郎

➡①日米交渉 ローズヴェルト大統領と親交があった海軍大将の野村吉三郎が、日米交渉の開始にあたって、駐米大使に任命された。また、駐独大使時代に日独伊三国軍事同盟に調印（➡p.325 ②）した来栖三郎が、東条内閣になって、野村大使を補佐するためにアメリカに派遣された。

野村吉三郎

3 太平洋戦争の開始と推移 ▶太平洋戦争

➡②ハワイ真珠湾攻撃（1941年12月8日）
日本の機動部隊は、12月8日、ハワイ真珠湾内に停泊していた米太平洋艦隊を奇襲し大打撃を与えた。しかし、日本が目標にしていた空母は湾内にはいなかった。

東太平洋の敵根拠地を強襲

米空母二隻撃沈

ミッドウェー沖に大海戦
アリューシャン列島猛攻
陸軍部隊も協力要所を奪取
太平洋の戦局此の一戦に決す

わが一空母、一巡艦に損害

➡③ミッドウェー海戦での日本の軍艦

◀④ミッドウェー海戦を報じる新聞（1942年6月11日）　日本は、実際には惨敗したが、国民には日本軍の勝利のように伝えている。

見方・考え方
戦争開始の半年後の日本軍の最大進出範囲、絶対国防圏、終戦時の日本の防衛線というように日本の勢力範囲の推移に注目しよう。

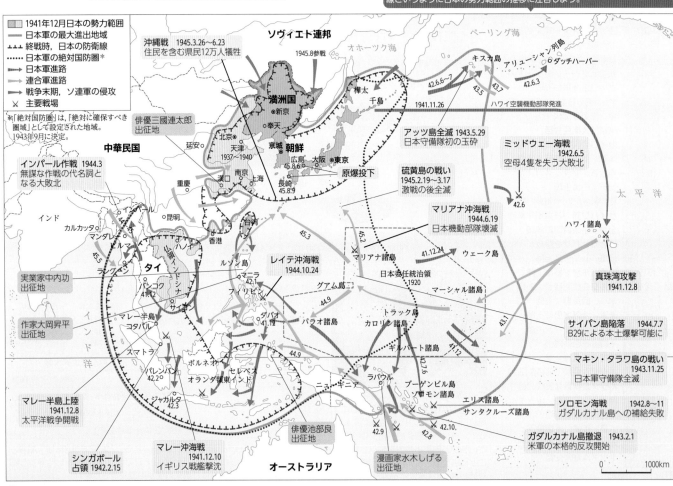

凡例
- 1941年12月日本の勢力範囲
- 日本軍の最大進出地域
- 終戦時、日本の防衛線
- 日本軍の絶対国防圏*
- 日本軍進路
- 連合軍進路
- 戦争末期、ソ連軍の侵攻
- ✕ 主要戦場

*「絶対国防圏」は、「絶対に確保すべき圏域」として設定された地域。1943年9月に決定。

ソヴィエト連邦
1945.8参戦
オホーツク海
ベーリング海

沖縄戦 1945.3.26〜6.23
住民を含む県民12万人犠牲

キスカ島
アリューシャン列島
ダッチハーバー
42.6.6〜7
43.5
43.7
42.6.3
1941.11.26
ハワイ空襲機動部隊発進

満洲国
●新京
奉天

樺太
千島

俳優三國連太郎
出征地

北京
天津
延安
中華民国

京城 朝鮮
1937〜1940
南京
上海
漢口
広島 45.8.6
大阪 東京
長崎 45.8.9
原爆投下

アッツ島全滅 1943.5.29
日本守備隊初の玉砕

ミッドウェー海戦
1942.6.5
空母4隻を失う大敗北

太平洋

重慶
昆明

インパール作戦 1944.3
無謀な作戦の代名詞となる大敗北

硫黄島の戦い
1945.2.19〜3.17
激戦の後全滅

マリアナ沖海戦
1944.6.19
日本機動部隊壊滅

ハワイ諸島

45.3
45.2

インド
カルカッタ
マンダレー
ビルマ
45.5
ラングーン
実業家中内功
出征地
タイ
バンコク
作家大岡昇平
出征地
仏領インドシナ
ハノイ
41.12.24
ウェーク島

台湾
香港
ルソン島
マニラ
フィリピン
レイテ沖海戦
1944.10.24
グアム島
日本委任統治領 1920
マリアナ諸島
マーシャル諸島

真珠湾攻撃
1941.12.8

サイパン島陥落 1944.7.7
B29による本土爆撃可能に

42.1
41.12
サイゴン
ダバオ
41.12
パラオ諸島
カロリン諸島
トラック島
44.9

マキン・タラワ島の戦い
1943.11.25
日本軍守備隊全滅

マレー半島
コタバル
44.9
ボルネオ
スマトラ
パレンバン
42.2
セレベス
オランダ領東インド
ジャカルタ 42.3
ギルバート諸島
42.7.6
43.1

ソロモン海戦 1942.8〜11
ガダルカナル島への補給失敗

ニューギニア
ラバウル
ブーゲンビル島
ソロモン諸島
エリス諸島
サンタクルーズ諸島

42.12
インド洋

マレー半島上陸
1941.12.8
太平洋戦争開戦

シンガポール
占領 1942.2.15

マレー沖海戦
1941.12.10
イギリス戦艦撃沈

俳優池部良
出征地

42.9
42.10
42.8

漫画家水木しげる
出征地

オーストラリア

ガダルカナル島撤退 1943.2.1
米軍の本格的反攻開始

0 —— 1000km

テーマのポイント

1. 日本政府は、戦争の目的を大東亜共栄圏の建設と強調した
2. 大東亜共栄圏の実態は、苛酷な占領地支配と皇民化政策であった

1 大東亜共栄圏の実態

① 中国
- 南京事件(1937年)
- 関東軍731部隊による生物化学兵器の開発と生体実験
- 華北の抗日根拠地への「三光作戦」
  焼光・殺光・搶光…中国側の名称
- 労働力としての動員
  花岡事件(1945年、秋田県花岡鉱山でおこった中国人労働者の蜂起)
- アヘンの製造・販売

② シンガポール
- 華人(中国系住民)虐殺事件

③ フィリピン
- 「バターン死の行進」

④ タイ・ビルマ
- 泰緬鉄道

⑤ ベトナム
- コメの徴発による大飢饉

朝鮮の植民地支配
① 皇民化政策→p.274 **7**
- 日本語・神社参拝・日の丸掲揚・宮城(皇居)遥拝の強制
- 創氏改名の施行(1940年)
- 「皇国臣民の誓詞」の制定(1937年)
② 徴兵制の実施(1943年)
③ 強制連行、慰安婦

↑① **大東亜会議** 1943年11月、東条内閣は、占領地域の戦争協力を確保するために各地の代表者を東京に集めて、「大東亜共栄圏」の結束を誇示し、全会一致で大東亜宣言を採択した。写真は左から、ビルマ、満洲国、中国(南京)の汪兆銘政権(汪兆銘)、日本(東条英機)、タイ、フィリピン、自由インド仮政府(チャンドラ=ボース)。

朝鮮

→② **朝鮮人「日本兵」** 日本軍の兵力不足を補うために、45万人の朝鮮人・台湾人が、志願兵制・徴兵制により「日本兵」として、戦場に動員された。写真は、軍事訓練のようす。

中国

←④ **731部隊** 関東軍防疫給水部隊(731部隊)は、ペスト菌・コレラ菌・チフス菌などを大量生産し、人体実験で中国人・ソ連人に感染させ、細菌兵器を製造した。人体実験の犠牲者は3,000人にもおよんだ。研究資料は、戦後、アメリカが独占し、東京裁判では取り上げられなかった。2002年、日本の裁判史上初めて731部隊が細菌戦を実施したことを東京地裁が認めた。写真は、日本軍によって破壊されたボイラー室跡。

↑③ **朝鮮神宮** 1919年に京城(現ソウル)郊外に創建された朝鮮神社は、1925年に朝鮮神宮と改称され、1937年になって、参拝を強制されるようになった。植民地朝鮮では、神社参拝、日の丸掲揚、君が代斉唱、日本語の常用が強制され、創氏改名もおこなわれた。朝鮮半島は、戦争遂行のための物資と労働力の動員の基地となり、慰安婦が集められたりした。
→p.274, 367 **3**

↑⑤ **「バターン死の行進」** 1942年4月9日、マニラを放棄してバターン半島まで退却していた米国極東軍は降伏。日本軍は、約7万6千人の捕虜の多くを食料や水を満足に与えないまま、バターン半島最南端のマリベレスから捕虜収容所へ向かう列車の駅まで、約100kmの道のりを歩かせた。この「行進」で、7,000～1万人あまりのフィリピン兵・市民及びアメリカ兵が死亡した。

東南アジア諸国

↑⑦ **泰緬鉄道** 1942年、日本軍はタイとビルマ(現ミャンマー)間に軍用鉄道の建設を開始。捕虜6万8,000人と東南アジアから連行した「ロームシャ」(労務者)約30万人を動員し、1年3か月の工事で多数の死者を出した。

←⑥ **大東亜共栄圏** 日本の戦果を見つめるオランダ領東インドの人々。日本はアジアの諸民族に対して欧米からの独立を説きながら、日本への同化を強制した。

↑⑧ **血債の塔**(シンガポール) 虐殺された華人(在外中国人)の慰霊碑。シンガポールやマレーシアなどでは、多くの華人が、抗日運動の参加者とみなされて、日本軍によって殺された。

プロフィール

日本軍に利用された「男装の麗人」

川島芳子 中国出身 1907～48

清朝の王族に生まれ、父親と親交のあった満蒙独立運動家の日本人川島浪速の養女となり、日本で育てられた。髪を短く切ってズボンをはき、「男装の麗人」とよばれた。清朝復活に奔走し日本軍に協力、諜報活動もおこない、やがて「東洋のジャンヌ・ダルク」「東洋のマタ・ハリ」ともいわれた。太平洋戦争終結後、国民政府に逮捕され、国家への反逆罪で銃殺された。

近現代
昭和初期

1 日々のくらし

テーマのポイント
1 軍事最優先の経済の下で、国民の生活は困窮した
2 兵力不足・労働不足を補うための動員がおこなわれた

防空頭巾と鉄かぶと
カバーのかけられた電灯
ラジオ
紙のはられた窓ガラス

❶戦時下の住居(復元)

作品鑑賞 窓には、爆風によるガラスの散乱を防ぐために紙がはられた。また、電灯には、灯りが外にもれないようにカバーがかけられていた。防空頭巾や鉄かぶとなど、空襲に備えての品々が常備されて、空襲の情報を知るラジオは必需品であった。

畑でとれる野菜は貴重品で、道端にはえる雑草も食料となった。オオバコやシロツメクサは、炊き込みご飯や味噌汁・雑炊の実などに利用された。

←❺オオバコ

←❻シロツメクサ

↑❹さつまいもの収穫(1944年、千葉・松戸市) 戦時下の食料難にあって、代用食としてのさつまいもの需要は高かった。

↑❷空き瓶を利用した簡易精米器 1943年から配給の米が玄米となった。米を一升瓶にいれて棒でついて、ぬかを取り除いた。

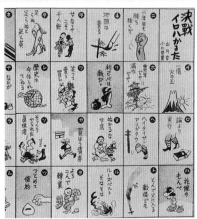

↑❸決戦いろはカルタ 戦争意欲をかき立てるもの、耐乏生活を象徴するものなど、戦時下の生活のあり方がわかって興味深い。

● スポーツ

スタルヒン　呉昌征　白石勝巳

←❼戦時下のプロ野球 1943年にユニフォームが国防色(カーキ色)、帽子は戦闘帽となり、野球用語は全面的に日本語化された。また、巨人軍のスタルヒン投手(写真左)は、「須田博」と改名、胸マークは「G」から「巨」となった。その後、1944年にプロ野球は中止となった。

● 敵性用語の追放(言い換え)

野球用語	その他
・ストライク→よし一本	・シャープペンシル
・セーフ→よし	→繰り出し鉛筆
・アウト→ひけ	・スキー→雪滑り
・ファウル→だめ	・スケート→氷滑り

2 戦争への動員と犠牲

←❽学徒出陣 1943年9月、兵力不足を補うため、政府は文科系大学生の卒業までの徴兵猶予の取り消しを決定し、学生を軍に召集した。写真は、同年10月21日明治神宮外苑での壮行会。

←❾砲弾を仕上げる女子挺身隊員 1944年、徴兵された男子の労働力を補うため、女子挺身隊が組織された。居住地ごとや職場ごとに隊がつくられ、未婚女性が軍需工業へ動員された。賃金は男子の40%にすぎなかった。

←❿召集令状 17歳から40歳(1943年からは45歳)までの男性は兵役義務があった。20歳になると徴兵検査を受け、おもに体格がよく健康な者が現役兵となった。現役は陸軍2年、海軍3年で、戦時に兵員が足りなくなると現役を終えた者を「召集」した。臨時召集令状は、通称「赤紙」とよばれ、戦争末期、赤紙が届くのは、そのまま戦地に赴くことを意味した。

←⓫学童疎開 1944年の夏から終戦まで、東京・大阪などの学童約45万人が地方に疎開し、集団生活を送った。

←⓬竹槍訓練 本土決戦に備え、1944年8月に国民総武装が閣議決定され、竹槍訓練がはじまった。
菊池俊吉撮影

↑⓭動物慰霊碑 1943年、空襲にそなえ、上野動物園の「猛獣」を処分することが決定した。ヒグマ・ライオン・虎などが次々と薬殺された。人気のあった象の花子は、毒を飲もうとしないので餓死させた。写真は、上野動物園にある慰霊碑。

近現代
昭和初期

1 本土空襲

空襲を受けたおもな都市

サイパン島陥落で本土がB29爆撃機の爆撃圏内となり、工業地帯をもつ地域を中心に全国主要都市が空襲にあった。都市への無差別爆撃は日本の戦意喪失を意図したものだった。

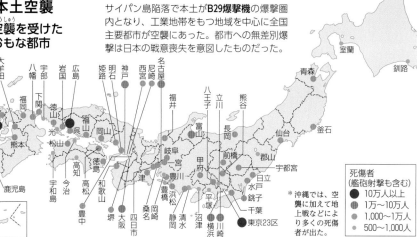

死傷者（艦砲射撃も含む）
- ● 10万人以上
- ● 1万～10万人
- ● 1,000～1万人
- ● 500～1,000人

＊沖縄では、空襲に加えて地上戦などにより多くの死傷者が出た。

太平洋戦争における日米戦力の比較

□ 日　本
▨ アメリカ

1941年の艦船トン数は、日本がアメリカを上回っていたが、開戦後すぐに逆転し、1945年には、約6倍の差がついていた。また、航空機数も、1941年にはアメリカが日本の約2.6倍であったが、1944年にはさらに差が開き、約5.6倍にもなっていた。

航空機数（単位：機）

（年）	日本	アメリカ
1941	4,772	12,240
1942	6,461	34,295
1943	9,172	65,894
1944	13,708	77,122
1945	10,938	40,810

艦船数（単位：千トン）（隻）

（年）	日本	アメリカ
1941	1,480（385隻）	1,313（341）
1942	1,394（403）	1,783（458）
1943	1,400（524）	2,801（647）
1944	899（538）	3,734（828）
1945	708（459）	4,272（918）

2 戦後処理会談

＊総選挙により政権が交代したため、途中アトリーにかわる。

会談名	参加者	協定・宣言	おもな内容
カイロ会談 1943.11（エジプト）	米 ローズヴェルト 英 チャーチル 中 蔣介石	カイロ宣言史	対日戦争方針、第一次世界大戦以降日本が奪取した領域の剝奪・返還、満洲・台湾などの中国への返還、朝鮮の自由独立化、日本の無条件降伏要求
ヤルタ会談 1945.2（ソ連）	米 ローズヴェルト 英 チャーチル ソ スターリン	ヤルタ秘密協定史	対独戦争処理問題、国際連合創設、ソ連の対日参戦と南樺太・千島領有、旅順・大連における日本利権のソ連継承
ポツダム会談 1945.7～8（ドイツ）	米 トルーマン 英 チャーチル＊ ソ スターリン	ポツダム宣言史	対日戦の終結条件・戦後処理方針・軍国主義の駆逐、領土の占領、主権の制限、武装解除、民主主義の確立、戦犯の処罰、日本軍の無条件降伏

3 ソ連の対日参戦

義勇隊開拓団
一般開拓団
ソ連軍の侵入

↑⑤**ソ連の対日参戦** ヤルタ会談にもとづき、1945年8月8日、ソ連は日本に宣戦を布告し、翌日、150万の兵力で南樺太・満洲に進軍した。満洲国の関東軍は、主力を太平洋戦に転出させたあと、ソ連参戦をみこして満洲国の南東部に後退していた。国境付近の開拓団、とりわけ取り残された老幼婦女子たちの多くが、ソ連軍の侵攻を受け、暴行・虐殺された。こうしたなかで、「**中国残留日本人＊**」の悲劇が生まれた。また、ソ連軍に捕らえられた多数の軍民の**シベリア抑留**問題が生じた。

＊帰国できなかった人々。また、身寄りがなく中国人養父母に育てられた子どもたちを「中国残留孤児」という。

テーマのポイント

1 本土空襲によって日本は生産力と戦意を失った

2 ヤルタ会談でソ連の対日参戦が決まり、ポツダム会談で日本への無条件降伏勧告、戦後処理方針について共同宣言が出された

↑①**米軍機による空襲** 米軍の長距離爆撃機B29は、長時間燃焼する焼夷弾を、無差別に投下した。

↑②**東京大空襲** 1945年3月10日未明、約300機のB29が東京上空に飛来し、焼夷弾による無差別爆撃をおこなった。死者は、約10万人を数え、約23万戸を焼失する被害をもたらした。▶東京大空襲

チャーチル｜ローズヴェルト｜スターリン

←③**ヤルタ会談** 1945年2月4日から2月11日まで、米英ソの3巨頭がクリミア半島のヤルタで会談した。

チャーチル｜トルーマン｜スターリン

←④**ポツダム会談** 1945年7月17日から8月2日にかけてベルリン郊外のポツダム宮殿で米英ソの首脳が会談した。その対日方針は、米英中の共同宣言（ポツダム宣言）の形で、7月26日に発せられた。

プロフィール

『暗黒日記』を残した外交評論家

清沢 洌 長野県出身
きよ さわ きよし
1890～1945

清沢は、外交問題、特に日米外交の評論に傑出し、戦前日本の代表的自由主義知識人のひとりである。1945年5月、終戦の3か月前に55歳で死去。1948年になって、清沢の書きためた日記の一部が紹介された。日記は、戦争中の政治・外交・社会を記録し、自由主義の立場からもっとも明晰な戦争批判として大きな反響をよんだ。その後、日記は1冊の本として出版され、『暗黒日記』と名づけられた。

近現代

昭和初期

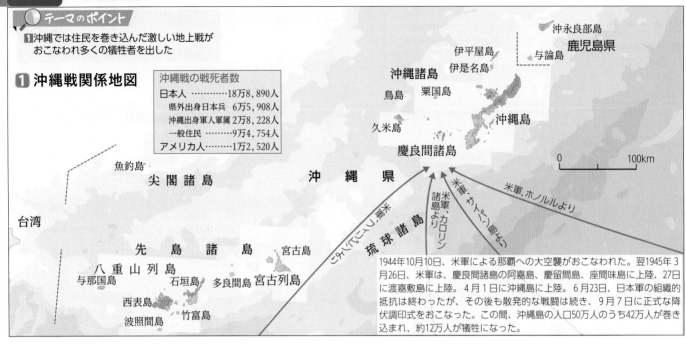

テーマのポイント

❶沖縄では住民を巻き込んだ激しい地上戦がおこなわれ多くの犠牲者を出した

❶ 沖縄戦関係地図

沖縄戦の戦死者数

日本人	18万8,890人
県外出身日本兵	6万5,908人
沖縄出身軍人軍属	2万8,228人
一般住民	9万4,754人
アメリカ人	1万2,520人

1944年10月10日、米軍による那覇への大空襲がおこなわれた。翌1945年3月26日、米軍は、慶良間諸島の阿嘉島、慶留間島、座間味島に上陸、27日に渡嘉敷島に上陸。4月1日に沖縄島に上陸。6月23日、日本軍の組織的抵抗は終わったが、その後も散発的な戦闘は続き、9月7日に正式な降伏調印式をおこなった。この間、沖縄島の人口50万人のうち42万人が巻き込まれ、約12万人が犠牲になった。

● 戦線の推移

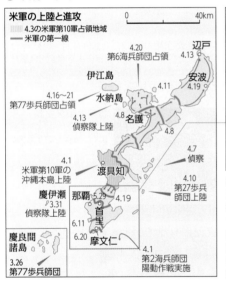

米軍の上陸と進攻

防衛隊員として徴集された沖縄住民約2万2200人のほか、男子生徒は「鉄血勤皇隊」「通信隊」、女子生徒は看護要員として動員された。また、日本軍によって「集団自決」を強要されたり、残虐行為やスパイ容疑の理由で殺されたりした人もいた。米軍上陸のなかった八重山列島では、住民が西表島に疎開させられたために、ほぼ全員がマラリアに罹り、多数の死者を出した。

日本軍の組織的抵抗終わる

↑❶渡嘉敷島をロケット砲で攻撃する米軍　米軍のロケット砲・艦砲射撃は「鉄の暴風」と呼ばれた。

↑❷火炎放射器で洞窟の日本軍を攻撃する米兵

↑❸島田叡　1945年1月に沖縄県知事として本土から赴任。陸軍が首里から摩文仁に撤退することに反対し、最後まで県民の命を守ろうとした。高校野球の夏の県大会優勝校に授与される「島田杯」にその名を残すなど、島田は、今もなお沖縄県民に敬愛されている。

❷ 動員された生徒の犠牲

*鉄血勤皇隊	死者/動員者(死亡率)	看護要員	死者/動員者(死亡率)
沖縄師範	224/386 (58%)	沖縄師範女子部	106/176 (60%)
県立第一中学	210/371 (56%)	県立第一高女	88/111 (79%)
県立工業学校	85/94 (90%)	県立第二高女	36/67 (54%)
他全て含む計	890/1780 (50%)	他全て含む計	323/582 (55%)

* 中等学校・沖縄師範学校などの男子生徒で組織された学徒隊。** 看護要員として動員された沖縄師範学校女子部・県立第一高等女学校の生徒は、とくに「ひめゆり学徒隊」とよばれる。

←❹ひめゆりの塔(糸満市伊原)　伊原第三外科壕の上に建てられた慰霊碑で、終戦の翌年1946年に建立。1945年6月19日の米軍の攻撃により、この地で陸軍病院関係者、多くのひめゆり学徒隊の生徒や教師が亡くなった。

↑❺米兵の尋問を受ける鉄血勤皇隊の少年

歴史ポケット

平和への願いをこめて

沖縄戦の悲しみを歌った曲「さとうきび畑」が誕生したのは、1967年5月。作詞作曲を手がけた寺島尚彦が、1964年6月、沖縄の摩文仁のさとうきび畑を訪れた時に、風の音の中に戦没者たちの怒号と嗚咽を聞き、やがて「ざわわ、ざわわ、ざわわ…」という詞に結晶した。1969年7月、森山良子によって取り上げられ、以後、多くの歌手によって歌いつがれている。

→❻さとうきび畑(沖縄)

近現代

昭和初期

1 広島・長崎への原爆投下

● 8月6日と9日の各機の動き

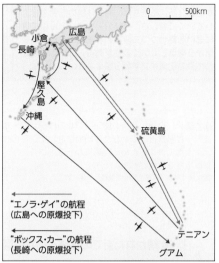

"エノラ・ゲイ"の航程
（広島への原爆投下）

"ボックス・カー"の航程
（長崎への原爆投下）

テニアン
グアム

米軍による原爆投下作戦は、第1優先目標に広島、第2優先目標に小倉、第3優先目標に長崎が指定されていた。投下の条件は、観察可能な白昼に目視照準によることだった。小倉は、9日当日朝霧に包まれていて目視できず、急遽雲間から市街の見える長崎に変更された。広島・長崎の2つとも原爆の威力を検証するために写真撮影機による投下直前直後の写真がとられている。

2 広島　▶広島と長崎

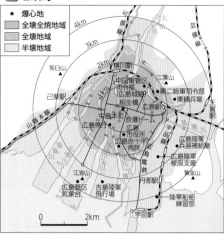

● 爆心地
全壊全焼地域
全壊地域
半壊地域

↑❸原爆投下後の広島県産業奨励館（現、原爆ドーム）　1996年に世界遺産に登録された。世界遺産

テーマのポイント

❶原子爆弾投下によって、広島・長崎は空前絶後の被害を被った
❷人類史上初の核兵器の使用であり、その後も多くの人々が放射線被害の後遺症で苦しんでいる

●人員	死者	118,661人
	行方不明	3,677人
	重傷	30,524人
	軽傷	48,606人
	当時の人口	320,081人
●建物	全焼	55,000戸
	半焼	2,290戸
	全壊	6,820戸
	半壊	3,750戸

（1946年8月10日付被爆調査〈広島市調査課まとめ〉）

1945年8月6日午前8時15分、上空約580mで炸裂した原子爆弾は、炸裂の瞬間、摂氏百万度の火の玉となり、強烈な熱線と爆風で人々を殺傷し、街を破壊した。爆心地から2km以内の建物が全壊・全焼し、4km以内の建物が破壊された。

↑❹原爆投下前の広島県産業奨励館のCG復元

↑❺広島に投下された原爆のキノコ雲

↑❻原爆が投下された時刻（8時15分）で止まった時計

❺❻広島平和記念資料館蔵　❻二川一夫寄贈

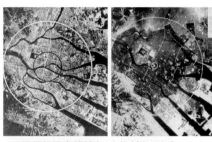

↑❶原爆投下直前（左）と直後（右）の広島

↑❷原爆投下直前（左）と直後（右）の長崎

3 長崎

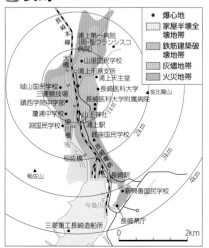

● 爆心地
家屋半壊全壊地帯
鉄筋建築破壊地帯
灰燼地帯
火災地帯

●人員	
死者	73,884人
負傷者	74,909人
罹災者	120,820人
当時の人口	210,000人
●建物	
全焼	11,574戸
全壊	1,326戸
半壊	5,509戸
罹災家屋	18,409戸

（長崎市原爆被爆対策部『原爆被爆者対策事業概要』）

1945年8月9日午前11時2分、広島に続いて長崎にも原爆が投下された。広島の広い三角州と違い、被害は浦上川地域に集中した。学校・教会、そして爆心地から南へのびる街々を破壊した。

↑❼治療を待つ母子（1945年8月10日）（山端庸介撮影）
＊山端庸介は陸軍の報道部員だった。

↑❽原爆が投下された時刻（11時2分）で止まった時計

↑❾原爆投下15分後のキノコ雲

↑❿原爆投下後の市街地　中央の建物は浦上天主堂。

近現代

昭和初期

人々はどのような状況で、どのような時期に、どのような立場で戦争を体験したのだろうか。

体験の記憶は、どのような視点で継承してゆくかで異なる。私たちは、戦争体験の記憶を継承していくに際して、当時の人々のリアルな感情に思いを寄せつつ二度と戦争を起こさせない立場から継承していく必要がある。さまざまな戦争体験の記憶を文字から感じよう。

史料 満洲事変前後の頃の俳句・短歌

戦争が廊下の奥に立ってゐた（渡邊白泉）

銃後と言ふ不思議な町を丘で見た（渡邊白泉）
（富澤赤黄男・高屋窓秋・渡邊白泉
朝日新聞社、一九八五年　現代俳句の世界⑯）

晩き夕餉をへてみやる子の本に
戦ひの絵の多きにおどろく（福田栄一）

新聞の戦争記事は日をつぎて
大き活字の数ましにけり（竹内瑛）
（昭和万葉集秀歌〔二〕
講談社、一九八四年　島田修二編）

1 ひたひたと戦争がおしよせ 戦争に染まっていく感覚

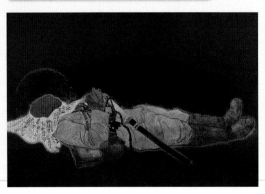

←①「國之楯」*　小草川秋聲（1885〜1974）の作品。満洲事変後、従軍日本画家としてたびたび戦地に赴いた。この作品は、元々天覧に供するために陸軍省から依頼されたが、陸軍に受け取りを拒否された。
＊当初の題名は「軍神」。「國之楯」に改題。一部改作

2 戦争体験のリアル

『地べたの戦争　記者に託された体験者の言葉』西日本新聞社、2021年

● 戦場での体験

↑②マーシャル諸島への攻撃
（1944年2月）

・道中は死体だらけ。兵隊より住民の方が多く、五体満足な死体はなかった。第32軍司令部で印刷事務を担当していた木本勇さん〔二〇一七年京都新聞〕

・補給路を断たれた島で1年半、飢えに苦しんだ。島にいた草や根、野ねずみを食べて命をつないだ。日本兵約3千人のうち6割が栄養失調で死亡。米兵と戦うことは一度もなかった。マーシャル諸島に配属された国友繁人さん〔二〇二〇年〕

・熱くて熱くて、とにかくのどが渇いた。29はなかなか帰らなかった。逃げ場がなくなり、福井城址のお堀に飛び込んだ。周囲は火の海。水につかっていない顔に熱風が吹き付けた。幼い私〔当時3歳〕には、何のためにそこに人間の形をしたものがたくさんころがっているのか、理解できなかった。（坂井市の尾川重峻さん〔二〇〇五年福井新聞〕

・黒こげになった遺骸が丸太ん棒のようにころがっていたのが、強烈な印象として残っている。幼い私〔当時3歳〕には、何のためにそこに人間の形をしたものがたくさんころがっているのか、理解できなかった。（福井市の八木繁太郎さん〔二〇一五年福井新聞〕

● 焼かれた街での体験－福井空襲

↑③空襲で破壊された人絹会館倉庫
（福井市、1945年9月）

見方・考え方
証言を読んで戦場や空襲の実態を想像してみよう。自分の思っていたイメージと同じだろうか。

3 開戦と終戦の受け止め方

● 開戦

・生きているうちにまだこんな嬉しい、こんな痛快な、こんなめでたい日に遭えるとは思わなかった。（作家・長与善郎）

・私は不覚にも落涙した。（詩人・彫刻家・高村光太郎）

・愚かなのはルーズベルト、チャーチル、ハル長官たちである。日本を敵に廻す恐ろしさを英米の国民が知らないのは当然だが、彼ら責任者がそれを知らなかったのは馬鹿すぎる。（作家・武者小路実篤）『歴史と戦争』半藤一利著、幻冬舎、二〇一八年）

・人間の常識を超え学識を超えておこれり日本世界と戦ふ（東京帝国大学教授・南原繁）

←④高村光太郎（1883〜1956）
詩人・歌人・彫刻家・画家。1941年8月の『智恵子抄』発刊までは妻智恵子がテーマだったが、12月8日以降、積極的に戦争詩を発表。戦後それを悔いて「わが詩をよみて人死に就けり」を発表。→p.307⑥

▼高村光太郎は1883年生まれで開戦時に58歳。ほか長与善郎・武者小路実篤・南原繁もいずれも1880年代生まれ。

● 終戦

・ふと「戦争が終ったなら覆いを取ってもいいのだろうか」と思って窓外をみると、すでに灯覆いを取った明るい窓が二、三あった。私はパッと心に灯が点いたような嬉しさで、一気に電灯の黒い覆いを除いた。（歌人・馬場あき子・当時十七歳）

・男の子が「天皇陛下の声だ、天皇ヘイカだ」と小さい声で言い、それがさざ波のように伝播して行った。ブツブツにとぎれて変な声がきこえる。（中略）私はあんまり変なことばと調子だったので、自然に笑いが腹から湧き上がるのである。周りを見る男の子たちの顔があった。

すると拡声器から大きなザーザーという音がした。鉄板に砂を流すような音だった。（絵本作家・佐野洋子・当時七歳）『少女たちの戦争』中央公論新社、二〇二一年）

・死の恐怖から私自身を救ふために「必死の時」を必死になって読んだ。その詩をよんで死に立ち向う同胞がよんだ。人はその詩をよみて死に立ち向った。……（中略）……死の恐怖から私自身を救ふために「必死の時」を必死になって読んだ。その詩をよんで死に立ち向う同胞がよんだ。人はその詩をよみて死に就けり」（高村光太郎「わが詩をよみて人死に就けり」）

・何をどう考えていいのか、嬉しいのか、口惜しいのか、悲しいのか、さっぱり分からない。ただ「戦争が……終わった。……戦争が……終わったのだ」と、まだ実感の湧かない言葉を心の中でくりかえすばかりだった。（女優・高峰秀子・当時二十一歳）『わたしの渡世日記』文藝春秋、一九八〇年）

・よく、終戦の時、これで自由になってホッとした、とおっしゃるかたがいるけれど、私にはそんな感慨は微塵もなかった。日本が負けたときは死ぬときだと、長く思い続けていて、何故か平家滅亡の壇の浦の運命が、やがて来るのだろうと信じていたから、なんとか苦しまずに死にたいと、そればかり考えていた。（脚本家・橋田壽賀子・当時二十歳）

見方・考え方
開戦時と終戦時の人々の声の違いと落差はどこから来るのだろうか。また、終戦時の受け止め方の違いはどこからくるのだろうか、立場や年齢から考えてみよう。

探Q

● さまざまな立場の戦争当事者の証言や記録・資料を調べて、体験の受け止め方を比べてみよう。

● 自分自身の身近な親戚や地域の人に戦争体験者がいれば聞き取りをしてみよう。

■は内閣総辞職の経緯。 ──■は政党内閣。数字は在職日数。事項は外交関係。
（ ）内は首相の出身地（選挙区）。〈 〉は首相または内閣のニックネーム。
与党のうち下線のある政党は首相の所属政党。

（1887〜1990）
〈反骨の宮様〉

43	1945.8（昭和20） 〜 1945.10（昭和20）	東久邇宮稔彦（京都府） 54日
■おもな経歴 陸軍大学校卒 陸軍大将	1945.9	降伏文書調印 GHQ、陸海軍解体命令
	→ 10	GHQが戦前の国体の全面否定を指令。閣議は終戦処理の一段落を理由に総辞職
■主要閣僚 外相 重光葵 吉田茂		

（1872〜1951）
→p.297 ②, 314 ④

44	1945.10（昭和20） 〜 1946.5（昭和21）	幣原喜重郎（大阪府） 226日
■おもな経歴 帝国大学卒 外相（加藤高明・若槻①②・浜口）、辞職後、進歩党総裁・衆議院議長	1945.10	五大改革指令
	11	財閥解体指令
	12	第1次農地改革
	1946.4	新選挙法による総選挙
	→	食料危機などの混乱や退陣要求により総辞職
■主要閣僚 外相 吉田茂	5	極東国際軍事裁判開廷

（1878〜1967）
〈ワンマン宰相〉

45	1946.5（昭和21） 〜 1947.5（昭和22）	吉田茂①（高知県） 368日
■与党 日本自由党・日本進歩党	1946.10	第2次農地改革
	11	日本国憲法公布（翌年施行）
■おもな経歴 東京帝国大学卒 駐イギリス大使	12	傾斜生産方式開始
	1947.1	二・一ゼネスト中止指令
	3	教育基本法・学校教育法
外相 吉田（兼）	4	新憲法下初の総選挙
蔵相 石橋湛山	→ 5	4月の総選挙の結果、社会党が第1党となり、総辞職

（1887〜1978）

46	1947.5（昭和22） 〜 1948.3（昭和23）	片山哲（神奈川県） 292日
■与党 日本社会党・民主党・国民協同党	1947.8	公正取引委員会発足
	12	過度経済力集中排除法公布 改正民法公布
■おもな経歴 東京帝国大学卒 日本社会党委員長	→48.2	炭鉱国家管理問題で閣内が対立、総辞職
■主要閣僚 外相 芦田均		

（1887〜1959）

47	1948.3（昭和23） 〜 1948.10（昭和23）	芦田均（京都府） 220日
■与党 民主党・日本社会党・国民協同党	1948.5	海上保安庁設置
	6	昭和電工事件
■おもな経歴 東京帝大卒 外相（片山）	7	教育委員会法公布、国民の祝日法制定、政令201号公布
■主要閣僚 文相 森戸辰男	→ 10	昭和電工事件により総辞職

48 49 50 51	1948.10（昭和23） 〜 1954.12（昭和29）	吉田茂②〜⑤*（高知県） 2,248日
■与党 ②③民主自由党、④⑤自由党	1948.11	極東国際軍事裁判判決
■主要閣僚	12	経済安定九原則指令
②外相 吉田（兼） 蔵相 泉山三六、大屋晋三	→ 49.1	総選挙で第3次吉田内閣成立
③外相 吉田（兼）・岡崎勝男 蔵相 池田勇人	3	ドッジ＝ライン発表
④外相 岡崎勝男 蔵相 向井忠晴	4	単一為替レート（360円）を設定 シャウプ税制改革勧告
⑤首相臨代 緒方竹虎 外相 岡崎勝男	1950.6	朝鮮戦争勃発、特需景気
	8	警察予備隊令公布
*②1948.10〜49.2 ③1949.2〜52.10 ④1952.10〜53.5 ⑤1953.5〜54.12	1951.9	サンフランシスコ平和条約、日米安全保障条約調印
	1952.2	日米行政協定調印
	7	破壊活動防止法公布
	8	IMF・世界銀行に加盟
	→ 10	解散・総選挙、第4次吉田内閣成立
	→ 53.5	首相のバカヤロー発言で内閣不信任案議決後、解散・総選挙、第5次吉田内閣成立
	1954.3	MSA協定調印 陸海空自衛隊発足
	→ 12	反吉田勢力の内閣不信任案議決を前に総辞職

（1883〜1959）

52 53 54	1954.12（昭和29） 〜 1956.12（昭和31）	鳩山一郎①〜③*（東京都） 745日
■与党 ①②日本民主党、③自由民主党	1955.8	第1回原水爆禁止世界大会
	10	社会党統一
■おもな経歴 東京帝国大学卒 日本民主党総裁	11	自由民主党結成（保守合同なる）
	1956.10	日ソ共同宣言調印
	12	国連加盟可決
■主要閣僚 外相 重光葵	→ 12	鳩山首相引退表明、総辞職
*①1954.12〜55.3 ②1955.3〜55.11 ③1955.11〜56.12		

（1884〜1973）
→p.295

55	1956.12（昭和31） 〜 1957.2（昭和32）	石橋湛山（静岡県） 65日
■与党 自由民主党	1956.12	那覇市長選で人民党瀬長亀次郎当選
■おもな経歴 早大卒 東洋経済新報社社長	1957.1	ジラード事件
■主要閣僚 外相 岸信介 蔵相 池田勇人	→ 2	首相病気のため総辞職

（1896〜1987）
〈昭和の妖怪〉

56 57	1957.2（昭和32） 〜 1960.7（昭和35）	岸信介①・②*（山口県） 1,241日
■与党 自由民主党	1958.10	安保条約改正交渉開始 日教組勤評全国闘争実施
■おもな経歴 東京帝国大学卒 商工相（東条）	11	警職法反対闘争激化
	1960.1	日米新安保条約調印
■主要閣僚 外相 ①岸（兼） ①②藤山愛一郎	5	新安保条約自民党強行採決
*①1957.2〜58.6 ②1958.6〜60.7	→ 7	新安保批准書交換（6月）のち、総辞職

（1899〜1965）

58 59 60	1960.7（昭和35） 〜 1964.11（昭和39）	池田勇人①〜③*（広島県） 1,575日
■与党 自由民主党	1960.12	国民所得倍増計画決定
■おもな経歴 京都帝国大学卒 蔵相（吉田③・石橋・岸①）	1961.6	農業基本法公布
	1963.8	部分的核実験禁止条約調印
	1964.1	IMF 8国に移行、OECDに加盟
■主要閣僚 厚相 ①中山マサ 蔵相 ①②水田三喜男 ②③田中角栄	10	東海道新幹線営業開始 オリンピック東京大会開催
*①1960.7〜60.12 ②1960.12〜63.12 ③1963.12〜64.11	→ 11	首相病気により、総辞職

（1901〜75）
〈政界の団十郎〉
🔖佐藤栄作は、岸信介の実弟。

61 62 63	1964.11（昭和39） 〜 1972.7（昭和47）	佐藤栄作①〜③*（山口県） 2,798日
■与党 自由民主党	1965.2	アメリカ北爆開始
■おもな経歴 東京帝国大学卒 通産相（池田②） 国務（池田②③）	6	日韓基本条約調印
	1967.8	公害対策基本法公布
	1968.4	小笠原諸島返還協定調印
■主要閣僚 外相 ①椎名悦三郎 ①②三木武夫 ②愛知揆一 ③愛知揆一 ③福田赳夫	1969.5	初の「公害白書」発表
	1971.6	沖縄返還協定調印
	7	環境庁発足
	8	株式大暴落（ドル＝ショック）、変動為替相場制採用
蔵相 ①田中角栄 ①②③福田赳夫 ①②③水田三喜男	1972.5	沖縄県発足
*①1964.11〜67.2 ②1967.2〜70.1 ③1970.1〜72.7	→ 7	首相引退表明により総辞職

近現代 現代

➡p.261(明治の内閣),292(大正の内閣),308(昭和初期の内閣),333(現代の内閣①)

◆は内閣総辞職の経緯。数字は在職日数。事項は外交関係。( )内は首相の出身地。〈 〉は首相または内閣のニックネーム。与党のうち下線のある政党は首相の所属政党。

近現代 現代

(1918～93)
〈今太閤〉
*①1972.7~72.12
②1972.12~74.12

64 65 1972.7～1974.12 (昭和47)(昭和49) 田中角栄①②* (政党人・新潟県) 886日

■与党 自由民主党
■おもな経歴
中央工学校卒
通産相(佐藤③)
■主要閣僚
外相 大平正芳ほか
通産相 中曽根康弘

1972.9	日中共同声明(国交正常化)
12	衆議院解散・総選挙後、第2次田中内閣成立
1973.2	変動為替相場制に移行
10	第4次中東戦争(第1次石油危機)
◆74.12	田中金脈問題により総辞職

(1907～88)
〈クリーン三木〉

66 1974.12～1976.12 (昭和49)(昭和51) 三木武夫 (政党人・徳島県) 747日

■与党 自由民主党
■おもな経歴
明治大学卒
副総理(田中②)
■主要閣僚
蔵相 大平正芳
法相 稲葉修

1975.7	改正政治資金規正法公布
11	第1回サミットに参加
1976.7	田中角栄前首相逮捕
◆ 12	ロッキード事件の真相解明に対する党内の反発と、総選挙での自民党敗北により総辞職

(1905～95)
〈昭和の黄門〉

67 1976.12～1978.12 (昭和51)(昭和53) 福田赳夫 (官僚・群馬県) 714日

■与党 自由民主党
■おもな経歴
東京帝国大学卒
副総理(三木)
■主要閣僚
外相 鳩山威一郎
園田直

1977.5	海洋二法(領海12カイリ・漁業水域200カイリ)公布
1978.8	日中平和友好条約調印
◆ 12	自民党総裁予備選挙での敗北により総辞職

(1910～80)
*①1978.12~79.11
②1979.11~80.6

68 69 1978.12～1980.6 (昭和53)(昭和55) 大平正芳①②* (官僚・香川県) 554日

■与党 自由民主党
■おもな経歴
東京商科大学
(現、一橋大学)卒
外相(田中①②)
■主要閣僚
蔵相 竹下登

1979.1	第2次石油危機
6	元号法公布、東京サミット開催
11	衆議院解散・総選挙後、第2次大平内閣成立
◆80.6	初の衆参同日選挙中、大平首相の急死により総辞職

(1911～2004)

70 1980.7～1982.11 (昭和55)(昭和57) 鈴木善幸 (政党人・岩手県) 864日

■与党 自由民主党
■おもな経歴
農林省水産講習所
(現、東京海洋大学)卒
農林相(福田)

1981.3	第2次臨時行政調査会初会合
1982.7	教科書検定、外交問題化
◆ 11	自民党総裁選に鈴木首相出馬せず総辞職

(1918～2019)
〈風見鶏〉
*①1982.11~83.12
②1983.12~86.7
③1986.7~87.11

71 72 73 1982.11～1987.11 (昭和57)(昭和62) 中曽根康弘①～③* (官僚・群馬県) 1,806日

■与党
①③自由民主党
②自由民主党・新自由クラブ
■おもな経歴
東京帝国大学卒
行政管理庁長官(鈴木)
■主要閣僚
外相 ①②安倍晋太郎

1983.10	田中元首相に有罪判決
◆ 12	衆議院解散・総選挙後に第2次中曽根内閣成立
1985.5	男女雇用機会均等法成立
9	G5、プラザ合意
◆86.7	衆参同日選挙で自民党大勝後、第3次中曽根内閣成立
12	防衛費、GNPの1%枠突破
1987.4	国鉄分割民営化、JR発足
◆ 11	後継に竹下登を指名後、総辞職

---

74 1987.11～1989.6 (昭和62)(平成元) 竹下登 (政党人・島根県) 576日

■与党 自由民主党
■おもな経歴
早稲田大学卒
蔵相(中曽根①②)
■主要閣僚
蔵相 宮沢喜一

1988.7	リクルート事件問題化
1989.1	昭和天皇没、平成に改元
4	消費税実施
◆ 6	消費税導入とリクルート事件への批判高まり、総辞職

(1924～2000)

(1922～98)

75 1989.6～1989.8 (平成元)(平成元) 宇野宗佑 (政党人・滋賀県) 69日

■与党 自由民主党
■おもな経歴
神戸商業大学
(現、神戸大学)中退
外相(竹下)
■主要閣僚
外相 三塚博

1989.6	宇野首相の女性スキャンダル発覚
◆ 8	参議院選挙で与野党の議席数が逆転し、総辞職

(1931～2022)
*①1989.8~90.2
②1990.2~91.11

76 77 1989.8～1991.11 (平成元)(平成3) 海部俊樹①②* (政党人・愛知県) 818日

■与党 自由民主党
■おもな経歴
早稲田大学卒
文相(中曽根②)
■主要閣僚
蔵相 橋本龍太郎

1989.9	日米構造協議開始
11	総評解散、新連合発足
1990.2	衆議院解散・総選挙後に第2次海部内閣成立
1991.4	自衛隊掃海艇、ペルシア湾派遣
◆ 11	政治改革の失敗などで総辞職

---

78 1991.11～1993.8 (平成3)(平成5) 宮沢喜一 (官僚・広島県) 644日

■与党 自由民主党
■おもな経歴
東京帝国大学卒
蔵相(竹下)
■主要閣僚
蔵相 羽田孜 林義郎

1992.2	東京佐川急便事件
6	PKO協力法成立
9	カンボジアに自衛隊派遣
◆93.8	内閣不信任案可決後、衆議院解散・総選挙の結果、自民党過半数割れにより総辞職

(1919～2007)
〈自民党の徳川慶喜〉

(1938～)
〈お殿様〉

79 1993.8～1994.4 (平成5)(平成6) 細川護熙 (熊本県) 263日

■与党 日本新党など非自民非共産7党(8会派)
■おもな経歴
上智大学卒
■主要閣僚
外相 羽田孜

1993.12	ガットのウルグアイ=ラウンドの合意により、コメの部分市場開放を決定
1994.1	政治改革関連4法成立
◆ 4	佐川急便グループからの不正資金提供疑惑のなかで総辞職

(1935～2017)

80 1994.4～1994.6 (平成6)(平成6) 羽田孜 (長野県) 64日

■与党 新生党など5党
■おもな経歴
成城大学卒
外相(細川)

1994.6	松本サリン事件発生
◆ 6	内閣不信任案提出前に退陣を表明し、総辞職

(1924～)

81 1994.6～1996.1 (平成6)(平成8) 村山富市 (大分県) 561日

■与党 日本社会党、自由民主党など3党
■おもな経歴
明治大学卒
社会党委員長

1995.1	阪神・淡路大震災発生
3	地下鉄サリン事件発生
8	「戦後50年」の首相談話
◆96.1	首相が突然退陣を表明、総辞職

(1937～2006)
〈橋龍〉
*①1996.1~96.11
②1996.11~98.7

82 83 1996.1～1998.7 (平成8)(平成10) 橋本龍太郎①②* (岡山県) 932日

■与党 ①自由民主党など3党、②自由民主党
■おもな経歴
慶応義塾大学卒
通産相(村山)
■主要閣僚
厚相 ①菅直人
②小泉純一郎

1996.4	日米安全保障共同宣言発表
◆ 11	衆議院解散・総選挙後に第2次橋本内閣成立
1997.4	消費税5%
5	アイヌ文化振興法成立
6	改正男女雇用機会均等法公布
9	日米ガイドライン改定
12	京都議定書採択
98.◆ 7	参議院選挙で自民党敗北し、総辞職

84 1998.7〜2000.4 (平成10) (平成12) 小渕恵三 (群馬県) 616日

- ■与党 自民党、公明党、自由党(のち離脱)
- ■おもな経歴 早稲田大学卒 内閣官房長官(竹下)
- ■主要閣僚 蔵相 宮沢喜一

1999.5	ガイドライン関連法成立
7	中央省庁改革関連法成立
8	国旗・国歌法、通信傍受法成立
➡00.4	**小渕首相の病気入院により総辞職**

(1937〜2000)〈ブッチホン〉

85 86 2000.4〜2001.4 (平成12) (平成13) 森喜朗①②* (石川県) 387日

- ■与党 自由民主党、公明党、保守党
- ■おもな経歴 早稲田大学卒 自民党幹事長

2000.7	九州・沖縄サミット開催
2001.1	中央省庁再編成
➡4	**失言などによる低支持率のため総辞職**

*①2000.4〜7、②2000.7〜2001.4

(1937〜)

87 88 89 2001.4〜2006.9 (平成13) (平成18) 小泉純一郎①〜③* (神奈川県) 1,980日

- ■与党 自民党、公明党、保守党(保守新党、のち解党)
- ■おもな経歴 慶応義塾大学卒 厚相(橋本②)
- ■主要閣僚 外相 川口順子ほか

2001.10	テロ対策特別措置法成立
2002.9	日朝首脳会談・日朝平壌宣言
2003.7	イラク人道復興支援特別措置法成立
2004.2	陸上自衛隊本隊イラク派遣
2005.10	郵政民営化法成立
➡06.9	後継に安倍晋三を指名後、総辞職

(1942〜)
*①2001.4〜2003.11
②2003.11〜2005.9
③2005.9〜2006.9

90 2006.9〜2007.9 (平成18) (平成19) 安倍晋三① (山口県) 366日

- ■与党 自民党、公明党
- ■おもな経歴 成蹊大学卒 内閣官房長官(小泉③)

2006.12	改正教育基本法成立
2007.7	参議院選挙で自民党敗北
➡9	**首相が突然退陣を表明、総辞職**

(1954〜2022)

91 2007.9〜2008.9 (平成19) (平成20) 福田康夫 (群馬県) 365日

- ■与党 自民党、公明党
- ■おもな経歴 早稲田大学卒 内閣官房長官(森①②、小泉①②)

2008.1	薬害肝炎救済法成立
7	北海道洞爺湖サミット開催
➡9	**首相が突然退陣を表明、総辞職**

(1936〜)

92 2008.9〜2009.9 (平成20) (平成21) 麻生太郎 (福岡県) 358日

- ■与党 自民党、公明党
- ■おもな経歴 学習院大学卒 外相(安倍)

2009.7	改正臓器移植法成立
8	裁判員裁判はじまる
➡9	**衆議院解散・総選挙で自民党敗北し、総辞職**

(1940〜)

93 2009.9〜2010.6 (平成21) (平成22) 鳩山由紀夫 (北海道) 266日

- ■与党 民主党、社民党、国民新党
- ■おもな経歴 東京大学卒

| 2010.3 | 高校無償化法成立 |
| ➡6 | 米軍普天間飛行場移設をめぐる問題などで支持率が低下するなかで、総辞職 |

(1947〜)

94 2010.6〜2011.9 (平成22) (平成23) 菅直人 (東京都) 452日

- ■与党 民主党、国民新党
- ■おもな経歴 東京工業大学卒

| 2011.3 | 東日本大震災発生 福島第一原発事故発生 |
| ➡8 | 東日本大震災後の政府の対応への不信などから支持率が低下するなかで、総辞職 |

(1946〜)

95 2011.9〜2012.12 (平成23) (平成24) 野田佳彦 (千葉県) 482日

- ■与党 民主党、国民新党
- ■おもな経歴 早稲田大学卒 財務相(菅)

| 2012.2 | 東日本大震災からの復興を目的とした復興庁発足 |
| ➡12 | 衆議院解散・総選挙で民主党大敗し、総辞職 |

(1957〜)

96 97 98 2012.12〜2020.9 (平成24) (令和2) 安倍晋三②③④* (山口県) 2,822日

- ■与党 自民党、公明党
- ■主要閣僚 財務相 麻生太郎 外相 ②③岸田文雄

2014.7	集団的自衛権の行使を容認する閣議決定
2015.6	改正公職選挙法成立(選挙権年齢を「20歳以上」から「18歳以上」に引き下げ)
2019.5	令和改元
➡20.9	首相が持病悪化を理由に総辞職

*②2012.12〜2014.12
③2014.12〜2017.11
④2017.11〜2020.9

99 2020.9〜2021.10 (令和2) (令和3) 菅義偉 (秋田県) 384日

- ■与党 自民党、公明党
- ■おもな経歴 法政大学卒 内閣官房長官(安倍②③④)

2021.1	第1回大学入学共通テスト実施
7	オリンピック東京大会開催
➡10	自民党総裁の任期満了にともない首相退任し、総辞職

(1948〜)

100 101 2021.10〜 (令和3) 岸田文雄①②* (東京都)

- ■与党 自民党、公明党
- ■おもな経歴 早稲田大学卒 外相(安倍②③)

| 2023.5 | 広島サミット開催 |

(1957〜)
*①2021.10.4〜11.10、②2021.11.10〜

(2024年8月現在)

近現代 現代

● 主要行政機関の変遷 (2022年7月31日現在)

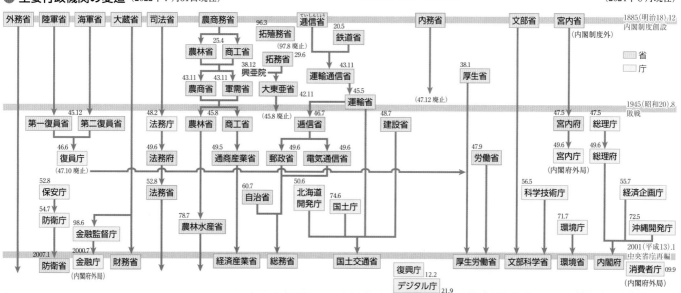

1 占領政策（非軍事化と民主化）

非軍事化政策	①日本軍の武装解除（1945.9）…陸海軍解体、兵士の復員 ②特高警察の解体（1945.10）⇒p.312 1 ③治安維持法の廃止、政治犯の釈放（1945.10） ④戦犯容疑者の逮捕…極東国際軍事裁判（東京裁判）（1946.5） ⑤公職追放…軍国主義者・国家主義者に断行（1946.1） ⑥軍需産業の禁止（1945.9）
民主化政策	**政治** ①選挙法改正（1945.12）…**女性参政権**を盛り込む ②日本国憲法の制定（1946.11制定、1947.5施行） ③民法改正（1947.12）…封建的家族制度の廃止 ④地方自治法の制定（1947.4）
	経済 ①農地改革の実施（第一次不認可、第二次1946.10） ②労働組合の育成…労働組合法（1945.12）、労働関係調整法（1946.9）、労働基準法（1947.12）の制定 ③経済活動の機会拡大・公平な競争…**財閥解体**（1945.11）、独占禁止法（1947.4）、過度経済力集中排除法（1947.12）の制定
	教育 ①教育基本法の制定（1947.3）…新しい教育理念の提示、9年の義務教育の制度化 ②学校教育法（1947.3）…六・三・三・四制 ③教育委員会法制定（1948.7）…教育の分権化

● 占領改革の特色

	戦　前		戦　後
思　想	軍国主義	→	民主主義
軍　事	陸海軍	→	解体
政　治	大日本帝国憲法	→	日本国憲法
経　済	財閥	→	解体
	地主制	→	解体・自作農創設
	劣悪な労働条件	→	労働基本権確立
教　育	国家主義的教育	→	自由主義的教育

近現代
現代

テーマのポイント
1 GHQにより非軍事化と民主化の占領政策が進められた
2 事実上アメリカ軍の単独占領で、日本政府を媒介にした間接統治であった

2 降伏と占領

↑① **玉音放送を聞く人々**（1945年8月15日）　ラジオは朝から、正午に重大放送があることを繰り返していた。正午、雑音の多いラジオから流れてきた天皇の声は、予想外のポツダム宣言受諾の詔書であった。左の写真は、重大放送があることを伝える新聞記事（「信濃毎日新聞」1945年8月15日）。

↑② **マッカーサーと昭和天皇**（1945年9月27日）　アメリカ大使館に昭和天皇がマッカーサーを訪問した際に撮影され、新聞に公表された写真。正装で直立不動の昭和天皇と、その横で、開襟の軍服姿で腰に手をあてて立つマッカーサーの姿は、多くの日本人に衝撃を与えた。

重光葵　梅津美治郎

←③ **降伏文書調印式**（1945年9月2日）　天皇および政府代表の重光葵外相（署名中）（⇒p.350 5）と大本営代表の梅津美治郎参謀総長は、東京湾の戦艦ミズーリ号の艦上で連合国に対する降伏文書に調印した。その後、マッカーサー以下各国代表が調印し、日本降伏が確定した。

3 ソ連の占領

シュムシュ島 8.24
オホーツク海
マツワ島 8.26
ウルップ島 8.31　8.27
択捉島 8.29
国後島 9.1～9.4
北海道　色丹島 9.1～9.4
歯舞群島
0　200km

ポツダム宣言受諾後の8月18日にソ連軍が千島列島のシュムシュ（占守）島に上陸。日本軍と大激戦となったが、23日、停戦協定が結ばれた。その後、ソ連軍は千島列島沿いにウルップ（得撫）島まで南下。8月28日から9月3日にかけて北方4島を占領した。ソ連は、これらの土地を自国の領土であると宣言し、住んでいた日本人を強制追放した。

見方・考え方
8月15日以降も戦争が続いていたことに着目しよう。

4 政党政治の復活

徳田球一　志賀義雄

↑④ **政治犯の釈放**（1945年10月）　全国で政治犯約2,500名が釈放された。写真は、東京府中刑務所を出る共産党指導者たち。

↑⑤ **政党の復活**（1945年11月）　翼賛選挙で非推薦議員だった鳩山一郎が、旧立憲政友会などを中心に日本自由党を結成した。

5 GHQの統制

↑⑥ **大田洋子と『屍の街』**　1945～49年まで、GHQによる検閲がおこなわれた。大田洋子（写真左）の『屍の街』は、広島の被爆体験をまとめたものだったが、占領軍の事前検閲により公表できなかった（1948年に一部削除で公刊）。広島市立中央図書館蔵

↑⑦ **東久邇宮内閣の総辞職**　1945年10月3日、山崎巌内相が「治安維持にもとづく共産主義者の逮捕は継続」と発言。GHQは、翌日、いわゆる**人権指令**を発し、山崎内相を含む内務省官僚4000人が罷免され、その後、内閣は総辞職した。

6 公職追放

（1948年5月10日現在、単位：人）

A項	戦争犯罪人	3422
B項	職業軍人	12万2235
C項	超国家主義団体有力者	3438
D項	大政翼賛会関係者	3万4396
E項	開発金融機関役員	433
F項	占領地行政長官	89
G項	その他軍国主義者	4万5993
	合　計	21万0006

ポツダム宣言第6項を根拠にして、戦争を支持・推進した指導者が、官職や影響力のある政党・企業・団体・報道機関などの重要な職務から排除された。
（岩波書店『日本史史料5　現代』）

1 GHQの役割

名 称	連合国軍最高司令官総司令部(GHQ)(General Headquarters of the Supreme Commander for the Allied Powers)のこと 連合国軍最高司令官は、SCAPと略す
連合国軍 との関係	**極東委員会**：連合国の日本占領政策の最高決定機関 **連合国軍最高司令官(SCAP)**：対日占領政策の実施責任 **GHQ**：連合国軍最高司令官を補佐する機関 ただし、日本を降伏させたアメリカのみ極東委員会での拒否権と中間指令権をもち、別格であった
日本政府 との関係	**間接統治**：GHQの指令・勧告にもとづいて日本政府が占領政策を実施 **ポツダム勅令**：法律の制定を待たずに実施されるGHQの要求(1952年4月廃止)
歴史的意義	日本が戦前の軍国主義的な体制から戦後の自由主義的・民主主義的な体制に変わる上で大きな影響を与えた

2 GHQ関係年表

*婦人(女性)の解放、労働組合の奨励、教育の自由化・民主化、秘密的弾圧機構の廃止、経済機構の民主化。

年代	事 項
1945.8.30	マッカーサー、厚木飛行場到着
(昭20)9.2	降伏文書調印
9.9	マッカーサー、日本管理方式(**間接統治**等)につき声明発表
9.11	GHQ、戦犯(戦争犯罪人)容疑者逮捕を指令
9.19	GHQ、**プレスコード**(新聞・出版物の検閲基準)指令
9.22	GHQ、「降伏後における米国の初期対日方針」発表
9.27	天皇、アメリカ大使館にマッカーサーを訪問
10.2	東京・日比谷第一生命相互ビルにGHQ本部設置
10.4	GHQ、「政治的自由等に対する制限撤廃の覚書」(**人権指令**)発表。翌日、東久邇宮内閣総辞職
10.11	マッカーサー、幣原首相に**五大改革**を口頭で指示
12.6	**極東委員会・対日理事会**の設置決定
12.9	GHQ、**農地改革**に関する覚書➡p.338 5
12.15	GHQ、**国家と神道の分離令**(**神道指令**)➡p.252 6
12.31	GHQ、**修身**・日本歴史および地理の授業停止と教科書回収に関する覚書
1946.2.3	マッカーサー、GHQ民政局に憲法草案の作成を指示
(昭21)2.13	GHQ、憲法松本試案を拒否。GHQ憲法草案を手交
5.3	極東国際軍事裁判(東京裁判)開廷
1947.1.31	マッカーサー、二・一ゼネストに中止命令➡p.339 2
1948.12.18	GHQ、**経済安定九原則**発表
1951.4.11	マッカーサー解任(➡p.347 2)。後任にリッジウェイ

3 連合国軍の対日管理機構

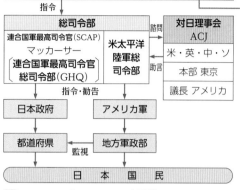

極東委員会は、形式的にはGHQの上部機関であり、対日占領政策決定の最高機関であったが、実質的にはアメリカの意向が占領政策を左右し、アメリカ政府の政策が実行された。

沖縄・小笠原諸島ではアメリカ軍の直接統治がおこなわれた。

4 GHQ／SCAPの組織 (1945年10月2日時点)

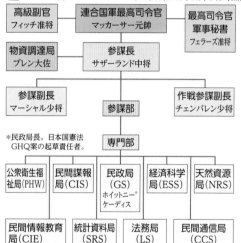

*民政局長。日本国憲法GHQ案の起草責任者。

❶厚木基地に降り立つマッカーサー(1945年8月30日)

5 極東国際軍事裁判(東京裁判)

❷極東国際軍事裁判の法廷

「平和に対する罪」に問われた**A級戦犯**に対する裁判が、1946年5月から東京でおこなわれた。審理の結果、1948年11月12日、東条英機以下7名の絞首刑をはじめとして、全員有罪の判決が下った。しかし、この裁判では、①連合国側の戦争責任・行為は不問、②連合国側の利害にからむ細菌戦・化学戦などにふれていない、③天皇の戦争責任不問、④戦勝国側の裁きの面が強い、などの問題点が残った。

● A級戦犯容疑者

絞首刑 7名 1948.12.23 執行	**東条英機**(首相・陸相・参謀総長・陸軍大将)➡p.308 **広田弘毅**(首相・外相・駐ソ大使)➡p.308 松井石根(陸軍大将・中支那方面軍司令官) 土肥原賢二(陸軍大将)➡p.316 3 板垣征四郎(陸軍大将・満州事変時の関東軍高級参謀) 木村兵太郎(陸軍大将・日米開戦時の陸軍次官) 武藤章(陸軍中将・日米開戦時の陸軍省事務局長)
終身禁錮 16名	木戸幸一(内大臣)　　　　鈴木貞一(企画院総裁) **平沼騏一郎**(首相)➡p.308　橋本欣五郎(陸軍大佐) 賀屋興宣(蔵相)　　　　嶋田繁太郎(海軍大将・海相) 白鳥敏夫(駐伊大使)　　荒木貞夫(陸軍大将・陸相) 大島浩(駐独大使)　　　畑俊六(元帥) 星野直樹(満洲総務長官)　南次郎(陸軍大将・陸相) **小磯国昭**(首相・陸軍大将)　佐藤賢了(陸軍中将) **梅津美治郎**(参謀総長)➡p.317 3　岡敬純(海軍中将)
禁錮20年	東郷茂徳(駐ソ大使・駐独大使・外相)
禁錮7年	**重光葵**(駐中大使・駐英大使・外相)➡p.336 3

裁判中に松岡洋右(外相)➡p.316 6・永野修身(軍令部総長)は死亡。大川周明(国家革新運動指導者)は精神を病み免訴。

私は貝になりたい 歴史ポケット

A級戦犯のほかに、捕虜虐待や残虐行為など戦時国際法に違反したとされ、約5,700人がB・C級戦犯として起訴された。戦場となったアジア各国など関係国で裁判がおこなわれ、984人が死刑、475人が終身刑となった。1958年に放送されたテレビドラマ「私は貝になりたい」(写真)は、上官にアメリカ兵殺害を命じられ、C級戦犯として裁判にかけられた男性の物語で、大きな反響をよんだ。

❸『私は貝になりたい』の場面　中央が主演のフランキー堺。

写真提供：TBSテレビ「私は貝になりたい」
物語・構成　橋本忍
題名・遺書　加藤哲太郎

テーマのポイント

1. GHQは、日本の軍国主義の経済的基盤を解体するために、財閥解体と農地改革をおこなった
2. GHQは、労働者の権利の向上を意図し、労働基本法の確立と労働運動の結成支援を目指した

1 経済の民主化

戦前の2大基盤	戦後の改革
財閥による産業支配 ・持株会社による支配 ・財閥家族による支配 ・銀行による支配	財閥解体 ・持株会社の解散 ・財閥家族の企業支配力を排除 ・財閥系銀行の解体免除
寄生地主制による農民支配と農民層の困窮	農地改革(寄生地主制解体) ・農家の大半が零細な自作農に ・大地主は経済力と威信を喪失

財閥解体で自由競争による産業の民主化、農地改革で寄生地主制を除去し、農業の経済力拡大と農業構造の民主化をはかった。

2 財閥解体

持株会社整理委員会 一九四六・八・八

指定 →	**持株会社の解体　83社** ・三井・三菱など財閥本社か本社的性格の濃厚な28社→解体 ・重要な生産部門をもつ持株会社51社→持株を譲渡した上で存続 ・その他4社→解体
有価証券譲渡 1億6567株 75億1513万円	
指定 →	**財閥家族の企業支配力の排除** 10財閥56名 会社役員への就任制限
有価証券譲渡	
譲受有価証券処分 1億765万株 →	**持株所有の分散化** 証券処理調整協議会を通じ、処分

過度経済力集中排除法	企業の分割 325社の指定→11社の分割実施

1947.12

財閥解体は、GHQの指令によって、日本の軍事力を支えていた経済力の無力化を目的におこなわれた。しかし、朝鮮戦争の特需を契機に、財閥は銀行を中心とする企業集団へとまとまっていった。

プロフィール

混血児たちの母

澤田美喜 東京都出身
1901~1980

三菱財閥3代目当主岩崎久弥の長女で、岩崎弥太郎の孫。終戦後、占領軍の進駐によって米軍兵士と日本人女性との間に多くの混血児が生まれた。澤田美喜は、キリスト教信仰から、これら混血児の救済を決意する。折からの財閥解体で実家からの援助は期待できず、岩崎家のナースとして尽くしたエリザベス=サンダース夫人からの170ドルの寄付を元手に、1948年に混血児のための養護施設「エリザベス・サンダース・ホーム」を創設。施設で育った子どもたちは30年間で約1,100人以上にもなった。美喜は、「財閥娘の道楽」とあなどられながらも、「いつも上を向いて歩け、顔を上に向けて歩け」と子どもたちをはげまし続けた。

3 三菱財閥の解体

① 三菱本社→解散。不動産部門は、陽和不動産、関東不動産設立(1950)
② 三菱商事→解散して約140社に分割して新発足
③ 三菱化成工業→日本化成、旭硝子、新光レイヨンに分割(1950年)
④ 三菱鉱業→石炭部門を残し、金属部門を分離して太平鉱業を設立(1950年)
⑤ 三菱重工業→東日本重工、中日本重工、西日本重工に分割(1950年)

4大財閥をはじめとする28の財閥が解体され、半封建的な性格をもっていた財閥家族の支配はなくなった。

4 企業の分割

会社名	分割後の企業
*大建産業	呉羽紡、丸紅、伊藤忠、尼崎製釘
大日本麦酒	日本麦酒、朝日麦酒
*三菱重工業	東日本重工、中日本重工、西日本重工
*日本製鉄	八幡製鉄、富士製鉄
*王子製紙	苫小牧、十条、本州
井華鉱業	別子鉱業を分離
東洋製罐	北海製罐を分離
*三菱鉱業	太平鉱業を分離
*三井鉱山	神岡鉱業を分離
帝国繊維	帝国製麻、中央繊維、東邦レーヨンに分割
北海道酪農協同	新社雪印乳業、旧社は北海道バターと改称

↑① 持株会社整理委員会に移される財閥の株券

● 集中排除指定企業11社
(持株会社整理委員会『日本財閥とその解体』)　*は財閥系持株会社。

皆様の 富士銀行 安田銀行改称

↑①② 再建整備法により名称を変えた銀行の告知

野村銀行が 十月一日より 大和銀行 となります

▼富士銀行は現在のみずほ銀行、大和銀行は現在のりそな銀行。

5 農地改革　● 2回の農地改革

	第1次農地改革(案) 〈幣原喜重郎内閣〉	第2次農地改革 〈第1次吉田茂内閣〉
実施	1945(昭和20)年12月 農地調整法改正	1946(昭和21)年10月、農地調整法改正・自作農創設特別措置法公布
*不在地主 *在村地主	小作地の保有認めず 隣接市町村在住者を含む 5町歩	小作地の保有認めず 農地のある市町村在住者 1町歩(北海道4町歩) 3町歩(北海道12町歩)
自作農保有限度 保有面積計算	なし 個人単位	家族単位
譲渡方式	地主・小作者の協議	国家買収、小作者へ売渡す
農地委員会	地主5・自作5・小作5名	地主3・自作2・小作5名
小作料	金納(物納も認める)	金納(収穫価格の25%以内)
経過	1946(昭和21)年2月より実施を決定したが、小作料の金納化と農地価格を決定しただけ。第1次農地改革はGHQに受け入れられずに未実施に終わる	1947(昭和22)年3月実施、1950(昭和25)年7月終了
結果		戦前の寄生地主制を基本的に解体し自作農を創設。山林は解放されずに終わる

日本の軍国主義の根源の1つが寄生地主制にあると考えたソ連やイギリスは、極東委員会や対日理事会で徹底的な改革を要求した。日本政府は第1次農地改革案を自主的に決定したが、それは地主の利害を代表する議員の抵抗などにより不徹底なものであった。GHQの主導のもと第2次農地改革が展開され、1950年までにほぼ完了した。

*不在地主は、農地のある農村に住んでいない地主。住んでいれば在村地主となる。

● 農地改革による変化

● 自作地と小作地　(単位%)　　(『解説日本経済統計』ほか)

年	自作地	小作地
1938(昭和13)年	自作地 53.2	小作地 46.8
1950(昭和25)年	91.3	8.7

● 自小作別の農家割合

年	自作	自小作	小作
1938(昭和13)年	自作 30.0	自小作 44.0	小作 26.0
1950(昭和25)年	62.3	32.6	5.1

● 経営耕地別農家比率

年	5反以下	5反~1町	1~2町	2町以上	
1938(昭和13)年	5反以下 33.6	5反~1町 32.8	1~2町 24.3	9.3	
1950(昭和25)年	40.9	32.0	21.7	5.4	

二百万町歩解放

↑③ 農地改革を推進するポスター(農林省〈当時〉)

見方・考え方
自作地が大幅に増えている点に注目しよう。

近現代 現代

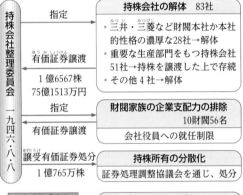

1 労働改革・労働運動関係年表

内閣	年代	事 項
幣原	1945.10 (昭20) 12	第1次読売争議(読売新聞社民主化運動) 労働組合法公布
吉田茂①	1946.5 (昭21)	第17回メーデー。食糧メーデー(飯米獲得人民大会)→p.342②
	8	日本労働組合総同盟(総同盟)結成 全日本産業別労働組合会議(産別会議)結成
	9	労働関係調整法公布
	10	全炭・東芝スト突入
	1947.1 (昭22)	全官公庁労組共同闘争委員会、2月1日午前零時に無期限スト突入を宣言 マッカーサー、二・一ゼネストに中止命令
	3	全国労働組合連絡協議会(全労連)結成
片山	4	労働基準法公布
	9	労働省設置

4 労働三法

労働組合法 (1945.12 公布)	労働者の団結と団体行動を保障する法律 ①労働組合の自由な結成・自主運営の保障 ②争議行為の刑事・民事訴追からの免責 ③組合結成に対する使用者の不利益処分の禁止と処罰 ④労働協約の遵守義務
労働関係調整法 (1946.9 公布)	労働争議の調停・制限についての法律 ①労働委員会による斡旋・調停・仲裁 ②公益事業については30日間の冷却期間をおいて争議行為をおこなう制限
労働基準法 (1947.4 公布)	労働者保護のための労働条件の最低基準を定めた法律 ①8時間労働・週休制・深夜業の禁止 ②使用者の災害補償責任制 ③時間外労働・休日労働の制限、割増賃金制、有給休暇、女性の生理休暇 ④15歳未満の児童の就業禁止

↑② 二・一ゼネスト*(1947年) 労働運動の高まりは、二・一ゼネスト計画で頂点に達した。1947年2月1日を期して全国で無制限のゼネストに突入し、第1次吉田内閣打倒を目指したが、前日、マッカーサーの中止指令が出て、中止された。写真は、ゼネスト中止を発表する全官公庁共同闘争委員会の伊井弥四郎議長。

*ゼネスト(ゼネラルストライキ)とは、労働者が一斉におこなう大規模なストライキのこと。

2 労働改革による変化

	戦 前	戦 後
労働組合	労働組合法未成立	労働組合法
労働争議の調停	労働争議調停法	労働関係調整法
労働者の保護	工場法	労働基準法
労働者保護行政	なし	労働省
労働者の状況	低賃金など劣悪な労働条件	労働条件改善の手段獲得

資料鑑賞 占領政策にもとづいた上からの指令とはいえ、占領初期の労働組合の発展はすさまじく、1948年には組合員数は660万人、組織率は50%に達した。1949年以降、組織率は低落を続けるが、組合員数は毎年増加を続けた(1965年には1千万人を超えた)。

3 労働組合と労働争議

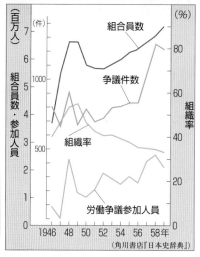

(角川書店『日本史辞典』)

◀① **第17回メーデー**(1946年5月1日) 1935年の第16回メーデー以来11年ぶりに復活した。東京の50万人をはじめ全国各地で百数十万人が参加した。東京では中央会場である皇居前広場が、多くの労働者とプラカードで埋めつくされた。「産業別単一労働組合の結成、労働戦線の統一」など22項目の決議文が読み上げられ、「メーデー歌」が歌われて閉会となった後、参加者は都内をデモ行進した。

5 労働組合の変遷(戦後)

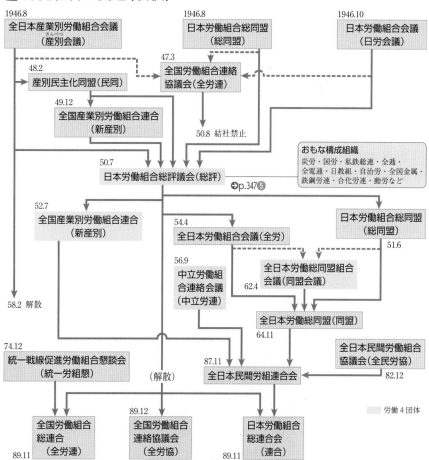

→p.347⑤

近現代
現代

● テーマのポイント

1 日本国憲法は、主権在民・平和主義・基本的人権の尊重を3原則とし、象徴天皇制・戦争放棄を規定した。
2 日本国憲法の精神にもとづいて、多くの法律が制定・改定された

1 日本国憲法の制定過程

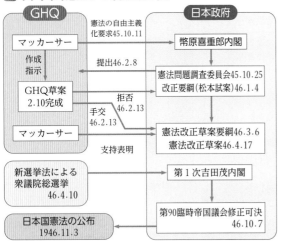

```
┌─GHQ─┐                 憲法の自由主義         ┌─日本政府─┐
                      化要求45.10.11
マッカーサー  ───────────────────→  幣原喜重郎内閣
  ↓                   提出46.2.8
 作成                                    ↓
 指示                              憲法問題調査委員会45.10.25
  ↓                               改正要綱(松本試案)46.1.4
GHQ草案      ─── 拒否46.2.13            ↓
2.10完成     ─── 手交46.2.13
  ↓                               憲法改正草案要綱46.3.6
マッカーサー                        憲法改正草案46.4.17
          支持表明                      ↓
新選挙法による  ──────────────→    第1次吉田茂内閣
衆議院総選挙                           ↓
46.4.10                         第90臨時帝国議会修正可決
  ↓                                46.10.7
日本国憲法の公布
1946.11.3
```

1945年10月11日にマッカーサーが示した憲法の自由主義化の勧告に従って、松本烝治国務相を委員長とする憲法問題調査委員会が発足した。委員会は「改正要綱(松本試案)」を作成したが、天皇主権を認める保守的なものであったため、GHQがこれを拒否。あらためてGHQ案を基礎とする政府案を作成し、マッカーサーの支持を得て、帝国議会の審議で成立した。

←4 人間宣言と天皇巡幸 1946年1月1日、昭和天皇は、それまでの天皇の神格化をみずから否定する宣言をおこなった(人間宣言史)。その翌月から、天皇は神奈川県をはじめに、各地への巡幸をはじめた。背広に中折れ帽という服装と独特のしぐさで人間的・平和的な天皇のイメージをつくった。

見方・考え方
1945年10月から憲法改正の検討がはじめられた。天皇の人間宣言もこの動きと関係していることに着目しよう。

4 戦後初の総選挙(第22回、幣原喜重郎内閣) ●p.299 3

● 第22回総選挙結果
(自治省資料)

党派	当選者数	得票率
自由党	140	24.4%
進歩党	94	18.7
社会党	92	17.8
無所属	81	20.4
諸 派	38	11.7
協同党	14	3.2
共産党	5	3.8
合計	464	100.0
	(欠員2)	

1946年4月10日、新選挙法による戦後初の総選挙がおこなわれた。定数466に対して2,770名もの立候補者があり、女性の立候補者も78名に達した。政党も全部で363が名乗りをあげる大乱戦であった。

←5 女性の参政権 1945年12月17日公布の衆議院議員選挙法の改正により、選挙権は20歳以上の男女に、被選挙権は25歳以上の男女に与えられることになった。
＊1950年4月、公職選挙法の公布により廃止。

←6 最初の女性代議士 戦後初の総選挙で、女性78名が立候補し、39名が当選した。女性の投票率は、66%(男性は78%)であった。

2 日本国憲法の成立史 ●日本国憲法の制定

←1 「憲法草案要綱」原稿(鈴木安蔵筆) 高野岩三郎が提唱してできた民間知識人グループの憲法研究会は、1945年12月26日、7人の署名で「憲法草案要綱」を発表した。この要綱は、国民主権と立憲君主制を明記しており、GHQ民政局によって検討された憲法草案に影響を与えた。写真の人物は、研究会の鈴木安蔵。鈴木は憲法学者で、草案作成に大きく寄与した。

第一章 天皇
第一條 天皇ハ、日本國ノ象徴デアリ日本國民統合ノ象徴デアツテ、コノ地位ハ、日本國民ノ
第二條 皇位ハ、此ヲ世襲トシ、國會ノ議決シタ皇室典範ノ定ムルところにより、これを継承する。

第二章 戦争の抛棄
第九條 日本國民ハ、國権ノ發動タル戦争ト、武力ニよる威嚇又は武力の行使は・・・これを永久にこれを抛棄する。
前項の目的を達するため、陸海空軍その他の戦力は、これを保持しない。国の交戦権は、これを認めない。

↑2 政府原案の修正 戦力不保持を定めた第9条には、芦田均の発案により、第2項に「前項の目的を達するため」の字句が追加された。それにより、自衛のための戦力保持の可能性が残された。

↑3 新憲法公布の祝賀会(1946年11月3日) 皇居前で10万人参加の日本国憲法公布の祝賀都民大会が開かれた。

3 新憲法にともなう法律の制定・改正

法 律	公布	内 容
改正民法(新民法)	1947	家中心の**戸主制度・家督相続制度廃止** **男女同権・夫婦平等**の家族制度
刑事訴訟法改正	1948	**令状主義、黙秘権**など人権尊重
刑法改正	1947	**不敬罪・大逆罪・姦通罪廃止**
地方自治法	1947	都道府県知事・市町村長の**公選制(直接選挙)** (これにともない内務省はGHQの指示で廃止)
警察法	1947	**国家地方警察**と**自治体警察**の2本立て (1954年の改正警察法で都道府県警察に1本化)
国家公務員法	1947	天皇の官吏から公僕へ
裁判所法	1947	最高裁判所発足 ●p.263 1

● プロフィール

日本国憲法に「男女同権」を書き入れた女性

ベアテ゠シロタ゠ゴードン オーストリア出身 1923～2012

GHQの憲法草案作成に参加した人々のなかに22歳のアメリカ人女性ベアテ゠シロタがいた。彼女は、1923年にロシア系ユダヤ人ピアニスト、レオ゠シロタの娘としてウィーンに生まれ、父親の仕事の関係で5歳の時来日し、少女時代の10年を日本ですごした。そのため日本の女性の地位の低さを実感しており、男女同権の規定を憲法に盛り込むことに情熱を燃やした。こうしてできたのが、憲法第24条の「婚姻は、両性の合意のみにもとづいて成立し、夫婦が同等の権利を有する」という規定である。

←7 ベアテ゠シロタ(右)と市川房枝(左)●p.301

1 現代教育史関係年表

年代	事項
1945.9	墨塗り教科書登場→1
12	修身・日本歴史・地理の授業を禁止(日本歴史・地理は翌年再開)
1946.3	第1次アメリカ教育使節団来日、教育の民主化を勧告→p.362 5
9	国定教科書『くにのあゆみ』発行→5
10	文部省、教育勅語奉読廃止を通達
1947.3	第1次吉田茂内閣、教育基本法・学校教育法公布
4	新学制による小学校・中学校発足
6	日本教職員組合(日教組)結成
1948.3	新制高等学校(全日制・定時制)発足
7	芦田均内閣、教育委員会法を公布(公選制)
9	全日本学生自治会連合(全学連)結成
11	文部省、PTAの結成を促す
1949.4	検定教科書の使用開始
5	国立学校設置法公布(新制国立大学69校設置)
1952.6	中央教育審議会(中教審)設置
1954.6	第5次吉田内閣、教育の政治的中立に関する教育二法を公布(教員の政治的活動の規制)
1956.6	第3次鳩山一郎内閣、新教育委員会法を公布(任命制に)
1957.12	日教組、教員の勤務評定反対闘争を強化
1958.3	文部省、道徳教育実施要綱を通達
1962.4	工業高等専門学校19校発足
1968	東京大学などの大学で学園紛争激化→p.352 6
1969	東京大学の入試中止、高校でも学園紛争
1974	高校進学率がはじめて90%を超える
1979.1	国公立大学で初の共通一次学力試験実施
1982.7	教科書検定が外交問題に発展
1984.8	第2次中曽根康弘内閣、臨時教育審議会(臨教審)設置
1985.10	文部省、校内暴力の減少、いじめと登校拒否の激増を報告
1990.1	第1回大学入試センター試験実施
2001.1	文部省と科学技術庁統合、文部科学省発足
2002.4	公立の小・中・高校で完全週5日制実施
	小学校・中学校に「総合的な学習の時間」を導入(翌年、高校にも導入)。「ゆとり教育」本格化
2004.3	文部科学省、脱「ゆとり教育」指向を明示
2006.12	第1次安倍晋三内閣、改正教育基本法を公布
2021.1	第1回大学入学共通テスト実施

墨塗り後

墨塗り前

墨塗り部分(左ページ)

↑1「墨塗り教科書」 1945年9月、文部省の指導により中等学校と国民学校の教科書の墨塗りがはじまった。軍国主義・戦意高揚などに関する文や絵が対象となった。

←2「青空教室」 空襲により校舎も机も失った都市部の学校では、焼け跡の中で授業が再開された。しかし、子供たちの表情は明るかった。

2 終戦直後の学校

↑3給食の復活 劣悪な食料事情への対応策の一つとして、1946年から学校給食が再開された。カレーライスなどもメニューの中に加えられ、子どもたちに喜ばれた。

味噌汁　脱脂粉乳

↑4戦後間もない頃の給食 脱脂粉乳*は、牛乳などの乳脂肪分・水分を除去し粉末状にしたもの。アメリカの援助により貴重な栄養源となった。味噌汁は、GHQが放出した缶詰が具となっている。

*現在、「スキムミルク」として一般家庭に普及している。

3 おもな教育法 →p.284 1

教育基本法 (1947.3 公布)	民主主義教育の目的・理念、教育行政の大綱を示す ①国民の人格の完成を目指す ②教育の機会均等、義務教育9年制、男女共学、社会教育の奨励などの原則を示す ③学校教育の公共性を強調
2006.12改正	「伝統と文化を尊重」「我が国と郷土を愛する」などの文言が加わる
学校教育法 (1947.3 公布)	日本国憲法と教育基本法の趣旨を実現するために制定される ①六・三・三・四の単線型学校制度 ②義務教育を6年から小・中学校の9年に延長 ③男女共学の実施
教育委員会法 (1948.7 公布)	教育行政の民主化、地方分権化、自主性の確保を目指す ①住民公選による委員からなる教育委員会の設置 ②従来の知事・市町村長の教育に関する権限の教育委員会への移譲
1956.6 新教育委員会法	教育委員を地方自治体首長の任命制とする

教育基本法は理念や原則を示し、この実現のために制定されたのが学校教育法である。学校教育法により、義務教育9年制など、戦後の新学制が制度化された。

4 学校制度の変化

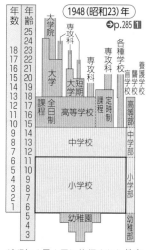

1947年4月1日に施行された教育基本法・学校教育法にもとづいて、同年、6年制の小学校と3年制の中学校が、1948年に3年制の高等学校が、1948〜49年には4年制の大学がそれぞれ新制で発足した。従来の複線型制度から単線型の学校制度にあらためられた。

〈戦前〉		〈戦後〉
小学校 6年	→	6年 小学校
中学校 5年(旧制)	→	3年 中学校
高校 3年(旧制)	廃止	3年 高校
大学 3年	→	4年 大学

→p.285 1

5 教育の民主化

くにのあゆみ 上
くにのあゆみ 下
文部省

↑5くにのあゆみ GHQにより停止された国史教科書にかわり作成された国定の歴史教科書。家永三郎らが編纂にあたった。歴史のはじまりが神話ではなく考古学的見地を取り入れた記述に転換された。玉川大学教育博物館蔵

大阪府立北野高等学校提供

←6男女共学 1948年に新制の高校が発足した。その際、旧制の中学校と高等女学校が教職員・生徒を交換交流し、男女共学になった学校が多かった。学校は、男女交際促進のためパーティーや合唱会、討論会の実施、学校新聞・雑誌の作成など、さまざまな対策を講じた。写真上は、大阪府立北野高等学校の発足時の記念写真。写真下は、高等女学校(大手前高等学校)との交流を示す学校新聞。

❶ 占領下の政治・経済とくらし関係年表

内閣	年代	政治・経済	くらし
東久邇宮	1945 (昭20)	11 GHQ、持株会社解体を指令 12 第1次農地改革	8 灯火管制解除。天気予報復活 アメリカ軍、日本に進駐開始 ●軍需工場閉鎖、復員・引揚げによる失業者増大
幣原	1946 (昭21)	2 金融緊急措置令 3 物価統制令 8 持株会社整理委員会発足 10 自作農創設特別措置法公布 （翌年、第2次農地改革開始） 12 傾斜生産方式採用●p.355	5 食糧メーデー（飯米獲得人民大会）開催
吉田①	1947 (昭22)	1 復興金融金庫開業 4 独占禁止法公布 9 労働省設置 12 警察法公布(自治体警察等設置) 過度経済力集中排除法公布	3 学校教育法による六・三・三・四制実施 12 日本勧業銀行、宝くじ発売開始
片山			
芦田	1948	6 昭和電工事件おこる 12 経済安定九原則	4 新制高等学校が発足 7 国民の祝日に関する法律公布
吉田②③	1949 (昭24)	3 ドッジ=ライン実施 4 1ドル=360円の単一為替レート 9 シャウプ勧告	5 新制大学発足 12 お年玉つき年賀はがき発売
	1950	●朝鮮特需	1 新千円札発行

🔍 テーマのポイント

1. 極度の物不足のなか、日本銀行券の発行が急増したため、猛烈なインフレーションがおこった
2. 海外からの引揚げ・復員により人口が膨れあがり、失業者が急増した
3. 食料不足が深刻となり、生活を守る運動も活発化した

❷ インフレの進行

『図説日本文化史大系』
（1934〜36年）平均＝100

日銀券発行高
小売物価指数
金融緊急措置令
経済安定九原則
ドッジ=ラインの開始

戦後、極端な物資不足と敗戦処理などで銀行券が増発されたため、爆発的なインフレがおきた。政府は、1946年2月に金融緊急措置令を出したが、一時的な効果しかなくインフレはとまらなかった。1948年の経済安定九原則と、1949年のドッジ=ラインによっておさまった。

● 全国勤労者の家計簿
（1946年6月厚生省発表）

[標準5人家族]
● 1か月の平均実収
　504円40銭
● 平均支出
　844円80銭
　→340円40銭（赤字）
● 巡査の初任給
　420円
● 小学校教員の月給
　300〜500円

◀❶新円への切り替え（1946年2月17日）　金融緊急措置令が出され、新円の発行、旧円の預金封鎖が実施された。預金の引き出しは、世帯主が月300円、家族一人が100円とされた。新紙幣の印刷が間に合わなかったので、しばらくは旧貨幣の右上に証紙を貼って流通させた（写真左）。

証紙を貼った百円札　□が証紙。

写真提供　日本銀行貨幣博物館

◀❷食糧メーデー（1946年5月19日）切迫する食料難を背景に、皇居前広場で食糧メーデー（飯米獲得人民大会）が開かれ、約25万人が参加した。

❸ 人々のくらし

◀❸闇市　各都市の焼け跡や駅前広場には、青空市場とよばれた闇市ができた。

↑❹買い出し列車　都市の人々は、食料を手に入れるため、衣類などをもって超満員の長距離列車で農村まで買い出しに行くようになった。

◀❺戦災孤児　戦後、空襲で身寄りをなくし、引き取り手のない孤児が大勢いた。彼らは、靴磨きなどで生計を立てた。

❹ 引揚げと復員

↑❻海外からの復員・引揚げ　戦後、海外から約310万人の軍人・軍属と約320万人の一般居留民が日本国内に引揚げた。写真は、博多（福岡県）に入港した朝鮮からの引揚げ船（1945年10月）。

● 海外からの引揚げ者数

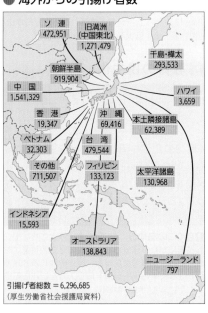

ソ連　472,951
旧満洲（中国東北）　1,271,479
千島・樺太　293,533
朝鮮半島　919,904
中国　1,541,329
ハワイ　3,659
香港　19,347
沖縄　69,416
本土隣接諸島　62,389
ベトナム　32,303
台湾　479,544
その他　711,507
フィリピン　133,123
太平洋諸島　130,968
インドネシア　15,593
オーストラリア　138,843
ニュージーランド　797

＊「復員」とは、軍人が勤務を解かれて帰宅すること。「軍属」とは、軍隊に勤務する文官や技師など。

引揚げ者総数 ＝ 6,296,685
（厚生労働省社会援護局資料）

近現代
現代

1 日本女性史（現代）関連年表

年代	事項
1945	衆議院議員選挙法改正（**女性参政権**を含む）公布
1946	第22回総選挙で39名の女性代議士が誕生⇒p.340❻
（昭21）	**日本国憲法（男女平等**など）公布⇒p.340❷
1947	教育基本法・学校教育法（**男女共学**など）公布
（昭22）	労働省発足、山川菊栄が婦人少年局初代局長に就任
	刑法改正・**改正民法（男女同権・夫婦平等の原則**など）公布⇒p.340❸
1948	主婦連合会（主婦連。初代会長奥むめお）結成
1952	全国地域婦人連絡協議会（地婦連）結成
1953	日本婦人団体連合会（初代会長平塚らいてう）結成
1955	石垣綾子、「主婦論」を提起し主婦論争はじまる
（昭30）	第1回日本母親大会開催（東京豊島公会堂）
1956	売春防止法公布
1963	高校女子の家庭科必修になる
1969	女子の高校進学率、初めて男子を上回る
1970	ウーマン・リブ運動（男女差別の撤廃などを求める）拡大
1975	国連国際婦人年第1回世界会議開催（メキシコシティ）
1976	緒方貞子、日本女性初の国連代表部公使に就任
1978	総理府（現、内閣府）初の『婦人白書』を発表
1979	国連、**女子差別撤廃条約**を採択
1985	**男女雇用機会均等法**公布。女子差別撤廃条約を批准
1989	福岡市の女性、初のセクハラ訴訟（1992年原告勝訴）
1994	高校家庭科、男女とも必修に移行
（平6）	向井千秋、スペースシャトルで日本女性初の宇宙飛行
1995	育児・介護休業法公布（2000,04,09,16年に改正）
1997	男女雇用機会均等法改正公布（99年に施行）
1999	**男女共同参画社会基本法**公布・施行
2000	太田房江、女性初の知事（大阪府）に就任
	ストーカー規制法施行（13改正）
2001	DV防止法公布（04,07,13改正）
2006	男女雇用機会均等法改正（12,13,16施行）

2 女性の地位の向上・男女平等を求める運動

↑❶**第1回日本母親大会**（1955年6月）　アメリカのビキニ水爆実験がきっかけとなり、「子どもの幸福、戦争反対、婦人の権利」を掲げた第1回日本母親大会が2000人を集めて開催された。

↑❷**ウーマン・リブ（女性解放運動）初のデモ**（1970年10月）　1960年代後半からアメリカを中心に盛んになった運動が日本でも広がった。男女差別の撤廃などをスローガンとした。

3 男女雇用機会均等法と労働基準法

		改正前	改正後
男女雇用機会均等法　1997年改正　1999年施行	募集・採用・配置・昇進	機会均等の努力義務	男性との差別禁止
	制裁処置	なし	勧告に従わない事業所公表
	紛争調停の開始要件	労使の同意が必要	一方の申請で可
	セクシュアル・ハラスメントの規制	なし	事業主に防止義務
労働基準法　1997年改正　1999年施行	女性の時間外労働	年150時間以内	規制廃止
	女性の休日労働	原則禁止。商業などは4週に1日	規制廃止
	女性の深夜勤務	午後10時から午前5時の就業禁止	規制廃止

施行後も女性に対する差別が解消されずに問題が多かった男女雇用機会均等法（1985年公布、86年施行）が1997年に改正、強化されたが、同時に労働基準法に定められていた女子保護規定も撤廃された。両改正は1999年4月に施行された。

職業名称の変更
看護婦 → 看護師
保健婦 → 保健師
保　母 → 保育士
助産婦 → 助産師

近現代
現代

4 社会
＊性的いやがらせ。セクシュアルハラスメントの略。

←❸**セクハラ訴訟を報じる新聞**（1992年4月16日）　1989年に初めてセクハラ訴訟がおこされ、92年に女性の上司と会社に損害賠償を命じる地裁判決が出された。セクハラが流行語になった。

↑❹**高校家庭科の男女共修**　女子差別撤廃条約批准（1985年）を契機に、女子だけが履修していた高校の家庭科は、1994年から男子も必修となり、男女が一緒に授業を受けるようになった。

5 女性議員数の推移

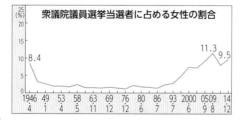
衆議院議員選挙当選者に占める女性の割合
8.4　11.3　9.5
1946 4 / 49 1 / 53 1 / 58 5 / 63 1 / 67 1 / 72 1 / 76 1 / 80 1 / 86 1 / 93 2 / 2000 9 / 05 9 / 09 8 / 14 12

6 女性の年齢別労働力率

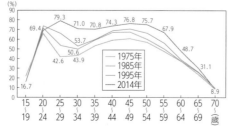
（％）
79.3
69.4　71.0　70.8　74.3　76.8　75.7　67.9
53.7　　　　　　　　　　　　　48.7
50.6　43.9
42.6　　　　　　　　　　　　　　　31.1
16.7　　　　　　　　　　　　　　　8.9
15-19 20-24 25-29 30-34 35-39 40-44 45-49 50-54 55-59 60-64 65-69 70- 歳
— 1975年
— 1985年
— 1995年
— 2014年

20歳代後半から30歳代前半が落ち込むような「M字カーブ」を描いている。一度就業した女性が結婚・出産・育児などのため離職し、育児負担が軽減される30歳代後半から仕事に戻ることが示されている。1975年には底が25～29歳であったが、現在、25～29歳はもっとも労働力率が高い年代となっている。

7 「女性の第1号」に輝いた人々

↑❺**加藤シヅエ**（1897～2001）　1946年衆議院に当選。最初の**女性代議士**39名の一人。

↑❻**山川菊栄**（1890～1980）　1921年に赤瀾会を結成。47年に初代労働省**婦人少年局長**に就任。⇒p.301❺

↑❼**中山マサ**（1891～1976）　1960年に女性初の**大臣**として第1次池田内閣の厚生大臣になった。⇒p.352❶

↑❽**緒方貞子**（1927～2019）　1976年に日本人女性初の**国連公使**、1991年に**国連難民高等弁務官**就任。
©UNHCR/Sylvana Foa

↑❾**猿橋勝子**（1920～2007）　気象庁を退職したあと、1981年に女性初の**日本学術会議会員**になった。

↑❿**土井たか子**（1928～2014）　1986年に女性初の**党首**（日本社会党）、1993年に女性初の**衆議院議長**となった。

テーマのポイント

1. 価値観の転換(超国家主義から自由と民主主義へ)
2. 抑圧からの解放　3. アメリカ的生活様式や文化の流入

1 占領期の文化一覧

※1949年の法隆寺金堂炎上を機に文化財を国家的に保護するための法律が制定された(→p.76❶)。

自由化・民主化	新聞・雑誌の復活・創刊	『中央公論』復刊。『世界』創刊
	人文・社会科学の発展	丸山真男の政治学、大塚久雄の経済史学、川島武宜の法社会学 上原専禄の歴史学
	自然科学の発展	**湯川秀樹**がノーベル物理学賞受賞
	学問・芸術の奨励	**文化財保護法**※、文化勲章復活 日本学術会議の設立
大衆文化	文学　無頼派文学	太宰治、坂口安吾、檀一雄
	文学　戦時体験の表現	大岡昇平、野間宏
	文学　その他	石坂洋次郎、三島由紀夫
	歌謡曲	並木路子「リンゴの歌」、笠置シヅ子、美空ひばり
	映画	黒澤明「羅生門」、溝口健二「西鶴一代女」 小津安二郎「晩春」、今井正「青い山脈」
	ラジオ	ドラマ、スポーツ中継、民間放送開始(1951年)
アメリカ文化の流入		洋画、英会話の流行、ダンスホール

2 占領とアメリカ文化の流入

↑❺米兵にキャンディーをねだる子どもたち　街には進駐軍があふれた。GI(進駐軍兵士)がジープに乗っていると、子どもたちはチョコレートやキャンディーなどをねだった。

ハンフリー=ボガード　イングリッド=バーグマン

劇中の台詞「君の瞳に乾杯!」(邦訳)は有名。

←❼映画の流入　敗戦後、さまざまなアメリカ文化が入ってきた。その代表が映画だった。写真の「カサブランカ」は、1946年に輸入され大ヒットした。

↑❻PX(Post Exchange)(東京・銀座) 進駐軍専用に酒・食料・衣料などを販売する店のこと。敗戦当時の日本人にとって、魅力的な商品がそろっていた。

→❽英語の標識 (東京・銀座)

3 ラジオの隆盛

↑❾娯楽番組　1946年にNHKラジオで「のど自慢素人音楽会」がはじまり、人気番組となった。

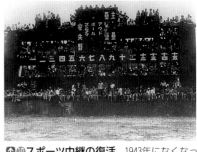

↑❿スポーツ中継の復活　1943年になくなっていた東京六大学野球が1946年に復活し、野球中継は当時の人気番組のひとつとなった。写真は、超満員となった早慶戦のようす。

↑❶丸山眞男 (1914〜96)

↑❷三島由紀夫 (1925〜70)

↑❹湯川秀樹　1949年、素粒子の中間子論の研究で、日本人として初めてノーベル賞を受賞し、占領下にあった日本の国民に明るい希望を与えた。 →p.370❶❶

←❸太宰治 (1909〜48) (林忠彦撮影)

4 日本映画の復活

©KADOKAWA 1950

←↑⓫黒澤明(1910〜98)と「羅生門」(1950) 「羅生門」が1951年のヴェネツィア国際映画祭でグランプリを受賞した。黒澤映画は、以後、世界的に高く評価された。 →p.370❷⓮

©TOHO CO., LTD.

←⓬溝口健二 (1898〜1956)と「西鶴一代女」(1952) 溝口健二は、女性悲劇を得意とし、男のために犠牲になる女性を描き続けた。「西鶴一代女」(主演:田中絹代→p.314❶)が、1952年のヴェネツィア国際映画祭で国際賞を受賞した。

←⓭「青い山脈」(1949年) 石坂洋次郎の小説『青い山脈』が今井正監督・原節子主演で映画化され、戦後の新しい息吹を感じさせる生き生きした明るい青春像が共感をよんだ。服部良一の作曲で藤山一郎の歌う同名の主題歌(「若く明るい歌声に…」)とともに大ヒットした。 →p.370❷❾⓫

©TOHO CO., LTD.

歴史ポケット

並木路子

赤いリンゴに唇寄せて…

GHQの検閲映画第1号「そよかぜ」は、1945年に公開と同時に大ヒットになったが、映画以上に人気を集めたのが挿入歌「リンゴの歌」であった。主演した松竹少女歌劇の並木路子は、東京大空襲で母親を亡くし、戦火で父と兄を失った悲しみを乗り越えて明るく歌い、終戦直後の人々に希望を与えた。

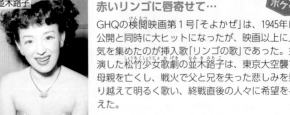

一言かわら版　映画「荒野の決闘」　1946年に公開されたアメリカ映画。実在の保安官ワイアット=アープを描いた西部劇で、日本公開と同時に人気を集めた。劇中で歌われたアメリカ民謡の「いとしのクレメンタイン」は、日本語訳詞がつけられ、「雪山賛歌」として知られる。

近現代 現代

何が復興期の人々を支えたのだろうか。

スポーツや文化が、厳しい生活を送る人々を楽しませ、希望を与えた。民間の高い技術力によって、世界に認められる製品も発表された。復興期の人・くらし・技術を見てみよう。

←❶笠置シヅ子
(1914~85) 1947年に「東京ブギウギ」が大ヒット。ステージせましと歌い踊るスタイルは、それまでの日本人になかったもので、戦後の暗い世相をふきとばした。

←❷美空ひばり
(1937~89) 1949年、12歳でデビュー、「天才少女歌手」といわれた。1989年に52歳で亡くなるまで、歌謡界の第一線で活躍した。
➡p.370❷❼

←❸原節子(1920~2015) 小津安二郎作品に多数出演、誠実さとやさしさを兼ね備えた日本女性の代表的な存在として、国際的にも評価された。

←❹古橋広之進
(1928~2009) 1949年の水泳の全米男子屋外選手権大会において、1500・800・400メートル自由形で世界新記録を出して、「フジヤマのトビウオ」と称賛された。

←❺川上哲治
(1920~2013) 赤バットを握り、「青バット」の大下弘とともに、戦後間もない時代の少年たちの憧れの的となった。「打撃の神様」とよばれる。

←❻白井義男
(1923~2003) 1952年、日本人初のボクシング世界チャンピオン(フライ級)となり、戦後の日本の光明となった。

1 復興期の子どもたち

↓❾ベーゴマ　　↓❿めんこ

↑❼紙芝居(右)とケンケン遊び(左)(1958年) 紙芝居は、水アメやソースせんべいを買うとみることができた。合図の拍子木の音を聞くと、子どもたちが集まった。

↑❽チャンバラごっこをする子どもたち
(東京・江東区、撮影土門拳、1955年)

→⓫ベーゴマをする子どもたち めんこやベーゴマ、おはじきなどが、当時の子どもたちの遊びの主流だった。
(東京・江東区、撮影土門拳、1953年)

見方・考え方
子どもたちの遊び場はどんなところだったのだろうか。

近現代
現代

2 復興を支えた技術と人

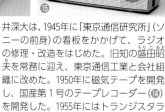
❶❷

↑⓭本田宗一郎
(1906~91)

本田宗一郎は、1946年に本田技研工業の前身となる本田技術研究所を設立した。旧陸軍の無線機発電用エンジンを改造し、自転車につけて販売したことからホンダのオートバイの歴史がはじまった。日本で1958年に発売したスーパーカブ(⓬)がアメリカでも大ヒットした。1961年には世界最高峰のオートバイレースであるマン島TTレースで1～5位を独占、1963年には自動車の生産を開始し、「世界のホンダ」の名声を確立した。

⓮
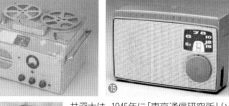
⓯

↑⓰井深大(1908~97)

井深大は、1945年に「東京通信研究所」(ソニーの前身)の看板をかかげて、ラジオの修理・改造をはじめた。旧知の盛田昭夫を常務に迎え、東京通信工業と会社組織に改めた。1950年に磁気テープを開発し、国産第1号のテープレコーダー(⓮)を開発した。1955年にはトランジスタラジオ(⓯)を販売、世界的に大ヒットし、「ソニー」の名は世界に広まった。

↑⓱吉田秀雄(1903~63)

吉田秀雄は、1947年に日本電報通信社(のちの電通)の社長となると、民間ラジオ放送の立ち上げに挑んだ。ラジオ・テレビの普及によって、広告産業は発展した。

←⓲民間ラジオ放送の開始
(1951年9月1日)

探Q
●復興期の文化・スポーツ・実業界で活躍した人物を調べてみよう。
●子どもの遊び場は、その後どのように変化していったのだろうか、理由を含めて考えてみよう。

● テーマのポイント

❶アメリカ・ソ連の対立が明確になり、冷戦体制が形成された
❷対日占領政策が民主化・非軍事化から経済復興へ転換された

❶ 冷戦と経済再建関係年表

年代	欧州情勢・アジア情勢	国内情勢
1946	3 チャーチル、「鉄のカーテン」演説*	*北はバルト海のシュチェチンから、南はトリエステまで鉄のカーテンがおろされていると述べ、当時の東西両陣営の緊張を例えた言葉。共産圏の閉鎖性を表現した言葉。
1947 (昭22)	3 トルーマン=ドクトリン(ソ連封じ込め政策)	
	6 マーシャル=プラン	
	10 コミンフォルム(欧州共産党情報局)	12 臨時石炭鉱業管理法公布(炭鉱国家管理)
1948 (昭23)	4 ベルリン封鎖始まる	1 米陸軍長官ロイヤル、「日本を反共の防壁にする」と演説
	8 大韓民国(韓国)成立	7 政令201号公布(公務員の争議行為禁止)
	9 朝鮮民主主義人民共和国(北朝鮮)成立	12 GHQ、経済安定九原則を発表
1949 (昭24)	1 コメコン設置	3 ドッジ、収支均衡予算編成を指示[ドッジ=ライン実施の要求]
	4 北大西洋条約機構(NATO)成立	4 1ドル=360円の単一為替レート設定
	5 ドイツ連邦共和国(西独)臨時政府成立	7 国鉄、第1次人員整理通告
	10 中華人民共和国成立	7 下山事件。国鉄、第2次人員整理通告。三鷹事件
	10 ドイツ民主共和国(東独)成立	8 松川事件
	11 対共産圏輸出統制委員会(ココム)成立	9 シャウプ勧告発表
1950	6 朝鮮戦争勃発	

❷ 占領政策の転換

		転換前	転換後
背景		●東西2大陣営による冷戦体制の形成 ●中国内戦における中国共産党の優勢と朝鮮半島における南北分断状態の固定化	
時期		1948年(米陸軍長官ロイヤルの演説が始まり)	
		転換前	転換後
占領政策	政治	日本の非軍事化・民主化	民主化よりも反共の防波堤に
	経済	日本の工業生産力を低く押さえる	経済復興により経済の自立

↑❶ハングルと英語で書かれた北緯38度の看板
朝鮮半島では、東西対立から、1948年、北緯38度線をはさんで北部のソ連占領地域に朝鮮民主主義人民共和国、南部のアメリカ占領地域に大韓民国が成立した。
▶南北の分断

❹ ドッジとシャウプの来日

池田勇人(蔵相)　ドッジ

シャウプ　池田勇人

↑❸ドッジ公使の来日　経済安定九原則を実施するため、1949年3月に来日したGHQ顧問のドッジは、「日本経済は、アメリカの援助と政府の補助金という足に乗った竹馬経済である」と発言した。

↑❹シャウプの来日　1949年5月、財政学者シャウプを団長とする租税専門家チームが来日した。直接税中心主義と累進課税制を柱とした徴税強化策が勧告され、1950年度の税制改革でほぼ実現された。写真は、池田蔵相を訪問したシャウプ。

❸ 日本経済の再建

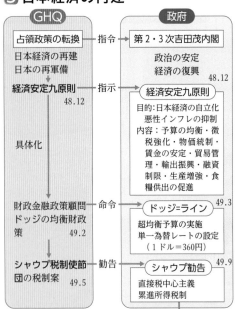

GHQ

占領政策の転換　—指令→
日本経済の再建
日本の再軍備

経済安定九原則　—指示→
48.12

具体化

財政金融政策顧問
ドッジの均衡財政策　—命令→
49.2

シャウプ税制使節団の税制案　—勧告→
49.5

政府

第2・3次吉田茂内閣
政治の安定
経済の復興
48.12

経済安定九原則
目的:日本経済の自立化
悪性インフレの抑制
内容:予算の均衡・徴税強化・物価統制・賃金の安定・貿易管理・輸出振興・融資制限・生産増強・食糧供出の促進

ドッジ=ライン　49.3
超均衡予算の実施
単一為替レートの設定
(1ドル=360円)

シャウプ勧告　49.9
直接税中心主義
累進所得税制

経済復興政策の結果
①超均衡予算によってインフレ収束(ドッジデフレ)、統制経済からの解放、闇市の消滅
②ドッジ不況(安定恐慌)によって行政整理、中小企業の倒産、企業合理化、大量解雇、失業者の増大
③単一為替レートによって円の国際経済への復帰
④シャウプ勧告によって戦後の税制の基本的制度確立
⑤労働運動の激化と抑圧

一ドル三百六十円
廿五日実施　為替レート決る

↑❷1ドル=360円の単一為替レートを伝える新聞(1949年4月23日号外)

❺ ドッジ不況下の社会

↑❺「10円均一」の店　ドッジ不況で、1950年三月危機が叫ばれると、「なんでも10円均一」の店が東京日本橋に出現した。

↑❻職業安定所におしかけた失業者　ドッジ不況で大量に失業者がでた。

↑❼下山事件　1949年7月5日、国鉄総裁下山定則が行方不明となり、翌日、常磐線綾瀬駅付近で轢死体となって発見された。現在は自殺説が有力であるが、政府は最初から他殺説をとり、大量首切りに反対する国鉄労働組合の闘いの芽をつみとることに成功した。

←❽三鷹事件　東京の国鉄三鷹駅車庫から無人の電車が突然暴走し、死傷者を出した。国鉄労働組合員らの犯行とされた。

←❾松川事件　福島県の東北本線松川駅付近で列車が脱線・転覆し、機関士ら3名が死亡した。国鉄労働組合員や共産党員が多数逮捕されたが、その後の裁判で全員無罪となった。

見方・考え方
❼❽❾はいずれも国鉄に関係した事件で、これによってきびしい人員整理に反発していた国鉄の労働組合が弾圧されたことを知ろう。

一言かわら版　東宝争議　1948年の東宝での争議に際しては、GHQの戦車・飛行機も出動し、「来なかったのは軍艦だけ」と言われた。

1 朝鮮戦争関係年表

年・月・日	事項　　　白ヌキ数字は地図に対応
1950. 6.25 (昭25)	北朝鮮軍、北緯38度線を越えて韓国に侵攻❶
6.28	北朝鮮軍、ソウル占領❷
7. 7	安保理事会、アメリカによる国連軍指揮を決定
8.18	韓国政府、釜山に臨時遷都❸
9.15	国連軍、仁川などに上陸して反撃開始❹
9.26	国連軍、ソウル奪回❺
10.20	国連軍、ピョンヤン占領❻
10.25	中国軍、鴨緑江を越えて朝鮮半島に出動❼
12. 5	北朝鮮・中国軍、ピョンヤン奪回❽
1951. 1. 4 (昭26)	北朝鮮・中国軍、ソウル突入（3月7日占領）❾
3.17	国連軍、ソウル再奪回❿
4.11	国連軍最高司令官マッカーサー解任
6	戦線が38度線でほぼ定着
7	開城で休戦会談開始（10月、板門店で再開）⓫
1953. 7.27 (昭28)	板門店で朝鮮休戦協定調印⓬、戦闘行為終了

2 朝鮮戦争 ▶朝鮮戦争

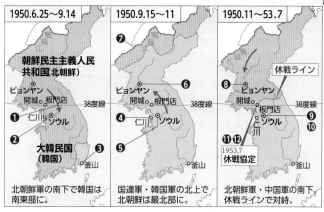

1950.6.25〜9.14	1950.9.15〜11	1950.11〜53.7

朝鮮民主主義人民共和国（北朝鮮）
ピョンヤン　開城・板門店　38度線　❶仁川　ソウル　❷
大韓民国（韓国）　❸　釜山

北朝鮮軍の南下で韓国は南東部に。

❼　ピョンヤン　開城・板門店　38度線　❻　❹仁川　ソウル　❺　釜山

国連軍・韓国軍の北上で北朝鮮は最北部に。

休戦ライン　❽　ピョンヤン　開城○板門店　38度線　❾　ソウル　❿　⓫⓬　1953.7　休戦協定　釜山

北朝鮮・中国軍の南下。休戦ラインで対峙。

テーマのポイント

1 朝鮮戦争の特需景気により、日本経済が復興した
2 朝鮮戦争時、出撃した在日米軍にかわり日本を防衛するため、GHQの指令で警察予備隊が設置された

見方・考え方
第二次世界大戦後、朝鮮半島は北緯38度線を境に、南はアメリカ軍、北はソ連軍の占領下におかれていたことを理解しよう。

←❶アメリカ軍空挺部隊(1950年10月)　ピョンヤン付近の農村地帯に降下するアメリカの落下傘部隊。勢いづいた国連軍は10月20日にピョンヤンを占領した。

←❷マッカーサー解任　マッカーサーは、中国の基地への爆撃を主張し、それに反対するトルーマン大統領によって司令官を解任された。帰国したマッカーサーは「老兵は死なず、ただ消え去るのみ」と語り、引退した。

3 朝鮮特需による経済復興

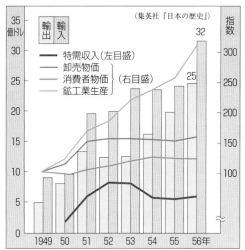

（集英社『日本の歴史』）
輸出　輸入　億ドル　指数
― 特需収入（左目盛）
― 卸売物価
― 消費者物価（右目盛）
― 鉱工業生産

1949　50　51　52　53　54　55　56年

特需契約の内容 (1950.6〜55.6)

	物資		サービス	
1	兵　器	14,849	建物の建設	10,764
2	石　炭	10,438	自動車修理	8,304
3	麻　袋	3,370	荷役・倉庫	7,592
4	自動車部品	3,111	電信・電話	7,121
5	綿　布	2,957	機械修理	4,822

（単位：万ドル）（『近代日本経済史要覧』）

朝鮮戦争は、ドッジ=ラインのもとで不景気にあえいでいた日本経済を回復させる最大の要因となった。アメリカ軍が大量の軍需品を日本に発注し、支払いをドルでおこなったので、日本はドルで原料を輸入、加工して輸出することができた。鉱工業生産は1949年から53年までに2倍以上に増え、1951年に戦前の水準を超えた[*]。

[*] 戦前水準（1934〜36年平均を100とする）を超えた年は、実質国民総生産が1951年、1人あたり実質国民総生産が1955年、1人あたり個人消費が1953年である。

→❹警察予備隊創設(1950年8月)　朝鮮戦争勃発直後の1950年7月、GHQは朝鮮に投入した在日米軍の空白を埋めるために、7万5,000人の警察予備隊の創設と、海上保安庁要員8,000人の増員を指令した。再軍備への第一歩となった。

↑❸休戦会談(1953年7月)　1951年7月に開城で始まった休戦会談は中断したが、板門店で戦闘継続のまま再開された。1953年7月、休戦協定が調印された。

特需がもたらしたもの　歴史ポケット

日本経済は、朝鮮戦争によって息を吹き返した。特需で発注されたおもな物資は、麻袋・綿布などの繊維関係と、トラック・鋼材・ドラム缶などの金属関係で、いわゆる「糸（いとへん）」「金（かねへん）」ブームがおこった。例えば、自動車産業は、ドッジ=ラインによる不況の影響で販売不振となっていたが、朝鮮戦争勃発後、連合軍から大型トラックの発注を受けて経営が好転した。また、特需による経済復興で一般の自動車需要も急増した。

↑❼トラックの製造

↑❺総評結成(1950年7月)　GHQは、反共産主義の労働組合の育成をはかり、日本教職員組合・国鉄労働組合など17組合377万人を集めて日本労働組合総評議会（総評）を結成させた。

↑❻レッドパージに反対する学生デモ(1950年10月)　レッドパージは、GHQの指令でおこなわれた日本共産党関係者の追放。1950年6月の共産党幹部、党機関紙関係者の追放から始まり、官公庁・一般企業にも波及した。

→p.339 5

近現代　現代

1 講和・安保条約関係年表

内閣	年代	国際情勢	国内情勢
吉田茂③（民自党）	1949（昭24）	10 **中華人民共和国成立**（ペイチン） 12 国民党政府、台北へ移転	11 米国務省、「対日講和条約を検討中」と声明。全面講和・単独講和の論争激化
	1950（昭25）	2 中ソ友好同盟相互援助条約調印 6 **朝鮮戦争勃発 ○p.347** 9 米大統領トルーマン、対日講和交渉を指令。国連軍、仁川に上陸、反撃を開始 10 国連軍、ピョンヤン占領。**中国軍参戦**	6 マッカーサー、共産党中央委員24人の公職追放を指令 7 マッカーサー、警察予備隊創設と海上保安庁増員を指令 **総評結成○p.347⑤** レッドパージはじまる**○p.347⑥** ●**特需景気**はじまる 10 政府、1万90人の公職追放解除を発表
	1951（昭26）	7 朝鮮休戦会談ひらく 8 米・フィリピン相互防衛条約調印 9 米・豪・ニュージーランド、太平洋安全保障条約（ANZUS）調印	4 マッカーサー解任・帰国、後任にリッジウェイ中将 9 サンフランシスコ講和会議で**対日平和条約**調印 **日米安全保障条約調印** 10 日本社会党、講和条約に賛成の右派と、反対の左派に分裂
	1952（昭27）	1 韓国、李承晩ライン設定**○p.367「竹島」**	2 日米行政協定調印 4 日華平和条約調印

3 平和条約の規定による日本の領土 ○p.367 2

凡例：
- サンフランシスコ平和条約による日本の領土
- 第二次世界大戦終了前の日本領
- その後の日本復帰地域（境界）

現在、ロシアとの北方領土問題、韓国との竹島問題、また中国が領有を主張している尖閣諸島をめぐる問題もある。

4 日米安全保障条約と日米行政協定

日米安全保障条約（1951年9月8日調印。1952年4月28日発効）前文と5か条	
内容	①第1条 日本国内及びその付近に米軍が駐留することを日本が許可する。米軍は「極東*」における国際の平和と安全の維持に寄与し」、「日本国における大規模な内乱及び騒じょうを鎮圧する」、「外部からの武力攻撃に対する日本国の安全に寄与する」ためなどに使用される。 ＊東アジア・東南アジアを欧米から見ていう呼称。 ②第3条 米軍の「日本国内及びその附近における配備を規律する条件は、両政府間の行政協定で決定する」。
日米行政協定（1952年2月調印。4月発効）前文と29か条	
内容	安保条約にもとづき、駐留する米軍は日本国内のどこにでも基地を設置でき、必要な便宜は日本が提供する。米兵とその家族は治外法権をもつなど、米軍に特権的な地位を与える内容。

一言かわら版「曲学阿世」 吉田茂首相は、サンフランシスコ平和条約全面講和論を主張した南原繁東京大学総長を「曲学阿世（学問をねじまげ、世におもねる）の徒」と非難して対立を深めた。

● テーマのポイント

1 サンフランシスコ平和条約の締結によって、日本は主権を回復した

2 平和条約と同じ日に日米安全保障条約が調印され、日本にアメリカ軍が駐留することが取り決められた

2 サンフランシスコ平和条約（1951年9月8日調印）

サンフランシスコ平和条約の内容

① 日本の賠償責任を著しく軽減

② 日本の領土については厳しい制限を加え、朝鮮の独立、台湾・南樺太・千島列島などの放棄を定める

③ 占領軍は日本から撤退するが、外国軍隊の駐屯・駐留は認める

④ 沖縄・小笠原諸島はアメリカの施政権下

⑤ 条約は1952年4月28日に発効し、約7年に及ぶ占領は終結する

→① 全面講和を求めるメーデー（1951年5月1日）ソ連・中国を含む全交戦国との講和を求める**全面講和論**と、西側諸国のみとの講和を求める単独（多数）講和論が対立した。

←② サンフランシスコ平和条約調印式（1951年9月8日）講和会議に招請された国は55か国だったが、3か国は不参加、3か国は調印を拒否したので49か国が調印した。首席全権の吉田茂首相は、「この平和条約は復讐の条約でなく、和解と信頼の文書である」と述べ、署名した。

池田勇人（蔵相）
吉田茂（首相）

[招請されなかった国] 中華人民共和国、中華民国 [不参加国] インド、ビルマ、ユーゴスラヴィア [調印拒否国] ソ連、ポーランド、チェコスロヴァキア

● 衆議院での平和条約・安保条約の批准投票結果（1951年10月）

党派名	平和条約		安保条約	
	賛成	反対	賛成	反対
自由党	211	0	234	0
国民民主党	49	3	44	4
右派社会党	24	0	0	23
左派社会党	0	16	0	16
日本共産党	0	22	0	22
その他	13	6	11	6
計	307	47	289	71

日本社会党は批准国会の際に党内対立が激化し、平和条約に反対する左派社会党と、賛成する右派社会党に分裂した。

```
                    1951.10            1955.10
                    分裂                統一
              ┌ 左派社会党 ┐
日本社会党 ─┤  （鈴木茂三郎）  ├─ 日本社会党
（片山哲）   │              │    （鈴木茂三郎）
              └ 右派社会党 ┘
                 （河上丈太郎）
```

● プロフィール

吉田茂の懐刀

白洲次郎 兵庫県出身 1902〜1985

神戸の裕福な貿易商の家に生まれる。1919年、17歳の時にイギリスに留学、ケンブリッジ大学に学ぶ。英国留学でプリンシプル（原則）を持つことを学び、その姿勢を終生貫いた。帰国後、実業家として成功をおさめる。終戦後は吉田茂の側近としてGHQとの折衝に活躍、マッカーサーをして「従順ならざる唯一の日本人」と言わしめた。サンフランシスコ講和会議に際して、吉田茂首相の英文の演説原稿をみて激怒。独立国のメンツとして、すべて日本語に書きあらためさせた。なお、妻の白洲正子（初代台湾総督樺山資紀（○p.264 ③）の孫）は随筆家・骨董収集家として著名である。

① 再軍備・平和運動関連年表

内閣	年代	国際情勢	国内情勢
吉田茂③（民自党）	1952（昭27）	5 西欧6国、欧州防衛共同体条約に調印	4 海上保安庁内に海上警備隊設置 5 血のメーデー事件 7 破壊活動防止法・公安調査庁設置法・公安審査委員会設置法公布。保安庁法公布 8 保安庁設置、海上警備隊を警備隊に改称 10 警察予備隊を保安隊に改称
④	1953（昭28）	3 ソ連首相スターリン死去 7 朝鮮休戦協定調印 10 米韓相互防衛条約、ワシントンで調印	4 内灘米軍試射場無期限使用反対で、農民が座込み 8 スト規制法公布 10 池田・ロバートソン会談
吉田茂⑤（自由党）	1954（昭29）	3 アメリカ、ビキニ水域で水爆実験 6 周恩来・ネルー、平和五原則確認の共同声明 7 インドシナ休戦協定 9 東南アジア集団防衛機構（SEATO）創設	3 第五福竜丸、ビキニ水爆実験で被災 　米国とMSA協定（日米相互防衛援助協定など4協定）調印 6 政治的中立に関する教育二法公布。改正警察法公布（自治体警察廃止。都道府県警察創設）。防衛庁設置法・自衛隊法公布 7 防衛庁・自衛隊発足
鳩山一郎①②③	1955（昭30）	4 アジア=アフリカ会議（バンドン会議）開く 5 ソ連・東欧8国、ワルシャワ条約機構結成	5 砂川町で立川基地拡張反対総決起大会。砂川闘争はじまる 5 第1回日本母親大会開催 8 第1回原水爆禁止世界大会が広島で開催される
	1956		6 教育委員会法改正➡p.341 ③

🔸 テーマのポイント

1 吉田茂内閣は、独立回復後、防衛力の強化や国内の諸制度の再編をおこなった
2 革新勢力は、吉田内閣の政策を、戦後の民主化政策に逆行するものとして、反対運動を展開した

② 米軍基地と基地反対闘争 ➡p.353 ④

1953年時点
・飛行場　■軍港　●その他

横田　立川　市ヶ谷（在日米軍司令部）　千歳
厚木　上瀬谷　三沢
座間（極東陸軍司令部）　横須賀
佐世保　板付　美保　小牧
小倉　伊丹
岩国
熊本　別府　富士山麓　嘉手納　牧港　普天間　沖縄

キャンプ・コートニー　キャンプ・ハンセン　キャンプ・シュワブ　瑞慶覧　松ヶ崎　仙台　トリイ

地名 2022年現在も米軍が在留のもの

見方・考え方
日本本土に駐留していた米軍は、米国の占領下にあった沖縄へ移っていき、沖縄の基地面積は約1.8倍に増加することになったことを理解しよう。

日本降伏後に占領軍として進駐をはじめた米軍は、講和条約の発効後も日米安保条約によって日本本土に駐留を続けていた。しかし、米国政府は日本本土に多数の駐留軍が存在することによって米国に批判的な世論が高まることを懸念し、日本本土の地上戦闘部隊を大幅に削減し、基地を返還していく方針を立てた。その結果、1955年から60年にかけて、日本本土の米軍基地面積は一気に約4分の1に減少した。

↑③ 内灘闘争（1952～53年）　石川県内灘村（現、内灘町）の米軍砲弾試射場新設に反対する漁民など地元住民の反対闘争。漁民たちは「金は一年、土地は万年」の合言葉で闘い、敗れはしたが全国の基地反対闘争を勇気づけた。

↑④ 砂川闘争（1955～59年）　東京都砂川町（現、立川市）の米軍基地拡張に反対した運動。地元の反対同盟と支援団体が警官隊と激しく衝突する流血事件に発展した。「土地に杭は打たれても、心に杭は打たれない」との合言葉が生まれた。

↑① MSA協定調印（1954年3月8日）　アメリカのMSA（相互安全保障法）にもとづいて、日本の軍事力増強を図るためにアメリカが援助を与える主旨の協定。5月1日に発効し、自衛隊の誕生に至る。

↑② 自衛隊の発足（1954年7月1日）　防衛二法（防衛庁設置法・自衛隊法）の施行にともない、防衛庁とその下に陸・海・空3軍編制の自衛隊が発足した。自衛隊法には「直接侵略および間接侵略に対しわが国を防衛することを主たる任務」とすることが規定されている。

➡⑥ 第1回原水爆禁止世界大会開幕（広島、1955年8月6日）　第五福竜丸被災後、原水爆禁止を求める運動が高まり、13か国の代表も含め、約2,000人が参加して開かれた。署名数は全世界で6億7,000万余に達したことが報告された。翌9月、原水爆禁止日本協議会（原水協）が発足した。

③ 原水爆禁止運動

↑⑤ 第五福竜丸被災（1954年3月1日）　静岡県焼津港を母港とするマグロ漁船第五福竜丸（乗組員23名）が、中部太平洋マーシャル諸島のビキニ環礁付近で操業中、アメリカの水爆実験による「死の灰」を浴び被災した（うち1名は死亡）。

原水爆禁止世界大会
WORLD CONFERENCE AGAINST ATOMIC & HYDROGEN BOMBS

血のメーデー　歴史ポケット

戦後、皇居前広場はメーデーなどに使われ「人民広場」ともよばれたが、1952年に第3次吉田茂内閣は、前年に続いて中央メーデーの会場として使用することを禁止した。明治神宮外苑での式の終了後にメーデー参加者がデモ行進を始め、皇居前広場に入ったところで警官隊が攻撃を開始し乱闘になった。警官が拳銃を使用したこともあって死者2名、双方の負傷者は2,300名にのぼった。事件後、破壊活動防止法が若干の修正を経て成立した。

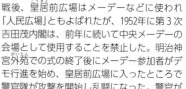

近現代
現代

1 55年体制と国際社会への復帰略年表

内閣	年代	国際情勢	国内情勢	
鳩山一郎②	1955(昭30)	9 ソ連・西独共同コミュニケで国交樹立	9 日本、関税と貿易に関する一般協定(GATT)に正式加盟 10 社会党統一大会 11 自由・日本民主両党合同、自由民主党(自民党)結成、保守合同なる(55年体制はじまる)	神武景気
鳩山一郎③	1956(昭31)	2 ソ連フルシチョフ第一書記、スターリン批判 7 ナセル、スエズ運河会社の国有化を宣言 10 ブダペストで反政府暴動おこる(ハンガリー事件の発端) イスラエル軍、エジプト侵攻(スエズ戦争)	7 『経済白書』発表、「もはや戦後ではない」と記す🈺 10 モスクワで日ソ共同宣言に調印、ソ連と国交回復🈺 12 国連総会、日本の国連加盟を全会一致で承認	
石橋湛山┤				
岸信介①	1957(昭32)	3 欧州経済共同市場(EEC)条約調印 10 ソ連、人工衛星スプートニク1号打ち上げに成功	6 岸首相、米大統領アイゼンハワーと会談、日米新時代を強調 9 文部省、教員勤務評定の徹底を通達 12 日教組、勤評反対闘争で「非常事態宣言」	なべ底不況
岸信介②	1958(昭33)	2 エジプト・シリアが合併しアラブ連合共和国成立 8 中国で人民公社建設運動全国化	9 藤山・ダレス会談、日米安保条約改定に同意 10 政府、警察官職務執行法(警職法)改定案を国会に提出 社会党・総評を中心に警職法改悪反対国民会議結成	岩戸景気

2 55年体制

←❶社会党統一大会(1955年10月13日) 憲法改正・自主外交などを唱える鳩山内閣の登場によって、両派社会党合同の動きが一挙に進み統一が実現した。委員長には左派の鈴木茂三郎、書記長には右派の浅沼稲次郎が就任した。

↑❷吉田茂(左)**と鳩山一郎**(右) 公職追放解除後に自由党に復帰した鳩山は、吉田首相と対立し、別の自由党(分派自由党)を結成した。いったん自由党に戻ったが、1954年に日本民主党を結成した。

↑❸保守合同(1955年11月15日) 社会党統一後、財界の圧力が高まり、**日本民主党**(鳩山一郎総裁)と**自由党**(緒方竹虎総裁)が合同して、自由民主党(初代総裁は鳩山)が結成された。以後38年間続く**55年体制**がはじまった。→p.364 1

テーマのポイント

1 保守と革新の対立構造のなかで、保守と革新を代表する自由民主党と日本社会党が、議席数の比率2対1で第一党と第二党を占める政治体制(55年体制)が成立した

2 日ソ共同宣言に調印しソ連と国交を回復したことで、日本の国連への加盟が認められた

4 賠償協定とその内容 →p.367 2 3

相手国	協定の内容
ビルマ(現、ミャンマー) 調印 1954年11月5日 発効 1955年4月16日	賠償2億ドル、合弁事業投資5,000万ドル、期間10年。発電所建設、ビルマ鉄道復旧計画など
フィリピン 調印 1956年5月9日 発効 1956年7月23日	賠償5億5,000万ドル、民間ベース経済開発借款2億5,000万ドル、期間20年。沈没船引き揚げ船舶供与など
インドネシア 調印 1958年1月20日 発効 1958年4月15日	賠償2億2,308万ドル、民間ベース経済開発借款4億ドル、期間12年。ダム建設、製紙工場、紡績工場など
南ベトナム 調印 1959年5月13日 発効 1960年1月12日	賠償3,900万ドル、借款750万ドル、期間5年。水力発電所建設、鍛錬工場、沈没船引き揚げ、ボール紙工場、灌漑など

サンフランシスコ平和条約は「日本の存立可能な経済の維持」という範囲内で、日本に対して賠償支払いの義務を定めた。表のようにビルマなど4か国が賠償を請求したが、このほかに日本は、ラオス・カンボジア・タイ・マレーシア・シンガポール・韓国などに対して、無償の資金供与・経済協力をおこなった。→p.367 2

3 国際社会への復帰

鳩山一郎 | ブルガーニン

↑❹日ソ共同宣言調印(1956年10月19日、モスクワ) 日本とソ連との戦争状態の終結と、11年ぶりの国交回復に関する宣言が、鳩山・ブルガーニン両首相の間で調印された。

岸信介外相 | 石橋湛山首相 | 池田勇人蔵相

→❻石橋湛山内閣の成立(1956年12月23日) 日ソ共同宣言批准後、鳩山内閣は退陣し、石橋内閣にかわった。石橋湛山は、大正デモクラシー期以来、反戦・反軍・反帝国主義を主張したリベラルなジャーナリスト・政治家であり、国民の期待を集めたが、病気のために2か月で退陣した。→p.295❷、333

日ソ共同宣言のおもな内容
①日本の国連加盟の支持
②対日賠償請求権の放棄
③日ソ漁業条約の発効
④抑留日本人の返還
⑤平和条約締結後の歯舞・色丹の日本への返還

↑❺日本の国際連合加盟(1956年12月18日) 日ソ国交回復をうけて、国連総会は日本の加盟を全会一致で決した。1933年の国際連盟脱退以来23年ぶりに、日本は国際社会に復帰することができた。日の丸の下に立つ重光葵外相(→p.336 3)。

1 新安保条約改定と安保闘争関係年表

内閣	年代	国際情勢	国内情勢
岸信介②（自民党）	1959（昭34）	1 カストロ指揮のキューバ革命、バチスタ政権を打倒 9 ソ連フルシチョフ首相訪米。アイゼンハワー米大統領と会談。フルシチョフ首相訪中、中ソの対立激化	3 社会党・総評・原水協など、**安保改定阻止国民会議**を結成 4 皇太子明仁親王と正田美智子さん結婚 11 安保改定阻止第8次統一行動、国会請願デモ隊約2万人国会構内に突入 12 三池争議はじまる
	1960（昭35）	4 ソウルの大学生、国会前で李承晩大統領退陣要求デモ　李承晩退陣表明 5 ソ連最高会議、ソ連領空に侵入した米偵察機U2型機の撃墜を発表	1 **日米相互協力及び安全保障条約（新安保条約）**・日米地位協定などワシントンで調印　民主社会党結成 3 衆議院本会議、新安保条約を強行採決（以後国会は空白状態、連日国会周辺にデモ） 6 米大統領秘書ハガチー来日、デモ隊に包囲され米軍ヘリコプターで脱出（アイゼンハワー大統領訪日中止） 全学連主流派、国会突入をはかり警官隊と衝突 **新安保条約、自然成立** 新安保条約批准書交換、発効　岸首相退陣表明
池田勇人①	9	ラオス内戦本格化　石油輸出国機構（OPEC）設立宣言 ●この年、アフリカで17か国が独立	9 自民党、**所得倍増**など新政策発表（「政治の季節」から「経済の季節」へ） 10 浅沼稲次郎社会党委員長、3党首立会演説会で刺殺される

3 保守と革新勢力の対決

➡️5 三池争議（1959〜60年）　福岡県三池炭鉱（➡️p.355①）でおきた大争議。人員整理を中心とする合理化案、活動家の指名解雇などに反発した組合側が全面ストで対抗、総評も全面支援したが、指名解雇を認める中労委の斡旋案を受諾した組合側の敗北で終わった。

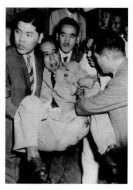

⬆️6 岸首相襲われる（1960年7月14日）　退陣直前の岸首相が官邸で右翼に刺され軽傷を負った。

➡️7 浅沼社会党委員長刺殺（1960年10月12日）　東京の日比谷公会堂でおこなわれた自民・社会・民社3党による立会演説会で、浅沼稲次郎委員長が右翼少年に刺殺された。テレビ中継で放映され、国民に大きな衝撃を与えた。

浅沼委員長刺殺さる
日比谷（三党首演説会）で演説中
犯人は十七才の少年
あっという間に
少年は

➡️ **テーマのポイント**

1 岸内閣は憲法改正と再軍備を唱え、革新勢力との対決の姿勢を示した
2 日米安保条約の改正においては、大規模な反対運動がおこった

2 新安保条約と安保闘争

日米相互協力及び安全保障条約（新安保条約）

①条約の目的……1951年に調印された安保条約を改定して日米関係をより対等にする
②条約の要点……アメリカの日本防衛義務が明文化される。期限は10年
③条約付属文書…在日米軍の日本及び「極東」での軍事行動に関する事前協議を定める
④反対運動がおこった理由……アメリカの戦争に組み込まれる危険性が高まると革新勢力が考えた

➡️1 新安保条約調印（1960年1月19日、ワシントン）　ホワイトハウスで、岸首相とアイゼンハワー米大統領との間で調印された。同時に、日米行政協定を改定した**日米地位協定**も結ばれた。

岸信介　アイゼンハワー

⬅️2 新安保条約強行採決（1960年5月20日）　衆議院議長清瀬一郎は、警官500人を導入して条約可決を強行した。

➡️3 ハガチー脱出（1960年6月10日、羽田空港）

➡️4 新安保条約反対を叫ぶデモ隊（国会議事堂前）　60年安保闘争は、日米安全保障条約の改定に反対する**安保改定阻止国民会議**が中心となって展開された闘争で、1960年5〜6月に最高潮に達した。5月20日の衆議院での強行採決以後、デモ隊が国会を取り巻いたほか、全国でストライキやデモがおこなわれた。6月4日の参加者は560万人に達した。6月15日には全学連（全日本学生自治会総連合）が国会に突入して警官隊と衝突、この時、東大生の樺美智子が死亡した。6月18日には、国会周辺のデモ参加者は33万人を数えた。

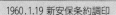

1960.1.19 新安保条約調印
　　　5.20 衆議院で採決
　　　6.19 国会で自然成立
　　　6.23 批准書交換、条約発効

ミッチーブーム

1958年11月、皇太子（明仁親王。現、上皇）妃が正田美智子さん（現、上皇后）に決定した。民間から選ばれた最初の皇太子妃だったことや、交際のきっかけが軽井沢のテニスだったこともあって「ミッチーブーム」がおこり、翌年4月10日の結婚の儀に至ってブームはピークに達した。各テレビ局は大規模な中継体制をとり、結婚パレードを放送した。テレビ受信契約者数は200万人を超え、全国で1,500万人が放送を見たと推定されている。

歴史ポケット

近現代　現代

1 池田勇人内閣・佐藤栄作内閣関係年表

内閣	年代	国際情勢	国内情勢	
池田勇人②（自民党）	1960（昭35）	12 経済協力開発機構（OECD）条約成立	12 国民所得倍増計画を決定	岩戸景気
	1961（昭36）	4 ソ連有人宇宙船ヴォストーク1号打上げ成功 8 ベルリンの壁構築	6 農業基本法公布（農業の基本方向と政策目標を規定）	
	1962（昭37）	10 ケネディ大統領、キューバにソ連がミサイル基地建設中と発表、キューバ海上封鎖を声明（キューバ危機）	1 ガリオア・エロア返済協定調印 5 新産業都市建設促進法公布 10 全国総合開発計画決定 11 LT貿易はじまる	
	1963（昭38）	8 米英ソ3国核実験停止会議、部分的核実験禁止条約調印 11 ケネディ大統領、暗殺される	2 日本、GATT11条国（国際収支を理由とする貿易制限の禁止）へ移行 8 日本、米英ソの3首都で部分的核実験禁止条約に調印	オリンピック景気
池田③（自民党）	1964（昭39）	10 ソ連、フルシチョフ第一書記兼首相を解任。中国、初の核実験	4 日本、IMF8国に移行 日本、OECDに加盟 10 東海道新幹線開業 東京オリンピック開催 11 公明党結成	
佐藤栄作①（自民党）	1965（昭40）	2 米軍機、北ベトナムのドンホイを攻撃（北爆の開始）	6 日韓基本条約調印 名神高速道路全線開通 8 佐藤首相、沖縄訪問	
	1966（昭41）	8 中国で文化大革命本格化	7 新東京国際空港建設地を千葉県成田市（三里塚）に決定	
	1967（昭42）	6 第3次中東戦争 7 欧州共同体（EC）成立 8 東南アジア諸国連合（ASEAN）結成	4 東京都知事に社会党・共産党推薦の美濃部亮吉が当選 8 公害対策基本法公布 12 佐藤首相、非核三原則を言明	いざなぎ景気
佐藤栄作②（自民党）	1968（昭43）	1 OAPEC結成 7 核兵器拡散防止条約調印（日本は70年に調印）	5 イタイイタイ病を公害病に認定 6 大気汚染防止法、騒音規制法公布 小笠原諸島、日本復帰	
	1969（昭44）	8 チェコ事件 6 南ベトナム臨時革命政府樹立	1 東大安田講堂の封鎖解除 初の『公害白書』発表	
	1970（昭45）	5 米軍、北爆を再開	3 日本万国博覧会、大阪で開催 12 公害対策基本法改正法など公害関係14法案が成立	
佐藤③	1971		6 沖縄返還協定調印	
	1972		5 沖縄が日本に復帰	

テーマのポイント

1 池田内閣……対米協調外交を継続し、「所得倍増」を掲げ、高度成長をいっそう促進する経済政策を展開

2 佐藤内閣……8年近い長期政権。ベトナム戦争でアメリカを一貫して支持。韓国との国交、非核三原則、小笠原・沖縄返還を実現。高度経済成長政策を続けるが、深刻な公害問題が発生。大学紛争などの諸問題に直面

2 池田内閣 （1960年7月〜64年11月）

↑① 第1次池田勇人内閣　「寛容と忍耐」をスローガンに掲げ、新政策の中心を所得倍増に置いた。中山マサ厚生大臣は女性最初の大臣（〇p.343 7）。

↑② LT貿易開始（1962年11月）　中日友好協会会長の廖承志と自民党の高碕達之助が、北京で準政府間貿易の取り決めを結んだ。この貿易を、二人の頭文字からLT貿易という。

3 佐藤内閣 （1964年11月〜72年7月）▶日韓基本条約

↑③ 日韓基本条約調印（1965年6月22日、首相官邸）　韓国の朴正熙政権との間に結んだ国交正常化のための条約。韓国併合条約とそれ以前の条約が「もはや無効である」ことが確認された。史

↑④ 日韓基本条約締結に反対するデモ（1965年6月22日、東京・虎ノ門）　日韓両国内では、条約締結に対して、激しい反対運動がおこった。

↑⑤ 佐藤栄作首相沖縄訪問（1965年8月）　戦後初めて首相が沖縄の土を踏んだが、訪問に反対するデモ隊に迎えられた。佐藤首相は「沖縄が祖国に復帰しない限り、日本の戦後は終わらない」と述べた。

↑⑥ 東大紛争（1968〜69年）　1968〜69年、全国の大学で、学園紛争（闘争）が頂点に達した。東京大学でも全共闘（全学共闘会議）を名乗る学生が安田講堂などを封鎖した。69年1月、8,000人の機動隊が火炎瓶・投石で抵抗する占拠学生を排除した。

←⑧ ベ平連のデモ（1970年6月）　ベトナム戦争に反対する運動が世界各地でおこった。日本では、1965年にベ平連（ベトナムに平和を！市民連合）という市民運動団体が結成された。

プロフィール

革新首長の旗頭

美濃部亮吉 東京都出身 1904〜1984

美濃部達吉の長男。1938年の第2次人民戦線事件で検挙されたこともある。戦後は東京教育大学教授になったが、1967年の東京都知事選挙で社会・共産両党などの推薦で立候補し、220万票を獲得して当選した。都市問題が深刻化する中、対話を重視した政治スタイルや独特の「みのベスマイル」やダンディな服装で明るさを印象づけ、特に女性の支持を得た。美濃部知事は国に先駆けて福祉行政を推進したが、やがて財政危機に直面することになった。3期12年で革新都政は終焉した。

↑⑦ 小笠原諸島の返還（1968年6月26日）　東京都小笠原支庁小笠原村が誕生した。

小笠原 23年ぶりに帰る　正午から父島で両代表が返還式

小田実

1 沖縄現代史年表 ▶米軍基地と沖縄

年代	事項
1945 (昭20)	**沖縄戦**。米軍が**沖縄**を占領、直接支配を開始 ▶p.330 ポツダム宣言受諾後も米軍が単独で占領
1946	GHQ覚書により北緯30度以南の諸島を本土から分離
1948	通貨が円から軍票B円になる
1949	本土から沖縄へのパスポート発行はじまる
1950 (昭25)	米軍政府が米民政府(民政長官は米極東軍司令官、 副長官は米琉球軍司令官)に改称
1952 (昭27)	**サンフランシスコ平和条約**発効。米民政府の下に群 島政府にかわる**琉球政府**を設置 ＊三権分立の形を取るが権限は弱い。行政主席は米民政府副長 官(57年高等弁務官に改称)によって任命される。
1953	奄美群島、本土復帰
1954	アイゼンハウアー米大統領、沖縄基地無期限保有を宣言
1956 (昭31)	プライス勧告発表。大規模な島ぐるみ闘争(沖縄土 地闘争)開始(～57)。反米闘争の指導者瀬長亀次郎、 那覇市長に当選(57年追放)
1958 (昭33)	通貨が軍票B円から米ドルになる 高校野球で沖縄県勢(首里高校)、甲子園初出場
1960	沖縄県祖国復帰協議会(復帰協)結成
1965 (昭40)	米軍、北爆を開始。沖縄の米軍がベトナムへ出動 佐藤栄作首相、沖縄訪問
1968	琉球政府主席公選制導入。初の選挙で屋良朝苗当選
1969	佐藤・ニクソン会談。共同声明で沖縄返還に合意
1970	国政参加選挙。コザ市(現、沖縄市)で反米暴動
1971	ワシントンで**沖縄返還協定**調印
1972 (昭47)	沖縄開発庁設置。**日本に復帰**(5月15日)、沖縄県復 活。初の沖縄県知事選挙で屋良朝苗当選
1975	沖縄国際海洋博覧会開催
1987	海邦国体開催、「日の丸」焼却事件
1993	天皇、全国植樹祭出席のため沖縄初訪問
1995	米兵による少女暴行事件を糾弾する県民総決起大会 →日米地位協定が問題化
1996	普天間基地返還で日米合意(移設問題が発生)
2000	九州・沖縄サミット開催
2004	沖縄国際大学(宜野湾市)の敷地内に米軍のヘリコプター墜落
2007	「集団自決」の記述をめぐる高校日本史教科書検定が問題化
2009	普天間基地移設問題が政治問題化
2012	米軍輸送機オスプレイ、普天間基地に配備

2 米軍政下の沖縄
▶p.156 , 193 , 256

5円

写真提供 日本
銀行貨幣博物館

100円

↑❶軍票B円 1948～58年に沖縄で法定通
貨として使われた、米軍が発効した円表示
の軍票。1958～72年は米ドルが使用された。

3 復帰後の沖縄

↑❷沖縄県祖国復帰協議会(復帰協)結成大会
(1960年4月28日) サンフランシスコ平和条約発効か
ら8年後の4月28日に復帰協が結成され、沖縄の日本
復帰運動は飛躍的に高揚した。

↑❸沖縄の日本復帰(1972年5月15日、那覇市の
復帰記念式典) 沖縄返還協定(1971年調印)の発効
によって沖縄の日本復帰が実現した。日本政府
は「核抜き、本土並み」といったが、広大な米軍
基地の存続に対する県民の不満は大きかった。

↑❹沖縄県民総決起大会(1995年10月21日、宜野
湾市) 米兵による少女暴行事件に抗議し、日米
地位協定の見直しを要求する集会に8万5,000名が
参加した。普天間高校3年の女生徒が「軍隊のない、
悲劇のない平和な島を返してください」と訴えた。

↑❺嘉手納基地のB52 アメリカは1965年
から北ベトナムへの爆撃(北爆)を開始したが、
世界最大の長距離戦略爆撃機B52が沖縄から
出動した。

↑❻普天間基地(沖縄・宜野湾市) 普天間基地は宜
野湾市の中央部に位置する。市域の4分の1を占め
る。1996年に移設が決まったが、実現していない。

4 沖縄の米軍基地 ▶p.349 2

日本復帰直後の沖縄の米軍基地

米軍基地(1972年)

0 20km

北部訓練場
安波訓練場
八重岳通信所
伊江島補助飛行場
金武ブルー・ビーチ訓練所
名護
金武レッド・ビーチ訓練所
辺野古
弾薬庫
読谷補助飛行場
沖縄
浮原島
訓練場
嘉手納飛行場
普天間飛行場
津堅島
訓練場
那覇
浦添
ホワイト・ビーチ地区
いとまん
糸満
牧港補給地区・補助施設
牧港住宅地区
那覇空軍・海軍補助施設

日本における米軍専用施設の割合

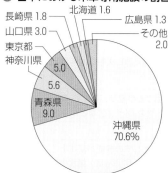

長崎県 1.8
山口県 3.0
東京都 5.0
神奈川県 5.6
青森県 9.0
沖縄県 70.6%
北海道 1.6
広島県 1.3
その他 2.0

沖縄が日本に復帰した1972年、全国の在日米軍基地に占め
る沖縄県の割合は約59%であった。現在、在日米軍専用施
設の約70%が沖縄に集中し、沖縄県の総面積の8%、沖縄
本島の面積の15%を米軍専用施設が占めている。

▶プロフィール

祖国復帰運動の象徴

屋良朝苗 沖縄県出身 1902～1997

知念高校校長を経て、1952年、沖縄教職員会会長
に就任した。「日本国民としての教育」「平和条約
第3条の撤廃」を掲げて祖国復帰運動を指導した。
1960年に復帰協が結成されると会長になり、1968
年初の主席公選では革新統一候補として出馬して
当選した。さらに、1972年の復帰後
最初の知事選挙でも当選した。
「基地のない平和な沖縄」を実現
するために尽力したが、基地は
残り、1975年の国際海洋博覧会
は環境破壊との批判を革新勢力
から受けることになった。

近現代

現代

① 実質経済成長率の推移

テーマのポイント

1. 1955～73年の約20年間、経済成長率が年10%を超えた
2. 日本のGNPは資本主義国で米国に次ぐ2位になった
3. 技術革新により低コスト・高品質の工業製品が大量生産された

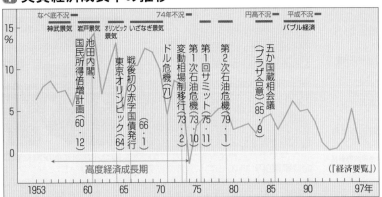

（なべ底不況・神武景気・岩戸景気・オリンピック景気・いざなぎ景気・74年不況・円高不況・平成不況・バブル経済）

池田内閣、国民所得倍増計画（'60・12）／東京オリンピック（'64）／戦後初の赤字国債発行（'66・1）／ドル危機（'71）／第1回サミット（'75）／第1次石油危機（'73・10）／変動相場制移行（'73・2）／第2次石油危機（'79・1）／五か国蔵相会議（プラザ合意）（'85・9）

高度経済成長期

『経済要覧』

1953　60　65　70　75　80　85　90　97年

② 各国のGNP比較 （単位：億ドル）

	1965 (昭40)	1970 (昭45)	1980 (昭55)	1993 (平4)
日　本	748	1,998	10,539	42,549
アメリカ	6,304	9,752	26,391	63,478
*ドイツ	956	1,803	7,585	17,057
イギリス	846	1,267	4,769	9,450
フランス	793	1,574	6,016	12,426

＊旧西ドイツ。1993年は旧西ドイツ地域の数値。

1968年の**日本のGNP（国民総生産）**は約52兆円（1,419億ドル）になり、西ドイツの1,322億ドルを超えて西側諸国では**アメリカ**に次いで**世界第2位**となった。しかし、国民一人あたりの所得水準はまだ20位前後だった。

③ 産業別就業者割合の推移

	第一次産業	第二次産業	第三次産業
1950年 (昭和25)	50.2%	21.3	28.5
1960年 (昭和35)	30.2	28.0	41.8
1970年 (昭和45)	17.4	35.2	47.4
1980年 (昭和55)	10.4	34.8	54.8
1990年 (平成2)	7.2	33.6	59.2

1960年には第三次産業就業者が第一次産業就業者を追い越し、1965年には第二次産業就業者が第一次産業就業者を追い越した。

④ 工業の産業別生産高の変化

	金属	機械	化学	食料品	繊維	その他
1950年 (昭和25)	16.0	13.9	14.3	13.4	23.7	18.7
1960年 (昭和35)	18.8	25.8	11.8	12.4	12.3	18.9
1970年 (昭和45)	19.3	32.3	10.6	10.4	7.7	19.7
1980年 (昭和55)	17.1	31.8	15.5	10.5	5.2	19.9
1990年 (平成2)	13.8	43.1	9.7	10.2	3.9	19.3

重工業／軽工業　『日本国勢図会』

鉄鋼・船舶・自動車などの重化学工業が工業生産額の3分の2を占めるようになった。一方、従来の工業の中心だった繊維工業は急速に衰退した。

⑤ 専業・兼業農家の割合

	専業農家	第1種（農業が主）	第2種（農業が従）
1950年 617.6万戸	50.0%	28.4%	21.6%
1960年 605.7万戸	34.3	33.6	32.1
1970年 534.2万戸	15.6	33.7	50.7
1980年 466.1万戸	13.4	21.5	65.1

（農林水産省資料）

農業基本法が制定（1961年）された1960年代、農家総数は減少を続けた。とくに、専業農家の減少が著しく、その一方、**第2種兼業農家**が増加した。

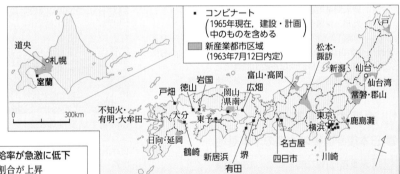

←①**高度経済成長期の工場**（1966年）
企業への奉仕が叫ばれ、人々は昼夜を問わず働いた。写真は、オートメーション化されたテレビ工場のようす。

⑥ 新産業都市建設促進法による新産業都市区域

■ コンビナート（1965年現在、建設・計画中のものを含める）

新産業都市区域（1963年7月12日内定）

0　300km

道央・札幌・室蘭・戸畑・徳山・岩国・富山・高岡・広畑・岡山・県南・不知火・有明・大牟田・大分・東予・日向・延岡・鶴崎・新居浜・有田・堺・四日市・名古屋・松本・諏訪・新潟・仙台・仙台湾・常磐・郡山・八戸・東京・横浜・鹿島灘・川崎

⑦ 高度経済成長の諸影響

①産業構造の高度化	●第一次産業（農林水産業）の比重が低下し食料自給率が急激に低下 ●第二次産業（鉱工業）・第三次産業（商業など）の割合が上昇 ●石炭から石油へのエネルギー転換が急速に進行し、石炭産業は衰退 ●太平洋側を中心に巨大な重化学工業地帯が出現。産業・人口が集中→人口や産業の大都市集中を防ぐ目的で**新産業都市建設促進法**公布（1962）
②国内市場の拡大	●労働者・農民所得の上昇
③輸出の拡大	●重化学工業製品の輸出の拡大で、1960年代後半以降、大幅な**貿易黒字**
④産業界の再編	●銀行・商社を中心に巨大な**企業集団**を形成
⑤消費革命	●家電製品・自動車の普及、**インスタント食品**などの普及、**スーパーマーケット**の拡大、外食産業・レジャー産業・マス＝メディアなどが発達
⑥交通網の整備	●**新幹線**・**高速道路**など
⑦高度経済成長のひずみ	●農村部の**過疎化**が進行し、農村の共同社会としての機能が衰弱化 ●都市部では**過密化**による交通渋滞・交通事故・住宅不足・無秩序な住宅建設・公害などの問題が深刻化。「**核家族**」が増加 ●大都市で**革新自治体**が成立
⑧日本的経営	●終身雇用、年功序列型賃金、労使協調など

歴史ポケット

「金の卵」

1955年頃から、地方の中学・高校の卒業生が、集団で東京などの大都市の企業に就職するようになった。高度経済成長とともに人手不足が深刻になり、とくに低賃金で雇える中卒者は重化学工業の労働者として、また、中小企業の工員・店員として「金の卵」などともてはやされた。集団就職がもっとも多かったのが1964年頃で、中卒・高卒者を乗せた専用列車がひんぱんに東京・大阪に向けて走った。進学率の上昇とともに、集団就職はみられなくなった。

↑②**集団就職で上京してきた中学卒業生たち**（東京・上野駅）

一言かわら版 過疎の村　高度経済成長が進む中、青年が都市へ流出した農村では「三ちゃん（じいちゃん・ばあちゃん・かあちゃん）農業」が一般化していった。

近現代　現代

エネルギーの転換は人々の生活にどのような影響をもたらしたのだろうか。

日本の生産構造が重化学工業中心に変わり、家庭にも電化製品や新しい生活用具が入ってきた。エネルギー源は、石炭から石油へ転換した。石炭と石油について、またエネルギーの転換にともなう生活の変化について見てみよう。

1 日本のおもな炭田

（1959年）

石狩炭田

釧路炭田

石狩炭田の一部を形成する夕張炭鉱は、1990年に閉山。北海道夕張市は石炭産業の撤退もあり借金が増え、2007年に財政破綻した。

福岡（糟屋）炭田
北松浦・唐津炭田
大嶺炭田
常磐炭田
宇部炭田
筑豊炭田
三池炭田
崎戸・高島炭田

●❶三池炭鉱（福岡県大牟田市ほか）三池炭鉱は、1888年に政府から三井へ払い下げられ、1997年の閉山まで続いた。写真は、宮浦坑跡に残る煙突。世界遺産 ➡p.351❺

● 石炭生産量

全国／九州／北海道／常磐／山口

6,000万トン／5,000／4,000／3,000／2,000／1,000
1885 1895 1905 1915 1925 1935 1945 1955 1965 1975 1985 1995 2005

● 石炭の生産と輸入の推移 （生産と輸入の単位：千トン）

年	生産	輸入	自給率(%)	年	生産	輸入	自給率(%)
1955	42,515	3,151	93.1	1985	16,454	93,691	14.9
1965	50,113	16,936	74.7	1995	6,317	124,170	4.8
1975	18,597	62,339	23.0	2005	1,114	180,808	0.6

2 炭鉱労働の実態

←❸「寝掘り」（上）・❹「ヤマの水害」（下）明治・大正・昭和と、筑豊の炭鉱で働いた山本作兵衛（1892〜1984）が描いた記録画は、採炭作業のようす、炭鉱町のくらしや風俗など、炭鉱労働者の日常を如実に伝えている。なお、❹の絵の「ヤマ」とは炭鉱のこと。2011年、589点の絵画と108点の日記やノートなどが、日本ではじめてユネスコ「世界の記憶」に登録された。➡p.109❷, 191❷, 200❺

©Yamamoto Family

石炭の歴史 ➡❷石炭

近代―石炭の採掘すすむ 産業革命以降、蒸気機関の動力として、世界的に石炭が用いられるようになった。日本においても、製鉄業の発展にともない、そのエネルギー源である石炭産業が重要な役割をもつようになった。

戦後―石炭産業の重点化 戦後まもなくの日本は、輸入エネルギーに頼れる状態ではなく、国内資源を徹底的に利用する方針をとった。それが「傾斜生産方式」（➡p.342❶）で、鉄鋼業と石炭産業に集中的に資金や資材を投入するというものであった。高度経済成長がはじまった1950年代半ば頃のエネルギー政策は、石炭を主とし石油を従とする「炭主油従」政策であった。しかし、その後の世界的なエネルギー革命により、中東原油と国内炭との価格差が大きく開き、こうした流れのなかで、日本は輸入原油に依存する「油主炭従」政策へと転換した。

高度経済成長以降―石炭から石油へ 1950年代半ばに中東の良質油田の開発が進み、安い石油の輸入が可能となった。一方、日本の石炭は採掘条件が悪く、生産コストもきわめて高かった。戦前からの濫掘による資源の枯渇などもあり、石炭価格は高騰した。石炭産業の合理化をはるかに上回るスピードで石油の価格は低下し、こうしたなかで、日本の石炭産業は衰退していった。

3 エネルギー革命

● 第1次エネルギー供給構成の推移

（『総合エネルギー統計』1980年）

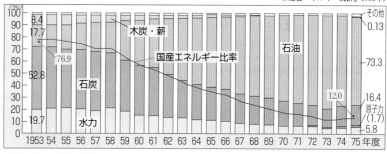

その他
木炭・薪
国産エネルギー比率
石油
石炭
水力
原子力

(%) 100／90／80／70／60／50／40／30／20／10
8.4／17.7／76.9／52.8／19.7
0.13／73.3／16.4／原子力(1.7)／12.0／5.8
1953 54 55 56 57 58 59 60 61 62 63 64 65 66 67 68 69 70 71 72 73 74 75年度

1953年は、石炭の割合がもっとも高く52.8％となっている。国産エネルギーの供給比率も80％弱という高さを示している。それが、高度経済成長が終わった1975年では、石油が73.3％を占めるようになり、国産エネルギー比率は12％にまで低下している。石油が日本のエネルギーの主役になり、エネルギーの海外依存も決定的になった。「エネルギー革命」とよばれる供給構造の変化が如実にあらわれている。なお、この間、エネルギー不足の解消策として、新しいエネルギー源である原子力発電も注目されるようになった。

● 石油への転換

↑❺コンビナート（茨城・鹿嶋市）1950年代半ば頃から石油化学コンビナートが建設されはじめた。石炭から石油への転換は、家庭生活にも変化をもたらした。1950年代後半から60年代にかけて、石油ストーブが家庭に普及した。

↑❻石油ストーブ（1955年発売）

フラガール

歴史ポケット

昭和30年代、石炭から石油へのエネルギー転換政策により、多くの炭鉱が閉山に追い込まれ、炭鉱によって栄えた地域の経済は疲弊した。福島県いわき市は、常磐炭田の中心地として栄えたが、炭鉱の閉山により、多くの労働者が職を失った。彼らやその家族の雇用創出、地域の活性化を目的に、1966年、日本初のテーマパークとして「常磐ハワイアンセンター」（現在の「スパリゾートハワイアンズ」）がオープンした。この物語は、2006年に「フラガール」として映画化された。

見方・考え方
炭鉱閉山後の地域の変化を考えてみよう。

探Q

●エネルギーの転換により、使われなくなった生活用具について調べてみよう。
●閉山後、炭鉱労働者はどこで働いたのだろうか。高度経済成長期の日本社会の特徴と関わらせて考えてみよう。

近現代

現代

高度経済成長により人々のくらしはどのように変化しただろう

テーマのポイント

❶大量生産・大量消費が日常化し、耐久消費財が普及した結果、国民の生活様式は大きく変化した

1 くらしと文化関係年表

年代	事項
1953 (昭28)	テレビ本放送開始、街頭テレビが人気 ●電化時代幕開け(「電化元年」)
1954	プロレスの力道山大人気。映画「ゴジラ」封切り
1955	石原慎太郎『太陽の季節』(芥川賞)
1956 (昭31)	●白黒テレビ・冷蔵庫・洗濯機が「三種の神器」ともてはやされる。「太陽族」ブーム
1957	南極に昭和基地建設。東海村に「原子の火」点灯。
1957 (昭32)	「主婦の店」ダイエー第1号店開店。大相撲で栃若(栃錦・若乃花)時代到来
1958 (昭33)	松本清張『点と線』刊行。スバル360発売。インスタントラーメン発売。巨人軍の長嶋茂雄、新人王獲得。1万円札発行。東京タワー完成
1959 (昭34)	少年週刊誌『少年マガジン』『少年サンデー』創刊。プレハブ住宅発売
1960	カラーテレビ本放送開始
1961	坂本九「上を向いて歩こう」ヒット
1962	テレビの受信契約数1,000万突破
1963 (昭38)	テレビアニメ「鉄腕アトム」(手塚治虫原作)放送開始。大鵬、6場所連続優勝
1964 (昭39)	海外旅行自由化。名神高速道路開通式。東海道新幹線開業。東京オリンピック
1965	朝永振一郎、ノーベル物理学賞受賞
1966 (昭41)	ザ・ビートルズ、日本公演 ●「新三種の神器」(3C)時代到来
1967	ツイッギー来日、ミニスカート大流行
1968 (昭43)	霞ヶ関ビル竣工(→p.37⑮)。レトルトカレー発売。川端康成、ノーベル文学賞受賞
1969 (昭44)	映画「男はつらいよ」(「寅さんシリーズ」第1作)封切り。自動車保有台数世界2位
1970	大阪千里丘陵で日本万国博覧会(3～9月)

近現代 / 現代

プロフィール

「上を向いて歩こう」が大ヒット

坂本九 神奈川県出身 1941～1985

1961年、NHKテレビ「夢であいましょう」で坂本九が歌った「上を向いて歩こう」(永六輔作詞、中村八大作曲)が高度経済成長の世相を背景に、大流行した。誠実な人柄で明るい笑顔をふりまく「九ちゃん」は、誰からも愛され一躍茶の間の人気者になった。この歌はアメリカでも「スキヤキ」の名でヒットし、今も世界中で歌われている。1985年8月、日航ジャンボ機の墜落事故に遭遇した「九ちゃん」は帰らぬ人となった。

2 テレビ時代の幕開け

力道山

↑❶**街頭テレビ** テレビ時代の初期、街頭の大型テレビに大勢の人が群がり、プロレスやプロ野球を楽しんだ。とくに、プロレスラーの力道山が、得意の空手チョップで人気を集めた。

↑❷**テレビを囲む人々** テレビ時代初期のテレビは、17インチ型で約18万円と高価だった。テレビのある家に近所の人たちが集まり一緒に放送を楽しんだ。

↑❸**初期のテレビ**

©手塚プロダクション

↑❹**「鉄腕アトム」** 手塚治虫原作。国産最初の連続長編テレビアニメとして大成功を収め、アニメ時代が到来した。

3 映画

映画館の観客動員数は、1958年の11億2,700万人がピークで、テレビ放送の影響を受けて年々減少していった。

←❻**「嵐を呼ぶ男」** (1957年、日活) 主演の石原裕次郎の人気と日活アクション路線を定着させた作品。©日活

←❺**「ゴジラ」** (1954年、東宝) 円谷英二による特殊撮影の成功もあって大ヒットした。©TOHO CO., LTD.

4 昭和30年代の日常生活

❼昭和30年代の居間

❾インスタントラーメン (一九五八年発売)

❿レトルトカレー (一九六八年発売)

❽ダイニングキッチン

作品鑑賞 上の写真は、1959(昭和34)年の東京下町の住居の再現。テレビが登場している。昭和30年代には団地の造成が相次いだ。団地は、食事室と台所をあわせたダイニングキッチン(DK)をもつ2DKの間取りが一般的だった。

UR都市機構提供

1 耐久消費財の普及

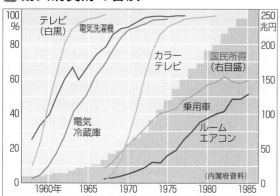

電化製品・車の普及

電化製品の「三種の神器」とは、白黒テレビ・電気洗濯機・電気冷蔵庫で、1955～65年に急速に普及した。「新三種の神器」はColor TV、Cooler、Carの3つで、3Cともいう。1960年代後半に普及した。

←⑨東京オリンピック開会式(1964年10月10日) 大会最多の94か国が参加して第18回オリンピック東京大会が開催された。競技施設・幹線道路・新幹線などの建設に莫大な資金が投入され、日本の復興を世界にアピールした。日本は金16、銀5、銅8個を獲得した。

←⑩日本万国博覧会(大阪万博)(1970年3～9月)「人類の進歩と調和」をテーマに77か国が参加して大阪の千里丘陵で開催された。入場者6,400万人、高度経済成長期の最後を飾る大イベントだった。

2 国民生活の変化

↑①電化製品の並ぶ店頭

②電気洗濯機

③電気冷蔵庫

↑⑤東海道新幹線開業(1964年10月1日) 工費3,800億円を投じた新線が、東京オリンピック開幕の直前に開業した。当時「ひかり」号は東京―新大阪間を約4時間で走った。

↑④マイカー 1955年、通産省(現、経済産業省)が「国民車構想」を打ち出した。富士重工の軽自動車スバル360はそれにこたえたもので、定価42万5,000円は高価だったが人気をよんだ。

↑⑥高速道路時代の開幕(1960年、東京)
1962年に東京の首都高速道の一部が完成した。翌1963年には、名神高速道路の尼崎(兵庫)・栗東(滋賀)間が開業した。

↑⑦交通渋滞

←⑧大規模な団地(1960年代、東京・ひばりが丘団地) 都市の人口急増により、団地の造成があいついだ。また、所得の増加により、電化製品や自家用車の普及が進んだ。
UR都市機構提供

近現代
現代

3 物価の変遷

(単位：円)

	1955～59年	1960～64年	1965～69年	1970～75年
国家公務員 (大学卒上級職) 初任給	9,200 (1957年)	1万5,700 (1962年)	2万5,200 (1967年)	4万7,200 (1972年)
東京都バス 乗車賃 (大人初乗り)	15 (1955年)	15 (1960年)	20 (1965年)	40 (1970年)
ラーメン (並1杯)	40 (1956年)	50 (1961年)	75 (1965年)	200 (1972年)
アンパン	12 (1956年)	12 (1960年)	15 (1968年)	40 (1972年)
国立大学授業料(年額)	6,000 (1955年)	9,000 (1960年)	1万2,000 (1965年)	3万6,000 (1972年)
週刊誌 (「週刊朝日」)	30 (1955年)	40 (1961年)	60 (1967年)	100 (1972年)
乗用車 (日産ブルーバード)	69万5,000 (1959年)	58万3,000 (1963年)	56万 (1967年)	74万3,000 (1973年)

見方・考え方
⑫の海外旅行の旅費の相場を考えてみよう。

4 大鵬と長嶋

→⑬大鵬
(1940～2013)→p.370②㉑

→⑭長嶋茂雄
(1936～)→p.370②㉒

大鵬と長嶋は、当時、大相撲・野球界のスターであり、子どもたちのあこがれだった。

↑⑪ダイエー1号店 1960年代、客が商品を手に取りレジで精算するセルフサービス方式のスーパーマーケットが発展した。

↑⑫海外旅行の自由化 海外旅行が制限つきながら認められたのは1964年。旅費はハワイ9日間で36万4,000円だった。それまで観光目的の海外旅行は、ドルを海外に持ち出す必要があったため、認められていなかった。

❶ 現代の公害問題関係年表

年代	事　項
1949	東京都、全国初の工場公害防止条例を制定
1955	富山県神通川流域の**イタイイタイ病**、学会で報告
1956	熊本県水俣で最初の**水俣病**患者、社会問題化
1961	三重県四日市で**四日市ぜんそく**患者急増
1965	新潟県阿賀野川流域で**新潟水俣病**が発生
1967	**公害対策基本法**制定（70年、改正）
1968	厚生省、水俣病・新潟水俣病を公害病に認定
(昭43)	大気汚染防止法・騒音規制法制定
	カネミ油症事件（PCB中毒患者が多数発生）
1969	政府、初の『公害白書』を発表
1970	東京で**光化学スモッグ**被害
(昭45)	「公害国会」で水質汚濁防止法など公害関係14法案成立
1971	**環境庁**設置。新潟水俣病訴訟で患者側勝訴、判決確定
1972	四日市公害、イタイイタイ病訴訟で患者側勝訴
1973	熊本水俣病訴訟で患者側勝訴
1974	足尾鉱毒事件で古河鉱業が被害に対する責任を認める
(昭49)	サリドマイド薬害訴訟和解
1975	大阪空港公害訴訟で、住民側勝訴（大阪高裁判決）
1978	薬害スモン訴訟、各地で患者側が勝訴（〜79）
1981	日本原子力発電敦賀発電所（福井県）で放射能漏れ事故
1993	**環境基本法**制定（公害対策基本法に替わる）
1995	敦賀の高速増殖炉「もんじゅ」でナトリウム漏れ事故
1996	薬害エイズ訴訟で和解成立
1997	諫早湾潮受け堤防水門閉め切り、有明海の水質悪化
(平9)	環境影響評価（環境アセスメント）法成立。地球温暖化防止京都会議、**京都議定書**採択（2005発効）
1999	ダイオキシン類対策特別措置法制定
(平11)	茨城県東海村のJCO東海事業所で臨界事故
2000	循環型社会形成推進基本法制定
(平12)	豊島産業廃棄物問題で住民と香川県の調停成立
2001	**環境省**発足
2011	東日本大震災により福島第一原子力発電所で爆発事故発生、多量の放射性物質が拡散

❷ 四大公害訴訟

	新潟水俣病	四日市ぜんそく	イタイイタイ病	水俣病（第1次訴訟）
被害発生地域	1964年頃から発生 新潟県阿賀野川流域	1960年頃から発生 三重県四日市市周辺	1922年頃から発生 富山県神通川流域	1953年頃から発生 熊本県水俣湾沿岸
発生の原因	工場廃液中の有機水銀	工場排出の硫黄・窒素酸化物	亜鉛精錬副産物のカドミウム	工場廃液中の有機水銀
提訴日	1967年6月12日	1967年9月1日	1968年3月9日	1969年6月14日
原告数	77人	12人	33人	112人（最終的に138人）
被告	昭和電工	四日市石油コンビナート6社	三井金属鉱業	チッソ
判決	1971年9月29日 原告側全面勝訴	1972年7月24日 原告側全面勝訴	1972年8月9日 原告側全面勝訴	1973年3月20日 原告側全面勝訴

裁判はいずれも被害者である原告の勝訴で終わった。水俣病未認定患者救済問題が残り、各地で裁判が続いたが、1995年に村山富市内閣による政治決着で、関西水俣病訴訟を除いて最終決着した。

＊2004年10月に、国と熊本県の責任を認定する最高裁判決が出された。

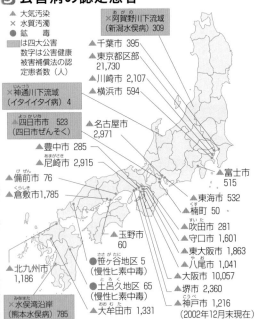

❶イタイイタイ病原告の人々（1972年）　1968年、厚生省は、「イタイイタイ病はカドミウム汚染に起因する」との見解を示した。

➡❷海に流される工場廃液（撮影ユージン＝スミス）　水俣病は、有機水銀を含んだ工場廃液で汚染された魚介類の摂取が原因で発生した。神経がおかされ、さまざまな症状が出た。

➡❸四日市コンビナート　亜硫酸ガスを含む工場媒煙がぜんそくの原因となった。右の写真はマスクをつけて登校する四日市の小学生（1967年）。

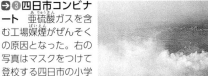

❹薬害エイズ事件で謝罪する菅直人厚相（1996年2月）　エイズウイルスに汚染された血液製剤によって感染した患者・家族に対して国がはじめて責任を認めた。

❺地球温暖化防止京都会議（1997年12月）　温室効果ガスの排出削減目標を決める会議には、161の国と地域の代表者が出席し、「京都議定書」を採択した。

❸ 公害病の認定患者

▲ 大気汚染
× 水質汚濁
● 鉱　毒
▨ は四大公害
数字は公害健康被害補償法の認定患者数（人）

×阿賀野川下流域（新潟水俣病）309
▲千葉市 395
▲東京都区部 21,730
▲川崎市 2,107
▲横浜市 594
×神通川下流域（イタイイタイ病）4
▲名古屋市 2,971
▲四日市市 523（四日市ぜんそく）
▲豊中市 285
▲尼崎市 2,915
▲備前市 76
▲倉敷市 1,785
▲富士市 515
▲東海市 532
▲楠町 50
▲吹田市 281
▲守口市 1,601
▲東大阪市 1,863
▲八尾市 1,041
▲大阪市 10,057
▲堺市 2,360
▲神戸市 1,216
▲玉野市 60
●笹ヶ谷地区 5（慢性ヒ素中毒）
●土呂久地区 65（慢性ヒ素中毒）
▲北九州市 1,186
×水俣湾沿岸（熊本水俣病）785
▲大牟田市 1,331
（2002年12月末現在）

公害健康被害補償法の認定患者数。地方自治体の認定患者数は含んでいない。患者数は死亡等により年々減少している。

❻ダイオキシンが検出されたゴミ焼却場（1998年4月、大阪府能勢町）　町の焼却場で猛毒のダイオキシンが検出された。

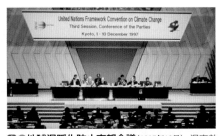

➡❼国内初の臨界事故（1999年9月30日、茨城県東海村）　民間のウラン燃料加工施設で放射能漏れ事故がおこり、被曝した2名が死亡した。

国内初の臨界事故
核分裂、継続か

ビートルズは日本社会にどのような影響を与えたのだろうか。

ビートルズはグループサウンズ、ロック、長髪のブームをもたらすなど、音楽・ファッションに大きな影響を与えた。若者に新しいエネルギー、解放感を与えたことで、既存の文化に対して若者文化を広げる契機となった。この時期の社会や若者文化を見てみよう。

↑❶ビートルズの来日　若者世代に熱狂的な歓迎を受けたイギリスのロック・グループ。1966年に来日し、はじめて武道館でコンサートをおこなった。熱狂的なファンが押しかけ、彼らが滞在中に動員された警備陣は3万5,000人にのぼった。大人世代からは拒否反応も強かった。青少年の「不良化」を促すとして、コンサートへ行くことを禁止する学校もあった。

1 声をあげた世界の若者たち

1960～70年代にかけて、アメリカでは、ベトナム反戦運動、公民権運動が高揚した。これまでの権威や秩序への異議申し立てが高まり、カウンターカルチャー（対抗文化）とよばれる新しい若者文化が生み出され、世界中に広がった。それは、経済成長を優先する物質主義への懐疑までにおよび、ファッション、映画、演劇、音楽、文学などが大きく変化した。

● アメリカ

↑❸ウッドストック音楽祭　1969年8月、アメリカ・ニューヨーク州の大農場で開催された野外フェスティバル。「愛と平和」をテーマに、約40万人が集まった。

↑❷フラワーチルドレン　1967年10月のベトナム戦争への反戦デモでは、10万人が参加してアメリカ国防総省を取り囲んだ。参加者は非暴力の抗議活動をおこなった。

● フランス

➡❹パリ5月革命　1968年5月に、フランスのパリでは、政府の大学改革への抗議から始まった学生の反発は、労働運動と結びつき、既存の体制に対する異議申し立てとなり、フランス全土に波及した。

2 新しい若者文化

● 音楽

↑❺ベンチャーズ　1960年代初頭のベンチャーズの来日後、多くの若者にエレキ・ギターが普及し、エレキブームが巻き起こった。

↑❻ザ・タイガース　ビートルズ来日公演後にグループ・サウンズブームが起こった。1967年にデビューした沢田研二を擁するタイガースは人気を席巻。写真はデビュー曲『僕のマリー』のジャケット。

↑❼フォーク・ゲリラ　1969年春から、東京新宿駅西口の地下広場で、ベトナム反戦を唱える若者たちによって、毎週土曜日に「フォーク・ゲリラ」がはじまった。反戦・反体制・反管理をテーマにしたフォークソングを歌い、5,000人以上の参加者を集めた。これに対し、警察と駅当局は、機動隊を導入して強制的に排除し、以降運動は沈静化した。

ラジオの深夜放送

1960年代後半、ラジオの深夜放送が若者の心をつかんだ。1967年には『パックインミュージック』（TBSラジオ）、『オールナイトニッポン』（ニッポン放送）、『MBSヤングタウン』（MBSラジオ）がはじまった。パーソナリティ（番組の進行役）が若者に語りかけ、テレビでは聴くことができない洋楽や日本のロック、関西のフォークソングなどがラジオで紹介された。グループサウンズの人気投票番組も放送された。ラジオは、若者文化のふれあう場であった。

↑❽糸居五郎　1967年10月2日『オールナイトニッポン』の第一声を発したパーソナリティ。ニッポン放送のアナウンサーであった。糸居は、「音楽で若者とつながる」という思いのため、最新のアメリカ音楽チャートをいち早くチェックし、新しい音楽に常に触れていた。

ザ・フォーク・クルセダーズは、関西の大学生3人組のアマチュアフォークグループ。1967年に「帰って来たヨッパライ」がラジオの深夜放送で話題となり、1年だけプロ活動をするという決意でシングルリリース、300万枚に迫る大ヒットとなった。以後グループはプロとして活動を続ける。

↑❾「帰って来たヨッパライ」のレコードジャケット
❺❻❾：©ユニバーサルミュージック

⬅❿山谷ブルース　岡林信康や高石友也は、安保・反戦から受験・恋愛・生活まで幅広いテーマで社会批判を明確に示したメッセージ性の強いヒット曲を生んだ。

● ファッション

⬅⓫「ミニの女王」ツイッギー　1967年に18歳で来日し、日本にミニスカート旋風を巻き起こした。

見方・考え方
女性の服装の変化を考えてみよう。

1974年

↑⓬若者のファッション　世代による対立を経ながらも、従来の服装の価値観や意識が変化して、ミニスカート、ジーンズ、Tシャツなどの服装が若者のなかに広がった。

探Q
●同時期におこった社会運動と関連させて、若者文化の広がりを考えてみよう。

近現代

現代

◆ テーマのポイント

1 米中の接近を受け、日本は中国との国交を正常化した
2 第4次中東戦争の影響を受け石油危機がおこり、日本は高度経済成長に終わりを告げた

1 1970年代政治関係年表

内閣	年代	国際情勢	国内情勢
佐藤栄作③（自民党）	1971（昭46）	7 ニクソン米大統領、米中関係改善と訪中発表 8 ニクソン大統領、金・ドル交換の一時停止、10%の輸入課徴金などドル防衛措置の声明を発表（ドル危機）	6 沖縄返還協定調印 7 環境庁発足 8 東証ダウ、記録的な大暴落 12 10か国蔵相会議で1ドル＝308円に変更（スミソニアン・レート）
田中①	1972（昭47）	2 ニクソン米大統領訪中 5 米・ソ両国、戦略兵器制限交渉（SALT I）に調印	5 沖縄の施政権返還 6 田中角栄通産相、『日本列島改造論』を発表 9 田中首相訪中、日中国交正常化を実現
田中角栄②（自民党）	1973（昭48）	1 ベトナム和平協定調印 10 第4次中東戦争 ペルシア湾岸6か国、原油公示価格の21%引上げ決定	2 円、変動相場制移行、円急騰 10 国際石油資本、原油価格の30%値上げを通告（第1次石油危機はじまる）
	1974（昭49）	8 ウォーターゲート事件で、ニクソン米大統領が辞任を発表	10 田中首相、金脈問題で弁明 ●実質経済成長率－0.5%（戦後初のマイナス成長）
三木武夫（自民党）	1975（昭50）	4 ベトナム戦争終結 11 第1回先進国首脳会議、仏のランブイエで開催	8 三木首相、現職の首相としてはじめて終戦記念日に靖国神社参拝 12 財政特例法成立
	1976（昭51）	7 ベトナム社会主義共和国成立（ベトナム統一）	2 ロッキード事件発覚 7 東京地検、ロッキード事件で田中前首相を逮捕 11 防衛費のGNP1%枠を決定
福田赳夫（自民党）	1977（昭52）	8 中国共産党、文化大革命終結宣言、四つの近代化へ	5 政府、12カイリ領海法案及び200カイリ漁業水域法制定の方針決定
	1978（昭53）	6 ベトナム、カンボジアに侵攻 12 米中国交正常化発表	8 日中平和友好条約調印 11「日米防衛協力のための指針」を決定
大平①②（自民党）	1979（昭54）	1 イラン革命 6 米・ソ両国、SALT IIに調印 12 ソ連軍、アフガニスタンへ侵攻	1 国際石油資本、石油供給の削減通告（第2次石油危機） 6 元号が法制化される 6 第5回先進国首脳会議（東京サミット）開催

2 ドル危機と石油危機
▶ 原油価格の高騰（オイルショック）

ドル危機と石油危機にともなう経済の転換

① 資本主義諸国が変動為替相場制に移行
　→ドルを基軸通貨とする世界経済の枠組が崩壊
② 資本主義諸国が長期不況に突入
③ 日本の高度経済成長が終焉→低成長経済

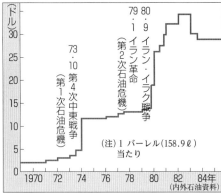

● 原油価格の推移　第4次中東戦争を契機に原油価格は4倍以上引き上げられ、日本はパニック状態に陥った。イラン革命の際にも価格が急騰した。

↑①ドル防衛策を発表するニクソン大統領（1971年8月15日）　国際収支の悪化と金準備の減少を背景に、金とドルとの交換の一時停止などのドル防衛策を発表し、世界に衝撃を与えた。日本は円の切り上げをせまられた（ドル危機）。

↑②第1次石油危機によるパニック（1973年11月）　石油価格暴騰による「狂乱物価」と物不足への不安から消費者が買いだめに走り、スーパーマーケットでもトイレットペーパー・洗剤・砂糖などがたちまち売り切れた。

←③第1回先進国首脳会議（サミット）（1975年11月）　6か国の首脳がパリ郊外ランブイエ城に集まり、世界経済再建のための諸問題を討議した。

3 日中国交正常化 ▶ 日中平和友好条約

周恩来　田中角栄

↑④日中国交正常化（1972年9月29日）田中首相が訪中して、北京の人民大会堂で周恩来首相との間で日中共同声明に調印し、国交正常化が実現した。

↑⑤日中平和友好条約調印（1978年8月12日）1972年の日中共同声明にもとづき、福田内閣の園田直外相と中国の黄華外相が北京の人民大会堂で調印した。

4 田中政権とロッキード事件

↑⑥『日本列島改造論』（田中角栄著）

田中角栄が首相就任直前の1972年6月に刊行した政策構想。経済成長を高く評価しつつ、過疎・過密問題の解決を公約。太平洋ベルトに集中した工業を全国へ再配置、新幹線や高速道路などの交通網の構築、湾岸道路の整備、地方に人口を定着させるため、「25万都市」の建設などを提案した。

↑⑦田中金脈問題（1974年10～12月）雑誌『文藝春秋』（1974年11月号）掲載の立花隆の論文で、田中首相の政治資金作りの実態などが暴露された。

↑⑧田中前首相逮捕（1976年7月27日）米ロッキード社の航空機売り込みにからみ、田中前首相や関係者らが多数逮捕された。

● 政治資金をめぐるおもな事件

事件（年）	内閣	おもな影響
昭和電工事件（1948）	芦田均	芦田内閣退陣
造船疑獄事件（1954）	吉田茂	吉田内閣退陣
ロッキード事件（1976）	三木武夫	衆議院総選挙で自民党大敗
リクルート事件（1988）	竹下登	翌年竹下内閣退陣
佐川急便事件（1992）	宮沢喜一	55年体制崩壊（細川内閣成立）

近現代　現代

❶ 1980年代政治関係年表

内閣	年代	国際情勢	国内情勢
大平正芳②	1980(昭55)		4 政府、モスクワオリンピック不参加の最終見解発表
		9 イラン=イラク戦争はじまる	6 衆・参両院同日選挙、自民党圧勝
鈴木善幸	1981(昭56)	12 ポーランドに戒厳令	3 土光敏夫を会長とする第2次臨時行政調査会初会合
	1982(昭57)	4 フォークランド紛争(〜6月)	8 韓国政府、教科書における日本の植民地支配の記述に抗議
中曽根康弘①	1983(昭58)	9 大韓航空機、サハリン沖で領空侵犯、ソ連軍機に撃墜される	10 東京地裁、ロッキード裁判の田中角栄被告に実刑判決
	1984(昭59)	3 アフリカで飢餓深刻化	8 臨時教育審議会発足
	1985(昭60)	3 ソ連共産党書記長にゴルバチョフ就任、ペレストロイカに着手	4 NTTとJTが発足 8 日航ジャンボ機墜落、死者520人 9 G5、プラザ合意
中曽根康弘②③	1986(昭61)	4 ソ連、チョルノービリ(チェルノブイリ)原子力発電所の大事故を発表	4 男女雇用機会均等法施行 9 社会党委員長選挙で土井たか子が当選、初の女性党首誕生 12 政府予算案決定、防衛費がGNP1％枠を突破
	1987(昭62)	12 米ソ首脳、中距離核戦力(INF)全廃条約調印	国鉄が分割民営化、JRグループ各社等発足 6 日本の4月末の外貨準備高が西独を抜いて世界一となる
竹下登	1988(昭63)	2 ソ連軍、アフガニスタンから撤退開始 8 イラン・イラク停戦	6 リクルート疑惑発覚 12 消費税導入を柱とする税制改革6法成立
	1989(平元)	6 天安門事件おこる 11 ベルリンの壁が崩壊	1 昭和天皇没、新元号は「平成」 4 消費税スタート
海部①		12 米ソ、マルタ会談。「冷戦の終結」	6 総評が解散、日本労働組合総連合会(連合)が発足

テーマのポイント

❶省エネルギーにより、企業は生産の合理化、技術革新をすすめた
❷貿易黒字は大幅に拡大し、1970年代末には日本は世界総生産の1割を占める経済大国となった

❷ 円相場の推移

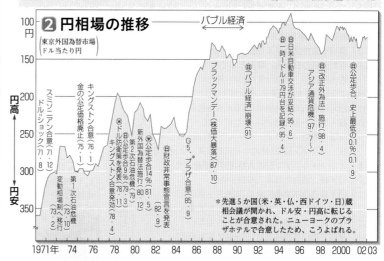

❸ 経済危機への対処と貿易摩擦

①景気浮揚政策	公共事業費の増額、金融緩和、赤字公債の発行
②「減量経営」の推進	省エネルギー(省エネ)、人員削減、パート労働への切り替え
③技術革新・産業構造転換の推進	コンピュータや産業用ロボットなどME(マイクロ・エレクトロニクス)を利用した工場、オフィスの自動化
④輸出の強化	自動車・電気機械・ハイテク分野の輸出増大→貿易黒字の拡大→貿易摩擦、円高
⑤石油依存からの脱却	代替エネルギー(原子力・液化天然ガスなど)
⑥その他	労働組合の協調的姿勢、勤勉な労働、ODAの増額など

● 自動車の生産と輸出

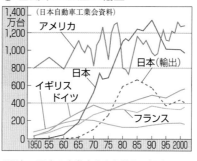

1980年、日本の自動車生産台数は、初めてアメリカを追い抜いて世界一になった。輸出も増加したが、多くはアメリカ向けだった。

● アメリカの貿易赤字と対日赤字

1980年代以降、日本の貿易黒字が拡大したが、アメリカは貿易赤字が拡大し、貿易摩擦が発生した。

↑❶国鉄の民営化(1987年4月1日) 37兆円の債務をかかえた日本国有鉄道は、**中曽根内閣の行財政改革**の目玉として、1987年4月1日、分割・民営化され、JRグループ・国鉄清算事業団などが発足した。

激動の昭和終わる

↑❷昭和から平成へ
1989年1月7日、昭和天皇が死去した。翌8日、平成に改元され、激動の昭和時代は64年で幕を閉じた。

見方・考え方
日本の国際社会における役割を考えてみよう。

←❸消費税実施(1989年4月1日)
竹下内閣の税制改革の一環として、すべての商品・サービスを対象とする消費税が税率3％で導入された。その後、1997年に税率が5％に引き上げられた。

● 主要国の政府開発援助(ODA)の推移

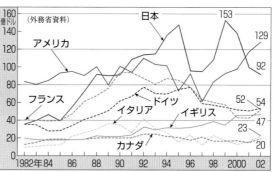

経済大国日本の発展途上国に対する政府開発援助(ODA)の供与額は、1980年代に急増し、アメリカと並んで世界最大規模になった。援助には有償・無償の資金援助と技術援助がある。日本の援助は返済を求める有償の資金援助が多く、地域はアジアが中心である。

ⓘインフォメーション 『茜色の空』(辻井喬著) 第68・69代内閣総理大臣をつとめた大平正芳の生涯を描く。著者の辻井喬は実業家堤清二としても知られる。

近現代 現代

1 日米関係略年表

年代	事項	関係
1853	アメリカ東インド艦隊司令長官ペリー、浦賀に来航	おおむね関係良好
1854	幕府、ペリーと日米和親条約締結⊃p.237 4	
1858	幕府、総領事ハリスと日米修好通商条約締結⊃p.237 4	
1860	幕府軍艦咸臨丸渡米（勝海舟ら）⊃p.238 6	
1868	百数十名の日本人、移民としてハワイへ渡航	
1871	岩倉使節団、米欧回覧に出発（最初に米国訪問）	
1879	グラント前大統領来日、琉球問題につき日清間を斡旋	
1894	日米通商航海条約締結（領事裁判権撤廃）	
1905	桂・タフト協定締結。セオドア=ローズヴェルト大統領の斡旋によりポーツマスで日露講和条約締結。桂・ハリマン協定（満鉄の共同経営案。直後に破棄）	対立関係、一部協調も
1906	カリフォルニアで日本人移民排斥運動激化	
1907	日米紳士協約で日本人移民を制限	
1911	日米新通商航海条約締結（関税自主権回復）	
1917	石井・ランシング協定締結（1923年廃棄）⊃p.295 2	
1921	ワシントン会議に日本も参加（～22年）	
1924	米国で排日移民法制定（日米紳士協約廃止）	
1934	日本、ワシントン海軍軍縮条約破棄を米国に通告	対立激化、戦争
1939	米国、日米通商航海条約廃棄を通告（40年失効）	
1941	野村吉三郎大使とハル国務長官との間の日米交渉決裂。日本軍、ハワイ真珠湾を攻撃（日米開戦）	
1945	太平洋戦争終結。マッカーサー来日	
1946	アメリカ教育使節団来日、教育改革を勧告	同盟・友好関係、一時貿易摩擦で対立も
1949	ドッジ来日、ドッジ=ラインを指導。シャウプ来日、税制改革を勧告⊃p.346 4	
1951	サンフランシスコ平和条約、日米安全保障条約締結	
1952	日米行政協定締結⊃p.348 4	
1953	池田・ロバートソン会談。奄美群島返還日米協定	
1954	第五福竜丸被災。MSA協定締結⊃p.349 1	
1960	日米相互協力及び安全保障条約、日米地位協定締結	
1963	日米間テレビ宇宙中継成功（ケネディ暗殺受信）	
1968	小笠原返還協定締結、復帰⊃p.352 7	
1969	佐藤・ニクソン会談（72年の沖縄返還決定）	
1971	沖縄返還協定締結（⊃p.353）。ドル危機⊃p.360 2	
1972	日米繊維協定調印	
1974	フォード大統領、現職大統領として初来日	
1978	日米防衛協力のための指針（ガイドライン）決定	
	●1980年代、日米貿易摩擦激化	
1988	牛肉・オレンジの輸入自由化問題で日米合意	
1996	日米安全保障共同宣言発表	
1997	ガイドライン改定	
1999	ガイドライン関連法（周辺事態法など）成立	
2015	新しい日米防衛協力のための指針（新ガイドライン）決定	

近現代／現代

2 幕末—日米関係のはじまり

ポーハタン号

↑❶黒船の来航　ペリーの来航によって日本は開国した。写真はペリー一行の蒸気船ポーハタン号で、この船は1860年の遣米使節（⊃p.238 5）の乗艦となった。
東京大学史料編纂所蔵

3 明治時代—おおむね友好関係

↑❷アメリカへの移民（1907年、カリフォルニア州）明治前期にはハワイへ、後期になるとカリフォルニアへの移民が増加した。明治末期以降、アメリカで日本人移民排斥運動が高まると、南米に移住し定着する移民が増えた。⊃p.275

4 大正時代—対立と協調

↑❸反米気運の高まり（1924年6月、東京）1924年に日本人の移民を禁止する排日移民法が成立すると、日本国内で抗議運動がおこなわれ、日米関係が悪化した。

5 昭和前期—太平洋戦争

↑❹日本軍のハワイ真珠湾攻撃（1941年12月8日）　奇襲攻撃に怒った米国民は「リメンバー・パールハーバー」を合言葉に対日戦を戦い抜いた。⊃p.326 2

6 戦後

アメリカによる占領終了後、安保条約によって日米関係は強まったが、革新勢力の反米感情や貿易摩擦による両国の対立など、さまざまな問題が生じた。

↑❺アメリカ教育使節団来日（1946年3月）　教育の民主化のためにGHQの要請で27名が来日した。⊃p.341 1

（1982年）

↑❻日米自動車摩擦　1980年代、日本車の対米輸出が急増したために、アメリカの自動車業界は苦境に陥り、日本車を打ちこわす光景もみられた。⊃p.361 3

プロフィール

日米の架け橋となった2人の在米日本人学者
朝河貫一と角田柳作

ともに東京専門学校（現在の早稲田大学）卒業。朝河貫一は、1907年、エール大学日本文化担当の講師（1937年教授）になって以来、日本の封建制研究につとめ、国際的に高く評価された。太平洋戦争直前には、昭和天皇あてのローズヴェルト大統領親書案を起草して日米開戦回避につとめた。角田柳作は、1918年に渡米し、生涯を日本文化研究（特に近世文学）と教育に捧げた。1928年、コロンビア大学に日本文化研究所を開設し、そこからドナルド=キーン、サイデンステッカーら、優秀な日本研究者が育った。

朝河貫一
福島県出身
1873～1948

角田柳作
群馬県出身
1878～1964

歴史ポケット

同時通訳者という役割

同時通訳の歴史は、公式には、第二次世界大戦後のニュルンベルク裁判（1945～46年）が最初とされる。1946年から開かれた極東国際軍事裁判（東京裁判）では、日本語-英語の通訳者は27名おり、日系二世が中心だった。日本人では、戦後まもなく、GHQで自己流で同時通訳をはじめた西山千が最初とされる。同時通訳の訓練を国家としておこなったのはアメリカで、日本からも希望者を募った。プログラムに参加した村松増美・國弘正雄・小松達也は、帰国後、専門職としての同時通訳の確立に貢献した。戦後、日本が経済大国となり国際社会で認知されるまでの時期に、彼ら同時通訳者が日本の外交、とくに日米関係構築にはたした役割は大きい。

❼東京裁判での同時通訳者

1 1970・80年代の文化と世相

年代	文化・生活・社会
1970	日本万国博覧会開催。すかいらーく1号店開店。ケンタッキーフライドチキン1号店開店
1971	カップヌードル発売
1972	札幌冬季オリンピック。冷凍ハンバーグ発売。イベント情報誌『ぴあ』創刊
1973	海外旅行ブーム、200万人突破
1974	セブン-イレブン1号店開店
1975	完全失業者100万人突破
1977	王貞治、756本の本塁打世界記録達成
1979	国公立大学第1回共通1次試験。ウォークマン®発売
1980	校内暴力、家庭内暴力問題化
1983	東京ディズニーランド開園
1985	つくば科学万博開催
1986	レンズつきフィルム「写ルンです」発売
1988	東京ドーム落成

不思議、大好き。

↑①「不思議、大好き」 1981年の企業(西武百貨店)広告。コピーは糸井重里。糸井は広告表現の新しい次元を開拓、以降コピーライターという職業が注目された。

🎯 テーマのポイント

1 国民の消費生活は多様化した。スーパーやコンビニ、ファスト(ファースト)フード店が登場し、インスタント食品も普及した
2 家族のあり方が変化し、個人主義が浸透しはじめた

2 ライフスタイルの変化

↑②スーパーマーケットの躍進 スーパーマーケットは、1960～70年代にかけて急増し、大量消費社会の象徴的存在となった。写真は1976年。

↑③ファストフード店の誕生(1971年) 前年のファミリー・レストランの出現に続き、東京の銀座にマクドナルドが開店。以後、外食産業が全国的に発展。

↑④コンビニの登場(1974年) セブン-イレブンが開店。以後、コンビニエンス・ストアは急速に普及、庶民生活に定着した。＊「便利」という意味。

←⑤カップ麺の登場(1971年) 熱湯をかけるだけで食べられるカップ麺が発売。以後、手軽に作れるインスタント食品・冷凍食品が家庭生活に普及していった。

3 若者の文化

←⑥ヘッドフォンステレオ(1979年) 歩きながら音楽が聴けるヘッドフォンステレオは、若者の必須アイテムとなった。

©石森プロ・東映

↑⑧「仮面ライダー」 1971年にテレビ放映がはじまり、テレビが生んだヒーローの先駆けとなった。

↑⑦テレビゲームの流行 1978年秋に発売されたテレビゲーム「インベーダーゲーム」が、翌年に大流行し、日本中の喫茶店に広がった。1980年には任天堂が「ゲーム＆ウォッチ」を発売。以後2年間で約900万個も売る大ヒット商品となった。1983年には、「ファミリーコンピュータ(ファミコン)」が発売され、家庭でゲームが楽しめるようになった。

↑⑨レンズつきフィルム(1986年発売) 登場翌年1987年には年間300万本を売る大ヒット商品となった。

←⑩さまざまな情報誌 1970年創刊の『an・an』は、同時期創刊の『non・no』とともに、「アンノン族(雑誌の特集を手に旅する女性)」という流行語を生んだ。『ぴあ』は映画やコンサートなどのイベント情報をまとめた雑誌で、若者を中心に長く人気を博した。1980年に創刊された『とらばーゆ』は女性を対象とした就職情報誌で、女性の社会進出を背景に、20～30代の女性に受け入れられた。

4 教育 ●進学率と長期欠席率

各校卒業・入学者数 万人／進学率 %／長期欠席率 %（『学校基本調査報告書』ほか）
（高校進学率／長期欠席率(中学校・30日)／長期欠席率(中学校・50日)／大学進学率）
＊長期欠席率とは長期欠席生徒数の在籍生徒数に占める割合。

高校進学率は、1974年度には9割を超す。**大学進学率**は、1960年代には約10%だったが、70年代半ばには30%後半に達する。戦後まもなくは、家庭の経済的要因や家業などの文化的要因から、学校に行かない、あるいは行けない子どもが多数いたが、高度経済成長期には、就学援助の充実がすすみ、経済的負担が軽減、さらに文化的要因も薄れていくなかで、**長期欠席率**は減少した。しかし、70年代半ばから、心身に不調を訴えて登校できない子どもたちが増加した。こうした長期欠席の中で、経済的理由や病気による欠席を除いたものは「**登校拒否**」とよばれて、80年代以降社会問題化していく。

←⑪塾で学ぶ子どもたち(1975年、東京) 学習塾は、1970年代中頃より増加した。1977年の調査では、小・中学生の5人に1人が塾通いをしていることが明らかになった。

←⑫映画「家族ゲーム」(1983年、監督森田芳光) 劇中に登場する横並びの食卓は、当時のコミュニケーション欠如の象徴ともいわれた。©1983日活／東宝

ℹ️ **インフォメーション** 『なんとなく、クリスタル』(田中康夫著) 1980年発表。ブティック、レストラン、ブランド商品名が数多く登場し、当時の流行や風俗を独自の視点と文体で描いた。

近現代 現代

❶ 冷戦終結後の政治・経済関係年表①1990年代

内閣	年代	国際情勢		国内情勢	
竹下②	1989(平1)			1	昭和天皇没。平成と改元
		6	天安門事件	4	消費税スタート
海部俊樹① ②		11	ベルリンの壁崩壊	12	日経平均株価38,915円で過去最高となる
		12	米ソ首脳、マルタ会談（冷戦終結）		
	1990	10	東西ドイツ統一	4	平均株価が下げ幅1,978円の大暴落
	1991	1	湾岸戦争はじまる	4	ペルシア湾に海上自衛隊の掃海艇派遣。日ソ共同声明調印
宮沢喜一		7	米ソ、START調印		
		12	ソ連解体		
	1992	4	ボスニア内戦はじまる	6	PKO協力法成立 📖
				9	カンボジアに自衛隊派遣
	1993	1	STARTⅡ調印	8	細川護熙内閣発足（55年体制の崩壊）
細川護熙		9	イスラエル・PLOが暫定自治協定に調印	●	コメの作況指数80で戦後最悪
		11	EU発足	9	公定歩合1.75%、初の1%台
				11	環境基本法成立
村山富市	1994	5	南アでマンデラ大統領就任	3	政治改革関連法成立（小選挙区比例代表並立制導入）
	1995	9	パレスチナ自治拡大協定調印	1	阪神・淡路大震災
				3	地下鉄サリン事件
橋本龍太郎① ②	1997	7	香港、中国へ返還	4	消費税5%はじまる
		12	対人地雷全面禁止条約調印	9	日米防衛協力のための指針（ガイドライン）改定➡p.365
				11	拓銀・山一證券経営破綻
				12	地球温暖化防止京都会議
	1998			6	中央省庁等改革基本法成立
小渕恵三	1999	1	EU、単一通貨「ユーロ」導入	2	臓器移植法施行後、初の脳死臓器移植成功
		3	コソヴォ紛争	5	ガイドライン関連法成立

❸ 冷戦終結後の政治・経済関係年表②2000年代

内閣	年次	国際情勢		国内情勢	
森	2000	6	南北朝鮮首脳、初会談。南北共同宣言	7	九州・沖縄サミット
	2001	9	アメリカ同時多発テロ	5	ハンセン病国家賠償請求訴訟で国の違憲性を認定
		10	米、アフガニスタンを空爆	10	テロ対策特別措置法成立
小泉① ② ③	2002	1	EUの共通通貨ユーロの流通開始	9	小泉首相、北朝鮮の金正日総書記と会談、日朝平壌宣言に調印 📖
	2003	3	米・英がイラクに侵攻。フセイン体制崩壊	6	有事関連3法成立
				7	イラク復興支援特別措置法成立
	2004	10	米政府調査団がイラクに大量破壊兵器なしと発表	1	自衛隊の先遣隊、イラクへ派遣
				7	有事関連7法成立
		12	スマトラ沖地震	8	米軍ヘリ、沖縄国際大学に墜落
	2005	2	京都議定書発効	10	郵政民営化法成立
	2006			12	改正教育基本法成立
	2007	8	サブプライム=ショック	1	防衛省発足
麻生	2008	9	世界金融危機（リーマン=ショック）	12	東京に「年越し派遣村」開設
	2009	5	北朝鮮、核実験	8	総選挙で民主党圧勝。民主・社民・国民新党の連立内閣成立
鳩山	2010	1	ハイチで大地震	4	子ども手当法、高校無償化法施行
菅	2011	1	アラブで民主化運動（「アラブの春」）	3	東日本大震災。東京電力福島第一原発の炉心冷却システム停止で初の「原子力緊急事態宣言」発令
野田	2012	4	北朝鮮、金正恩体制発足	6	復興庁発足
				9	尖閣諸島を国有化
	2013	2	朴槿恵、韓国大統領に就任	11	国家安全保障会議設置法成立
				12	特定秘密保護法成立
安倍② ③ ④	2014	3	ロシア、ウクライナのクリミアを編入	4	消費税8%導入
				7	集団的自衛権限定的行使容認閣議決定
	2015	4	ネパール地震	4	日米新ガイドライン➡p.365
		7	アメリカとキューバ国交回復	6	改正公職選挙法成立（選挙権年齢を18歳以上に引き下げ）
				9	安全保障関連法成立
	2016			4	熊本地震
	2017	1	トランプ、米大統領に就任		
	2018	6	米朝首脳会談	6	改正民法成立（2022.4.1施行）
	2019			5	令和に改元
	2020	●	新型コロナウイルス流行		
菅	2021	1	バイデン、米大統領に就任	1	初の大学入学共通テスト実施
岸田	2022	2	ロシア、ウクライナ侵攻	7	安倍晋三元首相、狙撃され死去

❷ バブル経済の発生から平成不況へ

● 地価と株価の推移

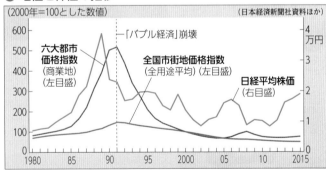

（2000年＝100とした数値） （日本経済新聞社資料ほか）
「バブル経済」崩壊
六大都市価格指数（商業地）（左目盛）
全国市街地価格指数（全用途平均）（左目盛）
日経平均株価（右目盛）

1985年の**プラザ合意**（➡p.361❷）により、急激な円高が進んだ。そのため、自動車や電気・機械などの輸出産業は減収となり**円高不況**となった。一方、円高によって輸入産業や内需型の産業は増収となり、大型景気が訪れた。超低金利政策により企業や金融機関にだぶついた資金が不動産や株などに投資され、1987年頃から実体とかけ離れた泡のように、地価・株価が暴騰した。「**バブル経済**」とよばれる。その後、日本銀行の金融引き締め政策、政府の地価抑制政策により、1990年代にはいると株価・地価が低下し、バブル経済は崩壊した。1993年には実質経済成長率が1%を割り、日本経済は長期の不況に突入した（**平成不況**）。

バブル経済	平成不況（複合不況）
①プラザ合意→円高不況→内需拡大→大型景気 ②超低金利政策→資金の不動産・株式市場へ流入→地価や株価の投機的高騰（バブル）	株価・地価の下落→不良債権→金融機関の経営悪化→実体経済の不況に波及→企業の経営効率化→大量の失業と雇用不安→消費の冷え込み→不況の深刻化

▲ バブル経済崩壊後の景気低迷は、「失われた10年」とよばれたが、その後2000年代も含めて「失われた20年」、2010年代も含めて「失われた30年」とよばれることもある。

❹ 国際情勢の変化と国内の動き

小泉純一郎　金正日

↑❶ **日朝首脳会談**（2002年9月17日）　小泉純一郎首相と北朝鮮の金正日総書記の間で首脳会談がおこなわれ、日朝平壌宣言が調印された。北朝鮮側が拉致を認めたにもかかわらず、2004年に日本人拉致被害者5人とその家族の帰国が実現したのみで、拉致問題は進展しなかった。2008年6月、北朝鮮は、日朝実務者協議において拉致問題の再調査を約束した。

↑❷ **民主党への政権交代**（2009年8月）　第45回衆議院総選挙において民主党が過半数の312議席を得、社会民主・国民新党と連立を組んで政権交代を実現した。野党第一党による単独過半数獲得で政権交代するのは、憲政史上初であった。2012年12月の第46回衆議院総選挙において自民党が294議席を得て政権を奪取し、自民党・公明党の連立政権が続いている。

近現代
現代

❶ 日本の安全保障と自衛隊の海外派遣（1990年以降）

◉ 自衛隊海外派遣のはじまり

1990年　イラク、クウェートに侵攻
1991年　湾岸戦争勃発。「国際貢献」を求められる
→湾岸戦争終結後、ペルシア湾へ自衛隊掃海艇を派遣

◉ 日本の「国際貢献」への海外からの批判への対応 ↓

1992年　PKO協力法（国際平和協力法）成立
→カンボジアに自衛隊を派遣（UNTAC）
　　国際緊急援助隊法改正
→海外で大規模な災害が発生した場合におこなわれる国際緊急援助活動への自衛隊の参加可能に

◉ 冷戦後の日米安保体制の見直し ↓

1996年　日米安全保障共同宣言
1997年　改定ガイドライン発表
1999年　周辺事態法などガイドライン関連法成立

◉ アメリカ同時多発テロ後の国際情勢の変化への対応 ↓

2001年　テロ対策特別措置法成立
2003年　イラク復興支援特別措置法成立、有事関連3法成立
2004年　有事関連7法成立
2008年　補給支援特別措置法成立
2009年　海賊対処法成立
2014年　集団的自衛権限定的容認閣議決定
2015年　日米新ガイドライン、安全保障関連法成立

◉ 自衛隊の海外派遣先

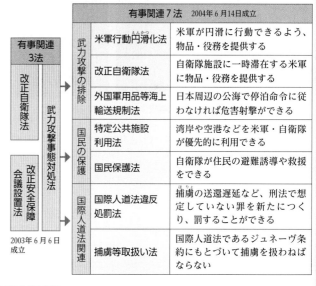

（『平成27年版 防衛白書』）

アフガニスタン　ロシア
イラク　イラン　パキスタン
イスラエルなど　ネパール
ハイチ　フィリピン
ホンジュラス　インド　タイ　東ティモール
南スーダン　カンボジア
ルワンダ　インドネシア
モザンビーク
ニュージーランド

● ペルシア湾掃海艇派遣　▲ 国連平和維持活動　◆ 国際緊急援助活動
■ 旧テロ対策特別措置法（2001.11〜07.11）・旧補給支援特別措置法（2008.1〜10.1）
★ ソマリア沖・アデン湾海賊対処　◼ 旧イラク復興支援特別措置法
2010年以降のおもな活動　◆ ハイチ国際活動（2010.1〜2）　◆ ニュージーランド国際活動（2011.2〜3）
▲ 国連南スーダン共和国ミッション（2011.11〜現在）　◆ フィリピン国際活動（2013.11〜12）
▲ マレーシア国際活動（2014.3〜5）　◆ 西アフリカ国際活動（2014.12）　◆ インドネシア国際活動（2015.1）
◆ ネパール国際活動（2015.4〜5）

自衛隊の国際貢献活動　自衛隊は、政府として海外出動しない方針だったが、1991年のペルシア湾派遣以来、国際貢献活動がはじまり、2007年には、自衛隊法が改正され、国際平和協力活動が本来任務に位置づけられた。現在までに、国連平和維持活動、国際緊急援助活動、特措法にもとづく活動をおこなってきている。2015年の平和安全法制によってさらに海外任務が拡充された。

❷ 安全保障と日米関係

◉ ガイドラインの変遷

	大統領（米） 首相（日）	想定
ガイドライン （1978年）	カーター 福田赳夫	ソ連の侵攻に対応
改定ガイドライン （1997年）	クリントン 橋本龍太郎	朝鮮半島など日本周辺の有事に対応
新ガイドライン （2015年）	オバマ 安倍晋三	自衛隊の米軍への協力を地球的規模に拡大

➡❶日米共同ビジョン声明発表
（2015年4月、ワシントン）

⬆❷アメリカ同時多発テロ
（2001年9月11日）　旅客機が突入し、炎上するニューヨークの世界貿易センタービル。複数の旅客機がイスラーム過激派にハイジャックされ、乗客もろとも衝突して自爆した。

❸ 有事法体制の整備（2003〜2004年制定）

有事関連7法　2004年6月14日成立		
武力攻撃の排除	米軍行動円滑化法	米軍が円滑に行動できるよう、物品・役務を提供する
	改正自衛隊法	自衛隊施設に一時滞在する米軍に物品・役務を提供する
	外国軍用品等海上輸送規制法	日本周辺の公海で停泊命令に従わなければ危害射撃ができる
国民の保護	特定公共施設利用法	湾岸や空港などを米軍・自衛隊が優先的に利用できる
	国民保護法	自衛隊が住民の避難誘導や救援をできる
国際人道法関連	国際人道法違反処罰法	捕虜の送還遅延など、刑法で想定していない罪を新たにつくり、罰することができる
	捕虜等取扱い法	国際人道法であるジュネーヴ条約にもとづいて捕虜を扱わねばならない

有事関連3法
改正自衛隊法
武力攻撃事態対処法
会議設置法
改正安全保障
国際人道法関連
2003年6月6日成立

❹ 安全保障関連法（2015年制定）　◉ 安全保障関連法による「平和安保法制」

安全保障関連法は、既存の10の法律の改正と、国際平和支援法の新設からなり、2015年に制定され、2016年3月に施行された。これまで日本の周辺に限られていた「周辺事態」にかわり「重要影響事態」が規定されて、後方支援の制約が緩和されたほか、「存立危機事態」が規定されて集団的自衛権の行使が限定的に可能になった。また、武器使用の問題などで認められていなかった、国連の職員や他国の軍隊などを支援する駆付け警護も可能となった。これらにより、自衛隊の活動内容は拡大した。

低い　　　事態の深刻度　　　高い

日本の安全

自衛隊法改正
在外日本人の保護措置
米軍等の部隊の武器等保護

重要影響事態法
（周辺事態法の改正）
日本の平和に深刻な影響を与える事態における米軍等への後方支援

武力攻撃事態法等の改正
武力攻撃事態対処に存立危機事態※への対処を追加
※存立危機事態を「我が国と密接な関係にある他国に対する武力攻撃が発生し、これにより我が国の存立が脅かされ、国民の生命、自由及び幸福追求の権利が根底から覆される明白な危険」がある事態として位置づけ、自衛権発動の要件として法制化。

国際社会の安全

PKO法改正
駆付け警護等PKO業務の拡大。国連PKO以外の国際連携の平和協力活動に参加

国際平和支援法
これまで特別措置法で実施してきた支援活動を強力支援活動として一般法化

※他国防衛のための集団的自衛権の行使は認められない。

⬆❸安全保障関連法に反対する人々
（2015年6〜9月）　6月に国会で与野党から推薦された憲法学者が3人とも法案を違憲と述べたのを機に全国に広く反対運動が広がり、8月30日には、国会周辺に主催者発表で12万人が集まった。

1 現代日本の現状と課題

政治	政治改革	一票の格差による違憲状態の是正。改正公職選挙法(2015)により選挙権年齢18歳以上に引き下げ
	自衛隊	国際平和協力活動が付随的任務から本来任務に格上げ。PKO協力法改正により駆付け警護可能に
	安全保障	国連中心主義・日米同盟・日本国憲法戦争放棄条項の鼎立。米軍の世界戦略の転換にともなう在日米軍の再編と日米同盟の強化。集団的自衛権の限定的容認の閣議決定(2014)。日米新ガイドライン、安全保障関連法(2015)
	エネルギー政策	福島第一原発事故により、エネルギー政策の根本的見直し。原発推進か、減原発・脱原発か。再生可能エネルギーの開発・利用促進。川内原発、新基準による初の再稼働(2015)
外交	国連外交	国連安保理の常任理事国入りをめざす運動
	外交関係	対アメリカ……米軍普天間飛行場移設問題 対ロシア……北方領土問題と平和条約の締結 対北朝鮮……日朝平壌宣言、拉致問題、核問題、国交正常化 対韓国……竹島問題、歴史認識問題 対中国……尖閣諸島問題、東シナ海資源開発問題、南シナ海問題、戦略的互恵関係の具体化 対東南アジア……ASEANとの対話、APECとの関わり

経済	景気と経済政策	デフレからの脱却を目指した「アベノミクス」 新型コロナウイルス、ロシアによるウクライナ侵攻にともなう経済制裁の影響による物価高・円安
	構造改革	財政改革を含む日本経済の構造改革。消費税増税と軽減税率適用。日本型雇用構造の変容と非正規雇用の増大。格差社会。ワーキングプア、ブラックバイト
	循環型社会環境問題	COP21で温暖化対策の国際的枠組み「パリ協定」成立(2015)。持続可能な開発目標(SDGs)の採択(2015)
社会	少子高齢社会	少子化社会対策基本法(2003)。出生率の低下。「限界集落」。子どもの貧困。ダブルケア。介護離職。こども家庭庁設置(2023)
	男女共同参画社会	男女雇用機会均等法改正(2006)。待機児童。DV防止法
	情報社会	スマートフォン(電話付き超小型携帯用PC端末)の普及→SNSによる誹謗中傷の深刻化 マイナンバー制度の導入。デジタル庁設置(2021)
	家族・ジェンダー	LGBTQをめぐる戸籍や婚姻、夫婦別姓をめぐる問題など
	新型コロナウイルスの影響	医療現場の逼迫、人流抑制・人員削減などによる経済への影響、教育への影響(通学の制限が生じる一方、オンライン学習の促進の面も)

近現代
現代

2 環境・エネルギー

↑❶東日本大震災・福島第一原発事故(2011年)　↑❷脱原発デモ

三陸沖を震源地とするM9.0のプレート型の大地震が発生、大津波が東日本沿岸部を襲った。この地震と津波により、福島第一原子力発電所(写真❶)は、全電源を喪失して炉心溶融(メルトダウン)を起こし、政府は「原子力緊急事態宣言」を発令した。大量の放射性物質が放出される大事故となり、原子力発電への国民の信頼は大きく揺らぐ結果となった。

3 雇用

↑❸「派遣切り」抗議集会(2008年、東京・日比谷公園)

非正規雇用労働者の割合推移

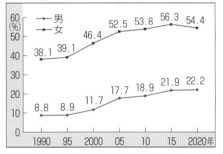

	1990	95	2000	05	10	15	2020年
男	8.8	8.9	11.7	17.7	18.9	21.9	22.2
女	38.1	39.1	46.4	52.5	53.8	56.3	54.4

1990年代以降、雇用人口全体のなかに占めるパート、派遣労働者、契約社員・嘱託などの非正規雇用の比率が急激に上昇した。1986年に労働者派遣法が施行され、これが非正規雇用が激増するひとつのきっかけとなった。2000年以降、正規雇用と非正規雇用の間の社会的格差の拡大、非正規雇用労働者の低賃金化と契約期間の短縮、不況による派遣労働者など非正規雇用労働者の解雇(「派遣切り」)などが大きな問題となった。

4 少子高齢社会

出生数・合計特殊出生率の推移

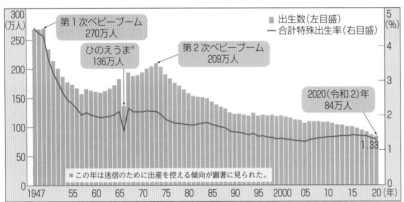

- 第1次ベビーブーム 270万人
- ひのえうま* 136万人
- 第2次ベビーブーム 209万人
- 2020(令和2)年 84万人
- 1.33
- 出生数(左目盛)
- 合計特殊出生率(右目盛)
- *この年は迷信のために出産を控える傾向が顕著に見られた。

合計特殊出生率は、一人の女性が産む子どもの数の指標となる数値で、1947年には4.54%であったが、2020年には1.33%になっている。人口1,000人あたりの出生数は、高度経済成長期に17から19人の水準だったが、1991年には10人を割った。子育て費用の負担の大きさや、育児施設や制度の不足、さらに女性の晩婚化・非婚化などが要因としてあげられる。

5 教育

←❹中学入試の会場(2010年)　少子化にともなう児童生徒数の減少により、学校の統廃合も増加している。一方で、小学校や中学校の受験が増えてきている。こうした受験の低年齢化は、少子化が親の教育熱に拍車をかけた結果という見方もある。

←❺新型コロナウイルス流行下の学校(2020年)　新型コロナウイルス感染拡大の影響で、分散登校や物理的距離の確保など、感染予防対策がとられながらの授業となった。一部ではオンライン学習も促進された。

1 戦後東アジア関係史年表

年代	事　項
1945	8　日本敗戦　　9　朝鮮は日本の植民地から解放、米ソ南北分割
1946	6　中国国民党と共産党の内戦開始（～49、共産党勝利）⊃p.313 2
1948	8　大韓民国（韓国）成立（李承晩大統領）
	9　朝鮮民主主義人民共和国（北朝鮮）成立（金日成首相）
1949	10　中華人民共和国成立（国民政府の蒋介石は台湾へ）
1950	6　朝鮮戦争勃発⊃p.347
1951	9　サンフランシスコ講和会議（両中国招請されず）⊃p.348
1952	4　日華平和条約調印（対蒋介石の「中華民国」と）
1953	7　朝鮮戦争休戦協定調印　　12　奄美群島返還
1962	11　LT貿易協定⊃p.352 2
1965	6　日韓基本条約調印⊃p.352 3
1968	6　小笠原諸島返還⊃p.352 7
1971	10　国連の代表権交替。中国招請、台湾脱退
1972	2　ニクソン米大統領訪中。米中共同声明発表　5　沖縄返還⊃p.353
	9　田中角栄首相訪中、日中共同声明調印（日中国交正常化）⊃p.360 4
	日華平和条約失効。国民政府と断交
1978	8　日中平和友好条約調印⊃p.360 5
1982	歴史教科書検定問題。文部省、教科書検定基準に「近隣諸国条項」追加
1989	6　中国、天安門事件
1991	9　国連に韓国・北朝鮮同時加盟
1992	1　南北朝鮮が朝鮮半島の非核化に関する共同宣言調印
	8　中国・韓国国交樹立
1993	8　河野洋平官房長官談話（河野談話）発表（慰安婦への日本軍の関与を認め謝罪）
1994	6　北朝鮮、国際原子力機関脱退　　7　金日成主席死去
	10　ジュネーヴ協定（北朝鮮、核開発凍結で米朝合意）
1998	10　金大中大統領来日。韓国、日本の大衆文化開放へ、日韓共同宣言
	11　江沢民主席訪日、日中共同宣言発表
2000	6　初の南北首脳会談（金大中大統領と金正日総書記）
2002	8　日韓共催のFIFAサッカー・ワールドカップ開催
	9　小泉首相、日本の首相としてはじめて訪朝。日朝平壌宣言。北朝鮮が日本人拉致事件認める　　10　5人の拉致被害者帰国
2003	8　北朝鮮の核開発をめぐる6か国協議開始
2005	10　北朝鮮、地下核実験を強行　　11　6か国協議再開
	12　第1回東アジアサミット（EAS）開催
2008	5　日中首脳会談（胡錦濤国家主席と福田康夫首相）
	12　第1回日中韓サミット開催
2010	9　尖閣諸島付近で、中国漁船が海上保安庁巡視船に衝突
	11　北朝鮮、韓国の延坪島を砲撃
2011	12　北朝鮮、金正日総書記死去
2013	2　朴槿恵が韓国初の女性大統領に就任
2015	12　慰安婦問題日韓政府合意
2018	10　「徴用」をめぐる問題（韓国の最高裁判所、日本企業に賠償を命じる判決）

● 竹島　　● 尖閣諸島

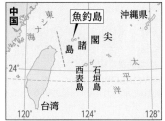

竹島　日本政府は、1905年、竹島を島根県に編入することを決定。韓国は、1952年に「李承晩ライン」を設定し、54年に警備隊を常駐させ不法占拠している。2012年8月、李明博大統領が竹島に上陸。

尖閣諸島　尖閣諸島は、魚釣島・南小島・北小島など5島と3岩礁からなる。日本政府は、1895年、閣議決定により日本の領土に編入した。大規模な油田・ガス田が尖閣諸島海域に存在する可能性が発表されると、中国、台湾は領有権を主張しはじめた。2012年、日本政府は尖閣諸島を国有化した。

2 東アジア関係地図 ⊃p.350 4

「賠償」は、サンフランシスコ平和条約第14条にもとづき、賠償を求める国が日本に賠償希望の意志を示し交渉成立後に長期分割で支払われたもの。「無償」は、日本製品の提供や、技術・労働力など経済協力のかたちによる支援。ほかに、貸し付け方式による「有償」の援助もあった。

国名は現在のもの。
年次は、国交回復に至った条約の発効年。

（『昭和史の地図』成美堂出版）

3 戦後補償を求めるおもな訴訟 ⊃p.350 4

賠償は、敗戦国が講和条約を締結した国の戦費や市民の損害に対しての支払いで、国家間の条約によって処理する。一方、補償は肉体的・精神的被害を受けた個人に対して、敗戦国や自国の政府が償いとしておこなうもの。

	問題	内容	提訴	判決等（青字は裁判終結）
韓国	サハリン残留	サハリン残留韓国人朝鮮人補償請求	1990	1995年、取り下げ
	朝鮮人日本兵	在日韓国人の傷痍軍人・軍属の援護法適用の確認（鄭商根裁判）	1991	2001年、最高裁棄却
	朝鮮人日本兵のBC級戦犯	韓国人朝鮮人BC級戦犯国家補償請求	1991	1999年、最高裁棄却
	「従軍慰安婦*」・強制連行**	アジア太平洋戦争韓国人犠牲者（「従軍慰安婦*」・強制連行**）補償請求	1991	2004年、最高裁棄却
	浮島丸事件	1945年8月、青森から朝鮮への帰還船浮島丸が京都舞鶴湾で爆発沈没し、約550人が死亡した事件の謝罪と補償請求。京都地裁で国へ賠償命令の判決	1992	2004年、最高裁棄却
	「従軍慰安婦」	釜山在住の元「従軍慰安婦」等による公式謝罪請求（関釜判決）。1998年山口地裁、国に賠償を命じる	1992	2003年、最高裁国側勝訴確定
	在韓被爆者	在韓被爆者に被爆者援護法の適用を認め、健康管理手当の支給を求めて訴訟	1998	2002年、大阪高裁勝訴、国は上告断念
中国	花岡事件	花岡鉱山で強制連行**された中国人たちが虐待に耐えかねて蜂起し、鎮圧された虐殺事件。1989年に生存者・遺族により「花岡受難者連盟」が結成され、鹿島に補償請求	1995	2000年、和解
	毒ガス	日本軍毒ガス・砲弾遺棄被害賠償請求	1996	2009年、最高裁棄却
	細菌戦	731部隊細菌戦損害賠償請求	1997	2007年、最高裁棄却
香港	軍票	強制的に香港ドルと軍票とを交換させられたことによる損害賠償請求	1993	2001年、最高裁棄却
台湾	台湾人元日本兵	台湾人元日本兵の戦死者補償請求	1977	1992年、最高裁棄却

*日本政府は、1993年に軍の関与を認める河野官房長官談話を発表し、以来歴代総理大臣（橋本～小泉）名でおわびの手紙を公表している。

**2021年4月、日本政府は戦時中に朝鮮半島から労働者がきた経緯はさまざまであり、「強制連行」とするのは不適切とする閣議決定をしたが、実質的には強制連行にあたる事例も多かったとする研究もある。

現代の社会や文化はどのような特色をもっているだろう

❶ 2000年代以降の生活・文化・世相

年代	事　項	流行語
2000 金	高橋尚子、シドニーオリンピックで金メダル。白川英樹、ノーベル化学賞受賞	IT革命 おっはー
2001 戦	野依良治、ノーベル化学賞受賞	明日があるさ 狂牛病
2002 帰	小柴昌俊、ノーベル物理学賞受賞。田中耕一、ノーベル化学賞受賞	タマちゃん 貸し剥がし
2003 虎	米アカデミー賞で、宮崎駿監督の「千と千尋の神隠し」が最優秀長編アニメーション賞を受賞	マニフェスト なんでだろう
2004 災	綿矢りさ、金原ひとみ、史上最年少で芥川賞受賞	チョー気持ちいい 自己責任
2005 愛	日本国際博覧会（「愛・地球博」）開催 知床、世界自然遺産に登録	小泉劇場 想定内（外）
2006 命	荒川静香、トリノオリンピックで金メダル	イナバウアー ハンカチ王子
2007 偽	カンヌ国際映画祭で、河瀬直美監督の「殯の森」がグランプリ受賞	どげんかせんといかん ハニカミ王子
2008 変	北島康介、北京オリンピックで2大会連続の金メダル	アラフォー グ〜！
2009 新	国際宇宙ステーションの日本実験棟「きぼう」完成	政権交代 こども店長
2010 暑	サッカーワールドカップで、日本代表がベスト16に進出	ゲゲゲの AKB48
2011 絆	東日本大震災。サッカー女子ワールドカップで、日本代表（「なでしこジャパン」）が優勝	スマホ 帰宅難民
2012 金	ローザンヌ国際バレエコンクールで高校生の菅井円加が優勝。東京スカイツリー完成	ワイルドだろぉ iPS細胞
2013 輪	富士山、世界文化遺産に登録	じぇじぇじぇ、今でしょ！ お・も・て・な・し、倍返し
2014 税	富岡製糸場、世界文化遺産に登録。御嶽山（長野県・岐阜県）が噴火	ダメよ〜ダメダメ 集団的自衛権
2015 安	北陸新幹線開業。「明治日本の産業革命遺産」、世界文化遺産に登録	爆買 五郎丸（ポーズ）
2016 金	北海道新幹線開業。熊本地震	ポケモンGO PPAP
2017 北	将棋の藤井聡太（四段）、29連勝の新記録達成	インスタ映え 忖度
2018 災	羽生結弦、平昌オリンピックで2大会連続の金メダル	そだねー （大迫）半端ないって
2019 令	米大リーグシアトル・マリナーズのイチロー、現役引退。令和改元	ONE TEAM 計画運休
2020 密	新型コロナウイルス、世界規模で拡大	3密 鬼滅の刃
2021 金	東京オリンピック・パラリンピック開催	リアル二刀流／ショータイム Z世代
2022 戦	プロ野球千葉ロッテマリーンズの佐々木朗希、完全試合達成	村神様 キーウ
2023 税	WBC（ワールドベースボールクラシック）第5回大会で日本優勝	アレ（A.R.E.） 生成AI
2024	米アカデミー賞で、山崎貴監督の「ゴジラ-1.0」が視覚効果賞、宮崎駿監督の「君たちはどう生きるか」が長編アニメーション賞を受賞	

※年代の欄の漢字は、日本漢字能力検定協会が応募で選んだ「今年の漢字」。

❷ 情報化の時代・技術革新の時代

◀❶IT社会　1990年代以降は、コンピュータや情報通信など、情報技術（IT）が急速に進歩した。写真は、イベントでカメラ機能付き携帯電話で写真をとる人々（左）と、タブレット端末を利用した小学校での授業のようす（右）。

❸ グローバル化の時代

◀❷グローバル化する日本代表　ラグビーW杯2015年大会で活躍した日本代表31人中10人が外国出身。キャプテンのリーチマイケルもニュージーランド人の父とフィジー人の母との間に生まれ、15歳の時に来日した選手である。

❹ 新たな価値観の創出

◀❸AKB48　AKB48は、2005年に誕生したアイドルグループ。国内外に複数の姉妹グループがある。メンバーの卒業、握手会、ファン投票によって選抜メンバーを選ぶAKB48選抜総選挙などはあらたな現象・文化として注目された。

©AKB48

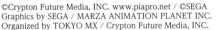

©Crypton Future Media, INC. www.piapro.net / ©SEGA
Graphics by SEGA / MARZA ANIMATION PLANET INC.
Organized by TOKYO MX / Crypton Future Media, INC.

Art by KEI ©CFM

↑❹「初音ミク」　「初音ミク」とは、2007年に発売された音声合成システムを採用した歌声作成ソフトウェアおよびそのキャラクターである。多くの人々がこのソフトウェアを使い、オリジナルの音楽を制作し、インターネットに公開した。その過程で、「初音ミク」が「バーチャルアイドル」として人気を博した。3DCG映像を駆使したコンサートが国内外で開催されるなど、その人気は、世界レベルで広がりをみせている。

↑❺YOASOBI　コンポーザー（音楽制作者）のAyaseとボーカルのikuraの男女ユニット。2019年に、デビュー作となった「夜に駆ける」のミュージックビデオがYouTubeで公開されると、SNS上で話題となり大ヒットした。その後も、「群青」「怪物」「アイドル」など、作品の多くが多くの若者の支持を得ている。アーティストはみずからの情報をみずからの声で明確に伝え、ファンもすぐさま反応する。SNSの活用がファンとの距離を縮め、またYOASOBIの活躍を支えている。

↑❻井手上漠　2003年生まれ。2017年の「少年の主張全国大会」において、みずからの性の葛藤を伝え、文部科学大臣賞を受賞し注目される。現在はモデルとして活躍する一方、自身の体験や日々感じたことなどを発信している。みずからのSNSのプロフィール欄には「性別はない」と書く。

平和に対して、また環境問題などの地球規模の課題に対して、私たちが考えなければならないことやできることは何だろうか。

戦争体験が風化しつつある今日、私たちが体験を継承し、学び、未来と世界に伝えていくことが大切である。また、気候変動などのグローバルな課題について、SDGsにまとめられた目標を自分の立場で実践してみることも大切である。

→❶映画「ゴジラ」のポスター(1954年) 後にシリーズ化されるゴジラは、ビキニ水爆実験(→p.349❺)を背景に、水爆実験の影響でゴジラが目覚めたことになっており、ポスターには「水爆大怪獣」とある。ところが、最新作の2016年の「シン・ゴジラ」では、放射性廃棄物質の影響でゴジラが目覚めたことになっている。「ゴジラ」©TOHO CO.,LTD.

←❷映画「天気の子」のポスター(2019年) アニメ「天気の子」は、気候変動が私たちの感覚にまで影響を与えるようになった時代を前提としている。映画で描かれる関東地方の夏では、長期間にわたって雨が続く。そのなかで短時間、局所的に空を晴れにする力をもつ陽菜と出会う帆高の物語。不思議な力をもたない私たちは、気候変動に対して何ができるだろうか。ラストの帆高の進路も興味深い。

©2019「天気の子」製作委員会

1 平和問題

→❸広島平和公園の原爆の子の祈念像

● 核兵器廃絶へ

平和問題で最も核心的な課題は、核兵器廃絶への道を人類がどのように歩むかである。私たちは、核兵器の実験が続いて世界中で核兵器廃絶運動が広がった1950年代から60年代の経験を忘れていないだろうか。

平和への思い―日本とウクライナをつなぐ折り鶴

歴史ポケット

幼い頃チョルノービリ(チェルノブイリ)原発事故で避難を余儀なくされた在日ウクライナ人歌手兼バンドゥーラ奏者のナターシャ・グジーさんは、来日後、「原爆の子の像」のモデルになった佐々木禎子さんの父親から禎子さんの折り鶴を贈られた。ナターシャさんは、その折り鶴をウクライナの友好と平和の印とし、核の悲劇を繰り返さない願いを込めて、2016年、禎子さんの折り鶴をウクライナの博物館に贈った。

● 沖縄の子ども・高校生らの平和へのメッセージ

日本国内で唯一県民のほとんどが戦争に巻き込まれ、戦場と化した沖縄の人々の思いが、風化してはいないだろうか。沖縄平和祈念資料館では、毎年、平和の詩を募集している。その中から優秀な作品は、毎年6月23日の沖縄全戦没者追悼式で朗読されている。史料の詩は、認知症を患った祖父の姉が戦争で失った夫を想起する姿を描写した作品で、沖縄戦の記憶の継承を訴えて、2015年に追悼式で朗読され、2017年に平和の詩として初めて記念碑がつくられた「みるく世がやゆら(平和でしょうか)」である。

史料「みるく世がやゆら」

六月二十三日の世界に　私は問う
みるく世がやゆら
戦争の恐ろしさを知らぬ私に　私は問う
気が重い　一層戦争のことは風に流してしまいたい
しかし忘れてはならぬ　彼女のことは風に流してしまいたい
伝えねばならぬ　彼女の記憶を戦争の惨めさを
古のあの琉歌よ　時を超え今　世界中を駆け巡れ
今が平和で　これからも平和であり続けるために
潮風に吹かれ　私は彼女の記憶を心に留める
みるく世の素晴らしさを　未来へと繋ぐ
（知念捷）

2 地球規模の課題解決のために

現在の地球規模の課題とその取り組みおよび解決の目標(ゴール)についてまとめられたものとして、SDGsがある。SDGs(Sustainable Development Goals、持続可能な開発目標)とは、2015年国連サミットで加盟国の全会一致で採択された「持続可能な開発のための2030アジェンダ」に記載された、2030年を目指す国際目標である。17のゴール・169のターゲットから構成され、地球上の「誰一人取り残さない(leave no one behind)」ことを誓っている。

→❹SDGsの17のゴール

SUSTAINABLE DEVELOPMENT G❍ALS

◥日本政府は、SDGsアクションプランの3本柱として、①ソサエティ5.0、②地方創生、③次世代・女性のエンパワーメントをあげている。

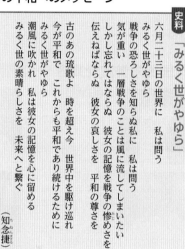

↑❺制作したのれん　智頭町における教育、福祉、森林関連事業、地域内循環をめざす環境対策等地域住民や若者との協働によるSDGsの取り組みは、全国の山間地帯のモデルになっている。

● 地方創生

鳥取県智頭町では、村おこし運動や森の幼稚園と森林セラピーの取り組みなど、地方創生としてユニークな取り組みがおこなわれている。さらに、住民提案型行政システム「百人委員会」で高校生たちと地域の協働事業の提案により、昔ながらの宿場町を生かした智頭宿魅力アッププロジェクトが実施され、高校生による藍染めののれんと格子戸の制作がおこなわれている。

● 環境問題

環境問題として、気候変動や海洋プラスチックごみ問題などがあり、対策が求められている。「2050年にプラスチックが魚の量を超える」という予測をふまえ、名画の海の未来を描いた展覧会では、環境問題を理解し、自分にできることを考えるよう訴えている。

↑❻「富嶽三十六景　神奈川沖浪裏2050」葛飾北斎の絵(→p.226❹)を、AI(人工知能)が未来の姿として変化させた絵。

探Q ●平和やSDGsへの取り組みを調べ、自分に何ができるか考えよう。

近現代 現代

❶ ノーベル賞受賞者

*ノーベル賞は、アルフレッド=ノーベルの遺言により、彼の遺産を基金として設立。物理学・化学・医学生理学・平和・文学・経済学の6賞。

人名	授賞理由など	受賞	受賞年
❶湯川秀樹(1907~81) ●p.344❹	「中間子理論」	物理学	1949
❷朝永振一郎(1906~79)	くりこみ理論	物理学	1965
❸川端康成(1899~1972)	代表作『伊豆の踊子』など	文学	1968
❹江崎玲於奈(1925~)	「エサキダイオード」を開発	物理学	1973
❺佐藤栄作(1901~75)	首相在任中の「非核三原則」	平和	1974
❻福井謙一(1918~98)	「フロンティア電子論」	化学	1981
❼利根川進(1939~)	免疫遺伝子の成果	医学生理学	1987
❽大江健三郎(1935~2023)	代表作『個人的な体験』など	文学	1994
❾白川英樹(1936~)	導電性プラスチック開発	化学	2000
❿野依良治(1938~)	不斉合成の研究	化学	2001
⓫小柴昌俊(1926~2020)	宇宙ニュートリノの検出	物理学	2002
⓬田中耕一(1959~)	生体高分子の解析法開発	化学	2002
⓭南部陽一郎(1921~2015)	素粒子物理学における研究	物理学	2008
⓮小林誠(1944~)			
⓯益川敏英(1940~2021)			
⓰下村脩(1928~2018)	緑色蛍光タンパク質の発見・開発	化学	2008
⓱根岸英一(1935~2021)	有機化合物の革新的合成法(「クロスカップリング」)の開発	化学	2010
⓲鈴木章(1930~)			
⓳山中伸弥(1962~)	iPS細胞の研究開発	医学生理学	2012
⓴赤﨑勇(1929~2021)	青色発光ダイオード(LED)の開発	物理学	2014
㉑天野浩(1960~)			
㉒中村修二(1954~)			
㉓大村智(1935~)	寄生虫による感染症などの新治療薬発見	医学生理学	2015
㉔梶田隆章(1959~)	ニュートリノの重さを証明	物理学	2015
㉕大隅良典(1945~)	オートファジー(自食作用)のしくみの発見	医学生理学	2016
㉖本庶佑(1942~)	免疫を利用した新たながん治療薬オプジーボの開発につながる研究	医学生理学	2018
㉗吉野彰(1948~)	リチウムイオン電池の開発	化学	2019

❷ 国民栄誉賞受賞者

*国民栄誉賞は、賞の規定では、「国民に敬愛される人柄をもち、前人未倒の業績を挙げ、社会に明るい希望と話題を与えた人に贈る」とされる。
※写真中の年代は受賞年。

❶王貞治(1940~) プロ野球選手。1977年に世界新記録の通算756号ホームランを放つ。生涯ホームラン数は868本。
(1977年)

❷古賀政男(1904~78) 作曲家。「影を慕いて」など、作品は約5,000曲。
(1978年)

❸長谷川一夫(1908~84) 俳優。映画・テレビ・舞台などで活躍。
(1984年)

❹植村直己(1941~84) 登山家・冒険家。犬ゾリでの単独北極点到達など、数々の冒険をおこなう。
(1984年)

❺山下泰裕(1957~) 柔道家。1984年のロサンゼルスオリンピックで金メダルを獲得。国内外公式試合203連勝。
(1984年)

❻衣笠祥雄(1947~2018) プロ野球選手。連続試合出場2215試合の世界記録を達成(当時)。
(1987年)

❼美空ひばり(1937~89) 歌手。代表的な歌は、「悲しい酒」「柔」「川の流れのように」など多数。●p.345❷
(1989年)

❽千代の富士(1955~2016) 力士。1988年には53連勝、90年には、史上初の1,000勝を達成。
(1989年)

❾藤山一郎(1911~93) 歌手。歌声や姿勢が美しく、大衆に親しまれた。代表的な歌は、「青い山脈」など。
(1992年)

❿長谷川町子(1920~92) 漫画家。1992年受賞。代表作「サザエさん」は、25年間新聞紙上で連載、1969年にテレビアニメ化される。

⓫服部良一(1907~93) 作曲家。「東京ブギウギ」「青い山脈」など、作品は約3,000曲。
(1993年)

⓬渥美清(1928~96) 俳優。大衆演劇を経て、テレビ・映画で活躍。映画「男はつらいよ」は代表出演作。
(1996年)

⓭吉田正(1921~98) 作曲家。代表曲「有楽町で逢いましょう」「いつでも夢を」など、作品は約2,400曲。
(1998年)

⓮黒澤明(1910~98) 映画監督。代表作は、「羅生門」「七人の侍」など多数。海外に与えた影響は大きい。●p.344⓫
(1998年)

⓯高橋尚子(1972~) マラソン選手。2000年のシドニーオリンピックで、日本女子陸上初の金メダル。
(2000年)

⓰遠藤実(1932~2008) 作曲家。代表曲「高校三年生」「北国の春」など、作品は約5,000曲。
(2008年)

⓱森光子(1920~2012) 俳優。舞台「放浪記」は、1961年の初演以来、上演回数は2,000回を超える。
(2009年)

⓲森繁久彌(1913~2009) 喜劇人、俳優。代表出演作は、ミュージカル「屋根の上のヴァイオリン弾き」など。©東宝・演劇部
(2009年)

⓳「なでしこジャパン」 2011年のサッカー女子ワールドカップで優勝。
(2011年)

⓴吉田沙保里(1982~) レスリング選手。レスリング競技史上初の世界大会13連覇達成。
(2012年)

㉑大鵬(1940~2013) 力士。優勝回数32回。相撲の黄金時代を築く。●p.357⓭
(2013年)

㉒長嶋茂雄(右)・㉓松井秀喜(左) プロ野球選手。初の同時受賞。長嶋茂雄(1936~)は、日本野球史に名を残す代表的存在(●p.357⓮)。松井秀喜(1974~)は日米野球界で中心選手として活躍。
(2013年)

㉔伊調馨(1984~) レスリング選手。個人種目で女子史上初のオリンピック4連覇達成。
(2016年)

㉕羽生善治(1970~) 将棋棋士。将棋界初の永世七冠達成。
(2018年)

㉖井山裕太(1989~) 囲碁棋士。年間グランドスラムを含む囲碁界初の2度の七冠同時制覇。
(2018年)

❓㉗羽生結弦(1994~) フィギュアスケート選手。冬季オリンピック個人種目日本人初の連覇。
(2018年)

㉘国枝慎吾(1984~) プロ車いすテニス選手。車いす男子史上初の生涯ゴールデンスラム達成。
(2023年)

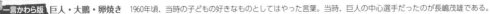

❶ 政党の変遷 ➡p.333, 334, 335 （2024年6月30日現在）

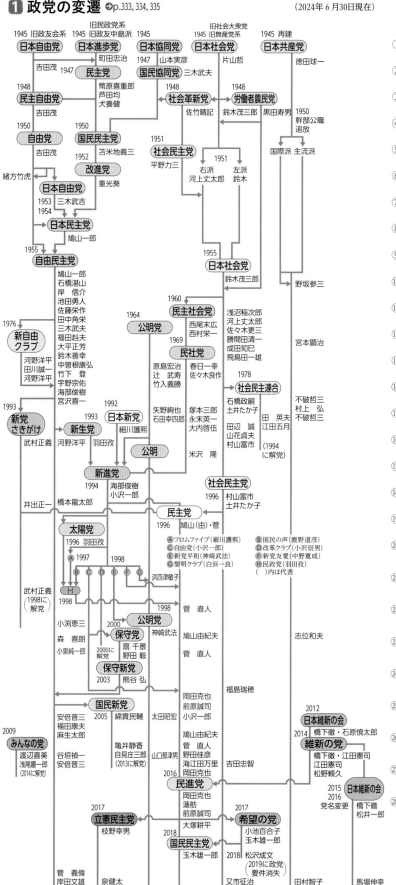

❷ 衆議院の政党別議席数の推移

① 第22回1946.4（定数464名）〈幣原内閣〉 ─協同14 ─共産5
　自由140 ｜ 進歩94 ｜ 社会92 ｜ 諸・無119

② 第23回1947.4（466名）〈吉田①〉 ─4
　131 ｜ 民主121 ｜ 29 ｜ 143 ｜ 38

③ 第24回1949.1（466名）〈吉田②〉 14 ─労農7
　民主自由264 ｜ 民主69 ｜ 48 ｜ 35 ｜ 29

④ 第25回1952.10（466名）〈吉田③〉 ─4
　自由240 ｜ 改進85 ｜ 右社57 ｜ 左社54 ｜ 26

⑤ 第26回1953.4（466名）〈吉田④〉─鳩山自由 5 ─1
　吉田自由199 ｜ 35 ｜ 76 ｜ 66 ｜ 72 ─12

⑥ 第27回1955.2（467名）〈鳩山①〉 4 ─2
　自由112 ｜ 民主185 ｜ 67 ｜ 89 ─8

⑦ 第28回1958.5（467名）〈岸①〉 ─共産党1
　自由民主287 ｜ 社会党166 ─13

⑧ 第29回1960.11（467名）〈池田①〉 ─民主社会党3
　296 ｜ 145 ｜ 17 ─6

⑨ 第30回1963.11（467名）〈池田②〉 5 ─12
　283 ｜ 144 ｜ 23

⑩ 第31回1967.1（486名）〈佐藤①〉 公明党 ─5
　277 ｜ 140 ｜ 30 ｜ 25 ─9

⑪ 第32回1969.12（486名）〈佐藤②〉 民社党 ─14
　288 ｜ 90 ｜ 31 ｜ 47 ─16

⑫ 第33回1972.12（491名）〈田中①〉
　271 ｜ 118 ｜ 19 ｜ 29 ｜ 38 ｜ 16

⑬ 第34回1976.12（511名）〈三木〉 ─新自由クラブ
　249 ｜ 17 ｜ 123 ｜ 29 ｜ 55 ｜ 17 ｜ 21

⑭ 第35回1979.10（511名）〈大平①〉 4 ─社会民主連合2
　248 ｜ 107 ｜ 35 ｜ 57 ｜ 39 ｜ 19

⑮ 第36回1980.6（511名）〈大平②〉 ─3
　284 ｜ 12 ｜ 107 ｜ 32 ｜ 33 ｜ 29 ─11

⑯ 第37回1983.12（511名）〈中曽根①〉 ─3
　250 ｜ 8 ｜ 112 ｜ 38 ｜ 58 ｜ 26 ─16

⑰ 第38回1986.7（512名）〈中曽根②〉 ─6 ─4
　300 ｜ 85 ｜ 26 ｜ 56 ｜ 26 ─9

⑱ 第39回1990.2（512名）〈海部①〉 14 ─4
　275 ｜ 136 ｜ 45 ｜ 16 ｜ 22

⑲ 第40回1993.7（511名）〈宮沢〉新党さきがけ13 15 15 ─4
　223 ｜ 55 ｜ 35 ｜ 70 ｜ 51 ｜ 30

⑳ 第41回1996.10（500名）〈橋本〉新生党 日本新党 ─52
　239 ｜ 新進党156 ｜ 民主党 ｜ 26 ─10
　　2 社会民主15

㉑ 第42回2000.6（480名）〈森〉 公明党31
　233 ｜ 民主党127 ｜ 21
　保守党7 ／ 自由党22 19 20

㉒ 第43回2003.11（480名）〈小泉①〉 ─13
　237 ｜ 34 ｜ 177
　保守新党4 社会民主党6 ─9

㉓ 第44回2005.9（480名）〈小泉②〉 19 9
　296 ｜ 31 ｜ 113 ｜ 7
　国民新党4 ─新党日本1

㉔ 第45回2009.8（480名）〈麻生〉 7 8 9
　119 ｜ 21 ｜ 308
　国民新党3 ─みんなの党5

㉕ 第46回2012.12（480名）〈野田〉 日本維新の会54
　294 ｜ 31 ｜ 57 2 ｜ 18 ─7 ─8
　日本未来の党9

㉖ 第47回2014.12（475名）〈安倍②〉
　291 ｜ 35 ｜ 73 2 ｜ 21 ─12
　維新の党41

㉗ 第48回2017.10（465名）〈安倍③〉 2 社会民主党
　284 ｜ 29 ｜ 55 ｜ 50 ｜ 12 ｜ 22
　立憲民主党 希望の党 日本維新の会

㉘ 第49回2021.10（465名）〈岸田〉 10
　261 ｜ 32 ｜ 96 ｜ 41
　立憲民主党 日本維新の会 れいわ新選組3 社会民主党1 無10 国民民主党11

年　表

凡例　年表中の重要事項はゴチックで示した
- 天皇欄の赤字は女帝
- 政治・外交、経済・社会欄の青字は事件・争乱関係。赤字は法令・勅令・協定・条約関係
- 文化欄の青字は仏教・キリスト教など宗教関係。赤字は教育・学問関係
- 世界史欄の青字は中国・朝鮮関係。＿＿は歴史総合の重要事項（一部）
- 月数を○で囲んだものは閏

参考資料
世界の年表

「ダイアローグ
歴史総合」より

- ●旧石器文化
- ●縄文文化
- ●弥生文化
- ●古墳時代

西暦	文化期	政　治　・　社　会　・　文　化	朝鮮	中国	世　界　史
	旧石器文化	無土器———————旧石器文化 日本全域に人類活動の跡　石器の作製・使用 氷期の終わり　石器の発達 海面の上昇　石斧（打撃用） ↓　ナイフ形石器（石刃）（切断用） 日本列島の形成　尖頭器（石槍への発展）			約700万年前、アフリカに猿人が出現 約240万年前、原人が出現 約60万年前、旧人が出現 約20万年前、新人が出現
B.C.14000	縄文文化　草創期	縄文土器———————縄文文化 隆起線文・爪形文土器　槍の改良　自然洞窟 縄文の鉢形土器　弓矢の作製・使用	二・三戸		約1万年前、新石器時代始まる B.C.5500頃、中国に新石器文化（農耕文化）始まる
B.C.9000	早期	尖底・深鉢形で押型文・撚糸文土器　石鏃・石槍	炉をもつ		B.C.3000頃　エーゲ文明 B.C.2600頃　エジプトにピラミッド
B.C.5000	前期	平底土器の発達　集落　竪穴住居　屈葬			B.C.2300頃　インダス文明
B.C.3000	中期	火炎式土器　磨製石斧　十数戸　土偶		殷	B.C.16世紀頃、殷王朝の成立
B.C.2000	後期	椀・高坏・皿などの各種土器発達。縄文細かく磨　長方形竪穴住居　抜歯 消縄文手法も行われる　貝塚の規模拡大		西周	B.C.1500　アーリヤ人、インド侵入 B.C.11世紀、周王朝成立
B.C.1000	晩期	西日本に簡素な凸帯文土器。東日本に複雑な文様形態の亀ケ岡式土器流行　叉状研歯の風習（大型竪穴住居）		東周	B.C.770　春秋時代（～B.C.403） B.C.8世紀、ギリシア各地にポリス成立
B.C.600	弥生文化　前期	定住化 弥生土器———————弥生文化 北九州に稲作と金属器を伴う文化の成立。弥生土器の発達。大陸系統の磨製石器（石包丁など）・鉄製工具・木製農耕具。稲作、中国・四国・近畿へ波及　鹿の骨による卜占　共同墓地 ●環濠集落　高床住居			B.C.550　アケメネス朝帝国成立（～B.C.330） B.C.509頃、ローマの共和政成立 B.C.403　戦国時代（～B.C.221） B.C.264　ポエニ戦争（～B.C.146）
B.C.300	中期	稲作、関東・東北へ波及。鉄器利用、石器消滅へ向かう。大陸から青銅器の移入（銅剣・銅矛・銅戈・銅鐸）　支石墓　甕棺墓（副葬品）		秦	B.C.221　秦の始皇帝、中国統一 B.C.202　前漢おこる
B.C.1 A.D.1	弥生文化	●倭は百余国に分かれ、一部の国は前漢の楽浪郡に朝貢（漢書地理志）	三韓（馬韓・弁韓・辰韓）　楽浪・帯方郡　高句麗	前漢	B.C.108　前漢武帝、楽浪など4郡設置
		倭の奴国王が後漢の光武帝から印綬を賜わる（後漢書）筑前国志賀島（福岡）出土の「漢委奴国王」の金印　●弥生文化、東北地方に波及　●高地性集落（瀬戸内沿岸）		漢 新	B.C.27　ローマ帝政始まる 8　前漢滅び、新おこる（～23） 25　光武帝、後漢建国（～220）
57				後漢	32　高句麗、王号復す
107		●西日本では乾田経営。鉄器の普及 倭国王帥升ら、後漢の安帝に生口を献上（後漢書）			105　蔡倫、製紙法を改良 184　漢、黄巾の乱
	後期	●倭国大いに乱れる。●邪馬台国の卑弥呼が倭国の女王となる（魏志倭人伝）。尊卑おのおの差序がある。租税を収める（魏志倭人伝）　●集落の拡大　●機織の発達		魏　蜀　呉	220　後漢に代わり三国時代 魏（220～265）蜀（221～263） 呉（222～280）
239		卑弥呼が魏に使いを送り、親魏倭王の号を賜わる（魏志倭人伝）			224　ササン朝（～651） 265　司馬炎、西晋を建てる（～316）
247頃		卑弥呼没。壱与（台与）が女王となる			280　西晋、中国統一
266		倭の女王（壱与か）が西晋に朝貢（後、413年まで、倭国の消息は中国文献になし）　●銅鐸・武器形祭器による祭祀終わる　●前方後円墳出現 4世紀中頃までに国家の成立（ヤマト政権） 氏　姓　制　度	百済　加耶　新羅　高句麗	西晋	313　ローマ帝国、キリスト教公認。高句麗、楽浪郡滅ぼす ―百済・新羅台頭 316　西晋滅ぶ。五胡十六国時代 325　ニケーア公会議
369	古墳時代	倭、加耶諸国を支配下におく（書紀神功紀） ●王仁・阿知使主・弓月君ら渡来（書紀応神紀）		五胡十六国　東晋	
372		百済王、七支刀（369年製作）を倭王に贈る　●前方後円墳の地方普及			372　高句麗に仏教伝来 375　ゲルマン民族の大移動（～6世紀）
391		倭国、朝鮮に出兵、高句麗と戦う（好太王碑）			395　ローマ帝国東西分裂 399　法顕、インド旅行開始

天皇	西暦	政治・外交	経済・社会	文化	朝鮮	中国	世界史
この頃から、480年頃までに以下の天皇が立ったと思われる	400	高句麗、5万の兵で新羅救援、倭軍退く(好太王碑)		●副葬品に馬具・甲冑・刀など軍事的なものが増える		五胡十六国／東晋	414 高句麗の好太王碑建立
	404	倭軍、帯方郡に侵入、高句麗と戦い敗北(好太王碑)					420 宋おこる(～479)
		倭の五王の遣使		●江田船山古墳出土鉄刀(熊本)		宋(南朝)	
仁徳 履中 反正 允恭 安康 雄略	413	倭国、東晋に貢物を献ずる(晋書)					439 北魏、華北を統一
	421	倭王讃、宋に朝貢、宋の武帝から称号を受ける(宋書)		●横穴式石室の出現。須恵器の普及。馬具の使用			476 西ローマ帝国滅ぶ
	425	讃、司馬曹達を遣わし、宋の文帝に貢物を献じる(宋書)					479 宋滅び、斉建国(～502)
	438	讃没、弟珍が宋に朝貢、安東将軍倭国王とされる(宋書)		●曲刃鎌やU字形鋤先・鍬先出現			481 フランク王国建国
	443	倭王済、宋に朝貢、安東将軍倭国王とされる(宋書)	460 雄略、皇妃に養蚕のことをすすめ、諸国に桑を植えさせる			北魏／斉	
	451	倭王済、宋より六国諸軍事を加授される(宋書)		471 稲荷山古墳出土鉄剣(一説に531)	加耶		
	462	済没し、済の世子の興を安東将軍倭国王とする(宋書)					
	478	倭王武、宋に上表文、安東大将軍の号授かる(宋書)					
	479	武、南斉の高帝より鎮東大将軍の号授かる(南斉書)					
清寧(せいねい) 顕宗(けんそう) 仁賢(にんけん) 武烈(ぶれつ)—507—	502	武、梁から征東将軍の号授かる(梁書)		503 隅田八幡神社人物画像鏡(一説に443)			502 斉滅び、梁建国(～557)
	507	大伴金村、男大迹王を越前より迎え、天皇の位につける(継体天皇)(書紀)	**私地私有民制**	513 百済より五経博士渡来			529 ローマ法大全
	512	百済の要請で、金村、加耶(加羅・任那)4県を割譲(書紀)	●朝廷領として県・屯倉の設置	528頃、岩戸山古墳(磐井の墓)			534 東魏建国(～550)
		内政の動揺	●皇族領に子代・名代設置 豪族の私領として田荘設置			東魏 西魏／梁	535 西魏建国(～556)
継体	527	筑紫国造磐井の乱(加耶復興に向かう近江臣毛野軍を阻む)(～528)					
	528	物部麁鹿火が磐井の乱平定		538 仏教公伝(一説に552)			552 突厥おこる
—531—	531	欽明天皇即位(上宮聖徳法王帝説)	535頃、屯倉を数多く設置			北斉 北周	557 梁滅び、陳建国(～589)
欽明(きんめい)(安閑 宣化)		**豪族間の対立と蘇我氏・厩戸皇子(聖徳太子)の執政**		**飛鳥文化**			
	554	倭・百済両軍、新羅と戦い、百済聖明王戦死	552 蘇我稲目と物部尾輿の仏像礼拝をめぐる対立	588 法興寺(飛鳥寺)建立着手		陳	570頃 ムハンマド誕生(～632)
—572—戦連(びだつ)用明(ようめい)崇峻(すしゅん)—592—	562	加耶(加羅・任那)が新羅に滅ぼされる		593 四天王寺建立			581 北周に代わり隋おこる
	587	蘇我馬子、厩戸皇子らが物部守屋を滅ぼす	585 物部守屋、仏殿を焼く	594 仏教興隆の詔 ―造寺盛ん			589 隋の中国統一
	592	馬子、崇峻天皇を殺害する					
	593	厩戸皇子、政務に参加する					
	600	倭王、隋に使を派遣	604 中国の元嘉暦を使用	602 百済僧観勒、暦本等伝える	百済 新羅 高句麗	隋	610 ムハンマドが預言者として活動開始
推古	603	冠位十二階を制定		603 秦河勝、広隆寺建立			
	604	初めて冠位を賜う。憲法十七条の制定		607 法隆寺(斑鳩寺)創立			
	607	小野妹子を隋に派遣	608 新羅人多く渡来	610 高句麗僧曇徴、紙・墨の製法を伝える			
	608	隋使裴世清来日(小野妹子同行)。妹子再び隋に派遣される(高向玄理・僧旻・南淵請安ら同行)	609 肥後国に百済人80人余漂着	611 厩戸皇子、『三経義疏』著す(～615)			618 隋滅び、唐建国(～907)
	614	犬上御田鍬を隋に派遣(翌615年に帰国)	613 難波から大和への大道造る	620 『天皇記』『国記』撰録			622 ヒジュラ(聖遷)
	622	厩戸皇子没、蘇我馬子執政		622 中宮寺天寿国繍帳			
—628—	626	5 蘇我馬子没、その子蝦夷、大臣となる	624 この年の寺数46、僧816人、尼569人	623 法隆寺金堂釈迦三尊像			624 唐、均田法を実施
—629—舒明	630	8 犬上御田鍬らを唐に派遣(遣唐使のはじめ)		625 高句麗僧慧灌、三論宗を伝える			627 唐、貞観の治(～649)
	631	3 百済王子豊璋、人質として来日					628 唐、中国統一
—641—	632	10犬上御田鍬、唐使高表仁、僧旻らと帰国	636 大旱で天下飢える	639 百済宮と百済寺造営			630 唐、東突厥を滅ぼす
皇極	642	1 皇后即位して皇極天皇。蘇我入鹿自ら執政	**公地公民制**	640 南淵請安、高向玄理ら唐から帰国			637 唐の太宗、律令を制定
	643	11入鹿、山背大兄王を斑鳩宮に囲み、王一族自殺	645 8戸籍を造る。鐘匱の制。男女の法制定。良民・奴婢の子の帰属決める				
—645—		**大化改新から律令国家の形成へ**		645 蘇我氏の政変で『天皇記』『国記』焼失。仏教興隆の詔		唐	
	645(大化1)	6 中大兄皇子・中臣鎌足ら、蘇我入鹿を殺す。蘇我蝦夷自殺(蘇我氏滅亡)。孝徳天皇即位、中大兄皇子は皇太子、中臣鎌足は内臣となる。初めて年号を定め大化元年とする(大化改新)　12難波長柄豊碕宮に遷都					
孝徳	646(大化2)	1改新の詔　3東国の国司を任命　9高向玄理を新羅に派遣	646 3薄葬の制。屯倉を廃止(→古墳、消滅へ)	**白鳳文化**			
	649	3蘇我倉山田石川麻呂が謀反の疑いをかけられ自殺	647 淳足柵を築く 648 磐舟柵を築く				
	653	中大兄皇子、天皇と不和、皇極上皇らと飛鳥河辺行宮へ移る	650 穴戸国(長門)より献上された白雉による改元	653 僧旻没 660 中大兄皇子、漏刻(水時計)を造る			651 ササン朝の滅亡
—654——655—斉明(皇極)(重祚)	654	2高向玄理、唐で死亡　10孝徳天皇、難波宮で没		669 藤原鎌足没			660 唐・新羅連合軍、百済の泗沘城(扶余)を攻略(百済滅亡)
	655	1皇極重祚(斉明天皇) ―この冬、川原宮へ移る	664 2冠位二十六階制定、氏上と部民・家部定める	670 斑鳩寺、炎上			
	658	4阿倍比羅夫、蝦夷征討開始　11有間皇子殺される		671 漏刻(水時計)を用い、鐘鼓を打って時を知らせる			
—661—(称制)天智	661	1新羅征討の軍発進、斉明天皇親征　7斉明天皇没	666 百済人2千余人を東国に移す				661 ウマイヤ朝成立(～750)
	663	8日本・百済軍、唐・新羅軍と白村江の戦いで大敗		678～685 興福寺仏頭			668 高句麗滅ぶ
	664	―対馬・壱岐・筑紫等に防人と烽を置き、筑紫に水城を築く	670 2全国的な戸籍(庚午年籍)	680 薬師寺建立を発願			この頃、シュリーヴィジャヤ王国成立
	665	8長門、筑紫に築城 ―遣唐使派遣		685 初めて伊勢神宮の式年遷宮の制を定める			
	667	3近江大津宮に遷都　11大和・讃岐・対馬に築城	675 2部曲廃止、王臣・諸寺に与えた山林を収公				
	668	1中大兄皇子即位(天智天皇)　近江令を制定?					

●飛鳥・奈良・平安時代

天皇	年号	西暦	政治・外交	経済・社会	文化	朝鮮	中国	世界史
671 弘文 672		671	1大友皇子が太政大臣となる　10大海人皇子吉野へ	682 3王臣の食封を収公		新羅	唐	676 新羅の朝鮮半島統一
		672	6壬申の乱(～8)　一冬、飛鳥浄御原宮に移る					
天武		673	2大海人皇子即位(天武天皇)					
		681	2律令の編纂を開始。草壁皇子、立太子	687 3高句麗の渡来人を常陸に、新羅の渡来人を下毛野におく	690 元嘉暦と儀鳳暦併用　697 薬師寺薬師三尊像　698 薬師寺建立ほぼ完成　700 道昭、火葬(火葬の初例)			690 則天武后、帝位につき、国を周と号する(～705)
		684	10八色の姓を制定					
686(称制)朱鳥1 持統	朱鳥1	686	9天武天皇没。皇后(持統)、称制　10大津皇子の変					
		689	4草壁皇子没　6浄御原令22巻施行					
690 持統 697		694	12藤原京に遷都	690 庚寅年籍作成	●飛鳥の高松塚古墳築造			698 渤海の建国(～926)
700 文武 707	大宝1	701	8大宝律令なる(刑部親王・藤原不比等ら撰定、翌年施行)					
元明	和銅1	708	1武蔵国が銅を献上、よって改元　**律令政治の展開と不安な政情**	708 和同開珎(銀・銅銭)	712 『古事記』撰上(太安万侶)			
	3	710	3平城京に遷都	711 10蓄銭叙位令制定	713 諸国に『風土記』編纂命じる			711 西ゴート王国滅亡
	5	712	9出羽国(713年、丹後・美作・大隅国)を建てる		718 法興寺(元興寺)を平城京に移す			712 唐の玄宗即位、開元の治(713～41)
715 霊亀1 養老2	霊亀1	715	3逃亡の浮浪人に逃亡地で調庸を課する　里を郷に改める	717 4百姓の違法な出家禁止　行基の活動を禁止	720 『日本書紀』完成(舎人親王)			
	養老2	718	養老律令(藤原不比等ら)撰定					
元正	4	720	大伴旅人、隼人征す　8不比等没　多治比県守が蝦夷を征す	719 7按察使を初めておく　**公地公民制の変容**	**天平文化**　730 薬師寺東塔、興福寺五重塔			722 唐、募兵制の初め
724 神亀1	神亀1	724	一陸奥国に多賀城を設置	722 ④百万町歩の開墾を計画	733 『出雲風土記』			726 ビザンツ皇帝レオン3世、聖像禁止令
	4	727	12渤海使、初めて来日(出羽着)	723 4三世一身の法施行	735 吉備真備、玄昉ら帰国			
	天平1	729	2長屋王謀反の疑いで自殺　3藤原武智麻呂、大納言　8光明子(藤原不比等の女)、皇后となる	730 4皇后宮職に施薬院設置	739 法隆寺夢殿・同伝法堂建立			
	2	730	9諸国の防人を廃す	735 不作。天然痘流行	741 国分寺・国分尼寺建立の詔			732 トゥール・ポワティエ間の戦い
聖武	3	731	8藤原宇合ら6人を参議(正官)とする	739 5大宰府管内以外の諸国の兵士をやめる	743 大仏造立の詔			733 新羅、唐の命により渤海を討つ
	9	737	一藤原四子(房前・麻呂・武智麻呂・宇合)天然痘により没	743 5墾田永年私財法	748 東大寺法華堂・不空羂索観音像			
	10	738	1阿倍内親王(孝謙)立太子　橘諸兄右大臣					
	12	740	9藤原広嗣の乱　12山背恭仁遷都					
	14	742	1大宰府を廃止　8離宮を近江紫香楽に造る					
	16	744	2難波宮に遷都					744 東突厥滅ぶ。ウイグル支配
	17	745	5平城京に都を復す　11玄昉を筑紫に左遷し、観世音寺を造らせる	749 2陸奥国、黄金を献上　7諸大寺の墾田地制限				
749 孝謙	天平勝宝1 天平感宝1	749	8藤原仲麻呂、紫微中台の長官に任じられる					
750 孝謙	天平宝字1	757	5養老律令を施行　7橘奈良麻呂の変	757 8雑徭半減(のち、もとに戻り、795年に再び半減)	751 『懐風藻』	渤		750 アッバース朝(～1258)
758	2	758	8仲麻呂、右大臣、恵美押勝の名賜る。官名を唐風に改称	758 1諸道に問民苦使を派遣　5義倉の充実	752 東大寺大仏開眼供養			751 タラス河畔の戦い(製紙法西伝の初め)
淳仁	4	760	1恵美押勝、大師(太政大臣)になる　6光明皇太后没	759 5常平倉をおく	753 唐僧鑑真来日	海		
764	8	764	9恵美押勝の乱(近江に敗死)。道鏡、大臣禅師　10淳仁天皇、淡路配流。孝謙上皇重祚(称徳天皇)		756 聖武太上天皇の遺品を東大寺に納める(正倉院の始まり)			755 安史の乱(～763)
称徳 孝謙 (重祚)	天平神護1	765	⑩道鏡、太政大臣禅師	765 3寺院以外の新墾田開発と私有を禁止	759 唐招提寺創建			756 後ウマイヤ朝(～1031)
	2	766	10道鏡、法王の位を授けられる		●大伴家持『万葉集』編纂			762 李白没
	神護景雲3	769	9宇佐八幡神託事件(和気清麻呂、道鏡即位に反する宇佐八幡の神託を報じ、大隅に配流、770召還)	771 10武蔵国を東山道から東海道へ編入	770 百万塔(陀羅尼経は現存最古の印刷物)			768 カール大帝、フランク王となる(～814)
770 光仁 781	宝亀1	770	8称徳天皇没。道鏡、下野薬師寺に左遷	772 10墾田私有の禁を解く	●石上宅嗣の芸亭(図書館起源)　室生寺建立			
	11	780	伊治呰麻呂の乱(蝦夷の蜂起)　**律令政治の再建**					770 杜甫没
	延暦3	784	11山背(山城)国長岡京に遷都	**初期荘園の発達(8～9C)**	**弘仁・貞観文化**			
桓武	4	785	9藤原種継暗殺、皇太子早良親王廃す	792 6健児をおく(辺境地以外の兵士を廃止)	788 最澄、比叡山寺創建			780 唐、両税法施行
	13	794	10平安京遷都　11山背国を山城国と改める	795 ⑦雑徭半減	797 『続日本紀』完成			
800	16	797	9勘解由使任命　11坂上田村麻呂を征夷大将軍に任じる					
	21	802	1坂上田村麻呂に胆沢城築かせる	801 6畿内班田、12年に1度	805 最澄、帰国(天台宗始める)			800 カール大帝、ローマで戴冠
806 平城 809	24	805	12藤原緒嗣の意見により平安京造宮を中止	803 2延暦交替式撰上(同年施行)	806 空海、帰国(真言宗始める)			
大同4	大同4	809	12平城上皇、平城旧京へ移る					
	弘仁1	810	3蔵人所設置(令外の官、藤原冬嗣・巨勢野足が頭)　10薬子(平城太上天皇)の変		819 空海、高野山金剛峰寺創建			
嵯峨	7	816	検非違使の初見(弘仁年間)　**藤原北家の台頭と他氏排斥**	821 5空海、讃岐国満濃池再興	823 空海、東寺を賜る(教王護国寺)。比叡山寺を延暦寺とする			
823	11	820	4弘仁格式を撰し、弘仁格十巻施行	823 2大宰府管内で公営田制実施　●勅旨田増加				
淳和 833	天長10	833	2清原夏野ら令義解撰上(翌年12月施行)		828 空海、綜芸種智院創設			843 ヴェルダン条約(フランク王国3分)
仁明	承和5	838	7遣唐使を派遣(事実上最後の遣唐使)		840 『日本後紀』完成			
850	9	842	7嵯峨上皇没。承和の変(伴健岑・橘逸勢ら配流)		847 円仁、帰国			846 白居易没
文徳	天安1	857	2藤原良房、太政大臣(人臣太政大臣の初め)		853 円珍入唐			

天皇	摂政関白	年号	西暦	政治・外交	経済・社会	文化	朝鮮	中国	世界史
清和	—858	天安2	858	8文徳天皇没、惟仁親王即位(清和天皇、9歳)、藤原良房、摂政の職務を行う	861 11武蔵国の郡ごとに検非違使	861 宣明暦を採用　866 最澄に伝教大師、円仁に慈覚大師の諡号(大師号)の初め	新羅 渤海	唐	862 リューリク、ノヴゴロド国建設
	—866 藤原良房	貞観8	866	⑥応天門焼亡　8藤原良房に摂政の勅出る(人臣初の摂政)　9応天門の変(伴善男ら流罪、紀夏井連坐)　令解ぐ(貞観年間)	864 5富士山噴火　869 5陸奥国で大地震(貞観地震)・大津波	869 『続日本後紀』完成			867 マケドニア朝(～1057)
		11	869	9貞観格施行	873 4皇子に源姓を授ける(清和源氏)	879 『日本文徳天皇実録』完成(藤原基経ら)			870 メルセン条約　875 東イランにサーマーン朝おこる　黄巣の乱(～884)
		12	870	11大宰少弐佐伯真継ら新羅に内通の嫌疑	878 出羽国の蝦夷蜂起	881 在原行平、奨学院創設			882 キエフ公国創建
		13	871	4良房を准三宮とする　10貞観式施行	879 12畿内に班田、畿内に官田4000町設定(元慶官田)	892 菅原道真『類聚国史』撰修。●僧昌住『新撰字鏡』(最古の漢和辞書)			
		14	872	9藤原良房没			新羅		
陽成	—876 藤原基経	18	876	4大極殿焼亡　11清和天皇譲位、貞明親王(陽成天皇)即位。藤原基経、摂政(～884)	881 2官田の経営方式を定める				
光孝	—884 藤原基経	元慶8	884	2藤原基経、陽成天皇を廃して光孝天皇をたてる　6すべて太政大臣基経に諮問してのち奏聞させる(実質上の関白)	889 5桓武天皇の曾孫高望王等に平姓(桓武平氏)	国風文化			
宇多	—887 藤原基経	仁和3	887	8定省親王即位(宇多天皇)　11基経、関白となる					
	—890	4	888	6阿衡の紛議(887～)、改めて基経を関白とする					
		寛平3	891	1基経没　2菅原道真、蔵人頭となる					
		6	894	8菅原道真を遣唐大使に　9遣唐使派遣停止					
	—897	昌泰2	899	10宇多天皇、出家(法皇の初め)					
醍醐	(左大臣 藤原時平)	延喜1	901	1右大臣菅原道真を大宰権帥に左遷(昌泰の変)　延喜の治と武士の台頭	902 3延喜の荘園整理令。班田は12年に1度とする	901 『日本三代実録』完成　●『竹取物語』　●『伊勢物語』			907 唐滅亡、朱全忠、後梁建国。中国の分裂時代(～960)
		7	907	11延喜格完成(翌年施行)					909 チュニジアにファーティマ朝おこる
	(藤原忠平 右大臣 左大臣)	14	914	4三善清行、意見封事十二箇条を提出　8藤原忠平右大臣	920 12皇子高明らに源朝臣の姓(醍醐源氏)	905 『古今和歌集』(紀貫之ら)(勅撰集の初め)			911 ノルマンディー公国成立
		延長5	927	12延喜式完成		921 空海に弘法大師の諡号		五代十国	918 高麗おこる
朱雀	—930 藤原忠平	8	930	9醍醐天皇譲位、寛明親王即位、藤原忠平、摂政		●『土佐日記』(紀貫之)			926 契丹、渤海を滅ぼす
		承平6	936	6藤原純友、海賊の棟梁となる	937 11富士山噴火	938 空也、都で念仏(浄土教)を説く			935 新羅滅ぶ
		天慶2	939	平将門、常陸・下野・上野を攻め、自ら新皇と称す。前伊予掾藤原純友が瀬戸内海で叛す		●『将門記』(軍記物の初め)			936 高麗、朝鮮半島を統一
	—941	3	940	2藤原秀郷・平貞盛、将門を討つ		947 北野天満宮創建			946 契丹、国号を遼と称す
	藤原忠平	4	941	6小野好古・源経基ら純友を討つ　11藤原忠平、関白となる					
村上	—946 —949	天徳1	957	12菅原文時、意見封事三箇条を提出　天暦の治	958 3乾元大宝鋳造(本朝十二銭の最後)	国文学の隆盛		宋(北宋)	960 宋おこる
冷泉	—967 藤原実頼	康保4	967	5村上天皇没　6実頼、関白(以後摂関の常置)　7延喜式施行　12源高明、左大臣	968 6東大寺・興福寺の乱闘(僧兵の台頭)	●『大和物語』『宇津保物語』	高麗	契丹(遼)	962 オットー1世戴冠、神聖ローマ帝国成立
	—969 藤原実頼	安和2	969	3安和の変(藤原千晴ら流罪、源高明左遷)　8冷泉天皇譲位、実頼摂政、師貞親王立太子	969 3源満仲、密告の功で正五位下(摂関家との結合)	974 藤原道綱母『蜻蛉日記』記述終了			969 ファーティマ朝、エジプトを征服(首都カイロ)
円融	—970 藤原伊尹	天禄1	970	1藤原伊尹、右大臣　5実頼没。伊尹摂政(実頼没後、弟師輔の子伊尹・兼通・兼家の繁栄)　摂関政治の全盛	974 5尾張国の百姓の訴えで国守藤原連貞やめる				
	—972 藤原兼通	3	972	11権中納言頼通、大納言兼家を越えて関白内大臣となる(兄弟争い激化、974、兼通、太政大臣)		984 丹波康頼『医心方』(最古の医術書)			979 宋、中国統一
花山	—984 藤原頼忠 —977					浄土教の発展と末法思想			987 仏、カペー朝おこる(～1328)
	—986 藤原兼家	寛和2	986	6一条天皇即位、外祖父兼家、摂政	988 11尾張国司・百姓ら、国司藤原元命の非法を訴える(→元命・翌年解任)	985 源信『往生要集』			
	—990	永祚1	989	6太政大臣頼忠没　12兼家、太政大臣となる		986 入宋僧奝然帰国			
一条	藤原道隆	正暦1	990	5兼家、摂政辞し関白になる。その没後、道隆が一条天皇の関白と摂政になる		991 藤原佐理『離洛帖』			
		2	991	8円融皇后詮子、出家し東三条院の女院号宣下(女院号の初め)	993 8円仁・円珍の両門徒が争う	●清少納言『枕草子』		宋(北宋)	
	藤原道兼 —995	長徳1	995	4～5道隆・道兼相次ぎ没し、内大臣伊周と権大納言道長争い、道長に内覧の宣旨下る	999 9淡路国の百姓の訴えで国守讃岐扶範を解任				
		2	996	4伊周を大宰権帥、隆家を出雲権守に左遷(道長全盛のもと)　7道長左大臣					
	藤原道長 (内覧)	長保2	1000	2中宮定子(道隆女)を皇后、女御彰子(道長女)を中宮とする(外戚関係)	1006 7興福寺僧徒、入京愁訴	1006 『拾遺和歌集』　●『和泉式部日記』			1009(ベトナム)李朝おこる(～1225)
	—1011	寛弘8	1011	8道長、太政官の文書を内覧	1008 2尾張郡司・百姓らが国守藤原中清を愁訴	●紫式部『源氏物語』			
三条		長和1	1012	2中宮彰子を皇太后、女御妍子を中宮とする		●『紫式部日記』			
	—1016	5	1016	道長、摂政となる(藤原氏全盛)		●藤原公任『和漢朗詠集』			

天皇	摂政関白	年号	西暦	政治・外交	経済・社会	文化	朝鮮	中国	世界史
後一条	藤原道長 −1017 藤原頼通 −1019	寛仁1	1017	3頼通、摂政 8敦明親王皇太子を辞する（道長の圧迫）12道長、太政大臣となる	**源氏の台頭** 1035 3園城寺と延暦寺の僧徒闘争	1018藤原行成『白氏詩巻』1020道長、無量寿院（のちの法成寺）建立 1021道長『御堂関白記』記述終了			1016デーン人カヌート、イングランド支配（～1042）
	藤原頼通	3	1019	3道長出家 4刀伊（女真人）、北九州に来寇。大宰権師藤原隆家らが撃退 12頼通、関白					
		治安1	1021	7藤原公季太政大臣、頼通左大臣、実資右大臣	1045 10新立の荘園停止（寛徳の荘園整理令）	1032藤原実資『小右記』記述終了			1031後ウマイヤ朝滅亡
−1036 後朱雀 −1045		万寿4	1027	12道長没					1038セルジューク朝おこる 1038西夏建国
		長元1	1028	平忠常の乱（～1031）					
後冷泉		永承6	1051	前九年合戦（～1062）	**荘園・国衙領の形成**	1052頼通、宇治の別業を仏寺とし、平等院と号する。この年は、末法第1年（末法思想流行）	契丹（遼）	宋（北宋）	1069王安石の改革（～76）
			1061	12頼通、太政大臣となる	1069 2延久の荘園整理令				
−1067	−1067	治暦3	1067	12頼通、関白をやめる（1072、出家）	⑩初めて記録荘園券契所をおく				1077カノッサの屈辱
−1068 後三条 −1072	−1068		1068	4尊仁親王即位（後三条天皇）、源師房・大江匡房の登用	1072 9公定枡（宣旨枡）を作る				司馬光『資治通鑑』
	藤原教通	延久5	1073	1院蔵人所をおく 5後三条上皇没		1053平等院阿弥陀堂（鳳凰堂）落成			
白河		永保3	1083	後三年合戦（～1087）	**院政による荘園整理**				
−1086	院政	応徳3	1086	**院政の展開と平氏の台頭** 11白河上皇、院政を開始	1091 6源義家への荘園寄進を禁じる	●菅原孝標女『更級日記』●『陸奥話記』			1095教皇ウルバヌス2世、十字軍を提唱
	−1086	4	1087	2鳥羽殿が完成し、上皇御幸	1093 8興福寺僧徒、春日社の神木を奉じ入京（神木動座の初め）	1063源頼義、鶴岡八幡宮創建			
		寛治4	1090	1上皇、熊野に御幸（熊野詣）		**貴族文化の変貌と地方伝播** 1086『後拾遺和歌集』（藤原通俊）			1096第1回十字軍（～1099）
		嘉保1	1094	5藤原伊房、契丹との私貿易の罪で処罰					
堀河		2	1095	10延暦寺僧徒、日吉神社の神輿奉じ上京、強訴	1095 10延暦寺僧徒、日吉神輿を奉じ入京企てる（神輿動座の初め）	1096京中に田楽が大流行（永長の大田楽）			1099十字軍、エルサレム王国建国（～1291）
		承徳2	1098	10前陸奥守源義家、院の昇殿を許される		●皇円『扶桑略記』			
		康和1	1099	1仁和寺覚行を親王とする（法親王の初め）	1099 5新立の荘園を停止				
	白河上皇	3	1101	7対馬守源義親が鎮西で暴行		1105藤原清衡、平泉に中尊寺建立	高麗		1115女真人、金建国
		4	1102	6公卿の過半が源氏 12義親、隠岐配流		1107浄瑠璃寺本堂建立			1125金、契丹を滅ぼす
−1107 鳥羽		嘉承2	1107	7堀河天皇没 12義親、出雲に逃れて反す					
		天仁1	1108	1平正盛、義親を討つ 3源平両氏に延暦寺・園城寺僧徒の入京を防がせる	1135 8桂津の戸居（問）男、石清水八幡放生会に赴く勅使の船の世話（問丸の初め）	●『今昔物語集』●『大鏡』●『源氏物語絵巻』			1126靖康の変
		永久4	1116	5宋国の牒状来る（1117、1118にも来る）		1124藤原清衡、中尊寺金色堂建立			1127金、宋を滅ぼす。南宋おこる
−1123 崇徳	−1129	保安1	1120	4延暦・園城両寺僧徒の濫行禁止					
		大治4	1129	3平忠盛、山陽・南海両道の海賊追捕	八条院領（1140頃から）				1132西遼建国
		長承1	1132	3平忠盛、院の昇殿を許される					
		保延3	1137	2興福寺僧徒、神木を奉じて入京、強訴	1148 7藤原忠実、荘園18か所を頼長に譲る				1147第2回十字軍（～1149）
−1141 鳥羽上皇		久安1		3平清盛、正四位下、安芸守となる					
近衛		6	1150	9左大臣頼長を氏長者とする					1154英、プランタジネット朝（～1399）
		久寿1	1154	11源為義、子為朝の鎮西の濫行により解任				金	
−1155 後白河	−1156	保元1	1156	7保元の乱（上皇方敗れ、上皇讃岐に配流）	1156 ⑨新制7か条を諸国に下し、新立荘園を停止 10記録所をおく				1171サラディン、アイユーブ朝を樹立
−1158 二条	−1158 後白河上皇	平治1	1159	12平治の乱（藤原信西自殺、信頼斬首）				南宋	
−1165		永暦1	1160	1義朝、尾張で没 3頼朝、伊豆に流される		**平氏政権** 1160陸奥白水阿弥陀堂建立			
六条 −1168	後白河上皇（法皇）	仁安2	1167	2平清盛、太政大臣（武臣太政大臣の初め）	1167 8清盛、大功田として播磨・肥前・肥後等の地を賜う	1164平清盛、蓮華王院（三十三間堂）造営。平家納経を厳島神社に奉納 1167重源、入宋			●オックスフォード大学創立
高倉	−1179	治承1	1177	6鹿ヶ谷の陰謀		1168栄西、入宋。重源・栄西帰国			●パリ大学創立
		3	1179	11清盛、院政を停止し、後白河法皇を鳥羽殿に幽閉 ●平氏一門の知行国増加 ●清盛、宋との貿易をはかる	1177 4京都大火、大内裏・大極殿・八省院他 万余家焼亡				
−1180 安徳	高倉上皇 −1180	4	1180	4以仁王の令旨 5源頼政ら挙兵 6福原遷都（11月還都）8石橋山の戦い 9源義仲が挙兵 10頼朝、鎌倉入り、富士川の戦い 11頼朝、侍所を設置（別当和田義盛）	1180 2清盛、摂津大輪田泊修築を勅許される	●『今鏡』1175法然（源空）が専修念仏（浄土宗）を称える			1177朱熹『四書集注』 1180フィリップ2世、フランス王位につく
		養和1	1181	②平清盛没（64歳）	1181 養和の大飢饉（～1182）	●後白河法皇『梁塵秘抄』1180平重衡、東大寺・興福寺を焼く			
−1183 後白河上皇	−1181 −1183	寿永2	1183	10倶利伽羅峠の戦い 7義仲入京 10頼朝の東国政権を公認					
		3	1184	1義仲、源範頼・義経の軍に敗死 2一の谷の戦い 10頼朝、公文所（別当大江広元）、問注所（執事三善康信）	1184 頼朝、関東御領（平家没官領）、関東御分国（三河など3ヵ国）を得る				
−1185		文治1	1185	2屋島の戦い 3壇の浦の戦い（平氏滅亡）11諸国に守護・地頭設置の勅許、兵粮米の徴収を勅許	**将軍と御家人との主従関係**				

天皇	院政	将軍(執権)	年号	西暦	政治・外交	経済・社会	文化	朝鮮	中国	世界史
					鎌倉幕府の成立へ	1191 4 延暦寺僧徒、強訴	**文化の二元性と新仏教の発展**			1187サラディン、エルサレムを奪回
後鳥羽	後白河上皇		文治2	1186	3諸国の兵粮米を停止 12義経追討の院宣、畿内・北陸道に下す		1187『千載和歌集』(藤原俊成)			
			3	1187	2義経、陸奥の藤原秀衡(10月没)を頼る	1193 7宋銭の通用停止	1190西行没。重源、東大寺再建			1189第3回十字軍(~1192)
			5	1189	④藤原泰衡、義経を殺す 7頼朝、奥州征討出発 9頼朝、奥州を平定	1194 5守護人の国衙領侵略禁止 11東海道に新駅を増強	1191栄西帰国、臨済宗広める 1194朝廷、禅宗布教禁止。石山寺多宝塔なる(和様)	金		1194セルジューク朝滅亡
-1198	1192-1198	-1192 源 頼朝 -1199	建久2	1191	1頼朝、公文所を政所と改称		1195東大寺大仏殿再建供養			1198教皇インノケンティウス3世(教皇権極盛)
			3	1192	3後白河法皇没 7頼朝、征夷大将軍	1199 4東国の地頭に荒野を開墾させる	●『水鏡』			
			正治1	1199	1頼朝没、頼家が家督相続 4頼家への訴訟取次を北条時政ら13人の宿老がおこなう		1198法然『選択本願念仏集』 栄西『興禅護国論』 1199東大寺南大門(大仏様)			
土御門	後鳥羽上皇	-1202 源 頼家 -1203 源 実朝 (北条時政) 1205	建仁3	1200	1梶原景時、上洛を企て駿河で敗死	●二毛作始まる	1201快慶、東大寺僧形八幡神像			1200朱熹没
				1203	5頼家、病のため地頭職等を子一幡と弟千幡(実朝)に譲る 9時政、比企能員殺す(比企の乱) 実朝、将軍就任。頼家を伊豆修禅寺に幽閉。時政、執権就任(頼家、翌年殺される)	1209 7興福寺僧徒、闘争 11諸国の国司、守護人の怠慢による群盗蜂起を訴える	1202栄西、建仁寺創建 1203運慶・快慶、東大寺南大門金剛力士像 九条兼実『玉葉』の記述終了(1164~)	南 宋		1204第4回十字軍、コンスタンティノープルを陥落させ、ラテン帝国を建設
-1210		元久2	1205	6時政、畠山重忠を討つ 7義時、執権(政所別当)就任		1205『新古今和歌集』(藤原定家ら)			1206チンギス=ハン即位 モンゴル統一
	後鳥羽上皇	建暦1	1211	9頼家の次子、出家して公暁となる	1214 4後鳥羽上皇、笠懸をする(この頃度々行う)	1206高弁(明恵)、高山寺創建 1207法然を土佐、親鸞を越後に配流(専修念仏禁止)			1215英、マグナ=カルタ
順徳		建保1	1213	5和田義盛、義時を攻め敗死。義時、侍所別当を兼任		1209運慶、興福寺無著・世親像			1219チンギス=ハン、西征に出発
		4	1216	11実朝、渡宋を計画し陳和卿に造船を命令		1212鴨長明『方丈記』。高弁(明恵)『摧邪輪』			
	1219	承久1	1219	1実朝、公暁に殺される。義時、公暁を殺す(源氏正統断絶)。九条道家の子頼経、鎌倉へ下る	●諸国の大田文、作成	1213源実朝『金槐和歌集』			1227西夏滅亡
					執権政治の確立		1215康弁、興福寺の天灯鬼・龍灯鬼像 ●『宇治拾遺物語』 ●北野天神縁起絵巻			1228第5回十字軍(~1229)
-1221 仲恭 -1221	1221 後高倉上皇 -1221 -1223	(北条義時) 3	1221	5承久の乱 6六波羅探題をおく 7後鳥羽上皇を隠岐、順徳上皇を佐渡に配流 ⑩土御門上皇を土佐に配流	1226 1幕府、人身売買・とばく・私出挙の高利等を禁ず 1230 寛喜の飢饉(~1231)	●慈円『愚管抄』 1221順徳天皇『禁秘抄』	高 麗		1231モンゴル軍、高麗に侵入 1234モンゴル軍、金を滅ぼす
後堀河		-1224 元仁1 (北条泰時) 嘉禄1	貞応1	1223	6新補地頭の得分定める(新補率法)	1239 4人身売買禁止	1225大江広元没 7政子没。時房、連署(連署の初め) 12評定衆設置			1236バトゥの西征(~1242)
		1224	1224	6義時没、泰時執権就任	1240 5御家人の私領・恩領地の売買禁止 地頭請による荘園支配	1227道元帰国、曹洞宗始める。加藤景正、瀬戸焼始める			1241ワールシュタットの戦い
		-1226 藤原頼経 (北条経時)	2	1226	1頼経、将軍となる(摂家将軍の初め)		1232藤原定家『新勅撰和歌集』			1243バトゥ、キプチャク=ハン国建国
-1232 四条 -1242 後嵯峨 -1246	1232 後堀河 -1234 藤原頼嗣	貞永1	1232	8貞永式目(御成敗式目)を制定		1235藤原定家『百人一首』 1244永平寺創建(道元招請) ●道元『正法眼蔵』	モンゴル		
		寛元4	1246	5名越光時、前将軍頼経と結び執権時頼の打倒を謀る(宮騒動)	**御家人体制の変化(窮乏化)―分割相続による土地矮小化**				
	(北条時頼)	宝治1	1247	6宝治合戦(三浦泰村一族滅亡)					
		建長1	1249	12幕府、引付衆をおく					
後深草	-1252 宗尊親王 (北条長時 ~1264)	4	1252	4宗尊親王、将軍となる(皇族将軍の初め)	1259 正嘉の飢饉	1251藤原為家『続後撰和歌集』 1252『十訓抄』			1258アッバース朝滅亡。イル=ハン国建国
	-1259 後嵯峨上皇 -1266	文永3	1266	3引付衆廃止、評定衆が訴訟を扱う	1261 3諸国盗賊・悪党蜂起についての禁圧を命じる 12名主・百姓等の公田売買を禁じる	1253鎌倉建長寺創建(蘭溪道隆)日蓮、日蓮宗を開く			1259高麗、モンゴルに服属
					蒙古襲来と幕府の衰退		1254蓮華王院千手観音像(湛慶)。橘成季『古今著聞集』			1260フビライ即位
亀山		5	1268	9高麗使節、モンゴルの国書をもって来日 10日蓮、外寇を警告	1270 日蓮の所領の質入れ・売買を禁止	1260日蓮『立正安国論』 1265藤原為家ら『続古今和歌集』			1270第7回十字軍
	-1272 惟康親王 (北条政村 ~1268) (北条時宗 ~1284)	8	1271	9鎮西に所領のある御家人を下国させ、海防にあてる 12勅使、伊勢で異国降伏を祈らせる	1275 10紀伊国阿氐河荘百姓ら、地頭の非法を仮名書きで訴える	1271日蓮、佐渡に配流(~1274)			1271モンゴル、国号を元と称す(~1368)。マルコ=ポーロの東方旅行(~1295)
-1274	-1274	建治1	1274	10文永の役。大風雨により元・高麗軍撤退 2異国警固番役の制を定める 11幕府の奏請により熙仁親王が皇太子になる(両統迭立の端緒)		1272覚信尼、親鸞の墓を京都大谷に移し、本願寺建立 1274日蓮、久遠寺建立。一遍、時宗を開く			
後宇多	亀山上皇	2	1276	3幕府、博多湾岸に防塁を築かせる		1279宋僧無学祖元来日		元	1276南宋滅ぶ
		弘安2	1279	7幕府、元使欒忠を博多で斬殺					
		4	1281	7弘安の役。大風雨により元・高麗軍撤退					
-1287	-1287	8	1285	11霜月騒動(安達泰盛一族滅亡)。得宗専制化					

天皇	院政	将軍(執権)	年号	西暦	政治・外交	経済・社会	文化	朝鮮	中国	世界史
伏見	後深草 —1290 —1289	久明親王 北条貞時 ~1301	正応5	1292	10日本商船、元に交易要求、高麗使国書持参	●御家人の窮乏すすむ 1293 4鎌倉大地震	●阿仏尼『十六夜日記』 1283無住『沙石集』 1291南禅寺創建	高麗		1299オスマン帝国建国
—1298 後伏見	—1298 伏見		永仁1 正安1	1293 1299	3鎮西探題設置 4平頼綱の乱 1鎮西評定衆創設 4鎮西引付衆創設 10元使、一山一寧、国書を呈する	1297 3永仁の徳政令	1293『蒙古襲来絵詞』 1299『一遍上人絵伝』 ●『法然上人絵伝』			●マルコ=ポーロ『世界の記述』
—1301 後二条 —1308 花園	—1301 後宇多	—1308 守邦親王 北条師時 ~1311 基時など ~1316	徳治1 文保1 元亨1	1306 1317 1321	4日本商船、元にて貿易を行う 4文保の和談 12院政廃止、天皇親政となる。記録所再興	1300 10越訴を停止する ●下地中分すすむ 1320 —出羽の蝦夷蜂起	1309『春日権現験記絵』 1322虎関師錬『元亨釈書』 ●大徳寺創建		元	1302仏、最初の三部会召集 1303アナーニ事件 1309「教皇のバビロン捕囚」
—1313 後醍醐	—1313 後伏見 —1318 後宇多 —1321	[北条高時 ~1326] [北条貞顕 ~1327]	正中1 2 正中・元徳1 元弘1	1324 1325 1331	10正中の変(天皇の討幕計画もれる) 7建長寺船、元に派遣 5元弘の変 9楠木正成挙兵。幕府、光厳天皇をたてる	1327 —たびたび伊賀黒田荘の悪党退治、守護代に命じる	1325夢窓疎石、南禅寺住持 兼好法師『徒然草』 **南北朝の文化**			1328仏、ヴァロワ朝成立
[北朝 光厳]	—1331	[北条守時 ~1333]	元弘2 正慶1	1332	3後醍醐天皇、隠岐に配流 11護良親王挙兵		1334後醍醐天皇「建武年中行事」			
		—1333	元弘3 正慶2	1333	②天皇隠岐脱出 5足利高氏、六波羅を破る。新田義貞、鎌倉を攻略、北条高時自殺(鎌倉幕府滅亡) 6天皇、京都還幸 —記録所、雑訴決断所をおく。各地に北条氏残党の乱	1334 1大内裏造営のため、紙幣発行計画 3乾坤通宝を新鋳し、紙幣と併用 5徳政令 8二条河原落書	1339天龍寺創建。北畠親房『神皇正統記』 1340北畠親房『職原抄』 1342五山十刹の制定める 1347飛騨守惟久、『後三年合戦絵巻』 ●『梅松論』			1339百年戦争(~1453) 1346イブン=バトゥータ、大都に来着 1347全ヨーロッパにペスト流行、人口大減少(~1350)
天皇			建武1	1334	11護良親王を鎌倉へ配流					
	—1336		建武2 延元1 建武3	1335 1336	7中先代の乱(直義、護良親王を暗殺) 1尊氏入京、敗れて九州へ 5湊川の戦い、楠木正成戦死 6尊氏入京 11建武式目制定(室町幕府成立) 12後醍醐天皇、吉野へ(南北朝分立)					
〈南朝〉 後醍醐		—1338	延元1 暦応1	1338	5北畠顕家戦死 ⑦新田義貞戦死 8尊氏、征夷大将軍となる					
〈北朝〉 光明 —1339	—1338	足利尊氏	延元4 暦応2 興国1 康永1 興国3 康永2 興国4 正平3 貞和4	1339 1342 1343 1348	8後醍醐天皇没 天龍寺船、元に派遣 11北畠親房が吉野へ帰る 1四条畷の戦い(楠木正行、高師直と戦い敗死)	1346 12国司・領家の年貢の押領を禁じ、守護の非法を禁止				
—1348 後村上 崇光			正平4 貞和5	1349	4足利直冬、長門探題 9足利基氏、鎌倉公方 **室町幕府の確立と守護大名の成長**	1352 7近江・美濃・尾張(翌月5か国追加)、半済令(半済の初め)				
—1351 —1352 後光厳	—1351 —1352	—1358 足利義詮	正平5 観応1 正平16 康安1 正平22 貞治6 建徳2 応安4	1350 1361 1367 1371	10直冬挙兵 11観応の擾乱(~1352)。倭寇、高麗の沿岸をたびたび侵す 12南朝、京都攻め。足利義詮、近江へ 2高麗、倭寇禁止を要求(1377も) 7今川貞世、九州探題に補任	**守護領国制の成立** 1368 6応安の半済令	1356二条良基『菟玖波集』 1358天龍寺焼失 ●『増鏡』『太平記』 1372二条良基『応安新式』 1376絶海中津明より帰国			1351紅巾の乱(~66) 1368元朝倒れ、モンゴル高原に退く(北元) 朱元璋、明建国 1370ティムール帝国の成立
—1368 長慶 —1383 後亀山 —1392	—1368 —1371 後円融 —1382	—1368 足利義満	天授4 永和4 永徳3 明徳1 明徳2 明徳3	1378 1383 1390 1391 1392	3足利義満、室町殿(花の御所)に移る 6義満、准三后。 ③土岐康行の乱 12明徳の乱(山名氏清、敗死) ⑩南北朝の合一 12朝鮮への返書、禁寇を誓う	1393 11土倉役・酒屋役の規定を定める	●五山文学隆盛 1382義満、相国寺創建 1386五山の順位を定め、南禅寺を五山の上に **北山文化** 1397義満、北山殿(北山山荘)上棟(翌年金閣建立)			1378ローマ教会分裂(~1417) 1392李成桂、朝鮮建国
後小松	—1394	足利義満	応永6	1399	12応永の乱(幕府軍、堺城を陥落、大内義弘敗死)	1397 5大山崎神人の公事・土倉役を免除				
		足利義持	8 9 11 16 18	1401 1402 1404 1409 1411	5義満、僧祖阿・肥富ら明に派遣(第1回遣明船) 8遣明使祖阿ら帰国 9義満、明使を北山殿に引見(国書に「日本国王」) 日明貿易始まる 7足利持氏、鎌倉公方を継ぐ 9幕府、明使王進の入洛不許可、明との通交一時断絶		1401相国寺を五山第一刹とする ●世阿弥『風姿花伝』 ●如拙『瓢鮎図』 1410天龍寺を再び五山第一刹に復する 1422義持、朝鮮に大蔵経求める	朝鮮	明	1402明の永楽帝即位。アンカラの戦い 1405鄭和の南海遠征(~1433)
—1412 称 光		—1423 足利義量 —1425 —1428	23 26 34 正長1	1416 1419 1427 1428	10上杉禅秀の乱(~1417.1) 6応永の外寇(対馬来寇の朝鮮兵を九州探題ら撃退) 10幕府、赤松満祐を討つ(満祐降伏) 1義持の弟、僧義円、還俗して足利家を継ぐ→義教	**一揆活発** 1426 6近江坂本の馬借一揆 1428 9正長の徳政一揆	一条兼良『公事根源』			1421明、北京に遷都

天皇	将軍	年号	西暦	政治・外交	経済・社会	文化	朝鮮	中国	世界史
	―1429	正長2	1429	−尚巴志、三山を統一し琉球王国を建国	1429 1 播磨の土一揆　2 丹波の土一揆	1430世阿弥『申楽談儀』			
		永享4	1432	8 日明国交回復					
	足利義教	10	1438	8 永享の乱(幕府、持氏征討の軍発する、翌年持氏自殺)	1430 9 洛中洛外酒屋土倉条々定める　11借物返済の法定める	1439上杉憲実、足利学校修造　飛鳥井雅世『新続古今和歌集』(最後の勅撰)			1445頃グーテンベルク、活版印刷術発明
後花園		12	1440	3 結城合戦(～1441.4)		東山文化			
	―1441	嘉吉1	1441	6 嘉吉の変(赤松満祐、将軍義教を謀殺)	1432 7 洛中洛外の土倉・酒屋役の制	1450細川勝元、龍安寺創建			
	―1443	3	1443	対馬の宗貞盛、朝鮮と交易の約を定める(嘉吉条約・癸亥約条)	1441 8 嘉吉の徳政一揆				
		宝徳3	1451	7 琉球船、兵庫着　10遣明船派遣	1451 10大和の土一揆	1461蓮如、最初の「御文」			1453ビザンツ帝国滅ぶ
		享徳3	1454	12足利成氏、上杉憲忠を謀殺(享徳の乱の初め)	1454 10分一徳政令	1467雪舟ら明に渡る			1455英、バラ戦争(～1485)
	足利義政	康正1	1455	6 成氏、下総古河に敗走(古河公方の初め)	1457 5 コシャマインの戦い	1471東常縁、宗祇に古今伝授。蓮如、越前吉崎に道場建立			
		長禄1	1457	4 太田道灌、武蔵江戸城築く　12義政、足利政知を伊豆堀越に遣わす(堀越公方の初め)	1460 長禄・寛正の飢饉(～61)	1472一条兼良『花鳥余情』			1479スペイン王国成立
	―1464	応仁1	1467	5 応仁の乱はじまる(～1477)	●惣村の形成進む	1479蓮如、山科に本願寺再興			1480モスクワ大公国独立
		文明3	1471	3 古河公方成氏、堀越公方政知と戦う	1472 9 近江馬借蜂起	1480一条兼良『樵談治要』			
後土御門	足利義尚	5	1473	3 山名持豊(宗全)没　5 細川勝元没　12義尚、将軍就任	1485 12山城の国一揆(～1493)	1481桂庵玄樹『大学章句』			1492コロンブス、北米到達
		15	1483	3 義政、明に周璋を遣わし銅銭求める		1486慈照寺東求堂完成			1498ヴァスコ=ダ=ガマ、カリカット到達
	―1490	長享1	1487	11上杉(山内)顕定、上杉(扇谷)定正争う	1488 6 加賀の一向一揆	雪舟「四季山水図」			
	足利義稙			戦国大名の領国支配					
	―1493	明応2	1493	4 細川政元、将軍に抗き、政知の子義澄をたて挙兵(明応の政変)	1498 8 東海地方大地震(明応地震)、浜名湖、外海とつながる	1495宗祇『新撰菟玖波集』			
足利義澄		4	1495	9 北条早雲、小田原城を襲い、城主を追放		1496蓮如、石山に御坊を建立　1499龍安寺石庭			
―1500	―1508	永正7	1510	4 三浦の乱(朝鮮在留の日本人の反乱)	1500 10幕府、撰銭令	1511吉田兼倶没			1517 独、ルターの宗教改革
後柏原	足利義稙	13	1516	4 琉球の使船、薩摩に来着	分国法による支配	1518『閑吟集』			1519マゼラン一行世界周航(～22)
	―1521	大永1	1521	6 琉球王、種子島忠時に交易許す	1526 4 「今川仮名目録」	●(山崎)宗鑑『犬筑波集』			1526ムガル帝国成立
―1526	足利義晴	3	1523	4 寧波の乱(細川・大内両氏の争い)	1536 1 「塵芥集」	●御伽草子流行			
		天文5	1536	7 天文法華の乱(延暦寺僧兵、法華一揆を破る)	1543 8 ポルトガル人、種子島に鉄砲を伝える	1549フランシスコ=ザビエル、鹿児島に上陸(キリスト教伝来)			1541カルヴァンの宗教改革
		10	1541	1 毛利元就、尼子詮久(晴久)を破る	1547 6 「甲州法度之次第」				
	―1546	16	1547	2 大内義隆、最後の遣明船派遣	1549 12六角氏、楽市令				
		19	1550	ポルトガル船、初めて平戸に入港			朝鮮	明	
後奈良		20	1551	9 陶晴賢、大内義隆を滅ぼす	1563 三河の一向一揆(～64)				1558英女王エリザベス1世(～1603)
		22	1553	8 長尾景虎(上杉謙信)、武田晴信(信玄)と川中島で戦う(55、58、61、64にも)	1567 10信長、美濃加納を楽市とする				
	足利義輝	弘治1	1555	10毛利元就、陶晴賢を厳島で討つ。倭寇、中国内陸部へ侵入。倭寇最も活発	1568 9信長、石山本願寺・堺などに矢銭を課す、諸国の関所を撤廃				1562仏、ユグノー戦争(～98)
				室町幕府滅亡から織豊政権へ					1568蘭、独立戦争始まる(～1609)
―1557		永禄3	1560	5 桶狭間の戦い(織田信長が今川義元を破る)	1569 3 信長、撰銭令発す	1567松永・三好の争いで東大寺大仏殿焼失			
	―1565	4	1561	③長尾景虎、関東管領となり上杉氏を嗣ぐ	1571 9 信長、延暦寺焼打ち	1569信長、ルイス=フロイスに京都居住許可。			1571レパントの海戦。スペイン、マニラを建設
	―1568	10	1567	8 信長、斎藤龍興の城を攻撃(稲葉山城の戦い)	1574 9 信長、伊勢長島の一向一揆平定	1574信長、狩野永徳の「洛中洛外図屛風」を上杉謙信に贈る			
		11	1568	9 信長、足利義昭を奉じて入京	1575 8 信長、越前の一向一揆平定	1576京都の南蛮寺建立			
	足利義昭	元亀1	1570	6 姉川の戦い(信長、浅井・朝倉両氏を破る)　9 石山戦争(～80)	1577 6 信長、安土城下を楽市とする	1579日蓮宗僧と浄土宗僧、安土宗論			1580スペイン・ポルトガルの同君統治(～1640)
		3	1572	12三方ヶ原の戦い(信玄、徳川家康を破る)	1580 11柴田勝家、加賀一向一揆平定	検地と刀狩			1581蘭独立宣言
	―1573	天正1	1573	7 信長、将軍義昭を追放(室町幕府の滅亡)	1582 7 秀吉、山城を検地(太閤検地)	1576京都の南蛮寺建立			1582グレゴリウス13世の暦法改正(現行の太陽暦)
		3	1575	5 長篠合戦(信長・家康、武田勝頼を破る)					
正親町		4	1576	2 信長、安土城を築いて移る(1579完成)					
		8	1580	③本願寺顕如、信長と和睦　6 イギリス船平戸来航		1579日蓮宗僧と浄土宗僧、安土宗論			
		10	1582	3 武田勝頼自殺(武田氏滅亡)　5 備中高松城水攻め(羽柴秀吉)　6 本能寺の変(信長自殺)。山崎の合戦(秀吉、明智光秀を破る)	1582 大友・大村・有馬3氏、ローマ教皇に遣使(天正遣欧使節)	桃山文化			1581蘭独立宣言
		11	1583	4 賤ヶ岳の戦い(秀吉、柴田勝家を破る)　6 大坂城築城、秀吉入城	1585 3～4 秀吉、紀伊根来・雑賀の一揆を平定	1587聚楽第ほぼ完成、秀吉移る。北野大茶湯			1585少年遣欧使節、グレゴリウス13世に謁見
		12	1584	4 小牧・長久手の戦い(秀吉と家康和睦)。スペイン船、平戸来航	1585 11天正地震				
―1586		13	1585	7 秀吉、関白となり、藤原に改姓。長宗我部元親、秀吉に降伏(四国平定)	1587 天正通宝鋳造				
		14	1586	12秀吉、太政大臣となり、豊臣姓を賜る	1588 7 刀狩令　8 諸職人の座廃止　天正大判鋳造	1590ヴァリニャーニ再来日、活字印刷機伝える			1588英、スペインの無敵艦隊を撃破
後陽成	豊臣秀吉(関白)	15	1587	5 島津義久降伏(九州平定)　6 秀吉、朝鮮国王来日を要求。バテレン追放令出す	1591 8 人掃令(身分統制令)	1593天草版『伊曽保物語』刊行			
		16	1588	4 後陽成天皇、聚楽第に行幸　7 海賊取締令	1592 全国の戸口調査(人掃令)　文禄通宝鋳造	1594伏見城完成			
		18	1590	7 小田原平定(北条氏滅亡)。秀吉、奥州平定(秀吉の全国統一)　8 家康、江戸城へ入る					
	―1591	19	1591	9 秀吉、朝鮮への派兵を命じる。名護屋城築城	1596 ⑦慶長伏見地震	1595方広寺大仏殿完成			1589仏、ブルボン朝(～1830)
	豊臣秀次(関白)	文禄1	1592	3 文禄の役(～93、碧蹄館の戦いを機に講和交渉)	1597 3 長宗我部元親「長宗我部元親百箇条」。秀吉、五人組、十人組の制定める	1596長崎で26聖人の殉教。朝鮮より活字印刷・製陶法伝来			
	―1595	慶長1	1596	9 スペイン船サン=フェリペ号、土佐に漂着					
		2	1597	1 慶長の役(再度朝鮮を侵略)(～98)					

天皇	将軍	年号	西暦	政治・外交	経済・社会	文化	朝鮮	中国	世界史
		慶長 3	1598	8 秀吉没 12日本軍の朝鮮からの撤兵ほぼ終わる **幕藩体制の確立へ**		1598秀吉、醍醐寺で花見			1598仏、ナントの王令
後陽成		5	1600	3 オランダ船リーフデ号豊後漂着 9 関ヶ原の戦い	1601 1 家康、東海道伝馬の制 5 伏見に銀座を設置	1602東本願寺創建(東西本願寺分立)		明	1600英、東インド会社設立
		6	1601	10家康、朱印船制度創設					1602蘭、東インド会社設立
	—1603— 徳川家康	8	1603	2 徳川家康、征夷大将軍となる(江戸幕府成立)	1604 5 白糸輸入法制定(糸割符制の初め)。東海・東山・北陸諸街道を修理、一里塚を築く	1603出雲の阿国、京都で歌舞伎踊りを演じる			1603英、スチュアート朝始まる
		9	1604	5 糸割符制度を創設。朝鮮国王、対馬住民の釜山浦での交易承認					1604仏、東インド会社設立
	—1605—	12	1607	5 朝鮮国使節、初めて江戸に来着	1606 8 角倉了以、山城大堰川に舟運開く 12幕府、慶長通宝(銅銭)鋳造	1607林羅山、将軍の侍講となる			
		14	1609	2 島津氏、琉球侵略 3 己酉約条(朝鮮と宗氏)。8 オランダとの貿易開始(平戸に商館)		1609姫路城天守閣完成 **文教の興隆**			1610仏、ルイ13世(〜43)
	—1611—	15	1610	6 幕府、京都の商人田中勝介をメキシコへ派遣	1607 角倉了以、富士川に舟運開く				
		16	1611	11明商人に長崎貿易許す					
		17	1612	3 幕府、直轄領にキリスト教禁止令(禁教令)	1608 伏見の銀座を京都へ移し、大坂に銀座を設ける	1614高山右近らマニラ・マカオに追放			1613露、ロマノフ朝(〜1917)
		18	1613	9 慶長の遣欧使節(伊達氏、支倉常長を派遣) 9 イギリスとの通商許す 12全国に禁教令		1615諸宗諸本山法度			1614仏、全国三部会召集
	徳川秀忠	19	1614	7 方広寺鐘銘事件 10大坂冬の陣	1611 角倉了以、高瀬川を開く	1617狩野探幽、幕府の御用絵師となる			1616シェークスピア没。ヌルハチ、後金を建国
後水尾		元和 1	1615	4 大坂夏の陣(豊臣氏滅亡ー元和の偃武) ⑥一国一城令布告 7 武家諸法度・禁中並公家諸法度	1612 駿府の銀座を江戸に移す	**●仮名草子盛ん**			1618独、三十年戦争(〜48)
		2	1616	4 家康没(翌年「東照大権現」の神号) 8 ヨーロッパ船の寄港地を長崎と平戸に限定	**封建的な秩序・統制**			後金	1620ピューリタンの北米移住(メイフラワー号)
		5	1619	6 福島正則を改易 7 徳川頼宣を和歌山に移す(三家成立) 8 大坂町奉行・大坂城代設置	1616 5 撰銭禁止 10人身売買・煙草栽培の禁	1624林羅山、家光の侍講となる			
		6	1620	6 徳川秀忠の娘和子、入内(東福門院)		1625江戸寛永寺創建			
		8	1622	8 元和の大殉教	1619 菱垣廻船を開始	1626狩野探幽「二条城襖絵」			1623アンボイナ事件
	—1623—	9	1623	11イギリス人、平戸の商館閉鎖	1625 8 関所駅伝の制改定	1629幕府、女舞・女歌舞伎を禁止 ●踏絵始まる			1624蘭、台湾を占拠(〜61)
	寛永 2	1625	3 幕府、スペイン船の来航禁止	1631 糸割符に江戸・大坂の商人を加入させ五か所とし、中国船にも糸割符を適用	1630キリスト教関係書籍輸入禁止。林羅山、上野忍岡に学寮建設。			1631明、李自成の乱(〜45)
	—1629—	4	1627	7 紫衣事件おこる(1629沢庵ら流罪)					
		8	1631	6 海外渡航には朱印状と老中奉書の交付を条件とする(奉書船の初め)	1633 3 黒田騒動				1636後金、国号を清に改称。
		9	1632	9 諸士法度制定 12大目付設置	1636 6 銭座おく。寛永通宝鋳造				
		10	1633	2 奉書船以外の日本船の渡航禁止					
		11	1634	3 老中・若年寄の職務規定制定 8 譜代大名の妻子を江戸に移す			朝		1640英、イギリス革命(〜60)
明正	徳川家光	12	1635	5 日本人の海外渡航と帰国禁止(朱印船貿易終焉) 6 武家諸法度改定(寛永令、参勤交代の期日、500石以上の船建造禁止)			鮮		1643仏、ルイ14世(〜1715)
		13	1636	9 ポルトガル人妻子らマカオに追放。長崎出島完成					1644明滅亡
		14	1637	10島原・天草一揆(〜38)		1636日光東照宮完成			1648ウェストファリア条約
		16	1639	7 ポルトガル船来航禁止	1641〜42 寛永の飢饉				1649英、チャールズ1世処刑、共和政(〜60)
		17	1640	**●宗門改役をおく**					
	—1643—	18	1641	4 オランダ商館、出島へ移す(鎖国の完成) **文治政治への転換**	1643 3 田畑永代売買の禁止令	1641花畠教場を創設			
後光明	—1651—	慶安 4	1651	7 慶安の変(由井正雪の乱) 12末期養子の禁緩和	1654 6 玉川上水竣工	1657徳川光圀『大日本史』編纂開始			1652第1次イギリス・オランダ戦争(〜54)
	—1654—	承応 1	1652	9 承応事件(戸次庄左衛門ら老中暗殺を計画)	1655 8 宿駅人馬・新銭売買の条例				
後西	寛文 3	1663	5 武家諸法度を改定、殉死を禁じる	1657 1 明暦の大火(江戸)	1661隠元、万福寺創建			1661仏、ルイ14世親政。聖祖(康熙帝)(〜1722)
	—1663—	5	1665	7 大名の人質制を廃止。諸宗寺院法度。諸社禰宜神主法度	1671 1 河村瑞賢、東廻り海運整備	1662伊藤仁斎、古義堂を開く			
	徳川家綱	8	1668	7 京都町奉行設置	1672 河村瑞賢、西廻り海運整備 ●樽廻船運航開始	1670林鵞峰『本朝通鑑』			1673清、三藩の乱(〜1681)
		9	1669	7 アイヌ首長シャクシャインの戦い(〜71)		1674関孝和『発微算法』			
		11	1671	4 伊達騒動に裁断 10諸代官に命じ宗旨人別帳(宗門改帳)をつくらせる	1673 6 分地制限令 ●三井高利、越後屋呉服店を開業	1682井原西鶴『好色一代男』			
霊元	—1680—	延宝 7	1679	10越後(高田)騒動おこる	**都市と商業の発達**	1684渋川春海、貞享暦		清	1683清、台湾を領有、鄭氏滅ぶ
		天和 1	1681	1 評定所規則	1681 礫茂左衛門騒動(沼田藩)	1688西鶴『日本永代蔵』			
		2	1682	6 勘定吟味役設置	1682 12江戸大火(お七の火事)	1690上野忍岡の学寮を湯島に移す			1685仏、ナントの王令廃止
		貞享 1	1684	10貞享暦を採用 12天文方に渋川春海を起用	1684 2 河村瑞賢、淀川治水工事着手	1691林鳳岡、大学頭に任命。松尾芭蕉『猿蓑』			1687英、ニュートン、万有引力の法則発見
	—1687—	2	1685	7 初めて生類憐みの令を出す(1708までくり返し布令)	1686 10嘉助騒動(松本藩)	1692西鶴『世間胸算用』			1688英、名誉革命
		元禄 1	1688	11柳沢吉保、側用人となる	1694 江戸に十組問屋結成	●『奥の細道』完成			1689英、権利の章典。ネルチンスク条約
	徳川綱吉	2	1689	4 長崎に唐人屋敷完成	1695 8 荻原重秀、金銀貨改鋳(元禄金銀)	1693新井白石、徳川家宣侍講となる			
		3	1690	8 ドイツ人ケンペル、オランダ商館医として来日					1700北方戦争(〜21)
		9	1696	4 荻原重秀、勘定奉行となる	1698 9 江戸大火(勅額火事)	1696宮崎安貞『農業全書』			
東山		14	1701	3 赤穂城主浅野長矩、高家吉良義央を江戸城中で斬る	1703 11関東大地震、江戸大火	1703近松門左衛門『曽根崎心中』竹本座で初演			1701プロイセン王国の成立。スペイン継承戦争(〜13)
		15	1702	12赤穂浪士の仇討(四十七士の討入り)	1705 伊勢御蔭参り盛ん				
		宝永 5	1708	8 イタリア宣教師シドッチ、屋久島に潜入	1707 10宝永地震 11富士山噴火、宝永山できる	1708貝原益軒『大和本草』			1707英、大ブリテン王国成立

天皇	将軍	年号	西暦	政治・外交	経済・社会	文化	朝鮮	中国	世界史
東山 −1709−	徳川綱吉 −1709−	宝永6	1709	**正徳の政治(新井白石)** 1 綱吉没、新井白石登用。生類憐みの令廃止	1710 4 金銀改鋳(宝永小判・宝永永字丁銀など)、二朱金を廃止				
	徳川家宣	7	1710	8 東山天皇第8子をもって閑院宮家をたてる					
		正徳1	1711	2 新井白石、朝鮮使節の待遇改める(簡素化)	1711 6 与茂七騒動(新発田藩)	1712新井白石『読史余論』 1713貝原益軒『養生訓』			1713ユトレヒト条約 1714英、ハノーヴァー朝成立
	−1712− −1713−	2	1712	7 勘定吟味役再置 9 荻原重秀罷免	1714 3 絵島事件 5 金銀貨改鋳(正徳金銀、慶長金銀の品質にもどす)	1715近松門左衛門『国性(姓)爺合戦』 新井白石『西洋紀聞』			
	徳川家継 −1716−	5	1715	1 海船互市新例(長崎新令・正徳新令)					
		享保1	1716	5 紀伊家の吉宗、将軍となる。新井白石ら罷免 **享保の改革(8代吉宗)**		1716新井白石『折たく柴の記』『古史通』			1716清『康熙字典』なる
中御門		2	1717	2 大岡忠相を町奉行とする	1720 8 江戸町火消いろは47組設置				
		4	1719	11相対済し令	1721 8 小石川薬園設立	1720近松門左衛門『心中天網島』			1721英、ウォルポール内閣(〜42)(責任内閣制の初め)
		5	1720	12キリスト教以外の漢訳洋書輸入解禁	1724 7 札差組合を公認、総数109	1724大坂に懐徳堂設立			
		6	1721	8 評定所門前に目安箱設置	1727 2 大坂堂島に米相場会所設立	1727 2 大坂堂島に米相場会所設立 1729太宰春台『経済録』。石田梅岩、心学の講席開く(京都)			1723清、キリスト教禁止
		7	1722	7 上げ米を実施。参勤交代制緩和 12小石川薬園内に小石川養生所を設置					
	徳川吉宗	8	1723	2 足高の制を定める	1730 8 大坂堂島の米相場を公認				1733英、ジョン=ケイ、飛び杼の発明
		9	1724	2 諸大名および幕臣に倹約令を出す		1735青木昆陽『蕃薯考』			
		14	1729	12相対済し令廃止	1732 享保の飢饉				1735清、乾隆帝(〜95)
−1735−		15	1730	4 上げ米停止。参勤交代を旧に復す 11吉宗の子宗武、田安家をおこす(三卿の一つ)	1735 10米価調節のため米相場を制定				
桜町		元文1	1736	6 産銅減少、長崎来航の中国船を年間25隻とする	1736 5 金銀改鋳(元文金銀)				1740オーストリア継承戦争(〜48)
		4	1739	3 青木昆陽登用 5 ロシア艦隊、陸奥・安房沿岸に来航	1744 田畑永代売買の罰則軽減、禁令の緩和をはかる	1748竹田出雲ら『仮名手本忠臣蔵』			1748モンテスキュー『法の精神』
	−1745−	元文5	1740	11吉宗の子宗尹、一橋家おこす(三卿の一つ)					
		寛保2	1742	4 公事方御定書 11長崎貿易半減					
−1747−		延享3	1746	3 長崎貿易制限強化(中国船10隻)	**武士の窮乏・百姓の一揆**	**国学・洋学の発達**			
桃園	徳川家重	宝暦3	1753	4 諸大名に備荒米の貯蔵を命じる	1754 3 久留米一揆	1755安藤昌益『自然真営道』			1751仏、『百科全書』刊行(〜72)
		4	1754	10貞享暦廃し、宝暦甲戌暦採用(1755施行)	1756 6 米価高騰につき米商の買占めなど禁止(11月解除) 11五社騒動(徳島藩)	1759山脇東洋『蔵志』			1756七年戦争(〜63)
		8	1758	7 宝暦事件(竹内式部追放)		1765柄井川柳『誹風柳多留』初編刊行。鈴木春信、錦絵創始。円山応挙『雪松図屏風』			1757プラッシーの戦い
−1762− −1760−		9	1759	2 山県大弐『柳子新論』で幕政を批判					1762ルソー『社会契約論』
		明和1	1764	2 朝鮮通信使、将軍に謁見 3 俵物の生産を奨励 **田沼時代(田沼意次−10代家治)**	1760 2 江戸連日火災 1764 ⑫明和伊馬騒動		朝	清	
後桜町		4	1767	7 田沼意次、側用人(田沼時代) 8 明和事件 −米沢藩主上杉治憲(鷹山)の改革はじまる	1765 8 五匁銀の発行	1768上田秋成『雨月物語』			1763パリ条約
−1770−		安永1	1772	1 田沼意次、老中就任	1768 1 大坂打ちこわし	1771池大雅・与謝蕪村「十便十宜図」			1769アークライト、水力紡績機発明、ワット、蒸気機関改良
		5	1776	3 朝鮮通商途絶のため、対馬藩に朝鮮貿易の手当金を与える	1771 4 伊勢御蔭参り流行 1772 2 目黒行人坂火事 9 南鐐二朱銀を発行	1774前野良沢・杉田玄白ら『解体新書』			1773ボストン茶会事件
後桃園	徳川家治	7	1778	3 長崎貿易輸出不振につき俵物の生産を奨励 6 ロシア船、蝦夷地に来航、松前藩に通商求める(1779拒否)	●大規模に株仲間公認 1780 8 大坂に鉄座、江戸・京・大坂に真鍮座	1776平賀源内、エレキテル完成。米沢藩、藩校興譲館を再興	鮮		1776アメリカ独立宣言。英、スミス『国富論』
−1779−		天明2	1782	7 幕府、印旛沼・手賀沼干拓に着手する	1782 各地で打ちこわし。天明の飢饉(〜87)	1779塙保己一『群書類従』編纂開始。			1781カント『純粋理性批判』
		3	1783	11田沼意知、若年寄就任	1783 7 伊勢の船頭大黒屋光太夫らアリューシャン列島に漂流。浅間山大噴火	●洒落本・黄表紙流行			1782清、『四庫全書』完成
		4	1784	3 佐野政言、田沼意知を刺す 4 意知没		1783工藤平助『赤蝦夷風説考』。司馬江漢、銅版画を創始。大槻玄沢『蘭学階梯』			1783パリ条約(イギリス、アメリカ独立を承認)
		5	1785	2 蝦夷地調査(山口鉄五郎・最上徳内ら)	1784 8 大坂に二十四組江戸積問屋株仲間公認				
−1786−		6	1786	8 老中田沼意次ら失脚、印旛沼工事中止 ●最上徳内ら千島を探検し得撫島に至る		1785林子平『三国通覧図説』			1787合衆国憲法制定
−1787−		7	1787	5 江戸・大坂など各地で打ちこわし 6 松平定信、筆頭老中就任 8 倹約令 **寛政の改革(松平定信−11代家斉)**		1786大槻玄沢、芝蘭堂設立			1789フランス革命始まる
		寛政1	1789	5 クナシリ・メナシのアイヌ蜂起 9 棄捐令で旗本・御家人の負債免除。囲米の制	1786 1 江戸大火 7 利根川大洪水	1790寛政異学の禁 1791山東京伝、『仕懸文庫』によって手鎖の刑			1793英、第1回対仏大同盟。
光格		2	1790	2 人足寄場を江戸石川島に設立 5 寛政異学の禁 9 オランダとの貿易制限(年1隻銅60万斤)		●読本興隆			
		3	1791	12江戸に町会所を建て、七分積金の制を設ける	1787 5 米価騰貴。天明の打ちこわし				
		4	1792	5 幕府、林子平に蟄居命じる。『海国兵談』絶版 9 ロシア使節ラクスマン、根室に来航、通商要求 11尊号一件(典仁親王の尊号宣下停止) 12海防強化を諸大名に命ず。松平定信、蝦夷地防備策をたてる	1788 1 京都天明の大火 1790 11江戸からの帰村奨励(旧里帰農令)	1793塙保己一、和学講談所設立			
	徳川家斉	5	1793	3 武家伝奏ら処分(尊号一件の落着) 7 定信、老中辞職。将軍家斉の大御所政治開始	1791 江戸市中銭湯での混浴禁止	1796稲村三伯『ハルマ和解』			1793英、第1回対仏大同盟。英使節マカートニー、北京に来る。
		8	1796	8 英人ブロートン、海図作成のため室蘭に来航 **列強の日本接近と藩政改革**		1797湯島聖堂の学問所を幕府が直轄(昌平坂学問所)			仏、恐怖政治(〜94)
		9	1797	11ロシア人、択捉島に上陸	1794 9 幕府、酒造制限令を緩和				
		10	1798	7 近藤重蔵、択捉島に「大日本恵登(土)呂府」の標柱たてる ●宝暦暦を廃し、寛政暦を用いる	**農村維持と商業資本の抑圧** 1798 12諸藩の米札発行制限	1798本居宣長『古事記伝』完成。本多利明『西域物語』『経世秘策』			
		11	1799	1 幕府、東蝦夷地を7か年の直轄地とする 7 高田屋嘉兵衛、択捉航路を開く					1795仏、総裁政府(〜99)

天皇	将軍	年号	西暦	政治・外交	経済・社会	文化	朝鮮	中国	世界史
光格		寛政12	1800	④伊能忠敬、蝦夷地の測量に向かう	1800 6京・大坂の銀座廃し、江戸の銀座を移転 7五街道分間絵図作成開始 11南鐐二朱銀鋳造再開	1800昌平坂学問所竣工、諸士の入学を許す			1801英、連合王国成立
		享和1	1801	6得撫島に「天長地久大日本属島」の標柱設置					
		2	1802	2幕府、蝦夷奉行(のちの箱館奉行)設置 7東蝦夷地を永久直轄とする−近藤重蔵らの幕命により択捉島を視察	1802 7淀川決壊し大阪平野水没。諸国洪水	1802十返舎一九『東海道中膝栗毛』(1808完結)。志筑忠雄『暦象新書』			1802仏、アミアンの和約
		文化1	1804	9ロシア使節レザノフ、長崎に来航、貿易要求		化政文化			1804ナポレオン、皇帝となる(〜14)
		2	1805	3レザノフの要求拒否 6関東取締出役を設置	1805 5百姓の武芸稽古禁止	1804喜多川歌麿処罰			
		3	1806	1文化の薪水給与令(撫恤令)	1806 3江戸芝の大火 10江戸町人らに御用金課す。大坂町人に買米命じる				1806神聖ローマ帝国消滅
		4	1807	2西蝦夷地を直轄とする 5ロシア船、利尻島に侵入、幕府船焼く 10箱館奉行廃止、松前奉行を設置					1807米、フルトン、蒸汽船を試運転
		5	1808	4間宮林蔵ら、樺太探検(7月再度)、間宮海峡確認(〜09) 8フェートン号事件		1809式亭三馬『浮世風呂』前編刊			
		文化6	1809	6幕府、樺太を北蝦夷地と改称					
	徳川家斉	8	1811	5朝鮮通信使を対馬で応対(最後の通信使) 6ロシア艦長ゴローウニンを国後島で捕らえる		1811天文方に蛮書和解御用掛設置 1813海保青陵『稽古談』			1810仏、オランダ併合 1814ウィーン会議(〜15)
		9	1812	6ロシア船、高田屋嘉兵衛を国後島で捕らえる					
		10	1813	9嘉兵衛をゴローウニンと交換	1813 3江戸の十組問屋仲間65組1195人に株札交付、以後新規加入禁止	1814曲亭馬琴『南総里見八犬伝』第1輯刊			1815ワーテルローの戦い
		11	1814	10箱館、松前以外の蝦夷地守備兵を引きあげる		1815杉田玄白『蘭学事始』			
−1817−		14	1817	7イギリス船、浦賀に来航		1819小林一茶『おらが春』。塙保己一『群書類従』正編刊行			1819英、シンガポール領有(〜24)
		文政1	1818	2幕府、鎌倉で大砲試射 5英人ゴルドン、浦賀に来航し貿易を要求、幕府これを拒否					
		4	1821	12東西蝦夷地を松前藩に還付(1855、幕府直轄)	1822 8西国にコレラ流行	1820山片蟠桃『夢の代』			1823米、モンロー教書
		5	1822	3小田原藩主大久保忠真、二宮尊徳を登用	1823 7オランダ商館医ドイツ人シーボルト、出島に着任	1821伊能忠敬の『大日本沿海輿地全図』完成			
		7	1824	5イギリス捕鯨船員、常陸大津浜に上陸、薪水を求め水戸藩に捕らえられる 7同じく薩摩宝島に上陸略奪する		1824シーボルト、鳴滝塾設立			1825露、デカブリストの乱
		8	1825	2文政の異国船打払令(無二念打払令)	1824 2文政南鐐二朱銀 5文政一朱金	1827佐藤信淵『経済要録』			
		10	1827	2関東全域に寄場組合(改革組合村)の結成を指令 ●薩摩藩、調所広郷の財政改革		1829柳亭種彦『偐紫田舎源氏』。葛飾北斎「富嶽三十六景」			
仁孝		11	1828	10シーボルト事件(天文方高橋景保ら投獄)					
	天保1		1830	●水戸藩主徳川斉昭、藩政改革に着手	1830 ③〜 8御蔭参り大流行	1832為永春水『春色梅児誉美』初編			1830仏、七月革命、ベルギー独立
		5	1834	3水野忠邦、老中となる(〜1843)	1831 7周防・防長一揆	1833歌川広重「東海道五十三次」	朝鮮	清	1834ドイツ関税同盟発足
−1837−		8	1837	2大塩の乱(大坂) 6生田万の乱(越後柏崎)。アメリカ船モリソン号打払事件	1833 天保の飢饉(〜39) 1836 諸国凶作で米価騰貴し、一揆・打ちこわし。全国飢饉、奥羽地方最も甚だしい、死者10万人	1838高野長英『戊戌夢物語』。渡辺崋山『慎機論』。緒方洪庵、適塾を開く			1837英、ヴィクトリア女王(〜1901)
		9	1838	8徳川斉昭、内憂外患についての意見書書く(1839、6に提出) 長州藩政改革(村田清風)					
		10	1839	12蛮社の獄(渡辺崋山、高野長英ら処罰)					
		11	1840	11三方領知替え(翌年撤回)	1841 10奢侈禁止令 12各種株仲間の解散	1841高島秋帆、西洋砲術の調練。水戸藩弘道館開設			1840アヘン戦争(〜42)
		12	1841	①徳川家斉没 5天保の改革開始					1842清、イギリスと南京条約
	徳川家慶	13	1842	7天保の薪水給与令(打払令を緩和)		1842寛政暦を廃し、天保暦採用。人情本禁止。為永春水・柳亭種彦を処罰			
		14	1843	3人返しの法 上知令 ⑨水野忠邦、老中罷免(翌年再任)	1843 6印旛沼堀割工事開始 7大坂町人に御用金課す				1846アメリカ=メキシコ戦争(〜48)
		弘化1	1844	7オランダ国王、幕府に開国を勧告(翌年謝絶)					
		2	1845	2阿部正弘、老中座就任					
		3	1846	4イギリス船、フランス船、琉球に来航 ⑤米使ビッドル、浦賀に来航、通商要求、幕府拒絶	1848 12薩摩藩調所広郷、琉球貿易の責任を問われ自殺	1848本木昌造ら、鉛活字をオランダより購入			1848仏、二月革命。独、マルクス『共産党宣言』
孝明		4	1847	9徳川斉昭の7男(のち慶喜)、一橋家を嗣ぐ					
	嘉永4		1851	1中浜万次郎(ジョン万次郎)ら米国から帰る 開国・尊王攘夷運動・討幕	1850 10肥前藩、反射炉の築造開始	1852水戸藩『大日本史』献上			1851太平天国(〜64) ロンドン万国博覧会
−1853−		6	1853	6米使ペリー、艦隊を率いて浦賀に来航 7ロシア使節プチャーチン、長崎に来航	1851 3株仲間の再興許可 8島津斉彬、製錬所を設立				1852皇帝ナポレオン3世(〜70)
		安政1	1854	1ペリー、再び来航 3日米和親条約(神奈川条約) 8日英和親条約 12日露和親条約	1853 嘉永三閉伊一揆(南部藩) 8品川台場築造に着手	1855洋学所設立			1853クリミア戦争(〜56)
	徳川家定	2	1855	10堀田正睦、老中首座就任 12日蘭和親条約	1854 4韮山で反射炉の築造開始(1857年完成) 7幕府、日章旗を日本国総船印に制定 11安政東海地震、安政南海地震	1856洋学所を蕃書調所と改称。吉田松陰、松下村塾の主宰者となる			1856アロー戦争(〜60)。パリ条約
		3	1856	7米総領事ハリス、下田に着任		尊王攘夷思想			1857印、インド大反乱(〜59)
		4	1857	5下田条約 10ハリス、通商開始を要求					1858アイグン条約。ムガル帝国滅亡、イギリス、インドを直接統治
−1858−		5	1858	3朝廷、日米通商条約の調印許さず 4井伊直弼、大老就任 6日米修好通商条約調印。徳川慶福を将軍継嗣に定める 7蘭・露・英と調印 9仏と調印。安政の大獄(〜59)	1855 10安政江戸地震 1858 6コレラ大流行	1858福沢諭吉、蘭学塾を開く。種痘所設置			
		6	1859	6横浜・長崎・箱館の3港で貿易を開始 9梅田雲浜獄死 10橋本左内・吉田松陰は死刑		経済の混乱(貿易の影響)			1860英・仏、北京条約
	徳川家茂	万延1	1860	1勝海舟ら咸臨丸で渡米 3桜田門外の変	1860 ③五品江戸廻送令 4万延貨幣改鋳(万延小判など) 12米国通訳官ヒュースケン斬殺 ●物価騰貴	1861幕府、種痘所を西洋医学所と改称			1861イタリア王国成立。露、農奴解放令。米、南北戦争(〜65)
		文久1	1861	12幕府の遣欧使節出発	1861 5第1次東禅寺事件	1862蕃書調所を洋書調所と改称。横浜・長崎に写真館開業			
		2	1862	1坂下門外の変 2皇女和宮、江戸城で婚儀 4伏見寺田屋事件 5島津久光、東下 7文久の幕政改革。徳川慶喜を将軍後見職 8生麦事件 松平容保、京都守護職 12英公使館焼打ち	1862 5第2次東禅寺事件				

天皇	将軍	年号	西暦	政治・外交	経済・社会	文化	朝鮮	中国	世界史
孝明	徳川家茂	文久3	1863	3家茂上洛　5長州、下関で外国船を砲撃　7薩英戦争　8八月十八日の政変、七卿長州へ(七卿落ち)	1863　6長州藩高杉晋作ら奇兵隊を編成　8天誅組の変　10生野の変	1863洋書調所を開成所と改称、西洋医学所を医学所と改称。伊藤博文・井上馨ら英国留学			1863米、奴隷解放宣言
		元治1	1864	3フランス公使、ロッシュ着任　6池田屋事件　7禁門の変。第1次幕長戦争命令　8四国艦隊下関砲撃事件　10長州謝罪　12高杉晋作ら挙兵	1864　3天狗党の乱(～12月)　7佐久間象山暗殺	1864箱館五稜郭完成			1864第1インターナショナル(～76)
		慶応1	1865	⑤イギリス公使パークス着任　9長州再征の勅許(66年6月出兵)　10条約勅許(兵庫港除外)	1865　9幕府、横須賀製鉄所起工式	1865森有礼・五代友厚ら英国留学			1865リンカン暗殺　1866普墺戦争
—1866— 徳川慶喜		2	1866	1薩長同盟(坂本龍馬の斡旋)　5改税約書調印　6第2次幕長戦争開始　7将軍家茂没　12慶喜、将軍となる	1866　一諸国凶作、米価騰貴、全国に百姓一揆、打ちこわし多発	1866幕府派遣の英国留学生出航(中村正直ら)			1867米、ロシアからアラスカ購入。北ドイツ連邦成立。マルクス『資本論』第1巻
—1867— [総裁]有栖川宮熾仁親王 1867～		3	1867	5兵庫開港勅許　9薩摩芸3藩、挙兵討幕を約す　10山内豊信、幕府へ大政奉還建白。討幕の密勅。徳川慶喜大政奉還　12王政復古の大号令。小御所会議	1867　8各地に「ええじゃないか」おこる　11坂本龍馬、中岡慎太郎暗殺される	福沢諭吉『西洋事情』 **文明開化** 1868「宮さん宮さん……」の旋律、都風流「トコトンヤレ節」として流行。			
—1868— [輔相]三条実美 岩倉具視		慶応4 明治1	1868	**明治維新** 1鳥羽・伏見の戦い(戊辰戦争)。慶喜追討令。新政府、王政復古を各国公使に通告　3五箇条の誓文・五榜の掲示　4江戸開城、政体書公布　5奥羽越列藩同盟結成　7江戸を東京と改称　9明治改元(一世一元の制)。会津藩降伏	1868　④長崎で浦上キリシタンを弾圧。出版物の無許可発行を禁止　5太政官札発行	神仏分離令(以後、廃仏毀釈運動)。福沢諭吉、塾を慶應義塾と改称。「中外新聞」「江湖新聞」創刊			1868英、第1次グラッドストン内閣(～74)
—1869— [右大臣]三条実美		2	1869	1薩長土肥4藩主、版籍奉還上奏　5五稜郭の戦い(榎本武揚)(戊辰戦争終わる)　6諸藩主の版籍奉還を許し、各知藩事に任命。公卿・諸侯を華族と改称　7官制改革(2官6省)　8蝦夷地を北海道と改称	1869　1関所廃止　2造幣局設置　5出版条例制定	1869東京九段に招魂社創建(1879靖国神社と改称)。大学校設立(昌平学校中心)。東京・横浜間に電信開通。人力車創案(1870営業)			1869スエズ運河開通。米、大陸横断鉄道完成
明治		3	1870	5集議院開院　9平民の苗字使用認める　10兵制、海軍は英式、陸軍は仏式　⑩工部省設置　12新律綱領布告	1870　10岩崎弥太郎、九十九商会創立(三菱商会の前身)　1871　1郵便規則制定　5新貨条例制定　8華族・士族・平民相互の結婚を許可、いわゆる解放令公布	1870大教宣布。『横浜毎日新聞』(最初の日刊紙)　1871郵便開始。文部省設置。仮名垣魯文『安愚楽鍋』。津田梅子ら米国留学。中村正直訳『西国立志編』刊	朝鮮	清	1870普仏戦争(～71)イタリアの統一完成。仏、第三共和政宣言
		4	1871	2薩長土3藩より御親兵徴集　4戸籍法(翌年壬申戸籍作成)　7廃藩置県(3府302県)。日清修好条規調印。太政官制を改め、正院・左院・右院設置　10岩倉具視らを欧米へ派遣(11月出発)　11府県の廃合進み、3府72県となる					1871ドイツ帝国成立。パリ=コミューン
		5	1872	2陸・海軍省を設置　11徴兵告諭　12太陽暦採用により12月3日が明治6年1月1日となる	1872　2田畑永代売買解禁　10官営富岡製糸場開業	1872福沢諭吉『学問のすゝめ』。学制発布。新橋－横浜間鉄道開通式			
		6	1873	1六鎮台をおく。徴兵令布告　6改定律例公布　9岩倉全権大使一行帰国　10征韓派敗北、西郷隆盛ら下野(明治六年の政変)　11内務省設置　12秩禄奉還の法公布 **自由民権運動の展開**	**地租改正と殖産興業** 11国立銀行条例制定　1873　2仇討禁止　3神武天皇即位日を紀元節と改称　7地租改正条例公布。第一国立銀行開業	1873キリスト教解禁。森有礼ら明六社設立　1874『明六雑誌』『朝野新聞』『読売新聞』創刊。加藤弘之『国体新論』			1873三帝同盟(独・墺・露)　1874英、ディズレーリ内閣(～80)
		7	1874	1愛国公党結成。東京警視庁設置。民撰議院設立の建白書提出　2佐賀の乱　4板垣退助ら、立志社創立　5台湾出兵	1874　6北海道屯田兵制度制定　9電信条例公布				
	[太政大臣]三条実美	8	1875	2大阪会議、板垣ら愛国社結成　4元老院・大審院設置、漸次立憲政体樹立の詔　45樺太・千島交換条約調印　6第1回地方官会議開催。讒謗律・新聞紙条例公布　9出版条例改正、江華島事件	1875　2三菱商会、横浜・上海航路開始(最初の外国航路)	1875福沢諭吉『文明論之概略』。東京気象台設置。新島襄、同志社英学校設立			1875仏、第三共和国憲法制定
		9	1876	2日朝修好条規(江華条約)調印　8金禄公債証書発行条例公布　10小笠原諸島領有。敬神党の乱(神風連の乱)。秋月の乱。萩の乱	1876　3廃刀令公布　7三井銀行開業(私立銀行の初め)　8国立銀行条例改正公布　12地租改正反対一揆(伊勢暴動など)	1876独人医師ベルツ来日。札幌農学校開校　1877田口卯吉『日本開化小史』。東京大学発足。			1876オスマン帝国、ミドパド憲法公布　1877ロシア=トルコ戦争(～78)。インド帝国成立
		10	1877	2西南戦争　6立志社建白　9西郷隆盛自殺、西南戦争終わる	1877　1地租税率を2.5%に軽減。第1回内国勧業博覧会	佐野常民ら博愛社設立(のちの日本赤十字社)			米、エディソン、蓄音機発明
		11	1878	4板垣ら愛国社再興をはかる(9月再興大会)　7郡区町村編制法・府県会規則・地方税規則(三新法)制定　12参謀本部設置	1878　5東京株式取引所開設　6東京大学農学校開校。フェノロサ来日　8竹橋騒動	1878モース、大森貝塚発掘			1878ベルリン会議　1879米、エディソン、電灯発明。ドイツ・オーストリア同盟
		12	1879	3東京府会(府会の初め)　4琉球藩を廃し沖縄県設置　8天皇、米前大統領グラントと会見	1879　11安田銀行設立	1879『朝日新聞』創刊。植木枝盛『民権自由論』。教育令公布			
		13	1880	3愛国社第4回大会、国会期成同盟の結成　4集会条例制定　7刑法・治罪法公布　●さかんに私擬憲法作成される	1880　1交詢社結成　2横浜正金銀行設立　11工場払下げ概則制定	1880教育令を改正(改正教育令)　1881『東洋自由新聞』(主筆中江兆民)創刊			1880英、グラッドストン内閣(～85)
		14	1881	10明治十四年の政変(大隈重信免官)。国会開設の勅諭。自由党結成(総裁板垣退助)	1881　8開拓使官有物払下げ事件　10松方財政開始　11日本鉄道会社設立				1881ロシア・清、イリ条約。露、アレクサンドル2世暗殺

●明治時代

天皇	将軍	年号	西暦	政治・外交	経済・社会	文化	朝鮮	中国	世界史
	〔太政大臣〕 三条実美	明治15	1882	1 軍人勅諭　3 伊藤博文ら、憲法調査のため渡欧。立憲改進党(大隈重信)、立憲帝政党(福地源一郎)結成　7 壬午軍乱　8 済物浦条約　11板垣・後藤、渡欧	1882　4 板垣退助、岐阜で遭難　10日本銀行設立　6 日本馬車鉄道、新橋・日本橋間で開業　11福島事件(〜12月)	1882東京専門学校(のちの早稲田大学)創立。加藤弘之『人権新説』。ルソー著、中江兆民訳『民約訳解』			1882三国同盟(独・墺・伊)　1884清仏戦争(〜85)。アフリカ分割に関するベルリン会議(〜85)
		16	1883	4 新聞紙条例改正(言論取り締まり強化)　12徴兵令改正(代人料廃止)	1883　3 高田事件　5 国立銀行条例再改正　7 大阪紡績会社開業　●松方デフレで不況	1883鹿鳴館開館　1884フェノロサ、鑑画会結成。東京商業学校創立(のちの一橋大学)。弥生土器の発見			
		17	1884	3 宮中に制度取調局設置　7 華族令制定　10自由党解党　12甲申事変					
1885	内閣総理大臣 1885.12	18	1885	4 天津条約　11大阪事件(大井憲太郎ら)　12太政官制を廃し、内閣制度を採用	1884　5 群馬事件　9 加波山事件　10秩父事件　12名古屋事件。飯田事件	1885尾崎紅葉ら硯友社結成。坪内逍遙『小説神髄』分冊刊行。万国メートル法条約に加入調印			1885インド国民会議創立。
	伊藤博文 (1)	19	1886	1 北海道庁設置　5 井上馨、第1回条約改正会議開催　10大同団結運動開始。ノルマントン号事件	1885　5 日銀、兌換銀行券発行(銀本位制)　9 日本郵船会社創立	1886東京大学と工部大学校を併合、帝国大学創立。学校令。国際赤十字条約加入			1886英、ビルマをインド帝国に併合
		20	1887	6 伊藤博文、憲法起草開始　10後藤象二郎、大同団結運動推進。三大事件建白運動開始　12保安条例公布	1886　6 甲府雨宮製糸工場工女、スト。静岡事件	1887徳富蘇峰、民友社結成、『国民之友』創刊。二葉亭四迷『浮雲』。東京美術学校・東京音楽学校設立			1887フランス領インドシナ連邦成立
	1888.4	21	1888	4 市制・町村制公布　5 枢密院設置　5 鎮台を師団に改編　6 枢密院、憲法草案審議開始　11大隈重信の条約改正交渉開始 立憲政治の展開	1887　3 所得税法公布　4 鹿鳴館で仮装舞踏会　1888　6 高島炭鉱事件	1888三宅雪嶺ら政教社結成、『日本人』創刊	朝鮮		1888独、ヴィルヘルム2世即位(〜1918)　1889第2インターナショナル(〜1914)
	黒田清隆 1889.10 1889.12	22	1889	2 大日本帝国憲法・皇室典範・衆議院議員選挙法公布　10大隈外相遭難	1889　2 森有礼文相暗殺　7 東海道線新橋−神戸間全通　9 天満紡績会社のスト	1889浅井忠ら明治美術会創立			
1890	山県有朋 (1) 1891.5	23	1890	4 民事訴訟法・商法公布　5 府県制・郡制公布　7 第1回総選挙　9 立憲自由党結成　11第1回帝国議会	1890　3 琵琶湖疎水竣工　●1890年恐慌　●民法典論争　1891　1 内村鑑三の不敬事件	1890森鷗外『舞姫』。北里柴三郎、破傷風血清療法発見。教育勅語発布			1890独、ビスマルク宰相辞任　1891露仏同盟。露、シベリア鉄道を建設
	松方正義(1) 1892.8	24	1891	3 立憲自由党、自由党と改称　5 大津事件　12樺山海相、蛮勇演説、衆議院解散	9 日本鉄道、上野−青森間全通　10濃尾地震　12田中正造、議会で足尾鉱毒事件を質問	1891神田駿河台にニコライ堂落成。川上音二郎、壮士芝居を興行。幸田露伴『五重塔』			
明治		25	1892	2 第2回総選挙で流血事件(松方内閣の選挙干渉)　6 国民協会結成		1892『万朝報』創刊。北里柴三郎、私立伝染病研究所設立			
	伊藤博文 (2)	26	1893	5 海軍軍令部設置　7 陸奥宗光、条約改正案決定　10文官任用令公布 条約改正と日清戦争	1893 10富岡製糸場を三井に払下げ　11日本郵船、ボンベイ航路開設	1893『文学界』創刊。黒田清輝、仏より帰国		清	1893ハワイの革命。独、ディーゼル内燃機関発明
		27	1894	3 朝鮮で甲午農民戦争(東学党の乱)　7 日英通商航海条約調印(治外法権撤廃、1899施行)　7 豊島沖海戦　8 日清戦争始まる　9 黄海海戦　11旅順口占領	産業革命の進展　1894　5 綿糸輸出税廃止　8 軍事公債条例公布 社会運動の発生	1894北村透谷自殺。高等学校令公布。北里柴三郎、ペスト菌発見			1894仏、ドレフュス事件。甲午農民戦争。日清戦争(〜95)
1895	伊藤博文 (2)	28	1895	1 尖閣諸島を日本領に編入　2 威海衛占領　4 下関条約調印、三国干渉　5 遼東半島還付　10匪賊蜂起	1895　2 初の市街電車開通(京都−伏見間)　9 住友銀行設立	1895『太陽』創刊。樋口一葉『たけくらべ』。帝国大学に史料編纂掛設置。富士山頂に観測所を設けて気象観測			1895独、レントゲン、X線発見
	松方正義(2) 1896.9 1898.1 伊藤博文(3) 1898.6 大隈重信(1) 1898.10 1898.11	29	1896	3 進歩党結成。航海奨励法・造船奨励法公布。台湾総督府条例公布　6 山県・ロバノフ協定調印　7 日清通商航海条約調印	1896　3 酒税法、葉煙草専売法。輸入綿花及び羊毛関税撤廃　6 明治三陸地震・大津波	1896近衛軍日本支部創設　1896黒田清輝ら白馬会結成			1896近代第1回オリンピック(アテネ)
		31	1898	6 自由・進歩両党合同、憲政党結成。保安条例廃止。隈板内閣成立(初の政党内閣)　8 尾崎行雄文相、共和演説事件　10憲政党分裂　12地租条例改正(2.5%→3.3%)	1897　3 貨幣法(金本位制確立)公布　7 労働組合期成会発起人会開催	1897尾崎紅葉『金色夜叉』。黒田清輝『湖畔』。『ホトトギス』創刊。島崎藤村『若菜集』。志賀潔、赤痢菌発見　1898岡倉天心ら日本美術院創立。徳富蘆花『不如帰』	大韓帝国(韓国)		1897朝鮮、国号を大韓帝国(韓国)と改称　1898康有為らの変法運動。戊戌の政変。仏、キュリー夫妻、ラジウム発見
	山県有朋 (2)	32	1899	3 北海道旧土人保護法公布。文官任用令改正　7 日英通商航海条約等の改正条約実施 大陸政策と日露戦争	1898　4 日本鉄道矯正会結成　10幸徳秋水・片山潜ら社会主義研究会結成	1899『中央公論』創刊。高等女学校令公布。横山源之助『日本之下層社会』。私立学校令公布			
1900	1900.9 伊藤博文(4) 1901.5	33	1900	3 治安警察法公布　3 選挙法改正　5 軍部大臣現役武官制確立　6 義和団鎮圧のため陸軍派兵決定　9 立憲政友会結成	1899　2 東京−大阪間長距離電話開通　6 産業組合法公布　10普通選挙期成同盟会組織	本之下層社会』。私立学校令公布			1899米、対中国門戸開放宣言。仏、広州湾租借。南アフリカ戦争(〜1902)
		34	1901	5 社会民主党結成、即日禁止　9 北京議定書調印　12田中正造、足尾銅山鉱毒問題で天皇に直訴	1900　1 社会主義協会結成　3 未成年者喫煙禁止法公布 資本主義の発達(産業資本の確立)	1900泉鏡花『高野聖』。与謝野鉄幹ら『明星』創刊。高峰譲吉、アドレナリン抽出　1901　4 日本女子大学校設立。			1900義和団戦争(〜1901)
	桂　太郎 (1)	35	1902	1 八甲田山事件。第1次日英同盟協約調印　2 最初の普通選挙法案を衆議院に提出　4 衆議院議員選挙法改正公布	1901　2 奥村五百子、愛国婦人会設立。八幡製鉄所操業開始　6 星亨、東京市役所で暗殺される	与謝野晶子『みだれ髪』。日本赤十字社条例公布。大森房吉、地震計を発明			1901英領オーストラリア連邦成立。米
		36	1903	6 東京帝国大学などの七博士、対露強硬論を建議　10小村・ローゼン間で日露交渉開始	1902　3 商工会議所法公布	1902木村栄、Z項を発見　1903『職工事情』。国定教科書制度を制定。日比谷公園開園。			1902日英同盟　1903露、満洲を軍事占領。パナマ独立。ライト兄弟、飛行機発明
		37	1904	2 対露交渉打ち切り、開戦を決定、宣戦布告(日露戦争開始)。日韓議定書調印。旅順口閉塞作戦　8 第1次日韓協約調印　9 遼陽占領　11旅順総攻撃	1903　8 新橋−品川間電車運転開始　10『万朝報』開戦論に転じる　11幸徳秋水・堺ら平民社を設立	『平民新聞』創刊　1904『新潮』創刊。与謝野晶子『君死にたまふこと勿れ』。青木繁『海の幸』白馬会展に出品			1904英仏協商

天皇	総理	年号	西暦	政治・外交	経済・社会	文化	朝鮮	中国	世界史
明治	桂太郎(1)　1905.12　1906.1　西園寺公望(1)　1908.7	38	1905	1旅順のロシア軍降伏　3奉天会戦　5日本海海戦　7日本軍、樺太に上陸。桂・タフト協定締結　8第2次日英同盟協約調印　9ポーツマス条約調印　11第2次日韓協約調印	1905　5平民社でメーデー茶話会を開催　9日比谷焼打ち事件(講和反対)。東京市内戒厳令、講和反対の新聞発禁　10平民社解散	1905夏目漱石『吾輩は猫である』	大韓帝国(韓国)	清	1905第1次モロッコ事件。孫文、中国同盟会結成。露、血の日曜日事件
		39	1906	1堺利彦ら日本社会党結成(翌年禁止)　2韓国統監府開庁　3鉄道国有法公布。米・英大使、満洲の門戸開放を政府に要求　8関東都督府官制公布	1906　6南満洲鉄道株式会社(満鉄)設立の勅令公布	1906坪内逍遙ら文芸協会発足。『大日本史』完成。堺利彦ら『社会主義研究』創刊。島崎藤村『破戒』。夏目漱石『坊つちゃん』			1906英、労働党成立。ストルイピンの改革。全インド=ムスリム連盟結成
		40	1907	桂園時代と憲政擁護運動　3樺太庁官制公布　6日仏協約調印　7ハーグ密使事件。第3次日韓協約調印。第1次日露協約調印	1907　2足尾銅山労働者の暴動　6別子銅山労働者の暴動。11日本製鋼所設立　●明治40年の恐慌	1907福田英子『世界婦人』創刊。泉鏡花『婦系図』。小学校令改正(義務教育6か年)。東北帝国大学設置。田山花袋『蒲団』。第1回文展開催			1907英露協商。ハーグで第2回万国平和会議
		41	1908	3増税法公布　4樺太島日露境界画定書調印　5日米仲裁裁判条約調印　10戊申詔書発布　11高平・ルート協定	1908　1外務省、ハワイ移民を停止　4第1回ブラジル移民神戸出港出発　6赤旗事件　12東洋拓殖会社設立	1908『婦人之友』創刊。永井荷風『あめりか物語』。『アララギ』創刊			1908青年トルコ革命。清、憲法大綱発布
		42	1909	5新聞紙法公布　7閣議、韓国併合の方針確定　12米、満洲鉄道中立化案提議	1909　4種痘法公布　10伊藤博文、ハルビンで暗殺される　10三井合名会社設立　●生糸の輸出量世界第一位になる	1909『スバル』創刊。小山内薫、自由劇場を設立			
	桂太郎(2)　1911.8	43	1910	3立憲国民党成立　5大逆事件の検挙開始　7第2次日露協約調印　8日本、大韓帝国(韓国)を併合、朝鮮と改称　10朝鮮総督府設置(総督寺内正毅)、土地調査事業開始　11帝国在郷軍人会発足	1910　5ハレー彗星接近、流言騒ぎ	1910『白樺』創刊。白瀬中尉以下28名、南極大陸探検に出発。鈴木梅太郎、オリザニンを抽出			1910英領南アフリカ連邦成立。1911第2次モロッコ事件。辛亥革命
		44	1911	1大逆事件被告12名、死刑執行　2日米新通商航海条約調印(関税自主権回復、以後同様に各国と調印)　3工場法公布(16施行)　7第3次日英同盟協約調印　8警視庁、特別高等課(特高)設置	1911　2貧民済生に関する勅語発布　5中央線全通　11東京市に職業紹介所設立　12堺利彦、売文社開業	1911西田幾多郎『善の研究』。平塚らいてう『青鞜』創刊。野口英世、スピロヘータの純粋培養に成功			1912中華民国成立。宣統帝退位、孫文、臨時大総統となる。第1次バルカン戦争
明治45 大正1	西園寺公望(2)　1912.12	1912	7第3次日露協約調印。7.30明治天皇没(60歳)、嘉仁親王践祚(大正と改元)　9明治天皇大葬。乃木希典夫妻殉死　12上原勇作陸相、辞表提出。西園寺内閣総辞職。第一次護憲運動おこる		1912　6新橋―下関間特急運転開始　8鈴木文治ら友愛会設立　9全国にコレラ流行。タクシー営業始まる	大正デモクラシー　1912美濃部達吉『憲法講話』刊。天皇機関説論争。第5回オリンピック(ストックホルム)に日本初参加		中華民国	1913第2次バルカン戦争、中国、大総統袁世凱
	桂太郎(3)　1913.2　山本権兵衛(1)　1914.3/4	2	1913	2国民・政友両党、内閣不信任決議案を衆議院に提出、護憲運動の群衆デモ、桂内閣総辞職(大正政変)　5カリフォルニア州の排日土地法成立　6軍部大臣現役規定廃止　8文官任用令改正公布　10中華民国を承認　12立憲同志会結党(総裁加藤高明)	1913　2日本結核予防協会設置　7京大総長沢柳事件(～1914.4)　8東海道本線全線の複線化工事完了　1914　1桜島大噴火(大隅と地続きになる)　2日比谷の内閣弾劾国民大会騒擾化、軍隊出動　3東京大正博覧会	1913森鷗外『阿部一族』。島村抱月ら芸術座を創立。中里介山『大菩薩峠』。上智大学設立(初のカトリック大学)　1914芸術座、「復活」上演。宝塚少女歌劇初公演。日本美術院再興。二科会、文展より独立。高村光太郎『道程』。東京駅開業	(日本の植民地支配)		1914サライェヴォ事件。第一次世界大戦始まる。パナマ運河開通　1915フセイン=マクマホン協定　1917ロシア革命　1918ウィルソンの十四カ条。第一次世界大戦終結
		3	1914	1憲政擁護会、営業・通行・織物消費3税廃止を決議。ジーメンス事件　7第一次世界大戦勃発　8ドイツに宣戦布告　10ドイツ領南洋諸島を占領　11青島占領	大戦景気・米騒動				
大正	大隈重信(2)　1916.10	4	1915	1二十一カ条の要求提出　中国承認、調印　6　2個師団増設費を含む追加予算公布　11大正天皇即位、礼挙行	1915　2在日中国人留学生、二十一カ条要求反対大会　3猪苗代水力発電所送電線完成、初の長距離送電	1915第1回全国中等学校優勝野球大会(豊中)。私立北里研究所設立。徳田秋声『あらくれ』			
		5	1916	7第4次日露協約　9工場法施行　10憲政会結成(総裁加藤高明)	1916　9大阪で職工組合期成同志会結成	1916『婦人公論』創刊。吉野作造、民本主義を唱導。河上肇『貧乏物語』			1919パリ講和会議、ヴェルサイユ条約調印。独、ヴァイマル憲法
	寺内正毅　1918.9	6	1917	1西原借款開始　9金輸出禁止(金本位制を事実上停止)　11石井・ランシング協定。25師団・八八艦隊案発表	1917　3室蘭日本製鋼所賃上げ要求スト　6三菱長崎造船所賃上げ要求スト	1917菊池寛『父帰る』。理化学研究所設立。本多光太郎、KS磁石鋼発明			
		7	1918	8シベリア出兵宣言　9原敬内閣成立(政友会、最初の本格的政党内閣)	1918　7富山県など米騒動(全国に波及)　9吉野作造、黎明会結成。新人会結成	1918『赤い鳥』創刊。武者小路実篤ら『新しき村』建設。大学令・改正高等学校令			1919第3インターナショナル。五・四運動。インド、反英非暴力・不服従運動
	原敬	8	1919	3朝鮮各地に三・一独立運動　5中国に五・四運動。選挙法改正(小選挙区制・直接国税3円以上)　6ヴェルサイユ条約調印。ILO加盟　国際協調外交	1919　4愛国婦人会を大日本労働総同盟友愛会と改称　恐慌襲来(1920・1927・1930)	1919大原社会問題研究所設立。『改造』創刊。帝国美術院設立。帝展を開催			1920国際連盟成立。1921ソ連、新経済政策(ネップ)。中国共産党成立。ワシントン会議、四カ国条約
	高橋是清　1921.11	9	1920	1国際連盟に加入(常任理事国に)　2普選運動高揚　3尼港事件(～.5)	1920　3市川房枝ら新婦人協会結成　5第1回メーデー　10第1回国勢調査実施　12大杉栄・堺ら日本社会主義同盟を創立	1920森戸辰男『クロポトキンの社会思想の研究』筆禍事件。賀川豊彦『死線を越えて』ベストセラー			
		10	1921	11原首相、東京駅で暗殺される。皇太子裕仁親王、摂政　12ワシントン会議で日英米仏四カ国条約調印、日英同盟廃棄を明記	1921　4赤瀾会結成　7神戸で三菱・川崎造船所争議　10友愛会、日本労働総同盟と改称	1921志賀直哉『暗夜行路』(前編)発表。『種蒔く人』創刊。自由学園設立			1922九カ国条約、ムッソリーニ、ローマ進軍。ソヴィエト社会主義共和国連邦成立
	加藤友三郎　1922.6	11	1922	2ワシントン海軍軍縮条約、中国に関する九カ国条約調印　4治安警察法改正。南洋庁設置　7日本共産党、非合法に結成　10シベリア撤兵完了	1922　3全国水平社創立大会　4日本農民組合結成	1922春陽会創立。『サンデー毎日』『週刊朝日』創刊			

天皇	総理	年号	西暦	政治・外交	経済・社会	文化	朝鮮	中国	世界史
大正	加藤友三郎 ―1923. 9― 山本権兵衛(2) ―1924. 1― 清浦奎吾 ―1924. 6― 加藤高明 ―1926. 1―	12	1923	9関東大震災のため京浜地区に戒厳令施行 12山本内閣、虎の門事件で総辞職 **政党政治の確立と協調外交の挫折**	1923 9関東大震災。朝鮮人虐殺事件。亀戸事件。甘粕事件 12虎の門事件	1923『文芸春秋』創刊。横山大観『生々流転』 有島武郎自殺			1923トルコ共和国成立 1924中国、第1次国共合作。英、第1次マクドナルド労働党内閣
		13	1924	1第二次憲政擁護会結成(第二次護憲運動)。政友本党結成 5米国の排日移民法に抗議 6加藤高明内閣成立(護憲三派連立)	1924 1東京市営乗合自動車運行 12婦人参政権獲得期成同盟会結成	1924谷崎潤一郎『痴人の愛』。築地小劇場開場 『文芸戦線』創刊 東京放送局設立(翌年、ラジオ放送開始)			
	若槻礼次郎(1)	14	1925	1日ソ基本条約(国交樹立) 4治安維持法公布 5普通選挙法公布	1925 4中学校などで軍事教練実施。総同盟分裂(第1次)	1925『キング』創刊。細井和喜蔵『女工哀史』刊。地震研究所を東京帝大に付設			1925孫文没。五・三〇事件。ロカルノ条約
		大正15 昭和1	1926	1加藤首相病死 3労働農民党結成 12社会民衆党結成。日本労農党結成。12.25大正天皇没(47歳)、摂政裕仁親王践祚、昭和と改元	1926 7健康保険法施行。総同盟分裂(第2次)	1926川端康成『伊豆の踊り子』 日本放送協会設立。円本ブーム			1926中国、国民党の北伐開始
	―1927. 4― 田中義一 ―1929. 7―	2	1927	4徴兵令を改め兵役法公布 5第1次山東出兵 6立憲民政党結成(総裁浜口雄幸)。ジュネーヴ軍縮会議。東方会議	1927 3金融恐慌勃発 4 3週間のモラトリアム(支払猶予令)実施 12初の地下鉄、上野─浅草間開通	1927岩波文庫刊行開始。芥川龍之介自殺。大仏次郎『赤穂浪士』			1927中国、蔣介石の反共クーデタ、国共分離。ジュネーヴ軍縮会議(不成功)
		3	1928	2初の普通選挙(衆議院議員) 3三・一五事件(共産党大検挙) 4第2次山東出兵 5済南事件 6張作霖爆殺事件(満洲某重大事件) 治安維持法改正 8不戦条約調印 11昭和天皇即位の礼挙行	1928 4日本商工会議所設立 1929 3山本宣治暗殺 4阪急百貨店開店(初のターミナルデパート) 7改正工場法で女性及び少年の深夜業廃止 10アメリカ株式市場暴落の影響で生糸価格崩落	1928共産党中央機関紙『赤旗』創刊。高柳健次郎、テレビ実験に成功。ナップ機関誌『戦旗』創刊。林芙美子『放浪記』 1929築地小劇場分裂。島崎藤村『夜明け前』。徳永直『太陽のない街』。小林多喜二『蟹工船』発禁			1928不戦条約。ソ連、第1次五カ年計画。蔣介石が国民政府主席に就任。英、フレミング、ペニシリン発見 1929世界恐慌(～32)
	―1929. 7―	4	1929	4四・一六事件(共産党員大検挙) 6中国国民政府を正式承認 10犬養毅、政友会総裁に就任					
昭和	浜口雄幸 ―1931. 4―	5	1930	1ロンドン海軍軍縮会議開催(全権若槻礼次郎) 4ロンドン海軍軍縮条約調印、のち統帥権干犯問題 9桜会結成 11浜口首相、東京駅で狙撃される(31.8没) **ファシズムの台頭(政党政治の崩壊)**	1930 1金解禁実施 10米価大暴落で大阪・東京穀物取引所立会休止。労働争議多発 10霧社事件	1930東京─大阪間に写真電送開始。「エロ・グロ・ナンセンス」の語流行 1931中学校・師範学校に公民科設置。国立公園法公布。大阪帝国大学創立。日本最初のトーキー封切	**日本の植民地支配**	**中華民国**	1930ロンドン海軍軍縮会議、英印円卓会議(～32) 1931スペイン革命。米、フーヴァー=モラトリアム。毛沢東、瑞金に臨時政府を樹立
	若槻礼次郎(2) ―1931.12―	6	1931	3三月事件(軍部内閣結成の陰謀) 6中村大尉事件 7万宝山事件 9柳条湖事件(満鉄爆破、満州事変) 10十月事件	1931 4重要産業統制法公布(カルテル・トラスト結成助成) 12金輸出再禁止─労働争議多発。農村恐慌				
	犬養 毅 ―1932. 5―	7	1932	1上海事変 2血盟団員、前蔵相井上準之助を暗殺。リットン調査団来日 3満洲国建国宣言。血盟団員、団琢磨を暗殺 5上海日中停戦協定調印。日本国家社会党結成。五・一五事件 9満洲国承認、日満議定書調印 10リットン報告書公表	1932 4電力連盟規約成立 9農山漁村経済更正運動開始 **不 況** 1933 3昭和三陸地震 ●輸出増加続く、綿布輸出は世界第1位に	1932『日本資本主義発達史講座』刊行。国民精神文化研究所開設 1933河上肇検挙。小林多喜二検挙、東京築地署で虐殺される。滝川事件。野呂栄太郎検挙			1932ローザンヌ会議。オタワ会議 1933ヒトラー首相就任。米、F.ローズヴェルト大統領(～45)。ニューディール政策(～36)。独、国際連盟脱退
	斎藤 実 ―1934. 7―	8	1933	3日本、国際連盟脱退を通告 5塘沽停戦協定成立 7神兵隊事件 **軍閥支配の進展**					
		9	1934	3満洲国帝政実施(皇帝溥儀) 4帝人事件 10陸軍パンフレット事件 11十一月事件(士官学校事件) 12ワシントン海軍軍縮条約廃棄を米国に通告	1934 1日本製鐵設立(製鐵大合同) 4三菱造船、三菱重工業と改称 9室戸台風 12丹那トンネル開通。東北冷害で大凶作	1934瀬戸内海・雲仙・霧島を最初の国立公園に指定			1934ソ連、国際連盟に加入。独、総統兼首相ヒトラー(～45)。中国共産党の長征(～36)
	岡田啓介 ―1936. 3―	10	1935	2天皇機関説問題化(美濃部達吉) 3日満ソ、北満鉄道譲渡協定調印 6梅津・何応欽協定 8政府、第1次国体明徴声明(10月に第2次声明)。相沢事件 11冀東防共自治委員会成立	1935 5第16回メーデー(戦前最後) 1936 11方面委員令公布 ●反ファッショ統一戦線の機運高まる	1935湯川秀樹、中間子論発表。青年学校令公布。美濃部達吉の3著書発禁。芥川賞・直木賞創設 1936講座派学者一斉検挙。第11回オリンピック(ベルリン)で前畑秀子優勝。石井柏亭ら日本水彩創立。堀辰雄『風立ちぬ』発表			1935独、再軍備宣言。伊、エチオピア侵攻(～36)。仏、人民戦線結成 1936スペイン内戦。ベルリン=ローマ枢軸結成。日独防共協定。伊、エチオピア併合。西安事件
		11	1936	1ロンドン軍縮会議から脱退を通告 2二・二六事件(陸軍青年将校ら重臣襲撃)、東京市に戒厳令 3メーデー禁止通達 5軍部大臣現役武官制復活 11日独防共協定調印 12ワシントン海軍軍縮条約失効					
	広田弘毅 ―1937. 1― 林銑十郎 ―1937. 6― 近衛文麿(1)	12	1937	7.7日中戦争(盧溝橋事件) 8第2次上海事変 11日独伊三国防共協定。大本営令制定 12日本軍、南京占領(南京事件)	1937 9臨時資金調整法公布 10企画院設置 12第1次人民戦線事件 1938 2第2次人民戦線事件 4電力国家管理実現 7産業報国連盟結成	1937文化勲章制定。文部省『国体の本義』発行。川端康成『雪国』。国民精神総動員運動開始。矢内原忠雄、東大を退官(矢内原事件) 1938石川達三『生きてゐる兵隊』筆禍事件。火野葦平『麦と兵隊』。東大教授河合栄治郎の4著書発禁			1937第2次国共合作。伊、国際連盟を脱退 1938独、オーストリア併合。ミュンヘン会談
		13	1938	1第1次近衛声明(国民政府を対手とせず) 4国家総動員法公布 7張鼓峰事件 11第2次近衛声明(東亜新秩序建設) 12第3次近衛声明(近衛三原則)	1939 4米穀配給統制法公布 9第1回興亜奉公日(毎月1日実施) 10価格等統制令公布				
	―1939. 1― 平沼騏一郎 ―1939. 8― 阿部信行 ―1940. 1―	14	1939	5ノモンハン事件 7国民徴用令公布。米国、日米通商航海条約廃棄通告 9政府、欧州戦争に不介入を声明		1939河合栄治郎、休職処分。大学の軍事教練、必修課目			1939チェコスロヴァキア解体。独ソ不可侵条約。独軍、ポーランド侵入。第二次世界大戦始まる

天皇	総理	年号	西暦	政治・外交	経済・社会	文化	朝鮮	中国	世界史
米内光政 ―1940.7― 近衛文麿 (2) ―1941.7― 近衛文麿 (3) ―1941.10―		昭和15	1940	2斎藤隆夫、反軍演説　3南京に汪兆銘政権樹立　6新体制運動開始　7政友会解党　8民政党解党　9北部仏印に進駐。日独伊三国軍事同盟調印　10大政翼賛会発会	1940　7七・七禁令。日本労働総同盟解散。大日本農民組合解散　11大日本産業報国会結成	1940津田左右吉『神代史の研究』発禁。新協劇団・新築地劇団に解散命令。紀元2600年記念式典			1940汪兆銘、南京政府樹立。独軍、デンマーク・ノルウェー占領。イタリアの参戦
東条英機		16	1941	3改正治安維持法公布、予防拘禁制追加　4日ソ中立条約調印。日米交渉開始　7米国、在米日本資産凍結(英、蘭印も)。南部仏印へ進駐　9帝国国策遂行要領を決定　11米国、日本の最終案に回答(ハル=ノート提議)　12.1御前会議、開戦決定 太平洋戦争開始 12.8日本軍、マレー半島に奇襲上陸。ハワイ真珠湾を奇襲攻撃、対米英宣戦布告　12.10マレー沖海戦	1941　1大日本青少年団設立　4生活必需物資統制令公布。東京・大阪、米穀配給通帳制実施　7全国の隣組、一斉に常会開く　8米、対日石油輸出を全面停止　10ゾルゲ事件	1941陸軍の戦陣訓布告。国民学校発足。『臣民の道』各学校へ配布。風俗壊乱で文芸作品大量に発禁。高村光太郎『智恵子抄』。アメリカ映画上映禁止			1941太平洋戦争(～45)。独伊、対ソ宣戦。仏、ド=ゴール、ロンドンに亡命政府。大西洋憲章。独伊、対米宣戦
		17	1942	1マニラ占領　2シンガポール占領　4第21回総選挙(翼賛選挙)　6ミッドウェー海戦敗北　8米軍、ガダルカナル島上陸、ソロモン海戦	1942　2衣料点数切符制。大日本婦人会発会。食糧管理法公布　4.18米B25爆撃機、日本本土初空襲　7関門トンネル完成	1942日本文学報国会結成。全国中等学校野球大会中止発表。大日本言論報国会結成	（日本の植民地支配）	中華民国	1942独伊、対ソ宣戦。独伊、対米宣戦　1943米英カサブランカ会談。伊、ファシスト党解散、降伏。カイロ会談。テヘラン会談
		18	1943	2ガダルカナル島撤退開始　4連合艦隊司令長官山本五十六、戦死　5アッツ島の日本軍全滅　7東京都制施行　11大東亜会議　12徴兵年齢1年引き下げ(19歳)	1943　6学徒戦時動員体制確立要綱発表　9 14～25歳未婚女子の勤労動員決定　10神宮外苑競技場で出陣学徒壮行会	1943谷崎潤一郎『細雪』掲載中止。日本美術報国会結成　1944軍事教育全面強化方策発表。新聞の夕刊廃止。中学以上の学徒動員、本格的開始。学童疎開開始。『中央公論』『改造』に自発的廃刊勧告			1944連合国、ノルマンディーに上陸、パリ解放。ブレトン=ウッズ協定
小磯国昭 ―1944.7―		19	1944	7サイパン島日本軍全滅。東条内閣総辞職　8グアム島の日本軍全滅　10神風特別攻撃隊編成。レイテ沖海戦	1944　1大都市に疎開命令　8対馬丸事件。女子挺身勤労令公布　11.24B29、東京	1945学校授業1年間停止決定、			
鈴木貫太郎 ―1945.4―		20	1945	3硫黄島の日本軍全滅。米軍、沖縄に上陸、沖縄戦(6.23守備軍全滅)　5ソ連、日ソ中立条約不延長通告　7.13ソ連に終戦斡旋依頼、ソ連拒否(7.18)　7.26ポツダム宣言発表　7.28鈴木貫太郎首相、ポツダム宣言の黙殺を声明　8.6広島に原爆投下　8.8ソ連、対日宣戦布告　8.9長崎に原爆投下　8.14ポツダム宣言受諾　8.15天皇、戦争終結の詔書放送 第二次世界大戦終結、占領と民主化	初爆撃　12南海地震 1945　3東京大空襲　6沖縄のひめゆり学徒隊自決　7各地空襲激化。主食の配給1割減(2合1勺)　11GHQ、財閥解体を指令　12労働組合法公布。農地調整法改正公布(第1次農地改革)	戦時教育令公布。仁科芳雄ら、広島に投下された新型爆弾は原子爆弾と確認 民主化(言論・思想の自由) GHQ、新聞・ラジオの検閲実施(プレス=コード、ラジオ=コード)。『赤旗』再刊。男女共学認める。国家と神道の分離指令。GHQ、修身・地理・日本歴史の授業停止指令	（日本の植民地支配）	中華民国	1945ヤルタ会談。アラブ連盟結成。ドイツ東西分裂。ポツダム宣言 1946第1回国連総会、安全保障理事会成立。中国で国共内戦始まる。パリ平和会議。ニュルンベルク軍事裁判終わる。ユネスコ発足
―1945.8― 東久邇宮稔彦 ―1945.10― 幣原喜重郎				9.2降伏文書調印　10GHQ、人権指令、五大改革指令。11日本社会党結成。日本自由党・日本進歩党結成　12日本共産党再建。衆議院議員選挙法改正公布	●闇市出現 1946　2金融緊急措置令(新円発行、預金封鎖)　5メーデー復活。食糧メーデー　8日本労働組合総同盟結成　9労働関係調整法公布　10第2次農地改革諸法公布(自作農創設特別措置法等)　12昭	停止指令 1946アメリカ教育使節団来日。第1回日展。文部省、教育勅語奉読廃止を通達。GHQ、新教科書による歴史授			1947パリ平和条約。トルーマン=ドクトリン。コミンフォルム結成。GATT成立
―1946.5―		21	1946	1.1天皇、人間宣言　1.4GHQ、軍国主義者の公職追放令　3憲法改正草案要綱発表　4新選挙法による第22回総選挙　5極東国際軍事裁判開廷　11.3日本国憲法公布	和南海地震	業再開許可。第1回国民体育大会。相沢忠洋、岩宿遺跡発見			
吉田茂 (1) ―1947.5― 片山哲		22	1947	1GHQ、ニ・ーゼネスト中止指令　3民主党結成(総裁芦田均)　4地方自治法公布。第1回参議院選挙。第23回総選挙　5.3日本国憲法施行　10国家公務員法公布。改正刑法(大逆罪・不敬罪・姦通罪廃止)　12改正民法(戸主制廃止)	1947　3第2次農地改革(農地買収)　4労働基準法・独占禁止法　7公正取引委員会発足　12過度経済力集中排除法公布	1947教育基本法・学校教育法(六・三・三・四制)公布。石坂洋次郎『青い山脈』連載(新聞小説復活)。登呂遺跡発掘。各帝国大学を国立総合大学と改称		大韓民国	1948 5第1次中東戦争(～49)　6ソ連によるベルリン封鎖　大韓民国成立。朝鮮民主主義人民共和国成立
―1948.2― 芦田均 ―1948.10― 吉田茂 (2) ―1949.2―		23	1948	3新警察制度発足。民主自由党結成　7国民の祝日法公布。マ元帥書簡による政令201号公布(公務員の争議禁止等)　11極東国際軍事裁判所、25被告に有罪判決(東条ら7名絞首刑執行)	1948　1帝銀事件　3GHQ、祝祭日に国旗掲揚許可　6昭和電工事件。福井地震　9主婦連結成　12経済安定九原則発表	1948大岡昇平『俘虜記』発表。国立国会図書館開館。新制高等学校発足。太宰治自殺　1949日本学術会議第1回総会。法隆寺金堂の壁画焼損。木下順二『夕鶴』。新制国立大学69校発足。映画製作倫理規定を制定。『きけわだつみのこえ』刊。湯川秀樹、ノーベル物理学賞受賞	朝鮮民主主義人民共和国	朝鮮民主主義人民共和国 中華人民共和国	1949北大西洋条約機構(NATO)調印。ドイツ連邦共和国成立。ドイツ民主共和国成立。中華人民共和国成立。インドネシア連邦共和国成立
		24	1949	1第24回総選挙で民主自由党が圧勝　3ドッジ=ライン発表　4団体等規正令公布施行　6郵政省・総理府・国税庁・地方自治庁、国鉄・専売公社など発足　9シャウプ勧告	1949　3単一為替レート(1ドル360円)設定　7国鉄第1次人員整理(3万7000人)　下山事件、三鷹事件　8松川事件				
吉田茂 (3)	昭和	25	1950	3自由党結成　4公職選挙法公布(5月、施行)。国民民主党結成　6マ元帥、共産党中央委員24名全員の追放指令　8警察予備隊設置　9レッドパージ方針閣議決定(政府機関・民間企業)　12地方公務員法公布	1950　1千円札発行　5生活保護法公布　7日本労働組合総評議会(総評)結成　8全労連に解散命令 ●朝鮮戦争による特需景気	1950短大149校発足。文化財保護法公布。金閣、放火全焼。伊藤整訳『チャタレイ夫人の恋人』発禁。言論界の公職追放解除	中華人民共和国		1950インド、共和国となる(首相ネルー)。朝鮮戦争おこる。国連軍、朝鮮に出動。中国軍、朝鮮に出動

天皇	総理	年号	西暦	政治・外交	経済・社会	文化	朝鮮	中国	世界史
	吉田 茂 (3)	26	1951	2 ダレス特使、集団安全保障・米軍駐留の講和方針を表明 4 マッカーサー罷免 6 第1次追放解除 8 第2次追放解除 9 サンフランシスコ講和会議、対日平和条約・日米安全保障条約調印 10 社会党、左右両派に分裂	1951 5.9 電力会社発足 6 ILO復帰 7 持株会社整理委員会解散令公布(財閥解体完了)	1951児童憲章制定。日本、ユネスコに正式加入。最初の総天然色映画『カルメン故郷に帰る』上映。ヴェネチア国際映画祭で『羅生門』(黒澤明監督)がグランプリを受賞			1951米・豪・ニュージーランド、太平洋安全保障条約
		27	1952	2 改進党結成。日米行政協定調印 4 GHQ廃止。対日平和・日米安保両条約発効 7 破壊活動防止法公布 10 第25回総選挙。警察予備隊を保安隊に改組	1952 1 復興金融金庫解散 4 破防法反対スト(戦後最大) 5 血のメーデー 8 日本電信電話公社発足。IMF・世界銀行に加盟	1952中央教育審議会設置。第15回オリンピック(ヘルシンキ)に戦後初参加。国立近代美術館開館			1952エジプト革命。英、初の原爆実験。米、水爆実験成功
	─1952.10─ 吉田 茂 (4) ─1953. 5─	昭和28	1953	3 内閣不信任案可決、国会解散(「バカヤロー解散」)。分党派自由党結成(総裁鳩山一郎、11月解体) 4 第26回総選挙 9 町村合併促進法公布 10 池田・ロバートソン会談 12 奄美群島返還日米協定調印	1953 6 内灘闘争開始 8 スト規制法成立(電気・石炭業の争議制限) 9 独占禁止法改正(合理化・不況カルテル容認)	1953NHKテレビ、本放送開始。民間テレビ、本放送開始。国際理論物理学会議(戦後初の国際学術会議)			1953朝鮮休戦協定調印
	吉田 茂 (5)	29	1954	3 MSA協定調印 4 造船疑獄で犬養法相、指揮権発動 7 防衛庁・自衛隊発足。新警察法施行 11 ビルマと平和条約。日本民主党(総裁鳩山一郎)結成	1954 3 ビキニ水爆実験で第五福竜丸被災 9 洞爺丸、台風15号で転覆	1954平城宮跡発掘開始。「地獄門」カンヌ映画祭でグランプリ受賞。教育2法成立。『原爆の子』、国際映画祭で平和賞受賞			1954周恩来・ネルー、平和五原則共同声明。インドシナ休戦協定調印。東南アジア条約機構(SEATO)結成
1955 昭和	─1954.12─ 鳩山一郎(1) ─1955. 3─ 鳩山一郎(2) ─1955.11─	30	1955	**経済の高度成長** 2 第27回総選挙(民主党第1党) 7 経済企画庁発足 10 社会党統一大会 11 日米原子力協定調印。日本民主党・自由党解党、自由民主党結成 12 原子力基本法公布	1955 5 砂川闘争開始 8 第1回原水爆禁止世界大会。森永ひ素ミルク事件 9 GATTに加盟 ●神武景気	1955法隆寺昭和大修理終了。重要無形文化財指定始まる。石原慎太郎『太陽の季節』。国産初のトランジスタラジオ発売	大韓民国	中華人民共和国	1955アジア=アフリカ会議。ワルシャワ条約調印
	鳩山一郎 (3) ─1956.12─ 石橋湛山 ─1957. 2─	31	1956	4 自民党初代総裁、鳩山一郎を選出 5 原子力3法公布。フィリピンと賠償協定調印 6 新教育委員会法成立 10 日ソ国交回復に関する共同宣言調印 12 日本、国際連合加盟 **国際社会への復帰**	1956 1 原子力委員会発足 3 日本道路公団法成立 5 売春防止法成立 7 経済白書、「もはや戦後ではない」と規定	1956『週刊新潮』創刊(週刊誌ブーム始まる)。日本登山隊、マナスル登頂。気象庁発足。南極観測船「宗谷」出発			1956ハンガリー動乱。スエズ戦争
	岸 信介 (1) ─1958. 6─	32	1957	6 岸首相、訪米(共同声明─日米新時代、米地上軍撤退等) 10 日本、国連総会で安保理事会非常任理事国に当選 12 日ソ通商条約調印	1957 7 対中国輸出統制緩和 8 朝日訴訟 10 五千円札発行 12 百円銀貨発行 ●熊本県の水俣病調査開始。なべ底不況	1957南極予備観測隊、オングル島に上陸、昭和基地と命名。東海村原子炉に火ともる。江崎玲於奈、エサキダイオード発明	朝鮮民主主義人民共和国	中華民国	1957EEC・EURATOM調印。ソ連、初の人工衛星打ち上げ成功
	岸 信介 (2)	33	1958	1 インドネシアとの平和条約・賠償協定調印 5 第28回総選挙 10 安保条約改定交渉開始 11 警察官職務執行法(警職法)改正案廃案	1958 3 関門海底国道トンネル開通 11 東京・神戸間、特急こだま運転開始 12 一万円札発行。東京タワー完成	1958小中学校で道徳授業実施、テレビ受信契約数が100万台を突破			1958米、初の人工衛星打ち上げ成功。仏、第五共和政発足
1960	岸 信介 (2)	34	1959	3 東京地裁、安保条約による米軍駐留は違憲、砂川事件は無罪と判決(伊達判決) 4 皇太子明仁親王御成婚 12 最高裁、砂川事件伊達判決破棄	1959 1 メートル法施行 4 最低賃金法公布。国民年金法公布 9 伊勢湾台風、死者行方不明者5200人余 ●岩戸景気	1959NHK教育テレビ開局。皇太子結婚パレードテレビ視聴者1500万人。国立西洋美術館開館。新送りがな告示			1959キューバ革命。中央条約機構(CENTO)発足
	─1960. 7─ 池田勇人(1) ─1960.12─	35	1960	1 日米新安保条約・日米地位協定調印。民主社会党結成 5 政府・自民党、新安保条約承認・会期延長を強行採決 6 全学連、国会構内で警官隊と衝突。新安保条約発効 7 岸首相、暴漢に刺され負傷 10 浅沼社会党委員長、右翼青年に刺殺される 11 第29回総選挙 12 政府、国民所得倍増計画閣議決定	1960 1 新安保調印全権団渡米に反対、全学連等羽田デモ。三池労組、全山無期限スト 5 チリ津波で三陸地方等大被害 11 三池争議、282日ぶり解決	1960ローマオリンピック、体操4種目で優勝。カラーテレビ本放送開始			1960OECD条約調印。南ベトナム解放民族戦線結成。アフリカ諸国続々独立
		36	1961	4 ライシャワー駐日米大使着任 6 防衛2法成立。農業基本法公布。池田・ケネディ会談 7 第2次防衛計画決定 10 衆議院・参議院核実験禁止決議案可決 12 三無事件(池田首相ら暗殺計画)	1961 7 小児マヒ流行。北陸トンネル貫通(日本最長) 8 松川事件の差し戻し審、全員無罪判決 9 愛知用水完工通水	1961三島由紀夫『宴のあと』、プライバシー問題おこる。文部省の中学校学力テスト全国一斉に実施			1961ソ連、有人宇宙船ヴォストーク1号成功。朴正煕軍事政権成立
	池田勇人 (2)	37	1962	1 ガリオア・エロア返済協定調印 2 日米関税引き下げ協定調印 7 創価学会、院内交渉団体公明会結成 11 日中、LT貿易はじまる。日英通商航海条約調印	1962 5 新産業都市建設促進法公布 6 ばい煙排出規制法公布 7 世界最大のタンカー日章丸進水 8 YS11の試験飛行に成功	1962テレビ受信契約約1千万台を突破。国立工業高専12校新設。国立ガンセンター診療開始 堀江謙一、ヨットで太平洋横断			1962中印国境武力衝突。キューバ危機
	─1963.12─ 池田勇人 (3) ─1964.11─	38	1963	2 GATT理事会で11条国移行を通告 5 日仏通商協定調印 7 閣議、新産業都市13、工業整備地域6を指定 8 部分的核実験禁止条約調印 11 第30回総選挙	1963 2 北九州市発足 5 狭山事件 6 黒四ダム完成 7 老人福祉法公布 11 三井三池炭鉱で炭塵爆発(死者458人)	1963小学校新入生に教科書無償配布。東海村の原研動力試験炉、初の原子力発電に成功。初の日米間テレビ宇宙中継			1963ケネディ大統領暗殺。韓国朴正煕、大統領就任
	池田勇人 (3)	39	1964	3 ライシャワー駐日米大使、刺され負傷 4 国際通貨基金(IMF)8条国に移行。経済協力開発機構(OECD)に加盟 11 公明党結成	1964 4 観光目的の海外旅行自由化。貿易自由率93% 6 新潟地震 10 東海道新幹線開通	1964富士山頂気象レーダー完成。東京オリンピック開催			

天皇	総理	年号	西暦	政治・外交	経済・社会	文化	朝鮮	中国	世界史
	佐藤栄作 (1)	昭和40	1965	1佐藤首相訪米、ジョンソンと共同声明 6日韓基本条約調印 8佐藤首相、戦後の首相として初の沖縄訪問	1965 2原水爆禁止日本国民会議(原水禁)結成 7名神高速道路全通	1965家永三郎、教科書検定の民事訴訟をおこす。朝永振一郎、ノーベル物理学賞受賞			1965米軍、北爆開始。ソ連、宇宙飛行士、初の宇宙遊泳
		41	1966	1日ソ航空協定に調印 12建国記念の日を2月11日に制定	1966 1戦後初の赤字国債発行 2全日空旅客機、東京湾墜落(133人死亡) この年航空機事故相次ぐ	1966ビートルズ来日。サルトル来日。国立劇場開場			1966中国、文化大革命
	-1967.2	42	1967	1第31回総選挙 4美濃部亮吉、東京都知事に当選(初の革新都知事) 10吉田茂没(戦後初の国葬) 11佐藤首相訪米、日米共同声明 12佐藤首相、非核三原則を言明	1967 5朝日訴訟判決 6資本取引自由化方針決定	1967ユニバーシアード東京大会開催。「ミニスカートの女王」ツイッギー来日。米軍に押収中の原爆記録映画、22年ぶりに返還			1967スカルノ大統領失脚。第3次中東戦争。EC成立。ASEAN発足
	佐藤栄作 (2)	43	1968	1米原子力空母エンタープライズ佐世保寄港 4小笠原返還協定調印(6.26返還式) 11沖縄初の公選主席に野党の屋良朝苗当選	1968 5イタイイタイ病の原因、カドミウムと認定 ●いざなぎ景気 ●GNPが資本主義国で2位に	1968文化庁発足。初の心臓移植手術。川端康成、ノーベル文学賞受賞			1968OAPEC設立。ベトナム和平パリ会談。ソ連東欧5カ国軍チェコ侵入
		44	1969	3佐藤首相、沖縄返還につき、初めて「核ぬき、基地本土なみ」の方針表明 4.28沖縄デー、各地で集会、デモ 7同和対策事業特別措置法公布・施行 11佐藤・ニクソン会談で共同声明(沖縄'72返還・安保堅持) 12第32回総選挙	1969 1東大安田講堂に機動隊出動、安田講堂封鎖解除 5東名高速道路開通	1969東大・東教大の4学部の入試中止、国立大学一期校、機動隊の警備下で入試実施。アポロ11号の月面着陸テレビ中継放送。NHK・民放でFM放送開始。高校紛争激化			1969ニクソン大統領就任。アポロ11号人類初の月着陸に成功
昭和	-1970.1			流動化する世界の中の日本	公害・環境・都市問題		大韓民国	中華人民共和国	
		45	1970	2核兵器拡散防止条約調印 6日米安保条約の自動延長を声明 7中央公害対策本部設置 11沖縄で戦後初の国会議員選挙 12公害関係14法案可決、成立	1970 3新日本製鉄発足。赤軍派学生、日航よど号ハイジャック 7東京杉並区で光化学スモッグ発生	1970東大宇宙航空研究所、国産初の人工衛星おおすみの打ち上げ成功。日本万国博覧会開催。三島由紀夫、割腹自殺			1970米軍、カンボジアへ直接介入 1971アラブ共和国連邦成立。国連総会、中国招請、台湾追放案可決。印パ全面戦争
	佐藤栄作 (3)	46	1971	6沖縄返還協定調印 7環境庁設置 8米国ドル防衛策(ドル=ショック) 9天皇・皇后、初の訪欧旅行 12 10か国蔵相会議、多国間通貨調整に決着(スミソニアン合意)、1ドル=308円	1971 7自衛隊機と全日空機衝突、162名死亡 8ドル=ショックで株価大暴落 1972 2横井庄一元軍曹、グアム島より帰還。浅間山	1971日本初の科学衛星しんせいを打ち上げ。NHK総合テレビ、全カラー化(テレビ普及率82%、カラー40%)			1972ニクソン米大統領訪中。ウォーターゲート事件発覚。日中国交正常化。
	-1972.7	47	1972	1日米繊維協定調印 5.15沖縄の施政権返還、沖縄県復活 6自然環境保全法公布 8日本列島改造問題懇談会初会合 9ハワイで田中・ニクソン会談。田中首相訪中、日中共同声明(日中国交正常化) 12第33回総選挙	荘事件 7四日市ぜんそく訴訟、原告勝訴 8イタイイタイ病、三井金属の控訴棄却	1972第11回冬季オリンピック札幌大会。高松塚古墳で極彩色の壁画発見。川端康成自殺。中国からのパンダ、上野動物園で初公開。田中角栄『日本列島改造論』	朝鮮民主主義人民共和国	(台湾)	東西ドイツ基本条約調印
	田中角栄 (1)				1973 2ドル売り殺到、円は変動為替相場制に移行、円高騰 8水俣病訴訟で	1973筑波大学設立。伊勢神宮、第60回式年遷宮。江崎玲於奈、ノーベル物理学賞決定。小松			1973ベトナム和平協定調印。チリで軍部クーデタ。東西ドイツ、国
	-1972.12 田中角栄 (2)	48	1973	5東独と国交樹立 8金大中事件 9長沼ナイキ基地訴訟で自衛隊に違憲判決。北ベトナムと国交樹立 12石油需給適正化法・国民生活安定緊急措置法公布	患者側全面勝訴 10第1次石油危機 1974 3小野田元少尉、ル	左京『日本沈没』ベストセラー			連加盟。第4次中東戦争
		49	1974	1日中貿易協定調印。日韓大陸棚協定調印 4日中航空協定調印 6国土庁発足 10国会で田中首相の金脈問題の追及始まる	バング島より帰還 6自然保護憲章制定 9人口1億1000万人突破 ●G	1974東京国立博物館で「モナ・リザ展」開催。佐藤栄作、ノーベル平和賞受賞。高校			1974米、ニクソン大統領辞任。朴大統領狙撃事件
	-1974.12	50	1975	5英国エリザベス女王夫妻来日 7改正政治資金規正法・改正公職選挙法公布 8三木・フォード日米共同声明発表 11第1回先進国首脳会議(サミット)で開催	NP、戦後初のマイナス 1975 3山陽新幹線開通 5全国自然保護大会	進学率90%を超す(90.8%) 1975沖縄国際海洋博開催。第2次教科書訴訟で、検定は一貫性を欠き違法と判決			1975蒋介石没。ベトナム戦争終結
	三木武夫	51	1976	2ロッキード事件表面化 6新自由クラブ結成 7田中前首相逮捕 12第34回総選挙、自民党大敗	1976 1郵便料金値上げ(はがき20円、封書50円) 6ロッキード事件で初の逮捕者	1976平安神宮火災。文化財保護審議会、「重要伝統的建造物群保存地区」7か所決定			1976周恩来没。ベトナム社会主義共和国成立。毛沢東没
	-1976.12	昭和52	1977	2日米漁業協定調印 7領海12カイリ・漁業専管水域200カイリ実施 10参議院選挙 12アジア初の社会主義インターナショナル首脳会議、東京で開催	1977 ロッキード(1丸紅ルート、6児玉ルート、7小佐野ルート)初公判 9日本赤軍、日航機ハイジャック	1977日本初の静止衛星きく2号打ち上げ。文部省、小中学校の新学習指導要領で「君が代」を国歌と規定			1977米、カーター大統領就任。中国、鄧小平復帰
	福田赳夫	53	1978	3社会民主連合結成 7農水省、農林水産省と改称 8日中平和友好条約調印 10中国の鄧小平副首相来日 11日米防衛協力のための指針(ガイドライン)決定	1978 5新東京国際空港(成田空港)開港式 1979 1第2次石油危機開	1978日本北極点遠征隊、日本初の北極点到達。犬ぞり単独行の植村直己、北極点到達。稲荷山古墳出土の鉄剣に115文字確認			1978キャンプ=デーヴィッド合意 1979米中国交正常化。イラン革命
	-1978.12 大平正芳 (1)	54	1979	4東京・大阪知事選挙で革新側敗北 6元号法公布施行。省エネルギー法公布。カーター米大統領来日。東京サミット開催 10第35回総選挙、自民党敗北	始 5本州四国連絡橋尾道―今治ルートの大三島橋開通 10木曽御嶽山、有史以来の初噴火	1979国立大学第1回共通一次試験。奈良市で太安万侶の墓誌出土			英、保守党政権サッチャー内閣成立。朴大統領暗殺。ソ連、アフガニスタン侵攻
	-1979.10 -1979.11 大平正芳 (2)	55	1980	2海上自衛隊、環太平洋合同演習初参加 5大平首相急没 6初の衆参同日選挙で自民党圧勝	1980 5民法及び家事審判法改正公布。モスクワオリンピック不参加決定	1980『明月記』など初公開。明日香村保存特別措置法公布 1981気象静止衛星ひまわり2			1980イラン・イラク戦争
	-1980.6 -1980.7 鈴木善幸	56	1981	2.7初の「北方領土の日」開催 3第2次臨時行政調査会(会長土光敏夫)初会合	1981 3中国残留日本人孤児47人、初来日	号打ち上げ成功。福井謙一、ノーベル化学賞受賞			1981米、レーガン大統領就任

天皇	総理	年号	西暦	政治・外交	経済・社会	文化	朝鮮	中国	世界史
	鈴木善幸 ―1982.11―	57	1982	7中国政府、歴史教科書の記述が日中共同声明の精神に違反と抗議　8公職選挙法改正公布(参議院全国区に拘束名簿式比例代表制導入)　9鈴木首相訪中　11自民党総裁予備選挙、中曽根康弘圧勝	1982　4五百円硬貨発行　6東北新幹線大宮―盛岡間開業　11上越新幹線大宮―新潟間開業 ●日米間貿易摩擦激化	1982桂離宮、初の全面解体修理落成式。奈良県桜井市山田寺跡で連子窓など、当時の建築材を発見			1982イスラエル、シナイ半島エジプトに返還。フォークランド紛争おこる
	中曽根 康弘 (1) ―1983.12―	58	1983	5サラリーマン新党結成　6第13回参議院選挙、全国区は初の比例代表制　10ロッキード事件丸紅ルート判決公判、田中角栄被告に実刑判決　11レーガン大統領来日　12第37回総選挙	1983　1青函トンネル貫通　5サラリーマン金融規制2法公布　7初の死刑囚再審、免田被告に無罪判決　10三宅島大噴火	1983国立歴史民俗博物館開館。NHK「おしん」放映。東北大学医学部、日本初の体外受精・着床に成功。東京ディズニーランド開園			1983米、グレナダ侵攻。ソ連軍、大韓航空機撃墜
昭和	中曽根 康弘 (2)	59	1984	1中曽根首相、現職首相として戦後初の靖国神社新春参拝　4日米農産物交渉決着　5国籍法・戸籍法改正(父母両系血統主義を採用)　9韓国、全斗煥大統領初来日	1984　1東京株式市場のダウ平均株価が1万円突破　3財田川事件の谷口被告に無罪判決。大阪空港訴訟が和解決着。グリコ事件発生　11新札発行	1984日本初の実用放送衛星「ゆり2号a」打ち上げ成功。臨時教育審議会発足。島根県荒神谷遺跡で358本の銅剣出土	大韓民国	中華人民共和国	1984南ア共和国、マンデラ大統領就任
		60	1985	6男女雇用機会均等法公布　7最高裁が「現行の衆院定数配分規定」に違憲判決　7中曽根首相、「戦後政治の総決算」を表明　9G5、プラザ合意、円高進行の契機となる	1985　4電信電話株式会社(NTT)、日本たばこ産業株式会社発足　6参議院、女子差別撤廃条約を承認　8日航ジャンボ機墜落、死者520人	1985両国の新国技館で初場所開幕。筑波の科学万博開幕。藤ノ木古墳発掘調査	朝鮮民主主義人民共和国	中(台湾)	1985ソ連、チェルネンコ書記長没。後任、ゴルバチョフ
		61	1986	4男女雇用機会均等法施行　5東京サミット開催。衆議院定数是正の公職選挙法改正案可決　7衆参同日選挙で自民党圧勝　8新自由クラブ解党　9社会党委員長に土井たか子、初の女性党首誕生　12 1987年度予算、防衛費がGNPの1%枠突破	1986　45英皇太子夫妻来日　11三原山噴火、全島民避難。国鉄分割・民営化関連8法が成立	1986「ゆり2号ーb」打ち上げ成功、放送衛星実用化へ再度挑戦。大阪府藤井寺市で旧石器時代の住居跡が出土。ハレー彗星接近。国産初の水素燃料エンジンの宇宙ロケットHI打ち上げ			1986ソ連、チョルノービリ(チェルノブイリ)原子力発電所で事故発生
	中曽根康弘 (3) ―1987.11―	昭和62	1987	2G7開催、為替レートの安定化で合意(ルーブル合意)　12竹下首相、ASEAN首脳会議出席	1987　4国鉄民営化　5朝日新聞阪神支局襲撃　11日本航空完全民営化。全日本民間労組連合会(連合)発足。この年地価暴騰続く	1987安田火災、ゴッホ「ひまわり」を58億円で落札。利根川進、ノーベル医学・生理学賞受賞			1987大韓航空機撃墜事件。米ソ、INF全廃条約調印
	竹下　登 (1) ―1988.12―	63	1988	7リクルート疑惑表面化　12税制改革関連6法成立	1988　3青函トンネル開業、青函連絡船廃止。東京ドーム落成　4瀬戸大橋開通	1988奈良・藤ノ木古墳の石棺内部調査。10月石棺を開き、2人の被葬者と金銅製の冠・沓などの副葬品を公開			1989米、ブッシュ大統領就任。中国、天安門事件。ベルリンの壁、事実上消滅。米ソ首脳、マルタで会談
	竹下　登 (2) ―1989.6― 宇野宗佑	昭和64 平成1	1989	1.7昭和天皇没(87歳)、新天皇即位、平成と改元　2昭和天皇の大葬の礼　4消費税スタート　5リクルート事件で中曽根元首相に対する証人喚問　7第15回参議院選挙で自民党大敗	1988　3青函トンネル開業、青函連絡船廃止。東京ドーム落成　4瀬戸大橋開通　1989　11連合(日本労働組合総連合会)発足　12日	1989佐賀・吉野ケ里遺跡で国内最大級の弥生時代の環濠集落を確認			
1990	海部俊樹(1) ―1990.2―	2	1990	2第39回総選挙　5韓国の盧泰愚大統領来日　11天皇即位の礼、皇居で大嘗祭	1990経平均株価38915円87銭(最高値)	1990最初の大学入試センター試験実施。国際花と緑の博覧会(大阪)			1990イラク、クウェートに侵攻。東西両ドイツ統一
	海部俊樹 (2) ―1991.11―	3	1991	2多国籍軍への追加支援90億ドルを含む補正予算成立　4ソ連、ゴルバチョフ大統領来日、日ソ共同声明に署名。海上自衛隊掃海艇をペルシャ湾へ派遣	1990　6秋篠宮家創設　11川崎市、オンブズマン制度を全国で初めて導入　1991　2福井県美浜原子力発電所事故　4牛肉・オレンジ輸入自由化　6長崎県雲仙岳で火砕流発生	1991鳥取県淀江町の上淀廃寺跡で白鳳期の彩色壁画片出土			1991湾岸戦争。カンボジア和平協定調印。ソ連解体
	宮沢喜一	4	1992	1宮沢首相訪韓、「従軍慰安婦」問題で公式謝罪　2東京佐川急便事件　5細川護熙、日本新党を結成　6国連平和維持活動(PKO)協力法案可決　9自衛隊のカンボジアPKO派遣部隊出発　10天皇・皇后、初の中国訪問	1992　8暴力団対策法施行　7山形新幹線(初のミニ新幹線)開業。地価下落	1992奈良県田原本町の唐古・鍵遺跡から楼閣を描いた土器片が出土。日本人宇宙飛行士の毛利衛ら7人の搭乗したスペースシャトル・エンデバー打ち上げ			1993米、クリントン新政権発足。韓国、金泳三新政権発足。イスラエル・PLO、パレスチナ暫定自治協定調印。マーストリヒト条約発効(EU発足)
上皇	細川護熙 ―1994.4―	5	1993	3モザンビークへ自衛隊派遣　6.9皇太子徳仁親王成婚　6衆議院解散。新党さきがけ結成、新生党結成　7東京サミット。第40回総選挙　8非自民8党派連立の細川内閣成立。55年体制崩壊	1993　1 92年貿易黒字1000億ドル突破　7北海道南西沖地震。冷害凶作で米不足(「平成の米騒動」)	1993大相撲、曙が外国人初の横綱に昇進。日本プロサッカーリーグ(Jリーグ)開幕。法隆寺・姫路城・白神山地・屋久島、世界遺産に登録			
1995	羽田　孜 ―1994.6― 村山富市	6	1994	1小選挙区比例代表並立制導入の政治改革関連4法成立　6社会・自民・さきがけ3党連立の村山内閣発足　12新進党結成	1994　6松本サリン事件　9関西国際空港開港　11税制改革関連4法案成立	1994青森県三内丸山遺跡、縄文時代最大の集落出現。大江健三郎、ノーベル文学賞受賞			1994南ア共和国、マンデラ大統領就任
	村山富市 ―1996.1―	7	1995	4東京都知事に青島幸男、大阪府知事に横山ノックが当選　8村山首相、戦後50年談話を発表　9沖縄で米兵による少女暴行事件、日米地位協定問題化	1995　1阪神・淡路大震災　3地下鉄サリン事件　4 1ドル=79円75銭	1995野茂英雄投手、米大リーグドジャース入団、大活躍。大阪・池上曽根遺跡で弥生時代最大規模の大型建物跡と巨大井戸発掘			1995WTO発足。ボスニア包括和平協定調印
	橋本龍太郎 (1) ―1996.11―	8	1996	4普天間飛行場の全面返還を発表　9民主党結成　10第41回総選挙	1996　3薬害エイズの責任を追求する東京HIV訴訟和解　4らい予防法廃止	1996島根・加茂岩倉遺跡、史上最多の銅鐸出土。広島市の「原爆ドーム」、世界遺産に登録			1996ペルー日本大使公邸人質事件
	橋本龍太郎 (2) ―1998.7―	9	1997	5アイヌ文化振興法成立　6男女雇用機会均等法改正公布　9日米ガイドライン改定　12地球温暖化防止京都会議、京都議定書採択	1997　3三井三池炭鉱閉山　4消費税5%導入　11北海道拓殖銀行・山一証券、経営破綻				1997英領香港、中国へ返還

天皇	総理	年号	西暦	政治・外交	経済・社会	文化	朝鮮	中国	世界史
	小渕恵三	平成10	1998	7 第18回参議院選挙で自民党惨敗　10金大中韓国大統領来日　11江沢民中国国家主席来日	1998　10日本長期信用銀行破綻　1999　2 臓器移植法にもとづく初の脳死臓器移植実施　6 男女共同参画社会基本法公布	1998冬季オリンピック、長野で開催。奈良県明日香村のキトラ古墳で壁画を確認　1999飛鳥池工房遺跡から富本銭や鋳型が出土			1998インド・パキスタンが核実験実施
		11	1999	5 ガイドライン関連法成立　8 国旗・国歌法成立					
	—2000. 4— 森 喜朗 (1)(2)	12	2000	6 第42回総選挙　7 九州・沖縄サミット開催　9 プーチンロシア大統領来日	2000　4 介護保険制度開始　11「花岡事件」和解成立	2000白川英樹、ノーベル化学賞受賞			2000韓国・北朝鮮、南北首脳会談
	—2001. 4—	13	2001	1 中央省庁、1 府12省庁として発足　4 情報公開法施行　10テロ対策特別措置法成立	2001　6 大阪府池田市の小学校で児童殺傷事件。ハンセン病補償法成立	2001能楽、ユネスコの「傑作宣言」（のちの無形文化遺産）に指定。野依良治、ノーベル化学賞受賞			2001米同時多発テロ事件発生　2002ユーロ流通開始
	小泉純一郎 (1)	14	2002	9 小泉首相訪朝し、日朝平壌宣言調印　10北朝鮮に拉致された5 人帰国	2002　5 トヨタ自動車の経常利益、初の1 兆円突破	2002サッカーW杯、日韓共催。小柴昌俊、ノーベル物理学賞、田中耕一、化学賞受賞			2003イラク戦争
	—2003.11— 小泉純一郎(2)	15	2003	6 有事関連3 法成立　7 イラク復興支援特別措置法成立　11第43回総選挙	2003　4 日本郵政公社発足　5 個人情報保護法成立	2003イチロー、大リーグ年間最多安打（262安打）			2004スマトラ沖大地震発生
	—2005. 9—	16	2004	2 陸上自衛隊本隊イラクに派遣	2004　5 裁判員法成立　10	2004イチロー、大リーグ年間最多安打（262安打）			
	小泉純一郎 (3)	17	2005	4 個人情報保護法全面施行　9 第44回総選挙　10郵政民営化法成立	新潟県中越地震発生　2005　4 兵庫県尼崎で電車が脱線・衝突、死傷者多数	2005日本国際博覧会開催。知床、世界遺産に登録			2005ロンドン同時テロ発生
	—2006. 9— 安倍晋三(1)	18	2006	12改正教育基本法成立		2007石見銀山遺跡、世界遺産に登録			2006北朝鮮核実験
	—2007. 9— 福田康夫	19	2007	1 防衛省発足　5 国民投票法成立　7 第21回参議院選挙　9 沖縄の「集団自決」をめぐる高校日本史教科書検定問題が拡大	2007　7 新潟県中越沖地震発生　10郵政民営化	2008南部陽一郎・小林誠・益川敏英、ノーベル物理学賞受賞。下村脩、化学賞受賞			2008中国で四川大地震　2009新型インフルエンザ流行
	—2008. 9— 麻生太郎	20	2008	7 北海道洞爺湖サミット開催	2008　12東京に「年越し派遣村」開設				
上皇	—2009. 9— 鳩山由紀夫	21	2009	3 海上自衛隊護衛艦をソマリア沖へ派遣　7 改正臓器移植法成立　8 みんなの党結成(2014解党)。第45回総選挙で民主党圧勝、政権交代	2009　8 裁判員裁判開始				
	—2010. 6— 菅 直人	22	2010	3 子ども手当法成立。高校無償化法成立　9 尖閣諸島沖で中国漁船が日本の巡視船に衝突		2010根岸英一・鈴木章、ノーベル化学賞受賞	大韓民国	朝鮮民主主義人民共和国	中華人民共和国	（台湾）	2010ハイチで大地震発生。チリで大地震発生
	—2011. 9— 野田佳彦	23	2011	6 東日本大震災復興基本法公布	2011　3 東日本大震災発生、東北地方を中心に甚大な被害をもたらす。福島第一原発事故発生	2011小笠原諸島・岩手県平泉、世界遺産に登録			2012北朝鮮、金正恩体制発足
		24	2012	2 復興庁発足　8 消費税関連法案成立　9 尖閣諸島を国有化　12第46回総選挙(自民党大勝、政権復帰)		2012山中伸弥、ノーベル生理学・医学賞受賞			2013韓国、朴槿恵大統領就任
	—2012.12— 安倍晋三 (2)	25	2013	7 日本、TPP会合初参加　11国家安全保障会議)設置法成立　12特定秘密保護法成立	2014　4 消費税8 ％導入　7 ベネッセ個人情報流出事件　9 御嶽山(長野・岐阜)噴火	2013富士山、世界遺産に登録　2014富岡製糸場、世界遺産に登録。赤﨑勇・天野浩・中村修二、ノーベル物理学賞受賞			2014クリミア危機。「イスラーム国」樹立宣言
		26	2014	6 改正電気事業法成立　7 集団的自衛権の行使を容認する閣議決定　12第47回総選挙					
	—2014.12—	27	2015	4 日米新ガイドライン決定　6 改正公職選挙法成立(選挙権年齢を「20歳以上」から「18歳以上」に引き下げ)。改正学校教育法成立　8 安倍首相、「戦後70年談話」を発表　9 安全保障関連法案成立　12慰安婦問題について日韓首脳合意	2015　8 九州電力川内原発再稼働　2016　1 日銀、「マイナス金利」の導入を決定　3 北海道新幹線、新青森・新函館北斗間開業　4 熊本地震　7 相模原障害者施設殺傷事件	2015梶田隆章、ノーベル物理学賞、大村智、医学生理学賞受賞　2016大隅良典、ノーベル医学生理学賞受賞　2017将棋の藤井聡太四段、公式対局29連勝			2015ネパールで大地震発生。米国・キューバ、国交回復。パリ同時多発テロ事件　2016北朝鮮核実験。トルコでテロ事件頻発。地球温暖化対策「パリ協定」発効
	安倍晋三 (3)	28	2016	2 TPP署名　3 民進党結成　5 伊勢・志摩サミット。オバマ米大統領、広島訪問　7 第24回参議院選挙、18歳選挙権適用		2018本庶佑、ノーベル医学生理学賞受賞　2019吉野彰、ノーベル化学賞受賞			2018米朝首脳会談実現
		29	2017	6 天皇の退位等に関する皇室典範特例法成立。改正組織犯罪処罰法成立　●森友問題・加計問題、政治問題に発展	2017　3 総務省、2 月の完全失業率が2.8％と発表(約23年ぶりの低水準)　7 九州北部豪雨				2019米、パリ協定離脱を表明
		30	2018	6 改正民法成立、成年年齢を18歳に引き下げ(2022.4.1施行)	2018　6 大阪北部地震　7 西日本豪雨　9 北海道胆振東部地震				
今上		平成31令和1	2019	4.30天皇退位　5.1新天皇即位　6 G20大阪サミット　●日韓関係悪化、韓国で反日不買運動拡大	2019 京都アニメーションスタジオ放火事件				
	—2020. 9— 菅 義偉	2	2020	4 新型コロナウイルスの拡大を受け、緊急事態宣言発令	2020　●新型コロナウイルス、世界規模で拡大	2021初の大学入学共通テスト実施。奄美大島・徳之島・沖縄島北部および西表島、北海道・北東北の縄文遺跡群、世界遺産に登録。東京オリンピック・パラリンピック開催			2020英、EU離脱　2022ロシア、ウクライナ侵攻　2023ハマスによるイスラエル攻撃。イスラエルによるガザ侵攻開始
	—2021.10— 岸田文雄	3	2021	2 新型コロナワクチンの国内接種開始	2024　1 能登半島地震発生				
		4	2022	7 安倍晋三元首相、選挙応援演説中に狙撃され、死去					
		5	2023	5 広島サミット					

青字は人名，青数字は顔がわかる写真を掲載しているページ。太字は関連度の高いページ。

写真・資料提供者、撮影協力者(敬称略・五十音順)

相澤忠洋記念館、あいち朝日遺跡ミュージアム、愛知県一宮北高等学校、會津藩校日新館、会津若松市、アイヌ民族文化財団、青森観光コンベンション協会、青森県五所川原市、青森県埋蔵文化財調査センター、秋田県立博物館、秋田市立秋田城跡歴史資料館、アクターズセブン、赤穂市立博物館、朝倉彫塑館、アサヌマ写真スタジオ、浅葉克己デザイン室、朝日新聞社、足利市教育委員会、足利市民文化財団、芦屋市教育委員会、芦屋市谷崎潤一郎記念館、飛鳥園、飛鳥寺、明日香村教育委員会、アダチ版画研究所、安土城天主 信長の館、アフロ、天草市立天草キリシタン館、アマナイメージズ、安養院、奄美市立奄美博物館、アメリカ議会図書館、安楽寿院、池上喜巳写真事務所、石井礼子、石川紀代子、石川県立歴史博物館、石川県輪島漆芸美術館、石橋財団アーティゾン美術館、石橋湛山記念財団、石森プロ、石山寺、維新史研究会、泉佐野市立歴史館いずみさの、和泉市教育委員会、和泉市久保惣記念美術館、出雲大社、出雲弥生の森博物館、伊勢新聞社、石上神宮、市川房枝記念会女性と政治センター、一般谷朝倉氏遺跡事務所、一宮市博物館、市原市教育委員会、一蓮寺、厳島神社、出光美術館、伊都国歴史博物館、田舎館村教育委員会、伊那市教育委員会、伊能忠敬記念館、茨城県つくばみらい市立間宿資料館、茨城県立図書館、茨城県立歴史館、茨木市立文化財資料館、入江泰吉記念奈良市写真美術館、岩倉博物館、岩手県南広域振興局、岩手県立博物館、岩戸山歴史文化交流館 いわいの郷、岩波書店、宇治・上林記念公園、白桝市、宇土市教育委員会、梅原章一、宇和島市商工観光課、叡山本法寺、永青文庫、江川文庫、江戸東京たてもの園、江戸東京博物館、NHKエンタープライズ、MOA美術館、円覚寺、縁切寺満徳寺資料館、遠藤実歌謡音楽振興財団、延暦寺、奥州市立高野長英記念館、近江八幡市、大分県立歴史博物館、大倉集古館、大阪市教育委員会、大阪市文化財協会、大阪城天守閣、大阪市立美術館、大阪大学埋蔵文化財調査室/考古学研究室、大阪府教育委員会、大阪府立文化財センター、大阪府立北野高等学校、大阪府立弥生文化博物館、大阪歴史博物館、大田区立郷土博物館、大田市教育委員会、大田市教育委員会、大塚食品、大野城市教育委員会、大原美術館、大原幽学記念館、大神神社、大牟田市、大山崎えごまクラブ、大山崎町歴史資料館、緒方洪庵記念財団、岡谷蚕糸博物館、岡山県古代吉備文化財センター、岡山県総合政策局広報課、岡山県立博物館、岡山理科大学、億岐家宝物館、沖縄観光コンベンションビューロー、沖縄県公文書館、沖縄県立図書館、沖縄県立博物館・美術館、沖縄県立埋蔵文化財センター、沖縄タイムス社、荻生敬一、桶川市教育委員会、お茶の水女子大学、小浜市教育委員会、オフィス・モリ、表千家不審菴、園城寺、甲斐善光寺、懐徳堂記念会事務局、外務省外交史料館、加賀市北前船の里資料館、香川県立ミュージアム、賀川豊彦記念松沢資料館、掛川源一郎写真委員会、鹿児島県立埋蔵文化財センター、鹿児島県歴史・美術センター黎明館、鹿児島市ふるさと考古歴史館、柏原市教育委員会、鹿島神宮、柏原正智子、春日奴国の丘歴史資料館、GAS MUSEUM/がす資料館、Gakken、葛飾区郷土と天文の博物館、KADOKAWA、神奈川県立生命の星・地球博物館、神奈川県立歴史博物館、釜石市立鉄の歴史館、鎌倉国宝館、かみつけの里博物館、紙の博物館、唐草寺、唐津市教育委員会、川端康成記念会、願教寺、元興寺、関西大学博物館、願成就院、観心寺、観音寺、菊池徳子、喜如嘉芭蕉布事業協同組合、北九州市教育委員会、北里研究所北里柴三郎記念室、北野天満宮、吉川史料館、記念艦「三笠」、キャドセンター、旧嵯峨御所 大本山大覚寺、九州国立博物館、九州大学医学図書館、九州歴史資料館、旧邸御室観光協会、共同通信社、京都国立博物館、京都市計画局、京都市埋蔵文化財研究所、京都市歴史資料館、京都大学考古学研究室、京都大学生存圏研究所、京都大学総合博物館、京都大学附属図書館、京都府立京都学・歴彩館、玉泉寺、桐生市教育委員会、金武町教育委員会、櫛引八幡宮、九十九里いわし博物館、宮内庁、宮内庁京都事務所、宮内庁宮内公文書館、宮内庁三の丸尚蔵館、宮内庁侍従職、宮内庁正倉院事務所、宮内庁書陵部、熊谷元一写真童画館、熊本市、倉敷市教育委員会、倉敷埋蔵文化財センター、クリプトン・フューチャー・メディア、黒澤プロダクション、群馬県、群馬県草津町、慶應義塾、慶應義塾大学福澤研究センター、ゲッティイメージズ、建長寺、建仁寺、小泉八雲記念館、光善寺、工学院大学、高山寺、耕三寺博物館、光触寺、高台寺、講談社、高知県立歴史民俗資料館、高伝寺、高徳院、豪徳寺、興福寺、神戸海洋博物館、神戸市教育委員会、神戸製綱所、光明寺、高野山霊宝館、広隆寺、古賀通人、国際連合広報センター、国データベース、国土地理院、国文学研究資料館、極楽寺、国立印刷局 お札と切手の博物館、国立科学博物館、国立教育政策研究所教育図書館、国立公文書館、国立国会図書館、国立天文台、国立能楽堂、国立歴史民俗博物館、後藤観光、五島美術館、コロナ、金地院、五郎南洲顕彰会、西大寺、さいたま市立漫画会館、埼玉県教育委員会、埼玉県立さきたま史跡の博物館、埼玉県立歴史と民俗の博物館、サイネット、西法寺、堺市、堺市博物館、堺市立ビッグバン、佐賀県、佐賀県立名護屋城博物館、酒田市立光丘文庫、坂本九音楽事務所、桜井市教育委員会、佐世保市教育委員会、佐世保市教育委員会、真田宝物館、佐賀市郷土料理館、沢の鶴、サントリー美術館、山陽新聞社、サンロード青森、シーピーシー・フォト、塩尻市立平出博物館、滋賀県立琵琶湖文化館、時事通信フォト、慈照寺、静岡県埋蔵文化財センター、静岡県立中央図書館歴史文化情報センター、静岡市立登呂博物館、史跡 佐渡金山、四天王寺、島根県教育委員会、島根県立古代出雲歴史博物館、集英社、聚光院、寿福寺、主婦の友社、春浦院、祥雲寺、常栄寺、小учер館、尚古集成館、照西寺、常在寺、聖衆来迎寺、清浄光寺(遊行寺)、静勝寺、松竹、上智大学、承天閣美術館、浄土真宗本願寺派 本山 本願寺、浄念寺、称名寺、JOMON ARCHIVES、縄文遺跡群世界遺産事務局、正林寺、聖林寺、浄瑠璃寺、昭和のくらし博物館、女子学院、白山比咩神社、市立函館博物館、シルク博物館、白鷹記念酒造博物館、神宮文庫、心月寺、神護寺、新宿区立新宿歴史博物館、真正極楽寺、新城市設楽原歴史資料館、榛東村耳飾り館、新日本海新聞社、新ひだかアイヌ協会、新薬師寺、瑞巌寺、水産航空、随心院、水平社博物館、瑞峯院、杉本俊多、鈴鹿市教育委員会、珠洲市、隅田八幡神社、須藤功、須磨寺、静嘉堂文庫美術館、聖徳記念絵画館、清瀧寺、関ケ原町教育委員会、専念寺、泉涌寺、関市文化財保護センター、瀬戸内市、セブン&アイ・ホールディングス、染技連、専光寺、全国社寺等屋根工事技術保存会、仙台市戦災復興記念館、仙台市天文台、仙台市博物館、早雲寺、造幣局、素材辞典、外ケ浜町教育委員会、ソニー・ミュージックエンタテインメント、ソニーグループ、大安寺、第一三共、大映、大英図書館、醍醐寺、大正大学、大仙院、大通寺、台東区立下町風俗資料館、大徳寺、胎内市教育委員会、大福光寺、大本山永平寺、當麻寺奥院、高島市教育委員会、高島屋史料館、高槻市教育委員会、宝塚歌劇団、宝塚市教育委員会、田川市石炭・歴史博物館、知恩院、茅ヶ崎市教育委員会、智積院、知多市歴史民俗博物館、致道博物館、茅野市尖石縄文考古館、千葉県栄町教育委員会、千葉県立中央博物館、千葉市美術館、千葉市立加曽利貝塚博物館、千葉市立郷土博物館、チャールズ・イー・タトル出版、中央公論新社、中宮寺、中尊寺、長興寺、朝護孫子寺、長者ケ原考古館、長善寺、鎮国守国神社、鎮西大社諏訪神社、都久夫須麻神社、津田塾大学津田梅子資料室、嬬恋郷土資料館、津山弥生の里文化財センター、鶴岡市教育委員会、鶴岡八幡宮、DNPアートコミュニケーションズ、TBS、ディスク・ユニオン、滴翠美術館、手塚プロダクション、鉄道博物館、鉄の歴史村地域振興事業団、寺沢薫、寺村二三夫、天理大学附属天理図書館、トイズプランニング、戸板女子短期大学、東叡山寛永寺、東映、東急ストア、東京藝術大学大学美術館、東京藝術大学未来創造継承センター大学史料室、東工大学、東京工業大学博物館、東京国立近代美術館、東京国立博物館、東京大学国文学研究室、東京大学工学・情報理工学図書館 工3号館図書室、東京大学史料編纂所、東京大学総合研究博物館、東京大学大学院法学政治学研究科附属近代日本法政史料センター明治新聞雑誌文庫、東京電力、東京慰霊協会、東京ドーム、東京都教育委員会、東京都公園協会、東京都水道歴史館、東京動物園協会、東京都立大学図書館、東京都立中央図書館、東京農工大学科学博物館、東京文化財研究所、東京理科大学近代科学資料館、東寺、等持院、東芝ライテック、唐招提寺、東大寺、東宝、東映映画むら製作会社、東北歴史博物館、洞爺湖町教育委員会、東洋紡、十日町市博物館、遠野市立博物館、遠山記念館、徳川広和記念財団、徳川美術館、徳川ミュージアム、徳川林政史研究所、特別史跡旧閑谷学校顕彰保存会、鳥取県中部総合事務所、鳥取県立智頭農林高等学校、鳥取県立むきばんだ史跡公園、凸版印刷、苫小牧市美術博物館、富岡市、冨島義幸、土門拳記念館、富山市科学文化センター、トヨタ産業技術記念館、トヨタ自動車、豊田自動織機、豊田市役所郷土資料館、内藤真情、長岡市立科学博物館、中岡慎太郎館、長崎市亀山社中記念館、長崎大学附属図書館経済学部分室、川﨑洋平、永野鹿鳴庵、中保トシ、永野鹿鳴荘、中村ブレイス株式会社、梨木神社、那覇市歴史博物館、鍋島報效会、奈良県文化財保存課、奈良県立橿原考古学研究所、奈良県立橿原考古学研究所附属博物館、奈良県立奈良高等学校、奈良県立美術館、奈良県立民俗博物館、奈良国立博物館、奈良市教育委員会、奈良市役所、奈良女子大学学術情報センター、奈良文化財研究所、南山大学人類学博物館、南部町祐生出会いの館、新潟県立文書館、西東京市教育委員会、日南町美術館、日本庭照宮、日光山輪王寺、日雇厚生協会、日清オイリオグループ、日清食品、新田、ニッポン放送、日本IBM、日本学士院、日本玩具博物館(兵庫県姫路市)、日本棋院、日本銀行、日本銀行金融研究所アーカイブ、日本銀行金融研究所貨幣博物館、日本近代文学館、日本近代文学館、日本スポーツ振興センター、日本相撲協会、日本製鉄、日本地図センター、日本のあかり博物館、日本美術院、日本マクドナルド、二本松市教育委員会、日本民家集落博物館、日本民藝館、農業・食品産業技術総合研究機構、農林水産省、野尻湖発掘調査団、ハウステンボス、芳賀ライブラリー、函館市教育委員会、函館市中央図書館、橋本雄、畠山記念館、秦廸士、波多野純建築設計事務所、八戸市博物館、服部初音、パナソニックホールディングス、花田千穂、土津神社、羽曳野市教育委員会、浜松別町、早川和子、林忠彦作品研究所、林原美術館、原田寛、阪急電鉄、阪急文化財団池田文庫、阪急文化財団逸翁美術館、鐺阿寺、ぴあ、PPS通信社、日置市教育委員会、東近江市教育委員会、東村山ふるさと歴史館、PIXTA、彦根城博物館、菱田哲郎、美術院、美術同人社、日田市教育委員会、白虎隊記念館、平取町教育委員会、平泉文化遺産センター、平木浮世絵財団、平塚市博物館、平戸市生月島博物館・島の館、弘前市教育委員会、広島県教育事業団、広島県立歴史博物館、広島市立中央図書館、広島大学原爆放射線医科学研究所、フェリス女学院、フォッサマグナミュージアム、フォトオリジナル、フォトライブラリー、深川江戸資料館、福井県文書館、福井県立一乗谷朝倉氏遺跡資料館、福井県立若狭歴史博物館、福井市立郷土歴史博物館、福岡県立図書館ふくおか資料室、福岡市、福岡市教育委員会、福岡市博物館、福地町教育委員会、福岡大学、福島県歴史資料館、福山誠之館同窓会、藤井寺市教育委員会、藤沢市文書館、藤田美術館、富士フイルム、佛日庵、船橋市教育委員会、船の科学館、部落解放同盟中央本部、フリーア美術館、文化庁、文藝春秋、米山寺、平凡社、平和祈念展示資料館、別府大学附属博物館、便利堂、法界寺、宝鏡寺、方広寺、法政大学大原社会問題研究所、法政大学図書館、放送大学附属図書館、報徳博物館、宝来山神社、法隆寺、ボストン美術館、細野晶由、法政大学附属図書館、北海道立総合体育センター、法華寺、北方歴史資料館、本願寺維宝別院、北御堂ミュージアム、本田技研工業、本徳寺、毎日新聞、前田育德会、マガジンハウス、牧ノ原市史料館、松浦市教育委員会、松江湖光寺、マツダ映画社、松竹京子、松戸市教育委員会、曼殊院、三重県埋蔵文化財センター、三重県立図書館、美斉津洋夫、みずほフィナンシャルグループ、みちのく民俗村、三井記念美術館、三井不動産、三井文庫、三越伊勢丹ホールディングス、三菱地所、三菱史料館、三菱UFJ銀行 貨幣・浮世絵ミュージアム、御寺泉涌寺、三豊市観光交流局、水無瀬神宮、港区立郷土歴史館、南知多町教育委員会、三宅立雄、宮崎県立図書館、三芳町教育委員会、宮地嶽神社保存科技財団、宮良殿音博物館、宮若市教育委員会、明王院、妙喜庵、妙典寺、妙心寺退蔵院、妙智院、妙法院、妙本寺、美和歴史民俗資料館、宗像大社、室生寺、明月院、明治神宮宝物殿、明治村博物館、明治村、明知鉄道株式会社、毛越寺、毛利博物館、最上義光歴史館、本居宣長記念館、元離宮二条城事務所、文殊社、野球殿堂博物館、薬師寺、八ケ岳旧石器研究グループ、柳津、山形県、山形県立博物館、山口県光市 伊藤公資料館、山口県防府天満宮、山口県立図書館、山口県立美術館、山種美術館、大和文華館、ヤマハ、山端祥吾、UR都市機構、UNHCR、結城市教育委員会、郵政博物館、友禅史会、ユニバーサルミュージックジャパン、ユニフォトプレス、陽明文庫、横浜開港資料館、横浜市歴史博物館、横浜八景島、横浜美術館、米子市教育委員会、米沢市立上杉博物館、理化学研究所、リクルート、りそなホールディングス、立命館大学国際平和ミュージアム、流通経済大学三宅雪嶺記念資料館、龍安寺、良善寺、龍潭寺、臨済寺、冷泉家時雨亭文庫、歴史に憩う橿原市博物館、鹿苑寺、六所神社、六波羅蜜寺、和歌山県立文化財センター、和歌山県立紀伊風土記の丘、和歌山県立博物館、和歌山市、和歌山市立博物館、和鋼博物館、和算研究所、早稲田大学演劇博物館、早稲田大学図書館

撮影：広島県教育事業団(p.51③)、所蔵：新潟県長岡市教育委員会、撮影：小川忠博(p.46室谷洞穴の土器)、資料提供：平泉町教育委員会、復元考証：京都大学大学院教授 冨島義幸、CG作成：共同研究者 竹川浩平(p.124⑤)

広島県立歴史博物館蔵・画像提供(p.52平形銅剣〔複製〕)原資料：広島県重要文化財 平形銅剣、所有者：個人蔵/p.174⑥草戸千軒町並模型(60分の1)/p.174⑦青白磁梅瓶 重要文化財広島県草戸千軒町遺跡出土品/p.174⑧草戸千軒展示室 実物大復原模型(全景)/p.247⑫壬申地券 明治5年(1872)〔複製〕原資料：個人蔵)、広島県立歴史博物館蔵(p.58⑮鉄製農工具(広島県・須恵谷第2号古墳出土遺物)/p.174⑤草戸千軒町遺跡全景)

新聞記事：朝日新聞(p.343③1992年4月16日、p.361③1989年4月1日)、毎日新聞(p.352⑦1968年6月26日、p.358⑦1999年10月1日、p.361①1989年1月7日)

画像提供：江戸東京たてもの園/DNPartcom、画像提供：東京国立博物館 Image: TNM Image Archives、神戸市立博物館所蔵 Photo：Kobe City Museum/DNPartcom、静嘉堂文庫美術館所蔵 静嘉堂文庫美術館イメージアーカイブ/DNPartcom、東京藝術大学所蔵 画像提供：東京藝術大学/DNPartcom、東京国立近代美術館所蔵 Photo:MOMAT/DNPartcom(p.307⑥⑦撮影：大谷一郎)、東京国立博物館 Image:TNM Image Archives、東京都江戸東京博物館所蔵 画像提供：東京都江戸東京博物館/DNPartcom、徳川美術館所蔵 ©徳川美術館イメージアーカイブ/DNPartcom、徳川ミュージアム所蔵 ©徳川ミュージアム・イメージアーカイブ/DNPartcom、林原美術館所蔵 画像提供：林原美術館/DNPartcom、彦根城博物館所蔵 画像提供：彦根城博物館/DNPartcom、福岡市博物館蔵 画像提供：福岡市博物館/DNPartcom、ボストン美術館所蔵 Fenollosa-WeldCollection 11.4000 Photograph © 2022 Museum of Fine Arts, Boston. All rights reserved. c/o DNPartcom、横浜開港資料館所蔵(p.238⑥⑨/239②/241②②③/242③/265①/277⑤/287モレル/340⑦)、ColBase(https://colbase.nich.go.jp/)、The content of this publication has not been approved by the United Nations and does not reflect the views of the United Nations or its officials.

❶明治初期(1871年)

ロシア
樺太(日露両国人雑居)
千島(ロシア)
清
朝鮮
(樺太、琉球、小笠原はまだ領有国が決まらず)
琉球(日清両国の属国)
小笠原諸島

0　　　　1000km

❷日清戦争後(1895年)

ロシア
樺太(ロシア)
千島(日本)
清
韓国
(樺太をロシアに譲り、千島をロシアから譲られた)
小笠原(領有宣言)1876
沖縄1879併合
澎湖諸島
台湾(清が割譲)1895

1875

0　　　　1000km

❸日露戦争後(1910年)

ロシア
南樺太
千島
清
満洲
関東州
朝鮮1910併合
青島
台湾

■ 日本の領土
□ 租借地および利権を保有していた地域

(樺太南部をロシアが割譲)1905

0　　　　1000km

❹第一次世界大戦後(1922年)

ソ連
シベリア出兵1918~22
南樺太
千島
中華民国
朝鮮
青島
山東省
■ 日本の領土
□ 租借地および利権を保有していた地域
台湾
グアム島(アメリカ領)
マリアナ諸島
アメリカ領
南洋諸島(日本が委任統治)
マーシャル諸島
パラオ諸島
カロリン諸島

0　　　　1000km

❺太平洋戦争中(1942~1944年)

■ 1941年12月日本の勢力範囲
― 日本軍の最大進出地域

ソヴィエト連邦
ハバロフスク
キスカ島
アリューシャン列島
満洲国
新京
奉天
黒竜江
ヒトカップ
中華民国
北京
天津
延安
東京
南京
上海
重慶
漢口
長崎
広島
大阪
廈門
広東
香港
ミッドウェー諸島
英領インド
マンダレー
ビルマ
ラングーン
仏領インドシナ
タイ
バンコク
サイゴン
マニラ
フィリピン
マリアナ諸島
グアム島
テニアン島
ウェーク島
ハワイ諸島
マーシャル諸島
マレー半島
シンガポール
ブルネイ
サンダカン
ダバオ
パラオ諸島
キップ島
トラック島
カロリン諸島
ギルバート諸島
スマトラ
ボルネオ
バレンバン
セレベス
ニューギニア
ラバウル
ブーゲンビル島
ラエ
サンタクルーズ諸島
ジャカルタ
スラバヤ
ポートモレスビー
ポートダーウィン
オランダ領東インド

0　　　　1000km

❻終戦時(1945年)

ソ連
南樺太
千島列島
中国
― 終戦時の領域
□ ソ連軍の占領地域
■ アメリカ軍の占領地域
台湾
南西諸島
小笠原諸島

0　　　　1000km

❼現在(1972年~)

ロシア
樺太(サハリン)
千島列島
択捉島
国後島
色丹島
歯舞群島
中華人民共和国
朝鮮民主主義人民共和国
大韓民国
竹島
対馬
日本
日本海
太平洋
東シナ海
台湾
沖縄
琉球諸島
硫黄島
与那国島(日本の西端)
沖ノ鳥島(日本の南端)
小笠原諸島
南鳥島(日本の東端)

0　　　　1000km

❶ 1854年の日露和親条約で、千島列島の得撫島以北はロシア領、樺太は日露両国雑居地となった。琉球は江戸時代以来、日本と清に両属していた。

❷ 1875年の樺太・千島交換条約で、樺太はロシア、千島列島は日本領となった。琉球は1879年に沖縄県設置が強行され(琉球処分)、小笠原諸島は1876年に領有を宣言、さらに、日清戦争の結果、台湾を統治下においた。

❸ 日露戦争後のポーツマス条約により、旅順・大連の租借権、北緯50度以南の樺太と付属の諸島を領有。1910年には、韓国を併合し植民地とした。

❹ ヴェルサイユ条約で、赤道以北のドイツ領南洋諸島の委任統治権を得た。

❺ 1932年に満洲国を建国させ、日中戦争開始後の1940年には南京国民政府を樹立させた。

❻ 1945年8月14日にポツダム宣言を受諾、本土以外の領土を失った。

❼ 1968年に小笠原諸島、1972年に沖縄の日本復帰が実現。南樺太・千島列島については、サンフランシスコ平和条約で領有権を放棄。北方領土4島について日本への返還を、ロシアと交渉中。

暦法と行政区画

暦法（十干・十二支）

五行	木	火	土	金	水
十干	①甲（きのえ） ②乙（きのと）	③丙（ひのえ） ④丁（ひのと）	⑤戊（つちのえ） ⑥己（つちのと）	⑦庚（かのえ） ⑧辛（かのと）	⑨壬（みずのえ） ⑩癸（みずのと）
十二支	①子（ね） ②丑（うし） ③寅（とら）	④卯（う） ⑤辰（たつ） ⑥巳（み）	⑦午（うま） ⑧未（ひつじ）	⑨申（さる） ⑩酉（とり） ⑪戌（いぬ）	⑫亥（い）

干支（えと）

①甲子 コウシ	②乙丑 イッチュウ	③丙寅 ヘイイン	④丁卯 テイボウ	⑤戊辰 ボシン	⑥己巳 キシ	⑦庚午 コウゴ	⑧辛未 シンビ	⑨壬申 ジンシン	⑩癸酉 キユウ
⑪甲戌 コウジュツ	⑫乙亥 イツガイ	⑬丙子 ヘイシ	⑭丁丑 テイチュウ	⑮戊寅 ボイン	⑯己卯 キボウ	⑰庚辰 コウシン	⑱辛巳 シンシ	⑲壬午 ジンゴ	⑳癸未 キビ
㉑甲申 コウシン	㉒乙酉 イツユウ	㉓丙戌 ヘイジュツ	㉔丁亥 テイガイ	㉕戊子 ボシ	㉖己丑 キチュウ	㉗庚寅 コウイン	㉘辛卯 シンボウ	㉙壬辰 ジンシン	㉚癸巳 キシ
㉛甲午 コウゴ	㉜乙未 イツビ	㉝丙申 ヘイシン	㉞丁酉 テイユウ	㉟戊戌 ボジュツ	㊱己亥 キガイ	㊲庚子 コウシ	㊳辛丑 シンチュウ	㊴壬寅 ジンイン	㊵癸卯 キボウ
㊶甲辰 コウシン	㊷乙巳 イッシ	㊸丙午 ヘイゴ	㊹丁未 テイビ	㊺戊申 ボシン	㊻己酉 キユウ	㊼庚戌 コウジュツ	㊽辛亥 シンガイ	㊾壬子 ジンシ	㊿癸丑 キチュウ
51甲寅 コウイン	52乙卯 イツボウ	53丙辰 ヘイシン	54丁巳 テイシ	55戊午 ボゴ	56己未 キビ	57庚申 コウシン	58辛酉 シンユウ	59壬戌 ジンジュツ	60癸亥 キガイ

十干と十二支を組み合わせて年をあらわす方法は、中国の漢の時代に成立し、その後朝鮮半島や日本で使われた。60年周期で繰り返す。60年で生まれた年と同じ干支が還ってくるので60歳を還暦という。

干支のついた歴史名辞

乙巳の変（645）
庚午年籍（670）
壬申の乱（672）
庚寅年籍（690）
戊戌夢物語（1838）
戊辰戦争（1868～69）
壬申戸籍（1872）
壬午軍乱（1882）
甲申事変（1884）
戊申詔書（1908）

旧国名・都道府県名対照表

- 国名は、927（延長5）年の延喜式による。
- 廃藩置県の県名は、1871（明治4）年11～12月の3府72県を示した。
- 県名は、1890（明治23）年の府県制実施以後のものを示した。

*1868（明治1）年に、陸奥を岩代・磐城・陸前・陸中・陸奥とし、出羽を羽前・羽後に分けた。

	東山道												
国名	陸奥*					出羽*		下野（しもつけ）	上野（こうずけ）	信濃（しなの）	飛驒（ひだ）	美濃（みの）	
	陸奥（むつ）	陸中（りくちゅう）	陸前（りくぜん）	磐城（いわき）	岩代（いわしろ）	羽後（うご）	羽前（うぜん）						
廃藩置県	青森	秋田 盛岡	水沢	仙台	磐前（いわさき） 福島	若松	秋田	酒田（さかた） 山形 置賜（おきたま）	宇都宮 栃木	群馬	長野	筑摩	岐阜
都道府県名	青森	秋田 岩手		宮城	福島		秋田	山形	栃木	群馬	長野		岐阜

● 現代に残る旧国名

食料品名	むつ（りんご）、甲斐路（ぶどう）、信濃いも、駿河煮、越前伊勢えび、但馬牛、丹波栗、讃岐うどん、伊予柑、土佐節、煮、出雲そば、さつまいも、さつま揚、薩摩汁、筑前煮
芸能	三河万歳、越後獅子、佐渡おけさ、越中おわら節、河内音頭波踊り、阿波浄瑠璃、備中神楽、石見神楽、豊前岩戸神楽
焼き物	美濃焼、伊賀焼、淡路焼、丹波立杭焼、備前焼、出雲焼、石肥前焼、薩摩焼
衣料・織物	上総木綿、武蔵がすり、越後縮、越後上布、信濃つむぎ、能美濃絹、三河木綿、尾張木綿、伊勢木綿、近江麻、丹後縞、ちりめん、備後織物、伊予がすり、薩摩上布、越中ふんどし
工芸品・特産物	飛驒春慶塗、美濃和紙、加賀友禅、越前和紙、若狭塗、駿河伊賀組紐、淡路人形、阿波彫、播磨紙、備前物、備中鍬、備土佐半紙、石見硯、筑前琵琶、肥後守、肥後彫、日向蛤碁石摩ガラス
その他	出羽三山、下野草、常陸帯、上総掘、武蔵小判、甲斐駒、駿み、駿河屋、伊賀忍者、因幡の白兎、土佐犬、肥後もっこす磨屋、讃岐石（サヌカイト）、薩摩馬、薩摩隼人、薩摩守*

*「無賃乗車」の意味。

時刻・方位対照表

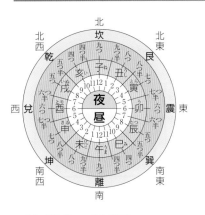

北北北東南南南西	東東西西	坎艮震巽離坤兌乾（かんごんしんそんりこんだけん）	子丑寅卯辰巳午未申酉戌亥（ねうしとらうたつみうまひつじさるとりいぬい）

- 円内部の数字は、現在の時刻を示す。
- 上の表は、近世の春分・秋分の昼夜同時刻のときのものである。
- 12の分け方も、四季によって昼夜に多少の出入りがある（太陽の出没のときを、それぞれ明け六つ、暮れ六つとする）。

● 江戸時代の不定時法

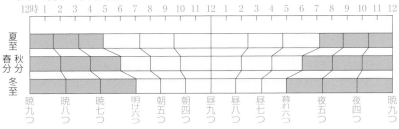

日本では、相次ぐ戦乱で定時法の基礎を失った室町時代後半から不定時法がおこなわれた。夜明けと日暮れを境に昼と夜を各6等分したが、季節によって変動があった。

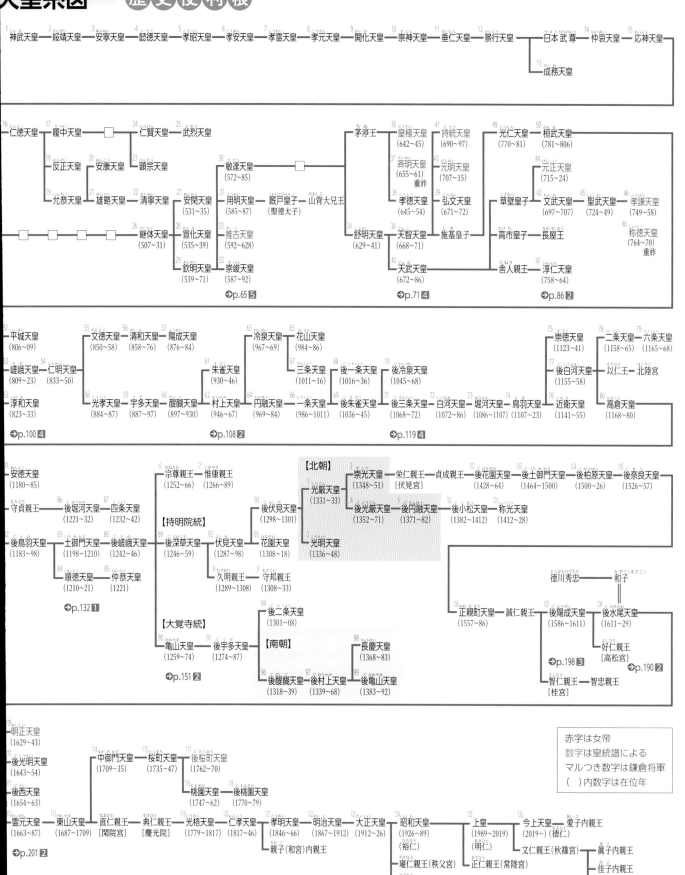

1 神武天皇 — 2 綏靖天皇 — 3 安寧天皇 — 4 懿徳天皇 — 5 孝昭天皇 — 6 孝安天皇 — 7 孝霊天皇 — 8 孝元天皇 — 9 開化天皇 — 10 崇神天皇 — 11 垂仁天皇 — 12 景行天皇 ┬ 日本武尊 — 14 仲哀天皇 — 15 応神天皇

13 成務天皇

16 仁徳天皇 — 17 履中天皇 ┬ □ — 24 仁賢天皇 — 25 武烈天皇

18 反正天皇 ┬ 23 安康天皇 — 26 顕宗天皇

19 允恭天皇 — 21 雄略天皇 — 22 清寧天皇

26 継体天皇(507〜31) — 28 宣化天皇(535〜39)

27 安閑天皇(531〜35)

29 欽明天皇(539〜71) ┬ 30 敏達天皇(572〜85) □ ┬ 茅渟王 ┬ 35 皇極天皇(642〜45)

31 用明天皇(585〜87) — 厩戸皇子(聖徳太子) — 山背大兄王

32 推古天皇(592〜628)

33 崇峻天皇(587〜92)

34 舒明天皇(629〜41) ┬ 38 天智天皇(668〜71) — 施基皇子

斉明天皇(655〜61)重祚 — 36 孝徳天皇(645〜54) — 39 弘文天皇(671〜72)

37 持統天皇(690〜97)

43 元明天皇(707〜15)

40 天武天皇(672〜86) — 舎人親王 — 47 淳仁天皇(758〜64)

49 光仁天皇(770〜81) — 50 桓武天皇(781〜806)

草壁皇子 — 42 文武天皇(697〜707) — 45 聖武天皇(724〜49) — 46 孝謙天皇(749〜58)

44 元正天皇(715〜24) / 48 称徳天皇(764〜70)重祚

高市皇子 — 長屋王

➡p.65 5   ➡p.71 4   ➡p.86 2

51 平城天皇(806〜09)

52 嵯峨天皇(809〜23)

54 仁明天皇(833〜50) — 55 文徳天皇(850〜58) — 56 清和天皇(858〜76) — 57 陽成天皇(876〜84)

53 淳和天皇(823〜33) — 58 光孝天皇(884〜87) — 59 宇多天皇(887〜97) — 60 醍醐天皇(897〜930) — 村上天皇(946〜67)

63 冷泉天皇(967〜69) — 花山天皇(984〜86)

61 朱雀天皇(930〜46)

67 三条天皇(1011〜16) — 68 後一条天皇(1016〜36) — 70 後冷泉天皇(1045〜68)

64 円融天皇(969〜84) — 66 一条天皇(986〜1011) — 69 後朱雀天皇(1036〜45) — 71 後三条天皇(1068〜72) — 72 白河天皇(1072〜86) — 73 堀河天皇(1086〜1107) — 74 鳥羽天皇(1107〜23) — 75 崇徳天皇(1123〜41)

76 近衛天皇(1141〜55) — 77 後白河天皇(1155〜58) — 78 二条天皇(1158〜65) — 79 六条天皇(1165〜68)

80 以仁王 — 北陸宮

81 高倉天皇(1168〜80)

➡p.100 4   ➡p.108 2   ➡p.119 4

82 安徳天皇(1180〜85)

守貞親王 — 86 後堀河天皇(1221〜32) — 87 四条天皇(1232〜42)

83 土御門天皇(1198〜1210) — 88 後嵯峨天皇(1242〜46)

82 後鳥羽天皇(1183〜98) — 84 順徳天皇(1210〜21) — 85 仲恭天皇(1221)

➡p.132 1

宗尊親王(1252〜66) / 惟康親王(1266〜89)

【持明院統】
89 後深草天皇(1246〜59) — 92 伏見天皇(1287〜98) — 93 後伏見天皇(1298〜1301) — 【北朝】 光厳天皇(1331〜33) — 崇光天皇(1348〜51) — 栄仁親王 — 貞成親王 — 102 後花園天皇(1428〜64) — 103 後土御門天皇(1464〜1500) — 104 後柏原天皇(1500〜26) — 105 後奈良天皇(1526〜57)

91 久明親王(1289〜1308) — 守邦親王(1308〜33)

花園天皇(1308〜18) 光明天皇(1336〜48)

1 光厳天皇(1352〜71) — 5 後円融天皇(1371〜82) — 後小松天皇(1382〜1412) — 称光天皇(1412〜28)

【大覚寺統】
90 亀山天皇(1259〜74) — 後宇多天皇(1274〜87)

➡p.151 2

94 後二条天皇(1301〜08)

【南朝】
96 後醍醐天皇(1318〜39) — 97 後村上天皇(1339〜68) ┬ 長慶天皇(1368〜83)

99 後亀山天皇(1383〜92)

正親町天皇(1557〜86) — 誠仁親王 — 107 後陽成天皇(1586〜1611) — 108 後水尾天皇(1611〜29)

徳川秀忠 — 和子

➡p.198 3

智仁親王 [桂宮] — 智忠親王

好仁親王 [高松宮]

➡p.190 2

明正天皇(1629〜43)

後光明天皇(1643〜54) — 114 中御門天皇(1709〜35) — 115 桜町天皇(1735〜47) — 117 後桜町天皇(1762〜70)

後西天皇(1654〜63) / 116 桃園天皇(1747〜62) — 118 後桃園天皇(1770〜79)

霊元天皇(1663〜87) — 東山天皇(1687〜1709) — 113 直仁親王 [閑院宮] — 典仁親王 [慶光院] — 光格天皇(1779〜1817) — 仁孝天皇(1817〜46) — 孝明天皇(1846〜66) — 明治天皇(1867〜1912) — 大正天皇(1912〜26) — 124 昭和天皇(1926〜89)(裕仁) — 上皇(1989〜2019)(明仁) — 126 今上天皇(2019〜)(徳仁) — 愛子内親王

➡p.201 2

親子(和宮)内親王

雍仁親王(秩父宮)

宣仁親王(高松宮)

崇仁親王(三笠宮)

正仁親王(常陸宮)

文仁親王(秋篠宮) ┬ 眞子内親王

佳子内親王

悠仁親王

赤字は女帝
数字は皇統譜による
マルつき数字は鎌倉将軍
( )内数字は在位年

年号一覧　歴史便利帳

・西暦は改元年を含む
・赤字は北朝、青字は南朝を示す

時代	年号	年代	天皇
飛鳥時代	大化	645～650	孝徳
	白雉	650～654	
	朱鳥	686～701	天武・持統
	大宝	701～704	文武
	慶雲	704～708	
奈良時代	和銅	708～715	元明
	霊亀	715～717	元正
	養老	717～724	
	神亀	724～729	聖武
	天平	729～749	
	天平感宝	749	
	天平勝宝	749～757	孝謙
	天平宝字	757～765	孝謙・淳仁
	天平神護	765～767	称徳
	神護景雲	767～770	
	宝亀	770～781	光仁
	天応	781～782	
	延暦	782～806	桓武
平安時代	大同	806～810	平城・嵯峨
	弘仁	810～824	
	天長	824～834	淳和
	承和	834～848	仁明
	嘉祥	848～851	
	仁寿	851～854	文徳
	斉衡	854～857	
	天安	857～859	
	貞観	859～877	清和
	元慶	877～885	陽成
	仁和	885～889	光孝・宇多
	寛平	889～898	
	昌泰	898～901	醍醐
	延喜	901～923	
	延長	923～931	
	承平	931～938	朱雀
	天慶	938～947	
	天暦	947～957	村上
	天徳	957～961	
	応和	961～964	
	康保	964～968	
	安和	968～970	冷泉
	天禄	970～973	円融
	天延	973～976	
	貞元	976～978	
	天元	978～983	
	永観	983～985	
	寛和	985～987	花山
	永延	987～989	一条
	永祚	989～990	
	正暦	990～995	
	長徳	995～999	
	長保	999～1004	
	寛弘	1004～1012	
	長和	1012～1017	三条
	寛仁	1017～1021	後一条
	治安	1021～1024	
	万寿	1024～1028	
	長元	1028～1037	
	長暦	1037～1040	後朱雀
	長久	1040～1044	
	寛徳	1044～1046	
	永承	1046～1053	後冷泉
	天喜	1053～1058	

時代	年号	年代	天皇
平安時代	康平	1058～1065	
	治暦	1065～1069	
	延久	1069～1074	後三条・白河
	承保	1074～1077	白河
	承暦	1077～1081	
	永保	1081～1084	
	応徳	1084～1087	
	寛治	1087～1094	堀河
	嘉保	1094～1096	
	永長	1096～1097	
	承徳	1097～1099	
	康和	1099～1104	
	長治	1104～1106	
	嘉承	1106～1108	堀河・鳥羽
	天仁	1108～1110	鳥羽
	天永	1110～1113	
	永久	1113～1118	
	元永	1118～1120	
	保安	1120～1124	
	天治	1124～1126	崇徳
	大治	1126～1131	
	天承	1131～1132	
	長承	1132～1135	
	保延	1135～1141	
	永治	1141～1142	
	康治	1142～1144	近衛
	天養	1144～1145	
	久安	1145～1151	
	仁平	1151～1154	
	久寿	1154～1156	
	保元	1156～1159	後白河
	平治	1159～1160	二条
	永暦	1160～1161	
	応保	1161～1163	
	長寛	1163～1165	
	永万	1165～1166	
	仁安	1166～1169	六条
	嘉応	1169～1171	高倉
	承安	1171～1175	
	安元	1175～1177	
	治承	1177～1181	
	養和	1181～1182	安徳
	寿永	1182～1184	
	元暦	1184～1185	
鎌倉時代	文治	1185～1190	後鳥羽
	建久	1190～1199	
	正治	1199～1201	土御門
	建仁	1201～1204	
	元久	1204～1206	
	建永	1206～1207	
	承元	1207～1211	
	建暦	1211～1213	順徳
	建保	1213～1219	
	承久	1219～1222	順徳・仲恭
	貞応	1222～1224	後堀河
	元仁	1224～1225	
	嘉禄	1225～1227	
	安貞	1227～1229	
	寛喜	1229～1232	
	貞永	1232～1233	
	天福	1233～1234	四条
	文暦	1234～1235	

時代	年号	年代	天皇
鎌倉時代	嘉禎	1235～1238	
	暦仁	1238～1239	
	延応	1239～1240	
	仁治	1240～1243	
	寛元	1243～1247	後嵯峨
	宝治	1247～1249	後深草
	建長	1249～1256	
	康元	1256～1257	
	正嘉	1257～1259	
	正元	1259～1260	
	文応	1260～1261	亀山
	弘長	1261～1264	
	文永	1264～1275	
	建治	1275～1278	後宇多
	弘安	1278～1288	
	正応	1288～1293	伏見
	永仁	1293～1299	
	正安	1299～1302	後伏見
	乾元	1302～1303	
	嘉元	1303～1306	後二条
	徳治	1306～1308	
	延慶	1308～1311	花園
	応長	1311～1312	
	正和	1312～1317	
	文保	1317～1319	
	元応	1319～1321	後醍醐
	元亨	1321～1324	
	正中	1324～1326	
	嘉暦	1326～1329	
	元徳	1329～1331	
	元弘	1331～1334	
南北朝時代	正慶	1332～1333	光厳
	建武	1334～1336	後醍醐
	延元	1336～1340	
	暦応	1338～1342	光明
	興国	1340～1346	後村上
	康永	1342～1345	光明
	正平	1346～1370	後村上
	貞和	1345～1350	光明・崇光
	観応	1350～1352	崇光
	文和	1352～1356	後光厳
	延文	1356～1361	
	康安	1361～1362	
	貞治	1362～1368	
	応安	1368～1375	後光厳・後円融
	文中	1372～1375	長慶
	天授	1375～1381	
	永和	1375～1379	後円融
	弘和	1381～1384	
	康暦	1379～1381	後円融
	永徳	1381～1384	後円融・後小松
	元中	1384～1392	後亀山
	至徳	1384～1387	後小松
	嘉慶	1387～1389	
	康応	1389～1390	
	明徳	1390～1394	後小松
室町時代	応永	1394～1428	後小松・称光
	正長	1428～1429	
	永享	1429～1441	後花園
	嘉吉	1441～1444	
	文安	1444～1449	

時代	年号	年代	天皇
室町時代	宝徳	1449～1452	
	享徳	1452～1455	
	康正	1455～1457	
	長禄	1457～1460	
	寛正	1460～1466	
	文正	1466～1467	後土御門
	応仁	1467～1469	
	文明	1469～1487	
	長享	1487～1489	
	延徳	1489～1492	
	明応	1492～1501	
	文亀	1501～1504	後柏原
	永正	1504～1521	
	大永	1521～1528	後柏原・後奈良
	享禄	1528～1532	後奈良
	天文	1532～1555	
	弘治	1555～1558	
	永禄	1558～1570	正親町
	元亀	1570～1573	
安土桃山時代	天正	1573～1592	正親町・後陽成
	文禄	1592～1596	後陽成
	慶長	1596～1615	後陽成・後水尾
江戸時代	元和	1615～1624	後水尾
	寛永	1624～1644	後水尾・明正
	正保	1644～1648	後光明
	慶安	1648～1652	
	承応	1652～1655	
	明暦	1655～1658	後西
	万治	1658～1661	
	寛文	1661～1673	後西・霊元
	延宝	1673～1681	霊元
	天和	1681～1684	
	貞享	1684～1688	
	元禄	1688～1704	東山
	宝永	1704～1711	東山・中御門
	正徳	1711～1716	中御門
	享保	1716～1736	桜町
	元文	1736～1741	
	寛保	1741～1744	
	延享	1744～1748	桃園
	寛延	1748～1751	
	宝暦	1751～1764	桃園・後桜町
	明和	1764～1772	後桜町・後桃園
	安永	1772～1781	後桃園・光格
	天明	1781～1789	光格
	寛政	1789～1801	
	享和	1801～1804	
	文化	1804～1818	
	文政	1818～1830	仁孝
	天保	1830～1844	
	弘化	1844～1848	仁孝・孝明
	嘉永	1848～1854	孝明
	安政	1854～1860	
	万延	1860～1861	
	文久	1861～1864	
	元治	1864～1865	
	慶応	1865～1868	孝明・明治
	明治	1868～1912	明治
	大正	1912～1926	大正
	昭和	1926～1989	昭和
	平成	1989～2019	上皇
	令和	2019～	今上

日本のおもな世界遺産

1 文化財の種類 ※文化財保護法による区分。

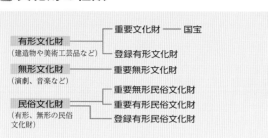

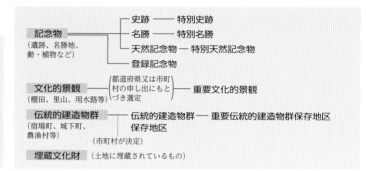

有形文化財（建造物や美術工芸品など）── 重要文化財 ── 国宝
　　　　　　　　　　　　　　　　　　　 └ 登録有形文化財
無形文化財（演劇、音楽など）── 重要無形文化財
民俗文化財（有形、無形の民俗文化財）── 重要無形民俗文化財／重要有形民俗文化財／登録有形民俗文化財

記念物（遺跡、名勝地、動・植物など）── 史跡 ── 特別史跡／名勝 ── 特別名勝／天然記念物 ── 特別天然記念物／登録記念物
文化的景観（棚田、里山、用水路等）── 都道府県又は市町村の申し出にもとづき選定 ── 重要文化的景観
伝統的建造物群（宿場町、城下町、農漁村等）── 伝統的建造物群保存地区 ── 重要伝統的建造物群保存地区（市町村が決定）
埋蔵文化財（土地に埋蔵されているもの）

2 日本のおもな世界遺産（文化遺産）

地球上にある遺跡や文化財、貴重な自然環境などを人類共通の遺産として保護していくことを目的に、世界遺産条約が結ばれている。世界遺産は、文化遺産・自然遺産・複合遺産に分類され、日本でも26件（文化遺産21件、自然遺産5件）が登録されている（2024年7月現在）。文化遺産は、各国政府の推薦にもとづき、ユネスコの諮問機関で専門家集団である国際記念物遺跡会議（ICOMOS＜イコモス＞）が現地調査をおこなう（自然遺産の場合は国際自然保護連合（IUCN））。このイコモスの勧告をふまえ、ユネスコの世界遺産委員会が登録の可否を決める。

登録物件名	特色（選定理由）・具体的な物件（おもなもの）	所在地	登録年
法隆寺地域の仏教建造物 ●p.67	現存する世界最古級の木造建造物群。法隆寺、法起寺	奈良県	1993年
姫路城 ●p.180	木造の城郭建築群と城壁・土塀から構成される構造物	兵庫県	1993年
古都京都の文化財 ●p.100,101,112,161,162,164,180,181	賀茂別雷（上賀茂）神社、賀茂御祖（下鴨）神社、教王護国寺、清水寺、延暦寺、醍醐寺、仁和寺、平等院、宇治上神社、高山寺、西芳寺、天龍寺、鹿苑寺、慈照寺、龍安寺、本願寺、二条城	京都府・滋賀県	1994年
白川郷・五箇山の合掌造り集落 ●p.67	合掌造りの木造民家群。白川村荻町、平村相倉地区、上平村菅沼地区	岐阜県・富山県	1995年
原爆ドーム ●p.331	人類史上初めて使用された核兵器の傷跡を伝える建造物	広島県	1996年
厳島神社 ●p.124	海に建つ木造建築と神聖視された厳島の自然景観。厳島神社、厳島	広島県	1996年
古都奈良の文化財 ●p.74,90,94	古都奈良の発展を支えた仏教建築群。東大寺、興福寺、春日大社、春日山原始林、元興寺、薬師寺、唐招提寺、平城宮跡	奈良県	1998年
日光の社寺 ●p.198	山岳信仰の聖地日光に営まれた男体山東麓の社寺。二荒山神社、東照宮、輪王寺	栃木県	1999年
琉球王国のグスク及び関連遺産群 ●p.156	琉球王国の特色を示す遺跡群。今帰仁城跡、座喜味城跡、勝連城跡、中城城跡、首里城跡、園比屋武御嶽石門、玉陵、識名園、斎場御嶽	沖縄県	2000年
紀伊山地の霊場と参詣道 ●p.119 6	吉野・大峯、熊野三山、高野山の3つの霊場と参詣道。吉野山、大峰山寺、熊野本宮大社、熊野速玉大社、熊野那智大社、金剛峯寺、熊野参詣道（中辺路、小辺路、大辺路、伊勢路）など	三重県・奈良県・和歌山県	2004年
石見銀山遺跡とその文化的景観 ●p.205	鉱山開発と土地利用をあらわす文化的景観。石見城跡、大森銀山重要伝統的建造物群保存地区、宮ノ前、熊谷家住宅、羅漢寺五百羅漢、石見銀山街道（鞆ケ浦道、温泉津・沖泊道）など	島根県	2007年
平泉―仏国土（浄土）を表す建築・庭園及び考古学的遺跡群 ●p.124	奥州藤原氏によって造営された浄土をあらわす寺院、庭園及び考古学的遺跡。中尊寺、毛越寺、観自在王院跡、無量光院跡、金鶏山	岩手県	2011年
富士山―信仰の対象と芸術の源泉 ●p.201 4	秀麗な成層火山で、かつ信仰の対象と芸術の源泉などとして、普遍的価値。富士山域、富士山本宮浅間大社、御師住宅、山中湖、河口湖、忍野八海、白糸ノ滝、三保松原など	山梨県・静岡県	2013年
富岡製糸場と絹産業遺産群 ●p.248	製糸とこれを支える養蚕の技術革新の過程を示す構成要素。富岡製糸場、田島弥平旧宅、高山社跡、荒船風穴	群馬県	2014年
明治日本の産業革命遺産 製鉄・製鋼、造船、石炭産業 ●p.230 4,235,279	幕末から明治にかけての産業遺産群。8県23の施設で一つのストーリーを構成。萩反射炉、萩城下町、松下村塾、旧集成館、韮山反射炉、橋野鉄鉱山、三重津海軍所跡、三菱長崎造船所、高島炭坑、端島炭坑、三池炭鉱・三池港、官営八幡製鐵所など	山口県・鹿児島県・静岡県・岩手県・佐賀県・長崎県・福岡県	2015年
国立西洋美術館	フランスを代表国とした日本を含む7か国による共同推薦（登録名は「ル・コルビュジエの建築作品－近代建築運動への顕著な貢献」）。フランスで活躍した近代建築の巨匠ル・コルビュジエの建築作品群で、日本では日本で唯一のル・コルビュジエ作品である国立西洋美術館が登録された。そのほかは、サヴォア邸（フランス）、レマン湖畔の小さな家（スイス）、ヴァイセンホフ・ジードルングの住宅（ドイツ）、ギエット邸（ベルギー）など	フランス、スイス、ドイツ、ベルギー、アルゼンチン、インド、日本（東京都）	2016年
「神宿る島」宗像・沖ノ島と関連遺産群 ●p.64 1	沖ノ島を崇拝する文化的伝統。航海安全を願う信仰が現在まで続く。沖ノ島（宗像大社沖津宮）、小屋島、御門柱、天狗岩、宗像大社沖津宮遙拝所、宗像大社中津宮、宗像大社辺津宮、新原・奴山古墳群	福岡県	2017年
長崎と天草地方の潜伏キリシタン関連遺産 ●p.194	キリスト教禁教下、宣教師不在のなか信仰を続けた潜伏キリシタンの関連遺産群。原城跡、平戸の聖地と集落、天草の﨑津集落、大浦天主堂など	長崎県・熊本県	2018年
百舌鳥・古市古墳群 ●p.57 2	国内最大の前方後円墳である大仙陵古墳やそれに次ぐ規模を誇る誉田御廟山古墳など、大きさも形も異なる多種多様な古墳45件49基で構成される	大阪府	2019年
北海道・北東北の縄文遺跡群 ●p.44,45	農耕文化以前の人類のあり方や精緻で複雑な精神文化を顕著に示す縄文遺跡群。大船遺跡（北海道）、亀ヶ岡遺跡・三内丸山遺跡（青森県）、御所野遺跡（岩手県）、大湯環状列石（秋田県）など	北海道・青森県・岩手県・秋田県	2021年
佐渡島の金山 ●p.204	佐渡金銀山は西三川砂金山と相川鶴子金銀山で構成される。人力による高度な鉱山技術で、17世紀には世界最大級の金の生産地となった。現在、採掘や精錬などの遺構が残る	新潟県	2024年